固定资产投资项目节能评估与节能监察国家标准汇编

（下）

中国标准出版社　编

中国标准出版社

北京

图书在版编目(CIP)数据

固定资产投资项目节能评估与节能监察国家标准汇编.下/中国标准出版社编.—北京:中国标准出版社,2015.9

ISBN 978-7-5066-8022-6

Ⅰ.①固… Ⅱ.①中… Ⅲ.①固定资产投资—投资项目—节能—评估—国家标准—汇编—中国②固定资产投资—投资项目—节能—监察—国家标准—汇编—中国 Ⅳ.①F832.48-65

中国版本图书馆 CIP 数据核字(2015)第 201295 号

中国标准出版社出版发行
北京市朝阳区和平里西街甲 2 号(100029)
北京市西城区三里河北街 16 号(100045)
网址 www.spc.net.cn
总编室:(010)68533533 发行中心:(010)51780238
读者服务部:(010)68523946
中国标准出版社秦皇岛印刷厂印刷
各地新华书店经销
*
开本 880×1230 1/16 印张 65.5 字数 1 982 千字
2015 年 9 月第一版 2015 年 9 月第一次印刷
*
定价 295.00 元

出版说明

当前我国能源供需形势依然严峻，完成节能目标任务更加艰巨，大气污染防治压力继续加大。在新的形势下，固定资产投资项目节能评估和审查制度作为能源“双控”的重要手段和完善、加强宏观调控的一项抓手，也被提出更高要求。固定资产投资项目节能专项监察是对进行节能登记和通过节能评估及审查的固定资产投资项目进行抽查。监察内容有两项，一是节能登记项目是否符合节能登记条件；二是经节能评估和审查后的固定资产投资项目，在开工建设或竣工验收后执行强制性节能标准、落实节能评估和审查意见的情况。

标准对提高新建项目能效准入门槛，淘汰落后产能、推广高效节能产品、促进节能技术进步、提升能源管理水平具有重要意义。为了方便节能评估和以后的节能监察，编者将节能领域常用的国家标准进行系统地整理归纳，编写了《固定资产投资项目节能评估与节能监察国家标准汇编》（上、下）。全书分为通用管理标准、能源评价标准、能源平衡标准、能源监测标准、能源计量标准、用能设备经济运行标准和节能技术标准等7个部分。强制性国家标准诸如标准工业产品（或工序）能耗限额标准和终端用能产品能效限定值及能效等级标准可在我社中国标准在线服务网站（http://www.gb168.cn/）免费查看，因此本汇编不再收录。

本册为下册，包含能源计量标准、用能设备经济运行标准、节能技术标准3个部分。收集了截至2015年5月底发布的国家标准72项。

本书是节能评估技术人员和政府节能评估、节能监察人员参照的一部实用性强的节能标准工具书，也适用于从事能源审计、能效诊断、能源管理、清洁生产审核的技术人员以及企事业单位的相关人员。

由于时间和水平有限，书中不当之处，请读者批评指正。

编　者

2015年7月

目　录

第 5 部分　能源计量标准

第 6 部分　用能设备经济运行标准

第7部分　节能技术标准

第5部分

能源计量标准

ICS 27.010
F 04

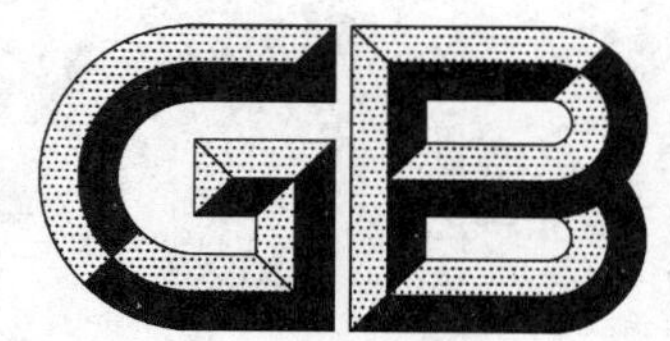

中华人民共和国国家标准

GB/T 13234—2009
代替 GB/T 13234—1991

企业节能量计算方法

Calculating methods of energy saved for enterprise

2009-03-11 发布　　　　2009-11-01 实施

中华人民共和国国家质量监督检验检疫总局
中国国家标准化管理委员会　发布

前　言

本标准代替 GB/T 13234—1991《企业节能量计算方法》。

本标准与 GB/T 13234—1991 相比，主要变化如下：

——修改了适用范围；

——增加了术语；

——修改了企业节能量的分类，并简化了节能量计算公式；

——修改了节能率的定义和计算方法。

本标准由全国能源基础与管理标准化技术委员会提出。

本标准由全国能源基础与管理标准化技术委员会能源管理分委员会归口。

本标准主要起草单位：国家发展和改革委员会能源研究所、中国标准化研究院、中国西部经济发展研究中心、信息产业部节能监测中心、中国节能监察信息网。

本标准主要起草人：胡秀莲、李爱仙、陈海红、辛定国、张管生、严海若、张新、陈晓萍。

本标准所代替标准的历次版本发布情况为：

——GB 13234—1991。

企业节能量计算方法

1 范围

本标准规定了企业节能量的分类、企业节能量计算的基本原则、企业节能量的计算方法以及节能率的计算方法。

本标准适用于企业节能量和节能率的计算。其他用能单位、行业(部门)、地区、国家宏观节能量的计算也可参照采用。

2 术语和定义

下列术语和定义适用于本标准。

2.1

节能量　energy saved

满足同等需要或达到相同目的的条件下,能源消费减少的数量。

2.2

企业节能量　energy saved of enterprise

企业统计报告期内实际能源消耗量与按比较基准计算的能源消耗量之差。

2.3

产品节能量　energy saved of productions

用统计报告期产品单位产量能源消耗量与基期产品单位产量能源消耗量的差值和报告期产品产量计算的节能量。

2.4

产值节能量　energy saved of output value

用统计报告期单位产值能源消耗量与基期单位产值能源消耗量的差值和报告期产值计算的节能量。

2.5

技术措施节能量　energy saved of technique

企业实施技术措施前后能源消耗变化量。

2.6

产品结构节能量　energy saved of product mix variety

企业统计报告期内,由于产品结构发生变化而产生能源消耗变化量。

2.7

单项能源节能量　energy saved by energy types

企业统计报告期内,按能源品种计算的能源消耗变化量。

2.8

节能率　energy saving rate

统计报告期比基期的单位能耗降低率,用百分数表示。

3 企业节能量的分类

企业节能量一般分为产品节能量、产值节能量、技术措施节能量、产品结构节能量和单项能源节能量等。

4 企业节能量计算的基本原则

4.1 节能量计算所用的基期能源消耗量与报告期能源消耗量应为实际能源消耗量。

4.2 节能量计算应根据不同的目的和要求，采用相应的比较基准。

4.3 当采用一个考察期间能源消耗量推算统计报告期能源消耗量时，应说明理由和推算的合理性。

4.4 节能量计算值为负时表示节能。

5 企业节能量的计算

5.1 产品节能量

5.1.1 单一产品节能量

生产单一产品的企业，产品节能量按式(1)计算：

$$\Delta E_c = (e_b - e_j)M_b \qquad \cdots\cdots(1)$$

式中：

ΔE_c——企业产品节能量，单位为吨标准煤(tce)；

e_b——统计报告期的单位产品综合能耗，单位为吨标准煤(tce)；

e_j——基期的单位产品综合能耗，单位为吨标准煤(tce)；

M_b——统计报告期产出的合格产品数量。

5.1.2 多种产品节能量

生产多种产品的企业，企业产品节能量按式(2)计算：

$$\Delta E_c = \sum_{i=1}^{n}(e_{bi} - e_{ji})M_{bi} \qquad \cdots\cdots(2)$$

式中：

e_{bi}——统计报告期第 i 种产品的单位产品综合能耗，单位为吨标准煤(tce)；

e_{ji}——基期第 i 种产品的单位产品综合能耗或单位产品能源消耗限额，单位为吨标准煤(tce)；

M_{bi}——统计报告期产出的第 i 种合格产品数量；

n——统计报告期内企业生产的产品种类数。

5.2 产值节能量

产值节能量按式(3)计算：

$$\Delta E_g = (e_{bg} - e_{jg})G_b \qquad \cdots\cdots(3)$$

式中：

ΔE_g——企业产值(或增加值)总节能量，单位为吨标准煤(tce)；

e_{bg}——统计报告期企业单位产值(或增加值)综合能耗，单位为吨标准煤每万元(tce/万元)；

e_{jg}——基期企业单位产值(或增加值)综合能耗，单位为吨标准煤每万元(tce/万元)；

G_b——统计报告期企业的产值(或增加值，可比价)，单位为万元。

5.3 技术措施节能量

5.3.1 单项技术措施节能量

单项技术措施节能量按式(4)计算：

$$\Delta E_{ti} = (e_{th} - e_{tq})P_{th} \qquad \cdots\cdots(4)$$

式中：

ΔE_{ti}——某项技术措施节能量，单位为吨标准煤(tce)；

e_{th}——某种工艺或设备实施某项技术措施后其产品的单位产品能源消耗量，单位为吨标准煤(tce)；

e_{tq}——某种工艺或设备实施某项技术措施前其产品的单位产品能源消耗量，单位为吨标准煤(tce)；

P_{th}——某种工艺或设备实施某项技术措施后其产品产量。

5.3.2　多项技术措施节能量

多项技术措施节能量按式(5)计算：

$$\Delta E_{t} = \sum_{i=1}^{m} \Delta E_{ti} \qquad \cdots\cdots (5)$$

式中：

ΔE_{t}——多项技术措施节能量，单位为吨标准煤(tce)；

m——企业技术措施项目数。

5.4　产品结构节能量

产品结构节能量按式(6)计算：

$$\Delta E_{cj} = G_{z} \times \sum_{i=1}^{m} (K_{bi} - K_{ji}) \times e_{jci} \qquad \cdots\cdots (6)$$

式中：

ΔE_{cj}——产品结构节能量，单位为吨标准煤(tce)；

G_{z}——统计报告期总产值(总增加值，可比价)，单位为万元；

K_{bi}——统计报告期替代第 i 种产品产值占总产值(或总增加值)的比重，%；

K_{ji}——基期第 i 种产品产值占总产值(或总增加值)的比重，%；

e_{jci}——基期第 i 种产品的单位产值(或增加值)能耗，单位为吨标准煤每万元(tce/万元)；

n——产品种类数。

5.5　单项能源节能量

5.5.1　产品单项能源节能量

产品单项能源节能量按式(7)计算：

$$\Delta E_{cn} = \sum_{i=1}^{n} (e_{bci} - e_{jci}) M_{bi} \qquad \cdots\cdots (7)$$

式中：

ΔE_{cn}——产品某单项能源品种能源节能量，单位为吨(t)、千瓦时(kW·h)等；

e_{bci}——统计报告期第 i 种单位产品某单项能源品种能源消耗量，单位为吨(t)、千瓦时(kW·h)等；

e_{jci}——基期第 i 种单位产品某单项能源品种能源消耗量或单位产品某单项能源品种能源消耗限额，单位为吨(t)、千瓦时(kW·h)等；

M_{bi}——统计报告期产出的第 i 种合格产品数量；

n——统计报告期企业生产的产品种类数。

5.5.2　产值单项能源节能量

产值单项能源节能量按式(8)计算：

$$\Delta E_{gn} = \sum_{i=1}^{n} (e_{bgi} - e_{jgi}) G_{bi} \qquad \cdots\cdots (8)$$

式中：

ΔE_{gn}——产品某单项能源品种能源节能量，单位为吨(t)，千瓦时(kW·h)等；

e_{bgi}——统计报告期第 i 种产品单位产值(或单位增加值)某单项品种能源消耗量，单位为吨每万元(t/万元)、千瓦时每万元(kW·h/万元)等；

e_{jgi}——基期第 i 种产品单位产值某单项品种能源消耗量，单位为吨每万元(t/万元)、千瓦时每万元(kW·h/万元)等；

G_{bi}——统计报告期第 i 种产品产值(或增加值，可比价)，单位为万元；

n——统计报告期企业生产的产品种类数。

6 节能率的计算

6.1 产品节能率

产品节能率按式(9)计算：

$$\xi_c = \left(\frac{e_{bc} - e_{jc}}{e_{jc}}\right) \times 100 \qquad \cdots\cdots\cdots\cdots (9)$$

式中：

ξ_c——产品节能率，%；

e_{bc}——统计报告期单位产品能耗，单位为吨标准煤(tce)；

e_{jc}——基期单位产品能耗或单位产品能源消耗限额，单位为吨标准煤(tce)。

6.2 产值节能率

产值节能率按式(10)计算：

$$\xi_g = \left(\frac{e_{bg} - e_{jg}}{e_{jg}}\right) \times 100 \qquad \cdots\cdots\cdots\cdots (10)$$

式中：

ξ_g——产值节能率，%；

e_{bg}——统计报告期单位产值能耗，单位为吨标准煤每万元(tce/万元)；

e_{jg}——基期单位产值能耗，单位为吨标准煤每万元(tce/万元)。

6.3 累计节能率

累计节能率分为定比节能率和环比节能率。

6.3.1 定比节能率

定比节能率按式(9)或式(10)计算。

6.3.2 环比节能率

环比节能率按式(11)计算：

$$\xi_h = \left(\sqrt[n]{\frac{e_b}{e_j}} - 1\right) \times 100 \qquad \cdots\cdots\cdots\cdots (11)$$

式中：

ξ_h——环比节能率，%；

e_b——统计报告期单位产品能耗或单位产值能耗，单位为吨标准煤(tce)或吨标准煤每万元(tce/万元)；

e_j——基期单位产品能耗或单位产值能耗，单位为吨标准煤(tce)或吨标准煤每万元(tce/万元)；

n——统计期的个数。

ICS 27.010
F 01

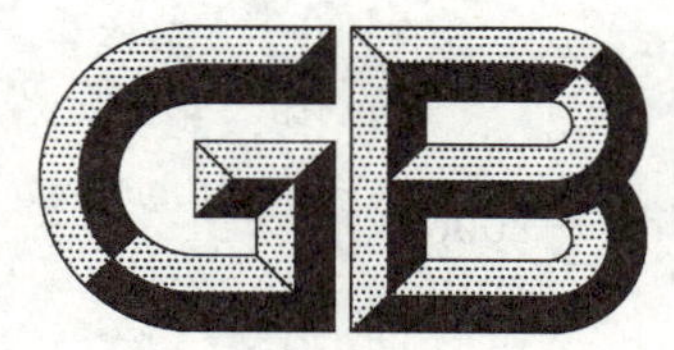

中华人民共和国国家标准

GB 17167—2006
代替 GB/T 17167—1997

用能单位能源计量器具配备和管理通则

General principle for equipping and managing of the measuring instrument of energy in organization of energy using

2006-06-02 发布　　2007-01-01 实施

中华人民共和国国家质量监督检验检疫总局
中国国家标准化管理委员会　发布

前　言

本标准的4.3.2、4.3.3、4.3.4、4.3.5、4.3.8是强制性条款，其余是推荐性条款。

本标准代替GB/T 17167—1997《企业能源计量器具配备与管理导则》。

本标准与GB/T 17167—1997相比，主要变化如下：

——标准名称改为"用能单位能源计量器具配备和管理通则"，标准变为强制性标准；

——增加了非工业企业用能单位能源计量器具的配备和管理要求；

——对用能单位、主要次级用能单位、主要用能设备的能源计量器具配备率进行了调整；

——对能源计量器具的准确度等级要求进行了调整。

本标准由国家发展和改革委员会环境和资源综合利用司、国家质量监督检验检疫总局计量司和国家标准化管理委员会工交部提出。

本标准由全国能源基础与管理标准化技术委员会归口。

本标准起草单位：全国节能监测管理中心、国家发展和改革委员会能源研究所、中国标准化研究院、中国有色金属工业标准计量质量研究所、湖南省节能监测中心、中国计量协会冶金分会、中国建筑材料工业协会。

本标准主要起草人：张万路、王顺安、何相助、贾力、李爱仙、辛定国、叶元乔、康治清。

用能单位能源计量器具配备和管理通则

1 范围

本标准规定了用能单位能源计量器具配备和管理的基本要求。

本标准适用于企业、事业单位、行政机关、社会团体等独立核算的用能单位。

2 规范性引用文件

下列文件中的条款通过本标准的引用而成为本标准的条款。凡是注日期的引用文件，其随后所有的修改单(不包括勘误的内容)或修订版均不适用于本标准，然而，鼓励根据本标准达成协议的各方研究是否可使用这些文件的最新版本。凡是不注日期的引用文件，其最新版本适用于本标准。

GB/T 6422 企业能耗计量与测试导则

GB/T 15316 节能监测技术通则

GB/T 18603—2001 天然气计量系统技术要求

3 术语和定义

本标准采用下列术语和定义。

3.1

能源计量器具 measuring instrument of energy

测量对象为一次能源、二次能源和载能工质的计量器具。

3.2

能源计量器具配备率 equipping rate of energy measuring instrument

能源计量器具实际的安装配备数量占理论需要量的百分数。

注：能源计量器具理论需要量是指为测量全部能源量值所需配备的计量器具数量。

3.3

次级用能单位 sub-organization of energy using

用能单位下属的能源核算单位。

4 能源计量器具配备

4.1 能源计量的种类及范围

本标准所称能源，指煤炭、原油、天然气、焦炭、煤气、热力、成品油、液化石油气、生物质能和其他直接或者通过加工、转换而取得有用能的各种资源。

能源计量范围：

a) 输入用能单位、次级用能单位和用能设备的能源及载能工质；

b) 输出用能单位、次级用能单位和用能设备的能源及载能工质；

c) 用能单位、次级用能单位和用能设备使用(消耗)的能源及载能工质；

d) 用能单位、次级用能单位和用能设备自产的能源及载能工质；

e) 用能单位、次级用能单位和用能设备可回收利用的余能资源。

4.2 能源计量器具的配备原则

4.2.1 应满足能源分类计量的要求。

4.2.2 应满足用能单位实现能源分级分项考核的要求。

4.2.3 重点用能单位应配备必要的便携式能源检测仪表，以满足自检自查的要求。

4.3 能源计量器具的配备要求

4.3.1 能源计量器具配备率按下式计算：

$$R_p = \frac{N_s}{N_l} \times 100\%$$

式中：

R_p——能源计量器具配备率，%；

N_s——能源计量器具实际的安装配备数量；

N_l——能源计量器具理论需要量。

4.3.2 用能单位应加装能源计量器具。

4.3.3 用能量（产能量或输运能量）大于或等于表1中一种或多种能源消耗量限定值的次级用能单位为主要次级用能单位。

主要次级用能单位应按表3要求加装能源计量器具。

表1 主要次级用能单位能源消耗量（或功率）限定值

能源种类	电力	煤炭、焦炭	原油、成品油、石油液化气	重油、渣油	煤气、天然气	蒸汽、热水	水	其他
单位	kW	t/a	t/a	t/a	m^3/a	GJ/a	t/a	GJ/a
限定值	10	100	40	80	10 000	5 000	5 000	2 926

注1：表中a是法定计量单位中“年”的符号。

注2：表中m^3指在标准状态下，表2同。

注3：2 926 GJ相当于100 t标准煤。其他能源应按等价热值折算，表2类推。

4.3.4 单台设备能源消耗量大于或等于表2中一种或多种能源消耗量限定值的为主要用能设备。

主要用能设备应按表3要求加装能源计量器具。

表2 主要用能设备能源消耗量（或功率）限定值

能源种类	电力	煤炭、焦炭	原油、成品油、石油液化气	重油、渣油	煤气、天然气	蒸汽、热水	水	其他
单位	kW	t/h	t/h	t/h	m^3/h	MW	t/h	GJ/h
限定值	100	1	0.5	1	100	7	1	29.26

注1：对于可单独进行能源计量考核的用能单元（装置、系统、工序、工段等），如果用能单元已配备了能源计量器具，用能单元中的主要用能设备可以不再单独配备能源计量器具。

注2：对于集中管理同类用能设备的用能单元（锅炉房、泵房等），如果用能单元已配备了能源计量器具，用能单元中的主要用能设备可以不再单独配备能源计量器具。

4.3.5 能源计量器具配备率应符合表3的要求。

表3 能源计量器具配备率要求

单位：%

能源种类		进出用能单位	进出主要次级用能单位	主要用能设备
电力		100	100	95
固态能源	煤炭	100	100	90
	焦炭	100	100	90

表 3（续）

单位：%

能源种类		进出用能单位	进出主要次级用能单位	主要用能设备
液态能源	原油	100	100	90
	成品油	100	100	95
	重油	100	100	90
	渣油	100	100	90
气态能源	天然气	100	100	90
	液化气	100	100	90
	煤气	100	90	80
载能工质	蒸汽	100	80	70
	水	100	95	80
可回收利用的余能		90	80	—

注 1：进出用能单位的季节性供暖用蒸汽（热水）可采用非直接计量载能工质流量的其他计量结算方式。

注 2：进出主要次级用能单位的季节性供暖用蒸汽（热水）可以不配备能源计量器具。

注 3：在主要用能设备上作为辅助能源使用的电力和蒸汽、水等载能工质，其耗能量很小（低于表 2 的要求）可以不配备能源计量器具。

4.3.6 对从事能源加工、转换、输运性质的用能单位（如火电厂、输变电企业等），其所配备的能源计量器具应满足评价其能源加工、转换、输运效率的要求。

4.3.7 对从事能源生产的用能单位（如采煤、采油企业等），其所配备的能源计量器具应满足评价其单位产品能源自耗率的要求。

4.3.8 用能单位的能源计量器具准确度等级应满足表 4 的要求。

表 4 用能单位能源计量器具准确度等级要求

计量器具类别	计量目的		准确度等级要求
衡器	进出用能单位燃料的静态计量		0.1
	进出用能单位燃料的动态计量		0.5
电能表	进出用能单位有功交流电能计量	Ⅰ类用户	0.5 S
		Ⅱ类用户	0.5
		Ⅲ类用户	1.0
		Ⅳ类用户	2.0
		Ⅴ类用户	2.0
	进出用能单位的直流电能计量		2.0
油流量表（装置）	进出用能单位的液体能源计量		成品油 0.5
			重油、渣油 1.0
气体流量表（装置）	进出用能单位的气体能源计量		煤气 2.0
			天然气 2.0
			蒸汽 2.5

表 4（续）

计量器具类别	计量目的		准确度等级要求
水流量表（装置）	进出用能单位水量计量	管径不大于 250 mm	2.5
		管径大于 250 mm	1.5
温度仪表	用于液态、气态能源的温度计量		2.0
	与气体、蒸汽质量计算相关的温度计量		1.0
压力仪表	用于气态、液态能源的压力计量		2.0
	与气体、蒸汽质量计算相关的压力计量		1.0

注 1：当计量器具是由传感器（变送器）、二次仪表组成的测量装置或系统时，表中给出的准确度等级应是装置或系统的准确度等级。装置或系统未明确给出其准确度等级时，可用传感器与二次仪表的准确度等级按误差合成方法合成。

注 2：运行中的电能计量装置按其所计量电能量的多少，将用户分为五类。Ⅰ类用户为月平均用电量 500 万 kWh 及以上或变压器容量为 10 000 kVA 及以上的高压计费用户；Ⅱ类用户为小于Ⅰ类用户用电量（或变压器容量）但月平均用电量 100 万 kWh 及以上或变压器容量为 2 000 kVA 及以上的高压计费用户；Ⅲ类用户为小于Ⅱ类用户用电量（或变压器容量）但月平均用电量 10 万 kWh 及以上或变压器容量为 315 kVA 及以上的计费用户；Ⅳ类用户为负荷容量为 315 kVA 以下的计费用户；Ⅴ类用户为单相供电的计费用户。

注 3：用于成品油贸易结算的计量器具的准确度等级应不低于 0.2。

注 4：用于天然气贸易结算的计量器具的准确度等级应符合 GB/T 18603—2001 附录 A 和附录 B 的要求。

4.3.9 主要次级用能单位所配备能源计量器具的准确度等级（电能表除外）参照表 4 的要求，电能表可比表 4 的同类用户低一个档次的要求。

4.3.10 主要用能设备所配备能源计量器具的准确度等级（电能表除外）参照表 4 的要求，电能表可比表 4 的同类用户低一个档次的要求。

4.3.11 能源作为生产原料使用时，其计量器具的准确度等级应满足相应的生产工艺要求。

4.3.12 能源计量器具的性能应满足相应的生产工艺及使用环境（如温度、温度变化率、湿度、照明、振动、噪声、粉尘、腐蚀、电磁干扰等）要求。

5 能源计量器具的管理要求

5.1 能源计量制度

5.1.1 用能单位应建立能源计量管理体系，形成文件，并保持和持续改进其有效性。

5.1.2 用能单位应建立、保持和使用文件化的程序来规范能源计量人员行为、能源计量器具管理和能源计量数据的采集、处理和汇总。

5.2 能源计量人员

5.2.1 用能单位应设专人负责能源计量器具的管理，负责能源计量器具的配备、使用、检定（校准）、维修、报废等管理工作。

5.2.2 用能单位应设专人负责主要次级用能单位和主要用能设备能源计量器具的管理。

5.2.3 用能单位的能源计量管理人员应通过相关部门的培训考核，持证上岗；用能单位应建立和保存能源计量管理人员的技术档案。

5.2.4 能源计量器具检定、校准和维修人员，应具有相应的资质。

5.3 能源计量器具

5.3.1 用能单位应备有完整的能源计量器具一览表。表中应列出计量器具的名称、型号规格、准确度等级、测量范围、生产厂家、出厂编号、用能单位管理编号、安装使用地点、状态（指合格、准用、停用等）。

主要次级用能单位和主要用能设备应备有独立的能源计量器具一览表分表。

5.3.2 用能设备的设计、安装和使用应满足 GB/T 6422、GB/T 15316 中关于用能设备的能源监测要求。

5.3.3 用能单位应建立能源计量器具档案，内容包括：

a) 计量器具使用说明书；

b) 计量器具出厂合格证；

c) 计量器具最近两个连续周期的检定(测试、校准)证书；

d) 计量器具维修记录；

e) 计量器具其他相关信息。

5.3.4 用能单位应备有能源计量器具量值传递或溯源图，其中作为用能单位内部标准计量器具使用的，要明确规定其准确度等级、测量范围、可溯源的上级传递标准。

5.3.5 用能单位的能源计量器具，凡属自行校准且自行确定校准间隔的，应有现行有效的受控文件(即自校计量器具的管理程序和自校规范)作为依据。

5.3.6 能源计量器具应实行定期检定(校准)。凡经检定(校准)不符合要求的或超过检定周期的计量器具一律不准使用。属强制检定的计量器具，其检定周期、检定方式应遵守有关计量法律法规的规定。

5.3.7 在用的能源计量器具应在明显位置粘贴与能源计量器具一览表编号对应的标签，以备查验和管理。

5.4 能源计量数据

5.4.1 用能单位应建立能源统计报表制度，能源统计报表数据应能追溯至计量测试记录。

5.4.2 能源计量数据记录应采用规范的表格式样，计量测试记录表格应便于数据的汇总与分析，应说明被测量与记录数据之间的转换方法或关系。

5.4.3 重点用能单位可根据需要建立能源计量数据中心，利用计算机技术实现能源计量数据的网络化管理。

5.4.4 重点用能单位可根据需要按生产周期(班、日、周)及时统计计算出其单位产品的各种主要能源消耗量。

ICS 27.010
F 01

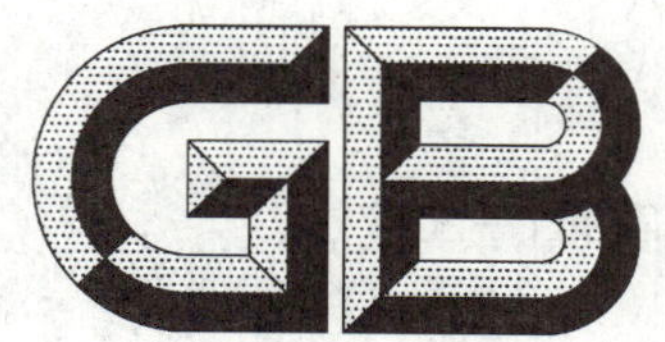

中华人民共和国国家标准

GB/T 20901—2007

石油石化行业能源计量器具配备和管理要求

Specification for equipping and managing of measuring instrument of energy in petroleum and petrochemical industry

2007-04-16 发布　　　　2007-10-01 实施

中华人民共和国国家质量监督检验检疫总局
中国国家标准化管理委员会　发布

前　言

本标准依据 GB 17167—2006《用能单位能源计量器具配备和管理通则》的规定和要求，结合石油石化行业的特点制定。

本标准由国家发展和改革委员会资源节约和环境保护司、国家质量监督检验检疫总局计量司和国家标准化管理委员会工业一部提出。

本标准由全国能源基础与管理标准化技术委员会归口。

本标准起草单位：中国石油天然气集团公司大庆石油管理局技术监督中心、大庆石油化工总厂、中国石油化工股份有限公司流量计量站。

本标准主要起草人：李荣光、孙笑非、郑灿亭、申德生、孙晓峰、熊兆洪、薛国民。

石油石化行业能源计量器具
配备和管理要求

1 范围

本标准规定了石油石化行业用能单位能源计量的种类、范围，能源计量器具的配备原则和基本要求。

本标准适用于石油石化行业的勘探开发、管道输送和炼油化工等生产企业。

本标准不适用于石油石化行业的基本建设、设备制造、通讯、运输、科研院校、电力(直流电和 6 kV 以上交流电)、成品油销售等单位。

2 规范性引用文件

下列文件中的条款通过本标准的引用而成为本标准的条款。凡是注日期的引用文件，其随后所有的修改单(不包括勘误的内容)或修订版均不适用于本标准，然而，鼓励根据本标准达成协议的各方研究是否可使用这些文件的最新版本。凡是不注日期的引用文件，其最新版本适用于本标准。

GB/T 6422 企业能耗计量与测试导则

GB/T 15316 节能监测技术通则

GB 17167 用能单位能源计量器具配备和管理通则

GB/T 17471 锅炉热网系统能源监测与计量仪表配备原则

GB/T 18603 天然气计量系统技术要求

SH/T 3104 石油化工仪表安装设计规范

SY/T 5398 原油天然气和稳定轻烃交接计量站计量器具配备规范

3 术语和定义

GB 17167 中确立的以及下列术语和定义适用于本标准。

3.1

石油石化行业用能单位 organization of energy using in petroleum and petrochemical industry

石油石化行业具有独立法人地位的企业和具有独立核算能力的单位。

3.2

石油石化行业次级用能单位 sub-organization of energy using in petroleum and petrochemical industry

石油石化行业用能单位直属的能源核算单位。

注：石油石化行业次级用能单位指采油、采气、油气集输、炼油、化工、物探、钻井、试油、作业厂(公司、事业部)等。

3.3

石油石化行业基本用能单元 basic cell of energy using in petroleum and petrochemical industry

石油石化行业次级用能单位下属的基本生产系统。

注：石油石化行业基本用能单元指车间(装置)、联合站、转油站、钻井队、作业队等。

4 能源计量器具的配备

4.1 计量能源种类

煤炭、原油、天然气、电力、焦炭、煤气、热力、成品油、液化石油气、生物质能和其他直接或者通过加工、转换而取得有用能的各种资源。

4.2 能源计量范围

a) 输入石油石化行业用能单位(以下简称用能单位)、石油石化行业次级用能单位(以下简称次级用能单位)和石油石化行业基本用能单元(以下简称基本用能单元)的能源及载能工质;

b) 输出用能单位、次级用能单位和基本用能单元的能源及载能工质;

c) 用能单位、次级用能单位和基本用能单元使用(消耗)的能源及载能工质;

d) 用能单位、次级用能单位和基本用能单元自产的能源及载能工质;

e) 用能单位、次级用能单位和基本用能单元可回收利用的余能资源。

4.3 能源计量器具的配备原则

4.3.1 能源计量器具的配备应满足用能单位实现能源分级分项统计和核算的要求。

4.3.2 能源计量器具的性能应满足贸易结算、生产工艺、被测介质及使用环境的要求。

4.4 能源计量器具的配备要求

4.4.1 能源计量器具配备率按下式计算:

$$R_p = \frac{N_s}{N_l} \times 100$$

式中:

R_p——能源计量器具配备率,%;

N_s——能源计量器具实际配备数量;

N_l——能源计量器具理论需要数量。

4.4.2 用能单位、次级用能单位和基本用能单元应加装能源计量器具。

4.4.3 凡未执行基本用能单元能源计量考核的,用能量(产能量或输运能量)大于或等于表1中一种或多种能源消耗量限定值的远离生产厂区的小罐区、小辅助装置,应加装能源计量器具,能源消耗量限定值见表1。

表1 能源消耗量(或功率)限定值

能源种类	电力	煤炭、焦炭	原油、成品油、液化石油气	重油、渣油	煤气、天然气	蒸汽、热水	水	其他
单位	kW	t/h	t/h	t/h	m^3/h	MW	t/h	GJ/h
限定值	100	1	0.5	0.5	100	7	1	29.26

4.4.4 能源计量器具配备率应符合表2的要求。

表2 能源计量器具配备率要求

能源种类		用能单位 %	次级用能单位 %	基本用能单元 %
电力		100	100	95
固态能源	煤炭	100	100	90
	焦炭	100	100	90
液态能源	原油	100	100	90
	成品油	100	100	95
	重油	100	100	90
	渣油	100	100	90
	轻烃	100	100	90

表 2(续)

能源种类		用能单位 %	次级用能单位 %	基本用能单元 %
气态能源	天然气	100	100	90
	液化石油气	100	100	90
	煤气	100	90	80
	氢气	100	100	80
载能工质	蒸汽	100	100	90
	氮气	100	90	60
	压缩空气	100	90	60
	水	100	100	90
已回收利用的余能		90	80	—

4.4.5 能源计量器具的计量性能应符合表 3 的要求。

表 3 能源计量器具的计量性能要求

序号	计量器具名称	计量项目			计量性能		
					用能单位	次级用能单位	基本用能单元
1	汽车衡 静态轨道衡	固体、液体静态计量			Ⅲ	Ⅲ	Ⅲ
	动态轨道衡	固体、液体动态计量			0.5	0.5	—
2	电能表	有功交流电能计量(6 kV 以下)			1.0	1.0	2.0
3	油流量表	原油计量			0.2	0.5	1.0
		汽油、柴油、煤油计量			0.2	0.5	1.0
		重油、渣油计量			0.5	1.0	1.5
		轻烃、液化石油气计量			0.5	1.0	1.5
4	船舶液货计量舱	原油、成品油计量	≤300 m³ 的单舱总容量		$U \leqslant 0.3\%$ $p=0.95$	—	—
		原油、成品油计量	>300 m³ 的单舱总容量	规则舱	$U \leqslant 0.2\%$ $p=0.95$	—	—
				不规则舱	$U \leqslant 0.4\%$ $p=0.95$	—	—
5	铁路罐车	原油、成品油容积计量			$U \leqslant 0.4\%$ $p=0.95$	$U \leqslant 0.4\%$ $p=0.95$	—
6	汽车油罐车	原油、成品油容量计量			$U \leqslant 0.25\%$ $(k=2)$	$U \leqslant 0.25\%$ $(k=2)$	—
7	立式金属罐	原油、成品油容量计量	容量 20 m³～100m³		$U \leqslant 0.3\%$ $(k=2)$	$U \leqslant 0.3\%$ $(k=2)$	$U \leqslant 0.3\%$ $(k=2)$
		原油、成品油容量计量	容量 100 m³～700m³		$U \leqslant 0.2\%$ $(k=2)$	$U \leqslant 0.2\%$ $(k=2)$	$U \leqslant 0.2\%$ $(k=2)$
		原油、成品油容量计量	容量>700 m³		$U \leqslant 0.1\%$ $(k=2)$	$U \leqslant 0.1\%$ $(k=2)$	$U \leqslant 0.1\%$ $(k=2)$

表 3(续)

序号	计量器具名称	计量项目		计量性能		
				用能单位	次级用能单位	基本用能单元
8	卧式金属罐	原油、成品油、轻烃容量计量		$U \leqslant 0.4\%$ $p=0.95$	$U \leqslant 0.4\%$ $p=0.95$	$U \leqslant 0.4\%$ $p=0.95$
9	球形金属罐	原油、成品油、轻烃容量计量		$U \leqslant 0.3\%$ $p=0.95$	$U \leqslant 0.3\%$ $p=0.95$	$U \leqslant 0.3\%$ $p=0.95$
10	气体流量计	天然气计量	$q_n v \geqslant 50\ 000\ m^3/h$	0.75	1.0	2.0
			$5\ 000\ m^3/h \leqslant q_n v \leqslant 50\ 000\ m^3/h$	1.0	1.5	2.0
			$q_n v \geqslant 500\ m^3/h$	1.5	2.0	2.0
		煤气计量		2.0	2.0	2.5
		氢气、氮气、压缩空气计量		1.5	1.5	2.0
11	蒸汽流量计	蒸汽计量		2.0	2.5	2.5
12	水流量计	水计量	管径≤250 mm	2.0	2.0	2.5
			管径>250 mm	1.5	1.5	2.0
		污水计量	流量计	2.5	2.5	2.5
			明渠计量	4.0	4.0	—
13	温度计	原油、成品油、轻烃油量计算;气体、蒸汽量计算		分度值 0.2℃	分度值 0.5℃	分度值 1.0℃
14	温度变送器	原油、成品油、轻烃油量计算;气体、蒸汽量计算		0.5	0.5	0.5
15	压力表	气体、液体、蒸汽量计算		0.4	0.4	0.4
16	压力变送器	气体、液体、蒸汽量计算		0.2	0.2	0.5
17	浮子密度计	原油、成品油等液体密度计量		分度值 $0.5\ kg/m^3$	分度值 $0.5\ kg/m^3$	分度值 $1.0\ kg/m^3$
18	数显密度计	原油、成品油等液体密度计量		0.2	0.2	0.2
19	含水分析仪	原油、成品油中水含量计量		分辨力 0.1%	分辨力 0.1%	分辨力 0.5%

注 1:U——总容量检定(校准)结果的扩展不确定度;p——置信概率;k——包含因子。

注 2:$q_n v$——天然气计量站计量系统设计通过能力(标准参比条件下)。

注 3:序号 4～9 的扩展不确定度是指检定计量器具容量的检定(校准)结果的扩展不确定度。

注 4:仪表性能列的指标,凡不注明的均为计量器具的准确度等级。

4.4.6 对原油、稳定轻烃贸易交接计量,本标准未做出配备要求的其他计量器具,需要时应符合 SY/T 5398 的要求。

4.4.7 对天然气计量仪表的安装,应符合 GB/T 18603 的要求。

4.4.8 对锅炉热网系统,表 3 不能覆盖的计量器具,应符合 GB/T 17471 的要求。

4.4.9 对石油化工计量仪表的安装,应符合 SH/T 3104 的要求。

4.4.10 用能设备的设计、安装和使用应能满足 GB/T 6422、GB/T 15316 中关于用能设备的能源监测要求。

4.4.11 用能单位应根据节能监测工作的需要,配备便携式监测仪表。

5 能源计量器具的管理要求

5.1 能源计量制度

5.1.1 用能单位应建立能源计量管理体系,形成文件,保持并持续改进其有效性。

5.1.2 用能单位应建立、保持和使用文件化的程序来规范能源计量人员行为、能源计量器具管理和能源计量数据的采集、处理和汇总。

5.2 能源计量人员

5.2.1 用能单位、次级用能单位和基本用能单元应设专人负责能源计量器具的管理,负责能源计量器具的配备、使用、检定(校准)、维修、更新、报废等管理工作。

5.2.2 用能单位、次级用能单位和基本用能单元的能源计量管理人员、能源计量操作人员和能源计量器具维修人员,应通过培训考核,持证上岗。

5.2.3 能源计量器具的检定、校准人员应具有相应的资质。

5.3 能源计量器具

5.3.1 能源计量器具实行分级分类管理,用能单位和次级用能单位应明确重点管理的能源计量器具目录。

5.3.2 用能单位、次级用能单位应有能源计量器具汇总表、重点管理的能源计量器具一览表。基本用能单元应有完整的能源计量器具一览表。能源计量器具一览表中应列出计量器具的名称、型号规格、准确度等级、测量范围、生产厂家、出厂编号、用能单位管理编号、安装使用地点、状态(指合格、准用、停用等)。

5.3.3 用能单位应按照分级管理要求建立能源计量器具档案,内容包括:

a) 计量器具使用说明书;

b) 计量器具出厂合格证;

c) 计量器具最近两个连续周期的检定(测试、校准)证书;

d) 计量器具维修记录;

e) 计量器具其他相关的信息。

5.3.4 能源计量器具应定期检定(校准)。用能单位应按照分级管理要求,制定能源计量器具周期检定(校准)计划,计划中应明确其计量器具名称、型号规格、测量范围、准确度等级、检定(校准)周期、上次检定(校准)日期、溯源方式等。凡属自行校准且自行确定校准间隔的,应有现行有效的受控文件依据。属强制检定的计量器具,其检定周期、检定方式应遵循有关计量法规的规定。

5.3.5 新装及更新能源计量器具必须经检定(校准)合格后方能安装使用。

5.3.6 在用能源计量器具,应在明显位置粘贴与能源计量器具一览表编号对应的标签,以备查验和管理。

5.4 能源计量数据

5.4.1 用能单位应建立能源统计报表制度,能源统计报表数据应能追溯至计量测试记录。

5.4.2 能源计量数据记录应采用规范的表格式样,计量测试记录表格应便于数据的汇总与分析,应说明被测量与记录数据之间的转换方法或关系。

5.4.3 用能单位可根据需要建立能源计量数据中心,利用计算机技术实现能源计量数据的网络化管理。

5.4.4 用能单位可根据需要按生产周期及时统计计算出单位产品的各种主要能源消耗量。

ICS 27.010
F 01

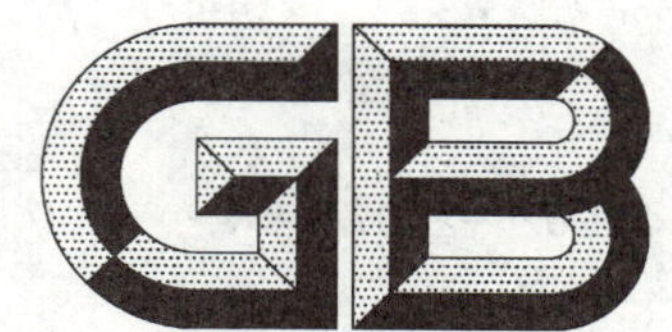

中华人民共和国国家标准

GB/T 20902—2007

有色金属冶炼企业能源计量器具配备和管理要求

Specification for equipping and managing of the measuring instrument of energy in the nonferrous metals smelters

2007-04-16 发布　　　　2007-10-01 实施

中华人民共和国国家质量监督检验检疫总局
中国国家标准化管理委员会　发布

前　言

本标准依据 GB 17167—2006《用能单位能源计量器具配备和管理通则》的规定和要求，结合有色金属冶炼企业的特点制定。

本标准由国家发展和改革委员会资源节约和环境保护司、国家质量监督检验检疫总局计量司和国家标准化管理委员会工业标准一部提出。

本标准由全国能源基础与管理标准化技术委员会归口。

本标准起草单位：中国铝业股份有限公司河南分公司、中国有色金属工业标准计量质量研究所、金川集团有限公司、柳州华锡集团有限责任公司、江西铜业集团公司、云南铜业股份有限公司、株洲冶炼集团有限责任公司、铜陵有色金属(集团)公司、中国铝业股份有限公司青海分公司。

本标准主要起草人：周志坚、李丰才、李秋娟、芦怡、梁继荣、易夫、李康烈、杨俊宝、李同成、曹王剑、牛力群、闫生琳。

有色金属冶炼企业
能源计量器具配备和管理要求

1 范围

本标准规定了有色金属冶炼企业能源计量的种类、范围，能源计量器具配备原则和管理的基本要求。

本标准适用于有色金属冶炼企业。

2 规范性引用文件

下列文件中的条款，通过本标准的引用而成为本标准的条款，凡是注日期的引用文件，其随后所有的修改单(不包括勘误的内容)或修订版均不适用于本标准，然而，鼓励根据本标准达成协议的各方研究是否可使用这些文件的最新版本。凡是不注日期的引用文件，其最新版本适用于本标准。

GB/T 6422 企业能耗计量与测试导则

GB/T 15316 节能监测技术通则

GB 17167 用能单位能源计量器具配备和管理通则

GB/T 17471 锅炉热网系统能源监测与计量仪表配备原则

GB/T 18603—2001 天然气计量系统技术要求

3 术语和定义

GB 17167 中确立的术语和定义以及下列术语和定义适用于本标准。

3.1

能源计量检测点 point of energy measurement

确定计量能源及载能工质对象的检测位置。

3.2

能源计量检测数据 data of energy measurement

通过计量器具检测所获得的能源及载能工质数据。

3.3

能源计量检测数据修正 amendment for data of energy measurement

采用科学、规范的方法，对能源及载能工质计量检测数据进行校正。

3.4

能源计量结算数据 settlement data of energy measurement

用于企业财务、统计和成本管理的能源及载能工质计量检测数据。

4 能源计量器具配备的基本要求

4.1 能源计量范围与管理

4.1.1 能源计量的种类

本标准所称能源，指煤炭、原油、天然气、电力、焦炭、煤气、热力、成品油、液化石油气、生物质能和其他直接或者通过加工、转换而取得有用能的各种资源。

4.1.2 能源计量的范围

a) 输入企业以及企业对外输出的能源及载能工质；

b) 企业内部单位间、用能单元或主要用能设备使用(消耗)的能源及载能工质;

c) 企业、用能单元或主要用能设备自产的能源及载能工质;

d) 企业、用能单元或主要设备已回收利用的余能资源。

4.1.3 能源计量的管理

企业对能源计量应实行分级管理。进出企业进行结算的能源计量为一级,即用能单位的能源计量;企业内部独立核算的单位间进行成本或消耗结算的能源计量为二级,即次级用能单位的能源计量;独立核算单位内部对车间(装置、系统、工序、工段和主要用能设备)进行核算的能源计量为三级,即用能单元和主要用能设备的能源计量,以下分别称为"一、二、三级能源计量"。

4.2 能源计量器具的配备原则

4.2.1 应满足企业实现能源及计量分级、分类、分项考核和结算的要求。

4.2.2 计量检测点应在能源输入、输出的管理分界点处附近适当位置或计量对象转移输出点的适当位置设置。

4.2.3 能源计量器具配备在满足4.3、4.4要求的前提下,优先采用节能、环保型结构,以及非接触式或拆装简便的计量器具。

4.2.4 重点用能企业应配备必要的便携式能源检测仪表,以满足自检、自查的要求。

4.3 能源计量器具的配备要求

4.3.1 一级、二级、三级能源计量器具配备率按式(1)计算:

$$R_p = \frac{N_s}{N_l} \times 100 \qquad \cdots\cdots(1)$$

式中:

R_p——各级能源计量器具配备率,%;

N_s——各级能源计量器具的实际配备数量;

N_l——各级能源计量的计量器具配备理论需要量。

4.3.2 一级、二级、三级能源计量器具配备率应符合表1的要求。

表1 一级、二级、三级能源计量器具配备率要求 单位:%

能源种类		配备率要求		
		一级能源计量	二级能源计量	三级能源计量
电力		100	100	95
固态能源		100	100	95
液态能源	原油、成品油	100	100	95
	重油、渣油	100	100	95
	其他液态能源	100	100	90
气态能源	天然气	100	100	95
	液化气	100	100	95
	煤气	100	95	95
	其他气态能源	100	95	90
载能工质	蒸汽	100	90	80
	水	100	95	85
	压缩空气	100	90	80
	其他载能工质	100	90	80

表 1(续)

单位：%

能源种类	配备率要求		
	一级能源计量	二级能源计量	三级能源计量
已回收利用余热(能)	100	80	—

注 1：二级能源计量范围，属于季节性供采暖或空调用蒸汽(热水)的，可采用非直接计量载能工质流量的其他计量(或核算)方式。

注 2：三级能源计量范围，属于季节性供采暖或空调用蒸汽(热水)的，可以不配置能源计量器具。

注 3：三级能源计量范围，在主要用能设备上作为辅助能源使用的电力和蒸汽、水、压缩空气等介质，其耗能量低于表 2 要求的，可不再单独配置计量器具。

4.3.3　属三级能源计量范围，凡未列入用能单元能源计量管理考核的，单台设备耗能量大于或等于表 2 中一种或多种能源消耗限定值的为主要用能设备，主要用能设备应按表 1 要求加装能源计量器具。

表 2　企业内属于主要用能设备的能源及载能工质消耗量(或功率)限定值

能源种类	电力	固体燃料	原油、成品油、液化气	重油、渣油	煤气、天然气	蒸汽、热水	水(自然水、中水、污水等)	压缩空气	其他
单位	kW	t/h	t/h	t/h	m^3/h	MW	t/h	m^3/h	GJ/h
限定值	100	1.0	0.5	1.0	50	7	1.0	100	29.26

注 1：m^3 指在标准状态下。

注 2：29.26 GJ 相当于 1 t 标准煤，其他能源应按等价热值折算。

4.3.4　对于可单独进行能源计量考核的用能单元(装置、系统、工序、工段等)，如果用能单元已配置了能源计量器具，用能单元中的主要用能设备可不再单独配置能源计量器具。

4.3.5　对于集中管理同类用能设备的用能单元(锅炉房、泵房等)，如果用能单元已配置了能源计量器具，用能单元中的主要用能设备可不再单独配置能源计量器具。

4.3.6　在企业二、三级能源计量范围内，属于季节性供采暖或空调用蒸汽(热水)的，在确定不再安装能源计量器具，以及属于临时性用能，或用量低于表 2 要求的条件下，其实际供给或使用消耗的能源、载能工质的量值核算，允许采用计(测)算或临时计量等方式进行确定。

4.4　能源计量器具的准确度和功能要求

4.4.1　一级能源计量器具准确度要求

4.4.1.1　一级能源计量器具的准确度等级应不低于表 3 的要求。

表 3　一级能源计量器具准确度等级要求

计量器具类别	计量目的		准确度等级要求
衡器	进出企业固(液)态能源量的静态计量		ⓘⓘⓘ
	进出企业固(液)态能源的动态计量		0.5
电能表	进出企业有功交流电能计量	Ⅰ类负荷用量	0.5S
		Ⅱ类负荷用量	0.5
		Ⅲ类负荷用量	1.0
		Ⅳ类负荷用量	2.0
	进出企业直流电能计量		1.0
油流量表(装置)	进、出企业液态能源计量		原油、成品油 0.5
			重油、渣油及其他 1.0

表 3(续)

<table>
<tr><th>计量器具类别</th><th colspan="2">计量目的</th><th>准确度等级要求</th></tr>
<tr><td rowspan="4">气(汽)体流量表(装置)</td><td colspan="2" rowspan="4">进、出企业气(汽)态能源计量</td><td>煤气 2.0</td></tr>
<tr><td>天然气 2.0</td></tr>
<tr><td>其他气态能源 2.0</td></tr>
<tr><td>蒸汽 2.5</td></tr>
<tr><td rowspan="2">水流量表(装置)</td><td rowspan="2">进、出企业各种水量计量</td><td>管径不大于 250 mm</td><td>2.5</td></tr>
<tr><td>管径大于 250 mm</td><td>1.5</td></tr>
<tr><td>温度仪表</td><td colspan="2">用于气态、液态能源的温度计量</td><td>1.5</td></tr>
<tr><td>压力仪表</td><td colspan="2">用于气体、液体能源的压力计量</td><td>1.5</td></tr>
<tr><td colspan="4">注 1：与气(蒸)态能源质量计算配套的温度、压力仪表，其准确度不得低于 1.0。
注 2：若必须采用间接计量方可进行相应能源量计量时，其合成准确度应不低于表中直接计量方式所规定的要求。
注 3：进出企业有功交流电能按其所计量负荷用量多少划分为四类：
——Ⅰ类：月平均用电量 100 万 kW・h 及以上或变压器容量为 5 000 kV・A 及以上；
——Ⅱ类：小于Ⅰ类用电量(或变压器容量)，但月平均用电量 50 万 kW・h 及以上或变压器容量为 1 000 kV・A 及以上；
——Ⅲ类：小于Ⅱ类用电量(或变压器容量)，但月平均用电量 10 万 kW・h 及以上或变压器容量为 315 kV・A 及以上；
——Ⅳ类：小于Ⅲ类用电量(或变压器容量)的负荷。
注 4：用于成品油贸易结算的计量器具的准确度等级应不低于 0.2。
注 5：用于天然气贸易结算的计量器具的准确度等级应符合 GB/T 18603—2001 附录 A 和附录 B 的要求。</td></tr>
</table>

4.4.1.2　当计量器具是由传感器(变送器)、二次仪表组成的测量装置或系统时，表 3 给出的准确度等级应是装置或系统的准确度等级，装置或系统未明确给出其准确度等级时，可用传感器与二次仪表的准确度等级按误差合成方法合成。

4.4.1.3　对天然气计量仪表的安装，应符合 GB/T 18603—2001 的要求。

4.4.1.4　对锅炉热网系统，表 3 不能覆盖的计量器具，应符合 GB/T 17471 的要求。

4.4.2　一级能源计量器具的功能要求

4.4.2.1　衡器：优先选用具备数字式传感器结构和车辆信息自动识别功能的衡器，积极采用具备标准模拟、数字量信号输出和接口的智能化多功能称重仪表，推行称重计量过程计算机化、网络化操作与管理。

4.4.2.2　电能表：优先采用数字式多功能电能表，具有多时段、复费率、多参数检测功能，具备标准脉冲、数字量信号输出和接口，以及手抄器采集数据等功能。

4.4.2.3　气(汽)、液态流量计量表(装置)：计量检测方式符合国家相应技术规范要求，仪表结构科学合理、技术先进成熟、使用稳定可靠，流量、能量计算方式或计算软件符合国家规范要求，具备温度、压力等多参数实时补偿计算，具有多参数(功能)、无纸化记录显示，以及标准模拟、数字量信号输出和接口。

4.4.3　二级能源计量器具准确度要求

二级能源计量器具的准确度要求参照 4.4.1。

4.4.4　二级能源计量器具的功能要求同 4.4.2。

4.4.5　三级能源计量器具准确度要求

三级能源计量器具的准确度等级可参照 4.4.1 的要求，在满足生产工艺预期计量要求的前提下，其准确度等级(电能表除外)允许降低一个等级。

4.4.6 三级能源计量器具的功能要求原则上同 4.4.2，在满足生产工艺预期计量要求的前提下，根据实际需要对相关功能要求允许适当简化。

4.4.7 当能源作为生产原料使用时，其选用的计量器具准确度等级应同时满足相应生产工艺的预期计量要求。

4.4.8 能源计量器具的准确度和功能应满足相应的被测能源介质特点，并在受控或已知满足使用要求的环境中使用。

5 能源计量器具的管理要求

5.1 能源计量制度

5.1.1 企业对能源计量应实行归口管理，建立能源计量管理体系，形成文件，并保持和持续改进其有效性。

5.1.2 企业应建立、保持和使用文件化的程序来规范能源计量人员行为、能源计量器具管理和能源计量数据的采集、处理和汇总。

5.2 部门和人员

5.2.1 企业应明确具体部门和人员负责各级能源计量器具的管理，以及能源计量器具的配备、使用、检定（校准）、维修、报废等管理工作。

5.2.2 企业的能源计量管理人员应通过相关部门的培训考核，企业应建立和保存能源计量管理人员的技术档案。

5.2.3 企业内从事能源计量器具检定、校准和维修人员，应具有相应的业务资质，持证上岗。

5.3 能源计量器具

5.3.1 企业应备有完整的能源计量器具一览表。表中应列出计量器具的名称、型号规格、准确度等级、测量范围、生产厂家、出厂编号、用能单位管理编号、安装使用地点、状态（指合格、准用、停用等）。各级能源计量应备有独立的能源计量器具一览表分表。

5.3.2 用能设备的设计、安装和使用应满足 GB/T 6422、GB/T 15316 关于用能设备的能源监测要求，新装及更新的能源计量器具必须经检定（校准）合格后方能安装使用。

5.3.3 企业应建立一、二级能源计量器具档案，内容包括：使用说明书、出厂合格证、最近两个连续周期的检定（测试、校准）证书、维检记录，其他相关信息。

5.3.4 企业应在能源计量器具配备前后实行审核和评价，内容包括（但不仅限于）：计量管理级别、计量检测点、预期计量要求，配置方案在法制、技术上的符合性和可行性，以及计量器具（和配套应用软件）的功能和量值溯源方式等方面。

5.3.5 企业应建立相应的计量标准，或确定提供所需计量溯源服务的合格外部供方，确保所用能源计量器具的量值溯源有规范的依据和途径，并绘制出相应的量值传递或溯源图。

5.3.6 企业对使用的能源计量器具应实施有效计量确认，不得使用经计量确认不能满足预期计量要求或超过计量确认间隔的计量器具。属于强制检定的计量器具，其检定周期、检定方式的执行应遵守有关计量法律法规的规定。

5.3.7 企业应建立能源计量器具管理（计量确认）台账，并实施动态管理，对在用能源计量器具实行分类和标识等有效管理形式。

5.3.8 凡属自行确认且自行确定确认间隔的计量器具，应以现行有效的受控文件（即自确认计量器具的管理程序和自确认规范）作为依据。

5.3.9 企业在用的能源计量器具计量确认或检修计划的执行，应列入企业生产组织和设备检修计划中。

5.4 能源计量数据

5.4.1 企业对能源计量检测数据的采集、处理、传递和报告应实行统一归口管理，并形成文件化、程序化管理。

5.4.2 企业可根据需要建立能源计量数据中心,利用计算机和网络技术实现对能源计量检测数据的网络化管理。

5.4.3 用于能源计量结算的数据,由能源计量管理部门的具体人员对传输或采集到的计量检测数据先确认其有效性,然后进行数据分析核对,以及计量检测数据修正,最终形成企业的能源计量结算数据。

5.4.4 企业应建立能源统计报表制度,能源统计报表数据应能追溯至计量检测数据。能源计量结算数据记录应采用规范的表格式样,计量结算数据记录表格应便于数据的汇总与分析,应说明被测量与记录数据之间的转换方法或关系。

5.4.5 企业能源计量管理部门应对能源计量检测数据强化管理,对计量检测数据形成的各环节进行不定期的监督核查,确保计量检测数据真实、准确。

ICS 27.010
F 01

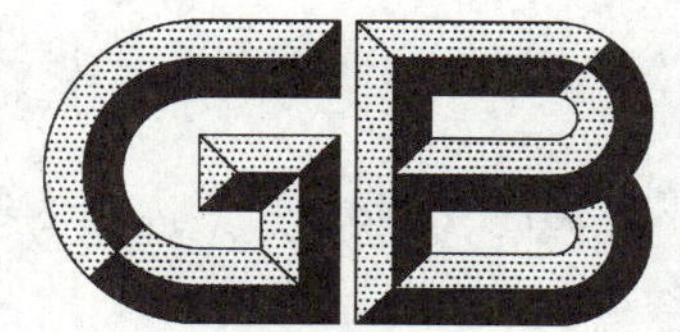

中华人民共和国国家标准

GB/T 21367—2008

化工企业能源计量器具配备和管理要求

Specification for equipping and managing of the measuring instrument of energy in chemical enterprise

2008-01-21 发布　　2008-07-01 实施

中华人民共和国国家质量监督检验检疫总局
中国国家标准化管理委员会　发布

前　言

本标准是在 GB 17167—2006《用能单位能源计量器具配备和管理通则》的基础上，按照化工行业特点制定的。

本标准由国家发展和改革委员会资源节约和环境保护司、国家质量监督检验检疫总局计量司和国家标准化管理委员会工业标准一部提出。

本标准由全国能源基础与管理标准化技术委员会归口。

本标准主要起草单位：中国计量协会化工计量控制分会、青岛碱业股份有限公司、北京橡胶工业研究设计院、上海华谊（集团）、大化集团有限责任公司、山东世纪信诺科技发展有限公司、中国蓝星（集团）总公司。

本标准主要起草人：李世昌、刘泽檪、王克先、寿永祥、戴雪虹、闫忠勇、金剑萍、高健、姜润泉。

化工企业能源计量器具配备和管理要求

1 范围

本标准规定了化工企业能源计量器具的配备与管理要求。

本标准适用于化工行业生产性质的企业(以下简称用能单位)。

2 规范性引用文件

下列文件中的条款通过本标准的引用而成为本标准的条款。凡是注日期的引用文件,其随后所有的修改单(不包括勘误的内容)或修订版均不适用于本标准,然而,鼓励根据本标准达成协议的各方研究是否可使用这些文件的最新版本。凡是不注日期的引用文件,其最新版本适用于本标准。

GB/T 6422 企业能耗计量与测试导则

GB/T 15316 节能监测技术通则

GB 17167 用能单位能源计量器具配备和管理通则

GB/T 17471 锅炉热网系统能源监测与计量仪表配备原则

GB/T 18603 天然气计量系统技术要求

GB/T 19022 测量管理体系 测量过程和测量设备的要求(GB/T 19022—2003,ISO 10012:2003,IDT)

GB 50093 自动化仪表工程施工及验收规范

3 术语和定义

GB 17167 确立的以及下列术语和定义适用于本标准。

3.1

一级能源计量 the first class of energy measurement

进出用能单位进行结算的能源计量。

3.2

二级能源计量 the second class of energy measurement

次级用能单位进行成本或消耗结算的能源计量。

3.3

三级能源计量 the third class of energy measurement

次级用能单位内部对装置、系统、工序、工段和主要用能设备进行核算的能源计量。

4 能源计量器具配备

4.1 能源计量的种类

本标准所称能源,指煤炭、原油、天然气、电力、焦炭、煤气、热力、成品油、液化石油气、生物质能和其他直接或者通过加工、转换而取得有用能的各种资源。

4.2 能源计量的范围

a) 输入用能单位、次级用能单位和用能设备的能源及耗能工质;

b) 输出用能单位、次级用能单位和用能设备的能源及耗能工质；

c) 用能单位、次级用能单位和用能设备使用(消耗)的能源及耗能工质；

d) 用能单位、次级用能单位和用能设备自产的能源及耗能工质；

e) 用能单位、次级用能单位和用能设备可回收利用的余能资源。

4.3 能源计量器具的配置原则

4.3.1 用能单位配备的能源计量器具要充分考虑现行国家标准、行业标准和企业标准的指导作用，要满足生产工艺和相关标准的具体要求。

4.3.2 用能单位能源计量，应满足能源分类、分级和分项统计和核算的要求。

4.4 能源计量器具的配备要求

4.4.1 用能单位应加装能源计量器具。

4.4.2 用能量(或产能量、或输运能量)大于或等于表1中一种或多种能源消耗量限定值的次级用能单位为主要次级单位。主要次级单位应装能源计量器具。

4.4.3 单台设备耗能量大于或等于表1中一种或多种能源消耗量限定值的设备为主要用能设备。主要用能设备应加装能源计量器具。

表1 主要次级单位和重点用能设备能源消耗量(或功率)限定值

能源种类	电力	煤炭、焦炭	原油、成品油、石油液化气	重油、渣油	煤气、天然气	蒸汽热水	水	其他
主要次级单位限定值	10 kW	100 t/a	40 t/a	80 t/a	10 000 m^3/a	5 000 GJ/a	5 000 t/a	2 926 GJ/a
主要用能设备限定值	100 kW	1 t/h	0.5 t/h	1 t/h	100 m^3/h	7 MW	1 t/h	29.26 GJ/h

注1：表中a是法定计量单位中“年”的符号。

注2：表中m^3指在标准状态下。

注3：2 926 GJ相当于100吨标准煤。其他能源应按等价热值折算。

注4：对于可单独进行能源计量考核的用能单元(装置、系统、工序、工段等)，如果用能单元已配备了能源计量器具，用能单元中的主要用能设备可以不再单独配备能源计量器具。

注5：对于集中管理同类用能设备的用能单元(锅炉房、泵房等)，如果用能单元已配备了能源计量器具，用能单元中的主要用能设备可以不再单独配备能源计量器具。

4.4.4 各级能源计量器具配备率按下式计算：

$$R_p = \frac{N_s}{N_l} \times 100\%$$

式中：

R_p——各级能源计量器具配备率，%；

N_s——各级能源计量器具实际配备数量；

N_l——各级能源计量器具配备理论需要量。

4.4.5 用能单位能源计量器具配备率应符合表2的要求。

表 2　能源计量器具配备率要求

单位：%

能源种类		一级能源计量	二级能源计量	三级能源计量
电力		100	100	95
固态能源	煤炭	100	100	90
	焦炭	100	100	90
液态能源	原油	100	100	90
	成品油	100	100	95
	重油	100	100	90
	渣油	100	100	90
气态能源	天然气	100	100	90
	液化气	100	100	90
	煤气	100	90	80
	蒸汽	100	90	70
耗能工质	水	100	95	80
	其他耗能工质	100	80	60
可回收利用余能		90	80	—

注 1：进出用能单位的季节性供暖用蒸汽（热水）可采用非直接计量载能工质流量的其他计量结算方式。

注 2：进出主要次级用能单位的季节性供暖用蒸汽（热水）可以不配备能源计量器具。

注 3：在主要用能设备上作为辅助能源使用的电力和蒸汽、水等载能工质，其耗能量很小（低于表 1 的要求）可以不配备能源计量器具。

4.4.6　用能单位所用能源计量器具的准确度应不低于表 3 的要求。

表 3　能源计量器具的准确度要求

计量器具类别	计量项目		准确度等级要求
衡器	进出用能单位燃料的静态计量		Ⅲ（圈）
	进出用能单位燃料的动态计量		0.5
电能表	进出用能单位有功交流电能计量	Ⅰ类用户	0.5 S
		Ⅱ类用户	0.5
		Ⅲ类用户	1.0
		Ⅳ类用户	2.0
		Ⅴ类用户	2.0
	进出用能单位的直流电能计量		2.0
油流量表（装置）	进出用能单位的液体能源计量		成品油 0.2
			原油 0.5
			重油、渣油 1.0
气（汽）体流量表（装置）	进出用能单位的气体能源计量		煤气 2.0
			天然气 2.0

表 3（续）

<table>
<tr><th>计量器具类别</th><th colspan="2">计量项目</th><th>准确度等级要求</th></tr>
<tr><td>气体流量表(装置)</td><td colspan="2">进出用能单位的气体能源计量</td><td>蒸汽 2.0</td></tr>
<tr><td rowspan="2">水流量表(装置)</td><td rowspan="2">进出用能单位的水计量</td><td>管径不大于 250 mm</td><td>2.5</td></tr>
<tr><td>管径大于 250 mm</td><td>1.5</td></tr>
<tr><td rowspan="2">温度仪表</td><td colspan="2">用于液态、气态能源的温度计量</td><td>2.0</td></tr>
<tr><td colspan="2">与气体、蒸汽质量计量相关温度测量的温度传感器</td><td>0.5</td></tr>
<tr><td rowspan="2">压力仪表</td><td colspan="2">用于气体、液态能源的压力计量</td><td>2.0</td></tr>
<tr><td colspan="2">与气体、蒸汽质量计量相关压力测量的压力变送器、差压变送器</td><td>0.2</td></tr>
<tr><td colspan="4">注 1：运行中的电能计量装置按其所计量电能的多少，将用户分为五类。Ⅰ类用户为月平均用电量 500 万 kW·h及以上或变压器容量为 10 000 kV·A 及以上的高压计费用户；Ⅱ类用户为小于Ⅰ类用户用电量(或变压器容量)但月平均用电量 100 万 kW·h 及以上或变压器容量为 2 000 kV·A 及以上的高压计费用户；Ⅲ类用户为小于Ⅱ类用户用电量(或变压器容量)但月平均用电量 10 万 kW·h 及以上或变压器容量为 315 kV·A 及以上的计费用户；Ⅳ类用户为负荷容量为 315 kV·A 及以下的计费用户；Ⅴ类用户为单相供电的计费用户。
注 2：当计量器具是由传感器(变送器)、二次仪表组成的测量装置或系统时，表 3 给出的准确度应是装置或系统的准确度(装置或系统未明确给出其准确度时，可用传感器与二次仪表的准确度按误差合成方法合成)。</td></tr>
</table>

4.4.7　二级、三级能源计量所配备能源计量器具的准确度等级(电能表除外)参照表 3 的要求，三级能源计量所配备电能表可比表 3 的同类用户低一个档次的要求。

4.4.8　对有能源加工、转换、输运性质的用能单位，其所配备的能源计量器具应满足评价其能源加工、转换、输运效率的要求。

4.4.9　能源作为生产原料使用时，其计量器具的准确度应满足相应的生产工艺要求。

4.4.10　能源计量器具的性能必须满足相应的生产工艺计量要求及使用环境要求(如温度、湿度、照明、振动、粉尘、腐蚀、电磁干扰等)。

4.4.11　对天然气计量仪表的配备，应符合 GB/T 18603 的要求。

4.4.12　对锅炉热网系统，表 3 不能覆盖的计量器具，应符合 GB/T 17471 的要求。

4.4.13　用能设备的设计、安装和使用，应能满足 GB/T 6422、GB/T 15316 中关于用能设备的能源监测要求。

4.4.14　对能源计量器具配备的自动化仪表的施工及验收，应符合 GB 50093 中的要求。

4.4.15　重点用能单位应配备必要的便携式检测仪表，以满足自检自查要求。

5　能源计量管理要求

5.1　能源计量管理体系

5.1.1　用能单位应建立能源计量管理体系，按照 GB/T 19022 的要求执行，形成文件，并保持和持续改进其有效性。

5.1.2　用能单位应建立、保持和使用文件化的程序来规范人员行为、管理计量器具和进行计量数据的采集、汇总和处理。

5.2　能源计量人员

5.2.1　用能单位应设有专人负责能源计量器具和计量数据的管理。

5.2.2 用能单位的能源计量管理人员应通过相关管理部门的培训考核;用能单位应每年或定期进行考评、实际工作观察证明其可承担相应工作,持证上岗;用能单位应建立和保存能源计量管理人员的技术档案。

5.2.3 计量器具的检定、校准和维修人员,应具有相应的资质。

5.3 能源计量器具

5.3.1 用能单位应备有完整的能源计量器具配备一览表。表中应列出计量测点名称、计量器具的名称、型号规格、准确度等级、生产厂家、出厂编号、用能单位编号、安装使用地点、状态(指合格、准用、停用等)。一览表中按一级、二级、三级能源计量分级,按计量品种分类,并按类别和量程大小排序。

5.3.2 用能单位应建立能源计量器具档案,内容包括:

——计量器具使用说明书;

——计量器具出厂合格证;

——计量器具历次(或最近二个连续周期的)检定(测试、校准)证书;

——计量器具检修记录;

——计量器具其他相关的信息。

5.3.3 用能单位应建有明确的能源计量器具量值传递系统并绘制量值传递或溯源图,其中作为用能单位内部标准计量器具使用的,要明确规定其准确度、测量范围、可溯源的上级传递标准。

5.3.4 属用能单位经营贸易结算所用的能源计量器具,按国家对强制检定计量器具的管理要求进行。其他按非强制检定计量器具依法自管并按用能单位内部主要测点进行控制。

5.3.5 用能单位的能源计量器具应实行定期检定(校准),并有确定的检定(校准)周期。属强制检定的计量器具,其使用、检定周期、检定方式应遵守有关计量法规的规定。

5.3.6 用能单位能源计量器具凡属自行校准且自行确定校准间隔的,应有现行有效的受控文件(即自校计量器具的管理程序和自校规范)作为依据。

5.3.7 用能单位应保证能源计量器具在用管理的状态标识、运行维护与维修受控有效,确保在用完好并始终处于校准受控状态,相应记录完善。

5.3.8 用能单位的能源计量器具在用时,应充分考虑封记,防止人为改变其校准状态。

5.4 能源计量数据

5.4.1 用能单位应建立能源统计报表制度,能源统计报表数据应能追溯至计量检测记录。

5.4.2 用能单位能源计量数据记录应采用规范的表格式样,计量检测记录表格应便于对数据的汇总与分析,应说明直接读数与被测量或记录量之间的转换方法或关系。

5.4.3 重点用能单位可根据需要建立能源计量数据中心,利用计算机技术实现能源计量检测数据的网络化管理。

5.4.4 重点用能设备可根据需要按生产周期及时统计计算出其单位产品的各种主要能源消耗量。

5.4.5 用能单位对能源计量检测数据的采集、处理、传递和报告,应形成文件化、程序化管理,明确归口管理职责,使计量数据形成的各环节受控、有监督核查、有计量确认,确保计量检测数据真实、准确。

5.4.6 能源计量数据及有关记录保存期限应不低于3年。

ICS 27.010
F 01

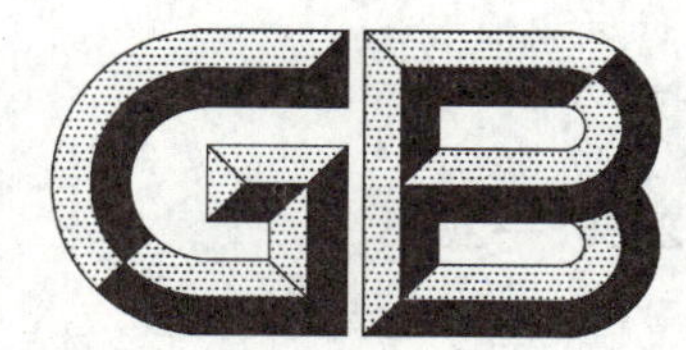

中华人民共和国国家标准

GB/T 21368—2008

钢铁企业能源计量器具配备和管理要求

Specification for equipping and managing of measuring instrument of energy in the iron and steel industry

2008-01-21 发布　　　　2008-07-01 实施

中华人民共和国国家质量监督检验检疫总局
中国国家标准化管理委员会　发布

前　言

本标准依据 GB 17167—2006《用能单位能源计量器具配备和管理通则》的规定和要求，结合钢铁行业特点制定的。

本标准由国家发展和改革委员会资源节约和环境保护司、国家质量监督检验检疫总局计量司和国家标准化管理委员会工业标准一部提出。

本标准由全国能源基础与管理标准化技术委员会归口。

本标准负责起草单位：中国计量协会冶金分会、首钢总公司、冶金自动化研究设计院、太原钢铁集团公司、济南钢铁集团公司、鞍山钢铁集团公司、包头钢铁集团公司、陕西龙门钢铁集团公司、中冶东方工程技术有限公司、重庆钢铁集团公司、中冶南方工程技术有限公司、酒泉钢铁集团公司。

本标准主要起草人：刘晓京、康治清、樊春刚、薛兴昌。

钢铁企业能源计量器具配备和管理要求

1 范围

本标准规定了钢铁行业用能单位能源计量的种类、范围,能源计量器具的配备原则和基本要求。

本标准适用于钢铁行业从事采矿、烧结、球团、焦化、炼铁、炼钢、连铸、轧钢,以及电力、动力等与生产主流程有关的用能企业。

2 规范性引用文件

下列文件中的条款通过本标准的引用而成为本标准的条款。凡是注日期的引用文件,其随后所有的修改单(不包括勘误的内容)或修订版均不适用于本标准,然而,鼓励根据本标准达成协议的各方研究是否可使用这些文件的最新版本。凡是不注日期的引用文件,其最新版本适用于本标准。

GB/T 6422 企业能耗计量与测试导则

GB/T 15316 节能监测技术通则

GB 17167 用能单位能源计量器具配备和管理通则

GB/T 18603—2001 天然气计量系统技术要求

3 术语和定义

GB 17167 确定的以及下列术语和定义适用于本标准。

3.1

钢铁行业用能单位 organization of energy using in the iron and steel industry

钢铁行业中具有独立法人地位的单位和具有独立结算能力的单位。

以下简称用能单位。

3.2

钢铁行业次级用能单位 sub-organization of energy using in the iron and steel industry

用能单位直属的能源核算单位,指生产厂、工程、维检、生产服务等。

以下简称次级用能单位。

3.3

钢铁行业基本用能单元 cell of energy using in the iron and steel industry

次级用能单位下属的基本生产单位,指生产工序、工段、站、工程队等。

以下简称基本用能单元。

4 能源计量器具的配备要求

4.1 计量能源种类

本标准所称能源,指煤炭、原油、天然气、电力、焦炭、煤气、热力等和其他直接或者通过加工、转换、回收而取得有用能的各种资源。

4.2 能源计量范围

a) 输入用能单位、次级用能单位、基本用能单元的能源及耗能工质;

b) 输出用能单位、次级用能单位、基本用能单元的能源及耗能工质;

c) 用能单位、次级用能单位、基本用能单元使用的能源及耗能工质；

d) 用能单位、次级用能单位、基本用能单元自产的能源及耗能工质；

e) 用能单位、次级用能单位、基本用能单元回收利用的余能资源。

4.3 能源计量器具的配备原则

4.3.1 应满足能源分类计量的要求。

4.3.2 应满足用能单位能源分级分项进行结算、核算的要求。

4.3.3 应满足节能监测的要求，并配备必要的便携式节能检测计量器具。

4.3.4 应按生产与非生产用能、自用与转供能源分别计量。

4.3.5 余能的回收量、使用量及放散量要求配备能源计量器具，包括利用高炉炉顶压差、焦炉干熄焦余能发电，回收利用高炉煤气、转炉煤气，回收余热转换为蒸汽，回收处理污水再利用等。

4.3.6 能源计量设备应随着生产能力、产品结构、工艺技术的变化和能源物质运输方式的改变及时补充完善。

4.3.7 能源计量器具应与新建、改造、检修工程项目主体同时设计、同时施工、同时验收和投入使用。

4.3.8 因施工等原因，需临时拆除计量器具及管、线、盘等附属设施时，必须经过计量、能源管理部门同意，并采取措施保证其间能源管理有效，工程完工后恢复计量装置原状。

4.3.9 对具备实行躲峰用电条件的单位，应安装峰谷电表。

4.4 能源计量器具的配备要求

4.4.1 能源计量器具配备率按下式计算：

$$R_p = \frac{N_s}{N_1} \times 100\%$$

式中：

R_p——能源计量器具配备率，%；

N_s——能源计量器具实际的安装配备数量；

N_1——计量器具配备理论需要量。

4.4.2 用能单位、次级用能单位、基本用能单元应加装能源计量器具。

4.4.3 凡未执行基本用能单元能源计量考核的，用能量（产能量或疏运能量）大于或等于表1中一种或多种能源消耗量限定值的装置，应加装能源计量器具。

表1 能源消耗量（或功率）限定值

能源种类	电力	固体燃料	原油 成品油 石油液化气	重油	煤气 天然气	蒸汽 热水	水	其他
单位	kW	t/h	t/h	t/h	m^3/h	MW	t/h	GJ/h
限定值	100	1	0.5	1	100	7	1	29.26

注1：对于可单独进行能源计量考核的基本用能单元（装置、系统、工序、工段等），如果基本用能单元已配置了能源计量器具，基本用能单元中的主要用能设备可以不再单独配置能源计量器具。

注2：对于集中管理同类用能设备的基本用能单元（锅炉房、泵房等），如果基本用能单元已配置了能源计量器具，基本用能单元中的主要用能设备可以不再单独配置能源计量器具。

4.4.4 能源计量器具配备率应符合表2的要求。

表2 能源计量器具配备率要求

单位：%

能源种类			用能单位	次级用能单位	基本用能单元
电力	外购电		100	100	100
	自备发电		100	100	100
	利用余能发电		100	100	100
固态能源	煤炭	原煤	100	100	95
		炼焦洗精煤	100	100	95
		其他洗煤	100	100	95
		型煤	100	100	95
	焦炭		100	100	95
液态能源	原油		100	100	95
	成品油		100	100	95
	重油		100	100	90
气态能源	天然气		100	100	95
	液化气		100	100	90
	焦炉煤气		100	100	80
	转炉煤气		100	95	90
	高炉煤气		100	95	90
	混合煤气		100	95	90
	发生炉煤气		100	95	90
	蒸汽		100	90	80
耗能工质	氧气		100	100	95
	氮气		100	100	90
	氩气		100	100	90
	余热回收蒸汽		100	90	80
	净水		100	100	95
	新水（工业水）		100	95	90
	软化水		100	95	90
	循环水、中水		100	90	90
	压缩空气		100	100	90
	鼓风		100	100	90

4.4.5 企业自备的动力、电力、制氧生产厂，其所配备的能源计量器具应满足其能源效率评价的要求。

4.4.6 用能单位的能源计量器具准确度等级应满足表3的要求。

表 3　用能单位能源计量器具准确度等级要求

计量器具类别	计　量　目　的		准确度等级
衡　器	进出用能单位燃料的静态计量		(Ⅲ)
	进出用能单位燃料的动态计量		0.5
电能表	用能单位有功交流电能计量Ⅰ类用户		0.5 S
	用能单位有功交流电能计量Ⅱ类用户		0.5
	用能单位有功交流电能计量Ⅲ类用户		1.0
	用能单位有功交流电能计量Ⅳ类用户		2.0
	用能单位有功交流电能计量Ⅴ类用户		2.0
	用能单位的直流电能计量		2.0
油流量表（装置）	进出用能单位	汽油、柴油	0.5
		重油	1.0
气体流量表（装置）	进出用能单位	煤气、天然气	2.0
		蒸汽	1.0
水流量表（装置）	进出用能单位	管径≤250 mm	2.5
		管径>250 mm	1.5
温度计	用于液态、气态能源的温度计量		2.0
	与气体、蒸汽质量计算相关的温度计量		1.0
压力表	用于气态、液态能源的压力计量		2.0
	与气体、蒸汽质量计算相关的压力计量		1.0

注 1：当计量器具是由传感器（变送器）、二次仪表组成的测量装置或系统时，表中给出的准确度等级应是装置或系统的准确度等级。装置或系统未明确给出其准确度等级时，可用传感器与二次仪表的准确度。

注 2：运行中的电能计量装置按其所计量电能量的多少，将用户分为五类：

1）Ⅰ类用户为月平均用电量 500 万 kW·h 及以上或变压器容量为 10 000 kV·A 及以上的高压计费用户；

2）Ⅱ类用户为小于Ⅰ类用户用电量（或变压器容量），但月平均用电量 100 万 kW·h 及以上或变压器容量为 2 000 kV·A 及以上的高压计费用户；

3）Ⅲ类用户为小于Ⅱ类用户用电量（或变压器容量），但月平均用电量 10 万 kW·h 及以上或变压器容量为 315 kV·A 及以上的计费用户；

4）Ⅳ类用户为负荷容量为 315 kV·A 及以上的计费用户；

5）Ⅴ类用户为单项用电的计费用户。

注 3：用于成品油贸易结算的计量器具的准确度等级应不低于 0.2。

注 4：用于天然气贸易结算的计量器具的准确度等级应符合 GB/T 18603—2001 附录 A 和附录 B 的要求。

4.4.7　次级用能单位所配备能源计量器具的准确度等级（电能表除外）参照表 3 的要求，电能表可比表 3 的同类用户低一个档次的要求。

4.4.8　基本用能单元所配备能源计量器具的准确度等级（电能表除外）参照表 3 的要求，电能表可比表 3 的同类用户低一个档次的要求。

4.4.9　能源作为生产原料使用时，其计量器具的准确度等级应满足相应的生产工艺要求。

4.4.10　能源计量器具的性能应满足相应的生产工艺及使用环境（如温度、温度变化率、湿度、照明、振动、粉尘、腐蚀、电磁干扰等）要求。

5 能源计量器具的管理要求

5.1 能源计量制度

5.1.1 用能单位应建立能源计量管理体系，形成文档，保持并持续改进其有效性。

5.1.2 用能单位应建立和使用文档化的程序来规范人员行为，管理计量器具和进行数据的采集、处理和汇总。

5.2 能源计量人员

5.2.1 用能单位应设专人负责能源计量器具的管理，负责能源计量器具的配备、使用、检定（校准）、维护、修理、更新报废等管理工作。

5.2.2 用能单位应设专人负责次级用能单位和基本用能单元能源计量器具的管理。

5.2.3 用能单位的能源计量管理人员，应通过相关部门的培训考核，持证上岗；用能单位应建立和保存能源计量管理人员的技术档案。

5.2.4 能源计量器具的管理、检定、校准和维修人员，应具有相应的资格。

5.3 能源计量器具

5.3.1 用能单位应备有完整的能源计量器具一览表。表中应列出计量器具的名称、型号规格、准确度等级、测量范围、生产厂家、出厂编号、用能单位管理编码、安装使用地点、状态（指合格、准用、停用等）。次级用能单位和基本用能单元应备有独立的能源计量器具一览分表。

5.3.2 用能设备的设计、安装和使用应能满足 GB/T 6422、GB/T 15316 中关于用能设备的能源监测要求。

5.3.3 用能单位应建立能源计量器具档案，内容包括：使用说明书、出厂合格证、最近两个连续周期的检定（测试、校准）证书、计量器具维修记录；其他相关的信息。

5.3.4 用能单位应建有能源计量器具量值传递或溯源图，其中作为用能单位内部标准计量器具使用的，要明确规定其准确度等级、测量范围、可溯源的上级传递标准。

5.3.5 用能单位的能源计量器具，凡属自行校准且自行确定校准间隔的，应有现行有效的受控文件依据。

5.3.6 能源计量器具应定期检定（校准）。凡经检定（校准）不符合要求的或超过检定周期的计量器具一律不准使用。属强制检定的计量器具，其检定周期、检定方式应遵循有关计量法规的规定。

5.3.7 在用的能源计量器具，应在明显位置粘贴与能源计量器具一览表编号对应的标签，便于管理和查验。

5.4 能源计量数据

5.4.1 用能单位应建立能源统计报表制度。能源统计报表数据应能追溯至计量测试记录。

5.4.2 能源计量数据记录应采用规范的表格式样，计量测试记录表格应便于对数据的汇总与分析，应说明被测量与记录数据之间的转换方法或关系。

5.4.3 重点用能单位可建立能源计量数据中心，通过计算机网络技术，实现生产过程能源动态管理，按生产周期（班、日、月）及时获取、更新能源数据。

5.4.4 用于生产、结算、考核等的能源数据，统一由计量部门确认或提供。

5.4.5 计量数据统计时间，以计量、计划、生产、供应、经销、运输等部门共同商定的时间为准，不得提前或错后，防止数据有误。

5.4.6 各种能源计量数据，由计量部门负责保存 3 年以上。

ICS 27.010
F 01

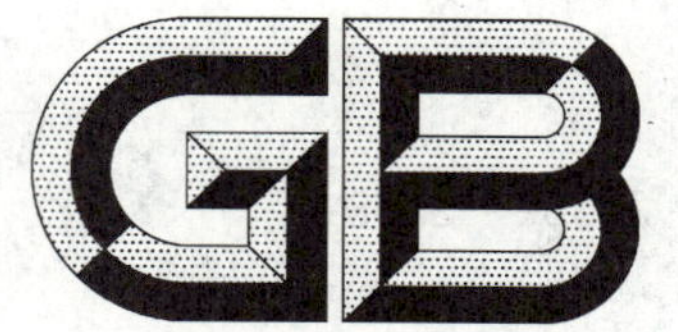

中华人民共和国国家标准

GB/T 21369—2008

火力发电企业能源计量器具配备和管理要求

Specification for equipping and managing of measuring instrument of energy in fossil power plants

2008-01-21 发布 2008-07-01 实施

中华人民共和国国家质量监督检验检疫总局
中国国家标准化管理委员会 发布

前　言

本标准依据 GB 17167—2006《用能单位能源计量器具配备和管理通则》的规定和要求，结合火力发电企业的特点制定。

本标准由国家发展和改革委员会资源节约和环境保护司、国家质量监督检验检疫总局计量司和国家标准化管理委员会工业标准一部提出。

本标准由全国能源基础与管理标准化技术委员会归口。

本标准起草单位：中国南方电网有限责任公司、广东电网公司电力科学研究院、华能威海电厂、华能汕头电厂。

本标准主要起草人：王静辉、郑龙、叶桂珍、万翟、李书杰、叶瑞贞、辜鹤瑜、李青、何宏明、石少青。

火力发电企业能源计量器具配备和管理要求

1 范围

本标准规定了火力发电企业能源计量的种类、范围，能源计量器具的配备和管理要求。

本标准适用于燃煤发电、燃油发电和燃气发电等火力发电企业（以下称用能单位）。

2 规范性引用文件

下列文件中的条款通过本标准的引用而成为本标准的条款。凡是注日期的引用文件，其随后所有的修改单（不包括勘误的内容）或修订版均不适用于本标准，然而，鼓励根据本标准达成协议的各方研究是否可使用这些文件的最新版本。凡是不注日期的引用文件，其最新版本适用于本标准。

GB/T 6422 企业能耗计量与测试导则

GB/T 15316 节能监测技术通则

GB 17167 用能单位能源计量器具配备和管理通则

GB/T 18603 天然气计量系统技术要求

3 术语和定义

GB 17167 确立的以及下列术语和定义适用于本标准。

3.1

火力发电企业用能单位 organization of energy using for fossil power plants

具有独立法人地位的或具备独立核算能力的火力发电企业。

以下简称用能单位。

3.2

火力发电企业次级用能单位 sub-organization of energy using for fossil power plants

火力发电企业用能单位下属的能源核算单位。

以下简称次级用能单位。

4 能源计量器具的配备

4.1 能源计量种类

煤炭、原油、天然气、水煤浆、煤气、电力、热力、成品油、液化石油气、生物质能和其他直接或者通过加工、转换、回收而取得有用能的各种资源。

4.2 能源计量范围

a) 输入用能单位、次级用能单位、用能设备的能源及耗能工质；

b) 输出用能单位、次级用能单位、用能设备的能源及耗能工质；

c) 用能单位、次级用能单位、用能设备使用的能源及耗能工质；

d) 用能单位、次级用能单位、用能设备自产的能源及耗能工质；

e) 用能单位、次级用能单位、用能设备回收利用的余能资源。

4.3 能源计量器具的配备原则

a) 应满足贸易结算的要求；

b） 应满足能源分类计量的要求；

c） 应满足用能单位实现能源分级分项统计和核算的要求；

d） 应满足用能单位评价其能源加工、转换、输运效率的要求；

e） 应配备必要的便携式能源检测仪表，以满足自检自查的要求。

4.4 能源计量器具的配备要求

4.4.1 能源计量器具配备率按以下公式计算：

$$R_p = \frac{N_s}{N_1} \times 100\%$$

式中：

R_p——能源计量器具配备率，%；

N_s——能源计量器具实际配备数量；

N_1——能源计量器具理论需要量。

4.4.2 用能单位应配备能源计量器具。

4.4.3 用能量（产能量或输送能量）大于或等于表1中一种或多种能源消耗量限定值的次级用能单位为主要次级用能单位。

主要次级用能单位应按表3要求配备能源计量器具。主要次级用能单位所配备能源计量器具的准确度等级参照表4的要求。

表1 主要次级用能单位配备能源计量器具的能源消耗量（或功率）限定值

能源种类	电力	固体燃料	原油成品油 石油液化气	重油	煤气天然气	蒸汽热水	水	其他
单位	kW	t/a	t/a	t/a	m^3/a	GJ/a	t/a	GJ/a
限定值	10	100	40	80	10 000	5 000	5 000	2 926

注1：表中a是法定计量单位中“年”的符号。

注2：表中的m^3指在标准状态下，表2同。

注3：2 926GJ相当于100吨标准煤。其他能源应按等同热值折算，表2同。

4.4.4 单台设备能源消耗量大于或等于表2中一种或多种能源消耗量限定值的为主要用能设备。

主要用能设备应按表3要求配备能源计量器具。主要用能设备所配备能源计量器具的准确度等级参照表4的要求。

表2 主要用能设备配备能源计量器具的能源消耗量（或功率）限定值

能源种类	电力	固体燃料	原油成品油 石油液化气	重油	煤气天然气	蒸汽热水	水	其他
单位	kW	t/h	t/h	t/h	m^3/h	MW	t/h	GJ /h
限定值	100	1	0.5	1	100	7	1	29.26

4.4.5 能源计量器具配备率应不低于表3的要求。

表3 能源计量器具配备率要求

单位：%

能源种类		进出用能单位	进出主要次级 用能单位	主要用能设备
电力		100	100	95
固态能源	煤炭	100	100	90
固液混合能源	水煤浆	100	100	90

表 3(续)

单位:%

能源种类		进出用能单位	进出主要次级用能单位	主要用能设备
液态能源	原油	100	100	90
	成品油	100	100	95
	重油	100	100	90
	渣油	100	100	90
气态能源	天然气	100	100	90
	液化气	100	100	90
	煤气	100	90	80
	蒸汽	100	80	70
耗能工质	水	100	95	80
	压缩空气及其他	100	80	60
可回收利用的余热(能)		90	80	—
注 1:对于进出用能单位的季节性供暖用蒸汽(热水)可采用非直接计量载能工质流量的其他计量结算方式。 注 2:对于进出主要次级用能单位的季节性供暖用蒸汽(热水)可以不配备能源计量器具。 注 3:对于在主要用能设备上作为辅助能源使用的电力和蒸汽、水、压缩空气等载能工质,其耗能量小于表 2 规定值的,可以不配置专用能源计量器具。				

4.4.6 用能单位配备的能源计量器具准确度等级应不低于表 4 的要求。

表 4 用能单位能源计量器具准确度等级要求

计量器具类别	计量目的		准确度等级
衡器	进出用能单位燃料的静态计量		0.1
	进出用能单位燃料的动态计量		0.5
电能表	交流电能计量	Ⅰ类电能计量装置	0.2S
		Ⅱ类电能计量装置	0.5S
		Ⅲ类电能计量装置	1.0
		Ⅳ类电能计量装置	2.0
		Ⅴ类电能计量装置	2.0
	直流电能计量		2.0
油流量表(装置)	进出用能单位液体能源计量	汽油、柴油	0.5
		重油、渣油	1.0
气体流量表(装置)	进出用能单位气态能源计量	天然气	1.0
		煤气	2.0
		蒸汽	1.0
水流量表(装置)	进出用能单位净水流量计量	管径 ≤250 mm	2.0
		管径>250 mm	1.5
	污水流量计量		2.5

表 4(续)

计量器具类别	计　量　目　的	准确度等级
气体流量表(装置)	空气、氮气、烟气等气态载能工质的计量	2.5
温度仪表	用于液态、气态能源的温度计量	1.5
	与气体、蒸汽质量计算相关的温度计量	1.0
压力仪表	用于气态、液态能源的压力计量	1.5
	与气体、蒸汽质量计算相关的压力计量	0.5

注 1：当计量器具是由传感器(变送器)、二次仪表组成的测量装置或系统时，表中给出的准确度等级应是装置或系统的准确度等级。装置或系统未明确给出其准确度等级时，可用传感器与二次仪表的准确度等级按误差合成方法合成。

注 2：运行中的电能计量装置按其所计量电能量的多少分为五类：

1) Ⅰ类为月平均用电量 500 万 kW·h 及以上或变压器容量为 10 000 kV·A 及以上的高压计费用户、200 MW及以上发电机、发电用能单位上网电量、电网经营企业之间的电量交换点的电能计量装置。

2) Ⅱ类为月平均用电量 100 万 kW·h 及以上或变压器容量为 2 000 kV·A 及以上的高压计费用户、100 MW及以上发电机的电能计量装置。

3) Ⅲ类为月平均用电量 10 万 kW·h 及以上或变压器容量为 315 kV·A 及以上的计费用户、100 MW以下发电机、发电企业厂(站)用电量的电能计量装置。

4) Ⅳ 类为负荷容量为 315 kV·A 以下的计费用户、发供电企业内部经济技术指标分析、考核用的电能计量装置。

5) Ⅴ类为单相供电的电力用户计费用电能计量装置。

注 3：用于成品油贸易结算的计量器具的准确度等级应不低于 0.2 级。

注 4：用于天然气贸易结算的计量器具的准确度等级应符合 GB/T 18603—2001 附录 A 和附录 B 的要求。

4.4.7 能源计量器具的配备，还应能满足以下要求：

a) 满足计算和评价单台机组发电(供热)煤耗的要求；

b) 满足计算和评价单台锅炉热效率、汽轮发电机组热效率的要求；

c) 满足计算和评价单台机组厂用电率的要求；

d) 满足计算和评价生产补水率、非生产补水率、化学自用水率的要求。

4.4.8 对天然气计量仪表的安装，应符合 GB/T 18603 的要求。

4.4.9 用能设备的设计、安装和使用应能满足 GB/T 6422、GB/T 15316 中关于用能设备节能监测要求。

4.4.10 能源计量器具的性能和准确度等级应满足相应生产工艺和使用环境(如温度、温度变化率、湿度、照明、振动、噪声、粉尘、腐蚀、辐射、电磁干扰等)的要求。

5 能源计量器具的管理要求

5.1 能源计量管理制度

5.1.1 用能单位应建立能源计量管理体系，形成文件，并保持和持续改进其有效性。

5.1.2 用能单位应建立、保持和使用文件化的程序来规范能源计量人员行为、能源计量器具管理和能源计量数据的采集、处理和汇总。

5.2 能源计量人员

5.2.1 用能单位应设有专人负责能源计量器具的管理，负责能源计量器具的配备、使用、检定(校准)、维修、更新、报废等管理工作。

5.2.2 用能单位应设有专人负责能源计量数据的管理。

5.2.3 用能单位的能源计量管理人员应通过国家相关职能部门的能源计量管理培训考核，持证上岗。用能单位应建立和保存能源计量管理人员的技术档案。

5.2.4 能源计量器具的检定、校准和维修人员，应具有相应的资质。

5.3 能源计量器具

5.3.1 用能单位应备有完整的能源计量器具一览表。表中应列出计量器具的名称、型号规格、准确度等级、测量范围、生产厂家、出厂编号、用能单位管理编号、安装使用地点、状态（指合格、准用、停用等）。主要次级用能单位和主要用能设备应备有独立的能源计量器具一览表分表。

5.3.2 用能单位应建立能源计量器具档案，内容包括：

a） 计量器具使用说明书；

b） 计量器具出厂合格证；

c） 计量器具最近两个连续周期的检定（测试、校准）证书；

d） 计量器具维修记录；

e） 计量器具其他相关信息。

5.3.3 用能单位应备有明确的能源计量器具量值传递或溯源图，其中作为用能单位内部标准计量器具使用的，要明确规定其准确度等级、测量范围、可溯源的上级传递标准。

5.3.4 能源计量器具应实行定期检定（校准），并有确定的检定（校准）周期。凡经检定（校准）不合格和超过检定（校准）周期的计量器具一律不准使用。属强制检定的计量器具，其检定周期、检定方式应遵守有关计量法律法规的规定。

5.3.5 用能单位使用的能源计量器具，凡属自行校准且自行确定校准间隔的，应有现行有效的受控文件（即自校计量器具的管理程序和自校规范）作为依据。

5.3.6 新装及更新能源计量器具必须经检定（校准）合格后方能安装使用。

5.3.7 在用的能源计量器具应在明显位置粘贴与能源计量器具一览表编号对应的标签，以备查验和管理。

5.4 能源计量数据

5.4.1 用能单位应建立能源统计报表制度，能源统计报表数据应能追溯至计量测试记录。

5.4.2 能源计量数据记录应采用规范的表格式样，计量测试记录表格应便于对数据的汇总与分析，应说明被测量与记录数据之间的转换方法或关系。

5.4.3 用能单位应根据需要建立能源计量数据中心，利用计算机技术实现能源计量数据的网络化管理，并按生产周期（班、日、周）及时统计计算出其单位产品的各种主要能源消耗量。

5.4.4 对于主要用能设备可根据需要按生产周期（班、日、周）及时统计计算出其单位产品的各种主要能源消耗量。

5.4.5 能源计量数据及有关测试记录保存期限不低于4年。

ICS 27.010
F 01

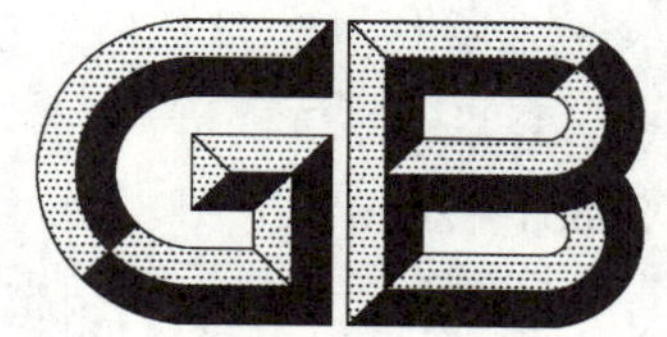

中华人民共和国国家标准

GB/T 24851—2010

建筑材料行业能源计量器具配备和管理要求

Specification for equipping and managing of measuring instrument of energy in building material industry

2010-06-30 发布　　　　2010-12-01 实施

中华人民共和国国家质量监督检验检疫总局
中国国家标准化管理委员会　发布

前　言

本标准依据 GB 17167—2006《用能单位能源计量器具配备和管理通则》的规定和要求，结合建筑材料行业的特点制定。

本标准由国家发展和改革委员会资源节约和环境保护司提出。

本标准由全国能源基础与管理标准化技术委员会(SAC/TC 20)归口。

本标准负责起草单位：中国建筑材料联合会、北京市建材计量协会、金隅集团水泥有限责任公司、北新集团建材股份有限公司和柯诺(北京)木业有限公司。

本标准主要起草人：武庆涛、劳立平、祝冰龙、范国良、周俊、江龙强、廖薇华。

建筑材料行业能源计量器具配备和管理要求

1 范围

本标准规定了建筑材料行业能源计量的种类与范围,能源计量器具的配备原则和管理要求。

本标准适用于水泥、玻璃、陶瓷、木材加工、化学建材、墙体材料、装饰装修材料、建筑五金等建筑材料行业用能单位。

2 规范性引用文件

下列文件中的条款通过本标准的引用而成为本标准的条款。凡是注日期的引用文件,其随后所有的修改单(不包括勘误的内容)或修订版均不适用于本标准,然而,鼓励根据本标准达成协议的各方研究是否可使用这些文件的最新版本。凡是不注日期的引用文件,其最新版本适用于本标准。

GB 17167 用能单位能源计量器具配备和管理通则

GB/T 19022 测量管理体系 测量过程和测量设备的要求

3 术语和定义

GB 17167 确立的以及下列术语和定义适用于本标准。

3.1

建筑材料行业用能单位 organization of energy using in building material industry

建筑材料行业中具有独立法人地位的企业和具有独立核算能力的单位。

3.2

建筑材料行业次级用能单位 sub-organization of energy using in building material industry

建筑材料行业用能单位直属的二级能源核算单位。

3.3

建筑材料行业主要用能设备 main equipment of energy using in building material industry

在建筑材料行业中一种或多种能源消耗量大于或等于限定值,需单独进行能耗考核的用能设备。

3.4

测量管理体系 measurement management system

为完成计量确认并持续控制测量过程所必需的一组相互关联或相互作用的要素。

4 能源计量器具的配备

4.1 能源计量的种类

本标准所称能源,指煤炭、原油、天然气、焦炭、煤气、热力、成品油、液化石油气、生物质能和其他直接或者加工、转换而取得有用能的各种资源。

4.2 能源计量范围

能源计量范围包括:

a) 输入建筑材料行业用能单位、建筑材料行业次级用能单位和建筑材料行业主要用能设备的能源及载能工质;

b) 输出建筑材料行业用能单位、建筑材料行业次级用能单位和建筑材料行业用能设备的能源及载能工质；

c) 建筑材料行业用能单位、建筑材料行业次级用能单位和建筑材料行业用能设备使用(消耗)的能源及载能工质；

d) 建筑材料行业用能单位、建筑材料行业次级用能单位和建筑材料行业用能设备自产的能源及载能工质；

e) 建筑材料行业用能单位、建筑材料行业次级用能单位和建筑材料行业用能设备可回收利用的余能资源。

4.3 能源计量器具的配备原则

4.3.1 能源计量器具的配备应满足建筑材料行业用能单位实现能源分类计量的需要。

4.3.2 能源计量器具的配备应满足建筑材料行业用能单位实现分级分项统计和核算的要求。

4.3.3 能源计量器具的性能应满足被测介质及使用环境的要求。

4.4 能源计量器具的配备要求

4.4.1 能源计量器具配备率按式(1)计算：

$$R_p = \frac{N_s}{N_l} \times 100\% \quad \cdots\cdots(1)$$

式中：

R_p——能源计量器具配备率；

N_s——能源计量器具实际安装配备数量；

N_l——能源计量器具理论需要数量。

4.4.2 进出建筑材料行业用能单位、进出建筑材料行业次级用能单位和建筑材料行业用能设备使用(消耗)能源，应安装能源计量器具。

4.4.3 用能量(产能量或输运能量)大于或等于表1中一种或多种能源消耗量限定值的建筑材料行业次级用能单位，应按表3的要求配备安装能源计量器具。

表1 次级用能单位能源消耗量(或功率)限定值

能源种类	电力	煤炭、焦炭	原油、成品油、液化石油气	重油、渣油	煤气、天然气	蒸汽、热水	水	其他
单位	kW	t/a	t/a	t/a	m^3/a	GJ /a	t/a	GJ /a
限定值	10	100	40	80	10 000	5 000	5 000	2 926
注1：表中a是法定计量单位中“年”的符号。 注2：表中m^3指在标准状态下。 注3：2 926 GJ 相当于100 tce。								

4.4.4 单台设备能源消耗大于或等于表2中一种或多种能源消耗量限定值的为建筑材料行业主要用能设备。

建筑材料行业主要用能设备应按表3的要求配备安装能源计量器具。

4.4.5 建筑材料行业用能单位、建筑材料行业次级用能单位和建筑材料行业主要用能设备的能源计量器具配备率应符合表3的要求。

4.4.6 建筑材料行业用能单位、建筑材料行业次级用能单位和建筑材料行业主要用能设备安装能源计量器具的计量性能应符合表4的要求。

表 2 建筑材料行业主要用能设备能源消耗量(或功率)限定值

能源种类	电力	煤炭、焦炭	原油、成品油、液化石油气	重油、渣油	煤气、天然气	蒸汽、热水	水	其他
单位	kW	t/h	t/h	t/h	m^3/h	MW	t/h	GJ/h
限定值	100	1	0.5	1	100	7	1	29.26

注 1：对于可单独进行能源计量考核的装置、系统，如果已配备了能源计量器具，其主要用能设备可以不再单独配备能源计量器具。

注 2：对于集中管理同类用能设备的锅炉房、泵房等，如果已配备了能源计量器具，其主要用能设备可以不再单独配备能源计量器具。

注 3：29.26 GJ /h 相当于 1 tce/h。

注 4：表中 m^3 指在标准状态下。

表 3 能源计量器具配备率要求

%

能源种类		用能单位	次级用能单位	主要用能设备
电力		100	100	95
固态能源	煤炭	100	100	90
	焦炭	100	100	90
液态能源	成品油	100	100	95
	重油	100	100	90
	渣油	100	100	90
气态能源	天然气	100	100	90
	液化气	100	100	90
	煤气	100	90	80
载能工质	蒸汽	100	80	70
	水	100	95	80
可回收利用的余能		90	80	—

注 1：进出建筑材料行业用能单位的季节性供暖用蒸汽(热水)可采用非直接计量载能工质流量的其他计量结算方式。

注 2：建筑材料行业次级用能单位的季节性供暖用蒸汽(热水)可以不配备能源计量器具。

4.4.7 能源作为生产原料使用时，其计量器具的计量性能应满足相应的生产工艺要求。

4.4.8 能源计量器具的性能应满足相应的生产工艺及使用环境(如温度、温度变化率、湿度、照明、振动、噪声、粉尘、腐蚀、电磁干扰等)要求。

表 4 能源计量器具的计量性能要求

序号	计量器具名称	计量项目	计量性能		
			用能单位	次级用能单位	主要用能设备
1	非自动衡器	固体、液体物料静态计量	Ⅲ	Ⅲ	Ⅲ
2	动态轨道衡	固体、液体动态计量	0.5	0.5	—
3	连续累计自动衡器	固体物料计量	—	1.0	2.0

表 4（续）

序号	计量器具名称	计量项目		计量性能		
				用能单位	次级用能单位	主要用能设备
4	电能表	有功交流电能计量（6 kV 以下）	用能单位变压器容量≥2 000 kV·A	0.5	1.0	2.0
			315 kV·A≤用能单位变压器容量<2 000 kV·A	1.0	2.0	2.0
			用能单位变压器容量<315 kV·A 或单相供电	2.0	2.0	2.0
5	油流量表	成品油计量		0.3	0.5	1.0
		重油、渣油计量		0.5	2.0	2.0
6	气体流量计	天然气、煤气计量		2.0	2.0	2.5
		氢气、氮气、压缩空气计量		1.5	1.5	2.0
7	蒸汽流量计	蒸汽计量		2.0	2.5	2.5
8	水流量计	水计量	管径≤250 mm	2.0	2.0	2.5
			管径>250 mm	1.5	1.5	2.0
		热水计量	管径≤200 mm	2.0	2.5	2.5
			管径>200 mm	1.5	2.0	2.5
9	温度计	耗能生产过程质量计算相关的温度计量		0.5	1.0	1.0
10	温度变送器	耗能生产过程质量计算相关的温度计量		0.5	0.5	0.5
11	压力表	耗能生产过程质量计算相关的压力计量		0.5	1.0	1.0
12	压力变送器	耗能生产过程质量计算相关的压力计量		0.5	0.5	0.5
注 1：计量器具计量性能列的指标，均为计量器具的准确度。 注 2：当计量器具是由传感器(变送器)、二次仪表组成的测量装置或系统时，表中给出的计量性能是装置或系统的计量性能。装置或系统未明确给出其计量性能时，可用传感器与二次仪表的计量性能按误差合成方法合成。						

5 能源计量器具的管理要求

5.1 能源计量管理制度

5.1.1 建筑材料行业用能单位应按 GB/T 19022 建立测量管理体系，保持并持续改进其有效性。

5.1.2 建筑材料行业用能单位应建立、保持和使用文件化的程序来规范能源计量人员行为、能源计量器具管理、能源计量数据的采集处理和汇总。

5.2 能源计量人员

5.2.1 建筑材料行业用能单位、建筑材料行业次级用能单位应设专人负责能源计量器具的配备、使用、检定(校准)、维修、更新、报废等管理工作。

5.2.2 建筑材料行业用能单位能源计量管理人员、能源计量操作人员和能源计量器具维修人员，应通过培训考核，持证上岗。

5.2.3 建筑材料行业能源计量器具的检定、校准人员应具有相应的资质。

5.3 能源计量器具

5.3.1 建筑材料行业用能单位应备有完整的能源计量器具一览表。表中应列出计量器具的名称、型号规格、计量性能、检定（校准）周期、检定（校准）单位、测量范围、生产厂家、出厂编号、用能单位管理编号、安装使用地点、状态（合格、准用、停用等）。建筑材料行业次级用能单位应备有独立的能源计量器具一览表分表。

5.3.2 建筑材料行业用能单位应建立能源计量器具档案，内容包括：

a） 计量器具使用说明书；

b） 计量器具出厂合格证；

c） 计量器具最近两个连续周期的检定（校准）证书；

d） 计量器具维修记录；

e） 计量器具其他相关信息。

5.3.3 建筑材料行业用能单位应备有能源计量器具量值传递或溯源图，其中作为用能单位内部标准计量器具使用的，要明确规定其计量性能、测量范围、可溯源的上级传递标准。

5.3.4 建筑材料行业用能单位的能源计量器具，凡属自行校准且自行确定校准间隔的，应制定计量器具自校管理程序和自校规范作为依据。

5.3.5 建筑材料行业用能单位的能源计量器具应定期检定（校准）。凡经检定（校准）不符合要求的或超过检定（校准）周期的计量器具一律不准使用，属强制检定的计量器具，其检定周期、检定方式应遵守有关法律法规的规定。

5.3.6 建筑材料行业用能单位在用的能源计量器具应在明显位置粘贴测量管理体系标准规定的确认标识，以备查验和管理。

5.4 能源计量数据

5.4.1 建筑材料行业用能单位应建立能源统计报表制度，能源统计报表数据应能追溯至计量测试记录。

5.4.2 建筑材料行业用能单位能源计量数据记录应采用规范的表格式样，计量测试记录表格应便于数据的汇总与分析，应说明被测量与记录数据之间的转换方法或关系。

5.4.3 建筑材料行业用能单位应建立能源计量数据管理系统，实现能源计量数据的管理。

5.4.4 建筑材料行业用能单位可根据需要按生产周期（班、周）及时统计计算出其单位产品各主要能源消耗量。

ICS 17.220.20
N 22

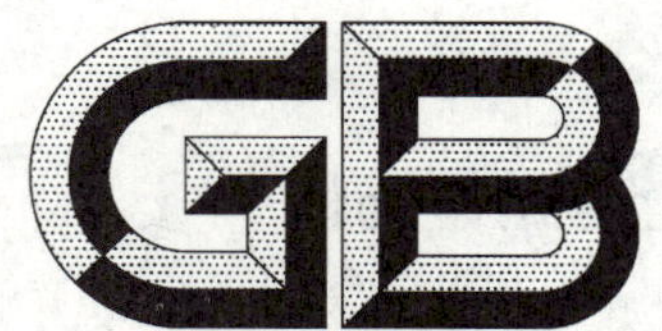

中华人民共和国国家标准

GB/T 26831.1—2011

社区能源计量抄收系统规范 第1部分:数据交换

Society energy metering for reading system specification—Part 1:Data exchange

2011-07-29 发布 2011-12-01 实施

中华人民共和国国家质量监督检验检疫总局
中国国家标准化管理委员会 发布

前　言

GB/T 26831《社区能源计量抄收系统规范》分为4个部分：

第1部分：数据交换；

第2部分：物理层和链路层；

第3部分：专用应用层；

第4部分：仪表的无线抄读。

本标准体系的制定参考了欧洲标准EN 13757。其中，第1部分、第2部分、第3部分参考采用了EN 13757-1、EN 13757-2、EN 13757-3对应部分，第4部分结合国内无线抄表的技术现状和国家无线通信相关标准作了较大的修改。

本部分为GB/T 26831.1—2011　社区能源计量抄收系统规范　第1部分：数据交换。

本部分附录A和附录C为规范性附录，附录B为资料性附录。

本部分由中国机械工业联合会提出。

本部分由全国电工仪器仪表标准化技术委员会(SAC/TC 104)归口。

本部分起草单位：哈尔滨电工仪表研究所、青岛东软电脑技术有限公司、西安旌旗电子有限公司、漳州科能电器有限公司、美国埃施朗股份有限公司、沈阳航发热计量技术有限公司、唐山汇中仪表有限公司、宁波东海集团有限公司、北京福星晓程电子科技有限公司、北京纳思电器有限公司、杭州鸿鹄电子有限公司、深圳浩宁达仪表股份有限公司、广东浩迪创新科技有限公司、长沙威胜信息技术有限公司、江苏林洋电子有限公司、深圳市泰瑞捷电子有限公司、哈尔滨华惠电气有限公司、深圳市龙电电气有限公司、杭州百富电子技术有限公司、天正集团有限公司。

本部分主要起草人：胡亚军、郭永林、刘永生、李万宏、侯学伟、倪志军、张立新、潘洪源、黄深喜、袁景、关文举、潘之凯、张志忠、黎洪、徐茂林、尹建丰、肖伟峰、姚礼本、张绍衡。

社区能源计量抄收系统规范
第1部分:数据交换

1 范围

本部分用一种通用方法规定了用于仪表和远程抄表的数据交换和通信。

本部分是社区能源计量抄收系统规范标准中的第1部分。

第1部分的主要用途是为仪表的应用层提供一种协议规范。

注:由于电能表的远程抄表标准是IEC/CENELEC的工作任务,因此,本部分不包含电能表。

2 规范性引用文件

下列文件中的条款通过GB/T 26831的本部分的引用而成为本部分的条款。凡是注日期的引用文件,其随后所有的修改单(不包括勘误的内容)或修订版均不适用于本部分,然而,鼓励根据本部分达成协议的各方研究是否可使用这些文件的最新版本。凡是不注日期的引用文件,其最新版本适用于本部分。

GB/T 7421—2008 信息技术 系统间远程通信和信息交换 高级数据链路控制(HDLC)规程(ISO/IEC 13239:2002,IDT)

GB/T 9387.1—1998 信息技术 开放式系统互连 基本参考模型 第1部分:基本模型(ISO/IEC 7498-1:1994,IDT)

GB/T 15629.2—2008 信息技术 系统间远程通信和信息交换 局域网和城域网 特殊要求 第2部分:逻辑链路控制(ISO/IEC 8802-2:1998,IDT)

GB/T 16262.1—2006 信息技术 抽象语法记法1(ASN.1) 第1部分:基本记法规范(ISO/IEC 8824-1:2002,IDT)

GB/T 16687.1—2008 信息技术 开放系统互连 面向连接的联系控制服务元素协议 第1部分:协议规范(ISO 8650-1:1996,IDT)

GB/T 16688—2008 信息技术 开放式系统互连 联系控制服务元素服务定义(ISO/IEC 8649:1996,IDT)

GB/T 16720.1—2005 工业自动化系统 制造报文规范 第1部分:服务定义(ISO 9506-1:2003,IDT)

GB/T 18657.2—2002 远动设备及系统 第5部分:传输规约 第2篇:链路传输规则(IEC 60870-5-2:1992,IDT)

GB/T 19882.31—2007 自动抄表系统 第3-1部分:应用层数据交换协议 对象标识系统(OBIS)(IEC 62056-61:2002,IDT)

GB/T 19882.32—2007 自动抄表系统 第3-2部分:应用层数据交换协议 接口类(IEC 62056-62:2002,IDT)

GB/T 19882.33—2007 自动抄表系统 第3-3部分:应用层数据交换协议 COSEM应用层(IEC 62056-53:2002,IDT)

GB/T 19897.1—2005 自动抄表系统 低层通信协议 第1部分:直接本地数据交换(IEC62056-21:2002,IDT)

GB/T 19897.2—2005 自动抄表系统 低层通信协议 第2部分:基于双绞线载波信号的局域网

使用(IEC 62056-31:1999,IDT)

GB/T 19897.3—2005　自动抄表系统　低层通信协议　第3部分:面向连接的异步数据交换的物理层服务进程(IEC 62056-42:2002,IDT)

GB/T 19897.4—2005　自动抄表系统　低层通信协议　第4部分:基于HDLC协议的链路层(IEC 62056-46:2002,IDT)

DL/T 790.41—2002　采用配电线载波的配电自动化　第4部分:数据通信协议　第1篇:通信系统参考模型(IEC 61334-4-1:1996,IDT)

DL/T 790.441—2004　采用配电线载波的配电自动化　第4-41部分:数据通信协议　应用层协议　配电线报文规范(IEC 61334-4-41:1996,IDT)

DL/Z 790.6—200X　采用配电线载波的配电自动化　第6部分:A-XDR编码规则(IEC 61334-6:2000,IDT)

ISO 1155　信息处理　用纵向奇偶校验检测信息电文中的差错

ISO 1177　信息处理　面向传输的起止和同步式字符的字符结构

ISO 1745　信息处理　数据通信系统的基本型控制规程

ISO/IEC 646　信息技术　信息交换用ISO 7位编码字符集

EN 834　确定室内散热器热消耗量的热分配表　适用于电能供应

EN 1434-1　热量表　第1部分:一般要求

EN 1434-2　热量表　第2部分:结构要求

EN 12405　燃气表　燃气体积电子转换设备

EN 13757-2:2002　Communication systems for and remote reading of meters—Part2:Physical and link layer,twisted pair baseband(M-Bus)

3　术语和定义

本附录C确立的术语和定义适用于本部分。

4　概述

本部分适用的环境,即使用非路由方法对一个网络中的计量单元进行远程读表。

4.1　基本词汇

所有通信都包含两类设备,该设备用术语呼叫方(Caller)系统和被叫方(Called)系统来表示。呼叫方是决定与称为被叫方的一个远程系统发起一次通信的系统。两个术语在通信持续过程中一直有效。

一次通信分为一定数量的事务,每一个事务是由发射机(Transmitter)到接收机(Receiver)的一次传输来表示。在连续的事务期间,呼叫方系统和被叫方系统轮流充当发射机和接收机。

术语客户机(Client)和服务器(Server)具有和DLMS模型DL/T 790.441的同样含义。服务器是一个系统(仪表),它充当提交所有特定服务请求的一个虚拟设备(VDE)。客户机是一个系统(采集系统),并为了一个特定目的而通过一个或多个服务请求来使用服务器。

呼叫客户机(Caller Client)和被叫服务器(Called Server)间的通信无疑是最频繁的事情,但是,基于呼叫服务器(Caller Server)和被叫客户机(Called Client)的通信也是可能的,特别是为了报告发生了一个紧急报警事件。

4.2　分层协议

应以总结的方式来解释由CEN/TC 294提出的分层方法。

为了实现自动抄表,CEN/TC 294采用了协议栈的方法。为了降低通信系统的复杂性,将协议栈按层划分,每层以下一层为基础向上一层提供服务。

由TC/294选择的分层模型是IEC三层模型DL/T 790.41,它衍生于ISO-OSI七层模型

GB/T 9387.1。IEC 的三层模型如图 1 所示：

第七层	应用层
第二层	数据链路层
第一层	物理层

图 1　IEC 三层模型

备注：层数参照 ISO-OSI 七层模型中的编号。

第一层和第二层依赖于使用的连接方式（电力线载波—低压（PLC - LV）、公共电话交换网（PSTN）、HF 射频、双绞线（TP））。对于所有类型的仪表，为了有一个统一的观察角度，TC/294 选择一种与使用的连接方式无关的应用层，因此，使用图 2 所示的协议结构：

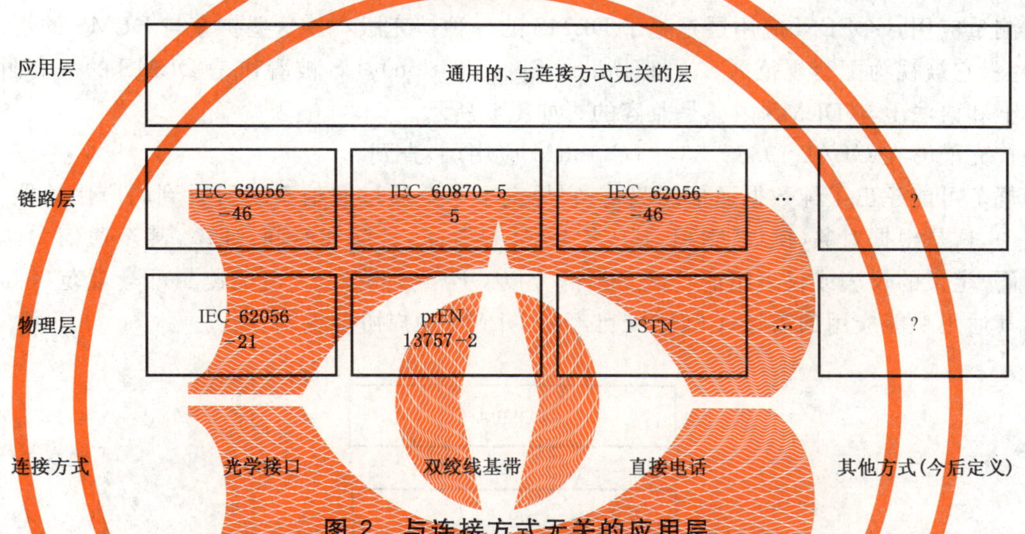

图 2　与连接方式无关的应用层

这种结构考虑到多种不同的连接方式，同时保持一种通用的与连接方式无关的应用层，由于不同的连接方式适用于不同的操作环境，因此，这是重要的。通用的应用层降低了远程抄表系统的总费用和复杂性。

4.3　适用于测量的应用层

应用层规范分为两个部分：DLMS 和 LLAC。如图 3 所示。

配电线报文规范 DLMS(Distribution Line Message Specification)DL/T 790.441 是一个应用层规范。DLMS 依据其功能，并用基于面向对象的方法对通信系统进行了正规描述。

DLMS
LLAC

图 3　应用层的划分

逻辑链路访问控制 LLAC(Logical Link Access Control)规定了通信系统与连接方式无关的剩余部分，规定了像安全管理、多应用处理和大数据分割成多个较低级报文的任务，它对应于 ISO-OSI 七层模型 GB/T 9387.1 中的传输层、会话层和表示层。

4.4　配套规范

配套规范(CS，Companion Specification)是对通用标准的一种扩充，它不仅包含对现有标准范围内操作规则的扩充，而且包含对现有标准的扩充。如图 4 所示。

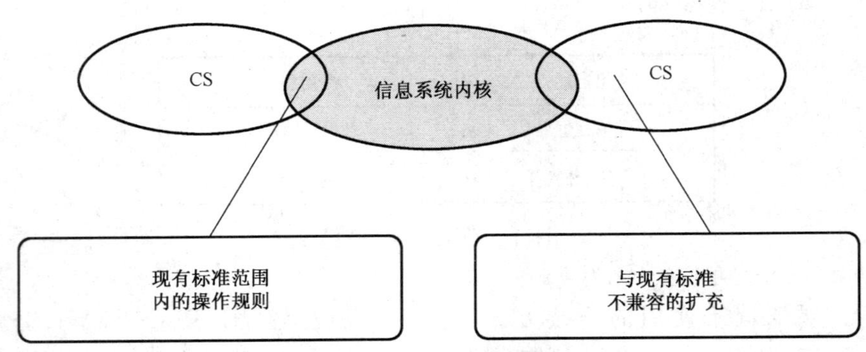

图 4 配套规范的范围

DLMS 是一个强大的信息系统，它衍生于 MMS，GB/T 16720.1(生产信息系统)。为了使 DLMS 完全适应测量应用，COSEM 应用层是基于 DLMS 的一种扩充版本。这些扩充与 DLMS 的当前版本没有任何冲突，它被视为配套规范(CS，Companion Specification)，CS 被看作是 DLMS 的一套附加规则，它在语义上和语法上与 DLMS 内核是兼容的。如图 5 所示。

这些扩充能够在 GB/T 19882.33 中(COSEM 应用层)查到。

配套规范可能超出了纯数据通信的范畴，它规定了一个通过通信系统所看到的应用功能。在当前的上下文中，这是根据对象(例如：索引、ID、表类型、制造商、日期和时间、速率，甚至通信实体，比如一个电话号码)定义的仪表或仪表组的功能。本部分以 GB/T 19882.32 电能测量配套规范(COSEM)和方法作为其通用功能应用的需量，COSEM 已经由 DLMS 用户协会编制。

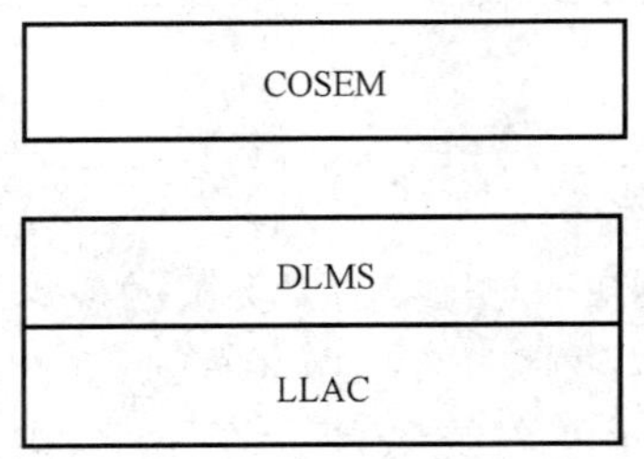

图 5 配套规范

4.5 COSEM 基本原理

本条描述了 COSEM 基本原理，并在此基础上建立 COSEM 接口类。同时，也给出了一个如何使用接口对象(接口类的实例化)用于通信目的的简述。遵循这些规范的仪表、支持工具和其他系统组件能够以互操作的方式进行相互通信。

对象建模：为了规范的目的，本标准使用对象建模技术。一个对象是属性和方法的集合。

对象信息用属性构成，利用属性值来表示对象的特征，属性值可能影响对象的行为。任何对象的第一个属性是“逻辑名”(logical_name)，它是对象标识的一部分。

一个对象提供了许多检查或修改属性值的方法，具有共同特性的对象被归纳为带有类标识(class_id)的一个接口类。在一个特定的类中，共同的特性(属性和方法)对所有对象只描述一次，接口类的实例化称为 COSEM 对象。

下面的图 6 通过一个例子来举例说明这些术语：

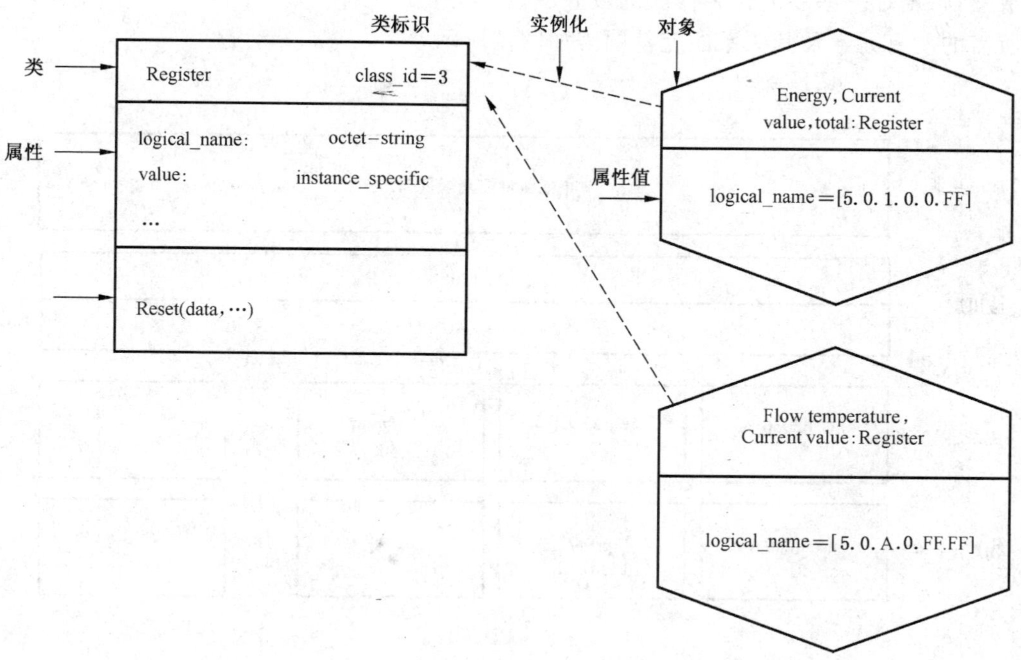

图 6　一个接口类和其实例化

就像从客户机(中心单元、手持终端)所看到的那样，接口类“Register”是通过将需要的特性结合通用寄存器(含有测量或“静态”信息)行为而形成的。Register 的内容由属性“逻辑名 logical_name”标识，逻辑名含有一个 OBIS 标识符(GB/T 19882.31)。Register 的实际(动态)内容通过它的“值 value”属性进行传递。

定义一个特定的仪表意味着定义几个 COSEM 接口对象的特定实例。在图 6 的例子中，该仪表包含 2 个寄存器，即实例化 2 个“Register”类的特定 COSEM 对象，这意味着将特定的值分配给不同的属性。通过实例化，一个 COSEM 对象变成一个“Energy, current value, total register”，而另一个 COSEM 对象变成一个“Flow temperature, current value register”。

注：这两个 COSEM 对象(接口类的实例)表示了从“外部”看到的仪表行为，因此，仅描述了外部属性值的初始改变(例如：复位寄存器的值)，在这个模型中，没有描述内部属性初始改变(例如：更新寄存器的值)。用面向对象的方法为仪表的外部行为建模的事实并不意味着需要面向对象的设计或实际仪表的实现。

4.6　COSEM 设备的管理

一个物理单元可能包含或表示成多个测量单元或逻辑设备，这样的物理单元将有一个物理通信接口，但有多个测量应用。这就要求在执行通信管理的单元内有一个管理应用，这也是由 COSEM 控制的。

COSEM 逻辑设备是 COSEM 对象的一个集合，每一个物理设备都包含一个管理逻辑设备。管理逻辑设备的限定内容：

——COSEM 逻辑设备名；

——当前关联(LN 或 SN)对象。

管理逻辑设备对公共客户机将支持最低安全等级的应用关联。

对于 COSEM 逻辑设备的寻址，由使用的较底层协议的寻址方案提供。

4.7　较底层

较底层包含物理层和链路层。对多种通信方式的需要会引起对多种不同较底层的要求。所有的较底层均由物理层和链路层组成。对链路层的要求通常与特定的物理层紧密相关。

为了确定仪表具有互换性的完整协议栈，也必须规定/选择较底层。一些较底层已经选择/采用，随着技术的成熟，将增加一些新的作为修改的较底层。

具有所需的所有元素及其关系的完整图表如图7所示。

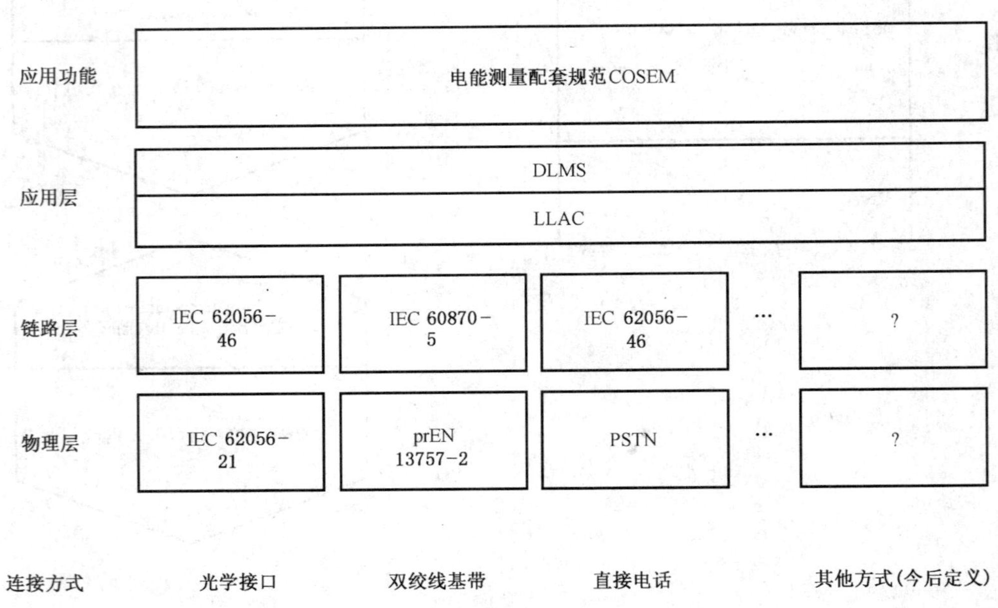

图7 完整协议栈

从图7中可以看出，即使连接方式发生了改变，应用层和应用功能仍然保持不变。

5 网络结构

5.1 概述

本条提出了一个远程抄表的简单结构，仅涉及到基本的计量局域网(LAN)。

这个结构除了拥有此后扩充系统的能力外，还允许知识快速入门和通信仪表的安装，因此，给出一些规则。

本条提出的主要决定如下：

——计量局域网(LAN)中只有唯一的一个访问点；

——允许几个授权方使用这个唯一的访问点来访问系统；

——一个具有逻辑树型结构的计量局域网；

——一个不需要网络层的系统；

——一个自配置系统；

——允许使用手持单元(Hand Held Unit)；

——允许介质独立。

这个结构对于仪表的快速安装和运行，以及它们在一个计量局域网(LAN)上的相关通信都带来帮助。因而，主要需量是扩充这种结构的潜力。

物理结构的实现由使用的介质决定。

为了适应由CEN/TC 294系统要求的所有类型的物理介质，本文件只关注系统结构。

5.2 基本结构

图8显示了一个基于树型拓扑的典型基本结构和对应的物理结构。

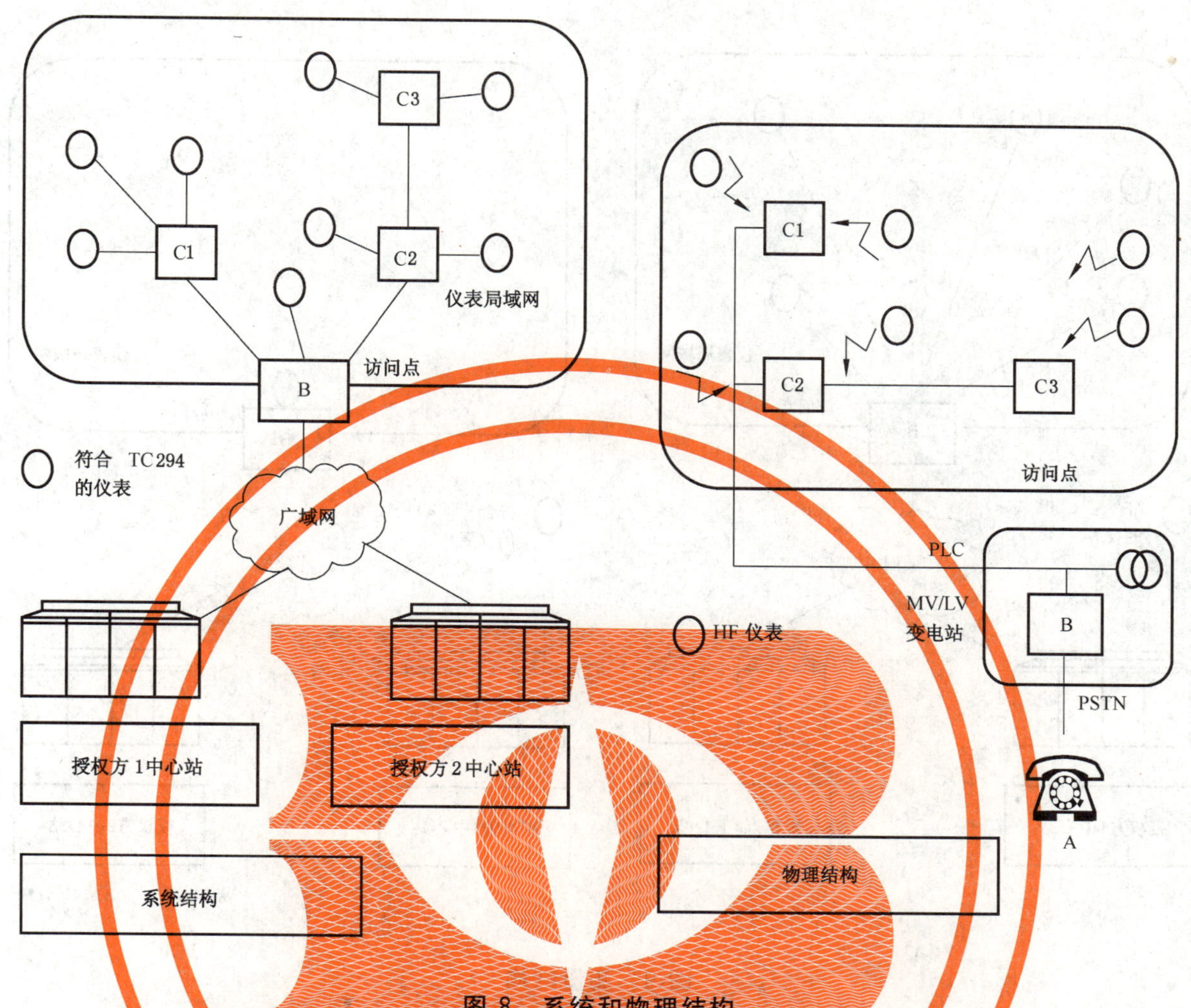

图 8 系统和物理结构

C1、C2 和 C3 是系统的可选节点(数据集中器),可以利用它帮助访问仪表。

访问点 B 是远程访问系统的唯一途径,如果利用访问点 B 与广域网(WAN)的连接,那么几个授权方可以使用访问点 B 来访问系统。

5.3 测量结构

测量结构可以根据系统结构和物理结构来分析,如图 8 所示。系统结构描述了测量网络的关键元素和数据流,并通过广域网提供从仪表到授权方中心站的连接。物理结构描述了系统的实际实现,在图 8 给出的例子中,仪表通过高频无线与集中器相连,然后,经低压电线到达中压/低压变电站(MV/LV Substation),最后,通过电话线到达中心站。虽然,在这个例子中使用了三种通信介质,但是,在整个系统中使用一种通信介质可能更经济。

由单一主站和许多连接在物理总线(图 9a))上的仪表构成的系统结构是集中器被集成在访问点的一个网络的示例。

由单一仪表且通过广域网连接到集成采集系统(图 9b))构成的系统是整个局域网集成到访问点(与表计结合)的一个系统的示例。

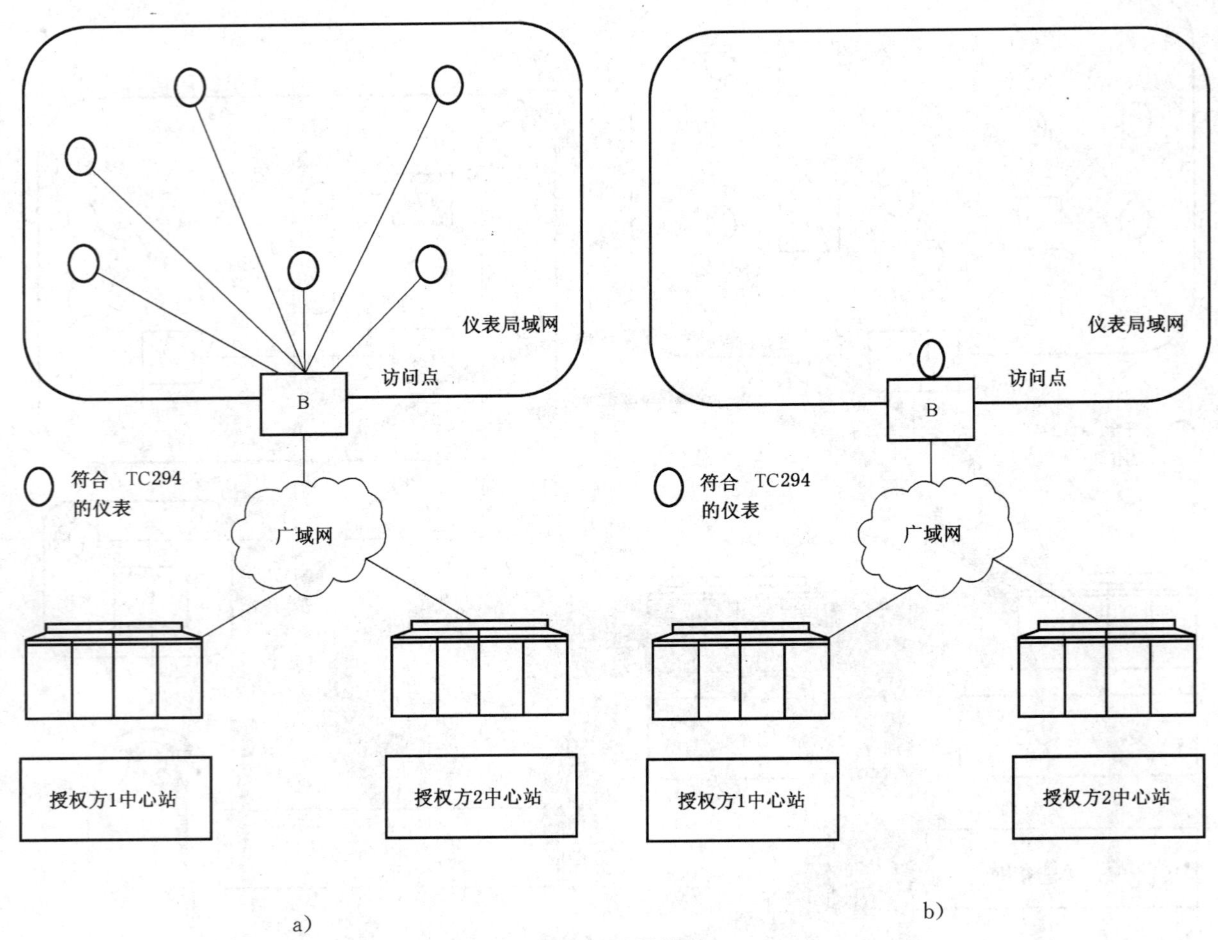

图 9 测量结构

这种结构将符合下面的规定：

——体系结构是一个树型结构；

——每个局域网只有一个访问点；

——唯一的访问点(B)可能连接零个或多个仪表；

——访问点(B)可以连接零个或多个“集中器”；

——一个“集中器”可以连接零个或多个仪表；

——一个“集中器”可以连接零个或多个“集中器”；

——CEN/TC 294 仪表不可以与另一个仪表通信；

——集中器除了拥有零个或多个可以使用访问点(B)采集数据的计算机外，它没有外部访问点。

5.4 任何时候只有唯一一个访问点：树型结构

通过唯一一个访问点可以完成一个经济和容易管理的系统。具有唯一一个访问点的树型结构系统是可行的，实际的物理结构依赖于实际使用的物理层，环形结构也能满足要求。

5.5 自配置网络

提出的层次结构允许在网络中自配置仪表，自配置是可控制的，因为每个装置(Device)都需要表明它的存在和不可分配的唯一性，这种配置由仪表的管理应用(Management Application)负责。

5.6 本地访问手持单元

为了维护网络拓扑，使用手持单元(HHU)能够对局域网上的装置进行查询的要求将会临时改变网路的互连性。首先，使装置与主系统断开，并利用 HHU 按照要求与装置对话，然后，重新将装置与系统连接。

如果HHU与一个集中器连接，由HHU控制的设备本身和其下面的所有设备会临时性地不能用于远程系统（在本地操作期间）。在这种情况下，在本地网络的特定时间内，仍然有唯一一个访问点。

5.7 网络层

仪表（在任何配置中）中不需要网络层。

如果局域网中有一个或多个独立的集中器，互连集中器的协议栈需要网络层。

图9b)所示的紧凑式模型不需要网络层。

网络层带来的费用由集中器的收益进行弥补（例如：提高物理距离）。

5.8 多路访问

网络的访问点是唯一的，但是，不同的通信信道可以从上行连接。允许有几个接入网（Access Network），但是，不能同时进行，这依赖于访问点的能力。

访问点将管理优先级。

6 本地连接的数据交换

6.1 概述

使用GB/T 19897.1规定的直接本地数据交换来管理较底层协议。本部分规定了仪表和抄表装置之间采用的物理连接：

——光学接口；

——电流环接口；

——电气接口V.24/V.28。

所有接口均使用同样的协议。使用面向字符协议（ASCII）进行数据交换。在GB/T 19897.1中描述了不同的通信模式，模式A～D仅使用ASCII传输，模式E能够进行HDLC面向二进制的数据交换。对于电池供电装置的规定在GB/T 19897.1—2005的B.1和B.2中给出。

6.2 物理层

6.2.1 光学接口

这是一个对手持单元HHU非常通用的接口，它在某时使用半双工通信支持仪表，通过磁性吸附在仪表上的标准光学读数头，利用红外（IR）光与仪表通信。这种接口满足GB/T 19897.1—2005中4.3的要求。

6.2.2 电流环接口

这个接口是“经典的”20mA电流环。既适合四线配置，也适合二线配置。一个主单元可以支持多达8个仪表，此接口满足GB/T 19897.1—2005中4.1的要求。

6.2.3 电气接口V.24/V.28

这个接口是著名的三线配置（Rx、Tx、GND）的“RS232口”，此接口满足GB/T 19897.1—2005中4.2的要求。

6.3 链路层

GB/T 19897.1的要求适用于本部分。虽然本部分没有提及明确的分层，但是，应该参照下面的相关标准：

面向ASCII的链路层使用：

——ISO/IEC 646定义的ISO 7位编码字符集；

——使用ISO 1155定义的纵向校验（7E1）；

——ISO 1177定义的面向起始/停止式字符传输；

——ISO 1745定义的基本模式控制规程。

基于二进制的数据交换（模式E）：

——使用 HDLC 协议的 GB/T 19897.4 数据链路层(见 GB/T 19897.1—2005 附录 E)。

7 局域网(LAN)数据交换

对连接在局域网上的仪表进行抄表,此网络包含一个主站和一个或多个从站。已经采用了两种类型的接口,将在下面的条文中分别进行规定。

7.1 双绞线基带信号传输

此接口由 EN 13757-2:2002 标准化。它是一个具有一个主单元和一个或多个从单元的"多分支"类型的连接。网络中的主单元能够为从单元的接口部件提供能源,一个网络可以连接多达 250 个仪表,这些仪表是从单元。

7.1.1 物理层

此类型的接口在物理层将满足下面的要求:

——EN 13757-2:2002 中 4.1 的全部要求。

7.1.2 链路层

此类型的接口在链路层将满足下面的要求:

——EN 13757-2:2002 中第 5 章的全部要求。

7.2 双绞线载波信号传输

此接口从 GB/T 19897.2 采取。它是一个具有一个主单元和一个或多个从单元的多分支连接。主单元命名为主站,从单元命名为从站,仪表将作为从站。网络能够为从单元的接口部件提供能源。

7.2.1 物理层

此类型的接口在物理层将满足下面的要求:

——GB/T 19897.2—2005 中 4.1 关于从站的全部要求。

7.2.2 链路层

此类型的接口在链路层将满足下面的要求:

——GB/T 19897.2—2005 中 4.2 关于从站的全部要求;

——除此之外,在 GB/T 19897.2—2005 中 2.5 规定了链路层帧格式。

8 广域网(WAN)数据交换

8.1 概述

到目前为止,仅确定了一种适合于此用途的标准文件集,这个标准文件集是基于公共交换电话网(PSTN)的通信。此标准文件集是用于底层的 GB/T 19897.3 和 GB/T 19897.4。它们是用于异步数据通信面向三层连接描述的 COSEM 的一部分。使用标准的异步 MODEM 连接,并基于智能 Hayes 调制解调器。

8.2 物理层 GB/T 19897.3

从外部的观点来看,物理层提供了数据终端设备(DTE)和数据通信设备(DCE)之间的接口,见图 11。图 10 显示了通过广域网,例如 PSTN,进行数据交换的一个典型配置。

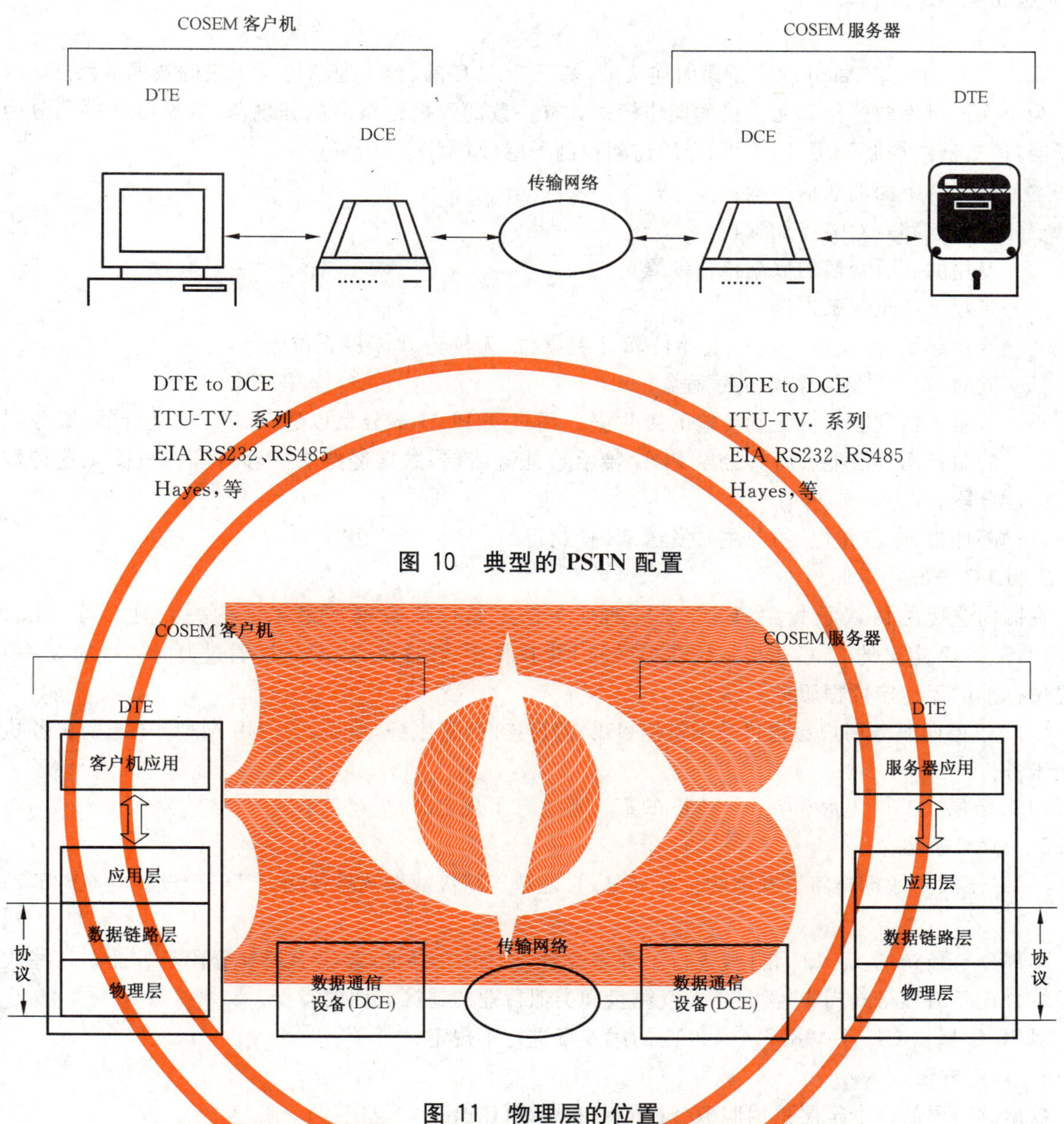

图 10 典型的 PSTN 配置

图 11 物理层的位置

从物理连接的观点来看,所有的通信均由呼叫方系统和被叫方系统(在 4.1 中定义)表示的两类设备构成。

从数据链路的观点来看,中心站一般作为主动方,由它发起并控制数据流;费率装置作为被动方并对主站做出响应。

从应用的观点来看,中心站一般作为请求服务的客户机,而费率装置作为交付请求服务的服务器。

对于本地数据交换,两个 DTE 能够利用适当的连接形式直接进行连接。

为允许使用大范围的各种通信介质,本部分不规定物理层的信号及其特性,因而,需要做出下面的假设:

——通信是点对点,或点对多点;

——半双工和双工连接可实现;

——具有 1 个起始位、8 个数据位、无校验和 1 个停止位(8N1)异步通信;

——从内部的观点来看,物理层是协议栈的最底层。

本部分定义了物理层到其同等层和上层的服务,及其物理层的协议。

8.3 链路层 GB/T 19897.4

8.3.1 引言

IEC 62056 的这一部分规定了面向连接的、基于 HDLC 的、异步通信协议子集的数据链路层。

为了保证对面向连接和无连接的操作模式具有一致的数据链路层服务规范，数据链路层划分为两个子层：逻辑链路控制子层（LLC）和介质访问控制子层（MAC）。

本部分支持下面的通信环境：

——点对点和点对多点配置；

——专用的和可交换的数据传输装置；

——半双工和全双工连接；

——异步起始/停止传输，1 个起始位、8 个数据位、无校验、1 个停止位。

同时，定义了两个特定的过程：

——从服务器到客户机分别传输的接收服务用户层 PDU 部分是以透明的方式进行的，服务器方的服务用户层能够将其分段 PDU 传给数据链路层，数据链路层能够对客户机隐藏这种数据分段。

——事件报告是通过从站向主站发送 UI 帧获得的。

8.3.2 LLC 子层

在面向连接的协议子集中，LLC 子层的唯一作用是保证数据链路寻址的一致性。可以认为，GB/T 15629.2 定义的 LLC 子层被用在扩展的 I 类操作中，在这里，LLC 子层通过面向连接的 MAC 子层提供标准的无连接数据服务。

LLC 子层向服务用户层提供数据链路（DL）的连接/断开服务，但是，它使用 MAC 子层的服务执行这些服务。

LLC 子层在 GB/T 19897.4—2005 的第 5 章进行了规定。

8.3.3 MAC 子层

MAC 子层是数据链路层规范的主要部分，它是基于高级数据链路控制（HDLC）过程的 GB/T 7421 标准。

本部分与最初的 HDLC 相比，进行了许多改进，例如：在寻址、差错保护和分段等方面。这些改进已经结合在新的帧格式当中，满足了电气测量和类似行业的遥测应用的需量。

MAC 子层在 GB/T 19897.4—2005 的第 6 章进行了规定。

8.3.4 规范方法

数据链路层的两个子层是用服务（Sevices）和协议（Protocol）规定的。

服务规范包含给定子层在逻辑接口处与相邻的其他子层或层之间要求的服务，它使用面向连接的过程。服务是规定协议层之间通信的标准方法。服务提供者通过使用四种类型的事务——通常称作服务原语（请求、指示、响应和确认），来协调和管理用户之间的通信。服务原语是规定协议层之间事务的一种抽象的、与实现无关的方法。下面原语的性质可以更好地理解给定原语的抽象特性：

——它们允许在层与层之间使用共同的约定，不必考虑特定的操作系统和语言；

——它们给实现者一个如何在特定的机器上实现服务原语的选择。

服务原语包括服务参数，服务参数有三类：

——传输给对等层的参数，它是传输帧的一部分，例如：地址、控制信息；

——仅在本地有意义的参数（如：物理连接类型）；

——从数据链路层到数据链路层的用户并透明地传输的参数。

本部分仅规定了第一类的参数值。

协议层的协议规范包含：

——对等层之间信息交换传输过程的规范；

——协议控制信息的正确解析过程；

——层的行为。

协议层的协议规范不包含：

——依据层传输的信息结构和含义(信息域)；

——服务用户层的标识；

——经过交换数据链路消息而完成服务用户层操作的方式；

——使用协议层而导致的交互作用。

9 射频通信数据交换

一个涵盖使用射频通信 EN 13757 的未来参照部分的占位符。

10 上层协议

10.1 引言

本条涵盖了在第 4 章解释的三层通信模型的应用层，其要求被分成下面几个子层：

——传输层；

——表示层；

——应用层。

10.2 传输子层

10.2.1 引言

传输子层是处理链路层末端系统间直接连接的第一层。在本级和较高级建立的所有连接被认为是端到端的链路。端到端的概念表示传输层实体提供完全与物理网络无关的服务。

传输子层最重要的属性是：端到端传输(上面提及的)、透明性(传输层协议能够接收任何二进制配置，而不用修改就可发送，无论其格式和长度，在子层中可能需要分段/重新组装的功能)和应用层寻址(在一个物理连接上的多个逻辑连接的复用)。

传输子层接收来自应用子层的信息，由于应用层说明这些信息的大小，因此，传输层能够将此信息分割成底层可以支持长度的报文(称为 TPDU，传输协议数据单元)，并将它们发送给另一端的对应传输层。与其相反，传输子层能够接收来自对应传输子层的报文，并把它们装配成与应用子层一致的信息。

传输子层能够同时在两个方向上(呼叫方—被叫方和被叫方—呼叫方)传输数据。此外，在同一虚电路上传输连接的复用意味着几个关联应用能够在一个给定的通信中共存。

无论起点如何，传输协议数据单元 TPDU 都使用数据链路层的服务完成传输，当然，数据链路层并没有察觉在较高层上实现的复用。

10.2.2 GB/T 19897.4 相关的传输子层

对于使用基于 HDLC 链路层的连接方法，使用 EPA 模型是已经预知的，传输层需要的服务已经集成到链路层。

在 COSEM 中，有两个用于分段的机制：

——数据链路层仅提供从站到主站的信息分段，对于应用层来说，这是透明的。它由 HDLC 的分段特性(I 帧)支持，见 GB/T 19897.4—2005 的 6.4.4.5。

——应用层使用 xDLMS 服务 GET、SET、ACTION(数据块-G、数据块-SA)提供双向分段。应用层级的分段对于短名引用是不适用的。

多应用关联由 ACSE 管理，它们共享底层资源。

注：详细的建立和释放应用关联见 GB/T 19882.33—2Q07 的 6.5。详细的长数据传输见 GB/T 19897.4—2005 的 6.4.4.4 和 GB/T 19882.33—2007 的 7.4.1.8。

10.2.3 GB/T 18657.2 相关的传输子层

对于基于 GB/T 18657.2 链路层的连接方法，不包括这样的服务，对于这些连接方法，传输协议数据单元(TPDU)由下面的域组成：

——控制信息，1 个字节的 CI 域；

——源传输服务访问点(地址)，2 个字节的 STSAP 域；

——目的传输服务访问点(地址)，2 个字节的 DTSAP 域；

——数据域，多达 248 个字节长度。

注：数据域的最大长度由 GB/T 18657.2 链路级报文长度的限制所决定。

控制域CI	源传输服务访问点STSAP	目的传输服务访问点DTSAP	数据域

图 12 与 GB/T 18657.2 相关的传输层 PDU 格式

传输层 PDU 的 CI 域按下面的方式进行编码：

Bit8、Bit7、Bit6：总是‘000’；

Bit5 ‘FIN’：在最后 1 个‘TPDU’中设置为‘1’，作为‘APDU’的一部分；

Bit4、Bit3、Bit2、Bit1：分段数，在一次会话的第 1 个‘TPDU’中设置为‘0000’；每发送 1 个 TPDU，分段数加 1。

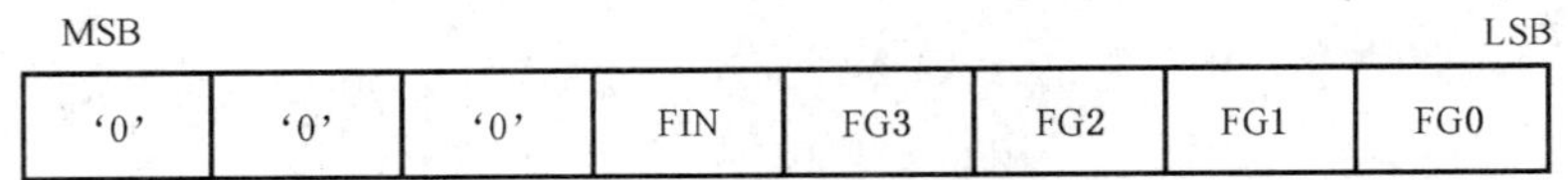

图 13 CI 域的格式

CI 域的 Bit8、Bit7 和 Bit6 的编码保证了面向 DLMS 的帧能够与基于总线系统的 EN 1434-3 或 prEN 13757 的现存仪表通信共存。

FIN(完成)Bit 指示来自应用子层 APDU 的最后一个分段，在 APDU 的最后一个 TPDU 中将置位 FIN Bit。这使得在接收端重新可靠地配置数据成为可能。

注：在只有一个分段的短信息中，FIN Bit 也应当在第 1 个(仅在第 1 个)TPDU 中进行置位。

从仪表到中心站的应答过程中，由于 GB/T 18657.2 没有识别重复包的机制，因此，分段计数器 FG3～FG0 将适用于传输子层。来自应用子层的每个 APDU 的第 1 个 TPDU 中，分段计数器均是‘0000’；对于每个 TPDU，分段计数器将进行加 1 处理。对每个并发的连接，都有一个分段计数器。

STSAP 域包含呼叫方的逻辑设备地址，首先发送最高位字节。

DTSAP 域包含被叫方的逻辑设备地址，FFFFh 是 DTSAP 的广播地址，所有的数据将被发布到被叫单元的所有逻辑设备，首先发送最高位字节。

注：在 COSEM 中，0001h 的 DTSAP 预先分配给了管理应用，并且总是存在。在一个简单的仪表中，这是唯一被分配的 DTSAP。对具有 0010h 的 STSAP 的公共客户机，管理逻辑设备应当支持具有最低安全等级的应用关联。

在传输子层通信中的检错将引起下面的行为动作：

——将向应用子层发送放弃指示；

——向链路层发送放弃请求；

——传输子层重新初始化。

10.3 表示子层

表示子层处理两个方面的内容，即抽象语法和编码规则。

10.3.1 抽象语法

使用抽象语法来规定应用层的数据。这考虑到使用某种预先定义的简单型或复合型的抽象语法，对信息进行逻辑和明确的描述。

ISO 只定义了一种抽象语法 ASN.1，GB/T 16262.1，并在 DLMS 协议定义中使用。由于 DLMS 已经被选择为 TC 294 协议栈的应用层的顶层模型，因此，使用的抽象语法是 ASN.1，GB/T 16262.1。

注：同 GB/T 19882.33—2007 中 7.3.3 规定一样，AARQ 和 AARE 使用 BER 进行编码。

10.3.2 编码规则

现实中对数据编码的方法称为传递语法，它是一套编码规则，是基于对信息及其实际应用值的抽象表示来决定将被传输的一系列信息位。

当前的标准是为具有有限处理能力和数据存储的设备而使用的，选择的传递语法将产生紧凑的编码，同时，仅需要有限的计算资源，选择这样一种语法是基于比较了不同规则中效率及复杂性的一项研究。TC 294 协议栈的传递语法是 A-XDR，DL/T 790.6。

10.4 应用子层

10.4.1 引言

GB/T 19882.33 适用于本部分。本部分根据结构、服务和协议，为 COSEM 的客户机和服务器规定了 COSEM 应用层。

10.4.2 应用层结构

客户机和服务器 COSEM 应用层的主要构件是 COSEM 应用服务对象（ASO），它提供对 COSEM 应用处理的服务，以及使用通过支持底层提供的服务。

客户机和服务器方的 COSEM ASO 包含三个强制性的组件，如下：

——关联控制服务元素（ACSE）。这个元素的任务是建立、维持和释放应用关联。为了面向连接的管理的目的实现，使用了在 GB/T 16688 和 GB/T 16687.1 规定的面向连接的 ACSE。

——扩展的 DLMS 应用服务元素（xDLMS_ASE）。这个元素的任务是向远程 COSEM 设备提供数据通信服务。

——控制功能（CF）。这个元素规定了 ASO 服务如何调用 ACSE、xDLMS_ASE 和支持层服务的合适的服务原语。

客户机和服务器的 COSEM ASO 可以包含其他的可选的应用协议组件。图 14 显示了一个仅包含三个强制性组件的“最小的”COSEM ASO-s。

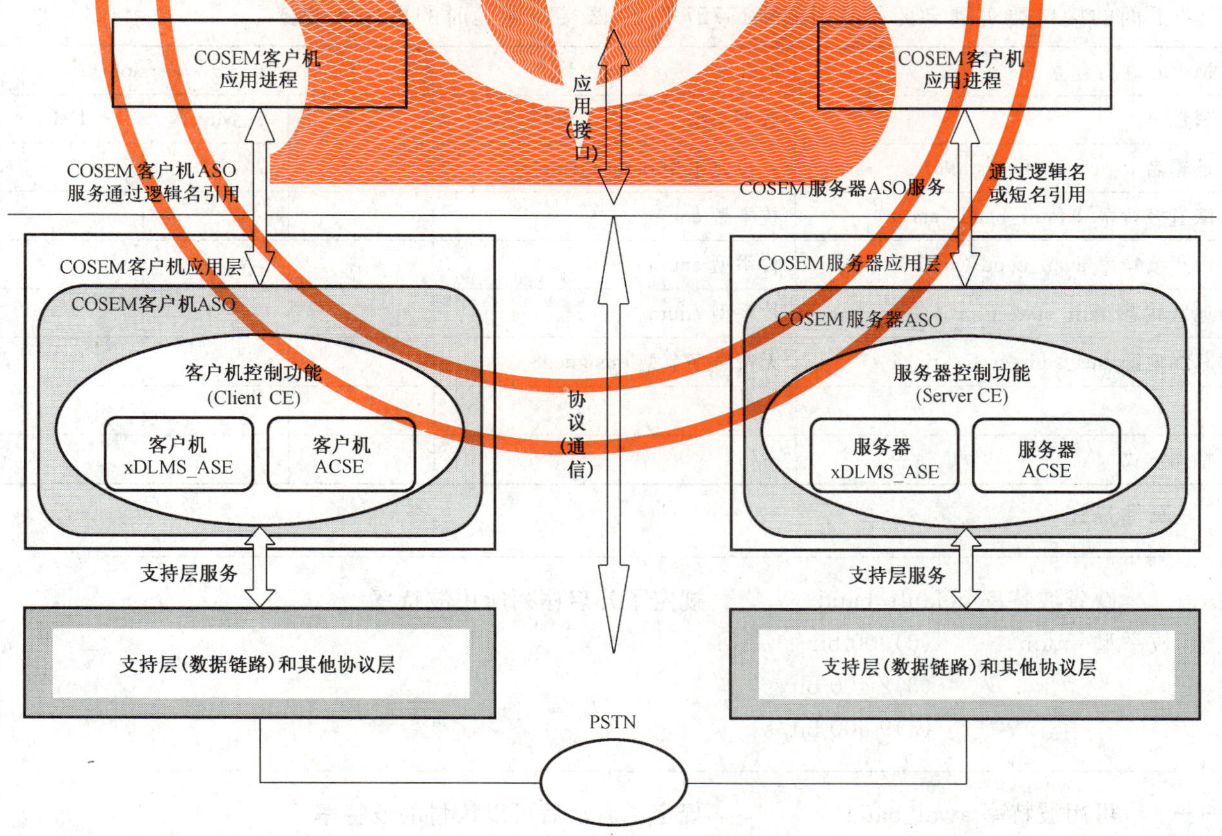

图 14 COSEM 应用层的结构

10.4.3　服务规范

服务规范涵盖了在各自的COSEM应用层的逻辑接口处的需要客户机和服务器的COSEM应用处理或由客户机和服务器的COSEM应用处理要求的服务，使用面向连接过程。

COSEM ASO提供的服务分为三类：

——提供应用建立和释放的服务；

——提供数据通信的服务；

——提供层管理的服务。

10.4.4　协议规范

COSEM应用层协议规定了为应用关联控制、身份验证(ACSE过程)和COSEM服务器数据交换(xDLMS)的信息传递过程。这些过程是依据如下内容进行定义的：

——通过在对等的ACSE和xDLMS协议机之间使用支持协议层的服务的交互；

——ACSE和xDLMS协议机和其服务用户的交互；

——同时，用应用协议规定了应用协议数据单元(APDU-s)的抽象语法(ASN.1)表示。

注：所有COSEM服务均运行在已经建立的物理连接之上，这个物理连接的建立是在COSEM协议外部完成的，因此，它不在本文范围之内。

11　COSEM的扩充

11.1　引言

业已公认，当增加新的较低层和新功能时，需要新的专用接口类。

11.2　新的接口类

11.2.1　M-Bus接口类

下面的接口类实例定义了使用EN 13757-2:2002接口通信时的操作参数：

M-Bus端口建立	0...n	Class－id＝25　Version＝0		
属性	数据类型	Min	Max	Def
逻辑名 logical_name (static)	八位元串型 octet-string			
缺省波特率 default_baud (static)	枚举型 enum			
可用波特率 avail_baud (static)	枚举型 enum			
地址状态 addr_state (static)	枚举型 enum			
总线地址 bus_address (static)	无符号字节型 unsigned8			
特殊方式	m/o			

属性描述

—— 缺省波特率 default_baud　　规定了开启序列所用波特率

枚举型 enum　　(0)300 bit/s

(3)2 400 bit/s

(5)9 600 bit/s

—— 可用波特率 avail_baud　　规定了启动后可以议付的波特率

枚举型 enum　　(0)300 bit/s

(1)600 bit/s

(2)1 200 bit/s
(3)2 400 bit/s
(4)4 800 bit/s
(5)9 600 bit/s
(6)19 200 bit/s
(7)38 400 bit/s

—— 地址状态 addr_state　　规定了自最后一次上电后设备是否曾被分配地址
枚举型 enum　(0)未曾分配地址
(1)已手动设置或自动分配了地址

—— 总线地址 bus_address　　设备在总线上当前配置的地址
无符号字节型 unsigned8

11.3 数据项向 COSEM 对象和属性的映射

本 COSEM 对象遵循 EN 13757-2:2002,规定和约束了与通信参数有关的设备功效。以下是接口类"M-Bus 端口设置"的实例。

M-Bus 端口设置	OBIS 标识						
	接口类	A	B	C	D	E	F
M-Bus 端口设置对象	M-Bus 端口设置	0	x	24	0	0	0xFF

值组 B 的用法应为:

如果同一个物理设备具有超过一个的对象类,值组 B 将对通信信道进行编号。

11.4 特殊对象类型

11.4.1 错误报告对象

11.4.1.1 引言

错误报告应分级处理:

——第一级错误报告为常规错误对象;

——第二级错误报告为介质特有错误对象;

——第三级错误报告为制造商特有错误对象。

11.4.1.2 常规错误对象

本级错误报告提供当前设备状况简短且重要的概述。

仪表的常规错误对象应属于接口类"数据(DATA)",其属性"值(value)"应为具有如下比特分配的无符号 16 位元(unsigned16):

Bit15(MSB)　非应答的警示
Bit14　非应答的警报
Bit13　指示无应答

Bit7　警示待决
Bit6　警报待决
Bit5　指示待决

错误状态爆发时应同时置位非应答位和待决位。非应答比特可通过向该位进行写操作而清除,待决位只能通过产生该置位的条件消失而被清除。

数据结构中的其他比特保留以供未来之用。它们不应被使用。如使用,则须遵循每一个状态均具有一对非应答/待决位的结构。

状态警示、警报、指示的定义如下：

警示

当所必需的决定计费量值中至少有一个量值出现下列情形,状态“警示”产生：

——超出许可限制量值之一(根据计量标准);

——按照预定和可接受的合理性检验规则判定,达到不合理的值。

当警示发生时,计费卷的计数器停止计数,故障或警示计数器激活。此外,如出现任何危险情形,警示状态亦产生。

警示通过应答流程清除。

警报

当以下情形出现时,状态“警报”产生：

——用户定义的累积计量量值限额被超越;

(此限额须在许可的“计量”限制累积标准范围内)

——用户定义的计量量值以外的限额被超越;

(如脉冲装置输出缓存器溢出、脉冲装置输入监控)

——电源故障引起设备短时失效;

(可能伴随着时钟停止)

——内部软件和硬件监控单元检测到错误。

警报通过应答流程清除。

指示

指示是呈现于设备显示装置上的状态,并且随着产生该状态的原因消失而同时消失。指示不必被清除。

指示用于描述设备工况的状态信息。例如标定锁打开,输入未校准。

这些工况不会干扰设备运转,也可能是刻意的。

11.4.1.3 介质特有错误对象

根据介质和设备类型,介质特有错误对象提供更多信息。它应是定义为介质类型的通用对象之一。这些对象具有格式为“m×97 97×”的 OBIS 名。

11.4.1.4 制造商特有错误对象

它提供了因支持服务和维护所需的更多信息的可能性。那些对象的定义超出本部分的范围。

12 对象标识系统(变量命名规则)

12.1 引言

GB/T 19882.31 中的对象标识系统(OBIS)为辨识计量设备中常用数据项而定义了一种层次结构。OBIS 为计量设备中全部及每一项数据都提供了一个唯一的标识符。它不仅涵盖了测量值,而且涵盖了用于配置或获取信息的抽象值。

OBIS 为抽象对象和电气计量相关数据定义了标识码,即 ID-码。本部分将非电量相关数据的 ID-码定义为 OBIS 的扩充。在定义仪表时,OBIS 是一个必需的基础文件。

如果一个对象在仪表中实现,OBIS 定义了如何去表达该对象的名称。每个值组的最大取值域是 0～255,但是它可以被限制在一个子域内。

对于不同的介质,其实际的对象编码可见本部分中第 13 章“对象编码”。

12.2 结构

OBIS 所定义的 ID-码是一个由 6 个值组(被命名为 A~F)构成的组合。6 个值组共同以层次结构方式描述了每一个数据项的准确含义。各个值组的主要含义如下:

——值组 A,分层结构的顶层元素,定义了介质;

——值组 B,定义了使用的通道;

——值组 C,定义了与被测量值相关的数据项;

——值组 D,定义了数据处理的方式;

——值组 E,定义了相关费率的关联位置,或允许进一步的分类;

——值组 F,定义了数据存储的关联位置,或允许进一步的分类。

有些为不同的值组定义的值对不同的介质是通用的,而有些则是介质所特有的。

12.3 制造商特有代码

如果值组 C 到 F 中的任意一个值组的值在 128~254 之间,那么整个代码就被认为是制造商特有代码。

12.4 共用值组

值组 A、B、E 和 F 的定义对所有与电无关的测量仪表是共用的。抽象对象(A=0)值组 C 的定义对所有的测量仪表都是共用的。没有共用值组 D。共用值组的定义将在下面的条款中详述。

12.4.1 值组 A

值组 A 规定了与计测相关的介质。非介质相关信息被处理为抽象数据。值组 A 的取值范围为 0~15。值组 A 的定义对所有类型的介质都是共用的。

表 1 值组 A

值组 A	
0	抽象对象
1	电量相关对象
4	热分配器相关对象
5	冷量相关对象
6	热量相关对象
7	燃气相关的对象
8	冷水相关的对象
9	热水相关的对象
注:其他可能值保留。	

12.4.2 值组 B

值组 B 用于定义通道号,例如当计量设备有多个数据输入(如集中器,转换器)时,可对每个输入通道编号,使得不同来源的数据得以区别。

值组 B 允许的取值范围是 0~255。如无实质性通道信息,则分配值为 0。通道号 65~127 保留为未来应用。

表 2 值组 B

值组 B	
0	没有被指定的通道
1	通道 1
…	…
64	通道 64
65…127	保留
128…254	制造商特有代码
255	保留

若设备只具有一个通道,则即使对于设备特有的非计测相关数据项,也允许使用通道号 1。

注:当一个物理计测装置包含有多个逻辑计测装置时,可以被模拟为一个拥有多个通道的逻辑计测装置,或者是由使用不同 SAP 的多个逻辑计测装置构成的一个逻辑计测装置。对于新开发的产品,后者是首选方案。

12.4.3 值组 C(抽象对象)

值组 C 定义了与信息来源相关的抽象的或物理数据项。抽象的对象是一些与某一特定类型的物理量无关的数据项。对于抽象数据,当超出值组 C 时,由 6 个数码域构成的分层结构是不适用的。

表 3 值组 C 代码(抽象对象)

值组 C 抽象对象 (A=0)	
0	通用 COSEM 对象
1	接口类“时钟”的 COSEM 对象
2	接口类“PSTN 调制解调器配置”及相关接口类的 COSEM 对象
10	接口类“脚本表”的 COSEM 对象
11	接口类“特殊日期表”的 COSEM 对象
12	接口类“方案表”的 COSEM 对象
13	接口类“激活日历”的 COSEM 对象
14	接口类“寄存器激活”的 COSEM 对象
15	接口类“单事件方案表”的 COSEM 对象
20	接口类“IEC 本地端口设置”的 COSEM 对象
21	标准读出定义
22	接口类“IEC HDLC 设置”的 COSEM 对象
23	接口类“IEC 双绞线(1)设置”的 COSEM 对象
24	接口类“M-Bus 端口设置”的 COSEM 对象
40	接口类“连接 SN/LN”的 COSEM 对象
41	接口类“SAP 分配”的 COSEM 对象
42	COSEM 逻辑装置名

表 3（续）

值组 C 抽象对象（A=0）	
65	接口类“实用表”的 COSEM 对象
94	国家特有标识符
96	通用服务入口
97	通用错误信息
98	通用列表对象
127	非活动对象[a]
128…175	制造商特有的 COSEM 相关抽象对象
176…254	其他，制造商特有代码
[a] 非活动对象是指一个在仪表中有定义且可见，但没有实现其功能的对象。	

12.4.4 **值组 C（抽象对象）的注释**

代码为 0～65 的抽象对象的定义可见 GB/T 19882.32 标准，更进一步的细节可查看本部分。实际抽象对象的更详细的编码描述可见本部分 13.2。

12.4.5 **值组 E**

本值组详述了在值组 A 到 D 中被定义为不同读数的测量类型，例如由定额开关操控的读数。

在所有不使用值组 E 的情形中，其值被设为 255。

表 4 值组 E

值组 E 与消费相关的对象（A<>0）	
0	总计
1	定额（费率）1
2	定额（费率）2
3	定额（费率）3
4	定额（费率）4
…	…
9	定额（费率）9
…	…
63	定额（费率）63
128…254	制造商特有代码
其他	保留

注：术语“定额（rate）”与热分配器中使用的术语“额定的（rated）”无关。

12.4.6 **值组 F**

值组 F 进一步细分了在值组 A 到 E 中被部分定义的结果。典型的应用是将之分割成不同的时段（重设时段）或者一系列的历史值。

在所有不使用值组 F 的情形中，其值被设为 255。

表 5 值组 F

值组 F 与消费相关的对象，周期表	
VZ+ 1	未来时段[a]
VZ	时段 1[a]
VZ-1	时段 2[a]
VZ-2	时段 3[a]
VZ-3	时段 4[a]
VZ-4	…
	依次类推
101	第 1 个最近值
102	第 2 个最近值
…	…
125	第 25 个最近值
126	未指明序号的最近的值
127	保留
128…254	制造商特有代码
255	保留
[a] 这里假设一个环形数据缓冲器，VZ-n 中的“n”取缓冲器大小的模值。缓冲器尺寸及缓冲器指针当前值是一些通用对象。	

最近的历史值(最新的)是用 ID-码 VZ(历史值计数器状态)来标识的。而第二个最近历史值是用 ID-码 VZ-1 来标识的，依次类推。历史值计数器的工作模式是可以不同的，例如可以模 12，也可以模 100，这取决于可用的历史值的最大数量。在达到历史值计数器界限后表现的历史值，在模 100 时含有历史值代码 0，在其他模值时(如模 12 时)含有历史值代码 1。

大于 100 的值用来定位一个数据表，该数据表包含了多个历史值。1xx 的最大值取决于设备，并确定了完整的有效的历史值集合。其最大许可值为 125。

值 126 表示一个未确定计费时段数量的数据表。

12.5 介质特有值组

本部分定义了介质所特有的值组，即值组 C 和值组 D。他们所标识的对象包含的信息是与介质相关的。每次定义一种类型的介质都是由值组 C 和值组 D 共同完成的。

12.6 热分配器(HCA)特有值组

12.6.1 引言

热分配器都是被安装在需要监控区域的散热器上。热分配器必须被安装在空气流动的地方，并且散热器没有被包围。即使是单个用户，也会有多个热分配器。这使得目前用一个双通连接器将所有的热分配器直接连接成为一种不可实现的方案。尽管如此，将来自一个(或多个)HCA(通过集中器)的数据也能够像其他远程抄读仪表的数据一样进行处理，仍然是很重要的。

本部分详述了在 COSEM 环境中对携带有 HCA 信息的对象的命名。术语与 EN 834 相关介质标准中的术语相一致的。

HCA 的输出是“温度对时间的积分值”，并且只是一个相对和。HCA 主要的参数就是这个积分值。这个积分值的时间序列可以保存在 HCA 中，以备以后抄读。除此之外，从 HCA 中可得到的其他介质相关的信息是温度和定额系数。

12.6.2 HCA 的值组 C

在下面的 HCA 对象表格中,不同对象的名称是与其在仪表标准 EN 834 中使用的名称相对应的。

表 6 值组 C 代码(HCA 对象)

值组 C HCA 相关的对象(A=4)	
0	通用对象[a]
1	无定额积分值[b]
2	有定额积分值[c]
3	散热器表面温度[d]
4	热介质温度
5	进水温度
6	回水温度
7	室温
96	HCA 相关服务入口
97	HCA 相关错误消息
98	HCA 列表
99	HCA 数据曲线
128…254	厂商特定代码

[a] 类似时常数,阈值等参数的设置。详见 13.3.1 中的对象编码表。

[b] 如 EN 834 所说明的补偿前读出。

[c] 如 EN 834 所说明的补偿后读出。

[d] 在任何定额前测量的温度。

注 1:未说明的所有值都保留。

注 2:散热器表面(C=3)温度和热介质(C=4)温度是互斥的。

注 3:进水温度(C=5)和回水温度(C=6)是与散热器表面(C=3)温度相斥的。

注 4:室温(C=7) 的测量应当总是与下列测量之一同时进行:散热器表面(C=3)温度,热介质(C=4)温度,或进水温度/回水(C=5/C=6)温度对。

12.6.3 HCA 的值组 D

值组 D 规定了按照特定运算规则处理 HCA 相关量值的结果。

表 7 值组 D 代码(HCA 对象)

值组 D HCA 相关对象(A=4,C<>0,96∽99)	
0	当前值
1	周期值[a]
2	设置日期值
3	账单日值
4	最小值
5	最大值
6	试验值[b]

[a] 一组周期性保存的值,这些值可能是一个月保存一次或是两次。

[b] 为试验目的而特殊处理的值。这可能是为了增强数据的精度,或是为了更快(但精确度较低)地处理数据。

12.7 热量表或冷量表特有值组

12.7.1 引言

本部分描述了在 COSEM 环境中对携带热表信息的对象的命名。它既覆盖了对热量的处理,也覆盖了对冷量的处理。所用的介质特定术语与 EN 1434-1 和 EN 1434-2 中相应的介质标准部分是一致的。暖气表或冷气表的输出是"功率(热焓差值乘以流量)对时间的积分"。

值组 A=5 设定为冷量特有对象的计量,而值组 A=6 则设定为热量特有对象的计量。其他值组对于热量和冷量是同一的。

12.7.2 热量的值组 C

表 8 中热量计量和冷量计量对象的命名是与 EN 1434-1 标准中的命名相一致的。

表 8 值组 C 代码(热量/冷量对象)

值组 C 热量/冷量相关对象(A=5 或 A=6)	
0	通用对象[a]
1	能量
2	结算体积
3	结算质量[b]
4	进水体积
5	进水质量
6	回水体积
7	回水质量
8	功率
9	流速
10	进水温度
11	回水温度
12	温差[c]
13	介质压力[d]
⋮	⋮
96	热量/冷量相关服务入口
97	热量/冷量相关错误信息
98	热量/冷量列表
99	热量/冷量数据曲线
128…254	制造商特有代码

a 类似时常数,阈值等参数的设置。详见 13.4.1 中的对象编码表。

b 计量蒸汽时使用。

c 可得到的通常比进水和回水温度更精确,更准确的值。

d 如测量,则为介质的压力。如果介质压力不能被测出来,则备用值是通用对象(C=0)。

注:所有未指明的值为保留值。

12.7.3 热量值组 D

值组 D 详细说明了按照特定的运算规则处理热量或冷量相关值得到的结果。

表 9 值组 D 代码(热量/冷量对象)

值组 D 热量/冷量相关对象(A=5 或 A=6),(C <>0,96…99)	
0	当前值
1	周期值 1[a]
2	设置日期值
3	账单日值
4	最小值 1
5	最大值 1
6	试验值[b]
7	瞬时值[c]
8	时域积分值 1[d]
9	时域积分值 2[e]
10	当前平均值[f]
11	最近平均值[g]
12	周期值 2[a]
13	周期值 3[a]
14	最小值 2
15	最大值 2
⋮	⋮
20	欠限事件计数器
21	欠限持续时间
22	超限事件计数器
23	超限持续时间
24	丢失数据事件计数器[h]
25	丢失数据持续时间[h]

a 一组周期性采集的数据。这种方式得到的数据记录可直接用于绘制负荷曲线。

b 为试验目的而特殊处理的值。这可能是为了增强数据的精确度,或是为了更快(但是精确度较低)地处理数据。

c 从系统立即读出,比当前值在一个更短的时间内更具有代表性。

d 不包含账单周期码(F=255):被计算的量值从原点(首次测量起始)到即刻时间点的时域积分值。包含账单周期码(0≤F<100);被计算的量值从原点(首次测量起始)到由账单周期码给定的账期终点的时域积分值。

e 不包含账单周期表代码(F=255);被计算的量值从当前账期起点到即刻时间点的时域积分值。包含账单周期表代码(0≤F<100);被计算的量值在由账单周期码给定的账期区间上的时域积分值。

f 当前需量寄存器的值。

g 最近一个测量周期终点时刻的需量寄存器值。

h 被当作丢失的值(如因传感器失效)。

12.8 燃气仪表特有值组

12.8.1 引言

本部分描述了在COSEM环境中对携带燃气测量信息的对象的命名。它包括对仪表、容积换能器以及数据记录仪的处理。

EN 12405标准中规定的燃气测量数据流的详细描述见附录B。

12.8.2 燃气值组C

表10 值组C代码(燃气对象)

值组C 燃气相关对象(A=7)	
0	通用对象
1	前向无扰动仪表容积值
2	前向有扰动仪表容积值
3	前向绝对仪表容积值
4	逆向无扰动仪表容积值
5	逆向有扰动仪表容积值
6	逆向绝对仪表容积值
11	前向无扰动换能器容积值
12	前向有扰动换能器容积值
13	前向绝对换能器容积值
14	逆向无扰动换能器容积值
15	逆向有扰动换能器容积值
16	逆向绝对换能器容积值
21	前向无扰动记录仪容积值
22	前向有扰动记录仪容积值
23	前向绝对记录仪容积值
24	逆向无扰动记录仪容积值
25	逆向有扰动记录仪容积值
26	逆向绝对记录仪容积值
31	前向无扰动能量值
32	前向有扰动能量值
33	前向绝对能量值
34	逆向无扰动能量值
35	逆向有扰动能量值

表 10（续）

值组 C 燃气相关对象（A=7）	
36	逆向绝对能量值
41	绝对温度
42	绝对压力
43	流速
44	声速
45	密度
51	修正因数
52	转化因数
53	可压缩性因数
54	卡路里值
96	燃气相关服务入口
97	燃气相关错误消息
98	燃气列表
99	燃气数据曲线
128…254	制造商特有代码

注：所有未指明的值为保留值。

12.8.3 燃气值组 D

值组 D 详细规定了按照特定的运算规则对燃气相关量值或进一步细分一般量值的处理结果。

表 11 值组 D 代码（燃气对象）

值组 D 燃气相关对象（A=7）且（C <>0,96…99）	
0	测量条件下的实际值
1	校正后容积值
2	基本条件下的值/转化值
3	备份值
4	最小实际值
5	最大实际值
10	实际值
11	预设值
12	方式

12.9 水表特有值组

12.9.1 引言

本部分描述了在COSEM环境中对携带水量测量信息的对象的命名。它包括了热水和冷水。

12.9.2 水量值组C

表12 值组C代码(水容积量对象)

值组C 水容积量相关对象(A=8或A=9)	
0	通用对象
1	累计体积
2	流速
3	前向温度
96	水相关服务入口
97	水相关错误消息
98	用水列表
99	用水数据曲线
128…254	厂商特定代码

注:所有未说明的值保留。

12.9.3 水量值组D

表13中值组D详细说明了按照特定的运算规则处理与水相关量值的结果。

表13 值组D代码(水容积量对象)

值组D 水容积量相关对象(A=8或A=9),(C <>0,96…99)	
0	当前值
1	周期值
2	设置日期值
3	账单日期值
4	最小值
5	最大值
6	试验值

13 对象编码(变量名称)

13.1 引言

应包含抽象对象编码以及用于不同介质的对象码,并以第12章中的规范为基础。

对于基础类表计,其实施对象的最低要求可在附录A中查到。较复杂的表计同样应该包括基础类表计的所有对象。

13.2 抽象对象码

表 14 抽象对象码

抽象对象、通用服务输入值	OBIS 识别编码					
	A	B	C	D	E	F
设备 ID 编号(与介质/信道无关)						
完全设备 ID(制造编号)	0	0	96	1		
设备 ID 1 [b]	0	0	96	0	0	
…			…	…	…	
设备 ID 10 [b]	0	0	96	0	9	
参数改变、校准和访问						
配置程序变化的次数	0	X	96	2	0	
最后配置程序变化的日期	0	X	96	2	1	
最后一次开关程序变化的日期	0	X	96	2	2	
最后一次纹波控制接收器程序变化的日期	0	X	96	2	3	
安全开关状态	0	X	96	2	4	
最后校准日期	0	X	96	2	5	
下一次配置程序更改的日期	0	X	96	2	6	
被保护的配置程序变化的次数[a]	0	X	96	2	10	
被保护的配置程序最后更改的日期[a]	0	X	96	2	11	
输入/输出控制信号						
输入控制信号状态	0	X	96	3	1	
输出控制信号状态	0	X	96	3	2	
内部控制信号状态	0	X	96	4	0	
内部运行状态	0	X	96	5	0	
电池输入值						
电池使用时间计数器	0	X	96	7	0	
电池充电显示	0	X	96	7	1	
下一次更换日期	0	X	96	7	2	
电池电压	0	X	96	7	3	
电源故障次数						
比内部自控时间更长的所有 3 相的总断电次数	0	X	96	6	0	
相位 L1	0	X	96	6	1	
相位 L2	0	X	96	6	2	
相位 L3	0	X	96	6	3	
运行时间						
运行时间	0	X	96	8	0	
记录速率 1 的时间	0	X	96	8	1	
记录速率 2 的时间	0	X	96	8	2	
…	…	…	…	…	…	
记录速率 63 的时间	0	X	96	8	63	
环境相关参数						
室温	0	X	96	9	0	

表 14（续）

抽象对象、通用服务输入值	OBIS 识别编码					
	A	B	C	D	E	F
制造商特有[c]	0	X	96	50	X	X
… 制造商特有[c]	… 0	… X	… 96	… 96	… X	… X

[a] 被保护配置数据是：改变这些配置，需要打开电源表计的盖板或拆开计量密封。

[b] 本对象组应用于存储铭牌信息的电子记录。

[c] 对特定制造商的对象，只有那些没有由其他定义码代表的值才需设置，同样也需在显示屏上显示。假如不需要这么做，编码取值可以使用 127 以上值组，参见 GB/T 19882.32—2007 中 5.7。

注：假如一个值域被屏蔽，则此值组没有被使用。"X"可以看作于允许取值范围中的任意值。

表 15　一般错误对象

抽象对象、一般错误消息	OBIS 识别编码					
	A	B	C	D	E	F
错误对象	0	X	97	97	X[a]	

[a] 假如只使用一个对象，该值应为 0。

注：假如值域被隐蔽，此值组没有适用。"X" 可以看作于允许取值范围中的任意值。

13.3　用于 HCA 的对象编码

13.3.1　HCA 的通用目的编码和曲线

表 16　通用目的编码和曲线（热分配器）

热分配器 通用目的对象	OBIS 识别编码					
	A	B	C	D	E	F
公用事业机构的自由 ID 编码						
完整综合 ID	4	X	0	0		
ID 1	4	X	0	0	0	
…			…	…	…	
ID 10	4	X	0	0	9	
存储信息						
历史值计数器状态（VZ）	4	X	0	1	1	
可用的历史值个数	4	X	0	1	2	
目标日期	4	X	0	1	10	
计费日期	4	X	0	1	11	
配置						
程序版本号	4	X	0	2	0	
固件版本号	4	X	0	2	1	
软件版本号	4	X	0	2	2	
设备检测原理[a]	4	X	0	2	3	

表 16（续）

热分配器 通用目的对象	OBIS 识别编码					
	A	B	C	D	E	F
转换因子						
最终额定因子，K	4	X	0	4	0	
热输出额定因子，K_Q	4	X	0	4	1	
热耦合整体额定因子，K_C	4	X	0	4	2	
热耦合房间侧耦合因子，K_{CR}	4	X	0	4	3	
热耦合供暖器侧耦合因子，K_{CH}	4	X	0	4	4	
低温耦合因子，K_T	4	X	0	4	5	
显示输出比例因子	4	X	0	4	6	
阈值						
起始温度阈值	4	X	0	5	10	
温差阈值	4	X	0	5	11	
周期信息						
平均值测量周期	4	X	0	8	0	
消费曲线的记录间隔	4	X	0	8	4	
计费周期	4	X	0	8	6	
曲线						
曲线曲线	4	X	99	1	X	
[a] 这是数据枚举型的对象，(0)单个传感器，(1)单个传感器＋起始传感器，(2) 双传感器，(3)纹波传感器。						
注：假如一个值域被屏蔽，此值组不被使用。“X” 可以看作允许取值范围中的任意值。						

13.3.2 HCA 与介质相关的编码

表 17 与介质相关的编码(热分配器)，示例

热分配器 与介质相关的对象	OBIS 识别编码					
	A	B	C	D	E	F
消费						
当前未收费的数据部分	4	X	1	0	0	
当前已收费的数据部分	4	X	2	0	0	
上次设定日期的收费数据部分	4	X	2	2	0	V_z
未收费数据部分，前一计费日期	4	X	1	3	0	V_{z-1}
收费数据部分，两个最近周期的值	4	X	2	1	0	102
监测值						
散热器温度，当前数值	4	X	3	0		
进水温度，测试数值	4	X	5	6		
室温，最小值	4	X	7	4		
注：假如一个值域被屏蔽，此值组不被使用。“X” 可以看作允许取值范围中的任意值。						

注：上表只是某些现有的与介质相关编码的示例。

13.4 热量/冷量对象编码

13.4.1 热量/冷量通用目的编码和曲线

表 18 通用目的编码和曲线(热量/冷量)

供暖/供冷 通用目的对象	OBIS 识别编码					
	A	B	C	D	E	F
公用事业机构的自由 ID 编码						
完整综合 ID	5/6	X	0	0		
ID 1	5/6	X	0	0	0	
…			…	…	…	
ID 10	5/6	X	0	0	9	
存储信息						
历史值/周期值计数器状态(VZ)	5/6	X	0	1	1	[f]
周期值计数器状态,周期 1	5/6	X	0	1	1	1[f]
可用的历史/周期值个数	5/6	X	0	1	2	
第 2 周期可用周期值个数	5/6	X	0	1	2	[f]
设定日期	5/6	X	0	1	10	
计费日期	5/6	X	0	1	11	2[f]
配置						
程序版本	5/6	X	0	2	0	
固件版本	5/6	X	0	2	1	
软件版本	5/6	X	0	2	2	
表计位置(进水或回水)[a]	5/6	X	0	2	3	
设备版本	5/6	X	0	2	4	
进水温度传感器序列号	5/6	X	0	2	10	
回水温度传感器序列号	5/6	X	0	2	11	
进水流量传感器序列号	5/6	X	0	2	12	
回水流量传感器序列号	5/6	X	0	2	13	
转换因子						
热系数 K	5/6	X	0	4	1	
介质压力(备份值)[b]	5/6	X	0	4	2	
介质焓[c]	5/6	X	0	4	3	
阈值						
费率 1 的阈值限值[d]	5/6	X	0	5	1	
…			…	…	…	
费率 9 的阈值限值[d]	5/6	X	0	5	9	
最大合同约定流速[e]	5/6	X	0	5	21	
最大合同约定功率[e]	5/6	X	0	5	22	
最大合同约定温差[e]	5/6	X	0	5	23	
最小合同约定回水温度[e]	5/6	X	0	5	24	

表 18（续）

供暖/供冷 通用目的对象	OBIS 识别编码					
	A	B	C	D	E	F
定时信息						
总的平均测量周期	5/6	X	0	8	0	
瞬时测量平均周期	5/6	X	0	8	1	
体积/流量测量平均周期	5/6	X	0	8	2	
温度测量平均周期	5/6	X	0	8	3	
压力测量平均周期	5/6	X	0	8	4	
功率平均周期	5/6	X	0	8	5	
流速平均周期	5/6	X	0	8	6	
测试值平均周期	5/6	X	0	8	7	
测量周期，峰值，周期 1(短)[g]	5/6	X	0	8	11	
测量周期，峰值，周期 2[g]	5/6	X	0	8	12	
测量周期，峰值，周期 3[g]	5/6	X	0	8	13	
测量周期，峰值，周期 4[g]	5/6	X	0	8	14	
测量周期，周期值，周期 1(短)[g]	5/6	X	0	8	21	
测量周期，周期值，周期 2[g]	5/6	X	0	8	22	
测量周期，周期值，周期 3[g]	5/6	X	0	8	23	
测量周期，周期值，周期 4[g]	5/6	X	0	8	24	
测量周期、测试值	5/6	X	0	8	25	
曲线的记录间隔 1[h]	5/6	X	0	8	31	
曲线的记录间隔 2[h]	5/6	X	0	8	32	
曲线的记录间隔 3[h]	5/6	X	0	8	33	
计费周期	5/6	X	0	8	34	
曲线						
记录间隔 1 的消费/负载曲线	5/6	X	99	1	1	X[j]
记录间隔 2 的消费/负载曲线	5/6	X	99	1	2	X[j]
记录间隔 3 的消费/负载曲线	5/6	X	99	1	3	X[j]
记录间隔 1 的最大值曲线	5/6	X	99	2	1	X[j]
记录间隔 2 的最大值曲线	5/6	X	99	2	2	X[j]
记录间隔 3 的最大值曲线	5/6	X	99	2	3	X[j]
测试时的消费/负载曲线	5/6	X	99	3	1	X[j]
认证数据日志	5/6	X	99	99	X[j]	

a (单个)流量计在何处被嵌入的信息。当流量计位于水流路径上时使用非零值。

b 假如不测量，定义介质的压力。根据 EN 1434-2，系统缺省值是 16 ba。

c 导热液体的焓。使用纯水以外的介质时是必要的。当把质量转换为功率时，焓是计算的一部分。

d 顾客和供应商之间的合同的一部分。阈值规定何时改变费率，可用于诊断目的，或用于限流阀。

e 顾客和供应商之间的合同的一部分，阈值可用于设定一个"标志"，可用于诊断或限流阀。

f 假如在表计中只有一套历史/周期的值，值组"F"可弃置不用。

g 表计的周期初始值应始终从周期 1 开始。

h 假如只使用一个记录间隔，那么它应是记录间隔 1；假如使用多个记录间隔，那么记录间隔 1 应是最短周期的间隔。

j 假如每类只有一个对象示例，值应为 0。

注：假如一个值域被屏蔽，此值组不被使用。"X" 可以看作允许取值范围中的任意值。本表既可用于供暖时热量表计量也可用于供冷时冷量表计量。

13.4.2 用于供暖/供冷时的与介质有关的编码

表 19 与介质有关的编码(供暖/供冷)

供暖/供冷 与介质有关的编码	OBIS 识别编码					
	A	B	C	D	E	F
消费方						
能量、当前值、总和	5/6	X	1	0	0	
能量、当前值、费率 1	5/6	X	1	0	1	
能量、周期值、总值、二个最后存储值	5/6	X	1	1	0	102
能量、计费日期值、总和、最后存储值、费率 1	5/6	X	1	3	1	V_z
监测值						
能量、极大值(当前周期)	5/6	X	1	5		
流速、周期值 2、前一存储值	5/6	X	9	12		V_{z-1}
功率、最大值、前一周期	5/6	X	8	5		V_{z-1}
能量,漏计时期[c]	5/6	X	1	25		
温差、测试值	5/6	X	12	6		
流量路径、温度传感器序列号	5/6	X	0	2	10	
使用曲线收集间隔 1 的数据[a]	5/6	X	99	1	1	0
错误处理						
总错误状态[b]	5/6	X	97	97	0	
发生错误的子系统[d]	5/6	X	97	97	1	
错误状态的持续时间[c]	5/6	X	97	97	2	

a 这表示对象类型曲线的使用,设计用于周期性获取对象。没有预先定义用于热量表的曲线。

b 这个对象是对象 0.X.97.97.0 的“镜像”。

c 表计还不能计算能量消耗的持续时间。

d 错误信息的进一步细分。

注:假如一个值域被屏蔽,此值组不被使用。“X”可以看作允许取值范围中的任意值。

注:上表只是现有的与介质相关的编码示例。

13.5 燃气对象编码

13.5.1 燃气的通用目的编码和曲线

表 20 通用目的编码和曲线(燃气表)

燃气 通用目的对象	OBIS 识别编码					
	A	B	C	D	E	F
公用事业机构的自由 ID 编码						
完整综合 ID	7	X	0	0		
ID 1	7	X	0	0	0	
…			…	…	…	
ID 10	7	X	0	0	9	
历史值/复位计数器输入值						
历史值计数器状态(VZ)	7	X	0	1	0	
可用的历史值数目	7	X	0	1	1	
历史值 VZ 的时间标签(上一次复位)	7	X	0	1	2	VZ
历史值 VZ-1 的时间标签	7	X	0	1	2	VZ_1
…			…	…	…	
历史值 VZ-n 的时间标签	7	X	0	1	2	VZ_n

表 20（续）

燃气 通用目的对象	OBIS 识别编码					
	A	B	C	D	E	F
配置						
程序版本	7	X	0	2	0	
固件版本	7	X	0	2	1	
软件版本	7	X	0	2	2	
设备版本	7	X	0	2	3	
压力传感器、序列号	7	X	0	2	11	
温度传感器、序列号	7	X	0	2	12	
计量器、序列号	7	X	0	2	13	
体积传感器[b]、序列号	7	X	0	2	14	
转换的/未转换的输出脉冲常数						
未转换的前向体积	7	X	0	3	0	
未转换的反向体积	7	X	0	3	1	
未转换的绝对[a]体积	7	X	0	3	2	
转换的前向体积	7	X	0	3	3	
转换的反向体积	7	X	0	3	4	
转换的绝对[a]体积	7	X	0	3	5	
转换因子						
（本栏用于多项式、常数的转换，以及诸如此类的应用）	7	X	0	4	0	
…	7	X	0	4	1	
	7	X	0	4	2	
	7	X	0	4	3	
	7	X	0	4	4	
阈值						
超过消费阈值的功率						
限值 1	7	X	0	5	1	1
…			…	…	…	…
限值 4	7	X	0	5	1	4
费率 1 的阈值限值	7	X	0	5	2	1
…			…	…	…	…
费率 9 的阈值限值	7	X	0	5	2	9
记录间隔 1 的最大合同消费	7	X	0	5	3	
记录间隔 2 的最大合同消费	7	X	0	5	4	
绝对温度、最小限值设定[c]	7	X	0	5	11	
绝对温度、最大限值设定[c]	7	X	0	5	12	
绝对压力、最小限值设定[c]	7	X	0	5	13	
绝对压力、最大限值设定[c]	7	X	0	5	14	
表称值						
压力	7	X	0	6	1	
温度	7	X	0	6	2	
Q_{min}	7	X	0	6	3	
Q_{max}	7	X	0	6	4	

表 20(续)

燃气 通用目的对象	OBIS 识别编码					
	A	B	C	D	E	F
输入脉冲常数						
未转换的前向体积	7	X	0	7	0	
未转换的反向体积	7	X	0	7	1	
未转换的绝对[a]体积	7	X	0	7	2	
转换的前向体积	7	X	0	7	3	
转换的反向体积	7	X	0	7	4	
转换的绝对[a]体积	7	X	0	7	5	
测量周期/记录周期持续时间						
测量周期 1 的平均值 1	7	X	0	8	3	
测量周期 2 的平均值 2	7	X	0	8	4	
测量周期 3 的瞬时值	7	X	0	8	5	
测量周期 4 的测试值	7	X	0	8	6	
曲线[d]的记录间隔 1	7	X	0	8	7	
曲线[d]的记录间隔 2	7	X	0	8	2	
计费周期	7	X	0	8	10	
时间输入项						
最后一次复位以来经过的天数	7	X	0	9	0	
燃气数据曲线对象						
记录间隔 1 的负载曲线	7	X	99	1	0	
记录间隔 2 的负载曲线	7	X	99	2	0	
记录间隔 1[e]的最大值曲线	7	X	99	3	0	
记录间隔 2[e]的最大值曲线	7	X	99	4	0	
事件日志	7	X	99	98	0	
认证数据日志	7	X	99	99	0	

[a] 所谓“绝对”就是指负体积作为正体积累加 ABS()。

[b] 体积传感器可以是外部机械式表计/编码器/电子索引。

[c] 绝对压力/温度值超出这些限值时,可能使得设备处于错误状态。

[d] 假如使用多个记录间隔,记录间隔 1 应是较短的。

[e] 是最大设定数值的一个序列。

注:假如一个值域被屏蔽,此值组不被使用。“X”可以看作允许取值范围中的任意值。

13.5.2 燃气中与介质有关的编码

( )中的信息是对象说明的一部分,见附录 B 中的符号名称。

表 21 与介质有关的编码(燃气表)

燃气 与介质有关的编码	OBIS 识别编码					
	A	B	C	D	E	F
消费方						
未转换的体积“索引”,(V_m)	7	X	23	0	0	
错误校正后的体积,(V_c)	7	X	23	1	0	
已转换体积,(V)[a]	7	X	23	2	0	
能量“索引”,(E)	7	X	23	2	0	

表 21（续）

燃气 与介质有关的编码	OBIS 识别编码					
	A	B	C	D	E	F
监测值						
当前间隔 1 中的最大消费值，(V_m)[j]	7	X	23	0	3	
当前间隔 1 中的最大消费值，(V_b)[j]	7	X	23	2	3	
当前间隔 1 中的最大消费值，(E)[j]	7	X	33	2	3	
当前间隔 2 中的最大消费值，(V_m)[j]	7	X	23	0	4	
当前间隔 2 中的最大消费值，(V_b)[j]	7	X	23	2	4	
当前间隔 2 中的最大消费值，(E)[j]	7	X	33	2	4	
常数和计算结果						
校正因子，(C_f)[b]	7	X	51	0	0	
已测量的热值(CalValue)[c]	7	X	54	0	0	
转换因子，(C)[d]	7	X	52	0	0	
实际可压缩性(Z)[e]	7	X	53	0	0	
基本可压缩性，(Z_b)[e]	7	X	53	2	0	
预设的可压缩性：在已假定 Z 的固定值后使用[e]	7	X	53	11	0	
可压缩性方法：通常是一个文本字符串，SGERG88，AGA8，AGANX19，等[e]	7	X	53	12	0	
计量站状况信息						
当前压力(P)[f]	7	X	42	0	0	
基本压力(P_b)[f]	7	X	42	2	0	
备份压力值[f]	7	X	42	3	0	
预设压力值：用于没有压力传感器的转换设备[f]	7	X	42	11	0	
当前温度(T)[g]	7	X	41	0	0	
基本温度(T_b)[g]	7	X	41	2	0	
备份温度(温度传感器发生故障时使用)[g]	7	X	41	3	0	
声速[h]	7	X	44	0	0	

a “C”域值是 23，假定针对常用的商业/工业表计安装方式：体积转换器连接到计量表，计量表连接到数据记录器。

b 使用固定值校正表计上的标量误差：例如，假如表计少记录体积 0.5%，那么将使用 1.005 的校正因子值来补偿误差。

c CV 是可以从燃烧基本状况或预设密度的标准体积燃气取得的能量。

d 转换因子用于把“未转化体积”转换成“已转换体积”。此因子通常如下计算：
$P_m \times T_b \times Z_m / P_b \times T_m \times Z_b$，其中
P_m＝测得的压力；
P_b＝基本压力；
T_m＝测得的温度；
T_b＝基本温度；
Z_m＝测得的压缩性；
Z_b＝基本压缩性。
附录 B 对该问题有详细说明。

e 压缩性：Z：对被测量燃气和“惰性”燃气之间的压缩差别，SGERG-88 和 EN12405 给出充分的说明，但低于 1.5 ba，压缩性通常设置于 1。

f 燃气压力，以适当单位、绝对术语(例如巴)表示。这意味着与“表计”(“Gauge”)压力不同，该值适用于完全真空，而前者适用于当前的大气压条件下。视值组 D 的值而异，它可以代表一个测定值或一个基本条件。

g 燃气温度，以开尔文温度表示(K)。体积转换取决于开尔文温度测定值。视值组 D 的值而异，它可以代表一个测定值或一个基本条件。

h 声速。超声表计几乎总能测定燃气的声速。这是燃气状况的一个有用指标。值得指出的是，燃气中声速的巨大改变可能表示燃气组分或状况的改变。

j 间隔和费率有关，是顾客和供应商之间的合同的一部分。间隔通常以小时或天数计。

注：假如一个值域被屏蔽，此值组不被使用。“X”可以看作允许取值范围中的任意值。

13.6 水的对象编码

13.6.1 水的通用目的编码和曲线

$P_m \times T_b \times Z_m / P_b \times T_m \times Z_b$

表 22 通用目的编码和曲线(水表)

水表 通用目的对象	OBIS 识别编码					
公用事业机构的自由 ID 编码						
完整综合 ID	8/9	X	0	0		
ID 1	8/9	X	0	0	0	
…			…	…	…	
ID 10	8/9	X	0	0	9	
存储信息						
历史值计数器状态(VZ)	8/9	X	0	1	1	
可用的历史值数	8/9	X	0	1	2	
到期日期	8/9	X	0	1	10	
计费日期	8/9	X	0	1	11	
计费日期周期	8/9	X	0	1	12	
程序输入项						
程序版本号	8/9	X	0	2	0	
设备版本号	8/9	X	0	2	3	
阈值						
合同最大消费值	8/9	X	0	5	1	
输入脉冲常数						
进水体积	8/9	X	0	7	1	
测量周期/记录周期的持续时间						
负载曲线的记录间隔	8/9	X	0	8	1	
曲线						
消费/荷载曲线	8/9	X	99	1	0	
注:假如一个值域被屏蔽,此值组不被使用。“X” 可以看作允许取值范围中的任意值。						

13.6.2 水中与介质有关的编码

表 23 与介质有关的编码(水表)

水表 与介质有关的编码	OBIS 识别编码					
	A	B	C	D	E	F
消费值						
现有索引,总的	8/9	X	1	0	0	
现有索引,费率 1	8/9	X	1	0	1	
现有索引,周期的、总的、最后两个周期	8/9	X	1	1	0	102

表 23（续）

水表 与介质有关的编码	OBIS 识别编码					
	A	B	C	D	E	F
监测值						
流速、最大值、前一周期	8/9	X	2	5	0	Vz-1
进水温度、计费日期值、最后计费周期	8/9	X	3	3	0	101
注：假如一个值域被屏蔽，此值组不被使用。“X”可以看作允许取值范围中的任意值。						

附 录 A
（规范性附录）
基本类表计

本附录规定了对不同介质类型的基本表计的最低要求。

A.1 对热分配器的基本要求

带有远程读数的基本 HCA 至少应该包括下列对象：

基本 HCA 对象列表	OBIS 识别编码						
	IC	A	B	C	D	E	F
COSEM 逻辑设备名称	数据[a]	0	0	42	0	0	0xFF
一般错误对象	数据[a]	0	0	97	97	0	0xFF
当前关联	关联 LN/SN	0	0	40	0	0	0xFF
未计费的总合[b]	寄存器	4	0	1	0	0	0xFF

[a] 假如“数据”类不可用，可用“寄存器”类（比例系数＝0，单位＝255）。

[b] 它可由“已计费的总和”－4.0.2.0.0.0xFF 代替。

注：要设立一个实用设备可能需要其他对象，但这些对象可能取决于应用的传输技术。

A.2 对热量/冷量表计的基本要求

有远程读数功能的基本热量/冷量表计至少应包括下列对象：

基本供暖/供冷对象列表	OBIS 识别编码						
	IC	A	B	C	D	E	F
COSEM 逻辑设备名称	数据[a]	0	0	42	0	0	0xFF
通用错误对象	数据[a]	0	0	97	97	0	0xFF
当前关联	关联 LN/SN	0	0	40	0	0	0xFF
能量、当前值、总值[b]	寄存器	5/6	0	1	0	0	0xFF

[a] 假如“数据”类不可用，可用“寄存器”类（比例系数器＝0，单位＝255）。

[b] 对于仅支持一种费率的基本供暖表计，可以只使用总值。

注：要设立一个实用设备可能需要其他对象，但这些对象可能取决于使用的传输技术。

A.3 对燃气表计的基本要求

有远程读数功能的燃气表计至少应包括下列对象：

基本燃气表计对象列表	OBIS识别编码						
	IC	A	B	C	D	E	F
COSEM逻辑设备名称	数据[a]	0	0	42	0	0	0xFF
通用错误对象	数据[a]	0	0	97	97	0	0xFF
当前关联	关联 LN/SN	0	0	40	0	0	0xFF
前向绝对体积、实际值、总值[b]	记录器	7	0	?3[b]	0	0	0xFF
表计所在位置编码(公共事业指定)		7	0	0	0	0xFF	0xFF

[a] 假如“数据”类不可用，可用“寄存器”类(比例系数器＝0，单位＝255)。

[b] 值组“C”可能取值?3，其中? 在智能表计情况下代表0；在体积转换设备的情况下代表1；在现有脉冲输出表计上附加数据记录器的情况下代表2；在理论上的直接能量表计情况下代表3。

注：要设立一个实用设备可能需要其他对象，但这些对象可能取决于使用的传输技术。

A.4 对冷/热水表计的基本要求

有远程阅读功能的基本冷/热水表计至少应包括下列对象：

基本冷/热水表计对象列表	OBIS识别编码						
	IC	A	B	C	D	E	F
COSEM逻辑设备名称	数据[a]	0	0	42	0	0	0xFF
通用错误对象	数据[a]	0	0	97	97	0	0xFF
当前关联	关联 LN/SN	0	0	40	0	0	0xFF
累计体积	寄存器	8/9	0	1	0	0	0xFF

[a] 假如没有“数据”类，可用“寄存器”类(比例系数器＝0，单位＝255)。

注：要设立一个实用设备可能需要其他对象，但这些对象可能取决于应用的传输技术。

附 录 B
(资料性附录)
燃气体积转换

B.1 引言

本部分是燃气-体积电子转换设备 CEN/TC237 初步标准的摘要。

它表明这样的设备的最少的一组数据对象，这些对象同样要由设备显示出来。这组数据对象也定义为 OBIS-TC294 燃气表计阅读的通用数据模型，并作为体积转换器的抽象描述。

给出的模型可以使用不同的数据对象进行扩展，这些模型是抽象的且与设备生产厂商无关。

除了体积转换设备，还定义了能量转换器，与之相关的数据流也在相应的技术模块中描述。

B.2 燃气体积转换器抽象数据模型前言

除了燃气体积转换的功能以外，这些设备中燃气流向通常有前向和反向两个方向。能否支持双向流动取决于设备的物理实现方法和设备类型。总的来说，只定义一个方向——前向。对于两个方向而言，在燃气转换算法中均使用相同的数据对象。

假如该设备装有所谓“扰动寄存器”，这些部件用来检测计量值超过或似乎超过计量所允许的限值。

所以，当报警情况发生时，燃气转换设备就把计量结果转移存储到扰动寄存器，并在报警情况消失后，设备将计量结果重新存储到正常运行寄存器。

当下列条件成立时，燃气体积转换器的抽象模型执行有效：

——计量时使用电子表计计量燃气流状况，而不是使用脉冲输入指示燃气流状况；

——计量时使用超声技术计量燃气流状况。

当使用密度表计技术来提供体积转换值时，与密度相关的数据对象也同样有介绍。

B.3 燃气体积转换器的抽象数据模型

B.3.1 定义

燃气-体积转换设备

这样的设备是借助运行在基本情况下的燃气表，能够完成计算、综合和显示测定的体积增量的设备，输入使用的是燃气表计在计量状态下测得的体积数据，或者其他的计量特性数据，如燃气温度和压力。

说明 1：转换设备也可以包括燃气表计的误差曲线和相关的测量转换器。

说明 2：可以使用压缩因子来补偿与计量理想气体定理产生的偏差。

测量条件

指待测量体积的燃气在测量时的条件(如燃气的温度和压力)。

基本条件

指与测量条件无关的且用于表示燃气体积的固定条件(如温度 273.15K，绝对压力 1.013 25 ba 或温度 288.15K，绝对压力 1.013 25 ba)。

规定测量范围

指一组被测量的物理量(如压力转换器的压力或温度转换器的温度)，转换设备测量时，误差应在标准所规定的范围以内。

注：规定的测量范围的上限值和下限值分别称为最大值和最小值。

转换设备的特定测量值域

指在测量条件下的一组测量值，转换设备测量时的误差应在规定的限值内。

说明 1：转换设备对每个它处理的量都有一个测量范围。

说明 2：特定的测量值域可应用在决定转换因子的燃气的特征量上。

扰动影响测量的值不超出规定限值，但超出测量仪器的特定计费运行状态。

B.3.2 燃气转换和能量计算的通用对象

OBIS-值组 A=7，B=X，E=0，F=FF

OBIS 值 C	OBIS 值 D	燃气公式符号	通用对象名称和说明
3	0	V_m	来自表计的未转换体积“索引”
13	0		来自转换器的未转换体积“索引”
23	0		来自数据记录器的未转换体积“索引”
3	1	V_c	来自表计的误差已校正的体积
13	1		来自转换器的误差已校正体积
23	1		来自数据记录器的误差已校正体积
23[a]	2	V_b	已转换体积[a]
33	2	E	能量“索引”
41	0	T	当前温度[c] 以开尔文温标表示的燃气温度，体积转换与测得的开尔文温度有关
41	2	T_b	基本温度[c]
41	3	无	备份温度(温度传感器失效时使用)[c]
0	5：11[b]	T_{min}	在测量范围内的最小绝对燃气温度(下限值)[b,c]
0	5：12[b]	T_{max}	在测量范围内的最大绝对燃气温度(上限值)[b,c]
0	2：12[b]	无	温度传感器序列号[b]
42	0	P	当前压力 以适当单位、绝对术语表示的燃气压力，例如巴(ba)。这意味着该值是相对于完全真空而言的，而“表计”测量的压力是相对于大气条件而言的。
42	2	P_b	基本压力
42	3	(无)	备份压力值(在压力传感器失效时使用)
0	5：13[b]	P_{min}	在测量范围内的最小绝对燃气压(下限值)
0	5：14[b]	P_{max}	在测量范围内的最大绝对燃气压(上限值)
42	11	(无)	预设的压力值：用于没有压力传感器的转换设备
0	2：11[b]	(无)	压力传感器序列号[b]
43	0	(无)	流速。流速是测量/计算出的流体速率的瞬时数值：和电工术语中的功率相似，通常以 m^3/h 表示。它可以表示未转换的或已转换的流量，受值组 D 控制。
44	0	(无)	声速。超声计几乎总能测定燃气中的声速，它是燃气状况的有用指标。值得指出的是燃气中声速的重大变化可能表示燃气成分或状况的变化。
45	0	(无)	密度：密度可以测量的，并用于计算不同的能量值，以“卡”为单位表示。
51	0	C_f	校正因子：用于校正表计上转换误差的固定值。假如表计少计量体积 0.5%，那么 1.005 的校正因子将补偿该误差。

OBIS 值 C	OBIS 值 D	燃气公式符号	通用对象名称和说明
52	0	C	转换因子:用于把“未转换体积”转换成“已转换体积”的因子。
53	0	Z	压缩性数值 Z:在被测量的燃气和“惰性”气体之间的“差异”。SGERG-88 和 EN 12405 中有详细的说明,但当低于 1.5 巴(ba),通常将它设定为 1。
53	2	Z_b	基本压缩数值
53	11	(无)	预设定压缩数值:用在 Z 为固定值的场合
53	12	(无)	压缩方法:通常是一个文本字符串。SGERG88、AGA8、AGANX19 等。
54	0	(无)	“卡”值(已测定的):CV 是可能从标准体积燃烧取得的能量,燃烧在基本状况或预设密度下进行。

[a] “C”域值是 23,我们假定常用的商业/工业表计安装方式:体积转换器连接到计量表,计量表连接到数据记录器。

[b] 传感器序列号之类的设定值作为通用目的对象($C=0$)存储。值组 D 栏中的输入项是＜值组 D＞、＜值组 E＞。

[c] 用于燃气的温度通常规定为开尔文温度(K)。

B.4 体积转换和能量计算的测量原理

假定:转换设备:

——能校正燃气表计误差曲线(可选);

——带有温度转换器;

——带有压力转换器(可选);

——能计算压缩因子(可选)。

第 1 步

燃气表的误差曲线由校正因子校正

$V_c = C_f \times V_m$

C_f 是由等式 $C_f = f(q)$ 给出的校正因子。

制造商有多种方法用于误差校正。

第 2 步

在基本条件下的体积由下式计算

$V_b = C \times V$,其中 V 可以是 V_m 或 V_c

C 是由关系式给出的转换因子

$C = (P/P_b) \times (T_b/T) \times (Z_b/Z)$

其中 Z 是压缩性数值,使用合适的以压力和温度为变量的公式,计算出对理想气体定律的补偿:

$Z = f(p, T)$

可预设定的燃气性质和成分用于压缩性数值计算,并且是现有的几种计算方法之一。

假如压力没有测量,在处理转换因子时,可以使用固定数值。

假如压缩性数值没有计算,在处理转换因子时,可以使用固定数值。

“能量转换器”

除了“体积转换器”,如果超出了 EN 12405 范围,“能量转换器”会在下面的计算步骤定义。

第 3 步

能量由下式计算

$E = Cal/Value \times V_b$

CalValue 是能量值，单位“卡”，此术语同样适用于燃料中所含的所有能量。通常能量值“卡”由热量计或气体色谱仪测量得到。

B.5 体积转换和能量计算中的数据流

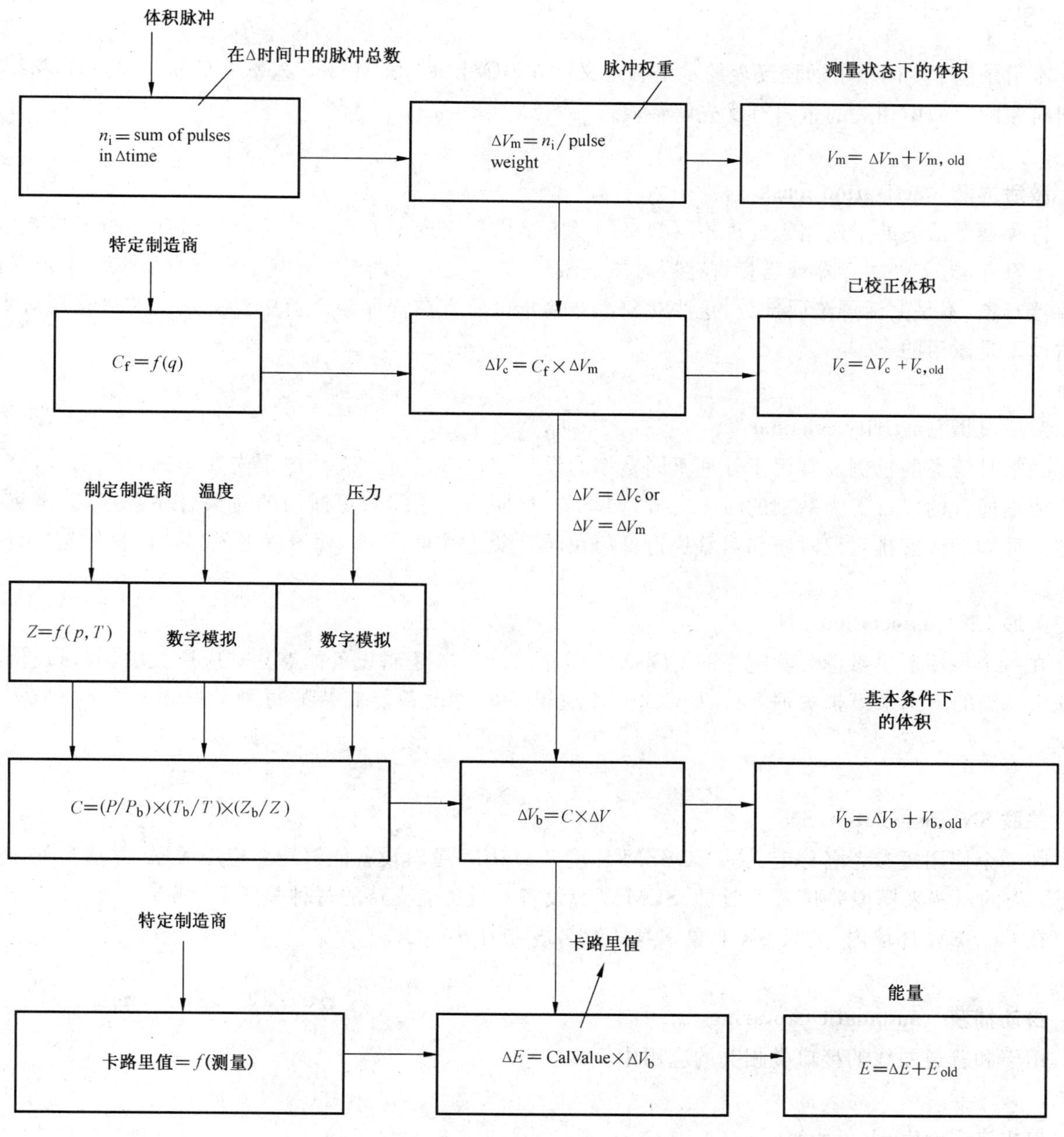

附　录　C
（规范性附录）
术语和定义

C.1　引言

本附录包含专门用于远程读表的术语和定义。在 COSEM GB/T 19882.32 和 OBIS GB/T 19882.31 面向对象的模型中相关的术语有优先解释权。

C.2

激活屏蔽　activation mask

寄存器激活类的示例用于处理不同费率的设定结构。它规定如果一个特定的激活屏蔽码有效时，那一个寄存器、扩展寄存器或需量寄存器对象被激活(active_mask)。所有其他在寄存器赋值中定义的寄存器对象，不是激活屏蔽码部分，这些对象都被禁止。所有在寄存器赋值中没有定义的寄存器对象，缺省设置是激活的。

C.3

激活日历　activity calendar

激活日历类的示例通常用于处理不同费率的设定结构。它定义表计内预先安排的行为动作，这些动作依据通常的以日历为基础的时序安排，如季节、星期等。它能和更通用的对象时序共存，甚至将其覆盖。假如动作安排对象时序和对象执行日历在同一激活时间，那么，由时序触发的动作将优先执行。

C.4

关联 LN　association LN

在一个使用逻辑参考名称定义的 COSEM 环境，COSEM 逻辑设备能够建立应用关联，并通过使用关联 LN 类的示例来模拟关联。一个 COSEM 逻辑设备对设备能支持的每种关联 IC 都有一个实现示例。

C.5

关联 SN　association SN

在一个使用短参考名称定义的 COSEM 环境，COSEM 逻辑设备能够建立应用关联，并通过使用关联 SN 类的示例来模拟关联。一个 COSEM 逻辑设备对设备能支持的每种关联 IC 都有一个实现示例。

在 COSEM 环境内，关联 SN 对象本身的短名规定为 FA00h。

C.6

自动捕获　automatic capturing

用于和普通曲线的接口类相关的应用中。

C.7

授权方　authorised party

被授权访问存储在表计中信息的公共事业公司、表计操作员或数据采集公司。

C.8

计费周期　billing period

COSEM 把几个计费周期的一些数值或数值列表作为曲线。

数值在 9 和 99 之间以及 101 的值组 F，可直接访问前一计费周期的数据。(参阅 GB/T 19882.31—2007，“值组 F”)。它由 COSEM 对象中接口类普通曲线来管理，它是除了存储数值外，大小为 1 个输入项并含有存储的时间标记。

C.9

日历　calendar

参阅C.3激活日历。

C.10

捕获　capture

普通曲线类定义存储捕获对象动态处理值的广义概念。捕获对象可以是寄存器、时钟或曲线。捕获对象可以周期性地或不定期收集。曲线中有缓冲器存储捕获到的数据。为了获取缓冲器的部分数据,可通过指定一个值域或输入项域要求获取所有的这些输入项,这些输入项的值或输入项数目值符合给定范围。

C.11

信道　channel

为了包括测量电能以外其他能量的计量表设备,用于测量不止一种类型能量的关联计量设备或有几个物理检测信道的计量设备,引进了信道和介质的概念,以便识别不同来源的表计数据。

C.12

时钟　clock

时钟接口类示例说明与数据和时间有关的所有信息,包括闰年和当地时间对更通用的时间基准(格林威治标准时间GMT)的时差。这一时差会随着季节而变化(例如夏令时间对正常时间)。对外部客户端的接口是基于年、月、日的时间信息,时间信息以百分之几秒、数秒、分和小时以及当地时间对格林威治基准时间的时差给出。

它还以这样方式处理夏令时功能,也即,它随着属性的不同,改变当地时间对GMT的时差。此功能的起点和终点通常只设定1次。一个内部算法依据设定值计算实际的转换点。

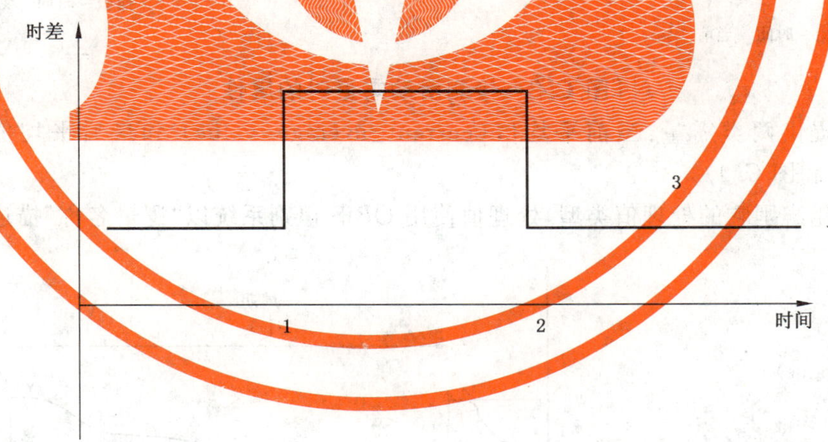

1——夏令时开始;

2——夏令时结束;

3——当地时间。

图C.1　广义的时间概念

C.13

当前和最后的平均值对象　current and last average value objects

当前和最后的平均值是COSEM各个对象的相应属性,是接口类“需量寄存器”的示例,它们使用当前值的OBIS码作为逻辑名称。参阅C.16。

C.14

日期和时间　date and time

日期和时间标记通常使用八位字节符串作为数据类型,但数据格式化是精确定义的。

C.15

夏令时　daylight saving

假如时钟是前向的,在前向间隔中的(可能因此会丢失的)所有脚本程序(script)都被执行。

假如时钟是反向的,在反向间隔中的所有脚本程序都被取消。

用于与时序接口类相关的应用中。

C.16

需量　demand

需量寄存器类示例存储一个需量值和它的相关状态、单位和时间信息。需量寄存器周期性地检测和计算它的当前平均值(current_average_value)。测量和计算需量的时间间隔 T 是定义成特定的"周期数"和"周期"。

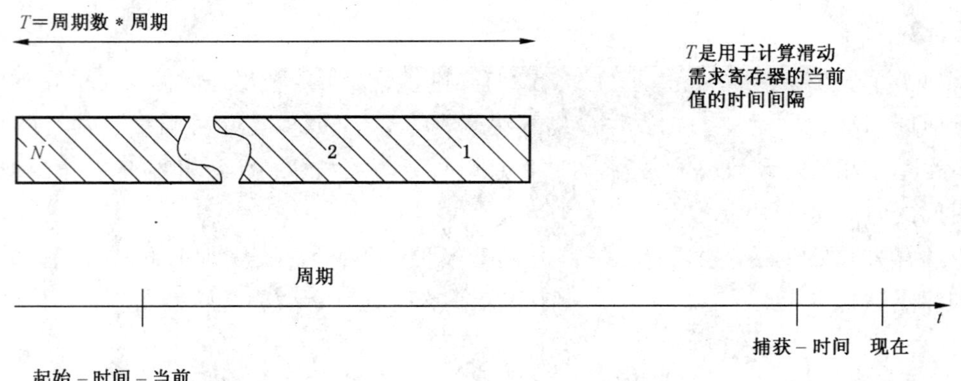

图 C.2　检测滑动需量时的属性

需量寄存器提供两类需量:当前平均值(current_average_value)和最后平均值(last_average_value)(见图 C.3 和图 C.4)

需量寄存器能辨别它的处理值类型,处理值使用 OBIS 识别系统以"逻辑名称"描述。

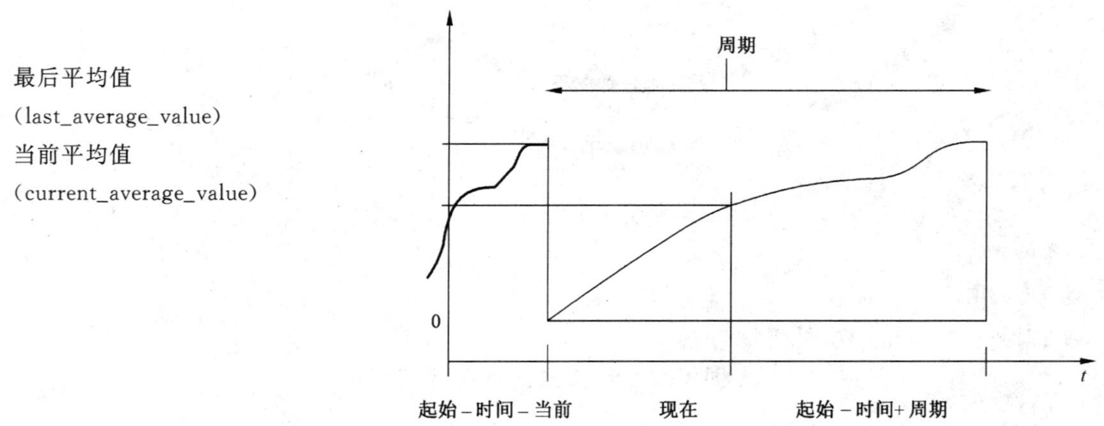

图 C.3　周期数为 1、测量当前平均值时的属性

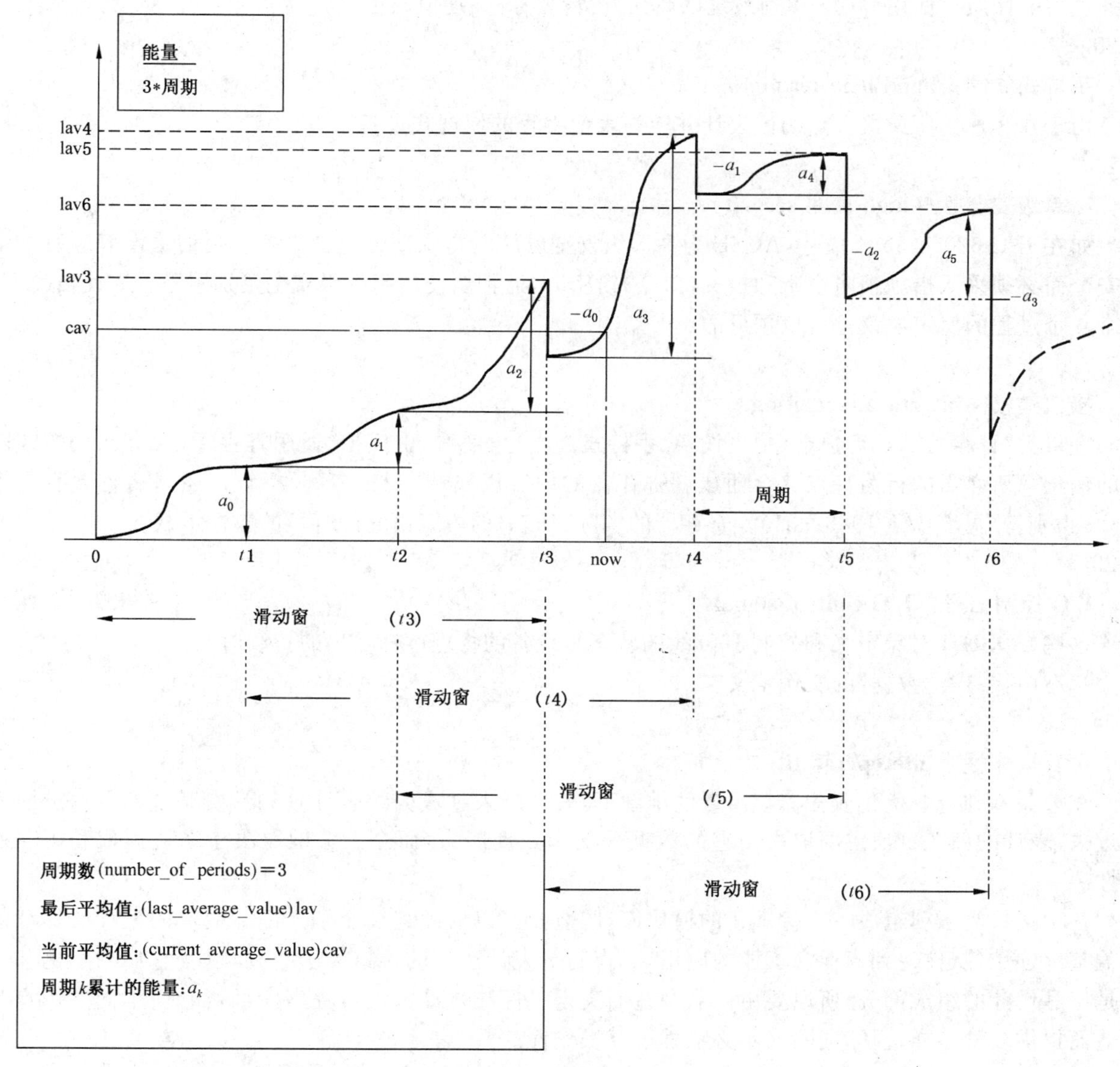

图 C.4 周期数为 3 时的属性

C.17

设备 ID device ID

使用一系列 COSEM 对象传输设备的 ID 号。这些设备的 ID 编号可以是制造商(制造商代码)或用户规定的号码。

不同的 ID 编码是接口类“数据”的实例,数据类型为 8 位字节字符串。

使用 1 个以上 ID 号时,允许把它们综合成一个接口类“通用曲线”的实例。此时,捕获对象是设备 ID 数据对象,捕获周期为 1,以取得实际数值,分类方法是 FIFO,曲线输入项限于 1。

C.18

错误值 error values

假如使用 1 个以上错误值,也允许把它们综合成接口类“通用曲线”的一个实例。此时,捕获对象是设备 ID 数据对象,捕获周期为 1,以取得实际数值,分类方法为 FIFO,曲线输入项限于 1。

错误码对象也可与能量类型和信道关联(参见 GB/T 19882.31)。

C.19

扩展寄存器接口类 extended register interface class

扩展寄存器类的实例是存储一个处理值和它的相关状态、单位和时间信息。扩展寄存器对象能辨别处理值的性质。使用 OBIS 识别系统以属性“逻辑名称”描述值的性质。

C.20

手持式终端　hand held terminal

用于在客户场所或接入点阅读表计并能为表记编程的便携式设备。

C.21

高等级安全性　high level security

如在 IEC 62056-53 所描述，ACSE 为高等级安全(HLS)提供部分鉴别服务。当信道没有应有的本质安全而必须采取措施预防窃听和报文(口令)窃密时，通常要使用高等级安全鉴别服务。在此情况下，一个 4 个过程的鉴定协议是可以预见的。

C.22

接口建模　interface modelling

接口类“寄存器”，从客户端(中央设备、手持式终端)角度看，由模拟“通用寄存器(含有已测的或静态的信息)”所必需的行为特点综合而成。寄存器的内容以属性“逻辑名称”标记。逻辑名称含有一个 OBIS 识别符(见 GB/T 19882.31)。寄存器的实际(动态)的内容由它的“值”的属性承载。

C.23

I/O 控制信号　I/O control signals

这些 COSEM 对象定义和控制 I/O 线的状态和设备的物理脉冲输出的持续时间。

状态由接口类“数据”的实例定义。

C.24

可互操作性　interoperability

在公共基础行业优化业务流程需量的推动下，表计越来越成为综合计量和计费系统的一部分。而在过去，表计的商业价值主要取决于它的数据采集和处理能力，而今天关键取决于系统集成和可互操作性。

各种接口类系列组成一个标准化的模块库，制造商可以借此组装个别产品。模块的设计要保证能覆盖整个领域(从住宅到商业和工业的应用)。为制造表计选择的接口类子系列，以及它们的示例和实施是产品设计的组成部分，所以要由产品制造商决定。标准化计量接口程序库的概念向不同的用户和制造商提供多种多样选择，同时又不必牺牲可互操作性。

C.25

逻辑设备　logical device

COSEM 逻辑设备是一组 COSEM 对象。每个物理设备至少应包含一个“管理逻辑设备”。

COSEM 逻辑设备的寻址应在所用协议的低层的寻址方案中实现。见 C.39.

C.26

逻辑名称参照　logical name referencing

COSEM 对象的属性和方法可参考它们所属于的 COSEM 对象实例的识别符。另一方法见 C.59。

属性的参照：

— class_id, value of the ‘logical_name’ attribute, attribute_index.

方法的参照：

— class_id, value of the ‘logical_name’ attribute, method_index.

C.27

低等级安全　low level security

如 IEC 62056-53 所述，ACSE 提供低等级安全(LLS)的鉴别服务。低等级安全鉴定通常在信道能提供足够的安全措施来避免窃听和报文(口令)窃密时应用。

对于 LLS，所有鉴别业务都由 ACSE 提供。关联对象只提供改变“秘钥”(例如口令)的方法/属性

(见 GB/T 19882.32:2007 的 5.12 和 5.13)。

在 LLS 鉴别中,客户端使用 COSEM-OPEN 的"Calling_Authentication_Value"参数传输一个"秘钥"(例如口令)给服务器。请求服务的原语在客户端应用层。服务器检验收到的"秘钥"并确认客户端的身份识别。如果符合,客户端通过身份鉴别而连接得以建立。

C.28

制造商特有的 ID-s　manufacturer defined ID-s

用一系列 COSEM 对象来传输设备中的 ID 号。这些 ID 号可能是制造商规定的号(制造商号)或用户规定的编号。

C.29

制造商特有的抽象对象　manufacturer specific abstract objects

假如要求使用的编码不存在,就在此处进行定义新的编码。假如数量不要求显示在表计上,应使用大于 127 的值。

C.30

制造商特有的类 id　manufacturer specific class id

类识别码的取值为 0 到 65535。Class_id 可通过一个"关联"对象获得。从 0 到 8191 的 class_id 保留,以供 DLMS UA 定义使用。从 8192 到 32767 的 class_id 保留供制造商特有的接口类使用。从 32768 到 65535 的 class_id 保留供用户组定义的接口类使用。DLMS UA 保留把上述编码分配给单个制造商或用户组的权利。

C.31

制造商特有的数据和参数　manufacturer specific data and parameters

一个数据对象存储的数据与内部表计对象有关。值的意义由逻辑名称规定。值的数据类型取决于实现的实例。数据通常用于存储制造商特定的配置数据和参数,它们都应有制造商特定的逻辑名称。

C.32

制造商特有的 OBIS 编码　manufacturer specific OBIS codes

在值组 B 到 F 中,如果数值是 128～254 之间的值,那么所有的编码就被认为是由制造商特有的。

编码在 128～254(0xFE)之间,是制造商特有的编码。假如值组 B 到 F 中的一个值大于 127,那所有编码就表示是特定制造商特有的,即使其他值组(值组 A 除外)并不一定具有本部分规定的意义。

C.33

最大值和最小值对象　maximum and minimum value objects

最大值和最小值由 COSEM 对象代表,它们是带有极大、极小分类方法的接口类"通用曲线"的实例,取值范围和捕获对象均与实施方式有关。单一的极大值或极小值也可以由"扩展寄存器"接口类实例的 COSEM 对象代表。

C.34

不同介质的测量　measurement of different media

为了涵盖测量不同能源类型的计量设备,混合的表计设备能够计量超过一种的能量类型,或者,这样的表计设备带有几种物理测量信道。引入信道和介质的概念,以便识别不同来源的表计数据。虽然本部分为其他介质规定了识别系统的结构,但与非电类相关的数据项和 ID 码的映射还须另行制订。

值组 B 规定了信道数,也即计量设备的输入数。该计量设备可以支持相同或不同类型的能源测量(例如数据集中器、寄存器单元)的若干个输入。不同来源的数据可就此识别。这一值组的定义与值组 A 无关。

C.35

测量方法和费率　measurement method and tariffs

值组 D 按照不同的特定算法或按照值组 A 和 C 标识的物理量的处理结果定义类型。该算法能处理能量和需量量以及其他物理量。

值组E按照现行费率,规定值组A到D标识的费率寄存器的测量结果的进一步处理。对于和费率无关的抽象数据或测量数据,该值组可用作进一步分类。

值组F按照不同的计费周期,定义值组A到E标识的数据的存储。如与费率无关,该值组可用于进一步分类。

C.36

测量值系列　measurement values series

数据曲线(由单一OBIS码识别)被定义为由同一类型或由许多不同测量值组成的同类组的测量值系列。

C.37

丢失的测量值　missing measurement values

被认为丢失的测量数值(例如中断)。

C.38

口令　password

见C.27和C.21。

C.39

物理设备　physical device

物理设备是COSEM服务器中最高层的组件。COSEM服务器在结构上分为3层,如图C.5所示:

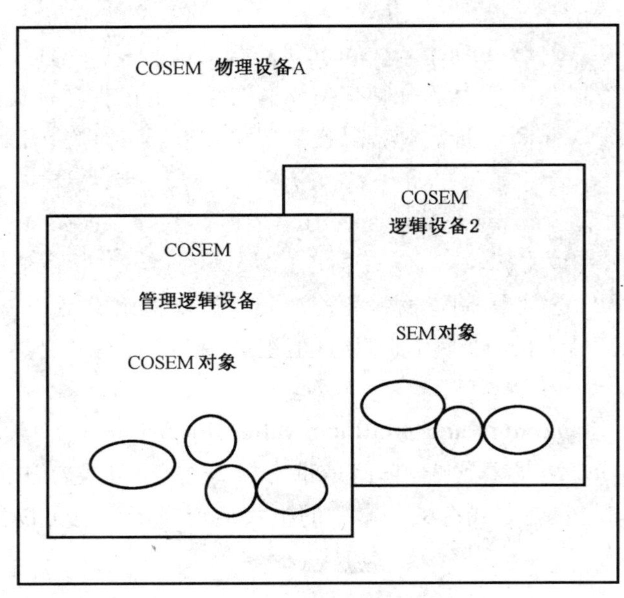

图C.5　COSEM服务器模型

C.40

电源故障处理　power failure handling

电源故障发生后,整个时序要重新处理以执行所有必要的脚本程序,因为这些脚本程序可能在电源故障时丢失。为此,应能够检测出电源故障时未执行的输入项。根据有效窗口(window)的属性,脚本程序按正确顺序执行(通常操作中应该遵循的顺序)。

电源故障发生后,只有从对象激活日历丢失的"最后动作"才被执行(延迟的)。这是为了保证恢复供电后设定正确的费率。假如有时序对象,激活日历丢失的"最后动作"应在正确的时间,在时序要求的执行序列内执行。

C.41

电源故障监测　power failure monitoring

现在能够提供不同形式的表示值来表示设备电源发生故障。简单的事件计数由接口类“数据”的COSEM对象表示，其数据类型无符号数或长整型无符号数。如果要显示更复杂的信息，COSEM对象应该使用属于接口类“通用曲线”。

C.42

优先读出值　preferred readout-values

把曲线—输入项(profile-entries)设置为1，曲线对象就能用于定义一组优先读出值。在“捕获—对象”(capture_objects)属性中，这些对象和属性是事先定义的，可以用单一的指令来读取。

把捕获—周期设置为1，就能保证这些值每秒进行更新。

C.43

曲线对象　profile objects

数据曲线(以单一的OBIS编码标识)规定一系列同一类型或同类构成的组的测量数据组成，这些测量数据的数值是不同的。

C.44

计费周期曲线　profile for billing periods

数值大于100时，允许曲线的标识值包含多于1个计费周期值。此处，最大的允许采用数值是125。

标识值为126的曲线，包含没有定义的计费周期数值。

C.45

通用接口类曲线　profile，generic interface class

通用接口类曲线定义广义概念以便存储捕获对象的动态处理值。一个捕获对象可以是一个寄存器、一个时钟或一个曲线。捕获对象周期性或不定期地收集数据。曲线中有缓冲器存储捕获到的数据。为了获取缓冲器的部分数据，可通过指定一个值域或输入项域，就可以获取这些所有的输入项，这些输入项的值或输入项数目值符合给定范围。

C.46

寄存器接口类　register interface class

从客户端(中央装置、手持式终端)看，接口类“寄存器”综合了通用寄存器(包含测量的或静态的信息)必要的特性而组成。寄存器的内容以属性“逻辑—名称”标识。“逻辑—名称”包含OBIS编码(见GB/T 19882.31)。寄存器实际(动态)的内容由其“值”的属性承载。

定义一个特定的表计意味着定义几个特定寄存器。在GB/T 19882.32—2007图1的示例中，该表计包含2个寄存器，也即，“寄存器”类的两个特定COSEM对象实例。这意味着把特定值分配给不同的属性。通过这个示例说明，一个COSEM对象成了“总的、正向的、有功的能量寄存器”，而另外一个则成为一个“总的、正向的、无功的能量寄存器”。

COSEM对象(接口类实例)代表“外部”所见的表计的行为。所以改变一个属性的值应总是从外部开始(例如将寄存的值复位)。从内部开始的属性变化不在本模型中说明(例如更新寄存器数值)。

寄存器对象存储与之相关单元的处理值或状态值。寄存器对象能分辨处理值或状态值的性质。状态值的性质由属性“逻辑名称”使用OBIS标识系统描述(见GB/T 19882.32—2007中的D.1)。

C.47

复位、IC需量寄存器　reset，IC demand register

本方法对对象进行一个强制复位。激活本方法启动下列动作：

——当前周期中止；

——当前平均值(current_average_value)和最后平均值(last_average_value)设定于它们的缺省值；

——捕获—时间(capture_time)和开始—时间—当前(start_time_current)设定于复位执行时间(数据)。

C.48

复位、IC扩展寄存器　reset,IC extended register

本方法对对象执行一个强制复位。启动本法,属性值就设定于系统缺省值。缺省值是实例中的特定常数。此种属性状态设定方式表示一个复位动作已经被执行。

C.49

复位、IC通用曲线　reset,IC profile generic

消除缓冲器,之后缓冲器中就没有有效输入项,在调用这一功能后,在用的输入项(entries_in_use)为0。这一调用不触发捕获对象的任何其他操作,特别要指出,该调用并不对任何捕获缓冲区或寄存器进行复位。

C.50

复位、IC寄存器　reset,IC register

本方法对对象执行一个强制复位。启动本功能之后,数值被设定为缺省值。缺省值是实例中的特定常数。

C.51

复位、来源指示　reset,indication of source

值组E和F之间的分界符可以改变以承载某些有关复位源的信息(对于手动复位的情况无效)。

C.52

比例系数-单位　scaler-unit

它是接口类寄存器、扩展寄存器和需量寄存器的属性。它提供单位及单位比列系数的信息。假如该值使用复杂的数据类型,比列系数和单位可以用于所有的组件。

C.53

时序调度　schedule

IC时序和IC特殊天数表一起处理设备内的时期和日期驱动的事件。

电源故障发生后,整个时序要重新处理以执行所有必要的脚本程序,因为这些脚本程序可能在电源故障时丢失。为此,应能够检测出电源故障时未执行的输入项。根据有效窗口(window)的属性,按正确顺序执行(通常操作中应该遵循的顺序)。

C.54

脚本程序　script

这些COSEM对象控制设备的行为。

事先定义了几个接口类“脚本程序表”的示例,通常可提供使用,这些脚本程序被隐藏起来,只有运行execute()指令才能调用这些脚本程序。

C.55

脚本程序表接口类　script table interface class

IC脚本程序表通过激活一个执行命令来触发一系列动作。为此,脚本程序表包含一个脚本程序输入项表。每张表的输入(脚本程序)由脚本程序-识别符(script-identifier)和一系列动作—规范(action-specifications)组成。一个动作-规范(action-specifications)激活一个COSEM对象方法或修改逻辑设备内的COSEM对象的属性。

C.56

季节　season

这是接口类运行日历的属性。它含有一张定义季节起始日期的表。该表按季节起始分类。每个季节激活一个特定的星期—曲线(week_profile)。

C.57

选择性访问 selective access

普通方法 READ/WRITE 和 GET/SET 通常针对可寻址的全部属性而言。可是，对于某些属性，可以提供只对部分属性进行访问。该部分属性由选择性的访问参数标识。这些选择性访问参数被定义为属性规范的一部分。

C.58

设定的日期 set date

存储在计量设备中的日期值。在设定日期中，累计消费值存储在内部寄存器中，供以后读出。对通常安装的所有“HCA”而言，设定的日期是相同的，这用于成本分配。

C.59

简名参照 short name referencing

这类简名参照准备用在简单设备。在此情况下，每个 COSEM 的属性和方法用 13 位的整数标识。简名的句法和 DLMS 命名的变量名称的句法相同。另一参考方法见 C.26。

C.60

特殊日期表接口类 special days table interface class

该接口类允许定义日期，该特殊定义的日期行为将会替代普通日期定义的转换行为。本接口类与“时序”(“Schedule”)类或“激活日历”(“Activity Calendar”)类一起工作，而联系数据项是 day_id。

C.61

标准读出的定义 standard readout definitions

一个系列的 COSEM 对象被规定执行标准读出，就像在 GB/T 19897.1 中一样(A 到 D 方式)。标准读出对象也能和能量类型及信道相关联，见 GB/T 19882.31。

C.62

费率 tariff

按照当前使用费率，值组 E 定义值组 A 到 D 中费率寄存器中的测量数据的进一步处理。对于没有相关费率的抽象数据或测量结果，值组可以用来做进一步的校准使用。更多信息见 C.35。

C.63

设定费率 tariffication

一个寄存器激活类实例用于处理不同的费率设定结构。它规定当一个激活屏蔽有效(active_mask)时，哪一个寄存器、扩展寄存器和需量寄存器对象应该启动，而所有在寄存器分配(register_assignment)中规定的不是激活屏蔽(active_mask)部分的其他寄存器对象则不启动。所有在寄存器分配没有定义的寄存器对象缺省设置处于使用状态。

激活日历类的示例通常用于处理不同费率的设定结构。它定义表计内预先安排的行为动作，这些动作依据通常的以日历为基础的时序安排，如季节、星期等。它能和更通用的对象时序共存，甚至将其覆盖。假如动作安排对象时序和对象执行日历在同一激活时间，那么，由时序触发的动作将优先执行。

电源故障发生后，只有对象激活日历丢失的“最后动作”才被执行(延迟的)。这是为了保证恢复供电后设定正确的费率。假如有时序对象，激活日历丢失的“最后动作”应在正确的时间，在时序要求的执行序列内执行。

C.64

阈值 threshold

这是接口类寄存器监测器的一个属性。它提供参照记录器的属性需与之比较的阈值。这一阈值和参照对象的被监测属性属于同一类型。

这些值由接口类“寄存器监测器”的实例表示。实例定义应监测的寄存器、阈值本身以及超过阈值时应执行的动作。

C.65

时间累积值对象　time integral value objects

时间累积值由 COSEM 对象代表，它是接口类“寄存器”或“扩展寄存器”的实例。

C.66

与 IC 时序调度相关的时间设定　time setting, in relation with IC Schedule

时间变化有 4 种不同的“动作”：

1)　时间设定前向；

2)　时间设定反向；

3)　时间同步；

4)　夏令时。

时间设定前向

这种情况的处理方式与电源故障的处理方式相同。所有丢失的输入项都根据“有效窗口”属性执行。一个较短时间的设定(特定制造商特有的)可以像时间同步那样处理。

时间设定反向

这是在重复时间内激活的那些输入项的重复结果。一个较短时间的设定(特定制造商特有的)可以像时间同步那样处理。

时间同步

时间同步用于校正主时钟和本地时钟之间的微小偏差。具体算法由制造商选择。但必须保证没有时序调度输入项会丢失或者执行两次。“有效窗口”属性在此不起作用，因为所有输入项都应像在正常运行中那样执行。

夏令时

假如时时钟是提前的，所有在前向间隔内的脚本程序都要执行(因此有可能丢失)。

假如时时钟是反向重复运行，那么在反向间隔内的脚本程序将不会执行。

C.67

时间标记(与 IC PSTN(公共电话网)自动拨号相关)　time stamps (in relation with IC PSTN Auto dial)

当操作窗口激活(与启动实例对应)或被禁止时(对应结束实例)，时间标记包含启动和结束的日期/时间标记。起始日期隐含地规定周期。例如，当月份中的日期未定义(等于 0x FF)时，这意味着我们有每日共享进程管理(daily share line management)。可以定义每日、每月……的窗口管理。

C.68

时间标记(与计费周期相关)　time stamp (in relation with billing periods)

前一组数据值的时间戳记应为 COSEM 对象中被捕获对象的一部分，它代表前一组计费周期数据。该值也可与信道有关。

C.69

时间同步　time synchronisation

时间同步用于校正主时钟和本地时钟之间的微小偏差。具体算法由制造商选择。但必须保证没有时序调度输入项会丢失或者执行两次。

C.70

唯一标识符　unique identifier

对象标识系统(OBIS)为所有在表计设备内的所有和每个数据，不只包含测量值、还有用于配置或从表计设备行为信息得出的抽象值，均提供一个唯一的标识符。在本部分中规定的 ID 编码用于识别：

——各种接口类或对象的逻辑名称，见 GB/T 19882.32 中定义；

——通过通信线路传输的数据(见 GB/T 19882.31—2007 的 A.1)；

——显示在表计设备上的数据(见 GB/T 19882.31—2007 的 A.2)。

本部分适用于所有类型表计设备,如全集成表计、模块化表计、费率附件、数据集中器等。

C.71

公共事业表　utility tables

在 ANSI C12.19:1997 表格数据中定义的公共事业类的实例。

使用这个接口类定义,每张“表格”被表示为 1 个实例。每个特定实例由它的逻辑名称标识。

ICS 17.220.20
N 22

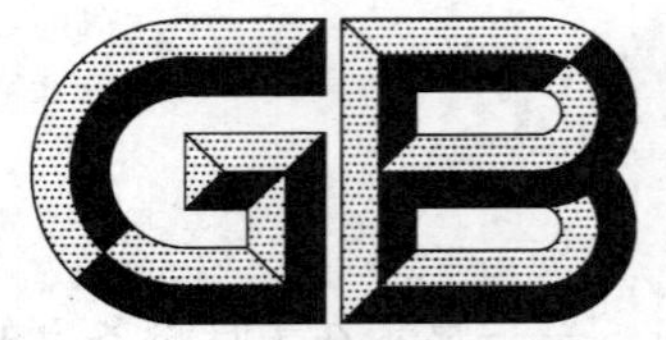

中华人民共和国国家标准

GB/T 26831.2—2012

社区能源计量抄收系统规范 第2部分:物理层与链路层

Society energy metering for reading system specification—Part 2:Physical and link layer

2012-11-05 发布　　2013-02-15 实施

中华人民共和国国家质量监督检验检疫总局
中国国家标准化管理委员会　发布

前　言

GB/T 26831《社区能源计量抄收系统规范》由以下四部分构成：

——第1部分：数据交换；

——第2部分：物理层和链路层；

——第3部分：专用应用层；

——第4部分：仪表的无线抄读。

本部分为GB/T 26831的第2部分；

本标准的制定参考了欧洲标准EN 13757。其中，第1部分、第2部分、第3部分等同采用了EN 13757-1、EN 13757-2、EN 13757-3对应部分，第4部分结合国内无线抄表的技术现状和国家无线通信相关标准作了较大的修改。

本部分使用翻译法等同采用EN 13757-2:2004《仪表及远程抄表通信系统　第二部分：物理层与链路层》。

本部分按照GB/T 1.1—2009给出的规则起草

请注意本文件的某些内容可能涉及专利。本文件的发布机构不承担识别这些专利的责任。

本部分由中国机械工业联合会提出。

本部分由全国电工仪器仪表标准化技术委员会(SAC/TC 104)归口。

本部分起草单位：哈尔滨电工仪表研究所、北京纳思电器有限公司、深圳市泰瑞捷电子有限公司、广东浩迪创新科技有限公司、长沙威胜信息技术有限公司、沈阳航发热计量技术有限公司、江苏林洋电子有限公司、哈尔滨华惠电气有限公司、西安旌旗电子有限公司、深圳市龙电电气有限公司、杭州百富电子技术有限公司、深圳浩宁达仪表股份有限公司、天正集团有限公司、唐山汇中仪表有限公司、宁波东海集团有限公司、北京福星晓程电子科技有限公司、青岛东软电脑技术有限公司、漳州科能电器有限公司、美国埃施朗股份有限公司、杭州鸿鹄电子有限公司。

本部分主要起草人：潘之凯、张志忠、侯学伟、郭永林、陈声荣、倪志军、尹建丰、冯喜军、姚礼本、徐茂林、肖伟峰、张绍衡、戴恋、许惠锋、吕文、关文举、黎洪、胡亚军、潘洪源。

引　言

随着科技进步、经济发展和人们对能源使用管理要求的不断提高,社区(建筑及居住区)能源需求量(水、电、气、热)远程抄收及管理的技术应用进入快速发展阶段,涌现出了一批使用各类通讯技术、涉及各个计量领域的多种产品及技术方案。产品制造方和用户方迫切希望这些产品或系统能够遵循统一的标准。

因而,从1999年开始,国际电工委员会陆续发布了IEC 62056《抄表、费率和负荷控制的数据交换》系列标准;国内参照其内容制定发布了GB/T 19882《自动抄表系统》系列标准。该标准是开放式体系,很好地解决了互连性和互操作性的要求。该标准体系分成相对独立的几个部分制定,从而有利于标准本身的不断发展。这种科学方法及该标准的内容都为《社区能源计量抄收系统规范》国家标准的制定提供了很好的参考。

同时,由于显而易见的原因,社区能源计量抄收系统与自动抄表系统具有很多相似或共通的内容,现实中产品也有互连互通的需量,《社区能源计量抄收系统规范》的制定应该要考虑与GB/T 19882《自动抄表系统》的协调。

本标准体系正是在上述背景下制定的,认识这一背景情况对理解本标准的制定思路和理解标准内容都是有益的。

本标准体系包含社区能源计量抄收系统中应用管理和底层通信两方面的内容。在应用管理方面,主要内容是COSEM(能源计量配套规范),利用仪表对象标识和接口对象方法建立模型,并进而描述了用于计量仪表和远程抄表的专用应用层。在底层通信方面涉及包括双绞线基带(M-BUS)和短距离无线两种物理层、链路层的规范。

在EN 1434-3:1997("M-BUS")中,针对热量表首次介绍了基于双绞线的总线接口物理层和链路层的参数。本部分是EN 1434-3:1997一部分的更新,它是兼容的且相互配合。它也包括其他被测量介质(水、燃气和热分配表)、主站通信和较新技术发展。需要注意的是EN 1434-3:1997同样包括了其他通信技术。

它可应用在不同的应用层上,尤其是EN 13757-3应用层。

社区能源计量抄收系统规范
第2部分:物理层与链路层

1 范围

本部分规定了仪表通信系统中基于双绞线的M-BUS总线接口物理层和链路层的参数。

本部分适用于热量表、热分配表、水表和燃气表。

本部分对仪表通信系统与远程抄表的一般描述,参见GB/T 26831.1。

注:本部分还适用于其他的仪表(比如电能表)、传感器和执行器。

2 规范性引用文件

下列文件对于本文件的应用是必不可少的。凡是注日期的引用文件,仅注日期的版本适用于本文件。凡是不注日期的引用文件,其最新版本(包括所有的修改单)适用于本文件。

GB/T 17626.4—2008 电磁兼容 试验和测量技术 电快速瞬变脉冲群抗扰度试验(IEC 61000-4-4:2004,IDT)

GB/T 17626.5—2008 电磁兼容 试验和测量技术 浪涌(冲击)抗扰度试验(IEC 61000-4-5:2005,IDT)

GB/T 18657.1—2002 远动设备及系统 第5部分:传输规约 第1篇:传输帧格式(idt IEC 60870-5-1:1990)

GB/T 18657.2—2002 远动设备及系统 第5部分:传输规约 第2篇:链路传输规则(idt IEC 60870-5-2:1992)

GB/Y 26831.1—2011 社区能源计量抄收系统规范 第一部分:数据交换

3 术语和定义

GB/T 26831.1界定的以及下列术语和定义适用于本文件。

3.1

单位负载 unit load

一单位负载(1 U_L)是1.5 mA的最大标号状态电流。

4 物理层说明

4.1 概述

图1给出了物理层的主要电气概念:主机到从站的信息传递是通过电压电平变化而实现的。使用一个(高)电压电平静态电压值 U_{mark}(闲置状态,典型值为36 V)和一个典型值比 U_{mark} 低12 V(至少12 V)的动态电压值(空号状态)进行数据传输。较高的电压变化幅度提高了主机到从站方向的噪声抗干扰能力。所需要的最小电压值,可以为一个段的所有从站提供持续的远程供电。信号传输是通过电压变化而不是绝对电压电平以抵抗由于安装电缆的导线电阻造成的大的电压跌落。所有从站是恒流接

收器。它们的闲置(标号状态)典型电流 1.0 mA～1.5 mA 能够为从站上的收发芯片提供电源,或者同时也可以为从站(仪表)供电。从站的活跃(空号状态)电流传送使用这个恒定电流的增加量(11 mA～20 mA)作为信号。采用恒定电流传输信号,提高了对感应电压的抗干扰能力,并且不受导线电阻的限制。在每个从站收发器的输入端使用一个整流桥,这可使每个从站不依赖配线极性,同时也可减少安装错误。在每个从站的收发器之前,安装保护电阻,就可简单地实现过压保护,并能将从站电流限制在 100 mA 以内,从而保护总线免受某一从站的半导体器件短路而带来的危害。附录 A 给出了从站收发器的主要功能。集成的从站收发器包括一个给从站(仪表)供电的被调节的缓冲电压输出、支持电池供电的电源切换和掉电信号的发出,它们是有商业价值的。

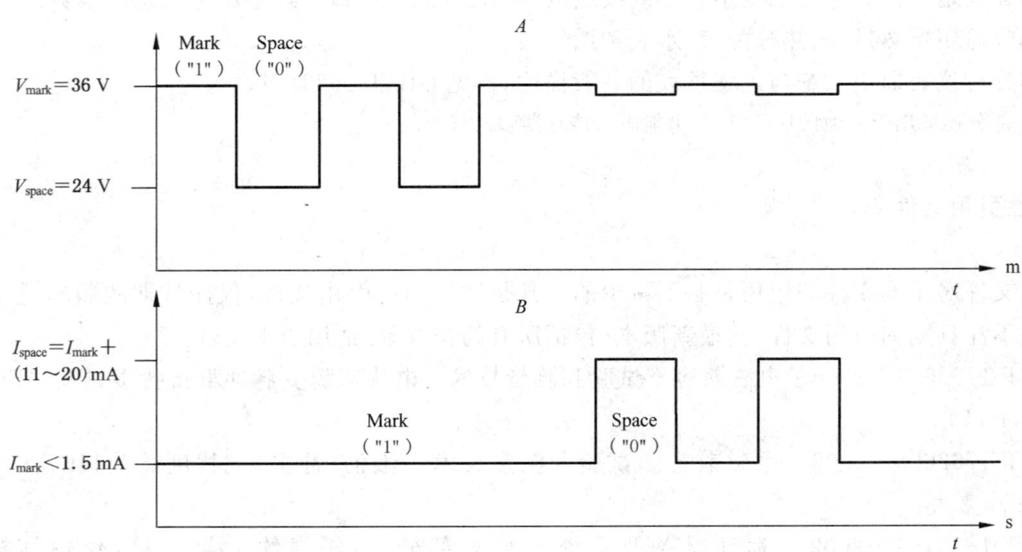

说明:

A ——转发器端的总线电压;

B ——从站的电流构成;

t ——时间;

m ——主机向从站发送;

s ——从站向主机发送。

图 1 M-BUS 中位的描述

对于一个可靠的系统元件,所有必须的特性参数应覆盖全部温度范围和工作电压。

4.2 从站电气要求

4.2.1 主机到从站的总线电压

最大的持续电压:－50 V～＋50 V(无损坏)。

满足所有具体要求的电压范围:±(12 V～42 V)。

在主从通信的标号(静态)状态下的从机端的总线电压(=U_{Mark})应该为±(21 V～42 V)。

标号电压被一个具有不对称时间常数的最大电压检测器存储。放电时间常数应该大于 30 倍充电常数,但要小于 1 s。

在 12 V 和 U_{Mark}之间的电压范围内,存储电压的最大值 U_{Mark},在 50 ms 内下降不超过 0.2 V。

主从通信总线电压标号/空号状态:

空号:$U_{Bus}<U_{Mark}-8.2$ V

标号:$U_{Bus}\geq U_{Mark}-5.7$ V

最大空号状态时间 50 ms。

最大空号状态占空因数：0.92。

4.2.2 从站总线电流和单位负载倍数

4.2.2.1 概述

从站设备可能需要一个 N 倍(N 为 1～4 的整数)单位负载的最大标号电流。每个终端设备将用单位负载倍数 N(大于 1 时)标注，并且设备说明书中将包括器件关于 N 倍单位负载的注释。

4.2.2.2 从站设备标号状态总线电流

标号状态电流 I_{Mark} 应该小于或等于 N 倍的单位负载。

4.2.2.3 总线电压范围内的标号状态电流变化

当总线在±(12 V～42 V)范围内时，1 V～15 V 范围内的电压变化所引起的电流改变应不超过 $N\times 3\ \mu A/V$。

4.2.2.4 标号状态电流的短暂变化

在总线电压不变的情况下，总线电流在 10 s 内的变化不应该超过±1%。

4.2.2.5 在允许的温度和电压范围内从站设备的总电流变化

在从站设备所能承受电压和温度的整个范围，从站设备的标号状态电流的总体变化不应该超过±10%。

4.2.2.6 任何单个半导体器件或电容故障后的最大总线电流

在总线电压≤42 V 的条件下，单个半导体器件或电容故障发生 1 min 后，从站的最大电流应小于 100 mA。

4.2.2.7 慢启动

总线电压在－42 V～＋42 V 区间内时，总线电流应$\leqslant N\times U_L$。

4.2.2.8 快速变化

任何总线电压改变后，在 1 ms 之内总线电流应$\leqslant N\times U_L$。

4.2.2.9 空号状态发送电流

在所有允许的总线电压下，从站空号状态总线电流要比标号状态的总线电流高 11 mA～20 mA：$I_{Space}=I_{Mark}+(11\sim 20)\text{mA}$。

4.2.2.10 从站终端的输入电容：≤0.5 nf

电容将在施加 15 V～30 V 直流偏置后测量。

4.2.2.11 启动延迟

若总线电压跌落到 12 V 以下超过 0.1 s，则在施加了允许的标号状态电压后到具有完全通讯能力的恢复时间应小于 3 s。

4.2.2.12 电气隔离

任何总线端子与所有不损毁封印即可触及的金属部分之间的绝缘电阻，应该大于1 MΩ。但与其他浮地或隔离的外部器件相连接的端子除外。试验电压为500 V。对于输配干路运作的终端设备，适用相应的安全规则。

4.2.2.13 可选择的自恢复干路保护

从站接口可安装自恢复干路保护。这可保证干路在长时间(测试时间1 min)出现230 V(1+10%)电压和50 Hz(或60 Hz)时，从站接口不损坏，并且之后所有具体的要求都可再次得到满足。干路保护功能被所有干路操作的终端设备推荐。为了实行的可能性，参见附录B。

4.2.3 动态要求

只要不超过38 400波特率的链路层或应用层都可以使用，只要它能保证在每11位时间内且不迟于50 ms时至少有一次能达到标号状态，并可保持至少一位时间。要注意的是对于至少300波特率并包括一个50 ms间隔的任何波特率，有5个数据位到8个数据位(有或没有相等位)的任何非同步协议都是正确的。同样对于许多有或没有位编码的同步协议也是正确的。

4.3 主机电气要求

4.3.1 参数

4.3.1.1 最大电流(I_{Max})

通过最大电流I_{Max}表现主机物理层的特点。在0和I_{Max}之间的所有主线电流，可满足该段所有的功能及参数要求。例如一个满负荷的段，带有250个从站，每个从站$1U_L$，总电流375 mA(加上了余量)，加一个从站短路电流(100 mA)及最大空号发送电流(20 mA)，故$I_{Max} \geqslant 0.5$ A。

4.3.1.2 最大允许压降(U_r)

最小空号状态电压减12 V定义为最大允许压降U_r(>0 V)。U_r除以主机与任一终端设备(仪表)之间的最大的电阻，所计算出的电流是该段电阻与主机组合的最大的可用总线电流。

4.3.1.3 最大波特率(B_{Max})

主机的另一特点是它能满足所有具体要求的最大波特率B_{Max}。最低波特率总是300 bit/s。

4.3.1.4 使用说明

针对适当的功能，主机设备应有所需要电缆和设备在安装方面的说明。

4.3.2 功能类型

4.3.2.1 简单电平转换器

使用一个在M-BUS物理层和其他标准化的物理层(如V24)之间的逻辑透明电平转换器，可实现主机的功能。允许的波特率300(bit/s)～B_{Max}是位透明的。它不能进行位时间恢复。因此简单的电平转换器不能用作转发器。

4.3.2.2 智能电平转换器

在最大波特率B_{Max}下，智能电平转换器可进行异步通讯协议的空号状态位时间恢复。可以使用其

他 $B_{Max}IL(L=2\sim L_{Max})$的波特率，但此时不能保证它们的位恢复时间。这样的电平转换器在其最大波特率下，可作为物理层转发器。

4.3.2.3 桥

主机功能可以与一个链路层单元集成，从而形成一个(链路层)桥。如果这个桥能支持要求的物理层和链路层的管理功能，它也能支持多种的波特率。

4.3.2.4 网关

主机功能可以集成到一个网关的应用层，或者集成到一个应用上。

4.3.3 要求

4.3.3.1 标号(静态)电压(U_{Mark})

当总线电流在 $0\sim I_{Max}$范围内时，$U_{Mark}=(24\ V+U_r)\sim 42\ V$。

4.3.3.2 空号(信号状态)电压(U_{space})

$U_{Space}<U_{Mark}-12\ V$，但$\geqslant 12\ V+Ur$。

4.3.3.3 总线短路

可逆自动恢复应能保证在任何大于 I_{Max}的电流结束后 3 s 内恢复全部功能。

在短路状况发生 1 ms 之后，总线电流应限制到<3 A。

4.3.3.4 最低电压斜率

空号状态和标号状态之间，从稳态电压 10%过渡到 90%的时间应小于或等于 1/2 标称位时间。这些过渡时间的不对称应小于或等于 1/8 标称位时间。

过渡时间测试条件(从 E12 系列值中选择 C_{Load})：

——波特率为 300 bit/s 时，$C_{Load}=1.5\ \mu F$；

——波特率为 2 400 bit/s 时，$C_{Load}=1.2\ \mu F$；

——波特率为 9 600 bit/s 时，$C_{Load}=0.82\ \mu F$；

——波特率为 38 400 bit/s 时，$C_{Load}=0.39\ \mu F$。

4.3.3.5 有效电源阻抗

总线电流短时(小于 50 ms)增加 20 mA，总线电压降应不大于 1.2 V。

4.3.3.6 总线电压的交流声电压、脉动电压和短期电压(小于 10 s)稳定值：<200 mV_{pp}

4.3.3.7 数据检测电流(从站电流脉冲的接收)

总线电流≤总线闲置电流+6 mA：标号状态接收。

总线电流≥总线闲置电流+9 mA：空号状态接收。

小于 50 ms，占空比小于 0.92 的电流脉冲的测量。

4.3.3.8 大数据电流反应(冲突)

大于 25 mA 和 50 mA 的电流增加可认为是冲突状态。如果在一段大于 2～22 倍的位时间内，总线电流出现了这样一个冲突状态，主机应该向总线发出一个大于或等于 22 倍位时间，但小于 50 ms 的暂停信号(总线电压=U_{Space})。同样再用一个时长相同的暂停信号，告知用户端。如果总线电流大于I_{max}，主机可以完全关闭总线电压。需要注意的是如果关闭时间大于 100 ms，则应该考虑 3 s 的最小恢复时间。

4.3.3.9 电气隔离

在任一总线端子和所有可触及的没有隔离包封的金属部分之间，绝缘电阻应该大于 1 MΩ。测试电压是 500 V。干路提供电源的主机或者是连接到以地为基准的系统主机(例如连接到一个干路提供电源的 PC 的 V24 接口)，就应包括与这些电源各自信号线的隔离。对于干路操作终端设备，相关的安全规定有效。

4.3.3.10 与地对称性

干路提供电源的主机或者是连接到以地为基准的系统的主机(例如连接到一个干路提供电源的 PC 的 V24 接口)，静态和动态总线电压应该与地(40%～60%)对称。这一要求仅适用于以地为基准的系统。

4.4 小型主机电气要求

4.4.1 小型主机的定义

小型主机是指可在下列受限制的系统中使用的主机：

——段的最长布线：≤50 m；

——B_{max}：2 400 波特；

——如果任何设备因过流而停止工作，不要求主机继续操作；

——不要求(在冲突状态下)自动搜索第二地址。

小型主机可以用作一些标准化的物理层接口(例如 V24)的简单电平转换器，也可使它集成到数据处理设备中。通常不用它作转发器。把它作为固定设备或便携设备均可。它可由总线供电，也可由电池供电。

4.4.2 要求

与全功能标准主机相比，小型主机有下列简化的要求：

4.4.2.1 最小过渡斜率

对于 75nF 的负载电容：从空号状态变为标号状态，或从标号状态变为空号状态，两个静态信号电压的压差从 10%到 90%的过渡时间：最大过渡时间 t_{max}≤50 μs。

4.4.2.2 较高数据电流状态(冲突状态)：不要求

4.5 转发器

4.5.1 一般要求

物理层转发器的从机端应满足从机的所有要求，主机端应满足主机的所有要求。当一个网络在指定的波特率安装时超过以下一个或多个限制，如仪表数目、总电缆长度、每个段内仪表最大数目和最远通讯距离，此时就需要物理层转发器。

4.5.2 附加要求

4.5.2.1 隔离

主机端的总线端子应该与从站端的总线端子隔离。对于500 V的测试电压,隔离电阻应≥1 MΩ。而对于由干路提供电源的设备,所有的相关安全规定都应遵循。

4.5.2.2 位恢复

根据所应用的链路层要求接收的数据,若在可接受的位时间失真范围内,就应该使用能满足链路层所有传送时序规则方法转发出去。

因而,转发器应当运行在限定的波特率下,或者限制在某一特定的字节格式或特定的链路层。

4.6 冲击和浪涌的要求

4.6.1 概述

对于M-BUS连接,根据GB/T 17626.4—2008和GB/T 17626.5—2008,符合本标准的设备应至少能满足下列有关冲击和浪涌的要求。需要注意的是,在冲击和浪涌方面,可以实行更多或者更高的要求。同时需要注意的是,因为现场上的经验,EN 1434-3中的一些值已得到更新。

4.6.2 室内用设备的要求

冲击测试电压:1 kV(严酷等级为2)。

4.6.3 工业用设备的要求

冲击测试电压:1 kV(严酷等级为2)。

浪涌测试电压:1 kV(严酷等级为2)。

5 链路层(主机和从站)

5.1 概述

下列条款中表示的字母百分数(如"$W\%$")参考表1中的具体值。

5.2 波特率

5.2.1 要求的波特率

应能支持300 bit/s。

5.2.2 推荐的附加波特率

推荐2 400 bit/s和9 600 bit/s。

5.2.3 特殊波特率

通过网络操作员和仪表生产商间的特殊安排,也可以使用下列波特率中的一个或几个:600 bit/s、1 200 bit/s、4 800 bit/s、19 200 bit/s或38 400 bit/s。

整个段的尺寸和所连接的从站数将限制技术安全上的最大波特率(见附录E中线缆安装部分)。

5.2.4 复位后的波特率

设备在复位后的波特率与复位前应保持一致。

5.2.5 波特率的设置

所有设备在装配好之后的默认波特率都是 300 bit/s。可以通过链路层管理命令设置想要获得的其他波特率(见合适的应用层命令)。不推荐广播设置波特率。在对从站发射 300 bit/s 以外的波特率设置命令(以原有的波特率发射)之后,应立即(小于 2 min)尝试使用新的波特率进行合法通信。如果(甚至在几次重试后)没有收到确认,主机应以新的波特率发送波特率设置命令,并将从站波特率设置回原有的波特率;如果通信被确认成功,主机就能确定从站及其段都可以按新的波特率进行操作。没有自动测速功能的从站,在收到波特率设置命令后,应该检测 300 bit/s 以外的波特率,在波特率命令之后 2 min~10 min 之内使用新的波特率进行合法通信。如果命令没有被正确接收,从站应自动置回原来的波特率,以保存设置,避免不受该段支持的波特率的丢失。

5.2.6 自动调速模式

设备可以用所支持的波特率进行通信,不需要设置一个优先的波特率命令(自动调速模式)。在这种情况下,不需要波特率转换命令检测和自动跳回。所有波特率设置命令依然有效,但是除非有特殊要求,否则可以忽略。

5.2.7 发射波特率精度

发射波特率平均了所有 RSP_UD 报文,在所有可接受的参数(如电源电压、温度、电流操作状态和功能)下,可能存在不大于±M%标称波特率(见表 1)。

5.3 位的位置

5.3.1 同步发送位失真

对于数据发送,单个位发送可能有一个从它们标称时间位置(从实际波特率计算)到位时间 n%的非累积最大偏差(同步起-停-失真,见图 2)。

5.3.2 总体发射位失真和最小发送元素

对于数据发送,假设每一位时间最小值为标称位时间的 Q%(最小信号元素,见图 2)那么单个位发送时,就可能有一个从它们标称时间位置(从实际波特率计算)到位时间 P%(总体起-停-失真,见图 2)的非累积最大偏差。

5.3.3 字符间隔要求

对于数据发送,起始位和下一个以及再下一个的起始位之间的时间不应小于分别为 11 和 22 个位时间的标称间隔——标称位时间的 T%(字符间隔要求,见图 3)。

5.3.4 实际接收余裕和字符间隔要求

对于数据接收,标称位时间到±V%的标称发送时间内的偏差应是容许的(实际余裕,见图 4)。双字节和三字节起始位的标称位时间,它们各自的 11 和 22 位时间的标称值中有一个标称位时间到 Y%的偏差,在这种情况下,它们能被正确接收(字符间隔要求,见图 5)。

5.3.5 最小发送元素

对于数据接收，应该忽略持续时间小于标称位时间的 $W\%$ 的起始位(最小发送元素，见图 6)。

5.4 字节格式

在半双工模式下，使用异步串行位(开始-停止)发送。字节格式为 1 个起始位、8 个数据位、1 个偶校验位和 1 个停止位。

5.5 块格式

5.5.1 发送字节间间隔

在数据发送中，字节间的间隔只允许在非累计位时间误差的预算内，即标称位时间的 $\pm P\%$ (见图 2)。

5.5.2 接收字节间间隔

在接收中，可以将任何大于标称位时间 $+P\%$ 的字节间间隔认为是报文的结尾，也可以将任何大于 22 倍位时间的间隔认为是报文的结尾。

5.5.3 报文之间的空闲时间

在每次报文的结尾，接收器应该测试至少 11 倍位时间的最小静态时间(连续的标号状态)。这需要明确地区分是报文的真正结尾还是报文中较长的一段空白(见图 8)。

5.6 由于冲突引起的报文失败

如果从站在标号状态电平发送位的结尾检测到一个来自其主机的空号状态(电压)信号，那么从站必须立刻结束报文的发送。从主机收到的连续空号状态信号(暂停信号)超过 11 倍位时间，就应该在暂停信号开始后的 24 倍的位时间之内停止报文的发送。对于软件执行的字节发送，这一要求可以通过在每个标号状态发送位的末尾和每个起始位发送之前，测试接收信号状态得以实现。对于硬件执行(UART)的字节接收，可以利用该设备的暂停特性检测这样的一个状态。更多细节参见附录 D。

5.7 报文描述

5.7.1 概述

作为链路层，使用 GB/T 18657.1—2002 中的 FT 1.2 帧格式 和 GB/T 18657.2—2002 中的报文结构。报文示例和简单读出对话参见附录 F。

5.7.2 数据完整性

GB/T 18657.1—2002 中的 FT1.2 帧格式中的奇偶位与校验和字节，实现了汉明距离为 4 的 2 类数据完整性。

5.7.3 报文结构

GB/T 18657.2—2002 给出了报文结构。可使用本标准的所有通信类型。

5.7.3.1 正则化(必需的)

主机到从站的短报文：SND_NKE。回答：$E5。需要注意的是这一命令只预设内部的“上次接收的 FCB-位”并清空可选的选择位。不可以用作任何其他类型的复位功能。

5.7.3.2 时间临界数据的请求(必需的)

主机到从站的短报文:REQ_UD1。回答:如果没有待定时间临界数据,则是 RSP_UD;如果终端设备(仪表)中没有实现该功能,应回应 $E5。由于 GB/T 18657 的链路层协议不支持各从站的同步报警,因此可使用时间临界要求报警。

注:在 EN 1434-3 中,这是可选的。对于本标准,要求新的从机具备此功能,以便简化未来主机对这个功能的使用。

5.7.3.3 标准读出请求(必需的)

主机到从站的短报文:REQ_UD2。回答:RSP_UD。

5.7.3.4 状态请求(必需的)

主机到从站的长报文:SND_UD。回答:$E5。

5.7.4 报文编码

报文单独字节编码见 GB/T 18657。

5.7.5 编址

地址 0 为未配置的从站预留。每个未配置的从站都应该接收并回答这个地址的全部通信。

地址 1~250 用作从站的优先地址。每个从站都应该接收并回答其对应的地址的全部通信。

地址 251 是为带有优先主机转发器的管理通信预留(如物理层和链路层管理)。

地址 252 为保留地址。

地址 253 是为二次编址预留。每个选定的从站应该接收并回答这一地址的全部通信。关于单独从站和一组从站的选择以及去除选择,见二次编址的应用层。

地址 254 是测试和诊断地址。每个从站都应该接收并回答这一地址的全部通信。

地址 255 是广播地址。每个从站都应该接收这一地址的全部通信,并执行相应操作但不必回答。

5.7.6 链路层时序

GB/T 18657.1—2002 中给出了不同链路层通信类型的时间结构。主机发送报文结束和从站响应报文开始之间的回答时间应该在 11 倍的位时间和(330 倍的位时间+50 ms)之间。见图 8。

5.7.7 报文排序

对于较长的复合的报文信息的管理和已确认数据的升序发送(与静态值和参数的发送相对应),链路层协议通过一个 FCB 位(帧计数位)支持合法报文的传送管理。对于简单的单一报文通信和没有递增信息的纯数据内容(如启动),从站可以忽略主机报文的 FCB 位。每个优先地址应分别管理拥有几个优先地址的从站和 FCB 管理一个“最后 FCB”位。同样的规则对于支持一个优先地址和通过地址 253($FD)进行二次编址的从站也适用。任何给定地址为合法的 SND_NKE 都应该为这一地址清空这个内部“最后 FCB”位。需要注意的是,可同时支持 SND_UD 信息和 RSP_UD 信息的复合报文,要求每个方向各自的内部“最后 FCB”位。还要注意的是,REQ_UD2 报文,需要设置 FCV 位,SND_NKE 报文,需要清空 FCV 位和 FCB 位。

6 图和表

下列表格中的值和描述取自 ISO/IEC 7480:1991。U_I(单位间隔)是一个位时间的标称间隔的缩写。

表 1 —从站和主机的信号质量特性

方向	图号	描述	符号	单位	设备	
					主机	从站或小型主机
发送	2	同步起-停失真	N	%	≤5	≤8
	2	总体起-停失真	P	%	≤7	≤16
	2	最小信号元素	Q	$\%U_I$	90	84
	3	字符间隔要求				
		平均:标称削减	R	$\%U_I$	≤8	≤10
		平均值	S	字符	2	2
		最小:标称削减	T	$\%U_I$	≤16	≤20
		调制率精度	M	%	≤0.2	≤0.75
接收	4	实际余裕	V	%	≥40	≥30
	6	最小信号元素	W	$\%U_I$	30	30
	5	字符间隔要求				
		平均:标称削减	X	$\%U_I$	20	25
		平均值	S	字符	2	2
		最小:标称削减	Y	$\%U_I$	40	50

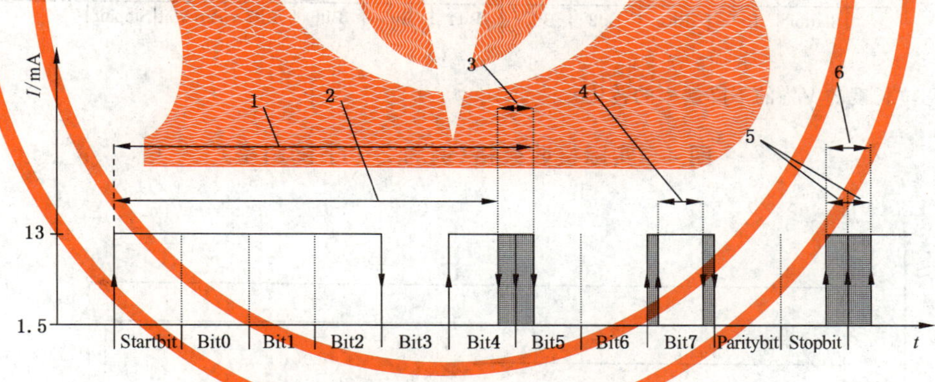

说明：

1——6 倍的平均位时间+1 倍标称位时间的 $N\%$；
　　6 倍的平均位时间+1 倍标称位时间的 $P\%$。

2——6 倍的平均位时间−1 倍标称位时间的 $N\%$；
　　6 倍的平均位时间−1 倍标称位时间的 $P\%$。

3——许可范围。

4——许可标称位时间的 $Q\%$。

5——许可标称位时间的 $P\%$。

6——许可范围。

图 2 起停失真(例见第四位)、最小信号元素(例见第七位)(发送)

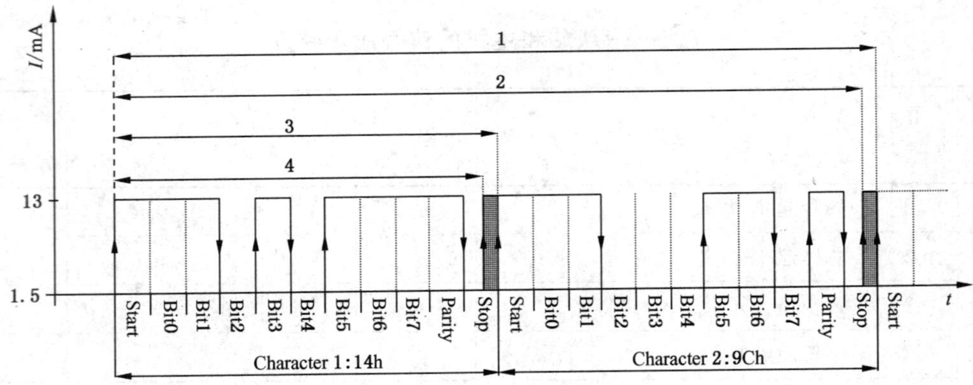

说明：

1——2 倍的(标称字符长度)；

2——最小平均字符长度＝2×标称－标称位时间的 $T\%$；

3——标称字符长度；

4——最小字符长度＝标称－标称位时间的 $T\%$。

图 3　字符间隔要求(发送)

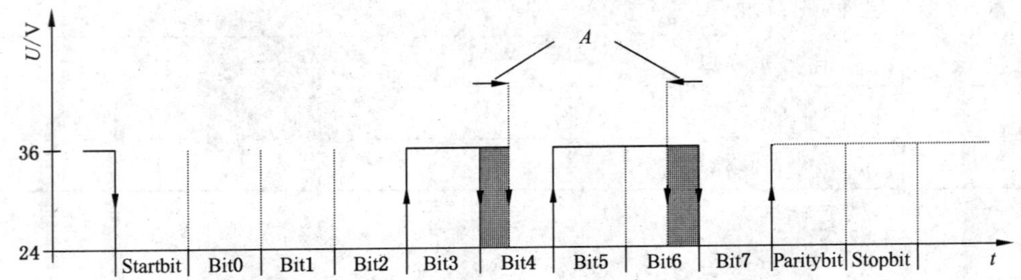

说明：

A——标称位长度的 $V\%$的下降斜率的转化。

图 4　实际接收余裕(例为 2 个下降斜率)

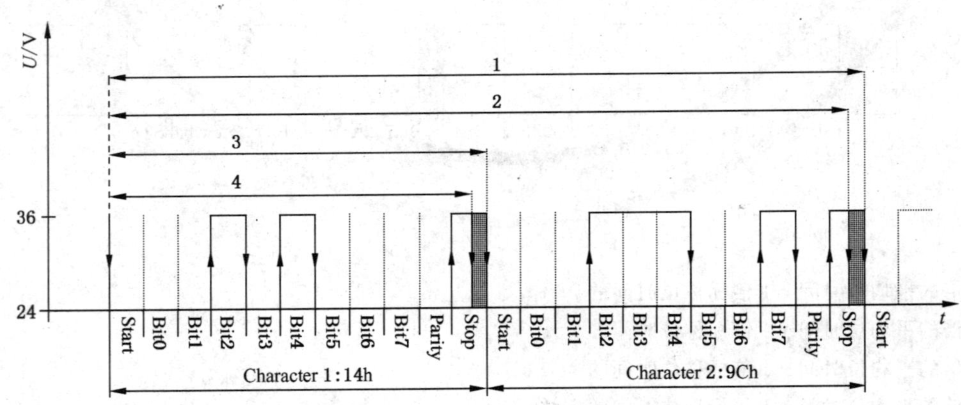

说明：

1——2 倍的(标称字符长度)；

2——最小平均字符长度＝2×标称－标称位时间的 $Y\%$；

3——标称字符长度；

4——最小字符长度＝标称－标称位时间的 $Y\%$。

图 5　字符间隔要求(接收)

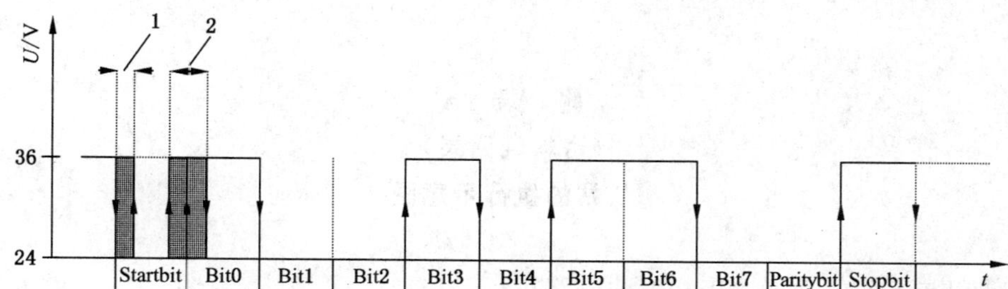

说明：

1——应该忽略持续时间<标称位时间的 $W\%$ 的起始位；

2——可接受任何标称位时间的 $\pm V\%$ 的偏差(任意位)。

图 6　最小持续时间启动元素(接收)

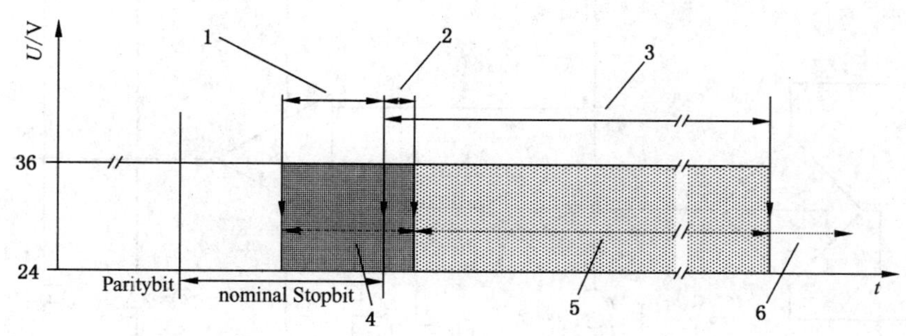

说明：

1——可以容许 $-Y\%$；

2——可以容许 $+P\%$；

3——最多可以容许 22 倍的位时间；

4——应该接受；

5——可探测作为报文的结尾；

6——应该探测作为报文的结尾。

图 7　报文包的接收

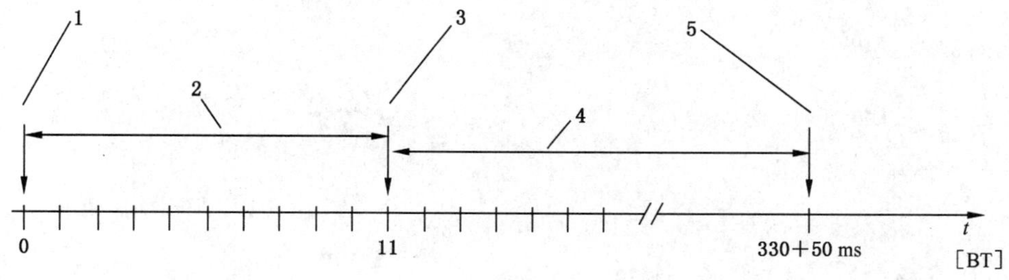

说明：

1——报文接收的结尾；

2——从站必须检验持续的标号状态(11 倍的位时间)；

3——回答开始的最早时间；

4——从站可以开始回答的时间段；

5——回答开始的最迟时间。

图 8　接收之后的静态时间

附　录　A
（资料性附录）
从站的执行示意图

从站可以使用与下面的功能图表相似的电路执行。

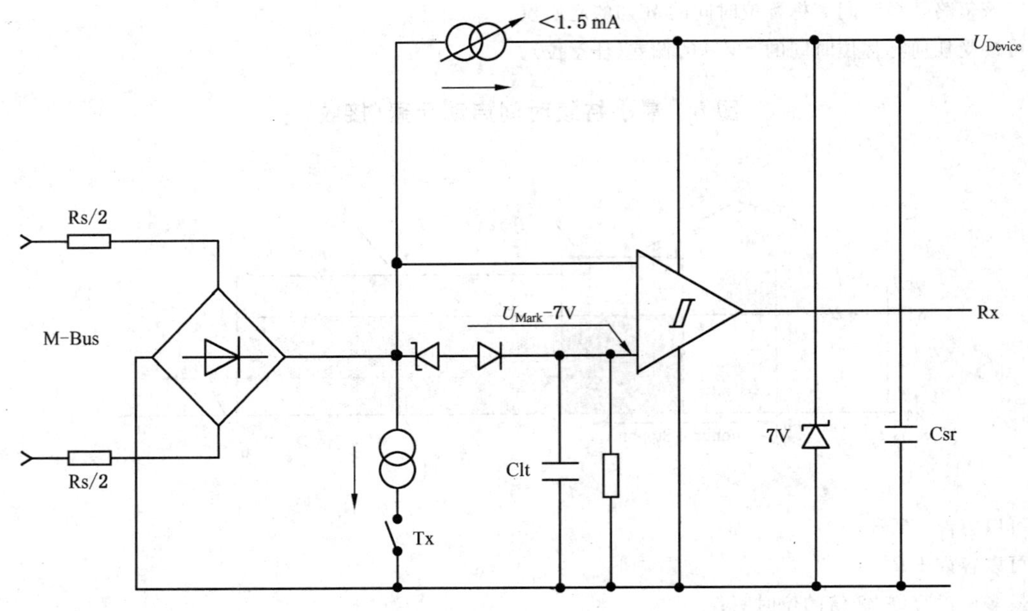

图 A.1　从站收发器

附 录 B
（资料性附录）
干路电压保护

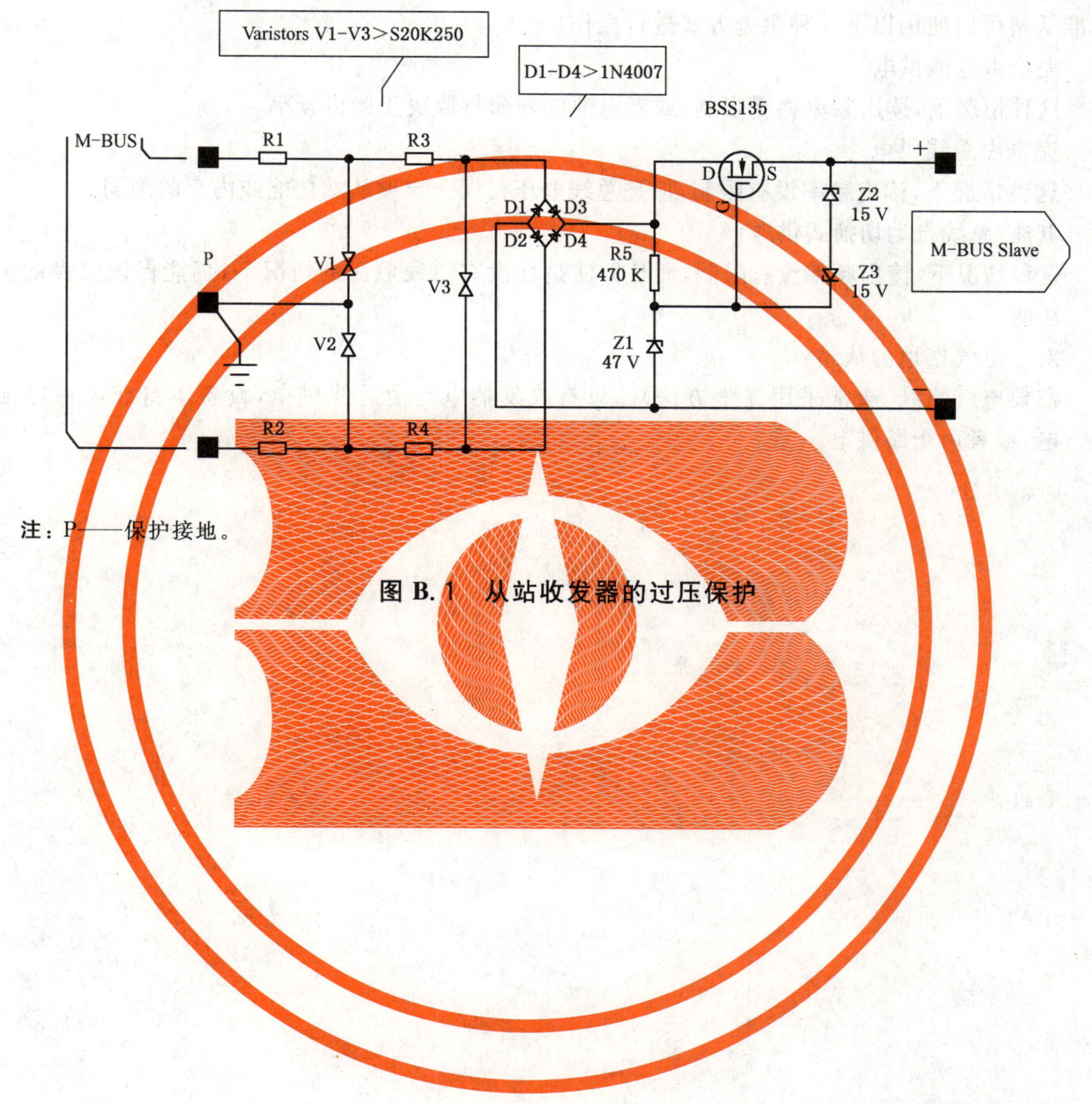

注：P——保护接地。

图 B.1 从站收发器的过压保护

附 录 C
（资料性附录）
从站供电选择

标准从站可以使用以下几种供电方式进行操作：

a） 完全由电池供电

这种情况下，读出频率将受限制，或者电池的寿命将取决于读出频率。

b） 完全由总线供电

这种情况下，读出频率没有限制，但是总线电压错误会导致从站功能或内存的削弱。

c） 电池/总线自动切换式供电

这种情况下，读出频率没有限制，而且即使是在没有总线电压的情况下，仍能保证仪表的全部功能。

d） 对于电气接地的从站：

需要电气绝缘（通常采用光学方法）。只有收发器电路由总线供电，设备本身或者由电池供电，或者由干路供电。

附 录 D
（资料性附录）
从站冲突检测

在通过主机进行从站搜索时，会出现发送从站之间的冲突。相当于2个或3个发送从站的(22～33)mA的很轻微冲突，这是主机和从站无法电气探测的。全新的带有双电流检测的主机硬件可以检测到(20～200)mA的轻微冲突，并可在总线上发出一个暂停信号(50 ms的空号状态)。如果冲突出现在空号状态和标号状态之间，并且从站支持此特性，从站可以检测到(70～500)mA的介质冲突。(90～5 000)mA的严重冲突将导致总线电压的暂停(从站断电)，并可能引起主机短路。

为避免严重冲突而带来上述后果，全新的主机具有暂停信号和过压状态时关机的双重电流检测特性。下面列举了一些从站检测冲突和停止发送的方法：

a) 基于软件UART's，无论输入是否是标号状态，都能在每个标号状态发送位的结尾进行检测。这保证可快速地检测到冲突，并且易于执行，推荐纯软件UART使用。

b) 方法1的变种是直接在每个起始位发送之前，检测总线电压是否为1。这对软件UART来说非常简单，但是对于硬件UART来说就比较困难了，并且还要求主机在检测到冲突后发送暂停信号。

c) 发送字节和接收字节的比较对无缓冲硬件UART来说非常简单，但对缓冲硬件UART来说比较困难。

d) 需要主机检测到冲突后发送暂停信号的另一个方法是，带有暂停检测的硬件UART。

附 录 E
（资料性附录）
线缆安装

E.1 概述

下列段类型能确保物理层通信的安全。对有保护的电话类型（典型值 4×0.8 mm 直径/0.5 mm^2）或标准干路类型（1.5 mm^2）的布线进行了调查研究。对于直径为 0.6 mm 的电话布线，无论是最远距离还是最多设备数都要减半。需要注意的是，仅保护连接到主机接地，但对终端一侧的 DC 和低频信号是开放的。

E.2 A 型：室内小型安装

E.2.1 描述

距离（抗性电缆长度）≤350 m。

段线缆总长度≤1 km。

电缆类型：电话型，直径 0.8 mm，有保护的，铜芯部分 0.5 mm^2，电阻＜30（Ω）ohm。

E.2.2 使用

最多设备数：9 600 bit/s 时最多 250 单位负载。

最快通信速度：38 400 bit/s 时最多 64 单位负载。

E.3 B 型：室内大型安装

E.3.1 描述

距离（抗性电缆长度）≤350 m。

段线缆总长度≤4 km。

电缆类型：电话型，直径 0.8 mm，有保护的，铜芯部分 0.5 mm^2，电阻＜30（Ω）ohm。

E.3.2 使用

最多设备数：2 400 bit/s 时最多 250 单位负载。

最快通信速度：9 600 bit/s 时最多 64 单位负载。

E.4 C 型：小型广域网

E.4.1 描述

距离（抗性电缆长度）≤1 km。

段线缆总长度≤4 km。

电缆类型：电话型，直径 0.8 mm，有保护的，铜芯部分 0.5 mm^2，电阻＜90（Ω）ohm。

E.4.2 使用:2 400 bit/s 时最多 64 单位负载

E.5 D 型:大型广域网

E.5.1 描述

距离(抗性电缆长度)≤3 km。

段线缆总长度≤5 km。

电缆类型:干路线缆,芯部分 1.5 mm^2,电阻<90(Ω)ohm。

在此应用中推荐使用特殊保护电缆。

E.5.2 使用:2 400 bit/s 时最多 64 单位负载

E.6 E 型:微型安装(表群)

E.6.1 描述

距离(抗性电缆长度)≤50 m。

段线缆总长度≤50 m。

电缆类型:电话型,直径 0.8 mm,有保护的,铜芯部分 0.5 mm^2,电阻<5(Ω)ohm。

E.6.2 使用:2 400 bit/s 时最多 16 单位负载

附 录 F
（资料性附录）
协议示例

F.1 启动

在主机完全上电且经过 3 s(最多)从站启动延时后，主机通过向广播地址“FFH”发送一个由字节 1040FF3F16 组成的“SND-NKE”-型报文，以规范所有从机的链路层。考虑起始位(0)、停止位(1)、偶校验位(P)以及 LSB 初始位次序的总位次序是：

00000100011　00000001011　01111111101　01111110001　0011100011

代码	说明
10	帧起始符
40	初始化命令
FF	广播地址
3F	校验和
16	结束符

每个字节含 8 位二进制码，传输时加一个起始位(0)、一个偶校验位(P)和一个停止位(1)共 11 位。

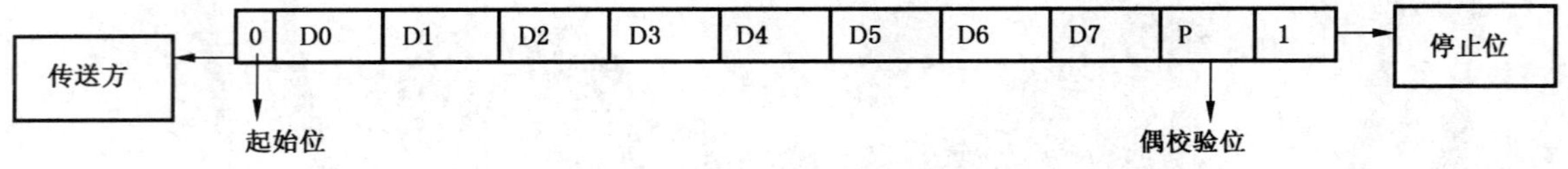

初始报文位的中在序是：

00000100011	00000001011	01111111101	01111110001	00110100011
10	40	FF	3F	16

F.2 从站(仪表)读出

通过以下对话，可读出地址 A=1 的仪表：

主机到从站

REQ_UD2(要求标准的，如：时间临界数据)105B015C16。

在 11 倍位时间和 330 倍位时间+50 ms 间的延时后：

从站到主机

RSP_UD(以用户数据 C=08h 回答)：68L1L26808CIxxyyzzCS16。

在此 L1=L2 发送应用字节的数目信号。在这个例子中使用应用字节 xxyyzz L1=L2=6，因为长度信息包括了 C、A 和 CI。CI 发送选择应用层和其功能的控制信息域信号，并且 CS 是校验和。

链路层更一进步的例子以及错误的处理方法，见 EN 13757-3，EN 1434-3 或 GB/T 18657.1—2002 和 GB/T 18657.2—2002。

若从站地址为 01，则主机到从站的读请求为：

<table>
<tr><th>代码</th><th colspan="2">说明</th></tr>
<tr><td>10</td><td colspan="2">帧起始符,启动指定长度</td></tr>
<tr><td>5B</td><td>读命令</td><td rowspan="2">校验和计算区</td></tr>
<tr><td>01</td><td>地址为 01 的从站</td></tr>
<tr><td>5C</td><td colspan="2">校验和 CS</td></tr>
<tr><td>16</td><td colspan="2">结束符</td></tr>
</table>

从站到主机的应答：

<table>
<tr><th>代码</th><th colspan="3">说明</th></tr>
<tr><td>68</td><td colspan="2">帧起始符,启动指定长度</td><td rowspan="9">校验和计算区</td></tr>
<tr><td>L1</td><td colspan="2">长度</td></tr>
<tr><td>L2</td><td colspan="2">L1＝L2</td></tr>
<tr><td>68</td><td colspan="2">分隔符</td></tr>
<tr><td>08</td><td>命令 C</td><td rowspan="5">长度 L1 和 L2 的计算区</td></tr>
<tr><td>C1</td><td>控制码,用来选择应用层及其功率</td></tr>
<tr><td>XX</td><td rowspan="3">数据域</td></tr>
<tr><td>YY</td></tr>
<tr><td>ZZ</td></tr>
<tr><td>CS</td><td>校验和 CS</td><td></td><td></td></tr>
<tr><td>16</td><td>结束符</td><td></td><td></td></tr>
</table>

参 考 文 献

［1］ GB/T 26831.3—2012 社区能源计量抄收系统规范 第3部分:专用应用层

［2］ ISO/IEC 646:1991 信息技术 用于信息转换的ISO 7-位编码字符设置

［3］ ISO/IEC 7480:1991 信息技术 系统之间的无线电通信和信息交换 DTE/DCE接口上的起一停发送信号质量

［4］ ISO/IEC 7498-1:1994 信息技术 开放系统互联 基本参考模型:基本模型

［5］ EN 1434-3:1997 热量表 第3部分:数据交换与接口

［6］ prEN 13757-4 仪表的通信系统与远程抄表 第4部分:仪表的无线读出

［7］ EN 60870-5-1:1993 遥控设备与系统 第5部分:发送协议 第1节:发送帧格式(IEC 60870-5-1:1990)

［8］ EN 60870-5-4:1993 遥控设备与系统 第5部分:发送协议 第4节:应用信息元素的定义与编码(IEC 60870-5-4:1993)

［9］ EN 62056-21:2002 电能表 抄表、费率与负荷控制的数据交换 第21部分:直接本地数据交换 (IEC 62056-21:2002)

ICS 17.220.20
N 22

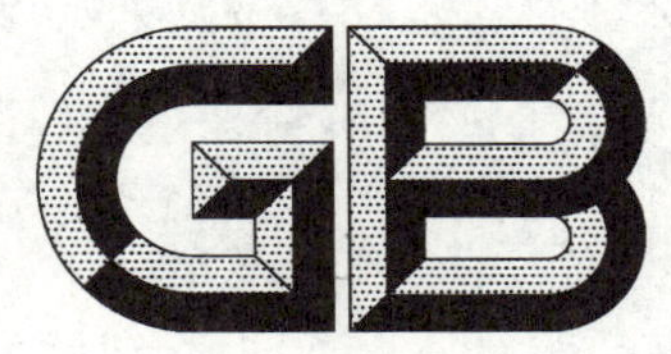

中华人民共和国国家标准

GB/T 26831.3—2012

社区能源计量抄收系统规范 第3部分：专用应用层

Society energy metering for reading system specification—Part 3: Dedicated application layer

2012-11-05 发布 2013-02-15 实施

中华人民共和国国家质量监督检验检疫总局
中国国家标准化管理委员会 发布

前　言

GB/T 26831《社区能源计量抄收系统规范》由以下四部分构成：

——第1部分：数据交换；

——第2部分：物理层和链路层；

——第3部分：专用应用层；

——第4部分：仪表的无线抄读。

本部分为GB/T 26831的第3部分。

本标准的制定参考了欧洲标准EN 13757。其中，第1部分、第2部分、第3部分等同采用了EN 13757-1、EN 13757-2、EN 13757-3对应部分，第4部分结合国内无线抄表的技术现状和国家无线通信相关标准作了较大的修改。

本部分使用翻译法等同采用EN 13757-3:2004《仪表及远程抄表通信系统　第三部分：专用应用层》。

本部分按照GB/T 1.1—2009给出的规则起草。

请注意本文件的某些内容可能涉及专利。本文件的发布机构不承担识别这些专利的责任。

本部分由中国机械工业联合会提出。

本部分由全国电工仪器仪表标准化技术委员会(SAC/TC 104)归口。

本部分起草单位：哈尔滨电工仪表研究所、杭州鸿鹄电子有限公司、北京纳思电器有限公司、宁波东海集团有限公司、沈阳航发热计量技术有限公司、唐山汇中仪表有限公司、长沙威胜信息技术有限公司、江苏林洋电子有限公司、深圳浩宁达仪表股份有限公司、深圳市龙电电气有限公司、深圳市泰瑞捷电子有限公司、杭州百富电子技术有限公司、天正集团有限公司、广东浩迪创新科技有限公司、美国埃施朗股份有限公司、北京福星晓程电子科技有限公司、青岛东软电脑技术有限公司、哈尔滨华惠电气有限公司、漳州科能电器有限公司、西安旌旗电子有限公司。

本部分主要起草人：潘洪源、潘之凯、侯学伟、郭永林、陈声荣、倪志军、张志忠、尹建丰、冯喜军、黎洪、姚礼本、徐茂林、肖伟峰、张绍衡、胡亚军、戴恋、许惠锋、袁景、关文举。

引　　言

随着科技进步、经济发展和人们对能源使用管理要求的不断提高，社区（建筑及居住区）能源需求量（水、电、气、热）远程抄收及管理的技术应用进入快速发展阶段，涌现出了一批使用各类通讯技术、涉及各个计量领域的多种产品及技术方案。产品制造方和用户方迫切希望这些产品或系统能够遵循统一的标准。

因而，从 1999 年开始，国际电工委员会陆续发布了 IEC 62056 系列标准；国内参照其内容制定发布了 GB/T 19882 系列标准。该标准是开放式体系，很好地解决了互连性和互操作性的要求。该标准体系分成相对独立的几个部分制定，从而有利于标准本身的不断发展。这种科学方法及该标准的内容都为《社区能源计量抄收系统规范》国家标准的制定提供了很好的参考。

同时，由于显而易见的原因，社区能源计量抄收系统与自动抄表系统具有很多相似或共通的内容，现实中产品也有互连互通的需求，《社区能源计量抄收系统规范》的制定应该要考虑与 GB/T 19882 的协调。

本标准体系正是在上述背景下制定的，认识这一背景情况对理解本标准的制定思路和理解标准内容都是有益的。

本标准体系包含社区能源计量抄收系统中应用管理和底层通信两方面的内容。在应用管理方面，主要内容是 COSEM（能源计量配套规范），利用仪表对象标识和接口对象方法建立模型，并进而描述了用于计量仪表和远程抄表的专用应用层。在底层通信方面涉及到包括双绞线基带（M-BUS）和短距离无线两种物理层、链路层的规范。

本部分属于 EN 13757 系列的一部分，EN 13757 适用于仪表及远程抄表通信系统。第一部分包括一般性描述和通讯协议。第二部分包括双绞线基带（M-Bus）的物理层和链路层。第四部分（目前准备咨询）描述了无线通信。

EN 1434-3 总线通信系统通常被称为 M-Bus。其应用层描述了主要应用于仪表抄读的标准。

它能够与各种支持传输可变长度的二进制透明报文的物理层、链路层和网络层共同使用。通常，EN 13757-2（双绞线基带）和 prEN 13757-4（无线）或 EN 13757-1 描述的物理层和链路层中的一个被使用。

仪表通信系统的概要及其进一步的定义在 EN 13757-1 中给出。

本部分与原标准 EN 1434-3：1997 的 6.4 到 6.6 条例的扩展一致。除了一些声明和实现提示之外，这个标准还包含了主要适用于组合式仪表的可选择扩展。由于技术发展，在这个标准里不再支持一些变量（固定格式和模式 2＝第一个长字节）。

值得注意的是，这个部分仅仅包含了怎样将数据编码的指导（指示）。它超出了应用层标准定义的在什么情况下，哪个数据通过哪种类型的从站传输，或者哪个数据传输到从站后会有什么反应的任务。所以依照此标准，通过一个通用的主站软件（包含所有可选特征）确保从站的共存、公共通信和读取能力，但还不能确保在此标准下，仪表功能或通信上的交换性。对于几种仪表型号和类型，一组远程供热用户已经提供了完全互换所需的应用描述。他们可以通过 m-bus 用户团体的 WWW 服务器 http://www.m-bus.com/files/default.html（文件名：WG4N99R4.EXE，这是可扩展.doc 文件）访问。

社区能源计量抄收系统规范
第3部分:专用应用层

1 范围

本部分规定了仪表的通信系统和仪表远程抄表的专用应用层。

本部分适用于仪表的通信系统和仪表远程抄表。

2 规范性引用文件

下列文件对于本文件的应用是必不可少的。凡是注日期的引用文件,仅注日期的版本适用于本文件。凡是不注日期的引用文件,其最新版本(包括所有的修改单)适用于本文件。

GB/T 26831.2—2012 社区能源计量抄收系统规范 第2部分:物理层和链路层。

3 术语和定义、缩略语及标识

3.1 术语和定义

GB/T 26831.2—2012 界定的术语和定义适用于本文件。

3.2 缩略语

下列缩略语适用于本文件。

DES:数据加密标准(Data Encryption Standard)

DRH:数据记录头(Data Record Header)

DIB:数据信息块(Data Information Block)

DIF:数据信息域(Data Information Field)

DIFE:数据信息扩展域(Data Information Field Extensions)

VIB:数值信息块(Value Information Block)

VIF:数值信息域(Value Information Field)

VIFE:数值信息扩展域(Value Information Field Extensions)

RSP_UD:应答用户数据(Respond User Data)

SEN_UD:发送用户数据到从站(Send User Data to slave)

REQ_UD:请求用户数据(Request User Data)

MDH:制造商特性数据块(Manufacturer Specific Data Block)

CI:控制信息域(Control Information Field)

E:扩展位(Extension Bit)

3.3 标识

十六进制数据后面加“h”标识。

二进制数。

4 一般原理:CI-域

4.1 综述

所有应用层的报文长度是可变的。长度信息是链路层的一部分。为了能够正确地终止每个报文的解码,长度信息将被应用层告知。每个报文由一个CI域(控制信息,见表1)字节开始,以区别于不同的报文类型和应用功能。CI域也被低层应用于区别真正的应用层通信和管理指令。剩余的报文字节的意义也决定于CI域的值。

表1 主站或从站使用的CI域代码

	应　　用
00h～4Fh	基于DLMS应用的保留
50h	应用重新设置
51h	数据发送(主站到从站)
52h	从站选择
53h	保留
54h～58h	基于DLMS应用的保留
55h～5Bh	保留
5Ch	同步动作
60h～6Fh	保留
70h	从站到主站:应用错误报告
71h	从站到主站:报警报告
72h	从站到主站:可变格式数据跟随12字节数据头
73h～77h	保留
78h	从站到主站:无数据头的可变数据格式的应答
79h	保留
7Ah	从站到主站:可变格式数据的应答跟随4字节数据头
7Bh～80h	保留
81h	为将来CEN-TC294-无线转发和应用层保留
82h	为将来CENELEC-TC205-网络/应用层保留
82h～8Fh	保留
90h～97h	制造商特性(作废的)
A0h～AFh	制造商特性
B0～B7h	制造商特性
B8h	设置波特率为300
B9h	设置波特率为600

表 1 (续)

	应　　用
BAh	设置波特率为 1 200
BBh	设置波特率为 2 400
BCh	设置波特率为 4 800
BDh	设置波特率为 9 600
BEh	设置波特率为 19 200
BFh	设置波特率为 38 400
C0h～FFh	保留
注： CI 代码 50h,52h,5Ch,70h,71h,78h,7Ah,80h,81h,A0h-AFh 和 B8h-BFh 是 EN 1434-3:1997 标准可选择的兼容性的扩充。即使这些可选择的 CI 代码的功能在从站没有被实现,链路层协议可要求一个适当的链路层确认这些包含任何一个 CI 代码的 SND_UD 报文。	

在多字节记录当中,EN 1434-3 定义了 2 种可能的数据顺序。本标准仅支持多字节传输时最低有效字节被优先传输的模式。

4.2 应用重新设置(CI=50h)(可任选的)

4.2.1 概述

使用 CI 代码 50h,主站可以释放一个对从站应用层的重新设置命令。在它已经接收到这样一个应用重新设置后,每个从站自行决定哪个参数可以改变,例如哪个数据输出是缺省的。

4.2.2 应用层重新设置的子代码(可任选的)

在 CI=50h 后面允许使用可选参数。如果后面跟随更多的字节,那么第一个字节是应用层重新设置的子代码,其余字节被忽略。应用层重新设置的子代码定义了报文的功能和主站请求的子报文。这个参数的数据类型是八位二进制。高四位字节定义了报文类型或者报文的应用,低四位字节定义了子报文的数量(数量的意思是设备特性)。对于从站为每一个应用层提供的单字节报文,低四位可以被忽略。子报文的数值 0 表示所有的报文被请求。

只有一个类型报文的从站可以忽略应用层重新设置和增加的参数。表 2 所示的代码可被用作第一个参数的高四位。

表 2　CI=50h 后的第一个参数的高四位字节代码

代　　码	描　　述	举　　例
0000b	全部	
0001b	用户数据	消费量
0010b	简单账单	实际的固定日期的数值＋日期
0011b	功能增强型账单	历史数值
0100b	多费率账单	
0101b	瞬时值	用于调节

表 2（续）

代　码	描　述	举　例
0110b	为管理而加载管理值	
0111b	保留	
1000b	安装和启动	总线地址，固定日期
1001b	测试	高分辨值
1010b	校准	
1011b	制造	
1100b	升级	
1101b	自行测试	
1110b	保留	
1111b	保留	

注：表 2 由原标准的可选择单元扩展而来。

4.3 主站到从站数据发送（51h）（可选择的）

CI 域代码 51h 用来指示数据从主站发送到从站（见图 1）。

可变数据块（记录）	制造商特性数据块（可选择的）	可选择的制造商特性数据块
字节数量可变	1字节	字节数量可变

图 1　主站到从站的可变数据结构

注：这个数据结构除了固定的报头在这个方向上被忽略以外，其余的结构部分与从站到主站方向上的数据结构完全一致（详见第 5 章）。

4.4 从站选择（52h）（可选择的）

CI 域码 52h 被用于可选择的第二地址的管理（见 11.3）。

4.5 同步动作（CI＝5Ch）（可选择的）

CI 码可被用于从站和主站的同步功能（例如：时钟同步）。特殊动作或参数的下载可能已准备好，但是它的最终实现被延迟到接收到这样一个特殊的 CI 域命令之后。这个 CI 域没有跟随数据。

4.6 应用层错误报告（从站到主站）（CI＝70h）（可选择的）

一般的应用错误报告详细情况见 8.2。对于单个数据元的错误报告见 8.3。

4.7 报警状态报告（从站到主站）（CI＝71h）（可选择的）

有关报警状态详细情况报告见附录 D。

4.8 可变数据应答（从站到主站）（CI＝72h，78h，7Ah）

见第 5 章。

4.9 波特率切换命令 B8h-BFh(可选择的)

这些可选的命令可通过主站切换从站的波特率。见11.2。

5 可变数据应答(CI=72h,CI=78h,CI=7Ah)

5.1 介绍

对于可变数据应答的数据首部,CI域代码72h,78h,7Ah被用于指示在长报文(RSP_UD)可变数据结构中使用了可选择的固定报头。注意:CI域代码78h和7Ah是从EN 1434-3扩展来的,它们用于新的主站,以简化无线通信的集成。

图2显示了表示数据的方式。

数据首部	可变数据块	生产特性数据块	可选的制造商特性数据
0字节(CI=78h) 4字节(CI=7Ah) 12字节(CI=72h)	字节数量可变	1字节	字节数量可变

图2 在应答方向可变数据结构

5.2 数据首部结构(CI=72h)

用户数据的前12个字节由一个有固定长度和结构的数据块组成(见图3)。

设备ID	制造商ID	版本	设备类型	访问序号	状态	签名
4字节	2字节	1字节	1字节	1字节	1字节	2字节

图3 数据首部 CI=72h

5.3 数据首部结构(CI=7Ah)

用户数据的前4个字节由一个有固定长度和结构的数据块组成(见图4)。

无线通信在未来的物理层和链路层标准使用这个CI域。在本标准内链路层地址包含制造商信息域、设备类型、版本和设备ID。所以在报文应用层部分,不需要固定报头CI=72h的8个字节。

访问序号	状态	签名
1字节	1字节	2字节

图4 数据首部 CI=7Ah

5.4 设备ID

设备ID是一个固定制造号码或者是可由用户改变的号码,采用8位压缩BCD码(4字节),取值范围从00000000到99999999。它可以在制造期间预先设置一个唯一号码,但其后可以更改,特别是当附加了另外一个唯一并且不可更改的制造号码的情形(DIF=0Ch,VIF=78h,见7.2)。

5.5 制造商 ID

制造域采用 2 字节无符号二进制编码。本制造商 ID 是用以下公式,由 GB/T 19897.1 制造商 ID(3 个大写字母)的 ASCII 码计算出来:

制造商.ID=[ASCII(第一个字母)-64]·32·32
+[ASCII(第二个字母)-64]·32
+[ASCII(第三个字母)-64]

注:这三个 GB/T 19897.1 制造商标识码的字母由英国标签组织(www.dlms.com/flag)管理。

5.6 版本 ID

版本域是指仪表的改进或版本,它由制造商决定。它被用来确保每一个版本号的标识码是唯一的。

5.7 设备类型 ID

设备代码字节编码见表 3。

表 3 设备类型 ID

设备类型(以前称作媒介)	二进制码 7……0 位	十六进制码
其他	0000 0000	00
油	0000 0001	01
电	0000 0010	02
燃气	0000 0011	03
热量	0000 0100	04
蒸汽	0000 0101	05
温水(30 ℃~90 ℃)	0000 0110	06
水	0000 0111	07
热分配器	0000 1000	08
压缩气	0000 1001	09
冷量表(体积测量对准回水温度:出口)	0000 1010	0A
冷量表(体积测量对准进水温度:入口)	0000 1011	0B
热量(体积测量对准进水温度:入口)	0000 1100	0C
冷/热量表	0000 1101	0D
总线/系统元件	0000 1110	0E
未知媒介	0000 1111	0F
设备类型(以前称作媒介)	二进制码 7……0 位	十六进制码
保留	……	10-14
热水(≥90 ℃)	0001 0101	15
冷水	0001 0110	16

表 3（续）

设备类型(以前称作媒介)	二进制码 7……0 位	十六进制码
双寄存(冷/热)水表(见注释)	0001 0111	17
压力	0001 1000	18
A/D 转换器	0001 1001	19
保留	……	1Ah-20h
保留给阀类	0010 0001	21h
保留	……	22h-FFh

注 1：这种仪表以独立的寄存器和合适的费率 ID 来存储限定温度下的水流量。

注 2：此表是从 EN 1434-3 可选部分扩展来的。

5.8 访问序号

访问序号是一个无符号二进制编码，在每一个来自从站的 RSP_UD 之前或之后增 1(模为 256)。因为本参数也可以用于私有最终用户检测出对其消费仪表的非期望过度读出，所以不能够被任何总线通信重置。

5.9 状态字节

状态域编码见表 4，状态域编码的应用层错误见表 5。

表 4　状态域编码

位	位设置的含义	位不设置的含义
0,1	见表 5	见表 5
2	电量低	无电量低
3	永久错误	无永久错误
4	暂时错误	无暂时错误
5	制造商专用	制造商专用
6	制造商专用	制造商专用
7	制造商专用	制造商专用

表 5　状态域编码的应用层错误

状态位	应用层状态
0 0	无错
0 1	应用层拥挤
1 0	任意应用错误
1 1	保留

注：由 CI=70h 开头的应用报文可以提供详细错误信息，以及/或者用数据记录信号提供更多详细的错误信息。

5.10 签名域

5.10.1 概述

签名留作可选的应用数据的加密。这种加密可能仅用于无线抄表传输的需要。假定每个表(或一组表)都有一个独立的密匙。如果无密匙,它的值是0000h。

5.10.2 功能

功能要求:

——用户仪表值数据保密;

——探测模拟的仪表传输;

——防止旧的仪表值重放。

5.10.3 加密报文的结构

加密报文的结构:

a) 数据首部(CI=72h见5.2或者CI=7Ah见5.3)总不加密。这个块的最后一个字是签名字符。如果随后的数据没有加密,签名字符中就会包含一个0。

b) 如果传输中包括加密数据,签名字符的高位字节中将包含一个对加密方式的代码。0表示没有加密。当前只有02xxh或者03xxh这两种加密代码被定义,其他代码都被保留。签名字的低位字节是加密字节的个数。在EN 1434-3中签名字的内容被定义为0,相当于没有加密。

c) 加密数据直接跟随在签名字符的后面,这样形成了部分报文的DIF/VIF结构开头。

5.10.4 部分加密

部分加密:

a) 如果加密字节的个数少于报文的剩余数据,非加密数据可以跟在加密数据之后。它们将从一个记录的边界开始,例如,加密数据后的第一个字节,这个字节通常被认为是一个DIF。

b) 如果一个部分加密报文包含具有适当长度DIF(可能是一个可变长度的字符串DIF)的加密的制造商自定义数据记录,并且VIF=7Fh(制造商自定义数据记录)通常用MDH-DIF=0Fh代替。这是要求在解密DIF/VIF解码标准后,使得一个先前的部分加密报文包括加密制造商特性数据。

5.10.5 加密方式

加密方式:

a) 依据ANSI X3.92:1981里描述的DES(数据加密标准)方式加密。

b) (加密方式代码=02xxh)分组反馈加密(CBC)模式依据ANSI X3.106:1983里描述,且初始向量为0。这样的情况下,数据记录应该包含抄表前的当前日期。

注:这种情况下,数据带有日期记录,尤其对于这种加密仪表,即使它自身包含的数据不变,抄表数据每天改变一次。这样就可以防止黑客使用其保存的加密抄表记录进行无法探测的事后重放。

c) 在模式1序列中,可由设备ID数据头的前6个字节做为选择定义该标准下的64位"初始指针IV"(Initialization Vector IV),例如最低4个字节设备ID,其后为接下两个较高字节里的制造商ID,最后为两个最高字节按记录结构"G"方式将当前日期编码。

这种情况下,将加密方式编码为"03xxh"。注意:这种情况下,即使加密数据自身包含的数据不变,所有的加密数据仍然每天改变一次。这样就可以防止黑客使用其保存的加密抄表记录进行无法探测的事后重放。

d) 为了简化对正确解码的校验，并防止对未加密数据首部的识别发生不可检出的更改，报文的加密部分应该包含或者至少伴随合适的应用层代码(DIF 和 VIF)，并且报文的未加密数据数部部分应该包含或至少伴随相同的应用层认证码。

e) 由于 DES-运算的数学属性，加密长度被包含在签名字符的低位字节，如果信号的高位字节表示 DES-加密，那么其低位字节中的加密字节长度应该是 8 的整数倍。最后的那个 8 字节块中的未使用字节应该用合适结构的空数据补齐，以使其能够达到加密数据结尾的那个必须的记录边界。包含在填充器 DIF＝2Fh 中的一个或多个字节都应该填充这一空白。

f) 某些加密方式的应用可能被当地法律所禁止。

5.11 根据 EN 13757-4 与无线链路层一起使用的地址结构

链路层包含一个八字节地址报头，依据 GB/T 19897.1，由一个二字节的制造商设备 ID 开始，后面跟随 6 字节地址。如果无线链路层与此标准的应用层和 CI-域 78h 或 7Ah 一起使用，这个 6 字节地址和 CI-域为 72h 固定报头结构相似，如下所示：

设备 ID 按 5.3 的规定(4 字节 BCD 码)，后面跟随符合 5.5 的 1 字节版本设备 ID，最后是符合 5.6 的 1 字节设备类型码。

6 可变数据块(记录)

6.1 概述

在数据记录里，数据和相关的编码、长度和数据类型的信息可以以任意序列传输。许多记录可以被传输，因为这是一个包括 C、A、CI 域和固定数据头在内的总长为 234 字节的数据区域。这就限制了报文总长度为 255 字节。这种限制被要求，以便于通过其他的链路层和应用层。制造商数据头(MDH)由特征字 0 Fh 或 1 Fh 构成，同时表明了用户数据的制造商特性数据的开始，如没有制造商特性数据，制造商特性部分开头是可忽略的。

DIF	DIFE	VIF	VIFE	Data
1字节	0…10(每个1字节)	1字节	0…10(每个1字节)	0…N字节
数据信息块 DIB		数据信息块 VIB		
数据记录报头 DRH				

图 5 数据记录结构(从左到右传输)

每个数据记录包含 1 个有关其描述(DRH)的值(数据)，DRH 依次由 DIB(数据信息块，描述数据长度、类型和编码)和 VIB(值信息块，给出单位和倍数值)组成。注意：应用层报文不仅可以包含一个单独的数据记录，也可以是以任意顺序排列的任意数量的数据记录。

注：这种多数据报文见附录 E 或 http://www.m-bus.com 中的文件。

6.2 数据信息块(DIB)

DIB 至少包含一个字节(DIF，数据信息域)，也可以最大扩展至 10 个 DIFE(数据信息域扩展)。

6.3 数据信息域(DIF)

DIF 中包含的信息见图 6。

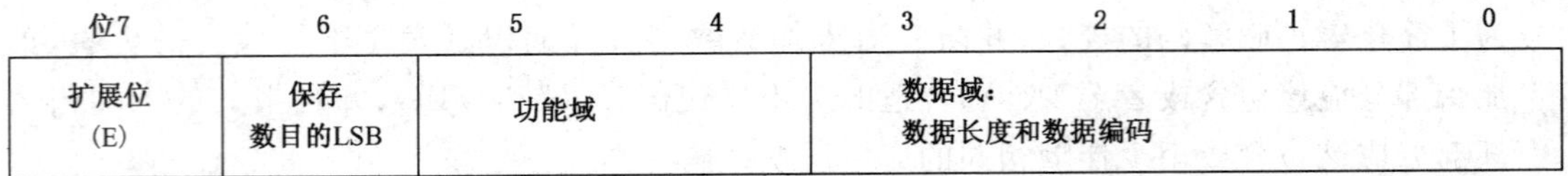

图6 数据信息域(DIF)编码

6.4 数据域

数据域指出了在长度和编码方面怎样注释来自主站的数据,表6包含了可能的数据域编码。

表6 数据域编码

字节长度	编码	含义	编码	含义
0	0000	无数据	1000	为读取选择
8	0001	8位整型数/二进制	1001	2个阿拉伯数 BCD
16	0010	16位整型数/二进制	1010	4个阿拉伯数 BCD
24	0011	24位整型数/二进制	1011	6个阿拉伯数 BCD
32	0100	32位整型数/二进制	1100	8个阿拉伯数 BCD
32/N	0101	32位实型数	1101	可变长度
48	0110	48位整型数/二进制	1110	12个阿拉伯数 BCD
64	0111	64位整型数/二进制	1111	特殊功能
注:此表由原标准中的可选部分扩展而来。				

有关数据类型的详细描述,参考附录A(例BCD=类型A,整数=类型B,实型数=类型H)。

可变长度:

带数据域='1101b'几种可变长度的数据类型可以使用。数据长度在第一个字节是实型数DRH之后给出,被称作LVAR(例:LVAR=02h;ASCII字符后跟随2个特性)。

LVAR=00h−BFh:根据ISO 8859-1,具有LVAR(0到191)字符的8位文本字符(如同所有其他多字节数据)可被传输,但低位字节优先。

LVAR=C0h−C9h:带有(LVAR−C0h,例如:0到9)正的BCD码·2数字(0~18数字)。

LVAR=D0h−D9h:带有(LVAR−D0h)负的BCD码·2数字(0~18数字)。

LVAR=E0h−Efh:带有(LVAR−E0h)字节(0~15字节)的二进制数字。

LVAR=F8h:根据IEEE754,浮点型。

其他LVAR值:保留。

如同所有的多字节域一样,最后的字符最先被传输。

特殊功能(数据域=1111b):

表7 特殊功能的DIF编码

DIF	功能
0 Fh	从制造商专有数据结构开始到用户数据结束
1 Fh	与DIF=0 Fh+下一个报文的更多记录有相同意义
2 Fh	空值填充(不被注释),跟随字节=下一个记录的DIF

表 7 (续)

DIF	功能
3 Fh……6 Fh	保留
7 Fh	全部数据读取请求(所有的存储,单元,价格表,功能域)
注:此表由原标准可选部分扩展而来。	

如果在 DIF=0 Fh 或 1 Fh 后的数据有制造商特性的无结构数据。制造商特性数据的字节数可以由链路层在应用层报文总长度的信息计算出来,DIF 1 Fh 表示从站向主站发出再读取的请求。主站应该一直保持读取从站直到应答报文(多报文抄读)中再没有 DIF=1 Fh 或者使用应用层重设。

6.5 功能域

功能域给出表 8 所示的数据类型。

表 8 功能域

编码	描述	编码	描述
00b	瞬时值	01b	最大值
10b	最小值	11b	错误状态下的值

6.6 存储数目

DIF 的第 6 位字节用作相关数据存储数目的 LSB,从站能够通过这种方式说明和传输各种已存储的仪表值或仪表数据的历史值。此位是存储数目中最低有效位,因此可以用 0 和 1 来编码。如果需要存储数目大于"1",那么随后(可选的)DIFE's 将包含更高的位。存储数目=0 表示一个真实值。注意:每个存储数目都与某个给出的时间点关联。所以,所有具有相同存储数目的数据记录都与这个储存数目的时间点对应的变量相关。一个可取的做法是,每个存储数据使用的时间/日期记录包含在报文的某个位置以说明这个时间点与这个存储数目相关联。这个日期或日期/时间是用 VIF=E110110n 的数据记录来编码的。通常(但非必需)高的存储数目对应一个老的时间点。存储数目的有序块与等距时间点的顺序相关(简介)。这种块由其起始时间、时间间隔、起始存储码或块的长度来描述。仪表设定的协议和费率详细例子见 http://www.m-bus.com(仅在德国可用)下载 CBDIPW6.EXE 文件。

6.7 扩展位(E)

扩展位(MSB)表示更多详细的或扩展的描述(数据域扩展=DIFE)字节,如果其他 VIFE 和 DIFE 跟随,E=1。

6.8 数据扩展字节

每个 DIFE(最大 10 个)再次包含一个扩展位,表示是否有另外的 DIFE 正在发送。除了提供储存码的下一个最高有效位,DIFE's 允许有关设备的费率和子单元的信息传送,以此方式,存储码的下一个最高有效位或多个位将会被传送。图 7 显示了一个 DIFE 的结构。

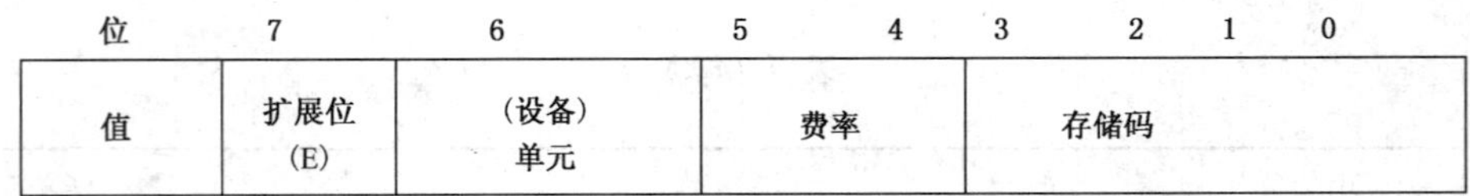

位	7	6	5 4	3 2 1 0
值	扩展位 (E)	(设备) 单元	费率	存储码

图7 数据信息扩展域的编码(DIFE)

提供的最大10个DIFE中,有41个存储数目字节,20个费率字节,10个仪表子单元字节。DIFE中没有应用层,但所有的字节数目都能被使用。

6.9 费率信息

对于在唯一功能的(由功能域给出)每个唯一时间点(由存储码给出)由(唯一功能的)以下值信息块(VIB)给出每个(唯一的)值类型的设定,可能存在各种各样在不同条件下测得或积累的数据。所谓的条件可以是日期、变量值(例如,正累计值和负累计值的独立存放)、其他信号或变量或不同的平均持续时间的变量范围。这些变量是不能分辨的,除非将其数据信息块中的费率分配以不同的值。注意:包含但不对各种货币型费率(不是必需)必要的限制。它能区别制造商介绍每一费率有什么不同(除0外)。因为在共享相同费率的情况下,存储数与费率信息都不同。

6.10 子单元信息

从站单元可能包含多种功能和理论上独立的功能相同或不同的子单元。这个设备既可以使用几个不同的第一地址和/或第二地址,这样,从链路层和应用层看来就是几个独立的设备(共享一个公共物理层接口)。推荐用于那些代表了几个真正独立的物理层聚集的设备。推荐对于那些共享一般信息和数值和有着逻辑连接到一个公共链路层的装置。不同子单元可以把它们的特性信息包括在一个公共的报文中。报文在子单元数据域的记录中,通过独立的子单元数目加以区分。

7 数值信息块(VIB)

7.1 概述

VIB(数值信息块)在DIF(0xFh除外)或无扩展位的DIFE之后。至少包含VIF(数值信息域,见图8)的一个字节,也可以由10个VIFE组成最大的一个扩展。VIF和VIFE通过最高有效位MSB置位,表示后面跟随一个VIFE。VIF值域的其他7个位表示传输数值的单位和量纲。

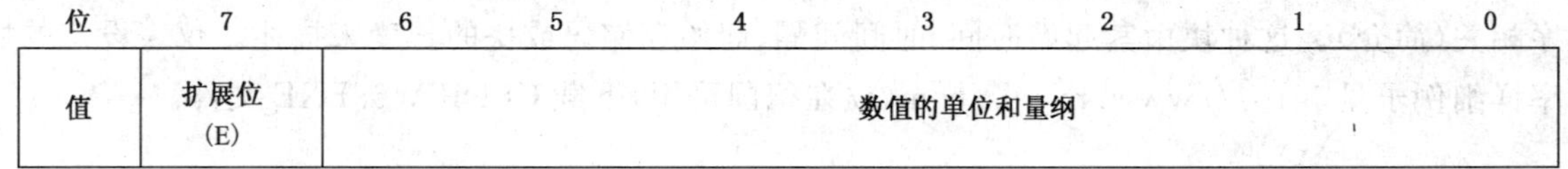

位	7	6 5 4 3 2 1 0
值	扩展位 (E)	数值的单位和量纲

图8 值域编码(VIF)

VIF编码有五种类型:

a) 主VIF:E000 0000b…E111 1011b

单位和量纲见主VIF(7.2)。

b) 纯文本VIF:E111 1100b

VIF值=7Ch/FCh时,VIF表示在随后的ASCII字符串中首字节的长度。请注意在长度字节后面的字母的字节顺序,由已定义的字节顺序决定。因为只有多字节数据传输的LSB模式(M=1)已经被定义,最右边的字节才能首先被传送。这个纯文本VIF允许用户对不包含在VIF表格里的单元编码。

c) 线性VIF-扩展:FDh与FBh

VIF 值＝FDh 或 VIF 值＝FBh 时，VIF 由下一个字节赋值(例如第一个 VIFE)，见表 12。VIF 第二扩展见表 13(7.4 或 7.5)。这些使得 VIF's 通过另外 256 代码被扩展。

d) 任意 VIF:7Eh/Feh

用于从主站到从站读出所有的 VIF's 选择。特殊功能见 6.4。

e) 制造商指定:7Fh/FFh

在这种情况下，包括 VIFE's 的数据记录剩余由制造商自行编码。

7.2 主 VIF's(主表)

主表第一部分包含整数值，第二部分为平均值，第三部分为瞬时值，第四部分为参数值(E:扩展位)。

主 VIF 代码见表 9。

表 9 主 VIF 代码

标识	描述	量纲	范围
E000 0nnn	能量	$10^{(nnn-3)}$ Wh	0.001 Wh～10 000 Wh
E000 1nnn	能量	$10^{(nnn)}$ J	0.001 kJ～10 000 kJ
E001 0nnn	体积	$10^{(nnn-6)}$ m^3	0.001 l～10 000 l
E001 1nnn	质量	$10^{(nnn-3)}$ kg	0.001 kg～10 000 kg
E010 00nn	加电时间	nn＝00b 秒 nn＝01b 分 nn＝10b 小时 nn＝11b 天 nn＝11 天	仪表加电时间
E010 01nn	工作时间	代码类似于加电时间	仪表累积能量时间
E010 1nnn	功率	$10^{(nnn-3)}$ W	0.001 W～10 000 W
E011 0nnn	功率	$10^{(nnn)}$ J/h	0.001 kJ/h～10 000 kJ/h
E011 1nnn	体积流量	$10^{(nnn-6)}$ m^3/h	0.001 l/h～10 000 l/h
E100 0nnn	外部体积流量	$10^{(nnn-7)}$ m^3/min	0.000 1 l/min～1 000 l/min
E100 1nnn	外部体积流量	$10^{(nnn-9)}$ m^3/s	0.001 ml/s～10 000 ml/s
E101 0nnn	质量流量	$10^{(nnn-3)}$ kg/h	0.001 kg/h～10 000 kg/h
E101 10nn	进水温度	$10^{(nn-3)}$ ℃	0.001 ℃～1 ℃
E101 11nn	回水温度	$10^{(nn-3)}$ ℃	0.001 ℃～1 ℃
E110 00nn	温差	$10^{(nn-3)}$ K	1 mK～1 000 mK
E110 01nn	外部温度	$10^{(nn-3)}$ ℃	0.001 ℃～1 ℃
E110 10nn	压力	$10^{(nn-3)}$ bar	1 mbar～1 000 mbar
E110 1100	日期与时间(实际或带存储码或者功能)		数据域＝0010b，类型 G
E110 1101[a]	日期与时间(实际或带存储码或者功能)		数据域＝0100b，类型 F
E110 1101[a]	扩展的时间点(实际或带存储码或者功能)	秒	数据域＝0011b，类型 J

表 9（续）

标识	描述	量纲	范围
E110 1101[a]	扩展的日期与时间点(实际或带存储码或者功能)	秒	数据域＝0110b,类型 I
E110 1110	H.C.A 的单位		无量纲的
E110 1111	保留 VIF 编码第三扩展		
E111 00nn	平均时间	nn 类似于加电时间	
E111 01nn	实际时间	nn 类似于加电时间	
E111 1000	识别号		见 E.3
E111 1001	(增强的)识别		
E111 1010	地址		(本标准 1 个字节链路层地址,数据类型 c(x＝8))标准 EN 13757-4:数据域 110b(6 byte 头-ID)或 111b(全部 8 byte 头)

注：此表由原标准的可选部分扩展而来。

[a] 的含义由数据域决定。

7.3 专用 VIF 标识

专用 VIF 标识见表 10。

表 10 专用 VIF 标识

标识	描述	用途
1111 1011 (FBh)	VIF 编码的第一扩展	VIF 值在第一个 VIFE 赋值。如表 11,见 7.5(128 个新的 VIF 编码)
E111 1100	VIF 随后字串 (首字节长度)	允许用户自定义的 VIF's(无格式 ASCII 字符)[a]
1111 1101 (FDh)	VIF 编码第二扩展	VIF 值在第一个 VIFE 中赋值和他的编码使用,如表 11,见 7.4。(128 个新的 VIF 编码)
1110 1111 (EFh)	为 VIF 编码第三扩展表格保留	为后期表格保留,尤其是为电表。
E111 1110	任意 VIF	读出所有的 VIF's 选择。(见 6.4)
E111 1111	厂家特定	VIFE's 和厂家特定的数据块由厂家特定。

[a] 与 ASCII 编码(DIF 中的数据范围＝1101 b)中的数据,结合 ASCII 码中的 VIF 的编码。允许用户自定义表格中数据。

注意：此表由原标准的可选部分扩展而来。

7.4 主 VIFE 编码扩展表(遵循主 VIF 的 VIF＝FDh)

主 VIFE 编码扩展表见表 11。

表 11 主 VIFE 编码扩展表

标识	描述	组
E000 00nn	本国合法的货币单位 10^{nn-3} 的贷方	流通单位
E000 01nn	本国合法的货币单位 10^{nn-3} 的借方	
E000 1000	访问量(传输量)	
E000 1001	设备类型	
E000 1010	制造商	
E000 1011	参数组识别	增强识别
E000 1100	模式/版本	
E000 1101	硬件版本#	
E000 1110	固件(软硬件)版本#	
E000 1111	其他软件版本#	
E001 0000	用户位置	
E001 0001	用户	
E001 0010	用户编号	
E001 0011	操作员编号	改良的选择
E001 0100	系统操作员编号	其他用户要求
E001 0101	开发员编号	
E001 0110	密码	
E001 0111	错误标识(二进制位)(专用设备类型)	
E001 1000	错误屏蔽	
E001 1001	保留	
E001 1010	数字输出(二进制位)	
E001 1011	数字输入(二进制位)	
E001 1100	波特率(波特)	
E001 1101	响应延迟时间(位时间)	
E001 1110	重试	
E001 1111	远程控制(特殊设备)	
E010 0000	循环存储的第一个存储#	
E010 0001	循环存储的最后一个存储#	
E010 0010	存储块的容量	
E010 0011	保留	加强存储
E010 01nn	存储间隔 A[秒…天][a]	管理
E010 1000	存储间隔[月]	
E010 1001	存储间隔[年]	
E010 1010	保留	
E010 1011	时间点秒(0 到 59)	
E010 11nn	距最近一次读出时间[秒…天][a]	
E011 0000	费率起始(日期和时间)[b]	
E011 00nn	费率持续时间(nn=01…11:分)	
E011 01nn	费率周期[秒…天][a]	

表 11（续）

标识	描述	组
E011 1000	费率周期(月)	增强的费率
E011 1001	费率周期(年)	管理
E011 1010	无量纲/无 VIF	
E011 1011	保留	
E011 11xx	保留	
E100 nnnn	10^{nnnn-9} V	电压单位
E101 nnnn	$10^{nnnn-12}$ A	
E110 0000	计数器复位	
E110 0001	累计计数器	
E110 0010	控制信号	
E110 0011	周休日[d]	
E110 0100	周次	
E110 0101	切换日	
E110 0110	激活状态参数	
E110 0111	客户信息	
E110 10pp	最近一次累计时间[小时…年][c]	
E110 11pp	电池工作时间[小时..年][c]	
E111 0000	电池更换的日期和时间	
E111 0001	保留	
E111 0010	夏令时(开始,结束,偏差)数据类型 K	
E111 0011	侦听窗管理数据类型 L	
E111 0100	电池剩余时间(天数)	电池工作时间
E111 0101	停机次数	
E111 0110 到 E111 1111	保留：	

注：此表已被 EN 1434-3 收录。

[a] nn=00 秒
01 分
10 时
11 天

[b] 数据类型 F 类(日期与时间)或 G 类(日期)数据的使用信息,I(秒)或 J(扩展的日期/时间)可取自于数据域(0010b:类型 G/0011b:类型 J,0100:类型 F)。

[c] pp=00 时
01 天
10 月
11 年

[d] 数据类型 A (1=星期一;7=星期日,0=所有日期)

7.5 副 VIFE-Code 代码扩展表(遵循主 VIF 的 VIF=0FBh)

副 VIF 代码扩展表见表 12。

表 12 副 VIF 代码扩展表[a]

标识	描述	量纲	范围
E000 000n	有功能量	$10^{(n-1)}$ MWh	0.1 MWh～1 MWh
E000 001n	无功能量	$10^{(n)}$ kVARh	1 kVARh～10 kVARh
E000 01nn	保留		
E000 100n	能量	$10^{(n-1)}$ GJ	0.1 GJ～1 GJ
E000 101n	保留		
E000 11nn	保留		
E001 000n	体积	$10^{(n+2)}$ m^3	
E001 001n	保留		
E001 01nn	保留		
E001 100n	质量	$10^{(n+2)}$ t	100 t～1 000 t
E001 1010-E010 0000	保留		
E010 0001	体积	0.1 英尺^3	
E010 0010	体积	0.1 美制加仑	见注
E010 0011	体积	1 美制加仑	见注
E010 0100	体积流量	0.001 美制加仑/min	见注
E010 0101	体积流量	1 美制加仑/min	见注
E010 0110	体积流量	1 美制加仑/h	见注
E010 0111	保留		
E010 100n	功率	$10^{(n-1)}$ MW	0.1 MW～1 MW
E010 101n	保留		
E010 11nn	保留		
E011 000n	功率	$10^{(n-1)}$ GJ/h	0.1 GJ/h～1 GJ/h
E011 0010-E101 0111	保留		
E101 10nn	进水温度	$10^{(nn-3)}$ ℉	0.001 ℉～1 ℉ 见注
E101 11nn	回水温度	$10^{(nn-3)}$ ℉	0.001 ℉～1 ℉ 见注
E110 00nn	温差	$10^{(nn-3)}$ ℉	0.001 ℉～1 ℉ 见注
E110 01nn	进水温度	$10^{(nn-3)}$ ℉	0.001 ℉～1 ℉ 见注
E110 1nnn	保留		
E111 00nn	高低温限制	$10^{(nn-3)}$ ℉	0.001 ℉～1 ℉ 见注
E111 01nn	高低温限制	$10^{(nn-3)}$ ℃	0.001 ℃～1 ℃
E111 1nnn	附带计算最大功率	$10^{(nnn-3)}$ W	0.001 W～10 000 W

注：此表已列入原始标准。

[a] 在新的开发中将不使用这些标识，使用相关的仪表单元代替新开发中的无仪表单元并添加 VIFE 3DH(单位替换，见 7.6 表 13)，另外还可参照附录 C 中表 C.1。

7.6 复合(正交)VIFE编码扩展表

这个编码紧随 VIF 或 VIFE 并更正其含义(在编码扩展情况下),见表 13。

表 13 复合(正交)VIFE-表

VIFE-标识	描 述
E00x xxxx	保留(主站到从站):参见条款 9 或错误代码(从站到主站):参见 8.3
E010 0000	每秒
E010 0001	每分钟
E010 0010	每小时
E010 0011	每天
E010 0100	每周
E010 0101	每月
E010 0110	每年
E010 0111	每测量
E010 100p	在输入通道#p每个输入脉冲时增加
E010 101p	在输出通道#p每个输出脉冲时增加
E010 1100	每升
E010 1101	每立方米
E010 1110	每公斤
E010 1111	每开氏温度
E011 0000	每度
E011 0001	每 GJ
E011 0010	每千瓦
E011 0011	每(开氏温度*升)
E011 0100	每伏
E011 0101	每安
E011 0110	乘 S
E011 0111	乘 S/V
E011 1000	乘 S/A
E011 1001	开始日期(/时间)[a,b]
E011 1010	VIF 包含代替修正单位的无修正单位
E011 1011	如果有正向流量直接累计(产生正向流)
E011 1100	如果有反向流量按 ABC 值累计(产生反向流)
E011 1101	非公制单位系统替换保留(见附录 C)
E011 111x	保留
VIFE-标识	描述

表 13（续）

VIFE-标识	描　　述
E100 u000	U＝1：上限 u＝0：下限
E100 u001	＃超下限(u＝0)或超上限(u＝1)的次数
E100 uf1b	首次(f＝0)/末次(f＝1)超下限(u＝0)/超上限(u＝1)的起始(b＝0)/结束(b＝1)时刻(日期/时间)
E101 ufnn	超限时间(u,f：同上 nn＝持续时间)
E110 0fnn	超限持续时间[a,b](f：同上，nn＝持续时间)
E110 1u00	超下限(u＝0)或超上限(u＝1)期间的值
E110 1001	泄漏值
E110 1101	溢出值
E110 1f1b	首/末次超限起始/结束时刻(日期/时间)[a](f,b：同上)
E111 0nnn	乘法修正因素 110^{nnn-6}
E111 10nn	附加修正常数 10^{nn-3} VIF 的单位(偏移量)
E111 1100	保留
E111 1101	值的乘法修正因数(无单位)10^3
E111 1110	未定义
E111 1111	制造商自定数据块和下一个 VIFE's
注：此可选表格已列入原始标准中。	
[a] 所有数据头记录包含"日期的时间"或"持续的时间"信息，均与整个数据记录首部包含的信息有关。 [b] F类(日期与时间)或G类(日期)数据的使用信息能从数据域(0010b：type G/0100：type F)中得到。	

8　应用层状态和错误报告

8.1　概述

数据链接层仅报告通讯过程中的错误，不允许通过链接层报告应用层的错误(例如，在写数据时发生的错误)。应用错误报告有三种不同的技术。

8.2　状态域

一个可行的解决方式是利用在可变数据结构中的状态域保留的最低 2 位应用层状态(见 5.9)。

8.3　一般应用层错误

为了报告一般应用层错误，从站可使用 RSP_UD 报文(CI＝70h)描述错误类型的零个、一个或多个数据字节。见图 9。

CI=70h	可选的第一个错误代码字节 (见表14)

图 9　报告普通应用层错误的应用层报文

数值取值按表 14 所示被定义。

表 14　普通应用层错误的第一个错误代码字节

0	未定义错误:如果数据域丢失
1	CI-域未实现
2	缓冲区太长,被删除
3	太多记录
4	不成熟的记录末端
5	DIFE’s 超过 10 个
6	VIFE’s 超过 10 个
7	保留
8	读出请求时应用程序拥挤
9	太多的读出(为了限制每个从站的读出时间)
10…255	保留
注:此可选表格已列入原始标准中。	

8.4　错误记录

错误报告记录仅属于特殊的记录,不是所有的请求记录。从站能在一个错误发生的地方增加记录。VIFE 包含表 15 里的应用程序错误编码类型中的一个值。

表 15　错误记录的代码(E=扩展位)

VIFE-Code	错误记录类型	错误组
E000 0000	无	DIF 错误
E000 0001	太多的 DIFE’s	
E000 0010	存储码未实现	
E000 0011	单位号未实现	
E000 0100	费率号未实现	
E000 0101	功能未实现	
E000 0110	数据类未实现	
E000 0111	数据大小未实现	
E000 1000 to E000 1010	保留	

表 15（续）

VIFE-Code	错误记录类型	错误组
E000 1011	太多的 VIFE's	VIF 错误
E000 1100	非法 VIF-组	
E000 1101	非法 VIF 指数	
E000 1110	VIF/DIF 搭配错误	
E000 1111	未实现的行为	
E001 0000 to E001 0100	保留	
E001 0101	无用数据(无定义)	数据误差
E001 0110	数据溢出	
E001 0111	数据下溢	
E001 1000	数据误差	
E001 1001 to E001 1011	保留	
E001 1100	未成熟的记录末端	其他错误
E001 1101 to E001 1111	保留	
注：这些可选表格已被原始标准收录。		

在记录错误的情况下，数据可能丢失，从站可选择一些数据传输：

数据域＝0000b：无数据。

数据域＝0000b：无数据且空闲的补白至正常长度(DIF＝02Fh)。

其他数据域：正确长度的虚拟数据。

其他数据域：不可靠或估计数据。

9 综合目标层

该层的基本指导思想是数据的封装，以及数据的方法或动作。在向从站写数据的情况下，主站软件将关于一个行为的数据和信息封装在一个数据记录中，这一行为是从站将要处理这个数据。关于行为的可变数据记录就被称之为一个对象。下列任何一个 VIF 值都在第一个 VIFE 里赋值，包括(VIF＝FDh 或 VIF＝0FBH)，另一个 VIFE(通常是最后一个)能被额外附加，它包含一个如表 16 所示的行为代码。

行为：(E：扩展位)

表 16 一般对象层的行为代码(主站到从站)

VIFE-编码(二进制)	行为	解释
E000 0000	写数据(替换)	新数据替换原数据
E000 0001	增加数据	增加数据到原数据中
E000 0010	减去数据	从原数据中减去数据

表 16（续）

VIFE-编码(二进制)	行为	解释
E000 0011	或(置位)	数据或原数据
E000 0100	与	数据与原数据
E000 0101	异或(位异或)	数据异或原数据
E000 0110	与非(位清零)	数据取反与原数据
E000 0111	清零	置零
E000 1000	增加条目	新建一条数据记录
E000 1001	删除条目	删除一条现有的数据记录
E000 1010	延时行为	CI＝5Ch 跟随并实现期望的操作
E000 1011	冻结数据	冻结数据放到储存码
E000 1100	增加到读出列表	增加数据记录到 RSP_UD
E000 1101	从读出列表中删除	从 RSP_UD 中删除数据记录
E000 111x	保留	
E001 xxxx	保留	
注 1：该可选表已列入原始标准。 注 2：如果没有为这个记录的对象行为的 VIFE，对象行为“写/替换”（VIFE＝E0000000）是默认值和假设值。		

10 制造商特定的非结构化数据块

MDH 由 0Fh 特征或 1Fh(DIF＝0Fh 或 1Fh)组成，指出随后所有数据是制造商特定。当给出链路层/网络层总字节数、记录结构字节数和已知的固定报头长度，余下制造商特定的非结构化数据块字节数就能被计算出来。

注意这是制造商特定的数据结构(也就是说，这个有已知数据结构的记录除了包含制造商特定的含义或单位，还包含有二进制或 ASCII 码长度)，它可被数值信息域 VIF＝E1111111b 的正常数据记录描述。

当 MDH＝1Fh 时，从站发信号到主站，希望被再读(多报文读取)。主站将会读出一个数据，直到没有 MDH＝1Fh 在响应电报里面。

11 底层管理

11.1 概述

在 ISO-OSI 模式中，不允许通过高级链路层修改波特率和地址之类的参数。在三层紧缩模型的旁边和上面，定义了一个管理层(见图 10)。

管理层	
应用层	
数据链路层	通过地址256和CI=52h选择二级地址
物理层	地址254(255)/251

图 10 M-Bus 链路层的管理层(根据 EN 13757-2)

因此，地址 254 或 255(可能)用于管理总线的物理层，保留地址 251 用来管理原始的 M-总线电平转换器/桥。网络层地址 253(选择)(参见第 7 章)只在特殊情形下使用。采用管理这些地址与或 CI-域，我们能直接管理每个 OSI 层去实现那些超出基本的 OSI 模型的特性。

11.2 根据 GB/T 26831.2 的 M-Bus 链路层的波特率切换

所有的从站可以用 300 波特率的最小传输速率与主站进行通讯。收发波特率不允许分裂，但是在总线上可以存在不同波特率的设备。

在点对点连接过程中，从站被一个有着 FEh 地址和其中一个如表 17 所示的 CI-域的代码控制报文(SND_UD 且 L－Field＝3)设置成另一个波特率：注意为了安全起见，更改波特率不推荐使用(无回复)的广播地址 255。

表 17 更改波特率的 CI-域代码

CI-域	B8h	B9h	BAh	BBh	BCh	BDh	BEh	BFh
波特率	300	600	1 200	2 400	4 800	9 600	19 200	38 400
注释	1	2	2	1	2	1	2	2

注释 1 推荐的标准波特率。

注释 2 这些波特率只为特殊的操作员合约所保留，应避免使用。

从站总是用旧波特率传输 E5h 来确认收到正确报文，并立即用新的波特率进行通讯，否则从站继续采用先前的波特率通讯。为了证实没有自动探测速度的从站已经切换为新的波特率，并能采用新的波特率通讯。通讯切换为新的波特率(除 300 波特率)后，主站可试用新的波特率在有效时间(小于 2 min)内通讯。如果(甚至经过适当的重试后)从站不应答，主站将在发送一个波特率设置命令(企图尝试新的波特率)后回到先前的波特率。如果没有自动探测速度的从站采用新的通讯波特率在(2…10)分钟内不能收到有效信息，从站将返回到先前的波特率。这必须保证从站的每个可设定地址的独立性与连续性。如果从站不应答它曾用过的最近一个波特率，主站为了与返回到 300 波特率的旧从站兼容，它将以 300 波特率尝试与此通讯。

11.3 选择与二级地址

这个技术允许 M-总线协议在逻辑上“连接”一个有某个(二级的)地址的从站，然后它将连接这个选择的主地址是 253(FDh)的从站。因此(主)地址最大数字 250 被此技术扩展到一个可能的从站的任意数地址，这有效的增加链路层的地址范围。这个功能仅仅能通过一个有 CI＝52h 的 UND_UD 来激活到地址 253。

在 A－域帮助下的数据链路层选址时，地址分配问题将会产生。仪表制造商通常将地址设为 0 值，以便将仪表识别为未配置的从机。非常费力的地址定位方法源自于安装从站时的地址设置，例如用 DIP 开关。进一步的地址定位方法是，当设备连接到总线时通过主站软件确定总线地址。主站软件发送一个地址分配(参见 E.3)命令到地址 0,这样从站就能被成功的连接到总线上。这将显著地简化安装过程。

无论如何,网络层地址的这些不利条件将被消除并且地址在原来基础上扩充超过主地址(A—域)250 个数,从站寻址在图 11 所示的所谓选择的协助下用二级寻址实现:

68h	0Bh	0Bh	68h	53h	FDh	52h	ID1-4	Man 1-2	Gen	Dev	CS	16h

图 11 选择从站的应用层报文结构

主站用 CI=52h 发送数据 SND_UD 到地址 253(FDh),然后用从站的标明地址的值填充特定的仪表二级地址(设备 ID、厂家、版本和设备类型)。收到 FDh 地址后,进入选择模式。如果收到 CI 选择码 CI=52h,内部选择位被设置,否则将重新设置。如果随后字节数组与仪表各自相应内部地址相比不一致,那么选择位清零,否则它保持不变。因此,仅使用合适的 CI 选择码而无需更多的数据去“选择”一个仪表将选择这条具有二级寻址能力的总线上的所有仪表。选择位置位意味着这个从机可以用总线地址 FDh 寻址(如 REQ_UD),且在本例中应答 RSP_UD。换言之,网络层将这个从机与地址 FDh 相关联。

在选取二级地址的单个位时可用通配符(Fh),这将意味着该位在选取时不能计算在内,并且这种选取会被限制到特定的位。为了完成从站地址群服务(广播),在识别数字中各个独立数位时可通过通配符 FH 指代,当域是制造商、版本和设备类型时可通过通配符 FFH 指代。

选择状态保持不变,直到客户机发送一个不匹配的二级地址选择指令(像上方所描述)或发送一个 SND_NKE 数据到地址 253 取消选定。使用模态 1 作为多位字节记录的从站,能被有 CI—域=52h 和正确的二级地址的一个数据报文所选择,但也可被任何一个其他的二级地址的数据报文所取消。

一个有主要工具和二级地址的从站也应该响应它的主地址的报文。只有二级地址的从站(也就是:内在的主地址=253)在发送数据时,RSP_UD 的地址域=FDH,它将不参与主地址。

11.4 概括的选择流程

为了包含一个新的或结构重置的识别参数到一个选择程序中,可使用选择报文(CI=52h)的改进定义:

在固定选择报头的 8 个字节之后也可跟随带数据的标准记录,在这种情况下只有那些固定报头及全部记录数据都一致的仪表可被选择。在大多数但非全部情形下,这意味着 DIF 和部分 VIF(不倡导)是匹配的。统配符规则也适用于记录数据(BCD 编码数据的数值统配符和二进制数据或串数据的字节统配符)。

基于一般选择之上,使用包含生产号的内容选择从站是可能的。举例来说,附加的生产号、较长的设备 ID、客户、客户位置及更多信息。为了包含选择程序里面的生产号,在“设备类型”域之后跟随 8 位的 BCD-生产号。部分生产号(Fab1…Fab4)可用通配符(Fh)代替。

如果生产号存在,从站应该把这个数据加入到每个 RSP-UD 报文的可变数据块中。如果生产号和改进了的选择在从站中不被实现,从站将不确认这个改进了的选择报文并且选定将被取消。

只有在标准种类选择不成功的情况下,改进了的选择才能被使用。

用生产号更进一步选择

设备 ID 可被当作用户号使用,然后可被操作员改变。因此二个从站可能会有相同的二级地址。由于这个原因选择报文可能被一个生产号扩展,以确保在任何情况下所有从站都可被区别。这个数字是在生产期间被分配的一个类似设备 ID 的 8 位 BCD 码(4 字节),因而取值范围从 00000000 到 99999999。

图 12 显示了由主站发出的改进了的选择报文的结构。

CI=52h	ID1 (LSB)	ID2	ID3	ID4	Man1	Man2	Gen	Med	DIF=0Ch	VIF=78h	Fab1	Fab2	Fab3	Fab4

图 12　改进了的选择报文的应用层结构(模式 1)

在设备类型之后,新的数据被赋予 DIF=0Ch 和 VIF=78h 的结构化数据的记录形式。部分生产号(Fab1…Fab4)可用通配符(Fh)代替。

如果生产号存在,从站应该把这个数据加到每个 RSP-UD 报文的可变数据块中。如果生产号和改进的选择在从站中不被实现,这个设备将不确认这个改进了的选择报文并取消选择。

改进了的选择只有在标准种类选择不成功的时候才能使用。

11.5　查找安装的从站

11.5.1　主地址

读出所有的已安装的从站时,主站软件能够辨别所有的与总线连接的从站。因此软件查找有主地址的从站时,可使用所有可用波特率向所有允许地址(1…250)发送 REQ_UD2 数据报文通讯。主站用相应的波特率记录用过的主地址。

11.5.2　二级地址

二级地址在当前部分的描述,请注意从站的二级地址连接到总线的决定问题。主站能读取采用已选择的二级地址的从站。因为设备 ID 提供数以百万种组合,用主站软件测试所有可能的设备 ID 将会花费几年的时间。由于这个原因,开发了一个对已安装从机进行快速和自动确认的流程。

11.5.3　通配符查找程序

下列通配符搜寻程序使用通配符(Fh)对部分个别的二级地址进行选择:

在这种情况下,可用一个字节的通配符指代设备 ID 的(BCD)每一个独立位置、厂家、版本和媒介(二进制代码)。主站开始使用 CI=52H(Mode 1)的 SUN_UD 进行选择,并用通配符占据除最顶部带通配符的所有位置。通过 10 次选择,顶部位置可在 0～9(0FFFFFFF～9FFFFFFF)之间进行选择操作。

如果主站收到无应答报文,那么它将实现下一个选择。如果主站收到 E5h,它将发送一个数据报文 REQ_UD2,只要没有发生冲突,它就会从回复报文中获得从站的二级地址。在选择或数据报文 REQ_UD2 之后有冲突发生时,主站会跳到下一个位置并且保存现有位置。例如,如果在 5FFFFFFF 那里有一个冲突,选择将在 50FFFFFF～59FFFFFF 之间进行选择运行。如果冲突再次发生,再一次改变当前位置跳到下一位置。通过一个完整的位置运行后跳到下一个更高的位置并一直推移到 9。

从这个通配符的查找程序可以看出,至少顶部位置将会为了查询所有的从站而被运行。依靠从站的号码和设备 ID 的分配运行到更远的位置是可能的。这个程序允许声明一个最大的与从站码有关的选择码,但是时常发生的冲突作为不利的因素应该被提及。通配符查找程序将为所有使用的波特率和双方的字节次序(模式 1 和 2)而被实现。

搜索程序能通过搜索厂家、产生和最后的设备类型的扩展去查找有同样设备 ID 的从站。它也可以去找寻某一个制造商的所有的从站或被设置了相应值的某一个设备类型的所有从站。这些扩大选择范围的仪表,只能通过他们的制造商特定的生产码的不同而被区别开来。

附 录 A
（规范性附录）
数据记录代码

下列数据类型被用在应用层里面：

类型 A＝无符号整数 BCD：＝XUI4[1 to 4] 〈0 to 9 BCD〉

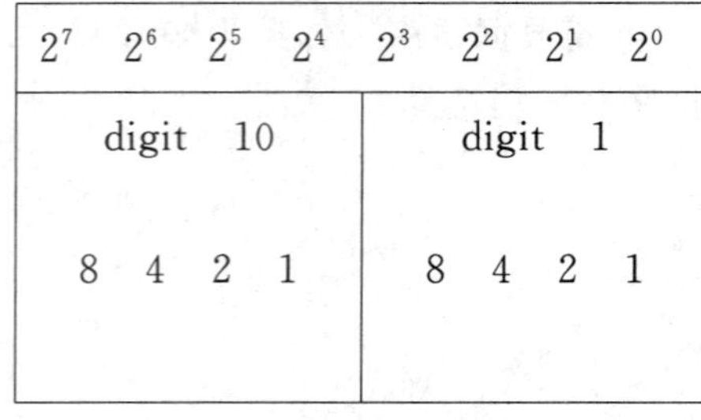

1UI4[1 to 4] 〈0 to 9 BCD〉：＝digit 10^0

2UI4[5 to 8] 〈0 to 9 BCD〉：＝digit 10^1

… … … … … … … … …

8	4	2	1	8	4	2	1

XUI4[5 to 8] 〈0 to 9 BCD〉：＝digit 10^{X-1}

数值 Ah～Eh 在任何一个位置都表示无效。

十六进制 Fh 在 MSD 位置表示一个负的 BCD 值，余下的 X－1 位详细信息见附录 B。

类型 B＝二进制整数：＝I[1..X]〈($-2^{X-1}-1$)to＋($2^{X-1}-1$)〉

2^7	2^6	2^5	2^4	2^3	2^2	2^1	2^0

1B1 [X]：＝S＝符号：S〈0〉：＝正

… …

S〈1〉：＝负

S	2^{X-2} … 2^{X-8}

负值是取 2 的余数

代码“10000000b”表示“无效”。

类型 C＝无符号整数：＝UI[1..X]〈0 to 2X－1〉

2^7	2^6	2^5	2^4	2^3	2^2	2^1	2^0

UI[1 to...8]〈(0 to 255)〉

… …

S	2^{X-2} … 2^{X-8}

类型 D＝布尔值(1 位 2 进制信息)：＝XB1 B1[i]〈0 to 1〉

2^7	2^6	2^5	2^4	2^3	2^2	2^1	2^0

XB1：B1[i]〈0 to 1〉

… …

B1[i]〈0〉：＝假

2^{X-1} … 2^{X-8}

B1[i]〈1〉：＝真

类型 E：过期的

类型 F＝复合 CP32：日期与时间

2^7	2^6	2^5	2^4	2^3	2^2	2^1	2^0
2^{15}	2^{14}	2^{13}	2^{12}	2^{11}	2^{10}	2^9	2^8
2^{23}	2^{22}	2^{21}	2^{20}	2^{19}	2^{18}	2^{17}	2^{16}
2^{31}	2^{30}	2^{29}	2^{28}	2^{27}	2^{26}	2^{25}	2^{24}

分:UI6[1 to 6]〈0 to 59〉;63:每分

小时:UI5[9 to 13]〈0 to 23〉;31:每小时

天:UI5[17 to 21]〈1 to 31〉;0:每天

月:UI4[25 to 28]〈0 to 12〉;15 每月

年:UI7[22 to 24;29 to 32]〈0 to 99〉;127 每年

百年:UI2[14 to 15]〈0 to 3〉1900+100 * 百年+年

IV　B1[8]　IV〈0〉=有效;IV〈1〉=无效

SU　B1[16]　IV〈0〉=标准时间;IV〈1〉=夏令时

RES1　B1[7]　〈0〉保留备用

为了兼容有两位循环日期的旧表,主站软件把从“00”到“80”的年度看成是从 2000 年到 2080 年是可取的。

类型 G:复合 CP16:日期

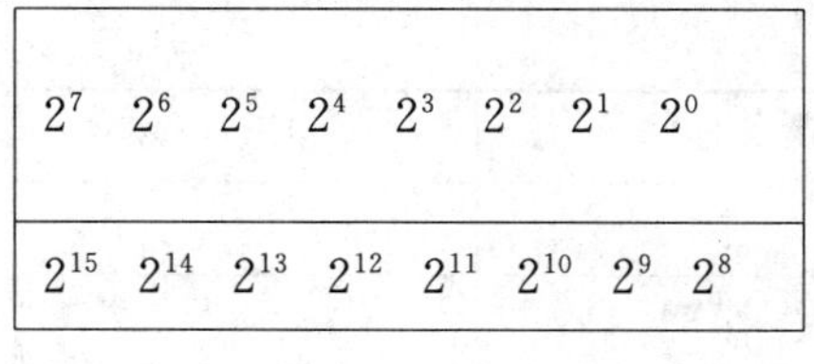

2^7	2^6	2^5	2^4	2^3	2^2	2^1	2^0
2^{15}	2^{14}	2^{13}	2^{12}	2^{11}	2^{10}	2^9	2^8

天:　UI5[1 to 5]〈1 to 31〉
“0”:每天

月:　UI4[9 to 12]〈1 to 12〉
“15”:每月

年:　UI7[6 to 8,13 to 16]〈0 to 99〉127:每年

为了兼容有两位循环日期的旧表,主站软件把从“00”到“80”的年度看成是从 2000 年到 2080 年是可取的。

类型 H:根据 IEEE-标准的浮点数

“短浮点数 IEEE STD 754”=R32IEEESTD754

R32IEEESTD754:=R32.23{分数,指数,符号}

分数　=　F:=　UI23[1 to 23]〈0 to $1-2^{-23}$〉

指数　=　E:=　UI8[24 to 31]〈0 to 255〉

符号　=　S:=　BS1[32]　S〈0〉=正
S〈1〉=负

F〈0〉and E〈0〉	:=(−1)S * 0	=±零
F〈≠0〉and E〈0〉	:=(−1)S * 2E−126(0.F)	=非规格化数
E〈1 to 254〉	:=(−1)S * 2E−127(1.F)	=规格化数
F〈0〉and E〈255〉	:=(−1)S * ∞	=±无穷大
F〈≠0〉and E〈255〉	:=NaN	=不是数字,可不考虑它

<table>
<tr><td>bits</td><td>8</td><td>7</td><td>6</td><td>5</td><td>4</td><td>3</td><td>2</td><td>1</td></tr>
<tr><td rowspan="2">octet 1</td><td colspan="8">F=分数</td></tr>
<tr><td>2^{-16}</td><td>2^{-17}</td><td>2^{-18}</td><td>2^{-19}</td><td>2^{-20}</td><td>2^{-21}</td><td>2^{-22}</td><td>2^{-23}</td></tr>
<tr><td rowspan="2">octet 2</td><td colspan="8">F=分数</td></tr>
<tr><td>2^{-8}</td><td>2^{-9}</td><td>2^{-10}</td><td>2^{-11}</td><td>2^{-12}</td><td>2^{-13}</td><td>2^{-14}</td><td>2^{-15}</td></tr>
<tr><td rowspan="2">octet 3</td><td rowspan="2">E(LSB)
2^{-0}</td><td colspan="7">F=分数</td></tr>
<tr><td>2^{-1}</td><td>2^{-2}</td><td>2^{-3}</td><td>2^{-4}</td><td>2^{-5}</td><td>2^{-6}</td><td>2^{-7}</td></tr>
<tr><td rowspan="2">octet 4</td><td rowspan="2">符号
S</td><td colspan="7">E=指数</td></tr>
<tr><td>2^{7}</td><td>2^{6}</td><td>2^{5}</td><td>2^{4}</td><td>2^{3}</td><td>2^{2}</td><td>2^{1}</td></tr>
</table>

下列范围是由 IEE Std 754—1985 为浮点算法特别制定的：

范围：$(-2^{128}+2^{104})$到$(+2^{128}-2^{104})$，即$-3,4*10^{38}$到$+3.4*10^{38}$

最小的负数：-2^{-149}，即：$-1.4 * 10^{-45}$

最小的正数：$+2^{-149}$，即：$+1.4 * 10^{-45}$

类型 I：年到秒

数据域=0110(48 位)

Byte/bit	msb							lsb
lsB	8	7	6	5	4	3	2	1
	16	15	14	13	12	11	10	9
	24	23	22	21	20	19	18	17
	32	31	30	29	28	27	26	25
	40	39	38	37	36	35	34	33
msB	48	47	46	45	44	43	42	41

当地时间：		
秒	UI6[1 to 6]	〈0 to 59〉;63:每秒[a]
分	UI6[9 to 14]	〈0 to 59〉;63:每分钟[a]
小时	UI5[17 to 21]	〈0 to 23〉;31:每小时[a]
天	UI5[25 to 29]	〈1 to 31〉〈0〉(0=未定义)[a]
月	UI4[33 to 36]	〈1 to 12〉〈0〉0=未定义[a]
年	UI7[30 to 32+37 to 40]	〈0 to 99〉〈127〉127=未定义[a]
周休日	UI3[22 to 24]	1to7〉1=星期一 7=星期天 0=未定义[c]
周	UI6[41 to 46]	〈1 to 53〉0=未定义[a]
无效时间	UI1[16]	1=无效;0=有效
夏令时	UI1[7]	1=真(夏令时);0=假
闰年	UI1[8]	1=闰年;0=平年
夏令时偏差(小时)[b]	UI1[15] UI2[47 to 48]	〈0 to 1〉(1=+ 0= -) 〈0 to 3〉0=无夏令时

[a] 其他未来使用的保留值。

[b] 当地时间小时数在夏令时开始时将被改正。

[c] 根据 Cosem 13/1208/CDV IEC 62056-62。

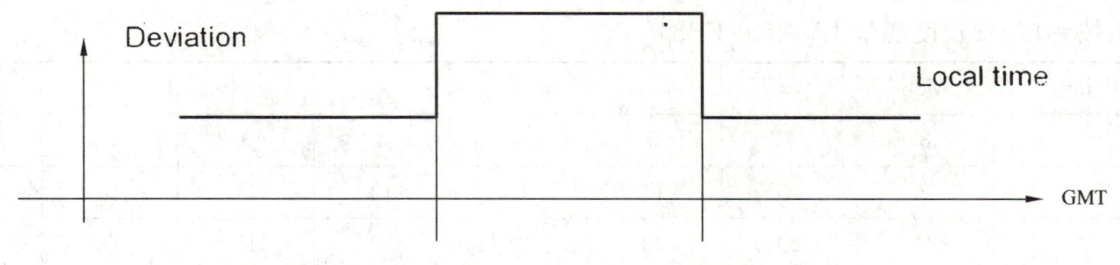

类型 J:天

数据域=0011(24 bits)

Byte/bit	msb						lsb
LsB	8	7	6	5	4	3	2	1
	16	15	14	13	12	11	10	9
msB	24	23	22	21	20	19	18	17

本地时间:

秒	UI6[1 to 6]	〈0 to 59〉;63:每秒[a]
分	UI6[9 to 14]	〈0 to 59〉;63:每分钟[a]
小时	UI5[17 to 21]	〈0 to 23〉;31:每小时[a]
[a] 其他的值为将来使用而保留。		

类型 K:夏令时

数据域=0100(32 位)

Byte/bit	msb							lsb
LsB	8	7	6	5	4	3	2	1
	16	15	14	13	12	11	10	9
	24	23	22	21	20	19	18	17
MsB	32	31	30	29	28	27	26	25

夏令时使能	UI1[16]〈0 to 1〉(1)1 夏令时使能功能
本地时间与格林尼治时间的偏差(小时):	UI5[6 to 8+14 to 15]〈0 to 23〉〈31〉31=未定义(1)
夏令时开始时间(当地时间给出):	
小时	UI5[1 to 5]〈0 to 23〉(1)
天	UI5[9 to 13]〈1 to 31〉(1)
月	UI4[25 to 28]〈1 to 12〉(1)
夏令时结束时间:(当地的时间给出):	
天	UI5[17 to 21]〈1 to 31〉(1)
月	UI4[29 to 32]〈1 to 12〉(1)
夏令时偏差(小时)(2)	
UI1[24]	〈0 to 1〉1=+ 0= -
UI2[22 to 23]	〈0 to 3〉0=无夏令时

类型 L:侦听窗管理

数据域=1101(长度变量 LVAR=EBh)

Byte/bit	Msb						lsb
LsB	8	7	6	5	4	3	2	1
	16	15	14	13	12	11	10	9
	24	23	22	21	20	19	18	17
	32	31	30	29	28	27	26	25
	40	39	38	37	36	35	34	33
	48	47	46	45	44	43	42	41
	56	55	54	53	52	51	50	49
	64	63	62	61	60	59	58	57
	72	71	70	69	68	67	66	65
	80	79	78	77	76	75	74	73
msB	88	87	86	85	84	83	82	81

字节 85~88:为将来使用而保留。

这个命令是当仪表在“正常模式”或“功率保存模式”下用于定义初始化侦听窗管理。

仪表运行在正常模式时选择周。置 1:bit 1 到 bit 53。bit 1 表示一年的第一周…,bit 52 表示一年的第 52 周。

仪表运行在正常模式时选择天。所有的周与这一选择一样。置 1:bit 54 到 bit 60。Bit 54 表示星期天,Bit 55 表示星期一,…,Bit 60 表示星期六。

仪表运行在正常模式时选择小时。置 1:bit 61 到 bit 83。Bit 61 表示第 1 个小时,Bit 84 表示第 24 个小时。

有一点,如果周、天和小时的字节都被设置为 1,仪表在“正常模式”。如果周、天和小时的一个或者更多位被设置为 0,仪表在“功率保存模式”。例如,如果 bit 3、55、56、61 和 62 被设置为 1 并且其他的字节被设置为 0。仪表的一年第三周的星期一和星期二的第 0 到 2 小时是在正常模式下。

附 录 B
（规范性附录）
在BCD数据域中的十六进制代码AH-FH解析

B.1 概述

B.1.1 参考标准

该标准允许多位BCD码数据域。如果主站软件发现一个非BCD码的十六进制代码(Ah-Fh),它仍然不包含发生的信息。

B.1.2 目的

目的:

a) 定义从站到主站的RSP_UD数据报文里的非BCD数字处理。充分定义一个包含错误处理的主站软件,这是非常必要的。

b) 通过从站利用这些代码去简单化错误处理,错误代码显而易见。为了简单化从站综合显示的设计,上面所提及的非BCD码将转换为相应的十六进制格式并通过7段值(通常是LCD)直接显示。从通常10个BCD码到7段解析码的转换是通过有16项解析码的解析码表中得到的。

B.2 定义

B.2.1 16进制代码含义

16进制代码含义:

a) Ah-Eh

该代码在任意字节位置显示一个完整数据域的普通错误。这个显示将在仪表和远程读取设备的恰当显示位置显示一个合适的符号。

b) Fh

该代码在MSD位置显示剩余(N－1)位数值前的“减号”。在其他位置,它将显示一个错误。

示例:4位BCD码“F321”将被主站软件解析为“－321”并只在4位显示仪上显示成－321。

B.2.2 LCD-解析表

LCD-解析表:

a) 解析表

	1	2	3	4	5	6	7	8	9	Ah	Bh	Ch	Dh	Eh	Fh
"0"	"1"	"2"	"3"	"4"	"5"	"6"	"7"	"8"	"9"	"A"	"b"	"C"	" "	"E"	"—"

附 录 C
(规范性附录)
非公制单位

如果 VIF 扩展码 3DH(非公制单位)被使用,VIF 表的标准公制单位将被取代。如表 C.1 所示。

表 C.1 公制/非公制单位

标准 VIF	标准单位与范围	非公制单位与范围	类型
E0000nnn	0.001 Wh to 10 000 Wh	0.001 kBTU to 10 000 kBTU	能量
E0010nnn	0.001 1 to 10 000 1	0.001 USgal to 10 000 USgal	体积
E1000nnn	0.001 l/min to 10 000 l/min	0.001 USgal/min to 10 000 USgal/min	流量
E0101nnn	0.001 W to 10 000 W	0.001 mBTU/s to 10 000 mBtu/s	功率
E10110nn	0.001 ℃ to 1 ℃	0.001 ℉ to 1 ℉	进水温度
E10111nn	0.001 ℃ to 1 ℃	0.001 ℉ to 1 ℉	回水温度
E11101nn	0.001 ℃ to 1 ℃	0.001 ℉ to 1 ℉	高低温限制
E11000nn	0.001 ℃ to 1 ℃	0.001 ℉ to 1 ℉	. 温差

附 录 D
（资料性附录）
告警协议

主站软件通过请求临界时间选取最大的250个告警设备。一个从站可以传输一个无告警信号的确认报文或发送一个有CI=71H的请求数据报文去告警。

CI=71h	告警状态字节（二进制）

图D.1 告警响应的应用层数据报文

告警状态字节数据类型是D（布尔类型，8个二进制位）。设置位显示警告位或者警告代码。这些位的含义由制造商自定。

临界通讯的终止时间被设置到字节11....字节33，有规律地确保从所有告警设备中选取一个最快的设备。用9 600波特率向250个从站及时地发送一个告警，在超时发生前，每个从站将在最大时间为5.5 s内被选取。这似乎已足够快地为预警建立一个控制系统和其他的应用软件。为了更快地建立预警系统，预警传感器数量应该被限制到63（最坏信号延时少于1.5 s或增加传输速率到38 400且增加设备到250个）。

FCB的功能和FCV位将在这个告警协议中被完全实现，用来确保之前的警告已经安全地传输到了主站。如果从站已经报告了一个之前的警告与下一个有着FCB(FCV=1)的REQ_UD1，从站将用一个没有警报的E5h信号回应。否则，它将重复发送最后一个告警以避免警告信息丢失。

附 录 E
（资料性附录）
实 例

E.1 概述

应用协议数据单位由 CI 域开始，不包括校验与校验结束。

下列例子给出了基于详细链路层的所有数据报文：双绞线基带 EN 13757-2。其他的物理层和链路层也可被使用（例如，EN 13757-4）。

E.2 可变数据结构应答报文 RSP_UD 实例

（所有的值都是十六进制）

68 1F 1F 68	RSP_UD 报文头（长度 1Fh=31d 字节）
08 02 72	域=08(RSP)，地址=2，CI=72H(var.，LS Byte first)
78 56 34 12	设备 ID=12345678
24 40 01 07	制造商 ID=4024h(PAD 见 GB/T 19897.1)，版本 1，水
55 00 00 00	TC=55h=85d，身份=00h，签名=0000h
03 13 15 31 00	数据块 1：单元 0，存储号码 0，无费率，瞬时值，体积，12565i(24 位整数)
DA 02 3B 13 01	数据块 2：单元 0，存储号码 5，无费率，最大值，体积流量，113 I/h(4 位 BCD)
8B 60 04 37 18 02	数据块 3：单元 1，存储号码 0，费率 2，瞬时值，能量，218，37 kWh(6 位 BCD)
18 16	校验和和停止位

E.3 波特率切换实例：

主站与从站通讯波特率切换从当前 2 400 波特到 9 600 波特（点对点的连接）。

（所有值是 16 进制）

主站到从站：68 03 03 68 53 FE BD 0E 16　　2 400 波特

从站到主站：E5　　2 400 波特

接下来，如果从站能运用 9 600 波特，从站可用 9 600 波特率与主站进行通讯，否则从站将继续保持在 2 400 波特。在总线模式下，它将在 2 s 之内被一个 9 600 波特的确认的通信信息（例如，SND_NKE）跟随。

主站到从站：10 40 FE 3E 16

从站到主站：E5

E.4 子码重设实例：

主站发送一个重设请求到所有的从站后，用户数据类型的所有数据报文被请求。

（所有值是 16 进制）：

主站到从站：68 04 04 68 53 FE 50 10 B1 16

从站到主站：E5

E.5 向从站写数据：

主站发送数据报文 SND_UD 到从站，模式 1 CI=51h（或旧模式 2-仪表 CI=55h）。必须注意，不考虑固定的 12 个字节报头，当前写数据报文中的数据结构与之前的定义已经有所改变。下面的表显示了一个写数据报文的数据结构，在下列表中的第一个表的三个数据块能被改变次序，但只写数据记录在报文尾，所有记录是可选的。

主地址记录	延伸的识别记录	标准数据记录	只写数据记录

图 E.1 写数据的数据结构

a) 主地址记录：

主地址记录是可选的，并由三个字节组成：

DIF=01h	VIF=7Ah	数据=地址(1个二进制字节)

在点对点连接中，有数据记录的主地址可被分配给某个从站。主站能辨别总线上所有使用过的地址并禁止向从站设置一个已经用过的地址。否则拥有相同地址的两个从站将不能被读出任何信息。

b) 延伸的识别记录：

这个可选数据记录的识别(二级地址)能被改变。这有两个案例：

1) 数据仅仅是设备 ID

DIF=0Ch	VIF=79h	数据=设备 ID(8位 BCD)

2) 数据是完整的识别 ID

DIF=07h	VIF=79h	数据=完整的 ID(64位整数)

数据被完全填满，就像是在一个72协议变量的读出报头，由低位的字节首先为模式1和由高位的字节首先为模式2读出。

设备 ID	制造商 ID	版本	媒介
4 byte	2 byte	1 byte	1 byte

(1) 一般数据记录：

数据记录能被数据报文 REQ_UD2 读出，然后把收到的 DIF、VIF 和新的数据内容发送回从站。额外的特性在一般的对象层实现(见6.5)。

(2) 只写数据：

不能被带有一般数据记录块的从站读出的数据，可以使用厂家特殊代码的 VIF=DIF 进行数据传输。DIF 有一个与数据类型和长度相符的值。

在数据链路层收到正确无误的 SND_UD 报文后，从站用一个确认报文(E5h)给与响应。在从主站上写数据后，从站才决定是否改变参数。如果在实现部分或整个写指令时出现错误，从站能决定是否改变不变量或单个正确的参数。从站可以通过一些方法在下一个 RSP_UD 数据报文中给主站报告这些错误，详细描述见6.6。

为了实现写保护，这里有一些方法。例如，在硬件复位后或写操作启动时，只允许进行一次写操作。

实例(所有值是16进制)

示例1：设置从站主地址8，不改变其他任何东西：68 06 06 68 53 FE 51 01 7A 08 25 16

示例2：设置从站的完整识别(ID=01020304(BCD)，制造商编号=4024h(PAD)，版本=1，设备类型=4(热量)：

68 0D 0D 68 53 FE 51 07 79 04 03 02 01 24 40 01 04 95 16

示例3：设置从站的设备 ID 到"12345678(BCD)"和8位 BCD 码(单位 1KWH)到 107 kWh。

68 0F 0F 68 53 FE 51 0C 79 78 56 34 12 0C 06 07 01 00 00 55

E.6 配置数据输出(标准化的)

默认从站传输所有数据都有一个 REP_UD 报文。这对从一个和多个设备中读只选的数据记录很有用。这里有两个选择数据记录的方法：

E.6.1 选择无特定数据域

所要数据记录的选择可由 SND_UD(CI=51h/55h)和数据记录包含数据域=1000b 的报文实现，它意味着"为读出请求而选择"。按 EN 1434-3 列表所列出的，下面 VIF 定义了选择的数据并且无数据被传输。响应数据域由从站决定。主站可以通过发送在相同数据报文里数据域的更多的数据块，而选择各类的变量。

可用下列方法选择各类特殊值：

——任意 VIF：

VIF＝7Eh（任意 VIF）是专为来自从站的“所有 VIF”的读出请求，并且可被认为是值信息域的一个选择通配符。

——全局读出请求：

DIF＝7Fh 被定义为“请求读出所有数据的选择”，例如：所有的存储数、单元、费率和功能。如果这个 DIF 是用户数据的最后一个字节或 VIF＝7Eh 跟在后面，那么可请求所有的数据。所以用 SND_UD 做为一个从站的所有数据的选择并且字符 7FH 为用户数据。如果跟随一个不等于 7Eh 的 DIF，那么用 VIF 而读出的所有数据记录将被选择。

——所有费率：

在选择记录中最高的费率数被定义为“所有费率”的选择。例如：费率 1111b（15）意味着在一个记录中用两个 DIFE's 选择所有的费率。

——所有存储数：

在选择记录中最高的费率数被定义为“所有费率”的选择。例如：费率 1111b（15）意味着在一个记录中用两个 DIFE's 选择所有的费率。

——所有单元：

用一个有着最小的两个 DIFE's 和最高的单元数的数据记录报头，选择“所有的单元”。

——高分辨力数据读出：

主站可选择一个有最大分辨力的从站去响应一个 VIF（“NNN”＝000（最小指数））的给出值/单位。仪表也可用有分辨力的值应答，例如，在需要的情况下，可用 1mWh（VIF＝0000000b）或一些更高分辨力的十进制值。单位值已经被选出，因此它们的最小值为校准提供了充足的解决方案。即 VIF（“nnn”＝max 最大（最大指数））的读出请求发送了一个仪表标准解决方案请求的信号。

如果请求的数据是有用的，在下一个 REQ_UD2 后从站将用自己的格式用选择数据进行响应。否则从机传输它的标准数据并且主机必须找出非请求的那个数据。如果有比所选 VIF 多的变量，设备将发出所有这些数据记录。

E.6.2　选择特定数据域

通过使用目标作用“加入到读出列表”（VIFE＝E000 1100b，见 9 条款），主站能够完成一个有特殊数据域的读取请求任务。主站传输一个有数据记录的 SUD_UD（CI－FIELD＝51h/55h），这个记录由需要的 DIF（数据域）、VIF 和 VIFE＝0Ch/8Ch 组成。从站在接收数据时将忽略哪些无数据跟随的 VIFE。如果它能这样，从现在开始，从站将传输带有请求数据域的数据记录。如果从站不提供这些数据域，它可以使用 VIFE＝E000 011x 中的一个 VIFE（不实现数据类或不实现数据大小）报告一个记录错误。

E.6.3　取消选定数据记录

主站能发出应用层的一个复位指令，特别是能通过发送数据报文 SND_UD（CI＝50H）撤消从站的标准 RSP_UD 报文。

为了目标作用“从读出列表中删除”（VIFE＝E000 1101b），单个数据记录可以通过传输一个有 DIF、VIF 和 VIFE 的数据记录取消选择。

如果选择的数据由从站提供，但是对于一个 RSP_UD 数据报文太长（尤其为了读出所有历史值），从站将传输一个只包含 DIF＝1Fh 的附加数据记录，这意味更多的数据将包含在下一个响应报文中。既然这样，主站直到收到响应报文 0E5h（无数据）或 RSP_UD 里没有 DIF＝IFh 的情况下才会再一次读取从站。

为了避免丢失响应报文数据，从站将提供报文的位的个数（FCB）。如果主站想提前结束这样一个多报文选择数据的连续读出，它可以发送一个重设请求(CI=50h)而不是更多的REQ_UD2’s。

示例1：设置地址7的从站被设置成响应一个数据记录，数据记录包含体积(VIF=13h：体积，单位1 l)与进水温度(VIF=5Ah：进水温度，单位0.1 ℃)：

68 07 07 68 | 53 07 51 08 13 08 5A 28 16

示例2：设置地址1的从站被设置成响应所有的存储码，所有的费率和所有的单元是0的VIF’s：

68 06 06 68 53 01 51 C8 3F 7E 2A 16

示例3：设置地址3的从站被设置成响应可获得的完整的所有读出数据。这之后，主站可以获得从站所取得的那些数据：

68 04 04 68 53 03 51 7F 26 16

有了这些作用，主站能改变从站的数据或设置从站(作用12与13)的输出数据。通过替换旧的数据(行为0相当于没有VIFE的情况下写数据)或用旧的与已传输的数据进行算数或逻辑运算，作用0～6改变从站的数据。

注意：这个设置读出列表的方法(作用12与13)，不仅允许添加列表项也允许删除列表项，这同使用DIF=10000b读出请求的方式形成对比(之前描述的)。

所有这些作用能被用于从站和智能主站，这些作用都被一个更高专用主站所操纵。“增加项”和“删除项”功能对告知智能主站去增加数值是很有用的，比如一个像任何一个从站的最大或最小值的新的数据记录。

使用“冻结数据储存”的功能是主站告知从站冻结与真实值相对应并被传输的VIF、单位、费率以及DIF/DIFE’s中已给出了的某一个存储码的功能。既然这样，VIF中的数据域已经得到值000b(无数据)。这个功能允许冻结被所选择的值或VIF=7Eh(所有VIF)的多重冻结。日期和时间也将被冻结到同一个存储码中。

示例1：设置8位BCD码(瞬时值、实际值、无费率、单元0)与VIF=06(1 kWh)的从站，从站地址为1-107 kWh：

68 0A 0A 68 53 01 51 0C 86 00 07 01 00 00 3F 16

示例2：同1)但为旧数据增加10 kWh：

68 0A 0A 68 53 01 51 0C 86 01 10 00 00 00 48 16

示例3：添加一条8位BCD码(瞬时值、实际值、没有费率、单元0，1 kWh)的条目到地址为5，初始值为511 kWh的从站：

68 0A 0A 68 53 05 51 0C 86 08 11 05 00 00 59 16

示例4：冻结地址为1的从站的实际的进水温度(0.1 ℃：VIF = 5Ah)到存储码1：

68 06 06 68 53 01 51 40 DA 0B CA 16

E.7　FCB-位与选择

FCB-从站的实现

为了所有通讯通过假的主地址253(HDh)，一个被实现的二级地址的从站和被实现的FCB管理，有一个附加0、1或2的独立的设置“最后收到的FCB”存储位。如果它能通过其他主地址进行二选一的通讯(除了特殊地址254和255)，需要一个为这些主地址的附加的0、1或2的设置“最后被接受的FCB”。通过假的主要地址253(FDh)，一个有效的选择数据报文将不仅能设置内部选择位，而且也可清除所有的与二级地址联合的0、1或2内部“最后收到的FCB”存储位。在任何一个选择报文(CI=52h)之后，主站将开始与FCV-BIT设置和FCB-BIT设置通讯(REQ_UD2或SND_UD)。如果从站有更多个选择性的二级识别，它将为所有二级地址请求一个单一设置0、1或2“最后收到的FCB”存储位。

FCB-主站实现

主站为假的主地址253(FDH)和其他主地址实现一对独立的“下一个FCB图像”字节。尽管这些“下一个FCB图像”字节可能被用于许多从站，但不存在混淆，因为访问另一个从站需要一个选择报文，它将为主站和从站定义未来FCB的次序。

E.8　从站特性

E.8.1　概述

在子条项中介绍了从站的一些可选或推荐的特性。

E.8.2 生产码的使用

生产码是生产期间被分配的一系列序号。它是可变数据块的一部分(DIF=0 Ch 和 VIF=78h),并且用填充数位(4 字节)的 8 位 BCD 对其编码。

示例:

68 15 15 68	RSP_UD 数据报文的报文头(长度 1 Fh=31 d 字节)
08 02 72	C-域=08(RSP),地址 2,CI=72 H(var.,LSByte first)
78 56 34 12	设备 ID=12345678
24 40 01 07	制造商 ID=4024h (PAD in EN 61107),版本 1,水
13 00 00 00	TC=13h=19d,状态=00h,签名=0000h
0C 78 04 03 02 01	生产码= 01020304
9D 16	校验和停止位

如果这个设备 ID 是可改变的,就推荐该码的使用。在这样的情况下,两个或更多的从站可得到相同的二级地址,并且不能被唯一地选择。生产码与制造商号、版本号和媒介域组合代替唯一的编码。如果两个或更多的从站有相同的设备 ID(见 5.4),合适的主站就使用可增强选择方法的这一编码。

附　录　F
（资料性附录）
辅助查找

F.1　概述

已模拟查询程序寻找选择的最小值、平均值和最大值作为从站数的功能。对于不相宜的最大值与随机分配的平均值，选择了最适宜的最小设备 ID。计算结果如图 F.1 所示。

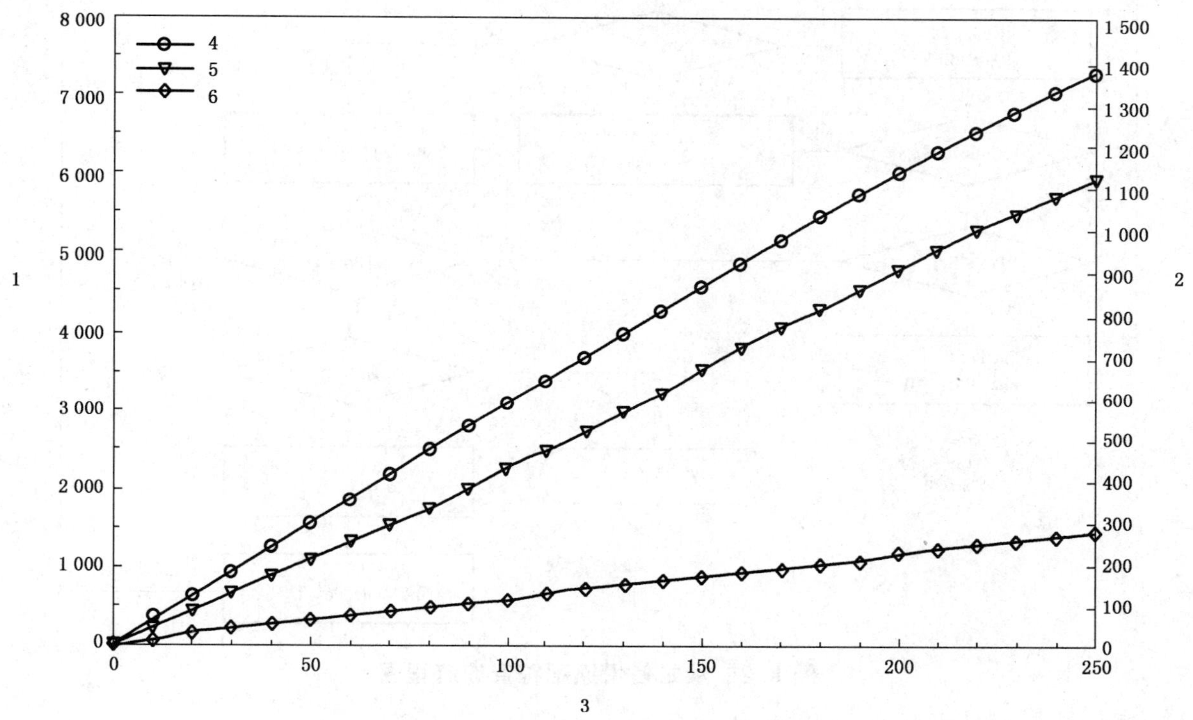

注 1：选择数(最坏情形)。

注 2：选择数(最好情况/随机情况)。

注 3：从站数。

图 F.1　通配符查询程序选择数

F.2　通配符查找使用说明

图 F.2 显示了用通配符查找程序的实现，借此仅使用设备 ID 查找。用通配符可指定制造商号、版本号和媒介，但也可被用户所更改，比如定位某个特定厂家的所有仪表。为了避免被 8 个位置的“For-To”循环的 8 个因素所分类，将这个组“值”定义成 8 个字节数，它们被用来定义那些位置的内容。当前运行的设备 ID 字节数用变量“POS”类型字节标注。

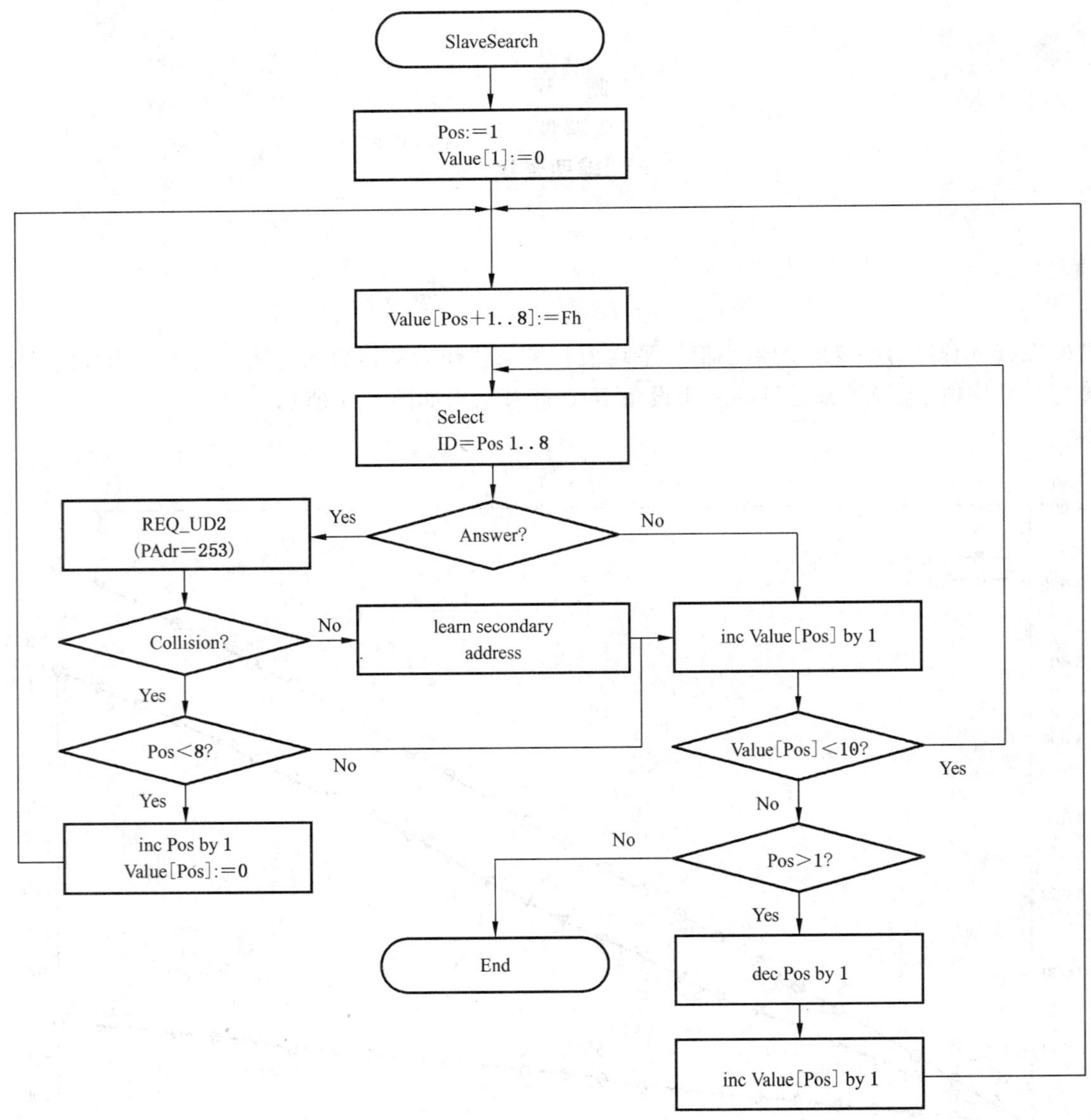

图 F.2 从站使用通配符查询流程图

程序从第一个位置开始,依次实现后边从 0 到 9 的每个位置的值:

——选择 ID-Nr 的第 1 位,第 2 位,…,第 8 位;

——如果无应答,[Pos]的值加 1;

——如果有应答,发送 REQ_UD2 到地址 253,如果数据报文被正确接收并确认,那么下一个被读出的地址值加 1;

——如果出现冲突且最后位置还没有达到,就跳到下一个位置(POS 加 1);

——在经过一个完整的 0～9 位置后,子程序进入下一个更低的位置或结束查找(如果位置 Nr. 1 已得到处理)。

示例:表 F.1 显示的是主站软件从上到下依次查找二级地址的例子。

表 F.1 使用四个从站的通配符搜索查找二级地址

序号	设备 ID.	制造商(十六进制)	版本(十六进制)	设备类型(十六进制)
1	14 491 001	1057	01	06
2	14 491 008	4567	01	06
3	32 104 833	2010	01	02
4	76 543 210	2010	01	03

查询流程：

a） ID=0FFFFFFF 开始：无应答

b） ID=1FFFFFFF：Nr. 1 和 Nr. 2 发生冲突

c） ID=10FFFFFF，11FFFFFF，12FFFFFF，13FFFFFF：无应答

d） ID=14FFFFFF：Nr. 1 和 Nr. 2 发生冲突

e） 重复步骤 3 到 4 一直到 ID=1449100F

f） 获得 ID=14491001 与 14491008

g） 向后到 19999999

h） ID=2FFFFFFF：无应答

i） ID=3FFFFFFF：获得 ID=32104833

j） ID=4FFFFFFF，5FFFFFFF，6FFFFFFF：无应答

k） ID=7FFFFFFF：获得 ID=76543210

l） ID=8FFFFFFF，9FFFFFFF：无应答

m） 结束查找

附　录　G
（资料性附录）
无线产品的 M-bus 总线参数“特殊设备类型”的含义

G.1　VIF VIFE＝FDh 17h（错误标志）

对于无线产品，错误标志的第一字节（各位）有如下含义：

b7	b6	b5	b4	b3	b2	b1	b0
2^7	2^6	2^5	2^4	2^3	2^2	2^1	2^0

b0：1＝削弱

b1：1＝电池电量不足

b2：1＝外部告警

b3：1＝切断电源

b4-b7＝RSSI 代码：

b4	b5	b6	b7	dBm	注释
0	0	0	0		RSSI　无可利用
1	0	0	0	－100 或更少	
0	1	0	0	－90	
1	1	0	0	－80	
0	0	1	0	－60	
1	0	1	0	－50	
0	1	1	0	－40	
1	1	1	0	－30	
0	0	0	1	－20	
1	0	0	1	－10	
0	1	0	1	0	
1	1	0	1	10	
0	0	1	1	20 或更多	
1	0	1	1		保留
0	1	1	1		保留
1	1	1	1		保留

G.2　VIFE＝FDh 1 Fh 在一节点通过遥控操作

对于无线产品，远程控制第一字节各位有如下含义：

b7	b6	b5	b4	b3	b2	b1	b0
2^7	2^6	2^5	2^4	2^3	2^2	2^1	2^0

b0	b1	对于无线产品的校能，远程控制第一字节各位有如下含义：
0	0	不工作
0	1	保留
1	0	减少功耗（一个步骤）
1	1	增加功耗（一个步骤）

b3	b4	b5	测试模式
0	0	0	不工作
0	0	1	测试模式：临时发送"0"
0	1	0	测试模式：临时发送"0101"
0	1	1	测试模式：无调制的载波
1	0	0	测试模式：临时发送"1"
1	0	1	测试模式：临时接收
1	1	0	保留
1	1	1	保留

b6	模式选择
0	能量保存的模式
1	正常模式

b7	b8	为将来使用而保留

参 考 文 献

用 m-总线-用户组操作的 www-服务器在 http://www.m-bus.com 提供一个适时更新总线中信息的论坛。

[1] EN 1434-3:1997 热量表 第 3 部分:数据交换和接口

[2] EN 13757-1:2002 仪表及其远程读数的通信系统 第 1 部分:数据交换

[3] EN 62056-21 电能表 抄表、费率和负荷控制的数据交换 第 21 部分:直接本地数据交换(IEC 62056-21:2002)

ICS 27.010
F 01

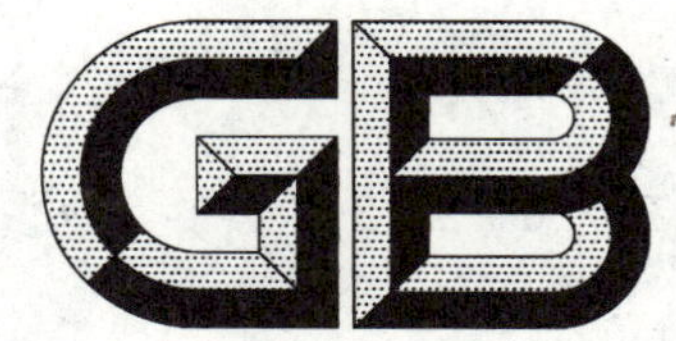

中华人民共和国国家标准

GB/T 28750—2012

节能量测量和验证技术通则

General technical rules for measurement and verification of energy savings

2012-11-05 发布　　　　2013-01-01 实施

中华人民共和国国家质量监督检验检疫总局
中国国家标准化管理委员会　发布

前　言

本标准按照 GB/T 1.1—2009 给出的规则起草。

本标准由全国能源基础与管理标准化技术委员会(SAC/TC 20)提出并归口。

本标准主要起草单位:中国标准化研究院、中国节能协会、中国节能协会节能服务产业委员会、中标认证中心、辽宁赛沃斯节能技术有限公司、方圆标志认证集团产品认证有限公司、通标标准技术服务有限公司、天津排放权交易所、莱钢集团、上海久隆电力科技有限公司、中国质量认证中心、中国电力科学研究院、广州智光节能有限公司、施耐德(中国)有限公司、北京硕人海泰能源科技有限公司、兴业银行、北京工业大学、山东浪潮华光照明有限公司、远大能源利用有限公司、深圳达实智能股份有限公司、思安新能源股份有限公司。

本标准主要起草人:李鹏程、陈海红、蒋芸、赵明、刘猛、张新、李铁男、白炳楠、吕本庆、潘崇超、梁凯丽、张泠、兰绍辉、李晨曦、王树茂、王晓涛、闫华光、程丹明、陈立立、史燕昆、刘昕、何生、张晓光、刘中良、王卫宏、于治楼、韩少华、吕枫。

节能量测量和验证技术通则

1 范围

本标准规定了节能量测量和验证的相关定义、计算原则、方法、内容、技术要求以及测量和验证方案等。

本标准适用于节能技术改造项目(以下简称“项目”)的节能量测量和验证。新建类项目、管理类项目的节能量测量和验证也可参考使用。

2 规范性引用文件

下列文件对于本文件的应用是必不可少的。凡是注日期的引用文件,仅注日期的版本适用于本文件。凡是不注日期的引用文件,其最新版本(包括所有的修改单)适用于本文件。

GB/T 2587 用能设备能量平衡通则

GB/T 6422 用能设备能量测试导则

GB/T 8222 用电设备电能平衡通则

GB/T 13234—2009 企业节能量计算方法

GB/T 24915 合同能源管理技术通则

JJF 1059 测量不确定度评定与表示

3 术语和定义

GB/T 13234、GB/T 24915 界定的以及下列术语和定义适用于本文件。

3.1

节能措施 energy conservation measures; ECM

为提高能源利用效率或降低能源消耗所采用的方法。

3.2

项目边界 project boundary

实施节能措施所影响的用能单位、设备、系统的范围和地理位置界线。

3.3

基期 baseline period

用以比较和确定项目节能量的,节能措施实施前的时间段。

3.4

统计报告期 reporting period

用以比较和确定项目节能量的,节能措施实施后的时间段。

3.5

基期能耗 energy consumption in baseline period

基期内,项目边界内用能单位、设备、系统的能源消耗量。

3.6

统计报告期能耗 energy consumption in reporting period

统计报告期内,项目边界内用能单位、设备、系统的能源消耗量。

3.7

校准能耗　adjusted energy consumption

统计报告期内，根据基期能源消耗状况及统计报告期条件推算得到的，项目边界内用能单位、设备、系统不采用该节能措施时的能源消耗量。

4　节能量计算原则

4.1　相关参数关系

节能量(E_s)、基期能耗(E_b)、统计报告期能耗(E_r)和校准能耗(E_a)的关系如图1所示。

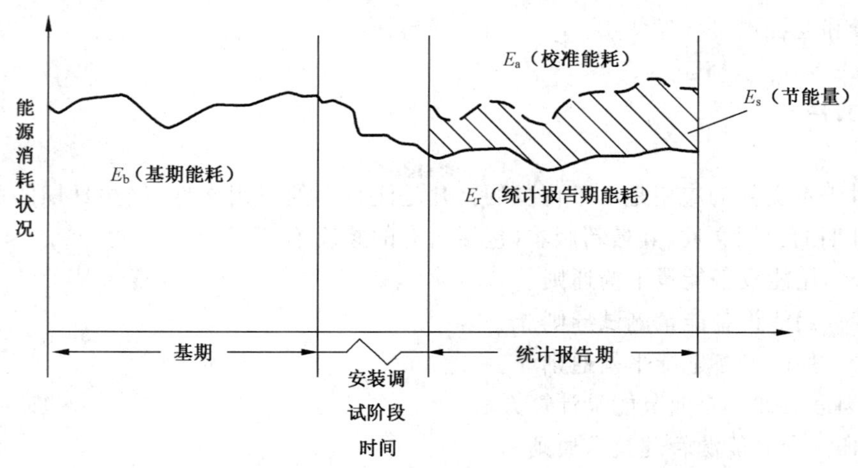

图1　相关参数示意图

4.2　计算节能量的基本公式

报告期内的节能量(E_s)由式(1)计算：

$$E_s = E_r - E_a \quad \cdots\cdots(1)$$

式中：

E_s ——节能量；

E_r ——统计报告期能耗；

E_a ——校准能耗。

5　测量、计算和验证方法

5.1　"基期能耗-影响因素"模型法

5.1.1　"基期能耗-影响因素"模型的建立

通过回归分析等方法建立基期能耗与其影响因素的相关性模型如式(2)所示，所建立模型应具有良好的相关性。

$$E_b = f(x_1, x_2, \cdots, x_i) \quad \cdots\cdots(2)$$

式中：

E_b ——基期能耗；

x_i ——基期能耗影响因素的值。

注：常见的重要影响因素包括自然因素(如室内外气温)和运行因素(如产量、开工率、客房占用率)等。

5.1.2 校准能耗的计算

校准能耗由式(3)计算：

$$E_a = f(x'_1, x'_2, \cdots, x'_i) + A_m \quad \cdots\cdots\cdots\cdots (3)$$

式中：

x'_i——式(2)中影响因素在统计报告期内的值；

A_m——校准能耗调整值。

其中，x'_i 可由以下方式获得：

a) 测量全部影响因素；

b) 测量部分影响因素，其他影响因素约定。

某个因素是进行测量还是约定应根据其对节能量的影响程度决定。影响显著的因素应进行测量。

5.1.3 校准能耗调整值

仅当原本假定不变的影响因素(如设施规模、设备的设计条件、开工率等)发生影响统计报告期能耗的重大偶然性变化时，可通过合理的设定 A_m 值得到校准能耗。设定 A_m 时用到的影响因素应与式(2)中用到的影响因素相互独立。

注：A_m 通常为0。

5.1.4 节能量计算

节能量 E_s 由式(1)计算。式(1)中的 E_a 和 E_r 可以是项目边界内的能耗，也可以是所在用能单位(如建筑整体、车间、工厂)的整体能耗，计算时应保持范围相对应。

注1：采用用能单位整体能耗适用于节能量显著、同时采取多个节能措施且节能措施之间或节能措施与其他用能系统之间的影响难以区分的情况。

注2：如考虑企业整体能耗，基期能耗仅与合格产品产量相关且成正比例关系，且 $A_m=0$，则式(3)与GB/T 13234—2009的式(4)等同。

5.2 直接比较法

当节能措施可关闭且不影响项目运行时，可通过以下方式测量和验证节能量：

a) 在统计报告期内，节能措施开启时，测量各典型工况下项目边界内的实际能源消耗量($E_{on,i}$)；

b) 在统计报告期内，节能措施关闭时，测量各典型工况下项目边界内的实际能源消耗量($E_{off,i}$)；

c) 将各典型工况下的 $E_{on,i}$ 和 $E_{off,i}$ 作为输入数据，根据测量和验证方案中约定的计算方法分别确定 E_r 和 E_a；

d) 由式(1)计算 E_s。

5.3 模拟软件法

可采用模拟软件计算 E_a 及 E_r，并由式(1)计算 E_s。

计算用模拟软件应预先经过校核，以使模拟的能耗与实测数据吻合。

当没有实际的基期能耗和统计报告期能耗数据时，用于计算 E_a 的 $A_m=0$。如果有实际的基期能耗或统计报告期能耗数据时，可根据约定条件采用模拟软件计算 A_m。

6 测量和验证的主要内容

节能量测量和验证主要内容如下：

a) 划定项目边界；

b) 确定基期及统计报告期；

c) 选择测量和验证方法；

d) 制定测量和验证方案；

e) 根据测量和验证方案，设计、安装、调试测试设备；

f) 收集、测量基期能耗、运行状况等数据，并加以记录分析；

g) 收集、测量统计报告期能耗、运行状况等有关数据，并加以记录分析；

h) 计算和验证节能量，分析节能量的不确定度；

i) 各方最终确认节能量。

7 测量和验证技术要求

7.1 项目边界：

所有受节能措施影响的单位、设备、系统（包括附属、辅助设施）均应划入项目边界内。

7.2 基期和统计报告期的设定应满足以下条件：

a) 基期和统计报告期应包括用能单位、设备、系统可能出现的各种典型工况，如包含能源消耗量由极大值到极小值的一个完整的运行循环；

b) 基期内应可获得足够的运行记录或检测数据，能够总结出用能单位、设备、系统的能源消耗量与其影响因素的量化关系。

7.3 基期能耗和统计报告期能耗的确定应依据 GB/T 2587、GB/T 6422、GB/T 8222、GB/T 24915 等相关标准规范的要求。

7.4 以下数据可用于确定节能量：

a) 可采信的能源统计数据及财务数据，如公用事业公司提供的表计数据、能源费用账单等；

b) 符合标准规范要求的能源计量仪表的读数；

c) 使用在检定有效期内的检测仪器测量得到的能源消耗数据；

d) 用计算机模拟出的、并经过校准的用能单位、设备或系统的能源消耗量；

e) 公认的或相关各方认可的节能措施相关数据。

7.5 不确定度：

应见相关标准规范，评估并说明测量和验证所得节能量结果的不确定度。

注 1：建立“基期能耗-影响因素”模型并测量全部影响因素通常具有较小的不确定度；建立“基期能耗-影响因素”模型并测量部分影响因素通常具有中等的不确定度；直接比较法通常具有中等的不确定度；由于无法公开全部技术细节，模拟软件法可能具有较大的不确定度，可作为参考方法使用。

注 2：不确定度小的测量和验证方法通常具有较高的技术要求和成本。

8 测量和验证方案

测量和验证方案的内容及技术要求如下：

a) 项目边界和项目基本情况，项目边界的描述应包括明确的地理位置界线和完整的设备、设施名单；

b) 项目基期，基期的能源利用状况及基期能耗等；

c) 节能量的单位，采用综合能耗表达节能量时，应说明所采用的能源折算系数（如折标准煤系数）并保持前后一致；

d) 统计报告期，统计报告期的能源利用状况及统计报告期能耗等；

e) 测量和验证方法；

f) 测量和验证方法对应的影响因素以及有效范围；

g) 采用 5.1 或 5.2 的方法时，凡需测量的，应说明测量点、测量的参数、测量时期、表计名称及特性、抄表方式、表计调试程序、校表办法和有效期及处理数据遗失的方法；

h) 采用 5.1 的方法并测量部分影响因素时，同时应说明约定影响因素的值及其不确定度；

i) 采用 5.3 的方法时，应说明模拟软件的名称和版本，提供输入文件、输出文件的纸质和电子副本；指出模拟所用的条件，注明哪些输入数据是测量获得，哪些是假定的，说明测量数据获得的过程；报告模拟结果与用于校核的能耗数据的吻合程度；

j) 可见 JJF 1059 等技术规范定量描述测量、采集数据和分析结果的精密度；并定性分析无法量化的因素对结果准确度的影响。

ICS 27.010
F 01

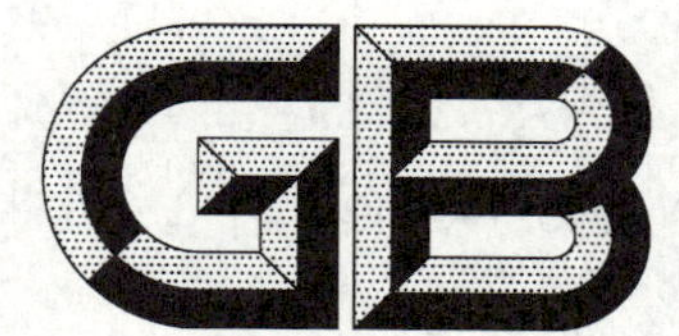

中华人民共和国国家标准

GB/T 29452—2012

纺织企业能源计量器具配备和管理要求

Specification for equipping and managing of the measuring instrument of energy in textile enterprise

2012-12-31 发布 2013-10-01 实施

中华人民共和国国家质量监督检验检疫总局
中国国家标准化管理委员会 发布

前　言

本标准按照 GB/T 1.1—2009 给出的规则起草。

本标准由国家发展和改革委员会资源节约和环境保护司、国家质量监督检验检疫总局计量司提出。

本标准由全国能源基础与管理标准化技术委员会(SAC/TC 20)归口。

本标准起草单位:中国纺织科学研究院、张家港市金陵纺织有限公司、吉林省纺织计量中心、江苏省张家港市计量测试所、山东省滨州市计量测试检定所、江苏省吴江市计量测试所、吉林化纤集团有限责任公司、华纺股份有限公司。

本标准主要起草人:霍书怀、黄胜良、方锡江、郑敏、吴可夫、刘东彬、王斌、钱青峰、于日明、金立平、邱为铁、黄显梅、张家库、肖国祥、王明建、许瑞臣、王桂香、吴秋、应后民、司崇泽、李璐康。

纺织企业能源计量器具配备和管理要求

1 范围

本标准规定了纺织企业能源计量的种类、范围，能源计量器具配备和管理的基本要求。

本标准适用于棉(含棉型化纤)纺织及印染加工、毛纺织及染整精加工、麻纺织及染整精加工、丝绢纺织及印染精加工、化纤织造及印染精加工、针织品及其制品制造、纺织制成品制造、纺织服装服饰制造、化学纤维制造企业。

2 规范性引用文件

下列文件对于本文件的应用是必不可少的。凡是注日期的引用文件，仅注日期的版本适用于本文件。凡是不注日期的引用文件，其最新版本(包括所有的修改单)适用于本文件。

GB/T 213 煤的发热量测定方法

GB/T 6422 用能设备能量测试导则

GB/T 15316 节能监测技术通则

GB 17167 用能单位能源计量器具配备和管理通则

GB/T 17471 锅炉热网系统能源监测与计量仪表配备原则

GB/T 18603—2001 天然气计量系统技术要求

3 术语和定义

GB 17167 界定的以及下列术语和定义适用于本文件。

3.1

纺织企业次级用能单位 sub-organization of energy using in the textile enterprise

纺织企业用能单位下属的能源核算单位，指纺织企业所属纺织生产分厂(车间)、热电联产厂、压缩空气站、冷冻站、污水处理厂等。以下简称次级用能单位。

4 能源计量器具的配备

4.1 能源计量的种类及范围

本标准所称能源，指煤炭、原油、天然气、电力、水煤浆、煤气、热力、成品油、液化石油气、生物质能和其他直接或者通过加工、转换而取得有用能的各种资源。

能源计量范围：

a) 输入用能单位、次级用能单位和用能设备的能源及载能工质；

b) 输出用能单位、次级用能单位和用能设备的能源及载能工质；

c) 用能单位、次级用能单位和用能设备使用(消耗)的能源及载能工质；

d) 用能单位、次级用能单位和用能设备自产的能源及载能工质；

e) 用能单位、次级用能单位和用能设备可回收利用的余能。

4.2 能源计量器具的配备原则

4.2.1 应满足纺织企业能源分类计量的要求。

4.2.2 应满足纺织企业实现能源分级分项考核的要求。

4.2.3 应满足纺织企业评价其能源加工、转换、输运效率的要求。

4.2.4 应满足纺织企业考核余热回收率、废水回收利用率等节能环节的要求。

4.2.5 应按照生产用能源和非生产用能源、自用能源与转供能源分别计量。

4.2.6 重点用能纺织企业应配备必要的便携式能源检测仪表,以满足自检自查的要求。

4.3 能源计量器具的配备要求

4.3.1 能源计量器具配备率按式(1)计算:

$$R_p = (N_s/N_l) \times 100\% \quad \cdots\cdots(1)$$

式中:

R_p——能源计量器具配备率,%;

N_s——能源计量器具实际的配备数量;

N_l——能源计量器具理论需要量。

4.3.2 用能单位应加装能源计量器具。

4.3.3 用能量(产能量或输送能量)大于或等于表1中一种能源消耗量限定值的次级用能单位为主要次级用能单位。

主要次级用能单位应按表3要求配备能源计量器具。

表1 主要次级用能单位能源消耗量(或功率)限定值

能源种类	电力	煤炭、焦炭	原油、成品油、石油液化气	重油、渣油	煤气、天然气	蒸汽、热水	水	其他
单位	kW	t/a	t/a	t/a	m^3/a	GJ/a	t/a	GJ/a
限定值	10	100	40	80	10 000	5 000	5 000	2 926

注1:表中a是法定计量单位中“年”的符号。

注2:表中的m^3指在标准状态下,表2同。

注3:2 926 GJ相当于100 tce。其他能源按等价热值折算,表2类推。

4.3.4 单台设备能源消耗量大于或等于表2中一种能源消耗量限定值的为主要用能设备。

主要用能设备应按表3要求配备能源计量器具。

表2 主要用能设备能源消耗量(或功率)限定值

能源种类	电力	煤炭、焦炭	原油、成品油、石油液化气	重油、渣油	煤气、天然气	蒸汽、热水	水	其他
单位	kW	t/h	t/h	t/h	m^3/h	MW	t/h	GJ/h
限定值	100	1	0.5	1	100	7	1	29.26

注1:对于可单独进行能源计量考核的用能单元(装置、系统、工序、工段等),如果用能单元已配置了能源计量器具,用能单元中的主要用能设备可以不再单独配置能源计量器具。

注2:对于集中管理同类用能设备的用能单元(锅炉房、泵房等),如果用能单元已配置了能源计量器具,用能单元中的主要用能设备可以不再单独配置能源计量器具。

4.3.5 能源计量器具配备率应不低于表3的要求。

表3 能源计量器具配备率要求

%

能源种类		进出用能单位	进出主要次级用能单位	主要用能设备
电力		100	100	95
固态能源	煤炭	100	100	90
	焦炭	100	100	90
液态能源	原油	100	100	90
	成品油	100	100	95
	重油	100	100	90
	渣油	100	100	90
气态能源	天然气	100	100	90
	液化气	100	100	90
	煤气	100	90	80
载能工质	蒸汽	100	85	75
	压缩空气	100	85	75
	水	100	95	85
	冷冻水	100	95	85
	其他载能工质	100	80	70
可回收利用的余能		90	80	—

注1：进出企业的季节性供暖用蒸汽(热水)可采用非直接计量载能工质流量的其他计量结算方式。

注2：进出主要次级用能单位的季节性供暖用蒸汽(热水)可以不配备能源计量器具。

注3：在主要用能设备上作为辅助能源使用的电力和蒸汽、水、压缩空气等载能工质，其耗能量很小(低于表2要求的)，可以不配置专用能源计量器具。

4.3.6 用能单位配备的能源计量器具准确度等级应不低于表4的要求。

表4 企业能源计量器具准确度等级要求

计量器具类别	计量目的		准确度等级要求
衡器	进出用能单位燃料的静态计量		0.1
	进出用能单位燃料的动态计量		0.5
电能表	进出用能单位有功交流电能计量Ⅰ类用户		0.5S
	进出用能单位有功交流电能计量Ⅱ类用户		0.5
	进出用能单位有功交流电能计量Ⅲ类用户		1.0
	进出用能单位有功交流电能计量Ⅳ类用户		2.0
	进出用能单位有功交流电能计量Ⅴ类用户		2.0
	进出用能单位的直流电能计量		2.0
油流量表(装置)	进出用能单位液体能源计量	成品油	0.5
		重油、渣油	1.0

表 4（续）

计量器具类别	计量目的		准确度等级要求
气体流量表（装置）	进出用能单位气态能源计量	煤气	2.0
		天然气	2.0
		蒸汽	2.0
		压缩空气	2.5
水流量表（装置）	进出用能单位水量计量	管径不大于 250 mm	2.5
		管径大于 250 mm	1.5
温度仪表	用于液态、气态能源的温度计量		1.5
	与气体、蒸汽质量计算相关的温度计量		1.0
压力仪表	用于气态、液态能源的压力计量		1.6
	与气体、蒸汽质量计算相关的压力计量		1.0

注 1：当计量器具是由传感器(变送器)、二次仪表组成的测量装置或系统时，表中给出的准确度等级应是装置或系统的准确度等级。装置或系统未明确给出其准确度等级时，可用传感器与二次仪表的准确度等级按误差合成方法合成。

注 2：运行中的电能计量装置按其所计量电能量的多少，将用户分为五类。Ⅰ类用户为月平均用电量 500 万 kW·h 及以上或变压器容量为 10 000 kV·A 及以上的高压计费用户；Ⅱ类用户为小于Ⅰ类用户用电量(或变压器容量)，但月平均用电量 100 万 kW·h 及以上或变压器容量为 2 000 kV·A 及以上的高压计费用户；Ⅲ类用户为小于Ⅱ类用户用电量(或变压器容量)，但月平均用电量 10 万 kW·h 及以上或变压器容量为 315 kV·A 及以上的计费用户；Ⅳ类用户为负荷容量为 315 kV·A 以下的计费用户；Ⅴ类用户为单相用电的计费用户。

4.3.7　用于成品油贸易结算的计量器具的准确度等级应不低于 0.2 级。

4.3.8　用于天然气贸易结算的计量器具的准确度等级应符合 GB/T 18603—2001 附录 A 和附录 B 的要求。

4.3.9　用于煤炭贸易结算的发热值计量器具的测量误差应符合 GB/T 213 的要求。

4.3.10　主要次级用能单位所配备能源计量器具的准确度等级(电能表除外)参照表 4 的要求，电能表可比表 4 的同类用户低一个档次的要求。

4.3.11　主要用能设备所配备能源计量器具的准确度等级(电能表除外)参照表 4 的要求，电能表可比表 4 的同类用户低一个档次的要求。

4.3.12　对锅炉热网系统，表 4 不能覆盖的计量器具，应符合 GB/T 17471 的要求。

4.3.13　能源计量器具的性能和准确度等级应满足纺织生产工艺和使用环境(如温度、温度变化率、湿度、照明、振动、噪声、粉尘、腐蚀、电磁干扰等)的要求。

5　能源计量器具的管理要求

5.1　能源计量制度

5.1.1　用能单位应建立能源计量管理体系，形成文件，并保持和持续改进其有效性。

5.1.2　用能单位应建立、保持和使用文件化的程序来规范能源计量人员行为、能源计量器具管理和能源计量数据的采集、处理和汇总。

5.2 能源计量人员

5.2.1 用能单位应设专人负责能源计量器具的管理,负责能源计量器具的配备、使用、检定(校准)、维修、报废等管理工作。

5.2.2 用能单位应设专人负责主要次级用能单位和主要用能设备能源计量器具的管理。

5.2.3 用能单位的能源计量管理人员应通过相关部门的培训考核,持证上岗;用能单位应建立和保存能源计量管理人员的技术档案。

5.2.4 能源计量器具检定、校准和维修人员,应具有相应的资质。

5.3 能源计量器具

5.3.1 用能单位应备有完整的能源计量器具一览表。表中应列出计量器具的名称、型号规格、准确度等级、测量范围、生产厂家、出厂编号、用能单位管理编号、安装使用地点、状态(指合格、准用、停用等)。主要次级用能单位和主要用能设备应备有独立的能源计量器具一览表分表。

5.3.2 用能设备的设计、安装和使用应满足 GB/T 6422、GB/T 15316 中关于用能设备的能源监测要求。

5.3.3 用能单位应建立能源计量器具档案,内容包括:

a) 计量器具使用说明书;
b) 计量器具出厂合格证;
c) 计量器具最近两个连续周期的检定(测试、校准)证书;
d) 计量器具维修记录;
e) 计量器具其他相关信息。

5.3.4 用能单位应备有能源计量器具量值传递或溯源图,其中作为用能单位内部标准计量器具使用的,要明确规定其准确度等级、测量范围、可溯源的上级传递标准。

5.3.5 用能单位的能源计量器具,凡属自行校准且自行确定校准间隔的,应有现行有效的受控文件(即自校计量器具的管理程序和自校规范)作为依据。

5.3.6 能源计量器具应实行定期检定(校准)。凡经检定(校准)不符合要求的或超过检定周期的计量器具一律不准使用。属强制检定的计量器具,其检定周期、检定方式应遵守有关计量法律法规的规定。

5.3.7 在用的能源计量器具应在明显位置粘贴与能源计量器具一览表编号对应、表明计量器具状态的标签,以备查验和管理。

5.4 能源计量数据

5.4.1 用能单位应建立能源统计报表制度,能源统计报表数据应能追溯至计量测试记录。

5.4.2 能源计量数据记录应采用规范的表格式样,计量测试记录表格应便于数据的汇总与分析,应说明被测量与记录数据之间的转换方法或关系。

5.4.3 重点用能单位可根据需要建立能源计量数据中心,利用计算机技术实现能源计量数据的网络化管理。

5.4.4 重点用能单位可根据需要按生产周期(班、日、周)及时统计计算出其单位产品的各种主要能源消耗量。

5.4.5 重点用能单位可根据相关管理要求,及时分级分项统计能源计量数据。

ICS 27.010
F 01

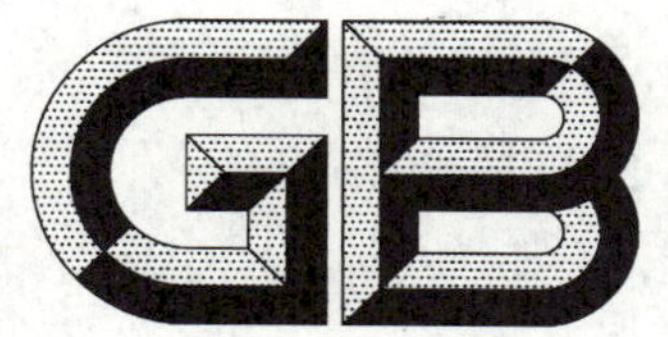

中华人民共和国国家标准

GB/T 29453—2012

煤炭企业能源计量器具配备和管理要求

Specification for equipping and managing of the measuring instrument of energy in coal enterprise

2012-12-31 发布　　2013-10-01 实施

中华人民共和国国家质量监督检验检疫总局
中国国家标准化管理委员会　发布

前　言

本标准按照 GB/T 1.1—2009 给出的规则起草。

本标准依据 GB 17167—2006《用能单位能源计量器具配备和管理通则》的规定和要求，结合煤炭企业的特点制定。

本标准由国家发展和改革委员会资源节约和环境保护司、国家质量监督检验检疫总局计量司提出。

本标准由全国能源基础与管理标准化技术委员会(SAC/TC 20)归口。

本标准起草单位：中国煤炭加工利用协会、煤炭工业节约能源办公室。

本标准主要起草人：张绍强、洪绍和、朱建荣、吕佳霖。

煤炭企业能源计量器具配备和管理要求

1 范围

本标准规定了煤炭企业用能单位能源计量的种类、范围,能源计量器具配备和管理的基本要求。

本标准适用于煤炭行业煤炭生产及洗选企业。

2 规范性引用文件

下列文件对于本文件的应用是必不可少的。凡是注日期的引用文件,仅注日期的版本适用于本文件。凡是不注日期的引用文件,其最新版本(包括所有的修改单)适用于本文件。

GB/T 6422 用能设备能量测试导则

GB/T 15316 节能监测技术通则

GB 17167 用能单位能源计量器具配备和管理通则

GB/T 18603—2001 天然气计量系统技术要求

3 术语和定义

GB 17167 界定的以及下列术语和定义适用于本文件。

3.1

煤炭企业用能单位 energy-using units of coal enterprise

煤炭企业具有独立法人地位的企业和具有独立核算能力的用能单位。

3.2

煤炭企业次级用能单位 sub organization of energy using in coal enterprises

煤炭企业用能单位下属的地面能源核算单位。

3.3

煤炭企业用能单元 basic cell of energy using in coal enterprises

煤炭企业用能单位所属的井下工艺生产系统,包括:采煤、掘进、皮带运输、照明、辅助运输等。

3.4

煤炭企业主要用能设备 major energy-using equipment of coal enterprise

煤炭生产主要用能设备为主(副)井提升机、主提升皮带、主通风机、主排水泵、空气压缩机、工业锅炉等。

4 能源计量器具配备

4.1 能源计量的种类及范围

本标准所称能源,指煤炭、原油、天然气、焦炭、煤气、热力、成品油、液化石油气、生物质能和其他直接或者通过加工、转换而取得有用能的各种资源。

能源的计量范围:

a) 输入煤炭企业用能单位、次级用能单位、用能单元和主要用能设备的能源及载能工质；

b) 输出煤炭企业用能单位、次级用能单位、用能单元和主要用能设备的能源及载能工质；

c) 煤炭企业用能单位、次级用能单位、用能单元和主要用能设备使用(消耗)的能源及载能工质；

d) 煤炭企业用能单位、次级用能单位、用能单元和主要用能设备自产的能源及载能工质；

e) 煤炭企业用能单位、次级用能单位、用能单元和主要用能设备可回收利用的余能资源。

4.2 能源计量器具的配备原则

4.2.1 煤炭企业用能单位应加装能源计量器具。

4.2.2 应满足能源分类计量的要求。

4.2.3 应满足煤炭企业用能单位实现能源分级分项考核的要求。

4.2.4 应满足评价其单位产品能源消耗率的要求。

4.2.5 应配备必要的便携式能源监测仪表，以满足自检自查的要求。

4.2.6 对实行用电峰谷分时计价的单位，应安装峰谷分时计量器具。

4.3 能源计量器具配备率

4.3.1 能源计量器具配备率按式(1)计算：

$$R_p = \frac{N_s}{N_t} \times 100\% \qquad \cdots\cdots(1)$$

式中：

R_p——能源计量器具配备率，%；

N_s——能源计量器具实际的安装配备数量；

N_t——能源计量器具理论需要安装量。

4.3.2 用能单位、次级用能单位和用能单元应配备能源计量器具。

4.3.3 用能单位、次级用能单位和用能单元应按表2要求配备能源计量器具。所配备能源计量器具的计量性能应满足表3的要求。

4.3.4 单台设备能源消耗量大于或等于表1中一种或多种能源消耗量限定值的为主要用能设备。

表1 主要用能设备配备能源计量器具的能源消耗量(或功率)限定值

能源种类	电力	固体燃料	成品油、石油液化气	重油	煤气 天然气	蒸汽 热水	水	其他
单位	kW	t/h	t/h	t/h	m^3/h	MW	t/h	GJ/h
限定值	50	1	0.5	1	50	7	1	29.26

注1：表中h是法定计量单位中“[小]时”的符号。

注2：表中m^3指在标准状态下。

注3：2 926 GJ 相当于100 tce。其他能源按等价热值折算。

主要用能设备应按表2要求配备能源计量器具。主要用能设备所配备能源计量器具的计量性能应满足表3的要求。

4.3.5 能源计量器具配备率应符合表2的要求。

表 2 能源计量器具配备率要求

%

能源种类		进出用能单位	进出次级用能单位	进出用能单元	主要用能设备
电力		100	100	100	95
固态能源	煤炭	100	100	100	90
固液混合能源	水煤浆	100	100	100	90
液态能源	成品油	100	100	100	95
	重油	100	100	100	90
	渣油	100	100	100	90
气态能源	天然气	100	100	100	90
	液化气	100	100	100	90
	煤气	100	100	100	80
载能工质	蒸汽	100	100	80	70
	水	100	100	95	—
	压缩空气及其他	100	90	—	70
回收利用的余热(能)		100	100	—	—

注 1：对于进出用能单位的季节性供暖用蒸汽(热水)可采用非直接计量载能工质流量的其他计量结算方式。

注 2：对于进出次级用能单位和用能单元的季节性供暖用蒸汽(热水)可以不配备能源计量器具。

注 3：对于在主要用能设备上使用的蒸汽、水等载能工质，其耗能量小于表 1 规定值的，可以不配置专用能源计量器具。

注 4：对于可单独进行能源计量考核的用能单元，如果用能单元已配备了能源计量器具，用能单元中的主要用能设备可以不再单独配备能源计量器具。

注 5：对于集中管理同类用能设备的用能单元，如果用能单元已配备了能源计量器具，用能单元中的主要用能设备可以不再单独配备能源计量器具。

4.3.6 煤炭企业用能单位的能源计量器具准确度等级应满足表 3 的要求。

表 3 煤炭企业用能单位能源计量器具准确度等级要求

计量器具类别	计量目的		准确度等级要求
衡器	进出煤炭企业用能单位燃料的静态计量		0.1
	进出煤炭企业用能单位燃料的动态计量		0.5
电能表	进出煤炭企业用能单位有功交流电能计量	Ⅰ类用户	0.5S
		Ⅱ类用户	0.5
		Ⅲ类用户	1.0
		Ⅳ类用户	2.0
		Ⅴ类用户	2.0
	进出煤炭企业用能单位的直流电能计量		2.0

表 3（续）

计量器具类别	计量目的		准确度等级要求
油流量表(装置)	进出煤炭企业用能单位的液体能源计量	成品油	0.5
		重油、渣油	1.0
气体流量表(装置)	进出煤炭企业用能单位的气体能源计量	煤气	2.0
		天然气	2.0
		蒸汽	2.5
水流量表(装置)	进出煤炭企业用能单位的水量计量	管径不大于 250 mm	2.5
		管径大于 250 mm	1.5
温度仪表	用于液态、气态能源的温度计量		2.0
	与气体、蒸汽质量计算相关的温度计量		1.0
压力仪表	用于液态、气态能源的压力计量		2.0
	与气体、蒸汽质量计算相关的压力计量		1.0

注 1：当计量器具是由传感器(变送器)、二次仪表组成的测量装置或系统时，表中给出的准确度等级应是装置或系统的准确度等级。装置或系统未明确给出其准确度等级时，可用传感器与二次仪表的准确度等级按误差合成方法合成。

注 2：运行中的电能计量装置按其所计量电能量的多少，将用户分为五类。Ⅰ类用户为月平均用电量 500 万 kW·h 及以上或变压器容量为 10 000 kV·A 及以上的高压计费用户；Ⅱ类用户为小于Ⅰ类用户用电量(或变压器容量)但月平均用电量 100 万 kW·h 及以上或变压器容量为 2 000 kV·A 及以上的高压计费用户；Ⅲ类用户为小于Ⅱ类用户用电量(或变压器容量)但月平均用电量 10 万 kW·h 及以上或变压器容量为 315 kV·A 及以上的计费用户；Ⅳ类用户为负荷容量为 315 kV·A 及以下的计费用户。

4.3.7 用于成品油贸易结算的计量器具的准确度等级应不低于 0.2(加油站可能达不到要求，按规程)。

4.3.8 用于天然气贸易结算的计量器具的准确度等级应符合 GB/T 18603—2001 附录 A 和附录 B 的要求(不同等级的计量系统不一样)。

4.3.9 煤炭企业主要次级用能单位、用能单元和主要用能设备所配备能源计量器具的准确度等级(电能表除外)参照表 3 的要求，电能表可比表 3 的同类用户低一个档次的要求。

4.3.10 煤炭企业用能单元和主要用能设备的设计、安装和使用应满足 GB/T 6422、GB/T 15316 关于用能设备的节能监测要求。

4.3.11 能源计量器具的计量性能应满足相应生产工艺和使用环境(如温度、温度变化率、湿度、照明、振动、噪声、粉尘、腐蚀、辐射、防爆、电磁干扰等)的要求。

5 能源计量器具的管理要求

5.1 能源计量管理制度

5.1.1 煤炭企业用能单位，应建立能源计量管理体系并形成文件，保持和持续改进其有效性。

5.1.2 煤炭企业用能单位，应建立、保持和使用文件化的程序，规范能源计量人员行为、能源计量器具管理和能源计量数据的采集、处理和汇总。

5.2 能源计量人员

5.2.1 煤炭企业用能单位，应设专人负责能源计量器具的管理，负责能源计量器具的配备、使用、检定

(校准)、维修、报废等管理工作。

5.2.2 煤炭企业用能单位，应设专人负责煤炭企业主要次级用能单位、用能单元和主要用能设备能源计量器具的管理。

5.2.3 煤炭企业用能单位的能源计量、管理人员，应通过相关部门的培训考核，持证上岗；煤炭企业用能单位应建立和保存能源、计量管理人员的技术档案。

5.2.4 能源计量器具检定、校准和维修人员，应具有相应的资质。

5.3 能源计量器具管理

5.3.1 煤炭企业用能单位，应备有完整的能源计量器具一览表，表中应列出计量器具的名称、型号规格、准确度等级、测量范围、生产厂家、出厂编号、煤炭企业用能单位管理编号、安装使用地点、状态(指合格、准用、停用等)。主要次级用能单位、用能单元和主要用能设备有独立的能源计量器具一览表分表。

5.3.2 煤炭企业用能单位，应建立能源计量器具档案，内容包括：

a) 计量器具使用说明书；

b) 计量器具出厂合格证；

c) 计量器具最近两个连续周期的检定(测试、校准)证书；

d) 计量器具维修记录；

e) 计量器具其他相关信息。

5.3.3 煤炭企业用能单位，应备有能源计量器具量值传递或溯源图，其中作为内部标准计量器具使用的，要明确规定其准确度等级、测量范围、可溯源的上级传递标准。

5.3.4 煤炭企业用能单位的能源计量器具，凡属自行校准且自行确定校准间隔的，应有现行有效的受控文件(即自校计量器具的管理程序和自校规范)作为依据。

5.3.5 在用的能源计量器具，应在明显位置粘贴与能源计量器具一览表编号对应的标签，以备查验和管理。

5.4 能源计量数据

5.4.1 煤炭企业用能单位，应建立能源统计报表制度。能源统计报表数据，应能追溯至计量测试记录。

5.4.2 能源计量数据记录，应采用规范的表格式样，计量测试记录表格，应便于数据的汇总与分析，应说明被测量与记录数据之间的转换方法或关系。

5.4.3 煤炭企业用能单位，可根据需要按生产周期(班、日、月)，及时统计计算出其单位产品的各种主要能源消耗量。

5.4.4 能源计量数据及有关测试记录保存期限不低于五年。

ICS 27.010
F 01

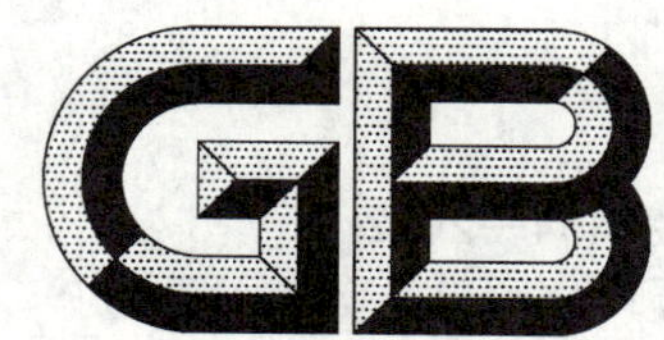

中华人民共和国国家标准

GB/T 29454—2012

制浆造纸企业 能源计量器具配备和管理要求

Specification for equipping and managing of the measuring instrument of energy in the pulp and paper enterprise

2012-12-31 发布 2013-10-01 实施

中华人民共和国国家质量监督检验检疫总局
中国国家标准化管理委员会 发布

前　言

本标准按照 GB/T 1.1—2009 给出的规则起草。

本标准由国家发展和改革委员会资源节约和环境保护司、国家质量监督检验检疫总局计量司提出。

本标准由全国能源基础与管理标准化技术委员会(SAC/TC 20)归口。

本标准起草单位:大连工业大学、中国制浆造纸研究院。

本标准主要起草人:刘秉钺、邱文伦、宁玲玲、崔立国、黎的非。

制浆造纸企业
能源计量器具配备和管理要求

1 范围

本标准规定了制浆造纸企业能源计量的种类、范围,能源计量器具的配备原则与管理的基本要求。

本标准适用于制浆造纸生产企业。

2 规范性引用文件

下列文件对于本文件的应用是必不可少的。凡是注日期的引用文件,仅注日期的版本适用于本文件。凡是不注日期的引用文件,其最新版本(包括所有的修改单)适用于本文件。

GB/T 6422 用能设备能量测试导则

GB/T 15316 节能监测技术通则

GB 17167 用能单位能源计量器具配备和管理通则

GB/T 17471 锅炉热网系统能源监测与计量仪表配备原则

GB/T 18603 天然气计量系统技术要求

GB/T 19022 测量管理体系 测量过程和测量设备的要求

GB 50093 自动化仪表工程施工及验收规范

3 术语和定义

GB 17167 界定的术语和定义适用于本文件。

4 能源计量器具配备

4.1 能源计量的种类

本标准所称能源,指煤炭、重油、天然气、电力、煤气、热力、成品油、液化石油气,生物质能源(指黑液、树皮、锯屑、草末)和其他直接或者通过加工、转换而取得有用能的各种资源(包括生物污泥等富含有机废物的垃圾,厌氧发酵产生的沼气,废纸制浆产生的有机废物等,燃烧硫酸盐法制浆所收集的臭气,燃烧硫铁矿或硫磺制备亚硫酸药液产生的热能等)。

4.2 能源计量的范围

能源计量范围包括:

a) 输入用能单位、次级用能单位和用能设备的能源及载能工质;

b) 输出用能单位、次级用能单位和用能设备的能源及载能工质;

c) 用能单位、次级用能单位和用能设备使用(消耗)的能源及载能工质;

d) 用能单位、次级用能单位和用能设备自产的能源及载能工质;

e) 用能单位、次级用能单位和用能设备可回收利用的余能资源。

4.3 能源计量器具的配备原则

4.3.1 用能单位配备的能源计量器具要充分考虑现行国家标准、行业标准和企业标准的指导作用，要满足生产工艺和相关标准的具体要求。

4.3.2 用能单位能源计量，应满足能源分类、分级和分项统计和核算的要求。

4.4 能源计量器具的配备要求

4.4.1 用能单位应加装表1所示能源计量器具。能源计量器具的准确度应不低于表1的要求。

表1 能源计量器具的准确度要求

<table>
<tr><th>计量器类别</th><th colspan="2">计量项目</th><th>准确度等级要求</th></tr>
<tr><td rowspan="2">衡器</td><td colspan="2">进出用能单位燃料的静态计量</td><td>0.1</td></tr>
<tr><td colspan="2">进出用能单位燃料的动态计量</td><td>0.5</td></tr>
<tr><td rowspan="6">电能表</td><td rowspan="5">进出用能单位有功交流电能计量</td><td>Ⅰ类用户</td><td>0.2</td></tr>
<tr><td>Ⅱ类用户</td><td>0.3</td></tr>
<tr><td>Ⅲ类用户</td><td>0.5</td></tr>
<tr><td>Ⅳ类用户</td><td>1.0</td></tr>
<tr><td>Ⅴ类用户</td><td>1.0</td></tr>
<tr><td colspan="2">进出用能单位直流电能计量</td><td>2.0</td></tr>
<tr><td rowspan="3">油流量表(装置)</td><td rowspan="3">进出用能单位的液体能源计量</td><td>成品油</td><td>0.2</td></tr>
<tr><td>原油</td><td>0.5</td></tr>
<tr><td>重油、渣油</td><td>1.0</td></tr>
<tr><td rowspan="3">气(汽)体流量表(装置)</td><td rowspan="3">进出用能单位的气体能源计量</td><td>煤气</td><td>2.0</td></tr>
<tr><td>天然气</td><td>2.0</td></tr>
<tr><td>蒸汽</td><td>2.0</td></tr>
<tr><td rowspan="2">黑液流量表</td><td rowspan="2">进出用能单位的黑液计量</td><td>固形物含量不大于45%</td><td>1.0</td></tr>
<tr><td>固形物含量大于45%</td><td>0.5</td></tr>
<tr><td rowspan="2">水流量表(装置)</td><td rowspan="2">进出用能单位的水计量</td><td>管径不大于250 mm</td><td>2.5</td></tr>
<tr><td>管径大于250 mm</td><td>1.5</td></tr>
<tr><td rowspan="2">温度仪表</td><td colspan="2">用于液态、气态能源的温度计量</td><td>2.0</td></tr>
<tr><td colspan="2">与气体、蒸汽质量计量相关温度测量的温度传感器</td><td>1.0</td></tr>
<tr><td rowspan="2">压力仪表</td><td colspan="2">用于气体、液态能源的压力计量</td><td>2.0</td></tr>
<tr><td colspan="2">与气体、蒸汽质量计量相关压力测量的压力计量</td><td>1.0</td></tr>
<tr><td colspan="4">注1：运行中的电能计量装置按其所计量电能的多少，将用户分为五类。Ⅰ类用户为月平均用电量500万kW·h及以上或变压器容量为10 000 kV·A及以上的高压计费用户；Ⅱ用户为小于Ⅰ类用户电量〔或变压器容量〕月平均用电量100万kW·h及以上或变压器容量为2 000 kV·A及以上的高压计费用户；Ⅲ类用户为小于Ⅱ类用户用电量(或变压器容量)但月平均用电量10万kW·h及以上或变压器容量为315 kV·A及以上的计费用户；Ⅳ类用户为负荷容量为315 kV·A及以下的计费用户；Ⅴ类用户为单相供电的计费用户。
注2：当计量器具是由传感器(变送器)、二次仪表组成的测量装置或系统时，表1给出的准确度应是装置或系统的准确度(装置或系统未明确给出其准确度时，可用传感器与二次仪表的准确度按误差合成方法合成)。</td></tr>
</table>

4.4.2 用能量(或产能量、或输运能量)大于或等于表2中一种及以上能源消耗量限定值的次级用能单位为主要次级单位。主要次级单位应装能源计量器具。

表2 主要次级用能单位和主要用能设备能源消耗量(或功率)限定值

能源种类	电力	煤炭	成品油、石油液化气	重油、渣油	煤气、天然气	黑液	蒸汽、热水	生物质能源	水	其他
主要次级单位限定值	10 kW	100 t/a	40 t/a	80 t/a	10 000 m^3/a	2 926 GJ/a	5 000 GJ/a	2 926 GJ/a	5 000 t/a	2 926 GJ/a
主要用能设备限定值	100 kW	1 t/h	0.5 t/h	1 t/h	100 m^3/h	29.26 GJ/h	7 MW	29.26 GJ/h	1 t/h	29.26 GJ/h

注1:表中a是法定计量单位中"年"的符号。

注2:表中m^3指在标准状态下。

注3:2 926 GJ相当于100 tce。其他能源应按等价热值折算。

注4:对于可独立进行能源计量考核的用能单元(装置、系统、工序、工段等),如果用能单元已配备了能源计量器具,用能单元中的主要用能设备可以不再单独配备能源计量器具。

注5:对于集中管理同类用能设备的用能单元(锅炉房、泵房等),如果用能单元已配备了能源计量器具,用能单元中的主要用能设备可以不再单独配备能源计量器具。

注6:作为能源利用的生物质能源指树皮、锯屑、草末等。

注7:其他能源包括生物污泥等富含有机废物的垃圾,厌氧发酵产生的沼气,废纸制浆产生的有机废物等,硫酸盐法制浆所收集的臭气,燃烧硫铁矿或硫磺制备亚硫酸药液产生的热能。

4.4.3 单台设备耗能量大于或等于表2中一种及以上能源消耗量限定值的设备为主要用能设备应加装能源计量器具。

4.4.4 各级能源计量器具配备率按式(1)计算:

$$R_p = N_s / N_i \times 100\% \quad \cdots\cdots(1)$$

式中:

R_p——各级能源计量器具配备率,%;

N_s——各级能源计量器具实际配备数量;

N_i——各级能源计量器具配备理论需要量。

4.4.5 用能单位能源计量器具配备率应不低于表3的要求。

表3 能源计量器具配备率要求

%

能源种类		进出用能单位	进出主要次级用能单位	主要用能设备
电力		100	100	95
固态能源	煤炭	100	100	90
	树皮、锯屑、草末	100	100	90
液态能源	成品油	100	100	95
	重油、渣油	100	100	90
	黑液	100	100	90

表 3（续）

%

能源种类		进出用能单位	进出主要次级用能单位	主要用能设备
气态能源	天然气	100	100	90
	液化气	100	100	90
	煤气	100	90	80
	蒸汽	100	90	70
耗能工质	水	100	95	80
	压缩空气	100	90	60
	其他耗能工质	100	80	60
可回收利用余能		90	80	—

注 1：进出用能单位的季节性供暖用蒸汽（热水）可采用非直接计量载能工质流量的其他计量结果方式。

注 2：进出主要次级用能单位的季节性供暖用蒸汽（热水）可以不配备能源计量器具。

注 3：在主要用能设备上作为辅助能源使用的电力和蒸汽、水、压缩空气等载能工质、其耗能量很小（低于表 1 的要求可以不配备能源计量器具。

注 4：可回收利用余能包括燃烧生物污泥等富含有机废物的垃圾，废纸制浆产生的有机废物等，燃烧厌氧发酵产生的沼气，燃烧硫酸盐法制浆所收集的臭气，燃烧硫铁矿或硫磺制备亚硫酸药液所产生的热能。

4.4.6　主要次级用能单位、主要用能设备能源计量所配备能源计量器具的准确度等级（电能表除外）参照表 1 的要求，主要用能设备能源计量所配备电能表可比表 1 的同类用户低一个档次的要求。

4.4.7　对有能源加工、转换、输运性质的用能单位，其所配备的能源计量器具应满足评价其能源加工、转换、输运效率的要求。

4.4.8　能源作为生产原料使用时，其计量器具的准确度应满足相应的生产工艺要求。

4.4.9　能源计量器具的性能应满足相应的生产工艺计量要求及使用环境要求（如温度、湿度、照明、振动、粉尘、腐蚀，电磁干扰等）。

4.4.10　对天然气计量仪表的配备，应符合 GB/T 18603 的要求。

4.4.11　对锅炉热网系统，表 1 不能覆盖的计量器具，应符合 GB/T 17471 的要求。

4.4.12　用能设备的设计、安装和使用，应能满足 GB/T 6422、GB/T 15316 中关于用能设备的能源检测要求。

4.4.13　对能源计量器具配备的自动化仪表的施工及验收，应符合 GB 50093 中的要求。

4.4.14　重点用能单位应配备必要的便携式检测仪表，以满足自检自查要求。

5　能源计量器具的管理要求

5.1　能源计量管理体系

5.1.1　用能单位应建立能源计量管理体系，按照 GB/T 19022 的要求执行，形成文件，并保持和持续改进其有效性。

5.1.2　用能单位应建立、保持和使用文件化的程序来规范人员行为、管理计量器具和进行计量数据的采集、处理和汇总。

5.2　能源计量人员

5.2.1　用能单位应设有专人负责能源计量器具的管理，负责能源计量器具的配备、使用、检定（校准）、维修、报废等管理工作。

5.2.2 用能单位的能源计量管理人员应通过相关管理部门的培训考核,持证上岗;用能单位应建立和保存能源计量管理人员的技术档案。

5.2.3 计量器具的检定、校准和维修人员,应具有相应的资质。

5.3 能源计量器具

5.3.1 用能单位应备有完整的能源计量器具配备一览表,表中应列出计量测点名称、计量器具的名称、型号规格、准确度等级、生产厂家、出厂编号、用能单位编号、安装使用地点、状态(指合格、准用、停用等)。主要次级用能单位和主要用能设备有独立的能源计量器具一览分表。

5.3.2 用能单位应建立能源计量器具档案,内容包括:

——计量器具使用说明书;

——计量器具出厂合格证;

——计量器具历次(或最近两个连续周期的)检定(测试、校准)证书;

——计量器具检修记录;

——计量器具其他相关的信息。

5.3.3 用能单位应建有明确的能源计量器具量值传递系统并绘制量值传递或溯源图,其中作为用能单位内部标准计量器具使用的,要明确规定其准确度、测量范围、可溯源的上级传递标准。

5.3.4 属用能单位经营贸易结算所用的能源计量器具,按国家对强制检定计量器具的管理要求进行。其他按非强制检定计量器具依法自管并按用能单位内部主要测点进行控制。

5.3.5 用能单位的能源计量器具应实行定期检定(校准),并有确定的检定(校准)周期,属强制检定的计量器具,其使用、检定周期、检定方式应遵守有关计量法规的规定。

5.3.6 用能单位能源计量器具凡属自行校准且自行确定校准间隔的,应有现行有效的受控文件(即自校计量器具的管理程序和自校规范)作为依据。

5.3.7 用能单位应保证能源计量器具在用管理的状态标识、运行维护与维修受控有效,确保在用完好并始终处于校准受控状态,相应记录完善。

5.3.8 用能单位的能源计量器具在用时,应充分考虑封记,防止人为改变其校准状态。

5.4 能源计量数据

5.4.1 用能单位应建立能源统计报表制度,能源统计报表数据应能追溯至计量检测记录。

5.4.2 用能单位能源计量数据记录应采用规范的表格式样,计量检测记录表格应便于对数据的汇总与分析,应说明直接读数与被测量或记录量之间的转换方法或关系。

5.4.3 重点用能单位可根据需要建立能源计量数据中心,利用计算机技术实现能源计量检测数据的网络化管理。

5.4.4 重点用能设备可根据需要按生产周期及时统计计算出其单位产品的各种主要能源消耗量。

5.4.5 用能单位对能源计量检测数据的采集、处理、传递和报告应形成文件化、程序化管理,明确归口管理职责,使计量数据形成的各环节受控、有监督核查、有计量确认,确保计量检测数据真实、准确。

5.4.6 能源计量数据及有关记录保存期限应不低于3年。

ICS 27.010
F 01

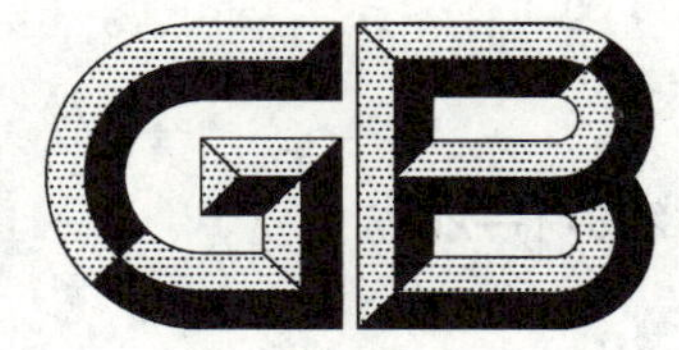

中华人民共和国国家标准

GB/T 29871—2013

能源计量仪表通用数据接口技术协议

General data interface technology protocol of energy metering instrument

2013-11-12 发布　　2014-04-15 实施

中华人民共和国国家质量监督检验检疫总局
中国国家标准化管理委员会　发布

前言

本标准按照GB/T 1.1—2009给出的规则起草。

本标准由全国计量器具管理标准化技术委员会(SAC/TC 525)提出并归口。

本标准起草单位:福建省计量科学研究院、国家城市能源计量中心(福建)、福建海峡计量科技开发中心、福建省能源计量重点实验室、福州上润精密仪器有限公司、福建东辉智能仪表有限公司、福州海华星测控技术有限公司、内蒙古自治区计量测试研究院、江苏省计量科学研究院。

本标准主要起草人:方辉、魏鹏、方仁桂、高廷金、林军、朱炜琳、肖振光、梁宏霞、马宇明。

能源计量仪表通用数据接口技术协议

1 范围

本标准规定了能源计量仪表的通讯协议、类型及寄存器的要求。

本标准适用于基于 Modbus 通信协议的能源计量仪表。

2 规范性引用文件

下列文件对于本文件的应用是必不可少的。凡是注日期的引用文件，仅注日期的版本适用于本文件。凡是不注日期的引用文件，其最新版本(包括所有的修改单)适用于本文件。

GB 17167 用能单位能源计量器具配备和管理通则

GB/T 19582.2—2008 基于 Modbus 协议的工业自动化网络规范 第 2 部分：Modbus 协议在串行链路上的实现指南

GB/T 29873—2013 能源计量数据公共平台数据传输协议

3 术语和定义

GB 17167、GB/T 19582.2—2008 和 GB/T 29873—2013 界定的术语和定义适用于本文件。

4 通讯协议

4.1 传输模式

传输模式采用 Modbus RTU 模式，符合 GB/T 19582.2—2008 中 6.5.1 的规定。

4.2 消息帧格式

消息帧格式应符合图 1 的规定。

起始符	地址域	功能域	数据域	校验域	结束符
≥3.5字符	8 bit	8 bit	N×8 bit	16 bit	≥3.5字符

(Modbus消息帧：地址域至校验域)

图 1 消息帧格式

4.2.1 起始符

标识一个消息帧的开始，一个消息帧至少要以发送 3.5 个字符时间的停顿间隔开始。

4.2.2 地址域

地址域用 8 bit 表示能源计量仪表的数据交换地址，最多支持 247 个设备，可能的能源计量仪表地址是 1—247(十进制),248—255 为保留。地址 0 是用作广播地址,如用于广播校时等。能源计量仪表计量单位代码见附录 A。

4.2.3 功能域

功能域的规定如下:

a) 功能域的长度为 8 bit,格式如图 2 所示,其中 D7 为应答标志;
b) 当消息从数据集中采集终端发往能源计量仪表时,功能码将告之能源计量仪表需要执行哪些行为,应答标志 D7=0;
c) 当能源计量仪表回应时,它使用应答标志 D7 来指示是正常回应还是有某种错误发生。对正常回应,能源计量仪表回应相应的功能码。对异常回应相应的功能码但 D7=1。详细功能码见附录 B。

D7	D6	D5	D4	D3	D2	D1	D0

说明:
D7=0 正常应答
D7=1 异常应答

图 2 功能域格式

4.2.4 数据域

数据域指定了起始地址和要读写的寄存器数量等信息。

4.2.5 校验域

校验域长度为 16 bit,采用循环冗余校验(CRC)校验码,见附录 C。校验域附加在消息的最后,低字节在前,高字节在后。

4.2.6 结束符

标识一帧信息的结束,一个消息帧至少要发送 3.5 个字符时间的停顿间隔表示帧结束。

4.2.7 通讯示例

通讯示例参照附录 D。

5 能源计量仪表类型及寄存器

5.1 能源计量仪表类型

常用的能源计量仪表类型和仪表代码见表 1。

表 1 计量仪表类型和代码

能源计量仪表类型	代码
流量表	0x0001
热能表	0x0002

表 1（续）

能源计量仪表类型	代码
电能表	0x0003
称重仪表	0x0004
压力表	0x0005
温度表	0x0006
其他	0x0007—0xFFFF

5.2 能源计量仪表寄存器

能源计量仪表寄存器地址从 0x1000 开始，寄存器地址 0x1000，存储仪表类型；寄存器地址 0x1001—0x1003，存储日期时间，6 字节 BCD 数分别表示秒分时日月年，低位在前；寄存器地址 0x1004，存储能源计量仪表通道数；寄存器地址 0x1005，存储每个通道数据占用寄存器数量。若是多通道能源计量仪表，根据地址 0x1004 和 0x1005 的内容决定每个通道所存数据的寄存器地址，每个通道的首地址的偏移量按每个通道数量占用的寄存器数量递增（例如在表 2 中，第 1 通道的起始数据寄存器地址为 0x1006，第 2 通道的起始数据寄存器地址为 0x1029，依此类推）。具体详见表 2～表 7。

表 2 流量表寄存器说明

寄存器	变量名称	数据类型	说明
0x1000	能源计量仪表类型		详见表 1
0x1001—0x1003	日期时间	BCD	6 字节 BCD 数分别表示秒分时日月年，低位在前
0x1004	能源计量仪表通道数	INT	2 字节整型数，采用小端模式
0x1005	每个通道数据占用寄存器数量	INT	
0x1006—1007	瞬时流量	REAL4	REAL4 是标准 IEEE-754 格式单精度浮点数，一般也称为 FLOAT 格式，采用小端模式
0x1008	瞬时流量单位		见附录 A
0x1009—100A	瞬时热流量	REAL4	
0x100B	瞬时热流量单位		见附录 A
0x100C—100D	流体速度	REAL4	
0x100E	流体速度单位		见附录 A
0x100F—1012	正累积流量	DOUBLE	DOUBLE 是标准 IEEE-754 格式双精确度浮点数
0x1013—1016	负累积流量	DOUBLE	
0x1017	累积流量单位		见附录 A
0x1018—101B	正累积热量	DOUBLE	
0x101C—101F	负累积热量	DOUBLE	

表 2（续）

寄存器	变量名称	数据类型	说　明
0x1020	累积热量单位		见附录 A
0x1021—1022	温度 1/进水温度	REAL4	
0x1023—1024	温度 2/回水温度	REAL4	
0x1025	温度单位		见附录 A
0x1026—1027	压力过程值	REAL4	
0x1028	压力单位		
其他	通道扩展		

表 3　热能表寄存器说明

寄存器	变量名称	数据类型	说　明
0x1000	能源计量仪表类型		详见表 1
0x1001—0x1003	日期时间	BCD	6 字节 BCD 数分别表示秒分时日月年，低位在前
0x1004	能源计量仪表通道数	INT	2 字节整型数，采用小端模式
0x1005	每个通道数据占用寄存器数量	INT	
0x1006—1007	瞬时流量	REAL4	
0x1008	瞬时流量单位		见附录 A
0x1009—100A	瞬时热流量	REAL4	
0x100B	瞬时热流量单位		见附录 A
0x100C—100D	累积流量	REAL4	
0x100E	累积流量单位		见附录 A
0x100F—1010	累积热量	REAL4	
0x1011	累积热量单位		见附录 A
0x1012—1013	进水温度	REAL4	
0x1014—1015	回水温度	REAL4	
0x1016	温度单位		
其他	通道扩展		

表 4　电能表寄存器说明

寄存器	变量名称	数据类型	说　明
0x1000	能源计量仪表类型		详见表 1
0x1001—0x1003	日期时间	BCD	6 字节 BCD 数分别表示秒分时日月年，低位在前

表 4（续）

寄存器	变量名称	数据类型	说　明
0x1004	能源计量仪表通道数	INT	2字节整型数,采用小端模式
0x1005	每个通道数据占用寄存器数量	INT	
0x1006—1007	当前总电能	REAL4	
0x1008—1009	当前有功电能	REAL4	
0x100A—100B	当前无功电能	REAL4	
0x100C—100D	A相有功电能	REAL4	
0x100E—100F	A相无功电能	REAL4	
0x1010—1011	B相有功电能	REAL4	
0x1012—1013	B相无功电能	REAL4	
0x1014—1015	C相有功电能	REAL4	
0x1016—1017	C相无功电能	REAL4	
0x1018—1019	功率因数		
0x101A—101B	前一天电能	REAL4	
0x101C—101D	前一月电能	REAL4	
0x101E	电能单位		
0x101F	无功电能单位		见附录A
其他	通道扩展		

表 5　称重仪表寄存器说明

寄存器	变量名称	数据类型	说　明
0x1000	能源计量仪表类型		详见表1
0x1001—0x1003	日期时间	BCD	6字节BCD数分别表示秒分时日月年,低位在前
0x1004	能源计量仪表通道数	INT	2字节整型数,采用小端模式
0x1005	每个通道数据占用寄存器数量	INT	
0x1006—1007	当前测量值	REAL4	
0x1008	单位		
0x1009—100A	累积值	REAL4	
0x100B—100C	累积次数	INT	
0x100D	累积单位		见附录A
其他	通道扩展		

表6 压力表寄存器说明

寄存器	变量名称	数据类型	说明
0x1000	能源计量仪表类型		详见表1
0x1001—0x1003	日期时间	BCD	6字节BCD数分别表示秒分时日月年，低位在前
0x1004	能源计量仪表通道数	INT	2字节整型数，采用小端模式
0x1005	每个通道数据占用寄存器数量	INT	
0x1006—1007	压力	REAL4	
0x1008	压力单位		见附录A
其他	通道扩展		

表7 温度表寄存器说明

寄存器	变量名称	数据类型	说明
0x1000	能源计量仪表类型		详见表1
0x1001—0x1003	日期时间	BCD	6字节BCD数分别表示秒分时日月年，低位在前
0x1004	能源计量仪表通道数	INT	2字节整型数，采用小端模式
0x1005	每个通道数据占用寄存器数量	INT	
0x1006—1007	温度	REAL4	
0x1008	温度单位		见附录A
其他	通道扩展		

附 录 A
（规范性附录）
计量单位代码表

表 A.1 规定了常用的计量单位代码。

表 A.1 计量单位代码表

名称	单位	代号
电能	kWh	0x0001
电能	MWh	0x0002
无功电能	kvarh	0x0003
无功电能	Mvarh	0x0004
热能	kJ	0x0005
热能	MJ	0x0006
热能	GJ	0x0007
热流量	kJ/h	0x0008
热流量	kJ/min	0x0009
热流量	GJ/h	0x000A
热流量	GJ/d	0x000B
体积流量	m^3/min	0x000C
体积流量	m^3/h	0x000D
体积流量	L/min	0x000E
体积流量	L/h	0x000F
质量流量	t/h	0x0010
质量流量	kg/h	0x0011
质量流量	kg/min	0x0012
流速	m/s	0x0013
体积	m^3	0x0014
重量	t	0x0015
温度	℃	0x0016
压力	kPa	0x0017
压力	MPa	0x0018
电流	mA	0x0019
电流	A	0x001A
电压	mV	0x001B
电压	V	0x001C

附 录 B
（规范性附录）
功 能 码

表 B.1 规定了协议的功能码。

表 B.1 功能码

<table>
<tr><th colspan="3">功能分类</th><th>功能名称</th><th>功能码</th></tr>
<tr><td rowspan="13">数据访问</td><td rowspan="4">比特访问</td><td>物理离散量输入</td><td>读离散量输入</td><td>0x02</td></tr>
<tr><td rowspan="3">内部比特或物理线圈</td><td>读线圈</td><td>0x01</td></tr>
<tr><td>写单个线圈</td><td>0x05</td></tr>
<tr><td>写多个线圈</td><td>0x0F</td></tr>
<tr><td rowspan="7">16 比特访问</td><td>物理输入寄存器</td><td>读输入寄存器</td><td>0x04</td></tr>
<tr><td rowspan="6">内部寄存器或物理输出器寄存器</td><td>读保持寄存器</td><td>0x03</td></tr>
<tr><td>写单个寄存器</td><td>0x06</td></tr>
<tr><td>写多个寄存器</td><td>0x10</td></tr>
<tr><td>读/写多个寄存器</td><td>0x17</td></tr>
<tr><td>屏蔽写寄存器</td><td>0x16</td></tr>
<tr><td>读 FIFO 队列</td><td>0x18</td></tr>
<tr><td colspan="2" rowspan="2">文件记录访问</td><td>读文件记录</td><td>0x14</td></tr>
<tr><td>写文件记录</td><td>0x15</td></tr>
<tr><td colspan="3" rowspan="6">诊断</td><td>读异常状态</td><td>0x07</td></tr>
<tr><td>诊断</td><td>0x08</td></tr>
<tr><td>获得事件计数器</td><td>0x0B</td></tr>
<tr><td>获得事件记录</td><td>0x0C</td></tr>
<tr><td>报告从站 ID</td><td>0x11</td></tr>
<tr><td>读设备标识码</td><td>0x2B</td></tr>
</table>

附 录 C
（规范性附录）
循环冗余校验(CRC)算法

C.1 循环冗余校验(CRC)算法说明

C.1.1 CRC说明

CRC(Cyclic Redundancy Check)是一种数据传输错误检查方法,CRC码两个字节,包含一16位的二进制值。它由传输设备计算后加入到数据包中。接收设备重新计算收到消息的CRC,并与接收到的CRC域中的值比较,如果两值不同,则有误。

C.1.2 CRC具体算法

CRC是先调入一值是全“1”的16位寄存器,然后调用一过程将消息中连续的8位字节时当前寄存器中的值进行处理。仅每个字符中的8 bit数据对CRC有效,起始位和停止位以及奇偶校验位均无效。

C.2 CRC校验字节的生成步骤

CRC校验字节的生成步骤如下:

1) 装一个16位寄存器,所有数位均为1;
2) 取被校验串的一个字节与16位寄存器的高位字节进行“异或”运算。运算结果放入这个16位寄存器;
3) 把这个16位寄存器向右移一位;
4) 若向右(标记位)移出的数位是1,则生成多项式1010 0000 0000 0001和这个寄存器进行“异或”运算;若向右移出的数位是0,则返回3);
5) 重复3)和4),直至移出8位;
6) 取被校验串的下一个字节;
7) 重复3)~6),直至被校验串的所有字节均与16位寄存器进行“异或”运算,并移位8次;
8) 这个16位寄存器的内容即2字节CRC错误校验码。校验码按照先高字节后低字节的顺序存放。

附 录 D
（资料性附录）
通 讯 示 例

例如读取流量表的瞬时流量值，设地址为 0x01 的流量表瞬时流量值为 10.25 m^3/h。

D.1 数据集中采集终端请求帧

数据集中采集终端请求帧示例见表 D.1。

表 D.1 数据集中采集终端请求帧

数据集中采集终端请求						
地址	功能码	起始地址高位	起始地址低位	寄存器数量的高位	寄存器数量的低位	CRC
01	03	10	06	00	03	xxxx

D.2 能源计量仪表正常应答帧

能源计量仪表正常应答帧示例见表 D.2。

表 D.2 能源计量仪表正常应答帧

能源计量仪表正常应答									
地址	功能码	字节数	数据 1 高位	数据 1 低位	数据 2 高位	数据 2 低位	数据 3 高位	数据 3 低位	CRC
01	03	06	41	24	00	01	00	0D	xxxx
十六进制数 41240001 表示的十进制 10.25，数据 3 表示单位									

D.3 能源计量仪表错误应答帧

能源计量仪表错误应答帧示例见表 D.3。

表 D.3 能源计量仪表错误应答帧

能源计量仪表错误应答			
地址	功能码	异常码	CRC
01	83	xx	xxxx

ICS 27.010
F 01

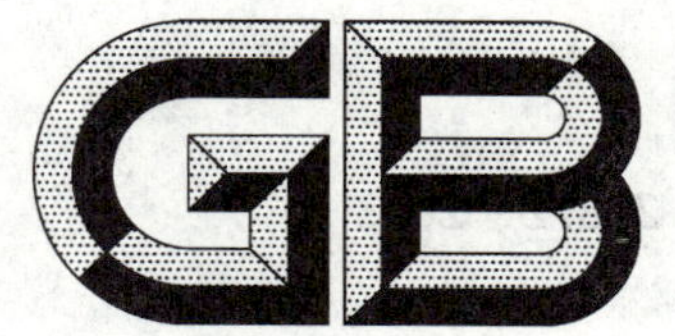

中华人民共和国国家标准

GB/T 29872—2013

工业企业能源计量数据集中采集终端通用技术条件

Generic specification of energy metrology data concentrated collection terminal of industrial enterprise

2013-11-12 发布　　　　2014-04-15 实施

中华人民共和国国家质量监督检验检疫总局
中国国家标准化管理委员会　发布

前　言

本标准按照 GB/T 1.1—2009 给出的规则起草。

本标准由全国计量器具管理标准化技术委员会(SAC/TC 525)提出并归口。

本标准起草单位:福建省计量科学研究院、国家城市能源计量中心(福建)、福建省标准化研究院、福建海峡计量科技开发中心、福州华拓自动化技术有限公司、福建省能源计量重点实验室、安徽省计量科学研究院、黑龙江省计量检定测试院、广西壮族自治区计量检测研究院。

本标准主要起草人:方辉、郑平、吴孟辉、夏玉雄、吴宏、金美峰、宋健康、薛天龙、刘荣光、张灯灿。

工业企业能源计量数据集中采集终端通用技术条件

1 范围

本标准规定了工业企业能源计量数据集中采集终端(以下简称“数据集中采集终端”)的技术要求、验收方法和验收规则。

本标准适用于安装在工业企业,通过内部网络与能源计量仪表连接,获取各种能源的计量数据,完成数据累计、存储,并与能源计量数据公共平台中的能源数据中心进行数据交换的数据集中采集终端。

2 规范性引用文件

下列文件对于本文件的应用是必不可少的。凡是注日期的引用文件,仅注日期的版本适用于本文件。凡是不注日期的引用文件,其最新版本(包括所有的修改单)适用于本文件。

GB 17167 用能单位能源计量器具配备与管理通则

GB/T 29873—2013 能源计量数据公共平台数据传输协议

3 术语和定义

GB 17167 和 GB/T 29873—2013 界定的术语和定义适用于本文件。

4 技术要求

4.1 平台结构

符合 GB/T 29873—2013 中第 4 章的规定。

4.2 数据集中采集终端功能要求

4.2.1 设置功能

数据集中采集终端设置功能应包括:

a) 设置工业能源计量仪表的基本信息,包括:设备通信地址、设备名称、设备编号、倍率、计量单位、串口参数等;

b) 设置数据集中采集终端的必要配置信息,包括:设备唯一编号、能源数据中心服务器的 IP 和端口、转存数据间隔、数据采样间隔、上报延时、转存开始时间等;

c) 查看和设置系统时间;

d) 设置班次的起止时间;

e) 设置加密用的公钥。

4.2.2 数据采集功能

应具有对能源计量仪表的实时数据或累计数据进行远程采集的功能,至少具备一个空闲的串行通信口作为扩展用。

4.2.3 上传采集数据功能

上传采集数据功能包括：

a) 应通过有线或无线网络，按照 GB/T 29873—2013 中第 6 章规定的通讯协议要求，将采集到的数据定时上传到能源数据中心，上传数据的最小时间间隔不大于 1 h；
b) 应具有上传班组数据功能；
c) 定时上传的数据应是间隔时间内的累计消耗值或总消耗值，上传的数据应是实际采集的真实数据；
d) 上传数据的计量单位应符合 GB/T 29873—2013 附录 C 的要求。

4.2.4 验证码功能

每个通讯包带有数据安全传输的验证码，数据集中采集终端应有接收、更新和存储验证码的功能。

4.2.5 提取离线数据功能

应按提取离线数据命令，把所有离线数据上传到能源数据中心。

4.2.6 提取实时数据

应按提取实时计量仪表数据命令，把能源计量仪表的实时数据上传到能源数据中心。

4.2.7 上传和设置参数功能

应根据 GB/T 29873—2013 中第 6 章的要求，与能源数据中心进行交互，具体包括：接收能源数据中心发出的提取命令，设置系统时间、验证码、公钥及公钥参数等命令，并作出回应。

4.2.8 存储功能

数据集中采集终端应具备数据存储功能，且存储的实时采样数据应不少于 1 个月，转存的上传数据不少于 3 个月，班组、日累计数据、月累计数据不少于 3 年。

4.2.9 数据查询功能

数据集中采集终端应具备各个能源计量仪表的采样数据查看功能，按设备、时间段、班组等信息进行查询。

4.3 采集数据一致性

4.3.1 数据集中采集终端采集数据的有效位数应与能源计量仪表数据的有效位数一致。

4.3.2 数据集中采集终端采集数据应与能源计量仪表的实际读数一致。

4.4 传输安全性

4.4.1 系统应按照 GB/T 29873—2013 中第 6 章的规定，采用 RSA 加密算法，用设置好的公钥加密数据后上传。

4.4.2 需要加密的数据应包括上传能源计量累计数据、上传能源计量班组数据、上传能源计量离线数据、上传实时表头数据，加密时只加密数据段中的验证码和指令部分，其余的命令不加密。

5 验收方法

5.1 数据集中采集终端功能试验

5.1.1 设置功能

在数据集中采集终端上操作，对能源计量仪表基本参数、数据集中采集终端数据信息、系统时间等进行设置，应符合4.2.1的规定。试验需在数据集中采集终端所在现场进行。

5.1.2 数据采集功能

在数据集中采集终端上查看采集到的实时量、累计量等数据，应符合4.2.2的规定。试验需在数据集中采集终端所在现场进行。

5.1.3 上传采集数据

在能源数据中心上操作，查看已上传的采集数据，应符合4.2.3的规定。

5.1.4 验证码功能

在能源数据中心下传一条修改验证码指令，而后在能源数据中心通讯日志上查看数据集中采集终端是否以新的验证码进行了回应，应符合4.2.4的规定。

5.1.5 提取离线数据

在能源数据中心先删除部分数据，再下传一条提取离线数据命令，而后在能源数据中心上查看数据集中采集终端是否按指令上传离线数据，应符合4.2.5的规定。

5.1.6 提取实时数据

在能源数据中心下传一条提取实时能源计量仪表数据的命令，而后在能源数据中心上查看数据集中采集终端是否按指令上传实时能源计量仪表数据，应符合4.2.6的规定。

5.1.7 上传和设置参数

在能源数据中心下传相应的交互命令，而后在能源数据中心查看数据集中采集终端是否按指令上传相应参数或在数据集中采集终端上查看是否进行了相应的参数设置，应符合4.2.7的规定。

5.1.8 存储功能

在数据集中采集终端查看是否具有转存数据、班组、日累计数据存储功能，并已存储了相应的数据，应符合4.2.8的规定。月累计数据少于3年的，可由厂家提供该型号样机，用模拟数据进行检验。

5.1.9 数据查询功能

在数据集中采集终端上，查看各个能源计量仪表的采样数据，按设备、时间段、班组等信息进行查询操作，应符合4.2.9的规定。试验需在数据集中采集终端所在现场进行。

5.2 采集数据一致性

在数据集中采集终端上操作，查看数据集中采集终端显示的采集数据与现场对应能源计量仪表的实际读数是否相符，应符合4.3的规定。试验需在数据集中采集终端所在现场进行。

5.3 传输安全性

数据集中采集终端采用加密方式上传加密数据，而后在能源数据中心通讯日志上查看通讯包是否为加密形式，并在能源数据中心查看解密后的数据是否与数据集中采集终端加密前的数据保持一致，应符合 4.4 的规定。

6 验收规则

数据集中采集终端验收项目按表 1 的规定执行，所有条款均应满足要求。

表 1 验收项目

序号	验收项目	验收要求	验收方法
1	设置功能	4.2.1	5.1.1
2	数据采集功能	4.2.2	5.1.2
3	上传采集数据	4.2.3	5.1.3
4	验证码功能	4.2.4	5.1.4
5	提取离线数据	4.2.5	5.1.5
6	提取实时数据	4.2.6	5.1.6
7	上传和设置参数	4.2.7	5.1.7
8	存储功能	4.2.8	5.1.8
9	数据查询功能	4.2.9	5.1.9
10	采集数据一致性	4.3	5.2
11	传输安全性	4.4	5.3

ICS 27.010
F 01

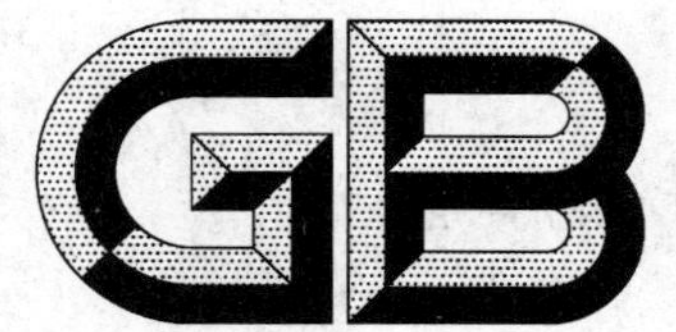

中华人民共和国国家标准

GB/T 29873—2013

能源计量数据公共平台数据传输协议

Protocol for data communication of energy metrology data public platform

2013-11-12 发布　　2014-04-15 实施

中华人民共和国国家质量监督检验检疫总局
中国国家标准化管理委员会　发布

前　言

本标准按照 GB/T 1.1—2009 给出的规则起草。

本标准由全国计量器具管理标准化技术委员会(SAC/TC 525)提出并归口。

本标准起草单位:福建省计量科学研究院、福建海峡计量科技开发中心、国家城市能源计量中心(福建)、福州大学、福建省能源计量重点实验室、福建华拓自动化技术有限公司、安徽省计量科学研究院、黑龙江省计量检定测试院、内蒙古自治区计量测试研究院、广西壮族自治区计量检测研究院。

本标准主要起草人:许航、方辉、宋健康、吴孟辉、池辉、阮学斌、夏玉雄、金美峰、薛天龙、岳远朋、刘荣光。

能源计量数据公共平台数据传输协议

1 范围

本标准规定了能源计量数据公共平台数据传输协议的公共平台结构、协议层次和通讯协议。

本标准适用于能源计量数据公共平台中的能源数据中心和用能单位能源计量数据集中采集终端之间的数据交换传输。

2 规范性引用文件

下列文件对于本文件的应用是必不可少的。凡是注日期的引用文件,仅注日期的版本适用于本文件。凡是不注日期的引用文件,其最新版本(包括所有的修改单)适用于本文件。

GB 17167 用能单位能源计量器具配备与管理通则

HJ/T 212—2005 污染源在线自动监控(监测)系统数据传输标准

3 术语、定义和缩略语

3.1 术语和定义

GB 17167 和 HJ/T 212—2005 界定的以及下列术语和定义适用于本文件。

3.1.1

能源计量仪表 energy metering instrument

安装在用能单位的能源计量器具,测量各种能源计量数据,并具有网络通信功能。

3.1.2

数据集中采集终端 data concentrated collection terminal

安装在用能单位(工业企业),通过内部网络与能源计量仪表连接,获取各种能源的计量数据,完成数据累计、存储,并具有通过互联网进行数据远程传输功能的数据设备。

3.1.3

能源数据中心 energy metrology data center

由计算机信息终端设备及计算机软件等组成,通过通信网络与数据集中采集终端连接,交换数据;发起和应答指令,进行数据存储、处理、分析和应用的系统。

3.1.4

能源计量数据公共平台 public platform of energy metrology data

由能源数据中心、用能单位能源计量数据集中采集终端及能源计量仪表组成,应用于政府的能源计量数据在线采集、实时监测等公共服务。

3.1.5

离线数据 the offline data

因断电或网络故障等原因,导致数据集中采集终端与能源数据中心通信中断产生的尚未传输到能源数据中心的数据。

3.2 缩略语

下列缩略语适用于本文件。

GPRS 通用无线分组交换服务(General Packet Radio Service)

ASCII 美国信息交换标准代码(American Standard Code for Information Interchange)

CRC 循环冗余校验(Cyclical Redundancy Check)

PSTN 公共交换电话网路(Public Switched Telephone Network)

CDMA 码分多址无线通信技术(Code Division Multiple Access)

ADSL 非对称数字用户环路(Asymmetric Digital Subscriber Line)

RSA 以三位开发者英文名字命名的一种非对称密码算法(Ron Rivest,Adi Shamirh,Len Adleman)

4 平台结构

能源计量数据公共平台从底层逐级向上可分为能源计量仪表、用能单位(工业企业)数据集中采集终端和能源数据中心三个层次。能源数据中心通过通信网络与数据集中采集终端交换数据,发起和应答指令。平台结构如图1所示。安装在工业企业的能源计量仪表具有模拟或数字输出接口或通信接口,连接到数据集中采集终端,能源数据中心通过数据集中采集终端的数据交换,实现能源计量仪表的计量数据在线采集、实时监测。

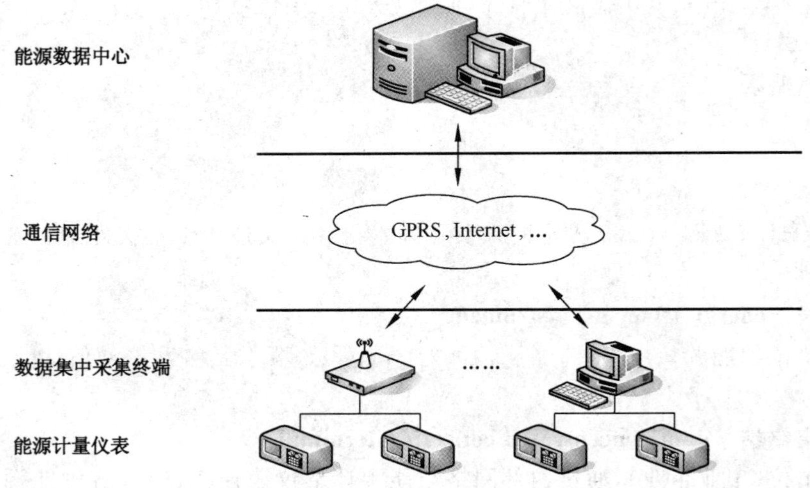

图1 能源计量数据公共平台结构图

5 协议层次

数据集中采集终端与能源数据中心通信接口应满足选定的通信网络的要求。本标准规定的数据传输协议在基于不同通信网络的数据集中采集终端与能源数据中心之间提供交互通信。协议层次结构如图2所示。

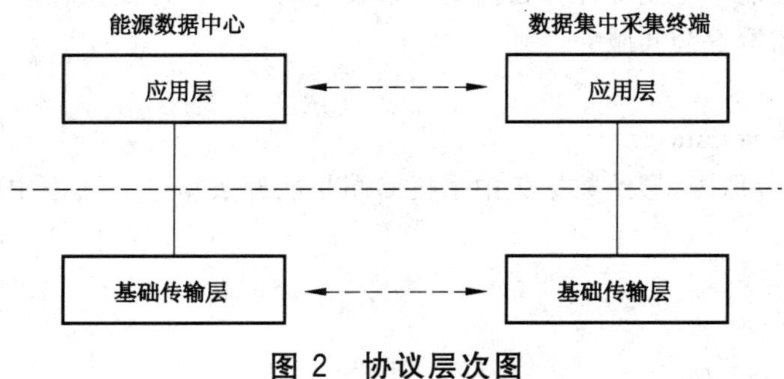

图2 协议层次图

6 通信协议

6.1 通信流程

6.1.1 数据请求

能源数据中心向数据集中采集终端下传数据请求。数据集中采集终端执行该请求后，向能源数据中心回应请求结果。数据请求过程如图3所示。

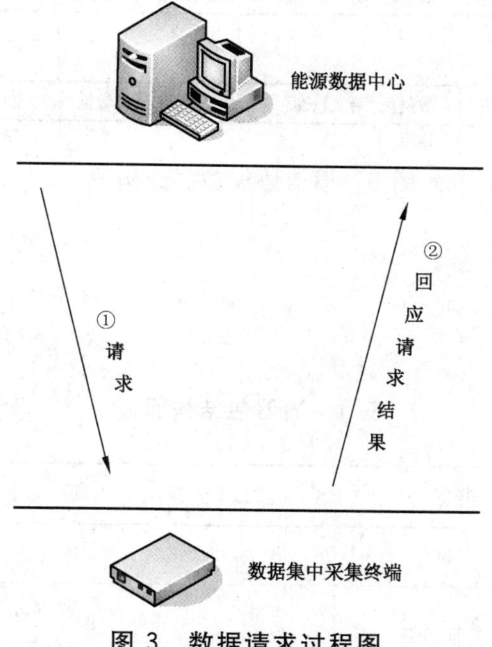

图3 数据请求过程图

6.1.2 数据上传

数据集中采集终端向能源数据中心上传数据。能源数据中心根据上传的数据，向数据集中采集终端回应上传。数据上传过程如图4所示。

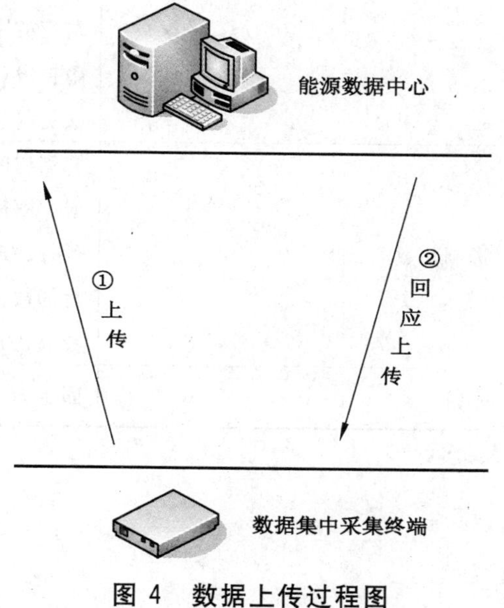

图4 数据上传过程图

6.2 通信协议数据结构

所有的通信包都是由 ASCII 码字符组成，其结构如图 5 所示。

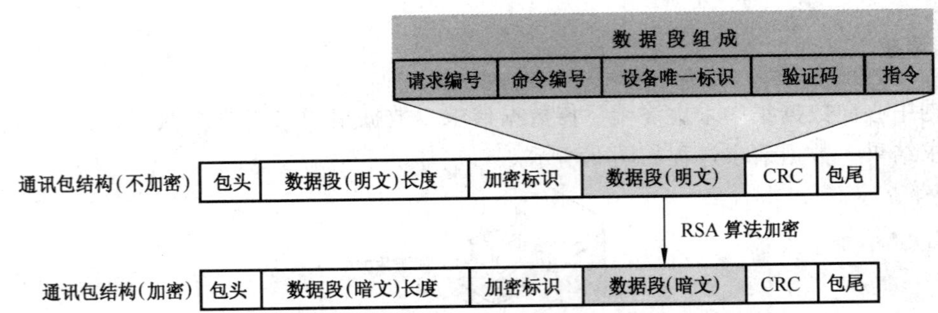

图 5 通信协议数据结构图

6.2.1 通信包结构组成

通信包结构组成如表 1 所示。

表 1 通信包结构组成

名称	类型	长度(字节)	描述
包头	字符	2	固定为＃＃
数据段长度	十进制整数	4	数据段的 ASCII 字符数。例如：长 255，则写为“0255”
加密标识	字符	1	是否对数据段进行加密，0 为不加密，1 为加密
数据段(见 6.2.2)	字符	$0 \leqslant n \leqslant 1\,024$	变长的数据(短信最大为 140 字节)。通信包不加密时，为加密前的数据段(明文)对应的字符；通信包加密时，为加密后的数据段(暗文)对应的字符。RSA 加密算法见附录 B
CRC 校验	十六进制整数	4	数据段的校验结果，如 CRC 错，即执行超时。数据段不加密时，对加密前的数据段(明文)进行校验。数据段加密时，对加密后的数据段(暗文)进行校验。循环冗余校验(CRC)算法见附录 A
包尾	字符	2	固定为＜CR＞＜LF＞(回车、换行)

6.2.2 数据段结构组成

数据段结构组成如表 2 所示。

表 2 数据段结构组成

名称	类型	长度(字节)	描述
请求编号 QN	字符	20	精确到毫秒的时间戳:QN=YYYYMMDDHHMMSSZZZ(见 6.2.3.2.2),用来唯一标识一个命令请求
命令编号 CN	字符	7	CN=命令编号,命令编号见 6.3 中命令列表
设备唯一标识 MN	字符	17	MN=数据集中采集终端设备编号,这个编号下端设备需固化到相应存储器中,用作身份识别。编码规则:前 3 位是各省份行政区划代码,中间 9 位是企业组织机构代码,最后 2 位是设备编号
验证码 PW	字符	9	PW=验证码,由用能单位申请,系统中心自动生成验证码
指令 CP	字符	$0 \leqslant n \leqslant 960$	CP=&& 数据区,&&,数据区定义见 6.2.3

6.2.3 数据区

6.2.3.1 结构定义

字段与其值用“=”连接;在数据区中,同一项目的不同分类值间用“,”来分隔,不同项目之间用“;”来分隔。

6.2.3.2 字段定义

6.2.3.2.1 字段名

字段名要区分大小写。

6.2.3.2.2 数据类型

数据类型表示方法及示例如下:

a) C4:表示最多 4 位的字符型字串,不足 4 位按实际位数;
b) N5:表示最多 5 位的数字型字串,不足 5 位按实际位数;
c) N14.2:用可变长字符串形式表达的数字型,表示 14 位整数和 2 位小数,带小数点,带符号,最大长度为 18;
d) YYYY:年,如 2005 表示 2005 年;
e) MM:月,如 09 表示 9 月;
f) DD:日,如 23 表示 23 日;
g) HH:时间,小时;
h) MM:时间,分钟;
i) SS:时间,秒;
j) ZZZ:时间,毫秒。

6.2.3.2.3 字段对照表

字段对照表如表 3 所示。

表 3 字段对照表

字段名	描述	字符集	长度	取值及描述
SystemTime	系统时间	0—9	N14	YYYYMMDDHHMMSS(见 6.2.3.2.2)
QN	请求编号,见 6.2.2			
ExeRtn	执行结果回应代码,见 6.3	0—9	N3	
DataTime	数据时间信息	0—9	N14	YYYYMMDDHHMMSS
xxxx-Rtd	能源计量点用量实时表头数据	0—9	N14.2	“xxxx”是能源计量点代码,前 2 位为能源品种及计量单位代码,其编码规则见附录 C,后 2 位为能源计量点序号,如:A001-Rtd=12.34
xxxx-Cou	能源计量点用量累计采样数据	0—9	N14.2	如:A001-Cou=12.34
Group	班组	0—9	C1	如:1
PW	验证码	0—9,a—z,A—Z	C6	如:123456
PublicKey	数据段加密公钥	0—9,A—F	C32	16 进制字符串,位数不固定,最多 32 位,如:0123456789ABCDEF。见附录 B
SaveBeginTime	累计数据转存开始时间	0—9	N4	如:0101
SaveInterval	累计数据转存间隔	0—9	N4	如:30,单位为分钟(30 min 的倍数)
ReportDelay	累计数据上传延迟时间	0—9	N4	如:5,单位为分钟
SampInterval	累计数据采集时间间隔	0—9	N4	数据集中采集终端从能源计量仪表中采集数据的时间间隔。如:5,单位为分钟(5 min 的倍数)
Standing	实时表头数据上传持续时间	0—9	N4	如:5,单位为分钟
TransInterval	实时表头数据上传时间间隔	0—9	N4	如:30,单位为秒(30 s 的倍数)
OverTime	超时时间	0—9	N5	单位为秒
ReCount	重发次数	0—9	N2	取值范围为 0~99

注 1: 表中累计数据转存开始时间是数据集中采集终端开始把原始记录转存成累计数据的时间。

注 2: 表中累计数据转存间隔是数据集中采集终端转存累计数据的时间间隔。

注 3: 表中累计数据上报延迟时间是数据集中采集终端按累计数据转存开始时间向能源数据中心发送数据的延迟时间。

注 4: 例如,以用能单位的数据集中采集终端从 0 点 0 分(累计数据转存开始时间)开始,每 1 h(累计数据转存间隔)把原始记录转存成 1 h 的累计数据,并在累计数据转存开始时间后延迟一段时间(累计数据上报延迟时间)向能源数据中心发送数据。

6.3 代码定义

执行结果定义如表4所示，命令列表如表5所示。

表4 执行结果定义

编号	描述	备注
1	执行成功	无
2	执行失败，但不知道原因	无
100	没有数据	无

表5 命令列表

命令名称	命令编号		命令类型	描　述
	中心向终端	终端向中心		
初始化命令				
提取超时时间与重发次数	1001		请求命令	用于提取数据集中采集终端的超时时间与重发次数
上传超时时间与重发次数		1001	上传命令	用于上传数据集中采集终端的超时时间与重发次数
设置超时时间与重发次数	1000		请求命令	用于设置数据集中采集终端发送指令的超时时间与重发次数
预留初始化命令				预留命令范围1002～1010
参数命令				
提取数据集中采集终端系统时间	1011		请求命令	用于提取数据集中采集终端的系统时间
上传数据集中采集终端系统时间		1011	上传命令	用于上传数据集中采集终端的系统时间
设置数据集中采集终端系统时间	1012		请求命令	用于同步能源数据中心和数据集中采集终端的系统时间
提取数据集中采集终端验证码	1021		请求命令	用于提取数据集中采集终端验证码
上传数据集中采集终端验证码		1021	上传命令	用于上传数据集中采集终端验证码
设置数据集中采集终端验证码	1022		请求命令	用于设置数据集中采集终端验证码
提取数据集中采集终端公钥和公钥参数	1031		请求命令	用于提取数据集中采集终端公钥和公钥参数
上传数据集中采集终端公钥和公钥参数		1031	上传命令	用于上传数据集中采集终端公钥和公钥参数
设置数据集中采集终端公钥和公钥参数	1032		请求命令	设置数据集中采集终端公钥和公钥参数
提取数据转存开始时间、转存间隔及上报延迟时间	1041		请求命令	用于提取数据转存开始时间、转存间隔及上报延迟时间

表 5（续）

命令名称	命令编号		命令类型	描　　述
	中心向终端	终端向中心		
参数命令				
上传数据转存开始时间、转存间隔及上报延迟时间		1041	上传命令	用于上传数据转存开始时间、转存间隔及上报延迟时间
设置数据转存开始时间、转存间隔及上报延迟时间	1042		请求命令	用于设置数据转存开始时间、转存间隔及上报延迟时间
提取采集时间间隔	1051		请求命令	提取采集时间间隔
上传采集时间间隔		1051	上传命令	上传采集时间间隔
交互命令				
设置采集时间间隔	1052		请求命令	设置采集时间间隔
回应上传		9011		用于能源数据中心回应数据集中采集终端上传的执行结果
回应请求结果		9012		用于数据集中采集终端回应能源数据中心请求的执行结果
通知应答	9013	9013		回应通知命令
数据应答	9014	9014		数据应答命令
数据命令				
累计数据				
上传能源计量累计数据	2011		上传命令	
班组数据				
上传能源计量班组数据	2021		上传命令	
离线数据				
取能源计量离线数据	2031		请求命令	
上传能源计量离线数据		2031	上传命令	
实时数据				
取能源计量仪表实时数据	2041		请求命令	
上传能源计量仪表实时数据		2041	上传命令	
控制命令				
数据集中采集终端连接命令		3015	请求命令	
数据集中采集终端心跳包发送		9999	请求命令	
预留控制命令				预留命令范围 3016～3099

各条指令通信过程参照附录 D 示例。

6.4 超时重发机制

一个请求或上传命令发出后在规定的时间内未收到回应，认为超时。超时后重发，重发规定次数后仍未收到回应认为通信不可用,通信结束。超时时间根据具体的通信方式和任务性质可自定义。超时重发次数根据具体的通信方式和任务性质可自定义。默认超时时间表(可扩充)如表6所示。

表6 默认超时时间表

	默认超时时间/s	重发次数
GPRS	10	3
PSTN	5	3
CDMA	10	3
ADSL	5	3
短信	30	3

附 录 A
（规范性附录）
循环冗余校验（CRC）算法

A.1 循环冗余校验（CRC）算法说明

A.1.1 CRC 说明

CRC（Cyclic Redundancy Check）是一种数据传输错误检查方法，CRC 码两个字节，包含一 16 位的二进制值。它由传输设备计算后加入到数据包中。接收设备重新计算收到消息的 CRC，并与接收到的 CRC 域中的值比较，如果两值不同，则有误。

A.1.2 CRC 具体算法

CRC 是先调入一值是全“1”的 16 位寄存器，然后调用一过程将消息中连续的 8 位字节对当前寄存器中的值进行处理。仅每个字符中的 8 bit 数据对 CRC 有效，起始位和停止位以及奇偶校验位均无效。

A.2 CRC 校验字节的生成步骤

CRC 校验字节的生成步骤如下：

1） 装一个 16 位寄存器，所有数位均为 1；
2） 取被校验串的一个字节与 16 位寄存器的高位字节进行“异或”运算。运算结果放入这个 16 位寄存器；
3） 把这个 16 位寄存器向右移一位；
4） 若向右（标记位）移出的数位是 1，则生成多项式 1010 0000 0000 0001 和这个寄存器进行“异或”运算；若向右移出的数位是 0，则返回 3）；
5） 重复 3）和 4），直至移出 8 位；
6） 取被校验串的下一个字节；
7） 重复 3）～6），直至被校验串的所有字节均与 16 位寄存器进行“异或”运算，并移位 8 次；
8） 这个 16 位寄存器的内容即 2 字节 CRC 错误校验码。校验码按照先高字节后低字节的顺序存放。

附 录 B
（规范性附录）
RSA 加密算法

B.1 RSA 加密算法密钥产生算法

密钥产生算法遵循以下程序：

a） 随机产生两个大素数 p 和 q。要求 p 和 q 尺寸大约是要求位长的一半。这样其积 $n=pq$ 就是要求的位长。

b） 计算 $n=p\times q$ 和 $phi=(p-1)\times(q-1)$。

c） 随机选择加密密钥 e，$1<e<phi$。要求 e 和 phi 互质。

d） 计算解密密钥 d，$1<d<phi$，满足 $e\times d=1(\text{bmod}\,phi)$。其中 n 和 d 也要互质。公钥是(n,e)，私钥是(n,d)。p 和 q 不再需要，应该丢弃，不要让任何人知道。

B.2 加密

加密按如下程序：

a） 获取公钥(n,e)；

b） 将明文按照约定好的格式转换成小于 n 的正整数 m；

c） 计算密文 $c=m^e(\text{bmod}\,n)$。

B.3 解密

解密按如下程序：

a） 用私钥(n,d)计算 $m=c^d(\text{bmod}\,n)$；

b） 从 m 中提取出明文。

B.4 RSA 加解密约定

本协议约定加密位长为 128 位。将明文中每个字符转换成 ASCII 码，中文转成 GB 2312 码，组成 m。对于较长的字符串采取分组加密的方法，每组 15 个字节。每组分别加密，将每组密文连接起来就是最终的密文。每组密文为 16 进制字符串，共 32 字节，不足 32 字节的在字符串前面用'0'字符补齐。

附 录 C
(规范性附录)
常用能源计量单位及代码定义

传输时的能源计量数据的计量单位(参考《国家统计局能源统计报表制度》)及代码,用于定义采集监测点的能源品种及计量单位,如表C.1所示。

表C.1 常用能源计量单位及代码定义表

能源名称	能源代码	统计计量单位
原煤	A0	吨
无烟煤	A1	吨
炼焦烟煤	A2	吨
一般烟煤	A3	吨
褐煤	A4	吨
洗精煤	B0	吨
其他洗煤	C0	吨
煤制品	D0	吨
#型煤	D1	吨
水煤浆	D2	吨
煤粉	D3	吨
焦炭	E0	吨
其他焦化产品	F0	吨
焦炉煤气	G0	万立方米
高炉煤气	H0	万立方米
其他煤气	I0	万立方米
转炉煤气	I1	万立方米
发生炉煤气	I2	万立方米
煤层气(煤田)	I3	万立方米
天然气	J0	万立方米
液化天然气	K0	吨
原油	L0	吨
汽油	M0	吨
煤油	N0	吨
柴油	O0	吨
燃料油	P0	吨
液化石油气	Q0	吨
炼厂干气	R0	吨

表 C.1（续）

能源名称	能源代码	统计计量单位
其他石油制品	S0	吨
石脑油	S1	吨
润滑油	S2	吨
石蜡	S3	吨
溶剂油	S4	吨
石油焦	S5	吨
石油沥青	S6	吨
热力	T0	百万千焦
蒸汽	T1	吨
热煤	T2	吨
温度	T3	摄氏度
压力	T4	兆帕斯卡
余热余压	T5	百万千焦
电力	U0	万千瓦时
其他燃料	V0	吨标准煤
煤矸石用于燃料	V1	吨
生物质废料用于燃料	V2	吨
其他工业废料用于燃料	V3	吨
城市生活垃圾用于燃料	V4	吨
能源合计	W0	吨标准煤

附 录 D
（资料性附录）
各条指令通信过程示例

表 D.1～表 D.18 给出了 QN 是在 2009 年 5 月 16 日 1 点 1 分 1 秒 1 毫秒时建立连接，即 20090516010101001，设备唯一标识号是 35012345678901，前 3 位 350 是福建的行政区划代码，中间 9 位是企业组织机构代码，最后 2 位是设备序号，验证码是 123456 的指令通信过程示例。

表 D.1 提取数据集中采集终端验证码示例

类别	项目		示例/说明
使用命令	能源数据中心	提取数据集中采集终端验证码	QN＝20090516010101001；CN＝1021；MN ＝ 35012345678901；PW ＝ 123456；CP＝&&&&
	数据集中采集终端	上传数据集中采集终端验证码	CN＝1021；MN＝35012345678901；PW＝123456；CP＝&& PW＝123456&&
使用字段	QN		请求编号
	PW		数据集中采集终端上传的验证码
执行过程	能源数据中心发送提取数据集中采集终端验证码命令后，数据集中采集终端执行请求并回应上传请求结果。例子中返回数据集中采集终端验证码为 123456		

表 D.2 设置数据集中采集终端验证码示例

类别	项目		示例/说明
使用命令	能源数据中心	设置数据集中采集终端验证码	QN＝20090516010101001；CN＝1001；MN＝35012345678901；PW＝123456；CP＝&&PW＝654321&&
	数据集中采集终端	回应执行结果	CN ＝ 9012；MN ＝ 35012345678901；PW ＝ 123456（应该为 654321）；CP ＝ &&QN ＝ 20090516010101001；ExeRtn＝1&&
使用字段	QN		请求编号
	PW		能源数据中心要设置的数据集中采集终端验证码
	ExeRtn		回应请求结果
执行过程	能源数据中心发送设置数据集中采集终端验证码命令后，数据集中采集终端执行设置验证码请求，返回执行结束命令，请求执行完毕。命令执行正确后，使用新的验证码进行通信，否则仍使用原来的验证码		

表 D.3 提取数据集中采集终端公钥和公钥参数示例

类别	项目		示例/说明
使用命令	能源数据中心	提取数据集中采集终端公钥和公钥参数	QN=20090516010101001;CN=1031;MN=35012345678901;PW=123456;CP=&&&&
	数据集中采集终端	上传数据集中采集终端公钥和公钥参数	CN=1031;MN=35012345678901;PW=123456;CP=&& PublicKey=0123456789ABCDEF;KeyParam=FEDCBA9876543210&&
使用字段	QN		请求编号
	PublicKey		能源数据集中采集终端上传的公钥
	KeyParam		能源数据集中采集终端上传的公钥参数
执行过程	能源数据中心发送提取数据集中采集终端公钥和公钥参数码命令后，数据集中采集终端执行请求并回应上传请求结果。例子中返回数据集中采集终端公钥为 0123456789ABCDEF，公钥参数为 FEDCBA9876543210		

表 D.4 设置数据集中采集终端公钥和公钥参数示例

类别	项目		示例/说明
使用命令	能源数据中心	设置数据集中采集终端公钥和公钥参数	QN=20090516010101001;CN=1032;MN=35012345678901;PW=123456;CP=&&PublicKey=0123456789ABCDEF;KeyParam=FEDCBA9876543210&&
	数据集中采集终端	回应执行结果	CN=9012;MN=35012345678901;PW=123456;CP=&&QN=20090516010101001;ExeRtn=1&&
使用字段	QN		请求编号
	PublicKey		能源数据中心要设置的数据集中采集终端公钥
	KeyParam		能源数据中心要设置的数据集中采集终端公钥参数
	ExeRtn		回应请求结果
执行过程	能源数据中心发送设置数据集中采集终端公钥和公钥参数命令后，数据集中采集终端执行设置公钥和公钥参数请求，返回执行结束命令，请求执行完毕。命令执行正确后，以后将使用新的公钥和公钥参数进行通信，否则仍使用原来的公钥和公钥参数		

表 D.5 提取数据集中采集终端系统时间示例

类别	项目		示例/说明
使用命令	能源数据中心	提取数据集中采集终端系统时间	QN=20090516010101001;CN=1011;MN=35012345678901; PW=123456;CP=&&&&
	数据集中采集终端	上传数据集中采集终端系统时间	CN=1011;MN=35012345678901;PW=123456; CP = &&QN = 20090516010101001; SystemTime=20090516010102&&
使用字段	QN		请求编号
	SystemTime		数据集中采集终端上传的系统时间
执行过程	能源数据中心发送提取数据集中采集终端系统时间命令后，数据集中采集终端执行请求并回应上传请求结果。例子中返回数据集中采集终端系统时间 2009 年 5 月 16 日 1 点 1 分 2 秒		

表 D.6 设置数据集中采集终端系统时间示例

类别	项目		示例/说明
使用命令	能源数据中心	设置数据集中采集终端系统时间	QN=20090516010101001;CN=1012;MN=35012345678901; PW=123456;CP=&&SystemTime=20090516010101&&
	数据集中采集终端	回应执行结果	CN=9012;MN=35012345678901;PW=123456; CP=&&QN=20090516010101001;ExeRtn=1&&
使用字段	QN		请求编号
	SystemTime		能源数据中心要设置的系统时间
	ExeRtn		回应请求结果
执行过程	能源数据中心发送设置数据集中采集终端系统时间命令后，数据集中采集终端执行设置时钟请求，返回执行结束命令，请求执行完毕		

表 D.7 数据集中采集终端连接能源数据中心示例

类别	项目		示例/说明
使用命令	数据集中采集终端	上传连接事件通知命令	QN=20090516010101001;CN=3015;MN=35012345678901; PW=123456;CP=&&&&
	能源数据中心	通知应答	CN=9013;MN=35012345678901;PW=123456; CP=&&QN=20090516010101001&&
使用字段	QN		请求编号
执行过程	当数据集中采集终端监测到能源数据中心开启后,向能源数据中心发送连接事件通知,能源数据中心收到后返回通知应答,告诉数据集中采集终端已收到通知,交互结束		

表 D.8 累计数据采集示例

类别	项目		示例/说明
使用命令	数据集中采集终端	上传累计数据	QN=20090516010101001;CN=2011;MN=35012345678901; PW = 123456; CP = &&DataTime = 20090516020111;A001-Cou=4.00; A002-Cou=4.00;A003-Cou=4.00;A004-Cou=4.00;A005-Cou=4.00&&
	能源数据中心	回应上传	CN=9011;MN=35012345678901;PW=123456; CP=&&QN=20090516010101001;ExeRtn=1&&
使用字段	A001-Cou		第一路煤采集点(A001)的累计数据
	DataTime		数据时间,精确到秒
	ExeRtn		回应上传
执行过程	当数据集中采集终端监测到能源数据中心一直连接后,向能源数据中心以设置的上传间隔不断发送累计数据,能源数据中心回应上传		

表 D.9 班组数据采集示例

类别	项目		示例/说明
使用命令	数据集中采集终端	上传班组数据	QN=20090516010101001;CN=2021;MN=35012345678901; PW = 123456; CP =&&DataTime = 20090516000000; Group =1;A001-Cou=4.00; A002-Cou=4.00;A003-Cou=4.00;A004-Cou=4.00;A005-Cou=4.00&&
	能源数据中心	回应上传	CN=9011;MN=35012345678901;PW=123456; CP=&&QN=20090516010101001;ExeRtn=1&&
使用字段	A001-Cou		第一路煤采集点(A001)的累计数据
	DataTime		数据日期,精确到日,指班组的日期
	Group		数据班组
	ExeRtn		回应上传
执行过程	当数据集中采集终端监测到能源数据中心一直连接后,向能源数据中心在设置的班组结束时间和上传延迟时间相加的时间发送班组数据,能源数据中心回应上传		

表 D.10 取离线数据示例

类别	项目		示例/说明
使用命令	能源数据中心	提取离线数据	QN=20090516010101001;CN=2031;MN=35012345678901; PW=123456;CP=&&DataTime=20090516020111&&
	数据集中采集终端	上传离线数据	CN=2031;MN=35012345678901;PW=123456; CP=&&QN=20090516010101001;DataTime=20090516020111;A01-Cou=4.00; A02-Cou=4.00;A03-Cou=4.00;A04-Cou=4.00;A05-Cou=4.00&&
使用字段	QN		请求编号
	A01-Cou		第一路煤采集点(A01)的离线累计数据
	DataTime		数据时间,精确到秒
执行过程	能源数据中心发送提取离线数据命令后,数据集中采集终端执行请求,并上传数据		

表 D.11 提取实时表头数据示例

类别	项目		示例/说明
使用命令	能源数据中心	提取能源计量仪表实时数据	QN=20090516010101001;CN=2041;PW=123456; MN=35012345678901;CP=&&Standing=10;TransInterval=60&&
	数据集中采集终端	上传能源计量仪表实时数据	CN=2041;QN=20090516010101001;MN=35012345678901; PW = 123456; CP = &&DataTime = 20090516020111;A01-Rtd=4.00; A02-Rtd=4.00;A03-Rtd=4.00;A04-Rtd=4.00;A05-Rtd=4.00&&
使用字段	QN		请求编号
	Standing		数据上传持续时间,精确到分钟
	TransInterval		数据上传间隔,精确到秒
	A01-Rtd		第一路煤采集点(A01)的实时表头数据
	DataTime		数据时间,精确到秒
执行过程	能源数据中心下传提取能源计量仪表实时数据命令后,数据集中采集终端将对应采集点的能源计量仪表实时数据按设定的上传间隔上传数据,直到上传持续时间结束		

表 D.12 设置数据转存开始时间、转存间隔及上报延迟时间示例

类别	项目		示例/说明
使用命令	能源数据中心	设置数据转存开始时间、转存间隔及上报延迟时间	QN=20090516010101001;CN=1042;MN=35012345678901; PW = 123456; CP = &&SaveBeginTime = 0101;SaveInterval=60; ReportDelay=5&&
	数据集中采集终端	回应请求结果	CN=9012;MN=35012345678901;PW=123456; CP=&&QN=20090516010101001; ExeRtn=1&&
使用字段	QN		请求编号
	SaveBeginTime		数据转存开始时间,前两位标识小时,后两位标识分钟
	SaveInterval		数据转存间隔,精确到分钟(30 min 的倍数)
	ReportDelay		数据上报延迟时间,精确到分钟
	ExeRtn		回应请求结果
执行过程	能源数据中心下传设置数据转存开始时间、转存间隔及上报延迟时间命令后,数据集中采集终端执行设置请求,返回执行结束命令,请求执行完毕。例子中数据转存开始时间为1点1分,数据转存间隔为60 min,数据上报延迟时间为5 min		

表 D.13 提取数据转存开始时间、转存间隔及上报延迟时间示例

类别	项目		示例/说明
使用命令	能源数据中心	提取数据转存开始时间、转存间隔及上报延迟时间	QN=20090516010101001;CN=1041;MN=35012345678901; PW=123456;CP=&&&&
	数据集中采集终端	上传数据转存开始时间、转存间隔及上报延迟时间	CN=1041;MN=35012345678901;PW=123456; CP=&&QN=20090516010101001;SaveBeginTime=0101;SaveInterval=60; ReportDelay=5&&
使用字段	QN		请求编号
	SaveBeginTime		数据转存开始时间,前两位标识小时,后两位标识分钟
	SaveInterval		数据转存间隔,精确到分钟(30 min 的倍数)
	ReportDelay		数据上报延迟时间,精确到分钟
执行过程	能源数据中心下传数据转存开始时间、转存间隔及上报延迟时间命令后,数据集中采集终端执行请求,并上传数据。例子中返回数据转存开始时间为 1 点 1 分,数据转存间隔为 60 min,数据上报延迟时间为 5 min		

表 D.14 设置采集时间间隔示例

类别	项目		示例/说明
使用命令	能源数据中心	设置采集时间间隔	QN=20090516010101001;CN=1052;MN=35012345678901;PW=123456; CP=&&SampInterval=5&&
	数据集中采集终端	回应请求结果	CN=9012;MN=35012345678901;PW=123456; CP=&&QN=20090516010101001; ExeRtn=1&&
使用字段	QN		请求编号
	SampInterval		采集时间间隔,精确到分钟(5 min 的倍数)
	ExeRtn		回应请求结果
执行过程	能源数据中心发送设置采集时间间隔命令后,数据集中采集终端执行设置请求,返回执行结束命令,请求执行完毕。例子中采集时间间隔为 5 min		

表 D.15 提取采集时间间隔示例

类别	项目		示例/说明
使用命令	能源数据中心	提取采集时间间隔	QN=20090516010101001;CN=1051;MN=35012345678901; PW=123456;CP=&&&&
	数据集中采集终端	上传采集时间间隔	CN=1051;MN=35012345678901;PW=123456; CP=&&QN=20090516010101001; SampInterval=5&&
使用字段	QN		请求编号
	SampInterval		采集时间间隔,精确到分钟(5 min 的倍数)
执行过程	能源数据中心下传提取采集时间间隔命令后,数据集中采集终端执行请求,并上传数据。例子中返回采集时间间隔为 5 min		

表 D.16 提取超时时间和重发次数示例

类别	项目		示例/说明
使用命令	能源数据中心	提取超时时间和重发次数	QN=20090516010101001;CN=1001;MN=35012345678901; PW=123456;CP=&&&&
	数据集中采集终端	上传超时时间和重发次数	CN=1001;MN=35012345678901;PW=123456; CP=&&QN=20090516010101001;OverTime=5;ReCount=3&&
使用字段	QN		请求编号
	OverTime		超时时间
	ReCount		重发次数
执行过程	能源数据中心下传提取超时时间和重发次数命令后,数据集中采集终端执行请求,并上传数据。例子中返回超时时间是 5 s,重发次数为 3 次		

表 D.17 初始化超时时间和重发次数示例

类别	项目		示例/说明
使用命令	能源数据中心	设置现场采集设备超时时间和重发次数	QN=20090516010101001;CN=1000;MN=35012345678901; CP=&&OverTime=5;ReCount=3&&
	数据集中采集终端	回应请求结果	CN=9012;MN=35012345678901;CP=&&QN=20090516010101001; ExeRtn=1&&

表 D.17（续）

类别	项目	示例/说明
使用字段	QN	请求编号
	Overtime	超时时间
	ReCount	重发次数
	ExeRtn	回应请求结果
执行过程	能源数据中心下传设置数据集中采集终端超时时间和重发次数命令后，数据集中采集终端执行设置时钟请求，返回执行结束命令，请求执行完毕	

表 D.18　数据集中采集终端心跳包发送示例

类别	项目		示例/说明
使用命令	数据集中采集终端	上传心跳包事件通知命令	QN＝20090516010101001；CN＝9999；MN＝35012345678901； PW＝123456；CP＝&&&&
	能源数据中心	通知应答	CN＝9013；MN＝35012345678901；PW＝123456； CP＝&&QN＝20090516010101001&&
使用字段	QN		请求编号
执行过程	当数据集中采集终端监测到能源数据中心通讯网络没有断开后，向能源数据中心上传心跳包事件通知，能源数据中心收到后返回通知应答，告诉现场及已收到通知，交互结束		

ICS 27.010
F 01

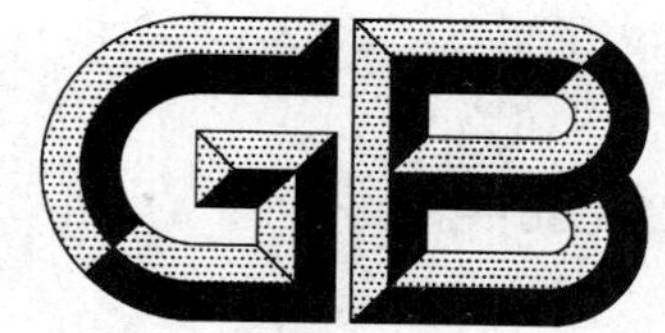

中华人民共和国国家标准

GB/T 30256—2013

节能量测量和验证技术要求 泵类液体输送系统

Technical requirements of measurement and verification of energy savings—Pumped liquid delivery system

2013-12-18 发布　　2014-07-01 实施

中华人民共和国国家质量监督检验检疫总局
中国国家标准化管理委员会　发布

前 言

本标准按照 GB/T 1.1—2009 给出的规则起草。

本标准由国家发展和改革委员会资源节约和环境保护司、工业和信息化部节能与综合利用司提出。

本标准由全国能源基础与管理标准化技术委员会(SAC/TC 20)归口。

本标准起草单位:中国标准化研究院、上海市能效中心、清华大学、湖南山水节能科技股份有限公司、广州智光节能有限公司、上海理工大学、北京建筑技术发展有限责任公司、山东省计算中心。

本标准主要起草人:潘崇超、李鹏程、陈海红、林翎、赵跃进、夏玉娟、秦宏波、许立冬、瞿英杰、王卫宏、刘猛、田建伟、陈健华、鲍威、赵军、冯蕾、李刚、冯正乾、彭妍妍。

节能量测量和验证技术要求 泵类液体输送系统

1 范围

本标准规定了泵类液体输送系统(以下简称:泵类系统)节能改造项目节能量测量和验证的术语和定义、边界的确定、测量和验证方法、相关参数的测试和计算方法、数据质量要求、测量和验证方案等。

本标准适用于对电气驱动的泵类系统节能技术改造项目进行节能量测量和验证,新建类和管理类项目可参考使用。

2 规范性引用文件

下列文件对于本文件的应用是必不可少的。凡是注日期的引用文件,仅注日期的版本适用于本文件。凡是不注日期的引用文件,其最新版本(包括所有的修改单)适用于本文件。

GB/T 3214 水泵流量的测定方法

GB/T 3485 评价企业合理用电技术导则

GB/T 13468 泵类系统电能平衡测试与计算方法

GB 17167 用能单位能源计量器具配备和管理通则

GB/T 28750—2012 节能量测量和验证技术通则

3 术语和定义

GB/T 28750—2012 和 GB/T 13468 界定的以及下列术语和定义适用于本文件。

3.1

泵类液体输送系统 pumped liquid delivery system

用于输送液体的,由泵、交流电动机、控制装置、传动机构、管网等按流程要求所组成的总体。

4 边界的确定

4.1 应按 GB/T 13468 的规定,根据项目内容和被测泵类系统的现场条件,确定泵类系统边界、能量输入和输出边界,如图 1 所示。

4.2 泵类系统存在相互影响运行的多台泵类机组,应将所涉及的泵类机组划入系统边界内。

4.3 泵类系统改造(如变频改造)需新增耗能设备,应将新增耗能设备划入系统边界内。

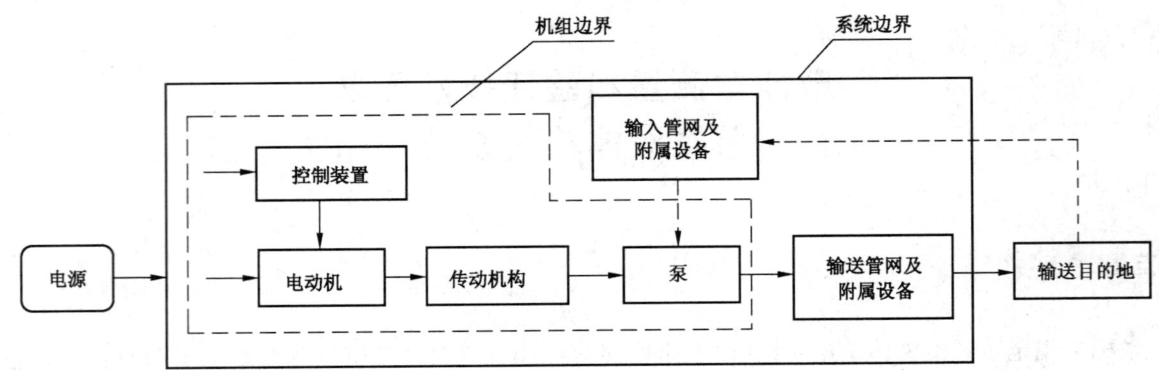

图 1 泵类系统边界示意图

5 节能量测量和验证方法

5.1 “基期能耗-影响因素”模型法

5.1.1 适用条件

GB/T 28750—2012 中的“基期能耗-影响因素”模型法适用于各类泵类系统节能改造项目。

5.1.2 泵类系统“基期能耗-影响因素”模型的建立

通常可选择以下两类影响因素作为 GB/T 28750—2012 中 5.1.1 的基期能耗影响因素：

a) 单位流量平均能耗、总流量；

b) 系统运行效率、输出功率和运行时间。

5.1.3 以基期单位流量平均能耗、总流量作为重要能耗影响因素计算节能量

可根据基期泵类系统的相关数据，采用回归分析等方法建立基期能耗与单位流量平均能耗及总流量的数学模型。在建立数学模型时，应至少使用 3 组独立的基期能耗与基期总流量数据。

仅当基期能耗与总流量成正比例关系时，泵类系统“基期能耗-影响因素”数学模型见式(1)：

$$E_b = k_{Q_b} Q_b \qquad (1)$$

式中：

E_b ——基期能耗，单位为千瓦时(kW·h)；

k_{Q_b}——基期单位流量平均能耗，单位为千瓦时每立方米(kW·h/m^3)；

Q_b ——基期的总流量，单位为立方米(m^3)。

节能量计算公式见式(2)：

$$E_s = E_r - E_a + A_m = E_r - k_{Q_b} \cdot Q_r + A_m \qquad (2)$$

式中：

E_s ——节能量，单位为千瓦时(kW·h)；

E_r ——统计报告期能耗，单位为千瓦时(kW·h)；

E_a ——校准能耗，单位为千瓦时(kW·h)；

A_m——能耗调整量，单位为千瓦时(kW·h)；

Q_r ——统计报告期总流量，单位为立方米(m^3)。

5.1.4 以系统运行效率、输出功率和运行时间作为重要能耗影响因素计算节能量

具有单一稳定工况的泵类系统“基期能耗-影响因素”数学模型见式(3)：

$$E_b = \frac{P_b \cdot t_b}{\eta_b} \quad \cdots\cdots\cdots\cdots (3)$$

式中：

P_b——基期泵类系统输出功率，单位为千瓦(kW)；

t_b——基期泵类系统总运行时间，单位为小时(h)；

η_b——基期泵类系统运行效率。

节能量计算公式见式(4)或式(5)：

$$E_s = E_r - E_a + A_m = E_r - \frac{P_r \cdot t_r}{\eta_b} + A_m \quad \cdots\cdots\cdots\cdots (4)$$

或

$$E_s = E_r - E_a + A_m = \frac{P_r \cdot t_r}{\eta_r} - \frac{P_r \cdot t_r}{\eta_b} + A_m \quad \cdots\cdots\cdots\cdots (5)$$

式中：

P_r——统计报告期泵类系统输出功率，单位为千瓦(kW)；

t_r——报告期泵类系统总运行时间，单位为小时(h)；

η_r——统计报告期泵类系统运行效率。

5.2 直接比较法

5.2.1 适用条件

GB/T 28750—2012 中的“直接比较法”仅适用于节能措施可以关闭且不影响泵类系统正常运行的节能改造项目。

5.2.2 具有单一稳定工况的泵类系统的节能量计算

节能量按式(6)或式(7)计算：

$$E_s = (P_{1,on} - P_{1,off}) \cdot t_r + A_m \quad \cdots\cdots\cdots\cdots (6)$$

式中：

$P_{1,on}$——节能措施开启时泵类系统输入功率，单位为千瓦(kW)；

$P_{1,off}$——节能措施关闭时泵类系统输入功率，单位为千瓦(kW)。

$$E_s = (P_{2,on}/\eta_{on} - P_{2,off}/\eta_{off}) \cdot t_r + A_m \quad \cdots\cdots\cdots\cdots (7)$$

式中：

$P_{2,on}$——节能措施开启时泵类系统输出功率，单位为千瓦(kW)；

η_{on}——节能措施开启时泵类系统运行效率；

$P_{2,off}$——节能措施关闭时泵类系统输出功率，单位为千瓦(kW)；

η_{off}——节能措施关闭时泵类系统运行效率。

5.2.3 有重复规律的变工况泵类系统的节能量计算

应在所有典型工况时测量泵类系统输入功率、输出功率和运行效率，并应在节能措施关闭前后典型工况一一对应的条件下进行节能量计算。节能量按式(8)或式(9)计算：

$$E_s = \sum_{i=1}^{n} (P_{1,oni} - P_{1,offi}) \times t_{ri} + A_m \quad \cdots\cdots\cdots\cdots (8)$$

式中：

$P_{1,oni}$——第 i 种典型工况下节能措施开启时泵类系统输入功率，单位为千瓦(kW)；

$P_{1,offi}$——第 i 种典型工况下节能措施关闭时泵类系统输入功率，单位为千瓦(kW)；

t_{ri}——第 i 种典型工况下泵类系统运行时间,单位为小时(h)。

$$E_s = \sum_{i=1}^{n} (P_{2,oni}/\eta_{oni} - P_{2,offi}/\eta_{offi}) \times t_{ri} + A_m \quad \cdots\cdots (9)$$

式中:

$P_{2,oni}$——第 i 种典型工况下节能措施开启时泵类系统输出功率,单位为千瓦(kW);

η_{oni} ——第 i 种典型工况下节能措施开启时泵类系统运行效率;

$P_{2,offi}$——第 i 种典型工况下节能措施关闭时泵类系统输出功率,单位为千瓦(kW);

η_{offi} ——第 i 种典型工况下节能措施关闭时泵类系统运行效率。

5.3 模拟软件法

应按 GB/T 28750—2012 的要求选用或开发模拟软件进行泵类系统节能量的测量和验证。

5.4 能耗调整量 A_m 的确定

能耗调整量的确定应符合 GB/T 28750—2012 的要求,并应得到各相关方的确认。

5.5 基期和统计报告期的确定

项目基期和统计报告期的确定应符合 GB/T 28750—2012 的要求。

6 相关参数的测试和计算方法

泵类系统流量和扬程按 GB/T 3214 进行测试,输入电能、输入功率、输出功率、系统运行效率、机组效率的测试和计算按 GB/T 13468 进行。在各相关方确认时,相关参数也可根据泵运行状态数据记录确定。

7 数据质量

7.1 测量仪表的配备和管理应符合 GB 17167 和 GB/T 3485 的有关规定。

7.2 测量仪器仪表在测试前应检查校准,使用范围符合要求。

7.3 测量仪器仪表精度应符合 GB/T 13468 相关要求。

7.4 测量仪器仪表的安装和使用不应对泵性能有明显影响。

7.5 计算时用到的测试数据、在线监测数据、运行记录数据等进行校核。测试和运行记录数据的校核可通过与现场操作管理人员核对、现场测量校对、不同车间数据比对、查阅生产台账和购销发票等方式进行。在线监测数据的校核可通过现场读取数据、查阅监测仪器检定报告和使用说明书、现场检查仪器运行情况、分析监测仪器精度等方式进行。

8 测量和验证方案

8.1 泵类系统进行节能量测量和验证时,应在节能措施实施前制定书面的测量和验证方案,其内容应符合 GB/T 28750—2012 的要求。

8.2 如采用“基期能耗-影响因素”模型法,应在测量和验证方案中记录相关数学模型的拟合优度以及建立模型所采用的基础数据。

ICS 27.010
F 01

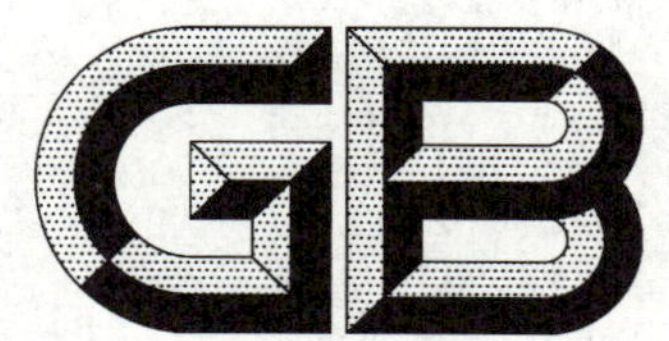

中华人民共和国国家标准

GB/T 30257—2013

节能量测量和验证技术要求 通风机系统

Technical requirements of measurement and verification of energy savings, fan system

2013-12-18 发布

2014-07-01 实施

中华人民共和国国家质量监督检验检疫总局
中国国家标准化管理委员会 发布

前　言

本标准按照 GB/T 1.1—2009 给出的规则起草。

本标准由国家发展和改革委员会资源节约和环境保护司、工业和信息化部节能与综合利用司提出。

本标准由全国能源基础与管理标准化技术委员会(SAC/TC 20)归口。

本标准起草单位:中国标准化研究院、上海市能效中心、上海理工大学、广州智光节能有限公司。

本标准主要起草人:夏玉娟、李鹏程、陈海红、林翎、赵跃进、潘崇超、秦宏波、王卫宏、刘猛、田建伟、彭妍妍、赵军、陈建华、鲍威。

节能量测量和验证技术要求
通风机系统

1 范围

本标准规定了通风机系统节能改造项目节能量测量和验证的边界的确定、测量和验证方法、相关参数的测试和计算方法、数据质量、测量和验证方案等。

本标准适用于对交流电气拖动的通风机系统节能技术改造项目进行节能量测量和验证。新建类和管理类项目可参考使用。

2 规范性引用文件

下列文件对于本文件的应用是必不可少的。凡是注日期的引用文件,仅注日期的版本适用于本文件。凡是不注日期的引用文件,其最新版本(包括所有的修改单)适用于本文件。

GB/T 3485 评价企业合理用电技术导则

GB/T 13467 通风机系统电能平衡测试与计算方法

GB 17167 用能单位能源计量器具配备和管理通则

GB/T 28750—2012 节能量测量和验证技术通则

3 术语和定义

GB/T 28750—2012 和 GB/T 13467 界定的术语和定义适用于本文件。

4 边界的确定

4.1 应按 GB/T 13467 的规定,根据项目内容和被测通风机系统的现场条件,确定通风机系统边界(参见图 1),以及能量输入和输出边界。

4.2 通风机系统存在相互影响运行的多台通风机机组,应将所涉及的通风机机组划入系统边界内。

4.3 通风机系统改造(如变频改造)需新增耗能设备,应将新增耗能设备划入系统边界内。

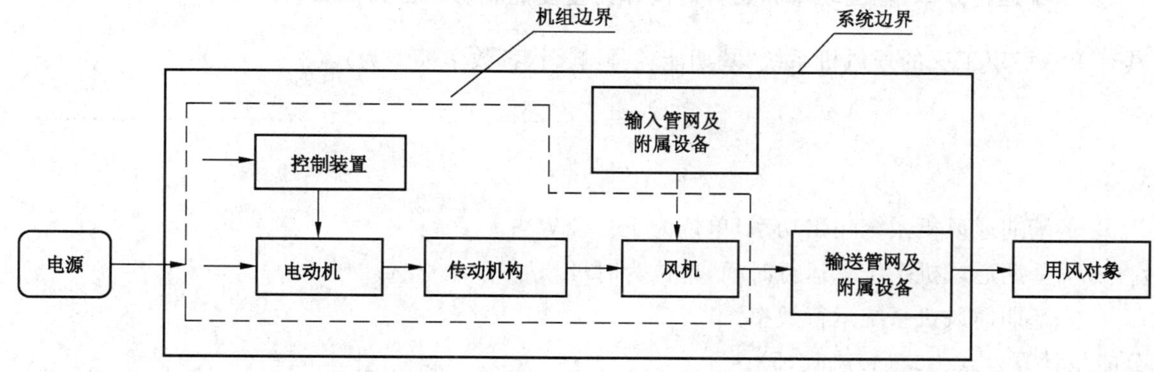

图 1 通风机系统边界示意图

5 节能量测量和验证方法

5.1 “基期能耗-影响因素”模型法

5.1.1 适用条件

GB/T 28750—2012 中的“基期能耗-影响因素”模型法适用于各类通风机系统节能改造项目。

5.1.2 通风机系统“基期能耗-影响因素”模型的建立

通常可选择以下两类影响因素作为 GB/T 28750—2012 中 5.1.1 的基期能耗影响因素：

a) 单位流量平均能耗、总流量；

b) 系统运行效率、输出功率和运行时间。

5.1.3 以基期单位流量平均能耗、总流量作为重要能耗影响因素计算节能量

可根据基期通风机系统的相关数据，采用回归分析等方法建立基期能耗与单位流量平均能耗及总流量的数学模型。在建立数学模型时，应至少使用 3 组独立的基期能耗与基期总流量数据。

仅当基期能耗与总流量成正比例关系时，通风机系统“基期能耗-影响因素”数学模型为式(1)：

$$E_b = k_{Qb} Q_b \qquad \cdots\cdots(1)$$

式中：

E_b ——基期能耗，单位为千瓦时(kW·h)；

k_{Qb} ——基期单位流量平均能耗，单位为千瓦时每立方米(kW·h/m³)；

Q_b ——基期的总流量，单位为立方米(m³)。

节能量计算公式为式(2)：

$$E_s = E_r - E_a + A_m = E_r - k_{Qb} \cdot Q_r + A_m \qquad \cdots\cdots(2)$$

式中：

E_s ——节能量，单位为千瓦时(kW·h)；

E_r ——统计报告期能耗，单位为千瓦时(kW·h)；

E_a ——校准能耗，单位为千瓦时(kW·h)；

A_m——能耗调整量，单位为千瓦时(kW·h)；

Q_r ——统计报告期总流量，单位为立方米(m³)。

5.1.4 以系统运行效率、输出功率和运行时间作为重要能耗影响因素计算节能量

具有单一稳定工况的通风机系统“基期能耗-影响因素”数学模型为式(3)：

$$E_b = \frac{P_b \cdot t_b}{\eta_b} \qquad \cdots\cdots(3)$$

式中：

P_b ——基期通风机系统输出功率，单位为千瓦(kW)；

t_b ——基期通风机系统总运行时间，单位为时(h)；

η_b ——基期通风机系统运行效率。

节能量计算公式为式(4)或式(5)：

$$E_s = E_r - E_a + A_m = E_r - \frac{P_r \cdot t_r}{\eta_b} + A_m \qquad \cdots\cdots(4)$$

式中：

P_r ——统计报告期通风机系统输出功率，单位为千瓦(kW)；

t_r ——统计报告期通风机系统总运行时间，单位为时(h)。

$$E_s = E_r - E_a + A_m = \frac{P_r \cdot t_r}{\eta_r} - \frac{P_r \cdot t_r}{\eta_b} + A_m \quad \cdots\cdots(5)$$

式中：

η_r——统计报告期通风机系统运行效率。

5.2 直接比较法

5.2.1 适用条件

GB/T 28750—2012 中的"直接比较法"仅适用于节能措施可以关闭且不影响通风机系统正常运行的节能改造项目。

5.2.2 具有单一稳定工况的通风机系统的节能量计算

节能量按式(6)或式(7)计算：

$$E_s = (P_{1,on} - P_{1,off}) \cdot t_r + A_m \quad \cdots\cdots(6)$$

式中：

$P_{1,on}$——节能措施开启时通风机系统输入功率，单位为千瓦(kW)；

$P_{1,off}$——节能措施关闭时通风机系统输入功率，单位为千瓦(kW)。

$$E_s = (P_{2,on}/\eta_{on} - P_{2,off}/\eta_{off}) \cdot t_r + A_m \quad \cdots\cdots(7)$$

式中：

$P_{2,on}$——节能措施开启时通风机系统输出功率，单位为千瓦(kW)；

η_{on} ——节能措施开启时通风机系统运行效率；

$P_{2,off}$——节能措施关闭时通风机系统输出功率，单位为千瓦(kW)；

η_{off} ——节能措施关闭时通风机系统运行效率。

5.2.3 有重复规律的变工况通风机系统的节能量计算

应在所有典型工况时测量通风机系统输入功率、输出功率和运行效率，并应在节能措施关闭前后典型工况一一对应的条件下进行节能量计算。节能量可按式(8)或式(9)计算：

$$E_s = \sum_{i=1}^{n} (P_{1,oni} - P_{1,offi}) \times t_{ri} + A_m \quad \cdots\cdots(8)$$

式中：

$P_{1,oni}$——第 i 种典型工况下节能措施开启时通风机系统输入功率，单位为千瓦(kW)；

$P_{1,offi}$——第 i 种典型工况下节能措施关闭时通风机系统输入功率，单位为千瓦(kW)；

t_{ri} ——第 i 种典型工况下通风机系统运行时间，单位为时(h)。

$$E_s = \sum_{i=1}^{n} (P_{2,oni}/\eta_{oni} - P_{2,offi}/\eta_{offi}) \times t_{ri} + A_m \quad \cdots\cdots(9)$$

式中：

$P_{2,oni}$——第 i 种典型工况下节能措施开启时通风机系统输出功率，单位为千瓦(kW)；

η_{oni} ——第 i 种典型工况下节能措施开启时通风机系统运行效率；

$P_{2,offi}$——第 i 种典型工况下节能措施关闭时通风机系统输出功率，单位为千瓦(kW)；

η_{offi} ——第 i 种典型工况下节能措施关闭时通风机系统运行效率。

5.3 模拟软件法

应按 GB/T 28750—2012 的要求选用或开发模拟软件进行通风机系统节能量的测量和验证。

5.4 能耗调整量 A_m 的确定

能耗调整量的确定应符合 GB/T 28750—2012 的要求，并应得到各相关方的确认。

5.5 基期和统计报告期的确定

项目基期和统计报告期的确定应符合 GB/T 28750—2012 的要求。

6 相关参数的测试和计算方法

通风机系统流量、压力、输入电能、输入功率、输出功率、系统运行效率、机组效率的测试和计算按 GB/T 13467 进行。在各相关方确认时，相关参数也可根据通风机运行状态数据记录确定。

7 数据质量

7.1 测试仪器仪表的配备和管理应符合 GB 17167 和 GB/T 3485 的有关规定。

7.2 测试仪器仪表在测试前应检查校准，使用范围符合要求。

7.3 测试仪器仪表精度应符合 GB/T 13467 相关要求。

7.4 测试仪器仪表的安装和使用不应对通风机性能有明显影响。

7.5 计算时用到的测试数据、在线监测数据、运行记录数据等应进行校核。测试和运行记录数据的校核可通过与现场操作管理人员核对、现场测量校对、不同车间数据比对、查阅生产台账和购销发票等方式进行。在线监测数据的校核可通过现场读取数据、查阅监测仪器检定报告和使用说明书、现场检查仪器运行情况、分析监测仪器精度等方式进行。

8 测量和验证方案

8.1 通风机系统进行节能量测量和验证时，应在节能措施实施前制定书面的测量和验证方案，其内容应符合 GB/T 28750—2012 的要求。

8.2 如采用“基期能耗-影响因素”模型法，应在测量和验证方案中记录相关数学模型的拟合优度以及建立模型所采用的基础数据。

ICS 27.010
F 01

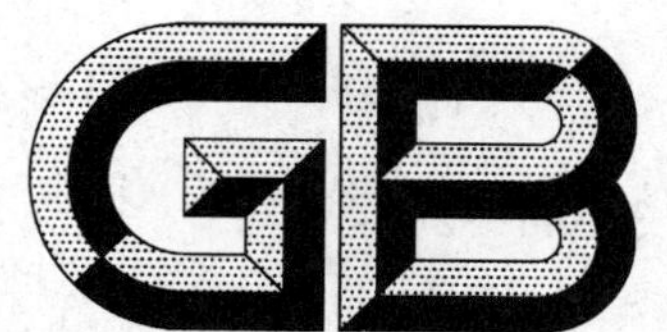

中华人民共和国国家标准

GB/T 31344—2014

节能量测量和验证技术要求 板坯加热炉系统

Technical requirements of measurement and verification of energy savings—Slab reheating furnace system

2014-12-31 发布

2015-07-01 实施

中华人民共和国国家质量监督检验检疫总局
中国国家标准化管理委员会 发布

前　言

本标准按照 GB/T 1.1—2009 给出的规则起草。

本标准由全国能源基础与管理标准化技术委员会(SAC/TC 20)提出并归口。

本标准起草单位：北京科技大学、中国标准化研究院、宝山钢铁股份有限公司、建龙钢铁集团有限公司、中冶南方工程技术有限公司、中冶京诚工程技术有限公司、山东大钢集团、首钢集团、深圳市前海智慧能源系统有限公司。

本标准主要起草人：冯俊小、李鹏程、张鑫、赵志楠、周闻华、陈海红、田建伟、刘猛、姜敏、林佳、曾义波、陈艳梅、周敬之、徐钱。

节能量测量和验证技术要求
板坯加热炉系统

1 范围

本标准规定了板坯加热炉系统节能改造项目节能量测量和验证的项目边界划分和能耗统计范围、基本要求、测量和验证方法。

本标准适用于钢铁企业板坯加热炉系统节能改造项目的节能量测量和验证，其他钢铁加热炉（如轧钢加热炉）节能改造项目的节能量测量和验证可参考使用。

2 规范性引用文件

下列文件对于本文件的应用是必不可少的。凡是注日期的引用文件，仅注日期的版本适用于本文件。凡是不注日期的引用文件，其最新版本（包括所有的修改单）适用于本文件。

GB/T 2589—2008 综合能耗计算通则

GB/T 6422 用能设备能量测试导则

GB 17167 用能单位能源计量器具配备和管理通则

GB/T 19022 测量管理体系 测量过程和测量设备的要求

GB/T 28750 节能量测量和验证技术通则

GB/T 30256 节能量测量和验证技术要求 泵类液体输送系统

GB/T 30257 节能量测量和验证技术要求 通风机系统

3 术语和定义

GB/T 28750 界定的以及下列术语和定义适用于本文件。

3.1

板坯加热炉系统 slab reheating furnace system

钢铁企业中生产钢板和带钢的板坯加热设备及其附属设施。

4 项目边界划分和能耗统计范围

4.1 项目边界划分

板坯加热炉系统节能改造项目边界主要包括炉膛、燃烧系统、冷却系统、余热回收系统、排烟系统、保温装置和自动控制系统等。板坯加热炉系统节能改造项目边界示意图见图 1。

节能措施只影响某个子系统，项目边界应为该子系统。节能措施影响多个子系统或多个子系统同时采取节能措施，项目边界应为整个板坯加热炉系统。

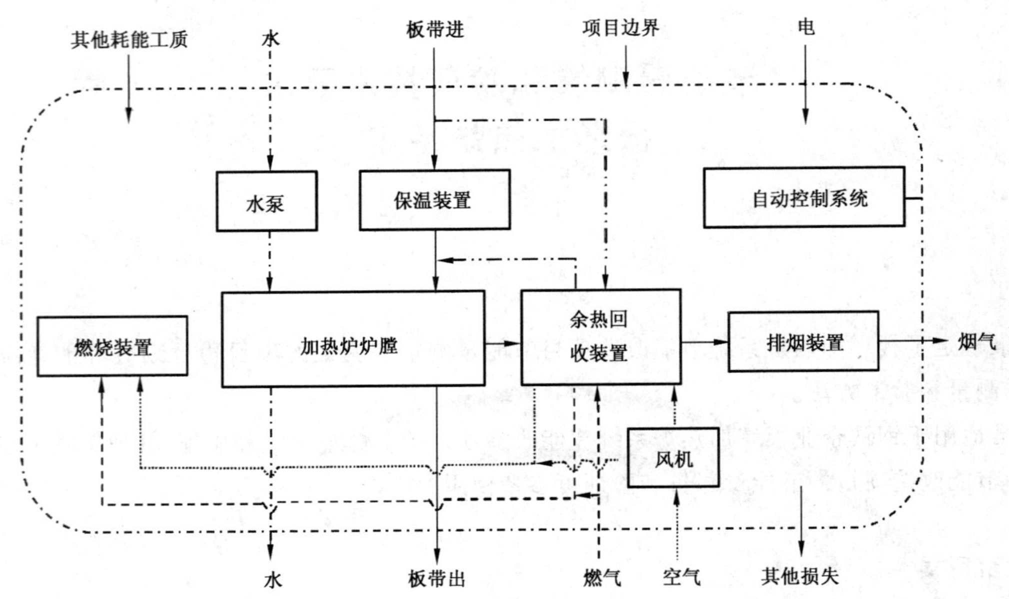

图 1　板坯加热炉项目边界示意图

4.2　能耗统计范围

板坯加热炉系统的能耗统计范围涵盖板坯加热过程用到的燃料和其他能源动力介质，主要包括各段燃料消耗量，风机、水泵、装料机、出料机和炉底机械的耗电量，以及氧气、氮气、水和蒸气消耗量等；产量统计涵盖进出炉所有物料，主要包括装出炉板坯量等。

5　基本要求

5.1　合规性

节能改造后板坯加热炉系统的技术指标应符合相关法律法规、强制性技术标准的要求。

5.2　基期和统计报告期

基期应为板坯加热炉系统实施节能改造项目前 1 年的生产运行周期，统计报告期宜为板坯加热炉系统实施节能改造项目后正常运行 1 年的生产运行周期。

5.3　测量和验证方法的选取

5.3.1　板坯加热炉系统节能改造项目节能量测量和验证方法选用 GB/T 28750 中的“基期能耗-影响因素”模型法。

5.3.2　针对泵类系统、通风机系统等单独实施的节能改造项目，可分别按照 GB/T 30256、GB/T 30257 等规定的方法进行节能量测量和验证。

5.4　测量和验证方案

板坯加热炉系统进行节能量测量和验证时，应在节能措施实施前制定书面的测量和验证方案，其内容应符合 GB/T 28750 的要求。

6 测量和验证方法

6.1 “基期能耗-影响因素”模型法

6.1.1 校准能耗

板坯加热炉系统的校准能耗 E_a 按式(1)计算。

$$E_a = \sum_{i=1}^{l} e_{fbi} P_{ri} + \sum_{i=1}^{l} e_{ebi} P_{ri} + \sum_{i=1}^{l} \sum_{j=1}^{n} e_{bij} P_{ri} + A_m \qquad \cdots\cdots\cdots\cdots (1)$$

式中：

E_a ——校准能耗，单位为吨标准煤(tce)；

e_{fbi} ——基期加热第 i 种钢坯的单位产品燃料消耗量，单位为吨标准煤每吨(tce/t)，按照 GB/T 2589—2008 规定的方法计算；

e_{ebi} ——基期加热第 i 种钢坯的单位产品电力消耗量，单位为吨标准煤每吨(tce/t)，按照 GB/T 2589—2008 规定的方法计算；

e_{bij} ——基期加热第 i 种钢坯的第 j 种耗能工质的单位产品消耗量，单位为吨标准煤每吨(tce/t)，按照 GB/T 2589—2008 规定的方法计算；

P_{ri} ——统计报告期第 i 种钢坯合格产品的生产总量，单位为吨(t)；

l ——统计报告期生产的钢坯种类总数；

n ——基期的耗能工质(如水、氮气、氧气等)种类数；

A_m ——校准能耗调整值，单位为吨标准煤(tce)。

6.1.2 校准能耗调整值

校准能耗调整值 A_m 的确定应符合 GB/T 28750 的要求，并应得到各相关方的确认，A_m 通常为 0。当报告期新增基期没有的钢坯种类时，可采用式(2)计算新增钢种带来的校准能耗调整值 A_m：

$$A_m = \sum_{m=1}^{h} e'_{fbm} P_{arm} + \sum_{m=1}^{h} e'_{ebm} P_{arm} + \sum_{m=1}^{h} \sum_{j=1}^{n} e'_{bmj} P_{arm} \qquad \cdots\cdots\cdots\cdots (2)$$

式中：

e'_{fbm}——各方认可的加热第 m 种新钢坯种类的基准单位产品燃料消耗量(如公认的行业平均值)，单位为吨标准煤每吨(tce/t)；

e'_{ebm}——各方认可的加热第 m 种新钢坯种类的基准单位产品电力消耗量(如公认的行业平均值)，单位为吨标准煤每吨(tce/t)；

e'_{bmj}——各方认可的加热第 m 种新钢坯种类的第 j 种耗能工质的基准单位产品消耗量(如公认的行业平均值)，单位为吨标准煤每吨(tce/t)；

P_{arm}——统计报告期第 m 种新钢坯合格产品的生产总量，单位为吨(t)；

h ——统计报告期生产的新钢坯种类总数；

n ——基期的耗能工质(如水、氮气、氧气等)种类数。

6.1.3 统计报告期能耗

板坯加热炉系统统计报告期能耗 E_r 按照式(3)进行计算。

$$E_r = \sum_{k=1}^{p} c_k E_{rk} \qquad \cdots\cdots\cdots\cdots (3)$$

式中：

E_r——统计报告期能耗，单位为吨标准煤(tce)；

E_{rk}——统计报告期板坯加热炉系统消耗的燃料、电力等第 k 种能源及耗能工质的实物量；

c_k——第 k 种能源和耗能工质的折标准煤系数，按照 GB/T 2589—2008 规定的方法选取；

p——统计报告期板坯加热炉系统消耗的能源和耗能工质的种类数。

6.1.4 节能量的计算

按照式(4)计算节能量 E_s。计算示例参见附录 A。

$$E_s = E_r - E_a \quad \cdots\cdots (4)$$

式中：

E_s——板坯加热炉系统节能量，单位为吨标准煤(tce)。

6.2 数据的收集和测量

6.2.1 数据的收集

基期和统计报告期的能耗和产量数据宜采用统计数据、计量数据、运行记录、财务数据及在检定有效期内的仪器仪表的测量数据。基期数据和统计报告期数据收集样表参见附录 B。

6.2.2 数据的验证

应验证收集得到的能耗和产量数据。能耗和产量数据类型及其验证方法见表 1。验证统计报告期数据时应采用与基期一致的验证方法。当采用测量的方法进行验证时，应符合 GB/T 6422 的规定，并满足以下要求：

a) 相关数据应记录、汇编、分析和存档，并符合 GB/T 19022 的要求；
b) 现场计量测试仪器仪表的配备和管理要符合 GB 17167 的规定；
c) 测试要在加热炉连续稳定条件下进行，测试次数不少于 8 次；
d) 测量前应对仪器、仪表进行校准。

表 1 数据类型及其验证方法

序号	数据	验证内容	验证条件	验证方法	测试仪器
1	钢种	加热钢种	稳定工况	核对当日生产计划表	—
2	产量	板坯单重		抽样称重，每次 1 块～2 块板坯	磅秤或根据坯型计算
		出炉板坯数		核对炉前统计数据	—
3	流量	煤气	每 60 min 测量一次	炉前煤气总管或支管上测量	皮托管
		水		炉前水管上测量	微压计、数字温度计、现场仪表
		压缩空气		炉前压缩空气管道上测量	
		氮气		炉前氮气管道上测量	
		氧气		炉前氧气管道上测量	
		水蒸气		炉前水蒸气管道上测量	

表 1（续）

序号	数据	验证内容	验证条件	验证方法	测试仪器
4	温度	水	每 60 min 测量一次	在水管道上测量	水银温度计
		压缩空气		在压缩空气管道上测量	数字温度计
		氮气		在氮气管道上测量	
		氧气		炉前氧气管道上测量	
		水蒸气		在水蒸气管道上测量	
5	压力	水	每 60 min 测量一次	在水管道上测量	数字式压力计
		压缩空气		在压缩空气管道上测量	数字式压力计
		氮气		在氮气管道上测量	
		氧气		炉前氧气管道上测量	
		水蒸气		在水蒸气管道上测量	
6	热值	煤气发热量	每 60 min 测量一次	煤气管道取样测量	色谱、热值仪或根据煤气成分计算

附 录 A
(资料性附录)
板坯加热炉系统节能量测量和验证示例

A.1 项目概况

某钢厂轧钢车间板坯加热炉于2009年6月建成投产,设计产能100万t/年,为侧进侧出步进梁单蓄热连续式加热炉,燃料为高焦炉混合煤气。为进一步节约能源消耗,实施节能技术改造项目,对加热炉炉顶和炉墙安装黑体元件,增加炉衬的黑度和面积,增强炉衬对钢坯的辐射能力。

A.2 节能量测量和验证

A.2.1 项目边界

根据项目改造涉及的影响范围,本项目边界为整个加热炉系统。

A.2.2 基期和统计报告期

基期为项目实施前一年(2011年7月—2012年6月)。报告期为项目实施后一年(2012年7月—2013年6月)。

A.2.3 基期能耗

基期产量及煤气消耗量、电力消耗量和耗能工质消耗量数据见表A.1,相关能源和耗能工质折标准煤系数见表A.2。

表 A.1 基期产量、能源和耗能工质消耗量统计表

钢种编号	产量 t	煤气单耗 GJ/t	折标后煤气单耗 tce/t	电力单耗 kWh/t	折标后电力单耗 tce/t	氮气单耗 m^3/t	折标后氮气单耗 tce/t	氧气单耗 m^3/t	折标后氧气单耗 tce/t	压缩空气单耗 m^3/t	折标后压缩空气单耗 tce/t
A	74 946	1.033	0.035 3	70.022	0.008 61	4.56	0.003 06	1.21	0.000 484	16.18	0.000 647
B	79 013	1.026	0.035 0	71.875	0.008 83	4.41	0.002 96	0.67	0.000 268	9.86	0.000 394
C	80 066	1.033	0.035 3	71.029	0.008 73	5.59	0.003 75	0.86	0.000 344	16.41	0.000 656
D	77 161	1.026	0.035 0	69.430	0.008 53	3.24	0.002 18	0.86	0.000 344	8.58	0.000 343
E	78 014	1.030	0.035 2	69.285	0.008 52	6.82	0.004 58	0.62	0.000 248	9.21	0.000 368
F	88 071	1.033	0.035 3	71.035	0.008 73	4.6	0.003 09	1.03	0.000 412	13.79	0.000 552
G	67 527	1.040	0.035 5	69.168	0.008 50	3.23	0.002 17	0.82	0.000 328	11.86	0.000 474
H	65 349	1.029	0.035 1	72.981	0.008 97	3.06	0.002 05	0.61	0.000 244	10.08	0.000 403
I	54 218	1.025	0.035 0	72.231	0.008 88	3.5	0.002 35	0.73	0.000 292	10.95	0.000 438
J	75 497	1.031	0.035 2	69.817	0.008 58	2.38	0.001 60	0.88	0.000 352	14.16	0.000 566
K	82 058	1.012	0.034 5	71.224	0.008 75	3.38	0.002 27	0.63	0.000 252	11.46	0.000 458
L	75 948	1.021	0.034 9	68.834	0.008 46	4.37	0.002 93	0.91	0.000 364	15.28	0.000 611

表 A.2 能源和耗能工质折标准煤系数

能源及耗能工质类型	煤气	电力	氮气	氧气	压缩空气
折标系数	0.034 14 tce/GJ	0.122 9×10^{-3} tce/kWh	0.671 4×10^{-3} tce/m^3	0.4×10^{-3} tce/m^3	0.04×10^{-3} tce/m^3

A.2.4 统计报告期能耗

统计报告期产量及能耗数据见表 A.3 和表 A.4。

表 A.3 统计报告期产量表

钢种编号	产量 t
A	72 586
B	84 062
C	79 663
D	78 005
E	78 504
F	84 034
G	81 431
H	77 851
I	87 097
J	84 197
K	85 810
L	82 423
合计	975 663

表 A.4 统计报告期能耗表

能源及耗能工质类型	煤气	电力	氮气	氧气	压缩空气
消耗量 (1)	960 281 GJ	70 743 489 kWh	3 460 220 m^3	512 726 m^3	13 696 032 m^3
折标系数 (2)	0.034 14 tce/GJ	0.122 9×10^{-3} tce/kWh	0.671 4×10^{-3} tce/m^3	0.4×10^{-3} tce/m^3	0.04×10^{-3} tce/m^3
折标准煤量 tce (3)=(1)×(2)	32 784	8 694	2 323	205	548

统计报告期能耗 E_r=32 784+8 694+2 323+205+548=44 554 tce。

A.2.5 校准能耗计算

校准能耗计算过程见表 A.5。

表 A.5 校准能耗计算表

钢种编号	统计报告期产量(P_{ri}) t (1)	折标后基期煤气单耗(e_{fbi}) tce/t (2)	折标后基期电力单耗(e_{ebi}) tce/t (3)	折标后基期氮气单耗(e_{bi1}) tce/t (4)	折标后基期氧气单耗(e_{bi2}) tce/t (5)	折标后基期压缩空气单耗(e_{bi3}) tce/t (6)	$e_{fbi}P_{ri}$ tce (7)=(2)×(1)	$e_{ebi}P_{ri}$ tce (8)=(3)×(1)	$\sum_{j=1}^{3} e_{bij}P_{ri}$ tce (9)=[(4)+(5)+(6)]×(1)
A	72 586	0.035 3	0.008 61	0.003 06	0.000 484	0.000 647	2 562	625	304
B	84 062	0.035 0	0.008 83	0.002 96	0.000 268	0.000 394	2 942	742	304
C	79 663	0.035 3	0.008 73	0.003 75	0.000 344	0.000 656	2 812	695	378
D	78 005	0.035 0	0.008 53	0.002 18	0.000 344	0.000 343	2 730	665	224
E	78 504	0.035 2	0.008 52	0.004 58	0.000 248	0.000 368	2 763	669	408
F	84 034	0.035 3	0.008 73	0.003 09	0.000 412	0.000 552	2 966	734	341
G	81 431	0.035 5	0.008 50	0.002 17	0.000 328	0.000 474	2 891	692	242
H	77 851	0.035 1	0.008 97	0.002 05	0.000 244	0.000 403	2 733	698	210
I	87 097	0.035 0	0.008 88	0.002 35	0.000 292	0.000 438	3 048	773	268
J	84 197	0.035 2	0.008 58	0.001 60	0.000 352	0.000 566	2 964	722	212
K	85 810	0.034 5	0.008 75	0.002 27	0.000 252	0.000 458	2 960	751	256
L	82 423	0.034 9	0.008 46	0.002 93	0.000 364	0.000 611	2 877	697	322
合计	975 662	—	—	—	—	—	34 249	8 465	3 469

校准能耗调整值 A_m 取 0，校准能耗 E_a＝34 249＋8 465＋3 469＝46 183 tce。

A.2.6 节能量计算

节能量 $E_s = E_r - E_a$＝44 554－46 183＝－1 629 tce。

附　录　B
（资料性附录）
基期数据和统计报告期数据收集样表

板坯加热炉系统基期数据和统计报告期数据收集样表如表 B.1、表 B.2 和表 B.3 所示。

表 B.1　板坯加热炉系统主要耗能设备性能参数表

设备明细	参数指标
循环水泵	流量（m^3/h）、功率（kW）、扬程（m）
鼓风机	风量（m^3/h）、风压（kPa）、功率（kW）
排烟机	风量（m^3/h）、风压（kPa）、功率（kW）
装、出料机	功率（kW）
炉底机械	功率（kW）

表 B.2　基期（统计报告期）燃料、电和钢坯产量统计（测量）计算参数表

钢种	钢种说明	燃料		钢产量 t	电耗 kW·h
		燃耗 m^3	热值 $kJ \cdot m^{-3}$		
1					
2					
3					
…					

表 B.3　基期（统计报告期）耗能工质统计（测量）计算参数表

钢种	钢种说明	压缩空气			氮气			水			蒸气			…		
		温度 ℃	压力 Pa	流量 m^3	温度 ℃	压力 Pa	流量 m^3	温度 ℃	压力 Pa	流量 m^3	温度 ℃	压力 Pa	流量 m^3			
1																
2																
3																
…																

ICS 27.010
F 01

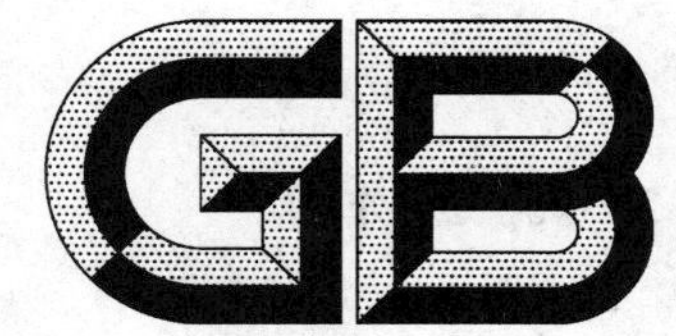

中华人民共和国国家标准

GB/T 31345—2014

节能量测量和验证技术要求 居住建筑供暖项目

Technical requirements of measurement and verification of energy savings—Heating system project for residential building

2014-12-31 发布　　2015-07-01 实施

中华人民共和国国家质量监督检验检疫总局
中国国家标准化管理委员会　发布

前 言

本标准按照 GB/T 1.1—2009 给出的规则起草。

本标准由全国能源基础与管理标准化技术委员会(SAC/TC 20)提出并归口。

本标准起草单位:中国建筑科学研究院、中国标准化研究院、北京市市政管理委员会供热办、北京市建筑设计研究院有限公司、北京市住宅建筑设计研究院有限公司、河北工大科雅能源科技有限公司、北京金房暖通节能技术有限公司、北京市热力集团有限责任公司、北京志诚宏业智能控制技术有限公司、北京众力德邦智能机电科技有限公司、哈尔滨工业大学、建研爱康(北京)科技发展公司、中节能建筑节能有限公司、北京市节能环保中心、深圳市前海智慧能源系统有限公司。

本标准主要起草人:邹瑜、冯晓梅、李鹏程、曹勇、魏峥、赫迎秋、万水娥、胡颐蘅、齐承英、丁琦、张立申、徐选才、刘猛、张伟、俞光、方修睦、冯铁栓、罗丽芬、刘祥志、张希庆、姚建国。

节能量测量和验证技术要求 居住建筑供暖项目

1 范围

本标准规定了居住建筑供暖节能改造项目节能量测量和验证的项目边界划分和能耗统计范围、基本要求、测量和验证方法。

本标准适用于居住建筑集中供暖系统及相关建筑围护结构节能技术改造项目节能量的测量和验证。

2 规范性引用文件

下列文件对于本文件的应用是必不可少的。凡是注日期的引用文件，仅注日期的版本适用于本文件。凡是不注日期的引用文件，其最新版本(包括所有的修改单)适用于本文件。

GB/T 2589 综合能耗计算通则

GB/T 28750—2012 节能量测量和验证技术通则

GB/T 30256 节能量测量和验证技术要求 泵类液体输送系统

JGJ/T 132 居住建筑节能检测标准

JGJ/T 288—2012 建筑能效标识技术标准

3 术语和定义

GB/T 28750—2012 界定的以及下列术语和定义适用于本文件。

3.1

基期 baseline period

用以比较和确定项目节能量的，节能措施实施前的时间段。

[GB/T 28750—2012，定义 3.3]

3.2

统计报告期 reporting period

用以比较和确定项目节能量的，节能措施实施后的时间段。

[GB/T 28750—2012，定义 3.4]

3.3

基期能耗 energy consumption in baseline period

基期内，项目边界内用能单位、设备、系统的能源消耗量。

[GB/T 28750—2012，定义 3.5]

3.4

统计报告期能耗 energy consumption in reporting period

统计报告期内，项目边界内用能单位、设备、系统的能源消耗量。

[GB/T 28750—2012，定义 3.6]

3.5

校准能耗　adjusted energy consumption

统计报告期内，根据基期能源消耗状况及统计报告期条件推算得到的，项目边界内用能单位、设备、系统不采用该节能措施时的能源消耗量。

[GB/T 28750—2012，定义 3.7]

3.6

集中供暖系统　central heating system

热源和散热设备分别设置，用热媒管道相连接的，由热源向多个热用户供给热量的设施。

3.7

直接供暖系统　direct heating system

热水不经过中间换热器直接向散热设备供热的集中供暖系统。

3.8

间接供暖系统　indirect heating system

通过中间换热器加热用户侧的循环热水，向散热设备供热的集中供暖系统，包括独立热源间接供暖系统和外部热源间接供暖系统。

3.9

制热能耗　energy consumption for producing heat

热源设备直接消耗的能量或输入换热设备的能量。

3.10

输配能耗　energy consumption for transporting heat

循环水泵、补水泵、鼓风机、引风机等附属设备消耗的能量。

3.11

供暖能耗　energy consumption for heating

制热能耗与输配能耗之和。

4　项目边界划分和能耗统计范围

4.1　项目边界划分

居住建筑供暖节能改造项目节能量测量和验证的项目边界应包括热源、热力站、管网、散热系统及相关建筑围护结构。热源包括热源设备及其附属设备、循环水泵及控制设备等；热力站包括换热设备、循环水泵及控制设备等；散热系统包括散热设备、室内温度控制装置等。根据项目类型的不同，3 类常见的边界划分方法如图 1～图 3 所示。

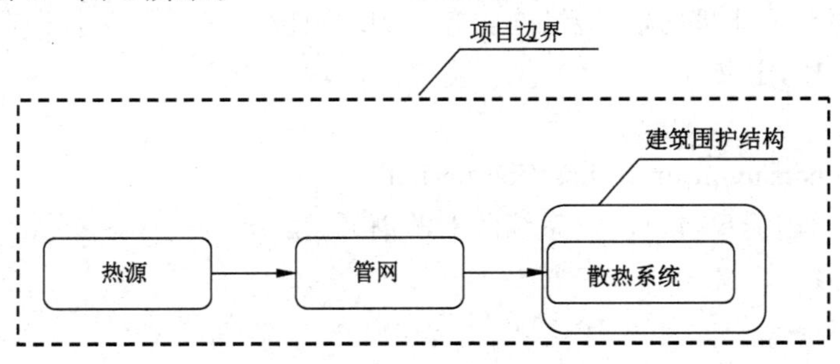

图 1　直接供暖系统项目边界示意图(方法 1)

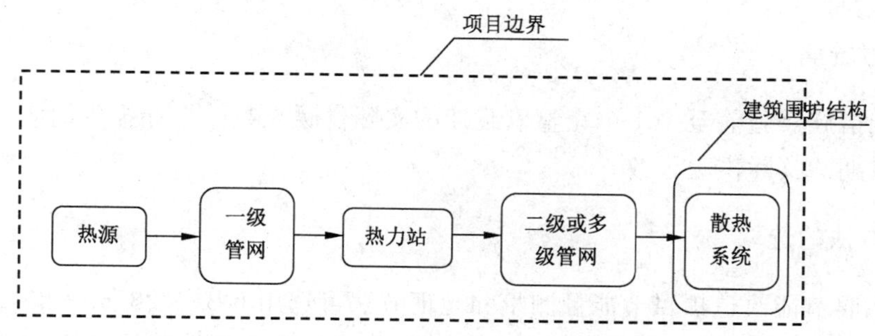

图 2　独立热源间接供暖系统项目边界示意图(方法 2)

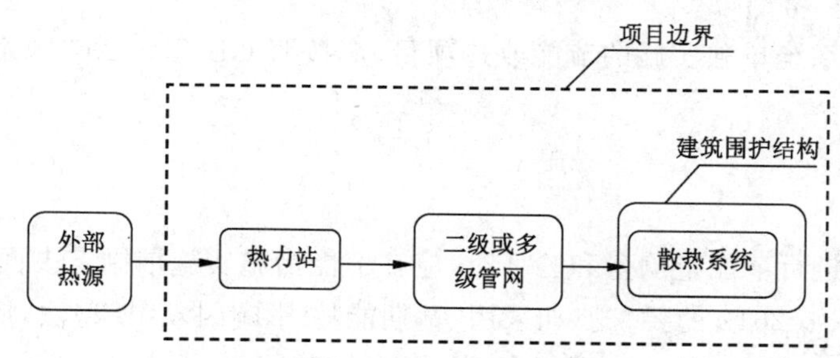

图 3　外部热源间接供暖系统项目边界示意图(方法 3)

4.2　能耗统计范围

4.2.1　对于直接供暖系统,供暖能耗应以热源站房作为能耗核算点,并应将图 1 项目边界内包括的制热能耗、输配能耗计入基期能耗和统计报告期能耗。

4.2.2　对于独立热源间接供暖系统,供暖能耗宜以热源站房作为能耗核算点,并应将图 2 项目边界内包括的制热能耗、输配能耗计入基期能耗和统计报告期能耗。当无法获得热源站房能耗时,在各方认可的情况下,也可参考图 3 的项目边界计算能耗。

4.2.3　对于外部热源间接供暖系统,供暖能耗应以热力站作为能耗核算点,并应将图 3 项目边界内包括的制热能耗、输配能耗计入基期能耗和统计报告期能耗。

4.2.4　对热源设备及(或)其控制系统单独实施的节能改造项目,供暖能耗仅计算制热能耗。

4.2.5　对热源设备、输配设备等多个设备同时实施节能措施的节能改造项目,供暖能耗应计算制热能耗和输配能耗。

4.2.6　计算能耗时,不同种类的能源可统一折算为标准煤。各类燃料应按实测低位发热量折算成标准煤。无法获得实测低位发热量值时,可参照 GB/T 2589 中各种能源折标准煤系数进行折算。当能耗仅为电量时,宜直接用耗电量进行计算,也可按国家统计部门发布的统计报告期上一年度全国火力发电平均发电煤耗进行折算。

5　基本要求

5.1　合规性

节能改造后居住建筑供暖项目的技术指标应符合相关法律法规、强制性技术标准的要求,并得到各方的认可。

5.2 基期和统计报告期

基期应为节能措施实施前至少1个完整供暖期的实际供暖天数。统计报告期应为节能措施实施后至少1个完整供暖期的实际供暖天数。

5.3 测量和验证方法的选取

5.3.1 居住建筑供暖节能改造项目节能量测量和验证方法可选用GB/T 28750—2012中的“基期能耗-影响因素”模型法或模拟软件法。对于可获得完整基期数据和统计报告期数据的项目,宜采用“基期能耗-影响因素”模型法获得较为准确的节能量结果。对于无法获得完整基期能耗数据的项目,可采用模拟软件法获得节能量的参考结果。

5.3.2 对泵类液体输送系统单独实施的节能改造项目,应按照GB/T 30256规定的方法进行节能量测量和验证。

5.4 测量和验证方案

居住建筑供暖系统进行节能量测量和验证时,应在节能措施实施前制定书面的测量和验证方案,其内容应符合GB/T 28750—2012的要求。如采用“基期能耗-影响因素”模型法,应在测量和验证方案中记录相关数学模型的拟合优度以及建立模型所采用的基础数据。

6 测量和验证方法

6.1 “基期能耗-影响因素”模型法

6.1.1 “基期能耗-影响因素”模型的建立和校核

节能改造前应测量或收集基期制热能耗及室外日平均温度、室内日平均温度和供暖天数等主要影响因素的逐日或逐月数据,通过回归分析的方法,建立“基期能耗-影响因素”的回归模型。逐月回归时,样本数至少为2个完整供暖期的供暖月数;逐日回归时,样本数至少为一个完整供暖期的供暖天数。

应对所建立“基期能耗-影响因素”相关性模型进行优度检验,相关性模型应满足以下条件:

a) 回归模型的拟合优度——R^2 应大于0.8;

b) 对回归模型进行F检验时,其显著性水平Sig.值应小于或等于0.05。

6.1.2 常见的“基期能耗-影响因素”模型

常见的“基期能耗-影响因素”的模型如式(1):

$$e_b = B_0 + B_1 \sum_{i=1}^{n} (t_{di} - t_{wi}) + \cdots + B_m \left[\sum_{i=1}^{n} (t_{di} - t_{wi}) \right]^m \quad (i = 1,2,\cdots,n) \quad \cdots\cdots\cdots(1)$$

式中:

e_b ——基期单位建筑面积的逐日或逐月制热能耗,单位为千克标准煤每平方米($kgce/m^2$);

B_0、B_1、B_m ——回归系数;

t_{di} ——基期逐日室内日平均温度,单位为摄氏度(℃);

t_{wi} ——基期逐日室外日平均温度,单位为摄氏度(℃);

n ——基期取样的时间段,逐日回归时为1,逐月回归时为当月实际供暖天数;

m ——回归模型的幂次,根据模型的拟合优度确定,一般情况下 m 不大于3。

校准后的单位面积能耗应按式(2)计算:

$$e_a = B_0 + B_1 \sum_{i=1}^{n'} (t_{di}' - t_{wi}') + \cdots + B_m [\sum_{i=1}^{n'} (t_{di}' - t_{wi}')]^m \quad (i = 1, 2, \cdots, n') \qquad \cdots\cdots(2)$$

式中：

e_a ——校准后单位建筑面积的逐日或逐月制热能耗，单位为千克标准煤每平方米（$kgce/m^2$）；

t_{di}' —— 统计报告期室内日平均温度，单位为摄氏度（℃）；

t_{wi}' ——统计报告期逐日室外日平均温度，单位为摄氏度（℃）；

n' ——统计报告期取样的时间段，逐日计算时为1，逐月计算时为当月实际供暖天数。

6.1.3 校准能耗

校准能耗 E_a 应按式(3)计算：

$$E_a = M \times \sum_{i=1}^{N} e_{ai} + A_m \quad (i = 1, 2, \cdots, N) \qquad \cdots\cdots(3)$$

E_a ——校准能耗，单位为吨标准煤（tce）；

M ——统计报告期内居住建筑供暖系统所供给的建筑面积，单位为平方米（m^2）；

N ——逐日计算时为统计报告期天数，逐月计算时为统计报告期月数；

A_m ——校准能耗调整值。

注：当节能改造后，供暖面积增大且新增建筑的节能水平与原有建筑不同时，E_a 应扣除新增面积的制热能耗。

6.1.4 校准能耗调整值

校准能耗调整值 A_m 的确定应符合 GB/T 28750—2012 的要求，并应得到各相关方的确认。

注：A_m 通常为 0。

6.1.5 统计报告期能耗

统计报告期能耗 E_r 宜采用统计报告期计量得到的能耗数据，数据获取方法可参考 6.1.7 的要求。

6.1.6 节能量的计算

按式(4)计算节能量 E_s。计算示例参见附录 A。

$$E_s = E_r - E_a \qquad \cdots\cdots(4)$$

式中：

E_s ——节能量，单位为吨标准煤（tce）；

E_r ——统计报告期能耗，单位为吨标准煤（tce）；

E_a ——校准能耗，单位为吨标准煤（tce）。

6.1.7 数据的收集和测量

6.1.7.1 能耗数据

基期能耗和统计报告期能耗宜采用可采信的能源统计数据、运行记录及财务数据，或者符合标准规范要求的能源计量仪表的读数，或者使用在检定有效期内的检测仪器测量得到的能源消耗数据。收集得到的数据应进行有效性验证。

6.1.7.2 气象数据

气象数据包括：

a) 室外日平均温度应采用项目所在地气象台发布的室外日平均温度。

b) 室内日平均温度的测量方法应符合 JGJ/T 132 的要求，测量周期和测温点设置应得到各方的认可，测温点的设置还应满足以下要求：

1) 在居住建筑供暖系统最不利环路上，分别在距离节能量核算点近、中、远处各选取至少一栋代表性建筑物作为测温对象；
2) 每栋代表性建筑物应选取至少 9 户(间)有代表性的住户(房间)作为测温用户；
3) 每栋代表性建筑物测温用户的总供暖面积不得小于该建筑总供暖面积的 10%；
4) 节能改造前后的测温位置应保持一致。

6.2 模拟软件法

6.2.1 功能要求

模拟软件功能应符合下列要求：

a) 基期和统计报告期的室外温度、室内温度应能逐时或逐日输入；
b) 模拟软件应能计算逐日负荷和逐日能耗。

6.2.2 输入参数

模拟软件的输入参数可参考表 1 的要求。节能改造时未涉及部分，输入参数可采用竣工图中的参数。

表 1 基期和统计报告期的输入参数要求

名称	基期	统计报告期
围护结构参数	设计值	设计值
室内温度/℃	实测值，若无实测数据，则采用 18 ℃	实测值
换气次数/(次/h)	0.5	0.5
建筑物内部得热/(W/m^2)	3.8	3.8
热源设备效率	实测值	实测值
循环水泵的耗电输热比	实测值	实测值
室外管网热损失率	实测值	实测值

6.2.3 软件校核

模拟软件应利用基期和统计报告期的数据进行校核，能耗计算误差应满足以下要求：

a) 当统计报告期的能耗数据完整时，模拟软件计算得到的能耗与实测值相比，月误差、年误差和均方差 CV 分别不应大于±15 %、±10 %和±10 %；
b) 当统计报告期的能耗数据不完整时，应至少具备 7 日的测试数据，此时模拟软件计算得到的能耗与实测值相比，日误差不应大于±10 %。

6.2.4 节能量的计算

可采用以下方法计算节能量：

a) 依据 JGJ/T 288—2012 中附录 A.1 中建筑能耗的计算方法，将改造前建筑性能参数和基期室外温度、室内温度及供暖天数等数据代入模拟软件，计算得到校准能耗。
b) 按式(4)计算节能量 E_s，其中校准能耗调整值 A_m 应符合 GB/T 28750 的要求。

计算示例参见附录 B。

6.2.5 数据的收集和测量

数据的收集和测量可参考 6.1.7 的要求。循环水泵耗电输热比、室外管网热损失率等的检测方法可依据 JGJ/T 132。

附 录 A
（资料性附录）
居住建筑供暖项目节能量测量和验证"基期能耗-影响因素"模型法示例

A.1 项目基本情况和项目边界

项目总供暖面积为 893.8 万 m^2，有热源厂 3 座，热力站 59 座。改造前 2008—2009 年度、2009—2010 年度、2010—2011 年度 3 个供暖期逐月的煤耗数据及天气参数，基础数据齐全。本项目实施了多种节能改造技术，包括气候补偿、水力平衡、分时分区控制等。采用"基期能耗-影响因素"模型法对项目整体的节能量进行测量和验证。

A.2 基期及基期能源利用状况

本项目基期连续 3 年逐月单位面积能耗数据(共 15 个样本)见表 A.1。

表 A.1 基期逐月单位面积能耗　　单位:千克标准煤每平方米月

年度	11 月	12 月	1 月	2 月	3 月
2008—2009	1.97	4.2	4.9	3.58	1.08
2009—2010	2.23	4.53	5.94	3.86	1.29
2010—2011	1.98	4.41	5.99	3.44	1.12

根据基期逐日的室内外温度，计算逐月的累计室内外温度差(根据现场测量，室内日平均温度为 18 ℃)，计算结果见表 A.2。

表 A.2 基期逐月室内外温度差累计值 $\Sigma(t_d-t_w)$　　单位为摄氏度

年度	11 月	12 月	1 月	2 月	3 月
2008—2009	400	626	669	493	205
2009—2010	408	660	749	558	339
2010—2011	358	622	730	529	240

A.3 回归模型的建立

通过分析，基期连续三年 2008—2009 年度、2009—2010 年度、2010—2011 年度各样本对应时间段内单位面积能耗与基期各样本对应时间段内室内外温差累计值之间存在强相关。剔除不合理样本后，采用 14 个样本建立回归模型。

本项目以平均每月单位面积能耗作为因变量(y)，以各样本对应时间段内的室内外温差累计值 $\sum(t_d-t_w)$作为自变量(x)进行回归分析，回归分析的结果见表 A.3 和图 A.1。

表 A.3 回归分析结果

方程	回归模型的评估参数		回归系数		
幂次	R^2	Sig	B_0	B_1	B_2
2	0.987	0.000	0.595	$-2.107\ 2\times10^{-4}$	$9.985\ 8\times10^{-6}$

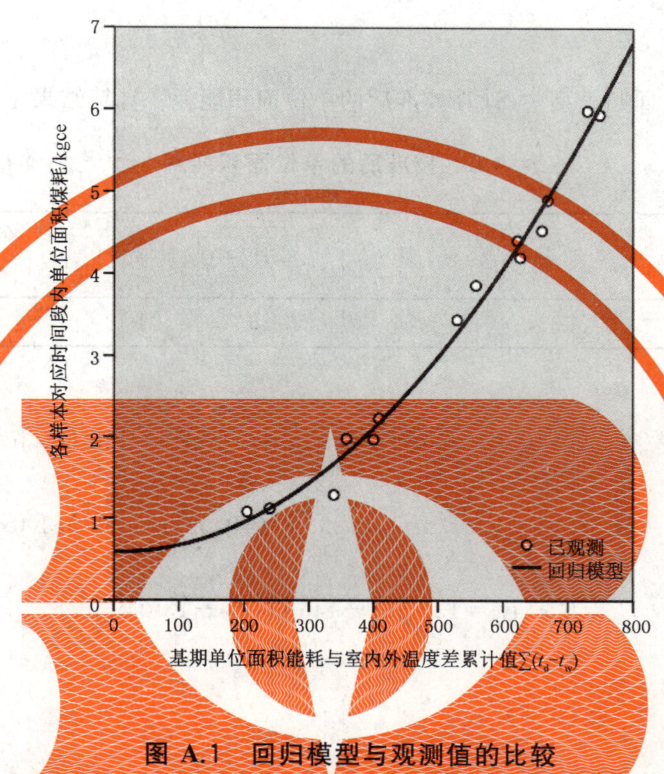

图 A.1 回归模型与观测值的比较

从表 A.4 中可看出，该模型的拟合优度 R^2 为 0.987，模型 Sig.值为 0.000，各回归系数为：

$$B_0=0.594\ 96, B_1=-2.107\ 2\times10^{-4}, B_2=9.985\ 8\times10^{-6}。$$

A.4 统计报告期能源利用情况

本项目的统计报告期为节能改造后的一个完整供暖期，即 2011—2012 年度供暖期。统计报告期单位面积能耗见表 A.4。统计报告期供暖面积不变，仍为 893.8 万 m^2。

表 A.4 统计报告期单位面积能耗　　单位：千克标准煤每平方米月

年度	11 月	12 月	1 月	2 月	3 月	统计报告期单位面积能耗/($kgce/m^2$)
2011—2012	2.01	3.38	4.32	3.63	1.49	14.83

根据统计报告期实测的逐日室内外温度(室内日平均温度为 18 ℃)，计算逐月的累计室内外温差，见表 A.5。

表 A.5 统计报告期逐月室内外温度差 $\Sigma(t_d - t_w)$

单位为摄氏度

年度	11 月	12 月	1 月	2 月	3 月
2011—2012	358	622	730	529	240

A.5 节能量计算

将表 A.5 的数据带入回归模型中，计算校准后的单位面积能耗。计算结果见表 A.6。

表 A.6 校准后的单位面积能耗

单位：千克标准煤每平方米月

年度	11 月	12 月	1 月	2 月	3 月	校准后的单位面积能耗/(kgce/m²)
2011—2012	1.80	4.33	5.76	3.28	1.12	16.29

本项目校准能耗为：

$$E_a = (16.29 \times 10^{-3}\ \text{tce/m}^2) \times (893.8 \times 10^4\ \text{m}^2) = 145\ 600\ \text{tce}$$

统计报告期能耗为：

$$E_r = (14.83 \times 10^{-3}\ \text{tce/m}^2) \times (893.8 \times 10^4\ \text{m}^2) = 132\ 551\ \text{tce}$$

项目节能量为：

$$E_s = E_r - E_a = 132\ 551 - 145\ 600 = -13\ 049\ \text{tce}$$

附　录　B
（资料性附录）
居住建筑供暖项目节能量测量和验证模拟软件法示例

B.1　项目基本情况和项目边界

某居住小区总建筑面积为 50 000 m^2，有 6 栋住宅楼，为了降低能源消耗并且提高居民的舒适度，供热公司对该居住小区进行了节能改造，改造内容包括：建筑围护结构节能改造、燃气锅炉房内增设气候补偿器、循环水泵变频改造以及室内温控和热计量节能改造等。由于本项目无基期能耗数据，所以采用模拟软件法估算节能量。

B.2　基期

以节能改造措施实施前的供暖期作为基期，即 2011 年 11 月 15 日至 2012 年 3 月 15 日。

B.3　统计报告期及统计报告期能源利用状况

以节能改造措施实施后的供暖期作为统计报告期，即 2012 年 11 月 15 日至 2013 年 3 月 15 日。由于节能改造后安装了电表和燃气表，所以可以比较方便地获取逐时能耗数据。统计报告期内的总燃气消耗量为 2×10^5 m^3，总电耗为 1.5×10^4 kWh，统计报告期能耗等于 270.89 tce。

B.4　节能量的计算

采用模拟软件建立能耗计算模型，输入表 B.1 中的参数和 2012 年 11 月 15 日至 2013 年 3 月 15 日的室外气象参数。经过模拟计算，统计报告期的总能耗为 249.22 tce，与实测值相比较，年误差 $ERR_{年}$ 为 8%，在误差范围之内，因此可以用该软件来计算校准能耗。

表 B.1　统计报告期的输入参数

名　称	统计报告期
外围护结构传热系数/[W/(m^2·K)]	屋面：0.5 外墙：0.7 外窗：2.5
室内温度/℃	20.5
换气次数/(次/h)	0.5
建筑物内部得热/(W/m^2)	3.8
锅炉运行效率	0.88
循环水泵的耗电输热比	0.007 19
管网输送效率	0.92

采用以上经过校准的能耗模拟软件，输入表 B.2 中的改造前建筑性能参数和 2012 年 11 月 15 日至

2013 年 3 月 15 日的室外气象参数等，经过模拟计算，校准能耗为 319.15 tce。

表 B.2 计算校准能耗的输入参数

名 称	输入参数
外围护结构传热系数/[W/(m^2·K)]	屋面：0.8 外墙：1.16 外窗：4.7
室内温度/℃	20.5
换气次数/(次/h)	0.5
建筑物内部得热/(W/m^2)	3.8
锅炉运行效率	0.7
循环水泵的耗电输热比	0.009 3
管网输送效率	0.85

项目节能量为：

$$E_s = E_r - E_a = 249.22 - 319.15 = -69.93 \text{ tce}$$

ICS 27.010
F 01

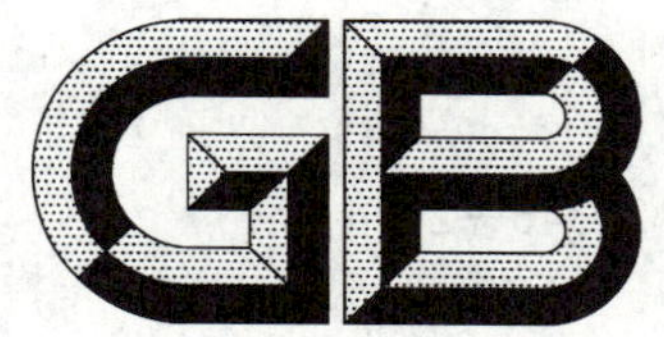

中华人民共和国国家标准

GB/T 31346—2014

节能量测量和验证技术要求 水泥余热发电项目

Technical requirements of measurement and verification of energy savings—waste heat power generation project in cement production

2014-12-31 发布 2015-07-01 实施

中华人民共和国国家质量监督检验检疫总局
中国国家标准化管理委员会 发布

前　言

本标准按照 GB/T 1.1—2009 给出的规则起草。

本标准由全国能源基础与管理标准化技术委员会(SAC/TC 20)提出并归口。

本标准起草单位:中国建筑材料科学研究总院、中国标准化研究院、中国建材检验认证集团股份有限公司、北京市琉璃河水泥有限公司、北京工业大学、鲁南中联水泥有限公司、德州中联大坝水泥有限公司、大连易世达新能源发展股份有限公司、深圳市前海智慧能源系统有限公司。

本标准主要起草人:刘新状、丁新淼、王灵秀、陈海红、李鹏程、刘猛、田建伟、赵向东、刘海鹏、陈璐、兰明章、张卫伟、张雪中、孟凡迎、孙勇、董寿莲、闫浩春、耿雷、徐晓鹏、姚建国。

节能量测量和验证技术要求
水泥余热发电项目

1 范围

本标准规定了水泥余热发电项目节能量测量和验证的项目边界划分和能耗统计范围、基本要求、测量和验证方法。

本标准适用于利用水泥熟料生产系统排放的废气进行余热发电的节能改造项目节能量的测量和验证。

2 规范性引用文件

下列文件对于本文件的应用是必不可少的。凡是注日期的引用文件，仅注日期的版本适用于本文件。凡是不注日期的引用文件，其最新版本(包括所有的修改单)适用于本文件。

GB 16780 水泥单位产品能源消耗限额

GB/T 26281 水泥回转窑热平衡、热效率、综合能耗计算方法

GB/T 26282 水泥回转窑热平衡测定方法

GB/T 27977 水泥生产电能能效测试及计算方法

GB/T 28750 节能量测量和验证技术通则

3 术语和定义

GB/T 28750 界定的以及下列术语和定义适用于本文件。

3.1

窑尾余热锅炉 suspend preheater boiler

利用水泥窑窑尾预热器排出的废气余热生产热水、蒸汽等工质的装置。

3.2

窑头余热锅炉 air quenching cooler boiler

利用水泥窑窑头熟料冷却机排出的废气余热生产热水、蒸汽等工质的装置。

3.3

水泥余热发电 waste heat power generation

利用水泥熟料生产过程中排放的余热进行发电。

3.4

单位熟料煤耗 the standard coal consumption of unit clinker

生产每吨水泥熟料消耗的标准煤量，包括烘干原燃材料和烧成熟料消耗的燃料。

4 项目边界划分和能耗统计范围

4.1 项目边界划分

水泥余热发电项目的项目边界主要包括水泥熟料烧成系统和余热发电系统两部分。水泥熟料烧成

系统是从冷却机熟料出口到预热器废气出口的整个熟料烧成过程，主要包括冷却机、回转窑、预分解系统；余热发电系统是从余热锅炉废气进口至汽轮机及冷却塔的整个余热发电系统，主要包括窑尾余热锅炉、窑头余热锅炉、汽轮机组、发电机组及冷却塔。项目边界示意图见图1。

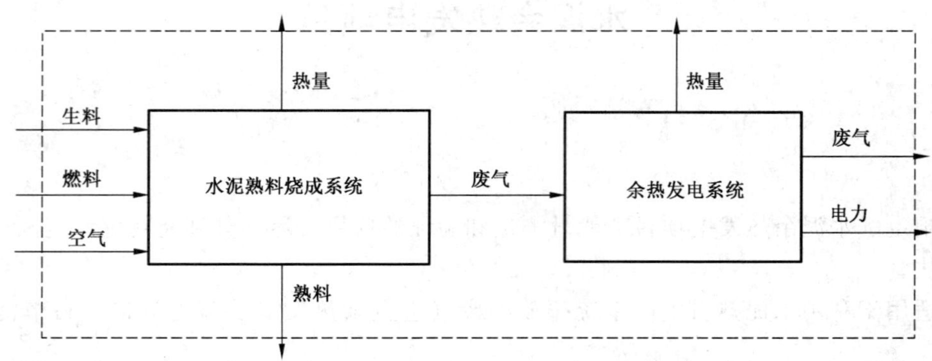

图1 项目边界示意图

4.2 能耗统计范围

水泥熟料烧成系统的煤耗统计范围涵盖从生料出库到熟料入库(含库顶收尘设备)的整个熟料烧成过程，主要包括生料入窑计量与输送、预热分解系统、窑尾高温风机、回转窑、熟料冷却机、窑尾及熟料冷却废气处理、煤粉计量与输送等系统设备的煤耗。不包括采用废弃物作为替代原燃材料时处理废弃物所消耗的煤量。

余热发电系统的能耗统计范围为从余热发电系统的余热锅炉进口至汽轮机及冷却塔的整个余热发电系统。

5 基本要求

5.1 合规性

改造后水泥余热发电项目的技术指标应符合相关法律法规、强制性技术标准的要求，并得到各方的认可。

5.2 基期和统计报告期确定

基期应为余热发电系统投入运行前至少1个全年的生产运行周期，统计报告期宜为余热发电系统稳定运行后1个全年的生产运行周期。

5.3 测量和验证方法的选取

水泥余热发电项目节能量测量和验证方法可选用GB/T 28750中的“基期能耗—影响因素”模型法或直接比较法。对于能够提供准确、完整的基期和统计报告期生产统计报表数据及相关影响因素数据的项目，宜采用“基期能耗—影响因素”模型法获得较为准确的节能量结果。对于不能提供准确、完整的基期生产统计报表数据或余热发电系统和水泥窑系统同时投产运行的项目，可采用直接比较法获得节能量结果。

5.4 测量和验证方案

水泥余热发电系统进行节能量测量和验证时应制定书面的测量和验证方案，其内容应符合

GB/T 28750 的要求。

6 测量和验证方法

6.1 "基期能耗—影响因素"模型法

6.1.1 节能量计算公式

水泥余热发电项目的节能量按式(1)计算：

$$E_s = -[a_r(e_{he} - e_{qt}) - (e_r - e_b)] \times P_{CL,r} \quad \cdots\cdots(1)$$

式中：

E_s ——水泥余热发电项目节能量，单位为千克标准煤(kgce)；

a_r ——统计报告期内熟料强度等级修正系数，无量纲量；

e_{he} ——统计报告期内单位熟料余热电站供电折标准煤量，单位为千克标准煤每吨(kgce/t)；

e_{qt} ——统计报告期内除余热发电外采用其他节能措施产生的单位熟料节能量，单位为千克标准煤每吨(kgce/t)；

e_r ——修正后的统计报告期单位熟料煤耗，单位为千克标准煤每吨(kgce/t)；

e_b ——修正后的基期单位熟料煤耗，单位为千克标准煤每吨(kgce/t)；

$P_{CL,r}$——统计报告期内熟料总产量，单位为吨(t)。

6.1.2 单位熟料余热电站供电折标准煤量

统计报告期单位熟料余热供电折标准煤量按式(2)计算：

$$e_{he} = \frac{c \times (q_{he} - q_0)}{P_{CL,r}} \quad \cdots\cdots(2)$$

式中：

c ——电力折标准煤系数，单位为千克标准煤每千瓦时[kgce/(kW·h)]，应取国家统计部门发布的统计报告期上一年度的全国火力发电平均发电煤耗；

q_{he} ——统计报告期内余热电站发电量，单位为千瓦时(kW·h)；

q_0 ——统计报告期内余热电站自用电量，单位为千瓦时(kW·h)。

6.1.3 其他节能措施单位熟料节能量

其他节能措施单位熟料节能量按式(3)计算：

$$e_{qt} = \frac{E_{sqt}}{P_{CL,r}} \quad \cdots\cdots(3)$$

式中：

E_{sqt}——统计报告期其他节能措施产生的节能量，单位为千克标准煤(kgce)，应按照相关标准规范确定。

当企业采用两条或多条水泥熟料生产线共用发电机组时，如每条生产线都有其他节能措施，在计算时应按每条生产线的熟料产量计算加权平均值。

6.1.4 单位熟料煤耗

单位熟料煤耗按式(4)计算：

$$e_{cl,i} = \frac{P_{C,i} Q_{netar,i}}{Q_{BM} P_{CL,i}} \quad \cdots\cdots(4)$$

式中：

i ——节能量测量和验证对应的某个时期，r 代表统计报告期，b 代表基期，on 代表节能措施开启时期，off 代表节能措施关闭时期；

$e_{cl,i}$ ——某个时期内单位熟料综合煤耗，单位为千克标准煤每吨(kgce/t)；

$P_{C,i}$ ——某个时期内用于烘干原燃材料和烧成熟料的入窑与入分解炉的实物煤总量，单位为千克(kg)；

$Q_{netar,i}$——某个时期内实物煤的加权平均低位发热量，单位为千焦每千克(kJ/kg)；

Q_{BM} ——每千克标准煤发热量，取 29 307 kJ/kg；

$P_{CL,i}$ ——某个时期内熟料产量，单位为吨(t)。

6.1.5 熟料强度等级修正系数

熟料强度等级修正系数按式(5)计算：

$$a_i = \sqrt[4]{\frac{52.5}{A_i}} \qquad \cdots\cdots(5)$$

式中：

52.5——熟料平均抗压强度修正到 52.5 MPa；

A_i ——某个时期熟料平均 28 d 抗压强度，按 GB 16780 的规定计算，单位为兆帕(MPa)。

6.1.6 修正后单位熟料煤耗

修正后的统计报告期单位熟料煤耗按式(6)计算：

$$e_r = a_r e_{cl,r} \qquad \cdots\cdots(6)$$

修正后的基期单位熟料煤耗按式(7)计算：

$$e_b = a_b e_{cl,b} \qquad \cdots\cdots(7)$$

6.1.7 数据的收集和测量

基期能耗和统计报告期的能耗数据和产量数据宜采用可采信的能源统计数据、运行记录及财务数据，或者符合标准规范要求的计量仪表的读数，或者使用在检定有效期内的检测仪器测量得到的数据。收集得到的数据应进行有效性验证。余热发电系统的发电量和自用电量数据可按照 GB/T 27977 中的规定进行实测以验证有效性。

6.2 直接比较法

6.2.1 实施步骤

直接比较法测量期间应保证关闭余热发电系统前后窑系统的熟料产量一致，且关闭余热发电系统不影响窑系统的正常运行。具体步骤如下：

a) 在统计报告期内，余热发电系统开启后稳定运行 72 h，测量正常生产时熟料煤耗相关的各参数；

b) 在统计报告期内，余热发电系统关闭后稳定运行 72 h，测量正常生产时熟料煤耗相关的各参数。

6.2.2 节能量计算公式

节能量按式(8)计算：

$$E_s = -[a_{on}(e_{he,on} - e_{qt,on}) - (e_{on} - e_{off})] \times P_{CL,r} \qquad \cdots\cdots(8)$$

式中：

a_{on} ——水泥余热发电系统开启时的熟料强度等级修正系数；

$e_{he,on}$——余热发电系统开启后单位熟料余热电站供电折标准煤量，单位为千克标准煤每吨(kgce/t)；

$e_{qt,on}$——余热发电系统开启后除余热发电外采用其他节能措施带来的单位熟料节能量，单位为千克标准煤每吨(kgce/t)；

e_{on} ——余热发电系统开启时修正后的单位熟料综合煤耗，单位为千克标准煤每吨(kgce/t)；

e_{off} ——余热发电系统关闭时修正后的单位熟料综合煤耗，单位为千克标准煤每吨(kgce/t)。

式(8)中的参数可参照6.1.2～6.1.6的方法计算。

6.2.3 数据的收集和测量

6.2.3.1 基本要求

直接比较法宜采用测量的方法获得计算所需的数据。

6.2.3.2 测量前的准备及注意事项

a) 根据项目具体情况，制订测量方案；
b) 所用各类仪器仪表及计量设备，均应定期检定或校准；
c) 根据测量要求，开好测孔，搭好脚手架，准备好必要的工具和劳动保护用品；
d) 准备好各测定项目的数据记录表格；
e) 按要求逐项填写并及时整理测量记录，发现问题尽早重测或补测；
f) 各项测量工作，必须在窑系统和余热发电系统处于连续、正常、稳定运行的时间不小于72 h的生产条件下进行；
g) 需要检测的项目，应尽可能同时进行，以保证测量结果的准确性。

6.2.3.3 测量内容、测点位置及测量频率

项目的测量项目、测点位置及测量频率分别见表1和表2。相关参数的测量方法依据GB/T 26282的规定进行。

表1 熟料烧成系统测量内容及测量频率

序号	测量项	测量内容								测量频率
		料量	风温	风压	料温	成分	气流量	含尘量	其他	
1	冷却机废气		●	●			●	●		2次/24 h
2	出窑熟料				●					2次/24 h
3	出冷却机熟料	●			●	●				3次/24 h
4	冷却机各室鼓风		●	●			●			2次/24 h
5	窑头一次风		●	●			●			2次/24 h
6	窑头煤粉输送风		●	●			●			2次/24 h
7	入窑煤粉	●			●				低位热值	1次/8 h
8	预热器系统出口烟气		●	●		●	●	●		2次/24 h
9	入预热器生料	●			●	●				2次/24 h
10	分解炉煤粉输送风		●	●			●			2次/24 h

表 1（续）

序号	测量项	测量内容								测量频率
		料量	风温	风压	料温	成分	气流量	含尘量	其他	
11	入炉煤粉	●			●				低位热值	1 次/8 h
12	煤磨抽热风		●	●			●			2 次/24 h
13	表面温度	测试边界内各热工设备								1 次/24 h
14	环境条件	大气温度、压力、环境风速等								2 次/24 h

表 2　余热发电系统测量内容及测量频率

序号	测量项	测量内容						测量频率
		风压	风温	气流量	成分	含尘量	其他	
1	冷却机废气	●	●	●		●		2 次/24 h
2	入 AQC 炉废气	●	●	●		●		2 次/24 h
3	出 AQC 炉废气	●	●	●				2 次/24 h
4	入 SP 炉废气	●	●	●	●	●		2 次/24 h
5	出 SP 炉废气	●	●	●	●			2 次/24 h
6	表面温度[a]	包括：窑头余热锅炉、窑尾余热锅炉和连接管道						2 次/24 h
7	环境条件	大气温度、大气压力、环境风速等						2 次/24 h
8	电量	余热发电系统发电量、自用电量						1 次 24 h

[a] 如果回转窑烧成带筒体散热用于发电，应增加烧成带部分的筒体表面温度测量。

6.2.3.4　测量数据的处理

测量数据应按照 GB/T 26282、GB/T 26281 的规定进行处理，燃料消耗量根据煤粉喂煤秤累计值计算，熟料产量宜通过生料计量秤累计值和生熟料折合比计算。

6.2.3.5　测量数据的质量要求

根据每 24 h 的测量数据进行数据处理，3 组 24 h 测量结果之间偏差应小于 5%，同时按照 GB/T 26281 计算所得热平衡表中“其他支出”计算值 Q_{qt} 应小于±3%，否则应重新进行测量。

附 录 A
（资料性附录）
水泥余热发电项目节能量计算示例

A.1 项目基本情况

本附录给出了某水泥企业余热发电项目的节能量计算示例，采用的数据为余热发电站运行前后的某一月份的参数。项目没有采取其他节能措施，$e_{qt}=0$。某企业 2 500 t/d 熟料生产线相关参数见表 A.1。

表 A.1 某水泥余热发电项目基期和统计期参数数据

时 间	熟料产量 $P_{CL,i}$/t	熟料综合煤耗 $e_{cl,i}$/(kgce/t)	熟料 28 d 强度 A_i/MPa	余热发电参数	
				发电量 q_{he}/kW·h	自用电量 q_0/kW·h
余热发电投入运行前某月	62 013	113	58.2	—	—
余热发电投入运行后对应于基期的月份	73 003	113	57.5	1 917 500	226 500
注：熟料综合煤耗和熟料 28 d 强度均为加权平均值。					

A.2 节能量的计算

A.2.1 基期各参数计算

A.2.1.1 单位熟料煤耗

表 A.1 中的单位熟料煤耗从企业生产统计报表数据计算得到。基期单位熟料煤耗按式(A.1)计算：

$$e_{cl,b}=\frac{P_{C,b}Q_{netar,b}}{Q_{BM}P_{CL,b}}=113\ \text{kgce/t} \quad\cdots\cdots(A.1)$$

A.2.1.2 熟料强度等级修正系数

熟料平均 28 d 抗压强度的计算依据 GB 16780 中的方法进行，基期修正系数按式(A.2)计算：

$$a_b=\sqrt[4]{\frac{52.5}{A_b}}=\sqrt[4]{\frac{52.5}{58.2}}=0.97 \quad\cdots\cdots(A.2)$$

A.2.1.3 修正后的单位熟料煤耗

考虑到企业生产的熟料 28 d 抗压强度变化，需对单位熟料煤耗进行修正。按式(A.3)修正：

$$e_b=a_b e_{cl,b}=0.97\times 113=109.6\ \text{kgce/t} \quad\cdots\cdots(A.3)$$

A.2.2 统计报告期各参数计算

A.2.2.1 单位熟料煤耗

单位熟料煤耗按式(A.4)计算：

$$e_{\mathrm{cl,r}}=\frac{P_{\mathrm{C,r}}Q_{\mathrm{netar,r}}}{Q_{\mathrm{BM}}P_{\mathrm{CL,r}}}=113\ \mathrm{kgce/t} \qquad \text{(A.4)}$$

A.2.2.2 **余热供电折算标准煤量**

余热供电折标准煤应考虑余热发电量和余热电站自用电量，折标系数采用上一年度国家统计局公布的全国火力发电平均发电煤耗，计算结果见式(A.5)：

$$e_{\mathrm{he}}=\frac{c\times(q_{\mathrm{he}}-q_0)}{P_{\mathrm{CL,r}}}=\frac{0.305\times(1\ 917\ 500-226\ 500)}{73\ 003}=7.06\ \mathrm{kgce/t} \qquad \text{(A.5)}$$

注：0.305 为上年全国火电机组平均发电标准煤耗，单位为 kgce/(kW·h)。

A.2.2.3 **熟料强度等级修正系数**

熟料强度等级修正系数按式(A.6)计算：

$$a_{\mathrm{r}}=\sqrt[4]{\frac{52.5}{A_{\mathrm{r}}}}=\sqrt[4]{\frac{52.5}{57.5}}=0.98 \qquad \text{(A.6)}$$

A.2.2.4 **修正后的单位熟料煤耗**

修正后的单位熟料煤耗按式(A.7)计算：

$$e_{\mathrm{r}}=a_{\mathrm{r}}e_{\mathrm{cl,r}}=0.98\times113=110.7\ \mathrm{kgce/t} \qquad \text{(A.7)}$$

A.2.3 **余热发电项目节能量的计算**

将式(A.3)、式(A.5)、式(A.6)、式(A.7)计算的结果及相关参数代入式(A.8)得：

$$\begin{aligned}E_{\mathrm{s}}&=-[a_{\mathrm{r}}(e_{\mathrm{he}}-e_{\mathrm{qt}})-(e_{\mathrm{r}}-e_{\mathrm{b}})]\times P_{\mathrm{CL,r}}=-[0.98\times(7.06-0)-(110.7-109.6)]\times73\ 003\\&=-6.3\times73\ 003=-424\ 789.9\ \mathrm{kgce}\end{aligned} \qquad \text{(A.8)}$$

即统计报告期某月余热发电项目的节能量为 424 789.9 kgce。

参 考 文 献

[1] CBMF 1—2013 水泥制造能效测试技术规程

ICS 27.010
F 01

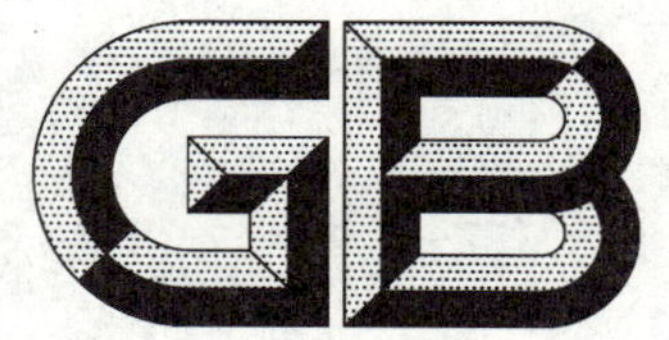

中华人民共和国国家标准

GB/T 31347—2014

节能量测量和验证技术要求
通信机房项目

Technical requirements of measurement and verification of energy savings—Communication room project

2014-12-31 发布　　2015-07-01 实施

中华人民共和国国家质量监督检验检疫总局
中国国家标准化管理委员会　发布

前　言

本标准按照 GB/T 1.1—2009 给出的规则起草。

本标准由全国能源基础与管理标准化技术委员会(SAC/TC 20)提出并归口。

本标准起草单位:上海宽带技术及应用工程研究中心(国家宽带网络与应用工程技术研究中心)、中国标准化研究院、山东省计算中心(国家超级计算济南中心)、上海市电信有限公司、中国电信上海研究院、上海移动通信有限责任公司、上海邮电设计咨询研究院有限公司、上海科技网络通信有限公司、上海市能效中心、东方有线网络有限公司、深圳市前海智慧能源系统有限公司。

本标准主要起草人:方行、李鹏程、王延松、葛昌荣、陈海红、田建伟、夏玉娟、潘崇超、李刚、周伟、吴晓明、李敏、娄洁良、王孝明、谢静、丁波、黄赟、张懿、秦洪波、曹宇、谈骞。

节能量测量和验证技术要求 通信机房项目

1 范围

本标准规定了通信机房节能技术改造项目节能量测量和验证的项目边界划分和能耗统计范围、基本要求、测量和验证方法。

本标准适用于通信机房中实施的节能改造项目节能量的测量和验证，不适用于不间断供电系统(UPS)扩容项目。

2 规范性引用文件

下列文件对于本文件的应用是必不可少的。凡是注日期的引用文件，仅注日期的版本适用于本文件。凡是不注日期的引用文件，其最新版本(包括所有的修改单)适用于本文件。

GB/T 28750—2012 节能量测量和验证技术通则

3 术语和定义

GB/T 28750—2012 界定的以及下列术语和定义适用于本文件。

3.1

通信机房 communication room

安装放置通信设备的场所，包括互联网数据中心(IDC)、通信基站等。

3.2

通信设备信息流量 data traffic of communication equipment

一定时间内通信设备所承载的出局数据吞吐量和入局数据吞吐量的总和。

4 项目边界划分和能耗统计范围

4.1 项目边界划分

项目边界划分如图 1 所示。

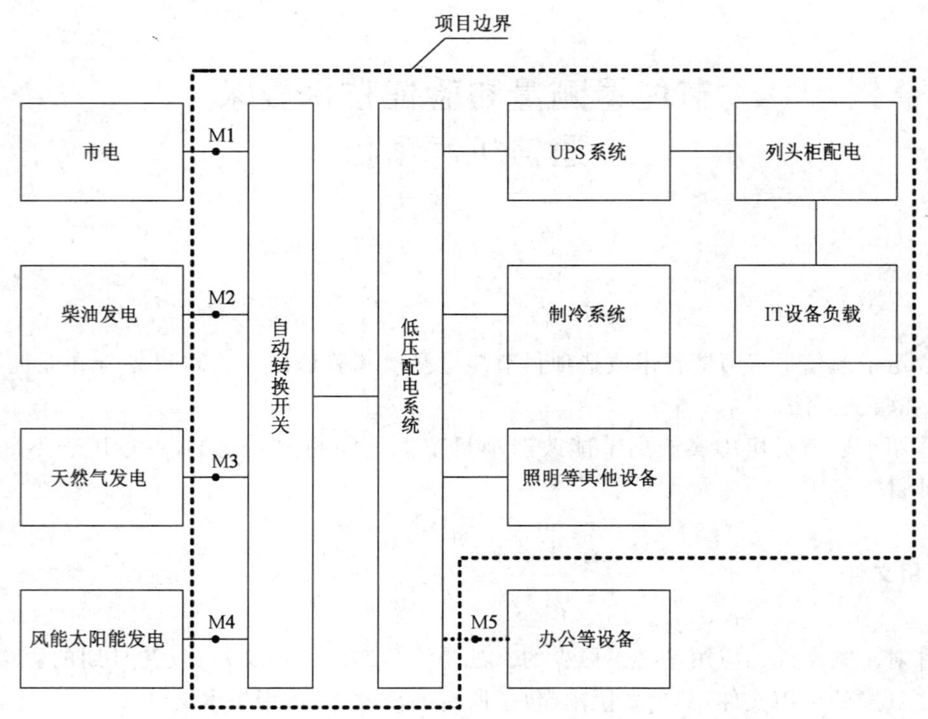

图 1 通信机房节能改造项目边界示意图

通信机房节能改造项目边界包括以下几部分：

a) 信息通信设备(ICT 设备)，包括计算、存储和网络等不同类型的设备；

b) 制冷系统；

c) 自动转换开关、配电系统及不间断供电系统(UPS)；

d) 其他消耗电能的基础设施，包括传输线路、照明设备和安防设备等。

通信机房节能改造项目边界不包括机房以外的办公区域和公用区域。

4.2 能耗统计范围

由市政供电的通信机房，能耗的统计或测量点应取自动转换开关之前，即图 1 中的 M1 点。当某一时间段(如市政供电故障时)，通信机房由柴油发电机、天然气发电机或风能、太阳能发电设备提供电能时，M2、M3、M4 点可作为通信机房能耗的统计或测量点。如果是多用途机房，通信机房总能耗计算中，需减去在 M5 点测量的办公等设备能耗。

5 基本要求

5.1 合规性

节能改造后通信机房的技术指标应符合相关法律法规和强制性技术标准的要求。

5.2 基期和统计报告期

基期和统计报告期应覆盖通信机房的典型用能周期，宜为 1 年。当逐月确定节能量时，统计报告期与基期的月份应完全对应。

5.3 测量和验证方法的选取

通信机房节能改造项目节能量测量和验证方法可选用 GB/T 28750—2012 中的“基期能耗-影响因素”模型法或直接比较法。对于可获得完整基期能耗、统计报告期能耗及相关影响因素数据的节能改造项目,宜采用“基期能耗-影响因素”模型法;对于无法获得完整基期能耗数据的项目,节能措施可关停且对系统正常运行无影响的节能改造项目,可采用直接比较法。

5.4 测量和验证方案

通信机房进行节能量测量和验证时,应在节能措施实施前制定书面的测量和验证方案,其内容应符合 GB/T 28750—2012 的要求。如采用“基期能耗-影响因素”模型法,应在测量和验证方案中记录相关数学模型的拟合优度以及建立模型所采用的基础数据。

6 测量和验证方法

6.1 “基期能耗-影响因素”模型法

6.1.1 能耗影响因素

建立通信机房“基期能耗-影响因素”回归模型时应重点分析以下影响因素:

a) 机房内、外环境的温度;

b) 机房内、外环境的相对湿度;

c) 通信设备信息流量;

d) 不间断供电系统(UPS)负载。

6.1.2 “基期能耗-影响因素”模型

应基于通信机房能耗和相关影响因素的基期数据,通过回归分析等方法建立以影响因素为独立变量的“基期能耗-影响因素”函数,见式(1)。

$$E_b = f(x_1, x_2, \cdots, x_i) \qquad \cdots\cdots(1)$$

式中:

E_b ——通信机房基期能耗,单位为千瓦时(kWh);

x_i ——基期影响因素的值,$i=1,2,\cdots,n$,其中 n 为影响因素的个数;

f ——基期能耗与影响因素之间的函数关系。

应对所建立的通信机房“基期能耗-影响因素”回归模型进行假设检验,其显著性水平(Sig.值)应小于等于 0.05,回归模型的拟合优度确定系数(R^2 值)应大于 0.8。

建立通信机房“基期能耗-影响因素”回归模型的数据组对应的时间段最小单位应为月或日,数据组应不少于 12 个。

6.1.3 校准能耗

将统计报告期的测量数据带入建立的回归模型计算校准能耗,见式(2):

$$E_a = f(x_1', x_2', \cdots, x_i') + A_m \qquad \cdots\cdots(2)$$

式中:

E_a ——通信机房校准能耗,单位为千瓦时(kWh);

x_i' ——统计报告期影响因素的值;

A_m ——校准能耗调整值,单位为千瓦时(kWh)。

6.1.4 校准能耗调整值

校准能耗调整值 A_m 的确定应符合 GB/T 28750—2012 的要求，并应得到各相关方的确认。

注：A_m 通常为 0。

6.1.5 统计报告期能耗

统计报告期能耗 E_r 宜采用测量得到的能耗数据，数据获取方法可参考 6.1.7 的要求。

6.1.6 节能量的计算

节能量按式(3)计算：

$$E_s = E_r - E_a \quad \cdots\cdots(3)$$

式中：

E_s ——通信机房的节能量，单位为千瓦时(kWh)；

E_r ——通信机房统计报告期能耗，单位为千瓦时(kWh)。

"基期能耗-影响因素"模型法的节能量测量和验证示例见附录 A。

6.1.7 数据的收集和测量

6.1.7.1 能耗数据

能耗数据可根据通信机房的能源统计数据、计量数据、在线监测数据等获得，也可使用在检定有效期内的检测仪器测量获得。收集得到的数据应进行有效性验证。

6.1.7.2 影响因素数据

机房内温度、机房内相对湿度、通信设备信息流量、UPS 负载等数据应通过测量或收集获取，具体方法见表 1。

机房外温度、机房外相对湿度可通过测量或收集当地气象数据获得。

表 1 应记录的能耗影响因素

参数名称	测量方法
机房温度	通过温度传感器或温度计测量
机房相对湿度	通过湿度传感器或湿度计测量
通信设备信息流量	收集网管软件记录数据
UPS 负载	收集 UPS 记录数据

基期和统计报告期内通信设备信息流量按式(4)进行计算：

$$I = DT_i + DT_O \quad \cdots\cdots(4)$$

式中：

I ——通信设备信息流量，单位为万亿字节(TB)；

DT_i ——通信设备网络出口交换机入局吞吐量，单位为万亿字节(TB)；

DT_O ——通信设备网络出口交换机出局吞吐量，单位为万亿字节(TB)。

6.2 直接比较法

6.2.1 相似日比较法

相似日比较法是典型的通信机房项目节能量测量和验证直接比较方法。相似日比较法在通信机房正常工作条件下，选取两个或多个测量日作为相似日，其中，一天或多天关闭节能措施并以此状态下的机房能耗作为对应时间长度内的改造前通信机房能耗，另一天或多天开启节能措施并以此状态下的机房能耗作为对应时间长度内的改造后通信机房能耗，通过比较节能措施开启和关闭时的机房能耗变化从而测量和验证节能量。

6.2.2 能耗主要影响因素的选取

应参照 6.1.1 先列出所有影响通信机房项目能耗变化的影响因素，根据各影响因素对系统能耗影响的大小和方式，在相关各方共同认可的基础上，确定作为相似日选取依据的能耗主要影响因素。

6.2.3 相似日的选取

应选择统计报告期内主要影响因素值最接近的运行日作为相似日。当无法找到满足条件的相似日时，独立变量允许的偏差应由相关方共同认可。确定节能量时，每月应至少选取 2 个相似日进行比较。

6.2.4 节能量计算

相似日比较法节能量计算按式(5)、式(6)和式(7)：

$$E_s = E_r' \cdot \left(\frac{\eta_s}{1-|\eta_s|}\right) \quad \cdots\cdots\cdots\cdots (5)$$

$$E_r' = E_r - S_b \quad \cdots\cdots\cdots\cdots (6)$$

$$\eta_s = \frac{S_r - S_b}{S_b} \times 100\% \quad \cdots\cdots\cdots\cdots (7)$$

式中：

E_s ——通信机房项目节能量，单位为千瓦时(kWh)；

E_r' ——节能措施开启状态下的通信机房统计报告期能耗，单位为千瓦时(kWh)；

η_s ——节能率；

E_r ——通信机房统计报告期能耗(含节能措施关闭状态下各测试日的累计能耗)，单位为千瓦时(kWh)；

S_b ——节能措施关闭状态下测试日的累计能耗，单位为千瓦时(kWh)；

S_r ——节能措施开启状态下测试日的累计能耗，单位为千瓦时(kWh)；

其中，

$$S_b = \sum_{i=1}^{k} e_{b,i}' \quad \cdots\cdots\cdots\cdots (8)$$

$$S_r = \sum_{i=1}^{k} e_{r,i}' \quad \cdots\cdots\cdots\cdots (9)$$

式中：

$e_{b,i}'$ ——节能措施关闭状态下测试日的逐日能耗，单位为千瓦时(kWh)，$i=1, \cdots, k$，k 为节能措施关闭状态下测试日天数；

$e_{r,i}'$ ——节能措施开启状态下测试日的逐日能耗，单位为千瓦时(kWh)，$i=1, \cdots, k$，k 为节能措施开启状态下测试日天数。

相似日比较法的节能量测量和验证示例参见附录 B。

6.2.5 数据收集和测量

数据收集和测量参考 6.1.7 的要求。

附 录 A
（资料性附录）
“基期能耗-影响因素”模型法示例

A.1 项目基本情况

某通信机房为减少空调运营成本，对空调系统进行改造，实现精确送风。精确送风方式能实现定点、定量地输送冷风，使冷风能先冷却设备，后冷却室内空气，从而提高机房内设备的散热降温效果。

A.2 节能量测量和验证

A.2.1 项目边界

该项目边界区域总面积约 210 m^2，包括 IT 设备、空调系统、照明安防等基础设施及 UPS 配电系统。项目边界只包含机房所占区域，不含办公区域。

A.2.2 基期和统计报告期

项目基期为 2012 年 7 月 1 日到 2013 年 6 月 30 日，统计报告期为 2013 年 7 月 1 日到 2014 年 6 月 30 日。

A.2.3 测量和验证方法

本项目节能量测量和验证方法选取“基期能耗-影响因素”模型法。

A.2.4 影响因素选取

本项目影响因素选取通信机房内、外环境的温度，通信机房内、外环境的相对湿度及信息流量。

A.2.5 数据的收集与测量

本项目记录的数据覆盖基期和统计报告期，分别包括通信机房月耗电量、机房内外月平均温度差、月平均相对湿度差和信息流量。基期能耗和影响因素数据见表 A.1，统计报告期能耗和影响因素数据见表 A.2。

表 A.1 基期能耗和影响因素数据

时间	机房月耗电量 E_b kWh	机房内外月平均 温度差 ℃	机房内外月平均 相对湿度差 %	信息流量 TB
2012 年 7 月	55 420.2	5.02	13.22	349.34
2012 年 8 月	55 443.3	4.16	13.54	352.21
2012 年 9 月	55 279.4	−0.47	11.92	328.12
2012 年 10 月	54 937.3	−3.99	11.58	309.21
2012 年 11 月	54 155.2	−11.78	8.86	285.45

表 A.1(续)

时间	机房月耗电量 E_b kWh	机房内外月平均 温度差 ℃	机房内外月平均 相对湿度差 %	信息流量 TB
2012 年 12 月	53 935.2	−17.53	9.04	277.89
2013 年 1 月	54 059.5	−18.87	9.11	290.23
2013 年 2 月	54 365.3	−18.2	10.01	320.31
2013 年 3 月	54 264.1	−12.69	9.98	302.72
2013 年 4 月	54 619.4	−9.41	12.37	323.56
2013 年 5 月	54 903.2	3.1	4.09	341.78
2013 年 6 月	55 463.1	1.06	14.91	361.92

表 A.2 统计报告期能耗和影响因素数据

时间	机房月耗电量 E_r kWh	机房内外月平均 温度差 ℃	机房内外月平均 相对湿度差 %	信息流量 TB
2013 年 7 月	46 213.2	7.29	3.43	351.76
2013 年 8 月	46 335.3	6.64	9.26	348.92
2013 年 9 月	46 070.2	−1.07	14.57	312.67
2013 年 10 月	45 300.2	−4.29	16.98	310.65
2013 年 11 月	45 147.3	−10.45	7.87	279.34
2013 年 12 月	45 399.2	−17.56	9.18	282.84
2014 年 1 月	45 453.1	−17.07	3.81	312.55
2014 年 2 月	45 422.3	−17.27	25.49	330.78
2014 年 3 月	46 113.1	−12.61	7.65	295.25
2014 年 4 月	46 213.2	−8.39	8.85	341.93
2014 年 5 月	46 357.3	2.98	1.89	338.56
2014 年 6 月	46 223.1	0.48	15.31	370.26
总计	550 247.5	—	—	—

A.3 回归模型建立

根据以上基期数据(表 A.1),建立回归模型,结果如下:

$$E_b = 38.129x_1 + 48.853x_2 + 6.161x_3 + 52\ 493.318 \qquad \text{(A.1)}$$

式中:

E_b ——基期月耗电量,单位为千瓦时(kWh);

x_1 ——基期机房内外月平均温度差,单位为摄氏度(℃);

x_2 ——基期机房内外月平均相对湿度差,%;

x_3 ——基期机房信息流量,单位为万亿字节(TB)。

该回归模型显著性水平为 Sig.=0.00<0.05,拟合优度 R^2=0.971,符合标准要求。

A.4 校准能耗计算

将统计报告期月影响因素数据(表 A.2)代入式(A.1),计算得月校准能耗。计算结果见表 A.3。

表 A.3 通信机房月校准能耗

时间	校准能耗 E_a/kWh
2013 年 7 月	55 106.04
2013 年 8 月	55 348.57
2013 年 9 月	55 090.67
2013 年 10 月	55 073.18
2013 年 11 月	54 200.36
2013 年 12 月	54 014.82
2014 年 1 月	53 954.21
2014 年 2 月	55 118.03
2014 年 3 月	54 205.27
2014 年 4 月	54 712.40
2014 年 5 月	54 785.14
2014 年 6 月	55 540.73
总计	657 149.41

A.5 节能量计算

根据统计报告期机房能耗数据(表 A.2)和校准能耗数据(表 A.3),代入式(3)计算得出通信机房年节能量(E_s)为 106 901.91 kWh。

附 录 B
（资料性附录）
直接比较法示例

B.1 项目基本情况

某通信机房采用新风系统节能改造措施。由于该地一年中有近1/2的时间室外温度低于20 ℃，在这样季节中，对通信机房引入室外新风，将室外新风送入空调送风管中，通过新风本身的初效过滤，由湿膜加湿器加湿后经中效过滤段后，直接将冷空气送到送风器中。从而实现只开启新风机组即可满足机房的送风制冷要求，降低机房能耗。

B.2 节能量测量和验证

B.2.1 项目边界

该项目边界包括IT设备、空调系统、配电系统和其他基础设施（包括传输线路、照明设备和安防设备等）。

B.2.2 能耗主要影响因素选取

根据分析，该通信机房用电量主要受室内外天气参数及UPS负载，因此确定本项目的主要能耗影响因素为室内外温度、室内外相对湿度及UPS负载。经相关方协商设定的相似日影响因素最大允许偏差均为±5%。

B.2.3 测量和验证方法

该通信机房改造前无新风系统，改造后通信机房安装了新风系统，新风系统可以关闭且不影响通信机房的正常运行，采用直接比较法进行节能量测量和验证。

B.3 节能量的计算

选取2010年3月确定节能量，在该月选取2天按照节能措施关闭工况（新风系统关闭）运行，然后在最大允许偏差范围内选取2天按照节能措施开启工况（新风系统开启）运行，经测量，上述2个相似日内能耗及主要影响因素值如表B.1和表B.2所示。

表B.1 相似日1机房能耗及主要影响因素对比

工况	日用电量 kWh	日均室外温度 ℃	日均室外相对湿度 %	日均室内温度 ℃	日均室内相对湿度 %	UPS日负载 kWh
节能措施关闭	15 492	15.42	48.31	24.23	43.35	10 603
节能措施开启	13 387	15.50	47.73	24.85	42.88	10 712
参数偏差		0.52%	−1.2%	2.56%	−1.08%	1.03%

表 B.2　相似日 2 机房能耗及主要影响因素对比

工况	日用电量 kWh	日均室外温度 ℃	日均室外相对湿度 %	日均室内温度 ℃	日均室内相对湿度 %	UPS 日负载 kWh
节能措施关闭	15 223	14.23	36.15	23.12	42.04	10 423
节能措施开启	12 935	13.88	37.67	22.16	41.82	10 512
参数偏差		−2.46%	4.20%	−4.15%	−0.52%	0.85%

根据上述数据，按照式(8)计算节能措施关闭状态下测试日累计能耗：

$$S_b = \sum_{i=1}^{k} e'_{b,i} = e'_{b,1} + e'_{b,2} = 15\,492 + 15\,223 = 30\,715\ \text{kWh}$$

按照式(9)计算节能措施开启状态下测试日累计能耗：

$$S_r = \sum_{i=1}^{k} e'_{r,i} = e'_{r,1} + e'_{r,2} = 13\,387 + 12\,935 = 26\,322\ \text{kWh}$$

将上述 S_b 和 S_r 的计算结果代入式(7)计算得到节能率：

$$\eta_s = \frac{S_r - S_b}{S_b} \times 100\% = \frac{26\,322 - 30\,715}{30\,715} \times 100\% = -14.30\%$$

该项目 2010 年 3 月总用电量 E_r 为 412 553 kWh，按照式(6)计算节能措施开启状态下的通信机房统计报告期能耗：

$$E'_r = E_r - S_b = 412\,553 - 30\,715 = 381\,838\ \text{kWh}$$

将上述计算结果代入式(5)计算得到该月项目节能量：

$$E_s = E'_r \cdot \left(\frac{\eta_s}{1 - |\eta_s|}\right) = 381\,838 \times \left(\frac{-14.30\%}{1 - 14.30\%}\right) = -63\,714\ \text{kWh}$$

ICS 27.010
F 01

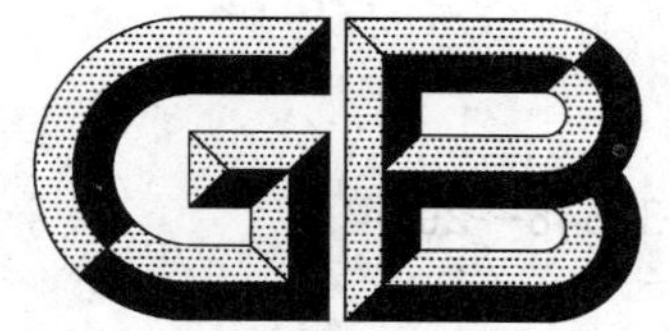

中华人民共和国国家标准

GB/T 31348—2014

节能量测量和验证技术要求　照明系统

Technical requirements of measurement and verification of energy savings—Lighting system

2014-12-31 发布　　2015-07-01 实施

中华人民共和国国家质量监督检验检疫总局
中国国家标准化管理委员会　发布

前　言

本标准按照GB/T 1.1—2009给出的规则起草。

本标准由全国能源基础与管理标准化技术委员会(SAC/TC 20)提出并归口。

本标准起草单位:中国标准化研究院、全国节能减排标准化技术联盟、北京澄通光电股份有限公司、天津圣明科技有限公司、深圳斯派克节能服务有限公司、广东荣文能源科技集团有限公司、飞利浦(中国)投资有限公司、山东天时光电科技有限公司、深圳市裕富照明有限公司、深圳百时得能源环保科技有限公司、武汉长江半导体照明科技股份有限公司、深圳洲明科技股份有限公司、河南新飞照明科技有限责任公司、深圳市前海智慧能源系统有限公司。

本标准主要起草人:潘崇超、李鹏程、陈海红、田建伟、王磊、赵跃进、吕秋生、康通博、夏玉娟、徐国平、王又生、姚彦卫、吴峰、孙健、刘永生、徐碧文、刘波、曹小兵、刘洋、邓明军、王月飞、包明芬。

节能量测量和验证技术要求　照明系统

1 范围

本标准规定了照明系统节能量测量和验证的项目边界划分和能耗统计范围、基本要求、测量和验证方法及测量和验证方案等。

本标准适用于室内和室外照明系统节能技术改造项目节能量的测量和验证。

本标准不适用于景观照明系统改造项目以及改造前后照明用途或照明面积发生变化的项目。

2 规范性引用文件

下列文件对于本文件的应用是必不可少的。凡是注日期的引用文件，仅注日期的版本适用于本文件。凡是不注日期的引用文件，其最新版本(包括所有的修改单)适用于本文件。

GB/T 5700—2008　照明测量方法

GB 17167—2006　用能单位能源计量器具配备和管理通则

GB/T 28750—2012　节能量测量和验证技术通则

GB 50034　建筑照明设计标准

GB 50582　室外作业场地照明设计标准

CJJ 45　城市道路照明设计标准

JGJ/T 163　城市夜景照明设计规范

JTG/T D70　公路隧道设计细则

3 术语和定义

GB/T 5700—2008、GB/T 28750—2012 界定的以及下列术语和定义适用于本文件。

3.1

照明系统　lighting system

以照明为目的，由灯、灯具和控制系统的集中式或半集中式照明设施组成的总体。

4 项目边界划分和能耗统计范围

4.1 项目边界划分

应根据照明系统节能改造项目内容和照明系统的现场条件，合理确定照明系统边界，通常应包括灯、灯具和控制系统，如图 1 所示。

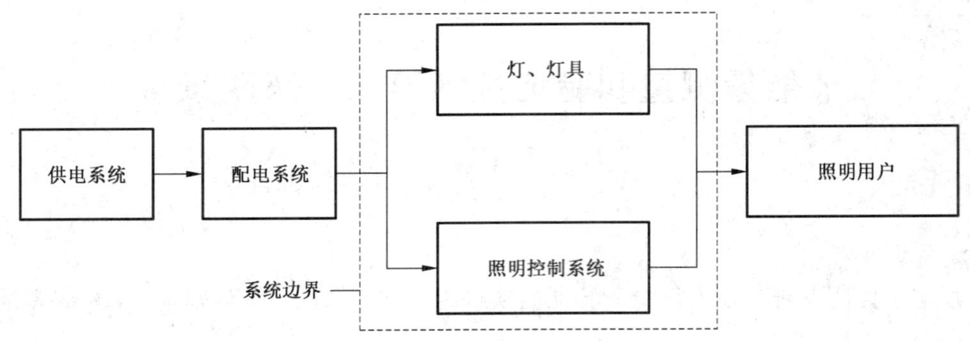

图1 系统边界示意图

4.2 能耗统计范围

照明系统基期能耗和统计报告期能耗应包括系统边界内灯、灯具和照明控制系统的能耗。

5 基本要求

5.1 合规性

节能改造后照明系统及其产品的性能指标应符合相关法律法规和强制性标准的要求，并应符合GB 50034、GB 50582、CJJ 45、JGJ/T 163、JTG/T D70等照明设计标准的要求。

5.2 基期和统计报告期

基期和统计报告期应选取照明系统正常工况下的运行时间，通常为1年。当逐月确定节能量时，统计报告期与基期的月份应完全对应。

5.3 测量和验证方法的选取

照明系统节能量测量和验证方法宜选用GB/T 28750—2012中的“基期能耗-影响因素”模型法或直接比较法。“基期能耗-影响因素”模型法适用于可获得完整基期能耗、统计报告期能耗及相关影响因素数据的照明系统节能改造项目。对于无法获得完整基期能耗数据的项目，节能措施可关停且对系统正常运行无影响的节能改造项目，可采用直接比较法获得节能量的参考结果。

5.4 测量和验证方案

照明系统进行节能量测量和验证时，应在节能措施实施前制定书面的测量和验证方案，其内容应符合GB/T 28750—2012的要求。

6 测量和验证方法

6.1 “基期能耗-影响因素”模型法

6.1.1 能耗影响因素

照明系统的性能指标符合照明设计标准时，照明系统能耗的主要影响因素包括：

a) 灯及灯具的功率；

b) 灯的数量；

c) 照明时间；

d) 亮灯率。

6.1.2 校准能耗

计算照明系统校准能耗时，应按不同的照明功能区域将照明系统中的灯进行分组，每组灯所在的区域在改造前后应具有相同的照明功能要求(包括照明标准值等)。校准能耗由式(1)计算：

$$E_a = \sum_{j=1}^{m}\left(\sum_{i=1}^{n} P_{b,ij} \times T_{r,j}\right) \times S_r + A_m \quad \cdots\cdots(1)$$

式中：

E_a ——照明系统校准能耗，单位为千瓦时(kW·h)；

$P_{b,ij}$——基期第 j 组中第 i 盏灯及其灯具的标称功率之和，单位为千瓦(kW)；

n ——每组内灯的盏数；

$T_{r,j}$ ——与基期第 j 组灯对应的灯在统计报告期内的运行时间，单位为小时(h)；

m ——灯分组的数量；

S_r ——统计报告期照明系统亮灯率，可近似取 1；

A_m ——照明系统校准能耗调整值，单位为千瓦时(kW·h)。

当难以详细统计基期灯的数量、型号且基期照明系统亮灯率大于 96%或者基期照明系统具有智能节电控制系统时，校准能耗 E_a 等于基期照明系统的总电耗 E_b，单位为千瓦时(kW·h)。

6.1.3 统计报告期能耗

照明系统统计报告期能耗 E_r 为统计报告期照明系统的总电耗，单位为千瓦时(kW·h)。

6.1.4 校准能耗调整值

校准能耗调整值 A_m 的确定应符合 GB/T 28750—2012 的要求，并应得到各相关方的确认。

注：A_m 通常为 0。

6.1.5 节能量的计算

照明项目节能量由式(2)计算：

$$E_s = E_r - E_a \quad \cdots\cdots(2)$$

式中：

E_s ——照明系统节能量，单位为千瓦时(kW·h)；

E_r ——照明系统统计报告期能耗，单位为千瓦时(kW·h)；

E_a ——照明系统校准能耗，单位为千瓦时(kW·h)。

“基期能耗-影响因素”模型法的节能量测量和验证示例参见附录 A。

6.1.6 数据的收集和测量

6.1.6.1 应通过收集统计资料、照明系统设备台账、设计文件等获得以下数据：

a) 基期灯的数量；

b) 基期灯的功率；

c) 不同照明功能区域的数量、面积、照明标准值等。

6.1.6.2 应依据分项计量数据、可采信的电力消耗数据及财务数据(如电力公司的电费账单等)等获得照明系统基期电耗及统计报告期电耗。

6.1.6.3 应通过统计、测量的方式获得统计报告期的照明时间。在各方认可的情况下，也可合理约定统计报告期的照明时间。

6.1.6.4 测量所用的仪器、仪表应符合附录B中的规定。

6.2 直接比较法

6.2.1 直接比较法的实施

6.2.1.1 在照明系统正常工作条件下，设定固定的照明系统运行时间用于节能量测量和验证，所设定的照明系统运行时间应大于等于24 h。

6.2.1.2 关闭节能措施，以此状态下的照明系统能耗作为改造前的照明系统能耗。

6.2.1.3 开启节能措施，以此状态下的照明系统能耗作为改造后的照明系统能耗。

6.2.1.4 比较节能措施开启和关闭时的照明系统能耗变化计算节能量。

6.2.2 节能量的计算

直接比较法节能量计算按式(3)～式(5)：

$$E_s = E'_r \times \left(\frac{\eta_s}{1-|\eta_s|}\right) \qquad \cdots\cdots(3)$$

$$E'_r = E_r - S_b \qquad \cdots\cdots(4)$$

$$\eta_s = \frac{S_r - S_b}{S_b} \times 100\% \qquad \cdots\cdots(5)$$

式中：

E_s ——照明系统项目节能量，单位为千瓦时(kW·h)；

E'_r——节能措施开启状态下的照明系统统计报告期电耗(不含 S_b)，单位为千瓦时(kW·h)；

η_s ——节能率；

E_r ——照明系统统计报告期能耗(含 S_b)，单位为千瓦时(kW·h)；

S_b ——节能措施关闭状态下的累计电耗，单位为千瓦时(kW·h)；

S_r ——节能措施开启状态下的累计电耗，单位为千瓦时(kW·h)。

直接比较法的节能量测量和验证示例参见附录C。

6.2.3 数据的收集和测量

数据的收集和测量应符合6.1.6的要求。

附　录　A
（资料性附录）
“基期能耗-影响因素”模型法示例

A.1　基本情况和项目边界

北京某礼堂的主席台和观众席进行 LED 照明改造。改造前，主席台采用的是 150 W 的金卤灯，共计 100 盏；观众席采用的是 660 W 的金卤灯，共计 160 盏。改造后，主席台采用 25 W 的 LED 灯进行节能改造，共计 50 盏；观众席采用 150 W 的 LED 等进行节能改造，共计 80 盏。本项目系统边界包括灯和灯具。

按照照明功能区域的不同，将灯分为主席台组（A 组）和观众席组（B 组）共 2 组。

A.2　基期情况

本项目的基期为改造前照明系统的完整运行年。本项目基期相关参数见表 A.1。

表 A.1　基期照明系统相关参数

灯的分组编号	灯的类型	灯及灯具标称功率之和 W	数量 盏	全年平均运行时间 h	平均照度 lx	照明面积 m^2
A	金卤灯	150	100	4 745	731	60
B	金卤灯	660	160	4 745	286	180

A.3　统计报告期情况

本项目的统计报告期为改造后照明系统的完整运行年。本项目统计报告期相关数据见表 A.2 和表 A.3。

表 A.2　统计报告期照明系统相关参数

灯的分组编号	灯的类型	灯及灯具标称功率之和 W	数量 盏	全年平均运行时间 h	平均照度 lx	照明面积 m^2
A	LED 灯	25	50	4 850	1 049	60
B	LED 灯	150	80	4 850	554	180

表 A.3 统计报告期能耗数据

时间	照明系统电耗 kW·h
2013 年 3 月	5 567
2013 年 4 月	5 769
2013 年 5 月	5 048
2013 年 6 月	5 181
2013 年 7 月	5 652
2013 年 8 月	5 774
2013 年 9 月	5 723
2013 年 10 月	5 106
2013 年 11 月	5 798
2013 年 12 月	5 269
2014 年 1 月	4 790
2014 年 2 月	4 585
合计(E_r)	64 262

A.4 校准能耗

校准能耗调整值 A_m 等于 0,按照式(1)校准能耗 E_a 计算如下:

$$\begin{aligned}E_a &= \sum_{j=1}^{2}\left(\sum_{i=1}^{100} P_{b,ij} \times T_{r,j}\right) \times S_r + A_m \\ &= [(150 \times 100/1\ 000) \times 4\ 850 + (660 \times 160/1\ 000) \times 4\ 850] \times 1 + 0 \\ &= 584\ 910\ (\text{kW}\cdot\text{h})\end{aligned}$$

A.5 项目节能量

按照式(2)计算,该项目的节能量为:

$$\begin{aligned}E_s &= E_r - E_a \\ &= 64\ 262 - 584\ 910 \\ &= -520\ 648\ (\text{kW}\cdot\text{h})\end{aligned}$$

附 录 B
（规范性附录）
测量仪器要求

在照明系统节能量测量和验证过程中，所用到的测量仪器应符合表 B.1 的规定。

表 B.1 数据测量仪器要求

<table>
<tr><th>仪器类别</th><th colspan="2">测量目的</th><th>准确度等级要求</th></tr>
<tr><td>功率计[a]</td><td colspan="2">测量照明系统的平均功率</td><td>1.5 级</td></tr>
<tr><td rowspan="6">电能表[b]</td><td rowspan="5">进出用能单位有功交流电能计量</td><td>Ⅰ类用户</td><td>0.5 s</td></tr>
<tr><td>Ⅱ类用户</td><td>0.5</td></tr>
<tr><td>Ⅲ类用户</td><td>1.0</td></tr>
<tr><td>Ⅳ类用户</td><td>2.0</td></tr>
<tr><td>Ⅴ类用户</td><td>2.0</td></tr>
<tr><td colspan="2">进出用能单位直流电能计量</td><td>2.0</td></tr>
<tr><td>电压表[a]</td><td colspan="2">测量电压</td><td>1.5</td></tr>
<tr><td>电流表[a]</td><td colspan="2">测量电流</td><td>1.5</td></tr>
<tr><td colspan="4">注：运行中的电能计量装置按其所计量电能量的多少，将用户分为五类。Ⅰ类用户为月平均用电量 500 万 kW·h 及以上或变压器容量为 1 万 kVA 及以上的高压计费用户；Ⅱ类用户为小于Ⅰ类用户用电量（或变压器容量）但月平均用电量 100 万 kW·h 及以上或变压器容量为 2 000 kVA 及以上的高压计费用户；Ⅲ类用户为小于Ⅱ类用户用电量（或变压器容量）但月平均用电量 10 万 kW·h 及以上或变压器容量为 315 kVA 及以上的计费用户；Ⅳ类用户为负荷容量为 315 kVA 以下的计费用户；Ⅴ类用户为单相供电的计费用户。</td></tr>
<tr><td colspan="4">[a] 参见 GB/T 5700—2008 中 5.2 的规定。
[b] 参见 GB 17167—2006 中表 4 的规定。</td></tr>
</table>

当计量器具是由传感器（变送器）、二次仪表组成的测量装置或系统时，表 A.1 中给出的准确度等级应是装置或系统的准确度等级。装置或系统未明确给出其准确度等级时，可用传感器与二次仪表的准确度等级按误差合成方法合成。

照度测量应采用不低于一级的光照度计，对于道路和广场照明的照度测量，应采用分辨率小于或等于 0.1 lx 的光照度计。其计量性能应满足以下条件：

a） 相对示值误差绝对值：≤4%；

b） $V(\lambda)$匹配误差绝对值：≤6%；

c） 余弦特性（方向性响应）误差绝对值：≤4%；

d） 换挡误差绝对值：≤1%；

e） 非线性误差绝对值：≤1%。

附 录 C
（资料性附录）
直接比较法示例

C.1 基本情况和项目边界

某地下车库进行照明系统节能改造。改造前后，灯及灯具数量不发生变化，仅增加了照明控制系统。本项目边界包括灯、灯具以及照明控制系统。由于本项目照明控制系统关停不影响照明系统的正常运行，同时由于基期数据无法获取，所以采用"直接比较法"进行节能量测量和验证。

C.2 节能量计算

现场测试时，设定 39 h 作为固定的照明系统运行时间。

关闭照明控制系统，照明系统运行 39 h 的累计能耗 S_b 为 63.7 kW·h。

开启照明控制系统，照明系统运行 39 h 的累计能耗 S_r 为 24.2 kW·h。

将 S_b 和 S_r 代入式(5)计算得到节能率：

$$\eta_s = \frac{S_r - S_b}{S_b} \times 100\% = \frac{24.2 - 63.7}{63.7} \times 100\% = -62\%$$

根据电能表的实测数据，该照明系统改造后 1 年的总用电量 E_r 为 3 266.0 kW·h。按照式(4)计算节能措施开启状态下的照明系统统计报告期能耗：

$$E'_r = E_r - S_b = 3\ 266 - 63.7 = 3\ 202.3\ \text{kW·h}$$

将上述计算结果代入式(3)计算得到项目节能量：

$$E_s = E'_r \times \left(\frac{\eta_s}{1 - |\eta_s|}\right) = 3\ 202.3 \times \left(\frac{-62\%}{1 - 62\%}\right) = -5\ 224.8\ \text{kW·h}$$

ICS 27.010
F 01

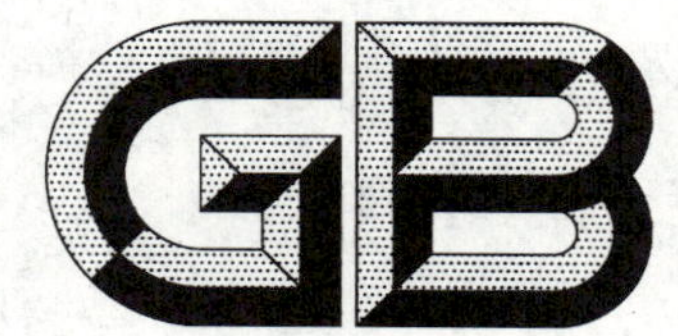

中华人民共和国国家标准

GB/T 31349—2014

节能量测量和验证技术要求 中央空调系统

Technical requirements of measurement and verification of energy savings—Central air-conditioning system

2014-12-31 发布 2015-07-01 实施

中华人民共和国国家质量监督检验检疫总局
中国国家标准化管理委员会 发布

前　言

本标准按照 GB/T 1.1—2009 给出的规则起草。

本标准由全国能源基础与管理标准化技术委员会(SAC/TC 20)提出并归口。

本标准起草单位:中国标准化研究院、同济大学、合肥通用机械研究院、北京志诚宏业智能控制技术有限公司、深圳市前海智慧能源系统有限公司、中国建筑科学研究院。

本标准主要起草人:刘猛、潘毅群、李鹏程、陈海红、林翎、吴俊峰、田建伟、张伟、曹勇、潘崇超、丁晴、夏玉娟、林美顺、姚建国。

节能量测量和验证技术要求
中央空调系统

1 范围

本标准规定了中央空调系统节能改造项目节能量测量和验证的项目边界划分及能耗统计范围、基本要求、测量和验证方法。

本标准适用于以电为驱动能源的中央空调系统节能技术改造项目的节能量测量和验证。

2 规范性引用文件

下列文件对于本文件的应用是必不可少的。凡是注日期的引用文件,仅注日期的版本适用于本文件。凡是不注日期的引用文件,其最新版本(包括所有的修改单)适用于本文件。

GB/T 17683.1 太阳能 在地面不同接收条件下的太阳光谱辐照度标准 第1部分:大气质量1.5的法向直接日射辐照度和半球向日射辐照度

GB/T 17758 单元式空气调节机

GB/T 17981 空气调节系统经济运行

GB/T 28750—2012 节能量测量和验证技术通则

GB/T 30256 节能量测量和验证技术要求 泵类液体输送系统

GB/T 30257 节能量测量和验证技术要求 通风机系统

GB 50155 采暖通风与空气调节术语标准

JB/T 7249 制冷设备 术语

JGJ/T 177 公共建筑节能检测标准

JGJ/T 132 居住建筑节能检测标准

3 术语和定义

GB/T 17683.1、GB/T 17758、GB/T 17981、GB/T 28750—2012、GB 50155、JB/T 7249 界定的术语和定义适用于本文件。

4 项目边界划分和能耗统计范围

4.1 项目边界划分

中央空调系统节能改造项目边界通常包括中央空调系统和空调区域(含末端设备)的建筑围护结构,项目边界示意如图1所示,根据改造项目类型的不同,也可以是其中的某个子系统。

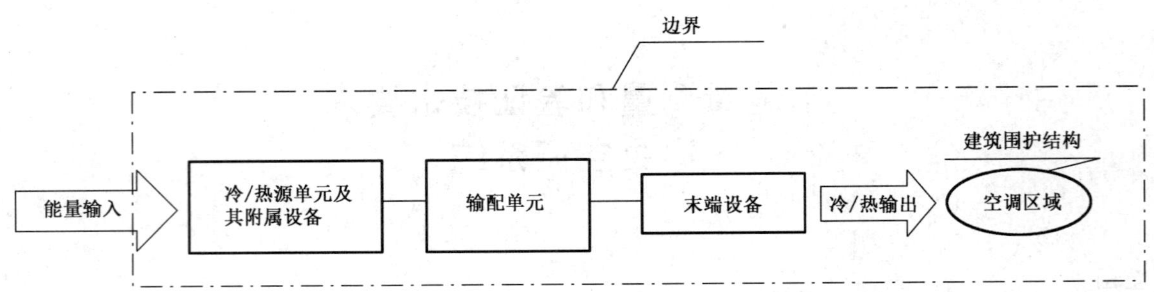

图 1 中央空调系统节能改造项目边界示意图

4.2 能耗统计范围

应将以下中央空调系统边界内设备的能耗计入基期能耗和统计报告期能耗：

a) 冷/热源单元及其附属设备：包括空调冷/热源机组本体及其控制系统，以及冷却塔本体、冷却水泵及其控制系统。

b) 输配单元：包括冷冻水泵（或热水循环泵）及相关控制系统。

c) 末端设备：包括中央空调系统中的新风机组、空调机组、风机盘管、变风量箱及其控制系统。

5 基本要求

5.1 合规性

改造后中央空调系统的技术指标如室内温度等应符合相关法律法规、强制性技术标准的要求，并得到各方的认可。

5.2 基期和统计报告期

5.2.1 对于仅提供制冷量的中央空调系统，基期应至少包括实施节能措施前的 1 个完整制冷季，统计报告期应为实施节能措施后的 1 个完整制冷季。

5.2.2 对于既可提供制冷量又可提供制热量的中央空调系统，基期应至少包括实施节能措施前的 1 个完整制冷季和 1 个完整的制热季，统计报告期应为实施节能措施后的 1 个完整制冷季和 1 个完整的制热季。

5.3 测量和验证方法的选取

5.3.1 中央空调系统节能改造项目节能量测量和验证方法可选用 GB/T 28750—2012 中的“基期能耗-影响因素”模型法或直接比较法。对可获得完整基期能耗、统计报告期能耗及相关影响因素数据的项目，宜采用“基期能耗-影响因素”模型法获得较为准确的节能量结果。对于无法获得完整基期能耗数据的项目，如节能措施可关停且对系统正常运行无影响，可采用直接比较法获得节能量结果。

5.3.2 针对泵类液体输送系统、通风机系统等单独实施的节能改造项目，应分别按照 GB/T 30256、GB/T 30257 等标准规定的方法进行节能量测量和验证。

5.4 测量和验证方案

中央空调系统进行节能量测量和验证时，应在节能措施实施前制定书面的测量和验证方案，其内容应符合 GB/T 28750—2012 的要求。如采用“基期能耗-影响因素”模型法，应在测量和验证方案中记录相关数学模型的拟合优度以及建立模型所采用的基础数据。

6 测量和验证方法

6.1 “基期能耗-影响因素”模型法

6.1.1 选取能耗主要影响因素

建立中央空调系统“基期能耗-影响因素”回归模型时应考虑以下能耗主要影响因素：

a) 室内/外干球温度，室内/外湿球温度或相对湿度；

b) 太阳辐照度；

c) 中央空调系统运行时间；

d) 空调面积；

e) 建筑使用情况(如运行时间、用能人数、入住率、出租率、产量等)。

6.1.2 建立“基期能耗-影响因素”回归模型

6.1.2.1 基于中央空调系统能耗和相关影响因素的基期数据，可建立如式(1)的中央空调系统“基期能耗-影响因素”函数，函数中的能耗影响因素均应为独立变量。

$$e_{b,i}=f(x_{i,1},x_{i,2},\cdots,x_{i,j}) \qquad \cdots\cdots(1)$$

式中：

$e_{b,i}$——基期逐时段中央空调系统能耗，单位为千瓦时(kW·h)，$i=1,2,\cdots,m$，其中，m 为基期的时段数；

$x_{i,j}$——基期逐时段影响因素值，$j=1,2,\cdots,n$，其中，n 为影响因素的个数。

6.1.2.2 应对回归模型进行假设检验，模型验证结果应满足统计学的一般验证条件。

6.1.2.3 建立基期回归模型的数据组对应的时间段最小单位应为日或月。当时间段最小单位为月时，数据组应不少于12个。

6.1.3 校准能耗的计算

将统计报告期的测量数据代入建立的回归模型对校准能耗进行计算，见式(2)。

$$E_a=\sum_{i=1}^{g}\left[\sum_{j=1}^{n}f(x'_{i,1},x'_{i,2},\cdots,x'_{i,j})\right]+A_m \qquad \cdots\cdots(2)$$

式中：

E_a ——中央空调系统校准能耗，单位为千瓦时(kW·h)；

$x'_{i,j}$ ——统计报告期逐时段影响因素值，$i=1,2,\cdots,g$，其中，g 为统计报告期的时段数，$j=1,2,\cdots,n$，其中，n 为影响因素的个数；

A_m ——校准能耗调整值。

6.1.4 校准能耗调整值

校准能耗调整值 A_m 的确定应符合 GB/T 28750—2012 的要求，并应得到各相关方的确认。

注：A_m 通常为0。

6.1.5 统计报告期能耗的计算

将统计报告期的逐时段能耗数据代入式(3)计算统计报告期能耗。

$$E_r=\sum_{i=1}^{g}e_{r,i} \qquad \cdots\cdots(3)$$

式中：

E_r ——中央空调系统统计报告期能耗，单位为千瓦时(kW·h)；

$e_{r,i}$ ——统计报告期逐时段中央空调系统能耗，单位为千瓦时(kW·h)，$i=1,2,\cdots,g$，其中，g 为统计报告期的时段数。

6.1.6 节能量的计算

按照式(4)计算节能量。基于"基期能耗—影响因素"模型法的节能量测量和验证示例见附录A。

$$E_s = E_r - E_a \quad \cdots\cdots(4)$$

式中：

E_s ——节能量，单位为千瓦时(kW·h)；

E_r ——统计报告期能耗，单位为千瓦时(kW·h)；

E_a ——校准能耗，单位为千瓦时(kW·h)。

6.1.7 数据的收集和测量

基期和统计报告期的能耗数据及产量数据宜采用可采信的能源统计数据、运行记录及财务数据，或者符合标准规范要求的计量仪表的读数，或者使用在检定有效期内的检测仪器测量得到的数据。收集得到的数据应进行有效性验证。相关参数的测量方法可参见GB/T 17683.1、JGJ/T 132和JGJ/T 177。

6.2 直接比较法

6.2.1 相似日比较法

相似日比较法是典型的中央空调系统节能量测量和验证直接比较方法。相似日比较法是在项目报告期内选取两个或多个测试日作为相似日，其中，一天或多天关闭节能措施并以此状态下的系统能耗作为对应时间长度内的改造前中央空调系统能耗，另一天或多天开启节能措施并以此状态下的系统能耗作为对应时间长度内的改造后中央空调系统能耗，通过比较节能措施开启、关闭时的中央空调系统能耗进行对节能量的测量和验证。

6.2.2 能耗主要影响因素的选取

应参照6.1.1先列出所有影响中央空调系统节能改造项目能耗变化的影响因素，根据各影响因素对系统能耗影响的大小和方式，在相关各方共同认可的基础上，确定作为相似日选取依据的能耗主要影响因素。

6.2.3 相似日的选取

应选择报告期内主要影响因素值最接近的运行日作为相似日。当无法找到满足条件的相似日时，独立变量允许的偏差应由相关方共同认可。

6.2.4 节能量的计算

相似日比较法节能量按式(5)、式(6)、式(7)计算：

$$E_s = E_r' \cdot \left(\frac{\eta_s}{1-|\eta_s|}\right) \quad \cdots\cdots(5)$$

$$E_r' = E_r - S_b \quad \cdots\cdots(6)$$

$$\eta_s = \frac{S_r - S_b}{S_b} \times 100\% \quad \cdots\cdots(7)$$

式中：

E_s ——中央空调系统节能量，单位为千瓦时(kW·h)；

E_r' ——节能措施开启状态下的中央空调系统统计报告期能耗，单位为千瓦时(kW·h)；

η_s ——节能率；

E_r ——中央空调系统统计报告期能耗(含节能措施关闭状态下各测试日的累计能耗)，单位为千瓦时(kW·h)；

S_b ——节能措施关闭状态下测试日的累计能耗，单位为千瓦时(kW·h)；

S_r ——节能措施开启状态下测试日的累计能耗，单位为千瓦时(kW·h)；

其中 S_b 和 S_r 按式(8)和式(9)计算：

$$S_b = \sum_{i=1}^{k} e'_{b,i} \qquad (8)$$

$$S_r = \sum_{i=1}^{k} e'_{r,i} \qquad (9)$$

式中：

$e'_{b,i}$——节能措施关闭状态下测试日的逐日能耗，单位为千瓦时(kW·h)，$i=1,\cdots,k$，k 为节能措施关闭状态下测试日天数；

$e'_{r,i}$——节能措施开启状态下测试日的逐日能耗，单位为千瓦时(kW·h)，$i=1,\cdots,k$，k 为节能措施开启状态下测试日天数。

相似日比较法的节能量测量和验证示例见附录B。

6.2.5 数据的收集和测量

直接比较法宜采用测量的方法获得计算所需的数据，数据收集和测量的要求可参考6.1.7。

附 录 A
（资料性附录）
中央空调系统节能量测量和验证“基期能耗—影响因素”模型法示例

A.1 项目概况

该项目为上海的某酒店，建筑总面积为 45 456 m^2。为降低能源成本，项目采用高效空调冷热源设备（螺杆式风冷热泵机组替换活塞式风冷热泵机组）、水泵变频技术、中央空调机组群控系统的优化运行控制技术，对酒店的中央空调系统进行节能改造。

A.2 节能量的测量和验证

A.2.1 项目边界

根据项目改造涉及的影响范围，本项目边界包括中央空调系统和空调区域（含末端设备）的建筑围护结构。

A.2.2 基期和统计报告期

项目基期定为该酒店节能改造前 2008 年—2010 年的 3 个制冷季（5 月—10 月）。项目统计报告期定为该酒店节能改造后 2012 年 5 月—10 月。

A.2.3 测量和验证方法

该项目改造前后能耗数据及其主要影响因素的记录较完备，因此采用“基期能耗—影响因素”模型法。

A.2.4 能耗主要影响因素

一般而言，酒店空调用电量主要与室外天气参数、入住率及节假日天数有关。本项目记录的能耗影响因素有：月平均室外干球温度、月平均入住率及节假日数。基期能耗选取 2008 年—2010 年 18 个月的能耗数据，可以从电费账单中得到。基期能耗及其影响因素统计见表 A.1。

表 A.1 基期能耗和主要影响因素数据

时间	月平均室外干球温度 $\bar{t}_{wd,i}$/℃	月平均入住率 $\bar{z}_i$/%	节假日数 HD_i/d	空调系统用电量 $e_{b,i}$/kW·h
2008 年 5 月	21.8	53.92	13	286 125
2008 年 6 月	24.2	54.11	8	400 625
2008 年 7 月	30.4	42.59	10	677 625
2008 年 8 月	28.6	36.05	8	717 500
2008 年 9 月	26	50.35	8	503 250
2008 年 10 月	21	67.09	13	338 000

表 A.1（续）

时间	月平均室外干球温度 $\bar{t}_{wd,i}$/℃	月平均入住率 $\bar{z}_i$/%	节假日数 HD_i/d	空调系统用电量 $e_{b,i}$/kW·h
2009年5月	22.5	40.99	13	370 125
2009年6月	26.4	60.28	9	403 125
2009年7月	29	68.06	9	683 250
2009年8月	28.1	50.02	8	691 250
2009年9月	25.4	60.53	8	442 375
2009年10月	21.4	64.47	13	373 625
2010年5月	20.9	78.3	10	303 250
2010年6月	24.1	81.6	10	422 750
2010年7月	28.8	80.3	8	697 125
2010年8月	30.9	73.8	10	604 125
2010年9月	26.2	80.9	9	530 250
2010年10月	19.3	76.9	11	327 875

在建立回归模型前，进行影响因素与能耗的相关性分析，对影响因素进行筛选。月平均室外干球温度与能耗的相关系数$|r|=0.907$，两变量高度相关；月平均入住率与能耗的相关系数$|r|=0.203$，两变量相关程度弱；节假日数与能耗的相关系数$|r|=0.618$，两变量中度相关。按照对项目能耗的影响方式和大小，剔除影响能耗的次要因素，确定该项目的主要影响因素为：月平均室外干球温度及节假日数。

A.2.5 “基期能耗—影响因素”模型

本示例中，相关方经协商设定的回归模型不确定性标准为：$R^2 \geqslant 0.8$，显著性检验标准 $F \geqslant 30$，$Sig < 0.05$。

将表 A.1 中每月的用电量和月平均室外干球温度、节假日数进行线性回归，得到回归方程为：

$$e_{b,i} = f(\bar{t}_{wd,i}, HD_i) = -382\,082 + 36\,821.63 \times \bar{t}_{wd,i} - 6\,202.90 \times HD_i \quad \cdots\cdots(A.1)$$

式中：

$e_{b,i}$ ——基期逐月中央空调系统能耗，单位为千瓦时(kW·h)；

$\bar{t}_{wd,i}$ ——月平均室外干球温度，单位为摄氏度(℃)；

HD_i ——节假日数，单位为天(d)。

通过计算得到：$R^2=0.827$，$F=35.845$，$Sig=1.93\times10^{-6}$。式(A.1)的回归模型满足显著性假设检验要求。

A.2.6 校准能耗的计算

项目统计报告期为该酒店节能改造后 2012 年 5 月—10 月(一个完整的制冷季)。统计报告期的电耗即为改造后能耗，同样可以从电费账单中得到，统计报告期能耗及其主要影响因素统计见表 A.2。

表 A.2　统计报告期能耗及主要影响因素数据

时间	月平均室外干球温度 $\bar{t}_{wd,i}$/℃	节假日数 HD_i'/d	空调系统用电量 $e_{r,i}$/kW·h
2012 年 5 月	21.9	9	281 000
2012 年 6 月	24.4	10	374 992
2012 年 7 月	30.2	9	548 957
2012 年 8 月	28.3	8	487 898
2012 年 9 月	24.7	9	448 278
2012 年 10 月	19.3	13	219 887

将表 A.2 中统计报告期主要影响因素实测数据代入式(A.1)得到统计报告期校准能耗 E_a，取校准能耗的调整值 $A_m=0$。

$$E_a=\sum_{i=1}^{m'}\left[\sum_{j=1}^{n}f(x'_{i,1},x'_{i,2},\cdots,x'_{i,j})\right]+A_m=\sum_{i=1}^{6}f(\bar{t}_{wd,i},HD_i')=2\ 826\ 798\ \text{kW}\cdot\text{h}$$

A.2.7　节能量的计算

将表 A.1 中基期逐月能耗数据带入式(3)得到统计报告期能耗：

$$E_r=\sum_{i=1}^{6}e_{r,i}=2\ 361\ 012\ \text{kW}\cdot\text{h}$$

将上述数据代入式(4)，得到项目节能量为：

$$E_s=E_r-E_a=-465\ 786\ \text{kW}\cdot\text{h}$$

附 录 B
（资料性附录）
中央空调系统节能量测量和验证直接比较法示例

B.1 项目基本情况

该节能改造项目为位于北京的某酒店，建筑面积为 13 万 m^2，中央空调系统冷冻机房总制冷量为 3400RT，包括两台 1200RT 定频离心冷机、一台为 500RT 的变频离心冷机及一台 500RT 的定频离心冷机。该冷冻机房原为一次泵系统，24 h 连续运行，部分负荷时通过压差旁通阀来调节末端流量，冷却塔及水泵均为定频运行。为了减少运行费用，对冷冻机房实现自动运行基础上的整体节能优化改造。对相关的水泵及冷却塔风机进行变频改造并均加装远程监控信号。同时，为了实现冷机的优化控制及保护，每台主机的运行参数，如冷凝压力和温度等，也均作为自动优化控制系统的采集参数。

B.2 节能量测量和验证

B.2.1 项目边界

项目边界内包括中央空调系统冷/热源单元及其附属设备(包括空调冷/热源机组本体及其控制系统，以及冷却塔本体、冷却水泵及其控制系统)和中央空调系统输配单元(包括冷冻水泵及相关控制系统)。

B.2.2 能耗主要影响因素选取和节能量测量验证方法确定

该冷冻机房原运行方式为定流量系统，改造后冷冻水和冷却水系统都将成为变流量系统，详细的改造前后运行工况变化见表 B.1。

表 B.1 冷冻机房改造前后运行工况对比

	改造前	改造后
冷机运行工况	—主机手动启停。 —主机供水温度及运行台数根据同期历史记录确定	—主机启停及台数控制由控制系统根据优化结果确定并自动执行。 —主机供水温度由控制系统自动设置
冷冻水泵/冷却水泵	—水泵台数与主机台数一一对应。 —水泵均工频运行	—水泵启停及台数控制由控制系统根据优化结果确定并自动执行。 —水泵变频运行，其运行频率由控制系统自动设置
冷却塔	—冷却塔手动启停，台数根据同期历史记录确定。 —冷却塔风机工频运行	—冷却塔启停及台数控制由控制系统根据优化结果确定并自动执行。 —冷却塔风机变频运行，其运行频率由控制系统自动设置

由于项目改造前缺乏相应的传感器和电表，该冷冻机房基本没有历史运行记录，因此该项目的节能量拟采用直接比较法确定。改造后，相应的冷水机组及冷却塔等的运行能耗都会受到影响。此外，由于优化控制系统带来的水泵台数和冷却塔台数组合及冷机负荷分配等多方面的调整，改造后系统的运行

已经相对复杂，很难通过简单的开关单台设备来比较获得节能量，因此该项目的节能量具体采用直接比较法中的相似日比较法来确定。

根据分析，该冷冻机房用电量主要受室外天气参数及入住率影响，因此确定本项目的主要能耗影响因素为室外干、湿球温度和入住率。经相关方协商设定的相似日影响因素偏差要求如表 B.2 所示。

表 B.2　主要能耗影响因素最大允许偏差

参数名称	日平均室外 干球温度	日平均室外 湿球温度	日入住率
相似日最大允许偏差	±5%	±3%	±10%

B.2.3　节能量的计算

以该项目 2011 年 8 月的实测数据为统计报告期数据，在该月选取 3 天按照节能措施关闭工况运行，然后在表 B.2 最大允许偏差范围内选取按照节能措施开启工况运行的 3 天，经测量记录上述的 3 组相似日能耗及主要影响因素值如表 B.3～表 B.5 所示。

表 B.3　相似日 1 的能耗及主要影响因素对比

工况	日用电量 kW·h	日平均室外干球温度 ℃	日平均室外湿球温度 ℃	日入住率 %
节能措施关闭	15 306	27.8	22.7	41
节能措施开启	10 420	27.8	22.3	43
参数偏差		0%	−1.8%	4.9%

表 B.4　相似日 2 的能耗及主要影响因素对比

工况	日用电量 kW·h	日平均室外干球温度 ℃	日平均室外湿球温度 ℃	日入住率 %
节能措施关闭	14 321	27.8	21.7	55
节能措施开启	10 740	27.0	21.3	55
参数偏差		−2.9%	−1.8%	0

表 B.5　相似日 3 的能耗及主要影响因素对比

工况	日用电量 kW·h	日平均室外干球温度 ℃	日平均室外湿球温度 ℃	日入住率 %
节能措施关闭	16 260	28.1	24.5	40
节能措施开启	12 962	28.2	24.0	42
参数偏差		0.4%	−2.1%	5%

根据上述数据，按照式(8)计算节能措施关闭状态下测试日累计能耗：

$$S_b = \sum_{i=1}^{k} e'_{b,i} = e'_{b,1} + e'_{b,2} + e'_{b,3} = 15\ 306 + 14\ 321 + 16\ 260 = 45\ 887\ \text{kW}\cdot\text{h}$$

按照式(9)计算节能措施开启状态下测试日累计能耗：

$$S_r = \sum_{i=1}^{k} e'_{r,i} = e'_{r,1} + e'_{r,2} + e'_{r,3} = 10\ 420 + 10\ 740 + 12\ 962 = 34\ 122\ \text{kW}\cdot\text{h}$$

将上述 S_b 和 S_r 的计算结果带入式(7)计算得到节能率：

$$\eta_s = \frac{S_r - S_b}{S_b} \times 100\% = \frac{34\ 122 - 45\ 887}{45\ 887} \times 100\% = -25.6\%$$

通过该项目安装的自动监控系统所记录的统计报告期内 2011 年 8 月该项目系统总用电量 E_r 为 387 100 kW · h，按照式(6)计算节能措施开启状态下的中央空调系统统计报告期能耗：

$$E'_r = E_r - S_b = 387\ 100 - 45\ 887 = 341\ 213\ \text{kW}\cdot\text{h}$$

将上述计算结果带入式(5)计算得到项目节能量：

$$E_s = E'_r \times \left(\frac{\eta_s}{1 - |\eta_s|}\right) = 341\ 213 \times \left(\frac{-25.6\%}{1 - 25.6\%}\right) = -117\ 406\ \text{kW}\cdot\text{h}$$

B.3 测量仪器

节能量测量和验证过程中使用的主要测量仪器仪表如表 B.6 所示。此外，现场安装的传感器均连接到自动控制系统，自动记录和监控相关参数。

表 B.6 节能量测量和验证中使用的主要测量仪器仪表

设备名称	测量范围	精度	传感器类型	输出信号	监控点
流量计	0.1 m/s～8 m/s	±1%FSO	超声波流量计	4 mA～20 mA	冷冻水和冷却水流量
温度传感器	0 ℃～50 ℃	±0.1% FSO	PT1000(自带变送器)	4 mA～20 mA	冷冻水供回水温度、冷却水供回水温度
室外温湿度传感器	−50 ℃～50 ℃	温度±0.1% FSO，湿度±5%	PT1000(自带变送器)	4 mA～20 mA	室外空气温湿度
三相功率变送器	—	0.5 级	可编程数显变送器	RS485	水泵、冷却塔及冷机等用电量

ICS 27.010
F 01

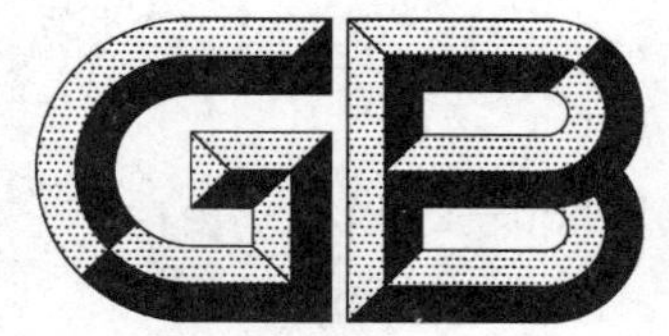

中华人民共和国国家标准

GB/T 31350—2014

烧结墙体屋面材料企业能源计量器具配备和管理导则

Guideline for energy measurement apparatus equipping and management of sintering wall & roof materials enterprise

2014-12-31 发布　　2015-07-01 实施

中华人民共和国国家质量监督检验检疫总局
中国国家标准化管理委员会　发布

前　　言

本标准按照 GB/T 1.1—2009 给出的规则起草。

本标准由全国能源基础与管理标准化技术委员会建材行业能源管理分技术委员会(SAC/TC 20/SC 10)提出并归口。

本标准起草单位:中国建材检验认证集团西安有限公司、贵州省建材产品质量监督检验院、淄博功力机械制造有限责任公司。

本标准主要起草人:董鹏飞、胡小迪、蒋德勇、丁伟东、夏莉娜、高玲、李铮、王保财、高华、刘庆。

烧结墙体屋面材料企业能源计量器具配备和管理导则

1 范围

本标准规定了烧结墙体材料、烧结屋面材料、烧结道路材料企业能源计量器具配备和管理的基本要求。

本标准适用于烧结墙体材料、烧结屋面材料、烧结道路材料企业。

2 规范性引用文件

下列文件对于本文件的应用是必不可少的。凡是注日期的引用文件，仅注日期的版本适用于本文件。凡是不注日期的引用文件，其最新版本(包括所有的修改单)适用于本文件。

GB 17167 用能单位能源计量器具配备和管理通则

GB/T 19022 测量管理体系 测量过程和测量设备的要求

3 术语和定义

GB 17167 界定的术语和定义适用于本文件。

4 能源计量器具配备

4.1 能源计量种类

本标准所称能源，指原煤或含发热量的原料、天然气、煤气、热力、成品油和其他直接或者加工、转换而取得有用能的各种资源。

注：含发热量的原料是指煤矸石、粉煤灰、污泥等。

4.2 能源计量范围

能源计量范围包括：

a) 输入企业用能单位、次级用能单位和主要用能设备的能源及载能工质。

b) 输出企业用能单位、次级用能单位和用能设备的能源及载能工质。

c) 企业用能单位、次级用能单位和用能设备使用(消耗)的能源及载能工质。

d) 企业用能单位、次级用能单位和用能设备可回收利用的余能资源。

4.3 能源计量器具的配备原则

4.3.1 能源计量器具的配备应满足企业用能单位实现能源分类计量的需要。

4.3.2 能源计量器具的配备应满足企业用能单位实现分级分项统计和核算的要求。

4.3.3 能源计量器具的性能应满足被测介质及使用环境的要求。

4.4 能源计量器具的配备要求

4.4.1 能源计量器具配备率按式(1)计算：

$$R_P = \frac{N_S}{N_1} \times 100\% \quad \cdots\cdots(1)$$

式中：

R_P ——能源计量器具配备率，%；

N_S ——能源计量器具实际安装配备数量；

N_1 ——能源计量器具理论需要量。

4.4.2 进出烧结墙体屋面材料企业用能单位、进出烧结墙体屋面材料企业次级用能单位和烧结墙体屋面材料企业用能设备使用(消耗)能源，应安装能源计量器具。

4.4.3 用能量(产能量或者输运能量)大于或等于表1中一种或多种能源消耗量限定值的烧结墙体屋面材料企业次级用能单位，应按表2的要求配备安装能源计量器具。

表1 次级用能单位能源消耗量(或功率)限定值

能源种类	电力	原煤或含发热量的原料	成品油、液化石油气	煤气、天然气	蒸汽、热水	水	其他
单位	kW	t/a	t/a	m^3/a	GJ/a	t/a	tce/a
限定值	10	100	40	10 000	5 000	5 000	100

注1：表中 m^3 指在标准状态下。

注2：2 931 GJ 相当于100 t标准煤。其他能源应按等价热值折算，表2类推。

表2 能源计量器具配备率要求

%

能源种类		用能单位	次级用能单位	主要用能设备
电力		100	100	95
固态能源	原煤	100	100	90
	含发热量的原料	100	100	90
液态能源	成品油	100	100	95
	重油	100	100	90
气态能源	天然气	100	100	90
	液化气	100	100	90
	煤气	100	90	80
载能工质	蒸汽	100	80	70
	水	100	95	80
可回收利用的余能		90	80	—

注1：进出烧结墙体屋面材料企业用能单位的季节性供暖蒸汽(热水)可采用非直接计量载能工质流量的其他计量结算方式。

注2：烧结墙体屋面材料企业次级用能单位的季节性供暖用蒸汽(热水)可以不配备管理器具。

4.4.4 单台设备能源消耗大于或者等于表3中一种或者多种能源消耗量限定值的为烧结墙体屋面材料企业主要用能设备。

烧结墙体屋面材料企业主要用能设备应按表2的要求配备安装能源计量器具。

表 3　主要用能设备能源消耗量(或功率)限定值

能源种类	电力	原煤或含发热量的原料	成品油、液化石油气	煤气、天然气	蒸汽、热水	水	其他
单位	kW	t/h	t/h	m^3/h	MW	t/h	tce/h
限定值	30	1	0.5	50	7	1	1
注1：对于可以单独进行能源计量考核的装置、设备，如果已配备了能源计量器具，其主要用能设备可以不再单独配备能源计量器具。 注2：对于集中管理同类用能设备的锅炉房、泵房等，如果已配备了能源计量器具，其主要用能设备可以不再单独配备能源计量器具。							

4.4.5　烧结墙体屋面材料企业用能单位、烧结墙体屋面材料企业次级用能单位和烧结墙体屋面材料企业主要用能设备的能源计量器具配备率应符合表2的要求。

4.4.6　烧结墙体屋面材料企业用能单位、烧结墙体屋面材料企业次级用能单位和烧结墙体屋面材料企业主要用能设备安装能源计量器具的计量性能应符合表4的要求。

表 4　能源计量器具的准确度等级要求

序号	计量器具名称	计量项目		准确度等级		
				用能单位	次级用能单位	主要用能设备
1	非自动衡器	固体、液体物料静态计量		Ⅲ	Ⅲ	Ⅲ
2	动态轨道衡	固体、液体动态计量		0.5	0.5	—
3	连续累计自动衡器	固体物料计量		—	1.0	1.0
4	电能表	有功交流电能计量(6 kV以下)	用能单位变压器容量≥1 500 kV·A	0.5	1.0	2.0
			315 kV·A≤用能单位变压器容量<1 500 kV·A	1.0	2.0	2.0
			用能单位变压器容量<315 kV·A或单相供电	2.0	2.0	2.0
5	油流量表	成品油计量		0.1	0.5	1.0
		重油计量		0.5	2.0	2.0
6	气体流量计	天然气、煤气计量		2.0	2.0	2.5
		压缩空气计量		1.5	1.5	2.0
7	蒸汽流量计	蒸汽计量		2.0	2.5	2.5
8	水流量计	水计量	管径≤150 mm	2.0	2.0	2.5
			管径>150 mm	1.5	1.5	2.0
		热水计量	管径≤100 mm	2.0	2.5	2.5
			管径>100 mm	1.5	2.0	2.5

表 4（续）

序号	计量器具名称	计量项目	准确度等级		
			用能单位	次级用能单位	主要用能设备
9	热值测定仪	耗能生产过程质量计算相关的材料发热量计量	0.01	0.01	0.01
10	温度计	耗能生产过程质量计算相关的温度计量	1.0	1.0	1.0
11	红外温度计	耗能生产过程质量计算相关的温度计量	1.0	1.0	1.0
12	温度变送器	耗能生产过程质量计算相关的温度计量	1.0	1.0	1.0
13	压力表	耗能生产过程质量计算相关的压力计量	1.0	1.0	1.0
14	压力变送器	耗能生产过程质量计算相关的压力计量	1.0	1.0	1.0

注 1：当计量器具由传感器(变送器)、二次仪表组成的测量装置或系统时，表中给出的计量性能是装置或系统的计量性能。装置或系统未明确给出其计量性能时，可能传感器与二次仪表的计量性能按误差合成方法合成。

注 2：Ⅲ表示非自动称准确度等级。

4.4.7 能源作为生产原料使用时，其计量器具的计量性能应能满足相应的生产工艺要求。

4.4.8 能源计量器具的性能应满足相应的生产工艺及使用环境(如温度、温度表化率、湿度、照明、振动、噪声、粉尘、腐蚀、电磁干扰等)要求。

5 能源计量器具的管理要求

5.1 能源计量管理制度

5.1.1 企业应按 GB/T 19022 建立测量管理体系，保持并持续改进其有效性。

5.1.2 企业应建立、保持和使用文件化的程序来规范能源计量人员行为、能源计量器具管理、能源计量数据的采集和汇总。

5.2 能源计量人员

5.2.1 企业用能单位、烧结墙体屋面材料行业次级用能单位应设专人负责能源计量器具的配备、使用、检定(校准)、维修、更新、报废等管理工作。

5.2.2 企业用能单位的能源计量管理人员应通过相关部门的培训考核，持证上岗。

5.2.3 企业用能单位能源计量器具检定、校准、维修人员，应具有相应的资质。

5.3 能源计量器具

5.3.1 企业应备有完整的能源计量器具一览表，企业次级用能单位应备有独立的能源计量器具一览表分表。表中应列出计量器具的名称、型号规格、计量性能、检定(校准)周期、检定(校准)单位、测量范围、生产厂家、出厂编号、用能单位管理编号、安装使用地点、状态(合格、准用、停用等)。

5.3.2 企业用能单位应建立能源计量器具档案,内容包括:

a) 计量器具使用说明书;

b) 计量器具出厂合格证;

c) 计量器具最近两个连续周期的鉴定(测试、校准)证书;

d) 计量器具维修记录;

e) 计量器具其他相关信息。

5.3.3 企业用能单位应备有能源计量器具量值传递溯源图,其中作为用能单位内部标准计量器具使用的,要明确规定其测量范围、可溯源的上级传递标准。

5.3.4 企业用能单位的能源计量器具,凡属自行校准且自行确定校准间隔的,应制定计量器具自校管理程序和自校规范作为依据。

5.3.5 企业用能单位的能源计量器具应实行定期检定(校准)。凡经检定(校准)不符合要求的或超过检定(校准)周期的计量器具一律不得使用。属强制检定的计量器具,其检定周期、检定方法应遵守有关计量法律法规的规定。

5.3.6 企业用能单位在用的能源计量器具应在明显位置粘贴与能源计量器具一览表编号对应的标签,以备检查和管理。

5.4 能源计量数据

5.4.1 企业用能单位应建立能源统计报表制度,能源统计报表数据应能追溯至计量检测记录。

5.4.2 企业用能单位能源计量数据记录应采用规范的表格格式,计量测试记录表格应便于数据的汇总和分析,应说明被测量与记录数据之间转换方法和关系。

5.4.3 企业用能单位可根据需要建立能源计量数据管理,实现能源计量数据的管理。

5.4.4 企业用能单位按生产周期(班、日、月)及时统计计算出其单位产品的各种主要能源消耗量。

第6部分

用能设备经济运行标准

ICS 29.160.20
A 01

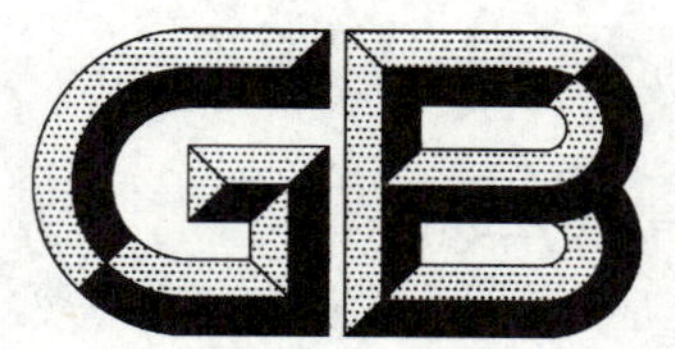

中华人民共和国国家标准

GB/T 12497—2006
代替 GB 12497—1995

三相异步电动机经济运行

Three-phase induction motor's economic operation

2006-07-18 发布　　2006-12-01 实施

中华人民共和国国家质量监督检验检疫总局
中国国家标准化管理委员会　发布

前　言

本标准代替 GB 12497—1995《三相异步电动机经济运行》。

本标准与 GB 12497—1995 相比主要变化如下：

——本标准修订后为推荐性标准；

——增加了对电动机安装的要求；

——在运行管理中增加了建立运行档案、检查与维护、功率因数补偿、运行负荷调整等内容；

——增加了对电动机修理的要求；

——增加了对电动机更换和改造的要求；

——增加了对电动机管理计划的要求；

——将电动机综合效率的计算公式调整到附录 A；

——删除了 GB 12497—1995 中的附录 A～附录 J。

本标准的附录 A 为规范性附录，附录 B 为资料性附录。

本标准由全国能源基础与管理标准化技术委员会提出。

本标准由全国能源基础与管理标准化技术委员会合理用电分委员会归口。

本标准主要起草单位：中国标准化研究院、国家发展和改革委员会能源研究所、中国建筑科学研究院、机械工业节能中心。

本标准主要起草人：辛定国、翟克俊、赵跃进、李先瑞、张新、陶毅、刘英洲。

本标准于 1990 年首次发布，1995 年第一次修订，本次为第二次修订。

三相异步电动机经济运行

1 范围

本标准规定了实现三相异步电动机经济运行的原则与技术要求，判定经济运行的指标及计算方法等。

本标准适用于在用的中小型三相异步电动机(以下简称电动机)。电动机拖动系统设计与机电一体化产品配套选择电动机时，也可参照使用。

2 规范性引用文件

下列文件中的条款通过本标准的引用而成为本标准的条款。凡是注日期的引用文件，其随后所有的修改单(不包括勘误的内容)或修订版均不适用于本标准，然而，鼓励根据本标准达成协议的各方研究是否可使用这些文件的最新版本。凡是不注日期的引用文件，其最新版本适用于本标准。

GB/T 1032 三相异步电动机试验方法

GB/T 3485 评价企业合理用电技术导则

GB 18613 中小型三相异步电动机能效限定值及能效等级

3 术语和定义

本标准采用下列术语和定义。

3.1

电动机经济运行 motor's economic operation

在满足被拖动负载工作特性要求的前提下，安全可靠、不影响生产、不带来负面环境影响、节约电能与运行维护费用的运行方式。

3.2

无功经济当量 var economic equivalent

电动机运行时每 1 kvar 无功功率所引起的电网有功功率损耗。

3.3

电动机综合功率损耗 comprehensive power loss of motor

电动机运行时的有功功率损耗与无功功率使电网增加的有功功率损耗之和。

3.4

电动机综合功率消耗 comprehensive power consumption of motor

电动机的输出功率与对应的综合功率损耗之和。

3.5

电动机综合效率 comprehensive efficiency of motor

电动机的输出功率与对应的综合功率消耗之比。

3.6

电动机额定综合效率 rated comprehensive efficiency of motor

电动机在额定负载运行时的综合效率。

3.7

负载系数 load coefficient

电动机输出功率与其额定功率之比，以百分率表示的负载系数称为负载率。

3.8

经济负载率　active economic load ratio

电动机效率最高时的负载率。

3.9

综合经济负载率　comprehensive economic load ratio

电动机综合效率最高时的负载率。

3.10

加权平均综合效率　weighted average comprehensive efficiency

能源利用效率

在一定的时间段，按不同负载率下运行的时间加权平均的综合效率。

4　电动机经济运行的原则与技术条件

4.1　电动机选择

4.1.1　电动机类型选择

4.1.1.1　电动机选用前应充分了解被拖动机械的负载（以下简称负载）特性，该负载对起动、制动、调速无特殊要求时应选用笼型异步电动机。从节能角度考虑应首先选用符合 GB 18613 的电动机，不应选用国家明令淘汰的产品。

4.1.1.2　负载对起动、制动、调速有特殊要求时，所选择的电动机应满足相应的堵转矩与最大转矩要求，所选电动机应能与调速方式合理匹配。

4.1.1.3　应依据电动机的工作是否处于易燃、易爆、粉尘污染、腐蚀性气体、高温、高海拔、高湿度、水淋和潜水工作环境，选择相应的防护类型、外壳防护等级和电动机的绝缘等级。

4.1.1.4　拖动高精度加工机械和有静音环境要求的电动机，应按要求选用有精确速度控制、低振动和低噪声设计的电动机。

4.1.1.5　应依据负载要求，选择具有合适的安装尺寸与连接方式。

4.1.2　电动机额定功率选择

电动机额定功率应满足负载的功率要求，同时要考虑负载特性与运行方式。

4.1.2.1　应依据反映负载变化规律的负荷曲线，确定经济负载率。

4.1.2.2　应根据负载的类型和重要性确定适当的备用系数。具有长期连续运行或稳定负载的电动机，应使电动机的负载率接近综合经济负载率。

4.1.2.3　年运行时间大于 3 000 h、负载率大于 60% 的电动机，应优先选用能效指标符合 GB 18613 中节能评价值的节能电动机。

4.1.3　电动机工作电压选择

电动机的工作电压应与供电电压相适应。额定容量大于 200 kW 的电动机宜优先选用高压电动机。运行在可调速状态的电动机宜选用较低额定电压等级。

4.1.4　电动机转速选择

4.1.4.1　在满足传动要求的前提下，选择电动机转速时应减少机械传动级数。

4.1.4.2　需要调速的负载应根据调速范围、效率、对转矩的影响以及长期经济效益等因素，选择合理的调速方式和电动机。

4.1.5　电动机转矩选择

4.1.5.1　电动机应满足负载的堵转矩和最大转矩的需要。

4.1.5.2　对有频繁起动、冲击负载和高起动转矩等特殊要求的负载应选用相应的专用电动机并进行转矩校验。

4.2 电动机安装

4.2.1 电动机应当由专门的安装技术人员进行安装。

4.2.2 电动机的供电电压应符合额定电压的要求，运行各阶段电压应保持均衡。

4.2.3 电动机安装应特别注意连接轴的对准。电动机安装场地与位置的确定应充分考虑运行管理的方便，预留必要的检修空间或场地，应保持适当通风。并应考虑监控测点布置和测试仪器仪表的安装要求。

4.2.4 电动机安装(包括检修、改造更换)完毕，必须进行安装结果测试，检验测试安装后(或改造更换后)电动机的空载特性，包括机械性能、振动测量、效率与功率因数、电气安全指标等，同时应做好安装测试记录。

4.3 电动机经济运行管理

4.3.1 建立电动机运行档案

4.3.1.1 电动机台数超过50台或总功率超过500 kW的单位应建立并保持重要电动机详细清单。

注：重要电动机是指电能消耗大的，在生产过程中发挥重要作用的电动机。

4.3.1.2 容量大于160 kW的电动机应有制造厂提供的原始资料，年运行时间超过1 000 h时应有各项试验记录，运行维修记录，典型的年负荷曲线与日负荷曲线，电动机运行状况分析记录等。

4.3.2 检查与维护

4.3.2.1 电动机检查

应指定运行管理人员负责电动机的运行状况巡回检查、测试与一般维护(冷却、润滑、清扫等)。运行管理人员应定期检查电动机运行温升、振动、噪声以及电动机电气终端的电流和电压，做好完整的运行记录。

4.3.2.2 电动机维护

电动机维护包括以下内容：

a) 轴承监测与校准：应经常性地检查电动机轴承的运行情况，作好电动机轴定位，及时对电动机转轴的偏移进行校准。应特别关注直接耦合的电动机转轴的偏移。轴承监测可使用红外成像仪测量轴承温度、使用振动传感器检测电机振动。
b) 润滑：应按照制造商的规定对电动机轴承和变速箱保持良好润滑。
c) 清洗：电动机应保持清洁，去除碎屑。
d) 修正电压失衡：对电动机负载状态下每一相位的电源线电压应进行经常性测量并予以记录。线间电压存在明显失衡时应予以纠正。
e) 校正电源电压：电压波动超过其允许电压范围应及时进行校正。
f) 监控和维护机械传输系统：应按照供应商的规定对电动机连接和耦合设备、皮带和传动齿轮进行经常性检查和维护，及时更换旧部件和皮带以确保电动机可靠和有效的运行。

4.3.3 检测仪表

4.3.3.1 对于55 kW及以上的电动机应监视其电流、电压、有功功率；在供电配电柜还应配备电能表与功率因数表。

4.3.3.2 总装机容量1 000 kW及以上、或安装有5台以上电子变频调速驱动电动机的工厂应配备有多功能电能分析仪。

4.3.4 功率因数补偿

应根据电动机的容量大小与运行方式合理实施功率因数的就地补偿，补偿后功率因数应不低于0.9。

4.3.5 运行负荷调整

电动机运行管理人员应充分了解负载情况，对多台并联或串联运行的系统，应按照系统效率最高的原则分配电动机的负荷或安排机组的启停，一般原则是使综合效率较高的机组处于经常稳定和满负荷运行状态。

4.3.6 电动机调节设备的运用

4.3.6.1 电动机负载调节设备的选择应以技术经济分析为依据，对大型机组应进行寿命周期成本分析。

4.3.6.2 对有多台电动机的系统，负载的分配应充分发挥调节设备节能效果。

4.3.7 记录数据整理分析

电动机运行管理人员应做好完整的运行数据记录，及时进行汇总分析，并按企业能源管理要求整理成能源消耗台账。应根据负载要求、生产特点提出改进运行制度与实现系统优化运行的建议。

4.3.8 电动机设备的运行监视

4.3.8.1 应按 GB/T 3485 的规定配置电动机运行监测仪表，随时对供电条件及运行参数进行监测。

4.3.8.2 运行管理人员应定期监视电动机运行电流、电压、电动机输入功率、三相电流与电压的不平衡度。

4.3.9 空载试验

电动机在使用前和大修后均应进行空载试验，并将试验数据存入电动机档案。

4.4 电动机检修

4.4.1 电动机修理前检查

电动机修理前应作以下检查：

a) 预试验：应对以往的运行记录进行核查，确定该台电动机损害的状况(程度)；

b) 部件的物理检查：确定是否存在无法恢复的永久性损坏，导致电动机的永久性损坏；

c) 空载损耗的测量：采用铁芯损耗测试仪测定电动机运行中铁芯过热，电动机失效或以往的修理不当情况。该测定方法也被用于修理后铁芯损耗的测定，以确定是否有源自于修理过程的损坏。

4.4.2 修理要求

电动机修理要求包括：

a) 线圈拆除：拆除电动机线圈进行修理时，应将铁芯加热到恰好能够拆除绝缘材料的温度，减少损伤，防止铁芯温度过高，并应防止拆除过程中对铁芯的损伤；

b) 线圈安装：替换的新线圈应与原电动机使用的线圈具有相同的尺寸、绝缘特性和线圈形式。安装这些线圈应尽可能接近原来的结构；

c) 轴承定位：安装轴承时应避免对轴承的损伤，并确保将轴承对准电动机的轴承室或轴承座。

4.4.3 修理后试验

电动机经过修理后应按照 GB/T 1032 的规定，进行修理后试验，以确定是否造成修理过程中的损伤。

这些试验应包括：

a) 振动试验；

b) 空载损耗和空载电流测定；

c) 相位间直流电阻测定。

4.4.4 修理报告和记录

修理过程中应记录与电动机修理有关的所有数据和资料，并存档待查。电动机修理完毕交付使用时，应将修理记录一并交付供使用参考。

5 电动机运行的加权平均综合效率与综合经济负载率

5.1 加权平均综合效率

电动机运行的加权平均综合效率按式(1)计算：

$$\eta_c = \frac{\sum_{i=1}^{n} \eta_{ci} \times t_i}{\sum_{i=1}^{n} t_i} \times 100\% \quad \cdots\cdots(1)$$

式中：

η_c——在考察时间段内的电动机运行加权平均综合效率，%；

η_{ci}——电动机在负载 i 下的综合效率，%；

t_i——电动机在负载 i 下的运行时间，单位为小时(h)；

n——电动机负载的变化次数。

一般性的电动机经济运行状况评估，可以直接根据运行记录或负荷曲线选定代表性工况 P_i 及相应的运行时间 t_i 来计算 η_c。

5.2 综合经济负载率

综合经济负载率按式(2)进行计算：

$$\beta_{cm} = \sqrt{\frac{\Delta P_0 + K_Q Q_0}{\Delta P_N - \Delta P_0 + K_Q (Q_N - Q_0)}} \times 100\% \quad \cdots\cdots(2)$$

式中：

β_{cm}——电动机综合效率最高时的负载率，%。

其他符号的意义可参见附录 A。

6 电动机更换或改造

6.1 更换或改造的基本要求

6.1.1 当电动机处于非经济运行状态，采取更换或改造措施时，必须满足被拖动机械负载的要求，使电动机运行的负载率在接近综合经济负载率。使更新或改造后电动机的综合功率损耗小于原电动机的综合功率损耗。

6.1.2 应根据工作环境、拖动负载更换电动机，在国家现行系列产品中合理选择。电动机的更换应符合 4.1 的规定。

6.1.3 电动机更换或改造应使用寿命周期成本分析方法进行经济性的检验。

6.2 起动性能校验

6.2.1 更换或改造电动机应进行起动性能的校验。

6.2.2 按式(3)计算电动机起动过程中的最小转矩：

$$M_{min} \geqslant M_{lmax} \times K_s / K_V^2 \quad \cdots\cdots(3)$$

式中：

M_{lmax}——电动机起动过程中可能出现的最大负载转矩(标幺值)；

M_{min}——电动机起动过程中的最小转矩(标幺值)；

K_s——保证起动时有足够加速转矩所采用的系数，K_s 为 1.15～1.25；

K_V——电压波动系数，K_V 为 0.81～0.95。

6.3 节电量计算

更换或改造电动机的节电量按式(4)计算：

$$\Delta E_c = \sum_{i=1} [(\Delta P_{cai} - \Delta P_{cbi}) \times t_i] \quad \cdots\cdots(4)$$

式中：

ΔP_{cai}——原电动机的综合功率损耗，单位为千瓦(kW)；

ΔP_{cbi}——更新或改造后电动机的综合功率损耗，单位为千瓦(kW)。

6.4 电动机无功功率就地补偿

6.4.1 电动机无功功率补偿按式(5)计算：

$$Q_c = P_1(\tan\varphi - \tan\varphi_1) \qquad \cdots\cdots(5)$$

式中：

Q_c——就地补偿的无功功率值，单位为千乏(kvar)；

P_1——电动机的输入功率，单位为千瓦(kW)；

$\tan\varphi$——补偿前输入相电流滞后于相电压相角的正切值，$\tan\varphi=\frac{\sqrt{1-\cos^2\varphi}}{\cos\varphi}$；

$\cos\varphi$——电动机补偿前的功率因数；

$\tan\varphi_1$——补偿后输入相电流滞后于相电压相角的正切值，$\tan\varphi_1$ 取 0.484，这相当于将功率因数补偿到 0.90。

6.4.2 无功功率补偿后节约的有功功率按式(6)计算：

$$\Delta P_u = K_Q \times Q_c \qquad \cdots\cdots(6)$$

式中：

ΔP_u——采取无功功率补偿后节约的有功功率，单位为千瓦(kW)；

K_Q——无功经济当量，按附录 A.3 取值。

6.4.3 无功功率补偿的节电量按式(7)计算：

$$\Delta E_c = T_{ec} \times \Delta P_u \qquad \cdots\cdots(7)$$

式中：

ΔE_c——年节电量，单位为千瓦时(kW·h)；

T_{ec}——年运行时间，单位为小时(h)。

7 电动机运行状态测试

7.1 测试条件

7.1.1 电动机测试时的电源条件应符合下列规定：

a) 电源电压与额定电压的偏差范围为：−10%～6%。

b) 三相电压不平衡度不超过 1.5%；

c) 电源频率偏差不超过额定频率的±1%；

d) 电压波形畸变率不超过 5%，即由式(8)得：

$$\gamma = \frac{\sqrt{\Sigma U_h^2}}{U_f} \times 100 \leqslant 5\% \qquad \cdots\cdots(8)$$

式中：

γ——波形畸变率；

ΣU_h^2——除基波外的各次谐波电压有效值的平方和；

U_f——基波电压有效值，单位为伏(V)。

7.1.2 电动机测试时所拖动的机械设备完好，生产运行正常。

7.1.3 测试仪表准确度应达到以下要求：

a) 有功、无功电度表不低于 1.5 级；

b) 电流表不低于 1.0 级；

c) 电压表不低于 1.0 级；

d) 功率因数表不低于 1.5 级；

e) 频率表不低于 1.0 级；

f) 组合式仪表、专用仪表各项精度也应符合上述相应要求。

7.2　资料核查

测试前应仔细核查以下资料：

a）生产厂商提供的电动机原始资料：包括电动机型号、额定参数（额定功率、额定电压、额定电流、额定效率、额定功率因数等）、空载参数等；

b）运行使用资料：包括安装、运行与维修记录、近期的测试记录等；

c）被拖动机械资料：包括被拖动机械名称、运行特点、年运行时间等。

7.3　空载参数的测试或选取

7.3.1　电动机的空载参数应尽量采用实测方法求得，测试按 GB/T 1032 进行。

7.3.2　实测空载参数确有困难时，可使用该电动机的原始记录数据或从相关设备手册和可靠的参考资料中选取空载参数。

7.3.3　空载参数应包括空载电流、空载有功损耗和空载无功功率（或功率因数）。

7.3.4　需测定的运行参数

a）输入有功功率；

b）输入无功功率或功率因数；

c）输入电压；

d）输入电流。

7.4　经济运行计算与判定

7.4.1　计算电动机额定综合效率

计算机额定综合效率的计算方法见 A.4.2。

7.4.2　测试与计算电动机综合效率

当测试的供电电压偏离额定值时，应对测试结果进行适当修正。视电压升高或降低的幅度，在 −0.08%～0.07%之进行正比例修正。

7.4.3　经济运行判定

7.4.3.1　电动机综合效率大于或等于额定综合效率表明电动机对电能利用是经济的；电动机综合效率小于额定综合效率但大于额定综合效率的 60%，则电动机对电能利用是基本合理的；电动机综合效率小于额定综合效率的 60%，表明电动机对电能利用是不经济的。

7.4.3.2　在现场计算电动机综合效率有困难的情况下也可用电机输入功率（电流）与额定输入功率（电流）之比来判断电动机的工作状态：输入电流下降在 15%以内属于经济使用范围；输入电流下降在 35%以内属于允许使用范围；输入电流下降超过 35%属于非经济使用范围。在考察输入电流变化的同时应检查测量电动机功率因数的变化，并按附录 A 给出的数值估计其影响。

7.5　测试报告

7.5.1　测试报告应包括以下内容：

a）企业电动机总体运行状况评价与改进建议；

b）针对运行状况差的电动机的评估与建议；

c）改进电动机运行状况的节电潜力、改进措施的成本效益分析。

7.5.2　测试数据汇总表格的内容与格式参见附录 B。

8　重点电动机预案

8.1　确定重点电动机

在确定重点电动机时，应考虑以下因素：

a）大容量；

b）高负载率运转或长时间运转；

c）发生故障不易替换；

d) 属于生产工艺过程的关键设备。

应定期进行运行状态的测试与分析，在失效之前采取适当预防性措施。

8.2 修理/更换因素的确定

决定故障电动机修理/更换的因素包括以下内容：

a) 电动机当前的状况和效率。若电动机已被修理过数次或已经破旧，应在其失效前予以更换；若电动机状态良好，可对其进行修理或作为备用；如果电动机很新且效率较高，则只需修理。

b) 新替换电动机的成本和有效性。当较小型电动机的维修成本较高时，应以高效产品替代。如果是大型电动机或专用电动机，不易替代的，则应制定电动机维修计划。

8.3 配置备用电动机

对于重要电动机现场应配置备用电动机。

8.4 电动机维修计划

维修计划包括确定维修厂，事先确认其资质，在电动机失效前向维修厂提出维修请求，通报可能的维修业务。

8.5 电动机更新计划

对计划替代的电动机，应与供应商及时联系以确保电动机在失效的第一时间能够予以替代。

附　录　A
（规范性附录）
电动机经济运行计算公式

A.1　电动机有功功率损耗计算

$$\Delta P = \Delta P_0 + \beta^2 (\Delta P_N - \Delta P_0) \quad \cdots\cdots (A.1)$$

式中：

ΔP——电动机的有功损耗，单位为千瓦(kW)；

ΔP_0——电动机的空载有功损耗，单位为千瓦(kW)；

β——负载系数，$\beta = P_2 / P_N$；

P_2——电动机的输出功率，单位为千瓦(kW)；

P_N——电动机的额定功率，单位为千瓦(kW)；

ΔP_N——电动机额定负载时的有功损耗，单位为千瓦(kW)；

$$\Delta P_N = (\frac{1}{\eta_N} - 1) P_N$$

η_N——电动机额定效率，P_N 与 η_N 的数值从电动机额定工况试验或从出厂资料获得。

A.2　电动机的无功功率计算

$$Q = Q_0 + \beta^2 (Q_N - Q_0) \quad \cdots\cdots (A.2)$$

式中：

Q——电动机的无功功率，单位为千乏(kvar)；

Q_0——电动机的空载无功功率，单位为千乏(kvar)；

$$Q_0 = \sqrt{3U^2 I_0^2 \times 10^{-6} - P_0^2}$$

U——电源电压，单位为伏(V)；

I_0——电动机的空载电流，单位为安(A)；

Q_N——电动机额定负载时的无功功率，单位为千乏(kvar)；

P_0——电动机的空载有功损耗，单位为千瓦(kW)；

$$Q_N = \frac{P_N}{\eta_N} \times \tan\varphi_N$$

φ_N——额定运行时输入电动机相电流滞后于相电压的相角；

A.3　电动机的综合功率损耗计算

$$\Delta P_c = \Delta P_0 + \beta^2 (\Delta P_N - \Delta P_0) + K_Q [Q_0 + \beta^2 (Q_N - Q_0)] \quad \cdots\cdots (A.3)$$

式中：

ΔP_c——电动机的综合功率损耗，单位为千瓦(kW)；

K_Q——无功经济当量，单位为千瓦每千乏(kW/kvar)。

当电动机直连发电机母线或直连已进行无功补偿的母线时，K_Q 取 0.02～0.04；二次变压取 0.05～0.07；三次变压 K_Q 取 0.08～0.1。当电网采取无功补偿时，应从补偿端计算电动机电源变压次数。

A.3.1　电动机额定综合功率损耗计算

$$\Delta P_{cN} = \Delta P_N + K_Q Q_N \quad \cdots\cdots (A.4)$$

A. 3. 2　电动机综合消耗功率计算

$$P_{cI} = \beta P_N + \Delta P_c \tag{A.5}$$

式中：

P_{cI}——电动机的综合消耗功率，单位为千瓦(kW)。

A. 3. 3　电动机额定综合消耗功率计算

$$P_{cIN} = P_N + \Delta P_{cN} \tag{A.6}$$

式中：

P_{cIN}——电动机的额定综合消耗功率，单位为千瓦(kW)。

A. 4　电动机运行负载系数计算

在运行中的负载率可用电动机输入功率 P_1 和电动机额定参数与空载参数进行计算：

$$\beta = \frac{-P_N/2 + \sqrt{P_N^2/4 + (\Delta P_N - \Delta P_0)(P_1 - \Delta P_0)}}{\Delta P_N - \Delta P_0} \tag{A.7}$$

式中：

P_1——电动机输入功率，单位为千瓦(kW)。

A. 4. 1　电动机的综合效率计算

$$\eta_c = \frac{\beta P_N}{\beta P_N + \Delta P_c} \times 100\% \tag{A.8}$$

式中：

η_c——电动机的综合效率，%。

A. 4. 2　电动机额定综合效率计算

$$\eta_{cN} = \frac{P_N}{P_N + \Delta P_{cN}} \times 100\% \tag{A.9}$$

式中：

η_{cN}——电动机额定综合效率，%。

附 录 B
（资料性附录）
电动机运行状态测试综合表的内容与格式

B.1 企业概况

B.2 电动机普查表格式

序号	型号	额定功率/kW	额定电压/V	额定电流/A	转速/(r/min)	额定功率因数	额定效率/%	制造厂商	配套设备

B.3 测试数据表格式

序号	额定功率/kW	配套设备名称	空载损耗/kW	空载电流/A	空载功率因数	输入电压/V	输入电流/A	输入功率/kW	功率因数

B.4 电动机运行状态统计表格式

序号	型号	配套设备	额定功率/kW	运行输入功率/kW	额定综合效率/%	允许综合效率/%	运行综合效率/%	额定有功效率/%	能源利用效率/%

B.5 电动机运行状态汇总表格式

项　　目	运行效率较高	运行效率基本合格	运行效率较差	合　计
台数/台				
占总台数百分比/%				
容量/kW				
占总用量百分比/%				

ICS 27.010
F 01

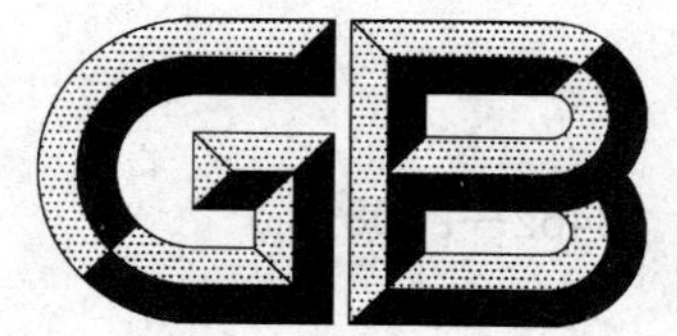

中华人民共和国国家标准

GB/T 13462—2008
代替 GB/T 13462—1992

电力变压器经济运行

Economical operation for power transformers

2008-05-27 发布　　2008-11-01 实施

中华人民共和国国家质量监督检验检疫总局
中国国家标准化管理委员会　发布

前　言

本标准代替 GB/T 13462—1992《工矿企业电力变压器经济运行导则》。

本标准与 GB/T 13462—1992 相比主要变化如下：

——删除了原标准名称中的“工矿企业”和“导则”。

——适用范围改为“本标准适用于发电、供电、用电单位运行中的电力变压器的经济运行管理，以及单位新建、改建中电力变压器的配置”。

——删除了原 3.9“有功负荷率”的术语，增加了“无功经济当量”、“相间不平衡负载损耗系数”、“非经济运行区”、“负载经济分配”、“经济容量”、“经济台数”等术语。

——取消原基本计算式的章条，将基本计算公式放到附录 A 中，并在附录 A 中增加了三绕组变压器的基本计算公式。

——在经济运行方式选择中，增加了并列运行的三绕组变压器经济运行方式的选择。

——在经济运行区的确定中，增加了“经济负载系数”、“三绕组变压器最佳经济负载系数”和“三绕组变压器经济运行区”。

——增加了变压器负载调整的内容。

——取消了原经济运行节电量计算的章条。

——增加了“变压器相间不平衡负载的损耗系数”、“无功经济当量”、“基础计算式”和“案例”四个附录。

本标准的附录 A 为规范性附录，附录 B、附录 C、附录 D 和附录 E 为资料性附录。

本标准由全国能源基础与管理标准化技术委员会提出。

本标准由全国能源基础与管理标准化技术委员会合理用电分委员会归口。

本标准负责起草单位：中国标准化研究院、上海威钢能源有限公司、国际铜业协会、中国电力科学研究院、哈尔滨工业大学、国网武汉高压研究所、东北电网公司、上海置信电气股份有限公司。

本标准主要起草人：胡景生、赵跃进、董志恒、翟克俊、张淑珍、张凌宇、胡国元、武斌、于继来、金雅明、王延峰。

本标准于 1992 年首次发布，本次为第一次修订。

电力变压器经济运行

1 范围

本标准规定了电力变压器(以下简称:变压器)经济运行的原则与技术要求,以及确定经济运行方式的计算方法和管理要求。

本标准适用于发电、供电、用电单位运行中的电力变压器的经济运行管理,以及单位新建、改建中电力变压器的配置。

2 规范性引用文件

下列文件中的条款通过本标准的引用而成为本标准的条款。凡是注日期的引用文件,其随后所有的修改单(不包括勘误的内容)或修订版均不适用于本标准,然而,鼓励根据本标准达成协议的各方研究是否可使用这些文件的最新版本。凡是不注日期的引用文件,其最新版本适用于本标准。

GB 1094(所有部分) 电力变压器

GB/T 6451 油浸式电力变压器技术参数和要求

GB/T 10228 干式电力变压器技术参数和要求

GB 20052 三相配电变压器能效限定值及节能评价值

DL/T 985 配电变压器能效技术经济评价导则

3 术语和定义

下列术语和定义适用于本标准。

3.1

变压器经济运行 economical operation for transformers

在确保安全可靠运行及满足供电量需求的基础上,通过对变压器进行合理配置,对变压器运行方式进行优化选择,对变压器负载实施经济调整,从而最大限度地降低变压器的电能损耗。

3.2

综合功率损耗 composite power loss

ΔP_Z

变压器运行中有功功率损耗与因无功功率消耗使其受电网增加的有功功率损耗之和。

3.3

综合功率损耗率 composite power loss rate

$\Delta P_Z\%$

变压器综合功率损耗与其输入的有功功率之比的百分数。

3.4

无功经济当量 reactive economical equivalent

K_Q

变压器无功消耗每增加或减少 1 kvar 时引起受电网有功功率损耗增加或减少的量。

3.5

平均负载系数 average load coefficient

β

一定时间内,变压器平均输出的视在功率与变压器额定容量之比。

3.6

负载波动损耗系数 dissipation coefficient of wavy load

K_T

一定时间内,负载波动条件下的变压器负载损耗与平均负载条件下的负载损耗之比。

3.7

相间不平衡负载损耗系数 dissipation coefficient of interphase lopsided load

K_{Bb}

变压器负载三相不平衡条件下的负载功率损耗与三相平衡条件下的负载功率损耗之比。

3.8

临界综合负载视在功率 apparent power of critical composite loss

S_{LZ}

两种经济运行方式的综合功率损耗特性曲线交点处的负载视在功率。

3.9

经济运行区 economical operation area

综合功率损耗率等于或低于变压器额定负载时的综合功率损耗率的负载区间。

3.10

最佳经济运行区 optimal economoical operation area

综合功率损耗率接近变压器经济负载系数时的综合功率损耗率的负载区间。

3.11

非经济运行区 non-economical operation area

综合功率损耗率高于变压器额定负载综合功率损耗率对应的低负载运行区间。

3.12

视在负荷率 apparent load rate

一定时间内,平均负载视在功率与最大负载视在功率之比的百分率。

3.13

负载经济分配 economical distributed of load

分列运行变压器总损耗达到最小时的变压器间的负载分配。

3.14

经济容量 economical capacity

在变压器寿命周期内,经济效益最佳的变压器设计容量。

3.15

经济台数 economical unit number

在变压器寿命周期内,经济效益最佳的变压器设计台数。

4 基本要求

4.1 选用或更新的变压器应符合 GB 1094、GB/T 6451 和 GB/T 10228 的要求,变压器空载损耗和负载损耗应符合 GB 20052 等相关能效标准。

4.2 应合理选择变压器组合的容量和台数。

4.3 应优化选择变压器综合功率损耗最低的经济运行方式。

4.4 应合理调整变压器负载,在综合功率损耗最低的经济运行区间运行。

5 经济运行方式选择

5.1 并列运行的双绕组变压器经济运行方式的选择

在选择经济运行方式前，应绘制出两种组合方式综合功率损耗的负载特性曲线 $\Delta P_Z = f(s)$，经比较两条负载特性曲线确定出组合(含单台)变压器经济运行方式。

若两种组合方式综合功率损耗的负载特性曲线无交点时，应选用综合功率空载损耗值较小的变压器组合方式运行。

若两种组合方式综合功率损耗的负载特性曲线有交点时(如图1)，应按 A.6 计算出临界综合负载视在功率 S_{LZ}，并将变压器总平均视在功率 S 与临界综合负载视在功率 S_{LZ} 对比。

当负载视在功率 S 小于 S_{LZ} 时，应选用综合功率空载损耗值较小的变压器组合方式运行；

当负载视在功率 S 大于 S_{LZ} 时，应选用综合功率额定负载损耗值较小的变压器组合方式运行。

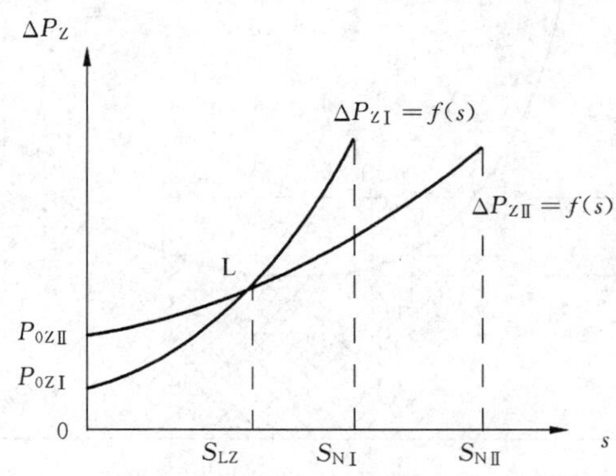

注：$\Delta P_{Z\mathrm{I}} = f(s)$ 与 $\Delta P_{Z\mathrm{II}} = f(s)$ 分别为变压器两种组合方式综合功率损耗 ΔP_Z 与负载视在功率 S 的函数特性曲线，两条曲线交点 L 的横坐标 S_{LZ} 即为两种组合运行方式的临界综合负载视在功率。

图 1 变压器间综合功率损耗特性曲线

5.2 分列运行的双绕组变压器经济运行方式的选择

对二次侧有联络线的分列运行的双绕组变压器，在总供电负载不变情况下，应对共用一台或两台分列运行方式进行比较选择。

在采用一台变压器满足总供电负载的情况下，应对两台分列运行变压器的空载损耗和额定负载损耗进行比较，选择总损耗最低的为共用变压器。再对选定共用变压器与两台变压器分列运行方式进行比较，选择出综合功率损耗最小的运行方式。

共用与分列运行变压器的临界综合负载视在功率按式(A.18)计算，降低的综合功率损耗应按式 A.19 计算。

5.3 并列运行的三绕组变压器经济运行方式的选择

并列运行的三绕组变压器可参照 5.1 选择经济运行方式，临界综合负载视在功率按应式 A.20 进行计算。并列运行的三绕组变压器经济运行方式降低的综合功率损耗应按式(A.21)计算。

6 经济负载系数的计算与经济运行区的划分

6.1 双绕组变压器经济负载系数计算与经济运行区划分

6.1.1 经济负载系数计算

双绕组变压器在运行中，其综合功率损耗率随负载系数呈非线性变化，在其非线性曲线中，最低点为综合功率经济负载系数，其计算式：

$$\beta_{JZ} = \sqrt{\frac{P_{0Z}}{K_T P_{KZ}}} \qquad \cdots\cdots(1)$$

式中：

β_{JZ}——变压器综合功率经济负载系数；

P_{0Z}——变压器综合功率空载损耗,单位为千瓦(kW);

P_{KZ}——变压器综合功率额定负载功率损耗，单位为千瓦(kW)；

K_T——负载波动损耗系数。

6.1.2 经济运行区划分

变压器在额定负载运行为经济运行区上限,与上限额定综合功率损耗率相等的另一点为经济运行区下限。经济运行区上限负载系数为1,经济运行区下限负载系数为β_{JZ}^2,见图2。

6.1.3 最佳经济运行区划分

变压器在75%负载运行为最佳经济运行区上限,与上限综合功率损耗率相等的另一点为最佳经济运行区下限。最佳经济运行区上限负载系数为0.75,最佳经济运行区下限负载系数为$1.33\beta_{JZ}^2$,见图2。

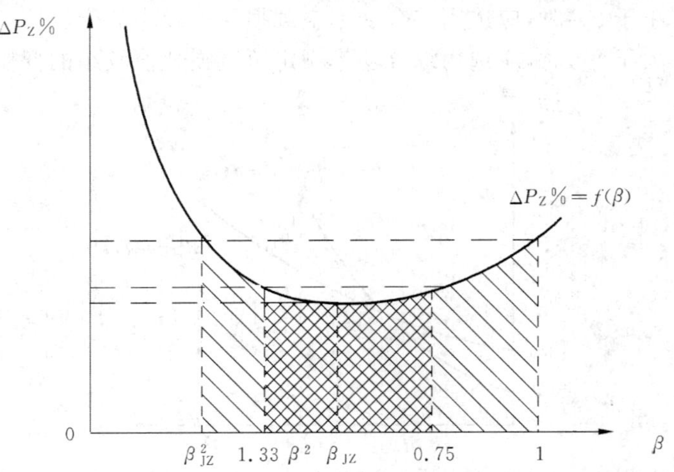

注：$\Delta P_Z\%=f(\beta)$为变压器综合功率损耗率与平均负载系数β的函数特性曲线。变压器综合功率运行区间的范围划分为,经济运行区为$\beta_{JZ}^2\leqslant\beta\leqslant1$，最佳经济运行区为$1.33\beta_{JZ}^2\leqslant\beta\leqslant0.75$，非经济运行区$0\leqslant\beta\leqslant\beta_{JZ}^2$。

图2 双绕组变压器综合功率运行区间划分

6.2 三绕组变压器经济负载系数、最佳经济负载系数计算与经济运行区划分

6.2.1 经济负载系数

当三绕组变压器二次侧与三次侧绕组的负载是任意分配时,对应变压器综合功率损耗率最低点即为综合功率经济负载系数,其电源侧综合功率经济负载系数应按式(A.22)计算。

6.2.2 最佳经济负载系数

当三绕组变压器二次侧与三次侧绕组的负载是经济分配时,对应变压器综合功率损耗率最低点即为综合功率最佳经济负载系数。二次侧与三次侧绕组的负载经济分配系数的计算式见式(A.23)、式(A.24)。三绕组变压器电源侧综合功率最佳经济负载系数应按的计算式见式(A.25)。

6.2.3 经济运行区划分

变压器在额定负载运行为经济运行区上限,与上限额定综合功率损耗率相等的另一点为经济运行区下限。电源侧经济运行区上限负载系数为1;下限负载系数为β_{JZ1}^2。

6.2.4 最佳经济运行区划分

三绕组变压器综合功率损耗率小于1.2%的运行区为最佳经济运行区。电源侧最佳运行区上限负载系数为$1.865\beta_{JZ1}$,电源侧最佳运行区下限负载系数为$0.537\beta_{JZ1}$。

7 变压器负载经济调整

7.1 变压器间负载经济调整

7.1.1 双绕组变压器间负载经济调整

双绕组变压器分列运行时,应合理分配变压器间负载,使变压器总综合功率损耗最小。分列运行的任意一台双绕组变压器综合功率的负载经济分配系数应按式(A.26)计算。

7.1.2 三绕组变压器间负载经济分配

三绕组变压器分列运行时，应合理分配变压器间负载，使变压器总综合功率损耗最小。分列运行的任意一台三绕组变压器电源侧综合功率的负载经济分配系数计算式见式(A.27)：

7.1.3 三绕组变压器二次侧和三次侧绕组间负载经济分配

对于单独运行的三绕组变压器，应通过变压器二次侧和三次侧绕组间负载的合理分配，使变压器总的综合功率损耗最小。

二次侧与三次侧绕组的负载经济分配系数应按式(A.23、A.24)计算。

7.2 调整负荷率和削峰填谷

7.2.1 单位应调整变压器负载曲线(调整负荷率)，降低综合功率损耗率。在总用电量不变的情况下，双绕组变压器降低的综合功率损耗应按式(A.28)计算，三绕组变压器降低综合功率损耗应按式(A.29)计算。

7.2.2 单位应采用削峰填谷的措施，降低综合功率损耗率。双绕组变压器削峰填谷降低综合功率损耗应按式(A.30)计算，三绕组变压器削峰填谷降低综合功率损耗应按式(A.31)计算。

7.3 调整变压器相间不平衡负载

单位应平衡变压器各相间负载，降低变压器总综合功率损耗。变压器总负载不变情况下，降低的综合功率损耗按式(A.32)计算。

8 变压器合理配置

8.1 变压器更新

8.1.1 超过寿命期服役的变压器、国家规定淘汰的老旧变压器应更新，所选用的变压器应符合国家相关能效标准。

8.1.2 对变压器进行经济运行评价，评价为运行不经济，且综合功率损耗大的变压器应更新。

8.2 变压器选择

8.2.1 变压器应选择寿命期内经济效益最佳的容量和台数。

8.2.2 配电变压器选型的技术经济评价应按照 DL/T 985。电力变压器选型的技术经济评价可参照 DL/T 985。应优先选用节电效果大、经济效益好、投资收回期短的变压器。

9 变压器经济运行管理与评价

9.1 经济运行管理

9.1.1 单位应配置变压器的电能计量仪表，完善测量手段。

9.1.2 单位应记录变压器日常运行数据及典型代表日负荷，为变压器经济运行提供数据。

9.1.3 单位应健全变压器经济运行文件管理，保存变压器原始资料；变压器大修、改造后的试验数据应存入变压器档案中。

9.1.4 定期进行变压器经济运行分析，在保证变压器安全运行和供电质量的基础上提出改进措施，有关资料应存档。

9.1.5 单位应按月、季、年做好变压器经济运行工作的分析与总结，并编写变压器的节能效果与经济效益的统计与汇总表。

9.2 经济运行判别与评价

9.2.1 变压器的空载损耗和负载损耗达到能效标准所规定的节能评价值，且运行在最佳经济运行区，经济运行管理应符合 9.1 的要求，则认定变压器运行经济。

9.2.2 变压器的空载损耗和负载损耗达到能效标准所规定的能效限定值，且运行在经济运行区，经济运行管理应符合 9.1 的要求，则认定变压器运行合理。

9.2.3 变压器的空载损耗和负载损耗未能达到能效标准所规定的能效限定值或运行在非经济运行区，则认定变压器运行不经济。

附 录 A
（规范性附录）
基础计算式

A.1 功率损耗的动态计算

计算变压器有功、无功和综合功率损耗时应考虑负载波动损耗系数对计算结果的影响，采用动态计算式。

A.2 双绕组变压器功率损耗的动态计算

A.2.1 双绕组变压器平均负载系数计算

$$\beta = \frac{S}{S_N} = \frac{P_2}{S_N \cos\varphi} \quad \cdots\cdots (A.1)$$

式中：

β——变压器的平均负载系数；

S——一定时间内变压器平均输出的视在功率，单位为千伏安(kVA)；

S_N——变压器的额定容量，单位为千伏安(kVA)；

P_2——一定时间内变压器平均输出的有功功率，单位为千瓦(kW)；

$\cos\varphi$——一定时间内变压器负载侧平均功率因数。

A.2.2 有功功率损耗计算

$$\Delta P = P_0 + K_T \beta^2 P_k \quad \cdots\cdots (A.2)$$

式中：

ΔP——有功功率损耗，单位为千瓦(kW)；

K_T——负载波动损耗系数；

P_0——变压器空载功率损耗，单位为千瓦(kW)；

P_k——变压器额定负载功率损耗，单位为千瓦(kW)。

A.2.3 无功功率损耗计算

$$\Delta Q = Q_0 + K_T \beta^2 Q_k \quad \cdots\cdots (A.3)$$

式中：

ΔQ——无功功率损耗，单位为千乏(kvar)；

Q_0——变压器空载励磁功率，单位为千乏(kvar)；

Q_k——变压器额定负载漏磁功率，单位为千乏(kvar)。

A.2.4 综合功率损耗计算

$$\Delta P_Z = \Delta P + K_Q \Delta Q = P_{0Z} + K_T \beta^2 P_{kZ} \quad \cdots\cdots (A.4)$$

式中：

K_Q——无功经济当量，单位为千瓦每千乏(kW/kvar)；

P_{0Z}——变压器综合功率的空载损耗，单位为千瓦(kW)；

P_{kZ}——变压器综合功率的额定负载功率损耗，单位为千瓦(kW)。

A.2.5 变压器综合功率空载损耗计算

$$P_{0Z} = P_0 + K_Q Q_0 \quad \cdots\cdots (A.5)$$

A.2.6 变压器综合功率额定负载功率损耗计算

$$P_{kZ} = P_k + K_Q Q_k \quad \cdots\cdots (A.6)$$

A.3 三绕组变压器功率损耗的动态计算

A.3.1 有功功率损耗计算

$$\Delta P = P_0 + S_1\left(K_{T1}\frac{P_{k1}}{S_{1N}^2} + K_{T2}C_2^2\frac{P_{k2}}{S_{2N}^2} + K_{T3}C_3^2\frac{P_{k3}}{S_{3N}^2}\right) \quad \cdots\cdots\cdots\cdots(\text{A}.7)$$

式中：

K_{T1}，K_{T2}，K_{T3}——分别为变压器一、二、三次侧的负载波动损耗系数；

S_1——变压器电源侧的工况负载，单位为千伏安(kVA)；

P_{k1}，P_{k2}，P_{k3}——分别为变压器一、二、三次侧绕组的额定负载损耗，单位为千瓦(kW)；

S_{1N}，S_{2N}，S_{3N}——分别为变压器一、二、三次侧绕组的额定容量，单位为千伏安(kVA)；

C_2——变压器二次侧负载分配系数，$C_2 = S_2/S_1 = \beta_2/\beta_1$；

C_3——变压器二次侧负载分配系数，$C_3 = S_3/S_1 = \beta_3/\beta_1$，$C_2 + C_3 = 1$。

A.3.2 无功功率损耗计算

$$\Delta Q = Q_0 + S_1\left(K_{T1}\frac{Q_{k1}}{S_{1N}^2} + K_{T2}C_2^2\frac{Q_{k2}}{S_{2N}^2} + K_{T3}C_3^2\frac{Q_{k3}}{S_{3N}^2}\right) \quad \cdots\cdots\cdots\cdots(\text{A}.8)$$

式中：

Q_{k1}，Q_{k2}，Q_{k3}——分别为变压器一、二、三次侧绕组额定负载的漏磁功率，单位为千乏(kvar)。

A.3.3 综合功率损耗计算

$$\Delta P_Z = P_{0Z} + S_1\left(K_{T1}\frac{P_{k1Z}}{S_{1N}^2} + K_{T2}C_2^2\frac{P_{k2Z}}{S_{2N}^2} + K_{T3}C_3^2\frac{P_{k3Z}}{S_{3N}^2}\right) \quad \cdots\cdots\cdots\cdots(\text{A}.9)$$

式中：

P_{k1Z}，P_{k2Z}，P_{k3Z}——分别为变压器一、二、三次侧绕组额定负载的综合功率损耗，单位为千瓦(kW)。

A.4 变压器损耗率的计算

变压器有功功率损耗率、无功功率损耗率及综合功率损耗率计算式：

$$\Delta P\% = \frac{\Delta P}{P_1} \times 100\% \quad \cdots\cdots\cdots\cdots(\text{A}.10)$$

$$\Delta Q\% = \frac{\Delta Q}{P_1} \times 100\% \quad \cdots\cdots\cdots\cdots(\text{A}.11)$$

$$\Delta P_Z\% = \frac{\Delta P_Z}{P_1} \times 100\% \quad \cdots\cdots\cdots\cdots(\text{A}.12)$$

式中：

$\Delta P\%$——变压器有功功率损耗率，单位为%；

$\Delta Q\%$——变压器无功功率损耗率，单位为%；

$\Delta P_Z\%$——变压器综合功率损耗率，单位为%；

P_1——变压器电源侧有功功率，单位为千瓦(kW)，对双绕组变压器 $P_1 = P_2 + \Delta P$，对三绕组变压器 $P_1 = P_2 + P_3 + \Delta P$。

A.5 变压器经济运行节电效果的计算

变压器经济运行降低的有功功率、无功功率及综合功率计算式

$$\Delta\Delta P = \Delta P_y - \Delta P_j \quad \cdots\cdots\cdots\cdots(\text{A}.13)$$

$$\Delta\Delta Q = \Delta Q_y - \Delta Q_j \quad \cdots\cdots\cdots\cdots(\text{A}.14)$$

$$\Delta\Delta P_Z = \Delta P_{Zy} - \Delta P_{Zj} \quad \cdots\cdots\cdots\cdots(\text{A}.15)$$

式中：

$\Delta\Delta P$——变压器经济运行降低的有功功率，单位为千瓦(kW)；

$\Delta\Delta Q$——变压器经济运行降低的无功功率，单位为千乏(kvar)；

$\Delta\Delta P_Z$——变压器经济运行降低的综合功率，单位为千瓦(kW)；

y——原运行方式；

j——经济运行方式。

A.6 并列运行的双绕组变压器临界综合负载视在功率计算

$$S_{LZ}=\sqrt{\frac{(P_{\sigma 0Z})_{\mathrm{I}}-(P_{\sigma 0Z})_{\mathrm{II}}}{K_T\left[\left(\frac{P_{\sigma kZ}}{S_{\sigma N}^2}\right)_{\mathrm{II}}-\left(\frac{P_{\sigma kZ}}{S_{\sigma N}^2}\right)_{\mathrm{I}}\right]}} \quad \cdots\cdots(\text{A.16})$$

式中：

S_{LZ}——并列运行的双绕组变压器经济运行方式的临界综合负载视在功率，单位为千伏安(kVA)；

K_T——负载波动损耗系数；

$P_{\sigma 0Z}$——综合功率空载损耗的组合参数，单位为千瓦(kW)；

$P_{\sigma kZ}$——综合功率额定负载损耗的组合参数，单位为千瓦(kW)；

$S_{\sigma N}$——组合变压器额定容量，单位为千伏安(kVA)；

Ⅰ，Ⅱ——分别为变压器两种不同的运行方式。

注：式(A.16)也适用于单台双绕组变压器间技术特性分析。

A.7 并列运行的双绕组变压器经济运行方式下降低综合功率损耗的计算

$$\Delta\Delta P_Z=\Delta P_{Zy}-\Delta P_{Zj}=(P_{\sigma 0Z})_y-(P_{\sigma 0Z})_j+K_T S^2\left[\left(\frac{P_{\sigma kZ}}{S_{\sigma N}^2}\right)_y-\left(\frac{P_{\sigma kZ}}{S_{\sigma N}^2}\right)_j\right] \quad \cdots\cdots(\text{A.17})$$

式中：

$\Delta\Delta P_Z$——并列运行的双绕组变压器经济运行方式降低的综合功率损耗，单位为千瓦(kW)；

y——原运行方式；

j——经济运行方式；

S——负载视在功率，单位为千伏安(kVA)。

A.8 共用变压器经济临界综合负载视在功率的计算

$$S_{gLZ}=\frac{S_{Ng}^2P_{0Zb}+K_TS_b^2\left[\left(\frac{S_{Ng}}{S_{Nb}}\right)^2P_{KZb}-P_{KZg}\right]}{2K_TS_bP_{KZg}} \quad \cdots\cdots(\text{A.18})$$

A.9 共用变压器经济运行降低综合功率损耗的计算

$$\Delta\Delta P_Z=P_{0Zb}+K_TS_b^2\left(\frac{P_{kZb}}{S_{Nb}^2}-\frac{P_{kZg}}{S_{Ng}^2}\right)-2K_T\frac{S_bS_gP_{kZg}}{S_{Ng}^2} \quad \cdots\cdots(\text{A.19})$$

式中：

$\Delta\Delta P_Z$——共用变压器经济运行降低的综合功率，单位为千瓦(kW)；

g——共用变压器的技术参数；

b——不共用变压器的技术参数；

S_b,S_g——分别为分列运行变压器的负载视在功率，单位为千伏安(kVA)。

A.10 并列运行的三绕组变压器临界综合负载视在功率的计算

$$S_{LZ1}=\sqrt{\frac{(P_{\sigma 0Z})_{\mathrm{I}}-(P_{\sigma 0Z})_{\mathrm{II}}}{K_{T1}\left[\left(\frac{P_{\sigma k1Z}}{S_{\sigma 1N}^{2}}\right)_{\mathrm{II}}-\left(\frac{P_{\sigma k1Z}}{S_{\sigma 1N}^{2}}\right)_{\mathrm{I}}\right]+K_{T2}C_{2}^{2}\left[\left(\frac{P_{\sigma k2Z}}{S_{\sigma 2N}^{2}}\right)_{\mathrm{II}}-\left(\frac{P_{\sigma k2Z}}{S_{\sigma 2N}^{2}}\right)_{\mathrm{I}}\right]+K_{T3}C_{3}^{2}\left[\left(\frac{P_{\sigma k3Z}}{S_{\sigma 3N}^{2}}\right)_{\mathrm{II}}-\left(\frac{P_{\sigma k3Z}}{S_{\sigma 3N}^{2}}\right)_{\mathrm{I}}\right]}}\qquad\cdots\cdots(\mathrm{A.20})$$

式中：

Ⅰ，Ⅱ——变压器两种不同运行方式；

C_2——变压器二次侧负载分配系数；

C_3——变压器三次侧负载分配系数。

A.11 并列运行三绕组变压器经济运行降低综合功率损耗的计算

$$\Delta\Delta P_{Z}=(P_{\sigma 0Z})_{y}-(P_{\sigma 0Z})_{j}+S_{1}^{2}\left\{K_{T1}\left[\left(\frac{P_{\sigma k1Z}}{S_{\sigma 1N}^{2}}\right)_{y}-\left(\frac{P_{\sigma k1Z}}{S_{\sigma 1N}^{2}}\right)_{j}\right]+K_{T2}C_{2}^{2}\left[\left(\frac{P_{\sigma k2Z}}{S_{\sigma 2N}^{2}}\right)_{y}-\left(\frac{P_{\sigma k2Z}}{S_{\sigma 2N}^{2}}\right)_{j}\right]+K_{T3}C_{3}^{2}\left[\left(\frac{P_{\sigma k3Z}}{S_{\sigma 3N}^{2}}\right)_{y}-\left(\frac{P_{\sigma k3Z}}{S_{\sigma 3N}^{2}}\right)_{j}\right]\right\}\qquad\cdots\cdots(\mathrm{A.21})$$

式中：

$\Delta\Delta P_Z$——并列运行的三绕组变压器经济运行方式降低的综合功率，单位为千瓦(kW)；

S_1——变压器电源侧负载视在功率，单位为千伏安(kVA)；

y——原运行方式；

j——经济运行方式。

A.12 三绕组变压器电源侧综合功率经济负载系数的计算

$$\beta_{JZ1}=\sqrt{\frac{P_{0Z}}{K_{T1}P_{k1Z}+K_{T2}C_{2}^{2}\left(\frac{S_{1N}}{S_{2N}}\right)^{2}P_{k2Z}+K_{T3}C_{3}^{2}\left(\frac{S_{1N}}{S_{3N}}\right)^{2}P_{k3Z}}}\qquad\cdots\cdots\cdots\cdots(\mathrm{A.22})$$

A.13 二次侧与三次侧绕组的负载经济分配系数的计算

$$C_{J2}=\frac{K_{T3}\dfrac{P_{k3Z}}{S_{3N}^{2}}}{K_{T2}\dfrac{P_{k2Z}}{S_{2N}^{2}}+K_{T3}\dfrac{P_{k3Z}}{S_{3N}^{2}}}\qquad\cdots\cdots\cdots\cdots(\mathrm{A.23})$$

$$C_{J3}=\frac{K_{T2}\dfrac{P_{k2Z}}{S_{2N}^{2}}}{K_{T2}\dfrac{P_{k2Z}}{S_{2N}^{2}}+K_{T3}\dfrac{P_{k3Z}}{S_{3N}^{2}}}\qquad\cdots\cdots\cdots\cdots(\mathrm{A.24})$$

A.14 三绕组变压器电源侧综合功率最佳经济负载系数的计算

$$\beta_{JJZ1}=\sqrt{\frac{P_{0Z}}{K_{T1}P_{k1Z}+\dfrac{K_{T2}K_{T3}S_{1N}^{2}P_{k2Z}P_{k3Z}}{K_{T2}S_{3N}^{2}P_{k2Z}+K_{T3}S_{2N}^{2}P_{k3Z}}}}\qquad\cdots\cdots\cdots\cdots(\mathrm{A.25})$$

A.15 分列运行的任意一台双绕组变压器综合功率的负载经济分配系数的计算

$$J_{Zr}=\frac{\dfrac{S_{Nr}^{2}}{K_{Tr}P_{kZr}}}{\sum\limits_{i=1}^{m}\dfrac{S_{Ni}^{2}}{K_{Ti}P_{kZi}}}\qquad\cdots\cdots\cdots\cdots(\mathrm{A.26})$$

式中：

r——第 r 台变压器。

A.16 分列运行的任意一台三绕组变压器电源侧综合功率的负载经济分配系数的计算

$$J_{1Zr}=\frac{S_{1r}}{S_1}=\frac{\dfrac{1}{K_{T1r}\dfrac{1}{S_{1Nr}^2}P_{k1Zr}+K_{T2r}C_{2r}^2\dfrac{1}{S_{2Nr}^2}P_{k2Zr}+K_{T3r}C_{3r}^2\dfrac{1}{S_{3Nr}^2}P_{k3Zr}}}{\sum\limits_{i=1}^{m}\dfrac{1}{K_{T1i}\dfrac{1}{S_{1Ni}^2}P_{k1Zi}+K_{T2i}C_{2i}^2\dfrac{1}{S_{2Ni}^2}P_{k2Zi}+K_{T3i}C_{3i}^2\dfrac{1}{S_{3Ni}^2}P_{k3Zi}}} \quad \cdots\cdots(\text{A.27})$$

式中：

r——第 r 台变压器。

A.17 在总用电量不变的情况下，调整负载曲线双绕组变压器降低的综合功率损耗的计算

$$\Delta\Delta P_Z=(K_{T1}-K_{T2})\frac{S^2P_{\sigma kZ}}{S_{\sigma N}^2} \quad \cdots\cdots(\text{A.28})$$

式中：

$\Delta\Delta P_Z$——调整负荷率降低的综合功率损耗，单位为千瓦(kW)；

K_{T1}——变压器调整负荷率前的负载波动损耗系数；

K_{T2}——变压器调整负荷率后的负载波动损耗系数。

A.18 在总用电量不变的情况下，调整负载曲线三绕组变压器降低综合功率损耗的计算

$$\Delta\Delta P_Z=(K_{T1y}-K_{T1j})\frac{S_1^2P_{\sigma k1Z}}{S_{\sigma 1N}^2}+(K_{T2y}-K_{T2j})\frac{S_2^2P_{\sigma k2Z}}{S_{\sigma 2N}^2}+(K_{T3y}-K_{T3j})\frac{S_3^2P_{\sigma k3Z}}{S_{\sigma 3N}^2} \quad \cdots\cdots(\text{A.29})$$

式中：

y——原负荷率的负载波动损耗系数；

j——调整负荷率后的负载波动损耗系数。

A.19 双绕组变压器削峰填谷降低综合功率损耗的计算

$$\Delta\Delta P_Z=2\Delta S(S_H-S_L-\Delta S)\frac{P_{\sigma kZ}}{S_{\sigma N}^2} \quad \cdots\cdots(\text{A.30})$$

式中：

$\Delta\Delta P_Z$——削峰填谷降低的综合功率损耗，单位为千瓦(kW)；

S_H——变压器原高峰负载的视在功率，单位为千伏安(kVA)；

S_L——变压器原低谷负载的视在功率，单位为千伏安(kVA)；

ΔS——调整负载的视在功率，单位为千伏安(kVA)。

A.20 三绕组变压器削峰填谷降低综合功率损耗的计算

$$\Delta\Delta P_Z=2\Delta S_1(S_{1H}-S_{1L}-\Delta S_1)\frac{P_{\sigma k1Z}}{S_{\sigma 1N}^2}+2\Delta S_2(S_{2H}-S_{2L}-\Delta S_2)\frac{P_{\sigma 2kZ}}{S_{\sigma 2N}^2}+2\Delta S_3(S_{3H}-S_{3L}-\Delta S_3)\frac{P_{\sigma k3Z}}{S_{\sigma 3N}^2} \quad \cdots\cdots(\text{A.31})$$

A.21 调整相间不平衡负载降低的综合功率损耗的计算

$$\Delta\Delta P_{Z} = (K_{Bby} - K_{Bbj})\frac{3S_{\varphi}^{2}P_{kZ}}{S_{N}^{2}} \qquad \text{(A.32)}$$

式中：

K_{Bby}——原变压器相间负载不平衡度的损耗系数；

K_{Bbj}——降低变压器相间负载不平衡度的损耗系数；

P_{kZ}——变压器单相综合功率的短路损耗，单位为千瓦(kW)；

S_{N}——变压器单相额定容量，单位为千伏安(kVA)；

S_{φ}——变压器单相平均负载视在功率，单位为千伏安(kVA)。

附　录　B
（资料性附录）
无功经济当量(K_Q)

B.1　计算法

穿越电网的视在功率 S(kVA)所引起的电网功率损失 ΔP_U(kW)为：

$$\Delta P_U = \left(\frac{S}{U}\right)^2 R \times 10^{-3} \qquad \text{(B.1)}$$

如分别用穿越电网的有功功率 P(kW)及无功功率 Q(kvar)来表示电网的功率损耗，式(B.1)可写成：

$$\Delta P_U = \left(\frac{P}{U}\right)^2 R \times 10^{-3} + \left(\frac{Q}{U}\right)^2 R \times 10^{-3} \qquad \text{(B.2)}$$

式(B.2)可分解成下列两式：

$$\Delta P_{UP} = \left(\frac{P}{U}\right)^2 R \times 10^{-3} \qquad \text{(B.3)}$$

$$\Delta P_{UQ} = \left(\frac{Q}{U}\right)^2 R \times 10^{-3} \qquad \text{(B.4)}$$

式中：

ΔP_{UP}——由穿越电网的有功功率 P 所引起电网的功率损耗，单位为千瓦(kW)；

ΔP_{UQ}——由穿越电网的无功功率 Q 所引起电网的功率损耗，单位为千瓦(kW)。

由(B.3)和(B.4)可知，电网的功率损耗可视为由两部分组成，一部分是由有功功率 P 所引起的 ΔP_{UP}，另一部分是由无功功率 Q 所引起的 ΔP_{UQ}。如穿越电网的有功功率 P 保持不变，则电网的功率损耗 ΔP_{UP} 部分是个定值；如穿越电网的无功功率 Q 发生变化，则电网的功率损耗 ΔP_{UQ} 部分是个变值。

如有 A、B 两台变压器，按变压器技术特性进行优化，变压器 A 比 B 节约的无功功率为：$\Delta\Delta Q = \Delta Q_B - \Delta Q_A$。若变压器负载侧无功功率为 Q_2，则变压器 A 和 B 的电源侧无功功率为 $Q_A = Q_2 + \Delta Q_A$，$Q_B = Q_2 + \Delta Q_B$。因此又可写成如下关系式：

$$\Delta\Delta Q = Q_B - Q_A \qquad \text{(B.5)}$$

根据式(B.1)可得变压器 A 和 B 分别运行时，由无功功率 Q_A 和 Q_B 所引起的电网的功率损耗 ΔP_{UQA} 及 ΔP_{UQB} 为：

$$\Delta P_{UQA} = \left(\frac{Q_A}{U}\right)^2 R \times 10^{-3} \qquad \text{(B.6)}$$

$$\Delta P_{UQB} = \left(\frac{Q_B}{U}\right)^2 R \times 10^{-3} \qquad \text{(B.7)}$$

变压器经济运行的无功功率节约所引起的电网有功功率损耗下降值 $\Delta\Delta P_Q$(kW)，由上两式互减得出：

$$\Delta\Delta P_Q = \Delta P_{UQB} - \Delta P_{UQA} = \frac{Q_B^2 - Q_A^2}{U^2} R \times 10^{-3} \qquad \text{(B.8)}$$

式(B.8)被式(B.5)除，可以得出无功经济当量 K_Q 计算式：

$$K_Q = \frac{\Delta\Delta P_Q}{\Delta\Delta Q} = \frac{Q_B + Q_A}{U^2} R \times 10^{-3} \qquad \text{(B.9)}$$

式(B.9)中 $Q_A + Q_B \approx 2Q$，式(B.9)可写成：

$$K_Q \approx \frac{2Q}{U^2} R \times 10^{-3} \approx \frac{2\Delta P_{UQ}}{Q} \qquad \text{(B.10)}$$

B.2 查表法

当变压器连接系统的电阻 R 值无法取得时，即不能用式(B.10)进行无功经济当量 K_Q 计算时，可按变压器在电网中的受电位置(变压次数)及功率因数查表 B.1 取得无功经济当量 K_Q 值。

表 B.1 无功经济当量

变压器受电位置	K_Q
发电厂母线直配	0.04
二次变压	0.07
三次变压	0.10
当功率因数已补偿到 0.9 及以上时	0.04

注：发电厂母线直配指系统的一次变电所及发电厂的直配用户；二次变压指系统的二次变电所；三次变压指配电变压器；当功率因数已补偿到 0.9 及以上时指变压器全年受入端功率因数。

附 录 C
（资料性附录）
负载波动损耗系数(K_T)

C.1 计算法

C.1.1 负载波动损耗系数 K_T 与形状系数 K_f 的关系式

$$K_T = K_f^2 \qquad \cdots\cdots(C.1)$$

C.1.2 形状系数

$$K_f = \sqrt{T}\frac{\sqrt{\sum_{i=1}^{T} A_i^2}}{\sum_{i=1}^{T} A_i} \qquad \cdots\cdots(C.2)$$

式中：

T——统计期(工作代表日、月工作日或年工作日)时间，单位为小时(h)；

A_i——每小时记录的电量，单位为千瓦时(kWh)。

C.2 查表法

首先用 T 小时的有功负荷率 γ_{TP}、平均功率因数 $\cos\varphi_{cp}$ 和最大负荷时功率因数 $\cos\varphi_m$ 计算出视在负荷率 γ_T，即 T 小时负载的平均视在功率与最大视在功率之比的百分数。

$$\gamma_T = \gamma_{TP}\frac{\mathrm{com}\varphi_{cp}}{\cos\varphi_m} \qquad \cdots\cdots(C.3)$$

式中：

γ_T——为 T 小时的视在负荷率，单位为%。

根据 T 小时内出现95%以上最大负载的小时数 T_m，计算出最大负载运行时间的百分率 $T_m\%$，即 T 小时内出现95%以上的最大负载的时间所占的百分数。

$$T_m\% = \frac{T_m}{T}\times 100\% \qquad \cdots\cdots(C.4)$$

式中：

$T_m\%$——最大负载运行时间百分数，单位为%。

根据 γ_T 和 $T_m\%$值，可在表C.1中查出对应的 K_T 值。

表 C.1 负载波动损耗系数表

$T_m\%$ / γ_T	$\frac{1}{T}$	5	10	15	20	25	30	35	40	45	50
1	99.03	(100.0)	—	—	—	—	—	—	—	—	—
2	49.00	(50.00)	—	—	—	—	—	—	—	—	—
3	32.34	(33.33)	—	—	—	—	—	—	—	—	—
4	24.01	(25.00)	—	—	—	—	—	—	—	—	—
5	19.01	20.000	—	—	—	—	—	—	—	—	—
6	15.68	16.510	(16.670)	—	—	—	—	—	—	—	—
7	13.31	14.010	(14.286)	—	—	—	—	—	—	—	—

表 C.1（续）

T_m% / γ_T	$\frac{1}{T}$	5	10	15	20	25	30	35	40	45	50
8	11.53	12.140	(12.500)	—	—	—	—	—	—	—	—
9	10.14	10.680	(11.111)	—	—	—	—	—	—	—	—
10	9.037	9.519	10.000	—	—	—	—	—	—	—	—
11	8.132	8.568	9.004	(9.091)	—	—	—	—	—	—	—
12	7.379	7.777	8.174	(8.333)	—	—	—	—	—	—	—
13	6.742	7.107	7.473	(7.692)	—	—	—	—	—	—	—
14	6.197	6.535	6.873	(7.143)	—	—	—	—	—	—	—
15	5.725	6.039	6.353	6.667	—	—	—	—	—	—	—
16	5.313	5.606	5.899	6.191	(6.250)	—	—	—	—	—	—
17	4.951	5.225	5.499	5.772	(5.882)	—	—	—	—	—	—
18	4.629	4.887	5.144	5.402	(5.556)	—	—	—	—	—	—
19	4.341	4.584	4.826	5.069	(5.263)	—	—	—	—	—	—
20	4.083	4.312	4.542	4.771	5.000	—	—	—	—	—	—
21	3.851	4.068	4.285	4.502	4.719	(4.762)	—	—	—	—	—
22	3.639	3.845	4.051	4.257	4.463	(4.545)	—	—	—	—	—
23	3.447	3.643	3.839	4.035	4.230	(4.348)	—	—	—	—	—
24	3.272	3.458	3.645	3.831	4.018	(4.167)	—	—	—	—	—
25	3.111	3.289	3.467	3.644	3.822	4.000	—	—	—	—	—
26	2.963	3.133	3.303	3.472	3.642	3.812	(3.846)	—	—	—	—
27	2.827	2.989	3.152	3.314	3.477	3.639	(3.704)	—	—	—	—
28	2.701	2.856	3.012	3.167	3.322	3.478	(3.571)	—	—	—	—
29	2.584	2.733	2.882	3.031	3.180	3.329	(3.448)	—	—	—	—
30	2.476	2.619	2.762	2.905	3.047	3.190	3.333	—	—	—	—
31	2.376	2.513	2.650	2.787	2.924	3.061	3.199	(3.226)	—	—	—
32	2.282	2.414	2.545	2.677	2.809	2.941	3.072	(3.125)	—	—	—
33	2.194	2.321	2.447	2.574	2.701	2.827	2.954	(3.030)	—	—	—
34	2.113	2.235	2.357	2.478	2.600	2.722	2.844	(2.941)	—	—	—
35	2.037	2.154	2.271	2.388	2.506	2.623	2.740	2.857	—	—	—
36	1.965	2.078	2.191	2.304	2.417	2.530	2.643	2.755	(2.778)	—	—
37	1.898	2.007	2.116	2.224	2.333	2.442	2.551	2.659	(2.703)	—	—
38	1.836	1.941	2.045	2.150	2.255	2.360	2.464	2.569	(2.632)	—	—
39	1.777	1.878	1.979	2.080	2.181	2.281	2.382	2.483	(2.564)	—	—
40	1.722	1.819	1.917	2.014	2.111	2.208	2.306	2.403	2.500	—	—
41	1.671	1.765	1.858	1.952	2.046	2.139	2.233	2.327	2.420	(2.439)	—

表 C.1（续）

T_m % / γ_T	$\frac{1}{T}$	5	10	15	20	25	30	35	40	45	50
42	1.622	1.712	1.803	1.893	1.983	2.074	2.164	2.255	2.345	(2.381)	—
43	1.577	1.664	1.751	1.838	1.925	2.012	2.100	2.187	2.274	(2.326)	—
44	1.535	1.619	1.703	1.787	1.870	1.954	2.038	2.122	2.206	(2.273)	—
45	1.495	1.576	1.657	1.737	1.818	1.899	1.980	2.060	2.141	2.222	—
46	1.458	1.536	1.614	1.691	1.769	1.847	1.925	2.003	2.081	2.158	(2.174)
47	1.423	1.498	1.573	1.648	1.723	1.798	1.873	1.948	2.023	2.098	(2.128)
48	1.391	1.463	1.535	1.607	1.679	1.751	1.824	1.896	1.968	2.040	(2.083)
49	1.361	1.430	1.500	1.569	1.639	1.708	1.777	1.847	1.916	1.985	(2.041)
50	1.333	1.400	1.466	1.533	1.600	1.667	1.733	1.800	1.867	1.933	2.000
51	1.308	1.370	1.431	1.493	1.554	1.616	1.677	1.739	1.800	1.862	1.923
52	1.284	1.341	1.398	1.454	1.511	1.568	1.625	1.682	1.738	1.795	1.852
53	1.262	1.314	1.367	1.419	1.472	1.524	1.576	1.629	1.681	1.734	1.786
54	1.242	1.290	1.339	1.387	1.436	1.484	1.532	1.581	1.629	1.678	1.726
55	1.223	1.268	1.312	1.357	1.401	1.446	1.491	1.535	1.580	1.624	1.669
56	1.206	1.247	1.288	1.329	1.370	1.412	1.453	1.494	1.535	1.576	1.617
57	1.190	1.228	1.266	1.304	1.342	1.380	1.417	1.455	1.493	1.531	1.569
58	1.175	1.210	1.245	1.280	1.315	1.350	1.384	1.419	1.454	1.489	1.524
59	1.161	1.193	1.225	1.258	1.290	1.322	1.354	1.384	1.419	1.451	1.483
60	1.148	1.178	1.207	1.237	1.266	1.296	1.326	1.355	1.385	1.414	1.444
61	1.136	1.163	1.191	1.218	1.245	1.273	1.300	1.327	1.354	1.382	1.409
62	1.125	1.150	1.175	1.200	1.225	1.251	1.276	1.301	1.326	1.351	1.376
63	1.115	1.138	1.161	1.184	1.207	1.230	1.253	1.276	1.299	1.322	1.345
64	1.105	1.126	1.147	1.168	1.189	1.211	1.232	1.253	1.274	1.295	1.316
65	1.097	1.116	1.136	1.155	1.174	1.194	1.213	1.232	1.251	1.271	1.290
66	1.088	1.106	1.123	1.141	1.159	1.177	1.194	1.212	1.230	1.247	1.265
67	1.081	1.097	1.113	1.130	1.146	1.162	1.178	1.194	1.211	1.227	1.243
68	1.074	1.089	1.103	1.118	1.133	1.148	1.162	1.177	1.192	1.206	1.221
69	1.067	1.081	1.094	1.108	1.121	1.135	1.148	1.162	1.175	1.189	1.202
70	1.061	1.073	1.086	1.098	1.110	1.123	1.135	1.147	1.159	1.172	1.184
71	1.056	1.067	1.078	1.089	1.100	1.112	1.123	1.134	1.145	1.156	1.167
72	1.050	1.060	1.070	1.080	1.090	1.101	1.111	1.121	1.131	1.141	1.151
73	1.046	1.055	1.064	1.073	1.082	1.092	1.101	1.110	1.119	1.128	1.137
74	1.041	1.049	1.057	1.066	1.074	1.082	1.090	1.098	1.107	1.115	1.123
75	1.037	1.044	1.051	1.059	1.067	1.074	1.081	1.089	1.096	1.104	1.111

表 C.1（续）

T_m% / γ_T	$\frac{1}{T}$	5	10	15	20	25	30	35	40	45	50
76	1.033	1.040	1.046	1.053	1.060	1.067	1.073	1.080	1.087	1.093	1.100
77	1.030	1.036	1.042	1.048	1.054	1.060	1.065	1.071	1.077	1.083	1.089
78	1.027	1.032	1.038	1.043	1.048	1.054	1.059	1.064	1.069	1.075	1.080
79	1.024	1.029	1.033	1.038	1.043	1.048	1.052	1.057	1.062	1.066	1.071
80	1.021	1.025	1.029	1.034	1.038	1.042	1.046	1.050	1.055	1.059	1.063
81	1.018	1.022	1.025	1.029	1.033	1.037	1.040	1.044	1.048	1.051	1.055
82	1.016	1.019	1.022	1.026	1.029	1.032	1.035	1.038	1.042	1.045	1.048
83	1.014	1.017	1.020	1.022	1.025	1.028	1.031	1.034	1.036	1.039	1.042
84	1.012	1.014	1.017	1.019	1.022	1.024	1.026	1.029	1.031	1.034	1.036
85	1.010	1.012	1.014	1.016	1.018	1.021	1.023	1.025	1.027	1.029	1.031
86	1.009	1.011	1.013	1.014	1.016	1.018	1.020	1.022	1.023	1.025	1.027
87	1.007	1.009	1.010	1.012	1.013	1.015	1.016	1.018	1.019	1.021	1.022
88	1.006	1.007	1.009	1.010	1.010	1.013	1.014	1.015	1.016	1.018	1.019
89	1.005	1.006	1.007	1.008	1.009	1.010	1.011	1.012	1.013	1.014	1.015
90	1.004	1.005	1.006	1.006	1.007	1.008	1.009	1.010	1.010	1.011	1.012
91	1.003	1.004	1.004	1.005	1.006	1.007	1.007	1.008	1.009	1.009	1.010
92	1.003	1.004	1.004	1.005	1.005	1.006	1.006	1.007	1.007	1.008	1.008
93	1.002	1.002	1.003	1.003	1.004	1.004	1.004	1.005	1.005	1.006	1.006
94	1.001	1.001	1.002	1.002	1.002	1.003	1.003	1.003	1.003	1.004	1.004
95	1.001	1.001	1.002	1.002	1.002	1.002	1.002	1.002	1.003	1.003	1.003
96	1.001	1.001	1.001	1.001	1.001	1.002	1.002	1.002	1.002	1.002	1.002
97	1.000	1.000	1.000	1.000	1.000	1.001	1.001	1.001	1.001	1.001	1.001
98	1.000	1.000	1.000	1.000	1.000	1.000	1.000	1.000	1.000	1.000	1.000
99	1.000	1.000	1.000	1.000	1.000	1.000	1.000	1.000	1.000	1.000	1.000
100	1.000	1.000	1.000	1.000	1.000	1.000	1.000	1.000	1.000	1.000	1.000

注：表中 $1/T$ 指 T 小时内出现 95% 以上最大负载时间不超过 1 h。

表中( )内的值指该负荷率出现最大负载运行时间百分数的极限值。

附　录　D
（资料性附录）
变压器相间不平衡负载的损耗系数（K_{Bb}）

D.1　计算法

D.1.1　变压器相负载不平衡度的计算式

$$F_{\varphi}=\frac{S_m-S_x}{S_{\varphi}} \qquad (D.1)$$

式中：

F_{φ}——相间负载不平衡度；

S_m——三相中的最大负载视在功率，单位为千伏安(kVA)；

S_x——三相中的最小负载视在功率，单位为千伏安(kVA)；

S_{φ}——三相平衡负载的视在功率，单位为千伏安(kVA)。

D.1.2　相间最小负载不平衡度的计算

$$F_x=\frac{S_x-S_{\varphi}}{S_{\varphi}} \qquad (D.2)$$

式中：

F_x——相间最小负载不平衡度。

D.1.3　变压器相间不平衡负载损耗系数 K_{Bb} 计算式

$$K_{Bb}=1-2\left(\frac{1}{3}F_{\varphi}+F_{\varphi}F_x+F_x^2\right) \qquad (D.3)$$

D.2　查表法

在表 D.1 中首先查找三相负载不平衡度（表中纵坐标），再查找相间最小负载不平衡度（表中横坐标），找出横、纵坐标对应的变压器相间不平衡负载的损耗系数（K_{Bb}）。

表 D.1　变压器相间不平衡负载损耗系数 K_{Bb}

F_{φ} \ F_x	−1.0	−0.9	−0.8	−0.7	−0.6	−0.5	−0.4	−0.3	−0.2	−0.1	0
3.0	3.000										
2.9	2.807										
2.8	2.627	2.807									
2.7	2.460	2.620									
2.6	2.307	2.447	2.627								
2.5	2.167	2.287	2.447								
2.4	2.040	2.140	2.280	2.460							
2.3	1.927	2.007	2.127	2.280							
2.2	1.827	1.887	1.987	2.127	2.287						
2.1	1.740	1.780	1.860	1.980	2.140						
2.0	1.667	1.687	1.747	1.847	1.987	2.167					

表 D.1（续）

F_{φ} \ F_x	−1.0	−0.9	−0.8	−0.7	−0.6	−0.5	−0.4	−0.3	−0.2	−0.1	0
1.9	1.607	1.607	1.647	1.727	1.847	2.007					
1.8	1.560	1.540	1.560	1.620	1.720	1.860	2.040				
1.7	1.527	1.487	1.487	1.527	1.607	1.727	1.887				
1.6	1.507	1.447	1.427	1.447	1.507	1.607	1.747	1.927			
1.5	1.500	1.420	1.380	1.380	1.420	1.500	1.620	1.780			
1.4	1.507	1.407	1.347	1.327	1.347	1.407	1.507	1.647	1.827		
1.3	1.527	1.407	1.327	1.287	1.287	1.327	1.407	1.527	1.687		
1.2	1.560	1.420	1.320	1.260	1.240	1.260	1.320	1.420	1.560	1.740	
1.1	1.607	1.447	1.327	1.247	1.207	1.207	1.247	1.327	1.447	1.607	
1.0	1.667	1.487	1.347	1.247	1.187	1.167	1.187	1.247	1.347	1.487	1.667
0.9		1.540	1.380	1.260	1.180	1.140	1.140	1.180	1.260	1.380	1.540
0.8			1.427	1.287	1.187	1.127	1.107	1.127	1.187	1.287	1.427
0.7				1.327	1.207	1.127	1.087	1.087	1.127	1.207	1.327
0.6					1.240	1.140	1.080	1.060	1.080	1.140	1.240
0.5						1.167	1.087	1.047	1.047	1.087	1.167
0.4							1.107	1.047	1.027	1.047	1.107
0.3								1.060	1.020	1.020	1.060
0.2									1.017	1.007	1.017
0.1										1.007	1.007
0											1.000

附 录 E
（资料性附录）
案 例

E.1 案例分析

E.1.1 案例

某变电所有三台可并列运行的双绕组变压器，其技术参数如表 E.1：

表 E.1 技术参数 1

	S_N/kVA	P_0/kW	P_k/kW	I_0/%	U_k/%
变压器 A	10 000	27.7	80.5	2.8	7.7
变压器 B	15 000	36.4	139.2	3.01	7.84
变压器 C	20 000	24.2	131.3	0.87	7.54

根据 $Q_0=I_0\%S_N\times10^{-2}$、$Q_k=U_k\%S_N\times10^{-2}$、式(A.4)、式(A.5)及 K_Q 取 0.04，分别计算出各台变压器的技术参数如表 E.2：

表 E.2 技术参数 2

	Q_0/kvar	Q_k/kvar	P_{0Z}/kW	P_{kZ}/kW
变压器 A	280	770	38.9	111.3
变压器 B	452	1 176	54.5	196.5
变压器 C	174	1 508	31.2	191.6

E.1.2 分析与计算

分析计算变电所的经济运行方式(K_T 取 1.002)的步骤如下：

步骤一：单台变压器间经济运行方式的确定

根据式(A.16)分别计算出并列运行的双绕组变压器经济运行方式的临界负载视在功率

a) 变压器 A 与 B 之间 $S_{LZ}{}^{A\sim B}=8\ 060$(kVA)

b) 变压器 A 与 C 之间 $S_{LZ}{}^{A\sim C}=j3\ 484$

c) 变压器 B 与 C 之间 $S_{LZ}{}^{B\sim C}=j7\ 687$

根据以上的计算结果，结合相应判定原则，可确定单台变压器运行时 C 优于 A 和 B。

步骤二：单台与两台间经济运行方式的确定

由于单台变压器 C 是运行经济的，因此单台和两台间的经济运行方式只存在着 C 和 AC 对比及 C 和 BC 对比两种情况。

根据式(A.16)分别计算出并列运行的双绕组变压器经济运行方式的临界负载视在功率

a) 变压器 C 与 AC 之间 $S_{LZ}{}^{C\sim AC}=16\ 525$(kVA)

b) 变压器 C 与 BC 之间 $S_{LZ}{}^{C\sim BC}=17\ 886$(kVA)

步骤三：两种两台间经济运行方式的确定

同上方法计算出变压器 AC 和 BC 间 $S_{LZ}{}^{AC\sim BC}=23\ 645$(kVA)

步骤四：两台与三台间经济运行方式的确定

同上方法计算出变压器 AC 与 ABC 之间 $S_{LZ}{}^{AC\sim ABC}=23\ 967$(kVA)、变压器 BC 与 ABC 之间 $S_{LZ}{}^{BC\sim ABC}=24\ 100$(kVA)

步骤五：按综合功率损失最小，本例变电所的经济运行方式的负载区间如表 E.3。

表 E.3　经济运行方式的负载区间

运行方式	C	AC	BC	ABC
负载 S(kVA)	0～16 525	16 525～23 645	23 645～24 100	24 100～45 000

根据上述对变电所的经济运行方式分析计算，不仅要依据变压器的技术参数和容量来选择变压器运行台数，同时还必须充分考虑到相同台数运行方式之间也存在着经济运行方式。而且只有全面分析相同台数与不同台数运行方式之间的临界条件，才能全面准确地确定变压器的经济运行方式。

ICS 29.160.20
A 01

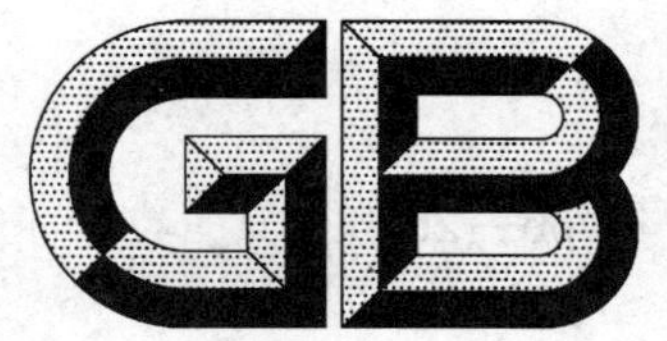

中华人民共和国国家标准

GB/T 13466—2006
代替 GB/T 13466—1992

交流电气传动风机(泵类、空气压缩机)系统经济运行通则

The general principles of economic operation for AC driven fan (pump, air compressor) system

2006-07-18 发布　　　　2006-12-01 实施

中华人民共和国国家质量监督检验检疫总局
中国国家标准化管理委员会　发布

前　言

本标准代替 GB/T 13466—1992《交流电气传动风机(泵类、压缩机)系统经济运行通则》。

本标准与 GB/T 13466—1992 相比主要变化如下:

——本标准名称改为《交流电气传动风机(泵类、空气压缩机)系统经济运行通则》;

——标准技术要求的内容有较大改动,引用标准也有相应改变;

——由于标准内容的调整,删除了一些术语,并新增补了一些术语;

——在原标准基本要求的基础上,将系统经济运行的基本要求分为对机组的要求、对管网的要求、对系统的要求和系统经济运行管理四部分;

——在判别与评价方法中,分为对机组设备、对机组运行、对管网运行和对工质使用的判别与评价。将原“机组额定效率”改为“风机(泵类)机组额定效率”,原“系统电能利用率”改为“风机(泵类)机组运行效率”,其计算公式均适用;另外增补“空气压缩机系统管网泄漏率”的计算;

——在标准最后增补一章“系统经济运行测试方法”,规定了测试条件、测量仪器仪表要求、测量方法和测试数据处理。

本标准由全国能源基础与管理标准化技术委员会提出。

本标准由全国能源基础与管理标准化技术委员会合理用电分技术委员会(SAC/TC 20)归口。

本标准起草单位:中国标准化研究院、国家发展改革委员会能源研究所、中国建筑科学研究院、机械工业节能中心。

本标准主要起草人:翟克俊、赵跃进、辛定国、李先瑞、张新、陶毅、刘英洲。

本标准于 1992 年首次发布,本次为第一次修订。

交流电气传动风机(泵类、空气压缩机)系统经济运行通则

1 范围

本标准规定了交流电气传动风机(泵类、空气压缩机)系统经济运行的基本要求、判别与评价方法和测试方法。

本标准适用于在用的交流电气传动风机(泵类、空气压缩机)系统,新系统设计可参照执行。

2 规范性引用文件

下列文件中的条款通过本标准的引用而成为本标准的条款。凡是注日期的引用文件,其随后所有的修改单(不包括勘误的内容)或修订版均不适用于本标准,然而,鼓励根据本标准达成协议的各方研究是否可使用这些文件的最新版本。凡是不注日期的引用文件,其最新版本适用于本标准。

GB/T 12497　三相异步电动机经济运行

GB/T 13471　节电措施经济效益计算与评价方法

GB 18613　中小型三相异步电动机能效限定值及节能评价值

GB 19153　容积式空气压缩机能效限定值及节能评价值

GB 19761　通风机能效限定值及节能评价值

GB 19762　清水离心泵能效限定值及节能评价值

3 术语和定义

本标准采用下列术语和定义。

3.1

交流电气传动风机(泵类、空气压缩机)系统　AC driven fan (pump、air compressor) system

交流电动机、风机(泵类、空气压缩机)、调速装置、传动机构、管网和辅助设备所组成的总体。

3.2

交流电气传动风机(泵类、空气压缩机)系统经济运行　economic operation for AC driven fan (pump、air compressor) system

在满足工艺要求、生产安全和运行可靠的前提下,通过科学管理、运行工况调节或技术改进,使系统中的设备、管网与负荷合理匹配,实现系统电耗低、经济性好的运行方式。

3.3

机组　unit

交流电动机、风机(泵类、空气压缩机)、调速装置和传动机构所组成的装置。

3.4

风机(泵类)机组额定效率　rated efficiency of fan (pump) unit

在额定工况下,风机(泵类)机组输出的有效功率与电源输入机组有功功率之比的百分数。

3.5

风机(泵类)机组运行效率　operational efficiency of fan (pump) unit

在实际运行工况下,风机(泵类)机组输出的有效功率与电源输入机组有功功率之比的百分数。

3.6

空气压缩机机组额定输入比功率　rated input specific power of air compressor unit

在额定工况下，空气压缩机机组的输入功率与空气压缩机实际容积流量的比值，单位为千瓦每立方米每分，kW/(m^3/min)。

3.7

空气压缩机机组输入比功率　input specific power of air compressor units

在实际运行工况下，空气压缩机机组的输入功率与空气压缩机实际容积流量的比值，单位为千瓦每立方米每分，kW/(m^3/min)。

3.8

空气压缩机系统管网泄漏率　leak rate of air compressor distribution piping system

在相同状态下，管网的泄漏量与空气压缩机机组输入管网的总容积流量之比的百分数。

3.9

记录期　accounting period

记录系统输入电能参数和输出工质参数的时间段。每年的记录期应大于一个运行周期。

4　系统经济运行基本要求

4.1　对机组要求

4.1.1　设备

电动机、风机、泵类、空气压缩机额定效率应分别符合 GB 18613、GB 19153、GB 19761 和 GB 19762 的要求。

4.1.2　机组

4.1.2.1　机组应与负载特性相匹配，机组控制设备应能满足运行工况变化的要求。

4.1.2.2　在装配多台机组时，应采用高效风机(泵类、空气压缩机)承担基本负荷。采用风机(泵类、空气压缩机)多台联合运行时，应使单位容积工质的耗电量最低。

4.1.2.3　对于变工况运行机组应采用合理的调节控制设备，以实现机组的高效运行。

4.2　对管网要求

4.2.1　风机系统管网

4.2.1.1　应合理布置风机进出口管路，管网中应减少 90°弯管及其他通流截面突变的管件。

4.2.1.2　在工艺过程允许的条件下，管网设计时应保持较低的空气流速，主干管网中空气流速应不大于 7.5 m/s，分支管网中空气流速应不大于 5 m/s。

4.2.1.3　对高速气流管网，转弯处应采用曲率半径大的弯管。分流与汇流时应采用 30°的 Y 形分支管。对中速或低速气流的管网，分流与汇流时应采用 45°或 30°的 Y 形分支管。

4.2.2　泵类系统管网

4.2.2.1　应合理布置泵类系统进出口管路，管路中应减少 90°弯管及其他通流截面突变的管件。为了减少管路局部阻力损失，弯管曲率半径应不小于管道直径的 1.25 倍。

4.2.2.2　管网系统设计与安装时，应减少管网的沿程阻力和局部阻力损失。

4.2.2.3　一般情况下应保持较低的流速。在输送常温清水时，吸入管路流速应不大于 2 m/s，排出管路流速应不大于 3 m/s。

4.2.2.4　管路中选择阀门和流速测量装置时，应减少管路附件阻力损失。

4.2.3　空气压缩机系统配送管网

4.2.3.1　多台机组的压缩空气管路应与集气管轴成 45°夹角排列，管路的布置与连接应平滑过渡。

4.2.3.2　空气压缩机站中的压缩空气流速应不大于 5 m/s；空气压缩机站后的主分配管路的压缩空气流速应不大于 10 m/s；主分配管路到使用点的压缩空气流速应不大于 15 m/s。从空气压缩机出口到主分配管路最远点的压降应不大于压缩机排气压力的10%。

4.2.3.3 系统应减少泄漏，其泄漏率应不大于10%。

4.3 对系统要求

4.3.1 基本要求

4.3.1.1 系统运行时，风机(泵类、空气压缩机)特性应与负荷及管网总阻力特性相匹配，使风机(泵类、空气压缩机)运行工况点在制造厂规定的经济运行工况范围以内。

4.3.1.2 对电动机容量大、压力和流量变化幅度大、年运行时间长的系统，应按要求对其运行工况进行测量。

4.3.1.3 应合理有效地使用系统终端工质。

4.3.2 风机系统

4.3.2.1 风机进口处流速应均匀、无涡区。若有进口连接管道，则应有一段等径直管道，其长度应不小于风机进口当量直径的2.5倍。当进口处有90°弯管时，则应加装导流叶片。

4.3.2.2 应选用适于负载特性的叶轮类型的风机。风机的性能曲线应与负载特性合理匹配，使其在高效区内运行。

4.3.2.3 当流量变化幅度在20%以内，可采用进口导叶调节方式。当流量变化幅度大于20%，年运行时间大于或等于4 000 h，不宜采用旁路分流、截流等方法调节流量。

4.3.3 泵类系统

4.3.3.1 泵类正常工况的运行效率应不低于其额定效率的80%。

4.3.3.2 当流量变化幅度大于20%、年运行时间大于或等于4 000 h，不宜采用旁路分流、截流等方法。

4.3.3.3 应选用适于负载特性的泵类。泵类的性能曲线应与负载特性合理匹配，使其在高效区内运行。

4.3.4 空气压缩机系统

4.3.4.1 对只有一台空气压缩机的系统，应配备自动控制装置使机组适应负载变化。不应采取限制空气压缩机入口流速、开启排气阀等调节方式。

4.3.4.2 对有多台空气压缩机的系统，低负荷运行的空气压缩机不应超过两台。

4.4 系统经济运行管理

4.4.1 基本要求

4.4.1.1 系统中的三相异步电动机的运行状况应符合GB/T 12497的要求。

4.4.1.2 应建立运行管理、维护、检修等规章制度。

4.4.1.3 应建立维护运行日志和技术档案。

4.4.1.4 管理和操作人员要经过培训，经考核合格后持证上岗。

4.4.2 检测与监测

4.4.2.1 对风机(泵类、空气压缩机)系统应定期检测主要部位的压力、流量和温度等参数。

4.4.2.2 流量和压力监测仪器仪表应该安装在风机(泵类、空气压缩机)系统的相关部位。

4.4.3 系统管理

4.4.3.1 新建或更新系统时，不应采用国家相关规定已淘汰的设备，宜选用高效设备。

4.4.3.2 对长期处于低负荷或负荷有昼夜、季节性变化的运行系统，应采取改进措施，以改善系统运行效率。

4.4.3.3 对压力、流量变化幅度较大或年运行总时间较长的系统，在技术经济允许条件下，宜使用调速装置和微机控制，使其满足运行条件的要求。

4.4.3.4 应对系统供给的工质使用情况进行评估，确定系统工质在满足质量、健康和安全要求的前提下，得到最合理的使用。应制定合理使用工质的改进计划，并按计划实施改进措施。

4.4.4 系统的更新与改进

4.4.4.1 对未达到经济运行要求的系统，应组织技术专家对其进行诊断，并做出评估报告。报告内容应包括系统及运行概况、检测方法与数据分析、预防及管理措施、提高能效的改进措施等。报告应保存两年以上。实施改进措施后，应对改进效果进行检测，提供检测报告。

4.4.4.2 风机(泵类、空气压缩机)系统更新改进时，应按 GB/T 13471 规定进行经济效益评价。

5 系统经济运行的判别与评价方法

5.1 系统经济运行计算判别程序

5.1.1 计算步骤

a) 按 5.2.1 条对使用中的机组额定效率进行计算；

b) 按 5.2.2 条对使用中的机组运行效率进行计算；

c) 按 5.2.3 条对空气压缩机系统管网泄漏率进行计算。

5.1.2 判别程序

a) 第一步，按 5.3 条对机组设备进行判别；

b) 第二步，按 5.4 条对机组运行进行判别；

c) 第三步，按 5.5 条对管网运行进行判别；

d) 第四步，按 5.6 条对系统运行进行判别。

当以上每一步出现不符合经济运行情况时，应查找原因，提出改进方案，并在实施改进措施达到本标准要求后，再进行下一步判别。

5.2 计算

5.2.1 风机(泵类)机组额定效率

计算公式见式(1)：

$$\eta_{Je} = \frac{P_{Ye}}{P_{Je}} \times 100\% \qquad \cdots\cdots(1)$$

式中：

η_{Je}——机组额定效率，%；

P_{Ye}——额定状态下，风机(泵类)机组输出的有效功率，单位为千瓦(kW)；

P_{Je}——额定状态下，电源输入机组的有功功率，单位为千瓦(kW)。

风机(泵类)机组额定效率也可用式(2)的简化公式计算：

$$\eta_{Je} \approx \eta_{De} \cdot \eta_{Ce} \cdot \eta_{Te} \cdot \eta_{Fe} \qquad \cdots\cdots(2)$$

式中：

η_{De}——电动机额定效率，%；

η_{Ce}——传动机构效率，%；

η_{Te}——调速装置额定效率，%；

η_{Fe}——风机(泵类)额定效率，%。

注：以上效率均为生产商给出的额定效率。

5.2.2 风机(泵类)机组运行效率

计算公式见式(3)：

$$\eta_J = \frac{\sum_{i=1}^{n} P_{Yi} \times t_i}{\sum_{i=1}^{n} W_i} \times 100\% \qquad \cdots\cdots(3)$$

式中：

η_J——记录期内机组总的平均运行效率，%；

P_{Yi}——记录期机组在第 i 种负荷下运行时，风机或泵输出的有效功率，单位为千瓦(kW)；

t_i——记录期机组在第 i 种负荷下的运行时间，单位为小时(h)；

W_i——记录期机组在第 i 种负荷下运行时，电源输入机组的电能量，单位为千瓦时(kW·h)；

n——记录期内的负荷变化次数。

对于多台风机(泵类)机组，应使用容积流量加权计算平均运行效率。

5.2.3 空气压缩机系统管网泄漏率

计算公式见式(4)：

$$\lambda_1 = \frac{Q_1'}{Q_z} \times 100\% \quad \cdots\cdots(4)$$

式中：

λ_1——系统管网泄漏率，%；

Q_z——空气压缩机组输入管网的总容积流量，单位为立方米每分(m^3/min)；

Q_1'——换算到与输入总容积流量相同状态下的管网泄漏量，单位为立方米每分(m^3/min)。

$$Q_1' = Q_z - Q_y$$

Q_y——管网输出的总容积流量，单位为立方米每分(m^3/min)。

5.3 对机组设备判别与评价

风机(泵类、空气压缩机)机组设备的额定效率大于或等于 GB 18613、GB 19153、GB 19761 和 GB 19762中规定的能效限定值，则认定机组设备的选型符合系统经济运行要求；机组设备的额定效率小于 GB 18613、GB 19153、GB 19761 和 GB 19762 中规定的能效限定值，则认定机组设备的选型不符合系统经济运行要求。

5.4 对机组运行判别与评价

5.4.1 风机(泵类)机组

5.4.1.1 记录期内实测的机组效率与机组的额定效率相比，其比值大于 0.85，则认定机组运行经济；其比值为 0.70～0.85，则认定机组运行合理；其比值小于 0.70，则认定机组运行不经济。

5.4.1.2 如果机组的效率不同，应用容积流量加权平均效率作为判别指标。

5.4.2 空气压缩机机组

5.4.2.1 在压力和流量满负荷的条件下，当实测比功率小于或等于 GB 19153 规定的节能评价值，则认定机组运行经济；当实测比功率小于或等于 GB 19153 规定的能效限定值，则认定机组运行合理；当实测比功率大于 GB 19153 规定的能效限定值，则认定机组运行不经济。

5.4.2.2 有多台压缩机的系统中，应同时满足 4.3.4.2 的要求，否则认定机组运行不经济。

5.5 对管网运行判别与评价

5.5.1 风机系统管网

5.5.1.1 应保持管网的清洁和部件的有效性，任何过滤或控制装置的压力损失应在厂家规定的范围内。

5.5.1.2 若系统的调节部件失灵或其他零部件不能正常工作、系统连接处有明显泄漏均认定管网运行不经济。

5.5.2 泵类系统管网

5.5.2.1 若系统中存在不能正常工作的阀门或其他部件，则认定管网运行不经济。

5.5.2.2 任何安装在管网中的热交换器、过滤或控制装置，若其压力损失超出厂家规定的范围，应加以清洗或更换，否则认定管网运行不经济。

5.5.3 空气压缩机系统管网

5.5.3.1 分配管路中若存在不能正常工作或开放型的排气孔、废弃的部件，在没有受到管路中阀门或节流部件隔离时，若引起的压降大于空气压缩机排出压力的6%，则认定管网运行不经济。

5.5.3.2 应在记录期内进行泄漏测试。对于压缩空气分配管网及相关部件，泄漏率大于总容积流量10%，认定管网运行不经济；泄漏率在5%～10%之间，认定管网运行合理；泄漏率小于5%，则认定管网运行经济。

5.5.3.3 在记录期内，若无法对设备进行泄漏测试时，应采取管网维护管理措施，在管理文件中应规定具体的泄漏检查、维护程序和对泄漏点进行标识。应在每个月内对空气压缩机管网泄漏及维修情况进行监督检查，并对其进行记录。若符合管理文件规定要求的，则认定管网运行经济；对于不按管理文件要求执行的，则认定管网运行不经济。

5.6 对系统运行判别与评价

系统所有机组和系统管网同时达到5.4和5.5规定的经济运行要求，则认定系统运行经济；系统所有机组和系统管网其中有达到5.4和5.5规定的运行合理，并没有运行不经济项时，则认定系统运行合理；系统所有机组和系统管网有一项被判定为运行不经济，则认定系统运行不经济。

6 系统经济运行测试方法

6.1 测试条件

测试应在风机(泵类、空气压缩机)系统正常运行条件下进行。

6.2 测量仪器仪表要求

a) 有功电能表的准确度应不低于1.5级；
b) 有功功率表的准确度应不低于1.0级；
c) 压力表的准确度应不低于1.0级；
d) 流量计的准确度应不低于1.5级；
e) 转速表的准确度应不低于0.25级。

测量仪器仪表应根据相应的标准或规程进行校准。

6.3 测量方法

a) 在进行风机(泵类、空气压缩机)系统测试之前，应收集并核对设备原始技术数据和运行数据。
b) 记录期内风机(泵类)系统宜采用在线测量和记录数据方法，空气压缩机系统应采用在线测量。
c) 主要测点包括风机(泵类)进出口、主分配管路、系统元件的进出口等。
d) 对没有安装在线测量仪器仪表的风机(泵类)系统，测量的间隔应反映系统负荷变化规律。

6.4 测试数据处理

测试后，应按照5.2的规定进行计算，并根据5.6的要求对系统运行状况进行判别与评价。

ICS 23.120
J 72

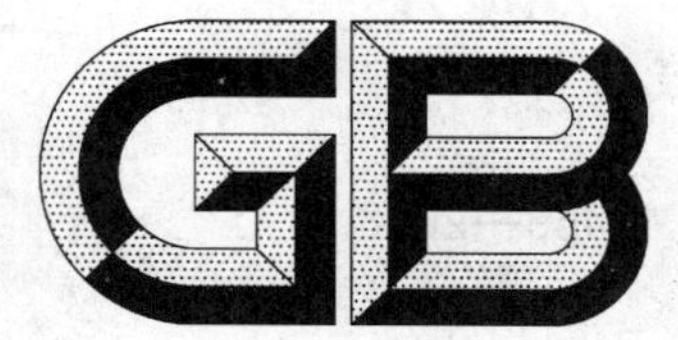

中华人民共和国国家标准

GB/T 13469—2008
代替 GB/T 13469—1992

离心泵、混流泵、轴流泵和旋涡泵系统经济运行

Economical operation for centrifugal, mixed flow, axial flow and vortex pump systems

2008-05-27 发布　　　　2008-11-01 实施

中华人民共和国国家质量监督检验检疫总局
中国国家标准化管理委员会　发布

前　言

本标准代替 GB/T 13469—1992《工业用离心泵、混流泵、轴流泵和旋涡泵系统经济运行》。

本标准与 GB/T 13469—1992 相比主要变化如下：

——突出了系统经济运行改造措施；

——删除了原标准名称中的“工业用”；

——适用范围改为“适用于在用的交流电气传动离心泵、混流泵、轴流泵和旋涡泵系统，新系统设计可参照执行”。删除了原标准中的“适用于企事业单位”；

——删除了原术语，增加了“管网”的术语和定义；

——在经济运行基本要求中增加了对设备、机组、管网、系统的要求；

——分别对机组、管网、系统提出具体评价方法；

——原用“优、良”、“合格”和“不合格”评价术语改为：“运行经济”、“运行合理”和“运行不经济”；

——删除了原标准电能利用率的概念与计算方法，采用机组效率与机组额定效率进行比较的方法作为判别主要依据；

——增加了系统经济运行测试方法一章；

——分别提出管理措施和技术措施。

本标准由全国能源基础与管理标准化技术委员会提出。

本标准由全国能源基础与管理标准化技术委员会合理用电分委员会归口。

本标准主要起草单位：深圳达实智能股份有限公司、中国标准化研究院、沈阳水泵研究所、广一集团广州广一泵业有限公司。

本标准主要起草人：赵跃进、李铁牛、翟克俊、李先瑞、陶洁宇、柯水源、冯麟凯、裴念强。

本标准于 1992 年首次发布，本次为第一次修订。

离心泵、混流泵、轴流泵和旋涡泵系统经济运行

1 范围

本标准规定了交流电气传动的离心泵、混流泵、轴流泵和旋涡泵系统经济运行的基本要求、判别与评价方法、测试方法和改造措施。

本标准适用于在用的交流电气传动离心泵、混流泵、轴流泵和旋涡泵系统，新系统设计可参照执行。

2 规范性引用文件

下列文件中的条款通过本标准的引用而成为本标准的条款。凡是注日期的引用文件，其随后所有的修改单(不包括勘误的内容)或修订版均不适用于本标准，然而，鼓励根据本标准达成协议的各方研究是否可使用这些文件的最新版本。凡是不注日期的引用文件，其最新版本适用于本标准。

GB/T 3216 回转动力泵 水力性能验收试验 1级和2级

GB/T 9481 中小型轴流泵 型式与基本参数

GB/T 12497 三相异步电动机经济运行

GB/T 13007 离心泵效率

GB/T 13466 交流电气传动风机(泵类、空气压缩机)系统经济运行通则

GB/T 13468 泵类系统电能平衡的测试与计算方法

GB/T 13471 节电措施经济效益计算与评价方法

GB 17167 用能单位能源计量器具配备和管理通则

GB 18613 中小型三相异步电动机能效限定值及能效等级

GB 19762 清水离心泵能效限定值及节能评价值

GB/T 21056 风机、泵类负载变频调速节电传动系统及其应用技术条件

JB/T 7743 旋涡泵

3 术语和定义

GB/T 13466确立的以及下列术语和定义适用于本标准。

3.1

管网 duct network

与泵联接的管道以及管道上的阀门、过滤器等附件的总称。

4 系统经济运行基本要求

4.1 原则要求

泵系统经济运行应符合GB/T 13466的要求。

4.2 对设备要求

4.2.1 泵的选型应符合以下要求：

a) 满足系统的使用压力和流量；

b) 泵的选择应符合GB/T 9481、GB 19762、GB/T 13007、JB/T 7743等相关标准的规定；

c) 设计运行工况点应在泵制造厂规定的经济工作区内；

d) 根据负载特性确定泵的调节方式。

4.2.2 泵配套的交流电动机应符合 GB 18613 的规定。年运行时间大于 3 000 h、负载率大于 60%的电动机,应采用能效指标符合 GB 18613 中节能评价值的电动机。

4.2.3 在多种工况生产工艺条件下,按负载特性选择匹配的泵,对多机组系统选型时应满足串并联技术条件的要求。

4.2.4 泵的实际性能参数应按照 GB/T 3216 的规定试验验收。

4.2.5 设备的选型应采用寿命周期成本分析方法,选择经济性高的设备。

4.3 对机组要求

4.3.1 机组应与负载特性相匹配,机组控制设备应能满足运行工况变化的要求。

4.3.2 采用多台泵联合运行时,在满足工艺、安全及可靠运行的基础上,应采用高效泵承担基本负荷,使输送单位流量介质电耗最低。

4.3.3 多机组系统并联运行时,应采用等扬程特性的泵;串联运行时,应采用等流量特性的泵;采用调速装置控制调节时,应满足泵串并联运行规则,宜采用变频泵高效节能区串并联运行模式。

4.4 对管网要求

4.4.1 应在优化生产工艺的条件下合理确定管网配置方案和输送半径。

4.4.2 根据生产工艺要求,合理确定管材和管径。

4.4.3 管道中介质速度应按经济流速选取。

4.4.4 管网中应减少管接头、弯头、三通、阀门等管件,减少管道附件阻力损失。

4.4.5 管道通流截面应减少突然扩大缩小、急转弯的分流变向等情况,弯管曲率半径应不小于管道直径的 1.25 倍,减少管道局部阻力损失。

4.4.6 吸入管道要求

a) 条件允许时,宜采用正压吸入或压入式布置;
b) 泵的吸入管道不应有气囊存在,水平吸入管道应在泵的吸入口方向向上倾斜,倾斜度不小于 0.5%;
c) 轴流泵、混流泵和大型离心泵吸入管道布置与流速的选择,应使吸入介质不产生涡流;
d) 在吸入管道上的底阀宜用抽真空或其他方法代替;
e) 为保证泵的吸上性能,输送常温清水的吸入管道介质流速应小于 2 m/s;
f) 对于有吸入真空的泵,吸入管及密封装置应防止漏气。

4.4.7 排出管道要求

a) 分管与总管连接,宜采用斜交连接代替直交连接;
b) 宜采用无附加阻力阀或微阻力阀;
c) 排出管道应采用经济流速,输送常温清水的流速应为 2 m/s~3 m/s。

4.4.8 应减少管网泄漏率。一般情况下,输水管网泄漏率应小于 1%。

4.5 对系统要求

4.5.1 计算系统额定工况点时,应绘制出管网总阻力特性曲线与泵性能曲线,使泵运行在经济工作区内。系统正常运行工况的运行效率应不小于泵额定效率的 80%。

4.5.2 对于负荷变化较大及非连续运行工况,宜采用变频调速装置,变频调速装置的应用技术条件应符合 GB/T 21056 的规定。

4.5.3 当流量变化幅度小于 20%,或年运行时间小于 4 000 h 时,宜采用以下流量调节方法,包括:

a) 小型离心泵可用节流法;
b) 旋涡泵可用旁路分流法;
c) 对混流泵、轴流泵可改变叶片安装角度或调节进口的导向叶片调节流量和扬程;
d) 变流恒压泵;
e) 电动机轻载降压节电技术。

4.5.4 输送高(低)温介质的设备和管网应符合保温技术条件相关标准的要求,减少热(冷)能损耗。

4.5.5 对于不同压力区域的供水,宜充分利用一次网压头,采用分级供应,尽量减少使用压力平衡阀。

4.5.6 在技术及经济条件允许的情况下,宜采用仿真模拟计算对系统进行设计和提出节能优化方案。

4.5.7 在系统运行过程中宜采用可编程控制器、直接数字控制器等自动控制手段对系统进行控制。

4.6 系统经济运行管理

4.6.1 基本要求

4.6.1.1 系统中的三相异步电动机的运行状况应符合 GB/T 12497 的规定。

4.6.1.2 应按照 GB 17167 的规定,在有关部位安装电量、压力、流量等仪器仪表。

4.6.1.3 应建立运行管理、维护、检修等规章制度,包括:

a) 按制造厂的安装使用说明书进行维护,发现异常应及时处理;

b) 定期检修机组设备,及时更换损坏零部件;

c) 定期检查清理管道。

4.6.1.4 应建立维护运行日志和技术档案。

4.6.1.5 应加强管理人员和操作人员的培训。

4.6.2 监测、检查

4.6.2.1 监测与检查可采用巡视、定期仪表检测与集中在线监测的方式。

4.6.2.2 定期检查系统主要部件,维护系统的性能水平与经济运行,主要包括:

a) 定期检查机组设备的振动情况;

b) 定期检查过滤网和叶轮;

c) 轴承润滑和更换;

d) 定期检查管路的泄漏;

e) 定期检查系统阻力。

4.6.2.3 在技术及经济条件允许的情况下,应在线监测系统进出口压力、温度、流量、电量和调节装置的状态等。

4.6.2.4 容量在 45 kW 及以上、年运行时间大于 3 000 h 的泵,宜每年进行一次机组运行效率测量。

5 系统经济运行的判别与评价方法

5.1 系统经济运行计算判别程序

5.1.1 计算步骤

第一步,按照 5.2.1 对使用中的机组额定效率进行计算;

第二步,按照 5.2.2 对使用中的机组运行效率进行计算;

第三步,按照 5.2.3 对系统管网泄漏率进行计算;

第四步,按照 5.2.4 对输送单位流量介质电耗进行计算。

5.1.2 判别程序

第一步,按照 5.3 对设备进行判别与评价;

第二步,按照 5.4 对机组运行进行判别与评价;

第三步,按照 5.5 对管网运行进行判别与评价;

第四步,按照 5.6 对系统运行进行判别与评价。

当以上某一步出现运行不经济的情况时,应查找原因,提出改进方案,并在实施改造措施达到本标准要求后,再进行下一步判别。

5.2 计算方法

5.2.1 机组额定效率

$$\eta_{Je} = \frac{P_{Ye}}{P_{Je}} \times 100\% \qquad \cdots\cdots(1)$$

式中：

η_{Je}——机组额定效率；

P_{Ye}——额定状态下，机组输出的有效功率，单位为千瓦(kW)；

P_{Je}——额定状态下，电源输入机组的有功功率，单位为千瓦(kW)。

机组额定效率也可用下列简化公式计算：

$$\eta_{Je} \approx \eta_{De} \times \eta_{Ce} \times \eta_{Te} \times \eta_{Fe} \qquad \cdots\cdots(2)$$

式中：

η_{De}——电动机额定效率；

η_{Ce}——传动机构效率；

η_{Te}——调速装置额定效率；

η_{Fe}——泵额定效率。

注：式(2)中效率均为制造厂给出。

5.2.2 机组运行效率

$$\eta_j = \frac{\sum_{i=1}^{n} P_{Yi} \times t_i}{\sum_{i=1}^{n} W_i} \times 100\% \qquad \cdots\cdots(3)$$

式中：

η_j——记录期内机组总的平均运行效率；

P_{Yi}——记录期内机组在第 i 种负荷下运行时，泵输出的有效功率，单位为千瓦(kW)；

t_i——记录期内机组在第 i 种负荷下的运行时间，单位为时(h)；

W_i——记录期内机组在第 i 种负荷下运行时，电源输入机组的电量，单位为千瓦时(kW·h)；

n——记录期内的负荷变化次数。

5.2.3 系统管网泄漏率

$$\lambda_1 = \frac{Q_z - Q'}{Q_z} \times 100\% \qquad \cdots\cdots(4)$$

式中：

λ_1——系统管网泄漏率；

Q_z——输入管网的总流量，单位为立方米每分(m^3/min)；

Q'——管网输出的总流量，单位为立方米每分(m^3/min)。

5.2.4 输送单位流量电耗

$$\varepsilon = \frac{\sum_{i=1}^{n} W_i}{\sum_{i=1}^{n} Q_i \times t_i} \qquad \cdots\cdots(5)$$

式中：

ε——输送单位流量电耗，单位为千瓦时每立方米($kW \cdot h/m^3$)；

W_i——记录期内机组在第 i 种负荷下运行时，电源输入机组的电量，单位为千瓦时(kW·h)；

Q_i——记录期内机组在第 i 种负荷下运行时，泵输出的流量，单位为立方米每时(m^3/h)；

t_i——记录期内机组在第 i 种负荷下的运行时间，单位为时(h)。

5.3 对设备判别与评价

设备的额定效率大于 GB 18613 和 GB 19762 中规定的节能评价值，则认定设备的选型符合经济运行要求；设备的额定效率大于 GB 18613 和 GB 19762 中规定的能效限定值，则认定设备的选型经济运行合理;设备的额定效率小于 GB 18613 和 GB 19762 中规定的能效限定值,则认定设备的选型不经济。

5.4 对机组运行判别与评价

5.4.1 记录期内实测的机组运行效率与机组的额定效率相比,其比值大于 0.85,则认定机组运行经济;其比值在 0.70～0.85 之间,则认定机组运行合理;其比值小于 0.70,则认定机组运行不经济。

5.4.2 如果机组的效率不同,应用有效功率加权计算平均效率作为判别指标。

5.5 对管网运行判别与评价

5.5.1 应在记录期内进行泄漏测试。一般情况下,输水管网泄漏率小于 0.5%,则认定管网运行经济;输水管网泄漏率在 0.5%～1%之间,认定管网运行合理;输水管网泄漏率大于总流量的 1%,认定管网运行不经济。

5.5.2 系统中存在长期起节流作用的阀门和旁通的回流介质,以及不能正常工作的阀门或其他部件,则认定管网运行不经济。

5.5.3 任何安装在管网中的热交换器、过滤器或控制装置,其压力损失超出厂家规定的范围,则认定管网运行不经济。

5.6 对系统运行判别与评价

5.6.1 系统所有设备、机组和管网同时达到 5.3、5.4 和 5.5 规定的经济运行要求,则认定系统运行经济;系统所有设备、机组和系统管网其中有达到 5.3、5.4 和 5.5 规定的运行合理,并没有运行不经济项时,则认定系统运行合理;系统所有设备、机组和系统管网有一项被判定为运行不经济,则认定系统运行不经济。

5.6.2 不同泵系统输送单位流量介质电耗符合相关标准,则认定系统运行经济;不符合相关标准,则认定系统运行不经济。

6 系统经济运行测试方法

6.1 测试条件

测试应在如下条件下进行:

a) 测试前不应对泵系统作任何改动;

b) 测试应在具有代表性的工况下进行;

c) 泵应在稳定的电压、温度和压力下运行。

6.2 测量仪器仪表要求

测量仪器仪表应符合以下要求:

a) 有功电能表的准确度应不低于 1.5 级;

b) 有功功率表的准确度应不低于 1.0 级;

c) 压力表的准确度应不低于 1.0 级;

d) 流量计的准确度应不低于 1.5 级;

e) 转速表的准确度应不低于 0.25 级。

测量仪器仪表应定期检定或校准。

6.3 测量方法

6.3.1 测量时应符合以下要求:

a) 在进行系统测试之前,应收集并核对设备原始技术数据和运行数据;

b) 记录期内系统宜采用在线测量和记录数据方法;

c) 主要测点包括进出口、主分配管路、系统部件的进出口等;

d) 对没有安装在线测量仪器仪表的系统,测量的间隔应反映系统负荷变化规律。

6.3.2 泵系统的测量方法应符合 GB/T 13468 的规定,泵的试验方法应符合 GB/T 3216 的规定。

6.4 测试数据处理

验证数据有效性后，应按照 5.2 进行计算，并按照 5.6 对系统运行状况进行判别与评价。

7 系统经济运行改造措施

7.1 管理措施

7.1.1 对未达到经济运行要求的系统，应进行节能诊断，并做出评估报告。报告内容应包括系统及运行概况、检测方法与数据分析、预防及管理措施、提高能效的改进措施等。评估报告应保存两年以上。实施改进措施后，应对改进效果进行检测，提供检测报告。

7.1.2 制定科学的管理流程，加强泵系统运行管理。

7.1.3 系统更新改造时，应按照 GB/T 13471 规定进行经济效益评价。

7.1.4 系统更新改造时，宜采用合同能源管理（EMC）等模式。

7.2 技术措施

7.2.1 当管网运行不经济时，应调整设备运行方式，或采取清洗、更换等措施。

7.2.2 现有系统机组容量裕度过大，运行负载又基本不变，系统长期处于低负载运行可采取下列方法改进：

a） 改变叶轮形状、切割叶轮或重新设计制造叶轮；

b） 更换机组；

c） 降低转速。

ICS 23.120
J 72

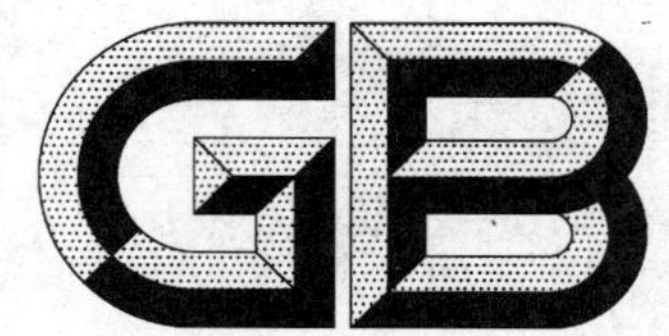

中华人民共和国国家标准

GB/T 13470—2008
代替 GB/T 13470—1992

通风机系统经济运行

Economical operation for the fan system

2008-05-27 发布　　　　2008-11-01 实施

中华人民共和国国家质量监督检验检疫总局
中国国家标准化管理委员会　发布

前　言

本标准代替 GB/T 13470—1992《通风机系统经济运行》。

本标准与 GB/T 13470—1992 相比主要变化如下：

——突出了系统经济运行改造措施；

——适用范围改为“适用于在用的交流电气传动通风机系统，新系统设计可参照执行”。删除了原标准中的“适用于企事业单位”；

——删除了原术语，增加了“管网”的术语和定义；

——在经济运行基本要求中增加了对设备、机组、管网、系统的要求；

——分别对设备、机组、管网、系统提出具体评价方法；

——原用“优、良”、“合格”和“不合格”评价术语改为：“运行经济”、“运行合理”和“运行不经济”；

——删除了原标准电能利用率的概念与计算方法，采用机组效率与机组额定效率进行比较的方法作为判别主要依据；

——增加了系统经济运行测试方法一章；

——分别提出管理措施和技术措施。

本标准由全国能源基础与管理标准化技术委员会提出。

本标准由全国能源基础与管理标准化技术委员会合理用电分委员会归口。

本标准主要起草单位：深圳达实智能股份有限公司、中国标准化研究院、沈阳鼓风机研究所、广一集团广州广一泵业有限公司。

本标准主要起草人：赵跃进、李铁牛、翟克俊、李先瑞、朱艳丽、裴念强、刘付云。

本标准于 1992 年首次发布，本次为第一次修订。

通风机系统经济运行

1 范围

本标准规定了交流电气传动的通风机系统经济运行的基本要求、判别与评价方法、测试方法和改造措施。

本标准适用于在用的交流电气传动通风机系统,新系统设计可参照执行。

2 规范性引用文件

下列文件中的条款通过本标准的引用而成为本标准的条款。凡是注日期的引用文件,其随后所有的修改单(不包括勘误的内容)或修订版均不适用于本标准,然而,鼓励根据本标准达成协议的各方研究是否可使用这些文件的最新版本。凡是不注日期的引用文件,其最新版本适用于本标准。

GB/T 10178 工业通风机 现场性能试验

GB/T 12497 三相异步电动机经济运行

GB/T 13466 交流电气传动风机(泵类、空气压缩机)系统经济运行通则

GB/T 13467 通风机系统电能平衡测试与计算方法

GB/T 13471 节电措施经济效益计算与评价方法

GB 17167 用能单位能源计量器具配备和管理通则

GB 18613 中小型三相异步电动机能效限定值及能效等级

GB/T 19075 工业通风机 词汇及种类定义

GB 19761 通风机能效限定值及节能评价值

GB/T 21056 风机、泵类负载变频调速节电传动系统及其应用技术条件

JB/T 2977 工业通风机、透平鼓风机和压缩机名词术语

3 术语和定义

GB/T 19075 和 JB/T 2977 确立的以及下列术语和定义适用于本标准。

3.1

管网 duct network

与通风机联接的通风管道以及管道上的阀门、过滤器、消声器、风口等附件的总称。

4 系统经济运行基本要求

4.1 原则要求

通风机系统经济运行应符合 GB/T 13466 的要求。

4.2 对设备要求

4.2.1 通风机的选型应符合以下要求:

a) 满足系统的使用风压和风量;

b) 通风机的选择应符合 GB 19761 的规定;

c) 设计运行工况点应在通风机制造厂规定的经济工作区内;

d) 根据负载特性确定通风机调节方式。

4.2.2 通风机配套的交流电动机应符合 GB 18613 的规定。年运行时间大于 3 000 h、负载率大于 60%的电动机,应采用能效指标符合 GB 18613 中节能评价值的电动机。

4.2.3 通风机宜采用直联方式,若采用皮带轮变速时,宜采用节能型平带或带齿的毛边 V 型带,以降低传动损失。

4.2.4 在满足工艺条件下,应选用适于负载特性的叶轮类型通风机。

4.2.5 设备的选型应采用寿命周期成本分析,选择经济性高的设备。

4.3 对机组要求

4.3.1 机组应与负载特性相匹配,机组控制设备应能满足运行工况变化的要求。

4.3.2 在装配多台机组时,应采用高效通风机承担基本负荷。采用通风机多台联合运行时,在满足工艺、安全及可靠运行的基础上,应使输送单位容积介质电耗最低。

4.3.3 当流量变化幅度在 20%以内,对离心风机应采用进口导叶调节方式;对轴流风机应采用改变动、静叶片安装角的调节方式。

4.3.4 对于负荷变化较大及非连续运行工况,宜采用变频调速装置。变频调速装置的应用技术条件应符合 GB/T 21056 的规定。

4.4 对管网要求

4.4.1 系统中管网应在优化生产工艺的条件下,确定合理配置方案和输送半径。

4.4.2 根据生产工艺要求,合理确定管材和管道尺寸。

4.4.3 合理布置管网,支管宜从主管的上面或侧面连接;减少 90°弯管及其他通流截面突变的管件,减少管道弯曲,通过降压分析和系统优化,降低管网阻力。应减少管网中的弯头、阀门、接头、变径等管件,减少管路附件阻力损失。

4.4.4 合理布局风机进出口管道,进出口管道应有必要的直管段。进口管道不应通过渐扩变径管、急弯管、突变收缩管相连;出口管道不应直接接 90°弯管、不应直接接突然扩大管。

4.4.5 对高速气流管网,转弯处应采用曲率半径大的弯管。分流与汇流时应采用 30°的 Y 形分支管。对中速或低速气流的管网,分流与汇流时应采用 45°或 30°的 Y 形分支管。

4.4.6 管路阻力应平衡,各并联环路压力损失的相对差额在送排风系统中不大于 10%。当通过调整管道断面仍无法达到要求时,宜安装调节装置。

4.4.7 通风机管道内风速应符合表 1 的要求。

表 1 通风机管道内风速

<table>
<tr><th colspan="4">类型</th><th>风速/(m/s)</th></tr>
<tr><td rowspan="2">风机</td><td colspan="3">进口</td><td>7～15</td></tr>
<tr><td colspan="3">出口</td><td>10～30</td></tr>
<tr><td rowspan="8">通风管道</td><td rowspan="7">低速管道</td><td rowspan="2">主管道</td><td>民用</td><td>3.5～4.5</td></tr>
<tr><td>工用</td><td>6～9</td></tr>
<tr><td rowspan="2">分管道</td><td>民用</td><td>3</td></tr>
<tr><td>工用</td><td>4～5</td></tr>
<tr><td rowspan="2">分上升管道</td><td>民用</td><td>2.5</td></tr>
<tr><td>工用</td><td>4</td></tr>
<tr><td colspan="2">大气进气口</td><td>2.5</td></tr>
<tr><td>高速管道</td><td colspan="2">主管道</td><td>20～30</td></tr>
<tr><td rowspan="3">风力输送</td><td colspan="3">谷物</td><td>15～30</td></tr>
<tr><td colspan="3">煤粉</td><td>20～40</td></tr>
<tr><td colspan="3">水泥</td><td>20～40</td></tr>
</table>

表 1（续）

类型		风速/(m/s)
风力输送	氧化铝	30～40
	砂	30～45
	橡胶粉末	15
	纱屑	7.5
	金属屑	18
	锯末	15

4.4.8 管道中弯头应采用导流装置，改善气流分布，降低系统阻力和压降。

4.4.9 应减少风管泄漏率，一般送、排风系统风管泄漏率应控制在10%以内，特殊场合应符合特殊规定的要求。

4.5 对系统要求

4.5.1 计算系统额定工况点时，应绘制出管网总阻力特性曲线与通风机性能曲线，使通风机运行在经济工作区内。系统正常运行工况的通风机运行效率应不小于额定效率的70%。

4.5.2 输送单位容积介质电耗应符合相关标准的要求。

4.5.3 当流量变化幅度小于20%或年运行时间小于4 000 h，宜采用旁路分流、节流等流量调节方法。

4.5.4 负荷变化较大或运行较长的系统，应根据通风机特性、系统结构特点及工艺运行要求等运行工况因素采用相应的调速方式。

4.5.5 在技术及经济条件允许的情况下，宜采用仿真模拟计算对系统进行设计和提出节能优化方案。

4.5.6 在系统运行过程中可采用可编程控制器、直接数字控制器等自动控制手段对系统进行控制。

4.6 系统经济运行管理

4.6.1 基本要求

4.6.1.1 系统中的三相异步电动机的运行状况应符合GB/T 12497的规定。

4.6.1.2 应按照GB 17167的规定，在有关部位安装电量、压力、流量等仪器仪表。

4.6.1.3 应建立运行管理、维护、检修等规章制度，包括：

a) 按制造厂的安装使用说明书进行维护，发现异常及时处理；

b) 定期检修机组设备，及时更换损坏零部件；

c) 定期检查清理管道。

4.6.1.4 应建立维护运行日志和技术档案。

4.6.1.5 应加强管理人员和操作人员的培训。

4.6.2 监测、检查

4.6.2.1 监测与检查可采用巡视、定期仪表检测与集中在线监测的方式。

4.6.2.2 定期检查系统主要部件，维护系统的性能水平与经济运行，主要包括：

a) 定期检查机组设备的振动情况；

b) 定期检查过滤网和通风机叶片；

c) 轴承润滑和更换；

d) 皮带调紧或更换；

e) 定期检查管路的泄漏；

f) 定期检查系统阻力。

4.6.2.3 在技术及经济条件允许的情况下，应在线监测系统进出口压力、温度、流量、电量和调节装置的状态等。

5 系统经济运行的判别与评价方法

5.1 系统经济运行计算判别程序

5.1.1 计算步骤

第一步,按照5.2.1对使用中的机组额定效率进行计算;

第二步,按照5.2.2对使用中的机组运行效率进行计算;

第三步,按照5.2.3对系统管网泄漏率进行计算;

第四步,按照5.2.4对单位容积介质电耗进行计算。

5.1.2 判别程序

第一步,按照5.3对设备进行判别与评价;

第二步,按照5.4对机组运行进行判别与评价;

第三步,按照5.5对管网运行进行判别与评价;

第四步,按照5.6对系统运行进行判别与评价。

当以上某一步出现运行不经济的情况时,应查找原因,提出改进方案,并在实施改造措施达到本标准要求后,再进行下一步判别。

5.2 计算方法

5.2.1 机组额定效率

$$\eta_{Je} = \frac{P_{Ye}}{P_{Je}} \times 100\% \qquad (1)$$

式中:

η_{Je}——机组额定效率;

P_{Ye}——额定状态下,机组输出的有效功率,单位为千瓦(kW);

P_{Je}——额定状态下,电源输入机组的有功功率,单位为千瓦(kW)。

机组额定效率也可用下列简化公式计算:

$$\eta_{Je} \approx \eta_{De} \times \eta_{Ce} \times \eta_{Te} \times \eta_{Fe} \qquad (2)$$

式中:

η_{De}——电动机额定效率;

η_{Ce}——传动机构效率;

η_{Te}——调速装置额定效率;

η_{Fe}——通风机额定效率。

注:式(2)中效率均为制造厂给出。

5.2.2 机组运行效率

$$\eta_{j} = \frac{\sum_{i=1}^{n} P_{Yi\times t_i}}{\sum_{i=1}^{n} W_i} \times 100\% \qquad (3)$$

式中:

η_j——记录期内机组总的平均运行效率;

P_{Yi}——记录期内机组在第 i 种负荷下运行时,通风机输出的有效功率,单位为千瓦(kW);

t_i——记录期内机组在第 i 种负荷下的运行时间,单位为时(h);

W_i——记录期内机组在第 i 种负荷下运行时,电源输入机组的电量,单位为千瓦时(kW·h);

n——记录期内的负荷变化次数。

5.2.3 系统管网泄漏率

$$\lambda_1 = \frac{Q_z - Q'}{Q_z} \times 100\% \quad \cdots\cdots(4)$$

式中：

λ_1——系统管网泄漏率；

Q_z——输入管网的总容积流量，单位为立方米每分(m^3/min)；

Q'——管网输出的总容积流量，单位为立方米每分(m^3/min)。

5.2.4 输送单位容积介质电耗

$$\varepsilon = \frac{\sum_{i=1}^{n} W_i}{\sum_{i=1}^{n} Q_i \times t_i} \quad \cdots\cdots(5)$$

式中：

ε——输送单位容积介质电耗，单位为千瓦时每立方米($(kW \cdot h)/m^3$)；

W_i——记录期内机组在第 i 种负荷下运行时，电源输入机组的电量，单位为千瓦时($kW \cdot h$)；

Q_i——记录期内机组在第 i 种负荷下运行时，通风机输出的风量，单位为立方米每时(m^3/h)；

t_i——记录期内机组在第 i 种负荷下的运行时间，单位为时(h)。

5.3 对设备判别与评价

设备的额定效率大于 GB 18613 和 GB 19761 中规定的节能评价值，则认定设备的选型符合经济运行要求；设备的额定效率大于 GB 18613 和 GB 19761 中规定的能效限定值，则认定设备的选型经济运行合理；设备的额定效率小于 GB 18613 和 GB 19761 中规定的能效限定值，则认定设备的选型不经济。

5.4 对机组运行判别与评价

5.4.1 记录期内实测的机组运行效率与机组的额定效率相比，其比值大于 0.85，则认定机组运行经济；其比值在 0.70～0.85 之间，则认定机组运行合理；其比值小于 0.70，则认定机组运行不经济。

5.4.2 如果机组的效率不同，应用有效功率加权计算平均效率作为判别指标。

5.5 对管网运行判别与评价

5.5.1 应在记录期内进行泄漏测试。一般送、排风系统管网泄漏率小于 5%，则认定管网运行经济；泄漏率在 5%～10%之间，认定管网运行合理；泄漏率大于总容积流量的 10%，认定管网运行不经济。

5.5.2 若系统的调节部件失灵或其他零部件不能正常工作、系统连接处有明显泄漏均认定管网运行不经济。

5.6 对系统运行判别与评价

5.6.1 系统所有设备、机组和管网同时达到 5.3、5.4 和 5.5 的经济运行要求，则认定系统运行经济；系统所有设备、机组和管网其中有达到 5.3、5.4 和 5.5 所要求的运行合理，并没有运行不经济项时，则认定系统运行合理；系统所有设备、机组和管网有一项被判定为运行不经济，则认定系统运行不经济。

5.6.2 不同通风机系统输送单位容积介质电耗符合相关标准的为经济运行，不符合相关标准的为不经济。

6 系统经济运行测试方法

6.1 测试条件

测试应在如下条件下进行：

a) 测试前不应对通风机系统作任何改动；

b) 测试应在具有代表性的工况下进行；

c) 通风机应在稳定的电压、温度和压力下运行。

6.2 测量仪器仪表要求

测量仪器仪表应符合以下要求：

a) 有功电能表的准确度应不低于1.5级；

b) 有功功率表的准确度应不低于1.0级；

c) 压力表的准确度应不低于1.0级；

d) 流量计的准确度应不低于1.5级；

e) 转速表的准确度应不低于0.25级。

测量仪器仪表应定期检定或校准。

6.3 测量方法

6.3.1 测量时应符合以下要求：

a) 在进行系统测试之前，应收集并核对设备原始技术数据和运行数据；

b) 记录期内系统宜采用在线测量和记录数据方法；

c) 主要测点包括进出口、主分配管路、系统部件的进出口等；

d) 对没有安装在线测量仪器仪表的系统，测量的间隔应反映系统负荷变化规律。

6.3.2 通风机系统的测量方法应符合GB/T 13467的规定，工业通风机现场试验应符合GB/T 10178的规定。

6.4 测试数据处理

验证数据有效性后，应按照5.2进行计算，并根据5.6的要求对系统运行状况进行判别与评价。

7 系统经济运行改造措施

7.1 管理措施

7.1.1 对未达到经济运行要求的系统，应进行节能诊断，并做出评估报告。报告内容应包括系统及运行概况、检测方法与数据分析、预防及管理措施、提高能效的改进措施等。评估报告应保存两年以上。实施改进措施后，应对改进效果进行检测，提供检测报告。

7.1.2 制定科学的管理流程，加强通风机系统运行管理。

7.1.3 系统更新改造时，应按照GB/T 13471要求进行经济效益评价。

7.1.4 系统更新改造时，宜采用合同能源管理(EMC)等模式。

7.2 技术措施

7.2.1 当管网运行不经济时，应调整设备运行方式，或采取清洗、更换等措施。

7.2.2 现有机组容量裕度过大，长期处于低负载运行，当系统运行负载基本不变时，可采取下列方法改造：

a) 改变叶轮形状、切割叶轮或重新设计制造叶轮；

b) 更换机组；

c) 降低转速。

ICS 27.010
F 01

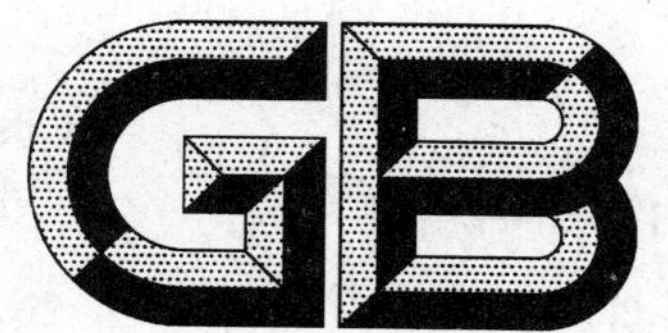

中华人民共和国国家标准

GB/T 17954—2007
代替 GB/T 17954—2000

工业锅炉经济运行

Economical operation of industrial boilers

2007-11-08 发布　　2008-06-01 实施

中华人民共和国国家质量监督检验检疫总局
中国国家标准化管理委员会　发布

前　言

本标准代替 GB/T 17954—2000《工业锅炉经济运行》，与 GB/T 17954—2000 相比，主要内容变化如下：

——调整、补充对工业锅炉经济运行的要求(第 4 章基本要求 4.1、4.4、4.6、4.9、4.10、4.11、4.12、4.13、4.14、4.15、4.16)；

——补充、完善管理原则，明确工业锅炉经济运行考核管理的要求(第 5 章管理原则 5.1、5.2、5.3)；

——全面调整工业锅炉运行热效率等各项技术指标，作出了技术指标综合评判规定(第 6 章技术指标 6.1、6.2、6.3、6.4、6.5 及表 2、表 3、表 4、表 5、表 6)；

——修改工业锅炉经济运行考核方法和时间间隔(第 7 章考核 7.1、7.2、7.3、7.4、7.6)；

——制定工业锅炉经济运行考核记录统一格式《工业锅炉经济运行考核表》(附录 A)；制定工业锅炉运行记录表格式《工业锅炉运行记录表》(附录 B)。

本标准的附录 A 为规范性附录，附录 B 为资料性附录。

本标准由全国能源基础与管理标准化技术委员会提出并归口。

本标准负责起草单位：中国标准化研究院、西安交通大学、西安能源研究会、陕西省特种设备协会、陕西省锅炉压力容器检验所、贵州省锅炉压力容器检验中心。

本标准参加起草单位：上海昱真水处理科技有限公司、广州天鹿锅炉有限公司、重庆智得热工工业有限公司、西安大明电热锅炉有限公司、西安锅炉总厂、陕西省秦牛(集团)股份有限公司、陕西升基利科技有限公司。

本标准主要起草人：徐通模、贾铁鹰、史乐华、王俊民、葛升群、王雅珍、席代国、陈开忠、屈凯、吕连周、刘宽云、张兵、赵国凌。

本标准于 2000 年 1 月首次发布。

工业锅炉经济运行

1 范围

本标准规定了工业锅炉经济运行的基本要求、管理原则、技术指标与考核。

本标准适用于以煤、油、气为燃料、以水为介质的固定式钢制锅炉，包含 GB/T 1921 所列额定蒸汽压力大于 0.04 MPa 至小于 3.8 MPa 且额定蒸发量大于或等于 1 t/h 的各种参数系列的蒸汽锅炉和 GB/T 3166 所列额定出水压力大于 0.1 MPa 且额定热功率大于或等于 0.7 MW 的各种参数系列的热水锅炉。

本标准不适用于余热锅炉、电加热锅炉及有机热载体锅炉。

2 规范性引用文件

下列文件中的条款通过本标准的引用而成为本标准的条款。凡是注日期的引用文件，其随后所有的修改单(不包括勘误的内容)或修订版均不适用于本标准，然而，鼓励根据本标准达成协议的各方研究是否可使用这些文件的最新版本。凡是不注日期的引用文件，其最新版本适用于本标准。

GB 1576 工业锅炉水质

GB/T 1921 工业蒸汽锅炉参数系列

GB/T 3166 热水锅炉参数系列

GB/T 4272 设备及管道保温技术通则

GB 13271 锅炉大气污染物排放标准

GB/T 15317 工业锅炉节能监测方法

GB/T 16811 低压锅炉水处理设施运行效果与监测

GB 50041 锅炉房设计规范

GB 50273 工业锅炉安装工程施工及验收规范

3 术语和定义

下列术语和定义适用于本标准。

3.1

经济运行 economical operation

在保证安全可靠、保护环境和满足供热需求的前提下，通过科学管理、技术改造，提高运行操作水平，使工业锅炉实现高效率、低能耗的工作状态。

4 基本要求

4.1 工业锅炉使用单位应当使用符合安全技术、环境保护、节约能源等相关规范要求的锅炉及配套辅机产品。

4.2 工业锅炉房的设计、布置和建造应符合 GB 50041 的要求。

4.3 工业锅炉安装应符合 GB 50273 的规定，并符合设计要求。

4.4 要做好锅炉水处理工作，水处理设施应符合 GB/T 16811 的规定，给水和锅水水质应符合GB 1576 的要求。

4.5 工业锅炉及其附属设备和热力管道的保温应符合 GB/T 4272 的要求。

4.6 新安装工业锅炉的辅机应选用符合最新国家标准或行业标准要求的高效节能产品；原有工业锅炉所配套的辅机，如属国家公布的淘汰产品，应及时更换为节能产品。

4.7 工业锅炉运行时，应燃用设计燃料或与设计燃料相近的燃料。

4.8 工业锅炉运行中，应调整好燃烧工况，压力、温度、水位均应保持相对稳定。

4.9 工业锅炉运行中，当负荷变化时，应注意监视锅炉运行情况，并及时进行调整。燃煤锅炉的运行负荷不宜经常或长时间低于额定负荷的80%，燃油、气锅炉的运行负荷不宜经常或长时间低于额定负荷的60%。工业锅炉不应超负荷运行。

4.10 工业锅炉运行时大气污染物的排放除应符合GB 13271的规定外，还应符合锅炉使用单位属地相关环保标准的要求。

4.11 工业锅炉运行时受热面烟气侧应定时清灰，保持清洁。受热面汽水侧则应定期检查腐蚀及结垢情况，并防腐除垢。使用清灰剂、防腐剂、除垢剂等化学药剂时应保证安全环保和有效性。

4.12 工业锅炉运行中，应经常对锅炉燃料供应系统、烟风系统、汽水系统、仪表、阀门及保温结构等进行检查，确保其严密、完好。

4.13 工业锅炉运行应配备燃料计量装置、汽或水流量计、压力表、温度计等能表明锅炉经济运行状态的仪器和仪表。在用仪器、仪表应按规定定期校准或检定。

4.14 工业锅炉使用单位应执行《特种设备作业人员管理办法》，运行操作人员应进行安全经济运行培训考核，持证上岗。对总容量达到10 t/h或7 MW以上的工业锅炉房，宜配备专职专业技术人员。

4.15 工业锅炉使用单位应当建立健全在用锅炉安全技术档案，保证设备完好。安全技术档案的内容除应符合《特种设备安全监察条例》的有关规定外，还应包括安装投运验收记录、技术改造档案、节能环保监测档案等。

4.16 在用工业锅炉运行应做好原始记录，锅炉运行记录表格式见附录B。运行工况原始记录的主要项目应符合表1的规定。

表1 工业锅炉运行原始记录项目

锅炉类型	锅炉额定蒸发量 D_e 或额定热功率 Q_e	主要记录项目
蒸汽锅炉	≤4 t/h	燃料品种及消耗量累计值[a]；蒸汽压力、湿度、温度及流量；给水压力、温度及流量；排烟温度；排污量；炉渣或飞灰可燃物含量[b]；水处理化验数据[c]；运行时间；排烟含 O_2 量(或 CO_2 量)
	>4 t/h	燃料品种及消耗量累计值[a]；蒸汽压力、湿度、温度及流量；给水压力、温度及流量；排烟温度；排污量；炉膛出口或排烟处烟气分析数据；炉膛温度及压力；水处理化验数据[c]；除氧器压力及温度；送风温度及风压；炉渣或飞灰可燃物含量[b]；运行时间
热水锅炉	≤2.8 MW	燃料品种及消耗量累计值[a]；热水流量累计值补给水量累计值；进出水的压力、温度；排烟温度；排污量；炉渣或飞灰可燃物含量[b]；水处理化验数据[c]；运行时间；排烟含 O_2 量(或 CO_2 量)
	>2.8 MW	燃料品种及消耗量累计值[a]；热水流量累计值；补给水量累计值；进出水的压力、温度；排烟温度；排污量；炉膛出口或排烟处烟气分析数据；炉膛温度及压力；水处理化验数据[c]；送风温度及风压；炉渣或飞灰可燃物含量[b]；运行时间

注1：对海拔2 000 m以上地区，应增加当地大气压力、湿度及温度的记录。

注2：未注明记录时间的项目为每班至少一次。

注3：对有省煤器、空气预热器、过热器的锅炉，应有相应的压力、温度等记录。

a 燃油、燃气锅炉应增加供油、供气压力的记录。

b 流化床锅炉为飞灰可燃物含量，层燃锅炉为炉渣可燃物含量。当煤种变化时应有化验记录，煤种无变化时，不大于4 t/h或不大于2.8 MW锅炉，应每六个月化验记录一次，大于4 t/h或大于2.8 MW的锅炉应每三个月化验记录一次。

c 每星期应化验记录一次，如采用简易试剂、试纸法，则应每天化验记录一次。

5 管理原则

5.1 工业锅炉经济运行的综合评判分三个运行级别：一级运行、二级运行及三级运行，三级运行为达到经济运行的基本要求，但对于本标准实施之日后新安装投运的锅炉，从锅炉使用证颁发之日起两年以内的以二级运行为达到经济运行的基本要求。

5.2 对工业锅炉经济运行考核评定结果，考核单位应及时向锅炉使用单位所在地政府管理部门报告。

5.3 根据工业锅炉经济运行考核评定结果，对达到一级运行的锅炉使用单位，可向其颁发“一级运行”标牌；对达不到经济运行基本要求的锅炉使用单位，应指明问题所在，提出改进措施，限期其进行整改。

6 技术指标

6.1 工业锅炉运行热效率指标分三个等级，各等级热效率指标应不小于表 2 的规定值。

表 2 工业锅炉运行热效率[a]

以%表示

锅炉额定蒸发量 D_e/(t/h) 或额定热功率 Q_e/MW	运行热效率 η 等级	使用燃料及其燃烧方式															
		层燃[b]								流化床燃烧						室燃	
		烟煤			贫煤	无烟煤			褐煤	低质煤[c]	烟煤			贫煤	褐煤	重油	轻柴油、气[d]
		Ⅰ类	Ⅱ类	Ⅲ类		Ⅰ类	Ⅱ类	Ⅲ类			Ⅰ类	Ⅱ类	Ⅲ类				
1～2 或 0.7～1.4	一等	73	76	78	75	70	68	72	74		73	76	78	75	76	87	89
	二等	70	74	76	72	65	63	68	72		70	73	75	72	73	86	88
	三等	67	72	74	69	62	60	64	70		67	70	72	69	70	85	87
2.1～8 或 1.5～5.6	一等	75	78	80	76	71	70	75	76	74	78	81	82	80	81	88	90
	二等	72	76	78	74	68	66	72	74	72	76	79	80	78	79	87	89
	三等	70	74	76	72	65	63	69	72	70	74	77	78	76	77	86	88
8.1～20 或 5.7～14	一等	76	79	81	78	74	73	77	78	76	79	82	83	81	82	89	91
	二等	74	77	79	76	71	69	74	76	74	77	80	81	79	80	88	90
	三等	72	75	77	74	68	66	72	74	72	75	78	79	77	78	87	89
>20 或 >14	一等	78	81	83	80	77	75	80	81	78	80	83	84	82	83	90	92
	二等	76	78	80	77	74	71	77	78	75	78	81	82	80	81	89	91
	三等	74	76	78	75	71	68	75	76	73	76	79	80	78	79	88	90

a 表中所列为锅炉在额定负荷下运行时的热效率值，非额定负荷下运行时的热效率值，可近似取为表中数值与负荷率的乘积，即 $\eta=\eta_e(D/D_e)$ 或 $\eta=\eta_e(Q/Q_e)$。

b 对抛煤机锅炉，其运行热效率比同等容量层燃锅炉高 1 个百分点。

c 指收到基灰分 $A_{ar}\approx50\%$，收到基低位发热量 $Q_{net.v.ar}\leqslant14.4$ MJ/kg 或折算灰分 $A_{ar,zs}\geqslant36$ g/MJ 的煤。

d 对燃用高炉煤气的工业锅炉，其运行热效率比表中燃用轻柴油、气锅炉的热效率值低 3 个百分点。

6.2 工业锅炉运行排烟温度指标应不超过表 3 的规定值。

表 3　工业锅炉运行排烟温度规定值[a]

单位为摄氏度

有无尾部受热面		无尾部受热面				有尾部受热面[b]	
锅炉类型		蒸汽锅炉		热水锅炉		蒸汽锅炉或热水锅炉	
使用燃料		煤	油、气	煤	油、气	煤	油、气
额定蒸发量 D_e/(t/h)（或额定热功率 Q_e/MW）	≤2(或≤1.4)	<250	<230	<220	<200	<180	<160
	>2(或>1.4)						

a　表中所列为锅炉在额定负荷下运行时的排烟温度值。

b　对部分地区燃用高硫（S_{ar}≥3%）煤的有尾部受热面的锅炉，其运行排烟温度可适当提高，但提高幅度不超过 30℃。

6.3　燃煤工业锅炉运行灰渣可燃物含量指标应不超过表 4 的规定值。

表 4　燃煤工业锅炉运行灰渣可燃物含量规定值[c]

以%表示

锅炉额定蒸发量 D_e/(t/h)（或额定热功率 Q_e/MW）	使用燃料[b]								
	低质煤[a]	烟煤			贫煤	无烟煤			褐煤
		Ⅰ类	Ⅱ类	Ⅲ类		Ⅰ类	Ⅱ类	Ⅲ类	
1～2(或 0.7～1.4)	20	18	18	16	18	18	21	18	18
2.1～8(或 1.5～5.6)	18	15	16	14	16	15	18	15	16
≥8.1(或≥5.7)	14	12	13	11	13	12	15	12	14

a　表中数值除低质煤外均为层燃工业锅炉在额定负荷下运行时对炉渣可燃物含量的要求。

b　表中数值除无烟煤外，可作为流化床燃烧工业锅炉在额定负荷下运行时对飞灰可燃物含量的要求。

c　非额定负荷下运行时的灰渣可燃物含量，可近似取为表中数值与负荷率的乘积。

6.4　工业锅炉运行排烟处过量空气系数指标应不超过表 5 的规定值。

表 5　工业锅炉运行排烟处过量空气系数规定值

使用燃料	煤[a]		油、气
燃烧方式	火床燃烧（层燃）	沸腾燃烧（流化床）	火室燃烧（室燃）
空气系数	<1.65(无尾部受热面) <1.75(有尾部受热面)	<1.50	<1.20

a　燃用无烟煤的火床燃烧锅炉，不受表内数值限制。

6.5　6.1～6.4 所列技术指标以 6.1 中表 2 为总控制指标，工业锅炉经济运行技术指标的最终评判以表 2 为基础，结合 6.2～6.4 各单项指标综合进行。评判采用百分法：燃煤锅炉热效率占 70 分，燃油、气锅炉热效率占 80 分，其中：达到一等热效率指标值为满分，二等按 90%计分，三等按 80%计分，低于三等计 0 分，单项指标每项达标占 10 分，不达标为 0 分，评判结果应符合表 6 的规定。

表 6　工业锅炉经济运行技术指标综合评判级别

技术指标总评分/分	100	90～99	70～89	<70
经济运行级别	一级运行	二级运行	三级运行	不合格

6.6　对于海拔 2 000 m 以上地区，工业锅炉经济运行技术指标，可由当地管理部门根据具体情况对照本标准 6.1～6.4 作合理调整。

7 考核

7.1 工业锅炉经济运行考核应由具有相关资格的监测单位进行，并应认真填写《工业锅炉经济运行考核表》，见附录A。

7.2 工业锅炉经济运行考核，首先应检查是否符合第4章基本要求中的各项要求，若其中有三条(含三条)以上不符合，则应整改后才能进行经济运行技术指标考核。

7.3 工业锅炉经济运行技术指标的综合评判，按6.5的规定进行。

7.4 工业锅炉经济运行考核的时间间隔不超过3年，其间，若管理部门认为有必要抽查时，可临时安排进行考核。对于本标准实施之日后新安装投运的锅炉，从锅炉使用证颁发之日起六个月内应进行首次经济运行考核。

7.5 工业锅炉经济运行技术指标监测方法按GB/T 15317中的规定进行。

附　录　A
（规范性附录）
工业锅炉经济运行考核表

表 A.1　工业锅炉经济运行考核表

被考核单位		考核日期	
锅炉型号规格		燃料品种	
额定蒸发量/(t/h)或 额定热功率/MW		有无尾部受热面	
考核单位		考核监测负责人(签字)	
考核依据		考核监测负责人职称、职务	

<table>
<tr><td>基　本
要　求
考　核</td><td colspan="4">考核结果：</td></tr>
<tr><td rowspan="7">技　术
指　标
考　核</td><td colspan="2">考核项目</td><td>规定值</td><td>测试结果</td></tr>
<tr><td rowspan="3">热效率/%</td><td>一等</td><td></td><td></td></tr>
<tr><td>二等</td><td></td><td></td></tr>
<tr><td>三等</td><td></td><td></td></tr>
<tr><td colspan="2">排烟温度/℃</td><td></td><td></td></tr>
<tr><td colspan="2">炉渣或飞灰可燃物含量/%</td><td></td><td></td></tr>
<tr><td colspan="2">排烟处过量空气系数</td><td></td><td></td></tr>
<tr><td rowspan="7">其　他
项　目
考　核</td><td>考核项目</td><td>结　果</td><td>考核项目</td><td>结　果</td></tr>
<tr><td>排污率/%</td><td></td><td>维护状况</td><td></td></tr>
<tr><td>锅炉负荷率/%</td><td></td><td>使用年限</td><td></td></tr>
<tr><td>汽水泄漏率/%</td><td></td><td>送风机电流/A</td><td></td></tr>
<tr><td>凝结水回收率/%</td><td></td><td>引风机电流/A</td><td></td></tr>
<tr><td>水质化验</td><td></td><td>水泵电流/A</td><td></td></tr>
<tr><td></td><td></td><td></td><td></td></tr>
<tr><td colspan="5">考核结论、处理意见及建议：

考核单位负责人：(签字)　　　　　　　　考核单位：(盖章)
年____月____日</td></tr>
</table>

附　录　B
（资料性附录）
工业锅炉运行记录表

表 B.1　蒸汽锅炉运行记录表

_____年_____月_____日　星期_____　________号炉　燃料品种__________　本日共运行________小时

项　目	早　班								中　班								夜　班							
蒸汽压力/MPa																								
给水温度/℃																								
进风温度/℃																								
炉膛压力/Pa																								
炉膛出口烟温/℃																								
排烟温度/℃																								
省煤器出口水温/℃																								
烟气含氧量/%																								
送风机电流/A																								
引风机电流/A																								
给水泵电流/A																								
水位记录																								
水位表冲洗																								
排污时间																								
除尘器出灰量																								
安全装置校验																								
清洁工作																								

表 B.1(续)

_____年_____月_____日　星期_____　________号炉　燃料品种__________　本日共运行________小时

项　目	早　班				中　班				夜　班			
计量记录	汽表读数		蒸汽产量	t	汽表读数		蒸汽产量	t	汽表读数		蒸汽产量	t
	水表读数		用水量	t	水表读数		用水量	t	水表读数		用水量	t
	燃料表读数		燃料耗量	t或 m^3	燃料表读数		燃料耗量	t或 m^3	燃料表读数		燃料耗量	t或 m^3
	电表读数		用电量	kW·h	电表读数		用电量	kW·h	电表读数		用电量	kW·h
	燃汽(水)比		排污量	t	燃汽(水)比		排污量	t	燃汽(水)比		排污量	t
水质记录	给水硬度	锅水 pH 值	锅水碱度	锅水氯根	给水硬度	锅水 pH 值	锅水碱度	锅水氯根	给水硬度	锅水 pH 值	锅水碱度	锅水氯根
	mmol/L	/	mmol/L	mg/L	mmol/L	/	mmol/L	mg/L	mmol/L	/	mmol/L	mg/L
水箱水位												
运行人员												
其他情况记录												

表 B.2 热水锅炉运行记录表

____年____月____日　　星期____　　____号炉　燃料品种______　　本日共运行______小时

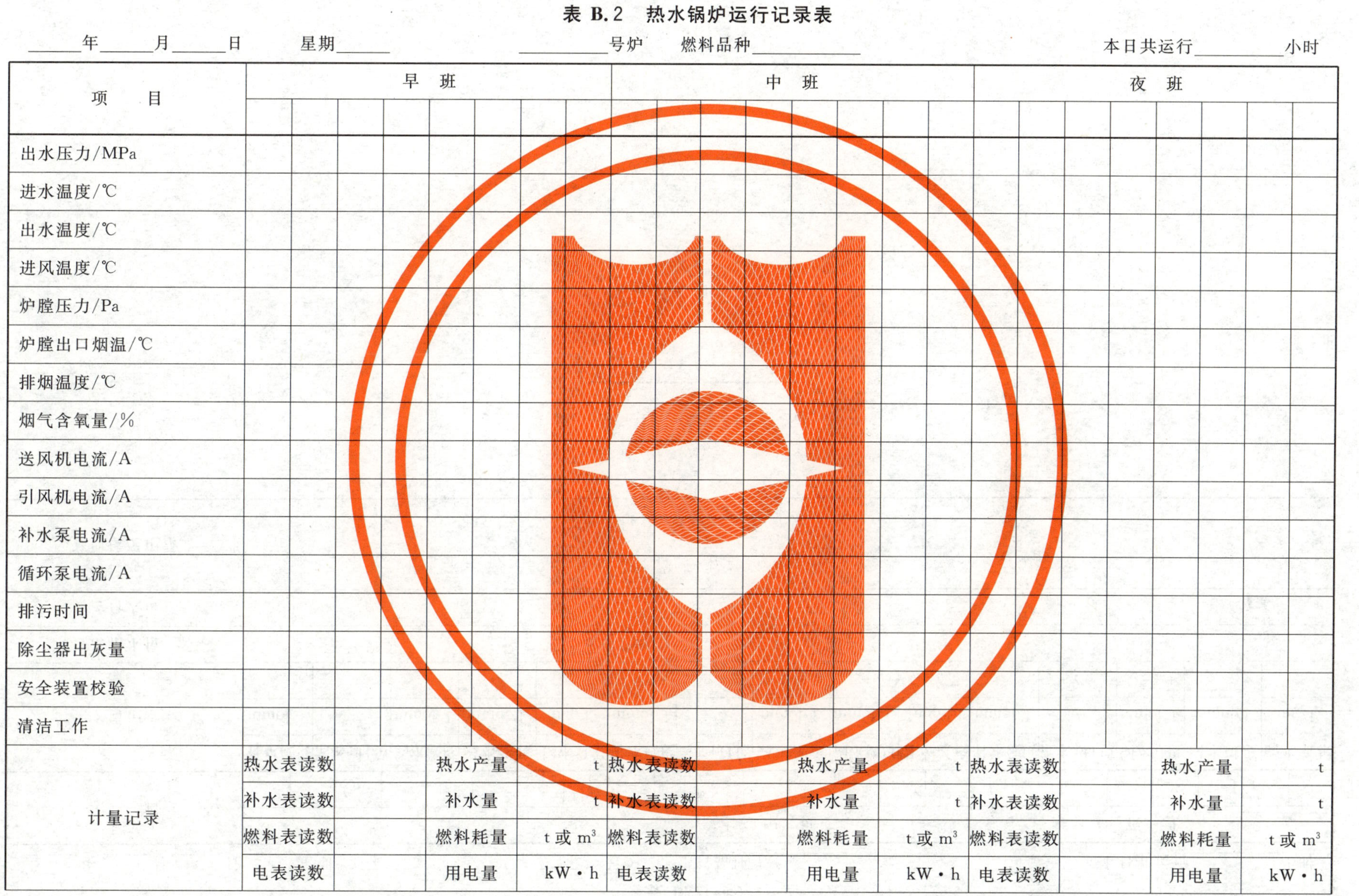

项目	早班								中班								夜班							
出水压力/MPa																								
进水温度/℃																								
出水温度/℃																								
进风温度/℃																								
炉膛压力/Pa																								
炉膛出口烟温/℃																								
排烟温度/℃																								
烟气含氧量/%																								
送风机电流/A																								
引风机电流/A																								
补水泵电流/A																								
循环泵电流/A																								
排污时间																								
除尘器出灰量																								
安全装置校验																								
清洁工作																								
计量记录	热水表读数				热水产量		t		热水表读数				热水产量		t		热水表读数				热水产量		t	
	补水表读数				补水量		t		补水表读数				补水量		t		补水表读数				补水量		t	
	燃料表读数				燃料耗量		t 或 m^3		燃料表读数				燃料耗量		t 或 m^3		燃料表读数				燃料耗量		t 或 m^3	
	电表读数				用电量		kW·h		电表读数				用电量		kW·h		电表读数				用电量		kW·h	

表 B.2(续)

______年______月______日　　星期______　　__________号炉　燃料品种____________　　本日共运行__________小时

项　目	早　班					中　班					夜　班				
水质记录	补水硬度	锅水 pH 值	锅水硬度	锅水碱度	锅水氯根	补水硬度	锅水 pH 值	锅水硬度	锅水碱度	锅水氯根	补水硬度	锅水 pH 值	锅水硬度	锅水碱度	锅水氯根
	mmol/L	/	mmol/L	mmol/L	mg/L	mmol/L	/	mmol/L	mmol/L	mg/L	mmol/L	/	mmol/L	mmol/L	mg/L
水箱水位															
运行人员															
其他情况记录															

ICS 27.010
F 01

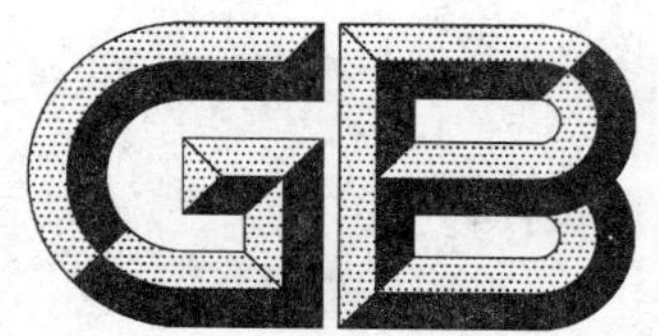

中华人民共和国国家标准

GB/T 17981—2007
代替 GB/T 17981—2000

空气调节系统经济运行

Economic operation of air conditioning systems

2007-12-21 发布　　　　2008-06-01 实施

中华人民共和国国家质量监督检验检疫总局
中国国家标准化管理委员会　发布

前　言

本标准代替 GB/T 17981—2000《空气调节系统经济运行》。

本标准与 GB/T 17981—2000 相比，主要变化如下：

——增补了术语和定义(第 3 章)；

——增加了“空调系统运行时的合理室内环境参数”(4.1)；

——增加了“空调系统用能分项计量”(4.2)；

——在原有条文的基础上进行完善和补充，形成了“空调系统冷热源设备的经济运行”(4.3)，“空调水系统经济运行”(4.4)，“空调风系统经济运行”(4.5)；

——细化和完善了“空调系统经济运行的评价指标与方法”(第 5 章)；

——原“空调系统经济运行和技术管理”改为“节能管理”(第 6 章)；

——增加了“空调环境使用者的行为节能”(6.7)。

本标准的附录 A 为规范性附录，附录 B 为资料性附录。

本标准由国家发展和改革委员会提出。

本标准由全国能源基础与管理标准化技术委员会合理用电分技术委员会归口。

本标准起草单位：清华大学、中国标准化研究院、西北建筑设计院、同济大学、上海市经贸委、上海市节能监查中心、上海建筑科学研究院、深圳物业节能协会、中南建筑设计院、际高集团。

本标准主要起草人：江亿、成建宏、周敏、吴喜平、陈军、魏庆芃、楼振飞、翟克俊、朱伟峰、李海建、马友才、王鑫、李一力、陈凤君。

本标准于 2000 年首次发布。

空气调节系统经济运行

1 范围

本标准规定了空气调节系统(以下简称空调系统)经济运行的基本要求、评价指标与方法和节能管理。

本标准适用于公共建筑(包括采用集中空调系统的居住建筑)中使用的空调系统。

2 规范性引用文件

下列文件中的条款通过本标准的引用而成为本标准的条款。凡是注日期的引用文件,其随后所有的修改单(不包括勘误的内容)或修订版均不适用于本标准,然而,鼓励根据本标准达成协议的各方研究是否可使用这些文件的最新版本。凡是不注日期的引用文件,其最新版本适用于本标准。

GB 19577—2004 冷水机组能效限定值及能源效率等级

GB 50155—1992 采暖通风与空气调节术语标准

GB 50189—2005 公共建筑节能设计标准

GB 50352—2005 民用建筑设计通则

3 术语和定义

GB 19577—2004、GB 50155—1992、GB 50189—2005、GB 50352—2005 所确立的以及下列术语和定义适用于本标准。

3.1

公共建筑 public building

公共建筑包含办公建筑(包括写字楼、政府部门办公室等),商业建筑(如商场、金融建筑等),旅游建筑(如旅馆饭店、娱乐场所等),科教文卫建筑(包括文化、教育、科研、医疗、卫生、体育建筑等),通信建筑(如邮电、通讯、广播用房)以及交通运输用房(如机场、车站建筑等)。

3.2

单位面积空调能耗 energy consumption in unit air conditioning area;ECA

空调系统总能耗与空调面积之比。

3.3

单位面积耗冷量 cold consumption in unit air conditioning area;CCA

空调系统制备的总冷量与空调面积之比。

3.4

空调系统能效比 energy efficiency ratio of air conditioning system;EERs

空调系统制备的总冷量与空调系统总能耗之比。

3.5

制冷系统能效比 energy efficiency ratio of refrigeration system;EERr

空调系统制备的总冷量与制冷系统能耗之比。

3.6

冷冻水输送系数 water transport factor of chilled water;WTFchw

空调系统制备的总冷量与冷冻水泵(包括冷冻水系统的一次泵、二次泵、加压泵、二级泵等)能耗之比。

3.7

空调系统末端　air condition terminal

空调系统中的新风机组、空调机组、风机盘管、变风量箱等末端设备，简称空调末端。

3.8

空调末端能效比　energy efficiency ratio of terminal system；EERt

空调系统制备的总冷量与空调末端能耗之比。

3.9

冷水机组运行效率　coefficient of performance；COP

冷水机组制备的冷量与冷水机组能耗之比。

3.10

冷却水输送系数　water transport factor of condensate water；WTFcw

冷却水输送的热量与冷却水泵能耗之比。

3.11

空调面积　air conditioning area；A

由空调系统设备提供降温、除湿服务的区域的面积。空调区域中的走廊、墙体均应计入空调面积；空调区域与非空调区域邻接时，应取墙中线计算。

4　空调系统经济运行的基本要求

4.1　空调系统运行时的合理室内环境参数

4.1.1　室内环境的主要控制参数是温度、湿度及新风量。

4.1.2　室内环境的主要控制参数不应超过表1规定的范围。

表1　空调系统运行时的室内环境控制参数值

房间类型	夏季		冬季		新风量/(m^3/h·p)
	温度/℃	相对湿度/%	温度/℃	相对湿度/%	
特定房间	≥24	40～65	≤21	30～60	≤50
一般房间	≥26	40～65	≤20	30～60	10～30
大堂、过厅	26～28	—	≤18	—	≤10

注1：特定房间通常为对外经营性且标准要求较高的个别房间，以及其他有特殊需求的房间。对于冬季室内有大量内热源的房间，室内温度可高于以上给定值。

注2：表中的新风量指夏季室外温度或湿度高于室温或冬季室外温度低于室温时的新风量，当利用室外新风对室内进行降温或排湿时，不受此表参数限制。

4.1.3　对允许提高室内空气流动速度的场所，宜在夏季空调系统运行时，通过适当提高空气流动速度和室内温度设定值，既满足舒适性要求又达到节能目的。

4.2　空调系统用能分项计量

4.2.1　用电量分项计量

空调系统用电量应单独进行计量，系统中各类设备的用电量应分项计量，包括：

a)　冷水机组总用电量；

b)　冷冻水系统循环泵总用电量(如有高低分区则应包括高区板式换热器二次侧冷冻水循环泵)；

c)　冷却水系统循环泵总用电量；

d)　冷却塔风机总用电量；

e)　空调箱和新风机组的风机总用电量；

f)　采暖循环泵总用电量；

g） 送、排风机的总用电量；

h） 其他必要的空调系统设备的总用电量(如蓄冷空调系统中的溶液循环泵等)。

4.2.2 热驱动冷水机组能耗计量

使用燃气、燃油等燃料驱动的吸收式冷水机组,应对冷水机组的耗气(油)量进行计量。

使用热水、蒸汽等驱动的吸收式冷水机组,应对冷水机组的耗热量进行计量。

4.2.3 供冷量、供热量计量

应对冷热站的总供冷量、供热量分别进行计量。

采用外部冷热源的单体建筑,应对建筑消耗的冷热量分别进行计量。

4.2.4 空调系统补水量计量

应对空调系统补水量进行计量。

4.2.5 空调系统能耗计量要求

对4.2.1～4.2.4中空调系统消耗数据,应固定时间间隔记录,宜采用自动记录,集中监测。

4.2.6 分项计量数据统计分析

应对用能数据定期进行统计分析,并按照本标准第5章所规定的评价指标和方法,指导空调系统经济运行。

4.3 空调系统冷热源设备的经济运行

4.3.1 冷热源设备运行调度

间歇运行的冷热源设备,应根据实际需要选择合理的运行时间,宜在供冷或供热前0.5 h～2 h开启,供冷或供热结束前0.5 h～2 h关闭。

在有条件时,宜采用错峰运行措施,充分利用低谷电价。

4.3.2 防止冷水机组的水系统旁通

应关闭处于停止状态的冷水机组的冷冻水与冷却水管路上的阀门,防止短路旁通。

4.3.3 冷热源设备的优化运行

a） 在非高温高湿的室外工况下,应适当提高冷冻水供水温度。

b） 在满足空调负荷需求的情况下,应优先选择效率高、经济性好的冷热源设备运行。

c） 应根据负荷变化实行合理的群控措施,使每台冷热源设备均在合理的负荷率下运行,避免冷热源设备低负荷低效率运行。

d） 应调整各冷热源设备间的输配介质流量,使其流量与负载相匹配。

e） 有条件的情况下,在过渡季,宜采用冷却塔直接供冷措施。

4.3.4 防止冷水机组换热器结垢

冷水机组蒸发器的蒸发温度与冷冻水出口温度之差、冷凝器的冷凝温度与冷却水出口温度之差应在正常范围内,当超出时应及时检查蒸发器和冷凝器的结垢情况,并采取措施消除。

4.3.5 冷却塔的优化运行

a） 应综合考虑冷却塔的性能对冷水机组耗能的影响,使冷却塔出水温度接近室外空气湿球温度。

b） 多台冷却塔并联运行时,应充分利用冷却塔换热面积,开启全部冷却塔,同时冷却塔风机宜采用变风量调节。应保持各冷却塔之间水量均匀分配。

c） 多台冷却塔并联运行并采用风机台数启停控制时,应关闭不工作冷却塔的冷却水管路的水阀,防止冷却水通过不开风机的冷却塔旁通。

d） 应保持冷却塔周围通风良好。

4.3.6 其他

a） 非空调期冷水机组停机时,应切断电源,防止冷水机组待机时持续加热润滑油消耗电能,宜按照技术要求在使用前若干小时接通电源预热润滑油。

b） 应确保风冷式冷水机组的室外机通风良好,并防止被阳光直射。

c) 应对空调系统中用蒸汽设备的凝结水进行回收利用。

d) 当有一定生活用热需求时，应采用制冷机冷凝热回收措施。

4.4 空调水系统经济运行

4.4.1 冷冻水泵和冷却水泵的运行台数应满足冷水机组的运行需求。

4.4.2 在部分末端不满足环境控制要求时，应通过对末端水系统的平衡调节来改善该部分末端的空调效果，而不能盲目地增加循环泵开启台数。

4.4.3 有变频控制的水系统，冷却水的总供回水温差不应小于5℃；冷冻水的总供回水温差不应小于4℃。

4.4.4 当采用二次泵系统时，应采取措施，使冷冻水供回水温差不小于4℃。

4.4.5 冬季供暖工况下，热水供回水温差不应小于设计工况的80%。

4.4.6 安装有限流器的水系统，应检查有没有使用必要，如没有必要，应予以拆除。

4.5 空调风系统经济运行

4.5.1 间歇运行的空调系统宜在使用前30 min启动空气处理机组进行预冷或预热，并关闭新风风阀。预冷或预热结束后开启新风风阀。

在空调房间停止使用前15 min～30 min宜关闭空气处理机组；应避免空调房间停止使用后仍开启空气处理机组。

4.5.2 全空气空调系统的空气处理机组风机宜采用变频调速控制。

4.5.3 人员密度相对较大且变化大的房间，宜采用新风需求控制。

4.5.4 为保持空调运行期间建筑物内部新风和排风的平衡，应合理控制新风机组和排风机的运行，关闭外窗，减少无组织新风；应防止车库、厨房、楼梯间、吊顶空间等非空调区域与空调区域间的不合理空气流动，避免有换气次数要求的非空调区域从空调区域中大量抽风，导致大量无组织新风进入空调区域，增加空调系统的负荷。

4.5.5 在室外气温适宜的条件下，如春秋季、夏季夜间，应充分利用室外空气降温、蓄冷，减少机械制冷设备运行时间。

4.5.6 新、排风热回收装置应正常运转。空调系统运行时应开启热回收装置，保证新、排风道风阀开关位置正确；过渡季节利用新风降温时，应采取旁通运行。

4.5.7 应减少风道漏风，保持过滤器、表冷器清洁。

5 空调系统经济运行的评价指标与方法

以下指标即可用于全年累计工况的综合评价，也可用于典型工况的瞬态工况的测试评价，两者的节能基准值不同。主要参数符号说明：

α:能源折成等效电的系数；

β:等效电折算成标准煤的系数；

A:空调面积；

W:能源消耗量；

N:电力消耗量；

Q:冷热量(如无下标，则为空调系统制备的总冷量)；

sc(standard coal):标准煤；

LV(1imit value):限值；

chiller(chiller):冷水机组；

cp(condensate water pump):冷却水泵；

cw(condensate water):冷却水；

chp(chilled water pump):冷冻水泵；

chw(chilled water)：冷冻水；

ct(cooling tower)：冷却塔；

t(terminal)：空调末端。

5.1 单位面积空调能耗(ECA)

输入建筑空调系统的电、冷、热、燃油、燃气等能源均应计入该指标。

单位面积空调能耗(ECA)的计算见式(1)：

$$ECA = \frac{\sum \alpha_i W_i}{A} \quad \cdots\cdots (1)$$

式中：

ECA——单位面积空调能耗，单位为千瓦时每平方米(kW·h/m²)；

α_i——能源 i 按能源品位折算成等效电的系数，不同类型能源所对应的 α_i 的数值和单位见附录 B；

W_i——能源 i 的消耗量；

A——空调面积，单位为平方米(m²)。

式(2)可将单位面积空调电耗由等效电单位转化为标准煤单位。

$$ECA_{sc} = \beta ECA \quad \cdots\cdots (2)$$

式中：

ECA_{sc}——单位面积空调能耗，单位为千克标准煤每平方米(kgce/m²)；

β——电折算成标准煤的系数，单位为千克标准煤每千瓦时[kgce/(kW·h)]，取值见附录 B。

5.2 单位空调面积耗冷量(CCA)

单位空调面积耗冷量(CCA)的计算见式(3)：

$$CCA = \frac{Q}{A} \quad \cdots\cdots (3)$$

式中：

CCA——单位空调面积耗冷量，单位为千瓦时每平方米(kW·h/m²)；

Q——空调系统制备的总冷量，单位为千瓦时(kW·h)。

5.3 空调系统能效比(EERs)

当输入空调系统的能源全部为电能时，该指标适用。

5.3.1 计算公式

$$EERs = \frac{Q}{\sum N_i} \quad \cdots\cdots (4)$$

式中：

EERs——空调系统能效比；

$\sum N_i$——空调系统设备(包括冷水机组、冷却水泵、冷却塔、空调系统末端设备等)的年电耗，单位为千瓦时(kW·h)。

5.3.2 评价方法

该指标用于评价空调系统的整体运行效率。

该指标的限值 $EERs_{LV}$ 可用式(5)计算：

$$EERs_{LV} = \frac{1}{\frac{1}{EERr_{LV}} + \frac{1}{WTFchw_{LV}} + \frac{1}{EERt_{LV}}} \quad \cdots\cdots (5)$$

式中：

$EERs_{LV}$——空调系统能效比限值；

$EERr_{LV}$——制冷系统能效比限值；
$WTFchw_{LV}$——冷冻水输送系数限值；
$EERt_{LV}$——空调末端能效比限值。

5.4 制冷系统能效比(EERr)

当采用电驱动冷水机组时，该指标适用。

5.4.1 计算公式

$$EERr = \frac{Q}{\sum N_j} \qquad \cdots\cdots(6)$$

式中：

EERr——制冷系统能效比；

$\sum N_j$——制冷系统主要设备(对采用蒸发冷却的水冷冷水机组而言，制冷系统包括冷水机组、冷却水泵、冷却塔；对风冷冷水机组而言，制冷系统仅包括制冷主机)的年电耗，单位为千瓦时(kW·h)。

当系统采用水冷冷水机组，并采用蒸发式冷却塔冷却时，$\sum N_j$ 应采用式(7)计算：

$$\sum N_j = N_{chiller} + N_{cp} + N_{ct} \qquad \cdots\cdots(7)$$

式中：

$N_{chiller}$，N_{cp}，N_{ct}——分别为冷水机组、冷却水泵、冷却塔能耗，单位为千瓦时(kW·h)。

5.4.2 评价方法

该指标用于评价空调系统中制冷子系统的经济运行情况。

该指标的限值 $EERr_{LV}$ 可用式(8)计算：

$$EERr_{LV} = \frac{1}{\frac{1}{COP_{LV}} + \frac{1}{WTFcw_{LV}} + 0.02} \qquad \cdots\cdots(8)$$

式中：

COP_{LV}——冷水机组运行效率限值；
$WTFcw_{LV}$——冷却水输送系数限值。

5.5 冷冻水输送系数(WTFchw)

5.5.1 计算公式

$$WTFchw = \frac{Q}{N_{chp}} \qquad \cdots\cdots(9)$$

式中：

WTFchw——冷冻水输送系数；

N_{chp}——冷冻水泵总能耗，单位为千瓦时(kW·h)。

5.5.2 评价方法

该指标用于评价空调系统中冷冻水系统的经济运行情况。

用于全年累计工况的评价，该指标的限值 $WTFch_{LV}$ 为 30。

用于典型工况的评价，该指标的限值 $WTFch_{LV}$ 为 35。

5.6 空调末端能效比(EERt)

5.6.1 计算公式

$$EERt = \frac{Q}{\sum N_t} \qquad \cdots\cdots(10)$$

式中：

EERt——空调末端能效比；

$\sum N_t$——各类空调末端(包括各类空调机组、新风机组、排风机组、风机盘管等)的年电耗，单位为千瓦时(kW·h)。

5.6.2 评价方法

该指标用于评价空调系统中空调末端的经济运行情况。

该指标受空调末端类型影响较大，对不同的空调末端类型，该指标的限值如表2所示。

表2 不同空调末端类型对应的空调末端能效比限值

空调末端类型	空调末端能效比限值 $EERt_{LV}$	
	全年累计工况	典型工况
全空气系统	6	8
新风＋风机盘管系统	9	12
风机盘管系统	24	32

当系统采用多种末端时，设第 i 种末端服务的空调面积为 A_i（若有两种或多种空调末端服务于同一区域，则该区域按 $EERt_{LV}$ 值最大的空调末端类型进行统计），对应的能效比限值为 $EERt_{LV,i}$，则该系统的空调末端能效比限值 $EERt_{LV}$ 可按式(11)计算：

$$EERt_{LV} = \frac{\sum A_i EERt_{LV,i}}{A} \qquad (11)$$

5.7 冷水机组运行效率(COP)

5.7.1 计算公式

$$COP = \frac{Q}{N_{chiller}} \qquad (12)$$

式中：

COP——冷水机组的运行效率；

$N_{chiller}$——冷水机组的能耗，单位为千瓦时(kW·h)。对电制冷冷水机组，$N_{chiller}$ 为输入的电量；对吸收式冷水机组，$N_{chiller}$ 为加热源消耗量(以低位热值计)与电力消耗量(折算成一次能)之和。

5.7.2 评价方法

该指标用于评价冷水机组的经济运行情况。

该限值 COP_{LV} 与设计冷负荷的关系如表3所示。

表3 冷水机组运行效率限值

设计冷负荷 CL/kW	电制冷冷水机组运行效率限值		吸收式冷水机组运行效率限值	
	全年累计工况	典型工况	全年累计工况	典型工况
$CL \leqslant 200$	2.8	3.0	1.0	1.1
$200 < CL \leqslant 528$	4.2	4.4		
$528 < CL \leqslant 1163$	4.5	4.7		
$CL > 1163$	4.8	5.1		

5.8 冷却水输送系数(WTFcw)

5.8.1 计算公式

$$WTFcw = \frac{Q_{cw}}{N_{cp}} \qquad (13)$$

式中：

WTFcw——冷却水输送系数；

Q_{cw}——冷却水输送的热量，单位为千瓦时(kW·h)；

N_{cp}——冷却水泵能耗，单位为千瓦时(kW·h)。

5.8.2 评价方法

该指标用于评价空调系统中冷却水系统的经济运行情况。

用于全年累计工况的评价,该指标的限值 $WTFcw_{LV}$为 25;用于典型工况的评价,该指标的限值 $WTFcw_{LV}$为 30。

6 节能管理

6.1 空调系统经济运行管理应有专人负责。运行管理人员应通过相关知识、技能考核,具备空调系统经济运行管理资格。

6.2 空调系统运行管理部门应建立健全运行管理制度。

6.3 空调系统运行管理部门应建立设备技术档案,应建立设备运行记录,并归档保存。

6.4 空调系统运行管理部门应按本标准制订空调系统经济运行操作手册。

6.5 空调系统运行管理部门应每月对能耗数据进行分析,对经济运行状况进行评价,对能耗浪费现象进行整改。

6.6 空气调节系统宜采用自动控制,通过节能控制策略,实现空调系统和设备的经济运行。

6.7 空调环境使用者的行为节能

a) 房间内由可控空调末端装置时,房间温度设定值应按表 1 选取。

b) 离开房间 1h 以上时,应关闭房间空调末端装置。

c) 空调系统运行期间,且有新风机组运行时,应关闭外窗。

d) 夏季阳光直射室内时宜采取遮阳措施。

附 录 A
（规范性附录）
指标体系结构与适用范围

所采用的空调系统经济运行评价指标体系结构如图 A.1 所示。

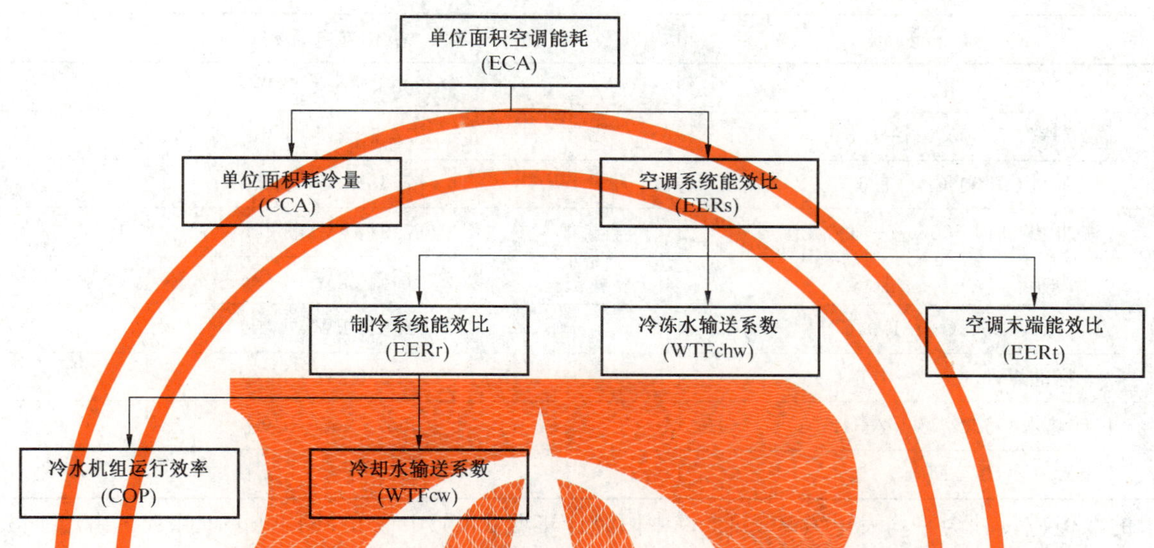

图 A.1 空调系统经济运行评价指标体系结构

该指标体系完全适用于采用电驱动水冷式冷水机组的空调系统。当系统冷源不同时，部分指标不适用，如表 A.1 所示。

表 A.1 空调系统经济运行评价指标的适用范围（针对不同的冷源）

指标名称	电驱动冷水机组		吸收式冷水机组
	水冷式	风冷式	
ECA	适用	适用	适用
CCA	适用	适用	适用
EERs	适用	适用	不适用
EERr	适用	适用	不适用
EERt	适用	适用	适用
WTFchw	适用	适用	适用
WTFcw	适用	不适用	适用
COP	适用	不适用	适用

本指标体系分别给出了全年累计工况和典型工况的基准值，分别适用于节能评估（全年工况测评）和节能检测（单点工况测试）。

由于建筑类型多样、气象参数多变、空调系统类型多样，ECA 和 CCA 两个指标无法给出统一的限值；但它们都是反映空调系统经济运行水平的重要指标，可在统计数据的基础上进行横向比较，也可用于运行管理人员自查，与历史运行情况进行纵向比较。

在实际应用可根据需要，选择部分指标进行检测和评估，一般来说，图 A.1 中上层的指标反映系统的整体特性，下层的指标体现具体问题。

附 录 B
（资料性附录）
各种能源的折算系数

各种能源的折算系数见表 B.1

表 B.1 各种能源折算成等效电的系数

终 端 能 源	折标准电系数 α
电	1.000 kW·h/(kW·h)
天然气(1 500 ℃/−1.6 ℃)	7.156 kW·h/m^3
原油(1 500 ℃/−1.6 ℃)	7.686 kW·h/kg
汽油、煤油(1 500 ℃/−1.6 ℃)	7.917 kW·h/kg
柴油(1 500 ℃/−1.6 ℃)	7.840 kW·h/kg
原煤(550 ℃/−1.6 ℃)	2.640 kW·h/kg
标准煤(550 ℃/−1.6 ℃)	3.695 kW·h/kg
市政热水(95 ℃/70 ℃/−1.6 ℃)	65.6 kW·h/GJ
市政蒸汽(0.4 MPa/−1.6 ℃)	96.7 kW·h/GJ

β的取值应按社会平均发电效率选取。《中国统计年鉴 2005》中取 0.361 9 kgce/(kW· h)。

ICS 27.010
F 01

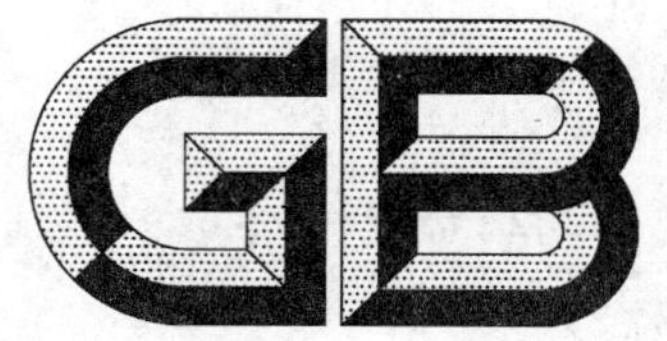

中华人民共和国国家标准

GB/T 18292—2009
代替 GB/T 18292—2001

生活锅炉经济运行

Economical operation of domestic boilers

2009-03-11 发布　　　　2009-11-01 实施

中华人民共和国国家质量监督检验检疫总局
中国国家标准化管理委员会　发布

前　言

本标准代替 GB/T 18292—2001《生活锅炉经济运行》。

本标准与 GB/T 18292—2001 相比主要技术内容变化如下：

——明确了本标准适用于以煤、油、气为燃料，以水为介质的固定式锅炉及其具体适用范围，同时明确本标准不适用于有机热载体炉、热风炉、余热锅炉及电加热锅炉；

——规范性引用文件中增加《蒸汽锅炉安全技术监察规程》、《热水锅炉安全技术监察规程》、《小型和常压热水锅炉安全监察规定》、GB 8978《污水综合排放标准》、GB/T 16811《工业锅炉水处理设施运行效果与监测》、JB/T 7985《小型锅炉和常压热水锅炉技术条件》及 JB/T 10094《工业锅炉通用技术条件》；

——对生活锅炉给予明确定义，对经济运行的定义作了适当修改(3.1、3.2)；

——修改、调整了对生活锅炉经济运行的基本要求(4.1、4.2、4.3、4.4、4.5、4.8、4.9、4.11、4.13、4.14 及表 1)；

——明确了生活锅炉经济运行分级的基本要求(第 5 章)；

——对生活锅炉运行热效率及其他技术指标进行了调整，并对生活锅炉经济运行级别作出了综合评判规定(6.1、6.2、6.3、6.4、6.6 及表 2、表 3、表 4、表 5、表 7)；

——明确了生活锅炉运行热效率测试与其他技术指标测试的方法，并明确测试应在锅炉实际工况下运行时进行(7.1、7.2)；

——对考核方法及要求进行了部分修改和调整(8.2、8.5)；

——制定了生活锅炉运行记录格式《生活锅炉运行记录表》和生活锅炉经济运行考核记录统一格式《生活锅炉经济运行考核表》(附录 A、附录 B)。

本标准的附录 B 为规范性附录，附录 A 为资料性附录。

本标准由全国能源基础与管理标准化技术委员会提出并归口。

本标准负责起草单位：中国标准化研究院、浙江省特种设备检验研究院、广州天鹿锅炉有限公司、西安能源研究会。

本标准参加起草单位：上海昱真水处理科技有限公司、陕西省渭南锅炉厂、陕西升基利科技有限公司、陕西科汇热工技术有限责任公司、浙江特富锅炉有限公司。

本标准主要起草人：柴隆谟、贾铁鹰、丁守宝、成德芳、席代国、王雅珍、孙路、向西成、张建联、邓龙强、赵国凌。

本标准所代替标准的历次版本发布情况为：

——GB/T 18292—2001。

生活锅炉经济运行

1 范围

本标准规定了生活锅炉经济运行的定义、基本要求、运行分级、技术指标、监测方法与考核。

本标准适用于以煤、油、气为燃料，以水为介质的固定式额定工作压力小于或等于1.0 MPa且额定蒸发量小于1 t/h的蒸汽锅炉或额定热功率小于0.7 MW的承压热水锅炉和常压热水锅炉。

本标准不适用于有机热载体炉、热风炉、余热锅炉及电加热锅炉。

2 规范性引用文件

下列文件中的条款通过本标准的引用而成为本标准的条款。凡是注日期的引用文件，其随后所有的修改单(不包括勘误的内容)或修订版均不适用于本标准，然而，鼓励根据本标准达成协议的各方研究是否可使用这些文件的最新版本。凡是不注日期的引用文件，其最新版本适用于本标准。

GB/T 4272 设备及管道绝热技术通则

GB 5749 生活饮用水卫生标准

GB 8978—1996 污水综合排放标准

GB/T 10820 生活锅炉热效率及热工试验方法

GB 13271 锅炉大气污染物排放标准

GB/T 15317 工业锅炉节能监测方法

GB/T 16811 工业锅炉水处理设施运行效果与监测

GB 50041 锅炉房设计规范

GB 50273 工业锅炉安装工程施工及验收规范

JB/T 7985 小型锅炉和常压热水锅炉技术条件

JB/T 10094 工业锅炉通用技术条件

蒸汽锅炉安全技术监察规程

热水锅炉安全技术监察规程

小型和常压热水锅炉安全监察规定

3 术语和定义

下列术语和定义适用于本标准。

3.1

生活锅炉 domestic boilers

能提供一定参数的饱和蒸汽或热水，主要用于采暖、洗浴、餐饮等生活服务的热工设备。

3.2

经济运行 economical operation

在满足运行安全、可靠、保护环境和供热要求的前提下，通过科学管理、技术改造、提高运行操作水平，使在用生活锅炉处于高效、节能、节水的工作状态。

4 基本要求

4.1 生活锅炉使用单位应优先选用国家推荐的节能产品，不能选用国家公布的淘汰产品。

4.2 蒸汽锅炉应符合《蒸汽锅炉安全技术监察规程》;承压热水锅炉应符合《热水锅炉安全技术监察规程》;小型锅炉应符合《小型和常压热水锅炉安全监察规定》;常压热水锅炉应确保在不承压状态下运行。

4.3 生活锅炉锅炉房的设计、布置和建造应考虑到对周围环境的影响和便于对锅炉进行操作、检修;锅炉房应有足够的光线和良好的通风条件,其设计应符合 GB 50041 的规定。

4.4 生活锅炉安装应符合设计要求,并按照制造厂提供的安装使用说明书进行,蒸汽锅炉和承压热水锅炉安装应符合 GB 50273 的规定,常压热水锅炉系统应符合 JB/T 7985 的要求。锅炉安装完毕,应进行包括热工性能测试在内的竣工验收,蒸汽锅炉和承压热水锅炉应取得锅炉使用登记证。

4.5 生活锅炉水处理可采用锅内加药处理或锅外物理化学处理方法,给水和锅水监测按 GB/T 16811 执行。饮用水锅炉的水质应符合 GB 5749 的规定。锅炉房排污水应符合 GB 8978—1996 中二级标准的规定。

4.6 生活锅炉大气污染物排放指标应符合 GB 13271 的要求。

4.7 生活锅炉及其附属设备和热力管道的保温应符合 GB/T 4272 的要求。

4.8 生活锅炉的辅机应选用高效低噪产品,不应使用国家公布的淘汰产品,锅炉房的噪声应符合 GB 50041 的有关规定。原有生活锅炉的辅机属国家公布的淘汰产品,应更换为高效低噪产品。

4.9 生活锅炉运行应制定操作规程,锅炉的运行人员应按规定进行安全、经济运行等内容培训,蒸汽锅炉和承压热水锅炉运行人员需持政府主管职能部门颁发的特种设备作业人员证上岗。

4.10 生活锅炉运行时应合理配风,尽可能保持良好的运行工况,压力、温度、水位等运行参数应保持相对稳定。锅炉宜在 75%～100%额定出力下运行。

4.11 生活锅炉应选用与设计燃料同一类的燃料为运行燃料。燃煤锅炉应积极推广清洁煤燃料及其相应的燃烧方式。

4.12 生活锅炉受热面应定期除垢清灰,保持清洁。使用清灰剂等化学药剂,应防止炉内结渣、受热面沾污及腐蚀和造成影响锅炉安全性的炉内爆震。

4.13 生活锅炉运行中,应经常对汽水管道、阀门、仪表及保温结构和锅炉烟风道、炉墙、炉门、烟箱、风机及除尘设备以及供油、供气等燃料供应系统管道、阀门的严密性进行检查,发现泄漏、损坏应及时修理。

4.14 生活锅炉运行应配备燃料耗量计量器具、汽或水流量计、压力表、温度计等能反映锅炉经济运行状态的仪器、仪表。在用仪器、仪表应在校验周期内,按规定定期检查、校正和维护。燃油、燃气锅炉应按锅炉安全技术监察规程和 JB/T 10094 的要求配备燃烧过程自控装置。

4.15 生活锅炉应做好运行工况记录和检修记录。运行工况记录的主要项目应符合表 1 的规定。

4.16 蒸汽锅炉运行记录表和热水锅炉运行记录表参见附录 A。

表 1 锅炉运行工况记录项目

锅炉类型	记录项目
蒸汽锅炉	运行时间
	燃料品种及消耗量
	蒸汽压力、温度
	蒸汽流量或给水流量
	燃煤锅炉炉渣可燃物含量[a]
	水质化验数据
	排烟温度
	排污次数及时间

表 1（续）

锅炉类型	记录项目
热水锅炉	运行时间
	燃料品种及消耗量
	进出水压力、温度
	热水流量、补水量
	燃煤锅炉炉渣可燃物含量[a]
	水质化验数据
	排烟温度
	排污次数及时间
注：对海拔高度在 2 000 m 以上的地区，每季记录大气压力。	
[a] 对额定蒸发量≥0.5 t/h 或额定热功率≥0.35 MW 的锅炉进行，煤种变化时应化验并记录；煤种无变化时每半年进行一次。	

5 运行分级

生活锅炉经济运行综合评判分三个运行级别：一级（运行）、二级（运行）、三级（运行）。三级运行为达到经济运行的基本要求，对新安装的锅炉，从投运之日起两年以内的，应以二级运行为达到经济运行的基本要求。对达到一级、二级运行的锅炉使用单位，可向其颁发“一级运行”、“二级运行”标志。

6 技术指标

6.1 生活锅炉经济运行热效率指标分三个级别，各级别热效率指标应不小于表 2 的规定值。

表 2 生活锅炉运行热效率[a]

%

锅炉额定蒸发量 D/(t/h)或额定热功率 Q/MW	等级	使用燃料									
		烟煤			贫煤	无烟煤			褐煤	油[b]	气[b]
		Ⅰ类	Ⅱ类	Ⅲ类		Ⅰ类	Ⅱ类	Ⅲ类			
D<0.5 或 Q<0.35	一级	62	65	68	66	58	56	61	63	83	84
	二级	59	62	65	62	56	53	57	61	78	79
	三级	57	60	63	60	52	50	53	59	73	74
0.5≤D<1 或 0.35≤Q<0.7	一级	67	70	73	70	62	60	66	67	84	86
	二级	63	65	68	66	58	56	60	63	80	82
	三级	59	61	64	62	54	52	55	60	76	77
0.7≤Q≤1.4	一级	69	72	75	72	65	64	69	70	86	88
	二级	65	68	71	69	62	60	65	67	83	85
	三级	63	65	68	67	58	56	61	65	79	80
Q>1.4	一级	72	75	78	75	68	66	74	74	86	88
	二级	70	72	75	73	64	64	71	72	83	85
	三级	67	70	73	71	63	62	68	70	80	82

[a] 表中数值为在用锅炉实际工况下运行时的热效率值。

[b] 油为轻柴油，气为天然气。

6.2 生活锅炉经济运行排烟温度指标分三个级别，各等级指标应不大于表3的规定值。

表3 生活锅炉运行排烟温度规定值

℃

锅炉额定蒸发量 D/(t/h) 或额定热功率 Q/MW	蒸汽锅炉			热水锅炉		
	一级	二级	三级	一级	二级	三级
$0.5 \leqslant D < 1$ 或 $0.35 \leqslant Q < 0.7$	230	250	270	210	230	250
$0.7 \leqslant Q \leqslant 1.4$	—	—	—	200	220	240
$Q > 1.4$	—	—	—	180	200	220

6.3 燃煤生活锅炉经济运行炉渣可燃物含量指标应不大于表4的规定值。

表4 燃煤生活锅炉运行炉渣可燃物含量

%

锅炉额定蒸发量 D/(t/h) 或额定热功率 Q/MW	使用煤种							
	烟煤			贫煤	无烟煤			褐煤
	Ⅰ类	Ⅱ类	Ⅲ类		Ⅰ类	Ⅱ类	Ⅲ类	
$0.5 \leqslant D < 1$ 或 $0.35 \leqslant Q < 0.7$	23	20	18	20	25	28	23	20
$0.7 \leqslant Q \leqslant 1.4$	20	18	16	18	20	23	18	18
$Q > 1.4$	18	16	14	16	18	20	15	16

6.4 生活锅炉经济运行排烟处空气系数指标分三个等级，各等级指标应不大于表5的规定值。

表5 生活锅炉运行排烟处空气系数

燃料	燃烧方式	空气系数		
		一级	二级	三级
煤	层燃	2.0	2.2	2.4
油、气[a]	室燃	1.20	1.25	1.30

[a] 油为轻柴油，气为天然气。

6.5 生活锅炉经济运行炉体外表面温度指标应不大于表6的规定值。

表6 生活锅炉运行炉体外表面温度规定值

℃

炉体部位	侧面	炉顶
炉体外表面距门、孔边缘300 mm以外处	50	70

6.6 生活锅炉经济运行级别以锅炉运行热效率所达到的等级为总控制指标，结合表3～表6所列各单项指标的达标情况进行综合评判，各单项指标以达到三等(含三等)以上要求为达标，评判结果如表7所示。

表7 生活锅炉经济运行综合评判级别

<table>
<tr><td colspan="2">锅炉运行热效率</td><td>一等</td><td>二等</td><td>三等</td><td>不达标</td></tr>
<tr><td rowspan="4">各单项指标</td><td>全部达标</td><td>一级运行</td><td rowspan="2">二级运行</td><td rowspan="3">三级运行</td><td rowspan="4">不符合经济运行基本要求</td></tr>
<tr><td>一项不达标</td><td>二级运行</td></tr>
<tr><td>二项不达标</td><td>三级运行</td><td>三级运行</td></tr>
<tr><td>三项及以上不达标</td><td colspan="3">不符合经济运行基本要求</td></tr>
</table>

7 监测方法

7.1 生活锅炉运行热效率的测试方法参见 GB/T 10820 的规定进行；其他技术指标的测试方法按 GB/T 15317 的规定进行。

7.2 生活锅炉经济运行技术指标的测试应在锅炉实际工况下运行时进行。

8 考核

8.1 生活锅炉经济运行首先应符合第 4 章基本要求中的各项规定。

8.2 生活锅炉经济运行应符合第 6 章技术指标中的各项要求。对额定蒸发量小于 0.5 t/h 的蒸汽锅炉或额定热功率小于 0.35 MW 的热水锅炉只按 6.1 的要求考核运行热效率指标。

8.3 生活锅炉经济运行考核时测定的技术数据有效期为 2 年。

8.4 生活锅炉经济运行技术指标综合评判，按 6.6 的规定进行。

8.5 生活锅炉经济运行考核表参见附录 B。

附　录　A
（资料性附录）
生活锅炉运行记录表

表 A.1　蒸汽锅炉运行记录表

____年____月____日　　星期____　　____号炉　　燃料品种____________　　本日共运行____小时

项　目	早　班								中　班								夜　班							
蒸汽压力/MPa																								
给水温度/℃																								
进风温度/℃																								
炉膛压力/Pa																								
炉膛出口烟温/℃																								
排烟温度/℃																								
省煤器出口水温/℃																								
烟气含氧量/%																								
送风机电流/A																								
引风机电流/A																								
给水泵电流/A																								
锅筒水位																								
水位表冲洗																								
排污时间/s																								
除尘器出灰量/kg																								
安全装置校验																								
清洁工作																								

表 A.1(续)

<table>
<tr><th rowspan="2">项　目</th><th colspan="8">早　班</th><th colspan="8">中　班</th><th colspan="8">夜　班</th></tr>
<tr><td></td><td></td><td></td><td></td><td></td><td></td><td></td><td></td><td></td><td></td><td></td><td></td><td></td><td></td><td></td><td></td><td></td><td></td><td></td><td></td><td></td><td></td><td></td><td></td></tr>
<tr><td rowspan="5">计量记录</td><td colspan="2">汽表读数</td><td colspan="2"></td><td colspan="2">蒸汽产量</td><td colspan="2">(t)</td><td colspan="2">汽表读数</td><td colspan="2"></td><td colspan="2">蒸汽产量</td><td colspan="2">(t)</td><td colspan="2">汽表读数</td><td colspan="2"></td><td colspan="2">蒸汽产量</td><td colspan="2">(t)</td></tr>
<tr><td colspan="2">水表读数</td><td colspan="2"></td><td colspan="2">用水量</td><td colspan="2">(t)</td><td colspan="2">水表读数</td><td colspan="2"></td><td colspan="2">用水量</td><td colspan="2">(t)</td><td colspan="2">水表读数</td><td colspan="2"></td><td colspan="2">用水量</td><td colspan="2">(t)</td></tr>
<tr><td colspan="2">燃料表读数</td><td colspan="2"></td><td colspan="2">燃料耗量</td><td colspan="2">(t 或 m³)</td><td colspan="2">燃料表读数</td><td colspan="2"></td><td colspan="2">燃料耗量</td><td colspan="2">(t 或 m³)</td><td colspan="2">燃料表读数</td><td colspan="2"></td><td colspan="2">燃料耗量</td><td colspan="2">(t 或 m³)</td></tr>
<tr><td colspan="2">电表读数</td><td colspan="2"></td><td colspan="2">用电量</td><td colspan="2">(kW·h)</td><td colspan="2">电表读数</td><td colspan="2"></td><td colspan="2">用电量</td><td colspan="2">(kW·h)</td><td colspan="2">电表读数</td><td colspan="2"></td><td colspan="2">用电量</td><td colspan="2">(kW·h)</td></tr>
<tr><td colspan="2">燃气(水)比</td><td colspan="2"></td><td colspan="2">排污量</td><td colspan="2">(t)</td><td colspan="2">燃气(水)比</td><td colspan="2"></td><td colspan="2">排污量</td><td colspan="2">(t)</td><td colspan="2">燃气(水)比</td><td colspan="2"></td><td colspan="2">排污量</td><td colspan="2">(t)</td></tr>
<tr><td rowspan="3">水质记录</td><td colspan="2">给水硬度</td><td colspan="2">锅水 pH 值</td><td colspan="2">锅水碱度</td><td colspan="2">锅水氯根</td><td colspan="2">给水硬度</td><td colspan="2">锅水 pH 值</td><td colspan="2">锅水碱度</td><td colspan="2">锅水氯根</td><td colspan="2">给水硬度</td><td colspan="2">锅水 pH 值</td><td colspan="2">锅水碱度</td><td colspan="2">锅水氯根</td></tr>
<tr><td colspan="2">(mmol/L)</td><td colspan="2">/</td><td colspan="2">(mmol/L)</td><td colspan="2">(mg/L)</td><td colspan="2">(mmol/L)</td><td colspan="2">/</td><td colspan="2">(mmol/L)</td><td colspan="2">(mg/L)</td><td colspan="2">(mmol/L)</td><td colspan="2">/</td><td colspan="2">(mmol/L)</td><td colspan="2">(mg/L)</td></tr>
<tr><td colspan="2"></td><td colspan="2"></td><td colspan="2"></td><td colspan="2"></td><td colspan="2"></td><td colspan="2"></td><td colspan="2"></td><td colspan="2"></td><td colspan="2"></td><td colspan="2"></td><td colspan="2"></td><td colspan="2"></td></tr>
<tr><td>水箱水位</td><td colspan="8"></td><td colspan="8"></td><td colspan="8"></td></tr>
<tr><td>运行人员</td><td colspan="8"></td><td colspan="8"></td><td colspan="8"></td></tr>
<tr><td>其他情况记录</td><td colspan="8"></td><td colspan="8"></td><td colspan="8"></td></tr>
</table>

表 A.2　热水锅炉运行记录表

____年____月____日　　星期____　　____号炉　　燃料品种____________　　本日共运行____小时

<table>
<tr><th rowspan="2">项　目</th><th colspan="8">早　班</th><th colspan="8">中　班</th><th colspan="8">夜　班</th></tr>
<tr><td></td><td></td><td></td><td></td><td></td><td></td><td></td><td></td><td></td><td></td><td></td><td></td><td></td><td></td><td></td><td></td><td></td><td></td><td></td><td></td><td></td><td></td><td></td><td></td></tr>
<tr><td>出水压力/MPa</td><td></td><td></td><td></td><td></td><td></td><td></td><td></td><td></td><td></td><td></td><td></td><td></td><td></td><td></td><td></td><td></td><td></td><td></td><td></td><td></td><td></td><td></td><td></td><td></td></tr>
<tr><td>进水温度/℃</td><td></td><td></td><td></td><td></td><td></td><td></td><td></td><td></td><td></td><td></td><td></td><td></td><td></td><td></td><td></td><td></td><td></td><td></td><td></td><td></td><td></td><td></td><td></td><td></td></tr>
<tr><td>出水温度/℃</td><td></td><td></td><td></td><td></td><td></td><td></td><td></td><td></td><td></td><td></td><td></td><td></td><td></td><td></td><td></td><td></td><td></td><td></td><td></td><td></td><td></td><td></td><td></td><td></td></tr>
<tr><td>进风温度/℃</td><td></td><td></td><td></td><td></td><td></td><td></td><td></td><td></td><td></td><td></td><td></td><td></td><td></td><td></td><td></td><td></td><td></td><td></td><td></td><td></td><td></td><td></td><td></td><td></td></tr>
<tr><td>炉膛压力/Pa</td><td></td><td></td><td></td><td></td><td></td><td></td><td></td><td></td><td></td><td></td><td></td><td></td><td></td><td></td><td></td><td></td><td></td><td></td><td></td><td></td><td></td><td></td><td></td><td></td></tr>
<tr><td>炉膛出口烟温/℃</td><td></td><td></td><td></td><td></td><td></td><td></td><td></td><td></td><td></td><td></td><td></td><td></td><td></td><td></td><td></td><td></td><td></td><td></td><td></td><td></td><td></td><td></td><td></td><td></td></tr>
<tr><td>排烟温度/℃</td><td></td><td></td><td></td><td></td><td></td><td></td><td></td><td></td><td></td><td></td><td></td><td></td><td></td><td></td><td></td><td></td><td></td><td></td><td></td><td></td><td></td><td></td><td></td><td></td></tr>
</table>

表 A.2（续）

项　目	早　班								中　班								夜　班							
烟气含氧量/%																								
送风机电流/A																								
引风机电流/A																								
补水泵电流/A																								
循环泵电流/A																								
排污时间/s																								
除尘器出灰量/kg																								
安全装置校验																								
清洁工作																								
计量记录	热水表读数				热水产量		(t)		热水表读数				热水产量		(t)		热水表读数				热水产量		(t)	
	补水表读数				补水量		(t)		补水表读数				补水量		(t)		补水表读数				补水量		(t)	
	燃料表读数				燃料耗量		(t 或 m^3)		燃料表读数				燃料耗量		(t 或 m^3)		燃料表读数				燃料耗量		(t 或 m^3)	
	电表读数				用电量		(kW·h)		电表读数				用电量		(kW·h)		电表读数				用电量		(kW·h)	
水质记录	补水硬度	锅水 pH 值	锅水硬度	锅水碱度	锅水氯根				补水硬度	锅水 pH 值	锅水硬度	锅水碱度	锅水氯根				补水硬度	锅水 pH 值	锅水硬度	锅水碱度	锅水氯根			
	(mmol/L)	/	(mmol/L)	(mmol/L)	(mg/L)				(mmol/L)	/	(mmol/L)	(mmol/L)	(mg/L)				(mmol/L)	/	(mmol/L)	(mmol/L)	(mg/L)			
水箱水位																								
运行人员																								
其他情况记录																								

附 录 B
（规范性附录）
生活锅炉经济运行考核表

表 B.1 生活锅炉经济运行考核表

<table>
<tr><td colspan="2">被考核单位</td><td></td><td>考核日期</td><td></td></tr>
<tr><td colspan="2">锅炉型号规格</td><td></td><td>燃料品种</td><td></td></tr>
<tr><td colspan="2">额定蒸发量(t/h)或
额定热功率(MW)</td><td></td><td>有无尾部受热面</td><td></td></tr>
<tr><td colspan="2">考核单位</td><td></td><td>考核监测负责人(签字)</td><td></td></tr>
<tr><td colspan="2">考核依据</td><td></td><td>考核监测负责人职称</td><td></td></tr>
<tr><td>基本要求考核</td><td colspan="4">考核结果：</td></tr>
<tr><td rowspan="13">技术指标考核</td><td colspan="2">考核项目</td><td>规定值</td><td>测试结果</td></tr>
<tr><td rowspan="3">运行热效率/%</td><td>一等</td><td></td><td rowspan="3"></td></tr>
<tr><td>二等</td><td></td></tr>
<tr><td>三等</td><td></td></tr>
<tr><td rowspan="3">运行排烟温度/℃</td><td>一等</td><td></td><td rowspan="3"></td></tr>
<tr><td>二等</td><td></td></tr>
<tr><td>三等</td><td></td></tr>
<tr><td colspan="2">运行炉渣可燃物含量/%</td><td></td><td></td></tr>
<tr><td rowspan="3">运行排烟处空气系数</td><td>一等</td><td></td><td rowspan="3"></td></tr>
<tr><td>二等</td><td></td></tr>
<tr><td>三等</td><td></td></tr>
<tr><td colspan="2">运行炉体外表面温度/℃</td><td></td><td></td></tr>
<tr><td colspan="4"></td></tr>
<tr><td colspan="5">考核结论、处理意见及建议：

考核单位负责人：(签字)

考核单位：(盖章)
______年______月______日</td></tr>
</table>

ICS 27.010
F 01

中华人民共和国国家标准

GB/T 19065—2011
代替 GB/T 19065—2003

电加热锅炉系统经济运行

Economical operation for electric boiler system

2011-09-29 发布　　　　2012-03-01 实施

中华人民共和国国家质量监督检验检疫总局
中国国家标准化管理委员会　发布

前　言

本标准按照 GB/T 1.1—2009 给出的规则起草。

本标准代替 GB/T 19065—2003《电加热锅炉系统经济运行》。

本标准与 GB/T 19065—2003 相比，主要内容变化如下：

——增加了“电加热锅炉系统经济运行”和“热水蓄热装置”等有关定义，并对部分术语与定义进行了调整、完善(3.1、3.2、3.3、3.4)；

——规范性引用文件增加了 GB 5749《生活饮用水卫生标准》、GB 50041《锅炉房设计规范》、GB/T 8175《设备及管道绝热设计导则》、《蒸汽锅炉安全技术监察规程》、《热水锅炉安全技术监察规程》、《固定式压力容器安全技术监察规程》、《高耗能特种设备节能监督管理办法》和《特种设备安全监察条例》；

——将技术要求改为基本要求，增加了三条要求，并对部分条款作了补充、修改(4.2、4.3、4.4、4.6、4.7、4.8、4.9、4.11)；

——对运行管理规定，删去了二条，新增了两条，部分条款作了补充、修改，并将运行记录项目分类列表(5.2、5.3、5.6、5.8、5.10、5.11 表 1)；

——调高了电加热锅炉运行热效率指标值，将运行平均谷电利用率指标区分全量蓄热式和分量蓄热式，增设了热水蓄热装置保热性能指标(6.1、6.3、6.4)；

——增加了热水蓄热装置保热性能测试与计算方法(7.4)；

——将评价原则修改为考核，并对考核内容作了调整，增加了考核实施的单位和考核测定技术数据有效期限的规定(8.1、8.2、8.5)；

——制订了考核记录统一格式《电加热锅炉系统运行记录表》(附录 A)和《电加热锅炉系统经济运行考核表》(附录 B)。

本标准由全国能源基础与管理标准化技术委员会(SAC/TC 20)归口。

本标准起草单位：中国标准化研究院、西安能源研究会、西安市特种设备检验检测院、浙江省特种设备检验研究院、温州市特种设备检测中心、杭州华源前线能源设备有限公司、上海昱真水处理科技有限公司、浙江特富热能科技有限公司、西安特瑞斯热能技术有限公司、陕西科汇热工技术有限公司、陕西省渭南锅炉厂、陕西龙源电气科工贸有限公司、陕西英华实业有限公司。

本标准主要起草人：贾铁鹰、陈志良、成德芳、陈英姿、徐国富、王雅珍、邓立斌、王中红、陈刚、张建联、孙路、唐雪宗、戚海峰、赵国凌。

电加热锅炉系统经济运行

1 范围

本标准规定了电加热锅炉系统经济运行的术语与定义、基本要求、运行管理、技术经济指标、测试与计算方法和考核。

本标准适用于供电电源为工频 380 V 等级，额定蒸发量大于或等于 0.07 t/h 的以水为介质的电加热蒸汽锅炉和额定热功率大于或等于 0.05 MW 的电加热热水锅炉系统的工程设计、施工与运行。

2 规范性引用文件

下列文件对于本文件的应用是必不可少的。凡是注日期的引用文件，仅注日期的版本适用于本文件。凡是不注日期的引用文件，其最新版本(包括所有的修改单)适用于本文件。

GB/T 1576 工业锅炉水质

GB/T 4272 设备及管道绝热技术通则

GB 5749 生活饮用水卫生标准

GB/T 8175 设备及管道绝热设计导则

GB/T 10180 工业锅炉热工性能试验规程

GB 50041 锅炉房设计规范

JB/T 10393 电加热锅炉技术条件

蒸汽锅炉安全技术监察规程

热水锅炉安全技术监察规程

固定式压力容器安全技术监察规程

高耗能特种设备节能监督管理办法

特种设备安全监察条例

3 术语和定义

JB/T 10393 界定的以及下列术语和定义适用于本文件。

3.1

电加热锅炉系统 electric boiler system

由电加热锅炉及水泵、蓄热装置、调控装置等相关设备、设施组成的自锅炉房受电开关至供热干管阀门之间的体系。按组成不同分为直供式系统和蓄热式系统。

3.1.1

直供式电加热锅炉系统 instant supply electric boiler system

在电加热锅炉外部或内部均不设蓄热装置，仅能由锅炉对用热单位或用热设备直接施行供热的电加热锅炉系统。

3.1.2

蓄热式电加热锅炉系统 heat accumulation electric boiler system

在电加热锅炉外部或内部设有蓄热装置，能将锅炉所产生的热量加以储存并适时供给用热单位或用热设备的电加热锅炉系统。蓄热量达到或超过一个设计日热负荷的系统为全量蓄热式系统;蓄热量不足一个设计日热负荷的系统为分量蓄热式系统。

3.1.2.1

蓄热装置　heat accumulator

蓄热式电加热锅炉系统中用以储存热量的设备。

3.1.2.2

热水蓄热装置　hot water heat accumulator

蓄热式电加热锅炉系统中与热水锅炉配用的蓄热装置。

3.1.2.3

热水蓄热装置保热性能　thermal insulate performance for hot water heat accumulator

热水蓄热装置对所储存的热水具有保持其物理显热的特性和功能。装置运行中的保热性能指标以一个工作循环周期(24 h)内热水温度的允许降低值表示,记为 Δt_{rs},单位为摄氏度(℃)。

3.1.2.4

热水蓄热装置可利用温差　operating temperature difference for hot water heat accumulator

热水蓄热装置设计时的额定蓄水温度与满足供热要求的最低释热供水温度之差,记为 Δt_{ky},单位为摄氏度(℃)。

3.1.2.5

热水蓄热装置有效水容积　effective water volume for hot water heat accumulator

热水蓄热装置中所储存的水实际参与蓄热或释热工艺流程的容积,记为 V_{yx},单位为立方米(m^3)。

3.2

日热负荷曲线　daily heat load curve

用热单位或用热设备在一日(24 h)中的耗热量逐时变化状况的曲线图,图中横坐标为小时 (h),纵坐标为小时耗热量(kJ/h)。

3.3

电加热锅炉系统运行模式　electric boiler system operating model

电加热锅炉系统根据用热单位或用热设备实际用热需求所施行的系统工艺流程。

3.3.1

直供运行模式　instant supply operating model

电加热锅炉系统运行时,仅由锅炉直接对用热单位或用热设备施行供热的系统工艺流程。

3.3.2

单蓄热运行模式　heat accumulation operating model

电加热锅炉系统运行时,将锅炉所产生的热量全部储存于蓄热装置中的系统工艺流程。

3.3.3

单释热运行模式　stored heat release operating model

电加热锅炉系统运行时,仅由蓄热装置释放热量对用热单位或用热设备施行供热的系统工艺流程。

3.3.4

供蓄热并用运行模式　supply accumulation operating model

电加热锅炉系统运行时,锅炉在向用热单位或用热设备供热的同时,还将所产生的部分热量储存于蓄热装置中的系统工艺流程。

3.3.5

释热直供共用运行模式　stored heat release instant supply operating model

电加热锅炉系统运行时,由蓄热装置和锅炉共同对用热单位或用热设备施行供热的系统工艺流程。

3.4

电加热锅炉系统经济运行 economical operation for electric boiler system

在保证安全可靠和满足用热需求的前提下，通过科学管理、技术进步，优化系统性能，施行合理运行模式，使电加热锅炉系统处于高效、节能的工作状态。

4 基本要求

4.1 新建或改建电加热锅炉系统工程项目的设计、施工、设备制造等单位应具备国家有关法律、法规规定的相应行政许可资质。

4.2 电加热锅炉系统工程项目的设计应按照《蒸汽锅炉安全技术监察规程》、《热水锅炉安全技术监察规程》、《固定式压力容器安全技术监察规程》并结合用户的设计日热负荷曲线进行，在安全、经济、合理的原则下选择供配电设备、电加热锅炉及相关设备。应优先采用国家推广的节能环保新技术、新产品，不得使用国家明令淘汰的高耗能设备。

4.3 电加热锅炉系统宜装设蓄热装置，以充分利用电网的低谷电力，对于供应非饮用生活热水的电加热锅炉系统，宜尽量采用全量蓄热式系统。

4.4 对于汽水两用的电加热锅炉，当单台容量小于或等于 2.8 MW 时，宜采用锅内间接加热热水的电加热锅炉产品。

4.5 电加热锅炉产品应符合 JB/T 10393 的要求。

4.6 电加热锅炉的水质要求，对直接供应饮用水的应符合 GB 5749 的规定，其余的应符合 GB/T 1576 的有关规定，其中对非直接供应饮食、医药加工用蒸汽或热水的水质处理宜优先采用锅内加药的方式实施。

4.7 额定蒸发量大于或等于 1 t/h 与额定蒸汽压力大于或等于 0.1 MPa 的电加热蒸汽锅炉和额定热功率大于或等于 0.7 MW 与额定出水压力大于或等于 0.1 MPa 的电加热热水锅炉的锅炉房设计、布置、建造应符合 GB 50041 的有关规定。

4.8 电加热锅炉、蒸汽蓄热器、换热器等相关设备和热力管道的绝热保温应符合 GB/T 4272 的要求。

4.9 热水蓄热装置应采用合理的结构型式及布水设施，在施行蓄热或释热过程中应达到预期的有效水容积。

4.10 电加热锅炉系统应有完善的自动控制装置，除锅炉应具有 JB/T 10393 规定的控制、保护功能外，系统还应具备可调节供、蓄热水温及系统中循环流量等参数的功能。对于装有三台及以上电加热锅炉的系统，宜施行集中监控。

4.11 电加热锅炉系统应设置耗电量、流量、压力、温度等能监测系统经济运行状况的计量仪表。热水蓄热装置中应设置蓄水温度和释热供水温度的监测仪表。在实行分时电价的地区，耗电量的计量仪表应采用复费率电能表。监测计量仪表的精确度应不低于 2.5 级，并应按有关规定校验或检定。

5 运行管理

5.1 承压电加热锅炉系统在投运前应向辖区特种设备安全监察机构申报有关资料，并取得锅炉使用登记证后方可投入运行。

5.2 使用单位应根据用热需要、系统特点及电力供应状况等因素，通过技术经济分析，制定合理的电加热锅炉系统运行模式，并制订相应的操作规程。

5.3 对于蓄热式电加热锅炉系统，在日常运行中，应根据日热负荷变化的情况采取相适应的运行模式，首先要充分利用电网低谷时段的电力，进行单蓄热运行、供蓄热并用运行，然后在电网的平、峰时段进行单释热运行或释热直供共用运行，最后才考虑直供运行。

5.4 在满足用热需要的前提下，宜降低蓄热或供热温度，以减少散热损失。

5.5 在满足供热需要的前提下，宜降低系统的循环流量，以减少循环能耗。

5.6 运行人员应经过电加热锅炉运行操作的专业培训、考核合格方可上岗，对承压电加热锅炉的运行人员还应取得相应级别的特种设备作业人员证。运行操作应严格按操作规程和制造企业提供的产品使用说明书的规定进行。

5.7 对电加热锅炉系统内的设备、管道、阀门、仪表及保温结构等应进行经常性检查，确保完好、严密，避免并及时消除跑、冒、滴、漏现象。

5.8 电加热蒸汽锅炉供热系统凝结水宜采用闭式回收系统予以回收，提高凝结水回收率和凝结水温度，回收的凝结水水质应符合锅炉给水水质要求。

5.9 承压电加热锅炉应按有关规定进行定期检验。

5.10 使用单位应建立健全在用电加热锅炉系统的安全技术档案，安全技术档案的内容应符合《高耗能特种设备节能监督管理办法》的有关规定，对承压电加热锅炉还应符合《特种设备安全监察条例》的有关规定。

5.11 应认真做好电加热锅炉系统的运行记录，并定期进行分析。运行记录项目如表1所示。运行记录表的格式内容参见附录A。

表1 电加热锅炉系统运行记录项目

锅炉系统类型	记录项目
蒸汽锅炉系统	运行日期、时间
	锅炉蒸汽压力、给水温度
	蒸汽流量或给水流量
	蒸汽蓄热器充热压力、放热压力、充水系数
	电加热电压、电流
	电能耗量(有功电能表读数)
	水质化验数据
	排污次数及时间
热水锅炉系统	运行日期、时间
	锅炉进出水压力、温度
	循环水流量、补水量
	热水蓄热装置压力、蓄热水温度、水容积、释热供水温度
	电加热电压、电流
	电能耗量(有功电能表读数)
	水质化验数据
	排污次数及时间

6 技术经济指标

6.1 电加热锅炉运行热效率应不低于95%。

6.2 直供式电加热锅炉系统平均能源利用率宜不低于90%，蓄热式电加热锅炉系统平均能源利用率宜不低于85%。

6.3 全量蓄热式电加热锅炉系统运行平均谷电利用率应不低于80%,分量蓄热式电加热锅炉系统运行平均谷电利用率宜不低于60%。

6.4 热水蓄热装置中所储存的热水温度24 h允许降低值,对季节运行系统应不大于可利用温差的5%;对常年运行系统应不大于可利用温差的3%。

7 测试与计算方法

7.1 锅炉运行热效率测试与计算方法

电加热锅炉运行热效率根据GB/T 10180的有关规定测出考核期内锅炉的供热量和耗电量,按式(1)进行计算:

$$\eta=\frac{Q}{3.6N}\times 100\% \qquad \cdots\cdots(1)$$

式中:

η ——锅炉运行热效率;

Q ——考核期内锅炉供热量,单位为兆焦(MJ);

N ——考核期内锅炉耗电量,单位为千瓦时(kW·h);

3.6——千瓦时与兆焦的换算系数,即1 kW·h=3.6 MJ。

考核期按GB/T 10180的规定为1 h。

7.2 系统平均能源利用率测试与计算方法

电加热锅炉系统平均能源利用率根据考核期内所测出的系统总供热量和总耗电量,按式(2)进行计算:

$$\eta_{ny}=\frac{Q_{xt}}{3.6N_{xt}}\times 100\% \qquad \cdots\cdots(2)$$

式中:

η_{ny} ——系统平均能源利用率;

Q_{xt} ——考核期内系统总供热量,单位为兆焦(MJ);

N_{xt} ——考核期内系统总耗电量,单位为千瓦时(kW·h)。

考核期为一个运行周期,对常年运行系统为一个运行年度;对季节运行系统为一个运行季节。

7.3 蓄热式系统运行平均谷电利用率测试与计算方法

蓄热式电加热锅炉系统运行平均谷电利用率的测定,根据考核期内系统的有功(复费率)电能表谷电耗电量和总耗电量的读数记录,按式(3)进行计算:

$$\eta_{gd}=\frac{N_{gd}}{N_{xt}}\times 100\% \qquad \cdots\cdots(3)$$

式中:

η_{gd} ——蓄热式系统运行平均谷电利用率;

N_{gd} ——考核期内系统总谷电耗电量,单位为千瓦时(kW·h)。

考核期为一个运行周期,对常年运行系统为一个运行年度;对季节运行系统为一个运行季节。

7.4 热水蓄热装置保热性能测试与计算方法

7.4.1 保热性能测试的基本条件和要求

a) 蓄热装置应达到并保持额定的蓄水容积;

b） 蓄热装置中的水温监测点应具有代表性，并不应少于三个；

c） 开始测试时，蓄热水温和环境温度与相应设计值的偏差应小于或等于±5 ℃；

d） 对室外布置的蓄热装置，要求室外风速小于或等于 3.0 m/s；

e） 蓄热水温和环境温度每隔 2 h 测量一次。

7.4.2 蓄热装置中水温降低值的测量和计算公式

a） 在达到 7.4.1 条件和要求情况下，开始测量装置中各水温监测点的水温，求出起始水温的算术平均值 t_q；

b） 静置 24 h，再次测量各水温监测点的水温，求出终止水温的算术平均值 t_z；

c） 蓄热装置 24 h 水温降低值 $\Delta t'_{rs}$ 按式(4)计算：

$$\Delta t'_{rs} = t_q - t_z \qquad \cdots\cdots(4)$$

式中：

$\Delta t'_{rs}$——热水蓄热装置中所储存的热水经 24 h 后所测得的温降值，单位为摄氏度(℃)；

t_q ——热水蓄热装置中储存的热水在保热性能测试起始时的平均水温，单位为摄氏度(℃)；

t_z ——热水蓄热装置中储存的热水在保热性能测试终止时的平均水温，单位为摄氏度(℃)。

7.4.3 热水蓄热装置中水温允许降低值的修正

按式(4)计算得到的实测水温降低值 $\Delta t'_{rs}$ 应再按式(5)进行修正计算，最终得到相应于设计参数的允许温降值 Δt_{rs}。

$$\Delta t_{rs} = \Delta t'_{rs} \cdot \frac{t_x - t_h}{t'_x - t'_h} \qquad \cdots\cdots(5)$$

式中：

Δt_{rs}——经修正得到的热水蓄热装置中所储存热水相应于设计参数下静置 24 h 后的允许温降值，单位为摄氏度(℃)；

t_x ——热水蓄热装置在设计时所确定的额定蓄热水温值，单位为摄氏度(℃)；

t'_x ——热水蓄热装置在测试时实测的蓄热水温值，取试验起始装置中各水温监测点所测得的平均水温值 t_q，单位为摄氏度(℃)；

t_h ——热水蓄热装置在设计时按 GB/T 8175 有关规定所确定的环境温度值，单位为摄氏度(℃)；

t'_h ——热水蓄热装置在测试时实测的装置周围环境温度 24 h 平均值，单位为摄氏度(℃)。

8 考核

8.1 电加热锅炉系统经济运行的考核应由具有相关资质的考核监测单位进行。

8.2 电加热锅炉系统经济运行的考核，应包括对电加热锅炉及其系统的基本要求、运行管理和运行技术经济性三个方面。考核表的格式内容参见附录 B。

8.3 电加热锅炉系统经济运行首先应符合第 4 章基本要求与第 5 章运行管理中的各项规定、要求。

8.4 电加热锅炉系统经济运行的技术经济性应符合第 6 章技术经济指标中的各项规定。

8.5 电加热锅炉系统经济运行考核时测定的技术数据有效期为 3 年。

附　录　A
（资料性附录）
电加热锅炉系统运行记录表

电加热蒸汽锅炉系统运行记录表见表 A.1。

电加热热水锅炉系统运行记录表见表 A.2。

表 A.1 电加热蒸汽锅炉系统运行记录表

______年____月____日　　星期______　　______号炉　　本日共运行______小时

<table>
<tr><td rowspan="2">项 目</td><td colspan="8">早 班</td><td colspan="8">中 班</td><td colspan="8">夜 班</td></tr>
<tr><td></td><td></td><td></td><td></td><td></td><td></td><td></td><td></td><td></td><td></td><td></td><td></td><td></td><td></td><td></td><td></td><td></td><td></td><td></td><td></td><td></td><td></td><td></td><td></td></tr>
<tr><td>蒸汽压力/MPa</td><td></td><td></td><td></td><td></td><td></td><td></td><td></td><td></td><td></td><td></td><td></td><td></td><td></td><td></td><td></td><td></td><td></td><td></td><td></td><td></td><td></td><td></td><td></td><td></td></tr>
<tr><td>给水温度/℃</td><td></td><td></td><td></td><td></td><td></td><td></td><td></td><td></td><td></td><td></td><td></td><td></td><td></td><td></td><td></td><td></td><td></td><td></td><td></td><td></td><td></td><td></td><td></td><td></td></tr>
<tr><td>电加热电压/V</td><td></td><td></td><td></td><td></td><td></td><td></td><td></td><td></td><td></td><td></td><td></td><td></td><td></td><td></td><td></td><td></td><td></td><td></td><td></td><td></td><td></td><td></td><td></td><td></td></tr>
<tr><td>电加热电流/A</td><td></td><td></td><td></td><td></td><td></td><td></td><td></td><td></td><td></td><td></td><td></td><td></td><td></td><td></td><td></td><td></td><td></td><td></td><td></td><td></td><td></td><td></td><td></td><td></td></tr>
<tr><td>给水泵电流/A</td><td></td><td></td><td></td><td></td><td></td><td></td><td></td><td></td><td></td><td></td><td></td><td></td><td></td><td></td><td></td><td></td><td></td><td></td><td></td><td></td><td></td><td></td><td></td><td></td></tr>
<tr><td>锅筒水位记录</td><td></td><td></td><td></td><td></td><td></td><td></td><td></td><td></td><td></td><td></td><td></td><td></td><td></td><td></td><td></td><td></td><td></td><td></td><td></td><td></td><td></td><td></td><td></td><td></td></tr>
<tr><td>水位表冲洗</td><td></td><td></td><td></td><td></td><td></td><td></td><td></td><td></td><td></td><td></td><td></td><td></td><td></td><td></td><td></td><td></td><td></td><td></td><td></td><td></td><td></td><td></td><td></td><td></td></tr>
<tr><td>排污时间/s</td><td></td><td></td><td></td><td></td><td></td><td></td><td></td><td></td><td></td><td></td><td></td><td></td><td></td><td></td><td></td><td></td><td></td><td></td><td></td><td></td><td></td><td></td><td></td><td></td></tr>
<tr><td>安全装置校验</td><td></td><td></td><td></td><td></td><td></td><td></td><td></td><td></td><td></td><td></td><td></td><td></td><td></td><td></td><td></td><td></td><td></td><td></td><td></td><td></td><td></td><td></td><td></td><td></td></tr>
<tr><td>蓄热器充热压力/MPa</td><td></td><td></td><td></td><td></td><td></td><td></td><td></td><td></td><td></td><td></td><td></td><td></td><td></td><td></td><td></td><td></td><td></td><td></td><td></td><td></td><td></td><td></td><td></td><td></td></tr>
<tr><td>蓄热器放热压力/MPa</td><td></td><td></td><td></td><td></td><td></td><td></td><td></td><td></td><td></td><td></td><td></td><td></td><td></td><td></td><td></td><td></td><td></td><td></td><td></td><td></td><td></td><td></td><td></td><td></td></tr>
<tr><td>凝结水温度/℃</td><td></td><td></td><td></td><td></td><td></td><td></td><td></td><td></td><td></td><td></td><td></td><td></td><td></td><td></td><td></td><td></td><td></td><td></td><td></td><td></td><td></td><td></td><td></td><td></td></tr>
<tr><td rowspan="4">计量记录</td><td colspan="2">汽表读数</td><td colspan="2"></td><td colspan="2">蒸汽产量</td><td colspan="2">t</td><td colspan="2">汽表读数</td><td colspan="2"></td><td colspan="2">蒸汽产量</td><td colspan="2">t</td><td colspan="2">汽表读数</td><td colspan="2"></td><td colspan="2">蒸汽产量</td><td colspan="2">t</td></tr>
<tr><td colspan="2">水表读数</td><td colspan="2"></td><td colspan="2">用水量</td><td colspan="2">t</td><td colspan="2">水表读数</td><td colspan="2"></td><td colspan="2">用水量</td><td colspan="2">t</td><td colspan="2">水表读数</td><td colspan="2"></td><td colspan="2">用水量</td><td colspan="2">t</td></tr>
<tr><td colspan="2">电表读数</td><td colspan="2"></td><td colspan="2">用电量</td><td colspan="2">kW·h</td><td colspan="2">电表读数</td><td colspan="2"></td><td colspan="2">用电量</td><td colspan="2">kW·h</td><td colspan="2">电表读数</td><td colspan="2"></td><td colspan="2">用电量</td><td colspan="2">kW·h</td></tr>
<tr><td colspan="2"></td><td colspan="2"></td><td colspan="2">凝结水量</td><td colspan="2">t</td><td colspan="2"></td><td colspan="2"></td><td colspan="2">凝结水量</td><td colspan="2">t</td><td colspan="2"></td><td colspan="2"></td><td colspan="2">凝结水量</td><td colspan="2">t</td></tr>
<tr><td>水质记录</td><td colspan="24">锅炉水质包括给水水质与锅水水质，其化验记录项目按 GB/T 1576 有关规定据所采用的水处理方式确定</td></tr>
<tr><td>给水箱水位</td><td colspan="8"></td><td colspan="8"></td><td colspan="8"></td></tr>
<tr><td>运行人员</td><td colspan="8"></td><td colspan="8"></td><td colspan="8"></td></tr>
<tr><td>其他情况记录</td><td colspan="8"></td><td colspan="8"></td><td colspan="8"></td></tr>
</table>

表 A.2 电加热热水锅炉系统运行记录表

______年____月____日　　　　星期______　　　　______号炉　　　　本日共运行______小时

<table>
<tr><td rowspan="2">项　目</td><td colspan="8">早　班</td><td colspan="8">中　班</td><td colspan="8">夜　班</td></tr>
<tr><td></td><td></td><td></td><td></td><td></td><td></td><td></td><td></td><td></td><td></td><td></td><td></td><td></td><td></td><td></td><td></td><td></td><td></td><td></td><td></td><td></td><td></td><td></td><td></td></tr>
<tr><td>锅炉出水压力/MPa</td><td></td><td></td><td></td><td></td><td></td><td></td><td></td><td></td><td></td><td></td><td></td><td></td><td></td><td></td><td></td><td></td><td></td><td></td><td></td><td></td><td></td><td></td><td></td><td></td></tr>
<tr><td>锅炉进水温度/℃</td><td></td><td></td><td></td><td></td><td></td><td></td><td></td><td></td><td></td><td></td><td></td><td></td><td></td><td></td><td></td><td></td><td></td><td></td><td></td><td></td><td></td><td></td><td></td><td></td></tr>
<tr><td>锅炉出水温度/℃</td><td></td><td></td><td></td><td></td><td></td><td></td><td></td><td></td><td></td><td></td><td></td><td></td><td></td><td></td><td></td><td></td><td></td><td></td><td></td><td></td><td></td><td></td><td></td><td></td></tr>
<tr><td>电加热电压/V</td><td></td><td></td><td></td><td></td><td></td><td></td><td></td><td></td><td></td><td></td><td></td><td></td><td></td><td></td><td></td><td></td><td></td><td></td><td></td><td></td><td></td><td></td><td></td><td></td></tr>
<tr><td>电加热电流/A</td><td></td><td></td><td></td><td></td><td></td><td></td><td></td><td></td><td></td><td></td><td></td><td></td><td></td><td></td><td></td><td></td><td></td><td></td><td></td><td></td><td></td><td></td><td></td><td></td></tr>
<tr><td>补水泵电流/A</td><td></td><td></td><td></td><td></td><td></td><td></td><td></td><td></td><td></td><td></td><td></td><td></td><td></td><td></td><td></td><td></td><td></td><td></td><td></td><td></td><td></td><td></td><td></td><td></td></tr>
<tr><td>蓄热水泵电流/A</td><td></td><td></td><td></td><td></td><td></td><td></td><td></td><td></td><td></td><td></td><td></td><td></td><td></td><td></td><td></td><td></td><td></td><td></td><td></td><td></td><td></td><td></td><td></td><td></td></tr>
<tr><td>供热水泵电流/A</td><td></td><td></td><td></td><td></td><td></td><td></td><td></td><td></td><td></td><td></td><td></td><td></td><td></td><td></td><td></td><td></td><td></td><td></td><td></td><td></td><td></td><td></td><td></td><td></td></tr>
<tr><td>排污时间/s</td><td></td><td></td><td></td><td></td><td></td><td></td><td></td><td></td><td></td><td></td><td></td><td></td><td></td><td></td><td></td><td></td><td></td><td></td><td></td><td></td><td></td><td></td><td></td><td></td></tr>
<tr><td>安全装置校验</td><td></td><td></td><td></td><td></td><td></td><td></td><td></td><td></td><td></td><td></td><td></td><td></td><td></td><td></td><td></td><td></td><td></td><td></td><td></td><td></td><td></td><td></td><td></td><td></td></tr>
<tr><td>蓄热装置压力/MPa</td><td></td><td></td><td></td><td></td><td></td><td></td><td></td><td></td><td></td><td></td><td></td><td></td><td></td><td></td><td></td><td></td><td></td><td></td><td></td><td></td><td></td><td></td><td></td><td></td></tr>
<tr><td>蓄热水温度/℃</td><td></td><td></td><td></td><td></td><td></td><td></td><td></td><td></td><td></td><td></td><td></td><td></td><td></td><td></td><td></td><td></td><td></td><td></td><td></td><td></td><td></td><td></td><td></td><td></td></tr>
<tr><td>释热供水温度/℃</td><td></td><td></td><td></td><td></td><td></td><td></td><td></td><td></td><td></td><td></td><td></td><td></td><td></td><td></td><td></td><td></td><td></td><td></td><td></td><td></td><td></td><td></td><td></td><td></td></tr>
<tr><td>蓄热装置水位/m</td><td></td><td></td><td></td><td></td><td></td><td></td><td></td><td></td><td></td><td></td><td></td><td></td><td></td><td></td><td></td><td></td><td></td><td></td><td></td><td></td><td></td><td></td><td></td><td></td></tr>
<tr><td rowspan="3">计量记录</td><td colspan="2">热水表读数</td><td colspan="2"></td><td colspan="2">热水量</td><td colspan="2">t</td><td colspan="2">热水表读数</td><td colspan="2"></td><td colspan="2">热水量</td><td colspan="2">t</td><td colspan="2">热水表读数</td><td colspan="2"></td><td colspan="2">热水量</td><td colspan="2">t</td></tr>
<tr><td colspan="2">补水表读数</td><td colspan="2"></td><td colspan="2">补水量</td><td colspan="2">t</td><td colspan="2">补水表读数</td><td colspan="2"></td><td colspan="2">补水量</td><td colspan="2">t</td><td colspan="2">补水表读数</td><td colspan="2"></td><td colspan="2">补水量</td><td colspan="2">t</td></tr>
<tr><td colspan="2">电表读数</td><td colspan="2"></td><td colspan="2">用电量</td><td colspan="2">kW·h</td><td colspan="2">电表读数</td><td colspan="2"></td><td colspan="2">用电量</td><td colspan="2">kW·h</td><td colspan="2">电表读数</td><td colspan="2"></td><td colspan="2">用电量</td><td colspan="2">kW·h</td></tr>
<tr><td>水质记录</td><td colspan="24">锅炉水质包括补给水水质与锅水水质，其化验记录项目按 GB/T 1576 有关规定据所采用的水处理方式或按 GB 5749 规定确定</td></tr>
<tr><td>补水箱水位</td><td colspan="8"></td><td colspan="8"></td><td colspan="8"></td></tr>
<tr><td>运行人员</td><td colspan="8"></td><td colspan="8"></td><td colspan="8"></td></tr>
<tr><td>其他情况记录</td><td colspan="8"></td><td colspan="8"></td><td colspan="8"></td></tr>
</table>

附 录 B
（规范性附录）
电加热锅炉系统经济运行考核表

电加热锅炉系统经济运行考核表见表 B.1。

表 B.1 电加热锅炉系统经济运行考核表

<table>
<tr><td>被考核单位</td><td></td><td>考核日期</td><td>年 月 日</td></tr>
<tr><td>锅炉型号、规格</td><td></td><td>额定蒸发量/(t/h)
或额定热功率/MW</td><td></td></tr>
<tr><td>有无蓄热装置</td><td></td><td>蓄热装置水容积/m^3</td><td></td></tr>
<tr><td>考核监测单位</td><td></td><td>考核监测负责人(签字)</td><td></td></tr>
<tr><td>考核依据</td><td colspan="3"></td></tr>
<tr><td>基本要求与
运行管理考核</td><td colspan="3">考核结果：</td></tr>
<tr><td rowspan="5">技术经济
指标测试</td><td>测试项目</td><td>规定值</td><td>测试结果</td></tr>
<tr><td>锅炉运行热效率/%</td><td></td><td></td></tr>
<tr><td>系统平均能源利用率/%</td><td></td><td></td></tr>
<tr><td>蓄热式系统运行平均谷电利用率/%</td><td></td><td></td></tr>
<tr><td>热水蓄热装置中热水 24 h 温降值/℃</td><td></td><td></td></tr>
<tr><td colspan="4">考核结论、处理意见及建议：

考核监测单位负责人(签字)　　　　　　　　考核监测单位(盖章)
______年______月______日</td></tr>
</table>

ICS 27.010
F 01

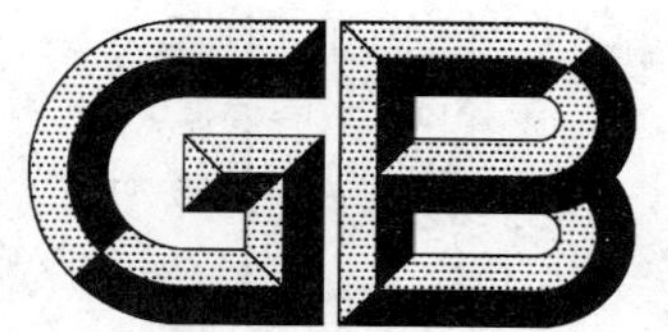

中华人民共和国国家标准

GB/T 27883—2011

容积式空气压缩机系统经济运行

Economical operation for displacement air compressor system

2011-12-30 发布 2012-06-01 实施

中华人民共和国国家质量监督检验检疫总局
中国国家标准化管理委员会 发布

前　言

本标准按照 GB/T 1.1—2009 给出的规则起草。

本标准由全国能源基础与管理标准化技术委员会(SAC/TC 20)提出。

本标准由全国能源基础与管理标准化技术委员会合理用电分技术委员会(SAC/TC 20/SC 4)归口。

本标准起草单位:深圳达实智能股份有限公司、中国标准化研究院、合肥通用机电产品检测院、深圳振华亚普精密机械有限公司、阜新金昊空压机有限公司、淮北矿业集团公司、上海能效中心、南京钢铁股份有限公司、广东正力精密机械有限公司。

本标准主要起草人:赵跃进、李铁牛、陈向东、郑家强、郑晓纯、梁树金、刘尹、秦洪波、李晓强、王威、裴念强。

容积式空气压缩机系统经济运行

1 范围

本标准规定了交流电动机驱动的一般用容积式空气压缩机系统经济运行要求、判别与评价方法、测试方法及评估与改进措施。

本标准适用于交流电动机驱动、额定排气压力小于或等于1.4 MPa、在用的一般用容积式空气压缩机系统运行，改建、扩建及新建容积式空气压缩机系统设计可参照执行。

2 规范性引用文件

下列文件对于本文件的应用是必不可少的。凡是注日期的引用文件，仅注日期的版本适用于本文件。凡是不注日期的引用文件，其最新版本(包括所有的修改单)适用于本文件。

GB/T 3853 容积式压缩机验收试验

GB/T 4975 容积式压缩机术语 总则

GB/T 13277.1 压缩空气 第1部分:污染物净化等级

GB/T 13466 交流电气传动风机(泵类、空气压缩机)系统经济运行通则

GB/T 13471 节电技术经济效益计算与评价方法

GB/T 16665 空气压缩机组及供气系统节能监测方法

GB 17167 用能单位能源计量器具配备和管理通则

GB 18613 中小型三相异步电动机能效限定值及能效等级

GB 19153 容积式空气压缩机能效限定值及能效等级

GB 21518 交流接触器能效限定值及能效等级

GB 50029 压缩空气站设计规范

3 术语和定义

GB/T 4975、GB/T 13466、GB/T 16665界定的以及下列术语和定义适用于本文件。

3.1

机组 unit

由电动机、空气压缩机主机与传动、电控、气控(含调速)及主机冷却与润滑等保证空气压缩机正常工作的辅助系统所组成的总体。

3.2

净化设备 purification equipment

为净化压缩空气而采用的各种设备的总称，包括气/液分离器、干燥器、过滤器等。

3.3

供气管网 air supply network

所有输送压缩空气的管路、管件及辅助设备(如冷却设备)所组成的总体。

3.4

系统 system

由机组、净化设备与供气管网所组成的总体。

4 系统经济运行要求

4.1 电气设备要求

当系统中交流电动机或交流接触器满足 GB 18613 或 GB 21518 的适用范围时，其能效指标应符合 GB 18613 或 GB 21518 的规定。且年运行时间大于 3 000 h、平均负载率大于 60%的机组，应采用效率符合 GB 18613 中能效 2 级以上的电动机。

4.2 机组要求

机组的选型应符合以下要求：

a) 满足系统的使用压力、容积流量及品质，机组应与负载特性相匹配；

b) 应选用能效指标符合 GB 19153 能效 3 级的机组，宜选用能效 2 级以上的机组；

c) 机组控制设备应能满足运行工况变化的要求。

4.3 净化设备要求

4.3.1 在保证用气质量的条件下，应按照 GB/T 13277.1，宜选用合理的压缩空气质量等级。

4.3.2 根据 GB/T 13277.1 确定的压缩空气压力露点等级，合理选择干燥设备的种类。压力露点等级高于 3 级，宜选用冷冻式干燥器。

4.3.3 应在保证压差的前提下优先选择效率高的干燥器。

4.3.4 过滤器应安装在系统排气支路、干燥支路或用气支路上，宜减少在总管上安装大流量的过滤器，并避免因选型偏小产生的压力损失。

4.3.5 应在干燥器前采取措施除去压缩空气中的部分油及水分。

4.3.6 应定期清洗或更换管路中的净化设备，降低阻力，减小压力损失。

4.4 供气管网要求

4.4.1 系统中管网应在优化生产工艺的条件下，确定合理配置方案和输送距离。在确保安全的前提下，机组宜靠近负荷中心。

4.4.2 水冷式机组应采用循环水系统和高效冷却塔，冷却水的流量、温度、压力、水质等应符合 GB 50029 的规定及机组设计要求。

4.4.3 根据生产工艺要求，合理确定管材和管道尺寸。

4.4.4 管道走向平直、无急弯，转弯处的曲率半径应取管径 5 倍以上。

4.4.5 除设备、阀门等处用法兰或螺纹连接外，管道的连接宜采用焊接方式。

4.4.6 压缩空气流速在压缩空气站内的主管路中应不大于 5 m/s、站外的主分配管路中应不大于 10 m/s、主分配管路到使用点前应不大于 15 m/s。从机组出口到主分配管路最远点的压降应不大于机组排气压力的 10%。

4.4.7 进气管路应采取措施减少流程损失，进气口应设在阴凉通风处，避免靠近热源、粉尘和腐蚀性气体等有害物质的场所。安装在室外的进气管路中应安装防雨型空气过滤器。

4.4.8 管网中的废弃部件应及时清理。

4.4.9 管网应无明显泄漏，发现泄漏应及时修补。

4.4.10 应定期清洗进气管路和空气过滤器，以保持进气通畅，减小吸气阻力。

4.4.11 应定期对冷却器进行清洗，以提高换热性能。

4.5 管理要求

4.5.1 应建立运行管理、维护和检修等规章制度，主要包括：

a) 按制造厂的使用说明书进行维护保养，按时更换润滑油、过滤器等耗材，发现异常及时处理；

b) 定期检修机组设备，及时更换损坏零部件；

c) 定期检查清理进气管、空气过滤器、管道、冷却器及净化设备等；

d) 定期检测系统泄漏；若无法对设备进行泄漏测试时，应采取管网维护管理措施，在管理文件中应规定具体的泄漏检查、维护程序，并要求对泄漏点进行标识；

e) 定期检查与清除气阀上的结焦和积碳；

f) 应加强对运行管理人员和操作人员的培训。

4.5.2 应采用巡视与定期检测相结合的方式对系统进行监测。在经济技术条件允许的情况下，应采用计算机自动监测技术对系统进行监测。

4.5.3 应备有全厂压缩空气管道平面布置图、工艺流程图，以及与设备有关的资质文件、技术资料和使用说明书等。

4.5.4 应有运行记录、监测和检查记录、维护记录和培训记录，严格执行有关节能管理制度。

4.6 系统要求

4.6.1 应根据负荷变化情况选用多台相同或不同规格的机组，并采用效率高的机组承担基本负荷。

4.6.2 机组存在两种电源电压级别时，应首先使用电压高的机组。

4.6.3 在满足工艺、安全及可靠运行的基础上，多台机组联合运行时，宜采用中央控制系统，仅允许1台机组处于部分负荷状态。

4.6.4 负荷变化幅度较大或变化频繁的系统，应采用适当的管理和技术措施。在满足工艺要求的情况下，应首先合理安排负荷；无法安排负荷时，应采用机组联控等措施调节运行方式；当改变运行方式不能满足负荷要求时，宜采用变频、变容等技术措施。

4.6.5 对不工作的用气点应及时切断送气。

4.6.6 应根据工艺要求合理设置机组的运行参数，避免设备频繁启停、长时间无负载运行和压力过高。

4.6.7 在经济技术条件允许的情况下，应进行余热利用。

4.6.8 应按照 GB/T 16665 和 GB 17167 的规定，在有关部位安装电能、压力、流量和温度等仪表。

5 系统经济运行的判别与评价方法

5.1 计算和判别程序

5.1.1 机组实际比功率计算

机组实际比功率按式(1)计算：

$$\varepsilon = \frac{P_S}{Q_P} \qquad \cdots\cdots (1)$$

式中：

ε ——机组实际比功率，单位为千瓦分每立方米(kW·min/m^3)；

P_S ——机组实际输入功率，单位为千瓦(kW)；

Q_P ——机组实际容积流量，单位为立方米每分(m^3/min)。

5.1.2 判别程序

系统经济运行的判别应按以下程序进行：

a) 按5.2对电气设备进行判别与评价；

b) 按5.3对机组进行判别与评价；

c) 按5.4对净化设备进行判别与评价；

d) 按5.5对供气管网进行判别与评价；

e) 按5.6对管理进行判别与评价；

f) 按5.7对系统进行判别与评价。

5.2 电气设备判别与评价

电动机的额定效率大于或等于GB 18613中规定的能效2级，并且交流接触器的吸持功率小于或等于GB 21518中规定的能效2级，则认定为经济；电动机的额定效率大于或等于GB 18613中规定的能效3级，并且交流接触器的吸持功率小于或等于GB 21518中规定的能效3级，则认定为合理；电动机的额定效率小于GB 18613中规定的能效3级，或者交流接触器的吸持功率大于GB 21518中规定的能效3级，则认定为不经济。

5.3 机组判别与评价

当机组实际比功率小于或等于GB 19153规定的能效2级，则认定为经济；当实际比功率小于或等于GB 19153规定的能效3级，则认定为合理；当实际比功率大于GB 19153规定的能效3级，则认定为不经济。

5.4 净化设备判别与评价

净化设备应满足4.3的要求，否则认定为不经济。

5.5 供气管网判别与评价

供气管网应满足4.4的要求，否则认定为不经济。

5.6 管理判别与评价

系统管理应满足4.5的要求，否则认定为不经济。

5.7 系统判别与评价

当系统满足4.6的要求，并且5.2、5.3、5.4、5.5和5.6都判别为经济时，则认定为经济；当系统满足4.6的要求，并且5.2、5.3、5.4、5.5和5.6的判别中有合理项，但没有不经济项时，则认定为合理；当系统不满足4.6的要求，或5.2、5.3、5.4、5.5和5.6的判别中有不经济项时，则认定为不经济。

6 机组测试方法

6.1 测试要求

机组测试时应符合以下要求：

a) 测试应在额定压力和实际转速的条件下进行；

b) 在进行测试之前，应收集并核对设备原始技术数据和运行数据；

c) 各被测参数应同时进行采样和记录；

d) 主要测点包括机组进出口和主分配管路进出口等。

6.2 测量仪器仪表要求

测量仪器仪表应符合以下要求：

a) 有功电能表的准确度应不低于1.5级；

b) 有功功率表的准确度应不低于1.0级；

c) 压力表的准确度应不低于1.5级；

d) 气体流量计的准确度应不低于1.5级；

e) 转速表的准确度应不低于0.5级；

f) 温度表的准确度应不低于1.0级。

测量仪器仪表应根据相应的标准或规程进行校准。

6.3 机组测试

机组测试应按照GB/T 3853和GB 19153的规定。

6.4 测试数据处理

验证数据有效性后，应按照5.1.1的规定计算机组实际比功率。

7 系统评估与改进措施

7.1 系统评估

应参照附录的格式和内容对系统运行的经济性进行评估。

7.2 改进措施

7.2.1 管理措施

7.2.1.1 对未达到经济运行要求的系统，应进行节能诊断，并做出评估报告。报告内容应包括系统概况、检测方法与数据分析、预防与管理措施，以及提高能效的改进措施等。评估报告应保存两年以上。实施改进措施后，应对改进效果进行评估，提供评估报告。

7.2.1.2 制定科学的管理流程，加强系统运行管理。

7.2.1.3 系统更新改造时，应按照GB/T 13471的要求进行经济效益评价。

7.2.2 技术措施

7.2.2.1 现有系统机组容量裕度过大、系统长期处于低负载运行时，可采取更换机组或降低转速等改进措施。

7.2.2.2 当现有系统负荷波动较大、设备频繁启停时，可采取增加变频或中央控制系统等改进措施。

7.2.2.3 当管网运行不经济时，可调整设备运行方式，或采取清洗、更换、管路拆分或联合等改进措施。

附　录　A
（资料性附录）
空气压缩机系统经济运行评估报告样式

编号：________________

××××××单位
空气压缩机系统经济运行评估报告

评估单位：________________________

评估负责人：______________________

编制日期：____年____月____日

一、概述

1.评估的目的

2.评估的依据(相关标准、法规等)

3.受评估方基本情况(性质、主要产品)

二、空气压缩机系统现状

1.系统设备清单

2.系统工艺流程图

3.压缩空气质量等级及主要用途

4.系统使用现状(主机使用数量、负载率、能耗情况等)

三、评估过程描述(测评依据、评估结果)

1.测试过程说明(测试工况、起止时间、周期、选取的测量点等)

2.对电气设备的评估

(1)电动机(参照 GB 18613)

(2)交流接触器(参照 GB 21518)

3.对机组的评估(参照 GB 19153)

4.对净化设备的评估(参照本标准 4.3 及 5.4)

5.对供气管网的评估(参照本标准 4.4 及 5.5)

6.对管理的评估(参照本标准4.5及5.6)

7.对系统的评估(参照本标准4.6及5.7)

四、评估结论

经对以上各项评估:

______________空气压缩机系统为:□经济 □合理 □不经济。

评估单位:______________

评估负责人:______________

评估日期:____年____月____日

附件

1. 被评估方提供的原始资料(设备清单、图纸、管理文件、操作维护记录等)

2. 测试记录和评估表

表 1 电动机测试记录评价表

编号	品牌	型号	极数	额定功率/kW	年运行时间/h	平均负载率/%	实测效率/%	能效等级
1								
2								
3								
4								
注 1:当空压机系统中的电动机大于 4 台时,可增加该表的行数。 注 2:电动机的能效等级应依据 GB 18613 进行判断。								

表 2 交流接触器测试记录评价表

编号	品牌	型号	额定工作电流/A	实测吸持功率/(V·A)	能效等级
1					
2					
3					
4					
注 1:当空压机系统中的交流接触器大于 4 台时,可增加该表的行数。 注 2:交流接触器的能效等级应依据 GB 21518 进行判断。					

表 3 容积式空气压缩机测试记录评价表

编号	品牌	种类	型号	实测机组输入功率/kW	实测机组容积流量/(m^3/min)	实际比功率/(kW·min/m^3)	能效等级
1							
2							
3							
4							
注 1:当空气压缩机机系统中的压缩机大于 4 台时,可增加该表的行数。 注 2:空气压缩机的能效等级应依据 GB 19153 进行判断。							

3. 系统经济运行评估表

表 4　容积式空气压缩机系统经济运行评估表

<table>
<tr><td rowspan="4">评估项目</td><td>项目名称</td><td colspan="3"></td><td>评估日期</td><td colspan="2"></td></tr>
<tr><td>受评单位</td><td colspan="3"></td><td>联系人</td><td colspan="2"></td></tr>
<tr><td>单位地址</td><td colspan="3"></td><td>联系电话</td><td colspan="2"></td></tr>
<tr><td>机房位置</td><td colspan="3"></td><td>E-mail</td><td colspan="2"></td></tr>
<tr><td rowspan="3">评估组成员</td><td>负责人</td><td></td><td>职务/职称</td><td></td><td>单位/部门</td><td colspan="2"></td></tr>
<tr><td>成员</td><td></td><td>职务/职称</td><td></td><td>单位/部门</td><td colspan="2"></td></tr>
<tr><td>成员</td><td></td><td>职务/职称</td><td></td><td>单位/部门</td><td colspan="2"></td></tr>
<tr><td rowspan="7">评估内容</td><td rowspan="2">电气设备</td><td>电动机</td><td>额定效率/%</td><td rowspan="2">评估结果</td><td colspan="2" rowspan="2">□经济□合理
□不经济</td><td rowspan="2">依据 5.2</td></tr>
<tr><td>交流接触器</td><td>吸持功率/(V・A)</td></tr>
<tr><td>机组</td><td colspan="2">实际比功率/(kW・min/m^3)</td><td>评估结果</td><td colspan="2">□经济□合理
□不经济</td><td>依据 5.3</td></tr>
<tr><td>净化设备</td><td colspan="2">是否满足 4.3 的要求</td><td>评估结果</td><td colspan="2">□经济□不经济</td><td>依据 5.4</td></tr>
<tr><td>供气管网</td><td colspan="2">是否满足 4.4 的要求</td><td>评估结果</td><td colspan="2">□经济□不经济</td><td>依据 5.5</td></tr>
<tr><td>管理</td><td colspan="2">是否满足 4.5 的要求</td><td>评估结果</td><td colspan="2">□经济□不经济</td><td>依据 5.6</td></tr>
<tr><td>系统</td><td colspan="2">是否满足 4.6 的要求</td><td>评估结果</td><td colspan="2">□经济□合理
□不经济</td><td>依据 5.7</td></tr>
</table>

ICS 27.010
F 01

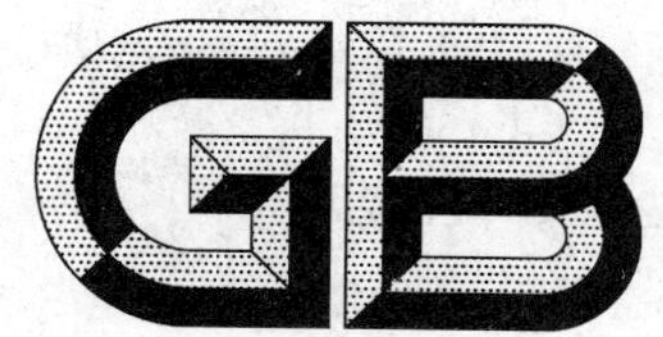

中华人民共和国国家标准

GB/T 29455—2012

照明设施经济运行

Economic operation of illumination equipments

2012-12-31 发布　　　　2013-10-01 实施

中华人民共和国国家质量监督检验检疫总局
中国国家标准化管理委员会　发布

前　言

本标准按照 GB/T 1.1—2009 给出的规则起草。

本标准由全国能源基础与管理标准化技术委员会(SAC/TC 20)提出。

本标准由全国能源基础与管理标准化技术委员会合理用电分委员会(SAC/TC 20/SC 4)归口。

本标准起草单位:中国标准化研究院、中国建筑科学研究院、北京清华城市规划设计研究院、国家建筑工程质量监督检验中心、中国照明电器学会、北京宫氏华莱电器有限公司、万豪酒店管理集团有限公司、百盛购物中心有限公司、北京发展大厦有限公司、武汉中百集团股份公司。

本标准主要起草人:李鹏程、赵跃进、林若慈、翟克俊、李一力、赵建平、宫莉、高德勇、曾红顺、宋永立、吕芳、刘升平、杨小平。

照明设施经济运行

1 范围

本标准规定了照明设施经济运行的基本要求、照明设施维护、照明设施管理和照明设施经济运行评价。

本标准适用于照明设施的运行、维护与管理，也适用于照明设施的新建和改造。

2 规范性引用文件

下列文件对于本文件的应用是必不可少的。凡是注日期的引用文件，仅注日期的版本适用于本文件。凡是不注日期的引用文件，其最新版本(包括所有的修改单)适用于本文件。

GB 17896 管形荧光灯镇流器能效限定值及节能评价值

GB 19043 普通照明用双端荧光灯能效限定值及能效等级

GB 19044 普通照明用自镇流荧光灯能效限定值及能效等级

GB 19415 单端荧光灯能效限定值及节能评价值

GB 19573 高压钠灯能效限定值及能效等级

GB 19574 高压钠灯镇流器能效限定值及节能评价

GB 20053 金属卤化物灯用镇流器能效限定值及能效等级

GB 20054 金属卤化物灯能效限定值及能效等级

GB/T 24827 道路与街路照明灯具性能要求

GB/T 25959 照明节电装置及应用技术条件

GB/T 50033 建筑采光设计标准

GB 50034 建筑照明设计标准

CJJ 45 城市道路照明设计标准

JGJ/T 119 建筑照明术语标准

JGJ/T 163 城市夜景照明设计规范

3 术语和定义

JGJ/T 119 界定的以及下列术语和定义适用于本文件。

3.1

灯具效率 luminaire efficiency

在相同的使用条件下，灯具发出的总光通量与灯具内所有光源发出的总光通量之比(%)。

3.2

灯具光效 luminaire luminous efficacy

灯具出射光通量与灯具输入电功率之比(LED 灯具与光源不可拆卸的灯具)；单位为流明每瓦(lm/W)。

3.3

灯具光束角 luminaire beam angle

在给定平面上，以坐标表示的发光强度曲线的两矢径间所夹的角度。

该矢径的发光强度值通常等于10%或50%的发光强度最大值。

3.4

光束效率 beam efficiency

灯具光束角内的光通量与灯具内光源的总光通量之比(%)。

4 技术要求

4.1 基本要求

照明设施应符合相应的产品性能、安全、能效标准及照明设计标准,宜选用符合能效标准节能评价值的照明设备和照明节电设备,在选用之前应进行经济评价分析。

4.2 照明光源

4.2.1 产品初始光效和光通维持率:双端荧光灯应符合GB 19043的规定;单端荧光灯应符合GB 19415的规定;自镇流荧光灯应符合GB 19044的规定;高压钠灯应符合GB 19573的规定;透明玻壳钪钠系列单端金属卤化物灯应符合GB 20054的规定。

4.2.2 在使用高强度气体放电灯的场所不应选用荧光高压汞灯。

4.2.3 对于使用景观照明灯具、交通信号灯、标志灯、应急疏散标志灯等场所,宜选用LED光源等节能照明产品。LED光源等节能照明产品的性能应符合相关标准和技术规范。

4.3 照明附件

4.3.1 所使用的镇流器应与照明光源合理匹配。

4.3.1.1 T8型双端荧光灯,应配用电子镇流器或节能型电感镇流器,镇流器效率应符合GB 17896的规定。

4.3.1.2 T5型双端荧光灯应配用电子镇流器,镇流器效率应符合GB 17896的规定。

4.3.1.3 自镇流荧光灯、单端荧光灯应配用电子镇流器。

4.3.1.4 高压钠灯、金属卤化物灯应配用电子镇流器或节能型电感镇流器。对于室外照明用高压钠灯或金属卤化物灯,可配用双功率节能型电感镇流器。

4.3.1.5 双端荧光灯用镇流器(电感型和电子型),应符合GB 17896的规定。

4.3.1.6 高压钠灯用镇流器(电感型),应符合GB 19574的规定。

4.3.1.7 金属卤化物灯用镇流器(电感型),应符合GB 20053的规定。

4.3.2 照明节电装置应符合GB/T 25959的规定。

4.4 照明灯具

4.4.1 照明灯具应符合相关标准规范的规定。

4.4.2 应根据照明场所的功能要求选择合理的灯具配光。在敞开式办公区域和学校的教室宜选用宽配光的高效格栅灯具或高效开放式灯具;灯具安装距高比不得大于灯具最大允许距高比。商场、地下停车场宜选用高效开放式灯具。道路与街路等场所的照明灯具性能应符合GB/T 24827的规定。

4.4.3 应选用光束效率高的灯具,灯具所发出的光应最大限度满足使用区域的要求。

4.4.4 在满足眩光限制和视觉功能要求的条件下,应根据应用场所选用相应的高效照明灯具,灯具效率应达到表1和表2的要求。

表 1　灯具效率要求

产品分类	灯具类型	灯具效率/%
室内照明灯具	开敞式灯具	≥75
	格栅灯具	≥60
	带封闭式面板灯具	≥60
室外照明灯具	道路照明灯具	≥70
	庭院灯具	≥70
	隧道灯具	≥70
	泛光灯具	≥65

表 2　泛光灯具效率要求

产品名称	光束分类	光束角/(°)	灯具效率/%
泛光灯具	特宽光束	100～130	≥70
	宽光束	70～100	
	中等宽光束	46～70	≥65
	中等光束	29～46	
	窄光束	18～29	≥60
	特窄光束	10～18	

4.4.5　室外 LED 道路照明产品光效不应低于 80 lm/W、泛光照明灯具光效不应低于 70 lm/W，显色指数不宜低于 60；室内 LED 照明产品光效不应低于 60 lm/W，显色指数不宜低于 80。

4.4.6　在对色彩分辨要求较高的室内场所，如商场、印刷、图片制作等行业应选择高显色性的光源和对光谱无选择性的反射材料制作的高效灯具。

4.4.7　一般照明灯具的功率因数不应低于 0.9；道路照明灯具的功率因数不应低于 0.85。

4.4.8　照明灯具反射材料的反射比不应低于 0.85；带封闭式面板灯具透光材料的透射比不宜低于 0.85。

4.4.9　照明灯具厂家应提供下列照明灯具应用设计参数，以便使用者合理选用照明灯具。具体参数内容见表 3。

表 3　照明灯具应用设计参数

灯具类型	照明设计参数	备　注
室内照明灯具	灯具效率、灯具光效(LED 灯具)、灯具最大允许距高比、光强分布表、光强分布曲线、等照度曲线、亮度限制曲线、利用系数表、概算曲线、工作电压、工作电流、输入功率、功率因数	射灯还应提供光束角；必要时要提供光源的色温和显色指数
道路照明灯具	灯具效率、灯具光效(LED 灯具)、光强分布表、光强分布曲线、等光强曲线、利用系数曲线、灯具发光面积、工作电压、工作电流、输入功率、功率因数、外壳防护等级	必要时要提供光源的色温和显色指数
泛光照明灯具	灯具效率、灯具光效(LED 灯具)、灯具光束角、光束效率、光强分布表、光强分布曲线、等光强曲线、灯具截光角、工作电压、工作电流、输入功率、功率因数、外壳防护等级	必要时要提供光源的色温和显色指数

4.5 照明控制

4.5.1 应根据不同照明场所的需要，采用不同的照明调光和控制方式。

4.5.2 大型公共建筑物中宜采用照明设施智能控制系统。

4.5.3 照明控制宜采用集中控制方式，并按照建筑使用条件和天然采光状况采取分区域控制模式。有条件的场所宜采用下列控制方法：

a) 在有天然采光的场所可按照度要求自动开启和关闭灯具或自动为灯具调光；

b) 根据使用要求可采用分时段的自动调光；

c) 根据需要在楼梯间、走道可采用声控、光控、人体感应等控制方式自动开启和关闭灯具。

4.6 照明应用

4.6.1 建筑照明功率密度(LPD)应符合 GB 50034 的规定，城市道路照明功率密度(LPD)，应符合 CJJ 45 的规定。城市夜景照明设计应符合 JGJ/T 163。

4.6.2 照明设施新建或改造时，应根据寿命周期成本进行分析，优先选择寿命周期成本最低的方案。

4.6.3 道路及景观照明用电应单独计量。

4.7 天然采光

4.7.1 在可利用天然光的场所宜充分利用天然光，采光系数与天然光照度应符合 GB/T 50033 的规定。

4.7.2 采光设计应选择性能好的采光材料及效率高的采光型式和装置。

4.7.3 应根据室外天然光状况，提高天然光利用时数。

4.7.4 采光装置所使用的采光材料应兼顾采光与隔热保温的综合效果。

5 照明设施维护

5.1 应对照明设施建立完整的运行档案记录。

5.2 照明设施应在满足生产、生活、学习和经营管理需求的条件下运行。

5.3 照明设施的运行控制模式应适时进行调节。

5.4 照明灯具和声光控等设施应定期维护和保养。

5.5 照明供电系统应采用三相五线制供电系统(即 TN-S 系统)，宜使三相负荷平衡，不平衡度不应大于 20%。

5.6 必要时可测量灯具的照度变化，适时维护和更换照明灯具，更换时宜采用相同的产品，保证照明效果的一致性。

5.7 应根据照明场所的环境条件，如潮湿、腐蚀性气体、蒸汽、高温、尘埃、易燃、易爆及有洁净要求的场所等条件，采用不同措施进行维护。

5.8 当光源的光通量低于初始光通量的 70%或光源损坏时应及时更换照明光源。

5.9 应定期清洁天然采光装置，破损部件应及时更换。

5.10 每年应定期不少于 2 次清洁照明光源、灯具表面及反射面，及时更换损坏的光源、灯具及其附件。

6 照明设施管理

6.1 应制定照明设施维护与管理计划并加以实施，其内容应包括：

a) 基本情况的调查；

b) 维护人员的岗位职责；

c) 换灯方式及更换周期；

d) 定期检测灯具的照度变化；

e) 制定对光源、灯具、控制装置的维护方案；

f) 维护工作费用的预算。

6.2 加强照明设施运行和检测的管理，及时为改善照明设施和提高照明工作环境提出可行方案。

6.3 应有完善的对光源、灯具、控制装置进行维护的管理制度。

6.4 照明设施的管理模式应根据使用情况分类（如正常照明、节假日照明、值班照明等模式），合理调整照明灯具的开启和关闭时间，分区域、分功能、分时段实施有效的照明控制。

6.5 应建立照明节能管理制度，合理使用照明设施。

6.6 照明设施的用电计量应采用分区域的计量方式进行。

6.7 应明确照明设施维护人员的岗位职责，加强运行管理，建立维护制度。

7 照明设施经济运行评价

7.1 对整幢建筑相同使用功能的场所，按照节能验收规范的要求进行节能检测。当照度(lx)、照明功率密度(W/m^2)等达到 GB 50034、JGJ/T 163 或 CJJ 45 照明节能的要求，可评定为照明设施运行合理；否则评定为照明设施运行不经济。

7.2 当整幢建筑照明设施符合 7.1 的要求，且所采用的光源、附件、灯具和照明控制等符合第 4 章的要求，照明设施的维护和管理符合第 5 章和第 6 章的要求，选用的照明光源和附件符合节能评价值的要求，则评定为照明设施运行经济。

第7部分

节能技术标准

ICS 29.035.99
K 15

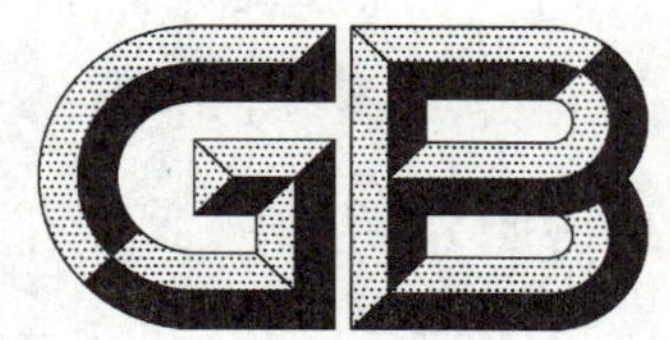

中华人民共和国国家标准

GB/T 1981.5—2009

电气绝缘用漆 第5部分:快固化节能型三聚氰胺醇酸浸渍漆

Varnishes used for electrical insulation—Part 5:Energy-saving fast curing melamine alkyd impregnating varnishes

2009-06-10 发布　　2009-12-01 实施

中华人民共和国国家质量监督检验检疫总局
中国国家标准化管理委员会　发布

前　言

GB/T 1981《电气绝缘用漆》分为以下几个部分：

——第1部分：定义和一般要求；

——第2部分：试验方法；

——第3部分：热固化浸渍漆通用规范；

——第4部分：聚酯亚胺浸渍漆；

——第5部分：快固化节能型三聚氰胺醇酸浸渍漆；

……

本部分为GB/T 1981的第5部分。

本部分由中国电器工业协会提出。

本部分由全国绝缘材料标准化技术委员会(SAC/TC 51)归口。

本部分负责起草单位：桂林电器科学研究所。

本部分参加起草单位：苏州巨峰绝缘材料有限公司、四川东材科技集团股份有限公司、浙江荣泰科技企业有限公司、广州市宝力达电气材料有限公司、吴江市太湖绝缘材料厂、国家绝缘材料工程技术研究中心。

本部分主要起人：马林泉、汝国兴、赵平、曹万荣、周树东、张春琪。

电气绝缘用漆
第5部分:快固化节能型
三聚氰胺醇酸浸渍漆

1 范围

GB/T 1981的本部分规定了快固化节能型三聚氰胺醇酸浸渍漆的型号、要求、试验方法、检验规则、包装、标志、贮存和运输。

本部分适用于B级快固化节能型三聚氰胺醇酸浸渍漆。

2 规范性引用文件

下列文件中的条款通过GB/T 1981的本部分的引用而成为本部分的条款。凡是注日期的引用文件,其随后所有的修改单(不包括勘误的内容)或修订版均不适用于本部分,然而,鼓励根据本部分达成协议的各方研究是否可使用这些文件的最新版本。凡是不注日期的引用文件,其最新版本适用于本部分。

GB/T 1981.1—2007 电气绝缘用漆 第1部分:定义和一般要求(IEC 60464-1:1998,IDT)

GB/T 1981.2—2009 电气绝缘用漆 第2部分:试验方法(IEC 60464-2:2001,MOD)

3 型号

B级快固化节能型三聚氰胺醇酸浸渍漆的型号为:1038。

4 要求

一次交货的所有材料,除了应符合GB/T 1981.1－2007中规定的要求外,还应符合本部分表1中规定的性能要求。

5 试验方法

5.1 外观

应按GB/T 1981.2—2009的5.1测定。

5.2 闪点

应按GB/T 1981.2—2009的5.2测定。

5.3 黏度

应按GB/T 1981.2—2009的5.4测定。

5.4 酸值

应按GB/T 1981.2—2009的5.5测定。

5.5 非挥发物含量

应按GB/T 1981.2—2009的5.6测定,烘焙条件:105 ℃±2 ℃/2 h。

5.6 漆在敞口容器中的稳定性

应按GB/T 1981.2—2009的5.8测定。

5.7 厚层固化

应按GB/T 1981.2—2009的5.9测定。升温程序:大约以10 ℃/20 min的速度升温,升至80 ℃保温2 h,升至100 ℃保温2 h,再升至120 ℃保温6 h。

表 1 性能要求

序号	性　　能	单　位	要　　求
1	外观	—	漆液应透明、无机械杂质和不溶解的粒子;漆膜应平滑、有光泽、无机械杂质和颗粒等
2	闪点	℃	≥21
3	黏度(4 号杯,23 ℃±1 ℃)	s	30～50
4	酸值	mgKOH/g	≤10
5	非挥发物含量(105 ℃±2 ℃/2 h)	%	40±2
6	漆在敞口容器中的稳定性(50 ℃±2 ℃/96 h)	—	黏度增长不超过起始值的 4 倍
7	厚层固化	—	不次于 S1-U1-I4.2 均匀
8	漆对漆包线的影响	—	铅笔硬度不低于 H
9	弯曲试验(Φ3 mm 圆柱芯轴)	—	漆膜不开裂
10	表面干燥性(105 ℃±2 ℃)	h	≤1
11	体积电阻率 常态(23 ℃±2 ℃) 浸水(常温,168 h)后	Ω·m	 $\geqslant 1.0\times10^{12}$ $\geqslant 1.0\times10^{8}$
12	电气强度 常态(23 ℃±2 ℃) 热态(130 ℃±2 ℃)	MV/m	 ≥80 ≥40
13	耐溶剂蒸气性 (二甲苯、丙酮、甲醇、正己烷、二硫化碳)	—	附着情况无变化,不剥落,不起泡,不流挂,不发粘(仅允许稍有发粘),五种溶剂试验至少有两种通过
14	温度指数	—	≥130

5.8 漆对漆包线的影响

应按 GB/T 1981.2—2009 的 5.10 测定。选用 Φ(0.8～1.0)mm 的 QZ-2/130 级的漆包线。

5.9 弯曲试验(Φ3 mm 圆柱芯轴)

应按 GB/T 1981.2—2009 的 6.2.1 测定。试样制备条件:选用厚度为(0.10±0.01)mm 的薄铜板,第一遍浸漆后滴干 10 min,于 120 ℃±2 ℃烘焙 1 h;第二遍浸漆后滴干 10 min,于 120 ℃±2 ℃烘焙 2 h。

漆膜烘焙处理条件:150 ℃±2 ℃/30 h。

5.10 表面干燥性

应按 GB/T 1981.2—2009 的 6.4.1 测定。试样制备条件:选用厚度为(0.10±0.01)mm 的薄铜板,浸漆后滴干 10 min,然后于 105 ℃±2 ℃下烘焙一定时间,取出试样放入干燥器内冷却至室温。

5.11 体积电阻率

应按 GB/T 1981.2—2009 的 6.5.1 测定。试样制备条件:选用厚度为(0.10±0.01)mm 的薄铜板,第一遍浸漆后滴干 10 min,于 120 ℃±2 ℃烘焙 1 h;第二遍浸漆后滴干 10 min,于 120 ℃±2 ℃烘焙 2 h。

5.12 电气强度

应按 GB/T 1981.2—2009 的 6.5.3 测定。试样制备条件:选用厚度为(0.10±0.01)mm 的薄铜板,第一遍浸漆后滴干 10 min,于 120 ℃±2 ℃烘焙 1 h;第二遍浸漆后滴干 10 min,于 120 ℃±2 ℃烘焙 2 h。

5.13 耐溶剂蒸气性

应按 GB/T 1981.2—2009 的 6.4.3 测定。试样制备条件:选用厚度为(0.10±0.01)mm 的薄铜板,第一遍浸漆后滴干 10 min,于 120 ℃±2 ℃烘焙 1h;第二遍浸漆后滴干 10 min,于 120 ℃±2 ℃烘焙 2 h。

5.14 温度指数

应按 GB/T 1981.2—2009 的 6.3.2 测定。

6 检验规则

6.1 每批漆均应进行出厂检验或型式检验。

6.2 用相同的原材料、工艺和设备系统连续生产的经一次混合的漆为一批。每批漆应进行出厂检验。出厂检验项目为表 1 中第 1 项、第 3 项、第 4 项、第 5 项、第 10 项、第 11 项(常态)、第 12 项(常态)。

6.3 型式检验项目为表 1 中第 1 项~第 13 项,每六个月至少进行一次,第 14 项为产品鉴定试验项目。当原材料、工艺或设备系统改变时,亦须进行型式检验和产品检定试验。

6.4 试样应由一批漆中不少于包装桶总数的 5%中抽取。若批量小时,亦不得少于三桶。将漆充分搅拌均匀,从桶中各取 500 g,仔细混合均匀后,从中取出所需数量装在洁净干燥磨口瓶中作为试样,在室温下保持 4 h 后方可进行试验。

6.5 试验结果中的任何一项不符合技术要求时,则应从该批量的另外 5%桶中按 6.4 重新取样重复该项试验,若结果仍不符合要求,则该批漆为不合格品。

6.6 每批产品均应附有产品检验合格证。在用户要求时,制造厂应提供型式检验报告。

7 包装、标志、贮存和运输

7.1 漆应装在洁净而干燥的铁桶中,并密封好。铁桶的优选容积是 2.5 L,5 L,25 L 和 200 L。

7.2 桶上应标明:制造厂名称,产品型号及名称,制造日期或批号,毛重及净重,以及“小心轻放”、“危险品”字样和图示标志。

7.3 漆应存放在清洁、干燥、通风良好、温度为-20 ℃~35 ℃的库房或遮棚中。

7.4 漆贮存在原来的密封容器中时,从出厂之日算起的贮存期:25 ℃下六个月。超过贮存期,按产品标准检验,合格者仍可用。

7.5 在运输过程中应装载在有蓬的车船中,不得靠近火源、暖气和受日光直射。

ICS 027.010
F 04

中华人民共和国国家标准

GB/T 4272—2008
代替 GB/T 4272—1992,GB/T 11790—1996

设备及管道绝热技术通则

General principles for thermal insulation technique of equipment and pipes

2008-06-19 发布 2009-01-01 实施

中华人民共和国国家质量监督检验检疫总局
中国国家标准化管理委员会 发布

前 言

本标准根据 GB/T 4272—1992《设备及管道保温技术通则》和 GB/T 11790—1996《设备及管道保冷技术通则》的内容整合、修订而成，与其他有关设备与管道绝热的系列标准原则一致，互相配套、方便使用。

本标准同时代替 GB/T 4272—1992 和 GB/T 11790—1996。

本标准与 GB/T 4272—1992 和 GB/T 11790—1996 相比，主要变化如下：

——在范围中说明本标准适用于设备、管道及其附件外表面温度在－196 ℃～650 ℃的绝热工程，其他温度范围的绝热工程，可参照本标准执行；

——修改了术语和定义，去掉“保温”和“保冷”的定义，增加了“绝热”的定义；

——修改了表 1、表 2 中的允许最大散热损失值；

——在保冷材料中增加泡沫橡塑的要求；

——在绝热结构中增加了防水层的要求；

——增加绝热工程的效果测试周期要求。

本标准由全国能源基础与管理标准化技术委员会提出。

本标准由全国能源基础与管理标准化技术委员会省能材料应用技术分委员会归口。

本标准负责起草单位：建筑材料工业技术监督研究中心、中国疾病预防控制中心环境与健康相关产品安全所、北京中关村国际环保产业促进中心。

本标准参加起草单位：无锡市明江保温材料有限公司、阿乐斯绝热（广州）有限公司、北京北工国源联合科技有限公司、浙江振申绝热科技有限公司、宜兴市中建保温材料有限公司、中国水利电力物资天津公司、欧文斯科宁（中国）投资有限公司。

本标准主要起草人：戴自祝、金福锦、陈斌、王巧云、武庆涛、何振声、周敏刚、顾明善、徐云、李守福、甘永祥、孙世平、单永江、甘向晨、鹿院卫。

本标准所代替标准的历次版本发布情况为：

—— GB 4272—1984、GB/T 4272—1992；

—— GB/T 11790—1996。

设备及管道绝热技术通则

1 范围

本标准规定了有关绝热材料及其制品的术语和定义、一般规定、绝热结构材料的性能要求、绝热设计、绝热结构、绝热工程的施工与验收、绝热工程效果的测试、绝热工程的维护检修和安全规定。

本标准适用于设备、管道及其附件外表面温度在−196 ℃～650 ℃的绝热工程，其他温度范围的绝热工程可参照本标准执行。

2 规范性引用文件

下列文件中的条款通过本标准的引用而成为本标准的条款。凡是注日期的引用文件，其随后所有的修改单（不包括勘误的内容）或修订版均不适用于本标准，然而，鼓励根据本标准达成协议的各方研究是否可使用这些文件的最新版本。凡是不注日期的引用文件，其最新版本适用于本标准。

GB/T 4132 绝热材料及相关术语

GB/T 8174 设备及管道绝热效果的测试与评价

GB/T 8175 设备及管道绝热设计导则

GB 50126 工业设备及管道绝热工程施工规范

3 术语和定义

GB/T 4132 确立的以及下列术语和定义适用于本标准。

3.1

绝热 thermal insulation

为减少设备、管道及其附件向周围环境散热，在其外表面采取的增设绝热层的措施。按热流方向分为保温、保冷。

3.2

经济厚度 economics thickness

绝热后的年散热（冷）损失费用和投资的年分摊费用之和为最小值时绝热层的计算厚度。

4 一般规定

4.1 具有下列工况之一的设备、管道及其附件必须保温：

a) 外表面温度高于 323 K（50 ℃）者；

b) 工艺生产中需要减少介质的温度降或延迟介质凝结的部位；

c) 工艺生产中不需保温的设备、管道及其附件，其外表面温度超过 333 K（60 ℃）并需要经常操作维护，而又无法采用其他措施防止引起烫伤的部位。

4.2 具有下列工况之一的设备、管道及其附件必须保冷：

a) 为减少冷介质及载冷介质在生产和输送过程中的冷损失者；

b) 为防止或降低冷介质及载冷介质在生产和输送过程中温度升高者；

c) 为防止 0 ℃以上常温以下的设备或管道外表面凝露者；

d) 与保冷设备或管道相连的仪表及其附件。

4.3 具有下列情况之一的设备、管道及其附件不受本标准的约束：

a) 工艺生产中不宜或不需绝热的部位；

b) 施工中的临时设施。

5 绝热材料的性能要求

5.1 保温材料

5.1.1 在平均温度为 298 K(25 ℃)时热导率值不应大于 0.08 W/(m·K),并有在使用密度和使用温度范围下的热导率方程式或图表。

5.1.2 密度不大于 300 kg/m³。

5.1.3 除软质、半硬质、散状材料外,硬质无机成型制品的抗压强度不应小于 0.30 MPa,有机成型制品的抗压强度不应小于 0.20 MPa。

5.1.4 必须注明最高使用温度。

5.1.5 必要时须注明材料燃烧性能级别、含水率、吸湿率、热膨胀系数、收缩率、抗折强度、腐蚀性及耐腐蚀性等性能。

5.1.6 上述各项性能应按相应国家标准、行业标准及有关专业部门规定的方法测定。

5.2 保冷材料

5.2.1 泡沫塑料及其制品 25 ℃时的热导率应不大于 0.044 W/(m·K),密度应不大于 60 kg/m³,吸水率应不大于 4%,并应具有阻燃性能,氧指数不应小于 30%,硬质成型制品的抗压强度应不小于 0.15 MPa。

5.2.2 泡沫橡塑制品 0 ℃时的热导率应不大于 0.036 W/(m·K),密度应不大于 95 kg/m³,真空吸水率不大于 10%。

5.2.3 泡沫玻璃及其制品 25 ℃时的热导率应不大于 0.064 W/(m·K),密度应不大于 180 kg/m³,吸水率应不大于 0.5%。

5.2.4 应注明最低使用温度及线膨胀系数或线收缩率。

5.2.5 应具有良好的化学稳定性,对设备和管道无腐蚀作用,当遭受火灾时,不致大量逸散有毒气体。

5.2.6 耐低温性能好,在低温情况下使用不易变脆。

5.2.7 上述各项性能均应按有关国家标准或行业标准规定的绝热材料物化性能检测方法进行测定。

5.3 保冷层施工用的粘结剂、密封和耐磨剂

5.3.1 粘结剂、密封剂和耐磨剂的性能应与保冷材料和被保冷物表面的特性要求相适应。

5.3.2 粘结剂、密封剂和耐磨剂应能耐低温,对保冷材料不溶解,对金属壁不腐蚀,并明确说明其允许最低使用温度及其有关性能数据。

5.3.3 粘结剂和密封剂应固化时间短、粘结力强、密封性好。

5.3.4 耐磨剂(泡沫玻璃用)应在温度变化或机械振动的情况下,能防止保冷材料与金属外壁间和保冷材料相互接触面间发生磨损。

5.4 防潮层

5.4.1 抗蒸汽渗透性好、防水、防潮能力强。

5.4.2 密封性能及粘结性能好。有一定的耐温性,软化温度不低于 65 ℃,夏季不软化、不起泡、不流淌;有一定的抗冻性,冬季不脆化、不开裂、不脱落。

5.4.3 化学稳定性好,使用时不挥发出有害气体。

5.4.4 使用温度范围大。

5.4.5 干燥时间较短,在常温下能够直接使用,施工方便。

5.5 外保护层

5.5.1 密度小,化学稳定性好,不易燃烧。

5.5.2 防水、防湿、抗大气腐蚀性能良好。

5.5.3 强度高,在温度变化及振动情况下不开裂,使用寿命长。

5.5.4 安装方便,外表整齐美观。

6 绝热设计

6.1 保温层厚度的计算原则

6.1.1 为减少保温结构散热损失的保温层厚度应按"经济厚度"的方法计算,并且其散热损失不得超过表1或表2的数值。

只有在用"经济厚度"的方法计算无法满足本条规定或无条件使用"经济厚度"公式时方可按允许散热损失计算。

表1 季节运行工况允许最大散热损失值

设备、管道及其附件外表面温度/K(℃)	323 (50)	373 (100)	423 (150)	473 (200)	523 (250)	573 (300)
允许最大散热损失/(W/m²)	104	147	183	220	251	272

表2 常年运行工况允许最大散热损失值

设备、管道及其附件外表面温度/K(℃)	323 (50)	373 (100)	423 (150)	473 (200)	523 (250)	573 (300)	623 (350)	693 (400)	723 (450)	773 (500)	823 (550)	873 (600)	923 (650)
允许最大散热损失/(W/m²)	52	84	104	126	147	167	188	204	220	236	251	266	283

6.1.2 设备及管道内介质在允许或指定温度降条件下输送时,保温层厚度按热平衡方法计算。

6.1.3 为延迟管道内介质冻结、凝固的保温层厚度按热平衡方法计算。

6.1.4 防止烫伤的保温层厚度按表面温度计算。保温层外表面温度不得超过333 K(60 ℃)。

6.1.5 加热伴热保温及保温保冷双重结构按各专业部门规定的方法计算。

6.1.6 锅炉及工业炉窑的保温按各专业部门规定的方法计算。

6.1.7 具体计算方法应按GB/T 8174的有关规定。

6.2 保冷层厚度的计算原则

6.2.1 为减少冷量损失(热量侵入)并防止外表面凝露的保冷,应采用经济厚度法计算保冷层厚度,以热平衡法校验其外表面温度。该温度应高于环境的露点温度0.3 ℃或0.3 ℃以上。否则应加厚重新计算,直至满足要求。

6.2.2 工艺上规定冷损失量的保冷,应采用热平衡法计算保冷层厚度,并用6.1.1的规定核算外表面温度。

6.2.3 为防止外表面凝露的保冷应采用表面温度法计算保冷(防露)层厚度。

6.2.4 具体计算方法应按GB/T 8175的有关规定。

7 绝热结构

7.1 绝热结构的组成

a) 防腐层:凡需进行绝热的碳钢设备、管道及其附件应设防腐层;不锈钢、有色金属及非金属材料的设备、管道及其附件则不需设防锈层;

b) 绝热层:厚薄均匀,接缝严密,紧固合理,松紧适度,确保绝热效果良好;

c) 保冷结构防潮层:必须完整严密,厚薄均匀,无气孔、无鼓泡或开裂等缺陷;

d) 保温结构防水层:必须完整严密,防水,耐温、阻燃、不开裂;

e) 外保护层:应抗大气腐蚀和光照老化,不燃烧、不开裂、密度小、反辐射性能好,使用寿命长,能使绝热结构外形整齐美观。在外保护层表面根据需要可涂刷防腐漆,并可采用不同颜色的防腐漆或制作相应标记,用以识别设备及管道内介质类别和流向。

7.2 绝热结构的基本要求

7.2.1 耐用性要求

绝热结构设计应保证其在有效使用期内的完整性。即在有效使用期内不允许发生损坏、腐烂、剥落、开裂及收缩变形等现象。

7.2.2 机械强度要求

要求在其自重或轻微撞击下不被破坏。

7.2.3 可拆性要求

绝热结构一般不考虑可拆卸性,但需要经常拆卸及维护检修的法兰、人孔、手孔、阀门及管件等部位则宜采用可拆卸式结构。

7.2.4 保护性要求

7.2.4.1 防潮层必须切实起到防水、防潮、保护保冷层作用,确保其保冷效果良好。

7.2.4.2 防水层必须完整严密,防水、确保保温层不受破坏。

7.2.4.3 外保护层必须切实起到保护保温层和保冷层的作用,防止环境和外力对绝热结构的有害影响,延长绝热结构的使用寿命,并使外形整齐美观。

7.2.5 管道附件的保冷长度要求

管道附件的保冷长度应等于设备及管道保冷层厚度的4倍,或敷设至垫木处。

7.3 绝热材料要求

7.3.1 保温层材料的选择

在保温材料的物理、化学性能满足工艺要求的前提下,应优先选用导热系数低、密度小,价格低廉、施工方便、便于维护的保温材料。

7.3.2 保冷层材料的选择

7.3.2.1 在物理、化学性能满足工艺要求的前提下,应优先选用经济的保冷材料或制品,材料或制品宜为闭孔型,吸水及吸湿率低,耐低温性能好,并具有阻燃性,氧指数应不小于30。

7.3.2.2 确需采用导热系数小、密度小、能在一定低温下使用的一般保温材料作为保冷层材料时,则对防水、防潮的设计和施工更应严格要求,以免保冷层因吸水、吸潮而失效或破坏。

7.3.3 双层或多层结构

a) 用一种绝热材料制品作为绝热层材料时,绝热层厚度按单层绝热计算公式计算,当其厚度大于80 mm时,应分为两层或多层逐层施工。每层厚度宜相近。

b) 用两种或多种绝热材料制品时,绝热层厚度按双层或多层计算公式计算,其层间界面温度必须在其相邻外层绝热层材料的最高使用温度范围以内。除采用复合预制制品外,均应按各绝热层材料的特性分别施工。

c) 各绝热层均应敷设牢固,错缝压缝,接缝严密,表面平整,层间结合紧密,无缺损现象。

7.3.4 保冷结构粘结剂、密封剂和耐磨剂

根据选用的保冷层材料特性,采用与其特性相适应的粘结剂、密封剂和耐磨剂(仅泡沫玻璃需用耐磨剂)配套使用。

7.3.5 防水层、防潮层和外保护层

根据材料性能要求合理选用防水层、防潮层和外保护层材料。

7.4 绝热工程主辅材料的性能检验

7.4.1 绝热材料及其制品以及粘结剂、密封剂、耐磨剂的性能检验,应按所用材料的相关标准中的性能测试方法,在使用工作温度范围内进行测定。

7.4.2 防水层、防潮层和外保护层材料应按所用材料的相关标准中的性能测试方法,在使用工作温度范围内进行测定。

8 绝热工程的施工与验收

8.1 施工前准备

8.1.1 对于到达施工现场的绝热材料及其制品，必须检查其出厂合格证书或化验、物性试验记录，凡不符合设计性能要求的不予使用。有疑义时必须作抽样复核。

8.1.2 绝热材料不应在露天堆放，否则应采取防雨、防雪、防潮措施，严防受潮。

8.1.3 对需要绝热的设备、管道及其附件必须检查、评定，确认合格后才能进行保温施工。

8.2 施工

8.2.1 室外绝热结构不应在雨、雪天施工，否则应采取防雨、防雪措施。室外喷涂应在三级风以下进行，酷暑及雾天均不宜施工。

8.2.2 绝热结构应严格按照 GB 50126 进行施工，以确保施工质量。

8.2.3 施工中应有相应的劳动保护及安全措施。

8.3 验收

绝热工程完成后必须按 GB 50126 进行验收。验收应具备以下资料：

a) 绝热材料及其制品、粘结剂、密封剂和耐磨剂等主要辅助材料的出厂合格证书或检验试验资料；

b) 如设计变更，则应有设计变更通知书；

c) 如采用代用材料，则应有代用材料通知书；

d) 隐蔽工程记录；

e) 质量检查记录。

9 绝热工程效果的测试

绝热工程投入使用后，应按 GB/T 8175 对其热(冷)损失及表面温度进行测定并提出报告。

9.1 测试分级

根据不同的要求，对设备、管道及其附件的绝热效果测试分为三级：

a) 一级测试，适用于采用新技术、新材料、新结构的绝热工程；

b) 二级测试，适用于新建、改建、扩建及大修后绝热工程的验收测试；

c) 三级测试，适用于绝热工程的普查和定期监测。

一、二级测试应由经过认证认可的检测单位承担。

9.2 测试周期

9.2.1 二级测试在绝热工程新、改、扩建及大修后进行；在正常运行时每两年进行一次。

9.2.2 三级测试在普查时进行，或由单位自行组织每一年进行一次。

10 绝热工程的维护检修

10.1 绝热工程竣工验收交付生产使用后，生产单位必须制定绝热工程的维护保养制度。

10.2 生产岗位操作人员应对其操作范围内设备、管道及其附件的绝热结构作经常性检查和维护保养工作。发现绝热结构有凝露、破裂、剥落，保护层有脱开及松散等现象时应及时修好。若工作量较大，生产岗位操作工人完成有困难时，则应及时报告有关部门进行检修，以确保绝热效果良好。

10.3 生产单位必须对绝热工程进行定期的全面检修，以确保绝热工程完整，绝热效果良好，保证装置生产稳定，节能效果显著。

11 安全规定

11.1 防毒措施

11.1.1 绝热施工中经常接触到具有毒性的物品、材料，施工时应戴口罩、防护面具(或防毒面具)及防护鞋、防护手套等。并应具有防护药品和用具。

11.1.2 配制或喷涂聚氨酯泡沫塑料时，施工工人应处于上风向。

11.1.3 施工完毕后，施工工人应进行洗涤或沐浴。

11.1.4 施工工人应定期检查身体，对材料有过敏反应的工人不应参加操作。

11.2 防火措施

绝热工程在施工中使用的粘结剂、密封剂、耐磨剂、溶剂或洗净剂等多具有易燃特点，施工中无论在储存、搬运或使用时，均应远离火源，防止引起火灾。清洗工具后的溶剂也应注意收存、妥善处理。严禁随地倾倒，以防引起火灾。并应设置消防器材。

11.3 工具保护

喷涂绝热施工工具使用后应用溶剂或洗净剂清洗干净，以免结疤或粘堵工具。

ICS 027.010
F 04

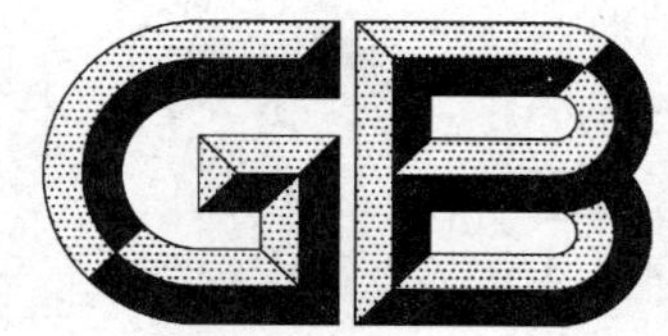

中华人民共和国国家标准

GB/T 8175—2008
代替 GB/T 8175—1987,GB/T 15586—1995

设备及管道绝热设计导则

Guide for design of thermal insulation of equipments and pipes

2008-06-19 发布 2009-01-01 实施

中华人民共和国国家质量监督检验检疫总局
中国国家标准化管理委员会 发布

前　言

本标准根据 GB/T 8175—1987《设备及管道保温设计导则》和 GB/T 15586—1995《设备及管道保冷设计导则》的内容整合、修订而成。

本标准同时代替 GB/T 8175—1987 和 GB/T 15586—1995。

本标准与 GB/T 8175—1987 和 GB/T 15586—1995 相比，主要变化如下：

——保温材料、保冷材料要求与 GB/T 4272 的相关要求相一致；

——修改低温粘结剂的要求；

——在第 4 章中增加防水材料的要求；

——增加直埋管道保温计算方法；

——在绝热结构要求中增加防水层要求。

本标准的附录 A、附录 B、附录 C 均为规范性附录。

本标准由全国能源基础与管理标准化技术委员会提出。

本标准由全国能源基础与管理标准化技术委员会省能材料应用技术分委员会归口。

本标准负责起草单位：建筑材料工业技术监督研究中心、中国疾病预防控制中心环境与健康相关产品安全所。

本标准参加起草单位：阿乐斯绝热(广州)有限公司、无锡市明江保温材料有限公司、兰州鹏飞保温隔热有限公司、北京北工国源联合科技有限公司、浙江振申绝热科技有限公司、中国水利电力物资天津公司、欧文斯科宁(中国)投资有限公司。

本标准主要起草人：戴自祝、金福锦、何振声、周敏刚、武庆涛、吴寿勇、王巧云、陈斌。

本标准所代替标准的历次版本发布情况为：

——GB/T 8175—1987；

——GB/T 15586—1995。

设备及管道绝热设计导则

1 范围

本标准规定了绝热设计的基本原则、绝热层材料和主要辅助材料的性能要求及选择原则、保温计算、保冷计算、绝热结构和绝热工程的主要施工技术要求。

本标准适用于一般设备和管道。不适用于船舶、核能以及工业炉窑和锅炉的内衬等有特殊要求的装置设施。

施工中的临时设施、各种热工仪表系统的管道及伴热管道不受本标准的约束。

2 规范性引用文件

下列文件中的条款通过本标准的引用而成为本标准的条款。凡是注日期的引用文件，其随后所有的修改单(不包括勘误的内容)或修订版均不适用于本标准，然而，鼓励根据本标准达成协议的各方研究是否可使用这些文件的最新版本。凡是不注日期的引用文件，其最新版本适用于本标准。

GB/T 4272—2008 设备及管道绝热技术通则

GB/T 8174 设备及管道绝热效果的测试与评价

GB 50126 工业设备及管道绝热工程施工规范

CJJ 104—2005 城镇供热直埋蒸汽管道技术规程

3 绝热设计的基本原则

3.1 保温设计应符合减少散热损失、节约能源、满足工艺要求、保持生产能力、提高经济效益、改善工作环境、防止烫伤等基本原则。

3.1.1 具有下列情况之一的设备、管道、管件、阀门等(以下对管道、管件、阀门等统称为管道)应保温。

a) 外表面温度大于 323 K(50℃)[环境温度为 298 K(25℃)时的表面温度]，以及根据需要要求外表面温度小于或等于 323 K(50℃)的设备和管道；

b) 介质凝固点高于环境温度的设备和管道。

3.1.2 除防烫伤要求保温的部位外，具有下列情况之一的设备和管道也可不保温：

a) 要求散热或必须裸露的设备和管道；

b) 要求及时发现泄漏的设备和管道上的连接法兰；

c) 要求经常监测，防止发生损坏的部位；

d) 工艺生产中排气、放空等不需要保温的设备和管道。

3.1.3 表面温度超过 333 K(60℃)的不保温设备和管道，需要经常维护又无法采用其他措施防止烫伤的部位应在下列范围内设置防烫伤保温：

a) 距离地面或工作平台的高度小于 2.1 m；

b) 靠近操作平台距离小于 0.75 m。

3.2 低温设备及管道的保冷设计，应以满足工艺生产、保持和发挥生产能力、减少冷损失、节约能源、并防止表面凝露，改善工作环境等为目的。

3.2.1 具有下列工况要求之一的低温设备、管道及其附件必须保冷：

a) 需减少冷介质在生产和输送过程中的温度升高或气化者；

b) 低于常温的设备和管道，需减少冷介质在生产和输送过程中冷损失量者；

c) 为防止常温以下，0℃以上设备及管道外壁表面凝露者；

d) 低温设备及低温管道相连的低温附件需要保冷者。

4 绝热层材料和主要辅助材料的性能要求及选择原则

4.1 保温材料

4.1.1 保温材料制品的主要性能

4.1.1.1 在平均温度为 298 K(25℃)时热导率值应不大于 0.080 W/(m·K),并有在使用密度和使用温度范围下的热导率方程式或图表;对于松散或可压缩的保温材料及其制品,应提供在使用密度下的热导率方程式或图表。

4.1.1.2 密度不大于 300 kg/m^3。

4.1.1.3 除软质、半硬质、散状材料外,硬质无机制品的抗压强度不应小于 0.30 MPa,有机制品的抗压强度不应小于 0.20 MPa。

4.1.2 保温材料制品还应具有下列性能资料

a) 允许最高使用温度;

b) 必要时需注明耐火性、吸水率、吸湿率、热膨胀系数、收缩率、抗折强度、腐蚀性及耐蚀性等。

4.1.3 保温材料的选择原则

4.1.3.1 保温材料制品的允许使用温度应高于正常操作时的介质最高温度。

4.1.3.2 相同温度范围内有不同材料可供选择时,应选用热导率小、密度小、造价低、易于施工的材料制品同时应进行综合比较,其经济效益高者应优先选用。

4.1.3.3 在高温条件下经综合经济比较后可选用复合材料。

4.2 保冷材料

4.2.1 保冷材料及其制品的性能要求

4.2.1.1 泡沫塑料及其制品 25℃时的热导率应不大于 0.044 W/(m·K),密度应不大于 60 kg/m^3,吸水率应不大于 4%,硬质成型制品的抗压强度应不小于 0.15 MPa。

4.2.1.2 泡沫橡塑制品 0℃时的热导率应不大于 0.036 W/(m·K),密度应不大于 95 kg/m^3,真空吸水率不大于 10%。

4.2.1.3 泡沫玻璃及其制品 25℃时的热导率应不大于 0.064 W/(m·K),密度应不大于 180 kg/m^3,吸水率应不大于 0.5%,成型制品的抗压强度不应小于 0.3 MPa。

4.2.1.4 阻燃型保冷材料的氧指数应不小于 30%。

4.2.1.5 保冷层材料尚应具有下列指标:

a) 最低和最高安全使用温度;

b) 线膨胀系数或线收缩率;

c) 必要时尚需提供抗折强度、燃烧(不燃、难燃、阻燃)性能、防潮(吸水、吸湿、憎水)性能、腐蚀或抗蚀性能、化学稳定性、热稳定性、抗冻性及透气性等。

4.2.2 保冷材料的选择原则

4.2.2.1 在主要技术性能均能满足保冷要求的范围内,有不同保冷层材料可供选择时,应优先选用热导率小,密度小,吸水、吸湿率低,耐低温性能好,易施工、造价低其综合经济效益较高的材料。

4.2.2.2 保冷层材料的最低安全使用温度,应低于正常操作时的介质最低温度。

4.2.2.3 在低温条件下经综合经济比较后,可选用两种或多种保冷层材料复合使用,或直接选用复合型保冷材料制品。

4.3 保冷层施工用的粘结剂、密封剂和耐磨剂

4.3.1 性能要求

4.3.1.1 粘结剂、密封剂和耐磨剂应能耐低温、易固化、对保冷层材料不溶解、对金属壁无腐蚀、粘结力强、密封性好。耐磨剂(仅泡沫玻璃用)在温度变化或机械振动的情况下,应能防止保冷层材料与金属外

壁面间和保冷层材料制品的相互接触面发生磨损。

4.3.1.2 低温粘结剂的使用温度范围为－196℃～50℃。其软化温度应大于80℃。在使用温度范围内,粘结强度应大于0.05 MPa。对于高温吹扫和双温使用的情况,粘结剂应满足使用温度的要求。

4.3.1.3 耐磨剂的使用温度范围为－196℃～100℃。其耐热性好,在100℃时无流淌及变色现象。耐寒性好,在－196℃下无脱落及变色现象。粘结力好,将其涂于泡沫玻璃上,干燥后无脱落现象。

4.3.2 粘结剂、密封剂和耐磨剂选择原则

4.3.2.1 粘结剂、密封剂和耐磨剂的主要技术性能,必须与所采用的保冷层材料特性相匹配。

4.3.2.2 粘结剂、密封剂和耐磨剂与保冷层材料的配用示例如下:

a) 硬质、闭孔、阻燃型聚氨酯型泡沫塑料制品,可采用聚氨基甲酸酯型双组分粘结剂或FG低温粘结剂,并兼作密封剂;

b) 自熄可发性聚苯乙烯泡沫塑料制品,可采用非溶剂型粘结剂(如无溶剂酚醛树脂型胶等),并兼作密封剂;

c) 泡沫玻璃可采用FG低温粘结剂及专用的耐磨密封剂。

4.4 防潮层材料的性能要求

4.4.1 抗蒸汽渗透性好,防潮、防水力强,其吸水率应不大于1%。

4.4.2 阻燃,火焰离开后能在1 s～2 s内自熄,其氧指数不小于30%。

4.4.3 粘结性能及密封性能好,20℃时其粘结强度不低于0.15 MPa。

4.4.4 安全使用温度范围大。有一定的耐温性,软化温度不低于65℃,夏季不起泡,不流淌。有一定的抗冻性,冬季不开裂,不脱落。

4.4.5 化学稳定性好,其挥发物不大于30%,能耐腐蚀,并不得对保冷层材料及保护层材料产生溶解或腐蚀作用。

4.4.6 具有在气候变化与振动情况下仍能保持完好的稳定性。

4.4.7 干燥时间短,在常温下能使用,施工方便。

4.5 防水层材料的性能要求

应能有效防止水汽渗透、不燃或阻燃、化学稳定性好。

4.6 外保护层材料的性能要求

4.6.1 防水、防湿、抗大气腐蚀性好、不燃或阻燃、化学稳定性好。

4.6.2 强度高,在气温变化与振动情况下不开裂,使用寿命长,外表整齐美观,并便于施工和检修。

4.6.3 贮存或输送易燃、易爆物料的绝热设备或管道,以及与此类管道架设在同一支架或相交叉处的其他绝热管道,其保护层材料必须采用不燃性材料。

4.6.4 外保护层表面涂料的防火性能,应符合现行国家标准、规范的有关规定。

4.7 绝热工程材料的有关规定

4.7.1 绝热工程材料必须具有产品质量证明书或出厂合格证,其规格、性能等技术要求应符合设计文件和现行各级产品标准的规定。

4.7.2 当绝热工程材料的产品质量证明书或出厂合格证中所列指标不全,或对产品(包括现场自制品)质量有异议时,以及在大、中型绝热工程施工前,应对其主要物理化学性能,或对用于奥氏体不锈钢设备或管道上的绝热材料需提供氯离子含量指标要求时,应进行现场抽样,送交检验单位复检,并应提供检验合格报告。

4.7.3 绝热工程材料主要物理化学性能的检验应由经过认证认可的检测单位承担,所采用的检测方法和仪器设备应符合国家有关标准的规定。

4.7.4 凡未经国家、部、省、市(局)级鉴定的新型绝热工程材料不得用于大、中型绝热工程。

5 保温计算

5.1 计算原则

5.1.1 管道和圆筒设备外径大于 1 000 mm 者，可按平面计算保温层厚度；其余均按圆筒面计算保温层厚度。

5.1.2 为减少散热损失的保温层其厚度应按经济厚度方法计算。

5.1.2.1 对于热价低廉，保温材料制品或施工费用较高，根据公式计算得出的经济厚度偏小以致散热损失超过 GB/T 4272—2008 中表 1 或表 2 内规定的最大允许散热损失时，应重新按表内最大允许散热损失的 80%～90%计算其保温层厚度。

5.1.2.2 对于热价偏高、保温材料制品或施工费用低廉、并排敷设的管道，尚应考虑支撑结构、占地面积等综合经济效益，其厚度可小于经济厚度。

5.2 保温层厚度和散热损失的计算

5.2.1 保温层经济厚度的计算公式

a) 平面的计算公式见式(1)：

$$\delta = 1.897 \times 10^{-3} \sqrt{\frac{f_n \cdot \lambda \cdot \tau (T - T_a)}{P_i \cdot S}} - \frac{\lambda}{\alpha} \qquad \cdots\cdots (1)$$

式中：

δ——保温层厚度，单位为米(m)；

f_n——热价，单位为元每吉焦(元/GJ)；

λ——保温材料制品热导率，对于软质材料应取安装密度下的热导率，单位为瓦每米开尔文[W/(m·K)]；

τ——年运行时间，单位为小时(h)；

T——设备和管道的外表面温度，单位为开尔文(摄氏度)[K(℃)]；

T_a——环境温度，单位为开尔文(摄氏度)[K(℃)]；

P_i——保温结构单位造价，单位为元每立方米(元/m^3)；

S——保温工程投资贷款年分摊率，按复利计息：$S = \frac{i(1+i)^n}{(1+i)^n - 1} \times 100\%$；

i——年利率(复利率)；

n——计息年数；

α——保温层外表面与大气的换热系数，单位为瓦每平方米开尔文[W/(m^2·K)]。

b) 圆筒面的计算公式见式(2)：

$$D_o \ln \frac{D_o}{D_i} = 3.795 \times 10^{-3} \sqrt{\frac{f_n \cdot \lambda \cdot \tau (T - T_a)}{P_i \cdot S}} - \frac{2\lambda}{\alpha} \qquad \cdots\cdots (2)$$

$$\delta = \frac{D_o - D_i}{2}$$

式中：

D_o——保温层外径，单位为米(m)；

D_i——保温层内径，单位为米(m)；

其余符号说明与式(1)相同。

5.2.2 保温层表面散热损失计算公式

a) 平面的计算公式见式(3)：

$$q = \frac{T - T_a}{R_i + R_s} = \frac{T - T_a}{\dfrac{\delta}{\lambda} + \dfrac{1}{\alpha}} \qquad \cdots\cdots (3)$$

式中：

q——单位表面散热损失，

平面：单位为瓦每平方米（W/m^2）；

管道：单位为瓦每米（W/m）；

R_i——保温层热阻，

平面：单位为平方米开尔文每瓦[（$m^2 \cdot K$）/W]；

管道：单位为米开尔文每瓦[（m·K）/W]；

R_s——保温层表面热阻，

平面：单位为平方米开尔文每瓦[（$m^2 \cdot K$）/W]；

管道：单位为米开尔文每瓦[（m·K）/W]。

b） 圆筒面的计算公式见式(4)：

$$q = \frac{T - T_a}{R_i + R_s} = \frac{2\pi(T - T_a)}{\frac{1}{\lambda}\ln\frac{D_o}{D_i} + \frac{2}{\alpha \cdot D_o}} \qquad \cdots\cdots(4)$$

5.2.3 **保温层外表面温度的计算公式**

a） 平面的计算公式见式(5)：

$$T_s = q \cdot R_s + T_a = \frac{q}{\alpha} + T_a \qquad \cdots\cdots(5)$$

式中：

T_s——保温层外表面温度，单位为开尔文（摄氏度）[K（℃）]。

b） 圆筒面的计算公式见式(6)：

$$T_s = q \cdot R_s + T_a = \frac{q}{\pi \cdot D_o \cdot \alpha} + T_a \qquad \cdots\cdots(6)$$

5.3 **保温计算主要数据选取原则**

5.3.1 **温度**

5.3.1.1 **表面温度 T**

a） 无衬里的金属设备和管道的表面温度 T，取介质的正常运行温度；

b） 有内衬的金属设备和管道应进行传热计算确定外表面温度。

5.3.1.2 **环境温度 T_a**

a） 设置在室外的设备和管道在经济保温厚度和散热损失计算中，环境温度 T_a 常年运行的取历年之年平均温度的平均值；季节性运行的取历年运行期日平均温度的平均值；

b） 设置在室内的设备和管道在经济保温厚度及散热损失计算中环境温度 T_a 均取 293 K(20℃)；

c） 设置在地沟中的管道，当介质温度 T=352 K(80℃)时，环境温度 T_a 取 293 K(20℃)；当介质温度 T=354 K～383 K(81℃～110℃)时，环境温度 T_a 取 303 K(30℃)；当介质温度 T≥383 K(110℃)时，环境温度 T_a 取 313 K(40℃)；

d） 在校核有工艺要求的各保温层计算中环境温度 T_a 应按最不利的条件取值。

5.3.2 **表面放热系数 α**

5.3.2.1 在经济厚度及热损失计算中，设备和管道的保温结构外表面放热系数 α 一般取 11.63 $W/(m^2 \cdot K)$。

5.3.2.2 在校核保温结构表面温度计算中，一般情况按 $\alpha = 1.163(6 + 3\sqrt{\omega})$ $W/(m^2 \cdot K)$计算，式中 ω 为风速，单位为米每秒(m/s)。

5.3.2.3 如要求计算值更接近于真值，则应按不同外表面材料的热发射率与环境风速对 α 值的影响，将辐射与对流放热系数分别计算然后取其和。

5.3.3 **热导率 λ**[1)]

保温材料制品的热导率或热导率方程应由制造厂提供并应符合 4.1.1 的要求。

5.3.4 **保温结构的单位造价 P_i**

单位造价应包括主材费、包装费、运输费、损耗、安装(包括辅助材料费)及保护结构费等。

5.3.5 **计息年数 n**

计算期年数。一般取 10 年。

5.3.6 **年利率 i**

取复利。

5.3.7 **热价 f_n**

应按各地区、各部门的具体情况确定。

5.3.8 **年运行时间 τ**

常年运行一般按 8 000 h 计;采暖运行中的采暖期按 3 000 h 计;采暖期较长地区得按实际采暖期(小时)计;其他按实际情况选取年运行时间。

5.4 直埋管道保温计算

对于埋地管道保温可参照 CJJ 104—2005 的 5.2 进行计算。

6 保冷计算

6.1 保冷计算原则

6.1.1 为减少冷量损失(热量吸入)并防止外表面凝露的保冷,采用经济厚度法计算保冷层厚度,以热平衡法校核其外表面温度,该温度应高于环境的露点温度,否则加厚重新核算,直至满足要求。

6.1.2 为防止外表面凝露的保冷,采用表面温度法计算保冷层厚度。

6.1.3 工艺上允许冷损失量的保冷,采用热平衡法计算保冷层厚度,并校核其外表面温度。该温度应高于环境的露点温度,否则加厚重新核算,直至满足要求。

6.1.4 公称直径大于 1 000 mm 的管道和圆筒形设备,按平面绝热计算公式计算;公称直径等于或小于 1 000 mm 时,则按圆筒面绝热计算公式计算;球形容器则按球形容器绝热计算公式计算。

6.1.5 在同一管道或设备上采用一种保冷材料保冷时,按单层绝热计算公式计算;采用两种保冷材料保冷时,则按双层绝热计算公式计算(复合预制品除外),双层保冷层的层间间面温度(即内层保冷层外表面温度)应不低于其相邻外层保冷材料的最低安全使用温度。

6.2 保冷层厚度计算

6.2.1 保冷层的经济厚度计算

a) 平面的计算公式见式(7):

$$\delta = 1.897 \times 10^{-3} \sqrt{\frac{f_n \cdot \lambda \cdot \tau(t - t_a)}{P_i \cdot S}} - \frac{\lambda}{\alpha_s} \qquad \cdots\cdots(7)$$

式中:

δ——保温层厚度,单位为米(m);

f_n——热价,单位为元每吉焦(元/GJ);

λ——保冷材料制品在使用温度下的热导率,单位为瓦每米开尔文[W/(m·K)];

τ——年运行时间,单位为小时(h);

t_a——环境温度,单位为摄氏度(℃);

t——设备和管道的外表面温度,单位为摄氏度(℃);

1) 一般试验室均将材料烘干至恒重后再行测试,所得 λ 值常与实际有差别。为使设计计算更接近于实际,可采用经环境因素影响而校正后的热导率 λ_p,代替试验室测出的 λ 值。

α_s——保冷层外表面与大气的换热系数，单位为瓦每平方米开尔文[W/(m² · K)]；
P_i——保冷结构单位造价，单位为元每立方米(元/m³)；
S——保冷工程投资贷款年分摊率。按复利计息：

$$S=\frac{i(1+i)^n}{(1+i)^n-1}\times 100\%$$

i——年利率(复利率)；
n——计息年数。

b) 圆筒面的计算公式见式(8)：

$$D_o\ln\frac{D_o}{D_i}=3.795\times 10^{-3}\sqrt{\frac{f_n\cdot\lambda\cdot\tau(t-t_a)}{P_i\cdot S}}-\frac{2\lambda}{\alpha_s}\qquad\cdots\cdots(8)$$

$$\delta=\frac{D_o-D_i}{2}$$

式中：
D_o——保温层外径，单位为米(m)；
D_i——保温层内径，单位为米(m)。

6.2.2 防止表面凝露的保冷层厚度计算

a) 平面单层保冷层：

$$\delta=\frac{\lambda(t_s-t)}{\alpha_s(t_a-t_s)}\qquad\cdots\cdots(9)$$

式中：
δ——单层保冷层厚度或双层保冷层总厚度，单位为米(m)；
λ——单层保冷层材料制品在使用温度下的热导率，单位为瓦每米开尔文[W/(m · K)]；
t——金属管道、圆筒形设备及球形容器壁的外表面温度，单位为摄氏度(℃)；
t_a——单层保冷层外表面温度或双层保冷层第二层(外层)外表面温度，单位为摄氏度(℃)；
t_s——保冷层外表面温度，单位为摄氏度(℃)。

b) 平面双层保冷层：

保冷层总厚度：

$$\delta=\frac{\lambda_1(t_1-t)+\lambda_2(t_s-t_1)}{\alpha_s(t_a-t_s)}\qquad\cdots\cdots(10)$$

式中：
λ_1——第一层保冷层材料制品在使用温度下的热导率，单位为瓦每米开尔文[W/(m · K)]；
λ_2——第二层保冷层材料制品在使用温度下的热导率，单位为瓦每米开尔文[W/(m · K)]；
t_1——第一层(内层)保冷层外表面温度，第一、二层保冷层间界面温度，单位为摄氏度(℃)。

保冷层各层厚度：

第一层(内层)：

$$\delta_1=\frac{\lambda_1(t_1-t)}{\alpha_s(t_a-t_s)}\qquad\cdots\cdots(11)$$

第二层(外层)：

$$\delta_2=\frac{\lambda_2(t_s-t_1)}{\alpha_s(t_a-t_s)}\qquad\cdots\cdots(12)$$

c) 圆筒面单层保冷层：

$$\frac{D_1}{D_o}\ln\frac{D_1}{D_o}=\frac{2\lambda(t_s-t)}{D_o\cdot\alpha_s(t_a-t_s)}\qquad\cdots\cdots(13)$$

$$\delta=\frac{D_o}{2}\left(\frac{D_1}{D_o}-1\right)$$

式中：

D_o——管道、圆筒形设备或球形容器的外径，单位为米(m)；

D_1——管道、圆筒形设备或球形容器单层保冷层的外径，或第一层(内层)保冷层外径，单位为米(m)。

d) 圆筒面双层保冷层：

保冷层的总厚度：

$$\frac{D_2}{D_o}\ln\frac{D_2}{D_o}=\frac{2[\lambda_1(t_1-t)+\lambda_2(t_s-t_1)]}{D_o\cdot\alpha_s(t_a-t_s)} \qquad (14)$$

$$\delta=\frac{D_o}{2}\left(\frac{D_2}{D_o}-1\right)$$

式中：

D_2——第二层(外层)保冷层外径，单位为米(m)。

保冷层各层厚度：

第一层(内层)：

$$\frac{D_1}{D_o}\ln\frac{D_1}{D_o}=\frac{2\lambda_1(t_1-t)}{D_o\cdot\alpha_s(t_a-t_s)} \qquad (15)$$

$$\delta=\frac{D_o}{2}\left(\frac{D_1}{D_o}-1\right)$$

第二层(外层)：

$$\frac{D_2}{D_o}\ln\frac{D_2}{D_o}=\frac{2\lambda_2(t_s-t_1)}{D_o\alpha_s(t_a-t_s)} \qquad (16)$$

$$\delta=\frac{D_1}{2}\left(\frac{D_2}{D_1}-1\right)$$

6.2.3 控制允许损失量的保冷层厚度计算

a) 平面单层保冷层：

$$\delta=\lambda\left(\frac{t-t_a}{q_p}-\frac{1}{\alpha_s}\right) \qquad (17)$$

或

$$\delta=\lambda\left(\frac{t-t_a}{q_p}-R_2\right) \qquad (18)$$

式中：

q_p——平面保冷层单位冷损失，单位为瓦每平方米(W/m^2)；

R_2——平面保冷层对周围空气的吸热阻，单位为平方米开尔文每瓦[(m^2·K)/W]。

b) 平面双层保冷层：

$$\delta_1=\lambda_1\left(\frac{t-t_a}{q_p}-\frac{\delta_2}{\lambda_2}-\frac{1}{\alpha_s}\right) \qquad (19)$$

或

$$\delta_1=\lambda_1\left(\frac{t-t_a}{q_p}-\frac{\delta_2}{\lambda_2}-R_2\right) \qquad (20)$$

c) 圆筒面单层保冷层：

$$\ln\frac{D_1}{D_2}=2\pi\lambda\left(\frac{t-t_a}{q_L}-\frac{1}{\pi D_1\alpha_s}\right) \qquad (21)$$

$$\delta=\frac{1}{2}(D_1-D_o)$$

或

$$\ln\frac{D_1}{D_2} = 2\pi\lambda\left(\frac{t-t_a}{q_L} - R_1\right) \qquad \cdots\cdots(22)$$

$$\delta = \frac{1}{2}(D_1 - D_o)$$

式中：

q_L——圆筒面保冷层单位冷损失，单位为瓦每米(W/m)；

R_1——圆筒面保冷层对周围空气的吸热阻，单位为米开尔文每瓦[(m·K)/W]。

d) 圆筒面双层保冷层：

$$\ln\frac{D_1}{D_o} = 2\pi\lambda_1\left(\frac{t-t_a}{q_L} - \frac{1}{2\pi\lambda_2}\ln\frac{D_2}{D_1} - \frac{1}{\pi D_1\alpha_s}\right) \qquad \cdots\cdots(23)$$

$$\delta_1 = \frac{1}{2}(D_1 - D_o)$$

或

$$\ln\frac{D_1}{D_o} = 2\pi\lambda_1\left(\frac{t-t_a}{q_L} - \frac{1}{2\pi\lambda_2}\ln\frac{D_2}{D_1} - R_1\right) \qquad \cdots\cdots(24)$$

$$\delta_1 = \frac{1}{2}(D_1 - D_o)$$

6.2.4 球形容器保冷层厚度计算

$$\frac{D_1}{D_o}\delta = \frac{\lambda(t-t_s)}{\alpha_s(t_s-t_a)} \qquad \cdots\cdots(25)$$

$$\delta = \frac{1}{2}(D_1 - D_o)$$

注：保冷层厚度应按每一档为 10 mm 取整，如 10,20,30,40,50,…。

6.3 保冷层冷损失量计算

6.3.1 平面保冷层冷损失量减计算

a) 单层保冷层：

$$q_p = \frac{t-t_a}{\frac{\delta}{\lambda} + \frac{1}{\alpha_s}} \qquad \cdots\cdots(26)$$

b) 双层保冷层：

$$q_p = \frac{t-t_a}{\frac{\delta_1}{\lambda_1} + \frac{\delta_2}{\lambda_2} + \frac{1}{\alpha_s}} \qquad \cdots\cdots(27)$$

6.3.2 圆筒面保冷层冷损失量计算

a) 单层保冷层：

$$q_L = \frac{2\pi(t-t_a)}{\frac{1}{\lambda}\ln\frac{D_1}{D_o} + \frac{2}{D_1\alpha_s}} \qquad \cdots\cdots(28)$$

b) 双层保冷层：

$$q_L = \frac{2\pi(t-t_a)}{\frac{1}{\lambda_1}\ln\frac{D_1}{D_o} + \frac{1}{\lambda_2}\ln\frac{D_2}{D_1} + \frac{2}{D_2\alpha_s}} \qquad \cdots\cdots(29)$$

6.3.3 球形容器保冷层冷损失量计算

单层保冷层

$$Q = \pi\cdot D_1^2\cdot\alpha_s(t_s - t_a) \qquad \cdots\cdots(30)$$

式中：

Q——每台球形容器保冷层表面冷量总损失，单位为瓦每台(W/台)。

6.4 保冷层外表面温度计算

6.4.1 平面保冷层外表面温度计算

a) 单层保冷层：

$$t_s = \frac{\lambda t + \delta t_a \alpha_s}{\lambda + \delta \alpha_s} \quad \cdots\cdots(31)$$

或

$$t_s = t - q_p\left(\frac{\delta}{\lambda}\right) \quad \cdots\cdots(32)$$

b) 双层保冷层：

$$t_s = t - q_p\left(\frac{\delta_1}{\lambda_1} + \frac{\delta_2}{\lambda_2}\right) \quad \cdots\cdots(33)$$

或

$$t_1 = t - q_p\left(\frac{\delta_1}{\lambda_1}\right) \quad \cdots\cdots(34)$$

$$t_s = t_1 - q_p\left(\frac{\delta_2}{\lambda_2}\right) \quad \cdots\cdots(35)$$

6.4.2 圆筒面保冷层外表面温度计算

a) 单层保冷层：

$$t_s = t - \frac{q_L}{2\pi}\left(\frac{1}{\lambda}\ln\frac{D_1}{D_o}\right) \quad \cdots\cdots(36)$$

b) 双层保冷层：

$$t_s = t - \frac{q_L}{2\pi}\left(\frac{1}{\lambda_1}\ln\frac{D_1}{D_o} + \frac{1}{\lambda_2}\ln\frac{D_2}{D_1}\right) \quad \cdots\cdots(37)$$

或

$$t_1 = t - \frac{q_L}{2\pi}\left(\frac{1}{\lambda_1}\ln\frac{D_1}{D_o}\right) \quad \cdots\cdots(38)$$

$$t_s = t_1 - \frac{q_L}{2\pi}\left(\frac{1}{\lambda_2}\ln\frac{D_2}{D_1}\right) \quad \cdots\cdots(39)$$

6.4.3 球形容器保冷层外表面温度计算

$$t_s = t_a + \frac{Q}{\alpha_s \cdot \pi \cdot D_1^2} \quad \cdots\cdots(40)$$

6.5 冷收缩量计算

6.5.1 根据保冷层材料与保冷设备或管道的线膨胀系数，分别算出其在保冷温度下的冷收缩量，在低温保冷工程中应根据这些收缩量之间的差值情况，于保冷层上合理设置伸缩缝。

6.5.2 每米管道或保冷层材料在保冷温度下的收缩量计算

$$\Delta L = \beta L_1(t_a - t_m) \quad \cdots\cdots(41)$$

式中：

ΔL——线膨胀量，单位为毫米(mm)；

β——物体的线膨胀系数，单位为每摄氏度(℃$^{-1}$)；

L_1——管道或保冷层材料在常温下的长度，单位为毫米(mm)；

t_m——管道或保冷层材料的平均温度，单位为摄氏度(℃)；

t_a——环境温度，单位为摄氏度(℃)。

6.6 保冷计算主要数据选取原则

6.6.1 经济厚度法计算的数据

a) 外表面温度 t(℃)

无衬里的金属设备和管道的表面温度 t,取介质的正常运行温度 t_f(℃)。

b) 环境温度 t_a(℃)

常年运行者,取历年之年平均温度的平均值;季节性运行者,取累年运行期日平均温度的平均值。

c) 表面换热系数 α_s[W/(m² · K)]

保冷结构外表面对周围空气的换热系数 α_s。

当须核算表面温度时,

并排敷设:$\alpha=7+3.5\sqrt{\omega}$

单根敷设:$\alpha=11.63+7\sqrt{\omega}$

式中 ω 为风速,取历年年平均风速(m/s)。

d) 计息年数 n

一般取 4～6 年。

e) 年利率 i

取 10%(复利)

f) 热价 f_n(元/GJ)

按不同地区、不同制冷规模的具体情况来确定。

g) 年运行时间 τ(h)

常年运行一般按 8 000 h 计算;间隙或季节性运行按设计或实际规定的天数计。

6.6.2 表面温度法计算的数据

a) 外表面温度 t(℃)

无衬里的金属设备和管道的表面温度 t,取介质的正常运行温度 t_f。

b) 环境温度 t_a(℃)

取累年夏季空调室外干球计算温度。

c) 露点温度 t_d(℃)

露点温度 t_d 应取累年室外最热月月平均相对湿度,与本条 b)中环境温度 t_a 的取值相对应的露点温度。

d) 保冷层外表面温度 t_s(℃)

取 $t_s=t_d+(1\sim3)$℃

对于聚氨酯泡沫塑料,当 $\Delta t=(t_a-t_d)\leqslant2$℃时取下限;$\Delta t\geqslant4$℃的取上限。

e) 保冷层层间界面温度 t_1(℃)

双层保冷层内外层层间界面温度(即内层保冷层外表面温度)t_1,应不低于其相邻外层保冷材料的最低安全使用温度。

f) 表面换热系数 α_s,一般取值为 8.14 W/(m² · K)

保冷层外表面对周围空气的换热系数 α_s。

g) 热导率 λ[W/(m · K)]

保冷材料热导率 λ,应按其使用温度进行修正。

6.6.3 热平衡法计算的数据

a) 表面温度 t、环境温度 t_a、露点温度 t_d、保冷层层间界面温度 t_1、保冷材料热导率 λ 及保冷层外表面换热系数 α_s 等数据的选取原则,与表面温度计算法相同。

b) 核算保冷层外表面温度 t_s 的有关数据，与 6.6.2 表面温度法计算的数据相同。

7 绝热结构

7.1 绝热结构

绝热结构由内至外，由防锈层、绝热层、防潮层(或称阻汽层)、保护层、防腐蚀层及识别层组成。防腐层可以兼作识别层，在保温结构中保护层可以兼作防潮层。绝热结构的设计应符合绝热效果好、施工方便、防火、耐久、美观等。

7.2 防锈层

凡碳钢和铁素体合金钢管道、设备及其附件的外表面，在清净后应涂刷防锈层。不锈钢、有色金属及非金属材料的管道、设备及其附件的外表面，在清净后不需涂刷防锈层。

7.3 绝热层

有粘结、浇注、喷涂、充填及多层复合等结构，是决定绝热效果好坏最关键的一层。要求材料的技术性能及厚度必须符合设计规定，且厚薄均匀，接缝严实、紧固合理，松紧适度，外形完整无缺，确保绝热效果良好。当厚度大于 80 mm 时，必须分层施工。

7.4 防潮层

防潮层是确保保冷层绝热效果良好的重要一层。防潮层有粘贴、涂膜及包缠等结构。要求防潮层搭接适度、厚薄均匀、完整严密，无气孔，无鼓泡或开裂等缺陷。应具有阻燃、防水、防蒸汽渗透及抗老化等性能。

7.5 防水层

防水层是确保保温层绝热效果良好的重要一层。应能有效防止水汽渗透、不燃或阻燃、化学稳定性好。

7.6 保护层

保护层有金属及非金属结构，是绝热结构的外护层。保护防潮层和保冷层不受机械损伤和室外雨、雪、风、雹等的冲刷和压撞。要求保护层必须严密、防水、防湿、能抗大气腐蚀和光照老化、不燃或阻燃、黑度小、容量轻、不开裂、有足够的机械强度、使用寿命长、并能使保冷结构外形整齐美观。

7.7 防腐蚀及识别层

在保护层外表面可根据需要涂刷防腐漆，其最外层可采用不同颜色的防腐漆或制作相应色标，用以识别管道及设备内外介质类别和流向，故防腐层可兼作识别层。

8 绝热工程的主要施工技术要求

8.1 保温工程

8.1.1 保温层

8.1.1.1 设备、直管道、管件等无需检修处宜采用固定式保温工程，法兰、阀门、人孔等处宜采用可拆卸式的保温工程。

8.1.1.2 保温厚度宜按 10 mm 为分级单位。保温层设计厚度大于 80 mm 时，保温结构宜按分层考虑；内外层应彼此错开。

8.1.1.3 使用软质和半硬质保温材料时，设计应根据材料的最佳保温密度或保证其在长期运行中不致塌陷的密度而规定其施工压缩量。

8.1.1.4 保温层的支撑及紧固：

a) 高于 3 m 的立式设备、垂直管道以及与水平夹角大于 45°，长度超过 3 m 的管道应设支撑圈，其间距一般为 3 m～6 m。

b) 硬质材料施工中应预留伸缩缝。设置支撑圈者应在支撑圈下预留伸缩缝。缝宽应按金属壁和保温材料的伸缩量之间的差值考虑。伸缩缝间应填塞与硬质材料厚度相同的软质材料，该材料使用温度应大于设备和管道的表面温度。

c) 保温层应采取适当措施进行紧固。

8.1.2 保护层

8.1.2.1 保护层应具有保护保温层和防水的性能。

8.1.2.2 一般金属保护层应采用 0.3 mm～0.8 mm 厚的镀锌薄钢板或防锈铝板制成外壳，壳的接缝必须搭接以防雨水进入。

8.1.2.3 玻璃布保护层一般在室内使用。纤维水泥类抹面保护层不得在室外使用。

8.1.2.4 可采用其他已被确认可靠的新型外保护层材料。

8.2 保冷工程

8.2.1 保冷层

8.2.1.1 保冷层厚度应符合设计规定，保冷层设计厚度大于 80 mm 时，保冷结构宜按分层考虑；内外层应彼此错开。当分层施工时应逐层紧固。

8.2.1.2 保冷层施工时，应同层错缝，上下层盖缝。其接缝应以粘结剂、密封剂填实、挤紧、刮平、粘牢、密封，接缝宽度不得大于 2 mm。

8.2.1.3 保冷工程的金属固定件不得穿透保冷层。

8.2.1.4 保冷工程的支、吊、托架等处应采用硬质隔热垫块，或采用经防潮防蛀处理后的硬质木垫块支承。

8.2.1.5 采用聚氨酯泡沫塑料现场浇注或喷涂作保冷层时，在正式浇注或喷涂之前，必须按各项技术要求预先进行试浇或试喷。

8.2.1.6 保冷箱充填保冷层结束后，必须密封缝口，并进行充气试漏检验。

8.2.1.7 伸缩缝的预留应符合下列规定：

a) 双层或多层保冷层各层之间伸缩缝的位置必须错开，错开距离不宜大于 100 mm；

b) 弯头两端长直管段保冷层上可各留一道伸缩缝。当两弯头之间的间距很小时，其直管段保冷层上的伸缩缝可根据介质温度确定仅留一道或不留设；

c) 在卧式设备的筒体保冷层上距连接 100 mm～150 mm 处，均应留一道伸缩缝；

d) 立式设备及垂直管道，应在其保冷层的支承环下面留设 25 mm 宽的伸缩缝；

e) 球形容器应按设计规定留设伸缩缝；

f) 保冷层伸缩缝，应用软质泡沫塑料条填塞严密，或挤入发泡型粘结剂。外面用 50 mm 宽的不干性胶带粘贴密封。伸缩缝还必须再保冷。

8.2.1.8 在下列情况之一下，必须按膨胀移动方向的另一侧留出适当的膨胀间隙：

a) 填料式补偿器和波纹补偿器；

b) 当滑动支架高度小于保冷层厚度时；

c) 保冷结构与墙、梁、栏杆、平台、支撑等固定构件及管道所通过的孔洞之间。

8.2.2 防潮层

8.2.2.1 防潮层室外施工应避免在雨、雪中进行。

8.2.2.2 涂抹型防潮层的外表面应平整、均匀、严密，其厚度应达到设计规定。

8.2.2.3 包扎型防潮层，其包扎材料的接缝搭接宽度应不小于 50 mm，搭接处必须粘密实。卧式设备及水平管道的纵向接缝位置应在两侧搭接，缝口朝下。立式设备和垂直管道的环向接缝应是“上搭下”。粘贴方式可采用螺旋型缠绕或平铺。

8.2.3 **保护层**

8.2.3.1 金属保护层应采用厚0.3 mm～0.8 mm的镀锌薄钢板，或厚度为0.5 mm～1 mm的防锈铝板制成护壳。大型设备的金属保护层应采用波型或槽型金属护壳板装配成壳。金属护壳的结构及紧固形式，必须满足保冷层伸缩缝和膨胀间隙的要求。金属护壳的接缝应搭接或咬接，紧固金属护壳时，严禁刺破防潮层。

8.2.3.2 在酸碱环境下可采用阻燃型非金属防腐材料作防护层。

附 录 A
（规范性附录）
保温层厚度的计算方法

在允许温降条件下输送液体管道的保温层厚度应按热平衡方法计算。

A.1 无分支（无节点）管道

A.1.1 当$\frac{T_1-T_a}{T_2-T_a}>2$时：

$$\ln\frac{D_o}{D_1}=2\pi\lambda\left(\frac{L_c}{q_m\cdot C\cdot\ln\frac{T_1-T_a}{T_2-T_a}}-\frac{1}{\pi D_o\alpha}\right) \qquad \text{(A.1)}$$

$$\delta=\frac{D_o-D_1}{2}$$

A.1.2 当$\frac{T_1-T_a}{T_2-T_a}<2$时：

$$\ln\frac{D_o}{D_1}=2\pi\left(\frac{L_c(T_m-T_a)}{q_m\cdot C(T_1-T_2)}-\frac{1}{\pi D_o\alpha}\right) \qquad \text{(A.2)}$$

$$\delta=\frac{D_o-D_1}{2}$$

$$L_c=K_r\cdot L \qquad \text{(A.3)}$$

式中：

T_1——管道 1 点处的介质温度，单位为开尔文（摄氏度）[K（℃）]；

T_2——管道 2 点处的介质温度，单位为开尔文（摄氏度）[K（℃）]；

L_c——管道计算长度，单位为米（m）；

K_r——管道通过吊架处热损失附加系数；

L——管道实际长度，单位为米（m）；

T_m——算术平均温度，单位为开尔文（摄氏度）[K（℃）]；

q_m——介质质量流量，单位为千克每小时（kg/h）；

C——介质热容，单位为焦每千克开尔文[J/（kg·K）]。

A.2 有分支（有节点）管道

节点处温度按式（A.4）计算：

$$T_c=T_{c-1}-(T_i-T_n)\frac{\frac{L_{c-1\to c}}{q_{mc-1\to c}}}{\sum_{i=2}^{n}\frac{L_{i-1\to i}}{q_{mi-1\to i}}} \qquad \text{(A.4)}$$

式中：

T_c，T_{c-1}——分别为节点 c 与前一节点 $c-1$ 处的温度，K（℃）；

T_i——管道起点的温度，单位为开尔文（摄氏度）[K（℃）]；

T_n——管道终点的温度，单位为开尔文（摄氏度）[K（℃）]；

$L_{c-1\to c}$——节点 c 与前一节点 $c-1$ 之间的管段长度，单位为米（m）；

$L_{i-1\to i}$——节点 i 与前一节点 $i-1$ 之间的管段长度，单位为米（m）；

$q_{mc-1\to c}$——$c-1$ 与 c 两点之间管道介质质量流量，单位为千克每小时（kg/h）；

$q_{mi-1\to i}$——任意点 i 与前一节点 $i-1$ 之间介质质量流量，单位为千克每小时（kg/h）。

附 录 B
（规范性附录）
保温层厚度的计算方法

延迟管道内介质冻结、凝固的保温层厚度应按热平衡方法计算。

$$\ln\frac{D_o}{D_i}=2\pi\lambda\left[\frac{K_r\cdot t_{fr}}{\dfrac{2(T-T_{fr})(V\rho c+V_p\rho_p c_p)}{T+T_{fr}-2T_a}-\dfrac{0.25V\rho H_{fr}}{T_{fr}-T_a}}-\frac{1}{\pi D_o\alpha}\right]\quad\cdots\cdots\cdots(B.1)$$

$$\delta=\frac{D_o-D_i}{2}$$

式中：

K_r——管道通过吊架处热损失附加系数；

t_{fr}——介质在管道内防止冻结停留时间，单位为小时(h)；

T_{fr}——管道内介质的冻结温度，单位为摄氏度(℃)；

V,V_p——分别为介质体积和管壁体积，单位为立方米(m^3)；

ρ,ρ_p——分别为介质密度和管材密度，单位为千克每立方米(kg/m^3)；

c,c_p——分别为介质热容和管材热容，单位为焦每千克开尔文[J/(kg·K)]；

H_{fr}——介质融解热，单位为焦(J)。

附　录　C
（规范性附录）
不同材料双层保温厚度的计算方法

C.1　内层厚度按表面温度计算，外层厚度按经济厚度方法计算。

C.2　内外层界面处温度应按外层保温材料最高使用温度的0.9倍计算。

ICS 43.020
R 06

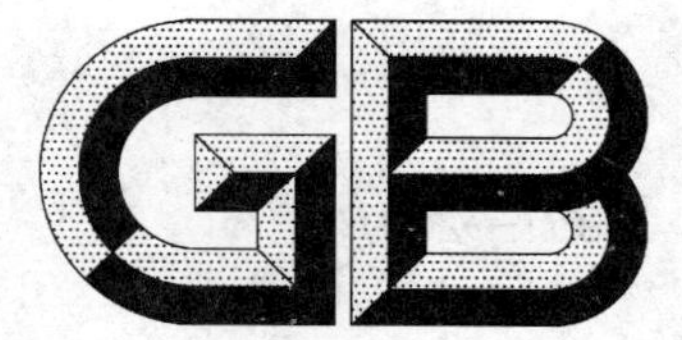

中华人民共和国国家标准

GB/T 14951—2007
代替 GB/T 14951—1994,GB/T 17752—1999,GB/T 17753—1999

汽车节油技术评定方法

Measurement method of fuel saving technology for automobiles

2007-01-24 发布　　2007-08-01 实施

中华人民共和国国家质量监督检验检疫总局
中国国家标准化管理委员会　发布

前　言

本标准代替 GB/T 14951—1994《汽车节油技术评定方法》、GB/T 17752—1999《汽车燃油节能添加剂试验评定方法》和 GB/T 17753—1999《汽车发动机润滑油节能添加剂试验评定方法》。

本标准与 GB/T 14951—1994、GB/T 17752—1999 和 GB/T 17753—1999 3 个标准相比主要变化如下：

——对汽车道路燃料消耗量测试方法进行了修订(见 5.2.2.2,5.2.2.3)；

——增加了汽车运行百公里燃料消耗量和挂档滑行距离对比试验的检测内容和方法(见 5.2.2.4，5.2.2.6)；

——对不同生产时期的在用车辆分别执行不同的排气污染物测试方法和限值，增加了针对装有排气后处理装置的车辆排气污染物的测量方法(见 5.2.2.7)；

——取消了原标准中有关特定工况和加速工况燃料消耗量的检测、评定方法及经济效益指标和相应的计算方法。

本标准的附录 A～附录 D 都是规范性附录。

本标准由中华人民共和国交通部提出。

本标准由全国汽车维修标准化技术委员会(SAC/TC 247)归口。

本标准起草单位：交通部公路科学研究院。

本标准主要起草人：韩国庆、冯桂芹、刘莉、赵侃、王伟、董国亮、何勇、洪兰芳、蔡凤田。

本标准所代替的标准历次发布情况为：

——GB/T 14951—1994；

——GB/T 17752—1999；

——GB/T 17753—1999。

汽车节油技术评定方法

1 范围

本标准规定了在用汽车节油技术的评定指标、试验方法和试验数据处理及评定项目计算。

本标准适用于在用汽车各类节油技术使用效果的评定。

2 规范性引用文件

下列文件中的条款通过本标准的引用而成为本标准的条款。凡是注日期的引用文件，其随后所有的修改单(不包括勘误的内容)或修订版均不适用于本标准，然而，鼓励根据本标准达成协议的各方研究是否可使用这些文件的最新版本。凡是不注日期的引用文件，其最新版本适用于本标准。

GB/T 265 石油产品运动黏度测定法和动力黏度计算法

GB/T 3142 润滑剂承载能力测定法(四球法)

GB/T 3535 石油倾点测定法(GB/T 3535—1983,neq ISO 3016:1974)

GB/T 3536 石油产品闪点和燃点测定法(克利夫兰开口杯法)(GB/T 3536—1983,eqv ISO 2592:1973)

GB 3847 车用压燃式发动机和压燃式发动机汽车排气烟度限值及测量方法

GB/T 5096 石油产品铜片腐蚀试验法(GB/T 5096—1983,eqv ASTM D 130:1983)

GB/T 12534 汽车道路试验方法通则

GB/T 12543 汽车加速性能试验方法

GB/T 12545.2 商用车辆燃料消耗量试验方法

GB 18285 点燃式发动机汽车排气污染物排放限值及测量方法(双怠速法及简易工况法)

GB/T 18297 汽车发动机性能试验方法(GB/T 18297—2001,neq ISO 1585:1992,ISO 2534:1998)

GB 18352(所有部分) 轻型汽车污染物排放限值及测量方法

3 术语和定义

下列术语和定义适用于本标准。

3.1

汽车节油技术 fuel saving technologies for automobile

在降低汽车燃料消耗同时对汽车的其他使用性能无不良影响的技术。

4 评定项目

4.1 经济性项目

4.1.1 主要项目：

a) 城间运行模式节油量(ΔQ_c)，单位为千克每百公里(kg/100 km)；

城间运行模式节油率(α_c)，%。

b) 市区运行模式节油量(ΔQ_s)，单位为千克每百公里(kg/100 km)；

市区运行模式节油率(α_s)，%。

c) 快速运行模式节油量(ΔQ_q)，单位为千克每百公里(kg/100 km)；

快速运行模式节油率(α_q),%。

4.1.2 参考项目:

a) 多工况节油量(ΔQ_d),单位为千克每百公里(kg/100 km);
多工况节油率(α_d),%。

b) 运行百公里节油量(ΔQ_b),单位为千克每百公里(kg/100 km);
运行百公里节油率(α_b),%。

4.2 动力性项目

a) 转矩对比系数 K_M;

b) 功率对比系数 K_P;

c) 加速时间对比系数 K_t;

d) 滑行距离对比系数 K_s。

4.3 环境影响项目

a) R_{CO}——汽车排气污染物 CO 净化率;

b) R_{HC}——汽车排气污染物 HC 净化率;

c) R_{NO_x}——汽车排气污染物 NO_X 净化率;

d) R_{HC+NO_x}——汽车排气污染物 $HC+NO_X$ 净化率;

e) R_{PM}——柴油车排气污染颗粒物净化率;

f) R_{KJ}——柴油车排气污染烟度净化率。

5 性能试验

5.1 试验分类及试验项目

5.1.1 发动机性能台架对比试验:

a) 发动机总功率对比试验;

b) 发动机负荷特性对比试验;

c) 发动机排气污染物对比试验。

5.1.2 汽车性能道路对比试验:

a) 汽车等速燃料消耗量对比试验;

b) 汽车多工况燃料消耗量对比试验;

c) 汽车运行百公里燃料消耗量对比试验;

d) 汽车最高档(或次高档)全油门加速性能对比试验;

e) 汽车挂档滑行对比试验;

f) 汽车排气污染物对比测量;

g) 柴油车排气污染物烟度对比测量。

5.1.3 节油添加剂理化性能试验:

a) 燃油节油添加剂理化性能试验;

b) 润滑油节油添加剂理化性能试验。

5.2 试验方法

5.2.1 发动机性能台架对比试验

5.2.1.1 发动机总功率对比试验

发动机总功率对比试验应按照 GB/T 18297 中相关的试验项目进行。

5.2.1.2 发动机负荷特性对比试验

发动机负荷特性对比试验应按照 GB/T 18297 中负荷特性试验的规定进行,控制参数见表 1。发动机转速为汽车最高档或次高档 5 种车速所对应的发动机转速,在汽车行驶时测量或按式(1)计算。

$$n=\frac{i_o \times i_k \times v}{0.377 \times r} \qquad (1)$$

式中：

n——发动机转速，单位为转每分钟(r/min)；

i_o——主传动比；

i_k——变速器最高档或次高档传动比；

r——车轮滚动半径，单位为米(m)；

v——车速，单位为千米每小时(km/h)。

表 1　负荷特性试验控制参数表

乘用车试验车速/(km/h)	$v_1=30$	$v_2=50$	$v_3=70$	$v_4=90$	$v_5=110$
商用车试验车速/(km/h)	$v_1=30$	$v_2=45$	$v_3=60$	$v_4=75$	$v_5=90$
发动机转速/(r/min)	实测或 $n_i=\frac{i_0 \times i_k \times v_i}{0.377 \times r}$				
推荐试验转矩范围及测试点/(N·m)	$M=0.20M_{imax} \sim M_{imax}$，均匀分布 8 个点。				
注：M_{imax}——发动机未采用节油技术时在 i 转速下的最大负荷。					

5.2.1.3　发动机排气污染物对比试验

汽油发动机按照 GB 18285 的规定进行，柴油发动机按照 GB 3847 的规定进行。装有排气后处理装置的发动机试验时，应在排气处理装置之前的位置进行排气污染物的检测。

5.2.1.4　发动机预运转

发动机使用汽车节油技术后，如需发动机预运转，推荐按照表 2 的规范进行循环运转。完成规定的运转时间后，发动机技术状况应符合要求，再根据试验的要求按 5.2.1.1～5.2.1.3 的规定进行对比试验。

表 2　发动机预运转规范

试验车速[a]/(km/h)	v_1	v_2	v_3	v_4	v_5
转速 n/(r/min)	与试验车速对应的发动机转速 n_i				
负荷 M/(N·m)	$M=0.20M_{imax}$				
运转时间 t/min	15	90	120	60	15
[a] 与表 1 所对应的试验车速。					

5.2.1.5　发动机润滑油老化处理

当发动机使用润滑油节油技术后，发动机应进行不少于 4 个循环的预运转，在完成对润滑油老化处理后方可进行试验。

5.2.2　汽车性能道路对比试验

5.2.2.1　汽车道路对比试验条件

汽车道路对比试验条件应符合 GB/T 12534 的有关规定。

5.2.2.2　汽车等速燃料消耗量对比试验

汽车等速燃料消耗量对比试验应按照 GB/T 12545.2 的规定进行。

5.2.2.3　汽车多工况燃料消耗量对比试验

汽车多工况燃料消耗量对比试验应按照 GB/T 12545.2 的规定进行。

5.2.2.4　汽车运行百公里燃料消耗量对比试验

汽车运行百公里燃料消耗量对比试验应按照附录 A 的要求进行。

5.2.2.5 汽车最高档(或次高档)全油门加速性能对比试验

汽车最高档(或次高档)全油门加速性能对比试验应按照 GB/T 12543 的规定进行。测试的车速应按照下列要求进行:

——乘用车:30 km/h～110 km/h;

——商用车:30 km/h～80 km/h。

5.2.2.6 汽车挂档滑行距离对比试验

汽车挂档滑行距离对比试验应按照附录 B 的要求进行。

5.2.2.7 汽车排气污染物对比试验

5.2.2.7.1 汽油车排气污染物对比试验按照 GB 18285 或 GB 18352 的规定进行。当装有排气后处理装置的车辆按照 GB 18285 的规定进行试验时,应在排气处理装置之前的位置进行检测。

5.2.2.7.2 柴油车排气污染物对比试验按照 GB 3847 或 GB 18352 的规定进行。

5.2.2.8 汽车预行驶

使用汽车节油技术后,如需进行汽车预行驶,推荐乘用车以 70 km/h～100 km/h 的速度行驶,其他车以 40 km/h～70 km/h 的速度行驶。在行驶过程中及达到所需里程后,车辆的技术状况应符合要求,再根据试验项目的要求,按照 5.2.2.1～5.2.2.7 的相关规定进行对比试验。

5.2.2.9 汽车润滑油老化处理

当汽车使用润滑油节油技术后,汽车应进行不少于 1 000 km 的预行驶,在完成对润滑油老化处理后方可进行试验。

5.2.3 节油添加剂理化性能试验

5.2.3.1 对节油添加剂所要求的理化性能试验

5.2.3.1.1 铜片腐蚀试验按照 GB/T 5096 的规定进行;

5.2.3.1.2 相容性试验按照附录 C 的规定进行。

5.2.3.2 润滑油节油添加剂理化性能试验

5.2.3.2.1 运动黏度的测定和动力黏度计算方法按照 GB/T 265 的规定进行;

5.2.3.2.2 承载能力测定按照 GB/T 3142 的规定进行;

5.2.3.2.3 倾点测定按照 GB/T 3535 的规定进行;

5.2.3.2.4 闪点和燃点的测定按照 GB/T 3536 的规定进行;

5.2.3.2.5 铜片腐蚀测定按照 GB/T 5096 的规定进行;

5.2.3.2.6 稳定性试验按照附录 D 的规定进行。

6 试验数据处理及评定项目的计算

6.1 发动机负荷特性数据处理

6.1.1 根据负荷特性燃料消耗曲线计算积分均值

$$\overline{G}_f = \frac{1}{P_2 - P_1}\int_{P_1}^{P_2} G_f \mathrm{d}P \qquad \cdots\cdots(2)$$

式中:

$\overline{G}_f$——发动机小时燃料消耗积分均值,单位为千克每小时(kg/h);

G_f——发动机小时燃料消耗量,单位为千克每小时(kg/h);

P_1——该转速下发动机最大功率的 30%,单位为千瓦(kW);

P_2——该转速下发动机最大功率的 90%,单位为千瓦(kW)。

6.1.2 燃料消耗量的换算

将发动机小时燃料消耗量 $\overline{G}_f$ 换算为汽车运行燃料消耗量:

$$Q = \frac{\overline{G}_f}{v} \times 100 \qquad \cdots\cdots(3)$$

式中：

Q——百公里汽车燃料消耗量，单位为千克每百公里(kg/100 km)；

$\bar{G}_f$——发动机小时燃料消耗积分均值，单位为千克每小时(kg/h)；

v——车速，单位为千米每小时(km/h)。

6.2 汽车道路试验数据处理

按照 GB/T 12545.2 的规定进行处理。

6.3 经济性评价项目

6.3.1 各种运行模式节油量和节油率计算

6.3.1.1 各种运行模式节油量

$$\Delta Q = \sum R_i Q_{oi} - \sum R_i Q_{ji} \qquad (4)$$

式中：

ΔQ——各种运行模式节油量，单位为千克每百公里(kg/100 km)；

Q_{oi}——未采用节油技术时的燃料消耗量，单位为千克每百公里(kg/100 km)；

Q_{ji}——采用节油技术时的燃料消耗量，单位为千克每百公里(kg/100 km)；

R_i——不同运行模式时不同车速的加权系数，见表 3。

表 3 不同运行模式时不同车速的加权系数 R_i

运行模式	车速，km/h				
	v_1	v_2	v_3	v_4	v_5
市区运行	0.33	0.51	0.16		
城间运行	0.04	0.33	0.41	0.18	0.04
快速运行					1

6.3.1.2 各种运行模式节油率

$$\alpha = \frac{\Delta Q}{\sum R_i Q_{oi}} \times 100 \qquad (5)$$

式中：

α——各种运行模式节油率，%。

6.3.2 汽车多工况节油量和节油率计算

6.3.2.1 多工况节油量

$$\Delta Q_d = Q_{od} - Q_{jd} \qquad (6)$$

式中：

ΔQ_d——多工况节油量，单位为千克每百公里(kg/100 km)；

Q_{od}——未采用节油技术时的燃料消耗量，单位为千克每百公里(kg/100 km)；

Q_{jd}——采用节油技术时的燃料消耗量，单位为千克每百公里(kg/100 km)。

6.3.2.2 多工况节油率

$$\alpha_d = \frac{\Delta Q_d}{Q_{od}} \times 100 \qquad (7)$$

式中：

α_d——多工况节油率，%。

6.3.3 汽车运行百公里节油量和节油率计算

6.3.3.1 运行百公里节油量

$$\Delta Q_b = Q_{ob} - Q_{jb} \qquad (8)$$

式中：

ΔQ_b——运行百公里节油量，单位为千克每百公里(kg/100 km)；

Q_{ob}——未采用节油技术时的燃料消耗量，单位为千克每百公里(kg/100 km)；

Q_{jb}——采用节油技术时的燃料消耗量，单位为千克每百公里(kg/100 km)。

6.3.3.2 运行百公里节油率

$$\alpha_b = \frac{\Delta Q_b}{Q_{ob}} \times 100 \quad \cdots\cdots(9)$$

式中：

α_b——运行百公里节油率，%。

6.4 动力性项目

6.4.1 转矩对比系数 K_M

$$K_M = \frac{\sum M_j}{\sum M_o} \quad \cdots\cdots(10)$$

式中：

$\sum M_o$——未采用节油技术时功率特性所测转矩之和(校正)，单位为牛米(N·m)；

$\sum M_j$——采用节油技术后功率特性所测转矩之和(校正)，单位为牛米(N·m)。

6.4.2 功率对比系数 K_P

$$K_P = \frac{P_{jmax}}{P_{omax}} \quad \cdots\cdots(11)$$

式中：

P_{omax}——未采用节油技术时发动机最大功率(校正)，单位为千瓦(kW)；

P_{jmax}——采用节油技术后发动机最大功率(校正)，单位为千瓦(kW)。

6.4.3 加速时间对比系数 K_t

$$K_t = \frac{t_j}{t_o} \quad \cdots\cdots(12)$$

式中：

t_o——未采用节油技术时汽车的加速时间，单位为秒(s)；

t_j——采用节油技术后汽车的加速时间，单位为秒(s)。

6.4.4 滑行距离对比系数 K_s

$$K_s = \frac{S_j}{S_o} \quad \cdots\cdots(13)$$

式中：

S_o——未采用节油技术时汽车的滑行距离，单位为米(m)；

S_j——采用节油技术后汽车的滑行距离，单位为米(m)。

6.5 排气污染物净化率

6.5.1 汽车排气污染物净化率

6.5.1.1 CO 净化率 R_{CO}

$$R_{CO}(\%) = \left(1 - \frac{J_{CO}}{O_{CO}}\right) \times 100 \quad \cdots\cdots(14)$$

式中：

O_{CO}——未采用节油技术时测得的 CO 排放量；

J_{CO}——采用节油技术后测得的 CO 排放量。

6.5.1.2 HC 净化率 R_{HC}

$$R_{HC}(\%) = \left(1 - \frac{J_{HC}}{O_{HC}}\right) \times 100 \quad \cdots\cdots(15)$$

式中：

O_{HC}——未采用节油技术时测得的 HC 排放量；

J_{HC}——采用节油技术后测得的 HC 排放量。

6.5.1.3 **NO_X 净化率 R_{NOx}**

$$R_{NOx}(\%)=\left(1-\frac{J_{NOx}}{O_{NOx}}\right)\times 100 \qquad (16)$$

式中：

O_{NOx}——未采用节油技术时测得的 NO_X 排放量；

J_{NOx}——采用节油技术后测得的 NO_X 排放量。

6.5.1.4 **$CO+NO_X$ 净化率 R_{CO+NOx}**

$$R_{CO+NOx}(\%)=\left(1-\frac{J_{CO+NOx}}{O_{CO+NOx}}\right)\times 100 \qquad (17)$$

式中：

O_{CO+NOx}——未采用节油技术时测得的 $CO+NO_X$ 排放量；

J_{CO+NOx}——采用节油技术后测得的 $CO+NO_X$ 排放量。

6.5.1.5 **颗粒物净化率 R_{PM}**

$$R_{PM}(\%)=\left(1-\frac{J_{PM}}{O_{PM}}\right)\times 100 \qquad (18)$$

式中：

O_{PM}——未采用节油技术时测得的颗粒物排放量；

J_{PM}——采用节油技术后测得的颗粒物排放量。

6.5.2 **柴油车排气污染烟度净化率 R_{KJ}**

$$R_{KJ}(\%)=\left(1-\frac{J_{KJ}}{O_{KJ}}\right)\times 100 \qquad (19)$$

式中：

O_{KJ}——未采用节油技术时测得的排气污染烟度数值；

J_{KJ}——采用节油技术后测得的排气污染烟度数值。

附　录　A
（规范性附录）
汽车运行百公里燃料消耗量对比试验方法

A.1　试验条件

A.1.1　试验车辆

试验车辆应技术状况良好，性能符合制造厂的规定。

A.1.2　试验车辆载荷

除特殊规定外，试验车辆的载荷应符合 GB/T 12545.2 中的规定。

A.1.3　试验仪器

试验用仪器应满足 GB/T 12545.2 中的要求。

A.1.4　测试路段

汽车道路对比试验条件应满足 5.2.2.1 的要求。测试路段长度不小于 15 km，可以是封闭的环形路（测量路程应为完整的环形）也可以是平直路（试验在两个方向上进行）。

A.1.5　试验燃料

试验用燃料应符合车辆制造厂的规定。

A.2　试验方法

在正常交通情况下，以下列车速行驶并尽可能保持匀速：

——乘用车：90 km/h；

——商用车：70 km/h。

测定每 10 km 单程（或一个完整的环形路程）的燃料消耗量，换算成百公里燃料消耗量。往返各试验一次（或两个完整的环形路程），以两次测量结果的算术平均值为运行百公里条件下的平均使用燃料消耗量的测定值。

试验时应记录制动次数、各档位使用次数、时间、行程和速度。

附 录 B
（规范性附录）
汽车挂档滑行距离对比试验方法

B.1 试验条件

B.1.1 试验车辆

试验车辆应技术状况良好，性能符合制造厂的规定。其他试验条件及车辆的准备符合 5.2.2.1 的规定。

B.1.2 试验仪器

车速、行程记录仪或相应的记录装置，精度不低于 0.5%。

B.1.3 测试路段

汽车挂档滑行距离对比试验的道路条件应满足 5.2.2.1 的要求。

B.2 试验方法

测试应在平直的道路上进行，变速器排档为最高档或次高档，以稳定车速 v_1 进入滑行段，迅速松开油门开始滑行，记录滑行时间、距离和速度等参数，直至车速降至 v_2，停止记录。滑行过程中不得转动方向盘。试验往返各滑行两次，取平均值，往返路段应一致。其中：

——乘用车：v_1 为 110 km/h，v_2 为 50 km/h；

——商用车：v_1 为 70 km/h，v_2 为 30 km/h。

附　录　C
（规范性附录）
汽车燃油节油添加剂与燃油相容性试验方法

C.1　方法概要

本方法主要包括：把燃油节油添加剂加入到参比燃油中，配成混合燃油，使混合燃油在一定转速下离心30min后，观察其状态。

C.2　样品

汽车燃油节油添加剂。

C.3　仪器与材料

C.3.1　烘箱：能控制到105℃±3℃。
C.3.2　三角瓶：具塞，250 mL，两只。
C.3.3　离心管：50 mL。
C.3.4　离心机：能在控制速度下旋转两个或多个离心管，其速度应能使离心管的末端产生600～700的相对离心力，转速n(r/min)按下式计算：

$$n = 1\,337\sqrt{rcf/d} \qquad \text{(C.1)}$$

式中：
rcf——相对离心力；
d——在旋转状态时，两个相对应的管底间的旋转直径，单位为毫米(mm)。

C.3.5　恒温浴：能控制到50℃±3℃。
C.3.6　低温浴：能控制到－40℃±3℃。
C.3.7　参比燃油：符合试验要求的燃油。

C.4　准备工作

将三角瓶和离心管用自来水清洗干净，再经蒸馏水清洗后烘干备用。

C.5　试验步骤

C.5.1　将添加剂按产品说明书规定的比例与参比燃油在三角瓶中配成200 mL混合燃油，至添加剂完全溶解。
C.5.2　塞上瓶塞后，将三角瓶摇动1 min。
C.5.3　在室温下，将混合燃油迅速倒入两个清洁的离心管中，至50 mL刻度线处，小心地将两个离心管放入离心机对称位置上，使离心机达到平衡。
C.5.4　启动离心机，并在相对离心力达到600～700时的转速下运转30 min，然后取出离心管，观察混合燃油是否出现分层、浑浊或沉淀现象。
C.5.5　将两只离心管分别放入50℃的恒温浴和－40℃的低温浴中，恒温8 h，取出后观察混合燃油是否出现分层、浑浊或沉淀现象。

附 录 D
（规范性附录）
汽车发动机润滑油节油添加剂稳定性试验方法

D.1 方法概要

本方法主要包括：把发动机润滑油节油添加剂加入到参比润滑油中，配成混合润滑油，使混合润滑油在一定转速下离心 30 min 后，观察混合润滑油的状态。

D.2 样品

汽车发动机润滑油节油添加剂。

D.3 仪器与材料

D.3.1 烘箱：能控制到 105℃±3℃。
D.3.2 三角瓶：具塞，250 mL，两个。
D.3.3 离心管：50 mL。
D.3.4 离心机：能在控制速度下旋转两个或多个离心管，其速度应能使离心管的末端产生 600～700 的相对离心力，转速 n(r/min)按下式计算：

$$n = 1\,337\sqrt{rcf/d} \qquad \text{(D.1)}$$

式中：
rcf——相对离心力；
d——在旋转状态时，两个管底间的旋转直径，单位为毫米(mm)。

D.3.5 恒温浴：能控制到 93℃±3℃。
D.3.6 参比润滑油：符合试验要求级别的发动机润滑油。
D.3.7 石油醚：分析纯，90℃～120℃。

D.4 准备工作

将三角瓶和离心管用自来水清洗干净，再经蒸馏水清洗后烘干备用。

D.5 试验步骤

D.5.1 在三角瓶中加入 200 mL 参比润滑油和 20 mL 石油醚，然后将添加剂按产品说明书规定的比例加入该瓶中，配成混合润滑油。
D.5.2 塞上瓶塞，剧烈摇动 1 min 后，将其放在 105℃±3℃的烘箱中恒温 8 h。
D.5.3 取出三角瓶，冷却至室温。
D.5.4 将三角瓶剧烈摇动 1 min 后，迅速将混合润滑油倒入两个清洁的离心管中，至 50 mL 刻度线处。
D.5.5 将盛有混合润滑油的离心管放入 93℃±3℃的恒温浴中加热 5 min 后，小心地放入离心机对称位置上，使离心机达到平衡。
D.5.6 启动离心机，并在相对离心力达到 600～700 时的转速下，运转 30 min。然后取出离心管，并观察混合润滑油是否出现分层或沉淀等现象。

ICS 27.060
F 04

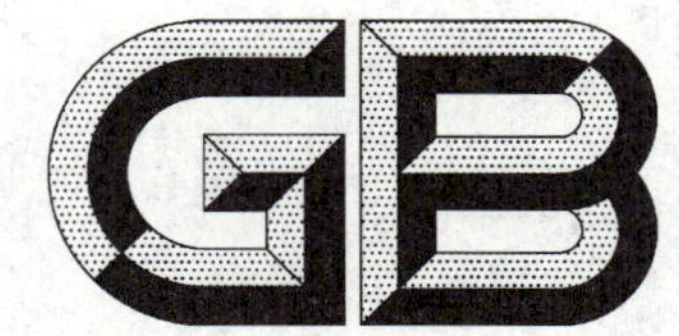

中华人民共和国国家标准

GB/T 17719—2009
代替 GB/T 17719—1999

工业锅炉及火焰加热炉烟气余热资源量计算方法与利用导则

Calculation method and utilization guides for waste heat resource's quantity of industrial boiler's and flame heating furnace's exhaust gas

2009-04-08 发布 2009-12-01 实施

中华人民共和国国家质量监督检验检疫总局
中国国家标准化管理委员会 发布

前　言

本标准代替 GB/T 17719—1999《工业锅炉及火焰加热炉烟气余热资源量计算方法与利用导则》。

本标准与 GB/T 17719—1999 相比主要变化如下：

——按 GB/T 1028 的规定对术语、分类进行了修改完善；

——按 GB/T 10180、GB/T 17954 等的要求对标准中引用的公式、符号和资料性附录数据进行了修订；

——根据余热资源“梯级利用，高质高用”原则，对 250 ℃～400 ℃的余热资源利用增加鼓励用于作功发电条款[见 5.1b)]；

——补充了工业锅炉和加热炉余热资源利用的原则，提出设置尾部受热面和余热资源回收装置要求的范围(见 5.4、5.5 和 5.6)；

——补充了余热资源回收利用的管理要求(见 6.6)；

——统一了计算公式中的习惯表达方式和标注[见式(2)、(3)、(5)、(6)，采用质量分数和体积分数表示]；

——对标准的附录 A、附录 B 和附录 C 进行了修订和补充完善。

本标准的附录 A、附录 B 和附录 C 均为资料性附录。

本标准由全国能源基础与管理标准化技术委员会提出并归口。

本标准负责起草单位：杭州锅炉集团股份有限公司、中国标准化研究院。

本标准参加起草单位：浙江省特种设备检验研究院、上海工业锅炉研究所。

本标准主要起草人：屠柏锐、薛以泰、王忠、秦业固、成建宏、成德芳、陈征宇、叶勉。

本标准所代替标准的历次版本发布情况为：

——GB/T 17719—1999。

工业锅炉及火焰加热炉烟气余热资源量计算方法与利用导则

1 范围

本标准规定了工业锅炉及火焰加热炉烟气的余热量和余热资源量的计算方法，以及余热资源的回收利用原则及管理要求。

本标准适用于GB/T 1921、GB/T 3166规定的锅炉及GB/T 3486中规定的连续式火焰加热炉（以下简称"加热炉"）的余热利用工程的规划、设计、技术改造与管理。

2 规范性引用文件

下列文件中的条款通过本标准的引用而成为本标准的条款。凡是注日期的引用文件，其随后所有的修改单（不包括勘误的内容）或修订版均不适用于本标准，然而，鼓励根据本标准达成协议的各方研究是否可使用这些文件的最新版本。凡是不注日期的引用文件，其最新版本适用于本标准。

GB/T 1028 工业余热术语、分类、等级及余热资源量计算方法

GB/T 1921 工业蒸汽锅炉参数系列

GB/T 3166 热水锅炉参数系列

GB/T 3486 评价企业合理用热技术导则

GB/T 10180 工业锅炉热性能试验规程

GB/T 15317 工业锅炉节能监测方法

GB/T 15319 火焰加热炉节能监测方法

GB/T 17954 工业锅炉经济运行

3 术语和定义

下列术语和定义适用于本标准。

3.1

烟气余热量 waste heat's quantity of exhaust gas

相对于环境温度为20 ℃，相对湿度为70%，烟气平均体积定压热容为1.359 kJ/(m^3·℃)条件下的烟气所携带的余热量，为宏观控制指标。

注：本标准中"m^3"指在标准状况（1.013 25×10^5 Pa，0 ℃）下测得的气体体积的单位。

3.2

烟气余热资源量 waste heat resource's quantity of exhaust gas

按国家、行业及本标准有关规定，经技术经济分析确定可利用的烟气余热量，为实际应用指标。

4 计算方法

4.1 烟气余热量计算

4.1.1 燃煤工业锅炉和加热炉烟气余热量的计算按式(1)计算：

$$Q_{yr} = B_1 V_{py1}(c_{py}t_{py} - 27.18) \times \frac{100 - q_4}{100} \qquad (1)$$

式中：

Q_{yr}——年烟气余热量，单位为千焦每年(kJ/a)；

B_1——年平均耗煤量，单位为千克每年(kg/a)；

c_{py}——t_{py}温度下烟气的平均体积定压热容，单位为千焦每立方米摄氏度(kJ/(m^3·℃))；

c_{py}值按实测烟气成分计算确定，用作规划时查附录A中的表A.1。

t_{py}——工业锅炉末级受热面或加热炉炉尾出口处排烟平均温度，单位为摄氏度(℃)；

t_{py}值由实测确定。用作规划时，工业锅炉参考附录B中的表B.1，加热炉参考附录B中的表B.2，并应结合实际情况确定。

q_4——燃料的固体未完全燃烧热损失，用百分数表示(%)；

工业锅炉的q_4值按附录C计算确定。用作规划时，链条炉排锅炉燃用Ⅲ类烟煤、贫煤和褐煤时的值取8～12，无烟煤和Ⅰ、Ⅱ类烟煤取10～15。

加热炉的q_4值按实测每千克煤所产生的平均灰渣量及灰渣含碳量确定。用作规划时，按3～5计值。

V_{py1}——工业锅炉末级受热面或加热炉炉尾出口处每千克煤的烟气体积，单位为立方米每千克(m^3/kg)；

V_{py1}值按式(2)计算，用作规划时查附录A中的表A.2。

$$V_{py1}=0.01866w(C_{ar})+0.007w(S_{ar})+0.111w(H_{ar})+0.008w(N_{ar})+0.0124M_{ar}+(1.016\alpha_{py}-0.21)V_{01} \quad \cdots\cdots(2)$$

式中：

$w(C_{ar})$——燃料收到基碳，用质量分数表示(%)；

$w(H_{ar})$——燃料收到基氢，用质量分数表示(%)；

$w(S_{ar})$——燃料收到基硫，用质量分数表示(%)；

$w(N_{ar})$——燃料收到基氮，用质量分数表示(%)；

M_{ar}——燃料收到基水分，用质量分数表示(%)；

α_{py}——工业锅炉末级受热面或加热炉炉尾出口处烟气的过量空气系数。

α_{py}值按GB/T 15317或GB/T 15319计算，用作规划时，工业锅炉参考附录B中的表B.3，火焰加热炉参考附录B中的表B.4，并结合实际确定。

V_{01}——每千克煤燃烧理论空气量，单位为立方米每千克(m^3/kg)；

V_{01}按式(3)计算：

$$V_{01}=0.0889w(C_{ar})+0.265w(H_{ar})+0.0333w(S_{ar})-0.0333w(O_{ar}) \quad \cdots\cdots(3)$$

式中：

$w(O_{ar})$——燃料收到基氧，用质量分数表示(%)。

对于季节性使用的工业锅炉和加热炉，其燃料量以每年的使用期限为准。

4.1.2 燃油(或燃气)工业锅炉及加热炉烟气余热量按式(4)计算：

$$Q_{yr}=B_2V_{py2}(c_{py}t_{py}-27.18) \quad \cdots\cdots(4)$$

式中：

B_2——年平均燃料消耗量，单位为千克每年(kg/a)[或立方米每年(m^3/a)]；

V_{py2}——工业锅炉末级受热面或加热炉炉尾出口处每千克油(或每立方米干燃气)的烟气体积，单位为立方米每千克(m^3/kg)[或立方米每立方米(m^3/m^3)]。

燃油工业锅炉及加热炉的V_{py2}值的计算方法同V_{py1}，用作规划时查附录A中的表A.3。燃气工业锅炉及加热炉的V_{py2}值按式(5)计算，用作规划时查附录A中的表A.4。

$$V_{py2}=0.01\times[\varphi(CO_2)+\varphi(CO)+\varphi(H_2)+\varphi(N_2)+2\varphi(H_2S)+\sum(m+0.5n)\varphi(C_mH_n)+0.124d_s]+(1.016\alpha_{py}-0.21)V_{02} \quad \cdots\cdots(5)$$

式中：

$\varphi(CO_2)$——燃料收到基二氧化碳，用体积分数表示(%)；

$\varphi(CO)$——燃料收到基一氧化碳,用体积分数表示(%);

$\varphi(H_2)$——燃料收到基氢气,用体积分数表示(%);

$\varphi(N_2)$——燃料收到基氮气,用体积分数表示(%);

$\varphi(H_2S)$——燃料收到基硫化氢,用体积分数表示(%);

$\Sigma\varphi(C_mH_n)$——燃料收到基各种碳氢化合物,用体积分数表示(%);

d_s——每立方米干燃气所带的水量,单位为克每立方米(g/m^3);

V_{02}——每立方米干燃气燃烧理论空气量,单位为立方米每立方米(m^3/m^3)。

V_{02}值按式(6)计算:

$$V_{02}=0.0476[0.5\varphi(CO)+0.5\varphi(H_2)+1.5\varphi(H_2S)+2\varphi(CH_4)+\Sigma(m+0.25n)\varphi(C_mH_n)-\varphi(O_2)] \quad \cdots\cdots(6)$$

式中:

$\varphi(CH_4)$——燃料收到基甲烷,用体积分数表示(%);

$\varphi(O_2)$——燃料收到基氧气,用体积分数表示(%)。

4.2 烟气余热资源量计算

4.2.1 燃煤工业锅炉及加热炉的烟气余热资源量按式(7)计算:

$$Q_{yz}=B_1V_{py1}(c_{py}t_{py}-c'_{py}t'_{py})\times\frac{100-q_4}{100} \quad \cdots\cdots(7)$$

式中:

Q_{yz}——年烟气余热资源量,单位为千焦每年(kJ/a);

t'_{py}——余热资源量的下限温度,单位为摄氏度(℃);

选用t'_{py}的原则按5.1、5.2、5.3规定。

c'_{py}——t'_{py}温度下烟气平均体积定压热容,单位为千焦每立方米摄氏度[kJ/(m³·℃)]。

4.2.2 燃油或燃气工业锅炉及加热炉的余热资源量按式(8)计算:

$$Q_{yz}=B_2V_{py2}(c_{py}t_{py}-c'_{py}t'_{py}) \quad \cdots\cdots(8)$$

5 余热资源回收利用原则

5.1 余热资源回收利用 应按“梯级利用,高质高用”的原则确定最佳余热回收利用的方案,其中:

a) 对烟气温度 >400 ℃的余热资源应优先用于作功发电;

b) 对烟气温度为250 ℃~400 ℃的余热资源应优先用于生产蒸汽,鼓励用于作功发电;

c) 对烟气温度<250 ℃的余热资源可用于干燥物料、制冷、采暖或供应生活热水等。

5.2 烟气余热资源一般应优先考虑用于工业锅炉及加热炉本系统,例如:预热助燃空气、燃料等;当无法用于本系统或用后仍有富余,才用于本系统以外。

5.3 根据烟气温度,余热资源等级的高低,合理选用与之相适应的高温辐射换热器、陶瓷换热器、喷流换热器、蓄热式换热器、金属管状换热器、板式换热器、余热锅炉、热管换热器等余热利用设备或用作热泵的热源等。

5.4 对于额定蒸发量大于2 t/h的工业蒸汽锅炉或额定热功率大于1.4 MW的热水锅炉应设置尾部受热面,额定蒸发量不大于2 t/h的工业蒸汽锅炉或额定热功率不大于1.4 MW的热水锅炉鼓励设置尾部受热面。

5.5 对于额定炉容量不小于5 GJ/h、排烟温度不小于250 ℃的加热炉应设置余热资源回收装置。

5.6 应根据烟气成分和性质的不同,合理选用余热资源利用设备。对高灰分烟气应采用耐磨和防堵的装置;对含腐蚀性成分的烟气,应有防腐措施。

5.7 鼓励实行热能的综合利用和用能的合理配置,实现热、电、冷并供或热电联产。

6 余热资源回收利用管理

6.1 工业锅炉或加热炉的烟气余热回收利用建设或技术改造工程立项决策时，应先进行技术经济比较，并参照GB/T 1028的规定确定余热资源等级及余热利用工程项目的规划。

6.2 进行规划计算时，工业锅炉烟气余热资源量的下限温度按附录B中的表B.5；加热炉烟气余热资源量的下限温度按附录B中的表B.6。

6.3 进行技术经济比较时，余热资源量计算公式中的排烟温度 t_{py}，在建设工程中应采用工业锅炉或加热炉设计值；在技术改造工程中应采用工业锅炉或加热炉实测值。余热资源量的下限温度 t'_{py}，应参考附录B中的表B.5或附录B中的表B.6作经济比较。

6.4 应制定工业锅炉及加热炉烟气余热资源回收利用设备定期检修制度，保持设备完好、运转正常，并建立检修记录和档案。

6.5 应对工业锅炉及加热炉烟气余热资源回收利用设备运行参数进行测量记录，年终要做出经济核算。

6.6 工业锅炉或加热炉烟气余热资源回收利用未达到回收利用基本原则要求的使用单位，应由使用单位提出改进措施。

6.7 工业锅炉或加热炉烟气余热资源回收利用的节能检测符合GB/T 15317或GB/T 15319的规定，并由具有相应资质的检测单位进行。

附　录　A
（资料性附录）
烟气平均近似体积定压热容 c_{py} 与近似烟气量 V_{py}

A.1　不同温度下的烟气平均近似体积定压热容 c_{py} 见表 A.1 规定。

表 A.1

t_{py}/℃	c_{py}/[kJ/(m³·℃)]	t_{py}/℃	c_{py}/[kJ/(m³·℃)]
100	1.372	500	1.443
200	1.388	600	1.462
300	1.405	700	1.482
400	1.423	800	1.500
注：表中 m³ 是标准状况下的气体体积数表。			

A.2　燃烧每千克煤炭的近似烟气量 V_{py1} 见表 A.2 规定。

表 A.2

热值/(kJ/kg)		14 000	16 000	18 000	20 000	22 000	24 000	26 000	28 000	30 000
V_{01}/(m³/kg)		3.88	4.36	4.84	5.32	5.81	6.29	6.77	7.25	7.73
与 α 相应的 V_{py1} 值/(m³/kg)	α=1.2	5.41	5.92	6.45	6.96	7.49	8.01	8.53	9.05	9.58
	α=1.3	5.79	6.36	6.93	7.50	8.07	8.64	9.21	9.78	10.35
	α=1.4	6.18	6.79	7.42	8.03	8.65	9.27	9.89	10.50	11.12
	α=1.5	6.57	7.23	7.90	8.56	9.24	9.90	10.57	11.23	11.90
	α=1.6	6.96	7.66	8.38	9.09	9.82	10.52	11.24	11.95	12.67
	α=1.7	7.35	8.10	8.87	9.62	10.40	11.15	11.92	12.68	13.44
	α=1.8	7.73	8.54	9.35	10.16	10.98	11.78	12.60	13.40	14.21
注：表中热值是燃煤的收到基低位发热量的数值；α 为过量空气系数。										

A.3　燃烧每千克液体燃料的近似烟气量 V_{py2} 见表 A.3 规定。

表 A.3

热值/(kJ/kg)		30 000	32 000	34 000	36 000	38 000	40 000	42 000
V_{02}/(m³/kg)		8.09	8.50	8.90	9.31	9.71	10.12	10.53
与 α 相应的 V_{py2} 值/(m³/kg)	α=1.05	8.35	8.91	9.46	10.01	10.56	11.11	11.66
	α=1.10	8.76	9.33	9.86	10.47	11.04	11.61	12.18
	α=1.15	9.16	9.76	10.35	10.94	11.53	12.12	12.71
	α=1.20	9.57	10.18	10.79	11.40	12.01	12.62	13.24
	α=1.25	9.97	10.61	11.24	11.87	12.50	13.13	13.76
	α=1.30	10.38	11.03	11.68	12.33	12.98	13.64	14.29
	α=1.40	11.19	11.88	12.57	13.26	13.95	14.65	15.34
注：表中热值是燃烧液体燃料的低位发热量的数值；α 为过量空气系数。								

A. 4 燃烧每立方米燃气产生的近似烟气量 V_{py2} 见表 A. 4 规定。

表 A. 4

热值/(kJ/kg)		3 400	4 200	5 000	6 000	8 000	10 000	12 000	15 000	18 000	21 000	35 000	38 000	41 000	45 000	50 000
V_{02}/(m^3/m^3)		0.71	0.88	1.04	1.25	1.67	2.09	2.51	3.91	4.69	5.47	9.11	9.89	10.67	11.72	13.02
与 α 相应的 V_{py2} 值/(m^3/m^3)	α=1.02	1.60	1.75	1.89	2.07	2.42	2.77	3.13	4.41	5.24	6.08	9.96	10.80	11.62	12.73	14.12
	α=1.05	1.63	1.77	1.92	2.10	2.47	2.83	3.21	4.53	5.38	6.24	10.24	11.09	11.94	13.09	14.51
	α=1.10	1.66	1.82	1.97	2.17	2.56	2.94	3.33	4.72	5.62	6.52	10.69	11.59	12.48	13.67	15.16
	α=1.15	1.70	1.86	2.03	2.23	2.64	3.04	3.46	4.92	5.85	6.78	11.15	12.08	13.01	14.26	15.81
	α=1.20	1.73	1.91	2.08	2.29	2.72	3.15	3.58	5.11	6.09	7.06	11.60	12.58	13.54	14.84	16.46
	α=1.30	1.80	1.99	2.18	2.42	2.89	3.36	3.83	5.50	6.56	7.61	12.51	13.57	14.61	16.02	17.77

注：表中热值是燃气的低位发热量的数值;α 为过量空气系数。

附 录 B
（资料性附录）
排烟温度、过量空气系数的合格指标与烟气余热资源量测算下限温度

B.1 排烟温度

B.1.1 工业锅炉排烟温度合格指标见表B.1规定。

表 B.1

有无尾部受热面	无尾部受热面[a]				有尾部受热面[b]	
锅炉类型	蒸汽锅炉		热水锅炉		蒸汽锅炉或热水锅炉	
使用燃料	煤	油,气	煤	油,气	煤	油,气
排烟温度/℃	<250	<230	<220	<200	<180	<160

a 仅指额定蒸发量≤2 t/h的工业蒸汽锅炉或额定热功率≤1.4 MW的热水锅炉。

b 对部分地区燃用高硫（$w(S_{ar})\geqslant 3\%$）煤的有尾部受热面的锅炉，其运行排烟温度可适当提高，但提高幅度不超过30 ℃。

B.1.2 加热炉排烟温度合格指标见表B.2规定。

表 B.2

	炉膛出口温度/℃	≤500	≤600	≤700	≤800	≤900	≤1 000	>1 000
排烟温度/℃	使用低发热量燃料时	≤350	≤400	≤460	≤530	≤580	≤670	710～470
	使用高发热量燃料时	≤340	≤380	≤440	≤510	≤560	≤650	670～400

注：低发热量燃料是指高炉煤气、发生炉煤气及发热量低于8 360 kJ/m³的混合煤气；高发热量燃料是指天然气、焦炉煤气、煤、重油等。

B.2 烟气过量空气系数

B.2.1 工业锅炉烟气过量空气系数合格指标见表B.3规定。

表 B.3

使用燃料	煤[a]		油、燃气
燃烧方式	火床燃烧（层燃）	沸腾燃烧（流化床）	火室燃烧（室燃）
末级受热面出口过量空气系数	<1.65（无尾部受热面）	<1.50	<1.20
	<1.75（有尾部受热面）		

a 燃用无烟煤的火床燃烧锅炉不受表内数值限制。

B.2.2 加热炉烟气过量空气系数合格指标见表B.4规定。

表 B.4

燃料名称	燃烧方式	过量空气系数
固体燃料	—	≤1.80
液体燃料	高压喷雾	≤1.25
	低压喷雾	≤1.20
气体燃料	有焰燃烧	≤1.25
	无焰燃烧	≤1.05

B.3 烟气余热资源量测算下限温度

B.3.1 工业锅炉烟气余热资源量测算下限温度见表B.5规定。

表 B.5

蒸汽锅炉额定蒸发量/(t/h)	＜1	1～6	＞6
热水锅炉额定热功率/MW	＜0.7	0.7～4.2	＞4.2
测算下限温度/℃	180	160	150

B.3.2 加热炉烟气余热资源量测算下限温度见表B.6规定。

表 B.6

炉容量类别	A	B	C
额定炉容量/(GJ/h)	5～19.9	20～80	＞80
测算下限温度/℃	250	230	200

附 录 C
（资料性附录）
固体未完全燃烧热损失 q_4 的计算方法

固体未完全燃烧热损失 q_4 的计算按式(C.1)进行。

$$q_4=\left[a_{lz}\frac{C_{lz}}{100-C_{lz}}+a_{lm}\frac{C_{lm}}{100-C_{lm}}+a_{yh}\frac{C_{yh}}{100-C_{yh}}+a_{yl}\frac{C_{yl}}{100-C_{yl}}+a_{lh}\frac{C_{lh}}{100-C_{lh}}+a_{fh}\frac{C_{fh}}{100-C_{fh}}\right]\times\frac{328.664A_{ar}}{Q_r}\qquad\text{(C.1)}$$

式中：

q_4——固体未完全燃烧热损失，用百分数表示(%)；

a_{lz}——炉渣含灰量占入炉煤总灰量，用质量分数表示(%)，见式(C.2)；

C_{lz}——炉渣可燃物含量，用质量分数表示(%)；

a_{lm}——漏煤含灰量占入炉煤总灰量，用质量分数表示(%)，见式(C.4)；

C_{lm}——漏煤可燃物含量，用百分数表示(%)；

a_{yh}——烟道灰含灰量占入炉煤总灰量，用质量分数表示(%)，见式(C.5)；

C_{yh}——烟道灰可燃物含量，用百分数表示(%)；

a_{yl}——溢流灰含灰量占入炉煤总灰量，用质量分数表示(%)，见式(C.6)；

C_{yl}——溢流灰可燃物含量，用百分数表示(%)；

a_{lh}——冷灰含灰量占入炉煤总灰量，用质量分数表示(%)，见式(C.7)；

C_{lh}——冷灰可燃物含量，用百分数表示(%)；

a_{fh}——飞灰含灰量占入炉煤总灰量，用质量分数表示(%)，见式(C.8)；

C_{fh}——飞灰可燃物含量，用百分数表示(%)；

A_{ar}——燃料收到基灰分，用百分数表示(%)；

Q_r——输入热量，单位为千焦每千克(kJ/kg)，或千焦每立方米(kJ/m^3)，见式(C.9)。

$$a_{lz}=\frac{G_{lz}(100-C_{lz})}{BA_{ar}}\times100\qquad\text{(C.2)}$$

式中：

B——燃料消耗量，单位为千克每小时(kg/h)或立方米每小时(m^3/h)；

G_{lz}——炉渣质量，单位为千克每小时(kg/h)，见式(C.3)。

$$G_{lz}=G_{slz}\left(1-\frac{W_{lz}}{100}\right)\qquad\text{(C.3)}$$

式中：

G_{slz}——湿炉渣质量，单位为千克每小时(kg/h)；

W_{lz}——炉渣淋水后含水量，用百分数表示(%)。

$$a_{lm}=\frac{G_{lm}(100-C_{lm})}{BA_{ar}}\times100\qquad\text{(C.4)}$$

式中：

G_{lm}——漏煤质量，单位为千克每小时(kg/h)。

$$a_{yh}=\frac{G_{yh}(100-C_{yh})}{BA_{ar}}\times100\qquad\text{(C.5)}$$

式中：

G_{yh}——烟道灰质量，单位为千克每小时(kg/h)。

$$a_{yl}=\frac{G_{yl}(100-C_{yl})}{BA_{ar}}\times 100 \tag{C.6}$$

式中：

G_{yl}——溢流灰质量，单位为千克每小时(kg/h)。

$$a_{lh}=\frac{G_{lh}(100-C_{lh})}{BA_{ar}}\times 100 \tag{C.7}$$

式中：

G_{lh}——冷灰质量，单位为千克每小时(kg/h)。

$$a_{fh}=100-(a_{lz}+a_{lm}+a_{yh}+a_{yl}+a_{lh}) \tag{C.8}$$

$$Q_r=Q_{net,v,ar}+Q_{wl}+Q_{rx}+Q_{zy} \tag{C.9}$$

式中：

$Q_{net,v,ar}$——燃料收到基低位发热量，单位为千焦每千克(kJ/kg)，或千焦每立方米(kJ/m^3)；

Q_{wl}——用外来热量加热燃料或空气时，相应于每千克或标准状态下每立方米燃料所给的热量，单位为千焦每千克(kJ/kg)，或千焦每立方米(kJ/m^3)；

Q_{rx}——燃料的物理热，单位为千焦每千克(kJ/kg)，或千焦每立方米(kJ/m^3)；

Q_{zy}——自用蒸汽带入炉内相应于每千克或标准状态下每立方米燃料的热量，单位为千焦每千克(kJ/kg)，或千焦每立方米(kJ/m^3)。

ICS 27.010
F 01

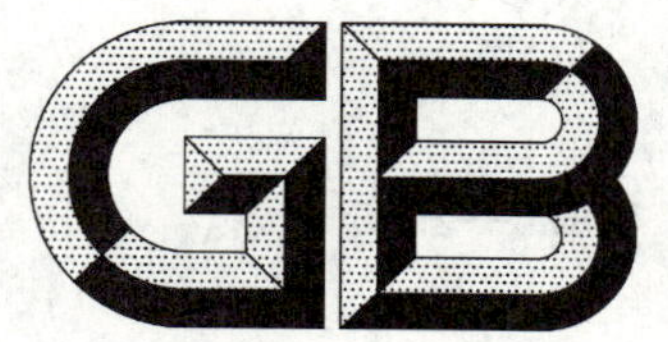

中华人民共和国国家标准

GB/T 18870—2011
代替 GB/T 18870—2002

节水型产品通用技术条件

Technical conditions for water saving products and general regulation for management

2011-11-21 发布　　2012-07-01 实施

中华人民共和国国家质量监督检验检疫总局
中国国家标准化管理委员会　发布

前　言

本标准按照 GB/T 1.1—2009 给出的规则起草。

本标准是对 GB/T 18870—2002 的修订。

本标准与 GB/T 18870—2002 相比主要内容变化如下：

——标准名称改为“节水型产品通用技术条件”；

——增加“节水技术”、“节水型家用洗衣机”、“节水型水嘴”、“节水型便器”和“节水型冷却塔”的术语与定义，对“节水型产品”的定义进行了修订；

——增加“通则”一章，取消各类节水产品的“生产行为规则”条款；

——对原标准中五类节水型产品的评价指标与试验方法进行了重新修订；

——增加“塑料输水管材与管件”、“管道控制部件”、“量水设备”三大类节水型产品的评价指标与试验方法。

本标准由全国节约用水办公室提出。

本标准由水利部归口。

本标准起草单位：北京新华节水产品认证有限公司、国家农业灌排设备质量监督检验中心、中国农业机械化科学研究院、国家建筑卫生陶瓷质量监督检验中心、国家建筑材料工业建筑五金水暖产品质量监督检验测试中心、中国家用电器研究院、中国水利水电科学研究院、江苏海鸥冷却塔股份有限公司、蓝星环境工程有限公司、上海工业自动化仪表研究所、水利部水文仪器及岩土工程仪器质量监督检验测试中心。

本标准主要起草人：殷春霞、李文明、管恩宏、齐兵强、高本虎、兰才有、刘幼红、史红卫、关文民、包冰国、赵维波、赵顺安、王宇彤、孟庆奎、姚志宏、徐海峰、曲炜、刘永攀、王丹。

本标准所代替标准的历次版本发布情况为：

——GB/T 18870—2002。

节水型产品通用技术条件

1 范围

本标准规定了节水型产品的定义、生产行为规则及常用节水型产品的评价指标和测试方法。

本标准适用于灌溉设备、生活节水型用水器具、节水型冷却塔及塔芯部件、塑料输水管材与管件、管道控制部件、量水设备等设备与产品及其生产企业和相关认证机构。

2 规范性引用文件

下列文件对于本文件的应用是必不可少的。凡是注日期的引用文件，仅注日期的版本适用于本文件。凡是不注日期的引用文件，其最新版本(包括所有的修改单)适用于本文件。

GB/T 778.3 封闭满管道中水流量的测量 饮用冷水水表和热水水表 第3部分:试验方法和试验设备

GB/T 1032 三相异步电动机试验方法

GB/T 2816 井用潜水泵

GB/T 3216 回转动力泵 水力性能验收试验 1级和2级

GB/T 4288 家用和类似用途电动洗衣机

GB/T 5662 轴向吸入离心泵(16 bar) 标记、性能和尺寸

GB 6952 卫生陶瓷

GB/T 7190.1 玻璃纤维增强塑料冷却塔 第1部分:中小型玻璃纤维增强塑料冷却塔

GB/T 7190.2 玻璃纤维增强塑料冷却塔 第2部分:大型玻璃纤维增强塑料冷却塔

GB/T 8464 铁制和铜制螺纹连接阀门

GB/T 10002.1 给水用硬聚氯乙烯(PVC-U)管材

GB/T 10002.2 给水用硬聚氯乙烯(PVC-U)管件

GB/T 11826 转子式流速仪

GB/T 11828.1 水位测量仪器 第1部分:浮子式水位计

GB/T 11828.2 水位测量仪器 第2部分:压力式水位计

GB 12021.4 电动洗衣机能耗限定值及能源效率等级

GB/T 12251 蒸汽疏水阀 试验方法

GB/T 12785 潜水电泵 试验方法

GB/T 13006 离心泵、混流泵和轴流泵 汽蚀余量

GB/T 13007 离心泵 效率

GB/T 13008 混流泵、轴流泵 技术条件

GB/T 13663 给水用聚乙烯(PE)管材

GB/T 13663.2 给水用聚乙烯(PE)管道系统 第2部分:管件

GB/T 13664 低压输水灌溉用硬聚氯乙烯(PVC-U)管材

GB/T 13927 工业阀门 压力试验

GB/T 17187 农业灌溉设备 滴头和滴灌管 技术规范和试验方法

GB/T 17219 生活饮用水输配水设备及防护材料的安全性评价标准

GB 18145 陶瓷片密封水嘴

GB/T 18687 农业灌溉设备 非旋转式喷头技术要求和试验方法

GB/T 18690.2 农业灌溉设备 过滤器 网式过滤器

GB/T 18690.3 农业灌溉设备 过滤器 自动清洗网式过滤器

GB/T 18742.2 冷热水用聚丙烯管道系统 第2部分:管材

GB/T 18742.3 冷热水用聚丙烯管道系统 第3部分:管件

GB/T 19677 水文仪器术语及符号

GB/T 19795.1 农业灌溉设备 旋转式喷头 第1部分:结构和运行要求

GB/T 19795.2 农业灌溉设备 旋转式喷头 第2部分:水量分布均匀性和试验方法

GB/T 19797 农业灌溉设备 中心支轴式和平移式喷灌机 水量分布均匀度的测定

GB/T 24672 喷灌用金属薄壁管及管件

GB/T 25406 轻小型喷灌机

CJ/T 133 IC卡冷水水表

CJ/T 194 非接触式给水器具

DL/T 742 冷却塔塑料部件技术条件

DL/T 1027 工业冷却塔测试规程

JB/T 1050 单级双吸离心泵 型式与基本参数

JB/T 6280.1 电动大型喷灌机 技术条件

JB/T 6280.2 电动大型喷灌机 试验方法

JB/T 6433 大、中型立式混流泵 型式与基本参数

JB/T 6664.1 自吸泵 第1部分:型式与基本参数

JB/T 6664.2 自吸泵 第2部分:技术条件

JB/T 6664.3 自吸泵 第3部分:自吸性能试验方法

JB/T 6666.1 导叶式混流泵 第1部分:型式与基本参数

JB/T 6666.2 导叶式混流泵 第2部分:技术条件

JB/T 6667.1 蜗壳式混流泵 第1部分:型式与基本参数

JB/T 6667.2 蜗壳式混流泵 第2部分:技术条件

JB/T 6883 大、中型立式轴流泵 型式与基本参数

JB/T 8512 输水用涂塑软管

JB/T 10179 混流式、轴流式潜水泵

JB/T 10377 中小型轴流潜水电泵

QB 1334 水嘴通用技术条件

QB 2806 温控水嘴

QB/T 3803 喷灌用低密度聚乙烯管材

SL/T 67.3 微灌灌水器 微喷头

3 术语和定义

GB/T 19677 界定的以及下列术语和定义适用于本文件。

3.1

节水技术 water saving technique

减少水损失和浪费、提高用水效率和效益、实现非常规水资源利用的技术。

3.2

节水型产品 water saving product

符合质量、安全和环保要求,体现节水技术的产品。

3.3

节水型家用洗衣机 water saving household washing machine

在额定工作状态下满足漂洗、洗净和能耗要求,洗净性能试验全过程单位洗涤容量耗水量不超过规定限值的家用洗衣机。

3.4

节水型水嘴 water saving faucet

满足盥洗功能、流量稳定、减少水非预期流失的水嘴。

3.5

节水型便器 water saving toilet system

满足重要尺寸、冲洗功能和配套性技术要求,平均用水量不超过规定限值的便器系统。

3.6

节水型冷却塔 water saving cooling tower

满足冷却能力和能耗要求,飘水率不超过规定限值的工业及民用冷却塔。

4 通则

4.1 通用要求

4.1.1 节水型产品生产企业应遵守和执行国家、行业相关法律法规的规定。

4.1.2 节水型产品除应符合本标准外,还应满足相关产品技术标准的要求。

4.1.3 节水型产品生产企业原则上应按照本标准、产品的国家标准或行业标准进行生产,并注明执行的标准。按企业标准生产的产品,其技术要求不得低于本标准、产品国家标准或行业标准。

4.1.4 节水型产品生产企业应建立文件化的质量管理体系。

4.1.5 节水型产品生产企业应按标准要求进行规定项目的出厂检验,检测方法、检测设备、检测人员、标准物质、环境条件均应符合国家或行业标准要求,必要时应和法定检测机构进行比对试验。出厂检验所必需的检测仪器、设备和装置应按规定定期检定或校准,取得检定合格证书或校准证书。产品出厂检验合格后方能放行。

4.1.6 产品使用说明书应对包括影响产品节水效果以及妨碍正常安装、使用、维护、保管等方面的信息进行说明。

4.2 特定要求

4.2.1 灌溉设备

4.2.1.1 生产企业应配备适宜的生产设备、工装和检验设备,建立并保持适宜产品生产、检验试验、贮存等必备的环境,建立例行检验和确认检验制度。

4.2.1.2 灌溉设备的生产企业,应建立原材料、辅料、模具等采购验证制度。

4.2.1.3 灌溉设备中的配套产品应符合相关国家标准或行业标准的要求。

4.2.2 节水型便器

4.2.2.1 节水型便器应标有永久性水位线标识,与明示用水量最大允许偏差为+10%。

4.2.2.2 配套的冲水装置包括水箱(重力)冲水装置、压力冲水装置在内的各种机械式或非接触式冲水装置,各种装置应符合国家或行业标准的要求。

4.2.2.3 应有安装使用说明书,至少应包括产品安装方法及冲水装置的调试、使用、维修和安装施工注意事项。对供水有特殊要求的产品应说明产品使用的压力适用范围及相关条件。

4.2.3 节水型家用洗衣机

4.2.3.1 生产企业应对关键零部件实施质量控制,确保达到相关标准的技术要求。

4.2.3.2 产品说明书中应明确节水洗涤程序设置及选择的说明。

4.2.4 节水型冷却塔及塔芯部件

4.2.4.1 生产企业应按不同地区、不同水资源条件的需要生产不同种类、规格的系列化产品。

4.2.4.2 冷却塔的塔芯材料应遵照冷却塔设计参数和相关技术标准进行设计与生产。淋水填料与喷头性能参数与设计值偏差应小于5%。

4.2.4.3 新建或改建的冷却塔(机械通风和自然通风冷却塔)投入正常运行后一年内,应对冷却塔的冷却能力和飘水率进行考核测试。冷却塔的测试应当成为冷却塔的验收与产品结款的一项内容。

4.2.4.4 新设计的冷却塔和首次使用的新型淋水填料及配水装置的冷却塔,在投入正常运行后一年内应进行热力性能测试,并对塔的合理运行提出依据。

4.2.4.5 冷却塔冷却能力及飘水率应每三年测试一次,不达标的应采取改进或更新措施。

4.2.5 量水设备

4.2.5.1 生产企业应按标准要求进行整机检验及出厂检定。

4.2.5.2 经检定的水表检验装置总误差应不超过被检水表最大允许误差的1/10。检验装置应按规定定期经过法定检定单位检定,取得检定合格证书。

4.2.5.3 水位计、流速仪在其产品标准规定的环境条件下,应有优良的防水、防沙进入功能,关键零部件应有足够的强度、优良的防污和防锈蚀性能(或涂镀层)。

5 灌溉设备

5.1 旋转式喷头

5.1.1 评价指标

5.1.1.1 耐压性能

在2倍最大工作压力下,金属喷头常温保压10 min、塑料喷头常温保压1 h后,喷体不应出现损伤,喷体及其密封部位(不含旋转轴承处)应无渗漏。

5.1.1.2 密封性能

5.1.1.2.1 喷头密封性

旋转轴承处的密封性应满足下列要求:

a) 对于公称流量≤0.25 m^3/h的喷头,旋转轴承处的泄漏量应不大于0.005 m^3/h;
b) 对于公称流量>0.25 m^3/h~5.0 m^3/h的喷头,旋转轴承处的泄漏量应不大于试验压力下喷头流量的2%;
c) 对于公称流量>5.0 m^3/h~30 m^3/h的喷头,旋转轴承处的泄漏量应不大于试验压力下喷头流量的1%;

d） 对于公称流量＞30 m^3/h 的喷头，旋转轴承处的泄漏量应不大于试验压力下喷头流量的 0.5％。

5.1.1.2.2 喷嘴接口的密封性

喷嘴与喷头连接处的泄漏量应不大于喷头公称流量的 0.25％。

5.1.1.3 流量一致性

流量一致性应满足下列要求：

a） 对于公称流量≤0.25 m^3/h 的喷头，其流量变化量的偏差应不大于±7％；

b） 对于公称流量＞0.25 m^3/h 的喷头，其流量变化量的偏差应不大于±5％。

5.1.1.4 水量分布特性

水量分布特性应满足下列要求：

a） 水量分布曲线上任一点的数值相对于平均水量分布曲线上对应点数值的偏差，应不大于±0.25 mm/h 或±10％；

b） 平均水量分布曲线上任一点数值相对于制造厂提供的水量分布曲线上对应点数值的偏差，应不大于±0.25 mm/h 或±10％。

5.1.2 测试方法

耐压性能、密封性能、流量一致性应按 GB/T 19795.1 的规定进行测试；水量分布特性指标应按 GB/T 19795.2 的要求进行测试。

5.2 非旋转式喷头和微喷头

5.2.1 评价指标

5.2.1.1 耐压性能

在 2 倍最大工作压力下，喷头常温保压 1 h 后，喷头及其零件不应出现损伤，喷体及连接部位应不出现泄漏，并且喷头不应与组合件分开。

5.2.1.2 流量一致性

流量变化量的偏差，对调节式喷头应不大于±10％，对非调节式喷头应不大于±7％。

5.2.1.3 性能特性

性能特性应满足下列要求：

a） 对于调节喷头：最大流量 q_{max} 和最小流量 q_{min} 相对于调节范围内额定流量 q_{nom} 的偏差应不大于－15％～＋10％。平均流量 q 相对于额定流量 q_{nom} 的偏差应不大于±5％；

b） 对非调节喷头：性能特性(流量与压力之间的关系)应与制造厂数据表中给出的相符，允许偏差为±5％。

5.2.1.4 水量分布特性

平均水量分布曲线上任一点数值相对于制造厂提供的水量分布曲线上对应点数值的偏差，喷头应不大于±15％，微喷头应不大于±10％。

5.2.2 测试方法

耐压性能、流量一致性、性能特性、水量分布特性指标，非旋转式喷头应按 GB/T 18687 的规定进行测试，微喷头应按 SL/T 67.3 的规定进行测试。

5.3 滴头和滴灌管

5.3.1 评价指标

5.3.1.1 流量一致性

滴头和滴灌管的平均流量相对于额定流量的偏差应不大于±7%。

5.3.1.2 流量和入口压力关系

流量和入口压力关系应满足下列要求：

a) 对于非恒流滴头和滴灌管，其平均流量和入口压力的关系曲线上任一点数值相对于制造厂提供的曲线上对应点数值的偏差应不大于±7%；

b) 对于恒流滴头和滴灌管，其平均流量相对于额定流量的偏差应不大于±7%。

5.3.1.3 耐拨拉试验

耐拨拉试验应满足下列要求：

a) 非复用型滴灌管在试验拉力下不应出现扯碎或拉裂现象；

b) 复用型滴灌管在试验拉力下不应出现扯碎或拉裂现象。试验后试样的流量相对于试验前测定的流量变化量应不大于±10%，试验标记线间的距离变化量应不大于5%。

5.3.1.4 耐静水压试验

滴头和滴灌管耐静水压性能应满足下列要求：

a) 非复用型滴灌管在1.2倍最大工作压力、复用型滴灌管和滴头在1.8倍最大工作压力下，常温保压1 h，滴头/滴灌管、滴水元件和连接接头均不应出现损坏现象，单位滴灌管不应被拉断，入口接头处不应出现泄漏，管间接头处的允许泄漏量应不超过一个滴水元件的流量；

b) 滴灌管耐水压试验前后的流量偏差应不大于10%。

5.3.2 测试方法

流量均匀性、流量和入口压力关系、高温下耐拨拉试验、耐水压性能指标，按 GB/T 17187 的规定进行测试。

5.4 低压输水灌溉用硬聚氯乙烯管材

5.4.1 评价指标

5.4.1.1 纵向回缩率

管材的纵向回缩率应不大于5%。

5.4.1.2 拉伸屈服强度

管材的拉伸屈服应力应不小于10 MPa。

5.4.1.3 静液压强度

在4倍公称压力下,20 ℃保压1 h,管材不破裂,不渗漏。

5.4.1.4 落锤冲击性能

0 ℃落锤冲击试验,10个样品9个通过为合格。

5.4.1.5 环刚度

环刚度应满足下列要求:

a) 公称压力0.2 MPa管材,环刚度应不小于0.5 kN/m^2;
b) 公称压力0.2 MPa管材,环刚度应不小于1.0 kN/m^2;
c) 公称压力0.32 MPa管材,环刚度应不小于2.0 kN/m^2;
d) 公称压力0.4 MPa管材,环刚度应不小于4.0 kN/m^2。

5.4.1.6 压扁性能

管材压至原内径的50%,无破裂。

5.4.2 测试方法

管材纵向回缩率、拉伸屈服强度、静液压强度、落锤冲击性能、环刚度、压扁性能应按GB/T 13664的规定进行测试。

5.5 喷灌用低密度聚乙烯管材

5.5.1 评价指标

5.5.1.1 拉伸强度

管材拉伸强度应大于9.6 MPa。

5.5.1.2 断裂伸长率

管材断裂伸长率应大于200%。

5.5.1.3 瞬时爆破压力

管材瞬时爆破压力应大于3倍工作压力。

5.5.2 测试方法

拉伸强度、断裂伸长率、瞬时爆破压力应按QB/T 3803的规定进行测试。

5.6 喷灌用金属薄壁管及管件

5.6.1 评价指标

5.6.1.1 耐水压性能

在1.6倍公称压力下,保压3 min,管材与管件应无变形、渗漏现象。

5.6.1.2 密封性能

密封性能应满足下列要求:

a） 管材与管件装配体在公称压力下保压 5 min，连接处应无渗漏；

b） 采用快速接头连接的管道，将两根相连接的管道偏转成所规定的角度，在公称压力下保压 5 min，连接处不应出现渗漏。

5.6.1.3 压扁性能

压扁试验后的管材弯曲变形处应无裂缝、裂口、焊缝开裂等现象。

5.6.2 测试方法

耐水压性能、密封性能、压扁性能指标应按 GB/T 24672 的规定进行测试。

5.7 输水用涂塑软管

5.7.1 评价指标

耐压性能、厚薄比性能参数应符合 JB/T 8512 的规定。

5.7.2 测试方法

瞬时爆破压力、厚薄比应按 JB/T 8512 的规定进行测试。

5.8 网式过滤器

5.8.1 评价指标

5.8.1.1 耐压性能

在 1.5 倍公称压力下，保压 1 min，过滤器的壳体应无损坏和永久变形。

5.8.1.2 过滤元件抗弯折/扯裂性能

过滤元件抗弯折/扯裂性能应符合 GB/T 18690.2 的要求。

5.8.1.3 过滤元件的密封性能

在公称压力下，保压 5 min，过滤器的泄漏量应不大于最大推荐流量的 0.05％。

5.8.1.4 清洁压降

过滤器的清洁压降应不大于制造厂声明值的 1.10 倍。

5.8.1.5 冲洗水量和冲洗时间

冲洗水量和冲洗时间应符合下列规定：

a） 测得的冲洗水量应不大于制造厂声明的冲洗水量的 1.07 倍。

b） 测得的冲洗时间相对于制造厂声明的时间偏差应不大于±15％。

5.8.1.6 冲洗控制机构

自冲洗控制应满足下列要求：

a） 自动清洗网式过滤器冲洗循环的启动和运行次数应和制造厂的声明相符。

b） 对于可调式机构，启动各次冲洗循环的物理量的测量值相对于预设值的偏差应不大于±10％。对于不可调机构，测量值相对于制造厂声明值的偏差应不大于±10％。

5.8.2 测试方法

网式和自动清洗网式过滤器的耐压性能、过滤元件抗弯折/扯裂性能、过滤元件密封性能和清洁压降应按 GB/T 18690.2 的规定进行测试。自动清洗网式过滤器自冲洗水量、自冲洗控制应按 GB/T 18690.3的规定进行测试。

5.9 单级单吸离心泵

5.9.1 评价指标

5.9.1.1 工作性能

泵的流量、扬程、效率和临界汽蚀余量等性能参数应符合 GB/T 5662 的规定,其偏差应符合 GB/T 3216中的 2 级规定。

5.9.1.2 耐水压

在 1.5 倍额定工作压力下,保压应不少于 5 min,承受水压的零部件不应出现泄漏、渗水、冒汗等现象。

5.9.2 测试方法

流量、扬程、效率和临界汽蚀余量等性能参数的试验方法和测试精度应按 GB/T 3216 中的 2 级规定进行测试。

5.10 单级双吸离心泵

5.10.1 评价指标

5.10.1.1 流量、扬程、转速

泵的流量、扬程、转速等基本参数应符合 JB/T 1050 的规定。

5.10.1.2 效率

泵的效率应符合 GB/T 13007 的规定。

5.10.1.3 汽蚀余量

泵的汽蚀余量应符合 GB/T 13006 的规定。

5.10.1.4 耐水压

在 1.5 倍额定工作压力下,保压应不少于 5 min,承受水压的零部件不应出现泄漏、渗水、冒汗等现象。

5.10.2 测试方法

流量、扬程、效率和临界汽蚀余量等性能参数的试验方法和测试精度应按 GB/T 3216 中的 2 级规定进行测试。

5.11 自吸泵

5.11.1 评价指标

5.11.1.1 工作性能

泵规定性能点的流量、扬程、效率、规定自吸高度、规定自吸时间和临界汽蚀余量等应符合JB/T 6664.1的规定。

5.11.1.2 耐水压

耐水压应符合JB/T 6664.2的规定。

5.11.2 测试方法

测试方法应按下列要求进行：

a) 流量、扬程、效率和临界汽蚀余量等性能参数的试验方法和测试精度应按GB/T 3216中的2级规定进行测试；
b) 自吸性能应按JB/T 6664.3的规定进行测试。

5.12 井用潜水泵

5.12.1 评价指标

5.12.1.1 基本参数

泵的流量、扬程和效率等基本参数应符合GB/T 2816的规定。

5.12.1.2 耐水压

对导流壳、阀体、泵座(弯头)等承受水压的零件需做水压试验。试验压力为工作压力的1.5倍，保压5 min，不允许渗漏。

5.12.2 测试方法

性能试验方法和试验结果的分析应按GB/T 12785的规定进行测试。

5.13 轴流泵和混流泵

5.13.1 评价指标

5.13.1.1 基本参数

轴流泵和混流泵的基本参数应满足以下要求：

a) 大中型立式轴流泵的基本参数应符合JB/T 6883的规定，大中型立式混流泵的基本参数应符合JB/T 6433的规定，导叶式混流泵的基本参数应符合JB/T 6666.1的规定，蜗壳式混流泵的基本参数应符合JB/T 6667.1的规定；
b) 大中型立式轴流泵和混流泵基本参数的偏差应符合GB/T 13008的规定；导叶式和蜗壳式混流泵基本参数的偏差应符合GB/T 3216中2级的规定。

5.13.1.2 水压试验

导叶式混流泵应符合JB/T 6666.2的规定，蜗壳式混流泵应符合JB/T 6667.2的规定。

5.13.2 测试方法

大中型立式轴流泵和混流泵、导叶式和蜗壳式混流泵的性能试验应按 GB/T 3216 的 2 级规定进行测试。

5.14 轴流式和混流式潜水泵

5.14.1 评价指标

5.14.1.1 基本参数

轴流式和混流式潜水泵的基本参数应满足以下要求：

a) 中小型轴流潜水泵的性能参数应符合 JB/T 10377 的规定，流量、扬程、机组效率的偏差应符合 GB/T 3216 中 2 级的规定；
b) 大型立式混流式、轴流式潜水泵的性能参数应符合 JB/T 10179 的规定，流量、扬程、机组效率的偏差应符合 GB/T 3216 中 2 级的规定。

5.14.1.2 耐压性能

在 1.5 倍额定工作压力以及不低于 0.2 MPa 水压下，保压应不少于 5 min，承受水压的零部件不应出现泄漏、渗水、冒汗等现象。

5.14.2 测试方法

性能试验方法和试验结果的分析应按 GB/T 12785 的规定进行测试。

5.15 轻小型喷灌机

5.15.1 评价指标

5.15.1.1 喷洒均匀性

多喷头喷灌机的喷洒均匀系数应不小于 0.80。

5.15.1.2 燃油消耗率

以柴油机为动力的喷灌机，在额定工况下运行的燃油消耗率应不大于相应柴油机标准规定值的 1.07 倍。

5.15.1.3 喷灌机效率

以电动机为动力的喷灌机，在额定工况下运行时的效率应不低于机组效率与净降值之差的 0.995 倍。净降值应满足下列要求：

a) 配套功率小于等于 3 kW 时，净降值应为 0.04；
b) 配套功率大于 3 kW 时，净降值应为 0.05。

5.15.1.4 管路系统密封性

额定工况下，保持时间应不少于 5 min，喷灌机管路系统的各连接处应无滴漏、喷射等现象。

5.15.2 测试方法

测试方法应按下列要求进行：

a） 多喷头喷灌机的喷洒均匀系数的测定和评价按 GB/T 19795.2 的规定进行测试；

b） 柴油机燃油消耗率的测定和评价按 GB/T 25406 的规定进行测试；

c） 按 GB/T 1032 的规定对电动机进行试验，并按 GB/T 25406 的规定计算喷灌机机组效率。

5.16 中心支轴式和平移式喷灌机

5.16.1 评价指标

水力性能、同步性能应符合 JB/T 6280.1 的要求。

5.16.2 测试方法

喷洒均匀系数试验应按 GB/T 19797 的规定进行测试，同步性能试验应按 JB/T 6280.2 的规定进行测试。

6 生活节水型用水器具

6.1 节水型便器

6.1.1 评价指标

6.1.1.1 用水量

节水型便器用水量应满足以下要求：

a） 坐便器平均用水量应不大于 5.0 L，双档坐便器的小档排水量应不大于大档明示排水量的 70%；小便器平均用水量应不大于 3 L；蹲便器平均用水量应符合 GB 6952 的规定。

b） 坐便器和蹲便器在任一试验压力下，最大用水量应不超过规定值 1.0 L。

6.1.1.2 冲水装置配套性

冲水装置配套性应满足下列要求：

a） 应配备与该便器配套使用且满足 GB 6952 规定功能要求的冲水装置，并应保证其整体的密封性。

b） 所配套的冲水装置应具有防虹吸功能。

c） 配套水箱的有效工作水位应低于溢流口水位，其垂直距离应不大于 38 mm 且不小于 10 mm；进水阀临界水位应高于溢流口水位，其垂直距离不小于 25 mm；进水阀临界水位应高于盈溢水位，其垂直距离应不小于 5 mm；水箱（重力）冲水装置的非密封口最低位与临界水位的垂直距离应不小于 5 mm。

6.1.1.3 重要尺寸及功能要求

水封深度、坐便器水封表面面积、大便器和小便器水道最小过球直径以及冲洗功能应符合 GB 6952 的要求。

6.1.2 测试方法

测试方法应按下列要求进行：

a） 用水量、冲洗功能、水封深度、坐便器水封表面面积、大便器和小便器水道最小过球直径、吸水率按 GB 6952 的规定进行试验；

b） 防虹吸性能按所配套冲水装置的相关标准进行试验。

6.2 节水型水嘴

6.2.1 评价指标

6.2.1.1 流量

各类水嘴的流量应满足以下要求：

a) 浴缸水嘴(不带附件)在动压(0.3±0.02)MPa下，流量应不小于0.33 L/s，洗面器、厨房等其他水嘴(不带附件)流量应不小于0.20 L/s；

b) 面盆、洗涤及厨房水嘴(带附件)在动压(0.1±0.01)MPa下流量应不大于0.125 L/s；

c) 普通供水水压温控水嘴：动压(0.3±0.02)MPa，出水温度为(38±2)℃，浴缸水嘴(不带附件)流量应不小于0.33 L/s，洗面器、洗涤等其他水嘴(不带附件)流量应不小于0.16 L/s，电热水器温控水嘴流量不小于0.1 L/s；

d) 低水压温控水嘴：动压(0.01±0.005)MPa，出水温度为(38±2)℃，面盆水嘴流量应不小于0.08 L/s，洗涤盆水嘴流量应不小于0.1 L/s，浴缸水嘴流量应不小于0.25 L/s。

6.2.1.2 阀体强度

进行阀体强度试验，阀体应无变形和渗漏，符合GB 18145的规定。

6.2.1.3 密封性能

进行密封试验，表1中规定的各部位应无渗漏。

表1 密封试验检测部位及技术要求

<table>
<tr><th colspan="2">检测部位</th><th>压力
MPa</th><th>时间
s</th><th>技术要求</th></tr>
<tr><td colspan="2" rowspan="2">阀体密封面</td><td>1.6±0.05(静水压)</td><td>60±5</td><td rowspan="2">阀体密封面无渗漏或无气泡</td></tr>
<tr><td>0.6±0.02(气压)</td><td>20±5</td></tr>
<tr><td colspan="2" rowspan="2">冷、热水隔墙</td><td>0.4±0.02(静水压)</td><td>60±5</td><td rowspan="2">另一进水口无渗漏或无气泡</td></tr>
<tr><td>0.2±0.01(气压)</td><td>20±2</td></tr>
<tr><td colspan="2">上密封</td><td>0.3±0.02(动水压)</td><td>60±5</td><td>各连接部位无渗漏</td></tr>
<tr><td rowspan="4">浴盆水嘴手动转换开关</td><td rowspan="2">转换开关处在浴缸放水位置</td><td>0.4±0.02(静水压)</td><td>60±5</td><td rowspan="2">淋浴出水口无渗漏或无气泡</td></tr>
<tr><td>0.1±0.01(气压)</td><td>20±2</td></tr>
<tr><td rowspan="2">转换开关处在淋浴放水位置</td><td>0.4±0.02(静水压)</td><td>60±5</td><td rowspan="2">浴缸出水口无渗漏或无气泡</td></tr>
<tr><td>0.1±0.01(气压)</td><td>20±2</td></tr>
<tr><td rowspan="4">浴盆水嘴自动复位转换开关</td><td>转换开关处在浴缸放水位置</td><td>0.4±0.02(动水压)</td><td>60±5</td><td>淋浴出水口无渗漏</td></tr>
<tr><td>转换开关处在淋浴放水位置</td><td>0.4±0.02(动水压)</td><td>60±5</td><td>浴缸出水口无渗漏</td></tr>
<tr><td>转换开关处在淋浴放水位置</td><td>0.05±0.01(动水压)</td><td>60±5</td><td>浴缸出水口无渗漏</td></tr>
<tr><td>转换开关处在浴缸放水位置</td><td>0.05±0.01(动水压)</td><td>60±5</td><td>淋浴出水口无渗漏</td></tr>
<tr><td colspan="2">低压密封试验</td><td>0.05±0.01(静水压)</td><td>60±5</td><td>各密封连接部位无渗漏</td></tr>
<tr><td colspan="2">非接触式水嘴阀体密封面</td><td>0.05±0.01(静水压)
0.6±0.02(静水压)</td><td>60±5</td><td>出水口无渗漏</td></tr>
</table>

6.2.1.4 非接触式水嘴性能

非接触式水嘴抗干扰性能、关断时间、断电保护应符合 CJ/T 194 的规定。

6.2.1.5 延时水嘴性能

延时水嘴冲洗水量、给水时间应符合 QB 1334 的规定。

6.2.2 测试方法

测试方法应按下列要求进行：

a) 陶瓷片密封水嘴的流量、阀体强度、密封性能应按 GB 18145 的规定进行测试；
b) 非接触式水嘴的流量、阀体强度、密封性能以及非接触式水嘴性能应按照 CJ/T 194 的规定进行测试；
c) 温控水嘴的流量、阀体强度、密封性能应按照 QB 2806 的规定进行测试；
d) 其他密封材料水嘴的流量、阀体强度、密封性能以及延时水嘴性能应按照 QB 1334 的规定进行测试。

6.3 节水型家用洗衣机

6.3.1 评价指标

6.3.1.1 耗水量和洗净比

节水型洗衣机进行洗净性能试验全过程单位洗涤容量耗水量和洗净比应符合表 2 的规定。

表 2 洗衣机单位洗涤容量耗水量和洗净比指标表

产品名称	耗水量限定值 L/kg	洗净比
双桶波轮式洗衣机	<24	≥0.83
全自动波轮式洗衣机	<25	≥0.83
全自动搅拌式洗衣机	<32	≥0.83

6.3.1.2 漂洗性能

洗衣机洗涤物上残留漂洗液相对于试验用水的碱度应不大于 0.06×10^{-2} mol/L。

6.3.1.3 耗电量

应符合 GB 12021.4 中节能评价值的规定。

6.3.2 测试方法

耗水量、洗净比、漂洗性能、耗电量应按照 GB/T 4288 的规定进行测试。

7 节水型冷却塔及塔芯部件

7.1 节水型冷却塔

7.1.1 评价指标

7.1.1.1 飘水率

各类冷却塔的飘水率应满足以下要求：

a) 机械通风冷却塔，循环水量 1 000 m^3/h 以上的，其飘水率应不大于 0.005%；循环水量 1 000 m^3/h 以下(含)的，其飘水率应不大于 0.01%。

b) 自然通风冷却塔飘水率应不大于 0.01%。

7.1.1.2 冷却能力

各类冷却塔的冷却能力应满足以下要求：

a) 机械通风冷却塔冷却能力应不小于 95%；

b) 自然通风冷却塔冷却能力范围为(100±5)%。

7.1.1.3 耗电比

机械通风冷却塔的耗电比应满足以下要求：

a) 循环水量 1 000 m^3/h 以上的冷却塔实测耗电比应不大于 0.045 kW/(m^3/h)；

b) 循环水量 1 000 m^3/h 以下(含)的冷却塔实测耗电比应不大于 0.035 kW/(m^3/h)。

7.1.2 测试方法

各种类型冷却塔都应按现场抽检方式进行测试，各类冷却塔的测试应按以下要求进行：

a) 循环水量 1 000 m^3/h(含)以下的玻璃钢冷却塔热力性能应按 GB/T 7190.1 中热力性能试验方法，或用标准设计工况冷却塔的简便热力性能试验方法进行测试与计算；

b) 循环水量 1 000 m^3/h 以上的玻璃钢冷却塔热力性能、飘水率及耗电比应按 GB/T 7190.2 的规定进行测试与评价；

c) 循环水量 1 000 m^3/h 以上的非玻璃钢冷却塔热力性能、飘水率应按 DL/T 1027 的规定进行测试与评价，耗电比应按 GB/T 7190.2 的规定进行测试。

7.2 塔芯部件

7.2.1 评价指标

7.2.1.1 收水器飘水率

收水器在风速 2 m/s 与淋水密度 12 t/(h·m^2)下，飘水率应小于 0.005%。

7.2.1.2 淋水填料与喷头性能

淋水填料性能参数与设计值偏差应小于 5%，承载力应大于 300 kg/m^2；喷头流量系数与设计值偏差应小于 5%，九喷头组合均布系数应小于 0.3。

7.2.2 测试方法

测试方法应按以下要求进行：

a) 塑料淋水填料、收水器与平片和组装块的耐水温及承载试验应按 GB/T 7190.2 规定方法进行测试；
b) 淋水填料、收水器与喷溅装置性能试验应按 DL/T 742 规定方法进行测试。

8 塑料输水管材与管件

8.1 给水用硬聚氯乙烯管材

8.1.1 评价指标

8.1.1.1 纵向回缩率

管材的纵向回缩率应不大于 5%。

8.1.1.2 静液压强度

规定液压试验，管材应不破裂，不渗漏。

8.1.1.3 落锤冲击

0 ℃落锤冲击试验，真实冲击率(TIR)应不大于 5%。

8.1.1.4 卫生性能

输送饮用水时，卫生性能应符合 GB/T 17219 的要求。

8.1.2 测试方法

纵向回缩率、静液压强度、落锤冲击应按 GB/T 10002.1 的规定进行测试。

8.2 给水用硬聚氯乙烯管件

8.2.1 评价指标

8.2.1.1 坠落试验

规定坠落试验后，管件无破裂。

8.2.1.2 静液压强度

静液压强度应满足下列要求：
a) 对于公称外径≤90 mm 的管件：在 20 ℃条件下，4.2 倍公称压力保持 1 h、3.2 倍公称压力保持 1 000 h，应无破裂、渗漏现象；
b) 对于公称外径＞90 mm 的管件：在 20 ℃条件下，3.36 倍公称压力保持 1 h、2.56 倍公称压力保持 1 000 h，应无破裂、渗漏现象。

8.2.1.3 卫生性能

输送饮用水时，卫生性能应符合 GB/T 17219 的要求，且氯乙烯单体含量应不大于 1.0 mg/kg。

8.2.2 测试方法

坠落试验、耐静液压应按 GB/T 10002.2 的规定进行测试。

8.3 给水用聚乙烯管材

8.3.1 评价指标

8.3.1.1 静液压强度

规定液压试验，管材应不破裂，不渗漏。

8.3.1.2 断裂伸长率

管材的断裂伸长率应不小于350%。

8.3.1.3 纵向回缩率

管材110 ℃时的纵向回缩率应不大于3%。

8.3.1.4 卫生性能

输送饮用水时，卫生性能应符合GB/T 17219的要求。

8.3.2 检测方法

静液压强度、断裂伸长率、纵向回缩率应按GB/T 13663的规定进行测试。

8.4 给水用聚乙烯管件

8.4.1 评价指标

8.4.1.1 静液压强度

规定液压试验，管件不破裂，不渗漏。

8.4.1.2 卫生性能

输送饮用水时，卫生性能应符合GB/T 17219的要求。

8.4.2 测试方法

静液压强度应按GB/T 13663.2的规定进行测试。

8.5 冷热水用聚丙烯管材

8.5.1 评价指标

8.5.1.1 纵向回缩率

管材的纵向回缩率应不大于2%。

8.5.1.2 静液压强度

规定液压试验，管材应不破裂，不渗漏。

8.5.1.3 简支梁冲击强度

规定简支梁冲击试验，管材破损率＜试样的10%。

8.5.1.4 卫生性能

输送饮用水时,卫生性能应符合 GB/T 17219 的要求。

8.5.2 测试方法

纵向回缩率、静液压强度、简支梁冲击强度应按照 GB/T 18742.2 的规定进行测试。

8.6 冷热水用聚丙烯管件

8.6.1 评价指标

8.6.1.1 静液压强度

规定液压试验,管件应不破裂、不渗漏。

8.6.1.2 卫生性能

输送饮用水时,卫生性能应符合 GB/T 17219 的要求。

8.6.2 测试方法

静液压强度应按照 GB/T 18742.3 的规定进行测试。

9 管道控制部件

9.1 通用阀门

9.1.1 评价指标

9.1.1.1 壳体强度

壳体试验时,不允许有可见泄漏,壳体不应有结构性损伤。

9.1.1.2 密封性能

密封性能应满足下列要求:

a) 非金属弹性密封的阀门,密封试验在持续时间内应无可见泄漏;

b) 金属密封阀门,密封试验在持续时间内最大允许泄漏量不应超过 0.08×DN(mm^3/s)。

9.1.2 测试方法

壳体强度、密封性能应按 GB/T 13927 的规定进行测试。

9.2 水暖用内螺纹连接阀门

9.2.1 评价指标

9.2.1.1 壳体强度

壳体试验时,不允许有可见泄漏,壳体不应有结构性损伤。

9.2.1.2 密封性能

密封性能应满足下列要求:

a) 金属密封副的止回阀，密封试验在持续时间内最大允许泄漏量不应超过 0.3×DN(mm^3/s)；
b) 其余水暖用内螺纹连接阀门的密封性能要求见本标准 10.1.1.2。

9.2.2 测试方法

壳体强度、密封性能应按 GB/T 8464 的规定进行测试。

9.3 蒸汽疏水阀

9.3.1 评价指标

9.3.1.1 壳体强度

壳体试验时，在规定的试验压力和持续时间内不应有渗漏，内件不应有残留变形。

9.3.1.2 漏汽率

除脉冲式和孔板式外，负荷率在(6±3)%的条件下，疏水阀的有负荷漏汽率应不大于 3%。机械型和热静力型疏水阀无负荷漏汽率应不大于 0.5%。

9.3.1.3 热凝结水排量

给定过冷度的热凝结水排量应不小于设计给定值。

9.3.2 试验方法

壳体强度、漏汽率试验和热凝结水排量应按照 GB/T 12251 的规定进行测试。

10 量水设备

10.1 水表

10.1.1 评价指标

10.1.1.1 常用流量(Q_3)与最小流量(Q_1)的比值

常用流量(Q_3)与最小流量(Q_1)的比值应满足下列要求：
a) 15 mm≤公称口径≤40 mm 时，比值应不小于 80；
b) 公称口径>40 mm 时，比值应不小于 50。

10.1.1.2 分界流量(Q_2)与最小流量(Q_1)的比值

分界流量(Q_2)与最小流量(Q_1)的比值应满足下列要求：
a) 15 mm≤公称口径≤40 mm 时，比值应不大于 4；
b) 公称口径>40 mm 时，比值应不大于 6.3。

10.1.1.3 最大允许误差

最大允许误差应满足下列要求：
a) 低区的最大允许误差为±5%；
b) 高区的最大允许误差：水温≤30 ℃时为±2%，水温>30 ℃时为±3%。

10.1.1.4 压力试验

水表承受规定时间内的规定试验水压，应无泄漏或损坏。

10.1.1.5 电子水表、带电子装置的机械式水表及可分离部件性能

电子水表、带电子装置的机械式水表及可分离部件的性能应符合 GB/T 778.3 中的有关规定。

10.1.1.6 IC 卡冷水水表附加性能

IC 卡冷水水表附加性能应符合 CJ/T 133 的规定。

10.1.2 测试方法

测试方法应按下列要求进行：

a) 水表的最大允许误差、压力试验应按 GB/T 778.3 的规定进行测试；

b) 电子水表、带电子装置的机械式水表及可分离部件的性能应按 GB/T 778.3 的规定进行测试；

c) IC 卡冷水水表的附加性能应按 CJ/T 133 的规定进行测试。

10.2 浮子式水位计

10.2.1 评价指标

10.2.1.1 基本误差

水位变幅为[0 m～10 m]时，基本误差为[－3 cm～＋3 cm]，适用分辨力为 0.1 cm；当测量范围扩大时，允许误差限应不超出水位变幅的 0.1％。测量结果的合格概率均应不小于 95％。

10.2.1.2 灵敏阈

灵敏阈应不大于 1.5 mm。

10.2.1.3 回差

回差应小于基本误差。

10.2.1.4 重复性误差

重复性误差应小于基本误差的 0.5 倍。

10.2.1.5 计时误差

以北京时间为标准，水位数据记录的计时允许误差见表 3。

表 3 水位数据记录的计时误差表

记录周期 d	计时允许误差 min/d	记时持续时间 d
1	±1/1	1.5
7	±2/7	8
15	±3/15	18
30	±4/30	35
90	±9/90	100

10.2.2 测试方法

基本误差、灵敏阈、回差、重复性误差、计时误差应按 GB/T 11828.1 的规定进行测试。

10.3 压力式水位计

10.3.1 评价指标

10.3.1.1 基本误差

水位变幅为[0 m～10 m]时，基本误差为[－1 cm～＋1 cm]，适用分辨力为 0.1 cm，测试结果的合格率应在 95%以上。

10.3.1.2 回差

回差应小于基本误差。

10.3.1.3 重复性误差

重复性误差应小于基本误差的 0.5 倍。

10.3.1.4 再现性误差

再现性误差应小于 1.5 倍基本误差。试验周期一般为 2 d。

10.3.1.5 输出漂移误差

24 h 输出漂移误差应不超过基本误差。

10.3.1.6 温度漂移误差

压力传感器在 0 ℃～＋40 ℃环境温度下温度漂移误差应不大于基本误差。

10.3.1.7 计时误差

以北京时间为标准，水位数据记录的计时允许误差参见表 3。

10.3.2 测试方法

基本误差、回差、重复性误差、再现性误差、输出漂移误差、温度漂移误差、计时误差应按 GB/T 11828.2 的规定进行测试。

10.4 超声波水位计

10.4.1 评价指标

10.4.1.1 基本误差

水位变幅为[0 m～10 m]时，基本误差为[－2 cm～＋2 cm]，测试结果的合格率应在 95%以上。

10.4.1.2 重复性误差

重复性误差应小于基本误差的 0.5 倍。

10.4.1.3 再现性误差

再现性误差应小于基本误差的 1.5 倍。

10.4.1.4 温度-声速补偿误差

在 0 ℃～40 ℃环境温度范围内，温度-声速补偿不完善所引起的误差应小于基本误差的 1.5 倍。

10.4.1.5 计时误差

以北京时间为标准，水位数据记录的计时允许误差参见表 3。

10.4.2 测试方法

测试方法应按下列要求进行：

a) 基本误差、重复性误差、再现性误差应按 GB/T 11828.1 的规定进行测试。

b) 温度-声速补偿误差的试验方法如下：

  1) 液介式：把换能器固定在专用设备（或水容器）内，保持水面高度不变。在水温 0 ℃～+40 ℃范围内，使水温升、降一个来回，每隔(10±1)℃，保持 15 min，使水温趋于均匀后，读取水位计的测量值。

  2) 气介式：把换能器水平固定在一个合适位置上，使发射对准墙壁，与墙壁之间距离不小于 5 m（根据应用场合的不同，选用合适的距离）。先在室温（以 20 ℃为宜）下读取水位计的测量值。然后使气温升、降 5 ℃～10 ℃，保持 10 min 使气温趋于均匀后，读取水位计的测量值。两个测点的测次均应不少于 10 次，取其平均值。

最大声速补偿误差按式(1)计算：

$$E = \frac{20S}{\Delta t} \cdot \frac{Z_i - Z_t}{Z_t} \qquad \cdots\cdots (1)$$

式中：

E ——最大温度声速补偿误差；

S ——仪器的最大测量距离，单位为毫米(mm)；

Δt——温度差，单位为摄氏度(℃)；

Z_i——调温后测量值；

Z_t——室温下测量值。

10.5 转子式流速仪

10.5.1 评价指标

10.5.1.1 流速测速范围

流速测速范围应满足下列要求：

a) 旋杯流速仪适用的测速范围应为 0.015 m/s～4.000 m/s；

b) 旋桨流速仪适用的测速范围应为 0.030 m/s～15.000 m/s。

10.5.1.2 起转速度

流速仪起转速度应比测速范围的下限值至少低 40%。

10.5.1.3 水力螺距

流速仪水力螺距值(b 值)变化范围应在设计 b 值的 4%以内。

10.5.1.4 **流速仪检定公式全线相对均方差**

流速仪检定公式全线相对均方差应满足下列要求：

a) 流速仪的全线相对均方差值(m 值)应不大于 1.8%，当流速不大于 0.030 m/s 时，绝对误差应优于 0.002 m/s；

b) 流速仪的 m 值应不大于 1.8%，如需要延伸到低速非线性部分使用时，可以用低速部分实测点绘制表格、曲线图表示流速与转子转率的关系，其相对误差不大于 5%。

10.5.1.5 **速度级分段及其相对误差**

流速仪速度级分段及其相对误差见表 4。

表 4 速度级分段及其相对误差

速度级 m/s	相对误差 %
v_k～0.5	0.95
0.5～1.5	0.70
1.5～3.5	0.50
>3.5	0.35
注：v_k 为临界速度。	

10.5.2 **测试方法**

流速范围、起转速度、水力螺距、流速仪检定公式全线相对均方差、速度级分段及其相对误差应按 GB/T 11826 的规定进行测试。

ICS 27.010
F 01

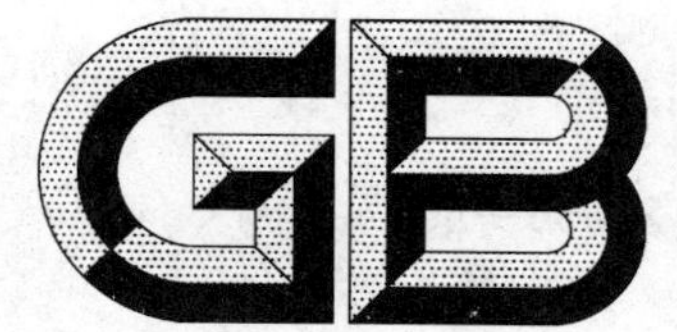

中华人民共和国国家标准

GB/T 21056—2007

风机、泵类负载变频调速节电传动系统及其应用技术条件

Specification for adjustable speed drive systems of electricity conservation with VF for fans and pumps

2007-08-13 发布　　2008-02-01 实施

中华人民共和国国家质量监督检验检疫总局
中国国家标准化管理委员会　发布

前　言

本标准由全国能源基础与管理标准化技术委员会提出。

本标准由全国能源基础与管理标准化技术委员会合理用电分技术委员会归口。

本标准起草单位:北京节能环保中心、中国标准化研究院、清华大学、中国电子技术标准化研究所、北京乐普四方科技发展有限公司、山东金洲科瑞节能科技有限公司、金博尔节能环保科技(北京)有限公司、北京国电康能科技有限公司。

本标准主要起草人:陶毅、赵跃进、李正、翟克俊、周明宝、李先瑞、辛定国、邓宏芬、刘英洲、毛文剑、李钢、韩庆军、李志宏。

风机、泵类负载变频调速节电传动系统及其应用技术条件

1 范围

本标准规定了风机、泵类负载变频调速节电传动系统的应用条件、技术要求、试验方法及判别与评价。

本标准适用于660 V及以下电压，50 Hz三相交流电源供电，电动机额定功率315 kW及以下的风机、泵类负载变频调速节电传动系统。

2 规范性引用文件

下列文件中的条款通过本标准的引用而成为本标准的条款。凡是注日期的引用文件，其随后所有的修改单(不包括勘误的内容)或修订版均不适用于本标准，然而，鼓励根据本标准达成协议的各方研究是否可使用这些文件的最新版本。凡是不注日期的引用文件，其最新版本适用于本标准。

GB/T 2423.1—2001 电工电子产品环境试验 第2部分:试验方法 试验A:低温(idt IEC 60068-2-1:1990)

GB/T 2423.2—2001 电工电子产品环境试验 第2部分:试验方法 试验B:高温(idt IEC 60068-2-2:1974)

GB/T 2423.3 电工电子产品环境试验 第2部分:试验方法 试验Cab:恒定湿热试验(GB/T 2423.3—2006,IEC 60068-2-78:2001,IDT)

GB/T 2423.21 电工电子产品基本环境试验规程 试验M:低气压试验方法(GB/T 2423.21—1991,neq IEC 60068-2-13:1983)

GB/T 3797 电气控制设备

GB 4943—2001 信息技术设备的安全(idt IEC 60950:1999)

GB/T 5080.7 设备可靠性试验 恒定失效率假设下的失效率与平均无故障时间的验证试验方案(GB/T 5080.7—1986,idt IEC 60605-7:1978)

GB/T 12668.2 调速电气传动系统 第2部分:一般要求 低压交流变频电气传动系统额定值的规定(GB/T 12668.2—2002,IEC 61800-2:1998,IDT)

GB/T 13466 交流电气传动风机(泵类、空气压缩机)系统经济运行通则

GB/Z 17625.6—2003 电磁兼容 限值 对额定电流大于16 A的设备在低压供电系统中产生的谐波电流的限制(IEC TR 61000-3-4:1998,IDT)

GB/T 17626.4—1998 电磁兼容 试验和测量技术 电快速瞬变脉冲群抗扰度试验(idt IEC 61000-4-4:1995)

3 术语和定义

下列术语和定义适用于本标准。

3.1

风机、泵类负载变频调速节电传动系统 the adjustable speed drive system of electricity conservation with VF for fans and pumps

应用变频调速技术和微型计算机控制技术与新的控制理论相结合，根据系统的实际运行工况，跟踪

检测系统的负载,对交流电动机的运行进行实时优化控制,在满足终端需要的前提下,提高运行效率降低能耗的系统。

3.2

变频调速装置 speed control assembly with adjustable frequency

以改变输出频率和输出电压控制交流电动机转速的由变频装置供电的调速控制装置。

3.3

节电率 electricity conservation rate

在规定的相同运行周期内,在满足终端需要时,环境条件相近、运行工况相同的情况下,应用变频调速传动系统节约的用电量与未应用变频调速装置系统的用电量之比的百分数。

4 应用条件

4.1 风机、泵类的运行工况点偏离高效区。

4.2 压力、流量变化幅度较大,运行时间长的系统。

4.2.1 中低流量变化类型的风机、泵类负载及全流量间歇类型的风机、泵类负载运行工况应符合下列要求:

a) 流量变化幅度≥30%、变化工况时间率≥40%、年总运行时间≥3 000 h;

b) 流量变化幅度≥20%、变化工况时间率≥30%、年总运行时间≥4 000 h;

c) 流量变化幅度≥10%、变化工况时间率≥30%、年总运行时间≥5 000 h。

4.2.2 流量在额定流量的90%以上变化时,风机、泵类负载不宜用变频调速装置。

4.3 使用挡风板、阀门截流以及旁路分流等方法调节流量的系统。

4.4 风机、泵类负载变频调速节电传动系统运行状态,应符合GB/T 13466的要求。

5 技术要求

5.1 技术性能

5.1.1 输出额定容量

在规定的电源条件下,输出额定电流和额定频率时,变频调速装置输出容量应不低于输出额定容量(kVA)。

5.1.2 输出电压的不对称度

正常使用条件下,在整个输出频率调节范围内,各相负载对称情况下,输出三相电压的不对称度应不大于5%。

5.1.3 调节范围内的输出能力

在频率调节范围内,被控电动机均能保持稳定的运行。在最高输出频率时,应不超过额定电流或额定功率的+10%。

5.1.4 过载能力

变频调速装置的过载能力应符合GB/T 12668.2规定的要求。

5.1.5 设定功能

变频调速装置应具有频率范围设定功能。

5.1.6 保护功能

变频调速装置应具有以下保护功能:

a) 负载电流超过设定值,应能自动限制或切断输出电源;

b) 输出短路,应能自动切断输出电源;

c) 输入缺相,应能自动切断输出电源;

d) 输入欠压(低于额定电压的80%),应能自动切断输出电源;

e） 输入过压（高于额定电压的115%），应能自动切断输出电源。

5.1.7 监控功能

变频调速装置应具有监控功能，根据运行工况要求可选择：

a） 装置具有工业现场总线的网络接口；

b） 网络监视功能；

c） 网络控制功能；

d） 网络预警功能。

5.2 电源适应性

变频调速装置在电源额定电压变化±10%、额定频率变化±1 Hz范围内应正常工作。

5.3 环境适应性

除另有规定外，变频调速装置应能在环境温度－25℃～55℃，相对湿度93%（40℃），大气压55 kPa～106 kPa条件下正常工作，无变形、无结构和机械损伤。特殊环境条件应在产品说明书中给出。

5.4 可靠性

变频调速装置的平均无故障时间（MTBF）中的不可接受平均无故障时间（ml）值不低于8 000 h。

5.5 安全

5.5.1 接地连续性

具有保护接地的变频调速装置应符合GB 4943—2001中2.6.3.3的要求，保护连接导体电阻不应超过0.1 Ω。

5.5.2 接触电流

变频调速装置的接触电流值应符合GB 4943—2001中5.1的要求，Ⅰ类设备不超过3.5 mA，Ⅱ类设备不超过0.25 mA。

5.5.3 抗电强度

变频调速装置的抗电强度值应符合GB 4943—2001中5.2的要求，人可触及的部位与地应承受1 500 V交流有效值或2 121 V直流值，人可触及的部位与次级应承受3 000 V交流有效值或4 242 V直流值。试验期间，绝缘不应击穿。

5.6 电磁兼容性

5.6.1 谐波电流发射

变频调速装置谐波电流发射限制应满足GB/Z 17625.6—2003中5.1的要求。

5.6.2 电快速瞬变脉冲群抗扰度

变频调速装置的电快速瞬变脉冲群抗扰度应满足GB/T 17626.4—1998中等级3的要求，性能判据B。

5.7 年平均节电率

风机、泵类负载变频调速节电传动系统年平均节电率宜≥15%。

6 试验方法

6.1 试验室环境条件

除另有规定外本标准中的试验应在如下的环境条件下进行：

——温度15℃～35℃；

——相对湿度35%～75%；

——大气压86 kPa～106 kPa。

6.2 输出额定容量试验

输出电流为100%的额定输出电流，输出频率为额定输出频率，当输入在额定电压±10%范围内变化时，分别测出输出容量，并应满足5.1.1的要求。

6.3 输出电压不对称度试验

输出电压不对称度的试验按 GB/T 3797 有关规定进行。

6.4 保护功能和故障显示试验

6.4.1 过载电流

试验时迅速调节负载电流,超过额定输出电流 150%时,变频调速装置应自动停机,切断输出电源,显示故障信号。

6.4.2 输出短路

变频调速装置输出端短路,变频调速装置应不能启动,显示故障信号。

6.4.3 输入缺相

变频调速装置输入端(其中一相)开路,变频调速装置应不能启动,显示故障信号。

6.4.4 输入欠压

变频调速装置电源输入电压由额定值降至低于 80%额定电压时,变频调速装置应能自动停机,切断输出电源,显示故障信号。

6.4.5 输入过压

变频调速装置电源输入电压由额定值升至高于 115%额定电压时,变频调速装置应能自动停机,切断输出电源,显示故障信号。

6.5 系统工况物理参数测量

当系统运行至稳定状态时,测量工况物理参数,如:流量、压力、温度等,其值应在设定参数范围之内。

6.6 电源适应性试验

变频调速装置应接一额定负载(电动机或等效的模拟负载),按 5.2 规定的电源电压下连续运行的时间不小于 20 min,此时装置应能输出额定电压、额定电流和额定频率。

6.7 环境试验

6.7.1 工作温度下限

按 GB/T 2423.1—2001“试验 Ad”进行。受试样品先进行初始检查,将试验样品放入试验箱,受试样品在环境温度为-25℃条件下通电工作 4 h,试验中样品应工作正常。试验后恢复 2 h,受试样品应能满足 5.3 的要求。

6.7.2 工作温度上限

按 GB/T 2423.2—2001“试验 Bd”进行。受试样品先进行初始检查,将试验样品放入试验箱,受试样品在环境温度为+55℃条件下通电工作 4 h,试验中样品应工作正常。试验后恢复 2 h,受试样品应能满足 5.3 的要求。

6.7.3 恒定湿热试验

按 GB/T 2423.3 的要求进行。受试样品先进行初始检查,将试验样品放入试验箱,受试样品在相对湿度为 93%(40℃)条件下正常工作 48 h,试验期间和试验后受试样品应能满足 5.3 的要求。

6.7.4 低气压试验

按 GB/T 2423.21 的要求进行。受试样品先进行初始检查,然后放入低气压试验箱,在环境温度为 35℃、55 kPa 条件下工作 4 h,试验期间和试验后受试样品应能满足 5.3 的要求。

6.8 可靠性试验

按 GB/T 5080.7 的规定进行,试验过程中,产品应保持正常工作状态,输入电压时间分配为额定电压占 50%,上限、下限电压各占 25%,试验温度为工作上限温度或厂家规定的温度。

6.9 安全试验

按 GB 4943 的有关规定进行。

6.10 电磁兼容试验

6.10.1 谐波电流试验

按 GB/Z 17625.6—2003 的规定进行。

6.10.2 电快速瞬变脉冲群抗扰度试验

按 GB/T 17626.4 的规定进行。

6.11 年平均节电率测算

年平均节电率测算，要求节能设备具有数据存储功能，且存储数据应大于 1 年；节能设备具有记录功能，以提供统计依据，供检测和使用单位随时监督。

$$R_E = \frac{E_G - E_V}{E_G} \times 100\%$$

式中：

R_E——年平均节电率；

E_G——工频运行用电量，单位为千瓦时(kW·h)；

E_V——变频运行用电量，单位为千瓦时(kW·h)。

7 判别与评价

7.1 年平均节电率≥30%，则认定系统运行效率最佳。

7.2 年平均节电率≥20%，则认定系统运行效率佳。

7.3 年平均节电率≥15%，则认定系统运行效率较好。

ICS 91.140.30
P 46

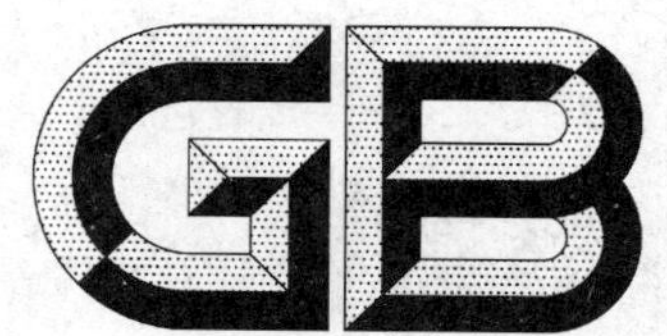

中华人民共和国国家标准

GB/T 21087—2007

空气-空气能量回收装置

Air-to-air energy recovery equipment

2007-09-11 发布　　2008-02-01 实施

中华人民共和国国家质量监督检验检疫总局
中国国家标准化管理委员会　发布

前　言

本标准附录A、附录B、附录C、附录D、附录E、附录F、附录G均为规范性附录。

本标准由中华人民共和国建设部提出。

本标准由全国暖通空调及净化设备标准化技术委员会归口。

本标准负责起草单位：中国建筑科学研究院。

本标准起草单位：中南大学、广东松下环境系统有限公司北京分公司、上海新晃空调设备股份有限公司、上海大金空调有限公司、印度北极工程私人有限公司（上海）、上海威柯空调设备有限公司、江苏风神空调集团股份有限公司、北京环都人工环境科技有限公司、北京闻思技术开发公司、北京斯特灵换气设备公司、北京同方洁净技术有限公司、远大空调有限公司、上海惠林空调设备有限公司、无锡沙漠除湿设备厂、山东欧凯空调科技有限公司、山东省雪圣科技股份有限公司、杭州三金空调设备有限公司、北京亚都科技股份有限公司、广东申菱空调设备有限公司、沃森技术（国际）有限公司（广州）、约克（无锡）空调冷冻科技有限公司、上海三菱电机上菱空调机电器公司、浙江盾安人工环境设备股份有限公司、广东美的空调设备有限公司、山东德通实业有限公司、淄博气宇空调节能设备有限公司。

本标准主要起草人：曹阳、丁力行、王昱、熊丽红、史剑春、胡毅强、孙守礼、刘伟、韦懋勉、陈磊、吴乾清、方开东、吴和福、王智超、杨来村、金明吉、葛新力、何鲁敏、张彩云、颜松、丁欢庆、黎志文、童杏生、乐细明、黄维均、舒卫民、阎文彬、高祥。

本标准为首次发布。

空气-空气能量回收装置

1 范围

本标准规定了空气-空气能量回收装置的术语和定义、分类和标记、要求、试验、检验规则、标志、包装、运输和贮存、随机技术文件的基本内容等。

本标准适用于在采暖、通风、空调、净化系统中用于回收排风能量的空气-空气能量回收装置，其他用途的空气-空气能量回收装置可参照本标准执行。

2 规范性引用文件

下列文件中的条款通过本标准的引用而成为本标准的条款。凡是注日期的引用文件，其随后所有的修改单(不包括勘误的内容)或修订版均不适用于本标准，然而，鼓励根据本标准达成协议的各方研究是否可使用这些文件的最新版本。凡是不注日期的引用文件，其最新版本适用于本标准。

GB 755—2000　旋转电机　定额和性能

GB/T 1236—2000　工业通风机用标准化风道进行性能试验

GB/T 2423.3—1993　电工电子产品基本环境试验规程　试验Ca:恒定湿热试验方法

GB 4706.1—2005　家用和类似用途电器的安全　第一部分　通用要求

GB/T 9068　采暖通风与空气调节设备噪声声功率级的测定　工程法

GB/T 16803　采暖、通风、空调、净化设备　术语

JG/T 22　一般通风用空气过滤器性能试验方法

3 术语和定义

GB/T 16803 确立的以及下列术语和定义适用于本标准。

3.1

空气-空气能量回收装置　air to air energy recovery equipment

以能量回收芯体为核心，通过通风换气实现排风能量回收功能的设备组合，简称装置。装置分自身带风机与不带风机两种。

3.2

全热交换装置　total heat exchange equipment

新风和排风之间同时产生显热和潜热交换的装置。

3.3

显热交换装置　sensible heat exchange equipment

新风和排风之间只产生显热交换的装置。

3.4

标准空气状态　standard air

指大气压力为 101.3 kPa，温度为 20℃，密度为 1.2 kg/m^3 的空气。

3.5

名义值　nominal value

装置铭牌和样本上标注的性能数值。

3.6

装置新风量 outdoor air flow rate

装置新风送风口的空气体积流量，单位为 m^3/h。

3.7

装置排风量 exhaust air flow rate

装置排风出风口的空气体积流量，单位为 m^3/h。

3.8

装置输入功率 power input

装置的新、排风机和辅助用电设备输入功率之和，单位为 W 或 kW。

3.9

装置出口全压 outlet air total pressure

对应风量下，带风机的装置克服自身阻力后，在出风口处的动压和静压之和，单位为 Pa。

3.10

装置静压损失 air static pressure drop

对应风量下，不带风机的装置引起的静压降，单位为 Pa。

3.11

温度交换效率 temperature exchange effectiveness

对应风量下，新风进、出口温差与新风进口、排风进口温差之比，以百分数表示。

3.12

焓交换效率 enthalpy exchange effectiveness

对应风量下，新风进、出口焓差与新风进口、排风进口焓差之比，以百分数表示。

3.13

湿量交换效率 absolute humidity ratio exchange effectiveness

对应风量下，新风进、出口含湿量差与新风进口、排风进口含湿量差之比，以百分数表示。

3.14

外部漏风率 external air leakage rate

标准空气状态下，由装置外壳缝隙漏入、漏出的风量与装置名义新、排风量均值之比，以百分数表示。

3.15

内部漏风率 internal exhaust air leakage rate

标准空气状态下，装置内部从排风侧漏入新风侧的风量与装置名义新风量之比，以百分数表示。

3.16

有效换气率 net outdoor air exchange rate

标准空气状态下，新风量与排风进入新风的风量之差与装置名义新风量之比，以百分数表示。

4 分类和标记

4.1 分类

4.1.1 按装置分量驱动设备分类

a) 带风机的装置(AERVE)；

b) 不带风机的装置(AEREE)。

4.1.2 按装置规格分类

4.1.2.1 带风机的装置

a) 小型 名义新风量不大于 250 m^3/h 的装置；

b) 中型　名义新风量高于 250 m³/h,不大于 5 000 m³/h 的装置;

c) 大型　名义新风量高于 5 000 m³/h 的装置。

4.1.2.2　不带风机的装置

a) 直径×厚度;

b) 长×宽×厚度。

4.1.3　按装置的换热类型分类

a) 全热型(QR);

b) 显热型(XR)。

4.1.4　按装置安装方式分类

a) 落地式(LD);

b) 吊装式(DZ);

c) 壁挂式(BG);

d) 窗式(CS)。

4.1.5　按装置工作状态分类

a) 旋转式(含转轮式、通道轮式等)(XZ);

b) 静止式(含板翅式、热管式、液体循环式等)(JZ)。

4.2　标记

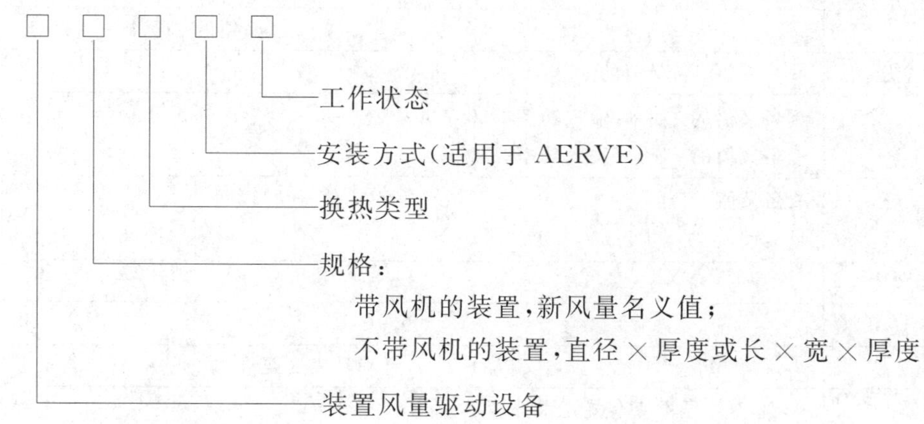

示例:

AEREE ϕ300×100 XR XZ,表示转轮直径为 300 mm、厚度为 100 mm、显热、旋转式不带风机的装置。

AEREE 300×250×200 QR JZ,表示迎风面尺寸为高 300 mm、宽 250 mm、厚度 200 mm、全热、静止式不带风机的装置。

AERVE 300 QR DZ XZ,表示名义新风量为 300 m³/h、全热、吊装式带风机、旋转式装置。

5　要求

5.1　性能要求

装置的性能应满足表 1 的要求,装置名义风量对应的热交换效率值不低于表 2 的要求。

5.2　制造要求

5.2.1　装置应按本标准的规定,并按经规定程序批准的图纸和技术文件制造。

5.2.2　装置外表面所粘贴的各种标识、铭牌,位置明显、粘贴牢固。

5.2.3　装置内部应整洁干净、无杂物,外表面应无明显刮伤、锈斑和压痕,表面光洁,喷涂层均匀、色调一致,无流痕、气泡和剥落。

5.2.4　装置的装饰性、功能性塑料件表面应平整、色泽均匀,不得有裂痕、气泡等缺陷,塑料件应耐老化。

5.2.5　装置应有足够的强度和刚度,所有钣金件、零配件等应有良好的防锈措施。

5.2.6　装置涉及室外部分的外壳应作相应防锈处理,其他非金属材料应具有防雨、防老化性能。

5.2.7 能量交换芯体及外壳内部隔热保温材料应无毒、无异味，并符合建筑防火规范的要求，粘贴应平整、牢固。

5.2.8 装置线路的连接应整齐、牢固，并有可靠的接地；电线穿孔和接插头应采用绝缘套管或其他保护措施，装置应有电气接线盒，装置壳体外的外露电线宜采用金属软管保护。

5.2.9 装置的电气控制元器件应动作灵敏、可靠，保证机组工作正常。

5.2.10 装置应保证检修、更换的便捷性；有检修门的装置检修门应严密、灵活，人员能进入的装置检修通道门要求内外均能开启。

5.2.11 装置有相应措施确保在热交换时凝结水排除畅通。

5.2.12 带风机的装置应在能量交换芯体迎风侧布置空气过滤器，过滤器应能便捷的更换或清洗，过滤器性能应满足 JG/T 22 的要求。

表 1 性能要求

序号	检验项目名称	要求				适用试验方法
		带风机的装置		不带风机的装置		
		静止式	旋转式	静止式	旋转式	
1	启动与运转	检查零部件状况：无松动、杂音和发热等异常现象		—	检查零部件状况：无松动、杂音和发热等异常现象	6.2.1
2	风量	≥名义值的 95%				6.2.2
	静压损失	—	—	≤名义值的 110%		6.2.2
	出口全压	≥名义值的 90%		—	—	6.2.2
	输入功率	≤名义值的 120%（输入功率≤30 W） ≤名义值的 110%（输入功率＞30 W）				6.2.2
3	内部漏风率[a]	≤名义值+1%，且≤10%	—	≤名义值+1%，且≤10%	—	6.2.3
4	外部漏风率[a]	≤3%				6.2.4
5	有效换气率[b]	≥90%				6.2.5
6	交换效率	≥名义值的 90%，且满足表 2 要求				6.2.6
7	凝露	室内外壳不应有凝露水外滴		—	—	6.2.7
8	噪声	≤名义值+1 dB(A)		—	≤名义值+1 dB(A)	6.2.8
9	电气强度	应无击穿或闪络		—	应无击穿或闪络	6.2.9
10	绝缘电阻	冷态、热态均≥2 MΩ		—	冷态、热态均≥2 MΩ	6.2.10
11	淋水绝缘电阻	≥1 MΩ		—	≥1 MΩ	6.2.11
12	电机绕阻温升	应符合 GB 755—2000 表 6 的规定		—	应符合 GB 755—2000 表 6 的规定	6.2.12
13	泄漏电流 小、中型	应符合 GB 4706.1—2005 中第 13 章 13.2 的规定		—	应符合 GB 4706.1—2005 中第 13 章 13.2 的规定	6.2.13
	泄漏电流 大型	外露金属部分和电源线间泄漏电流值应≤5 mA		—	外露金属部分和电源线间泄漏电流值应≤5 mA	
14	接地电阻	其外露金属部分与接地端之间的电阻值应≤0.1 Ω		—	其外露金属部分与接地端之间的电阻值应≤0.1 Ω	6.2.14
15	湿热试验	装置带电部分与非带电金属部分间绝缘电阻值≥2 MΩ；无击穿或闪络		—	装置带电部分与非带电金属部分间绝缘电阻值≥2 MΩ；无击穿或闪络	6.2.15

表 1(续)

序号	检验项目名称	要求				适用试验方法
		带风机的装置		不带风机的装置		
		静止式	旋转式	静止式	旋转式	
16	外观	符合 5.2 的规定				6.2.16
17	标志包装	符合 5.2 的规定				6.2.17

注：带有“—”标志的项目为不需检验的项目。

a 适用于大型装置；

b 适用于中、小型装置。

表 2 交换效率要求

类型	交换效率/%	
	制冷	制热
焓效率	>50	>55
温度效率	>60	>65

注 1：按表 3 规定工况，且新、排风量相等的条件下测量效率。

注 2：焓效率适用于全热交换装置，温度效率适用于显热交换装置。

6 试验

6.1 试验条件

6.1.1 装置按铭牌上的额定电压和额定频率试验。

6.1.2 在表 3 试验工况下检验表 1 的项目。

6.1.3 试验时读数允许偏差符合表 4 的规定。

6.1.4 试验时的各类测量仪器应在计量检定有效期内，其准确度应符合表 5 的规定。

表 3 装置性能测试工况

项目		排风进风		新风进风		电压	风量	静压
		干球温度/℃	湿球温度/℃	干球温度/℃	湿球温度/℃			
风量、输入功率		14～27	—	14～27	—	名义值	—	—
静压损失、出口全压		14～27	—	14～27	—		—	—
交换效率(制冷工况)		27	19.5	35	28		名义值	名义值
交换效率(制热工况)		21	13	5	2		名义值	名义值
凝露	制冷工况	22	17	35	29		名义值	名义值
	制热工况(Ⅰ)	20	14	−5	−6		名义值	名义值
	制热工况(Ⅱ)	20	14	−15	—		0	—
有效换气率		14～27	—	14～27	—		名义值	名义值
内部漏风率		14～27	—	14～27	—		附录 B/附录 C	
外部漏风率		14～27	—	14～27	—			

注：—表示无规定值。

表 4 试验读数的允许偏差

项目		单次读数与规定试验工况最大偏差	读数平均值与规定试验工况的偏差
进口空气状态	干球温度/℃	±0.3	±0.2
	湿球温度/℃	±0.2	±0.1
出口静压/Pa	小、中型	±2.0	—
	大型	±5.0	—
风量[a]/%		±2.0	±2.0
电源电压/%		±2.0	—

a 指与名义值相差的百分数。

6.2 试验方法

6.2.1 启动和运转试验

6.2.1.1 型式检验时，调整装置输入电压为额定电压的 90%，在名义风量或名义交换芯体转速下，启动装置，稳定运转 10 min 后，切断电源，停止运转，反复进行 3 次，检查零部件有无松动、杂音和发热等异常现象。

6.2.1.2 出厂检验时，在额定电压下启动装置，稳定运行 5 min 后，切断电源，停止运转，反复进行3 次，检查零部件有无松动、杂音和发热等异常现象。带风量调节的机组可只在最小运行风量进行试验。

6.2.2 风量、出口全压、静压损失、输入功率试验

6.2.2.1 带风机的装置

按附录 A 给定的方法和表 3 规定的试验工况，测量装置的新风量、排风量、新风出口全压、排风出口全压、各新排风量对应的输入功率。

6.2.2.2 不带风机的装置

按附录 A 给定的方法和表 3 规定的试验工况，测量装置的新风量、排风量、新风静压损失，排风静压损失，各新排风量对应的输入功率。

6.2.3 内部漏风率试验

按附录 B 给定的方法和表 3 规定的试验工况，测量装置的内部漏风率。

6.2.4 外部漏风率试验

按附录 C 给定的方法和表 3 规定的试验工况，测量装置的外部漏风率。

6.2.5 有效换气率试验

按附录 D 给定的方法和表 3 规定的试验工况，测量装置的有效换气率。

6.2.6 交换效率试验

6.2.6.1 按附录 B 所示方法测量装置内部漏风率或按附录 D 所示方法测量装置有效换气率，满足表 1 规定后，才可进行交换效率试验。

6.2.6.2 按附录 E 中所示方法和表 3 规定的试验工况，测量装置名义风量条件下温度交换效率、湿量交换效率及焓交换效率。

6.2.6.3 按附录 E 中所示方法和装置要求的试验工况，测量不同风量条件下装置温度交换效率、湿量交换效率及焓交换效率。

表 5　各类测量仪器的准确度

测量参数	测量仪表	测量项目	单位	仪表准确度
温度	玻璃水银温度计 电阻温度计 热电偶	空气进、出口的干、湿球温度	℃	0.1
		其他温度		0.3
压力	微压计及电传感器	空气动压、静压	Pa	1.0
	大气压力计	大气压力	kPa	0.2
风量	各类计量器具	风量	%	1.0
时间	秒表	时间	s	0.2
重量	各类台秤	重量	%	1.0
电气特性	功率表	电气特性	级	0.5
	电压表			
	电流表			
	频率表			
噪声	声级计	噪声	dB(A)	0.5
气体浓度	CO_2 浓度测试仪	有效换气率	10^{-6}	±20+2%读数

6.2.7　凝露试验

6.2.7.1　按附录 F 所示方法和表 3 规定的试验工况，在名义风量下连续运行 4 h。

6.2.7.2　对有风量调节的装置，按附录 F 所示方法和表 3 规定的试验工况，在最小风量下连续运行 4 h。

6.2.8　噪声试验

按附录 G 所示方法测装置的 A 声压级。

6.2.9　电气强度试验

6.2.9.1　按表 3 规定的制冷凝露试验工况连续运行 4 h，在装置带电部分与非带电金属部分之间，施加 1 250 V、50 Hz 的正弦波电压，开始施加电压不应大于规定值的一半，然后快速升为全值，持续时间 1 min。

6.2.9.2　大批量生产时，可在常温下用 1 800 V 电压及 1 s 时间来代替。

6.2.10　绝缘电阻试验

6.2.10.1　在常温、常湿条件下，用 500 V 绝缘电阻计测量装置带电部分和非带电金属部分之间的绝缘电阻(冷态)。

6.2.10.2　按表 3 规定的制冷凝露试验工况连续运行 4 h，用 500 V 绝缘电阻计测量装置带电部分和非带电金属部分之间的绝缘电阻(热态)。

6.2.11　淋水绝缘电阻试验

对室外安装使用的装置，在常温、常湿条件下，以 45°的倾斜角度向装置的室外侧注入水量为 3 mm/min 的清水，1 h 后用 500 V 绝缘电阻计测量带电部分和非带电金属部分之间的绝缘电阻。

6.2.12　电机绕组温升试验

6.2.12.1　在表 3 规定的制冷凝露试验工况下，用 GB 755—2000 规定的电阻法进行测量，分别于试验前和连续运行 4 h 后，测量电机绕组电阻和温度。

6.2.12.2　电机绕组温升按式(1)计算：

$$\Delta t = \frac{R_2 - R_1}{R_1}(235 + t_1) + t_1 - t_2 \qquad \cdots\cdots (1)$$

式中：

Δt——电机绕组温升，℃；

R_2——试验结束时的绕组电阻，Ω；

R_1——试验开始时的绕组电阻，Ω；

t_1——试验开始时的绕组温度，℃；

t_2——试验结束时的空气温度，℃。

6.2.13 泄漏电流试验

最大风量下，按表3规定的凝露制冷试验工况连续运行4 h后，按照GB 4706.1—2005中第13章的规定，测量装置外露的金属部分与电源线之间的泄漏电流。

6.2.14 接地电阻测量

按照GB 4706.1—2005中第27章中27.5的方法，测量装置外壳与接地端子之间的电阻。

6.2.15 湿热试验

按GB/T 2423.3—1993规定的试验条件，连续运行48 h后，用500 V绝缘电阻计测量装置带电部分和非带电金属部分之间的绝缘电阻，施加1 250 V电压1 min，应无击穿或闪络。

6.2.16 外观检查

用目测法检查。

6.2.17 标志包装

用目测对照要求检查。

6.3 试验结果整理的一般要求

6.3.1 试验结果应换算成标准空气状态的数值。

6.3.2 变风量运行的装置，试验结果应给出关系表、关系曲线。

7 检验规则

7.1 检验分类和检验项目

7.1.1 装置检验分出厂检验和型式检验两类。

7.1.2 检验项目见表6。

表6 检验项目表

序号	检验项目	对应标准所属条款	出厂检验	型式检验	备注
1	外观检查	5.2和6.2.16	√	√	次项
2	启动与运转	5.1和6.2.1	√	√	主项
3	风量	5.1和6.2.2	—	√	主项
4	静压损失	5.1和6.2.2	—	√	主项
5	出口全压	5.1和6.2.2	—	√	主项
6	输入功率	5.1和6.2.2	—	√	主项
7	内部漏风率	5.1和6.2.3	—	√	主项
8	外部漏风率	5.1和6.2.4	—	√	主项
9	有效换气率	5.1和6.2.5	—	√	主项
10	交换效率	5.1和6.2.6	—	√	主项
11	凝露	5.1和6.2.7	—	√	主项
12	噪声	5.1和6.2.8	—	√	主项

表 6(续)

序号	检验项目	对应标准所属条款	出厂检验	型式检验	备注
13	电气强度	5.1 和 6.2.9	√	√	主项
14	绝缘电阻试验	5.1 和 6.2.10	√	√	主项
15	淋水绝缘电阻	5.1 和 6.2.11	—	√	主项
16	电机绕组温升	5.1 和 6.2.12	—	√	主项
17	泄漏电流	5.1 和 6.2.13	—	√	主项
18	接地电阻	5.1 和 6.2.14	√	√	主项
19	湿热试验	5.1 和 6.2.15	—	√	主项
20	标志	8.1 和 6.2.17	√	√	主项
21	包装	8.2 和 6.2.17	√	√	次项

7.2 出厂检验

7.2.1 每台装置需要经制造厂检验合格后，方可出厂。

7.2.2 出厂检验项目应按表 6 规定项进行，绝缘电阻仅做冷态试验。

7.2.3 对于成批生产的装置，应进行例行抽样检验，抽样时间应均衡分布在 1 年中，检验项目为出厂检验项目外，再加上表 6 的 3、4、5、6、7、8、9、10、11、12、15、16、17、19 项。

7.3 型式检验

7.3.1 装置在下列情况之一时应进行型式检验。

a) 新产品定型鉴定时；

b) 定型产品的结构、制造工艺、材料等更改对产品性能有影响时；

c) 转厂生产时；

d) 停产一年以上，恢复生产时；

e) 国家质量监督机构监督抽查提出要求时。

7.3.2 型式检验项目应按表 6 规定项进行。

7.3.2.1 型式检验的数量：

从每种标记的装置中随机抽取一台装置进行型式检验。

7.4 检验判定原则

7.4.1 以铭牌和随机技术文件中技术参数作为合格判定值。

7.4.2 按表 6 规定的检验项目，主项 1 项或次项 2 项不合格，则判不合格。

8 标志、包装、运输和贮存

8.1 标志

8.1.1 每台装置应有铭牌，并固定在明显位置。

8.1.2 铭牌上应清晰标出下列内容：

a) 名称和型号；

b) 主要技术参数(名义新风量、排风量、热交换芯体尺寸和静压损失(适用于不带风机的装置)、出口全压、电压、频率、输入功率、交换效率、安装角度(适用于热管装置)、转速(适用于旋转装置)、噪声等)；

c) 出厂编号或生产日期；

d) 制造厂名。

8.1.3 应有接地标志，安全运行要求标志，并附有电气线路图，旋转式装置应有转轮的旋转方向标志。

8.2 包装

8.2.1 包装前应进行清洁干燥处理。

8.2.2 包装应有防潮、防尘及防震措施。

8.2.3 包装箱中应有产品合格证、装箱单、产品说明等文件。

8.2.4 产品合格证应包括检验结论、检验员章和检验日期。

8.2.5 装箱单应列出所有附件。

8.3 运输和贮存

8.3.1 装置在运输过程中,应有防止碰撞、倾倒、压坏和受雨雪淋袭的措施。

8.3.2 装置应存放在清洁、干燥、防火和通风良好的场所,周围应无腐蚀性气体存在。

9 随机技术文件的基本内容

9.1 产品采用的标准名称。

9.2 产品名称、型号规格、工作原理、特点及用途等。

9.3 主要技术性能参数:

a) 新风量、排风量、热交换芯体尺寸(适用于不带风机的装置);

b) 出口全压或静压损失(适用于不带风机的装置);

c) 电压、频率、输入功率;

d) 噪声;

e) 温度交换效率和湿量交换效率(适用于全热交换装置)、焓交换效率(适用时全热交换装置);

f) 安装角度(适用于热管装置);

g) 转速(适用于旋转装置);

h) 外形尺寸及重量;

9.4 安装结构尺寸图和电气线路图。

9.5 安装说明、使用要求。

9.6 维护保养及注意事项等。

附　录　A
（规范性附录）
装置风量、静压损失、出口全压及输入功率试验方法

A.1　试验设备

A.1.1　组成

试验设备由风量测量仪表，温、湿度测量仪表，压力测量仪表和连接管等组成。

A.1.2　分类

按风量测量仪表的不同，试验设备分为A类和B类两类试验设备。

A.1.3　A类试验设备

A类试验设备由满足GB/T 1236—2000中第33章33.3.1条及图73b)要求的出口风室组成，如图A.1。

被试装置出口风道与静压箱的距离满足GB/T 1236—2000中第30章30.2条f款和图59要求。

风室中的喷嘴加工和安装应符合GB/T 1236—2000中第23章的要求。

试验时，喷口的喉口速度不应小于15 m/s，不应大于35 m/s。

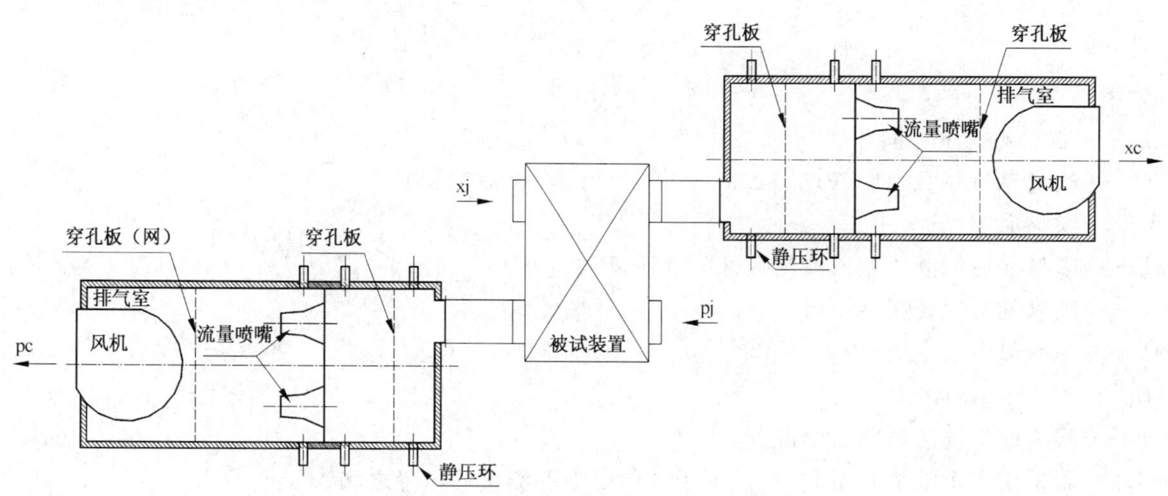

图 A.1　A类测量装置原理图

A.1.4　B类试验设备

由满足GB/T 1236—2000中第28章28.2条、第30章30.2条、第33章33.2条及该条中图72d)、第34章34.2条34.2.1款及该条中图74f)要求的风道组成的试验设备，如图A.2。

试验设备使用的皮托静压管的管径应符合GB/T 1236—2000中第27章27.2、27.4条的规定。

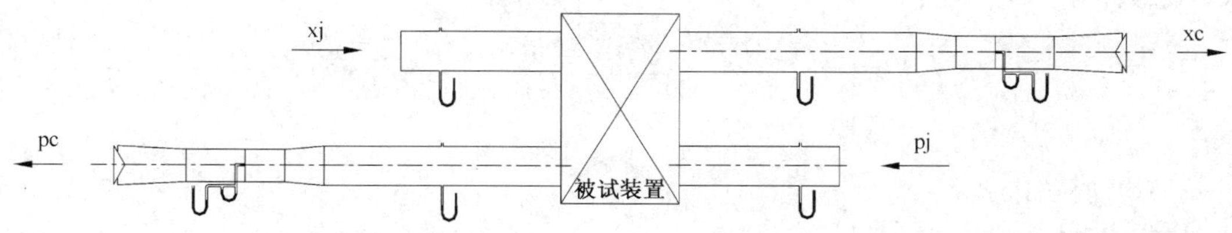

图 A.2　B类测量装置原理图

A.1.5　对于多出风口的带风机的装置，各出风口风管按实际应用中接管的方式连接后，再与试验装置连接。

A.1.6 对于被试装置新风、排风风量测量设备不能同时连接时，确保测试新风或排风风量时，未接风量测量设备的一侧有静压控制。

A.1.7 静压测孔的要求

A.1.7.1 在静压测量截面的管壁上，分别将相互 90°分布的四个静压孔的取压接口连接成静压环。

A.1.7.2 静压孔直径取 1 mm～3 mm，孔边必须成直角，且无毛刺，取压接口管的内径应不小于静压孔直径的两倍，结构应符合 GB/T 1236—2000 中第 6 章 6.5 条，第 7 章 7.2、7.3、7.4、7.5 条的规定。

A.2 试验方法

A.2.1 按照标准 6.1.2 规定的试验工况和表 5 规定的试验仪表要求进行试验。

A.2.2 调整测量设备，控制被试装置达到要求的风量，测量风量及对应风量装置的静压损失或装置出口静压，输入功率，转速。

A.3 参数计算

A.3.1 A 类试验装置风量

A.3.1.1 单个喷嘴的风量按式(A.1)计算：

$$L = 3\,600 \times C \times A_{n} \times \sqrt{\frac{2\Delta P}{\rho_{n}}} \qquad \cdots\cdots(A.1)$$

$$P_{n} = \frac{\rho_{t} + B}{287T}$$

式中：

L——试验风量，m^3/h；

C——喷嘴流量系数，见 GB/T 1236—2000 中第 23 章表 5；

A_{n}——喷嘴面积，m^2；

ΔP——喷嘴前后的静压差或喷嘴喉部的动压，Pa；

ρ_{n}——喷嘴处空气密度，kg/m^3；

P_{t}——喷嘴前空气全压，Pa；

B——大气压力，Pa；

T——喷嘴前空气出口热力学温度，K。

A.3.1.2 若采用多个喷嘴测量时，风量等于各单个喷嘴测量的风量之和。

A.3.2 B 类试验设备风量

A.3.2.1 动压的测量

用皮托管测量同一截面上的各点动压，皮托管必须垂直管壁，测头正对气流方向且与风管轴线平行，与风道主轴线平行的偏差在±2°之内，测点布置见图 A.3，每个直径上 8 个点，与风道内壁一侧的距离为表 A.1 给出的极限之内，最小位置公差±1 mm。

按式(A.2)计算平均动压：

$$P_{d} = \left(\frac{(\sqrt{P_{d1}} + \sqrt{P_{d2}} + \cdots\cdots \sqrt{P_{di}})}{n}\right)^{2} \qquad \cdots\cdots(A.2)$$

式中：

P_{d}——平均动压，Pa；

P_{di}——第 i 个测点的动压，Pa；

n——测点个数。

A.3.2.2 风量测量

按式(A.3)计算装置的风量：

$$L = 3\,600 \times A \times \sqrt{\frac{2P_d}{\rho}} \qquad \text{(A.3)}$$

其中：

$$\rho = \frac{P_t + B}{287T}$$

式中：

L——试验风量，m^3/h；

A——测试断面风道面积，m^2；

ρ——测试断面处空气密度，kg/m^3；

P_t——测试断面处空气全压，Pa；

B——大气压力，Pa；

T——测试断面处空气热力学温度，K。

表 A.1 测点距风道内壁的距离

测点序号	距　离	测点序号	距　离
1	$0.021D \pm 0.000\,6D$	5	$0.655D \pm 0.005D$
2	$0.117D \pm 0.003\,5D$	6	$0.816D \pm 0.005D$
3	$0.184D \pm 0.005D$	7	$0.883D \pm 0.003\,5D$
4	$0.345D \pm 0.005D$	8	$0.979D \pm 0.000\,6D$

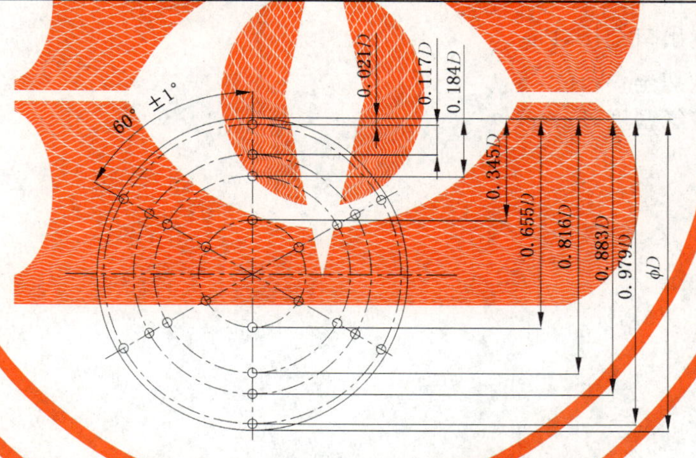

图 A.3 标准化风道横向测试点的位置

A.3.3 静压损失或出口全压

A.3.3.1 静压损失

新风进口与新风出口静压环读值的绝对值之和为对应新风风量的静压损失 ΔP_{xj}。

排风进口与排风出口静压环读值的绝对值之和为对应排风风量的静压损失 ΔP_{pj}。

A.3.3.2 出口全压

新风进口与新风出口静压环读值的绝对值之和加上新风出口动压为对应新风量出口全压 P_{xq}。

排风进口与排风出口静压环读值的绝对值之和加上排风出口动压为对应排风量出口全压 P_{pq}。

A.4 数据处理

A.4.1 不带风机的装置应给出标准空气状态下：

a) 输入功率与对应新风量、排风量的关系曲线或列表；

b) 静压损失与对应新风量、排风量的关系曲线或列表。

A.4.2　带风机的装置应给出标准空气状态下：

a)　输入功率与对应新风量、排风量的关系曲线或列表；

b)　出口全压与对应新风量、排风量的关系曲线或列表。

A.4.3　试验结果按式(A.4)～式(A.7)换算为标准空气状态：

a)　标准空气状态风量取试验风量；

$$L_0 = L \qquad \text{(A.4)}$$

b)　标准空气状态下的静压损失或出口全压；

$$\Delta P_{st0} = \frac{\Delta P_{st} \times 1.2}{\rho} \qquad \text{(A.5)}$$

$$P_{q0} = \frac{P_{qt} \times 1.2}{\rho} \qquad \text{(A.6)}$$

c)　标准空气状态下的输入功率；

$$N_0 = \frac{N \times 1.2}{\rho} \qquad \text{(A.7)}$$

式中：

L_0——标准空气状态风量，m^3/h；

ΔP_{st0}——标准空气状态静压损失，Pa；

P_{q0}——标准空气状态装置出口全压，Pa；

N_0——标准空气状态输入功率，W；

ΔP_{st}——试验工况静压损失，Pa；

P_{qt}——试验工况装置出口全压，Pa；

N——试验工况输入功率，W；

ρ——测试断面处空气密度，kg/m^3。

附　录　B
（规范性附录）
装置内部漏风率试验方法

B.1　试验设备

试验设备由连接风管，辅助风机，流量测量装置，温度、压力测量仪表等组成，见图 B.1。

B.2　试验方法

B.2.1　按照标准 6.1.2 条和表 B.1 的试验工况要求，标准表 5 规定的试验仪表进行试验。

B.2.2　将被试装置所有风口密闭，在排风进风口侧连接一送风机，在新风出风口侧连接一抽风机，按表 B.1 控制新风机侧静压为 P_{jx}，排风机侧静压为 P_{jp}。

B.2.3　测量新风侧管段内的空气流量 L_{nl}，即为内部漏风量。

表 B.1　内部漏风率试验静压

	新风机侧静压 P_{jx}/Pa	排风机侧静压 P_{jp}/Pa	备　　注
低压试验	−100	0	适用于系统静压≤250 Pa
高压试验	−250	0	适用于系统静压>250 Pa

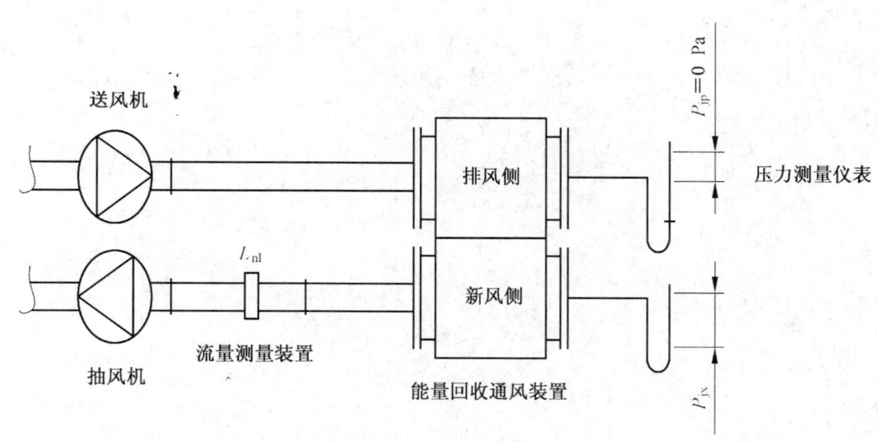

图 B.1　内部漏风率测量装置

B.3　数据处理

a)　标准空气状态下内部漏风量：

$$L_{nlo}=\frac{L_{nl}\times\rho}{1.2} \quad \cdots\cdots\cdots\cdots（B.1）$$

b） 内部漏风率：

$$\eta_{nl} = \frac{L_{nlo}}{L_{xo}} \quad \cdots\cdots (B.2)$$

式中：

L_{nl}——试验工况内部漏风量，m^3/h；

L_{nlo}——标准空气状态下内部漏风量，m^3/h；

L_{xo}——名义新风量，m^3/h；

ρ——测试断面处空气密度，kg/m^3；

η_{nl}——内部漏风率，以百分数表示。

附　录　C
（规范性附录）
装置外部漏风率试验方法

C.1　试验设备

试验设备由连接管，辅助风机，流量测量装置，温度、压力测量仪表等组成，见图 C.1。

C.2　试验方法

C.2.1　按照标准 6.1.2 条和表 B.1 的试验工况要求，标准表 5 规定的试验仪表进行试验。

C.2.2　将装置所有风口密闭，任选一风口连接送风机，控制装置内静压 +400 Pa，测量连接管段内的空气流量，即为正压外部漏风量 L_{wlz}。

C.2.3　将装置所有风口密闭，任选一风口连接抽风机，控制装置内静压 −400 Pa，测量连接管段内的空气流量，即为负压外部漏风量 L_{wlf}。

C.3　数据处理

标准空气状态下，正压外部漏风量：

$$L_{wlzo} = \frac{L_{wlz} \times \rho}{1.2} \tag{C.1}$$

正压外部漏风率：

$$\eta_{wlz} = L_{wlzo}/((L_{xo} + L_{po})/2) \tag{C.2}$$

标准空气状态下，负压外部漏风量：

$$L_{wlfo} = \frac{L_{wlf} \times \rho}{1.2} \tag{C.3}$$

负压外部漏风率：

$$\eta_{wlf} = L_{lwfo}/((L_{xo} + L_{po})/2) \tag{C.4}$$

式中：

L_{wlz}、L_{wlzo}——试验工况、标准状态空气工况正压外部漏风量，m^3/h；

L_{wlf}、L_{wlfo}——试验工况、标准状态空气工况负压外部漏风量，m^3/h；

L_{xo}、L_{po}——名义新风量、名义排风量，m^3/h；

η_{wlf}——外部漏风率，以百分数表示。

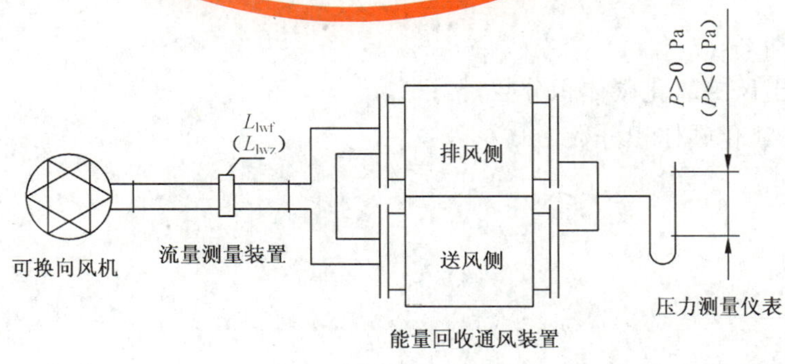

图 C.1　外部漏风率测量装置

附 录 D
（规范性附录）
装置有效换气率试验方法

D.1 试验设备

试验设备由连接管道，流量测量装置，二氧化碳发生室，气体混合器，气体取样器及温度、压力、气体浓度测量装置组成，见图D.1。

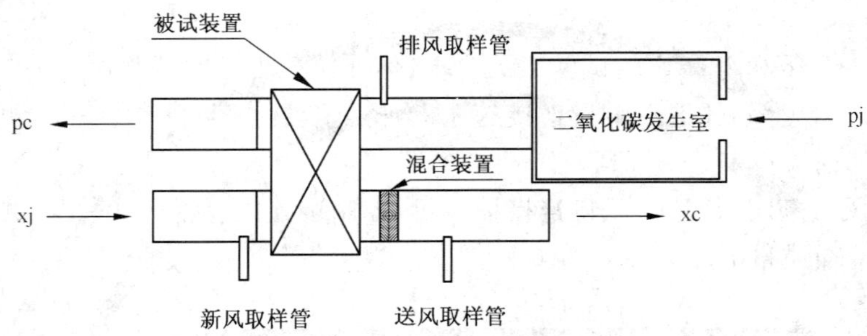

图 D.1 装置有效换气率试验

D.2 试验方法

D.2.1 按照标准6.1.2规定的试验工况和表5规定的试验仪表进行试验。

D.2.2 装置风量、风压满足标准要求后，再进行有效换气率试验。

D.2.3 采用二氧化碳进行试验，由二氧化碳钢瓶供给二氧化碳，若能够精确测量示踪气体时，也可采用其他类型的气体。

D.2.4 调整装置的新、排风出口静压或静压差达到装置规定的名义值。

D.2.5 调整二氧化碳发生室内的二氧化碳体积分数为0.5%～5.0%。

D.2.6 在新风进风、出风和排风出风三点同时进行二氧化碳的取样，重复三次计算平均值。

D.2.7 为了提高测量精度，应采取措施避免排风出口的空气直接与新风混合。

D.3 数据处理

$$\eta_e = \left(1 - \frac{C_{xc} - C_{xj}}{C_{pj} - C_{xj}}\right) \times 100 \qquad \cdots\cdots(D.1)$$

式中：

η_e——有效换气率，%；

C_{xj}、C_{xc}——新风进风、出风二氧化碳体积分数，%；

C_{pj}——排风进风二氧化碳体积分数，%。

附 录 E
（规范性附录）
装置交换效率试验方法

E.1 试验设备

E.1.1 分类

按测量设备的组成不同，试验设备分为风管法和两室法两类，装置的温度交换效率、湿量交换效率和焓交换效率可以采用图 E.1（风管法）和图 E.2（两室法）所示试验装置进行测试，测试报告需注明所使用的方法。

E.1.2 风管法

试验装置由冷却器、加热器、加湿器、静压箱、空气流量测量设备、静压环、空气取样装置和辅助风机组成，管路应进行保温隔热处理，保证空气温、湿度测量准确，装置风量测量段宜保证能分别测量新、排风进出口风量，见图 E.1。

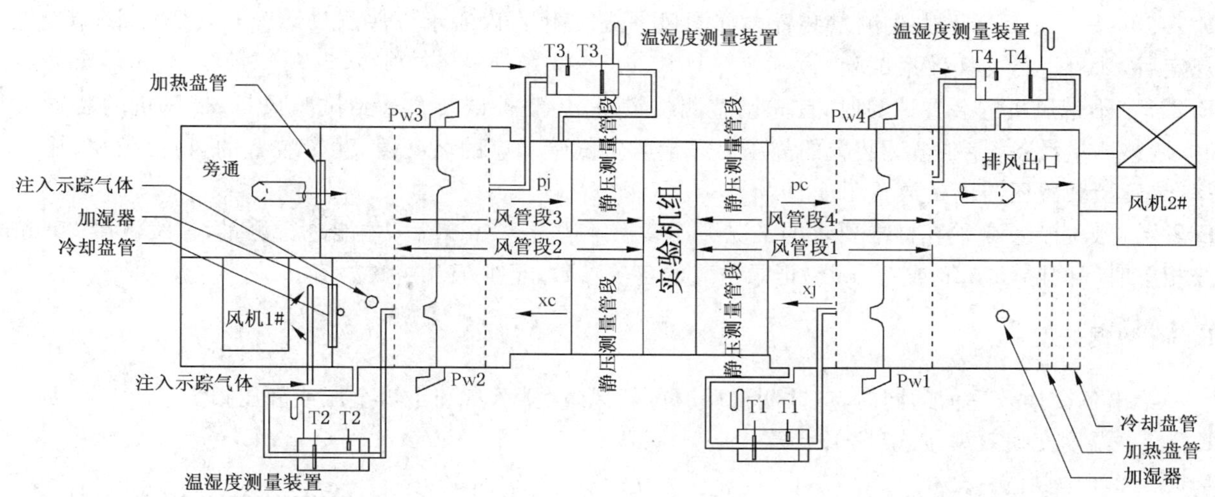

图 E.1 风管法测试装置原理图

E.1.2.1 新风入口冷却盘管、加热盘管、加湿器控制被试装置新风入口侧空气温、湿度达到设定值。

E.1.2.2 排风入口冷却盘管、加热盘管、加湿器控制被试装置排风入口侧空气温、湿度达到设定值。

E.1.2.3 风机 1 控制被试装置送风侧的静压，风机 2 控制被试装置排风侧的静压。

E.1.2.4 测试断截面尺寸应与被试装置出口尺寸相同。

E.1.2.5 测量静压的微压计一端与进口静压环相接，另一端与出口风管静压环相连。

E.1.3 两室法

E.1.3.1 试验装置由两个恒温恒湿小室、空调机、风量、风压及温、湿度测量风道、辅助风机组成，见图 E.2。

E.1.3.2 两室法中，风道静压环位置同附录 A。

E.1.3.3 两室法中，风量、风压及温、湿度测量风道应满足空气在其中温湿度混合均匀，管路应进行保温隔热处理，保证空气温、湿度和风量测量准确。

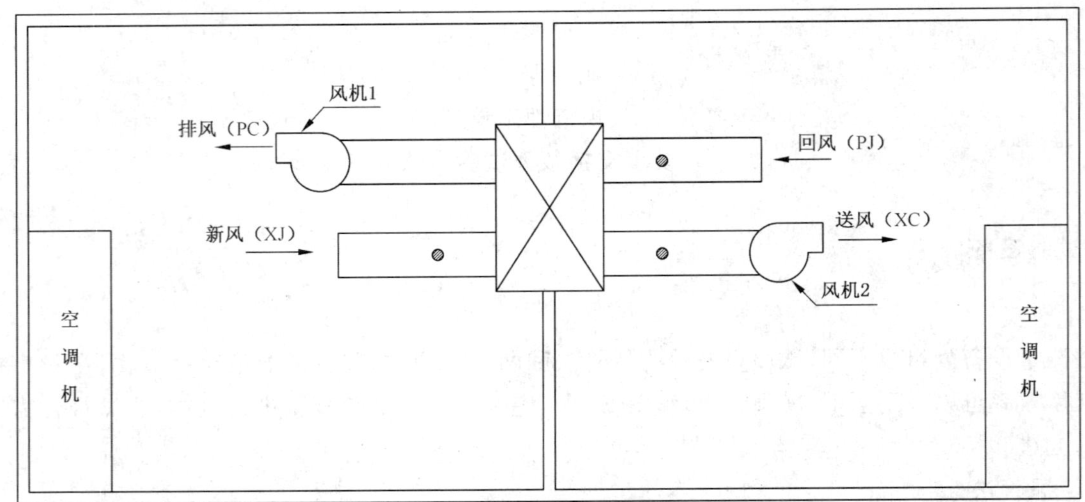

图 E.2 两室法原理图

E.2 试验方法

E.2.1 按照标准 6.1.2 规定的试验工况和表 5 规定的试验仪表要求进行试验。

E.2.2 按附录 B 所示方法测量装置内部漏风率或按附录 D 所示方法测量装置有效换气率，满足表 1 规定后，才可进行交换效率试验。

E.2.3 不带风机的装置试验时，首先调整测量设备，控制被试装置达到试验风量；带风机的装置试验时，调整测量设备，控制被试装置的静压为风量风压试验对应的名义值，测量装置的风量、效率、输入功率，热管型装置还需测量放置角度。

E.2.4 被测装置必须在标准要求的工况下连续稳定运行 30 min 后，才能进行测量，连续测量 30 min，按相等时间间隔(5 min 或 10 min)记录空气的各项参数，至少记录 4 次数值。

E.3 数据处理

给出各交换效率值的同时，应注明试验时的新风量、排风量和出口全压或静压损失值。

E.3.1 温度交换效率按式(E.1)计算

$$\eta_{wd} = \frac{t_{xj} - t_{xc}}{t_{xj} - t_{pj}} \times 100 \qquad \text{(E.1)}$$

式中：

η_{wd}——温度交换效率，以百分数表示；

t_{xj}——新风进风干球温度，℃；

t_{xc}——新风出风干球温度，℃；

t_{pj}——排风进风干球温度，℃。

E.3.2 湿量交换效率按式(E.2)计算

$$\eta_{sl} = \frac{x_{xj} - x_{xc}}{x_{xj} - x_{pj}} \times 100 \qquad \text{(E.2)}$$

式中：

η_{sl}——湿量交换效率，以百分数表示；

x_{xj}——新风进风含湿量，kg/kg(干)；

x_{xc}——新风送风含湿量，kg/kg(干)；

x_{pj}——排风进风含湿量，kg/kg(干)。

E.3.3 焓交换效率按式(E.3)计算

$$\eta_h = \frac{i_{xj} - i_{xc}}{i_{xj} - i_{pj}} \times 100 \qquad \cdots\cdots (E.3)$$

式中：

η_h——焓交换效率，以百分数表示；

i_{xj}——新风进风空气焓值，kJ/kg(干)；

i_{xc}——新风送风空气焓值，kJ/kg(干)；

i_{pj}——排风进风空气焓值，kJ/kg(干)。

附　录　F
（规范性附录）
装置凝露试验方法

F.1　试验设备

试验装置由两个恒温恒湿小室、空调机、测量风道组成，装置风压不足时，可加设辅助风机，见图F.1。

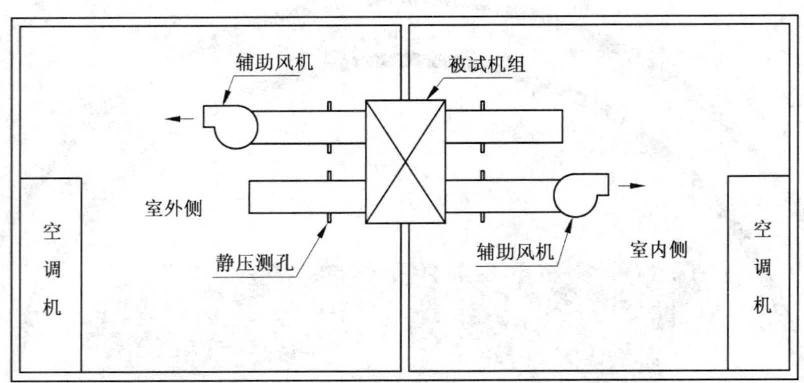

图F.1　凝露试验设备原理图

F.2　试验方法

F.2.1　按产品说明书安装装置。

F.2.2　按照标准6.1.2规定的试验工况和表5规定的试验仪表进行试验。

F.2.3　调整装置达到名义风量、静压。

F.2.4　达到工况后稳定4 h，目测检视装置室内侧有无凝露水外滴下，机内凝结水排除是否通畅。

附　录　G
（规范性附录）
装置噪声试验方法

G.1　试验设备

G.1.1　噪声测量室为全消声室或半消声室，半消声室地面为反射面。

G.1.2　测量室的声学环境应符合 GB/T 9068 的要求。

G.2　试验方法

G.2.1　按产品说明书安装装置。

G.2.2　按照标准 6.1.2 规定的试验工况和表 5 规定的试验仪表进行试验。

G.2.3　装置应置于消声室内，进出风口宜通过消声风道与室外相连。

G.2.4　噪声测量以前，装置必须预运行 15 min 以上。

G.2.5　被试装置有机外静压时，通过带有静压测孔的风道，调节被试装置出口静压值为名义值。

G.2.6　按图 G.1～图 G.6 位置进行噪声测量：

a)　壁挂式装置按图 G.1 位置测量；

b)　立式装置按图 G.2 位置测量；

c)　落地式（暗装）装置按图 G.3 位置测量；

d)　吊顶式明装装置按图 G.4 位置测量；

e)　吊顶卧式室暗装装置按图 G.5 位置测量；

f)　卡式装置按图 G.6 位置测量。

G.2.7　现场噪声测量方法参照 GB/T 9068 执行。

G.3　数据整理

按 GB/T 9068 修正。

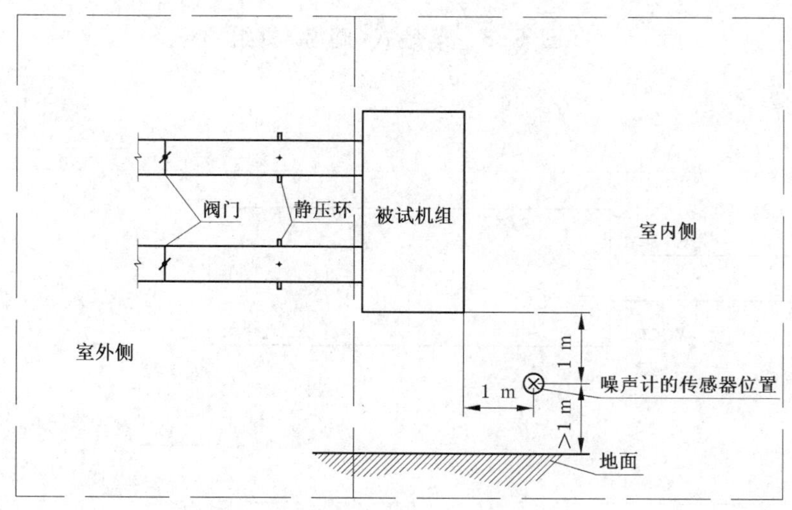

图 G.1　壁挂式机组

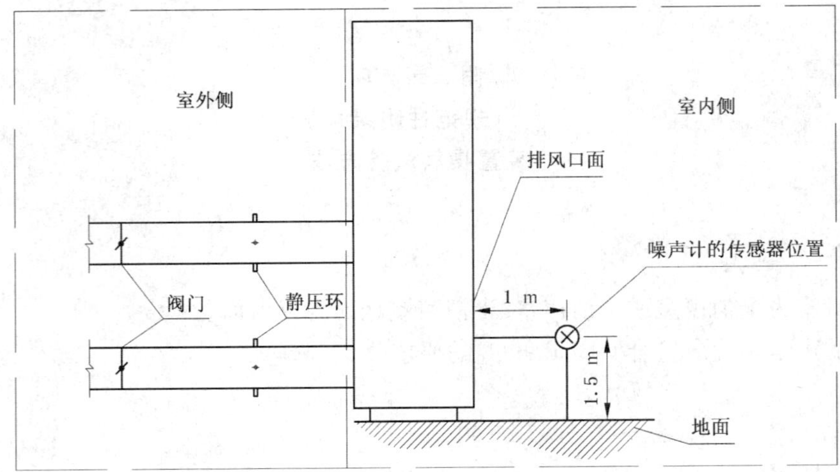

图 G.2 立式机组

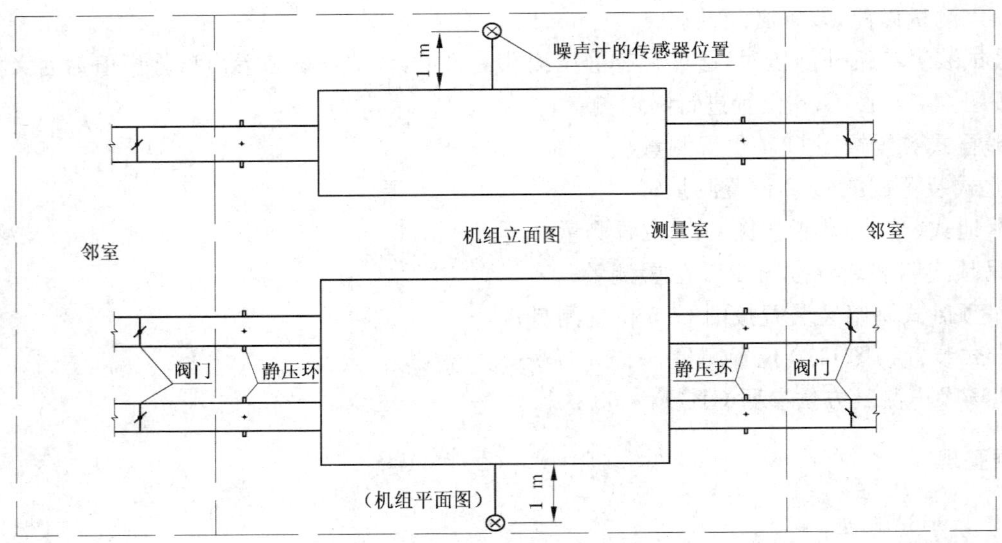

图 G.3 落地式(暗装)机组

图 G.4 吊顶卧式明装机组

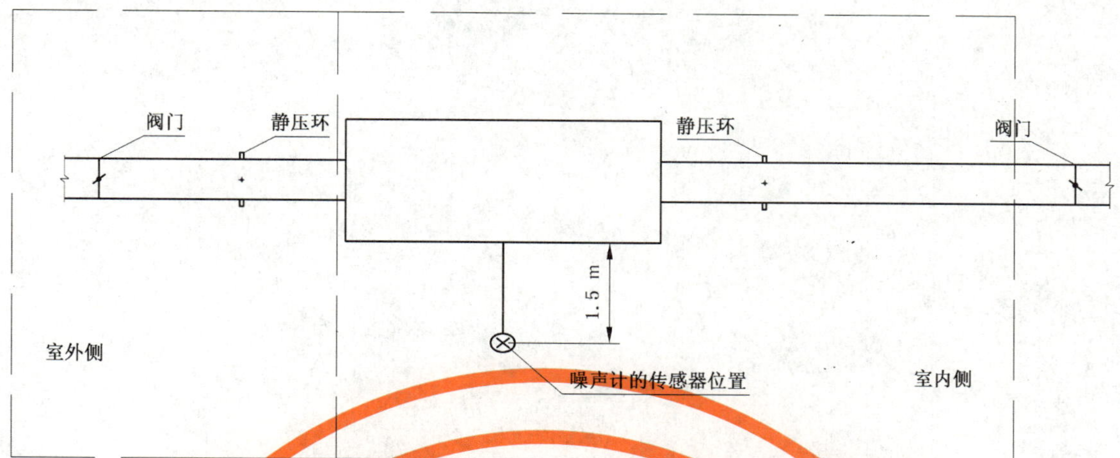

图 G.5 吊顶卧式暗装机组

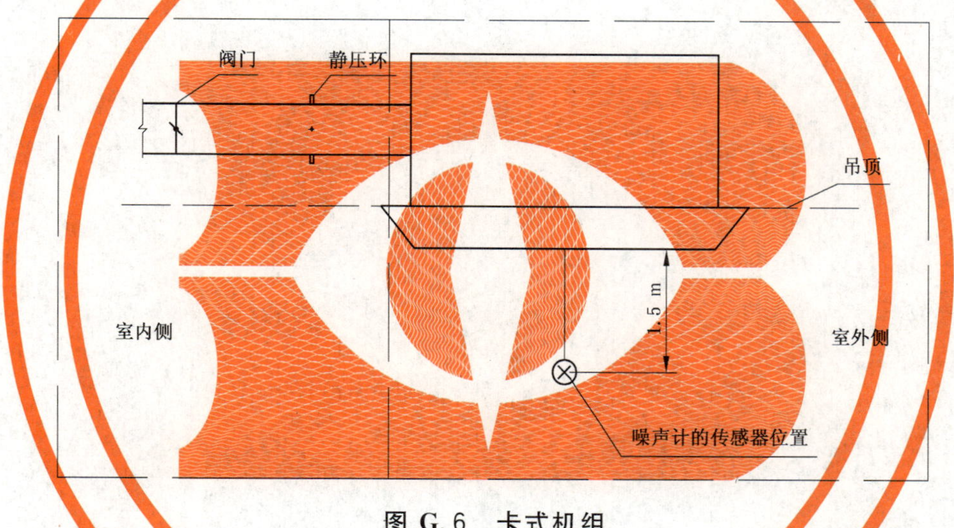

图 G.6 卡式机组

ICS 29.160.20
K 21

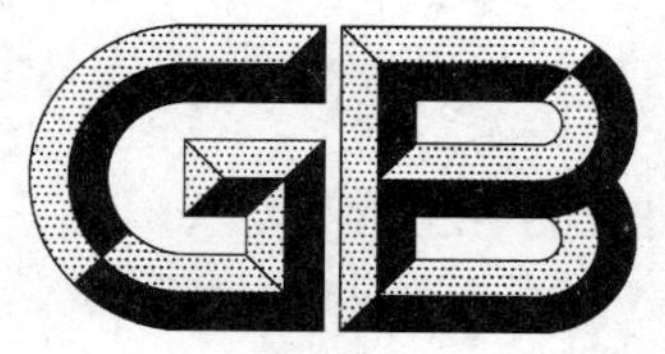

中华人民共和国国家标准

GB/T 21663—2008

小容量节能环保
隐极同步发电机技术要求

Specific requirements for small capacity cylindrical rotor synchronous machines in energy save and environment protection projects

2008-04-23 发布　　　　2008-12-01 实施

中华人民共和国国家质量监督检验检疫总局
中国国家标准化管理委员会　发布

前　言

本标准参照采用 IEC 60034-3:2005 第 5 版《圆柱形转子同步电机技术要求》。

本标准只采用了 IEC 60034-3:2005 第 5 版中的部分重要章条。

本标准附录 A 为资料性附录。

本标准附录 B 为资料性附录。

本标准附录 C 为资料性附录。

本标准附录 D 为规范性附录。

本标准由中国电器工业协会提出。

本标准由全国旋转电机标准化技术委员会发电机分技术委员会(SAC/TC 26/SC 2)归口并负责解释。

本标准负责起草单位:山东济南发电设备厂。

本标准参加起草单位:山东电力研究院、东北电力科学研究院有限公司、南京汽轮电机(集团)有限责任公司、杭州发电设备厂、四川东风电机厂有限公司、洛阳发电设备厂等单位参加起草。

本标准主要起草人:张忠海、孙树敏、王健军、丛海江、李霖、隗钢、姜兴林、王寅华、郭建、赵群、张根现、巫旭明。

小容量节能环保
隐极同步发电机技术要求

1 范围

本标准规定了小容量节能环保隐极同步发电机的基本规格系列、技术要求、试验检查项目以及标志、装箱、运输、保管等要求。

本标准适用于容量为10 MVA及以下的小容量节能环保三相隐极同步发电机，它是对GB 755《旋转电机 定额和性能》的补充。凡本标准中未规定的事项均应符合GB 755的规定。

对额定频率为60 Hz的电机，可参照本标准执行。

本标准可作为使用部门和制造部门签订技术协议时的依据。对具体产品若有特殊的要求，可由供需双方另行商定。

2 规范性引用文件

下列文件中的条款通过本标准的引用而成为本标准的条款。凡是注日期的引用文件，其随后所有的修改单(不包括勘误的内容)或修订版均不适用于本标准。然而，鼓励根据本标准达成协议的各方研究是否可使用这些文件的最新版本。凡是不注日期的引用文件，其最新版本适用于本标准。

GB/T 191 包装储运图示标志(GB/T 191—2000,eqv ISO 780:1997)

GB 755 旋转电机 定额和性能(GB 755—2000,idt IEC 60034-1:1996)

GB/T 1029 三相同步电机试验方法(GB/T 1029—1993,neq IEC 60034-2)

GB 10069.1 旋转电机噪声测定方法及限值 第1部分:旋转电机噪声测定方法(GB/T 10069.1—2006,mod ISO 61680-1:1999)

GB/T 10585 中小型同步电机励磁系统 基本技术要求

GB/T 11348.1 旋转机械转轴径向振动的测量和评定 第1部分:总则(GB/T 11348.1—1999,idt ISO 7919-1:1996)

GB/T 20160—2006 旋转电机绝缘电阻测试

GB/T 20835 发电机定子铁心磁化试验导则

GB 50150 电气装置安装工程电气设备交接试验标准

DL/T 596 电力设备预防性试验规程

JB/T 6204 大型高压交流电机定子绝缘耐电压试验规范

JB/T 7784 透平型同步发电机用交流励磁机技术条件

JB/T 8446 透平型同步发电机转子匝间短路测量方法

JB/T 8991 发电机锡焊接头检测方法

3 术语和定义

下列术语和定义与GB 755中术语一起应用。

3.1

机械起动 mechanical start

转速自零或盘车转速升至额定转速。

3.2

小容量节能环保隐极同步发电机　small capacity cylindrical rotor synchronous machines in energy save and environment protection projects

小容量节能环保隐极同步发电机是指容量为 10 MVA 及以下，主要用于城市集中供热，热电联产、余(废)热发电、高炉煤气余压透平发电(TRT)、生物质能发电以及燃气-蒸汽联合循环发电等各种能源综合利用节能环保项目上的小型隐极同步发电机。

4 总要求

4.1 规格、系列

发电机基本系列的规格见表 1。

表 1　发电机基本系列(50 Hz)

P_N 额定功率 MW	S_N 额定容量 MVA	U_N 额定电压 kV	$\cos\varphi$ 额定功率因数	η 效率(规定值) %
0.5	0.625	0.4	0.8	92.0
0.75	0.938	0.4,6.3	0.8	93.0
1	1.25	0.4,6.3	0.8	93.5
1.5	1.875	0.4,6.3,10.5	0.8	95.0
2	2.5	6.3,10.5	0.8	95.5
3	3.75	6.3,10.5	0.8	96.0
4	5	6.3,10.5	0.8	96.0
4.5	5.625	6.3,10.5	0.8	96.3
6	7.5	6.3,10.5	0.8	96.8
7	8.75	6.3,10.5	0.8	97.0
7.5	9.375	6.3,10.5	0.8	97.0
8	10	6.3,10.5	0.8	97.2

4.2 电机通风冷却型式

应优先采用空冷密闭循环通风系统。如采用开启式空冷系统，应采取措施避免因灰尘堵塞通风道。

集电环的通风系统应与发电机的分开，以避免碳粉污染电机。

4.3 使用条件

除非另有规定，电机应适合于下述现场运行条件。超出下述运行条件时，应按 GB 755 有关条款进行修正。

4.3.1　海拔

海拔不超过 1 000 m。

4.3.2　初级冷却介质温度

冷却空气温度在进水温度 33℃时，不超过 40℃。

4.3.3　运行时机内空气相对湿度应不大于 50%。

4.3.4　应采取措施以保证停机时机内相对湿度低于 50%。

4.4 电机各部分温升和温度限值

发电机在按表 1 规格、参数及 4.3 使用条件下额定运行时，其温升限值应符合 GB 755 的规定(130

级或 155 级按 130 级考核),见附录 D 表 D.2。对其他现场运行条件应按 GB 755 规定修正。

5 技术要求

5.1 额定工况

额定工况由下列有关数据给出:

a) 视在功率或功率;

b) 频率;

c) 电压;

d) 功率因数;

e) 冷却介质温度。

有时还包括现场海拔高度。

5.2 额定电压

额定电压由双方协议确定。

5.3 功率因数

在发电机出线端处的标准功率因数为迟相 0.8。

5.4 额定转速

对额定频率为 50 Hz 的电机,其额定转速为 3 000 r/min。

对额定频率为 60 Hz 的电机,其额定转速为 3 600 r/min。

5.5 运行期间电压和频率的变化

对由交流发电机供电(无论是地区供电或经电网)的交流电机,电压和频率的综合变化关系分为 A 和 B 两区,见图 1。

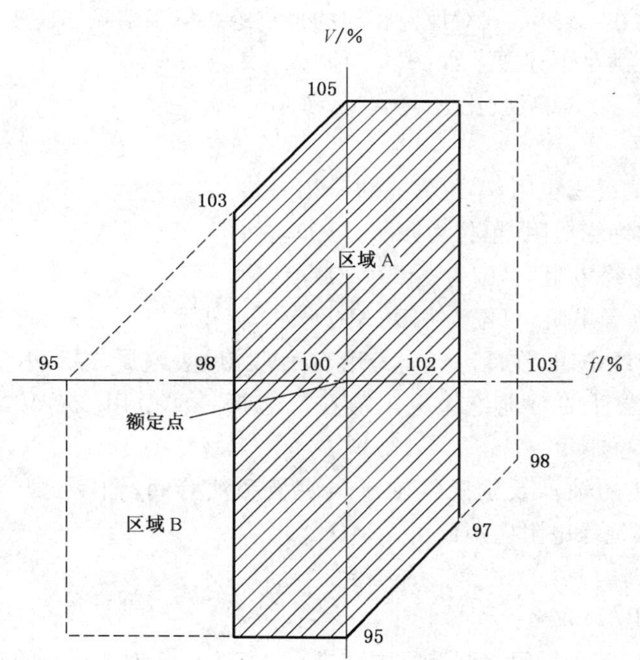

图 1 电压和频率的限值

电机应能在区域 A 内连续运行,并实现本标准所规定的基本功能,但其性能不必与额定电压和频率(见图 1 中的额定点)时的性能完全相符,可能呈现某些差异,温升可比额定电压和频率时高。

电机应能在区域 B 内运行,并实现基本功能,但性能与额定电压和频率时的差异将大于在区域 A 内运行的电机,温升可较额定电压和频率时高,并很可能高于区域 A。不推荐在区域 B 的边界上持续运行。

注1：在实际使用中，有时要求电机在区域A的边界之外运行，但应在数值，持续时间及发生频度等方面加以限制。如有可能应在合理的时间内采取校正措施，例如降低输出，这种措施可以避免因温度影响而缩短电机的寿命。

注2：本标准规定的温升或温度限值仅适用于额定运行点，当运行点逐步偏离额定点，则电机的温升或温度有可能逐步超过其限值，如电机在区域A的边界上运行，温升或温度可能要超过本标准规定的限值约达10 K。

5.6 旋转方向和相序

发电机旋转方向取决于拖动机。

除非另有协议，电机旋转方向从拖动机端向发电机看为顺时针方向，旋转方向应标识在电机上，且在出线端上用字母U、V、W表示出定子电压的时间相序，U_2、V_2、W_2表示相尾。

如果发电机有两个拖动端，功率大的一端为旋转方向的参考端。

5.7 定子绕组

定子绕组除非另有规定，一般接成Y形。不论Y形或Δ形，均应引出6个或6个以上出线端。

5.8 励磁方式和对励磁系统的要求

见GB/T 10585。

5.9 发电机额定磁场电流和电压

发电机运行在额定工况点所需的磁场电流和磁场电压。

5.10 电机绝缘

5.10.1 耐热等级

定、转子绝缘系统应采用耐热等级130(B)或130(B)以上的绝缘材料。

5.10.2 绝缘电阻

绝缘电阻测量方法见GB/T 20160。

5.10.2.1 电机定子绕组在干燥后，其对地及相间的最小绝缘电阻值见GB/T 20160中的12.3。

极化指数或吸收比应满足下述要求：

极化指数$R_{10\,\mathrm{min}}/R_{1\,\mathrm{min}} \geqslant 2$，或吸收比$R_{60\,\mathrm{s}}/R_{15\,\mathrm{s}} > 1.3$

式中：

$R_{10\,\mathrm{min}}$——10 min时的绝缘电阻，单位为兆欧(MΩ)；

$R_{1\,\mathrm{min}}$——1 min时的绝缘电阻，单位为兆欧(MΩ)；

$R_{60\,\mathrm{s}}$——60 s时的绝缘电阻，单位为兆欧(MΩ)；

$R_{15\,\mathrm{s}}$——15 s时的绝缘电阻，单位为兆欧(MΩ)。

5.10.2.2 励磁绕组的绝缘电阻，在冷态(25℃)用500 V兆欧表测量，应不小于1 MΩ。

5.10.2.3 定子埋置检温计的对地绝缘电阻值在冷态下(25℃)用250 V兆欧表测量时应不低于1 MΩ。

5.10.2.4 电机励磁机端的轴承及励磁机轴承与底板和油管间，油密封与油管间必须绝缘。当用1 000 V兆欧表测量时，其绝缘电阻应不低于1 MΩ。

5.10.3 耐电压试验

耐电压试验方法见JB/T 6204。

在交流耐电压试验前，定子绕组在制造厂内应进行$3.5U_N$，历时1 min的直流耐电压试验。

交流工频耐电压试验历时1 min，其数值符合GB 755要求，见附录D表D.1。

5.11 轴电流的防止

应采取适当的措施防止有害的轴电流，并将转轴良好地接地，电机在运行时应能测试出对地绝缘电阻值。带可控静态励磁所引起的脉冲轴电压会产生油膜损坏，应有效防范。

5.12 超速试验

转子应进行1.2倍额定转速的超速试验，历时2 min。

5.13 临界转速

发电机转子临界转速设计值应避开额定转速的85%～115%。机组轴系在按5.5规定的频率范围内应不会因临界转速引起不良振动而影响发电机的安全运行。

5.14 出力图

制造厂应提供电机出力图，该出力图表示由温度或温升或由静态稳定限制的运行极限。该图在额定电压、额定频率下画出。

图2表示一种典型的出力图。它的边界由下列因素所限制。

——曲线A表示在额定磁场电流下运行，励磁绕组温升接近恒定。

——曲线B表示在额定定子电流下运行时，定子绕组温升接近恒定。

——曲线C表示由定子端部局部发热或由静态稳定或两者共同决定的极限。

根据制造厂与订货方的商定，也可以提供在5.5规定的电压频率范围内的出力图。

发电机应运行在与所选电压、频率相应的出力图的边界以内。超出边界运行将缩短电机寿命。

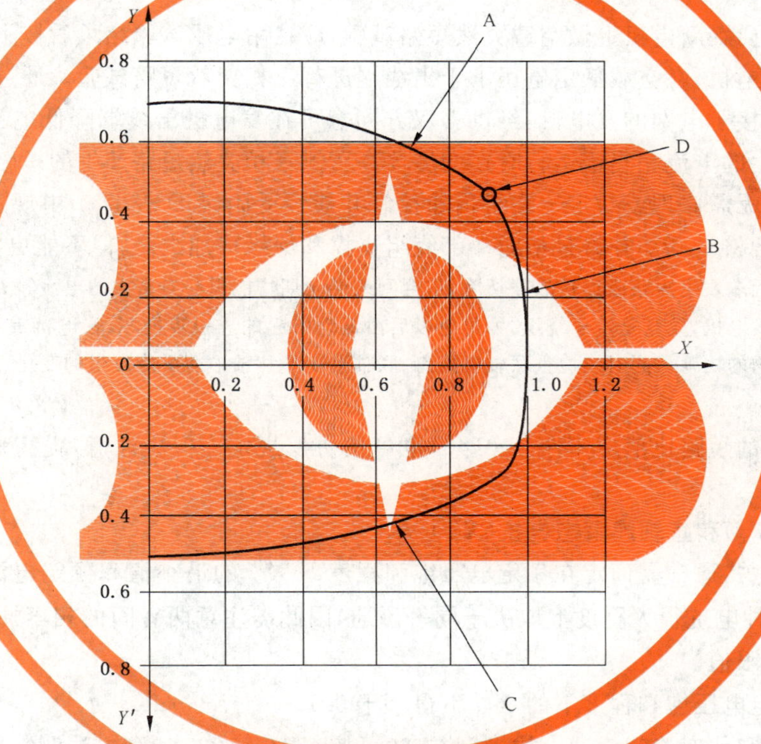

A——由励磁绕组发热限制；

B——由定子绕组发热限制；

C——由端部发热或静态稳定限制；

D——额定出力点；

X——标幺值，kW；

Y——标幺值 kVAr 滞后；

Y′——标幺值 kVAr 超前。

注：发电机可通过改变功率因数，降低进水温度等来满足拖动机的最大连续功率的要求。

图2 典型出力图

5.15 不平衡负载

电机应能承受一定数量的稳态和瞬态负序电流。当三相负载不对称，且每相电流均不超过额定定子电流(I_N)，其负序电流分量(I_2)与额定电流 I_N 之比(I_2/I_N)最大值不超过0.1时，应能连续运行。当发生不对称故障时，故障运行的$(I_2/I_N)^2$和时间 t 秒的乘积最大值应不超过15。

5.16 噪声

噪声的工程测定方法按GB 10069.1，声压级限值不超过90 dB(A)。

5.17 定子过电流

电机应能承受1.5倍的额定定子电流历时30 s而无损伤。

电机允许的过电流时间与过电流倍数以下式表示：

$$(I^2-1)t=37.5\ \mathrm{s}$$

式中：

I——定子过电流的标幺值；

t——持续时间，适用范围10 s～60 s。

注：在上述过电流工况下的定子温度将超过额定负载时的数值，电机结构设计以每年过电流次数不超过2次为依据。

5.18 突然短路

用外部方法将短路时相电流限制到不超过三相突然短路所产生的最大相电流值，则电机在额定负载和1.05倍额定电压下运行时，应能承受出线端任何形式的突然短路而不发生导致立即停机的有害变形。

如果供需双方同意要在新电机上做空载突然短路试验，应在耐电压试验结束后按下列要求进行：

与系统直接连接的电机，在空载额定电压下于出线端进行三相突然短路试验。通过变压器、电抗器(通常经分相隔离母线)接至电网的发电机，经供需双方同意可在发电机出线端降低电压进行突然短路试验，使在此电压下产生的电流相当于运行时在变压器高压侧三相突然短路产生的短路电流。

突然短路试验后如无需修理或对定子绕组稍加补修并能经受附录D表D.1中规定的耐电压值的80%，试验结果就认为合格。稍加补修是指对端部绕组支撑和绝缘略加维修，但不能更换线圈。

注：发电机运行时若近端发生短路或远端故障切除，重合闸或误同期均能引起异常大的电流和力矩。此时，为谨慎起见需彻底检查发电机，尤其是定子绕组，为避免以后由振动引起的进一步损坏，在电机重新投运前应消除任何紧固件或填充物的松弛。同时应检查联轴器螺钉、联轴器变形和轴平衡可能发生的变化。

5.19 短路比

在额定工况下规定的短路比值应不小于0.45，也可按协议规定。但应注意，提高短路比将使电机尺寸和损耗增加。

5.20 直轴瞬态电抗(X'_d)和直轴超瞬态电抗(X''_d)

电抗与运行工况有关，通常需商定在额定电压饱和程度下X''_d的最小值和额定电流不饱和程度下X'_d的最大值。由于两种电抗很大程度上取决于同一磁通，因此需注意两者间的相容性，即X''_d的上限值不能太靠近X'_d的下限值。

除非另有协议，额定电压饱和程度下的X''_d不得小于0.1。

也可商定在其他饱和状态确定上述电抗，试验方法可按GB/T 1029所列方法测定。

5.21 短路比、直轴瞬态电抗、直轴超瞬态电抗的容差

a) 限值一经确定，在被限定方向无容差，即最小值无负容差，最大值无正容差。在另一个方向的容差为30%；

b) 如规定值为额定值而不作为极限值时，则容差为±15%；

c) 如无商定的规定值，制造厂给出的额定值其容差为±15%。

5.22 转子的机械起动次数

一般情况下，转子在其使用寿命期限内，在机械上应能承受的起动次数不少于10 000次。

5.23 对励磁机的要求

交流励磁机技术要求见JB/T 7784，直流励磁机可另行商定。

5.24 短时升高电压试验

短时升高电压试验是在空载条件下，在额定励磁电流时产生的定子电压(但不超过130%U_N)下进行，试验时间为1 min。

5.25　振动限值

5.25.1　在制造厂，转子在额定转速下单独运转考核振动。在现场，机组成轴系在空载和额定状态或图2负荷下考核振动。测量轴承座振动，测量方法和要求见GB/T 11348.1。表2为轴承座振动限值。新机出厂时振动试验值应在A范围内。升降速、过临界转速或超速时的振动不得超过C范围。稳态运行中，假如轴承座振动值变化显著，即越过B值的25%，无论是增加或减小，一定要报警并采取措施查明变化的原因，必要时根据振动值作出是否停机的决定。

表2　轴承座振动限值(速度)

范　围	转速3 000或3 600(r/min)
A	3.8 mm/s
B	7.5 mm/s
C	11.8 mm/s

注：上述表2内的：

范围A：振动数值在此范围内的设备可认为是良好的并可不加限制地运行。

范围B：振动数值在此范围内的设备可以接受作长期运行。

范围C：振动数值落入此范围内，开始报警，提请注意安排维修。一般该机器还可以运行一段有限时间直到有合适机会进行检修为止。

振动数值超出C时，就瞬时跳闸。

5.25.2　轴向无止推轴承时，不考核轴承座的轴向振动值。

5.26　电压波形的不规则性　全谐波畸变(THD)

在空载额定电压和额定转速时，其线电压波形全谐波畸变应不超过5%。

5.27　定子绕组三相直流电阻允许偏差

定子绕组在冷态下，各相或各分支直流电阻之差在排除由于引线长度不同而引起的误差后应不超过其最小值的1.5%。

5.28　冷却器

除非另有规定，冷却器的进水温度按33℃。

冷却器设计水压对空气冷却器不小于0.17 MPa(表压)。试验压力为1.5倍最大设计压力，历时15 min。

如果冷却器水压由压力比冷却器设计压力高的水源经阀门或减压装置控制，冷却器应按水源压力设计，试验水压为水源压力的1.5倍，水源压力值应由用户提供。

带两个或两个以上冷却器的发电机，冷却器应设计成如其中一个冷却器因故而停止运行时，发电机至少应能带2/3(或者双方商定的其他比例)的额定负荷连续运行，此时电机有效部分的温度不超过允许值，且冷却气体的进风温度可高于设计值。

注：在冷却水中加化学品如盐或乙二醇会影响冷却性能。

5.29　轴承出油温度和轴瓦温度的限值

轴承出油温度不超过65℃，轴瓦温度报警值不超过80℃。

5.30　发电机各部分检温

5.30.1　定子绕组检温

每相定子绕组层间至少应埋置1支检温计。这些检温计应与被冷却物良好接触，检温计在满足电气要求的情况下尽可能靠近线圈出风口。

5.30.2　定子铁心检温

在预计的定子铁心热点应埋置检温计，其数量不少于3个。

5.30.3　冷却介质检温

在发电机的两端冷风区各装1个电阻温度计。

在发电机的热风区装1个检温计。

5.30.4 **轴承检温**

各轴承上均应装置测量出油温度的温度计,并在出油管上设有视察窗。在轴瓦上还必须具备安装遥测温度和极限信号设施的可能性。

5.31 **失磁运行**

发电机失磁后应在60 s内将负荷降至60%,90 s内降至40%,总的失磁运行时间不超过15 min。

5.32 **试验检查项目和验收规则**

除非另有规定,本标准中试验项目所涉及的试验方法见GB/T 1029。

5.32.1 制造厂型式试验和检查试验项目

*a) 绕组、埋置电阻检温计和绕组相间及轴承等对地的绝缘电阻测定见GB/T 20160;

*b) 绕组和电阻检温计在实际冷状态下直流电阻的测定;

*c) 定子铁心磁化试验;试验方法和限值见GB/T 20835;

*d) 转子动平衡和超速试验,见GB/T 11348.1;

*e) 耐电压试验见JB/T 6204;

*f) 转子匝间绝缘状态判定,见JB/T 8446;

*g) 定子绕组接头采用锡焊结构的电机应按JB/T 8991进行检测;

*h) 空载特性的测定;

*i) 稳态短路特性的测定;

j) 效率测定;

k) 突然短路机械强度试验(参见5.18);

l) 全电压谐波畸变的测定;

m) 电抗和时间常数的测定;

*n) 短时升高电压试验;

*o) 无励磁时的一般机械检查,并测定轴承油温和振动值;

p) 噪声测定见GB 10069.1;

q) 温升试验(在安装地点进行);

*r) 短时过电流试验;

s) 额定励磁电流和电压调整率的测定(在安装地点进行);

*t) 定子绕组端部手包绝缘施加直流电压的测量,见DL/T 596。

注:带*的为检查试验项目。

5.32.2 电机开箱后,安装前由订货方、制造厂、安装单位共同进行清洁度检查以确认机内无异物存在。

5.32.3 安装后交接试验项目见GB 50150,至少应包括:

a) 绕组、埋置电阻检温计、轴承对地绝缘的绝缘电阻的测定;

b) 绕组和电阻检温计在实际冷态下直流电阻的测定;

c) 空载特性和稳态短路特性的测定;

d) 耐电压试验,试验电压为附录D表D.1规定值的80%;

e) 短时升高电压试验;

f) 发电机冷却系统试验;

g) 测量轴电压;

h) 机械检查、测定轴承油温、轴承振动;

i) 转子匝间绝缘状态判定;

j) 同[5.32.1中的*t)项]。

5.32.4 产品合格证

制造厂产品质量管理部门在电机出厂时作出检查结论，填入产品合格证。产品合格证与电机一起装箱。

5.33 铭牌、出品编号

5.33.1 电机铭牌

电机铭牌应标明项目如下：

a) 产品名称；

b) 制造厂名；

c) 产品标准；

d) 电机型号；

e) 制造厂出品编号；

f) 接线法；

g) 出品年月；

h) 额定频率(Hz)；

i) 额定容量(MVA)；

j) 额定功率(MW)；

k) 额定定子电压(V 或 kV)；

l) 额定定子电流(A 或 kA)；

m) 额定功率因数(cosφ)；

n) 额定励磁电流(A)；

o) 额定转速(r/min)；

p) 绝缘耐热等级/使用等级。

5.33.2 出品编号

出品编号应打印在汽端联轴器端的转子端面上。

5.34 装箱、运输、保管

5.34.1 装箱及运输

根据不同需要，有两种不同的装箱等级：一般包装和密封包装。长时间海运和在湿热气候下运输时，定、转子应采用密封包装或有防潮措施。运输时应根据国家、行业标准中有关规定妥善包装，良好固定，以防止在运输过程中发生滑移和碰坏。在包装箱的适当位置应有下列标记(其图形应符合GB/T 191的规定)：

a) 产品名称和型号；

b) 毛重和净重(kg 或 t)；

c) 制造厂名、地址；

d) 收货单位和到站；

e) 注意事项及其他标记等。

5.34.2 保管

对转子表面应采取防锈措施。电机各种进、出口法兰应妥善封盖。最低保管温度为5℃，低于5℃时应采取措施。

5.35 成套供货范围

见附录A(资料性附录)。

5.36 备品备件

见附录B(资料性附录)。

5.37 随机安装图样及技术文件

见附录C(资料性附录)。

5.38 保证期

在用户按本标准和安装使用维护说明书的规定正确地使用与存放的情况下,制造厂应保证发电机在使用的一年内,但从制造厂起运的日期始不超过二年的时间内能良好地运行。两条件以先到为准,在此规定的时间内,如电机因制造质量不良而发生损坏或不能正常工作时,制造厂应无偿地为用户修理(或更换)零件(或电机)。

5.39 可靠性

如供需双方认为有必要时可在合同内规定产品可靠性指标。新机投运一年后应进行全面检查。发电机的设计使用寿命必须不小于30年。

附 录 A
（资料性附录）
成套供货范围

发电机供货范围应按合同执行，应包括以下各项。

A.1 发电机本体。

A.2 励磁机（如交流励磁机还应带整流装置）或自励系统的整流变压器和整流装置。

A.3 励磁机到集电环的电缆或母线。

A.4 自动调节励磁装置。

A.5 自动灭磁和转子过电压保护装置（无刷励磁系统除外）。

A.6 直流励磁机的磁场变阻器和强行励磁装置（如果用直流励磁机的话）。

A.7 冷却器（如果有需要）。

A.8 拆装时所需的特殊工具（对每个电站同型机只在第一台发货时供给一套）。

A.9 备品和备件（见附录B）。

A.10 安装图样及技术文件（附录C）。

测量轴承座振动的拾振器（VPU）由拖动机制造厂提供。联轴器一般由拖动机制造厂提供。如订货方所需的成套范围与上述规定有差异可由订货方和制造厂另行商定。

附 录 B
（资料性附录）
备品和备件

备品和备件应按合同确定，但应包括以下各项。

B.1 对有刷励磁电机每台供刷盒 2 个，电刷 1/2 台份。

B.2 发电机每种轴瓦各 1 个。

附 录 C
（资料性附录）
随机安装图样及技术文件

随机安装图样及技术文件由供需双方合同确定，但应包括以下项目。

C.1 产品合格证2份，包括下列测量和试验检查记录：

a) 定、转子绕组的直流电阻值；

b) 绕组对地及相间的绝缘电阻值；

c) 耐电压试验结果（包括直流耐压数据）；

d) 空载特性；

e) 稳态短路特性；

f) 损耗和效率（可提供同型电机型式试验值）；

g) 转子超速试验记录；

h) 埋置检温计的检查记录；

i) 冷却器的水压记录；

j) 定子铁心磁化试验记录；

k) 不同转速下，励磁绕组的交流阻抗。

C.2 产品说明书。

C.3 装箱明细表。

C.4 产品图样每台供应2份，但每个电站同一规格机组第一台供应3份，每份应包括下列图样：

a) 安装、外形图；

b) 总装图；

c) 定子装配图；

d) 定子绕组接线图；

e) 转子装配图；

f) 轴承装配图；

g) 电机测温装置布置图；

h) 冷却器装配图。

C.5 励磁系统的图纸文件另供。

附　录　D
（规范性附录）
同步发电机耐电压试验限值及温升限值

本标准正文中引用了 GB 755—2000《旋转电机　定额和性能》如下部分：

表 D.1　交流工频耐电压试验值

项　　号	电　机　部　件	试验电压（有效值）
1	定子绕组	1 000 V ＋2 倍额定电压
2	磁场绕组	额定磁场电压 350 V 及以下： 10 倍额定磁场电压，最低为 1 500 V
3	励磁绕组主回路内的电器组件	额定磁场电压 350 V 及以下： 10 倍额定磁场电压，最低为 1 500 V

表 D.2　发电机温升限值

部　　件	测量位置和测量方法	冷却介质为 40℃ 时的温升限值(K)
定子绕组	槽内上下层线圈间埋置检温计法	85
转子绕组	电阻法	90
定子铁心	埋置检温计法	80
集电环	温度计法	80
不与绕组接触的铁心及其他部件	这些部件的温升在任何情况下都不应达到使绕组或邻近的任何部位的绝缘或其他材料有损坏危险的数值	

ICS 25.200
J 36

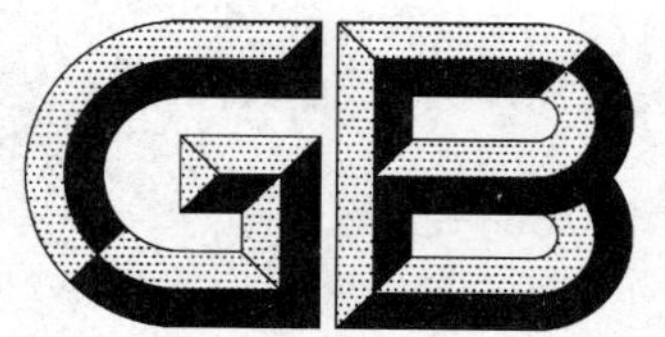

中华人民共和国国家标准

GB/T 21736—2008

节能热处理燃烧加热设备技术条件

Technical specifications of energy-saving combustion devices for heat treating

2008-05-07 发布　　2008-11-01 实施

中华人民共和国国家质量监督检验检疫总局
中国国家标准化管理委员会　发布

前 言

本标准的附录 A 为规范性附录。

本标准由中国机械工业联合会提出。

本标准由全国热处理标准化技术委员会(SAC/TC 75)归口。

本标准起草单位:北京机电研究所、中国热处理行业协会、中国机械工程学会热处理分会。

本标准主要起草人:樊东黎、徐跃明、贾洪艳。

节能热处理燃烧加热设备技术条件

1 范围

本标准规定了用于金属热处理加热的高效燃烧设备的必备技术条件。

本标准适用于气体和液体燃料为能源的高效热处理加热设备。

2 规范性引用文件

下列文件中的条款通过本标准的引用而成为本标准的条款。凡是注日期的引用文件,其随后所有的修改单(不包括勘误的内容)或修订版均不适用于本标准,然而,鼓励根据本标准达成协议的各方研究是否可使用这些文件的最新版本。凡是不注日期的引用文件,其最新版本适用于本标准。

GB/T 7232 金属热处理工艺术语

GB/T 9452 热处理炉有效加热区测定方法

GB/T 12603 金属热处理工艺分类及代号

GB/T 13324 热处理设备术语

GB 15735 金属热处理生产过程安全卫生要求

GB/T 17358 热处理生产电能消耗定额及其计算和测定方法

GB/Z 18718 热处理节能技术导则

GB/T 19944 热处理生产燃料消耗定额及其计算和测定方法

3 术语和定义

GB/T 7232、GB/T 13324、GB/Z 18718 确立的以及下列术语和定义适用于本标准。

3.1

一次能源 primary energy

直接从自然界获得,而且可以直接应用的燃料或动力。一般指煤炭、石油、天然气等化石燃料以及水力能。

3.2

二次能源 secondary energy

通常指一次能源经过加工制得,使用更方便、价值更高的能源,如汽油、柴油、煤气和电力等。

3.3

温室气体 greenhouse gases

太阳热辐射穿透大气,使地表温度升高。地表热能以长波方式向外辐射。此辐射又被大气中的二氧化碳和水蒸气吸收,使大部分长波辐射能被阻留在地表和下层大气,形成温室效应,造成全球性危害。大气中的二氧化碳和水蒸气被称为温室气体。

3.4

热值 calorific value

单位质量(或体积)的燃料完全燃烧时放出的热量,有高热值和低热值之分。高热值是燃料燃烧热和水蒸气冷凝热的总和(燃烧总热值);低热值是燃烧总热量减去冷凝热的差数(只是燃料的燃烧值)。固体和液体燃料的热值以 kJ/kg 表示,气体燃料的热值以 kJ/m^3 表示。

3.5

燃料炉热利用系数　heat utilization coefficient

保留在炉膛内热量与所有输入炉内热量的比值(空炉测量或计算)。

3.6

炉子热效率　furnace calorific efficiency

加热工件的有效热量和所用燃料低热值的体积分数。

3.7

单位热耗指标　specific heat consumption

加热 1 kg 金属所需热量,一般以 kJ/kg 表示。

3.8

离炉烟气　exhaust fume

燃料炉排出炉外,带有大量热的燃烧气体产物。

4　燃料的选择

4.1　液体(重油、柴油)和气体(天然气、液化石油气)燃料从能源利用率角度比用电高。因地制宜,适当地提倡热处理炉用燃料加热从节能和降低生产成本考虑是可取的。

4.2　在所有燃料中用天然气最便宜和方便。天然气又是产生温室气体最少的燃料(见附录 A 表A.1)。在天然气供应充足的地区,热处理能源应优先选择天然气。

4.3　用煤直接燃烧加热对环境危害大,炉温不易控制,且不符合煤的综合利用原则,不提倡煤作为热处理能源。

4.4　用电比用燃料简便,温度容易控制,在水电、核电资源丰富,电价较便宜地区,用电作为热处理能源也是一种正确选择。

5　热处理炉型选择

5.1　根据各种炉型的炉底热强度指标计算燃料消耗(见附录 A 图 A.1 及表 A.2)作为选择燃烧加热炉的依据之一。

5.2　根据各种炉型的工件单位热耗指标(见附录 A 表 A.3、表 A.4、表 A.5)作为选择燃烧加热炉的依据之二。

6　节能热处理燃烧炉的必备条件

6.1　燃料炉的热效率必须保证在 30%以上。

6.2　燃料炉正常燃烧的空气过剩系数应控制在 1.05～1.20 范围(见附录 A 图 A.2、图 A.3 及表 A.5)。

6.3　燃料炉必须配备利用离炉烟气废热的空气预热器,空气预热温度应符合表 1 要求(见附录 A 图 A.4),其结构原理参见附录 A 图 A.5。

6.4　燃料炉开式燃烧器推荐用高速烧嘴见附录 A 图 A.6,以提高炉温均匀性。其炉温均匀性应达到 GB/T 9452 中热处理炉按保温精度分类及其技术要求的规定。

6.5　热处理燃料炉应采用轻质耐火绝热炉衬,以减少炉子蓄热和散热损失(见附录 A 图 A.9)。炉子外壁温升不应超过 50℃。

6.6　热处理燃料炉推荐采用配备蜂窝蓄热再生式空气预热的双向交替工作烧嘴和辐射管(见附录 A 表 A.6、图 A.7、图 A.8),力图使能源利用率达到 80%以上。

6.7　采用离炉烟气废热多次利用措施,除用于较低温度热处理设备外,尚可用于清洗、烘干等辅助工序,以及蒸汽锅炉、洗浴、烹饪等生活设施。

7 燃烧炉的环境保护、安全卫生要求

7.1 燃料的安全使用应满足GB 15735关于易燃易爆物注意事项和人员健康影响的规定。

7.2 提高燃料炉空气预热温度的节约燃料效果显著(见表1和附录A图A.4)。但在提高温度的同时,必须采取有效措施(见附录A图A.10～图A.12),以保证离炉烟气中的NO_x不超过GB 15735规定的限量。

表1 规定的空气预热温度和燃料节约效果

烟气温度/℃		800			1 000		1 200			
规定的最低空气预热温度/℃		300			400		500			
空气预热温度/℃		200	300	400	200	400	200	400	500	600
节约燃料体积分数(参考值)/%	发生炉煤气	9.0	12.5	14.0	10.5	18.8	12.50	22.0	25.1	28.2
	重油	7.7	11.5	15.3	9.2	18.2	11.10	21.8	25.8	29.8

附　录　A
（规范性附录）
燃料燃烧的各种指标

A.1　燃料燃烧的各种指标见表 A.1～表 A.6 及图 A.1～图 A.12。有关热处理工艺的分类的规定，应符合 GB/T 12603 的要求。有关电能消耗及燃料消耗的计算应符合 GB/T 17358 及 GB/T 19944 的要求。

表 A.1　各种燃料燃烧时排出的 CO_2 量

燃料	产生 41 900 kJ(10 000 kcal)热时的 CO_2 排出量/kg	以天然气作为 100 时的指数
天然气	2.11	100
液化气	2.43	115
煤油	2.81	133
A 型重油	2.95	140
C 型重油	2.98	141
煤	3.98	189

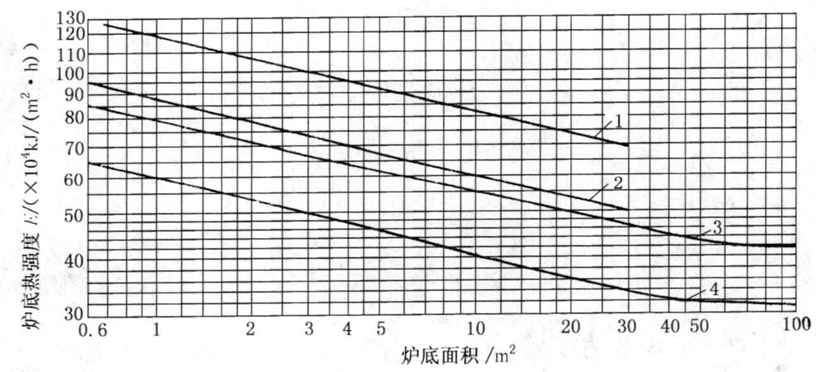

1——炉温 950℃燃煤热处理炉；

2——炉温 550℃～650℃燃煤热处理炉；

3——炉温 950℃燃油、燃煤气热处理炉；

4——炉温 550℃～650℃燃油、燃煤气热处理炉。

图 A.1　箱式及台车式炉炉底热强度指标

表 A.2 热处理炉的炉底热强度

炉 型	炉底最大热强度/(kJ・m^{-2}・h^{-1})	炉底平均热强度/(kJ・m^{-2}・h^{-1})
箱式炉	8.37×10^5	5.86×10^5
台车式炉(<10 m^2)	8.37×10^5	5.86×10^5
台车式炉(10 m^2~30 m^2)	6.28×10^5	5.86×10^5
台车式炉(>30 m^2)	5.23×10^5	4.31×10^5
坑式炉	5.23×10^5	3.14×10^5
井式炉(高 4 m~20 m),<700℃	$(1.00\sim1.67)\times10^5$	$(0.500\sim0.837)\times10^5$
井式炉(高 4 m~20 m),700℃~1 000℃	$(1.67\sim2.10)\times10^5$	$(0.837\sim1.047)\times10^5$

注 1:根据炉底(或容积)最大热强度算出的燃料消耗能量最大炉子最大消耗量。

注 2:较小的炉子用上限,较大的炉子用下限。

注 3:井式炉为容积热强度[kJ/(m^3・h)]。

表 A.3 热处理燃料炉工件单位重量燃料消耗

热处理工艺	炉型	炉温/℃	工件单位燃料消耗[a]/(kJ m^{-3}・kg^{-1})	热效率[b]/%
正火及淬火	箱式炉	800~850	3 000~2 810	12~17
		860~880	3 500~4 350	
	推杆式炉	800~850	2 500~3 264	18~22
		860~880	3 000~3 810	
	辊底式炉	800~850	3 000~3 810	12~17
		860~880	3 500~4 350	
	转底式炉	800~850	2 500~3 264	18~25
		860~880	3 000~3 810	
	台车炉	850~880	3 500~4 350	10~18
	井式炉	850~880	3 000~3 810	12~17
退火[c]	箱式炉	850~870	3 000~4 350	10~12
	台车炉	850~870	3 500~4 898	8~15
	罩式炉	920~1 100	—	15~20
回火	箱式炉	450~650	1 500~2 177	12~17
	箱式炉	180~200	500~816	—
	推杆式炉	400~650	1 250~1 632	18~22
	辊底式炉	450~650	1 500~2 177	12~17
固体渗碳	箱式炉	900~920	8 000~9 251	12~18
	推杆式炉		7 500~8 707	15~22
	旋转罐式炉		7 500~8 707	15~20
气体渗碳	井式炉	900~950	5 000~6 530	18~20
	推杆式马弗炉		4 000~4 898	18~22
	推杆式无马弗炉		4 000~4 898	20~25

[a] 燃料用低落热值 Q_d=36 000 kJ/m^3 的天然气。

[b] 不预热空气。

[c] 退火时间小于 24 h。

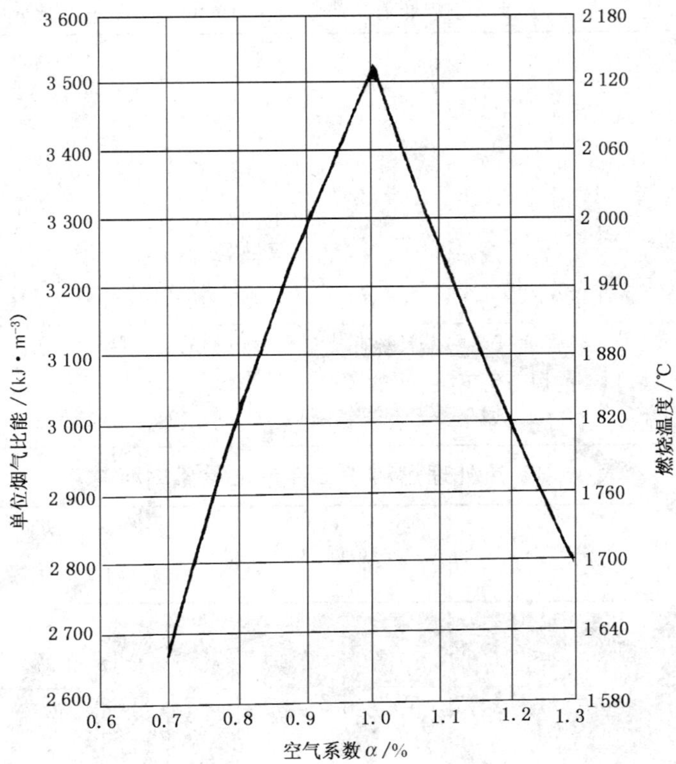

图 A.2 空气系数与燃烧温度的关系

表 A.4 热处理炉工件单位热消耗量

热处理工艺及炉子类型		加热温度/℃	工件单位热消耗量 q /(kJ·kg^{-1})
回火	箱式炉 输送带式炉	550	1 465～2 093 1 046～1 674
淬火、退火及正火	箱式炉 转底式炉 推杆式炉 输送带式炉 台车式炉 辊底式炉	800～925	2 093～4 186 2 093～3 348 3 140～4 186 2 512～3 767 3 358～4 186 2 093～3 140
渗碳	箱式炉 推杆式炉	900	5 023～6 279 4 186～5 023

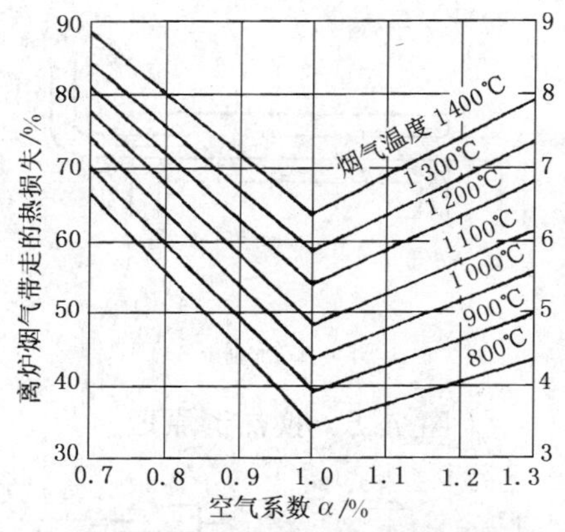

图 A.3 空气系数与离炉烟气带走热损失的关系

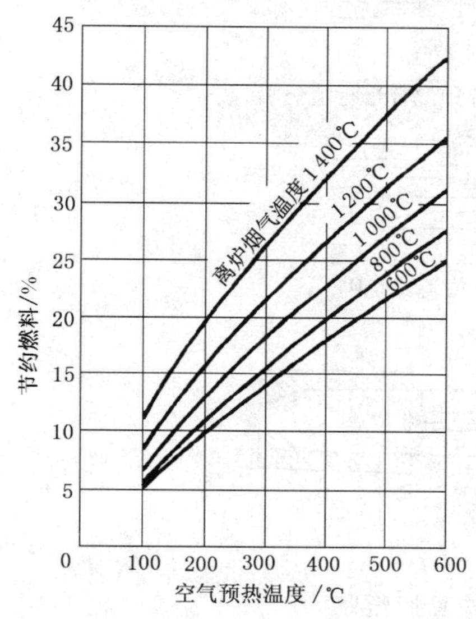

a) 燃料油 Q_d=40 200 kJ/m³

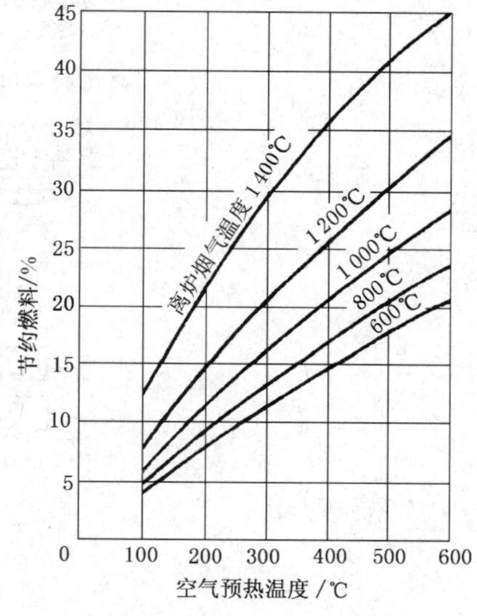

b) 发生炉煤气 Q_d=5 650 kJ/m³

图 A.4 空气预热温度与燃料节约率的关系

表 A.5 降低空气系数后的燃料节约率

离炉烟气温度/℃	原始空气系数 α /%	降低后的空气系数 α′/%			
		1.3	1.2	1.1	1.0
700	1.4	3.76	7.26	10.5	13.5
	1.3	—	3.65	7.01	10.1
	1.2	—	—	3.48	6.74
	1.1	—	—	—	3.38
900	1.4	5.94	11.27	16.0	20.2
	1.3	—	5.66	10.7	15.2
	1.2	—	—	5.29	10.1
	1.1	—	—	—	5.04
1 100	1.4	9.43	17.3	23.8	29.4
	1.3	—	8.67	15.9	22.1
	1.2	—	—	7.91	14.7
	1.1	—	—	—	7.36

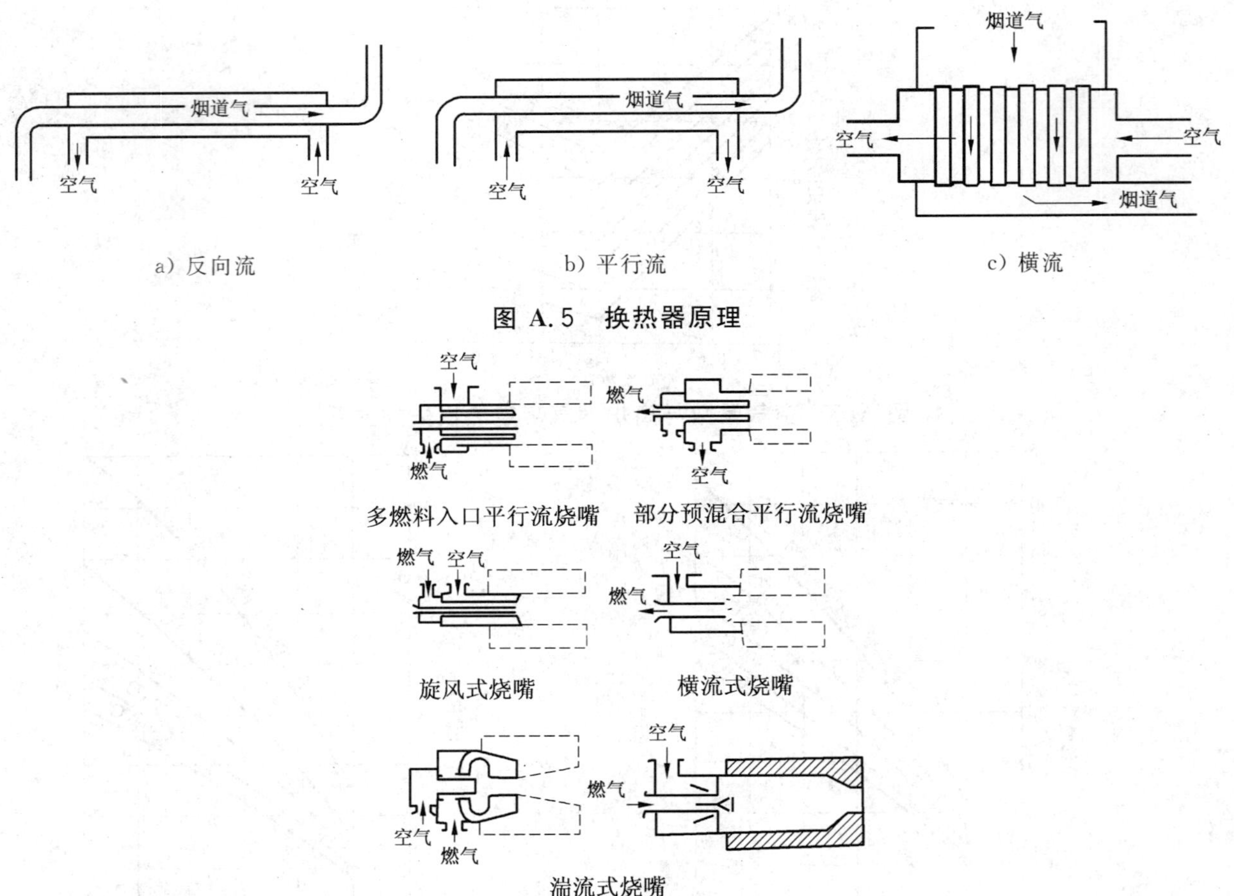

图 A.5 换热器原理

图 A.6 几种直燃式高速烧嘴

表 A.6 火焰辐射管类型及热工特性

名称	形状	表面负荷/（kJ/cm²·h）	热效率/%	特点	用途
直管型		12～21	40～50	结构简单，使用方便，热效率低	用于炉温 1 000℃以下的室式或连续式炉，垂直安装
套管型		12～21	60～75	结构复杂，内套管材要求高，造价高，热效率高	用于炉温 1 000℃以下的室式、井式或连续式炉，垂直安装
U型		12～17	55～65	结构较简单，应用普遍，空气、煤气便于预热，效率较高	用于炉温 1 000℃以下的各种炉型，水平安装
W型		12～15	65～65	用一个烧嘴得到较大的传热面积，热效率较高	一般用于炉温 900℃以下的各种立式炉、回转式炉等，水平安装

表 A.6（续）

名称	形状	表面负荷/(kJ/cm²·h)	热效率/%	特点	用途
O型		12～15	50～60	其结构随炉型而定。制造复杂，温度分布不均	用于炉温900℃以下的罩式炉，水平安装
P型		3～16	50～60	烟气再循环。结构复杂，制造困难，热应力大，寿命较低	同U型管，较少采用
三叉型		16～21	60～65	两个燃嘴共用一个排气管，燃烧能力强，温度分布较均匀，是新型的辐射管	同U型管，加热能力强

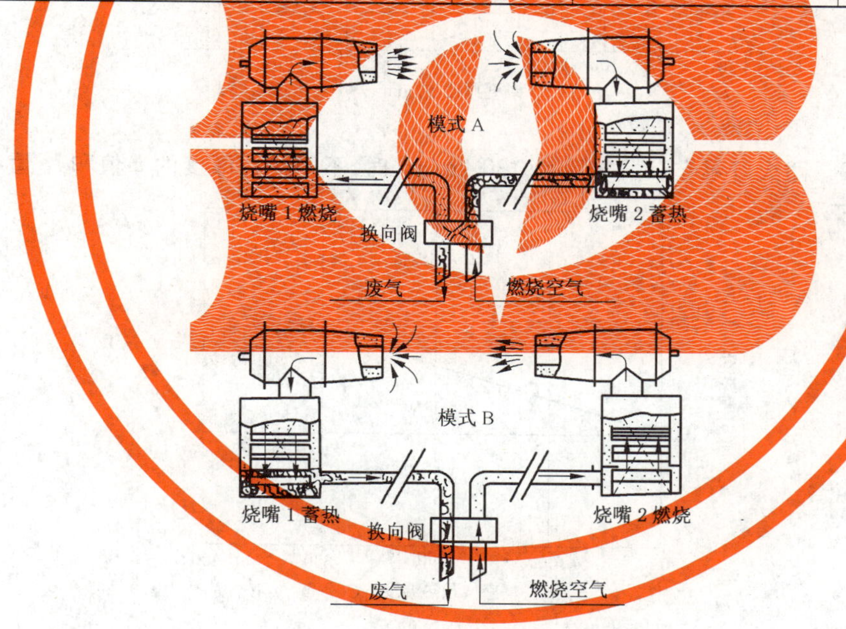

图 A.7 再生燃烧器燃烧过程示意图

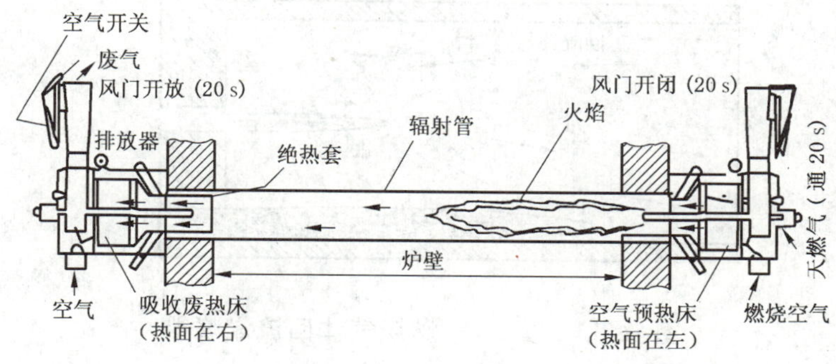

图 A.8 再生式双向交替燃烧辐射管

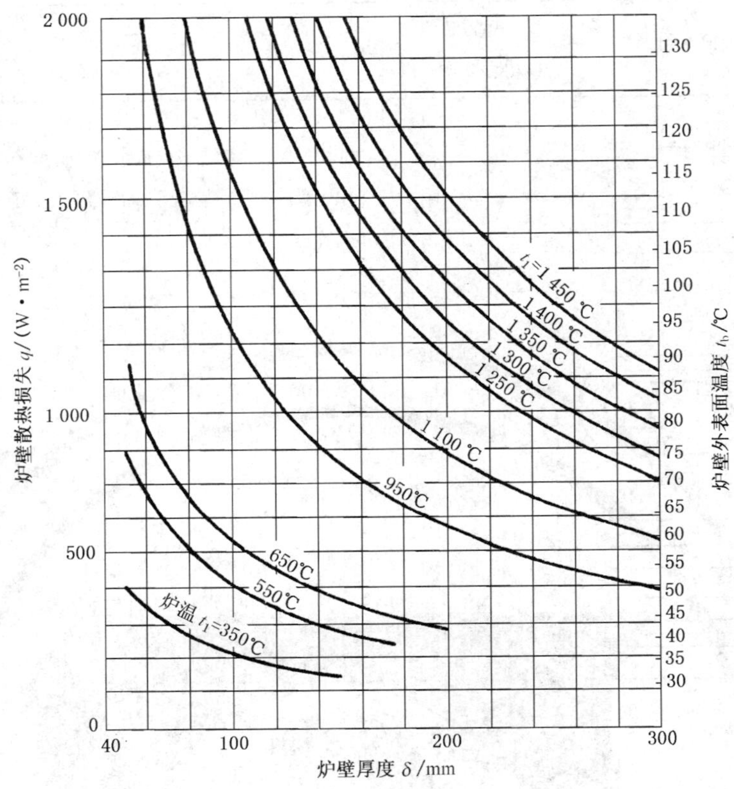

图 A.9 耐火纤维毡(毯)密度为 130 kg/m^3 时,不同炉衬厚度的 q 值和 t_b 值

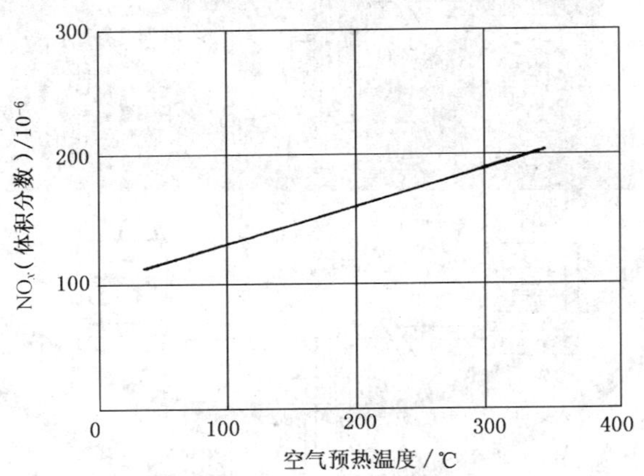

图 A.10 空气预热温度对离炉烟气中 NO_x 量的影响

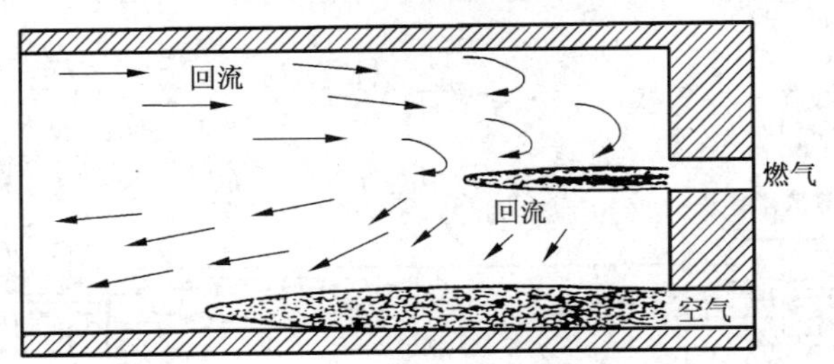

图 A.11 少 NO_x 燃烧气体回流燃烧器

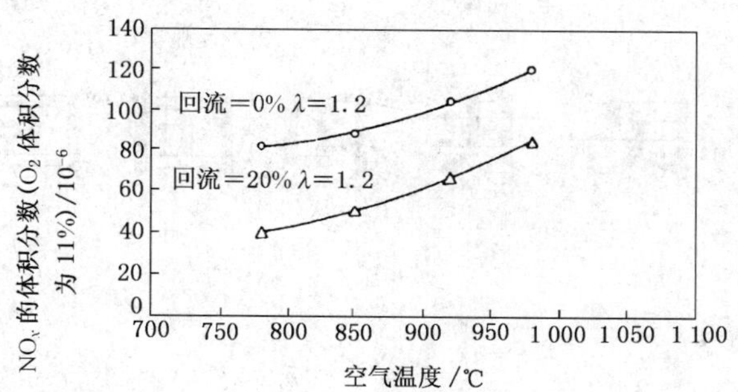

图 A.12 烟气再循环燃烧和 NO_x 含量的关系

ICS 29.120.10
K 65

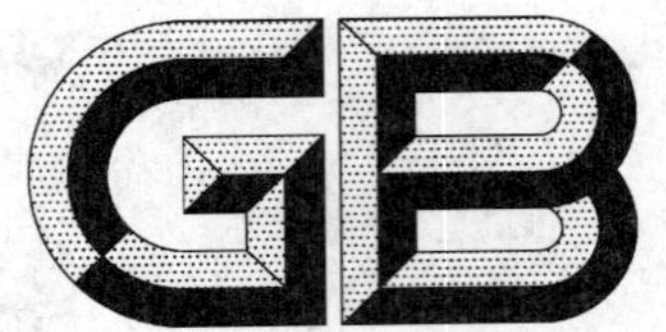

中华人民共和国国家标准

GB/T 23639—2009

节能耐腐蚀钢制电缆桥架

Energy conservation and corrosion-resistant steel-madecable support system

2009-04-21 发布 2009-11-01 实施

中华人民共和国国家质量监督检验检疫总局
中国国家标准化管理委员会 发布

前　言

本标准的附录 A、附录 B、附录 C、附录 D、附录 E、附录 F 为规范性附录；附录 G 为资料性附录。

本标准由中国电器工业协会提出。

本标准由全国电器附件标准化技术委员会(SAC/TC 67)归口。

本标准负责起草单位：镇江万奇电器设备有限公司。

本标准参加起草单位：扬中市产品质量监督检验所、大全集团桥架有限公司、江苏海纬集团公司、镇江市丰华电器制造有限公司、广州市番禺天虹工业开发有限公司。

本标准主要起草人：马纪财、江波涛、罗怀平、崔静、戴中怀、朱建军、谭俊甫、张跃进、姚永连、黎达坚。

引　言

为了应对全球气候变化和节能减排工作的极端重要性和紧迫性，为了大力推进节约能源资源技术进步，加快节能产品的推广使用，编制《节能耐腐蚀钢制电缆桥架》标准。

本标准规定的节能耐腐蚀钢制电缆桥架，设计上采用凹凸瓦楞结构等，在保证产品机械强度的基础上，降低了板材使用厚度，节省了大量的钢材；用于独特的构造，使散热面积增大，充分利用热传导和热交换技术来改善桥架内电缆运行的温度环境，降低了线路的损耗，达到了节能减排的目的；产品的表面防腐处理采用了金属覆盖层复合气相缓蚀（VCI）无机涂层等新技术，提高其耐腐蚀性能。

节能耐腐蚀钢制电缆桥架

1 范围

本标准规定了节能耐腐蚀钢制电缆桥架的术语和定义、分类、要求、试验方法、检验规则、标志、包装、运输和贮存。

本标准适用于工业与民用建筑敷设电缆用节能耐腐蚀钢制电缆桥架(以下简称桥架)。

本标准不适用于不锈钢制电缆桥架。

2 规范性引用文件

下列文件中的条款通过本标准的引用而成为本标准的条款。凡是注日期的引用文件,其随后所有的修改单(不包括勘误的内容)或修订版均不适用于本标准,然而,鼓励根据本标准达成协议的各方研究是否可使用这些文件的最新版本。凡是不注日期的引用文件,其最新版本适用于本标准。

GB/T 700—2006　碳素结构钢(ISO 630:1995,NEQ)

GB/T 912—1989　碳素结构钢和低合金结构钢热轧薄钢板及钢带

GB/T 1720—1979　漆膜附着力测定法

GB/T 1804—2000　一般公差　未注公差的线性和角度尺寸的公差

GB/T 4956—2003　磁性基体上非磁性覆盖层　覆盖层厚度测量　磁性法(ISO 2178:1982,IDT)

GB/T 9274—1988　色漆和清漆　耐液体介质的测定

GB/T 10125—1997　人造气氛腐蚀试验　盐雾试验

GB/T 11253—2007　碳素结构钢冷轧薄钢板及钢带

GB/T 16585—1996　硫化橡胶人工气候老化(荧光紫外灯)试验方法

GB/T 21762—2008　电缆管理　电缆托盘系统和电缆梯架系统(IEC 61537:2006,IDT)

3 术语和定义

下列术语和定义适用于本标准。

3.1

电缆桥架　cable support system

由托盘或梯架的直线段及其弯通、附件、支吊架三类部件构成支承电缆线路的具有连续刚性的结构系统(简称桥架)。

3.2

节能桥架　energy conservation cable support system

具有直接节能和/或间接节能效能的桥架。

3.3

直接节能　immediacy energy conservation

在相同承载能力的条件下,节省桥架制造的钢材用量,即直接节省了因钢材生产所需的能源和矿产资源,并减少了由此产生的碳、硫等有害气体排放和环境污染。

3.4

间接节能　indirect energy conservation

桥架支承电缆线路,在满足同样使用性能的条件下,桥架结构相比应更有利于扩大热传导、热交换,并使电缆线路通过良好的冷热空气自然交换的散热效果，从而降低线路导体运行所产生的温度，降低线路电阻和功率损耗，提高了电能利用率，达到节电。

3.5

耐腐蚀桥架　anti-erosion cable support system

适应各类大气环境条件下运行，并且经人工环境试验后，各项质量指标符合表4规定的桥架。

3.6

有孔托盘　hole cable tray

由带孔眼的底板和侧边构成或由整块钢板冲孔后弯制成的槽形部件。

3.7

无孔托盘　cable tray without hloe

由底板与侧边构成或由整块钢板弯制成的槽形部件。

3.8

组装托盘　compounding cable tray

可任意组合的用螺栓或插接方式连接成槽形的部件。

3.9

梯架　stair-type cable tray

由侧边与若干个横档构成的刚性梯形部件。

3.10

直通　straight-way

一段不变方向的托盘、梯架。

3.11

等径直通　equal radius straight-way

一段不变尺寸的直通。

3.12

变径直通　different radius straight-way

一段改变尺寸的直通。

3.13

弯通　bend-way cable tray

一段改变方向的托盘、梯架。

3.14

水平弯通　horizontal bend-way cable tray

在同一水平面改变托盘、梯架方向的部件。

3.15

水平三通　horizontal 3-way cable tray

在同一水平面以90°分开3个方向连接托盘、梯架的部件。

3.16

水平四通　horizontal 4-way cable tray

在同一水平面以90°分开4个方向连接托盘、梯架的部件。

3.17

上弯通　upper bend-way cable tray

使托盘、梯架从水平面改变方向向上的部件。

3.18

下弯通　down bend-way cable tray

使托盘、梯架从水平面改变方向向下的部件。

3.19

垂直三通　vertical 3-way cable tray

在同一垂直面以90°分开三个方向连接托盘、梯架的部件。

3.20

垂直四通　vertical 4-way cable tray

在同一垂直面以90°分开四个方向连接托盘、梯架的部件。

3.21

弯通的弯曲半径　bend-way radius

弯通的两条内侧直角边的内切圆半径(简称弯曲半径)。

3.22

折弯形弯通　fold-type bend-way cable tray

以弯通的两条内侧直角边的内切圆两切点的直线段制成的弯通。

3.23

圆弧形弯通　arc-type bend-way cable tray

以弯通的两条内侧直角边的内切圆两切点的圆弧段制成的弯通。

3.24

附件　accessories

用于托盘或梯架的直通之间、直通与弯通之间的连接,以构成连续刚性结构系统所必需的连接固定或补充直通、弯通功能的部件。

3.25

支吊架　support post

直接支承托盘或梯架的部件。

3.26

托臂　support arm

直接支承托盘、梯架且单端固定的刚性部件。

3.27

立柱　uprightly post

直接支承托臂的部件。

3.28

吊架　suspender

悬吊托盘、梯架的刚性部件。

3.29

额定均布载荷　rated uniformly distributed load

在一定跨距内,每米桥架能承受的最大的安全均布载荷。

3.30

瓦楞结构　corrugated configuration

波纹状的凹凸结构。

3.31

跨距　span

两个相邻支架中点之间的距离(3 m及以上为大跨距)。

4 分类

4.1 型号

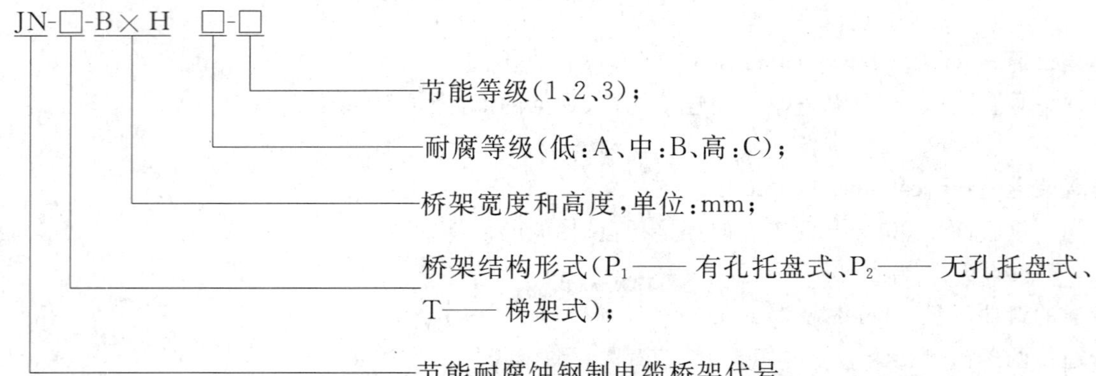

示例:JN-P_1-400×100 C-3 表示宽度为 400 mm、边高为 100 mm、耐腐等级为高级、节能等级为 3 级的有孔托盘式节能耐腐蚀钢制电缆桥架。

4.2 结构类型

4.2.1 桥架按结构型式分为有孔托盘式、无孔托盘式、梯架式三种。其示例图如下:

a) 无孔托盘直通(见图 1);
b) 无孔托盘弯通(见图 2);
c) 无孔托盘三通(见图 3);
d) 无孔托盘四通(见图 4);
e) 有孔托盘直通(见图 5);
f) 有孔托盘弯通(见图 6);
g) 有孔托盘三通(见图 7);
h) 有孔托盘四通(见图 8);
i) 梯架直通(见图 9);
j) 梯架弯通(见图 10);
k) 梯架三通(见图 11);
l) 梯架四通(见图 12);
m) 直通盖板(见图 13);
n) 弯通盖板(见图 14);
o) 三通盖板(见图 15);
p) 四通盖板(见图 16)。

4.2.2 桥架主体结构中的底板、侧板、盖板均采用瓦楞结构。

4.2.3 其他类型桥架主体的底板、侧板、盖板的结构由制造厂定。

4.3 基本结构参数

4.3.1 托盘、梯架的基本结构参数见表 1。

表 1 托盘、梯架的基本结构参数

单位为毫米

结 构	长 度	宽 度	高 度
尺寸	2 000、3 000、4 000、6 000	200、300、400、500、600、800、1 000	100、150、200
注:尺寸系列以外的特殊要求,可按供需双方协议制造。			

4.3.2 推荐板材厚度见表 2。

表 2　托盘、梯架推荐板材厚度

单位为毫米

宽　度	侧　板	底　板	盖　板
<300	≥1.2	≥0.7	≥0.5
≥300～<600	≥1.2	≥0.8	≥0.5
≥600	≥1.5	≥0.8	≥0.5
注：梯架横档板厚应按侧板要求选择。			

4.3.3　其他结构型桥架的基本参数由制造厂定。

5　要求

5.1　一般要求

5.1.1　桥架应按规定的图样和技术文件制造，并符合本标准的要求。

5.1.2　制造桥架所用材质应符合 GB/T 700—2006、GB/T 912—1989、GB/T 11253—2007 标准的有关规定。

5.1.3　桥架板材厚度的选择应能承受额定均布载荷和具有一定的抗腐蚀裕度。

5.1.4　桥架连接用附件的耐腐性能，不应低于桥架主部件的耐腐性能。

5.1.5　桥架加工成形后断面形状应规整，无弯曲、扭曲、边沿毛刺等缺陷。内表面应光滑、平整、无损伤电缆绝缘的凸起和尖角。

5.1.6　所有焊缝应均匀，不应有漏焊、裂纹、夹渣、烧穿、弧坑等缺陷。

5.2　防腐蚀层

5.2.1　金属无机复合涂层及复合有机涂层

金属无机复合涂层及复合有机涂层性能应符合表 3 的规定。

表 3　金属无机复合涂层及复合有机涂层性能

项　　目	涂 层 性 能
涂层厚度	金属无机复合涂层≥30 μm，复合有机涂层≥55 μm
附着力	不低于 1 级
盐雾试验	金属无机复合涂层按表 5 要求试验，样品表面应无明显腐蚀现象
耐碱性浸泡	复合有机涂层按表 5 要求试验，样品表面应无明显变化
耐酸性浸泡	复合有机涂层按表 5 要求试验，样品表面应无明显变化
紫外线冷凝试验	按表 5 要求试验，样品表面无明显变化
注：利用有色金属覆盖层是延缓或阻止钢铁基体被腐蚀的有效办法。最常采用的是锌、铝及其合金，它们能从屏障阻隔和电化学作用两方面来保护钢铁。 用金属覆盖层复合气相缓蚀（VCI）无机涂层新技术可有效提高其使用寿命，在此基础上再封闭有机涂层是特别值得推荐的防腐体系。	

5.2.2　其他防腐蚀层

桥架表面处理的其他防腐蚀层由制造厂定。性能检验应符合表 4 的规定。

表 4 耐腐性等级

检测项目	等级		
	低	中	高
	A	B	C
金属无机复合涂层盐雾试验/h	≥96～≤240	>240～≤850	>850
复合有机涂层耐碱性试验/h	≥240	≥480	≥720
复合有机涂层耐酸性试验/h	≥240	≥480	≥720
紫外线冷凝试验/周期	20	30	40
试验结果	样品表面无明显腐蚀现象;光泽保持率不应低于原始值的 90%;色差值变化不得超过 3.0。		

注 1：紫外线冷凝试验 光照 60 ℃ 8 h 冷凝 50 ℃ 4 h 共 12 h 为 1 周期。

注 2：各检测项目的质量参数应同时具备。质量参数在不同等级时,按低等级确定。

注 3：各检测项目的质量参数应按规定通过试验得出。试验样品应是该产品类型中有代表性的样品,取宽度不小于 70 mm,长度不小于 160 mm 作为试样。

5.3 节能性分级

5.3.1 托盘、梯架应具有直接节能和间接节能效能,节能桥架等级应符合表 5 的规定。

表 5 托盘、梯架节能性等级

检测项目	等级		
	1	2	3
直接节能 (节材率%)	≥15	≥20	≥30
间接节能 (节能率%)	≥0.8	≥1.5	≥2.0

注：直接节能和间接节能参数应同时具备。节能参数在不同等级时,按低等级确定。

5.3.2 无孔托盘仅要求单项节材率大于或等于 30%定为节能 1 级。

5.3.3 直接节能的节材率按附录 D 规定测定得出。普通桥架用材见附录 G 表 G.1。

5.3.4 间接节能的节能率应按附录 C 的规定通过试验得出。

5.4 耐腐性分级

5.4.1 耐腐蚀桥架应适应各类大气环境条件下运行。耐腐蚀桥架等级应符合表 4 的规定。

5.5 机械性能

5.5.1 强度

5.5.1.1 桥架在额定均布载荷作用下,其最大弯曲应力应小于材料的许用应力[σ]。对 Q235AF 钢材来说,其最大弯曲应力为:

$$[\sigma] = \sigma_s / K = 235/1.5 \approx 160 \text{ MPa} \quad \cdots\cdots (1)$$

式中：

σ_s——材料的屈服应力,单位为兆帕(MPa);

K——安全系数为 1.5。

5.5.1.2 当桥架出现永久性变形,其载荷为最大试验均布载荷。额定均布载荷等于最大试验均布载荷除以安全系数。

5.5.2 刚度

桥架在额定均布载荷作用下,其最大的弹性挠度应小于跨距的 1/200。

5.5.3 稳定性

桥架在试验均布载荷作用下,侧板不能出现明显扭曲等失稳现象。

5.6 载荷等级

5.6.1 桥架在支吊跨距为 2 m、简支梁的条件下，托盘、梯架的额定均布载荷等级应符合表 6 的规定。

表 6 桥架载荷等级

载荷等级	A	B	C	D
额定均布载荷 kN/m	0.5	1.5	2.0	2.5

5.6.2 桥架的承载能力应按附录 A 载荷试验的规定予以验证。托盘、梯架在承受额定均布载荷时的相对挠度不应大于 1/200，并不出现永久性变形和失稳现象。

5.6.3 制造厂应提供各种型式规格托盘、梯架的不同跨距与允许均布载荷和相对挠度的关系曲线或数据表。

5.6.4 吊架或侧壁固定的托臂在承受托盘、梯架额定载荷时的最大挠度值与其长度之比，不应大于 1/100；

5.6.5 各种型式支吊架，应能承受托盘、梯架相应规格、层数的额定均布载荷及其自重，不发生永久性变形和裂纹。

5.6.6 连接板、连接螺栓等受力附件，应与托盘、梯架、托臂等本体结构强度相适应。

5.7 抗冲击性能

托盘、梯架应能承受能量为 5 J 的冲击，按附录 F 的规定进行冲击试验后，样品不应出现影响安全的裂痕和变形。

5.8 电气性能

桥架应具有可靠的电气连续性，以保证工程使用中的等电位连接和接地。当槽体间用连接板连接时，两槽体间的连接电阻不应大于 50 mΩ/m；无跨接处电阻不应大于 5 mΩ/m。

5.9 制造精度

5.9.1 桥架的长度允许偏差应符合下列要求：

a) 当长度小于或等于 2 000 mm 时，允许偏差为 ±2 mm；

b) 当长度大于 2 000 mm 时，允许偏差为 ±4 mm。

5.9.2 其余尺寸公差应符合 GB/T 1804—2000 中—V 级的规定。

注：盖宽取正偏差，槽体宽取负偏差。

5.9.3 桥架平面度允许偏差每平方米不应大于 4 mm。

注：桥架宽度不足 1 000 mm 者按 1 000 mm 计算。

6 试验方法

6.1 桥架载荷试验(机械加载法)

6.1.1 桥架载荷试验(机械加载法)按附录 A 的规定进行。

6.1.2 机械加载桥架载荷试验方法适用于产品型式试验及制造厂制作桥架载荷特性曲线。

6.2 桥架载荷试验(人工加载法)

6.2.1 桥架载荷试验(人工加载法)按附录 B 的规定进行。

6.2.2 人工加载桥架载荷试验方法适用于产品出厂前抽检。

6.3 桥架节能率试验

桥架节能率试验按附录 C 的规定。

6.4 桥架节材率测定

桥架节材率测定按附录 D 的规定。

6.5 盐雾试验

盐雾试验按 GB/T 10125—1997 的规定。

6.6 紫外线冷凝试验

紫外线冷凝试验按 GB/T 16585—1996 的规定。

6.7 耐碱性试验

耐碱性试验按 GB/T 9274—1988 中甲法(浸泡法)。

6.8 耐酸性试验

耐酸性试验按 GB/T 9274—1988 中甲法(浸泡法)。

6.9 桥架电气连续性试验

桥架电气连续性试验按附录 E 的规定。

6.10 桥架冲击试验

桥架冲击试验按附录 F 的规定。

6.11 防腐蚀层厚度测量

防腐蚀层厚度测量按 GB/T 4956—2003 的规定。

6.12 防腐蚀层附着力测量

防腐蚀层附着力测量按 GB/T 1720—1979 的规定。

6.13 外观及制造精度测量

外观及制造精度测量用通用量具和目测法检验。

7 检验规则

7.1 出厂检验

7.1.1 桥架须经制造厂质量检验部门检验合格,并附合格证后方可出厂。

7.1.2 出厂检验项目:

a) 涂层厚度,按 5.2.1 要求;

b) 制造精度,按 5.9 要求;

c) 外观,按 5.1.5、5.1.6 要求。

7.2 型式检验

7.2.1 具有下列情况之一时应进行型式检验:

a) 新产品定型鉴定时;

b) 结构、材料、工艺有较大改变,可能影响产品性能时;

c) 正常生产每四年进行一次;

d) 停产半年后恢复生产时;

e) 国家质量监督检验机构提出型式检验要求时。

7.2.2 型式检验项目为本标准第 5 章全部要求。

7.3 抽样

7.3.1 同材料、同工艺、同规格、同一生产批的产品为一批。

7.3.2 型式检验样品须从出厂检验合格品中,按一种类型同种规格每批抽取两件和附件一套。

7.4 判定规则

7.4.1 检验时,如有一项不合格,则应加倍抽样对不合格项进行复检,如仍不合格,则判该批产品不合格。

7.4.2 节能性等级按表 4 进行评定。

7.4.3 耐腐性等级按表 5 进行评定。

8 标志、包装、运输和贮存

8.1 标志

8.1.1 桥架主体应有清晰易读的产品标志,内容至少有:

a） 产品名称；

b） 型号代号；

c） 出厂日期；

d） 制造厂名、厂址；

e） 产品标准号。

8.1.2 在交货验收时，应提供下列技术资料和文件：

a） 产品安装使用说明书；

b） 产品合格证及出厂检验报告。

8.2 包装

8.2.1 桥架的包装按供需双方协议执行。

8.2.2 桥架的包装应能防止在运输过程中受到机械损伤。包装宜便于吊装搬运。

8.3 运输

桥架运输时，严防重压。

8.4 贮存

桥架应贮存在通风、干燥，有遮盖的场所。

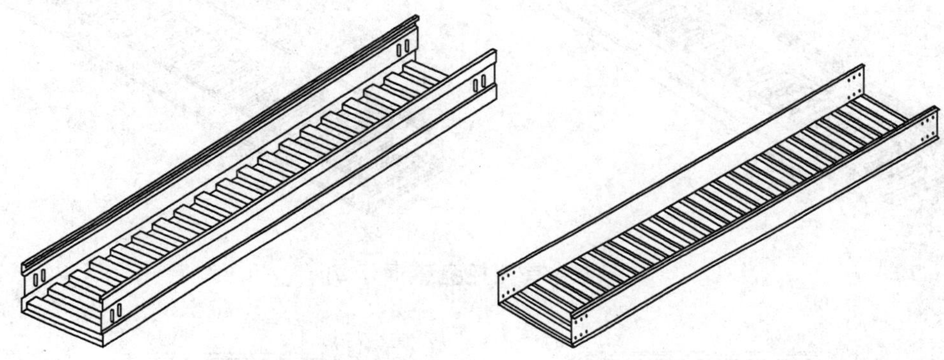

图 1 无孔托盘直通示例

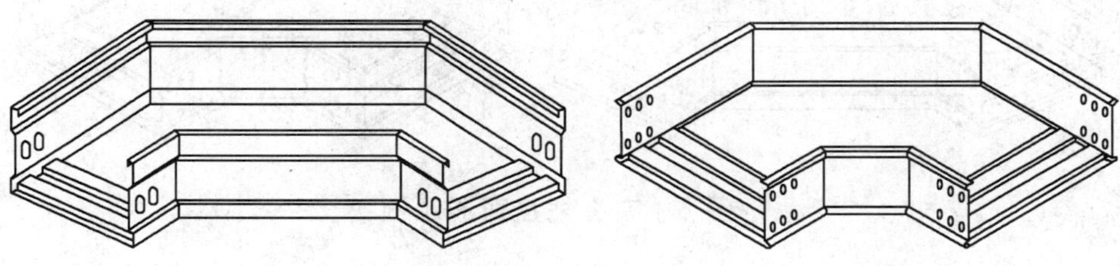

图 2 无孔托盘弯通示例

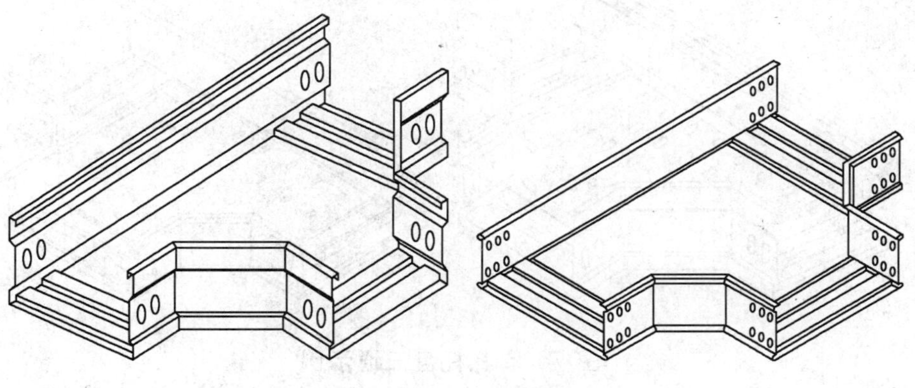

图 3 无孔托盘三通示例

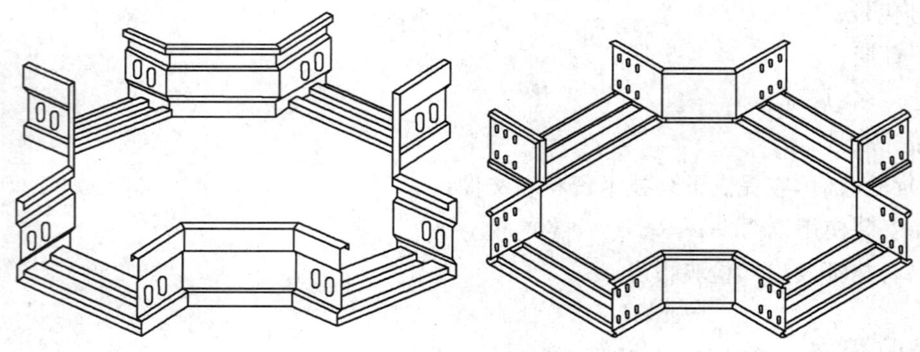

图 4　无孔托盘四通示例

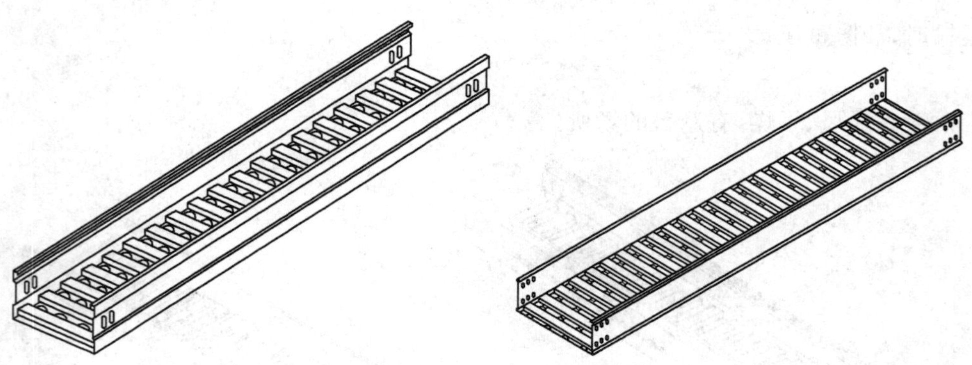

图 5　有孔托盘直通示例

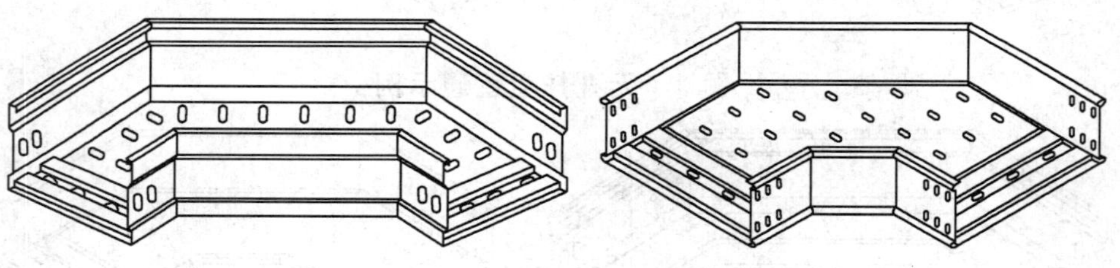

图 6　有孔托盘弯通示例

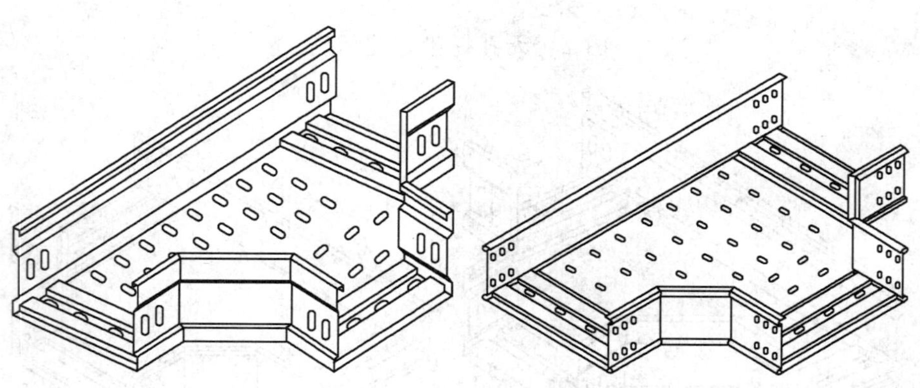

图 7　有孔托盘三通示例

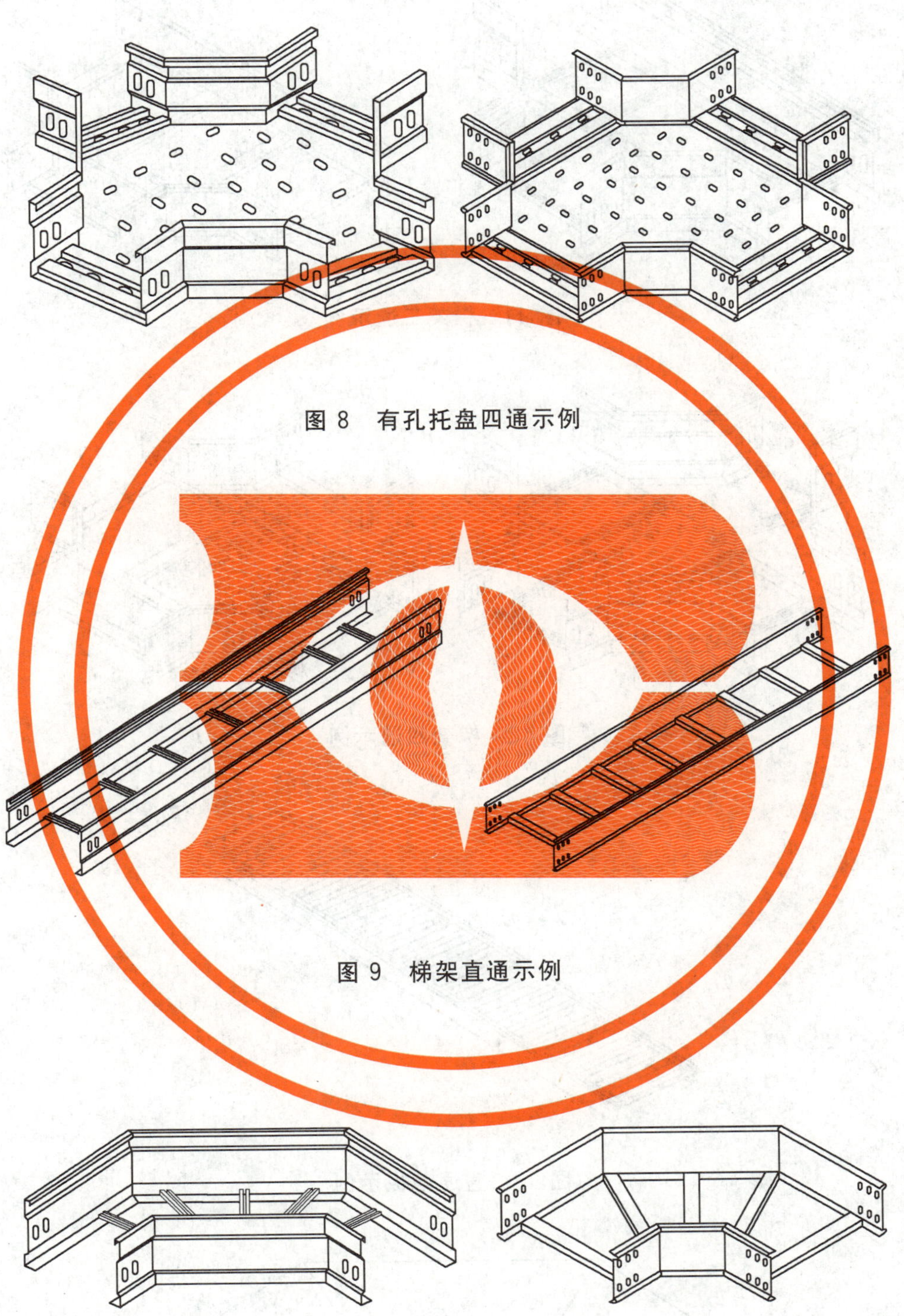

图 8　有孔托盘四通示例

图 9　梯架直通示例

图 10　梯架弯通示例

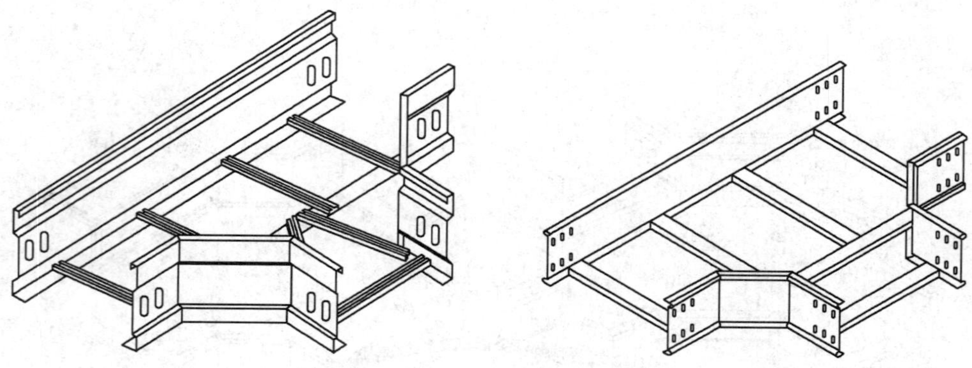

图 11　梯架三通示例

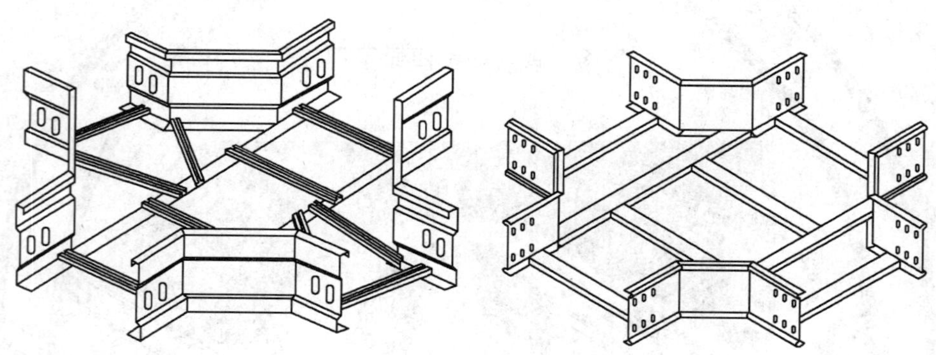

图 12　梯架四通示例

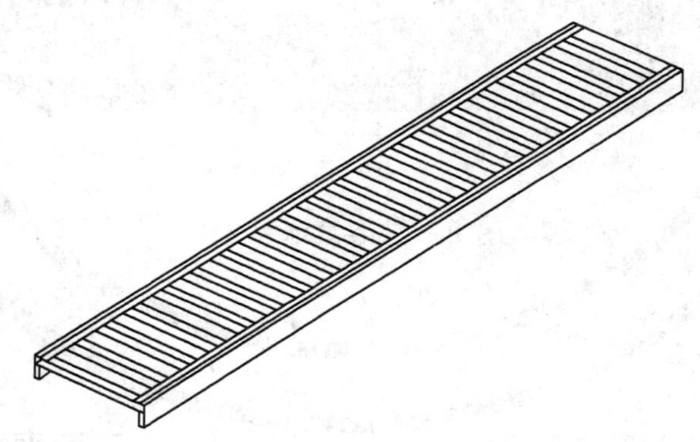

图 13　直通盖板示例

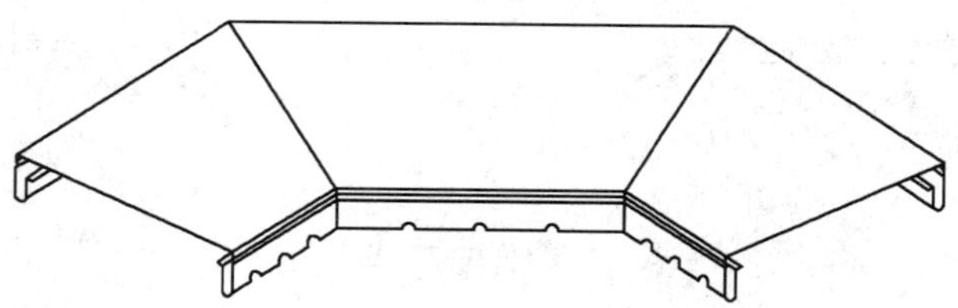

图 14　弯通盖板示例

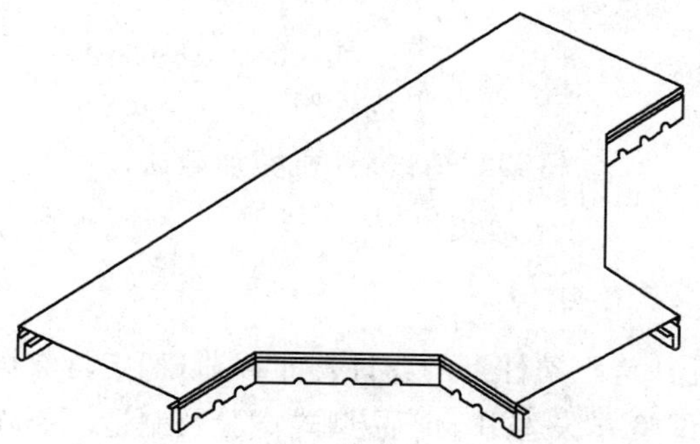

图 15　三通盖板示例

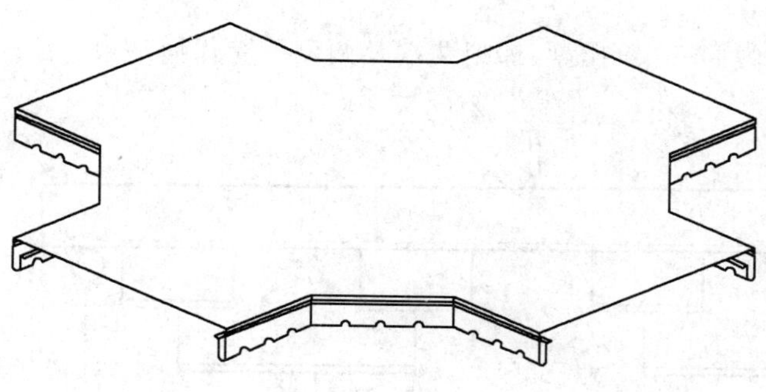

图 16　四通盖板示例

附　录　A
（规范性附录）
桥架载荷试验（机械加载法）

A.1　托盘、梯架载荷试验

目的：验证托盘、梯架在各种跨距条件下的允许均布载荷（额定均布载荷）。

适用：机械加载桥架载荷试验方法适用于产品型式试验及制造厂制作桥架载荷特性曲线。

A.1.1　试样

托盘、梯架板材厚度、侧边高度、横档或底板与侧边的连接或任何部件的外形不同，都构成不同的设计结构。对每一种结构的托盘、梯架取一件无拼接的直线段作为试样。

A.1.2　支承型式与跨距

A.1.2.1　试验支承型式为简支梁，托盘、梯架两端及两侧不受任何约束，如图A.1所示。

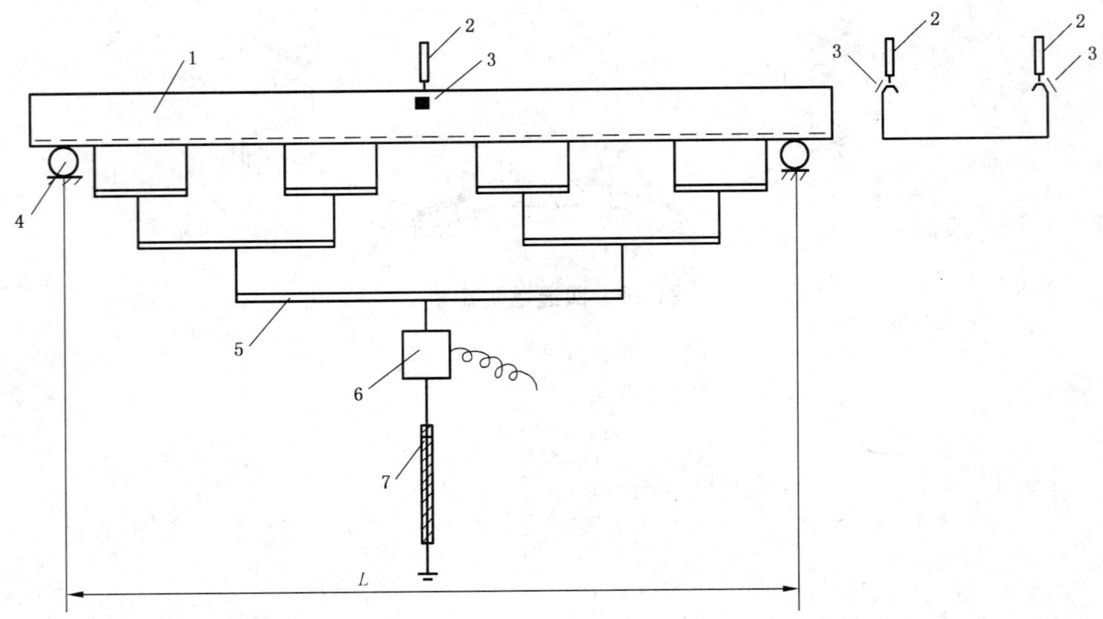

1——托盘梯架试件；
2——位移传感器；
3——电阻应变片；
4——钢性试验台；
5——杠杆系统；
6——拉力传感器；
7——螺旋加载器。

图A.1　试验支承型式

A.1.2.2　支承跨距 L 为1.0 m、1.5 m、2.0 m、2.5 m、3.0 m，允许偏差±30 mm。试件两端的外伸长度均为100 mm。

A.1.3　试验装置

A.1.3.1　桥架以简支梁的形式布置在刚性很大的试验台上，加载系统由杠杆系统、拉力传感器和螺旋加载器所组成。

A.1.3.2　在桥架跨距中心两侧的截面上弯曲应力最大处，贴上电阻应变片，并配有电阻应变仪和预调平衡箱，用它们来测试桥架的最大弯曲应力。

A.1.3.3 为了测试桥架的弹性挠度和永久性挠度，在桥架跨距中心两侧的截面上弯曲应力最大处，设置二个位移传感器，并配有静态电阻应变仪。

A.1.4 加载量

A.1.4.1 通过杠杆系统分成若干相等的小集中力（每 250 mm 长度为一小集中力）作用在桥架上，以模拟作用在桥架上的匀布载荷。

A.1.4.2 使用螺旋加载器加载，加载量可按下列方法任选一种。加载次数宜在 5 次至 10 次之间选取。

a) 按 100 N、200 N、300 N………依次加载；

b) 按 500 N、700 N、900 N………依次加载；

c) 根据桥架规格大小，首次可试探加载量；依次递增量自定。

A.1.5 加载后记录

每次加载后，立即按表 A.1 要求在“载荷”栏、“最大应力”栏、“最大弹性挠度”栏记录所获取的试验数据。

表 A.1 桥架承载能力试验记录

<table>
<tr><td colspan="2">桥架规格</td><td colspan="12"></td></tr>
<tr><td colspan="2">跨距/m</td><td colspan="12"></td></tr>
<tr><td rowspan="2">序号</td><td rowspan="2">载荷
N</td><td colspan="4">最大应力
MPa</td><td colspan="4">最大弹性挠度
mm</td><td colspan="4">永久性挠度
mm</td></tr>
<tr><td>应变片
1
με</td><td>应变片
2
με</td><td>平均
με</td><td>应力
MPa</td><td>位移计
1
με</td><td>位移计
2
με</td><td>平均
με</td><td>挠度
mm</td><td>位移计
1
με</td><td>位移计
2
με</td><td>平均
με</td><td>挠度
mm</td></tr>
<tr><td></td><td></td><td></td><td></td><td></td><td></td><td></td><td></td><td></td><td></td><td></td><td></td><td></td><td></td></tr>
<tr><td>结论</td><td colspan="13"></td></tr>
</table>

A.1.6 卸载后记录

加载后记录完毕，立即卸载，然后按表 A.1 要求在“永久性挠度”栏记录所获取的试验数据。第一次加载试验完成。

A.1.7 依次加载试验

第一次加载试验完成后，依次进行第二次、第三次………加载、记录、卸载、记录各次加载量及其所获取的试验数据。

A.1.8 终止加载的条件

试验过程如遇到下列情况之一，应终止加载：

a) 最大应力超过 160 MPa；

b) 永久性挠度超过 1/200；

c) 侧板出现明显屈曲等不能正常承载时，即失稳现象。

A.1.9 试验顺序

第一种规格的桥架试验顺序：首先按 1.0 m 跨距试验完成后，依次进行 1.5 m、2.0 m、2.5 m、3.0 m 跨距的试验。各跨距试验全部完成，则第一种规格的桥架试验完成。

接着，进行第二种规格的桥架试验、第三种规格的桥架试验……直至全部规格的桥架试验完成。

A.1.10 整理试验数据

A.1.10.1 每个跨距试验完成后，应按表 A.1 要求，对所获取的试验数据进行初步分析，作出该跨距桥架的承载能力是由强度控制或是由刚度控制或是由稳定性控制的结论。此时，即可判断得出额定载荷和最大弹性挠度的数值。

A.1.10.2　全部规格的桥架试验完成后，应按表 A.2 要求及时整理和汇总试验数据。

表 A.2　桥架承载能力汇总表

序　号	桥架规格	跨距 m	额定载荷 N	额定匀布 载荷(初) N	额定匀布 载荷(调正) N	最大弹性挠度 mm	备　注

A.1.10.3　表 A.2 的额定匀布载荷的调正值，应根据桥架在该跨距试验中所获取的试验数据作出适当调正。

A.1.11　绘制桥架载荷特性曲线图

A.1.11.1　桥架载荷特性曲线图的格式如图 A.2 所示。

A.1.11.2　根据表 A.2 的汇总数据绘制在图 A.2 上，即得出桥架载荷特性曲线图。

A.1.11.3　每个品种规格的桥架都应单独绘制其载荷特性曲线图。

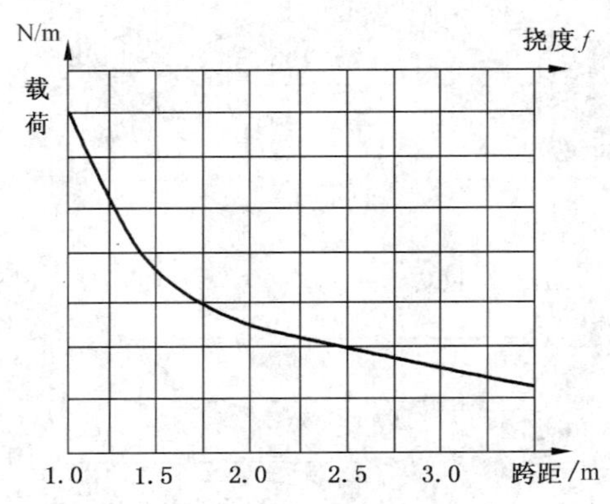

图 A.2　桥架载荷特性曲线图

A.2　托臂载荷试验

托臂的承载能力(额定载荷)是最大试验载荷除以安全系数 K(K=1.5)。在额定载荷下，托臂的相对挠度不大于 0.01。考虑到消除立柱的变形对托臂的影响，托臂的相对挠度的表达式如下：

$$\Delta f = f_B/L - f_A/L_0 \qquad \text{(A.1)}$$

式中：

f_A——位移计 A 的位移，单位为毫米(mm)；

f_B——位移计 B 的位移，单位为毫米(mm)；

L——托臂的长度，单位为毫米(mm)；

L_0——立柱的高度，单位为毫米(mm)。

A.2.1　托臂固定体和试样定位

托臂被悬臂固定在立柱上，如图 A.3 所示。

单位为毫米

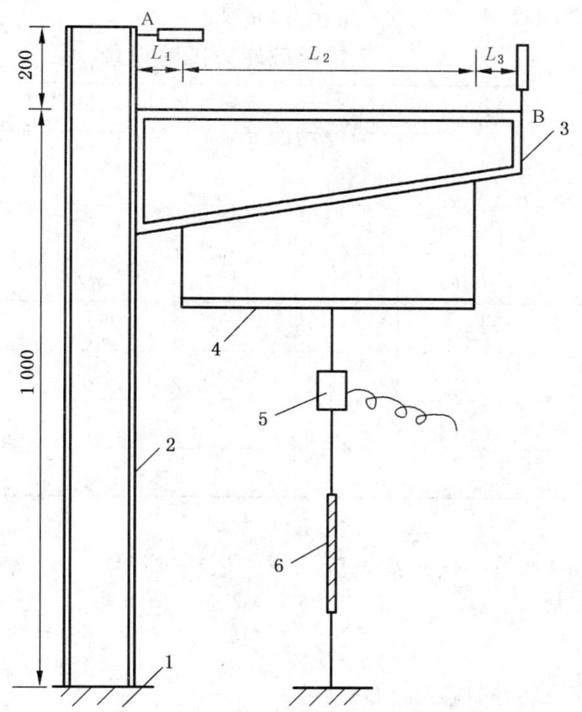

1——立柱固定体；

2——立柱；

3——托臂；

4——杠杆系统；

5——拉力传感器；

6——螺旋加载器。

图 A.3 托臂固定体和定位方式

A.2.2 试验装置

A.2.2.1 立柱布置在刚性很大的试验基台上，加载系统由杠杆系统、拉力传感器和螺旋加载器所组成。

A.2.2.2 通过一个杠杆产生二个相等的集中力来模拟作用在托臂上的均布载荷。为了测试托臂的相对挠度，在A和B两点分别设置一个位移传感器，并配有静态电阻应变仪。

A.2.2.3 托臂布置参数，如表A.3所示。根据托臂规格大小，参数 L_1 从35 mm至55 mm、L_3 从30 mm至35 mm选择，杠杆 L_2 的数值等于托臂长度 L 减去 L_1 和 L_3 的数值。

表 A.3 托臂布置参数

单位为毫米

托臂规格						
L_1						
L_2						
L_3						

A.2.3 加载

使用螺旋加载器加载，加载量可按下列方法任选一种；加载次数宜在5次至10次之间选取。

a) 按100 N、200 N、300 N………依次加载；

b) 按500 N、700 N、900 N………依次加载；

c) 根据托臂规格大小，首次可试探加载量；依次递增量自定。

A.2.4 加载后记录

每次加载后，立即按表 A.4 要求记录所获取的试验数据。

表 A.4 托臂承载能力试验记录

托臂规格								
托臂长度 mm								
序号	载荷 N	位移计 A		位移计 B		f_B/L	f_A/L_0	$f_B/L-f_A/L_0$
		με	mm	με	mm			
结论								

A.2.5 依次加载试验

加载后记录完毕，立即卸载，第一次加载试验完成。依次进行第二次、第三次………加载、记录各次加载量及其所获取的试验数据。

A.2.6 终止加载的条件

试验过程如遇到下列情况之一，应终止加载：

a) 最大应力超过 160 MPa；

b) 永久性挠度超过 1/200；

c) 出现明显屈曲等不能正常承载时，即失稳现象。

A.2.7 试验顺序

第一种规格的托臂试验完成后，依次进行第二种规格、第三种规格……直至全部规格的托臂试验完成。

A.2.8 整理试验数据

A.2.8.1 每一种规格的托臂试验完成后，应对所获取的试验数据进行初步分析，作出该种规格托臂的承载能力的结论。

A.2.8.2 各种规格托臂全部试验完成后，应按表 A.5 要求及时整理和汇总试验数据。

表 A.5 托臂承载能力汇总表

序 号	托臂规格	托臂长度 mm	承载能力 N	备 注

附　录　B
（规范性附录）
桥架载荷试验（人工加载法）

B.1　托盘、梯架荷载试验

目的：验证托盘、梯架在各种跨距条件下的允许均布载荷（额定均布载荷）。

适用：人工加载桥架载荷试验方法适用于产品出厂前抽检。

B.1.1　试样

托盘、梯架板材厚度、侧边高度、横档或底板与侧边的连接或任何部件的外形不同，都构成不同的设计结构。对每一种结构的托盘、梯架取一件无拼接的直线段作为试样。

B.1.2　支承型式与跨距

试验支承型式为简支梁，托盘、梯架两端及两侧不受任何约束。支承跨距 L 为 1.0 m、1.5 m、2.0 m、2.5 m、3.0 m，允许偏差±30 mm。

B.1.3　试验支承型式

试验支承型式如图 B.1 所示。

圆钢 2 焊接在底座 3 上。

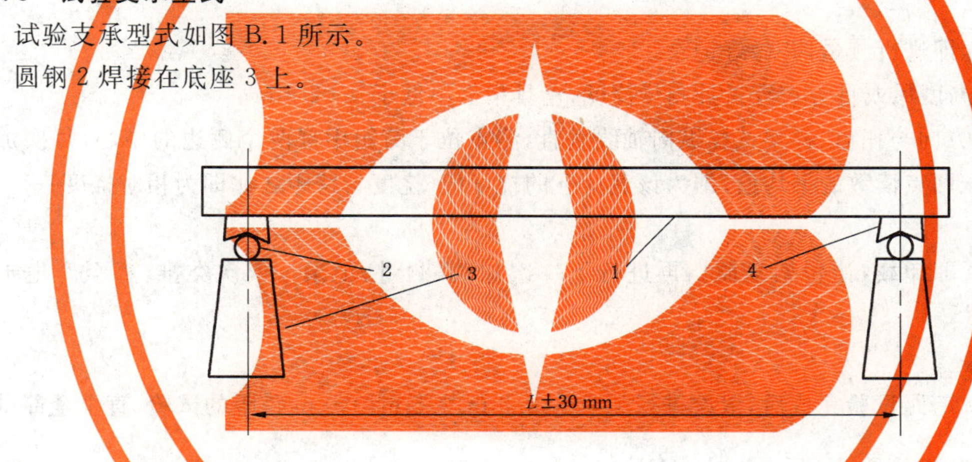

1——托盘梯架试件；

2——Φ25 圆钢；

3——钢支架底座；

4——V 形钢条（宽 30 mm、高 20 mm，开有深 5 mm、120°的 V 形槽）。

图 B.1　试验支承型式

B.1.4　试样定位

试样水平置放在支架上，两端用 V 字形钢条支撑，两个圆钢中心距离为试验跨距长度，试件两端的外伸长度均为 100 mm。

B.1.5　试验载荷材料

载荷材料可用钢条、铅锭或其他材料。钢条可用厚 3 mm、宽 30 mm～50 mm、长度不大于 1 m 的扁钢。其他载荷材料宽度不大于 125 mm，长度不大于 300 mm，最大重量不超过 5 kg。

为便于对梯架试样加载，允许用厚 1 mm，长度不大于 1 m 的钢板或网板置放在支架跨距内的横档上，两块钢板之间不能搭接，钢板重量应计入载荷总重量。

B.1.6　试验载荷

试验载荷按表 B.1 选择。

表 B.1 试验载荷

跨距/m		1.0	1.5	2.0	2.5	3.0
系数		4.0	1.8	1.0	0.64	0.44
载荷等级	A 500 N/m	3 000	1 350	750	480	330
	B 1 500 N/m	9 000	4 050	2 250	1 440	990
	C 2 000 N/m	12 000	5 400	3 000	1 920	1 320
	D 2 500 N/m	15 000	6 750	3 750	2 400	1 650

B.1.7 加载

a) 首次加载值=试验载荷÷10 N/m；

b) 二次加载值=首次加载值×2 N/m；

c) 三次加载值=首次加载值×3 N/m；

其余依次类推。

试验载荷至少分 10 次加载，每次增载值相等。

B.1.8 测量

每次加载后，立即进行测量，并做好记录。

a) 采用游标高度尺或百分表等量具测量挠度，量具精度不低于 0.02 mm；

b) 挠度测量方向与托盘、梯架试样纵向轴线垂直，测点位于跨距中部两个侧边的中心，每次加载后，测量该两点读数的平均值，即为该载荷下的挠度值(挠度与跨距之比即为相对挠度)。

B.1.9 卸载

加载测量后，立即卸载，让桥架复原。再进行下一次加载、测量、记录。依次类推，直至产生永久变形。

B.1.10 试验顺序

首次，按 1.0 m 跨距试验完成后，依次进行 1.5 m、2.0 m、2.5 m、3.0 m 跨距的试验，直至全部试验完成。

B.1.11 允许均布载荷的确定

在试样上逐步加载，直至使梁的跨度中点产生跨距的 1/200 的永久变形，或者当翻边或侧边出现“塑性曲屈——皱折”现象时的试验均布荷载，除以安全系数 1.5 的数值，即为托盘、梯架的允许均布载荷(额定均布载荷)。

B.1.12 载荷特性及挠度曲线的建立

a) 均布载荷与跨距的关系曲线，应根据不少于 5 种跨距的测试数值绘制，跨距宜从 1 m 起，可按间隔 0.5 m 递增。桥架载荷特性曲线图的格式参见图 A.2；

b) 每个品种规格的桥架都应单独绘制其载荷特性曲线图。

B.2 支吊架载荷试验

B.2.1 试样

对每种型式、结构、规格的支吊架(包括托臂、立柱、吊杆、螺栓等附件)，各取一套作为试样。

B.2.2 支吊架固定体和试样定位

支、吊架固定体及试样定位方式，见图 B.2、图 B.3、图 B.4 所示。支吊架固定体应为刚性结构，并满足试验载荷要求。

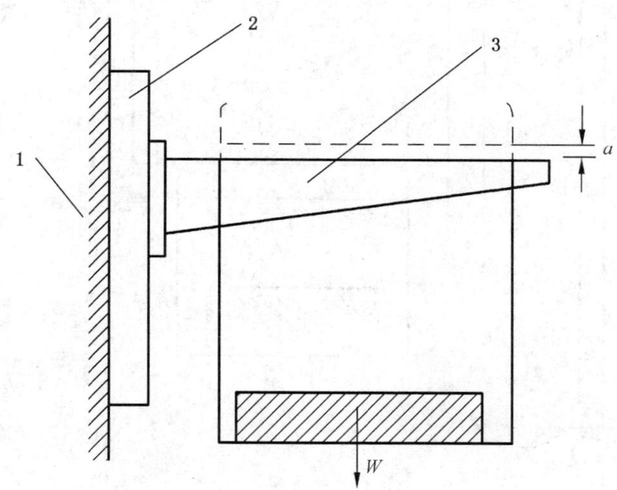

1——支架固定体；

2——支架；

3——托臂。

图 B.2 支架固定体和定位方式

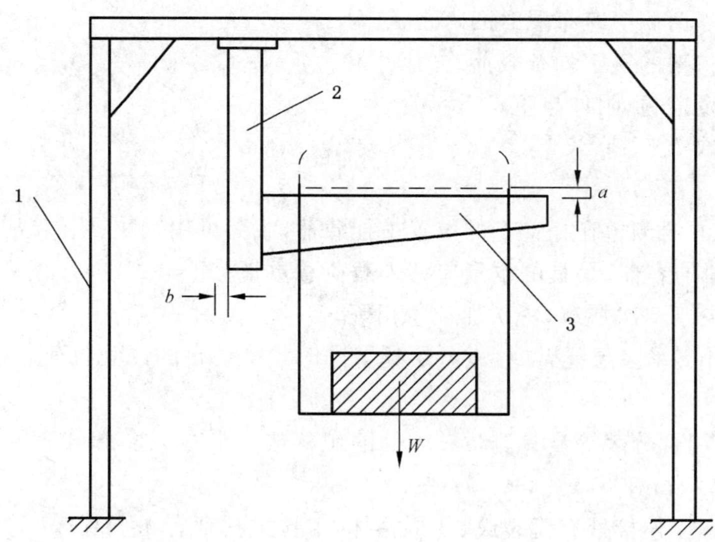

1——吊架固定体；

2——吊架；

3——托臂。

图 B.3 吊架固定体和定位方式一

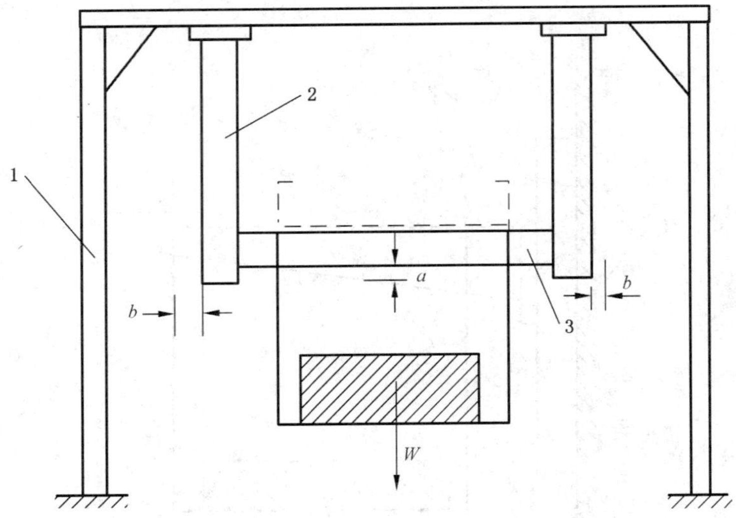

1——吊架固定体；

2——吊架；

3——托臂。

图 B.4 吊架固定体和定位方式二

B.2.3 托臂试验载荷按下式确定

$$W = AL(n_0 q_E + G) \qquad \cdots\cdots(B.1)$$

式中：

A——按两等跨梁的中间支、吊架所受的支承力最大，系数 A 取 1.25；

L——支、吊架相邻两侧等跨布置时的跨距；

q_E——每层托盘、梯架的额定均布载荷；

G——托盘、梯架及盖板、附件自重；

n_0——安全系数，取 1.5。

B.2.4 加载

a) 按托盘、梯架的两侧边在托臂上的位置吊挂载荷，载荷可用钢块、铅锭或其他比重较大的材料，盛装载荷材料的容器、吊具的重量应计入载荷总重量；

b) 试验时应不少于 5 次加载，每次加载量相等；

c) 当立柱或吊杆支承多层托臂时，以各层托臂同时承受各自的试验载荷进行整体试验。

B.2.5 测量与检查

a) 每次加载后，用百分表等量具测量 a、b 处的位移或变形量以及卸载后的残余变形量。量具精度不低于 0.02 mm；

b) 检查焊口或螺栓连接处有无裂纹、变形损坏，卡接式托臂有无下滑；

c) 列出载荷与位移或变形量的关系曲线或数据表。

附 录 C
（规范性附录）
桥架节能率试验

本试验是节能桥架和普通桥架在相同试验条件下的对比试验。

C.1 敷设方式

桥架架空敷设。同相电缆各导体串联，相同型号和相同规格的电缆以单层、两层或三层置于托盘或梯架内，相互接触呈平行排列，排列方式见图 C.1。所有电缆的截面之和不应大于托盘或梯架横截面积的 50%。

图 C.1 试验电缆排列方式

C.2 试验托盘、梯架及电缆

试验托盘、梯架及电缆型号规格见表 C.1。

表 C.1 试验托盘、梯架及电缆型号规格

托盘、梯架规格/mm	电缆型号及规格/mm^2
300×100×12 000	YJV-3×70+1×35

C.3 电缆束加温

图 C.1 中"X"表示温度传感器的位置。使用三相四线电源对电缆施加一定电流，作为电缆束的加热源进行电缆的温升试验。

C.4 电缆导体温度测量

用热电偶测量槽盒中最高部位电缆导体的温度，电缆最热部位的发热电缆导体温度应达到 90 ℃±1 ℃，稳定后测量电缆 30 min 电能损耗。

表 C.2 普通型桥架与节能型桥架温度测量对比表

桥架型式	电缆		槽盒内导体温度[a]/℃							槽盒表面温度[a]/℃		环境温度 ℃	施加电流 A
	$c\times n$	占槽盒容积比	热电偶号						平均值	上盖	下底		
			1	2	3	4	5	6					
普通型	2×8												
节能型	2×8												

注：

c——层数。n——每层电缆根数(相同型号和规格)。

[a] 电缆槽中间最热部位。

C.5 节能率

桥架节能率按下列公式计算：

$$\Delta E=(P_1-P_2)/P_1=(t_1-t_2)/(234.5+t_1) \qquad (C.1)$$

式中：

ΔE——节能率，%；

P_1——普通桥架电缆通电稳定后 30 min 的电能损耗，单位为千瓦小时(kw·h)；

P_2——节能桥架电缆通电稳定后 30 min 的电能损耗，单位为千瓦小时(kw·h)；

t_1——普通桥架电缆通电稳定后的平均温度值，单位为摄氏度(℃)；

t_2——节能桥架电缆通电稳定后的平均温度值，单位为摄氏度(℃)；

234.5——温度修正系数。

附 录 D
（规范性附录）
桥架节材率测定

D.1 节材量测定

采用通用磅秤分别计量普通桥架和节能桥架的单位质量(kg/m)。

D.2 节材率

节材率按如下公式计算：

$$\Delta Q = (Q_1 - Q_2)/Q_1 \tag{D.1}$$

式中：

ΔQ——节材率，%；

Q_1——普通桥架单位质量，单位为千克每米(kg/m)；

Q_2——节能桥架单位质量，单位为千克每米(kg/m)。

附 录 E
（规范性附录）
桥架电气连续性试验

E.1 试验样品

每个试验样品应包括两个长度为 1 000 mm 的侧边、连接板或连接线以及连接螺栓等。

E.2 试验方法

按制造厂提供的说明，清除被试件接触点上的油污，待干燥后用连接板把每个试样连接在一起。电气连续性试验接线如图 E.1 所示。

用电压为 12 V、频率为 50 Hz、电流为 25 A±1 A 的交流电流恒流源通过试样，在距连接板两端各 50 mm 处的两个点上测量电压降；然后再测量接头一边距离 500 mm 的两个点之间的电压降。

根据电流和电压降计算出电阻值。

单位为毫米

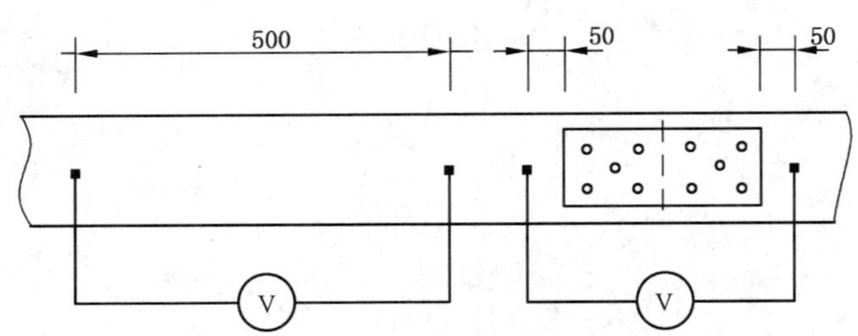

图 E.1 电气连续性试验接线

附 录 F
（规范性附录）
桥架冲击试验

F.1 试验条件

钢制桥架可在常温下试验。

F.2 试验方法

试品布置见图 F.1。三个试品分别做底部及两个侧边的冲击试验，冲击的位置分别为底部及两侧边的中部。

试品的安装应符合 GB/T 2423.55—2006 的规定。

严酷等级应符合 GB/T 2423.55—2006 的规定。按 5 J 能量级来考核，冲击次数各为一次。

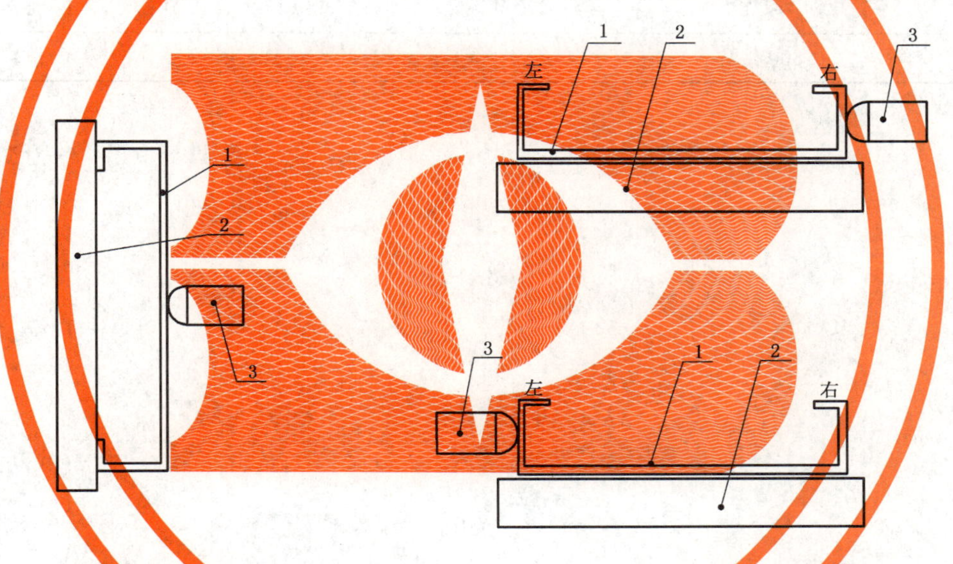

1——试品；
2——安装板；
3——冲击元件。

图 F.1 冲击试验的试件布置

F.3 试验结果

经冲击试验后，试品不出现影响安全使用的变形和裂纹。

附　录　G
（资料性附录）
普通桥架板材常用厚度

G.1　普通桥架板材常用厚度

普通桥架板材常用厚度见表G.1。

表G.1　普通桥架板材常用厚度

单位为毫米

托盘、梯架宽度	最小板材厚度
≤150	1.0
＞150～≤300	1.2
＞300～≤500	1.5
＞500～≤800	2.0
＞800	2.2

参 考 文 献

GB/T 2423.55—2006　电工电子产品环境试验　第2部分：试验方法　试验Eh：锤击试验

GB/T 15320—2001　节能产品评价导则

GB 16895.3—2004　建筑物电气装置　第5-54部分：电气设备的选择和安装　接地配置、保护导体和保护联结导体(IEC 60364-5-54：2002，IDT)

CECS 31：2006　钢制电缆桥架工程设计规范

ASTM A153：2003　钢铁制金属构件上镀锌层(热浸)标准规范

NEMA.VE1：1998　电缆托架系统

ICS 29.160.99
K 20

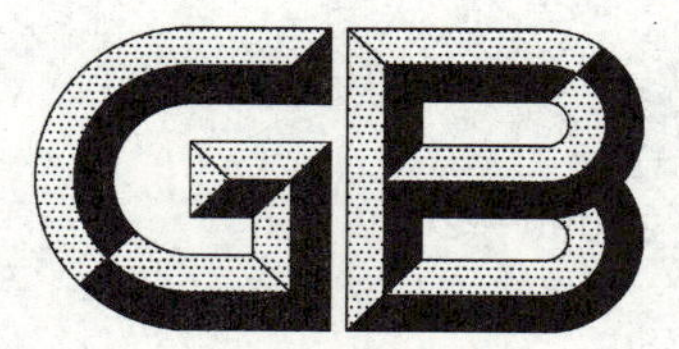

中华人民共和国国家标准

GB/T 25090—2010

电动机轻载调压节电装置

Step-down power saving device for asynchronous motor at light load

2010-09-02 发布　　2011-02-01 实施

中华人民共和国国家质量监督检验检疫总局
中国国家标准化管理委员会 发布

前　言

本标准由中国电力企业联合会提出并归口。

本标准负责起草单位:国网武汉高压研究院。

本标准参加起草单位:广东省产品质量监督检验中心、武汉市供电公司、北京华逸融晖科技有限公司、中国电力科学研究院、武汉紫光能控科技有限公司。

本标准起草人:莫青、郎维川、吴夕科、林志力、马桂芬、靖小平、李宝华、闫华光、祝伟宏。

电动机轻载调压节电装置

1 范围

本标准规定了电动机轻载调压节电装置(以下简称节电装置)的分类、要求和试验方法。

本标准适用于额定电压不超过6 kV、额定频率50/60 Hz、额定容量不超过2 500 kW的节电装置。

2 规范性引用文件

下列文件中的条款通过本标准的引用而成为本标准的条款。凡是注日期的引用文件,其随后所有的修改单(不包括勘误的内容)或修订版均不适用于本标准,然而,鼓励根据本标准达成协议的各方研究是否可使用这些文件的最新版本。凡是不注日期的引用文件,其最新版本适用于本标准。

GB/T 191 包装储运图示标志(GB/T 191—2008,ISO 780:1997,MOD)

GB/T 2423.1 电工电子产品环境试验 第2部分:试验方法 试验A:低温(GB/T 2423.1—2008,IEC 60068-2-1:2007,IDT)

GB/T 2423.2 电工电子产品环境试验 第2部分:试验方法 试验B:高温(GB/T 2423.2—2008,IEC 60068-2-2:2007,IDT)

GB/T 2423.3 电工电子产品环境试验 第2部分:试验方法 试验Cab:恒定湿热试验(GB/T 2423.3—2006,IEC 60068-2-78:2001,IDT)

GB/T 3797—2005 电气控制设备

GB 3906—2006 3.6 kV～40.5 kV交流金属封闭开关设备和控制设备(IEC 62271-200:2003,MOD)

GB 4208 外壳防护等级(IP代码)(GB 4208—2008,IEC 60529:2001,IDT)

GB 7251.1—2005 低压成套开关设备和控制设备 第1部分:型式试验和部分型式试验 成套设备(IEC 60439-1:1999,IDT)

GB/T 11022—1999 高压开关设备和控制设备标准的共用技术要求(eqv IEC 60694:1996)

GB/T 14549—1993 电能质量 公用电网谐波

GB 17625.1—2003 电磁兼容 限值 谐波电流发射限值(设备每相输入电流≤16 A)(IEC 61000-3-2:2001,IDT)

GB/Z 17625.6—2003 电磁兼容 限值 对额定电流大于16 A的设备在低压供电系统中产生的谐波电流的限制(IEC TR 61000-3-4:1998,IDT)

3 术语与定义

下列术语和定义适用于本标准。

3.1

电动机轻载调压节电装置 step-down power saving device for asynchronous motor at light load

使用在轻载运行的单相和三相交流异步电动机上,通过电力电子电路调节电机电压,在不改变电机供电频率的前提下以得到最佳运行电压值来达到节电目的的装置。

3.2

节电率 rate of power saving

运行工况、运行时间周期相同的条件下,接入节电装置之后节省的电能量与接入节电装置之前的电能量之比的百分数。

3.3

负载跟随性　load respond time

节电装置在电动机某一负载点稳定运行状态下，随着电动机负载的变化，迅速调节电动机的负载率，从电动机负载变化开始，直到节电装置输出电压达到预期电压水平所需的时间，即节电装置的响应时间(ms)。

3.4

轻载　light load

当电动机负荷率不大于50%时，称为电动机轻载。

4　使用条件

4.1　环境温度

节电装置正常工作环境温度下限为－10 ℃，上限不应超过＋55 ℃，且在24 h内平均温度不应超过＋35 ℃。

4.2　相对湿度

在空气清洁，最高温度为＋40 ℃时，相对湿度不应超过50%。在较低温度时，允许有较大的相对湿度，在＋20 ℃时相对湿度不应超过90%。但应考虑到由于温度的变化有可能产生凝露。

4.3　污染等级

按GB 7251.1—2005中6.1.2.3的规定，节电装置一般情况下，只有非导电性污染，同时考虑到偶然由于凝露造成的暂时的导电性，污染等级为2级。空气中应无足以损坏绝缘和腐蚀金属的气体；无导电尘埃及易燃易爆的介质。

其他污染等级可根据特殊用途或微观环境考虑采用。

注：用于设备的微观环境污染等级可能受外壳内安装结构的影响。

4.4　海拔高度

节电装置安装场地的海拔高度不应超过2 000 m。

4.5　特殊使用条件

使用条件如果存在与4.1、4.2、4.3、4.4项目不符的情况，制造厂可根据用户的实际使用条件进行特殊设计、制造。

5　技术要求

5.1　机械性能

5.1.1　外形尺寸要求

节电装置的外形尺寸应符合制造厂文件规定的图纸和技术文件的要求。

5.1.2　外观要求

5.1.2.1　节电装置外壳及所有支承件表面(除铝合金、不锈钢外)应涂上无眩目反光的防腐层，其颜色应均匀一致，涂覆不应露出底层金属，表面无起泡、腐蚀、划痕、涂层脱落或沙孔等缺陷。

5.1.2.2　节电装置电镀件表面应光滑、色泽均匀，不应有剥落、针孔、锈蚀及其他机械损伤。

5.1.3　机械结构要求

5.1.3.1　节电装置柜体的框架、外壳应有足够的机械强度和刚度，应由能承受一定机械应力、电气应力及热应力的材料构成，材料还应能经受正常使用时可能遇到的潮湿的影响，并应不因吊装、运输等影响装置的性能。

5.1.3.2　各种构件应结构紧密，装置面板上除可安装指示灯、显示器、开关按钮外，其他任何影响功能的操作机构均应安装在箱体内。

5.1.3.3　装置面板指示灯应安装紧固无松动，且通电后指示正常。

5.1.3.4 装置的外部开关、引出线、接线端子等应无破损。

5.1.3.5 外接导线端子应符合 GB 7251.1—2005 中 7.1.3 的规定。

5.1.3.6 元器件的选择和安装

装置内安装的元器件应符合其自身的有关规定，元器件的额定电压(额定绝缘电压、额定冲击耐受电压等)、额定电流、使用寿命、接通和分断能力、短路耐受强度等应适合设备的设计要求。

元器件的短路耐受强度和分断能力不足以承受安装场合可能出现的应力时，应利用限流保护器件(如：熔断器或断路器)对元件进行保护。选择限流保护器时应考虑到元器件供应商规定的最大允许值。

元器件应按照制造商的说明书(使用条件)进行安装。

电气元件和外接导线端子的布置应使其在安装、接线、维修和更换时易于操作。

5.2 旁路功能

节电装置应装有旁路开关。

5.3 电气性能

5.3.1 节电率

节电器在电动机负载率 30% 和 50% 的节电率应符合表 1 的规定。

表 1 节电率

电动机负载率	30%	50%
节电率	≥5%	≥3%

5.3.2 负载跟随性要求

节电装置应有良好的负载跟随性，负载响应时间应不大于 50 ms。

5.4 安全性能

5.4.1 介电强度

额定工作电压不超过 1 000 V 的节电装置，按 GB 7251.1—2005 中 8.2.2.4 规定的试验电压值及施加部位对其施加电压时，应无击穿或闪络现象。

额定工作电压大于 1 000 V 且不超过 6 kV 的节电装置，按 GB 3906—2006 中 6.2.6 规定的试验电压值及施加部位对其施加电压时，应无击穿或闪络现象。

5.4.2 电气间隙和爬电距离

不同极性的裸导体之间及它们与外壳之间的电气间隙、爬电距离应符合下列规定：

a) 额定工作电压不超过 1 000 V 的节电装置，应符合 GB 7251.1—2005 中 7.1.2 的规定；

b) 额定工作电压大于 1 000 V 且不超过 6 kV 的节电装置，应符合 GB/T 11022—1999 中 5.14 的规定。

5.4.3 防护等级

节电装置的外壳防护等级应不低于 IP30。

5.4.4 保护电路有效性

具有保护接地的节电装置应符合 GB/T 3797—2005 中 5.2.6 的要求，保护连接导体电阻不应超过 0.1 Ω。

5.4.5 谐波电流限值

a) 额定工作电压不超过 1 000 V 的节电装置：

每相输入电流不大于 16 A 条件下的谐波电流应符合 GB 17625.1—2003 中表 1 的规定。

额定电流大于 16 A 条件下的谐波电流应符合 GB/Z 17625.6—2003 中表 1 的规定。

b) 额定工作电压大于 1 000 V 且不超过 6 kV 的节电装置，谐波电流应符合 GB/T 14549—1993 中表 2 的规定。

5.4.6 电磁兼容性(EMC)

额定工作电压不超过 1 000 V 的节电装置的电磁兼容性应符合 GB 7251.1—2005 中 7.10 的规定。

额定工作电压大于1 000 V且不超过6 kV的节电装置的电磁兼容性应符合GB/T 11022—1999中6.9的规定。

5.4.7 环境适应性

装置应能在4.1、4.2规定的环境条件下正常工作，无变形、无结构和机械损伤。特殊环境条件应由制造商与用户协调解决。

6 试验

6.1 试验条件

6.1.1 除气候环境适应性试验外，所有试验应在下列条件下进行：

环境温度：＋15 ℃～＋35 ℃；

供电电源：相应产品的额定工作电源。

6.1.2 电磁环境

试验场地的电磁环境不应影响试验结果。

6.2 试验分类

检验节电装置性能的试验包括：

——型式试验(见6.2.1)；

——出厂试验(见6.2.2)。

6.2.1 型式试验

型式试验用来验证给定型式的节电装置是否符合本标准的要求。在下列情况下应进行型式试验：

a) 新产品试制定型时；

b) 已定型的产品当工艺、设计或关键元器件材料更改有可能影响产品性能时；

c) 制造厂或用户认为有必要时。

型式试验应在一台(组)节电装置的样机上进行。

型式试验项目包括：

a) 外形尺寸、外观检查、外接导线端子检查和机械结构检查(见6.3.1)；

b) 介电强度试验(见6.3.3)；

c) 电气间隙和爬电距离试验(见6.3.4)；

d) 防护等级试验(见6.3.5)；

e) 保护电路有效性试验(见6.3.6)；

f) 环境试验(见6.3.7)；

g) 负载跟随性试验(见6.3.8)；

h) 谐波电流限值试验(见6.3.9)；

i) 电磁兼容性(EMC)试验(见6.3.10)；

j) 节电率试验(见6.3.11)。

试验顺序为先做环境试验后做其他试验。

6.2.2 出厂试验

出厂试验是用来检查产品性能是否合格的试验。

出厂试验在每一台装配好的新的节电装置上或在每一个运输单元上进行，在安装工地上不作另外的出厂试验。

节电装置采用标准化元件在元件制造厂外进行装配，而使用的部件和附件是制造厂为此用途而规定或提供的，则应由负责装配节电装置的单位进行出厂试验。

出厂试验包括：

a） 外形尺寸、外观检查、外接导线端子检查和机械结构检查(见 6.3.1)；

b） 介电强度试验(见 6.3.3)；

c） 电气间隙和爬电距离试验(见 6.3.4)；

d） 防护等级试验(见 6.3.5)；

e） 保护电路有效性试验(见 6.3.6)。

出厂试验项目可按任意次序进行。

注：在制造厂进行的出厂试验工作，不能免除安装单位在经过运输和安装后进行检查试验的责任。

6.3 试验方法

6.3.1 外形尺寸、外观检查和机械结构检查

用量尺等量具对照制造厂文件规定的图纸和技术文件检查节电装置的外形尺寸，目视检查外观，用手检验构件，应符合 5.1.2、5.1.3 的规定。

6.3.2 旁路开关试验

把节电装置接入供电系统，接通旁路开关，测量节电装置输出侧电源特性，应与节电装置输入侧电源一致。

6.3.3 介电强度试验

按 5.4.1 的规定进行。

6.3.4 电气间隙和爬电距离试验

测量节电装置相与相之间，不同电压的电路导体之间及带电部件与裸露导电部件之间的最小电气间隙、爬电距离，此距离应符合 5.4.2 的要求。测量方法按照 GB 7251.1—2005 中附录 F 的规定。

6.3.5 防护等级试验

按 GB 4208 的规定进行。

6.3.6 保护电路有效性试验

使用电阻测量仪器测量节电装置进线保护导体和相关的裸露导电部件之间的电阻，应符合 5.4.4 的要求。测量仪器应可以使至少 10 A 的交流或直流电流通过电阻测量点之间的阻抗。

6.3.7 环境试验

6.3.7.1 工作温度下限

按 GB/T 2423.1“试验 Ad”进行。受试样品先进行初始检查，将试验样品放入试验箱，受试样品在环境温度为－5 ℃(户内)条件下空载通电工作 4 h，试验中样品应工作正常。试验后恢复 2 h，受试样品应能满足 5.4.7 的要求。

6.3.7.2 工作温度上限

按 GB/T 2423.2 “试验 Bd”进行。受试样品先进行初始检查，将试验样品放入试验箱，受试样品在环境温度为＋40 ℃(户内)条件下空载通电工作 4 h，试验中样品应工作正常。试验后恢复 2 h，受试样品应能满足 5.4.7 的要求。

6.3.7.3 恒定湿热试验

按 GB/T 2423.3 的要求进行。受试样品先进行初始检查，将试验样品放入试验箱，受试样品在相对湿度为 90％(25 ℃)条件下正常工作 48 h，试验期间和试验后受试样品应能满足 5.4.7 的要求。

6.3.8 负载跟随性试验

在装置平稳运行时，迅速向上或向下调节电动机负载，记录电流变化的时刻 T_1，同时记录电压发生变化的时刻 T_2，则 T_2-T_1 即为装置的动态跟踪响应时间 T，响应时间应满足 5.3.2 的要求。

6.3.9 谐波电流限值试验

a） 额定工作电压不超过 1 000 V 的节电装置：

每相输入电流≤16 A 条件下的谐波电流试验按 GB 17625.1—2003 中的规定进行。

额定电流大于16 A条件下的谐波电流试验按GB/Z 17625.6—2003中的规定进行。

b) 额定工作电压大于1 000 V且不超过6 kV的节电装置，谐波电流试验按GB/T 14549中的规定进行。

检测并记录投入节电装置运行之后的谐波电流值，应符合5.4.5的规定。

6.3.10 电磁兼容性(EMC)试验

额定工作电压不超过1 000 V的节电装置的电磁兼容性试验按GB 7251.1—2005中8.2.8的规定进行。

额定工作电压大于1 000 V且不超过6 kV的节电装置的电磁兼容性试验按GB/T 11022—1999中6.9的规定进行。

6.3.11 节电率试验

在符合6.1规定的工作条件下，配与试品额定电流相同的电动机负载。

节电率测试示意图如图1所示。

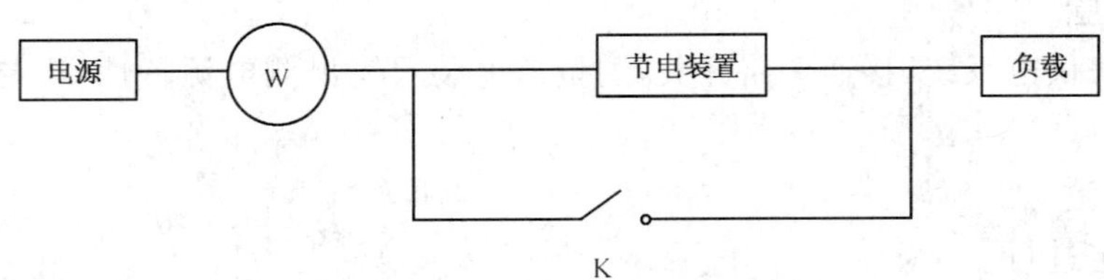

图1 节电率测试示意图

测试方法：将单相或三相交流异步电机负载率调为30%和50%，不接节电装置(即闭合开关K)运行，记录1 h后的电量值(W)，电能值应使用宽频的电能测量仪表进行测量。接入节电装置(即断开开关K)，在节电装置进入节电状态后，记录1 h后的电量值(W')，由式(1)计算节电率，其所得数值应符合表1的规定。

$$节电率=\frac{W-W'}{W}\times 100\% \qquad \cdots\cdots(1)$$

7 标志、包装、运输和贮存

7.1 标志

每台节电装置应有至少1个清晰、耐久的标志，包括铭牌和安全指示标志。铭牌应坚固、耐久，其位置应在节电装置安装好后易于看见的地方，且字迹清楚。其内容应包括：

a) 制造厂名称或商标；

注：制造厂是对完整的成套设备承担责任的机构。

b) 型号或标志号，或其他标记，据此可从制造厂得到有关资料；

c) 额定工作电压；

d) 额定频率；

e) 额定容量；

f) 额定电流；

g) 出厂编号和出厂日期。

7.2 包装

7.2.1 产品在外包装箱内应用防潮材料包装。包装箱上应有符合GB/T 191规定的标志名称、图形以及产品名称、型号、数量、出厂日期、净重、生产厂名等文字说明。

7.2.2 随同产品提供的文件应有产品说明书、合格证、保修卡等。

7.3 运输和贮存

7.3.1 包装好的产品应能承受汽车、火车、轮船和飞机等方式的运输。为避免运输过程中的振动和冲击对产品造成损伤，应给出必要的指导和/或提供特别的措施以保护元件（开关设备）的安全。

7.3.2 包装后的产品应贮存在环境温度为－10 ℃～＋40 ℃、相对湿度不大于80％、无腐蚀性气体、通风良好的室内或仓库内。

7.3.3 节电装置可在环境温度－25 ℃～＋55 ℃之间运输，在短时间内（不超过24 h），允许环境温度达到＋70 ℃。设备在未运行的情况下经受上述高温后，不应遭受任何不可恢复的损坏，在规定的条件下应能正常工作。

ICS 29.240.99
F 20

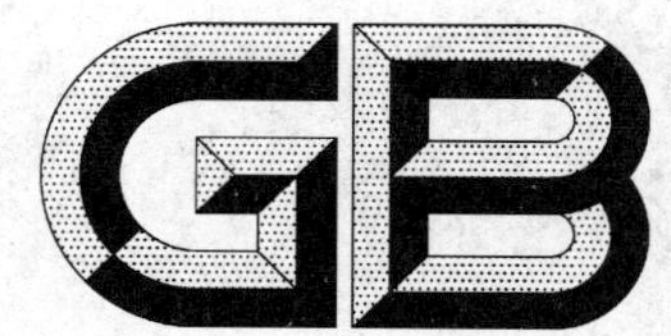

中华人民共和国国家标准

GB/T 25099—2010

配电降压节电装置

Step-down power saving device on distribution networks

2010-09-02 发布　　2011-02-01 实施

中华人民共和国国家质量监督检验检疫总局
中国国家标准化管理委员会　发布

前　言

本标准由中国电力企业联合会提出并归口。

本标准负责起草单位:国网武汉高压研究院。

本标准参加起草单位:广东省产品质量监督检验中心、武汉市供电公司、山东点石节能科技开发有限公司、顺富国际机电有限公司、武汉紫光能控科技有限公司、中国电力科学研究院、武汉钢铁集团能源动力公司。

本标准起草人:莫青、康应城、刘晓军、林志力、马桂芬、靖小平、臧洪海、游金水、黄钰惠、祝伟宏、闫华光、吕波。

配电降压节电装置

1 范围

本标准规定了配电降压节电装置(以下简称节电装置)的分类、要求和试验方法等。

本标准适用于额定工作电压交流不超过 10 kV、额定频率 50/60 Hz、额定容量不超过 3 000 kVA 的节电装置。

2 规范性引用文件

下列文件中的条款通过本标准的引用而成为本标准的条款。凡是注日期的引用文件,其随后所有的修改单(不包括勘误的内容)或修订版均不适用于本标准,然而,鼓励根据本标准达成协议的各方研究是否可使用这些文件的最新版本。凡是不注日期的引用文件,其最新版本适用本标准。

GB/T 191 包装储运图示标志(GB/T 191—2008,ISO 780:1997,MOD)

GB 1094.2 电力变压器 第2部分 温升(GB 1094.2—1996,eqv IEC 60076-2:1993)

GB 1094.11—2007 电力变压器 第11部分:干式变压器(IEC 60076-11:2004,MOD)

GB 3906—2006 3.6 kV~40.5 kV 交流金属封闭开关设备和控制设备(IEC 62271-200:2003,MOD)

GB 4208 外壳防护等级(IP代码)(GB 4208—2008,IEC 60529:2001,IDT)

GB 7251.1—2005 低压成套开关设备和控制设备 第1部分:型式试验和部分型式试验 成套设备(IEC 60439-1:1999,IDT)

GB/T 11022—1999 高压开关设备和控制设备标准的共用技术要求(eqv IEC 60694:1996)

GB/T 12325 电能质量 供电电压偏差

GB/T 14549—1993 电能质量 公用电网谐波

GB 17625.1—2003 电磁兼容 限值 谐波电流发射限值(设备每相输入电流≤16 A)(IEC 61000-3-2:2001,IDT)

GB/Z 17625.6—2003 电磁兼容 限值 对额定电流大于16 A的设备在低压供电系统中产生的谐波电流的限制(IEC TR 61000-3-4:1998,IDT)

3 术语和定义

下列术语和定义适用于本标准。

3.1

配电降压节电装置 step-down power saving device on distribution networks

装有高效自耦变压器,有主线圈和辅助线圈,串联安装于中、低压配电系统中,通过调节电压达到节电目的的装置。

3.2

节电率 rate of power saving

运行工况、运行时间周期相同的条件下,接入节电装置之后节省的电能量与接入节电装置之前的电能量之比的百分数。

4 产品分类

节电装置按使用场所分为:户内式和户外式。

5 使用条件

5.1 环境温度

节电装置正常户内工作环境温度下限为−5 ℃，上限不应超过+40 ℃，且在24 h内平均温度不应超过+35 ℃。

节电装置正常户外工作环境温度下限为−10 ℃，上限不应超过+55 ℃，且在24 h内平均温度不应超过+35 ℃。

5.2 相对湿度

户内大气条件：在空气清洁，最高温度为+40 ℃时，相对湿度不应超过50%。在较低温度时，允许有较大的相对湿度，在+20 ℃时相对湿度不应超过90%。

户外大气条件：+25 ℃时，相对湿度短时可允许为100%。

5.3 污染等级

按GB 7251.1—2005中6.1.2.3的规定，节电装置一般情况下，只有非导电性污染，同时考虑到偶然由于凝露造成的暂时的导电性，污染等级为2级。

其他污染等级可根据特殊用途或微观环境考虑采用。

注：用于设备的微观环境污染等级可能受外壳内安装结构的影响。

5.4 海拔高度

节电装置安装场地的海拔高度不应超过2 000 m。

5.5 特殊使用条件

使用条件如果存在与5.1、5.2、5.3、5.4项目不符的情况，制造厂可根据用户的实际使用条件进行特殊设计、制造。

6 技术要求

6.1 机械性能

6.1.1 外形尺寸要求

节电装置的外形尺寸应符合制造厂文件规定的图纸和技术文件的要求。

6.1.2 外观要求

6.1.2.1 节电装置外壳及所有支承件表面（除铝合金、不锈钢外）应涂上无眩目反光的防腐层，其颜色应均匀一致，涂覆不应露出底层金属，表面无起泡、腐蚀、划痕、涂层脱落或沙孔等缺陷。

6.1.2.2 节电装置电镀件表面应光滑、色泽均匀，不应有剥落、针孔、锈蚀及其他机械损伤。

6.1.3 机械结构要求

6.1.3.1 节电装置柜体的框架、外壳应有足够的机械强度和刚度，应由能承受一定机械应力、电气应力及热应力的材料构成，材料还应能经受正常使用时可能遇到的潮湿的影响，并应不因吊装、运输等影响装置的性能。

6.1.3.2 各种构件应结构紧密，装置面板上除可指示灯、显示器、开关按钮外，其他任何影响功能的操作机构均应安装在箱体内。

6.1.3.3 装置面板指示灯应安装紧固无松动，且通电后指示正常。

6.1.3.4 装置的外部开关、引出线、接线端子等应无破损。

6.1.3.5 外接导线端子应符合GB 7251.1—2005中7.1.3的规定。

6.2 旁路功能

节电装置应配备有旁路开关功能。

6.3 电气性能

6.3.1 节电装置额定工作电压交流不超过10 kV，额定频率50/60 Hz。各电压挡次空载输入额定工作电压时，空载输出电压偏差应在±0.5%的范围内。

6.3.2 节电装置电气参数应符合表1的规定。

表1 节电装置电气参数

额定容量 kVA	空载损耗 %	负载损耗 %	空载电流 %
≤2 500	≤0.7	≤2	≤0.3

6.3.3 节电装置的降压范围和适应性应符合GB/T 12325的规定。

6.4 安全性能

6.4.1 介电强度

额定工作电压不超过1 000 V的节电装置，按GB 7251.1—2005中8.2.2.4规定的试验电压值及施加部位对其施加电压时，应无击穿或闪络现象。

额定工作电压大于1 000 V且不超过10 kV的节电装置，按GB 3906—2006中6.2.6规定的试验电压值及施加部位对其施加电压时，应无击穿或闪络现象。

6.4.2 电气间隙和爬电距离

不同极性的裸导体之间及它们与外壳之间的电气间隙、爬电距离应符合下列规定：

a) 额定工作电压不超过1 000 V的节电装置，应符合GB 7251.1—2005中7.1.2的规定；

b) 额定工作电压大于1 000 V且不超过10 kV的节电装置，应符合GB/T 11022—1999中5.14的规定。

6.4.3 防护等级

节电装置的外壳防护等级户内应不低于IP30，户外应不低于IP33D。

6.4.4 温升

额定工作电压不超过1 000 V的节电装置的部件温升应符合GB 7251.1—2005中7.3的规定。

额定工作电压大于1 000 V且不超过10 kV的节电装置的部件温升应符合GB 3906—2006中6.5的规定。

节电装置变压器绕组温升应符合GB 1094.2的规定，部件温升限值不应超过GB 1094.11—2007中表2的规定。

6.4.5 保护电路有效性

节电装置的铁心和金属构件应可靠接地。接地装置应有防锈镀层，并有明显的接地标志。

节电装置不同裸露导电部件应有效地连接在保护电路上，进线保护导体和相关的裸露导电部件之间的电阻不应超过0.1 Ω。

6.4.6 谐波电流限值

a) 额定工作电压不超过1 000 V的节电装置：

每相输入电流不大于16 A条件下的谐波电流应符合GB 17625.1—2003中表1的规定。

额定电流大于16 A条件下的谐波电流应符合GB/Z 17625.6—2003中表1的规定。

b) 额定工作电压大于1 000 V且不超过10 kV的节电装置，谐波电流应符合GB/T 14549—1993中表2的规定。

6.4.7 短路耐受强度

额定工作电压不超过1 000 V的节电装置的短路耐受强度应符合GB 7251.1—2005中7.5的规定。

额定工作电压大于1 000 V且不超过10 kV的节电装置的短路耐受强度应符合GB 3906—2006中6.6的规定。

6.4.8 环境适应性

装置应能在5.1、5.2规定的环境条件下正常工作，无变形、无结构和机械损伤。特殊环境条件应在产品说明书中给出。

6.4.9 电磁兼容性(EMC)

额定工作电压不超过 1 000 V 的节电装置的电磁兼容性应符合 GB 7251.1—2005 中 7.10 的规定。

额定工作电压大于 1 000 V 且不超过 10 kV 的节电装置的电磁兼容性应符合 GB/T 11022—1999 中 6.9 的规定。

6.5 节电率

节电装置各电压挡次在额定负载时,其节电率应不小于式(1)的计算结果。

$$R = [1-(U_2/U_1)^2]\times 100\% - 2\% \qquad (1)$$

式中:

R——节电率限定值;

U_1——输入电压;

U_2——输出电压。

7 试验

7.1 试验条件

7.1.1 除气候环境适应性试验外,所有试验应在下列条件下进行:

环境温度:+10 ℃ ~ +40 ℃;

供电电源:相应产品的额定工作电源。

7.1.2 电磁环境

试验场地的电磁环境不应影响试验结果。

7.2 试验分类

检验节电装置性能的试验包括:

——型式试验(见 7.2.1);

——出厂试验(见 7.2.2)。

7.2.1 型式试验

型式试验用来验证给定型式的节电装置是否符合本标准的要求。在下列情况下应进行型式试验:

a) 新产品试制定型时;

b) 已定型的产品当工艺、设计或关键元器件材料更改有可能影响产品性能时;

c) 制造厂或用户认为有必要时。

型式试验应在一台(组)节电装置的样机上进行。

型式试验应由制造厂主动进行。

型式试验项目包括:

a) 外形尺寸、外观检查和机械结构检查(见 7.3.1);

b) 旁路功能试验(见 7.3.2);

c) 空载输入、输出电压试验(见 7.3.3);

d) 空载损耗和空载电流试验(见 7.3.4);

e) 负载损耗试验(见 7.3.5);

f) 介电强度试验(见 7.3.6);

g) 电气间隙和爬电距离试验(见 7.3.7);

h) 防护等级试验(见 7.3.8);

i) 温升极限试验(见 7.3.9);

j) 保护电路有效性试验(见 7.3.10);

k) 谐波电流限值试验(见 7.3.11);

l) 短路耐受强度试验(见 7.3.12);

m) 电磁兼容性(EMC)试验(见 7.3.13);

n) 节电率试验(见 7.3.14)。

7.2.2 出厂试验

出厂试验是用来检查产品的性能是否合格的试验。

出厂试验在每一台装配好的新的节电装置上或在每一个运输单元上进行,在安装工地上不作另外的出厂试验。

节电装置采用标准化元件在元件制造厂外进行装配,而使用的部件和附件是制造厂为此用途而规定或提供的,则应由负责装配节电装置的单位进行出厂试验。

出厂试验项目包括:

a) 外形尺寸、外观检查和机械结构检查(见 7.3.1);

b) 旁路功能试验(见 7.3.2);

c) 空载输入、输出电压试验(见 7.3.3);

d) 空载损耗和空载电流试验(见 7.3.4);

e) 负载损耗试验(见 7.3.5);

f) 介电强度试验(见 7.3.6);

g) 电气间隙和爬电距离试验(见 7.3.7);

h) 防护等级试验(见 7.3.8);

i) 保护电路有效性试验(见 7.3.10)。

出厂试验项目可按任意次序进行。

注:在制造厂进行的出厂试验工作,不能免除安装单位在经过运输和安装后进行检查试验的责任。

7.3 试验方法

7.3.1 外形尺寸、外观检查和机械结构检查

用量尺等量具对照制造厂文件规定的图纸和技术文件检查节电装置的外形尺寸,目视检查外观,用手检验构件,应符合 6.1.2、6.1.3 的规定。

7.3.2 旁路功能试验

把节电装置接入供电系统,接通旁路开关,测量节电装置输出侧电源特性,应与节电装置输入侧电源一致。

7.3.3 空载输入、输出电压试验

分别接通节电装置各电压调节挡次,输入三相额定频率下的额定电压,测量输入、输出线电压,应符合 6.3.1 的要求。

7.3.4 空载损耗和空载电流试验

将节电装置输入电压调节至三相额定频率的额定电压,测量空载损耗和空载电流,应符合 6.3.2 中表 1 的规定。

7.3.5 负载损耗试验

将节电装置电压调节位置置于“7%”或相近数值,输出端短接,输入端输入三相额定频率的电压,调节输入电压使输入输出短路电流(即主线圈电流)达到额定电流,测量有功功率即为负载损耗,应符合 6.3.2 中表 1 的规定。

7.3.6 介电强度试验

按 6.4.1 的规定进行。

7.3.7 电气间隙和爬电距离试验

测量节电装置相与相之间,不同电压的电路导体之间及带电部件与裸露导电部件之间的最小电气间隙、爬电距离。此距离应符合 6.4.2 的要求。测量方法按照 GB 7251.1—2005 中附录 F 的规定。

7.3.8 防护等级试验

按 GB 4208 的规定进行。

7.3.9 温升极限试验

额定工作电压不超过 1 000 V 的节电装置的部件温升极限试验按 GB 7251.1—2005 中 8.2.1 的规定进行。

额定工作电压大于 1 000 V 且不超过 10 kV 的节电装置的部件温升试验按 GB 3906—2006 中 6.5 的规定进行。

节电装置的变压器绕组温升试验按 GB 1094.2 的规定进行。

7.3.10 保护电路有效性试验

使用电阻测量仪器测量节电装置进线保护导体和相关的裸露导电部件之间的电阻，应符合 6.4.5 的要求。测量仪器应可以使至少 10 A 的交流或直流电流通过电阻测量点之间的阻抗。

7.3.11 谐波电流限值试验

a) 额定工作电压不超过 1 000 V 的节电装置：

每相输入电流≤16 A 条件下的谐波电流试验按 GB 17625.1—2003 中的规定进行。

额定电流大于 16 A 条件下的谐波电流试验按 GB/Z 17625.6—2003 中的规定进行。

b) 额定工作电压大于 1 000 V 且不超过 10 kV 的节电装置，谐波电流试验按 GB/T 14549 的规定进行。

检测并记录投入节电装置运行之后的谐波电流值，应符合 6.4.6 的规定。

7.3.12 短路耐受强度试验

节电装置的短路耐受强度和短路保护功能试验按 GB 7251.1—2005 中 8.2.3 的规定进行。

试验后，导线不应有过大的变形，电气间隙和爬电距离应符合 6.4.2 的规定，同时，导线的绝缘和绝缘支撑部件不应有明显的损伤痕迹。

检测器件不应指示出有故障电流发生。

导线的连接部件不应松动，导线不应从输出端子上脱落。

7.3.13 电磁兼容性(EMC)试验

额定工作电压不超过 1 000 V 的节电装置电磁兼容性试验按 GB 7251.1—2005 中 8.2.8 的规定进行。

额定工作电压大于 1 000 V 且不超过 10 kV 的节电装置电磁兼容性试验按 GB/T 11022—1999 的规定进行。

试验结果应符合 6.4.9 的规定。

7.3.14 节电率试验

节电装置输出端接入额定功率负载，负载功率因数 $\cos\phi$ 不低于 0.90；如果条件限制可减低负载，但不能小于额定负载的 20%。输入电压在额定范围内，将节电装置置于不同电压挡位，测试仪表接在节电装置输入端，测量电流、电压、功率、功率因数、用电量(测试时间可定为 0.5 h)。同样负载，相同的输入电压，不接入节电装置测量电流、电压、功率、功率因数、用电量(测试时间与接入节电装置相同)。

节电装置节电率按下式计算：

$$r=\frac{W_0-W_1}{W_0}\times 100\%$$

式中：

r——节电率；

W_0——无节电装置时的用电量，单位为千瓦小时(kW·h)；

W_1——有节电装置时的用电量，单位为千瓦小时(kW·h)。

试验结果应满足 6.5 的要求。

8 标志、包装、运输和贮存

8.1 标志

每台节电装置应有一至数个清晰、耐久的标志，包括铭牌和安全指示标志。铭牌应坚固、耐久，其位置应在节电装置安装好后易于看见的地方，字迹应清楚，其内容应包括：

a) 制造厂名称或商标；

注：制造厂是对完整的成套设备承担责任的机构。

b) 型号或标志号，或其他标记，据此可从制造厂得到有关资料；

c) 额定工作电压；

d) 额定频率；

e) 额定容量；

f) 额定电流；

g) 电压调节挡次；

h) 出厂编号和出厂日期。

8.2 包装

8.2.1 产品在外包装箱内应用防潮材料包装。包装箱上应有符合 GB/T 191 规定的标志名称、图形以及产品名称、型号、数量、出厂日期、净重、生产厂名等文字说明。

8.2.2 随同产品提供的文件应有产品说明书、合格证、保修卡等。

8.3 运输和贮存

8.3.1 包装好的产品应能承受汽车、火车、轮船和飞机等方式的运输。为避免运输过程中振动和冲击对产品造成损伤，应给出必要的指导和/或提供特别的措施以保护元件(开关设备和变压器)的安全。

8.3.2 包装后的产品应贮存在环境温度为－10 ℃～＋40 ℃、相对湿度不大于 80%、无腐蚀性气体、通风良好的室内或仓库内。

8.3.3 节电装置可在环境温度－25 ℃～＋55 ℃之间运输，在短时间内(不超过 24 h)，允许环境温度达到＋70 ℃。设备在未运行的情况下经受上述高温后，不应遭受任何不可恢复的损坏，在规定的条件下应能正常工作。

ICS 29.140.99
K 70

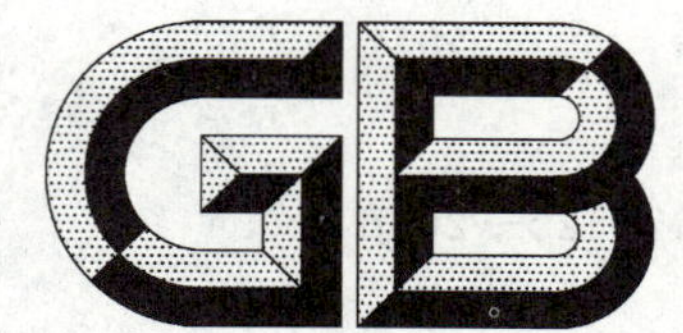

中华人民共和国国家标准

GB/T 25125—2010

智能照明节电装置

Intelligent power saving device for lighting

2010-09-02 发布　　2011-02-01 实施

中华人民共和国国家质量监督检验检疫总局
中国国家标准化管理委员会　发布

前　言

本标准由中国电力企业联合会提出并归口。

本标准负责起草单位:国网武汉高压研究院。

本标准参加起草单位:广东省产品质量监督检验中心、武汉市供电公司、深圳市倍通电子技术有限公司、武汉紫光能控科技有限公司、中国电力科学研究院。

本标准起草人:莫青、吴夕科、林志力、马桂芬、靖小平、程涛、张子晋、祝伟宏、闫华光。

智能照明节电装置

1 范围

本标准规定了智能照明节电装置(以下简称节电装置)的技术要求、检验、包装、运输与贮存。

本标准适用于额定电压不超过 400 V,额定频率 50/60 Hz,额定容量不超过 2 500 kVA 的节电装置。

2 规范性引用文件

下列文件中的条款通过本标准的引用而成为本标准的条款。凡是注日期的引用文件,其随后所有的修改单(不包括勘误的内容)或修订版均不适用于本标准,然而,鼓励根据本标准达成协议的各方研究是否可使用这些文件的最新版本。凡是不注日期的引用文件,其最新版本适用于本标准。

GB/T 191　包装储运图示标志(GB/T 191—2008,ISO 780:1997,MOD)

GB 1094.2—1996　电力变压器　第2部分　温升(GB 1094.2—1996,eqv IEC 60076-2:1993)

GB 1094.11—2007　电力变压器　第11部分:干式变压器(IEC 60076-11:2004,MOD)

GB 4208—2008　外壳防护等级(IP 代码)(IEC 60529:2001,IDT)

GB 7251.1—2005　低压成套开关设备和控制设备　第1部分:型式试验和部分型式试验　成套设备(IEC 60439-1:1999,IDT)

GB/T 12325　电能质量　供电电压偏差

GB 17625.1—2003　电磁兼容　限值　谐波电流发射限值(设备每相输入电流≤16 A)(IEC 61000-3-2:2001,IDT)

GB/T 17626.4—2008　电磁兼容　试验和测量技术　电快速瞬变脉冲群抗扰度试验(IEC 61000-4-4:2004,IDT)

GB/Z 17625.6—2003　电磁兼容　限值　对额定电流大于16 A的设备在低压供电系统中产生的谐波电流的限制(IEC TR 61000-3-4:1998,IDT)

GB 17743—2007　电气照明和类似设备的无线电骚扰特性的限值和测量方法(CISPR 15:2005+A1:2006,IDT)

3 术语和定义

下列术语和定义适用于本标准。

3.1

智能照明节电装置　intelligent power saving device for lighting

采用标准的现场总线或其他数字通讯方式将具有通讯能力的元器件相互连接起来,通过控制器或上位机实现对现场节电装置的遥测、遥调、遥控中的部分或全部功能的成套装置。

3.2

节电率　rate of power saving

运行工况、运行时间周期相同的条件下,接入节电装置之后节省的电能量与接入节电装置之前的电能量之比的百分数。

4 产品分类

节电装置按使用场所分为:户内式和户外式。

5 使用条件

5.1 环境温度

节电装置正常户内工作环境温度下限为－5 ℃，上限不应超过＋40 ℃，且在 24 h 内平均温度不应超过＋35 ℃。

节电装置正常户外工作环境温度下限为－10 ℃，上限不应超过＋55 ℃，且在 24 h 内平均温度不应超过＋35 ℃。

5.2 相对湿度

户内大气条件：在空气清洁，最高温度为＋40 ℃时，相对湿度不应超过 50％。在较低温度时，允许有较大的相对湿度，在＋20 ℃时相对湿度不应超过 90％。

户外大气条件：＋25 ℃时，相对湿度短时可允许为 100％。

5.3 污染等级

按 GB 7251.1—2005 中 6.1.2.3 的规定，节电装置一般情况下，只有非导电性污染，同时考虑到偶然由于凝露造成的暂时的导电性，污染等级为 2 级。

其他污染等级可根据特殊用途或微观环境考虑采用。

注：用于设备的微观环境污染等级可能受外壳内安装结构的影响。

5.4 海拔高度

节电装置安装场地的海拔高度不应超过 2 000 m。

5.5 特殊使用条件

使用条件如果存在与 5.1、5.2、5.3、5.4 项目不符的情况，制造厂可根据用户的实际使用条件进行特殊设计、制造。

6 技术要求

6.1 一般要求

6.1.1 外形尺寸要求

节电装置的外形尺寸应符合制造厂文件规定的图纸和技术文件的要求。

6.1.2 外观要求

6.1.2.1 节电装置外壳及所有支承件表面(除铝合金、不锈钢外)应涂上无眩目反光的防腐层，其颜色应均匀一致，涂覆不应露出底层金属，表面无起泡、腐蚀、划痕、涂层脱落或沙孔等缺陷。

6.1.2.2 节电装置电镀件表面应光滑、色泽均匀，不应有剥落、针孔、锈蚀及其他机械损伤。

6.1.3 机械结构要求

6.1.3.1 节电装置柜体的框架、外壳应有足够的机械强度和刚度，应由能承受一定的机械应力、电气应力及热应力的材料构成，材料还应能经受正常使用时可能遇到的潮湿的影响，并应不因吊装、运输等影响装置的性能。

6.1.3.2 各种构件应结构紧密，装置面板上除可安装指示灯、显示器、开关按钮外，其他任何影响功能的操作机构均应安装在箱体内。

6.1.3.3 节电装置面板指示灯应安装紧固无松动，且通电后指示正常。

6.1.3.4 节电装置的外部开关、引出线、接线端子等应无破损。在严寒或沙漠地区使用的节电装置采用元件应满足其使用环境要求。

6.1.3.5 外接导线端子应符合 GB 7251.1—2005 中 7.1.3 的规定。

6.1.3.6 元器件的选择和安装

节电装置内安装的元器件应符合其自身的有关规定，元器件的额定电压(额定绝缘电压、额定冲击耐受电压等)、额定电流、使用寿命、接通和分断能力、短路耐受强度等应适合设备的设计要求。

元器件的短路耐受强度和分断能力不足以承受安装场合可能出现的应力时，应利用限流保护器件(如：熔断器或断路器)对元件进行保护。选择限流保护器时应考虑到元器件供应商规定的最大允许值。

元器件应按照制造商的说明书(使用条件)进行安装。

电气元件和外接导线端子的布置应使其在安装、接线、维修和更换时易于操作。

6.2 旁路功能

节电装置应装有旁路开关。

6.3 电气性能

6.3.1 节电装置技术参数应符合表1的规定。

表1 节电装置技术参数

额定容量 kVA	空载损耗 %	负载损耗 %	空载电流 %
≤2 500	≤0.7	≤2	≤0.3

6.3.2 各电压档次输入额定电压时，空载输出电压偏差应小于±1.5 V。

6.3.3 节电装置输出电压应符合GB/T 12325的规定。

6.4 安全性能

6.4.1 介电强度

按GB 7251.1—2005中8.2.2.4规定的试验电压值及施加部位对节电装置施加电压，应无击穿或闪络现象。

6.4.2 电气间隙和爬电距离

节电装置主电路电气间隙和爬电距离应满足GB 7251.1—2005中的规定。

6.4.3 防护等级

节电装置的外壳防护等级户内不应低于IP30，户外不应低于IP33D。

6.4.4 温升

节电装置的部件温升应符合GB 7251.1—2005中7.3的规定，温升限值不应超过GB 7251.1—2005中表2的规定。

节电装置的变压器绕组温升应符合GB 1094.2—1996的规定，温升限值不应超过GB 1094.11—2007中表2的规定。

6.4.5 保护电路有效性

节电装置的铁心和金属构件应可靠接地。接地装置应有防锈镀层，并有明显的接地标志。

节电装置不同裸露导电部件应有效地连接在保护电路上，进线保护导体和相关的裸露导电部件之间的电阻不应超过0.1 Ω。

6.4.6 保护要求

设备的电源输入端应有旁路保护。当出现下列情况时，旁路装置将进行旁路保护，系统自动从节电状态转换成旁路状态：

——设备输出电压低于控制系统设定的最低电压；

——控制系统检测到电路中电流超过设备设定的保护电流或低于设定的最小电流；

——电路中出现零序电流越限。

6.4.7 谐波电流限值

节电装置每相输入电流≤16 A条件下的谐波电流应符合GB 17625.1—2003中表1的规定。

节电装置额定电流大于16 A条件下的谐波电流应符合GB/Z 17625.6—2003中表1的规定。

6.4.8 电磁兼容性(EMC)

6.4.8.1 节电装置传导骚扰限值应符合GB 17743—2007中表2的规定。

6.4.8.2 节电装置电快速瞬变脉冲群抗扰度应满足 GB/T 17626.4—2008 中试验等级 3 的要求。

6.4.9 **短路耐受强度**

节电装置短路耐受强度应符合 GB 7251.1—2005 中 7.5 的规定。

6.4.10 **环境适应性**

装置应能在 5.1、5.2 规定的环境条件下正常工作，无变形、无结构和机械损伤。特殊环境条件应在产品说明书中给出。

6.5 功能要求

6.5.1 **通讯方式**

节电装置的通讯系统可采用现场总线（Profibus-DP，DeviceNet，Modbus）方式或其他数字通讯方式。

6.5.2 **遥调功能**

节电装置应能通过上位机远程对现场节电设备进行参数设定。

6.5.3 **遥测功能**

应能通过上位机远程测量各回路、各现场节电设备的电量参数，包括：

——主进线电路：三相电流、三相电压、有功功率、有功电能、无功电能；

——配电电路：三相电流、三相电压、有功功率、功率因数、有功电能、无功电能；

——其他：电网频率。

具体可遥测的参数应根据用户需要确定。

6.5.4 **遥控功能**

遥控节电装置合闸、分闸及挡位切换执行 100 次动作均应正确。

6.6 节电率

节电装置各电压挡次在额定负载时，其节电率应不小于式(1)的计算结果。

$$R=[1-(U_2/U_1)^2]100\%-2\% \qquad (1)$$

式中：

R——节电率限定值；

U_1——输入电压；

U_2——输出电压。

7 试验

7.1 试验条件

7.1.1 除气候环境适应性试验外，所有试验应在下列条件下进行：

环境温度：+15 ℃～+35 ℃；

供电电源：相应产品的额定工作电源。

7.1.2 电磁环境

试验场地的电磁环境不应影响试验结果。

7.2 试验分类

检验节电装置性能的试验包括：

——型式试验（见 7.2.1）；

——出厂试验（见 7.2.2）。

7.2.1 **型式试验**

型式试验是用来验证给定型式的节电装置是否符合本标准要求的试验。在下列情况下应进行型式试验：

a) 新产品试制定型时；

b) 已定型的产品当工艺、设计或关键元器件材料更改有可能影响产品性能时；

c) 制造厂或用户认为有必要时。

型式试验应在一台(组)节电装置的样机上进行。

型式试验应由制造厂主动进行。

型式试验项目包括：

a) 外形尺寸、外观检查、外接导线端子检查和机械结构检查(见 7.3.1)；

b) 空载输入、输出电压试验(见 7.3.2)；

c) 空载损耗和空载电流试验(见 7.3.3)；

d) 负载损耗试验(见 7.3.4)；

e) 介电强度试验(见 7.3.5)；

f) 电气间隙和爬电距离试验(见 7.3.6)；

g) 防护等级试验(见 7.3.7)；

h) 温升极限试验(见 7.3.8)；

i) 保护电路有效性试验(见 7.3.9)；

j) 旁路保护试验(见 7.3.10)；

k) 谐波电流限值试验(见 7.3.11)；

l) 电磁兼容试验(见 7.3.12)；

m) 控制性能试验(见 7.3.13)；

n) 节电率试验(见 7.3.14)。

7.2.2 出厂试验

出厂试验是用来检查产品性能是否合格的试验。

出厂试验在每一台装配好的新的智能节电装置上或在每一个运输单元上进行，在安装工地上不作另外的出厂试验。

节电装置采用标准化元件在元件制造厂外进行装配，而使用的部件和附件是制造厂为此用途而规定或提供的，则应由负责装配节电装置的单位进行出厂试验。

出厂试验项目包括：

a) 外形尺寸、外观检查、外接导线端子检查和机械结构检查(见 7.3.1)；

b) 介电强度试验(见 7.3.5)；

c) 电气间隙和爬电距离试验(见 7.3.6)；

d) 保护电路有效性试验(见 7.3.9)；

e) 旁路保护试验(见 7.3.10)。

出厂试验项目可按任意次序进行。

注：在制造厂进行的出厂试验工作，不能免除安装单位在经过运输和安装后进行检查试验的责任。

7.3 试验方法

7.3.1 外形尺寸、外观检查、外接导线端子检查和机械结构检查

用量尺等量具对照制造厂文件规定的图纸和技术文件检查节电装置的外形尺寸，目视检查外观，用手检验构件，应符合 6.1.2、6.1.3 的规定。按 GB 7251.1—2005 中 7.1.3 的规定检查外接导线端子。

7.3.2 空载输入、输出电压试验

分别接通节电装置各电压调节档次，输入三相额定频率下的额定电压，测量输入、输出线电压，应符合 6.3.2 要求。

7.3.3 空载损耗和空载电流试验

将节电装置电压调节位置置于“7%”或相近位置，输入三相额定频率的额定电压，测量空载损耗和空载电流，应符合表 1 的规定。

7.3.4 负载损耗试验

将节电装置电压调节位置置于“7%”或相近位置，输出端短接，输入端输入三相额定频率的电压，调节输入电压使输入输出短路电流(即主线圈电流)达到额定电流，测量有功功率即为负载损耗，应符合表1的规定。

7.3.5 介电强度试验

节电装置介电强度试验电压值及施加部位按GB 7251.1—2005中8.2.2.4的规定进行，应符合6.4.1的要求。

7.3.6 电气间隙和爬电距离试验

测量节电装置相与相之间，不同电压的电路导体之间及带电部件与裸露导电部件之间的最小电气间隙、爬电距离。测量结果应符合6.4.2规定。测量方法按照GB 7251.1—2005中附录F的规定。

7.3.7 防护等级试验

按GB 4208—2008中表2、表3、表4的规定，应符合本标准6.4.3的要求。

7.3.8 温升极限试验

节电装置的部件温升极限试验按GB 7251.1—2005中8.2.1的规定进行，温升限值应符合本标准6.4.4的规定。

节电装置的变压器绕组温升按GB 1094.2—1996的规定，温升限值应符合本标准6.4.4的规定。

7.3.9 保护电路有效性试验

使用电阻测量仪器测量节电装置进线保护导体和相关的裸露导电部件之间的电阻，应符合6.4.5的要求。测量仪器应可以使至少10 A的交流或直流电流通过电阻测量点之间的阻抗。

7.3.10 旁路保护试验

把节电装置接入供电系统，接通旁路开关，测量节电装置输出侧电源特性，应与节电装置输入侧电源一致。

7.3.11 谐波电流限值试验

每相输入电流≤16 A条件下的谐波电流试验按GB 17625.1—2003中的规定进行。

额定电流大于16 A条件下的谐波电流试验按GB/Z 17625.6—2003中的规定进行。

检测并记录投入节电装置运行之后的谐波电流值，应符合6.4.7的规定。

7.3.12 电磁兼容(EMC)试验

节电装置按GB 7251.1—2005中8.2.8的规定进行试验，应符合6.4.8的规定。

7.3.13 功能试验

连接好节电装置系统的所有控制设备，试验时装置处于正常工作状态。通过上位机进行系统操作，按6.5的要求测试节电装置的功能。上位机的参数及功能记录应与现场节电装置上仪表及显示的参数或功能一致，有一项不符合可判定为产品功能不合格。

7.3.14 节电率试验

节电装置输出端接入额定功率负载，负载功率因数$\cos\phi>0.6$；如果条件限制可减低负载，但不能小于额定负载的20%。输入电压在额定范围内，将测试仪表接在节电装置输入端，测量电流、电压、功率因数、用电量(测量时间可定为0.5 h)。同样负载，不改变工况，不接入节电装置时，测量电流、电压、功率因数、用电量(测量时间与接入节电装置相同)。节电装置节电率按以下公式计算：

$$r=\frac{W_0-W_1}{W_0}\times 100$$

式中：

r——节电率，%；

W_0——无智能节电装置用电量，单位为千瓦小时(kW·h)；

W_1——有智能节电装置用电量，单位为千瓦小时(kW·h)。

试验结果应满足 6.6 的要求。

8 标志、包装、运输和贮存

8.1 标志

每套节电装置应有一至数个清晰、耐久的标志，包括铭牌和安全指示标志。铭牌应坚固、耐久，其位置应在智能节电装置安装好后易于看见的地方，字迹应清楚，其内容应包括：

a) 制造厂名称或商标；

注：制造厂是对完整的成套设备承担责任的机构。

b) 型号或标志号，或其他标记，据此可从制造厂得到有关资料；

c) 额定工作电压；

d) 额定频率；

e) 额定容量；

f) 额定电流；

g) 出厂编号和出厂日期。

8.2 包装

8.2.1 产品在外包装箱内应用防潮材料包装。包装箱上应有符合 GB/T 191 规定的标志名称、图形以及产品名称、型号、数量、出厂日期、净重、生产厂名等文字说明。

8.2.2 随同产品提供的文件应有：产品说明书、合格证、保修卡等。

8.3 运输和贮存

8.3.1 包装好的产品应能承受汽车、火车、轮船和飞机等方式的运输。为避免运输过程中振动和冲击对产品造成损伤，应给出必要的指导和/或提供特别的措施以保护元件(开关设备和变压器)的安全。

8.3.2 包装后的产品应贮存在环境温度为－10 ℃～＋40 ℃、相对湿度不大于 80％、无腐蚀性气体、通风良好的室内或仓库内。

8.3.3 节电装置可在环境温度－25 ℃～＋55 ℃之间运输，在短时间内(不超过 24 h)，允许环境温度达到＋70 ℃。设备在未运行的情况下经受上述高温后，不应遭受任何不可恢复的损坏，在规定的条件下应能正常工作。

ICS 03.220.20
R 06

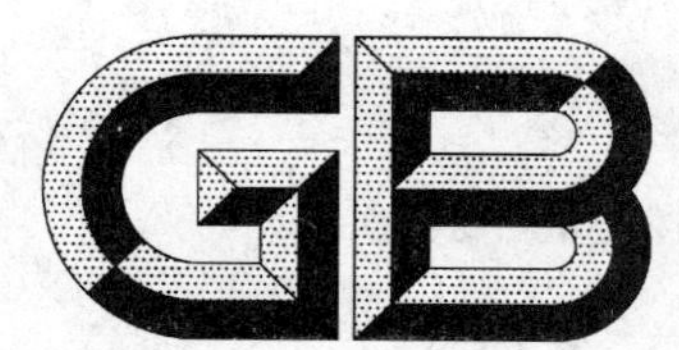

中华人民共和国国家标准

GB/T 25348—2010

汽车节油产品使用技术条件

Technical specification of fuel saving products for automobiles

2010-11-10 发布　　2011-03-01 实施

中华人民共和国国家质量监督检验检疫总局
中国国家标准化管理委员会　发布

前　言

本标准由中华人民共和国交通运输部提出。

本标准由全国汽车维修标准化技术委员会(SAC/TC 247)归口。

本标准起草单位:交通部公路科学研究院。

本标准主要起草人:冯桂芹、刘莉、焦健、何勇、王伟、王渌江、韩国庆、蔡凤田、张红卫。

汽车节油产品使用技术条件

1 范围

本标准规定了汽车节油产品使用后汽车或发动机经济性、动力性和排放性能的改善，以及添加剂类汽车节油产品的理化性能和电子类汽车节油产品的电器性能等技术指标。

本标准适用于以燃料油为动力的在用汽车上使用的汽车节油产品。

2 规范性引用文件

下列文件中的条款通过本标准的引用而成为本标准的条款。凡是注日期的引用文件，其随后所有的修改单(不包括勘误的内容)或修订版均不适用于本标准，然而，鼓励根据本标准达成协议的各方研究是否可使用这些文件的最新版本。凡是不注日期的引用文件，其最新版本适用于本标准。

GB/T 260 石油产品水分测定法

GB/T 265 石油产品运动粘度测定法和动力粘度计算法

GB/T 511 石油产品和添加剂机械杂质测定法(重量法)

GB/T 3142 润滑剂承载能力测定法(四球法)

GB/T 3535 石油产品倾点测定法(GB/T 3535—2006，ISO 3016:1994，MOD)

GB/T 3536 石油产品闪点和燃点测定法 克利夫兰开口杯法(GB/T 3536—2008，ISO 2592:2000，MOD)

GB/T 5096 石油产品铜片腐蚀试验法(GB/T 5096—1985，eqv ASTM D130:1985)

GB/T 6538 发动机油表观粘度测定法(冷启动模拟机法)(GB/T 6538—2000，eqv ASTM D5293:1998)

GB/T 8020 汽油铅含量测定法(原子吸收光谱法)(GB/T 8020—1987，eqv ASTM D32371:1979)

GB/T 14951 汽车节油技术评定方法

GB 17930 车用汽油

GB 19147 车用柴油

SH/T 0711 汽油中锰含量测定法(原子吸收光谱法)

SH/T 0712 汽油中铁含量测定法(原子吸收光谱法)

3 术语和定义

下列术语和定义适用于本标准。

3.1

汽车节油产品 fuel saving products for automobiles

能降低汽车燃料消耗并对汽车的其他使用性能无不良影响的产品。

3.2

节油率 rate of fuel saving

汽车使用节油产品后，燃油消耗降低的比率。计算公式为：

$$\text{节油率}=\frac{\text{使用节油产品前的燃料消耗量}-\text{使用节油产品后的燃料消耗量}}{\text{使用节油产品前的燃料消耗量}}\times 100\% \quad \cdots\cdots(1)$$

3.3

净化率 rate of pollution controlling

汽车使用节油产品后，汽车排气污染物降低的比率。计算公式为：

$$净化率=\frac{使用节油产品前的污染物测量值-使用节油产品后的污染物测量值}{使用节油产品前的污染物测量值}\times 100\% \quad \cdots (2)$$

3.4

动力性对比系数　rate of power contrasting

汽车使用节油产品后，汽车动力性增强的比率。计算公式为：

$$对比系数=\frac{使用节油产品后动力性参数测量值}{使用节油产品前动力性参数测量值}\times 100\% \quad \cdots\cdots (3)$$

4　技术条件

4.1　基本要求

汽车节油产品应进行发动机台架试验和汽车道路试验，评定其对车辆经济性、动力性、排放性能的改善程度。

4.2　经济性技术指标

4.2.1　汽车节油产品的燃料经济性按 GB/T 14951 规定的方法进行试验与评定。

4.2.2　发动机台架对比试验评价指标应满足：市区运行模式节油率 α_s、城间运行模式节油率 α_c 及快速车道运行模式节油率 α_q 三项指标之一不小于 1.5%，且其余两项指标均大于 0。

4.2.3　汽车道路对比试验评价指标应满足下列要求之一：

a)　α_s、α_c 及 α_q 三项指标之一不小于 3.0%，其余两项指标均大于 0；

b)　汽车运行百公里节油率 α_b 应不小于 3.0%，且 α_s、α_c 及 α_q 均大于 0；

c)　汽车多工况节油率 α_d 不小于 3.0%，且 α_s、α_c 及 α_q 均大于 0。

4.3　动力性技术指标

汽车节油产品的动力性技术指标应满足表 1 的要求。

表 1　动力性技术指标

项　　目		技术指标	试验方法
发动机台架试验	发动机转矩对比系数 K_M	≥0.99	GB/T 14951
	发动机功率对比系数 K_P	≥0.99	
汽车道路试验	汽车加速时间对比系数 K_t	≤1.01	
	汽车滑行距离对比系数 K_S[a]	≥0.99	
[a] 影响汽车润滑系性能的汽车节油产品需评定该项技术指标。			

4.4　排放性能技术指标

汽车节油产品的排放性能技术指标应满足表 2 的要求。

表 2　排放性能技术指标

项　　目	技术指标	试验方法
汽车排气污染物 CO 净化率 R_{CO}/%	≥0	GB/T 14951
汽车排气污染物 HC 净化率 R_{HC}/%		
汽车排气污染物 NO_X 净化率 R_{NO_X}/%		
汽车排气污染物 HC+NO_X 净化率 R_{HC+NO_X}/%		
柴油车排气污染烟度净化率 R_{KJ}/%		
柴油车排气污染颗粒物净化率 R_{PM}/%		

4.5　添加剂类汽车节油产品的理化性能技术指标

4.5.1　添加剂类汽车节油产品还应进行理化性能试验与评定。

4.5.2 燃油添加剂类汽车节油产品加入燃油后的理化性能技术指标应满足表3的要求。

表3 燃油添加剂类汽车节油产品理化性能技术指标

项　目	技术指标	试验方法
铜片腐蚀	不低于参比油	GB/T 5096
相容性	不分层、不浑浊、无沉淀	GB/T 14951
铅含量[a]/(g/L)	不超出参比汽油	GB/T 8020
锰含量[a]/(g/L)	不超出参比汽油	SH/T 0711
铁含量[a]/(g/L)	不超出参比汽油	SH/T 0712
注1：参比汽油应满足 GB 17930 的要求。 注2：参比柴油应满足 GB/T 19147 的要求。		
[a] 此项目仅适用于汽油添加剂检测。		

4.5.3 发动机润滑油添加剂类汽车节油产品加入润滑油后的理化性能技术指标应满足表4的要求。

表4 发动机润滑油添加剂类汽车节油产品理化性能技术指标

项　目	技术指标	试验方法
水分(体积分数)/%	不大于痕迹	GB/T 260
运动黏度(100 ℃)/(mm^2/s)	不超出参比润滑油数值的±10%，并满足相关标准规定的范围	GB/T 265
低温动力黏度/(MPa·s)	不超出参比润滑油数值的±10%，并满足相关标准规定的范围	GB/T 6538
机械杂质(质量分数)/%	≤0.01	GB/T 511
闪点(开口)/℃	不低于参比润滑油	GB/T 3536
倾点/℃	不高于参比润滑油	GB/T 3535
铜片腐蚀(100 ℃,3 h)	不大于1级	GB/T 5096
最大无卡咬负荷 P_B/kg	不小于参比润滑油	GB/T 3142
稳定性	不分层,无沉淀	GB/T 14951
注：参比润滑油应满足相关标准的要求。		

4.6 电子类汽车节油产品的电器性能技术指标

电子类汽车节油产品还应满足汽车电器标准规定的电器性能技术指标。

ICS 27.010
F 01

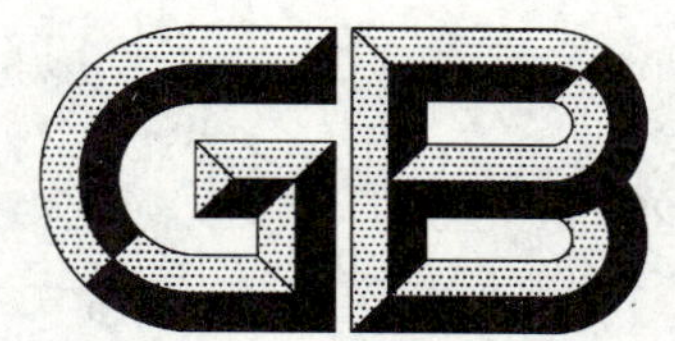

中华人民共和国国家标准

GB/T 25959—2010

照明节电装置及应用技术条件

The power saving unit for lighting and technical requirements of application

2011-01-10 发布　　2011-05-01 实施

中华人民共和国国家质量监督检验检疫总局
中国国家标准化管理委员会　发布

前　言

本标准由全国能源基础与管理标准化技术委员会提出。

本标准由全国能源基础与管理标准化技术委员会合理用电分委员会归口。

本标准起草单位：中国标准化研究院、北京节能环保中心、中国电力科学研究院、北京电光源研究所、国际铜业协会、北京高和华泰节能环保科技有限公司、金博尔节能环保科技(北京)有限公司、山东金洲科瑞节能科技有限公司、苏州开蓝能源科技有限公司。

本标准主要起草人：赵跃进、陶毅、翟克俊、邓宏芬、杨征、程森华、韩庆军、贾玉淑、王明山、韩庆师、李鹏、施文勇、杨小平、张其努。

照明节电装置及应用技术条件

1 范围

本标准规定了照明节电装置的技术要求、应用条件和试验方法。

本标准适用于供电电压为450 V及以下、额定频率50 Hz、额定容量不超过2 500 kV·A电磁式调压节电装置。

2 规范性引用文件

下列文件中的条款通过本标准的引用而成为本标准的条款。凡是注日期的引用文件,其随后所有的修改单(不包括勘误的内容)或修订版均不适用于本标准,然而,鼓励根据本标准达成协议的各方研究是否可使用这些文件的最新版本。凡是不注日期的引用文件,其最新版本适用于本标准。

GB/T 3797 电气控制设备

GB 7251.1—2005 低压成套开关设备和控制设备 第1部分:型式试验和部分型式试验成套设备(IEC 60439-1:1999,IDT)

3 术语和定义

下列术语和定义适用于本标准。

3.1

照明节电装置 the power saving unit for lighting

采用智能控制,通过调压技术,实现照明负载电压、电流调节,在满足照度的前提下,达到节约用电和延长光源使用寿命的装置。

3.2

节电率 the power saving rate

在运行周期、运行工况相同的情况下,应用照明节电装置节约的用电量与未应用照明节电装置的用电量之比的百分数。

3.3

空载损耗率 no-load loss rate

在规定测试条件下,空载损耗的测试值与照明节电装置容量之比的百分数。

3.4

负载损耗率 load loss rate

在规定测试条件下,负载损耗的测试值与照明节电装置容量之比的百分数。

3.5

空载电流率 no-load loss rate

在规定测试条件下,空载电流的测试值与照明节电装置额定电流之比的百分数。

4 技术要求

4.1 功能要求

照明节电装置具有以下功能:

——可设定输出电压;

——可集中控制多路照明器具;

——输出电压应为正弦波；
——可设有监控功能网络接口；
——应设有过载旁路开关，可自动或手动切换；
——应具有过载保护；
——应具有三相电压平衡功能；
——应具有短路保护功能；
——应具有输入欠压保护(小于或等于 210 V)；
——应具有输入、输出电压和输出电流显示。

4.2 安装要求

4.2.1 安装人员

照明节电装置应由有资质的技术人员进行安装。

4.2.2 安装位置

照明节电装置应安装在供电系统与照明系统之间，接近照明分支网络一侧(如建筑物各楼层强电竖井)。

4.2.3 维护检修空间

照明节电装置安装场地与位置的确定，应充分考虑运行管理的方便，预留必要的检修空间或场地，应保持适当通风。

4.2.4 外接导线端子

外接导线端子应符合 GB 7251.1—2005 的要求。

4.2.5 安全接地保护

照明节电装置的安全接地保护应符合 GB/T 3797 的规定，保护导体端子和设备相应裸露导电部件之间的电阻不应超过 0.1 Ω。

4.3 电气性能

4.3.1 照明节电装置自身节能等级

照明节电装置自身节能等级分为 3 级，1 级自身损耗最小，2 级为先进值，3 级为合格值。各等级空载损耗率、负载损耗率及空载电流率应符合表 1 规定。

表 1 照明节电装置自身节能等级

额定容量 kV·A	空载损耗率 %			负载损耗率 %			空载电流率 %		
	1 级	2 级	3 级	1 级	2 级	3 级	1 级	2 级	3 级
<100	≤0.04	≤0.15	≤0.7	≤0.6	≤1.0	≤2.0	≤0.09	≤0.15	≤0.30
≥100	≤0.04	≤0.10	≤0.7	≤0.6	≤1.0	≤2.0	≤0.09	≤0.12	≤0.30

4.3.2 输出空载电压偏差

各电压档次输入额定电压时，输出空载电压偏差应小于±1.5 V。

4.3.3 电流过载能力

照明节电装置可承受 1.1 倍额定电流 30 min。

4.3.4 输出电压调节范围

4.3.4.1 室内一般工作场所

照明节电装置输出电压不应低于额定电压的 92%(荧光灯不应低于 90%)。

4.3.4.2 室外露天场所

照明节电装置的输出电压不应低于额定电压的 90%。

4.3.4.3 照度可降低的场所

高压钠灯与金属卤化物灯的照明节电装置，输出电压不应低于额定电压的 85%(荧光灯不应低于 86%)。

5 应用条件

5.1 电源电压

电源电压长期高于额定电压。

5.2 照明器具年运行时间

被控制照明器具年运行时间应大于或等于 1 800 h。

5.3 负载状况

照明节电装置应用在全部为照明器具的负载网络和以照明为主的负载网络。含有电动负载的网络不宜使用。

5.4 节电率

应用前进行节能诊断，照明节电装置的节电率应不低于 12%。

5.5 温度、湿度和海拔

应符合 GB/T 3797 的规定。

5.6 污染等级

空气中不得有过量的尘埃、酸、盐、腐蚀性及爆炸性气体。如果没有其他规定，设备一般在污染等级 2 环境中使用，污染等级见 GB 7251.1—2005 中 6.1.2.3 的规定。

6 试验方法

6.1 实验室测试条件

对照明节电装置进行试验时，应满足以下试验条件：

a) 环境温度：15 ℃～35 ℃；

b) 相对湿度：小于或等于 85%；

c) 大气压力：86 kPa～106 kPa；

d) 供电电源：相应产品的额定工作电源。

6.2 输入和输出的空载电压测量

分别接通各电压调节档次，输入额定电压，测量输入、输出线电压，输出电压误差应符合 4.3.2 的要求。

6.3 空载损耗和空载电流测量

电压调节档次置于 7% 或相近档次，在输入端输入三相额定电压、输出端开路的状态下测量空载损耗和空载电流。

6.4 负载损耗测量

电压调节档次置于 7% 或相近档次，在输入端输入三相额定频率的电压、输出端短接，调节输入电压使输入输出短路电流（即主线圈电流）均达到额定电流，测量有功功率即为负载损耗。

6.5 节电率测量与计算

在负载相同、输入输出电压和运行时间相同条件下，在输入侧分别测量无照明节电装置和有照明节电装置的照明用电量。

节电率按式(1)计算：

$$\eta = \frac{W_0 - W_1}{W_0} \times 100\% \qquad \cdots\cdots (1)$$

式中：

η——节电率；

W_0——无照明节电装置时的用电量，单位为千瓦时(kW·h)；

W_1——有照明节电装置时的用电量，单位为千瓦时(kW·h)。

ICS 77.120.01
H 01

中华人民共和国国家标准

GB/T 26758—2011

铅、锌冶炼企业节能规范

The specification for energy conservation of lead, zinc smelting enterprise

2011-07-20 发布 2011-11-01 实施

中华人民共和国国家质量监督检验检疫总局
中国国家标准化管理委员会 发布

前 言

本标准按照GB/T 1.1—2009给出的规则起草。

本标准由全国能源基础与管理标准化技术委员会(SAC/TC 20)和全国有色金属标准化技术委员会(SAC/TC 243)归口。

本标准起草单位：株洲冶炼集团股份有限公司、上海飞轮有色冶炼厂、江苏春兴合金集团有限公司、河南豫光金铅股份有限公司。

本标准主要起草人：谭善沛、谭仪文、吴建华、蒯爱民、张小国、杨大伟、赵迎峰、韩鹰、马永刚。

铅、锌冶炼企业节能规范

1 范围

本标准规定了铅、锌冶炼企业的生产工艺及工序划分、节能规范、机电系统节能以及节能管理。

本标准适用于铅、锌冶炼企业的节能。

2 规范性引用文件

下列文件对于本文件的应用是必不可少的。凡是注日期的引用文件，仅注日期的版本适用于本文件。凡是不注日期的引用文件，其最新版本(包括所有的修改单)适用于本文件。

GB 17167 用能单位能源计量器具配备和管理通则

3 术语和定义

下列术语和定义适用于本文件。

3.1

节能 energy conservation

加强用能管理，采取技术上可行、经济上合理以及环境和社会可以承受的措施，减少从能源生产到消费各个环节中的损失和浪费，更加有效、合理地利用能源。

4 生产工艺及工序划分

4.1 铅冶炼

4.1.1 铅冶炼工艺划分

铅冶炼工艺包括：密闭鼓风炉炼铅(锌)工艺、富氧底吹鼓风炉还原炼铅工艺、艾萨炉炼铅工艺、卡尔多炉炼铅工艺等，其他工艺可参照执行。

4.1.2 铅冶炼工序划分

铅冶炼工艺全部划分为粗铅生产工序和铅精炼工序。

4.2 锌冶炼

4.2.1 锌冶炼工艺划分

锌冶炼工艺包括：竖罐炼锌工艺、密闭鼓风炉炼(铅)锌工艺、湿法炼锌工艺，其他工艺可参照执行。

4.2.2 锌冶炼工序划分

4.2.2.1 竖罐炼锌工艺划分为四道工序：氧化焙烧工序、制团工序、焦结蒸馏工序、精馏工序。

4.2.2.2 密闭鼓风炉炼锌工艺划分为两道工序：烧结熔炼工序、精馏工序。

4.2.2.3 湿法炼锌有浸出渣处理工艺划分为五道工序：酸化焙烧工序(氧化矿无此工序)、浸出和净液工序、浸出渣处理工序(可选)、锌电积工序、熔铸工序。

5 节能规范

5.1 铅冶炼工艺节能

5.1.1 粗铅生产工序节能

5.1.1.1 回收利用烟气余热，烟气余热通过换热器产生热风进行利用，或通过余热锅炉产生蒸汽供发电或生产工艺用汽、生活用汽。

5.1.1.2 采用富氧或热风熔炼。

5.1.1.3 采用富氧空气烧结，提高烟气中二氧化硫浓度。

5.1.1.4 潜热利用，空气脱湿降低焦耗。

5.1.2 铅精炼工序节能

5.1.2.1 使用节能型熔铅炉，加强炉体保温，改进燃烧装置结构。

5.1.2.2 合理选择铅电解电流密度组织生产。

5.1.2.3 控制好电解液成分和温度。

5.1.2.4 采用新型铅电解添加剂，降低电解液的比电阻，降低直流电单耗。

5.2 锌冶炼节能

5.2.1 竖罐炼锌工艺节能

5.2.1.1 氧化焙烧工序节能

a) 采用余热锅炉回收沸腾炉烟气余热；

b) 加强炉墙、炉顶、烟气系统保温；

c) 加强工艺条件的控制，减少制酸系统加热用煤气量或电炉加热的时间；

d) 控制锌精矿水分，少开干燥窑，节约煤气。

5.2.1.2 制团工序节能

a) 洗煤水分控制在10%以下，降低干煤机煤气消耗；

b) 团矿干燥采用热风炉，炉体、送风管道加强保温；

c) 控制好制团工艺参数，合理配入洗煤。

5.2.1.3 焦结蒸馏工序节能

a) 焦结炉采用集汽罐，回收水冷管里的蒸汽；

b) 利用蒸馏炉烟气来焦结团矿，节省煤气；

c) 采用余热锅炉回收焦结炉、蒸馏炉高温烟气余热；

d) 采用集气罐回收蒸馏炉下延部余热；

e) 加强炉体、管道保温；

f) 采用自热式焦结炉，节约煤气；

g) 回收利用蒸馏残渣含碳，采用旋涡炉或其他方式产蒸汽。

5.2.1.4 精馏工序节能

a) 加强炉体、管道保温；

b) 控制好精馏工艺参数，合理使用煤气。

5.2.2 密闭鼓风炉炼锌工艺节能

5.2.2.1 利用烟气余热，实施返烟烧结。

5.2.2.2 改进热风炉结构，提高蓄热室蓄热面积，安装自动切换装置，进一步提高鼓风炉热风温度。

5.2.2.3 充分利用热风炉烟气余热，加热助燃空气和煤气，提高燃烧热值，降低煤气用量。

5.2.2.4 回收利用低热值煤气，用以预热焦炭、空气，或供发电厂产生蒸汽来发电或供居民、工业用蒸汽。

5.2.2.5 在空气湿度大的地区采用空气脱湿装置，以降低空气中水分含量，降低鼓风炉焦炭消耗。

5.2.2.6 利用冷凝分离系统循环铅潜热来发电。

5.2.2.7 采用新型节能煤气烧嘴，提高燃烧效率。

5.2.2.8 提高氧化物料热压团处理量，降低能耗。

5.2.2.9 鼓风炉设备大型化，提高产能，实现规模效应。

5.2.2.10 延长鼓风炉清扫周期，降低设备故障率，提高鼓风炉送风率水平，降低能耗。

5.2.2.11 提高液态粗铅、粗锌利用率，减少冷料投入量，提高热利用率。

5.2.3 湿法炼锌工艺节能

5.2.3.1 锌精矿沸腾焙烧烟气余热利用，通过余热锅炉产生中压蒸汽，先经过余热发电，蒸汽再用于生产工艺、制冷和生活，实现梯级开发利用。

5.2.3.2 回收多膛炉烟气余热，用于预热空气，节约煤气。

5.2.3.3 回收挥发窑烟气余热，通过余热锅炉产生蒸汽，用于生产工艺、制冷和生活；窑渣通过磁选-风选法回收其中的粗焦粒和焦粉。

5.2.3.4 电解液采用空气冷却塔冷却。

5.2.3.5 控制适当的电流密度，合理的电解酸度和温度，合理使用添加剂，降低直流电单耗。

5.2.3.6 淘汰效率低、能耗高的老式感应电炉，采用可拆卸式大功率感应电炉。

6 机电系统节能

6.1 使用高效节能电动机及相关设备，淘汰更新低效电动机及高耗电设备。

6.2 推广使用变频调速技术，提高机组本体及系统运行效率。

7 节能管理

7.1 节能基础管理

7.1.1 企业应建立能源管理制度、经济责任制考核制度，应建立各企业的能耗指标定额标准，对各能耗指标进行考核，并把考核指标分解落实到各基层单位。

7.1.2 企业应根据 GB 17167 的要求配备相应的能源计量器具并建立能源计量管理制度。

7.1.3 企业应按要求建立能耗统计体系，建立能耗统计结果的文件档案。

7.2 节能技术管理

7.2.1 合理安排节能技术改造，推广节能新技术、新材料、新产品。

7.2.2 合理组织生产，减少中间环节，提高生产能力，延长生产周期。

7.2.3 大力发展循环经济，合理利用铅锌再生资源。

ICS 27.010
F 01

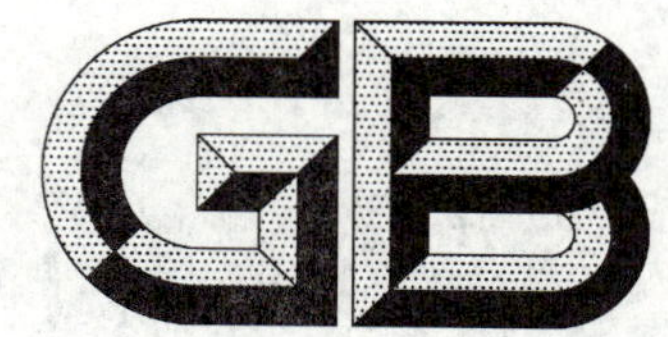

中华人民共和国国家标准

GB/T 26759—2011

中央空调水系统节能控制装置技术规范

The technical specification for energy-saving control device for water system of central air-conditioning

2011-07-20 发布

2011-11-01 实施

中华人民共和国国家质量监督检验检疫总局
中国国家标准化管理委员会 发布

前　言

本标准按照 GB/T 1.1—2009 给出的规则起草。

本标准的附录 A 为资料性附录。

本标准由全国能源基础与管理标准化技术委员会(SAC/TC 20)提出并归口。

本标准起草单位：贵州汇通华城楼宇科技有限公司、中国标准化研究院、中国建筑科学研究院、贵阳市质量技术监督局、深圳市汇川技术股份有限公司、武汉市建筑设计院、中国建筑西北设计研究院有限公司、华森建筑与工程设计顾问有限公司、深圳大学建筑设计研究院、中铁第四勘察设计院集团有限公司、中国人民解放军后勤工程学院建筑设计研究院、上海裕生智能节能设备有限公司、华南理工大学、广西华蓝设计(集团)有限公司、深圳天圳自动化技术有限公司、贵州省建筑设计研究院、中国建筑西南设计研究院有限公司、四川省建筑设计院。

本标准主要起草人：李玉街、蔡小兵、成建宏、王虹、郭林、罗敏、柏子平、李蔚、周敏、王红朝、郑文国、车轮飞、刘学义、施永权、刘金平、廖瑞海、杨俊、吴国庆、邓长彬、戎向阳。

中央空调水系统节能控制装置技术规范

1 范围

本标准规定了中央空调水系统节能控制装置(以下简称节能控制装置)的技术要求、基本功能、试验规范及标志、包装、运输、贮存等。

本标准适用于中央空调水系统节能控制装置的设计、生产、试验和使用。

2 规范性引用文件

下列文件对于本文件的应用是必不可少的。凡是注日期的引用文件,仅注日期的版本适用于本文件。凡是不注日期的引用文件,其最新版本(包括所有的修改单)适用于本文件。

GB/T 191 包装储运图示标志

GB/T 3047.1 高度进制为 20 mm 的面板、架和柜的基本尺寸系列

GB/T 3797 电气控制设备

GB/T 4205 人机界面 标志标识的基本和安全规则 操作规则

GB 4208 外壳防护等级(IP 代码)(GB 4208—2008,IEC 60529:2001,IDT)

GB 7251.1—2005 低压成套开关设备和控制设备 第 1 部分:型式试验和部分型式试验成套设备(IEC 60439-1:1999,IDT)

GB/Z 17625.6 电磁兼容 限值 对额定电流大于 16 A 的设备在低压供电系统中产生的谐波电流的限制(GB/Z 17625.6—2003,IEC/TR 61000-3-4:1998,IDT)

JB/T 3085 电力传动控制装置的产品包装与运输规程

JGJ 176 公共建筑节能改造技术规范

3 术语和定义

下列术语和定义适用于本文件。

3.1

中央空调水系统 water system of central air-conditioning

中央空调系统中以水(包括盐水、乙二醇等)为介质的冷(热)量输送和分配系统,一般包括冷冻水(热水)系统和冷却水系统。

3.2

中央空调水系统节能控制装置 energy-saving control device for water system of central air-conditioning

应用现代计算机技术、自动控制技术、变频调速技术、系统集成技术等,对中央空调水系统的运行进行优化控制以提高空调系统能源利用效率的一种自动化控制装置。

3.3

智能控制单元 intelligent control unit

安装于节能控制装置的控制柜(箱)中,实现节能控制装置与被控对象间模拟量或数字量的数据交换、且能独立控制被控对象的电路功能组合。

3.4

系统节能率　system energy-saving rate

在环境条件相近、运行工况和运行时间相同的情况下，同一空调系统应用节能控制装置所节约的能耗量与未应用节能控制装置的能耗量之比的百分数(%)。

4　技术要求

4.1　正常使用条件

节能控制装置均为室内安装，并能在规定的条件下正常工作。

4.1.1　环境温度和相对湿度

环境温度为－5 ℃～40 ℃，而且在 24 h 内其平均温度不超过 35 ℃。

在最高温度为 40 ℃时，相对湿度不应超过 50%。在较低温度时，允许有较大的相对湿度，但无凝露。

4.1.2　污染等级

安装场所空气中不得有过量的尘埃、酸、盐、腐蚀性及爆炸性气体，也无危害绝缘的气体和蒸气。如果没有其他规定，一般应按 GB 7251.1—2005 中 6.1.2.3 规定的污染等级 2 环境中使用。

4.1.3　海拔

当节能控制装置安装场地的海拔不超过 1 000 m 时，可按其额定输出功率使用；当节能控制装置安装场地的海拔超过 1 000 m 时，需要对节能控制装置降额使用(以 1 000 m 为基准，海拔每超过 100 m 相应降额 1%使用)。

4.1.4　安装条件

节能控制装置的安装场所应无剧烈震动或冲击，并应留有维修空间。对于垂直安装的设备，安装倾斜度≤3°。

4.1.5　供电电源

应符合以下规定：

a)　交流电压偏差范围不超过输入额定电压的±10%，短时(0.5 s 以内)电压波动范围为输入额定电压的－15%～10%；
b)　交流电源频率波动不超过额定频率的±2%；
c)　电压的相对谐波分量不超过 10%。

4.2　一般要求

4.2.1　元、器件

节能控制装置所用的元、器件，应符合相关的标准。制造商应尽可能采用标准元、器件。所有元、器件的选用应符合设计要求。

4.2.2　控制单元

节能控制装置中所用的控制单元，应符合 GB/T 3797 规定的要求。

4.2.3 操作机构

节能控制装置应有操作机构，操作机构的运动方向应符合 GB/T 4205 的规定，开关或按钮应设在操作者易于发现和操作的位置。

4.2.4 人机接口

节能控制装置的人机接口宜采用计算机显示和输入操作的方式，并提供全中文(英文备选)的软件界面，以及直观的图形和图表，使操作人员易懂、易学、易用。

4.3 技术性能

4.3.1 输出频率调节范围

节能控制装置输出电压和电流的频率值应能调节，频率调节范围由节能控制装置制造商产品技术文件规定。

4.3.2 输出额定容量

在额定输出频率和额定输出电流下工作时，节能控制装置输出容量应不小于额定输出容量。

4.3.3 过载能力

节能控制装置在额定输出电流下连续工作时，允许施加非周期性过载。过载能力为在 110% 的额定输出电流下持续时间不小于 60 s。

4.4 控制柜(箱)的要求

4.4.1 柜(箱)体

4.4.1.1 机柜的外形尺寸按 GB/T 3047.1 的规定。

4.4.1.2 柜(箱)体的防护按 GB 4208 的规定。柜(箱)体的外壳防护等级应在产品技术文件中作出明确规定，一般不得低于 IP20。

4.4.1.3 柜(箱)体的结构应牢固，应能承受运输和正常使用条件下可能遇到的机械、电气、热应力以及潮湿等影响。

4.4.1.4 所有黑色金属件应有可靠的防护层，各紧固处应有防松措施。

4.4.1.5 机柜表面应平整无凹凸现象，涂层美观，颜色均匀，不得有起泡、裂纹和流痕等现象。

4.4.1.6 机柜(箱)的门应能在不小于 90°的角度内灵活启闭。

4.4.1.7 机柜顶部应加装吊环或吊钩等，以便吊运。

4.4.2 抽屉和插件

4.4.2.1 抽屉和插件应能方便地抽出，所有接、插点均应保证电气接触可靠。

4.4.2.2 抽屉和插件应使用刚度好的导轨支撑，以保证接插准确且能在各种所需位置上固定牢靠。必要时，在各种位置上应装设机械锁紧机构。

4.4.2.3 需要更换的抽屉和插件应具有互换性。

4.4.2.4 不同功能的抽屉和插件，应有明确的符号加以区分，以免插错。必要时应有防误插措施。

4.4.2.5 印制板、插件等部件，在焊接完成后，不应有脱焊、虚焊、元件松脱等现象。

4.4.3 元、器件安装

4.4.3.1 元、器件应按其说明书规定的使用条件、飞弧距离、隔弧板的移动距离等进行安装。

4.4.3.2 载流部件之间的连接应保证有足够的和持久的接触压力。

4.4.3.3 操作器件应安装在操作者易于操作的位置。

4.4.4 布线

4.4.4.1 线缆连接方式可以采用压接、绕接、焊接或插接,并应符合相关标准的规定。

a) 所有接线点的连接必须牢固。通常,一个端子上只能连接一根导线,将两根或多根导线连接到一个端子上只有在端子是为此用途而设计的情况下才允许。

b) 连接在覆板或门上的电器元件和测量仪器上的导线,应使覆板和门的移动不会对导线产生任何机械损伤。

c) 线缆的端部应标出编号,编号应清晰、牢固、完整、不褪色。

4.4.4.2 主电路母线与绝缘导线如果用颜色作为标记,宜按表1执行。

表1 主电路母线与绝缘导线颜色标记

电路类型	相序	颜色标记
交流	L1相	黄色
	L2相	绿色
	L3相	红色
	中性线	淡蓝色
	保护接地线	黄和绿双色交替标注
直流	正极	棕色
	负极	蓝色
	接地中性线	淡蓝色

4.4.4.3 主电路的相序排列,以设备正视方向为准,可参照表2的规定。

表2 主电路的相序排列

相序	垂直排列	水平排列	前后排列
L1相	左方	上方	远方
L2相	中间	中间	中间
L3相	右方	下方	近方
正极	左方	上方	远方
负极	右方	下方	近方
中性线(接地中性线)	最右方	最下方	最近方

4.4.5 冷却

机柜(箱)可以采用自然冷却或强迫风冷。为保证正常的冷却,需要在安装场所采取特别措施时,制造商应提供必要的资料(包括散热量)。采用空气自然冷却时,散热器周围应留有足够的空间,以保证元、器件所需要的冷却条件。

4.4.6 温升

机柜内部各部件的温升用热电偶法或其他校验过的等效方法测量,不应超过表3的规定。连接到发热件(如变频器、管形电阻、板形电阻等)的导线,应从下方或侧方引出,并需剥去适当长度的绝缘层,换套耐热瓷珠,使导线的绝缘端部耐高温性能提高。

表 3 机柜内部各部件的温升

机柜内的部件	材料与被除数覆层	温升/K
电气元、器件	—	符合元、器件的各自标准
连接于一般低压电器的母线连接处的母线	紫铜、无被覆层 紫铜、搪锡 紫铜、镀银 铝、超声波搪锡	60 65 70 55
与半导体器件相接的塑料绝缘导线或橡皮绝缘导线	—	45
可接近的外壳和覆板	金属表面 绝缘表面	30 40
手动操作器件	金属 绝缘材料	15 25
用于连接外部绝缘导线的端子	—	70
分散排列的插头与插座	—	由组成元、器件的温升极限而定

注 1:除非另有规定,那些可以接触但在正常情况下不需要触及的外壳和覆板,允许其温升提高 10 K。

注 2:那些只有在机柜打开后才能接触到的操作部件,由于不经常操作,允许有比较高的温升。

4.4.7 电气间隙与爬电距离

控制柜(箱)中各带电电路之间以及带电零部件与导电零部件或接地零部件之间的电气间隙和爬电距离,应符合以下规定:

a) 单相电源电路在空气中的最小电气间隙≥3 mm;

b) 三相电源电路在空气中的最小电气间隙≥8 mm;

c) 单相电源电路爬电距离的最小值≥4 mm;

d) 三相电源电路爬电距离的最小值≥14 mm。

4.4.8 绝缘电阻与介电性能

4.4.8.1 绝缘电阻

控制柜(箱)中带电回路之间,以及带电回路与裸露导电部件之间,应用相应绝缘电压等级(至少500 V)的绝缘测量仪器进行绝缘测量。测得的绝缘电阻按额定电压至少为 1 000 Ω/V。

4.4.8.2 冲击耐受电压

控制柜(箱)的冲击耐受电压应符合 GB/T 3797 的规定。

4.4.8.3 工频耐受电压

控制柜(箱)的工频耐受电压应符合 GB/T 3797 的规定。

4.4.9 电气保护

4.4.9.1 防直接电击保护

应采取保护措施防止意外触及电压超过50 V的带电部件。对于装在控制柜(箱)内的电器元件,可采取以下一种或几种措施:

a) 对带电部件应具有相应的防护措施,避免开门后人体意外地触及带电部件。
b) 切断电路时,电荷能量大于0.1 J的电容器应具有放电回路。在有可能产生电击的电容器上应有警示标志。
c) 旋钮和操作手柄等部件应安全可靠地同已连接到保护电路上的部件进行电气连接。

4.4.9.2 接地故障保护

接地故障保护的设置应防止人身间接电击以及电气火灾、线路损坏等事故。

4.4.9.3 短路保护

当输出端发生相间短路时,应保证控制柜(箱)及其部件的热稳定和机械稳定。必要时,应能发出相应的报警及联动信号。短路消除后,不用更换任何元件,控制柜(箱)应能重新正常工作。

4.4.9.4 过载保护

当被控对象不允许过载运行时,控制柜(箱)应有过载保护。

4.4.9.5 断相保护

当节能控制装置三相输入电源断相时,控制柜(箱)应有断相保护。

4.4.9.6 安全接地保护

控制柜(箱)的金属壳体上,应有专用保护接地端子,连接接地线的螺栓和接地端子不能用作其他用途。当保护线(PE线)所用材质与相线相同时,PE线最小截面应符合表4的规定。

表4 与控制柜(箱)接地点连接的保护导线截面

相线芯线截面积 S/mm^2	接地保护导体(PE线)的最小截面积/mm^2
$S\leqslant16$	S
$16<S\leqslant35$	16
$S>35$	$S/2$

4.4.9.7 雷击电磁脉冲防护

控制柜(箱)引至室外的电源线或信号线,应采取防雷击电磁脉冲措施。

4.4.10 控制电路

控制电路的设计应做到在各种情况下(即使操作错误)确保人身安全。当电器故障或操作错误时,不应使被控设备受到损坏。

对可能危及人身安全、设备损坏的情况,应设置联锁控制功能,使事故立即停止或采取其他应急措施。

4.4.11 噪声

在正常工作时所产生的噪声，用声级计测量应不大于 70 dB(A)。

注：对于不需要经常操作、监视的设备，经制造商和用户协议，其噪声值可以高于上述值。

4.5 电磁兼容性

4.5.1 低频干扰

节能控制装置在下述扰动条件下，应能正常工作：

a) 交流电压波动为额定电压的±10%，短时(0.5 s 内)电压波动为额定电压的−15%～10%；

b) 交流电源频率波动为额定频率的±2%。

4.5.2 高频干扰

节能控制装置在表 5 所示的高频干扰项目中，工作特性不应有明显变化和误动作。

表 5 节能控制装置的高频干扰要求

干扰项目	要求	结果判定
浪涌 1.2/50 μs ～ 8/20 μs	线对线 1 kV；线对地 2 kV	工作特性不应有明显变化和误动作，对不会造成危害的设备允许工作特性有变化，但应能自行恢复
快速瞬变电脉冲群	电源端 2 kV；信号和控制端 1 kV	
射频电磁场	10 V/m	
静电放电	空气放电 8 kV 或接触放电 6 kV	

4.5.3 电磁干扰发射

节能控制装置的设计应使其发射的传导或辐射无线电频率干扰，不对电网和环境造成污染而干扰其他设备。表 6 给出了节能控制装置允许发射的传导扰动电压极限值。表 7 给出了节能控制装置允许发射的电磁辐射干扰极限值。

表 6 节能控制装置允许发射的传导扰动电压极限值

频带 f/MHz	准峰值/dBμV	平均值/dBμV
0.15≤f<0.5	79	66
0.5≤f<5.0	73	60
5.0≤f<30.0	73	60

表 7 节能控制装置允许发射的电磁辐射干扰极限值

频带 f/MHz	电场强度分量/(dBμV/m)	测量距离/m
30≤f<230	30	30
230≤f<1 000	37	

4.6 谐波污染

节能控制装置所使用变频器的谐波电流发射值应符合 GB/Z 17625.6 的有关规定。

4.7 系统节能率

系统节能率应在具体的工程项目应用中现场测试确定，测试方法可参见附录A。

5 基本功能

5.1 组态功能

节能控制装置的控制软件宜能根据中央空调系统设备(冷热源主机、冷冻水泵、热水泵、冷却水泵、冷却塔、电动阀门等)的配置，以组态方式灵活添加或修改受控设备对象，并设置其属性，确保控制系统的通用性和可扩展性。

5.2 控制功能

5.2.1 节能控制

节能控制装置提供以下功能，对中央空调水系统进行节能控制：

a) 冷冻水(热水)变流量运行控制。节能控制装置应能根据空调负荷的变化动态调整冷冻水(热水)流量，保持冷冻水(热水)系统始终处于经济运行状态。

b) 冷却水变流量运行控制。节能控制装置应能动态调整冷却水流量，使制冷主机能耗和冷却水输送能耗之和最低，保持制冷系统始终处于经济运行状态。

c) 冷(热)量动态分配控制。节能控制装置宜具有冷(热)量动态分配控制功能，能够通过对冷冻水(热水)各个环路负荷的实时检测，动态分配和控制各个环路的冷冻水(热水)流量，使各个环路实现冷(热)量供需平衡和空调效果均衡。

5.2.2 工作模式

节能控制装置宜提供供冷工作模式与供热工作模式，供冷和供热两种工作模式可以独立工作，也可以同时工作，以适应不同中央空调系统使用的需求。

5.2.3 控制模式

在供冷和供热两种工作模式下，节能控制装置均应提供“远程控制”和“就地控制”两种控制模式。

5.2.3.1 远程控制

在远程控制模式下，至少应提供以下几种控制功能：

a) 远程自动控制。节能控制装置宜提供运用现代控制技术(如模糊控制)构建的控制模型，对中央空调水系统进行节能控制(但不排斥对冷热源主机也进行控制)，以实现中央空调系统的高效节能运行。

   远程自动控制宜包括以下几种模式，以供不同需求的用户选用：

   1) 自动控制-时序控制。节能控制装置提供一种基于预设时间表来对设备进行启停控制和优化运行的模式。在此模式下，节能控制装置自动按照由用户设置的设备运行时间表对设备进行启停操作和优化运行控制。

   2) 自动控制-主机联动。当冷热源主机提供控制接口时，节能控制装置提供一种水系统设备与冷热源主机进行组合联动和优化运行的控制模式。在此模式下，与冷热源主机联动的设备(包括冷冻水泵、热水泵、冷却水泵、冷却塔风机和水阀等)将自动按照设定的顺序启停并自动优化运行。

3) 自动控制-主机群控。当冷热源主机提供控制接口时，节能控制装置提供一种既满足当前空调负荷需求又使主机维持高效运行的控制方式。在有多台冷热源主机并联运行的情况下，应能实现主机运行台数的优化控制，使主机尽可能在高效状态下运行。

b) 远程手动控制。由操作人员按照自己的运行经验或管理要求在节能控制装置的上位机（或工作站）上对中央空调系统进行控制，包括启停控制和运行控制（即运行参数调节），以实现特殊需求或管理节能。

c) 第三方控制。节能控制装置应提供符合国际标准通信协议的软件接口，以便实现与第三方控制系统（如建筑设备管理系统）之间的通信，必要时，使中央空调系统的运行控制也可由第三方控制系统进行控制。

5.2.3.2 就地控制

就地控制模式一般宜提供以下两种控制功能：

a) 分布式控制。当节能控制装置的上位机或通信发生故障时，节能控制装置自动转入“分布式控制”运行模式。由各个控制柜（箱）中的智能控制单元应用内置的控制算法独立控制设备的运行。

b) 手动控制。操作人员可在控制柜（箱）上进行操作，根据自己的经验控制设备的运行。

5.3 参数设置功能

5.3.1 运行参数设置

节能控制装置的控制软件中应能对系统运行参数值进行设置，包括自动控制时的初始参数设置和远程手动控制参数设置。

5.3.2 保护参数设置

节能控制装置的控制软件中宜能对下列保护参数值进行设置：

a) 冷冻水低流量保护下限值；

b) 冷冻水低温保护下限值；

c) 冷冻水（热水）低压差保护下限值；

d) 冷冻水（热水）高压差保护上限值；

e) 冷却水出水高温保护上限值；

f) 冷却水进水低温保护下限值。

5.4 监测与显示功能

5.4.1 冷热源主机的监测

5.4.1.1 主机运行状态：运行、停止、故障、运行模式。

5.4.1.2 各台主机冷（热）负荷、能耗。

5.4.1.3 主机冷冻水（热水）的进出口温度。

5.4.1.4 主机冷却水的进出口温度。

5.4.2 冷冻水（热水）系统的监测

5.4.2.1 运行状态监测：水泵及变频器的运行、停止、故障；节能控制装置的远程/就地控制模式。

5.4.2.2 运行参量监测：供回水压差、供回水温度、总流量、水泵电机运行频率、累计运行时间、累计耗电量、累计供冷（热）量、分时耗电量、分时供冷（热）量、电动阀阀位等。

5.4.3 冷却水系统的监测

5.4.3.1 运行状态监测:水泵及变频器的运行、停止、故障;节能控制装置的远程/就地控制模式。

5.4.3.2 运行参量监测:供回水温度、室外温湿度、冷却水泵电机运行频率、累计运行时间、累计耗电量、分时耗电量、电动阀阀位等。

5.4.4 冷却塔的监测

5.4.4.1 运行状态监测:风机及变频器的运行、停止、故障;节能控制装置的远程/就地控制模式。

5.4.4.2 运行参量监测:冷却塔风机电机运行频率、累计运行时间、累计耗电量、分时耗电量等。

5.4.5 系统能效比曲线

节能控制装置应能根据中央空调系统能效比的变化情况正确绘制系统能效比曲线,并能查询和显示。

5.4.6 负载曲线

节能控制装置应能根据各受控设备功率消耗的变化情况正确绘制各设备的负载曲线,并能查询和显示。

5.4.7 供冷(热)量曲线

节能控制装置应能根据各制冷(采暖)设备及制冷(采暖)系统实际输出的冷(热)量正确绘制各制冷(采暖)设备或制冷(采暖)系统的逐时供冷(热)量曲线,并能查询和显示。

5.5 数据处理功能

5.5.1 数据记录

5.5.1.1 能耗记录

节能控制装置应对包括各受控设备(如冷冻水泵、热水泵、冷却水泵、冷却塔风机等)和冷热源主机在内的能耗进行记录。

5.5.1.2 操作记录

节能控制装置应对操作人员、操作内容、操作行为发生日期和时间等进行记录。

5.5.1.3 故障记录

节能控制装置应对故障发生日期和时间、故障设备及故障类型等进行记录。

5.5.1.4 基本参数记录

节能控制装置应对冷热源主机进出口温度及能耗、冷冻水(热水)流量等进行记录。

5.5.2 数据的存贮、输出与删除

5.5.2.1 数据的存贮

节能控制装置应对所记录的数据进行存贮,存贮时间不得少于1年。

5.5.2.2 数据的输出

节能控制装置对所记录的数据应能灵活生成必要的数据报表、曲线，提供数据下载、查询。

5.5.2.3 数据的删除

节能控制装置所存贮历史数据的删除，可采用定数删除、定时删除或人工删除。

5.6 安全保护功能

5.6.1 冷冻水低流量保护

当制冷机组冷冻水流量低于设定的下限值时，节能控制装置自动采取措施以保障制冷机组蒸发器的安全运行。

5.6.2 冷冻水低温保护

当制冷机组蒸发器的出水(即冷冻水的供水)温度低于设定的下限值时，节能控制装置自动采取措施以保障制冷机组蒸发器的安全运行。

5.6.3 冷冻水(热水)低压差保护

当冷冻水(热水)供回水压差 Δp 小于设定的下限值时，节能控制装置应自动采取措施以保障末端空调设备所需的水流量。

5.6.4 冷冻水(热水)高压差保护

当冷冻水(热水)供回水压差 Δp 大于设定的上限值时，节能控制装置应自动采取措施以保障空调系统的安全运行。

5.6.5 冷却水出水高温保护

当制冷机组冷凝器的冷却水出水温度高于其设定的上限值时，节能控制装置应自动采取措施以保障制冷机组的安全运行。

5.6.6 冷却水进水低温保护

当制冷机组冷凝器(或吸收器)的冷却水进水温度低于其设定的下限值时，节能控制装置应自动采取措施以保障制冷机组的正常运行。

5.7 故障报警功能

5.7.1 故障报警分类

节能控制装置应设有短路、接地故障、过载、缺相故障、参数越限报警。

5.7.2 故障报警方式

5.7.2.1 声光提示报警

节能控制装置应设置报警电铃，以发出声音报警。

节能控制装置应设置相应的故障指示灯，以灯光提示报警。

5.7.2.2 显示器画面报警

在声光报警的同时，节能控制装置上位机的显示器还应弹出报警窗口，显示相应的报警信息。

5.7.3 故障报警的处置

所有报警直至引发报警的条件消失(如运行参数恢复正常)或经操作人员检视并处理后，方可消除报警。

节能控制装置应对所有故障报警信息进行记录并存储，以供分析原因及排查故障。

5.8 系统管理功能

5.8.1 用户验证与管理

节能控制装置应具有“用户验证”和“用户管理”功能，以实现对用户操作人员的管理，防止无关人员的随意操作，确保中央空调系统运行管理的安全性。

“用户验证”用于对操作人员的身份进行验证，只有在其用户名、密码验证通过后方可对系统设备进行操作。

“用户管理”用于对用户操作人员进行管理，如添加用户、修改用户和删除用户等。

5.8.2 设备维护管理

节能控制装置宜能根据中央空调系统设备的累计运行时间及运行参数变化，在显示器上对冷热源主机、冷冻水泵、热水泵、冷却水泵、冷却塔风机等设备给出维护提示；用户对设备进行维护后，可在设备维修记录表上对维护情况进行记录，以备今后追溯或查询。

6 试验规范

6.1 试验分类

节能控制装置的性能试验，包括型式试验、出厂试验和现场交收试验三类。

6.1.1 型式试验

6.1.1.1 型式试验要求

通过型式试验以验证给定型式的节能控制装置是否符合本标准的技术要求。

在下列情况应进行型式试验：

a) 新产品试制定型；

b) 已定型的产品当设计、工艺或关键材料、器件更改有可能影响到产品性能时。

6.1.1.2 型式试验项目

型式试验包括：

a) 电气间隙与爬电距离检查；

b) 绝缘电阻与介电性能试验；

c) 技术性能试验；

d) 电气保护有效性试验；

e) 控制电路试验；

f) 温升试验；

g) 噪声试验；

h) 电磁兼容性试验；

i) 防护等级试验；

j) 环境试验；

k) 基本功能试验。

这些试验可按任意次序在同一样机上或在同一型式的不同样机上进行。

6.1.2 出厂试验

出厂试验是用以检查节能控制装置的工艺、材料、功能是否合格的试验。

节能控制装置在出厂前都必须进行出厂试验，出厂试验检查合格后应开具产品合格证。

出厂试验中，如有不符合本标准的项目，则该产品为不合格品，须返修并经再次试验合格后，方可发放合格证。

出厂试验项目包括：

a) 一般检查；

b) 外壳防护等级；

c) 电气间隙与爬电距离检查；

d) 绝缘电阻试验；

e) 电气保护有效性试验；

f) 基本功能试验。

这些试验可按任意次序进行。

6.1.3 现场交收试验

现场交收试验是用以检查节能控制装置的安装、功能及节能效果是否合格的试验。

现场交收试验项目包括：

a) 安装检查，包括外观检查、接线检查、通电操作等；

b) 电气间隙与爬电距离检查；

c) 绝缘电阻试验；

d) 基本功能试验；

e) 节能率测试。

6.2 试验条件

除另有规定外，本标准中的试验宜在以下的环境条件下进行：

a) 环境温度，5 ℃～35 ℃；

b) 相对湿度，不高于 75％；

c) 大气压，860 hPa～1 060 hPa。

6.3 试验方法

6.3.1 一般检查

节能控制装置应做如下项目检查：

a) 检查控制柜(箱)的结构尺寸和安装尺寸，应符合设计图纸要求；

b) 检查控制柜(箱)体的外形及面板，表面应平整，漆层应均匀；

c) 检查控制柜(箱)内部各种元、器件的型号和规格，应符合设计图纸要求，安装应牢固、端正，位

号应正确;

d) 检查控制柜(箱)排风机型号,排风量和排风方向正确;

e) 检查控制柜(箱)门开启角度,应不小于90°,并应开、关灵活;

f) 检查插件的插接,应插接可靠,接触良好;

g) 检查开关、按钮、锁扣、延时器件等,运动部件的动作应灵活,动作效果应正确;

h) 检查辅助电路导线的连接、规格、线号、颜色和布置等,应符合本标准的规定;

i) 检查主电路的母排、母线的规格、尺寸、线号,应符合接线图要求,颜色、相序、布置等应符合本标准的规定;

j) 检查人机交互界面,应美观大方,操作简便,反应快捷;

k) 检查控制柜(箱)的标志,应符合本标准的规定。

6.3.2 外壳防护等级试验

根据GB 4208的规定,通过直观检查或测量,控制柜(箱)的外壳防护等级应符合4.4.1.2的要求。

6.3.3 电气间隙与爬电距离检查

检查和测量控制柜(箱)中电位不等的裸导体之间,以及带电的裸导体与裸露导电部件之间的最小电气间隙和爬电距离,应符合4.4.7的规定。

6.3.4 绝缘电阻与介电性能试验

6.3.4.1 绝缘电阻试验

应用电压至少为500 V的兆欧表,检查控制柜(箱)的电源进线的相间、相地之间和电源出线的相间、相地之间的绝缘电阻,应符合4.4.8.1的规定。

试验时,对控制柜(箱)内不能承受500 V电压的部件和元件,应先将其短接或断开其连接。

6.3.4.2 介电性能试验

进行介电性能试验时,对控制柜(箱)内不能承受试验电压的部件和元件,应先将其短接或断开其连接。

6.3.4.2.1 冲击耐受电压试验

冲击耐受电压试验按GB/T 3797规定的试验方法进行,试验过程中不应有破坏性放电现象。

6.3.4.2.2 工频耐受电压试验

工频耐受电压试验按GB/T 3797规定的试验方法进行,试验过程中不应有击穿或闪络现象。

6.3.5 技术性能试验

6.3.5.1 频率调节范围试验

在规定的电源条件下,节能控制装置输出端接与其额定输出功率相等的电机负载运行时,测试能够保障负载连续稳定运行的输出频率下限值 f_L 和上限值 f_H,从下限值 f_L 到上限值 f_H 即为输出频率调节范围。

6.3.5.2 输出额定容量试验

在规定的电源条件下,节能控制装置输出端接电机负载(或等效负载),在输出额定频率时,调节负载,使输出电流等于额定输出电流,测量其输出容量应符合 4.3.2 的要求。

6.3.5.3 过载能力试验

在规定的电源条件下,节能控制装置输出端接电机负载(或等效负载),调节负载,使输出电流达到其额定输出电流的 110%,测量其过载能力应符合 4.3.3 的要求。

6.3.6 电气保护有效性试验

6.3.6.1 短路保护试验

将控制柜(箱)中变频器的输出端相间短路,控制柜(箱)应不能启动,同时发出相应的报警。短路消除后,不用更换任何元件,控制柜(箱)应能重新启动工作。

6.3.6.2 过载保护试验

节能控制装置在带载运行时,逐步增加负载,当负载电流超过预设过载保护电流值时,检查节能控制装置能否自动保护停机并发出相应的报警,以确保节能控制装置和被控对象的安全运行。

6.3.6.3 安全接地保护试验

检查控制柜(箱)内部需要接地的部件和机控制柜(箱)接地端子之间的电连续性,用电阻测量仪器进行测试,控制柜(箱)接地端子与任何需要接地的部件之间的电阻必须≤0.1 Ω。

6.3.7 控制回路有效性试验

人为设计一个或多个操作错误,检查节能控制装置是否实现自动保护,确保设备不受到损坏。

6.3.8 温升试验

温升试验只对含有发热件的控制柜(箱)进行。

温升试验时,对控制柜(箱)施加额定输出功率并维持足够的时间,使内部各部位的温度达到热平衡的稳定值(如果温度的变化小于 1 ℃/h,则认为温升已达到稳定)。

用热电偶或温度计测量 4.4.6 规定的各测试部位的温度,其温升应符合表 3 的规定。

环境温度应在试验周期的最后四分之一期间内测量,至少用两个热电偶或温度计均匀地布置在控制柜(箱)的周围,高度约为控制柜(箱)的二分之一处,并在离开控制柜(箱)1 m 远的地方安放,还应防止空气流动和热辐射对热电偶和温度计的影响。

6.3.9 噪声试验

噪声试验只对强迫风冷的控制柜(箱)进行。试验时,控制柜(箱)输出端接额定负荷。

噪声试验应在周围 2 m 内没有声音反射面的场所进行。测量应在正对控制柜(箱)操作面 1 m 处,测量时测试设备应正对被试控制柜(箱)噪声源。噪声试验方法按 GB/T 3797 进行,噪声指标应符合 4.4.11 的规定。

6.3.10 电磁兼容性试验

6.3.10.1 低频干扰试验

按照 GB/T 3797 的有关规定进行。

6.3.10.2 高频干扰试验

按照 GB/T 3797 的有关规定进行。

6.3.10.3 电磁干扰发射试验

按照 GB/T 3797 的有关规定进行。

6.3.11 谐波污染试验

按照 GB/Z 17625.6 的有关规定进行。

6.3.12 环境试验

6.3.12.1 环境温度试验

按照 GB/T 3797 的有关规定进行。

6.3.12.2 湿热试验

按照 GB/T 3797 的有关规定进行。

6.3.13 基本功能试验

节能控制装置基本功能的试验方法,由制造商的产品技术文件规定。

6.3.14 系统节能率测试

节能控制装置节能率的测试,可按照附录 A 规定的方法进行。

7 标志、包装、运输、贮存

7.1 标志

节能控制装置产品铭牌应包括以下内容:

a) 产品名称、型号;
b) 产品主要参数;
c) 制造厂名;
d) 生产日期;
e) 注册商标等。

7.2 包装

7.2.1 产品包装必须符合 JB/T 3085 有关包装运输规范要求,保证产品在运输、存放过程中不受机械损伤,并有防雨、防尘能力。

7.2.2 包装箱表面的标志,应使用不褪色的油漆或油墨,准确、清晰、牢固地喷刷在箱体两侧面。发货标志应包括:

a) 产品名称、型号及数量;
b) 出厂编号及箱号(或合同号);
c) 包装箱外形尺寸(长×宽×高);
d) 净重与毛重;
e) 到站(港)及收货单位;
f) 发站(港)及发货单位。

7.2.3 包装储运图示标志应符合 GB/T 191 的有关规定。

7.3 运输

产品在运输过程中不应有剧烈振动、撞击和倒放。运输温度应在－15 ℃～55 ℃范围内。

7.4 贮存

产品不得暴晒及淋雨，应存放在空气流通、周围介质温度在－15 ℃～55 ℃范围内，空气最大相对湿度不超过 90％及无腐蚀性气体的场所，贮存期不超过 3 个月。

附 录 A
（资料性附录）
节能率测试方法

A.1 测试方法

节能控制装置在工程应用中的节能率测试，可采用能耗比较法。即在空调负荷基本相同的条件下，将空调系统采用与不采用节能控制装置交替运行相同的天数，分别对其能耗进行测试、记录和对比，通过计算得到节能率。

A.2 测试条件

为使节能测试的数据具有可比性，在交替运行的能耗测试过程中，应尽量满足以下条件：

a) 运行的空调设备（冷热源主机、水泵及风机）应一致。

b) 运行（开机、停机）时间应一致，且每天测试过程中，不能只在部分时间段运行，应覆盖空调系统正常运行的全部时间。

c) 负荷情况应基本一致，即室外气候条件和空调的使用情况应基本相同。

d) 运行工况应一致。在夏季制冷模式下，制冷主机的冷冻水出水温度应为额定出水温度（如 7 ℃）±1 ℃，且主机的输出功率不应大于其额定功率；在冬季供热模式下，热源主机的热水出水温度应为额定出水温度（如 60 ℃）±2 ℃。

e) 测量仪表应一致，即空调系统变流量与定流量交替运行时测量各设备能耗的电能表应尽可能采用同一只表。

注：当测试条件差异较大时，为减小测试误差，可以参照 JGJ 176 中 10.2.1 的规定，视运行工况的差异情况在测试的节能率上加一个“调整量”。调整量有正有负，调整量的正负和大小可由参与测试的各方代表商定。

A.3 能耗数据记录及节能计算方法

A.3.1 运行参数记录

在节能测试过程中，每间隔一定的时间段应按表 A.5 对空调系统的运行参数进行记录和整理，以便对系统运行情况进行分析。

A.3.2 测试时间相同时的能耗记录及计算

在进行节能测试时，如果空调系统定流量和变流量运行时间完全相同，可按表 A.1 的格式对各自的能耗数据进行记录，按表 A.2 进行数据汇总和计算，得出使用节能控制装置后中央空调系统的节能率。

A.3.2.1 表 A.1 中“实际能耗”，即为该设备的电能表“终止读数”与“起始读数”之差再乘以电流互感器变比 k。

A.3.2.2 表 A.2 中“总能耗”，为表 A.1 中相应运行方式下记录的能耗的总和，按主机、辅机和空调系统（包括主机和辅机）分类求和。

A.3.2.3 按表 A.2 中的节能计算方法，分别计算出主机节能率 $r_{主机}$、辅机节能率 $r_{辅机}$ 和系统综合节能率 $r_{综合}$。

A.3.3 测试时间不相同时的能耗记录及计算

在进行节能率测试时，可能会因为一些不确定的因素导致空调系统定流量和变流量运行时间不完全相同，对于这种情况，则可按表 A.3 的格式对各自的能耗数据进行记录，按表 A.4 进行数据汇总和计算，得出使用节能控制装置后中央空调系统的节能率。

A.3.3.1 表 A.3 中“实际能耗”，即为该设备的电能表“终止读数”与“起始读数”之差再乘以电流互感器变比 k。

A.3.3.2 表 A.3 中“运行时间”，为各运行设备的当天运行时间。

A.3.3.3 表 A.4 中“总能耗”，为表 A.3 中相应运行方式下记录的“实际能耗”的总和，分别按主机、辅机、空调系数(包括主机和辅机)分类求和。

A.3.3.4 表 A.4 中“总运行时间”，为表 A.3 中相应运行方式下记录的“运行时间”的总和，分别按主机、辅机、空调系数分类求和。

A.3.3.5 按表 A.4 中的节能计算方法，分别计算出主机节能率 $r_{主机}$、辅机节能率 $r_{辅机}$ 和系统综合节能率 $r_{综合}$。

A.4 测试分析与总结

节能率测试完毕，应整理好各种测试数据与记录，进行测试分析与总结，编制《测试报告》，《测试报告》应包含以下内容：

a) 测试说明。在进行节能率测试前，用户和制造商双方人员应对节能测试过程(如测试时间安排、投入运行的空调设备等)及相关事宜进行协商，并以书面形式记录归档保存。

b) 测试记录及测试结果。在《测试报告》中应包含每天的测试记录：《中央空调系统节能率测试数据记录表》、《中央空调系统节能率测试计算表》、《中央空调系统节能率测试运行参数记录表》等。

c) 测试分析及总结。在《测试报告》中应包含测试分析及总结，主要分析系统运行情况是否正常、测试结果是否准确、系统运行及节能效果可否改进等。

表 A.1 中央空调系统节能率测试数据记录表(一)(设备种类:□ 主机 □ 辅机)

运行工况:第 天(月 日 时至 月 日 时) □变流量 □定流量	设备名称	计量表编号	起始读数	终止读数	电流互感器变比	实际能耗/(kW·h)	运行工况:第 天(月 日 时至 月 日 时) □变流量 □定流量	设备名称	计量表编号	起始读数	终止读数	电流互感器变比	实际能耗/(kW·h)
	合计							合计					
测试人员:用户代表(签名) 年 月 日							测试人员:用户代表(签名) 年 月 日						
测试人员:制造商代表(签名) 年 月 日							测试人员:制造商代表(签名) 年 月 日						

注:若冷热源主机采用非电能的其他能源(如:燃油、燃气等)时,则表中的能耗单位应相应进行调整。

表 A.2 中央空调系统节能率测试计算表(一)

主机		辅机		空调系统	
定流量总能耗/(kW·h)		定流量总能耗/(kW·h)		定流量总能耗/(kW·h)	
变流量总能耗/(kW·h)		变流量总能耗/(kW·h)		变流量总能耗/(kW·h)	
节能量/(kW·h)		节能量/(kW·h)		节能量/(kW·h)	
节能率($r_{主机}$)		节能率($r_{辅机}$)		节能率($r_{综合}$)	
测试人员:用户代表(签名)　　年　月　日 (用户盖章)			测试人员:制造商代表(签名)　　年　月　日 (制造商盖章)		
注1:若冷热源主机采用非电能的其他能源(如:燃油、燃气等)时,则表中的能耗单位应相应进行调整。 注2:节能量=定流量总能耗-变流量总能耗;节能率=节能量÷定流量总能耗。					

表 A.3　中央空调系统节能率测试数据记录表(二)(设备种类:□　主机　□　辅机)

<table>
<tr><td rowspan="11">运行工况:第　天(　月　日　时至　月　日　时)
□变流量　□定流量</td><td>设备名称</td><td>计量表编号</td><td>起始读数</td><td>终止读数</td><td>电流互感器变比</td><td>实际能耗/(kW·h)</td><td>运行时间/h</td><td rowspan="11">运行工况:第　天(　月　日　时至　月　日　时)
□变流量　□定流量</td><td>设备名称</td><td>计量表编号</td><td>起始读数</td><td>终止读数</td><td>电流互感器变比</td><td>实际能耗/(kW·h)</td><td>运行时间/h</td></tr>
<tr><td></td><td></td><td></td><td></td><td></td><td></td><td></td><td></td><td></td><td></td><td></td><td></td><td></td><td></td></tr>
<tr><td></td><td></td><td></td><td></td><td></td><td></td><td></td><td></td><td></td><td></td><td></td><td></td><td></td><td></td></tr>
<tr><td></td><td></td><td></td><td></td><td></td><td></td><td></td><td></td><td></td><td></td><td></td><td></td><td></td><td></td></tr>
<tr><td></td><td></td><td></td><td></td><td></td><td></td><td></td><td></td><td></td><td></td><td></td><td></td><td></td><td></td></tr>
<tr><td></td><td></td><td></td><td></td><td></td><td></td><td></td><td></td><td></td><td></td><td></td><td></td><td></td><td></td></tr>
<tr><td></td><td></td><td></td><td></td><td></td><td></td><td></td><td></td><td></td><td></td><td></td><td></td><td></td><td></td></tr>
<tr><td></td><td></td><td></td><td></td><td></td><td></td><td></td><td></td><td></td><td></td><td></td><td></td><td></td><td></td></tr>
<tr><td></td><td></td><td></td><td></td><td></td><td></td><td></td><td></td><td></td><td></td><td></td><td></td><td></td><td></td></tr>
<tr><td></td><td></td><td></td><td></td><td></td><td></td><td></td><td></td><td></td><td></td><td></td><td></td><td></td><td></td></tr>
<tr><td colspan="5">合计</td><td></td><td></td><td colspan="5">合计</td><td></td><td></td></tr>
<tr><td colspan="8">测试人员:用户代表(签名)　　　　年　月　日</td><td colspan="8">测试人员:用户代表(签名)　　　　年　月　日</td></tr>
<tr><td colspan="8">测试人员:制造商代表(签名)　　　　年　月　日</td><td colspan="8">测试人员:制造商代表(签名)　　　　年　月　日</td></tr>
<tr><td colspan="16">注:若冷热源主机采用非电能的其他能源(如:燃油、燃气等)时,则表中的能耗单位应相应进行调整。</td></tr>
</table>

表 A.4　中央空调系统节能率测试计算表(二)

主机		辅机		空调系统	
定流量总能耗/(kW·h)		定流量总能耗/(kW·h)		定流量总能耗/(kW·h)	
定流量总运行时间/h		定流量总运行时间/h		定流量总运行时间/h	
定流量单位时间能耗/(kW·h/h)		定流量单位时间能耗/(kW·h/)h		定流量单位时间能耗/(kW·h/h)	
变流量总能耗/(kW·h)		变流量总能耗/(kW·h)		变流量总能耗/(kW·h)	
变流量总运行时间/h		变流量总运行时间/h		变流量总运行时间/h	
变流量单位时间能耗/(kW·h/h)		变流量单位时间能耗/(kW·h/h)		变流量单位时间能耗/(kW·h/h)	
单位时间节能量/(kW·h/h)		单位时间节能量/(kW·h/h)		单位时间节能量/(kW·h/h)	
主机节能率($r_{主机}$)		辅机节能率($r_{辅机}$)		系统节能率($r_{综合}$)	

测试人员:用户代表(签名)　　　　年　月　日　　　　测试人员:制造商代表(签名)　　　　年　月　日

(用户盖章)　　　　　　　　　　(制造商盖章)

注 1:若冷热源主机采用非电能的其他能源(如:燃油、燃气等)时,则表中的能耗单位应相应进行调整。

注 2:单位时间能耗=总能耗÷总运行时间;单位时间节能量=定流量单位时间能耗−变流量单位时间能耗;节能率=单位时间节能量÷定流量单位时间能耗。

表 A.5 中央空调系统节能率测试运行参数记录表

测试时间： 年 月 日 时至 年 月 日 时　　运行工况：□变流量 □定流量
主机冷冻水(热水)出口温度设置值 ℃　　室外温度： ℃ 相对湿度： % 晴雨：

参数	记录时间												
	0:00	2:00	4:00	6:00	8:00	10:00	12:00	14:00	16:00	18:00	20:00	22:00	24:00
××#主机冷冻水(热水)出口温度/℃													
××#主机冷冻水(热水)进口温度/℃													
××#主机冷却水出口温度/℃													
××#主机冷却水进口温度/℃													
××#主机电流/A													
××#主机冷冻水(热水)流量/(m^3/h)													
总管流量计/(m^3/h)													
冷冻水(热水)供回水总管压差/Pa													
冷冻水(热水)总管供水温度/℃													
冷冻水(热水)总管回水温度/℃													
冷却水总管供水温度/℃													

表 A.5（续）

参数	记录时间												
	0:00	2:00	4:00	6:00	8:00	10:00	12:00	14:00	16:00	18:00	20:00	22:00	24:00
冷却水总管回水温度/℃													
一次冷冻水(热水)变频器运行频率/Hz													
二次冷冻水(热水)变频器运行频率/Hz													
冷却水变频器运行频率/Hz													
冷却塔风机运行频率/Hz													
××空调送风口出风温度/℃													
××空调送风口出风温度/℃													
测试人员:用户代表(签名)　　年　月　日 （用户盖章）						测试人员:制造商代表(签名)　　年　月　日 （制造商盖章）							
注：此表记录的参数可根据具体的工程项目及运行季节适当进行修改。													

ICS 27.010
F 01

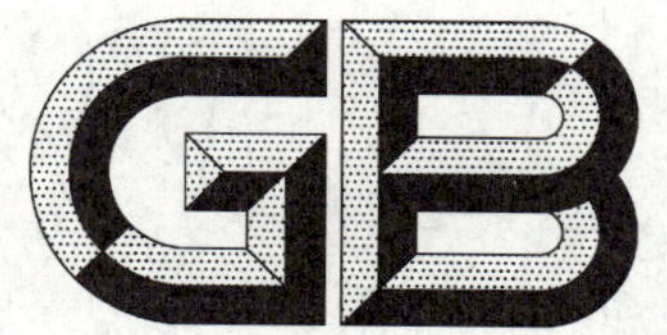

中华人民共和国国家标准

GB/T 26921—2011

电机系统(风机、泵、空气压缩机)优化设计指南

The guide of design optimization for motor systems (fans, pumps, air compressors)

2011-09-29 发布　　2012-03-01 实施

中华人民共和国国家质量监督检验检疫总局
中国国家标准化管理委员会　发布

前　言

本标准按照 GB/T 1.1—2009 给出的规则起草。

本标准由国家发展和改革委员会资源节约和环境保护司提出。

本标准由全国能源基础与管理标准化技术委员会(SAC/TC 20)和全国旋转电机标准化技术委员会(SAC/TC 26)归口。

本标准起草单位:清华大学电机工程与应用电子技术系、中国科学院电工研究所、中国节能协会节电与绿色电能委员会、中国标准化研究院、上海电器科学研究所(集团)有限公司、广州智光电气股份有限公司、江苏方程电力科技有限公司。

本标准主要起草人:顾国彪、李发海、孙旭东、侯健、王海峰、李世煌、秦宏波、闫华光、赵跃进、辛升、陈伟华、郭伟彰、卫三民、苏章曼、董列、王慧丽、吴秋风、王卫宏、张建兴。

电机系统(风机、泵、空气压缩机)优化设计指南

1 范围

本标准规定了电机系统设计的基本要求,电动机选型,电动机调速方式和调速装置的选择,以及风机系统、泵系统、空气压缩机系统的优化设计和评价。

本标准适用于电机系统(风机、泵、空气压缩机)的节能优化设计和评价。

2 规范性引用文件

下列文件对于本文件的应用是必不可少的。凡是注日期的引用文件,仅注日期的版本适用于本文件。凡是不注日期的引用文件,其最新版本(包括所有的修改单)适用于本文件。

GB 755 旋转电机 定额和性能

GB 4943 信息技术设备的安全

GB 10068 轴中心高为 56 mm 及以上电机的机械振动 振动的测量、评定及限值

GB 10069.3 旋转电机噪声测定方法及限值 第 3 部分:噪声限值

GB/T 12497 三相异步电动机经济运行

GB/T 12668.2 调速电气传动系统 第 2 部分:一般要求 低压交流变频电气传动系统额定值的规定

GB 12668.3 调速电气传动系统 第 3 部分:产品的电磁兼容性标准及其特定的试验方法

GB/T 12668.4 调速电气传动系统 第 4 部分:一般要求 交流电压 1 000 V 以上但不超过 35 kV 的交流调速电气传动系统额定值的规定

GB/T 13277 一般用压缩空气质量等级

GB/T 13466 交流电气传动风机(泵类、空气压缩机)系统经济运行通则

GB/T 13957 大型三相异步电动机基本系列技术条件

GB/T 14549 电能质量 公用电网谐波

GB 14711 中小型旋转电机安全要求

GB/T 16665 空气压缩机组及供气系统节能监测方法

GB 18613 中小型三相异步电动机能效限定值及能效等级

GB 19153 容积式空气压缩机能效限定值及能效等级

GB 19761 通风机能效限定值及能效等级

GB 19762 清水离心泵能效限定值及节能评价值

GB 20052 三相配电变压器能效限定值及节能评价值

GB/T 21056 风机、泵类负载变频调速节电传动系统及其应用技术条件

GB/T 21210 单速三相笼型感应电动机起动性能

GB 21518 交流接触器能效限定值及能效等级

GB 50029 压缩空气站设计规范

GB 50055　通用用电设备配电设计规范

JB/T 2224　大型交流三相四极同步电动机技术条件

DL/T 994　火电厂风机水泵用高压变频器

3　术语和定义

下列术语和定义适用于本文件。

3.1

电机系统　motor systems

控制装置、电动机及其拖动的负载机械和管网等设备组成的系统。

3.2

N 设计电动机　design N motor

设计为正常起动转矩的三相笼型感应电动机。电动机采用直接起动，具有 2 极、4 极、6 极或 8 极，额定功率从 0.4 kW～1 600 kW。

4　电机系统的基本要求

4.1　供电电源质量的要求

4.1.1　电源电压与额定电压的偏差范围为：－5％～5％。

4.1.2　三相电压系统负序分量不宜超过正序分量的 1％(长期运行)，或不宜超过 1.5％(不宜超过几分钟的短时运行)，且零序分量不宜超过正序分量的 1％。

4.1.3　电源频率偏差不宜超过额定频率的±1％。

4.1.4　供电电压谐波电压因数(HVF)，对单相和三相电动机，包括同步电动机但不包括 N 设计电动机不宜超过 0.02；对 N 设计电动机不宜超过 0.03。

4.2　电动机及变频器效率的基本要求

4.2.1　三相电动机效率的要求

4.2.1.1　对于低压中小型三相异步电动机，其效率值应符合 GB 18613 的规定。

4.2.1.2　对于高压三相异步电动机，其效率值应符合相关标准的规定。

4.2.1.3　对于一般用途的大型笼型三相异步电动机和大型绕线型三相异步电动机，其效率值应符合 GB/T 13957 的规定。

4.2.1.4　对于一般用途的大型三相四极同步电动机，其效率值应符合 JB/T 2224 的规定。

4.2.2　变频器效率的要求

变频器在额定输出电压、额定输出电流的条件下，低压变频器效率不宜低于 95％，高压变频器效率不宜低于 96％。

4.2.3　电机系统所用配电设备效率的要求

4.2.3.1　对于所配用的专用变压器，其空载损耗和负载损耗应符合 GB 20052 的规定。

4.2.3.2　对于所配用的交流接触器，其吸持功率应符合 GB 21518 的规定。

4.3 电机系统功率因数的要求

宜根据电机系统运行方式合理实施功率因数补偿，补偿后设计工况下功率因数不宜低于0.9。

4.4 电机系统谐波限制要求

4.4.1 对谐波电压的要求

电机系统接入公用电网后，电网谐波电压应不大于表1的规定。

表1 谐波电压限值

电网标称电压/kV	电压总谐波畸变率 THD_U/%	各次谐波电压含有率/%	
		奇次	偶次
0.38	5.0	4.0	2.0
6	4.0	3.2	1.6
10			

4.4.2 谐波电流的要求

4.4.2.1 对于准备接入到低压配电系统的每相输入电流不大于16 A的电机系统，其产生的输入电流的各次谐波不宜大于表2的规定。

表2 每相输入电流不大于16 A设备的谐波电流限值

项目	谐波次数 n/次	最大允许谐波电流 I/A
奇次谐波	3	2.30
	5	1.14
	7	0.77
	9	0.40
	11	0.33
	13	0.21
	$15 \leqslant n \leqslant 39$	$0.15 \times 15/n$
偶次谐波	2	1.08
	4	0.43
	6	0.30
	$8 \leqslant n \leqslant 40$	$0.23 \times 8/n$

4.4.2.2 对于准备接入到低压配电系统的每相输入电流大于16 A的电机系统，其产生输入电流的各次谐波不宜大于表3的规定。

表 3　每相输入电流大于 16 A 设备的谐波电流限值

谐波次数 n/次	允许的谐波电流 (I_n/I_1)/%	谐波次数 n/次	允许的谐波电流 (I_n/I_1)/%
3	21.6	21	≤0.6
5	10.7	23	0.9
7	7.2	25	0.8
9	3.8	27	≤0.6
11	3.1	29	0.7
13	2.0	31	0.7
15	0.7	≥33	≤0.6
17	1.2		
19	1.1	偶次	≤8/n 或≤0.6
注：I_n 为谐波电流分量，I_1 为基波电流额定值。			

4.4.2.3　对于准备接入到高压配电系统的电机系统，其产生的输入电流的各次谐波不宜大于表 4 的规定。应在装置正常运行时(持续至少 1 h)进行谐波电流测量，按 95%概率大值选取测量值，作为判断是否超过允许值的依据。在较短周期内，启动过程中或非正常工作条件下，可允许超过上述限值的 50%。

表 4　高压电机系统谐波电流限值

谐波次数 n/次	$n<11$	$11\leqslant n<17$	$17\leqslant n<23$	$23\leqslant n<35$	$35\leqslant n$	THD_I
允许谐波电流 (I_n/I_1)/%	4.0	2.0	1.5	0.6	0.3	5.0
注 1：I_n 为谐波电流分量，I_1 为基波电流额定值。 注 2：表中为奇次谐波限值，偶次谐波限值为上述奇次谐波含量的 25%。						

4.4.2.4　对于准备接入到电网公共连接点的电机系统，其注入的谐波电流分量应符合 GB/T 14549 的规定。

4.5　电机系统计量器具配备的要求

4.5.1　对于功率在 55 kW 及其以上的电动机，应监视其电压、电流、功率因数及有功功率，并配备有功电能表。仪表的准确度不宜低于表 5 的规定。

表 5　仪表的准确度等级

表计类型	电压表	电流表	功率因数表	有功电能表
准确度等级	1.5	1.5	1.5	2.0

4.5.2　在风机、泵、空气压缩机系统的相关部位处应安装必要的压力表和流量表。压力表与流量表准确度不宜低于表 6 的规定。

表6 压力表与流量表准确度

表计类型	压力表	流量表
准确度等级	2.0	2.5

5 电动机选用

5.1 电动机选用的基本原则

5.1.1 在满足机械负载要求的前提下,经济合理地确定电动机的类型和额定功率,所选电动机宜与被拖动机械负载的特性相匹配。电动机的主要类型与特性参见附录A。

5.1.2 电动机的额定电压宜根据其额定功率和所在系统的配电电压或供电电源的输出电压选定;必要时,应通过技术经济比较确定。

5.1.3 根据工作场所的环境条件,选择相应的防爆型式、外壳防护等级和绝缘等级的电动机。

5.1.4 电动机的一般性能、安全性能、防爆性能以及噪声和振动要求应符合GB 755、GB 14711、GB 10069.3和GB 10068等相关标准。

5.1.5 电动机与被拖动机械负载的转轴宜采用联轴器直接连接。

5.1.6 电动机的起动方式应符合GB/T 21210和GB 50055的规定。大功率、高电压三相同步电动机宜采用无换向器同步电动机方式进行起动。

5.1.7 电动机的堵转转矩、最大转矩、最小转矩、转速及其调节范围等,应满足电动机所拖动的负载在各种运行方式下的要求。

5.1.8 在有频繁起动、高起动转矩和冲击负载等特殊要求时,可选用相应的专用电动机并进行转矩校验。

5.1.9 对于有规律变化的机械负载,宜根据其工作制和定额,按GB 755选择相应的工作制类型与定额类别的电动机。

5.1.10 对于需要调速的机械负载,宜根据调速范围、效率及长期经济效益等因素,选择适合于调速方式的电动机。

5.1.11 年运行时间大于3 000 h,负载率大于60%的低压中小型三相异步电动机,其效率值宜符合GB 18613节能评价值的规定。

5.2 非调速运行电动机的选用

5.2.1 电动机类型的选择

5.2.1.1 对于中小容量的机械负载,当起动、制动比较频繁,要求起动、制动转矩较大时,宜选用堵转转矩大、堵转电流较小的笼型三相异步电动机;在堵转转矩不能满足要求时,可选用高转差式三相异步电动机或绕线型三相异步电动机。

5.2.1.2 对于拖动风机、泵、压缩机的高压大功率电动机,当在技术经济上合理时,宜选用三相同步电动机。

5.2.2 电动机额定功率的选择

5.2.2.1 选择额定功率时,宜使电动机的平均负载率不低于60%。电动机的平均负载率低于50%时,在改建和扩建设计中宜更换成较小额定功率的电动机。

5.2.2.2 电动机额定功率大于250 kW时,宜优先选用高压三相交流电动机。

5.2.2.3 对于负载稳定、连续运转的电动机，宜使其长期运行在75%～85%负载率。

5.2.2.4 对于变工况连续工作的电动机，宜根据负载变化情况求出平均等效功率，电动机的额定功率宜大于等效功率，并对电动机的起动性能和过载能力进行校核。

5.2.2.5 对于短时或断续工作的电动机，宜选用相应的工作制，并使电动机额定功率略大于负载的功率。也可选用连续工作制电动机来替代，此时，宜采用等效法求出工作时间内的等效功率，电动机的额定功率宜略大于等效功率，并应对电动机的起动和过载能力进行校核。

5.2.2.6 对于负载经常变化的电动机，可采用调压等节电装置，实现经济运行。

5.3 调速运行电动机的选用

5.3.1 电动机类型的选择

5.3.1.1 电动机的结构和性能宜适合于变速运行要求。

5.3.1.2 在采用变频调速装置进行调速时，宜选择适合于变频调速装置供电的电动机。

5.3.1.3 在采用内反馈串级调速装置进行调速时，宜采用定子有两套绕组的绕线型三相异步电动机。

5.3.1.4 机械负载只要求有两种或三种转速时，可采用变极双速或三速三相异步电动机，使其在各转速下满足负载要求。

5.3.2 电动机额定功率的选择

5.3.2.1 对风机机组、泵机组起动、制动和过载能力没有特殊要求时，电动机的额定功率按式(1)计算：

$$P_m = \frac{P_P(1+\alpha)}{\eta_t} \qquad \cdots\cdots(1)$$

式中：

P_m——电动机功率，单位为千瓦(kW)；

P_P——额定流量下的轴功率，单位为千瓦(kW)；

η_t——传动效率；

α——余量。

55 kW以下　　$\alpha=0.1\sim0.2$

55 kW～250 kW　　$\alpha=0.05\sim0.15$

250 kW以上　　$\alpha=0.02\sim0.05$

5.3.2.2 对于要求频繁起动、制动，或者要求有瞬间过载能力的负载，应在满足最大转矩和起动转矩要求的前提下，选择电动机的额定功率。应使电动机的额定功率大于负载轴功率。

6 电动机调速方式和调速装置的选择

6.1 电动机调速的基本要求

电机系统进行调速设计或改造时，宜根据负载的类型和特性、调速范围、起动转矩、年负荷曲线等要求，考虑寿命周期成本，根据寿命周期成本分析，做出不同方案的技术经济分析比较，选择寿命周期成本最低的方案。电动机的调速方式，见附录B。寿命周期成本分析，见附录C。

6.2 电动机调速方式及其控制方法的选择

6.2.1 变频调速

6.2.1.1 风机、泵适用变频调速的条件

6.2.1.1.1 风机、泵的运行工况点偏离高效区，可通过调速使运行工况点处于高效区。

6.2.1.1.2　压力、流量变化幅度较大，运行时间长的系统。

6.2.1.1.3　中、低流量变化类型的风机、泵负载及全流量间歇类型的风机、泵负载运行工况在满足压力时，宜符合下列要求：

——流量变化幅度≥30%、变化工况时间率≥40%、年运行时间≥3 000 h；

——流量变化幅度≥20%、变化工况时间率≥30%、年运行时间≥4 000 h；

——流量变化幅度≥10%、变化工况时间率≥30%、年运行时间≥5 000 h。

6.2.1.2　空气压缩机适用变频调速的条件

对于长时间处于变负载运行的螺杆式空气压缩机，宜采用变频调速。

6.2.1.3　变频器选型的原则

6.2.1.3.1　额定电压为 380 V、660 V 三相异步电动机，宜采用低压"交直交"电压源变频器。

6.2.1.3.2　额定电压为 1 140 V 或 3 000 V(以及非标电压 1 000 V～3 000 V)三相异步电动机，宜采用二极管钳位式三电平变频器。

6.2.1.3.3　额定电压为 6 kV、10 kV 三相异步电动机，宜采用串联 H 桥高压变频器。

6.2.1.3.4　对于额定电压为 6 kV、10 kV 三相同步电动机，宜采用电流型晶闸管逆变器。

6.2.1.3.5　用于高温、高海拔场合的变频器，宜采用特殊设计的变频器。

6.2.1.4　变频器与电动机匹配的要求

6.2.1.4.1　变频器额定输出电压应与电动机额定电压相符。

6.2.1.4.2　变频器额定输出电流应大于电动机实际运行最大电流。拖动离心风机、离心泵的普通电动机，变频器输出额定电流应与电动机额定电流相符。对于其他负载，如深水泵，则宜根据负载特性确定其最大电流和过载能力。

6.2.1.4.3　机械负载要求有较大的起动转矩和加速转矩时，宜采用矢量控制方式或直接转矩控制。

6.2.1.4.4　变频器与电动机之间安装距离较远时，宜适当增大变频器容量或在变频器输出端加装电抗器。

6.2.1.5　对变频器的要求

6.2.1.5.1　变频器的输出电压、频率宜连续可调。

6.2.1.5.2　变频器一般性能应符合 GB/T 12668.2 和 GB/T 12668.4 的要求。

6.2.1.5.3　对于低压变频器，应符合 GB/T 21056 的规定。

6.2.1.5.4　对于电力行业所用高压变频器，应符合 DL/T 994 的规定，其他行业可参考执行。

6.2.1.5.5　变频器的过载能力宜大于额定电流的 20%，并持续 60 s。

6.2.1.5.6　变频器应具有各种保护功能，如输入过压、欠压保护，缺相保护，过流保护，短路保护，防雷电冲击保护等。接地应符合 GB 4943 的要求。

6.2.1.5.7　高压大容量变频调速系统应采取限制产生轴电流的措施。

6.2.1.5.8　变频器的电磁兼容性能应符合 GB 12668.3 的规定。

6.2.1.5.9　变频器产生的谐波应符合 4.4 的规定。

6.2.1.6　变频调速控制方式

6.2.1.6.1　变电压变频率控制

在一般工况下，可采用变电压变频率控制，利用脉宽调制技术改变变频器输出电压和频率。采用不同的压频比提升电动机的输出转矩，满足起动的要求。

6.2.1.6.2 **矢量控制**

当负载为短时工作制，且要求快速起动，宜采用矢量控制方式。

6.2.1.6.3 **直接转矩控制**

当负载为短时工作制，要求快速起动，也可采用直接转矩控制。

6.2.2 变极调速

6.2.2.1 在满足风机、泵负载运行工况非频繁变化时，可采用多速三相笼型异步电动机。

6.2.2.2 变极电动机宜采用全压起动。

6.2.3 绕线型三相异步电动机串级调速

6.2.3.1 对于额定电压为 6 kV、10 kV，功率较大的场合，可选用串级调速方式。

6.2.3.2 绕线型三相异步电动机宜选用适当的起动设备。

6.2.4 开关磁阻调速

对于低压 380 V、660 V 供电的风机、泵负载，可采用开关磁阻电动机调速。

6.2.5 其他调速方式

其他调速方式宜通过技术经济分析比较后选用。

6.3 调速装置的选择

6.3.1 调速装置容量选择

6.3.1.1 低压变频器装置容量选择见 B.1.5.1。

6.3.1.2 用于高压三相异步电动机的串联 H 桥高压变频器，其额定容量的选择，宜为电动机额定功率的 1.25 倍。

6.3.1.3 采用电流型晶闸管逆变器调速方式起动的高压大容量同步电动机，调速装置的额定容量不宜超过电动机额定功率的 25%。

6.3.1.4 用于抽水蓄能同步电动机机组变频起动的调速装置，其额定容量不宜超过电动机额定功率的 10%。

6.3.2 调速装置的安装空间和环境要求

6.3.2.1 应根据装置的发热量进行散热系统设计，采取合理的散热方式(如通风、空调、水冷却器、热管等)，应符合 GB/T 12668.2 和 GB/T 12668.4 中的有关规定。

6.3.2.2 当运行环境存在潮湿、粉尘、腐蚀性气体以及酸碱度等异常使用条件，宜在系统设计时采取相应防护措施。

7 风机系统优化设计

7.1 基本要求

7.1.1 风机系统宜满足所需要的最大风量及对应的风压，并满足最高风压及对应的风量的工况要求。

7.1.2 离心式通风机和轴流式通风机的效率应符合 GB 19761 的能效限定值,宜选用符合 GB 19761 的节能评价值以上的通风机。

7.1.3 在起动、停机及变工况调速运行时,不应发生喘振。

7.1.4 风机系统设计选型时,宜综合考虑压力、流量、管网特性、负载性质、工作制、起动与制动、年运行小时等。尽量使风机与管网阻力特性相匹配,在满足压力、流量要求前提下,使风机运行在经济运行区内。风机的类型与特性见附录 D。

7.1.5 对于变工况运行而不调速的风机系统,宜选择合理的调节设备或运行方式,实现风机系统运行的优化。

7.1.6 电动机与风机的传动应满足强度和稳定可靠的要求。在多种传动方式中,宜采用直联传动。

7.2 管网设计

7.2.1 风机系统中的管网设计宜在优化生产工艺的条件下,确定合理的配置方案和输送半径。根据生产工艺要求,合理确定管网的材料和尺寸,以达到经济流速的要求,经济流速见表 7。

表 7 通风机管道内经济流速

<table>
<tr><th colspan="4">类 型</th><th>风速/(m/s)</th></tr>
<tr><td rowspan="2">风机</td><td colspan="3">进口</td><td>7～15</td></tr>
<tr><td colspan="3">出口</td><td>10～30</td></tr>
<tr><td rowspan="8">通风管道</td><td rowspan="7">低速管道</td><td rowspan="2">主管道</td><td>民用</td><td>3.5～4.5</td></tr>
<tr><td>工业用</td><td>6～9</td></tr>
<tr><td rowspan="2">分管道</td><td>民用</td><td>3</td></tr>
<tr><td>工业用</td><td>4～5</td></tr>
<tr><td rowspan="2">上升分管道</td><td>民用</td><td>2.5</td></tr>
<tr><td>工业用</td><td>4</td></tr>
<tr><td colspan="2">大气进气口</td><td>2.5</td></tr>
<tr><td>高速管道</td><td colspan="2">主管道</td><td>20～30</td></tr>
<tr><td rowspan="9">风力输送</td><td colspan="3">谷物</td><td>15～30</td></tr>
<tr><td colspan="3">煤粉</td><td>20～40</td></tr>
<tr><td colspan="3">水泥</td><td>20～40</td></tr>
<tr><td colspan="3">氧化铝</td><td>30～40</td></tr>
<tr><td colspan="3">砂</td><td>30～45</td></tr>
<tr><td colspan="3">橡胶粉末</td><td>15</td></tr>
<tr><td colspan="3">纱屑</td><td>7.5</td></tr>
<tr><td colspan="3">金属屑</td><td>18</td></tr>
<tr><td colspan="3">锯末</td><td>15</td></tr>
</table>

7.2.2 合理布置管网,支管宜从主管的上面或侧面连接,尽量减少 90°弯管、阀门、接头及通流截面突变的管件,降低其阻力系数。

7.2.3 合理布置风机进出口管道。进口前及出口后各有一段直管段,其长度不宜小于 2.5 倍进出口管道当量直径。

7.2.4 对高速气流的管网，转弯处应采用曲率半径大的弯管，分流与汇流时宜采用30°的Y形分支管。对中速或低速气流的管网，分流与汇流时宜采用45°或30°的Y形分支管。

7.2.5 管网负载应保持平衡，送、排风系统各并联环路压力损失的差额不宜大于10%。当通过调整管道断面仍无法达到要求时，宜安装调节装置。

7.2.6 选用先进的密封技术，减少风管泄漏率，一般送、排风系统风管泄漏率宜控制在10%以内，对于特殊场合宜符合特殊规定的要求。

7.2.7 为减少肘管、弯管、弓形管路中流动损失，可加装导流叶片，使流速沿截面的分布均匀，减少阻力。

7.3 风机的选型

7.3.1 选型原则

7.3.1.1 所选风机宜满足风机系统流量和风压的要求。

7.3.1.2 宜合理选择风机类型、规格、调节方式和调节附件。

7.3.1.3 所选风机宜满足输送介质和工作环境的要求。

7.3.1.4 所选风机长期运行的工况点宜在风机的经济运行区内。

7.3.2 选型步骤

7.3.2.1 根据设计要求(控制区域、温度、湿度等)确定流量。

7.3.2.2 根据管网设计的计算结果确定风压。

7.3.2.3 根据风压、流量和运行要求选择风机型号。风机主要有离心式风机和轴流式风机，两类风机的特性见附录D。

7.3.2.4 可根据负载特性确定以下风机的调节方式和调节设备：

a) 风机运行中，流量宜保持接近于设计值，可采用进口节流调节进行微调；
b) 离心风机可安装进口导流器，轴流风机可采用调节动、静叶安装角，进行工况调节；
c) 风机运行中，低流量运行时间长或间歇变工况运行时，宜采用变速运行；
d) 当流量变化幅度大于20%，年运行时间大于4 000 h时，风机应采用调速运行，不宜采用旁路、挡板或阀门调节。

7.3.3 风机台数与运行方式

7.3.3.1 若单台风机无法满足压力或流量要求，可选多台风机串联或并联工作。一般情况下，宜选用相同型号和规格的风机。

7.3.3.2 压力、流量变化的串联风机，可采用调速运行。

7.3.3.3 对多台并联风机可采用投切台数适应变工况运行。

7.4 风机与电机匹配

7.4.1 选定风机的效率曲线和负载特性宜与电动机效率曲线相匹配。

7.4.2 风机需要变速运行时，宜采用风机、泵专用变极多速三相异步电动机。

7.4.3 电动机的防护等级、绝缘等级应与风机输送介质、工作环境等相适应。

7.5 风机系统优化设计的评价

风机系统平均输送每千吨气体的能耗(e_w)作为风机系统优化评价指标，对于风机系统的e_w宜小于0.25。e_w按式(2)计算：

$$e_w = \frac{\sum_{i=1}^{n} E}{0.36\rho g \sum_{i=1}^{n} q_V P t} \quad \cdots\cdots (2)$$

式中：

e_w ——输送每千吨气体能耗，单位为千瓦时每千吨（kW·h/kt）；

E ——风机每时段的耗能值，单位为千瓦时（kW·h）；

ρ ——输送气体出口密度，单位为千克每立方米（kg/m^3）；

g ——重力加速度，单位为米每二次方秒（m/s^2）；

q_V ——风机某时段内排出气量，单位为立方米每秒（m^3/s）；

P ——相应时段内风机出口平均压力，单位为帕（Pa）；

t ——每时段的排气时间，单位为时（h）；

n ——时间段数量。

8 泵系统优化设计

8.1 基本要求

8.1.1 设备总装机合理、泵额定效率应符合 GB 19762 的能效限定值，宜选用符合 GB 19762 节能评价值以上的泵。

8.1.2 管道系统运行时，在经济合理的条件下，泵总输送液体能量损失最小。

8.1.3 泵、电动机之间的传动应满足转速、强度和稳定可靠的要求。

8.1.4 变速运行时按泵起动、停机和运行的需要，及时调整转速以达到安全、可靠运行。系统效率应符合 GB/T 13466 的要求。

8.1.5 泵系统设计选型时，宜综合考虑扬程、流量、管网特性、负载性质、工作制、起动与制动、年运行小时等。尽量使泵与管网阻力特性相匹配，在满足扬程、流量要求前提下，使泵运行在经济运行区内。

8.1.6 对于变工况运行而不调速的泵系统，宜选择合理的调节设备或运行方式，实现泵系统运行的优化。

8.2 泵机组运行方式及泵设计流量

8.2.1 设计的泵机组群，在满足不同时段流量需求时，泵系统运行的效率应符合 GB/T 13466 的规定。

8.2.2 应根据所供应区域需求总量计算泵系统总流量，其总管道最大流量不宜超过总流量的 50%，见 E.2。

8.2.3 泵的型号与规格宜按供液流量曲线选用两种以上规格泵，以保证小流量供液时泵的效率。

8.2.4 应结合泵的型号与规格选择泵机组群的台数，在保证供液需求的情况下，使每台泵的运行效率高于其额定效率的 80%。

8.3 泵系统管道布置与管网设计

8.3.1 管道布置

8.3.1.1 输出管

8.3.1.1.1 在泵系统范围内，从泵出口至管道最远端，宜尽量缩短管线，避免过多弯折。弯管曲率半径不小于管径的 1.25 倍。

8.3.1.1.2 在管网中，管道线上不宜有通流截面的突扩、突缩等管路附件。渐扩渐缩管的扩散、收缩角不宜大于12°。

8.3.1.1.3 应尽量减少管接头、弯头、三通、阀门等管件,减小管道的局部阻力损失。

8.3.1.1.4 在易产生空气滞留的输出管断面变化处,宜设排气阀,防止产生气囊阻塞。

8.3.1.2 吸入管

8.3.1.2.1 从吸水面至泵进口,宜尽量缩短长度。吸入管断面不应有突扩、突缩,尽量不安装底阀和各种闸阀,并减少其他管路附件。

8.3.1.2.2 泵吸入管的吸入口,宜保持一定淹没深度,防止进气产生漩涡。

8.3.1.2.3 从泵吸入口至吸入管弯头处,水平吸入管宜有向弯头处向下倾斜,其倾斜度不小于0.5%,吸入管长度大于3 m时,倾斜度不小于1%。

8.3.1.2.4 在吸入管中水平段有渐缩接头时,应采用偏心接管,偏心朝下,其收缩角不宜大于12°。

8.3.1.2.5 吸入管内阻力损失宜满足有效汽蚀余量要求。见E.5。

8.3.2 管道材料

应根据输送液体的性质、温度、扬程、速度及生产的工艺条件选择管材,管内壁应光滑平整,表面粗糙度不大于12.5 μm。

8.3.3 管径和流速

输液管的管径宜根据输液管中的沿程损失和流速作优化计算经济流速。

钢管中输送不同介质的经济流速见表8。

表8 不同介质的经济流速

类　型	流　速
10 m以内的短输水管和吸入管	3.5 m/s以下,一般为2 m/s~3 m/s
长输水压力管	小口径(300 mm直径以下),1 m/s~2 m/s
	大口径(300 mm直径以上)1.5 m/s~3 m/s
机油和燃油管	0.2 m/s~1.2 m/s
汽油或其他燃油管	1 m/s~3 m/s

输液中沿程损失计算公式见E.2。

8.3.4 管路附件及局部阻力损失

8.3.4.1 管网中的管路附件(弯头、三通、分流口、阀门等)要求流道内表面光滑平顺,其表面粗糙度不宜大于12.5 μm,流道中不宜有引起流束产生突变的表面。

8.3.4.2 管路附件的局部阻力损失计算见E.2。

8.4 泵的选型

8.4.1 选型原则

8.4.1.1 所选泵宜满足泵系统的流量和扬程的要求。

8.4.1.2 宜合理选择泵的类型、规格和附件。

8.4.1.3 所选泵宜满足输送介质和工作环境的要求。

8.4.1.4 泵长期运行的工况点宜在泵的经济运行区内。

8.4.1.5 泵的类型宜根据工艺设备对流体要求和流体负荷变化特点，经过技术经济比较后确定。一般类型泵工作原理和控制方式见E.1。

8.4.2 泵转速和汽蚀要求

8.4.2.1 在泵的零部件和机械强度允许情况下，宜满足所选泵的汽蚀要求，尽量提高泵的额定转速。

8.4.2.2 避免泵运行中发生汽蚀。泵吸入口的有效汽蚀余量宜大于泵生产厂家提供的汽蚀余量。

8.4.3 选型步骤

8.4.3.1 按供、排液要求，或按设计要求的供、排液图表，布置管网。

8.4.3.2 按管网要求，计算干、支系统各段经济流速，选择各段管径。

8.4.3.3 按管网和供、排液流量方案计算泵扬程。

8.4.3.4 按管网供、排液要求和供、排液图表确定泵的台数、运行方案。

8.4.3.5 按供、排液要求的泵流量和计算的泵扬程初步选择几种泵转速和泵型号方案。

8.4.3.6 在初选泵的性能曲线上，绘出不同工况的系统性能曲线，求出工作点的变化。

8.4.3.7 每种泵工况变化时，曲线上每工况点的效率不宜低于泵额定效率的80%。

8.4.3.8 根据附录C，进行技术经济比较，选择优化方案。

8.4.3.9 最后选择泵结构型式，泵结构型式的选择不宜影响泵效率，其效率变化不宜超过±10%。

8.5 泵机组电动机的功率匹配及运行

8.5.1 泵与电动机的匹配

8.5.1.1 选定泵的效率曲线和负载特性宜与电动机效率曲线相匹配。

8.5.1.2 电动机的防护等级、绝缘等级应与泵输送介质、工作环境等相适应。

8.5.2 泵的运行

8.5.2.1 泵系统正常运行时，泵的运行效率不宜低于其额定效率的80%。

8.5.2.2 泵系统中若需要双泵或多泵并联运行时，每台泵的运行效率不宜低于其额定效率的80%。

8.6 泵系统优化设计的评价

泵系统平均输送每千吨米液体的能耗(e_b)作为泵系统优化评价指标，对于泵系统的e_b应小于0.28。e_b按式(3)计算：

$$e_b = \frac{1\,000E}{3.6\rho g \sum QHt} \qquad \cdots\cdots(3)$$

式中：

e_b ——千吨米液体能耗，单位为千瓦时每千吨米[kW·h/(kt·m)]；

E ——泵系统耗能值，单位为千瓦时(kW·h)；

ρ ——液体的密度，单位为千克每立方米(kg/m^3)；

g ——重力加速度，单位为米每二次方秒(m/s^2)；

Q ——某时段内泵系统提供的平均流量，单位为立方米每秒(m^3/s)；

H ——同一时段内泵系统的平均扬程，单位为米(m)；

t ——时段提液时间，单位为时(h)。

9 空气压缩机系统优化设计

9.1 基本要求

9.1.1 装有活塞式空气压缩机或离心式空气压缩机，或者单机额定排气量大于或等于 20 m^3/min 的压缩空气站宜为独立建筑，且与有噪声、震动防护要求场所的间距应符合现行的有关规定。

9.1.2 对于容积式空气压缩机，应符合 GB 19153 规定的能效限定值，宜选用符合节能评价值的空气压缩机。

9.1.3 空气压缩机、后处理装置、储气罐本体安全阀以及各设备之间相关安全措施的配置应符合 GB 50029 和其他相关标准。

9.1.4 压缩空气站应设置废油收集装置，废水排放应符合相关标准和规范。

9.2 压缩空气系统设计流量的确定

9.2.1 压缩空气系统设计流量，由每个用气设备的需求流量汇总的表 9 确定。

表 9 压缩空气系统流量计算表

序号	用气设备名称	压力需求/MPa	用气设备流量需求/(m^3/min)			工作周期/s	
			最小值	平均值	最大值	运行	停止
1							
2							
3							
4							
5							
6							
7							
8							
合计							

9.2.2 压缩空气系统设计流量可依用能单位最大消耗量为基础计算，见式(4)：

$$Q = \sum Q_{max} \cdot K(1 + \varphi_1 + \varphi_2 + \varphi_3) \qquad \cdots\cdots(4)$$

式中：

Q ——压缩空气系统设计流量，单位为立方米每分(m^3/min)；

$\sum Q_{max}$——压缩空气系统中用户最大流量需求总和，单位为立方米每分(m^3/min)；

K ——同时使用系数，取 0.75～1，用户较多时取较小值；

φ_1 ——管道系统漏损系数，取 0.1～0.15；

φ_2 ——干燥机自耗气系数，无热再生式干燥机取 0.12～0.15，微热再生式干燥机取 0.05～0.07，冷冻式干燥机及加热式再生干燥机取 0；

φ_3 ——设计未预见消耗系数，一般取 0.1。

当使用这种方法确定系统设计流量时，各系数的选择宜参照相似用户系统的流量变化特点进行。

9.3 空气压缩机选型

9.3.1 空气压缩机的类型、台数和容量的选择，应根据工艺设备对压缩空气质量的要求和压缩空气流量要求的变化特点，经过经济比较后确定。当单台空气压缩机容量超过 60 m^3/min 时，宜采用离心式空气压缩机。常见类型的空气压缩机工作原理和控制方式见 F.1。

9.3.2 一个压缩空气站内，活塞式空气压缩机或螺杆式空气压缩机的数量宜为 3 台～6 台。对于同一品质和压力的供气系统，除非配置有变速传动空气压缩机外，其型号原则上不宜超过两种。离心式空气压缩机的台数宜为 2 台～5 台，并宜采用同一型号。

9.3.3 在确定系统基本负荷和变化负荷的基础上，选用空气压缩机时宜遵循如下原则：

a) 对于基本负荷，宜选用离心式空气压缩机或螺杆式空气压缩机，负荷较大时宜选用离心式空气压缩机；

b) 对于变化负荷，宜选用活塞式空气压缩机或选用带有变速传动的螺杆式空气压缩机；

c) 对于备用容量，宜综合考虑系统负荷变化范围和空气压缩机部分负荷特性，经过经济比较后确定。

9.3.4 当一个系统配置有多台不同容量的空气压缩机，系统负荷变化范围较大且频繁时，宜配置中央控制系统。

9.4 压缩空气后处理装置

9.4.1 干燥器和过滤器等压缩空气后处理装置的选择，应根据供气系统和用气设备对压缩空气质量和需处理的压缩空气量，在参照 GB/T 13277 的基础上进行经济比较后确定。常见压缩空气后处理设备类型参见 F.2。

9.4.2 在对满足同一空气质量的后处理装置进行选择时，应在寿命周期成本分析的基础上，首先选择节能型产品。

9.4.3 根据用气设备对压缩空气质量等级的要求，应在空气干燥装置前后和用气设备前配置相应精度的压缩空气过滤器。

9.4.4 对于不同区域具有不同压缩空气质量要求的系统，宜通过空气后处理装置的配置，根据空气质量需求进行分区域供气。

9.4.5 当用户要求干燥的压缩空气不能中断时，应配置备用压缩空气后处理装置。

9.5 储气罐

9.5.1 根据压缩空气负荷变化，在空气压缩机出口、压缩空气后处理装置之后和大负荷间歇性用气设备附近，宜配置足够容量的储气罐，其作用参见 F.3。

9.5.2 空气压缩机出口储气罐的容积大小，宜为空气压缩机额定排气量的 20%～25%。

9.5.3 压缩空气后处理装置之后的储气罐和大负荷间歇性用气设备附近的储气罐，其容量选择宜根据不同行业压缩空气负荷变化的特点来确定。同时，宜在储气罐后配置压力流量控制器，以稳定系统供气压力，降低系统供气负荷。

9.6 压缩空气站布置

9.6.1 压缩空气站在厂区内的布置可采用集中式站房或分散式站房两种方式，应综合考虑系统用气负荷在厂区内的分布情况、供电供水的合理性和未来生产规划等多种因素，经技术经济比较后确定。当采用分散式站房布置时，宜联网运行。当两个压缩空气系统的压力等级不同但接近时，应在连接管路上安装压力流量控制器。

9.6.2 压缩空气站避免靠近易燃易爆、腐蚀性、有毒有害气体以及粉尘等场所，并位于上述场所全年风向最大频率的上风侧。

9.6.3 压缩空气站的朝向，宜使机器间有良好的通风，并宜减少日晒。

9.6.4 空气压缩机的吸气口，宜装在室外，且与机组的连接管道力求短、直。

9.6.5 风冷螺杆式空气压缩机和离心式空气压缩机的冷却风宜排至室外。

9.7 压缩空气管道

9.7.1 压缩空气管道应满足用户对压缩空气流量、压力和品质的要求，并应考虑今后生产发展的需要。

9.7.2 压缩空气站中压缩空气流速不应大于 5 m/s；压缩空气站的主分配管路的压缩空气流速不应大于 10 m/s；主分配管路到用气点的压缩空气流速不应大于 15 m/s。从空气压缩机出口到用气点的压降小于空气压缩机排气压力的 10%。

9.7.3 主分配管路到用气点之间连接管路和空气处理部件尺寸，宜根据用气设备最大空气流量来选择。

9.7.4 管道和阀门等相关附件的选择，应遵循阻力系数低的原则。

9.8 其他要求

有关压缩空气系统设计的其他要求，包括土建、电气、热工测试仪表和保护装置、给排水和采暖通风等，应符合 GB 50029 的规定。

9.9 空气压缩机系统优化设计的评价

9.9.1 空压站系统总管供气压力波动范围不应超过 0.05 MPa。

9.9.2 从空气压缩机出口到用气点的压降应小于空气压缩机排气压力的 10%。

9.9.3 空气压缩机组用电单耗不应超过 GB/T 16665 中所规定的数值(见表 10)。

表 10 空气压缩机组及供气系统用电单耗指标表

电动机容量/kW	用电单耗合格指标/(kW·h/m³)
≤45	0.129
55～160	0.115
≥200	0.112
注：电动机容量不在列表数据范围内时，合格指标用内插法确定。	

附 录 A
（资料性附录）
电动机主要类型与特性

A.1 电动机的主要类型

按照电源种类及结构特点，电动机通常可分为直流电动机和交流电动机两大类，交流电动机又可分为同步电动机和异步电动机两类。

交流电动机按照相数可分为单相电动机和三相电动机等。各行业中应用的电动机绝大多数是三相交流电动机。不要求调速的大容量生产机械，如风机、空气压缩机等，多采用三相同步电动机。三相同步电动机可与电力电子变流器构成调速系统，应用于要求调速的生产机械。三相异步电动机可拖动多种生产机械，应用最广泛，是主要用电负荷。三相异步电动机有多种调速运行方式。电动机的调速方式见附录B。

A.2 同步电动机的特性

A.2.1 转速与频率的关系

同步电动机的转速 n_1 与供电电源频率 f 有严格的正比例关系，一台 p 对极同步电动机的转速为 $n_1=60\ f/p$。n_1 也称为同步转速。

电动机的极对数 p 为整数，因此，在电源频率 f 一定时，同步电动机转速 n_1 与极对数 p 有严格的对应关系。我国电力系统的频率规定为 50 Hz，若 $p=1,2,3,4,\cdots$，则 $n_1=3\ 000$ r/min，1 500 r/min，1 000 r/min，750 r/min，…。

A.2.2 机械特性

电动机的机械特性是电动机电磁转矩 T 与转速 n 的关系曲线。同步电动机稳态运行时，转速 n 等于同步转速 n_1；电源频率 f 不变时，转速 n 不随负载转矩的改变而变化。因此其机械特性是一条与转矩 T 坐标轴平行的直线，是硬特性。

在额定励磁电流下，同步电动机能产生最大转矩。负载转矩低于最大转矩时，电动机能以同步转速稳定运行。为保证运行稳定性，要求电动机的最大转矩与负载转矩相比足够大。最大转矩与额定电磁转矩的比值称为过载能力。通常要求同步电动机的过载能力为 2～3.5。

同步电动机可在额定工况长期运行。正常运行时，负载转矩不应超过电动机额定电磁转矩，以免电动机过载。由电动机铭牌上的额定功率 P_N 和额定转速 n_N，可近似求得额定电磁转矩 T_N：

$$T_N \approx 9\ 550\ P_N/n_N \qquad \text{(A.1)}$$

式中：

T_N ——额定电磁转矩的数值，单位为牛米（N·m）；

P_N ——额定功率的数值，单位为千瓦（kW）；

n_N ——额定转速的数值，单位为转每分（r/min）。

A.2.3 V形曲线特性

V形曲线特性表示同步电动机在无功功率调节时定子（电枢）电流 I 与励磁电流 I_f 的关系。当负载转矩不变，即电动机输出功率不变时，改变励磁电流 I_f，可改变电动机的无功功率，调节定子功率因数 $\cos\varphi$ 的大小及其性质；同时，定子电流 I 的大小会随之改变，如图 A.1 中曲线 1 所示。该曲线形状像英文字母“V”，故称 V 形曲线。在不同的负载转矩或输出功率下，有不同的 V 形曲线。图 A.1 中，曲线 1、2、3、4 对应的电动机输出功率依次增大。

每条 V 形曲线上都有功率因数 $\cos\varphi=1$ 的点，如图 A.1 所示。电动机运行于该点时，无功功率为零，定子电流 I 最小，此时的励磁电流称为正常励磁电流。励磁电流 I_f 不等于正常励磁电流时，功率因数 $\cos\varphi$ 都小于 1；I_f 大于和小于正常励磁电流时，功率因数分别为超前(电容性)和滞后(电感性)的。

把各条 V 形曲线上功率因数相同的点连接起来，得到等功率因数线，如图 A.1 中虚线所示。V 形曲线上各运行点的功率因数可由这些曲线查出。

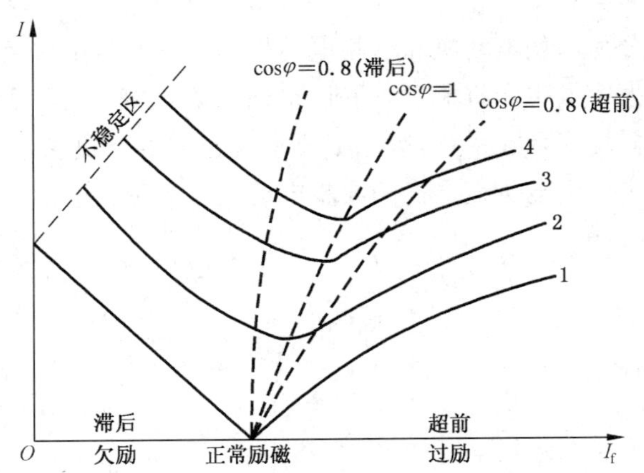

图 A.1　同步电动机的 V 形曲线特性

同步电动机的突出优点，是可通过改变励磁电流来调节其无功功率，改善电网的功率因数。当励磁电流 I_f 大于正常励磁电流(过励)时，电动机功率因数为超前的。通常应使同步电动机运行于过励工况，不应运行于欠励工况(励磁电流 I_f 小于正常励磁电流)。

电动机输出功率一定时，发出的无功功率越大，所需的励磁电流就越大，定子电流也越大。在调节励磁电流时，应注意不使励磁电流和定子电流超过其额定值。

A.2.4　同步电动机的起动

同步电动机本身没有起动转矩，不能自起动。通常可采取以下起动方法。

a)　异步起动

在同步电动机转子上安装起动绕组(亦称阻尼绕组)，其结构型式类似于笼型异步电动机的转子笼型绕组。定子通电后，利用该绕组产生起动转矩，使电动机自起动，起动过程与异步电动机的类似。通常，当转速达到同步转速的 95%左右时，给同步电动机励磁绕组通入励磁电流，转子即可自动牵入同步。需要注意：同步电动机在异步起动时，励磁绕组既不能开路，也不能直接短路。一般在励磁绕组回路串入阻值为 5～10 倍励磁绕组电阻值的附加电阻，待转速接近同步转速时，再把附加电阻切除，通入励磁电流。

b)　变频起动

大型同步电动机起动时，常将电动机改为自控式同步电动机(亦称无换向器电机)，利用变频电源(调速装置)来起动。起动时，励磁绕组通入励磁电流，让变频电源输出的交流电的频率由很低的值逐步升高，使电动机转速随之逐渐升高；起动完成后，切除变频电源，将电动机接到电网上运行。

A.2.5 永磁同步电动机

永磁同步电动机是用永磁体产生励磁磁场的同步电动机。其转子上没有励磁绕组，不需要通入励磁电流和消耗励磁功率，实现了无刷化。与普通电励磁同步电动机相比，其结构较简单，运行效率有所提高。

永磁同步电动机有多种结构型式，适用于多种场合。永磁同步电动机也可与电力电子变流器结合，构成调速系统。

永磁同步电动机制成后，永磁体产生的励磁磁场不能改变，难以像电励磁同步电动机那样通过调节磁场来改变无功功率和功率因数，因此需要从其他方面采取措施。

永磁电动机投入运行后，在热或电流冲击等因素的作用下，永磁体可能失磁，使电动机性能变差甚至无法使用。在使用永磁电动机时应注意这一问题。

A.3 异步电动机的特性

A.3.1 转速与频率的关系

异步电动机运行时，其转速 n 与所接电网频率 f 间不存在恒定比例关系，其转速总是低于同步转速。

A.3.2 异步电动机的类型与特点

异步电动机按照结构，可分为笼型异步电动机和绕线型异步电动机两类。笼型异步电动机的转子绕组是自行短路的多相对称绕组。绕线型异步电动机转子上布置三相对称绕组，并通过集电环和电刷引出，因此可在转子回路中串接附加电阻，以改善电动机的起动性能或调节转速（也可串入附加电动势来调节转速）。

A.3.3 机械特性

机械特性是异步电动机稳态运行中最重要的特性。三相异步电动机的机械特性是在定子电压、频率和电动机参数固定的条件下，电动机的电磁转矩 T 与转速 n 的函数关系。用曲线表示时，常以转速 n 为纵坐标，以电磁转矩 T 为横坐标，如图 A.2 所示。电磁转矩 T 与转速 n 成非线性关系。

三相异步电动机在外施电压及其频率都为额定值，定、转子回路不串入任何电路元件时的机械特性称为固有机械特性。其中某一条件改变后的机械特性称为人为机械特性。一般用途的三相异步电动机，转速随负载增加而略有降低，但在负载不超过额定值时，转速 n 变化很小，其固有机械特性是硬特性。

与三相异步电动机机械特性密切相关的转矩有如下三个：

a) 额定转矩 T_N

额定转矩 T_N 是电动机额定运行时产生的电磁转矩，相应的转速为额定转速 n_N。电动机的额定工况点如图 A.2 中 A 点所示。电动机可在额定工况长期运行。由电动机铭牌上的额定功率 P_N 和额定转速 n_N，可近似求得额定转矩 T_N：

$$T_N \approx 9\,550\, P_N / n_N \qquad \text{(A.2)}$$

式中：

T_N ——额定转矩的数值，单位为牛米（N·m）；

P_N ——额定功率的数值,单位为千瓦(kW);

n_N ——额定转速的数值,单位为转每分(r/min)。

异步电动机正常运行时,负载转矩应不超过电动机的额定转矩 T_N,以免电动机过载。

b) 最大转矩 T_m

三相异步电动机在额定电压和额定频率下稳态运行时能产生的最大电磁转矩称为最大转矩,如图 A.2 中 B 点所示。最大转矩 T_m 与额定转矩 T_N 的比值称为过载能力(亦称最大转矩倍数)。过载能力是异步电动机的重要性能指标之一。T_m 越大,电动机的短时过载能力越强。

c) 堵转转矩 T_s

三相异步电动机在额定电压和额定频率下堵转时(转速 $n=0$)的电磁转矩称为堵转转矩,如图 A.2 中 C 点所示。堵转转矩 T_s 与额定转矩 T_N 的比值,称为堵转转矩倍数。堵转转矩 T_s 越大,堵转转矩倍数越高,电动机越容易起动。电动机在额定电压和额定频率下堵转时的定子电流 I_s,称为堵转电流;堵转电流 I_s 与额定电流 I_N 的比值,称为堵转电流倍数。堵转转矩倍数和堵转电流倍数是衡量异步电动机性能的重要指标。

在三相绕线型异步电动机转子回路中串入三相对称的附加电阻,改变每相附加电阻 R_s 值,可得到不同的人为机械特性。增大附加电阻 R_s,可使机械特性随最大转矩点一起向转速 n 降低的方向移动。如图 A.3 所示,串入附加电阻 $R_s(R_s=R_{s1})$时的堵转转矩 T_{s1} 大于未串电阻($R_s=0$)时的堵转转矩 T_s。串入适当的附加电阻,既可提高堵转转矩,又可减小堵转电流。

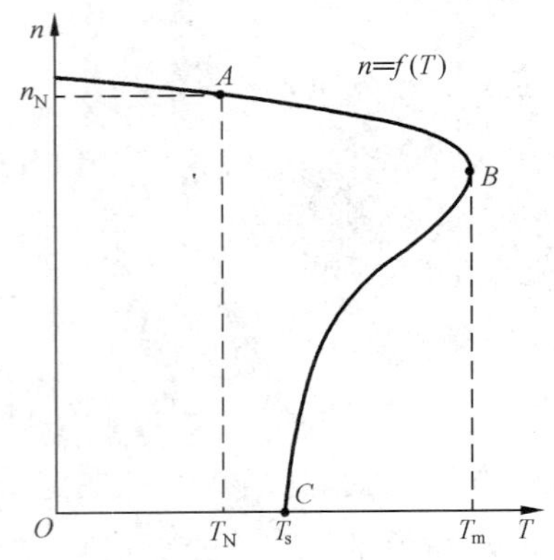

图 A.2 三相异步电动机的机械特性

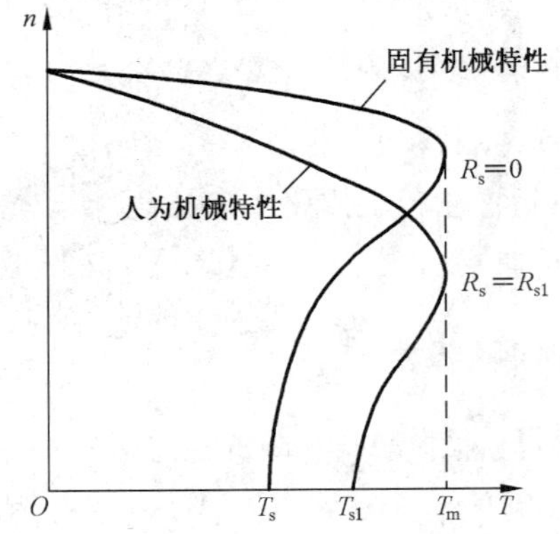

图 A.3 固有机械特性与人为机械特性

A.3.4 效率特性和功率因数特性

A.3.4.1 效率特性

三相异步电动机在额定电压和额定频率下运行时,三相异步电动机的效率特性 $\eta=f(P_2)$如图 A.4 所示。电动机空载运行时,输出功率 $P_2=0$,因此效率 $\eta=0$。当 P_2 由零开始增大后,由于电动机总损耗增速较慢,因此效率 η 很快升高,通常在 P_2 为额定功率的 75%左右时 η 达到最大值。P_2 继续增大时,由于总损耗增幅迅速变大,η 反而有所降低。通常,在 75%～100%额定负载范围内,效率 η 较高,运行经济性较好。

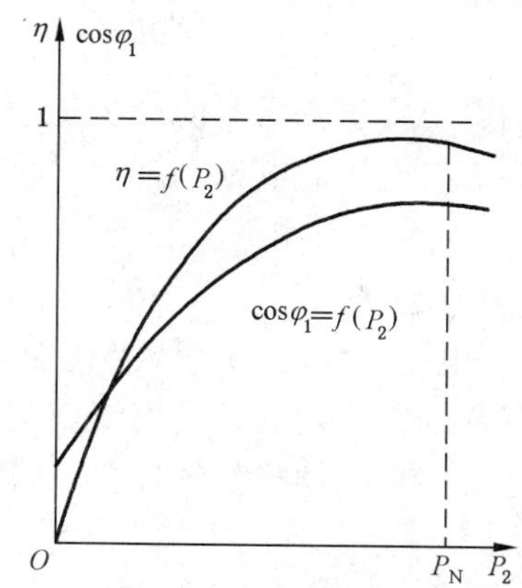

图 A.4 三相异步电动机的效率特性和功率因数特性

A.3.4.2 功率因数特性

三相异步电动机在额定电压和额定频率下运行时，从交流电网吸收电感性(滞后性)无功功率，定子功率因数 $\cos\varphi_1$ 总小于1。空载运行时，$\cos\varphi_1$ 很低(一般不超过0.2)。负载增大后，$\cos\varphi_1$ 提高，一般在额定负载附近达到最大值。负载继续增加时，$\cos\varphi_1$ 会下降。三相异步电动机的功率因数特性 $\cos\varphi_1=f(P_2)$ 如图A.4所示。

额定效率和额定功率因数也是三相异步电动机的主要性能指标。三相异步电动机在额定负载附近的功率因数和效率都较高，负载较小时的效率和功率因数都较低。在选用电动机时，应使电动机额定功率 P_N 与负载功率相匹配，以使电动机经济、合理地运行。

A.3.5 异步电动机的起动

A.3.5.1 三相笼型异步电动机的起动

三相笼型异步电动机的起动方法主要有两种：全压起动和降压起动。

A.3.5.1.1 全压起动

把异步电动机定子绕组通过开关或接触器直接接到额定电压的交流电源上进行起动，称为全压起动。全压起动的优点是设备和操作简单，主要缺点是堵转电流较大，而堵转转矩并不大。堵转电流较大可能造成一些不利的影响。当供电电源不能满足全压起动需要时，应采用其他起动方式(如降压起动)。

堵转转矩倍数是否足够大，与电动机负载转矩的大小和对起动时间的要求有关。电动机空载或轻载起动时，一般对堵转转矩要求不高。在重载起动，或者要求快速起动时，应选择堵转转矩倍数较大的电动机。

A.3.5.1.2 降压起动

在三相异步电动机起动时，降低定子电压以减小起动电流，这就是降压起动。降压起动时，电磁转矩随定子电压的降低而减小，故降压起动适用于对起动转矩要求不高的场合，如空载或轻载起动。

三相异步电动机常用的降压起动方法有如下几种。

a) 电抗器起动

起动时，将三相电抗器串接在定子回路中，起动后，切除电抗器，转为正常运行。

b) 星-三角起动

三相定子绕组采用三角形联结的电动机，在起动时，可将定子绕组改为星形联结，接到额定电压的电源上;起动后,再将其改成三角形联结作正常运行。

c) 自耦变压器起动

起动时,把定子绕组接在一台三相降压自耦变压器的二次侧,当转速升高到接近正常运行转速时,切除自耦变压器,把定子绕组直接接到额定电压的电源上。

d) 软起动

用软起动器(也称固态软起动器)进行起动。

软起动器是一种由晶闸管及其控制电路构成的,采用数字控制的无触点降压起动控制装置,可根据负载情况和生产要求,设定电动机的软起动方式及其起动电流变化曲线,使电动机起动平稳,且对电网冲击小,起动功率损耗小。软起动器还可实现电动机的软停机、软制动及断相、过载、欠压等保护功能,可实现电动机轻载节能运行。

软起动方法可用于无调速要求的电力传动系统中,其起动控制性能优于上述传统降压起动方法。其缺点是软起动器在运行中产生谐波,对电网和电动机产生不利影响。

除了以上方法外,还可用变频器对异步电动机进行变频起动。

A.3.5.1.3 有高堵转转矩的三相笼型异步电动机

在既要求堵转电流小、又要求堵转转矩大的场合,可采用有高堵转转矩的三相笼型异步电动机,例如转子电阻较大的电动机以及深槽或双笼异步电动机。转子电阻较大的电动机,其机械特性较软(即转速 n 随电磁转矩 T 变化而有较大变化),效率较低。深槽和双笼异步电动机有较高的效率,但转子结构较复杂。

A.3.5.2 三相绕线型异步电动机的起动

绕线型异步电动机起动时,可在每相转子回路中串入适当的附加电阻,既可增大起动转矩,又可减小起动电流。

三相绕线型异步电动机的起动方法有两种:转子串接电阻起动和转子串接频敏变阻器起动。

a) 转子串接电阻起动

可在每相转子回路中串入适当的附加电阻 R_s(也称起动电阻),使堵转转矩 T_s 增至最大转矩 T_m,从而利用最大转矩开始起动。为使电动机在起动中一直产生较大的电磁转矩,通常采用转子串接电阻分级起动。起动中,根据转速升高的情况,逐步切除各级起动电阻,最后将转子三相绕组短路。

转子串接的分级电阻除用于起动外,还可用于调节转速。

b) 转子串接频敏变阻器起动

起动时,将频敏变阻器串入转子回路;起动完成后,切除频敏变阻器,电动机转入正常运行。频敏变阻器的等效电阻随转速升高而自动减小,可使电动机起动时始终产生较大的电磁转矩。

A.4 高效电动机

高效电动机是输出功率与输入功率的比值,即效率值较高的电动机。一般指低损耗、高效率的通用标准型电动机。

在我国电动机效率达到或超过 GB 18613 节能评价值的,可称为高效电动机。

高效电动机可从设计、材料和工艺等诸方面采取措施,来降低损耗。例如,采用合理的定、转子槽数和风扇参数,采用正弦绕组,采用低损耗材料等。

与普通电动机相比,高效电动机的主要优点是:

a) 总损耗可减少 20%以上,效率可提高 2%～8%,平均效率提高约 4%;

b) 满载和部分负载运行时的效率和功率因数都提高,可节约能源,为用户节省电费,降低运行成本；

c) 损耗小、发热少，温升较低，电动机的使用寿命和可靠性提高；

d) 长时间运行的节能效果比较明显，可减少对电力的需求，有助于减少二氧化碳排放量，保护环境。

虽然高效电动机的价格和运行系统的基本建设费用比普通电动机的高，但一般在2～3年内即可通过节约电费来收回投资。因此，推广应用高效电动机有显著的经济效益和社会效益。

附　录　B
（资料性附录）
电动机的调速方式

B.1　变频调速

B.1.1　三相异步电动机变频变压控制

已知同步转速 $n_1=60f_1/p$，当电动机的极对数 p 选定后（最少为一对极，即 $p=1$），运行时，改变供电电源频率 f_1，就可以改变其同步转速 n_1。当 n_1 的大小改变了，电动机转轴的转速 n 随之而变。一般情况下，n 接近 n_1 的大小。

普通系列三相异步电动机的额定频率称为基频，是一个标准数值。我国国家标准规定额定频率为 50 Hz。电动机变频调速时，可以从基频向上调，也可以从基频往下调。

三相异步电动机每相电压 U_1 为：

$$U_1 \approx E_1 = 4.44 f_1 N_1 \phi_m \quad \cdots\cdots\cdots\cdots (B.1)$$

式中：

U_1——三相异步电动机每相电压，单位为伏（V）；

E_1——电动机定子绕组一相的电动势，单位为伏（V）；

N_1——电动机定子绕组一相串联的有效匝数；

ϕ_m——电动机气隙每极磁通量，单位为韦伯（Wb）。

调速时，如果降低电源频率 f_1，同时保持电源电压 U_1 为额定值，则随着 f_1 的下降，电动机气隙每极磁通量 ϕ_m 增加。设计电动机磁路时，为了节约铁磁材料，在额定电压下，电动机的铁心磁路已进入磁饱和状态，若 ϕ_m 再增加，引起电动机的励磁电流急剧增加，这是不允许的，电动机也无法运行。为此，在降低电源频率 f_1 时，应同时降低电源电压 U_1，保持 U_1/f_1=常数，即压频比为常数。这时，气隙每极磁通量 ϕ_m 才能保持为常数（额定值）。电动机能在正常变速情况下运行。

图 B.1 是三相异步电动机频率变化时的一族机械特性。它们与风机、泵负载特性（图 B.1 中曲线 1）的交点，就是在不同频率时电机的运行转速。可见，改变频率就能改变电动机的转速。

电动机机械特性对应某一频率时，具有一最大转矩 T_m：

$$T_m = C\left(\frac{U_1}{f_1}\right)^2 \frac{f_1}{R_1+\sqrt{R_1^2+(X_1+X'_2)^2}} \quad \cdots\cdots\cdots\cdots (B.2)$$

式中：

T_m——最大转矩，单位为牛米（N·m）；

f_1——频率，单位为赫兹（Hz）；

C——常数；

R_1——定子一相绕组的电阻，单位为欧（Ω）；

X_1——定子一相的漏电抗，单位为欧（Ω）；

X'_2——转子一相漏电抗的折合值，单位为欧（Ω）。

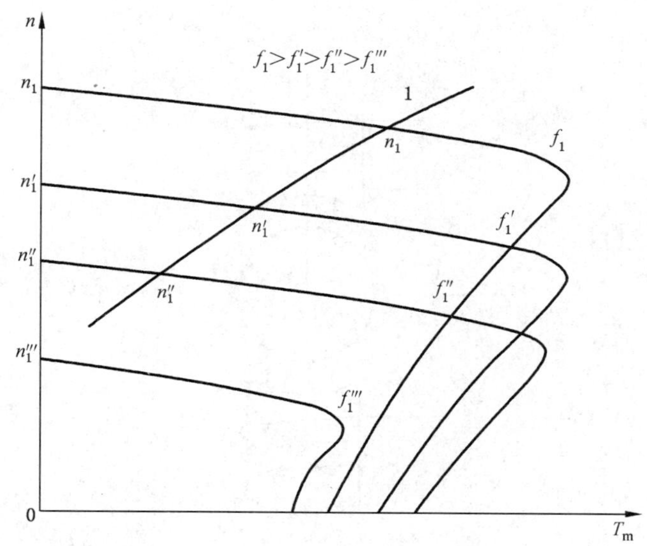

图 B.1　三相异步电动机频率变化时的机械特性

由式(B.2)看出，虽然保持U_1/f_1=常数，当f_1减小时，最大转矩T_m不能保持为常数。已知电动机定子漏电抗X_1和转子漏电抗折合值X_2'与频率f_1成正比变化，而定子电阻R_1却与频率f_1无关。因此，在f_1接近额定频率时，$R_1 \ll (X_1+X_2')$，从式(B.2)看出，随着f_1的减小，T_m减小得不多。但是，当f_1减小很多时，(X_1+X_2')也减小了，这时R_1的值相对变大了。这样一来，从式(B.2)看出，随着f_1减小，T_m也减小了(实际上气隙每极磁通量减小了)。T_m的减小，意味着异步电动机在低频下运行起动转矩减小了，不利于起动。

增加电动机定子电压U_1，可以增大气隙每极磁通势ϕ_m。在起动三相笼型异步电动机时，采用大的压频比起动电动机，称为转矩提升。根据电动机起动时负载的不同，所选压频比值也不同。

由基频向高调的调速方式，在风机、泵类负载改造项目用不到，这里不作介绍。

综上所述，三相笼型异步电动机采用变额调速有以下特点：

a)　从基频向低调速；

b)　调速范围大；

c)　电动机转速稳定性好；

d)　运行时，电动机转速接近其同步转速，运行效率高；

e)　频率f_1可以连续调节，因此为无级调速方式。

异步电动机采用变压变频调速，可以得到较好的调速性能。以上仅以压频比保持恒定控制的变频调速方式，通常称为变压变频调速。

B.1.2　三相同步电动机矢量控制

当直流电机电刷放在几何中性线时，电枢电流i_a产生的磁动势幅值F_a位于电刷位置处，如图B.2所示。励磁电流i_f产生的磁动势F_f也画在同一图里。

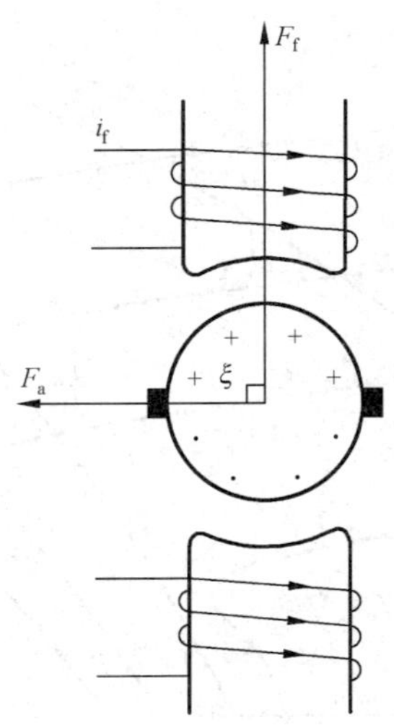

图 B.2 直流电机示意图

假设磁动势 F_a 和 F_f 在空间都为正弦分布，可以理解为空间矢量。这里用 F_a 和 F_f 表示空间矢量。

空间相对静止的两个磁动势会产生电动力 f，力的大小与两个磁动势的叉积成正比，即：

$$f = F_a \times F_f$$

图 B.2 中两个磁动势在空间相距 $\xi = 90°$ 空间电角度时，产生的力为最大。如果电刷偏离几何中线，$\xi < 90°$，力随之减小。

从直流电机调速原理知道，改变 F_f（即励磁电流 i_f）或 F_a（即电枢电流 i_a）的大小，都能调节电机的转速 n。当 $\xi = 90°$ 时，忽略电枢反应对磁路饱和的影响，单独改变 F_a 或 F_f，可以做到互不影响，这样就可以通过改变其中一个磁动势独立调节转速，使电机具有较理想的调速特性。这种互不影响特性，称为 F_a 和 F_f 之间具有解耦控制。这种调速的方法称之为矢量控制方法。

交流电机本身具有多变量、强耦合与非线性的特点，与直流电机特性不一样。要实现高性能控制，有一定的难度。随着科技的进步，可将交流电机从基本原理上等效为直流电机，用直流电机矢量控制方法，同样可以控制交流电机。

图 B.3 是三相同步电机定、转子绕组示意图。定子上装有三相对称绕组，转子上安装了励磁绕组。已知三相对称基波电流流经三相对称绕组，会产生以同步转速 n_1 旋转的基波磁动势 F_a，如图 B.3 所示。对同步电动机，其转子也应为以同步转速 n_1 逆时针方向旋转。励磁磁动势 F_f 随转子一起旋转，也画在图 B.3 中。可见，磁动势 F_a 和 F_f 二者之间没有相对运动。比较图 B.2 与图 B.3 两个磁动势 F_a，它们相对于 F_f 都是静止的。也就是说，图 B.3 电机转子虽然以转速 n_1 旋转，定子绕组流的是三相对称交流电流，但站在转子上看，二者的磁动势关系完全一样，无本质区别。

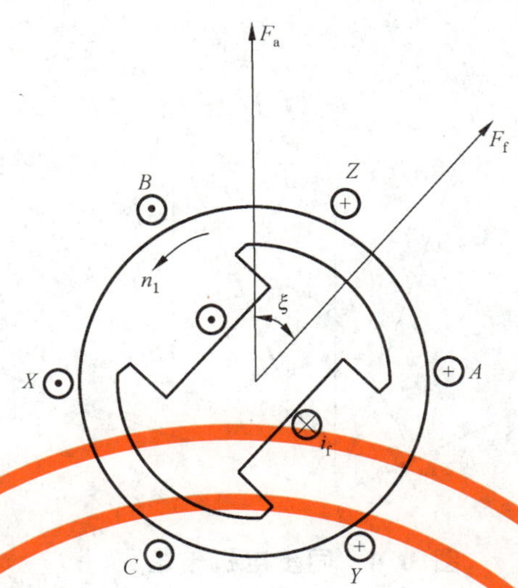

图 B.3 三相同步电机定、转子绕组示意图

图 B.3 中，两个磁动势 F_a 和 F_f 之间夹角 ξ 的大小，与电机运行工况有关。

图 B.3 中，产生励磁磁动势 F_f 的励磁电流 i_f 是直流电流。可以假想，若在电机转子上安装了另一个绕组，流过的电流是产生电枢磁动势 F_a 的电流 i_a，显然，i_a 也应是直流电流。

通过分析，对同步电机，只要站在转子上来观察和处理 F_a 和 F_f，即完全可以把矢量控制用到交流电机上。

矢量控制中，不用磁动势来进行分析，而用产生它的电流或者电动势、电压进行分析。为此，把对应的电压、电动势以及电流等，都称为空间矢量，分别用 u、e 及 i 表示。

将矢量控制用于交流电机中，会用到坐标变换以及磁场定向问题。

在图 B.3 转子磁极中线上放上坐标，称为 d 轴，与 d 轴正交处放上 q 轴坐标，如图 B.4 所示。显然，励磁磁动势 F_f 和励磁电流 i_f 矢量都落在 d 轴上。电枢磁动势 F_a 和电枢电流 i_a 也画在同一图中。

同步电机负载运行的磁动势平衡关系为

$$F_f + F_a = F_\delta \qquad \text{(B.3)}$$

式中：

F_f——励磁磁动势，单位为安(A)；

F_a——电枢磁动势，单位为安(A)；

F_δ——合成磁动势，单位为安(A)。

合成磁动势 F_δ 产生气隙磁密 B_δ，把各磁动势及 B_δ 都画在图 B.4 里。

式(B.3)可用电流表示为：

$$i_f + i_a = i_\delta \qquad \text{(B.4)}$$

式中：

i_f——与励磁磁动势相对应的励磁电流，单位为安(A)；

i_a——与电枢磁动势相对应的电枢电流，单位为安(A)；

i_δ——与合成磁动势相对应的合成定子电流，单位为安(A)。

各电流分别产生相应的磁动势，并与其产生的磁动势同方向，因此，具有空间矢量的性质。把电流 i_f、i_a 和 i_δ 画在图 B.4 中。

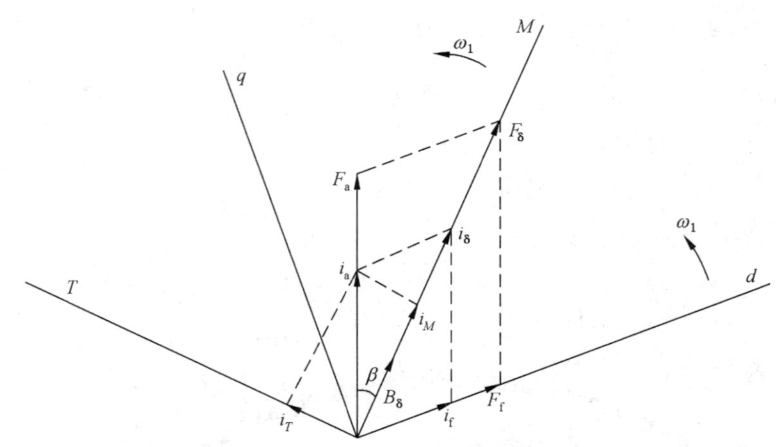

图 B.4 同步电机矢量图

比较图 B.2 与图 B.4，最大的区别是 F_f 与 F_a 之间实现不了解耦控制。这里不仔细分析了。

在同步电动机矢量控制中，常令 M 坐标轴与气隙磁密 B_δ（或合成定子电流 i_δ）重合，即所谓气隙磁场定向（还有其他磁场定向方法）。并将电流 i_a 分别在 M、T 坐标轴上投影。由图 B.4 可得：

$$i_M = i_a \cos\beta, i_T = i_a \sin\beta \qquad \cdots\cdots\cdots\cdots (\text{B}.5)$$

式中：

i_M——磁场电流，单位为安（A）；

i_T——转矩电流，单位为安（A）。

同步电动机电磁转矩为：

$$T \propto F_\delta F_a \sin\beta \propto \psi_\delta i_a \sin\beta \propto \psi_\delta i_T \qquad \cdots\cdots\cdots\cdots (\text{B}.6)$$

式中：

T——同步电机电磁转矩，单位为牛米（N·m）；

ψ_δ——气隙磁密 B_δ 产生的每极气隙磁链，单位为韦伯（Wb）；

β——F_δ 和 F_a 之间的空间角度，单位为度（°）。

从式（B.6）看出，在控制上，如能维持气隙磁链 ψ_δ 为恒定（包括幅值及位置角度），即所谓气隙磁链定向时，调控转矩电流 i_T，就能获得像控制直流电机电枢电流 i_a 一样的效果。这就是矢量控制的基本思路。如何确定气隙磁链 ψ_δ，如何确定转矩电流分量以及控制策略等，就成为同步电机矢量控制的主要研究内容了。

B.1.3 三相异步电动机矢量控制

图 B.5a）是三相异步电动机转子边的相量图。图中 $\dot{\psi}_\delta$ 是气隙磁链，它在转子绕组中感应电动势 $\dot{E}_2$，$\dot{\psi}_{s2}$ 是转子漏磁链，它感应的漏电动势为 $-\mathrm{j}\dot{I}_2 X_2$，$\dot{I}_2$ 是转子相电流。已知转子磁链 $\dot{\psi}_2 = \dot{\psi}_\delta + \dot{\psi}_{s2}$，它产生的合成电动势为：

$$\sum \dot{E}_2 = \dot{E}_2 + (-\mathrm{j}\dot{I}_2 X_2) \qquad \cdots\cdots\cdots\cdots (\text{B}.7)$$

把 M、T 坐标系的 M 轴放在转子磁链 $\dot{\psi}_2$ 上，即 $\psi_M = \psi_2$，$\psi_T \approx 0$。定子电流 i_1 在 M、T 轴的投影分别为 i_M 和 i_T，如图 B.5b）所示。

电磁转矩 T 为：

$$T = C' \psi_M i_T \qquad \cdots\cdots\cdots\cdots (\text{B}.8)$$

式中：

T——电磁转矩，单位为牛米（N·m）；

C' ——系数；

ψ_M ——转子磁链(M 轴)，单位为韦伯(Wb)；

i_T ——定子转矩电流，单位为安(A)。

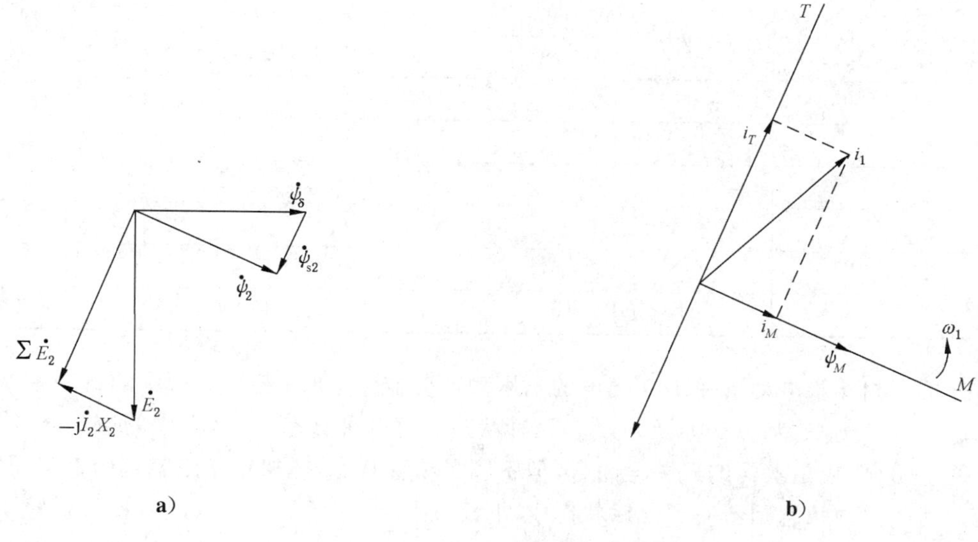

图 B.5　异步电动机转子边的相量图

从式(B.8)看出，若能维持转子磁链 ψ_M为恒值，则电磁转矩 T 将与转矩电流 i_T成正比，控制定子转矩电流 i_T，就控制了电磁转矩。如果能实现转子磁场定向矢量控制，笼型异步电动机的控制特性将和他励直流电动机相似。

B.1.4　三相异步电动机直接转矩控制

B.1.4.1　电压开关模式的选择

图 B.6 是由电压型逆变器供电的三相异步电动机调速系统的主电路。图 B.6 中逆变器是由自关断器件(如 MOSFET，IGBT，GTO 等)构成的，可以用三个单刀双投开关状态 S_A、S_B、S_C表示。当 $S_A=1$ 时，表示逆变器 A 桥臂上边的开关闭合，下边的开关断开。当 $S_A=0$ 时，则相反，表示下边的开关闭合，上边的断开。之所以能用 S_A的两种状态表示 A 桥臂自关断器件的工作情况，是因为，在同一桥臂上的两个自关断器件不可能同时闭合或同时断开，即它们的工作状态是互补的。同样，S_B、S_C的两态分别代表 B、C 桥臂上自关断器件的工作情况。这样一来，根据 S_A、S_B、S_C为 0 或为 1，可以组合出 2^3 个状态，如表 B.1 所示。

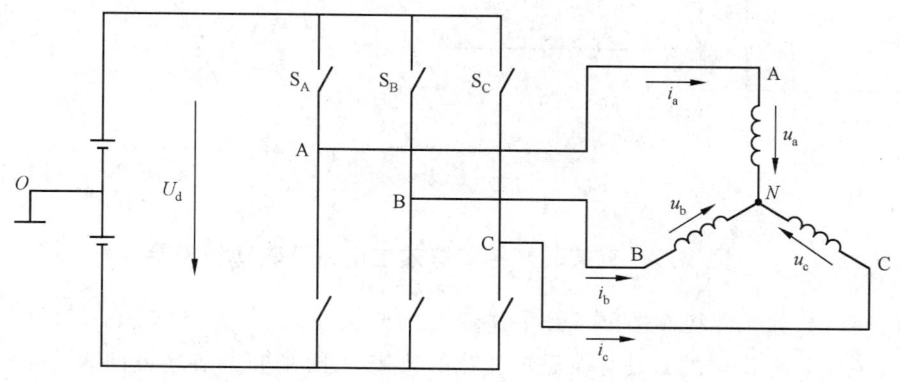

图 B.6　自关断器件构成的逆变器

表 B.1 逆变器开关状态

状态	$S_A S_B S_C$	$F_i(S_A S_B S_C)$	$u_i(S_A S_B S_C)$
0	0 0 0	F_0(0 0 0)	u_0(0 0 0)
1	0 0 1	F_1(0 0 1)	u_1(0 0 1)
2	0 1 0	F_2(0 1 0)	u_2(0 1 0)
3	0 1 1	F_3(0 1 1)	u_3(0 1 1)
4	1 0 0	F_4(1 0 0)	u_4(1 0 0)
5	1 0 1	F_5(1 0 1)	u_5(1 0 1)
6	1 1 0	F_6(1 1 0)	u_6(1 1 0)
7	1 1 1	F_7(1 1 1)	u_7(1 1 1)

下面分析三相异步电动机在180°导电的电压型逆变器供电时，表B.1所示的每一种状态产生气隙磁场情况。先看 $S_A S_B S_C$ 为(0 0 0)及(1 1 1)两种状态。这两种状态，图B.6中的逆变器，或是三个桥臂下面的开关全闭合，或是上面的开关全闭合，但不管是哪种状态，电机定子三相绕组都被短路，不会产生任何磁场。其他六种状态则不同了。以状态1，即 $S_A S_B S_C$=(0 0 1)为例，这时，A、B桥臂下边的开关闭合，C桥臂上边的开关闭合，于是，直流电压 U_d 在定子三相绕组中产生电流 i_a、i_b、i_c，其电流瞬时实际方向如图B.7a)所示。三相定子电流产生的合成磁动势用空间矢量 F_1(0 0 1)表示，其作用方向如图B.7b)所示，距+A轴240°空间电角度。相应地，产生三相电流和磁动势的电压，用 u_1(0 0 1)来表示。用类似的办法把其余状态2至状态6，定子电流产生的合成磁动势 F_2(0 1 0)至 F_6(1 1 0)都画在图B.7b)里。各磁动势矢量的幅值彼此相等，产生的磁链大小也相等，仅在空间相位不同。刚才提到的两个状态 $S_A S_B S_C$ 为(0 0 0)及(1 1 1)，虽然不产生空间磁动势，但仍用矢量 F_0(0 0 0)和 F_7(1 1 1)表示，只不过它们都为零罢了。为此，把这两个矢量 F_0(0 0 0)和 F_7(1 1 1)叫零矢量。显然，其余的6个磁动势都是非零矢量。同样，与这些状态相应的电压 $u_i(S_A S_B S_C)$，$i=0,1,2,\cdots,7$，称为电压空间矢量，也列在表B.1中。

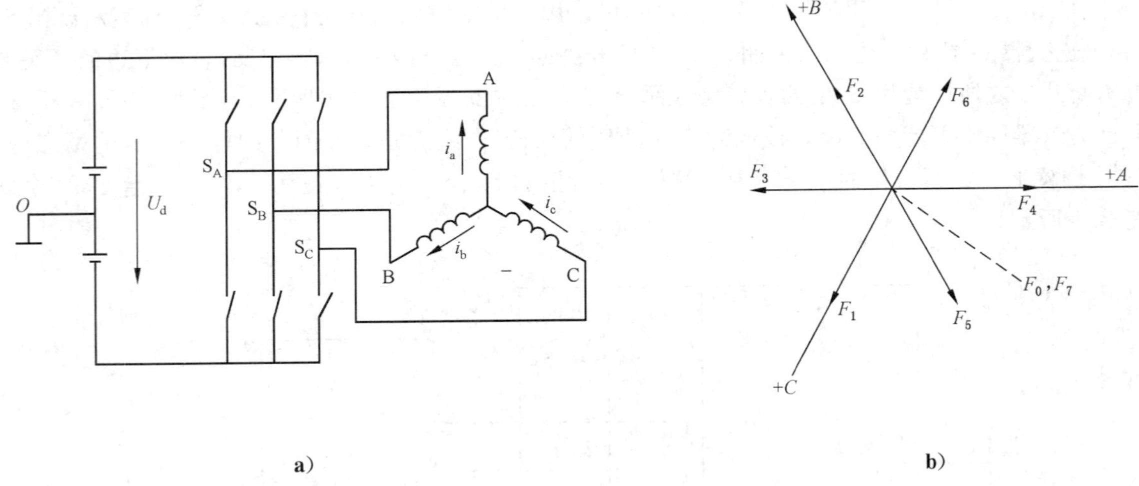

图 B.7 直接转矩控制等效主电路及磁动势矢量

从图B.7b)看出，如果能控制图B.7a)中逆变器的开关状态，使其按状态1,3,2,6,4,5,1顺序变化，则在电机气隙空间上作用的磁动势及磁链变化的轨迹为正六边形，旋转方向为顺时针。改变逆变器各状态切换的次序，如按状态1,5,4,6,2,3,1顺序，则气隙磁动势及磁链变化的轨迹仍为正六边形，旋转方向则为逆时针。

令 ψ_{si}，i_{si} 分别代表逆变器工作在第 i 状态时定子绕组的全磁链及电流，则电压 $u_i(S_AS_BS_C)$ 的关系式为：

$$u_i(S_AS_BS_C)=\frac{d\psi_{si}}{dt}+i_{si}R_s \quad \cdots\cdots(B.9)$$

式中，R_s是定子绕组两并一串的总电阻。

在忽略电阻 R_s的情况下，式(B.9)变为：

$$\left.\begin{array}{c} u_i(S_AS_BS_C)=\dfrac{d\psi_{si}}{dt} \\ \text{或} \\ u_i(S_AS_BS_C)=\dfrac{\Delta\psi_{si}}{\Delta t} \end{array}\right\} \quad \cdots\cdots(B.10)$$

也就是说，施加在电动机定子绕组上的电压 $u_i(S_AS_BS_C)$ 持续 Δt 时间内，所产生的磁链为 $\Delta\psi_{si}=u_i(S_AS_BS_C)\Delta t$。

由于电压和磁动势及电流等的上述关系，在下面的分析中，将改用定子电压 $u_i(S_AS_BS_C)$ 来表达图 B.7b)各空间磁动势矢量，并可将电压 $u_i(S_AS_BS_C)$ 写成如下的矢量形式：

$$u_i(S_AS_BS_C)=U_d(S_A+S_Be^{j120^\circ}+S_Ce^{j240^\circ}) \quad i=0,1,2,\cdots,7 \quad \cdots\cdots(B.11)$$

由式(B.11)可以看出，逆变器工作在第 i 状态时，施加在电动机定子绕组上的电压空间矢量 $u_i(S_AS_BS_C)$ 在复平面上的位置与它产生的磁动势的空间位置一致。

根据式(B.11)，把各电压空间矢量画在图 B.8a)的复数坐标里，其中 α 为实轴，也是 A 相绕组的轴线，jβ 是虚轴。从图 B.8a)中看出，电压空间矢量 u_1 至 u_6 都为非零电压矢量，其模为 U_d。与图 B.7b)比较时，可以看出，$F_i(S_AS_BS_C)$的大小及位置和 $u_i(S_AS_BS_C)$完全对应。如果把图 B.8a)中的电压空间矢量画成图 b)的样子，则为正六边形。

B.1.4.2 电动机定子绕组相电压波形

如果用图 B.8b)中构成正六边形的电压空间矢量进行控制，则 6 种非零电压空间矢量将依次加在电动机的定子绕组上，并且，每一电压空间矢量持续 60°电角度。下面分析在这种运行情况下的电机定子绕组相电压的波形。

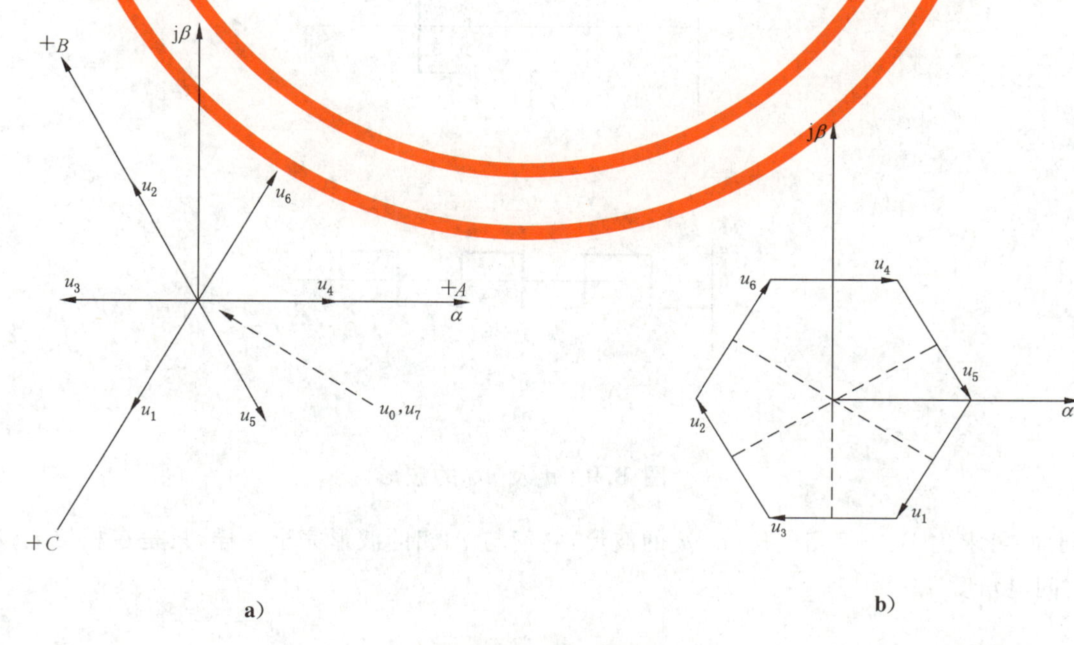

图 B.8 电压空间矢量

以 A 相为例，令电动机定子绕组端点 A、B、C 对电源中点 O 之间的电压分别为 u_{AO}、u_{BO}、u_{CO}，绕组中点 N 对 O 之间的电压为 u_{NO}，则在逆变器处于(1 0 0)状态时，从图 B.6 中可看出，这时：

$$u_{AO}=\frac{1}{2}U_d, u_{BO}=-\frac{1}{2}U_d, u_{CO}=-\frac{1}{2}U_d$$

此外
$$u_b=u_c=-\frac{1}{2}u_a$$

即
$$u_a+u_b+u_c=0$$

由于
$$u_{NO}=u_{AO}-u_a=u_{BO}-u_b=u_{CO}-u_c$$

因此
$$3u_{NO}=u_{AO}+u_{BO}+u_{CO}$$

于是有
$$u_{NO}=\frac{1}{3}(u_{AO}+u_{BO}+u_{CO})$$

A 相相电压 u_a 为：

$$u_a=u_{AO}-u_{NO}=\frac{2}{3}U_d$$

当逆变器切换为(1 1 0)状态时，从图 B.7 中可看出，这时有：

$$u_{AO}=u_{BO}=\frac{1}{2}U_d$$

$$u_{CO}=-\frac{1}{2}U_d$$

$$u_{NO}=\frac{1}{6}U_d, u_a=\frac{1}{3}U_d$$

之后，逆变器切换为(0 1 0)、(0 1 1)、(0 0 1)及(1 0 1)等状态，用上述的方法可分别求出 A 相电压 u_a 以及中点对地电压 u_{NO}，将各状态下的 u_a、u_{NO} 画成曲线，如图 B.9 所示。它相当于 180°导电型方波输出逆变器的波形。由于电压 u_{NO} 在 $\pm U_d/6$ 间摆动，使相电压的幅值达 $2U_d/3$，高于普通 PWM 逆变器输出的幅值，这是这种工作方式逆变器的优点之一。

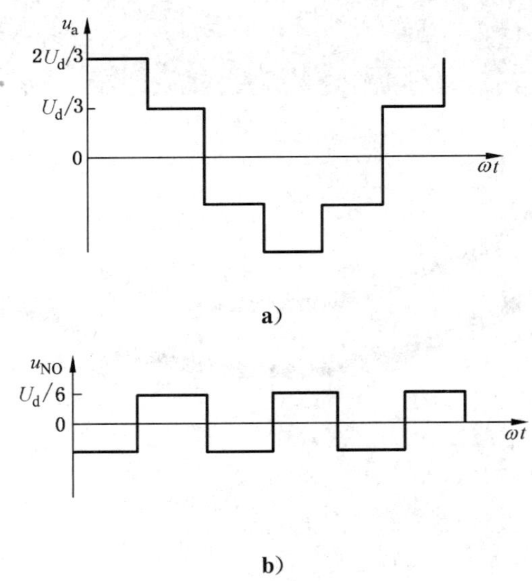

图 B.9 u_a 及 u_{NO} 的波形

同样，可求出 B、C 相相电压 u_b，u_c 的波形，它们与 A 相的波形完全一样，只是在相位上彼此互差 120°时间电角度。

B.1.4.3 定子磁链轨迹

关于定子磁链 ψ_{si} 的变化轨迹。从式(B.10)看出，当电机定子绕组上施加电压空间矢量 $u_i(S_A S_B S_C)$ 后，在 Δt 的时间内，在电机气隙中将产生与 $u_i(S_A S_B S_C)$ 相同方向的磁链 $|\Delta\psi_{si}| = u_i(S_A S_B S_C)\Delta t$，即 $|\Delta\psi_{si}|$ 的大小与 $|u_i|$ 的大小和作用的时间 Δt 有关。但其方向则可能与该电压作用前已存在的磁链 ψ_s 的方向不同，其总磁链 ψ_{si} 应为二者的矢量和，即：

$$\psi_{si} = \Delta\psi_{si} + \psi_s$$

由于直接转矩控制是控制逆变器按一定规律变化的开关状态，因此，如果合理地选择各电压空间矢量，就有可能获得幅值不变而又匀速旋转的定子磁链，即所谓的圆形轨迹定子磁链。实际上，用这种办法要想获得绝对的圆形轨迹定子磁链几乎是不可能的。在工程应用中没有必要过分追求定子磁链旋转轨迹为绝对的圆形，只要接近圆形就足够了。为此，在选择逆变器的开关状态时，允许定子磁链的瞬时转速及幅值有一定的误差。

为了能准确地确定某瞬时定子磁链的空间位置，把图 B.8a) 均匀地分成六个区域，每个区域占 π/3 电角度，分别标以 $\theta(1)$，$\theta(2)$，…，$\theta(6)$，如图 B.10 所示。图 B.10 中画了三个圆，虚线圆表示定子磁链幅值的给定值，用 $|\psi_s^*|$ 表示，两个实线圆表示定子磁链幅值的实际值，用 $|\psi_s|$ 表示，它们的半径之差 $2\Delta|\psi_s|$ 为允许误差。在运行中，要求定子磁链 $|\psi_s|$ 能满足如下的关系：

$$|\psi_s^*| - \Delta|\psi_s| \leqslant |\psi_s| \leqslant |\psi_s^*| + \Delta|\psi_s| \quad \cdots\cdots\cdots\cdots (B.12)$$

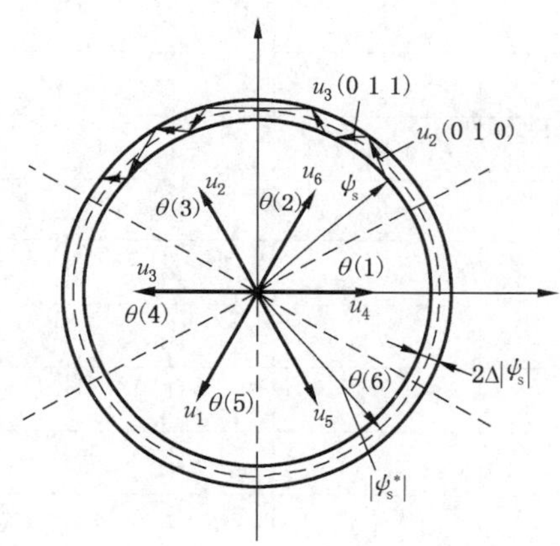

图 B.10 电压空间矢量分区图

下面举例说明。例如，设定子原有磁链 $|\psi_s|$ 位于 $\theta(2)$ 区域内，并有的 $|\psi_s^*| - \Delta|\psi_s|$ 值，如图 B.10 所示。如果要求定子磁链逆时针方向旋转时，则分别选择电压空间矢量 u_2(0 1 0) 和 u_3(0 1 1)，就能满足式(B.12)的关系。从图 B.10 中看出，当 u_2(0 1 0) 电压空间矢量的作用使定子磁链 $|\psi_s|$ 达上限值 $|\psi_s^*| + \Delta|\psi_s|$ 后，如采用滞环控制把逆变器切换为 u_3(0 1 1) 状态时，定子磁链 $|\psi_s|$ 将沿电压空间矢量 u_3 的方向移动，直到幅值达下限值 $|\psi_s^*| - \Delta|\psi_s|$ 为止。之后，再进行逆变器工作状态的切换，只要定子磁链 $|\psi_s|$ 不出 $\theta(2)$ 区，则反复施加 u_2 和 u_3 电压空间矢量。但是，当定子磁链 $|\psi_s|$ 进入 $\theta(3)$ 区后，则需让逆变器反复工作在 u_3 和 u_1 状态，才能满足式(B.12)的要求。其他各区的情况依此类推，见表 B.2。

如果要求定子磁链顺时针方向旋转，还是以定子磁链 $|\psi_s|$ 位于 $\theta(2)$ 区为例，则应选择电压空间矢量 u_4 和 u_5。其他区域的工作情况，依此类推。

在运行中，由于某种原因出现了定子磁链 $|\psi_s|$ 小于以 $|\psi_s^*| - \Delta|\psi_s|$，且当 $|\psi_s|$ 处于 $\theta(2)$ 区时，应选电压空间矢量 u_6，使 $|\psi_s|$ 迅速增大；同样，若 $|\psi_s|$ 大于 $|\psi_s^*| + \Delta|\psi_s|$，选 u_1 即可使 $|\psi_s|$ 迅速减小。

为了实现对上述定子磁链的控制，需采用图 B.11a) 及 b) 的磁链位置检测和滞环控制技术。首先，根据实测的定子磁链 ψ_s，经图 B.11a) 后，得该磁链所处的 $\theta(N)$ 区域，其中 $N=1,2,\cdots,6$。图 B.11b)

中，定子磁链给定值$|\psi_s^*|$与反馈值$|\psi_s|$进行比较，若滞环控制器输出D_ψ为“+”信号，表示要求增加定子磁链，如在$\theta(2)$区时，则选u_2。如果滞环控制器输出D_ψ为“−”信号，表示要求减小定子磁链，如在$\theta(2)$区时，选地u_3。如果滞环控制器输出D_ψ为“++”信号或“−−”信号，分别表示要求迅速增大或减小定子磁链，如在$\theta(2)$区时，应选u_6或u_1电压空间矢量。其他各区域的情况，都列在表B.2中。

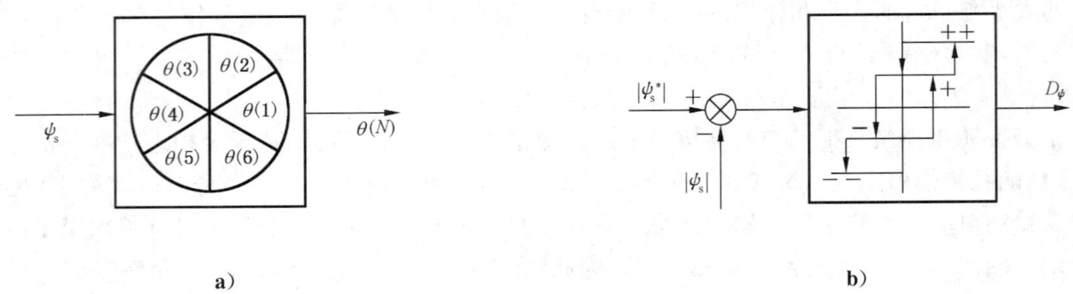

图 B.11 磁链位置检测及滞环控制

表 B.2 逆变器开关状态表

D_ψ	D_T	$\theta(N)$					
		1	2	3	4	5	6
++	+	u_6	u_2	u_3	u_1	u_5	u_4
	0	u_4	u_6	u_2	u_3	u_1	u_5
	−	u_5	u_4	u_6	u_2	u_3	u_1
+	+	u_6	u_2	u_3	u_1	u_5	u_4
+	0	u_7	u_0	u_7	u_0	u_7	u_0
	−	u_5	u_4	u_6	u_2	u_3	u_1
−	+	u_2	u_3	u_1	u_5	u_4	u_6
	0	u_0	u_7	u_0	u_7	u_0	u_7
	−	u_1	u_5	u_4	u_6	u_2	u_3
−−	+	u_2	u_3	u_1	u_5	u_4	u_6
	0	u_3	u_1	u_5	u_4	u_6	u_2
	−	u_1	u_5	u_4	u_6	u_2	u_3

根据上述对定子磁链的限幅控制，就能获得近似于圆形旋转的定子磁链。

下面分析如何控制定子磁链沿圆周方向的旋转速度。定子磁链向哪个方向旋转，由所选择的电压空间矢量确定。例如，处于$\theta(2)$区的定子磁链，当选择u_2时，则逆时针方向旋转；选择u_4时，则顺时针方向旋转。如果选择零电压空间矢量，则定子磁链的速度为零，即在原地不动。根据以上定子磁链三种特定的速度，在直接转矩控制时，将它们按一定比例进行调制，或者叫混合。其结果是，定子磁链在圆周方向表现为走走、停停，或者正走走、反走走。这样一来，从宏观上看，就能获得任意的定子磁链平均旋转速度。这种调制的频率越高，所得平均旋转速度越均匀，同时，电机的电磁转矩脉动也较小。

B.1.4.4 电磁转矩控制

在前面介绍圆形旋转定子磁链时，曾举例说明，当定子磁链ψ_s位于$\theta(2)$区域内，并要求它逆时针方向旋转，应分别选择电压空间矢量u_2和u_3，如图B.10所示。但是，不管逆变器切换为u_2状态，还是u_3

状态，两种情况都会产生电磁转矩。不同的是，u_2、u_3状态仅仅是定子磁链分别在增大、减小情况下产生的电磁转矩。这是因为，电压空间矢量u_2或u_3将在气隙中产生与其相同方向的磁链$\Delta\psi_{s2}$或$\Delta\psi_{s3}$并与其作用前已存在的磁链ψ_s方向不同。同样，当定于磁链位于$\theta(2)$区时，我们又分别选择了电压空间矢量u_4或u_5，显然，在这两种状态下，也是在定子磁链增大、减小情况下分别产生电磁转矩。但是，如果我们要求定子磁链为逆时针方向旋转，使电机转子也为逆时针方向旋转，则这两种状态下的电磁转矩对电机来说，表现为制动性转矩。

当定子磁链位于$\theta(2)$区中间位置，逆变器工作在u_6或u_1状态时，由于它们只产生相同方向的磁链，因而不产生电磁转矩。

不管定子磁链位于哪个区域，施加零电压空间矢量u_0或u_7时，因不产生新磁链，所以也不产生电磁转矩。

可用滞环控制来控制电动机的电磁转矩，如图B.12a)所示，图B.12b)是电磁转矩的波形。当电磁转矩给定值T^*与反馈值T进行比较时，若图B.12a)中的滞环控制器输出D_T为“+”信号，表示要求增大电磁转矩。若定子磁链位于$\theta(2)$区，则应选择u_2或u_3电压空间矢量。无论是选择u_2或u_3电压空间矢量，产生的电磁转矩都要增大，如图B.12b)中的曲线1。这是由于定子磁链瞬时旋转角速度比转子角速度高引起的。当电磁转矩增大到与给定值T^*相等时，滞环控制器输出D_T为“0”信号，这时逆变器处于零电压空间矢量u_0或u_7状态。至于选u_0或选u_7，要根据逆变器开关元件切换次数最少的原则而定，其目的是为了减少元件的开关损耗。零电压空间矢量作用期间，电磁转矩衰减，直至电磁转矩减小到使滞环控制器输出D_T又为“+”信号时，切换非零电压空间矢量u_2或u_3电磁转矩又回升，如图B.12b)所示。

图 B.12　电磁转矩滞环控制及其波形

若由于某种原因，电磁转矩T大于给定值T^*，则滞环控制器输出D_T为“−”信号，当定子磁链在$\theta(2)$区时，选电压空间矢量u_4或u_5。不管选u_4或u_5，产生的都是制动性电磁转矩，使T值减小。

表B.2列出了6个区域里可供选择的电压空间矢量。根据定子磁链位置检测信号$\theta(N)$、滞环控制信号D_ψ和D_T来选择合适的电压空间矢量，进行控制。

B.1.5　变频装置的种类

B.1.5.1　两电平交直交低压变频器

图B.13是低压两电平变频器主电路拓扑图，简称低压变频器。它由不控整流桥与逆变桥组成，属电压型变频器。逆变桥每个桥臂上由一个自关断器件IGBT组成。采用脉宽调制(PWM)控制，逆变器输出电压波形如图B.14所示，除基波外，尚有一系列谐波。

如果图B.13桥臂上器件用3 300 V IGBT，这种电路拓扑可以实现输出电压达1 140 V，功率可达400 kW。

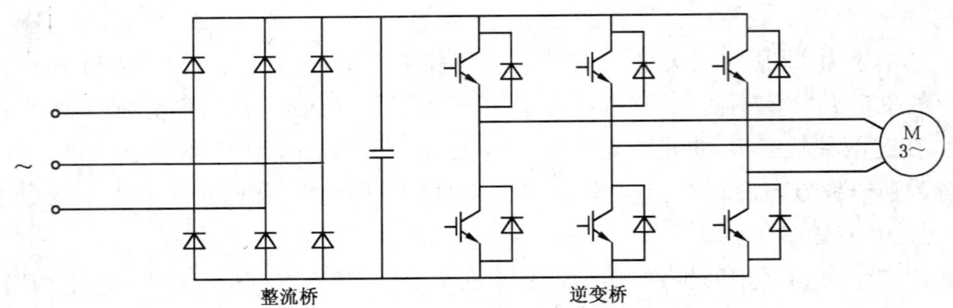

图 B.13 低压两电平变频主电路拓扑

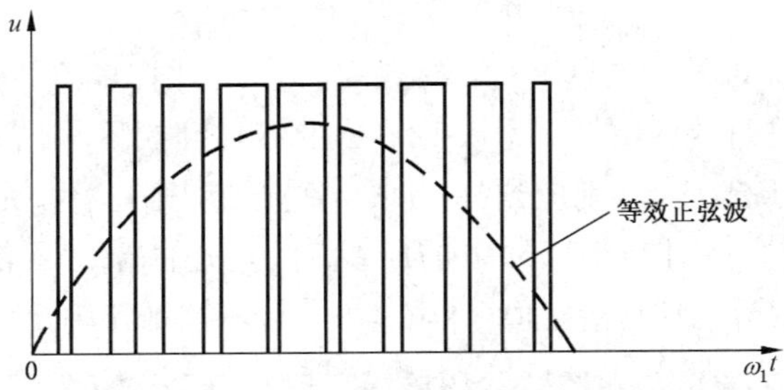

图 B.14 低压两电平变频器输出电压波形

表 B.3 是低压变频器与电机的功率匹配表。

表 B.3 低压变频器与电机功率匹配表

最大适用电机容量/kW	输出			
	额定容量/kVA	额定电流/A	最大电压	最高频率
0.4	1.4	1.8	三相 380 V/400 V/415 V/440 V/480 V（对应输入电压）	参数设定可对应至 400 Hz
0.75	2.6	3.4		
1.5	3.7	4.8		
2.2	4.7	6.2		
3.7	6.9	9		
5.5	11	15		
7.5	16	21		
11	21	27		
15	26	34		
18.5	32	42		
22	40	52		
30	50	65		
37	61	80		
45	74	97		
55	98	128		
75	130	165		
90	150	195		
110	180	240		
132	210	270		
160	230	302		
185	280	370		
220	340	450		
300	460	605		

B.1.5.2 二极管钳位式三电平逆变器

图B.15是二极管钳位式三电平逆变器。逆变桥每个桥臂上有两个IGBT组成，也属于电压型逆变器。同样采用PWM控制，其输出波形如图B.16所示，可见输出电压波形为三电平，如果加装滤波器，输出电压接近正弦波。

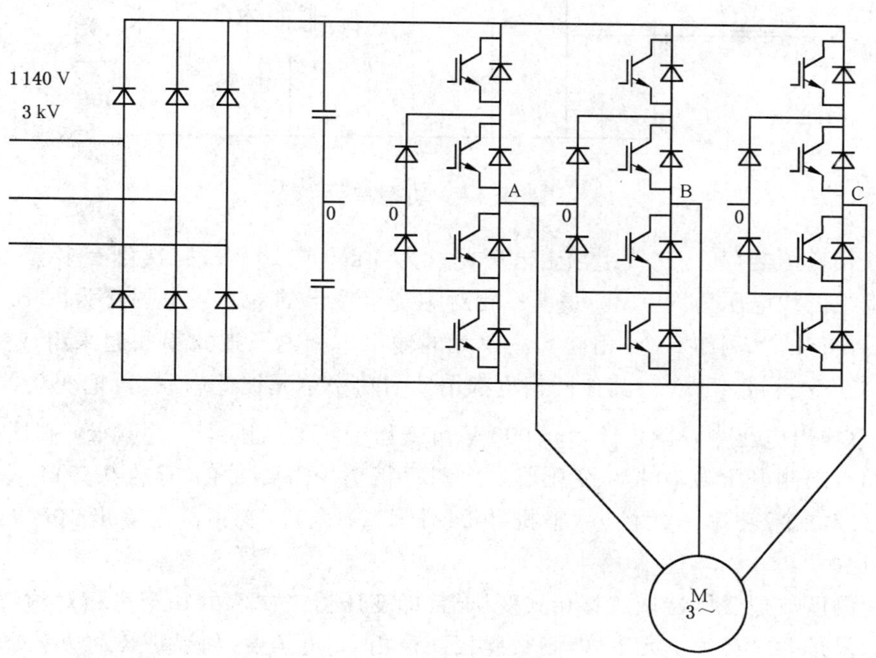

图 B.15 二极管钳位式三电平逆变器

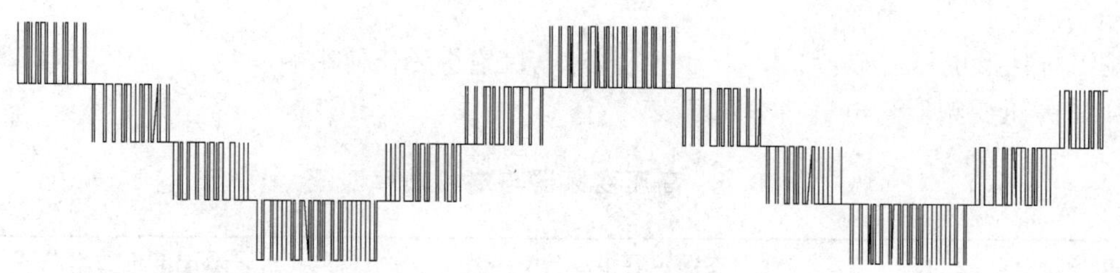

图 B.16 二极管钳位式三电平逆变器的输出波形

这种变频器与两电平逆变器相比较，其优点为：

a) 输出波形更近于正弦，谐波较小；

b) d*v*/d*t* 也较小；

c) 与两电平变频器相比，在同样条件下，开关频率降低一半，器件开关损耗小。

桥臂上的器件若采用3 300 V IGBT，输出电压可达3 000 V，输出功率达上千千瓦。

B.1.5.3 高压串联H桥变频器

图B.17是低电压交直交电压型单相输出的变频器，例如输入交流50 Hz、690 V电压，则输出690 V左右电压、频率可调的单相电源，称为功率单元。这种电路拓扑也称为H桥。

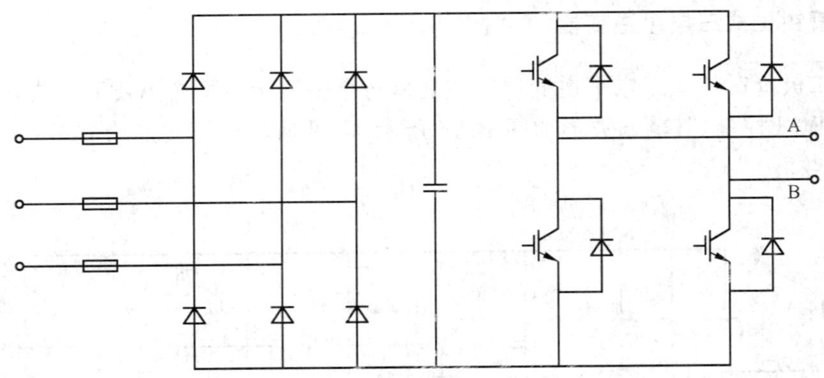

图 B.17 功率单元

采用一台移相变压器,其一次绕组额定电压可以为 6 kV 或 10 kV,二次侧有多套三相对称低压绕组,例如,每套绕组的线电压为 690 V。每套三相对称绕组输出的 690 V 电压作为图 B.17 功率单元的输入电压,然后再将几个(例如 5 个)相同功率单元的输出单相电压彼此串联起来组成一相,即串联 H 桥,其相电压达 690×5=3 450 V。其他两相也都用 5 个功率单元彼此串联,再把变频器三相输出接成 Y 接,则可实现总输出电压为$\sqrt{3}\times 3\ 450\approx 6\ 000$ V 可变压变频的高压,给三相 6 kV 高压电动机供电,实现变速运行。如果网侧电压为 10 kV,变压器二次侧每相至少需要 8 套(有的 9 套)独立的低压三相对称绕组,给 8 个(或 9 个)功率单元供电(整机共 24 个或 27 个)。变频器则输出 10 kV 可变压变频给 10 kV电动机供电。

为了减小网侧谐波把变压器做成移相式变压器,即变压器二次侧的每个三相对称绕组输出线电压彼此要移相。如果是 5 个功率单元串联,则彼此相互移相 12°电角度;如果是 8 个功率单元串联,则移相角度为 7.5°电角度。经过移相处理,网侧谐波含量极小。

图 B.18 为每相由 5 个功率单元组成的多电平变频器。由于变频器每相采用功率单元串联技术,其输出电压为 11 电平阶梯波,如图 B.19 所示。可见,这种波形更接近正弦波。不会增加电动机的损耗。

由于输出阶梯形电压波形,其 dv/dt 也很小,对电机绝缘无任何影响。

表 B.4 是高压变频器与电机功率匹配表。

表 B.4 高压变频器与电机功率匹配

额定电压/kV	变频器额定容量/kVA	适配电机功率/kW
6	400	315
6	500	400
6,10	625	500
6,10	800	630
6,10	1 000	800
6,10	1 250	1 000
6,10	1 600	1 250
6,10	1 800	1 400
6,10	2 000	1 600
6,10	2 250	1 800
6,10	2 500	2 000

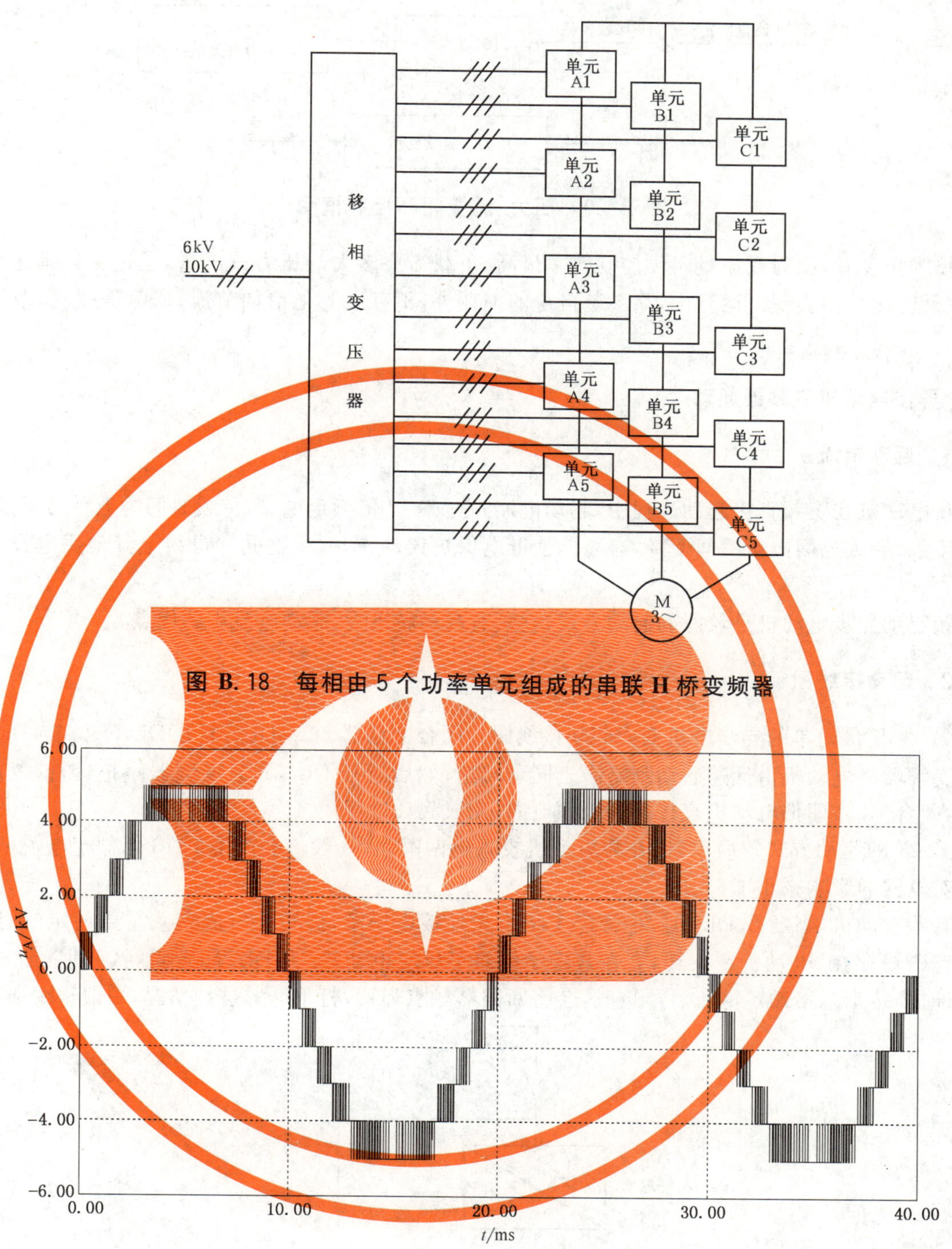

图 B.18 每相由 5 个功率单元组成的串联 H 桥变频器

图 B.19 输出电压波形

B.1.6 风机与泵压力、流量闭环控制

根据用户的使用要求，有时需要保持介质的压力或流量为恒定，有些工况又需要其随时间按某种规律变化。这就是说，对风机、泵负载，其控制对象不是电动机的转速，而是介质的压力（如管网压力、炉膛压力、液位高度等）或流量（气体、液体的流量等）。为了满足用户使用的要求，应采用闭环控制。

图 B.20 所示为压力、流量闭环控制框图。其工作原理为：用户要求风机、泵系统的工作压力或流量作为给定值输入，再与被控系统实测的压力或流量（都应变换为电量）进行比较，经 PID 调节器，得到变频调速系统的给定频率，即电动机的转速，以实现用户要求的压力或流量。

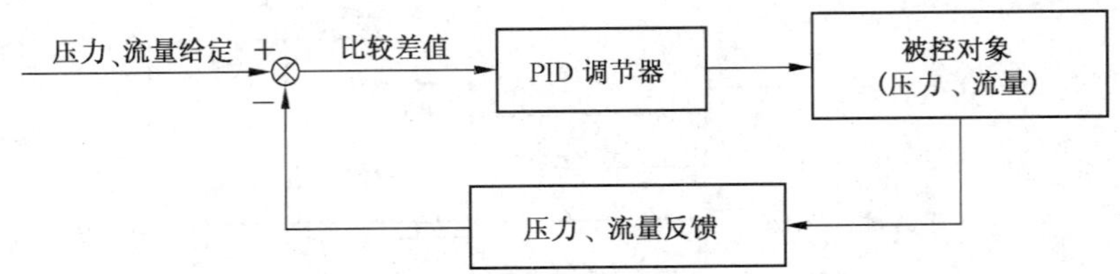

图 B.20 压力、流量闭环控制框图

从技术角度看，压力或流量闭环控制效率最高，负载需要多大的压力或流量，通过变频调速系统控制风机、泵转速自动实现。运行中，除系统自身的损耗外，不存在其他诸如节流、回流等损耗，节能效果显著。

B.1.7 异步电动机变频器起动

B.1.7.1 起动电流

异步电动机在工频直接起动过程中，起动电流高达5～7倍额定电流，持续时间为数秒乃至数十秒。起动电流大，导致电网电压瞬间下降，有可能使继电保护误动作，或干扰同一母线上其他用电设备正常运行。

变频起动异步电动机是较好的起动方式，它具有起动转矩大，起动电流小的优点。

B.1.7.2 起动接线图

图B.21是最简单的异步电机变频起动接线图。闭合断路器DL_1、DL_2，断开DL_3(DL_2与DL_3应互锁)，用变频器将电动机由低速起动到略高于同步转速，然后断开DL_2，同时变频器停止运行，电动机自由滑行，闭合DL_3，即把电动机直接接入工频电源，完成起动过程。

图B.21的起动方式较简单，但在将电动机投入电网瞬间，一般仍会产生2～3倍额定电流(时间很短)，但对电网的影响减小了。

对有些电动机，当断开DL_2时，尽管定子绕组无外接电压了，但转子电流衰减需要一定的时间，即气隙仍有磁场存在，电动机在旋转，会在其定子绕组里感应电动势，当DL_3闭合瞬间，产生较大的冲击电流，有时高达十几倍额定电流。严重时，会将断路器触点焊死，打不开。这种情况，一般很少遇到。

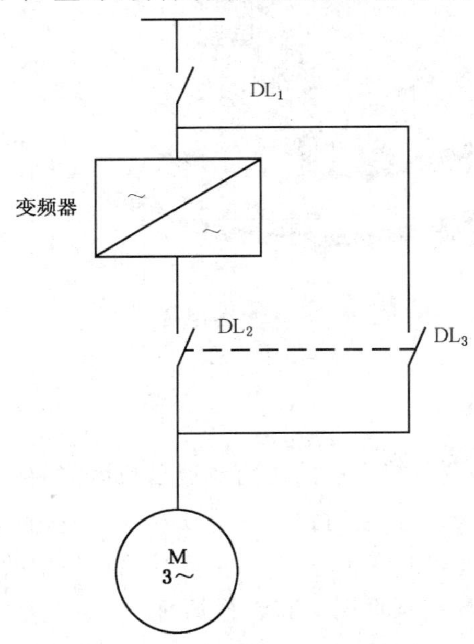

图 B.21 变频软起动接线图

B.1.8 变频调速应用举例

B.1.8.1 送风机变频调速应用

送风机是火电厂锅炉机组的重要辅机，每台锅炉安装两台，同时运行。每台风机能满足锅炉额定出力70%的风量需要。为了确保汽轮发电机组稳发、满发，送风机一刻都不能停止运行。

火电厂发电负荷有时是变化的，尤其是调频电厂，需要对锅炉燃烧工况进行调节。其中调节风量也是至关重要的。现实中，电厂风机的额定容量通常大于实际的需要量，其配套电动机的额定容量则更大。实际运行时，采用关小风门进行节流。有时在额定工况下，风门开度也仅为60%～70%，在此基础上再进行阀门调节，满足工况需求。这样人为地增加了管道阻力，浪费大量电能。

如果送风机采用调速运行，效果较好。图B.22是某火电厂一台锅炉的两台送风机，采用一拖一手动旁路控制系统。图B.22中由6个高压隔离开关DL_{11}、DL_{12}、DL_{13}、DL_{21}、DL_{22}和DL_{23}组成。要求DL_{12}和DL_{13}、DL_{22}和DL_{23}不能同时闭合，在机械上实现互锁，防止变频器输出与6 kV电源短路。正常运行时，断开DL_{13}，闭合DL_{11}、DL_{12}隔离开关，第一台送风机处于变频运行状态。断开DL_{23}，闭合DL_{21}、DL_{22}隔离开关，第2台送风机处于变频运行状态。

当机组运行过程中，若第一台送风机的变频器出现故障，则应把DL_{11}、DL_{12}断开，闭合DL_{13}，系统即转为工频运行，保证机组运行的安全性。第2台送风机变频器出现故障时，采用同样的方法处理。

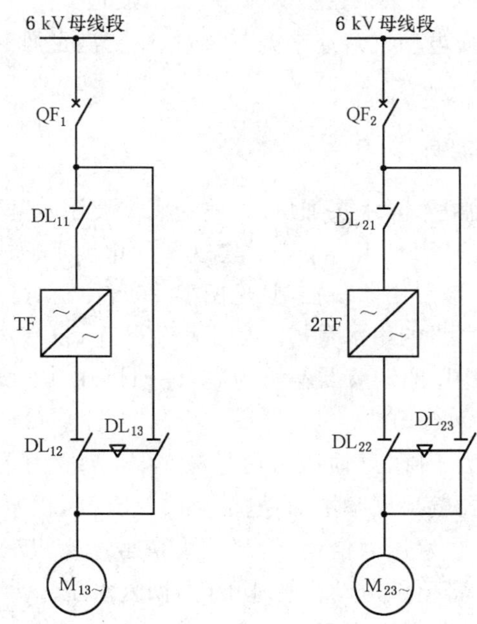

图B.22 一拖一手动旁路图

送风机采用变频运行后，通常节能效果在30%以上。系统控制特性也得到明显改善。其特点如下：

a) 送风机变频改造后，电动机实现了降压降频起动，降低了电动机的故障率，减小了对电网的电流冲击；
b) 运行中，风门全开，实现自动化调节风量，节电效果显著，并减小维护工作量；
c) 当采用电压型变频器时，提高了网侧功率因数，达0.95；工频运行时，仅为0.85左右，减少了网损；
d) 当变频器故障时，电动机可投入工频运行，保证了机组的安全运行。

B.1.8.2 转炉除尘风机变频应用

钢厂转炉炼钢过程中，会产生大量的烟气。采用除尘风机把烟气吸入到烟气处理设备中，进行处理，然后再排入大气中。

在一个吹炼周期中，对除尘风机风量的要求是变化的，如图 B.23 所示。其中，$A \sim B$ 为装料时间；$B \sim C$为加大风量时间；$C \sim D$ 为吹氧时间；D 点开始减小风量；$D \sim E$ 为倒炉测温采样时间；$E \sim F$ 为出钢时间；$F \sim G$ 为溅渣时间。

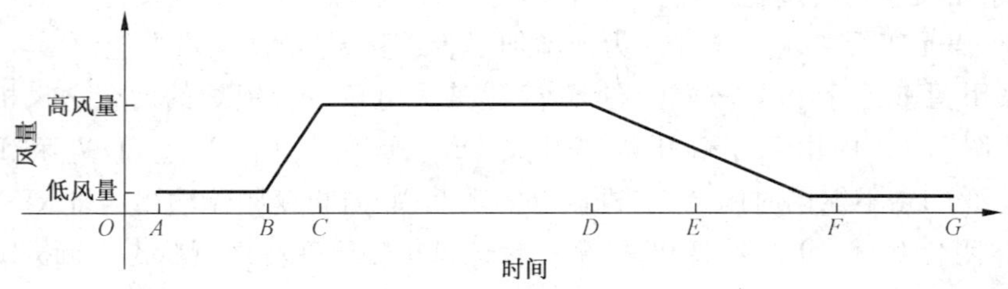

图 B.23 除尘风机的风量

图 B.23 中对风量变化的要求，如果采用挡板调节，会造成很大的能源浪费。

应用变频调速技术，通过改变电动机转速来调节风量，既能满足风量变化的要求，又能经济运行，一般可节电达 30%～40%。

B.1.8.3 恒压供水泵变频调速控制

供水泵站是把已经处理好的清水经水泵加压后，输送到需要用水的地方。采用变频调速后，可以满足用户端用水量变化而又能保持其供水压力不变。实现了优化供水、节约用电的目标。

用变频调速实现恒压供水一般采用闭环控制(见图 B.20)，控制对象为供水压力。

稳态运行，水泵供水能力与用户的用水量需求处于平衡状态，供水压力稳定为某设定值。反馈压力信号与给定压力信号近乎相等，PID 的调节器输出为零，电动机在其恒定频率下匀速运行，满足供水压力要求。

当用户用水量增大，供水压力下降，反馈压力信号减小，给定压力信号不变，合成信号则增大，PID 调节器产生正的调节量，使变频器输出频率增加、电动机转速升高，供水流量增大，水压力恢复，维持不变。反之，当用户的用水量减小，供水压力增大，给定压力信号不变，反馈压力信号增大，PID 调节器产生负的调节量，使变频器输出频率降低、电动机转速下降，恢复水压。

恒压供水系统采用变频调速，其节电率至少能达到 20%左右。

B.2 串级调速的基本原理

在绕线型异步电动机转子回路中，加入与转子转差电动势同频率的电压，可以调节其转速。如果把转差电动势变为直流电动势，同时把转子外加电压也变为直流量(即频率为零)，同样能满足同频率的要求，这就是串级调速的基本思路。

图 B.24 是绕线型异步电动机串级调速框图。图 B.24 中的整流桥把电动机转子的转差电动势、电流变成直流，逆变器的作用是给电机转子回路提供直流电动势，同时给转子电流提供通路，并把转差功率(扣除转子绕组铜损耗)大部分反送回交流电源。

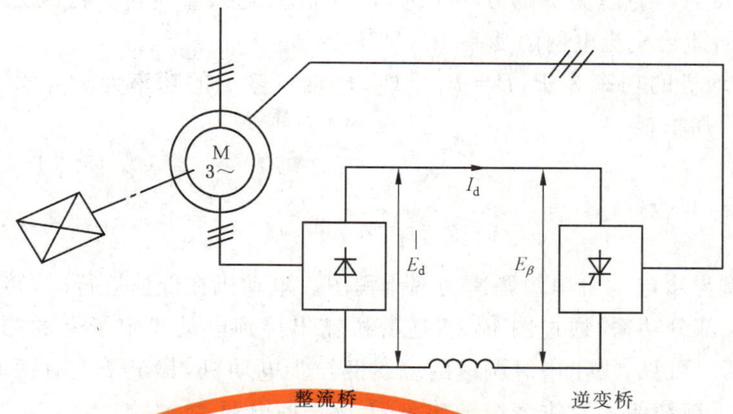

图 B.24　绕线型异步电动机串级调速框图

异步电动机转子相电动势 $E_{2s}=sE_2$。E_{2s} 经三相整流桥后变为直流电动势 E_d：

$$E_d = k_1 E_{2s} \qquad \text{(B.13)}$$

式中：

E_d ——直流电动势，单位为伏(V)；

k_1 ——整流系数；

E_{2s} ——绕线型电机转子转差电动势，单位为伏(V)。

逆变桥直流侧直流电动势 E_β 为：

$$E_\beta = k_2 U_2 \cos\beta \qquad \text{(B.14)}$$

式中：

E_β ——逆变桥直流侧直流电动势，单位为伏(V)；

k_2 ——逆变桥的系数；

U_2 ——逆变桥交流侧电压，单位为伏(V)；

β ——逆变角，单位为度(°)。

直流回路电流 I_d(见图 B.24)为：

$$I_d = (E_d - E_\beta)/R \qquad \text{(B.15)}$$

式中：

R——直流回路等效电阻。

式(B.15)可写为

$$E_d = E_\beta + I_d R \qquad \text{(B.16)}$$

因 R 较小，可忽略不计，式(B.16)变为：

$$E_d = E_\beta = k_1 sE_2 = k_2 U_2 \cos\beta \qquad \text{(B.17)}$$

当整流桥、逆变桥都为三相桥式电路时，$k_1=k_2$，得转差率 s 为：

$$s = \frac{U_2}{E_2}\cos\beta \qquad \text{(B.18)}$$

从式(B.18)看出，改变逆变角 β 的大小，就能改变电动机的转差率 s。β 角增大，s 减小，它们之间的关系符合余弦规律。

这种调速方法适合于高电压、大容量绕线型异步电动机拖动风机、泵类负载等对调速要求不高的场合。

绕线型异步电动机运行时输入的有功功率为 P_1，减去定子铜损耗 p_{Cu1} 和铁损耗 p_{Fe} 后，为电磁功率 P_M。P_M 中，一部分转换为机械功率 $P_m=(1-s)P_M$；一部分为转差功率 $P_s=sP_M$。转差功率 P_s 中，一部分消耗在转子电阻中,即 p_{Cu2};另一部分功率为(P_s-p_{Cu2})送入整流桥。再减去整流桥、逆变桥、电抗器等的损耗 p_B,就是回馈给交流电网的功率 P_B,即 $P_B=p_s-p_{Cu2}-p_B$。

电网送给异步电动机的功率为 P,$P=P_1-P_B$;电动机输出的功率为 P_2,$P_2=P_m-p_m-p_a$,其中 p_m 为机械损耗,p_a 为附加损耗。

总效率 η 为:

$$\eta=\frac{P_2}{P}\times 100\% \qquad \cdots\cdots(\text{B}.19)$$

图 B.25 是绕线型异步电动机串级调速功率流程图。电动机在低速运行时,转差功率 P_s 较大,采用串级调速,能把其中大部分功率,通过图 B.25 逆变桥输出接到电动机定子上的第二套绕组,回馈给电源。因此,总效率较高。可见,用于串级调速的绕线型异步电动机,其定子上有两套绕组:一为主绕组;一为反馈绕组。其中反馈绕组通过主绕组把功率 P_B 反送回电源。

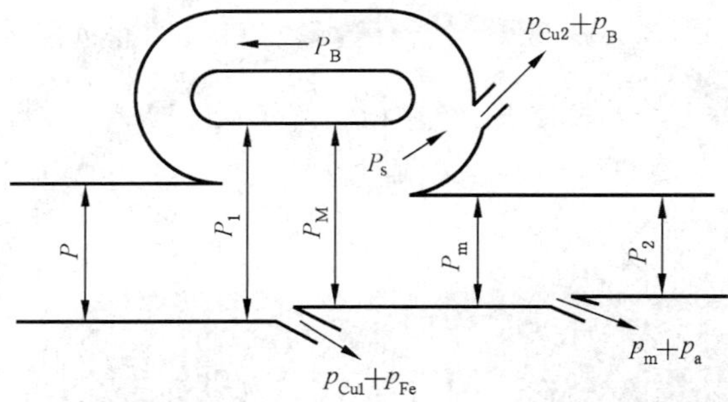

图 B.25 绕线型异步电动机串级调速的功率流程图

B.3 笼型三相异步电动机变极对数调速

异步电动机旋转磁动势的同步转速 n_1,与电机极对数 p 成反比。改变笼型三相异步电动机定子绕组的极对数 p,就改变了同步转速 n_1,实现变极调速。

改变定子绕组的接线方式,就能改变其极对数。

图 B.26 所示为三相异步电动机定子绕组接线及产生的磁极数,只画出了 A 相绕组的情况。每相绕组为两个等效集中线圈正向串联,例如 AX 绕组为 a_1x_1 与 a_2x_2 头尾串联,如图 B.26a)所示。因此,由 AX 绕组产生的磁极数为 4 极,如图 B.26b)所示。三相绕组的磁极数则仍为 4 极,即为 4 极异步电动机。

如果把图 B.26a)中的接线方式改变一下,每相绕组不再是两个线圈头尾串联,而变为两个线圈尾尾串联,即 A 相绕组 AX 为 a_1x_1 与 a_2x_2 反向串联,如图 B.27a)所示;或者,每相绕组两个线圈变为头尾串联后再并联,即 AX 为 a_1x_1 与 a_2x_2 反向并联,如图 B.27b)所示。改变后的两种接线方式,A 相绕组产生的磁极数都是 2 极,如图 B.27c)所示。三相绕组的磁极数也是 2 极,即为 2 极异步电动机。

图 B.26 三相异步电动机 A 相定子绕组接线及产生的磁极数($2p=4$)

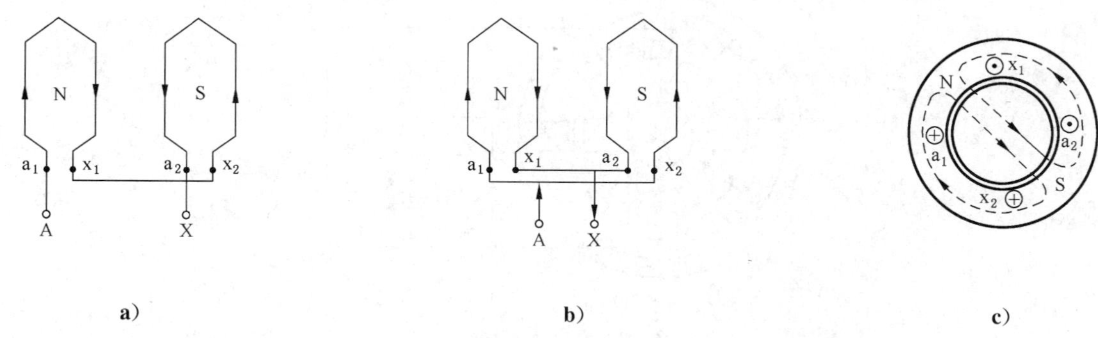

图 B.27　三相异步电动机 A 相定子绕组接线及产生的磁极数（$2p=2$）

从上面分析看出，三相笼型异步电动机的定子绕组，若把每相绕组中一半线圈的电流改变方向，即半相绕组反向，则电动机的极数便成倍变化。因此，同步转速 n_1 也成倍变化。

笼型异步电动机转子磁极数决定于定子的磁极数，变极运行时，不必进行任何改动。

绕线型异步电动机转子极数不能自动随定子极数变化，如果同时改变定、转子绕组极数又很麻烦，因此不采用变极调速。

以上仅简单叙述变极原理，实际的双速乃至多速电机要复杂得多，这里不再叙述。

B.4　开关磁阻电机系统运行原理

开关磁阻电机调速系统由四部分组成：开关磁阻电机；功率变换器；检测器（包括电流检测和位置检测）和控制器，如图 B.28 所示。

我们知道，磁路中磁通总是要沿着磁阻最小的路径闭合，不然就会对导磁体产生磁拉力或形成转矩。因此，设计开关磁阻电机时，应让它的定、转子都为凸极式，且二者的极数不相等，这样，才能使转子旋转时，定、转子之间磁阻变化大，产生所需要的电磁转矩。

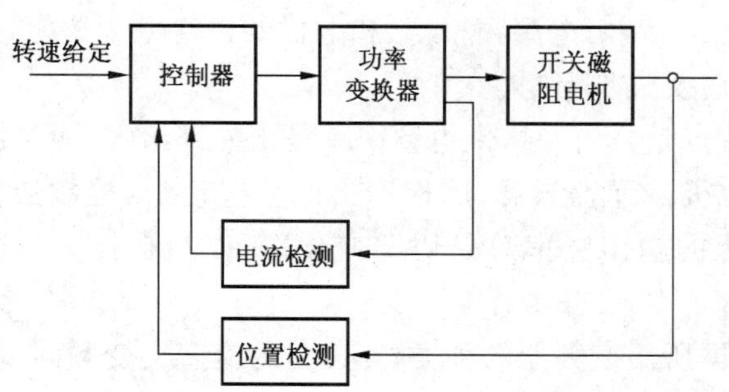

图 B.28　开关磁阻电机调速系统

图 B.29 是定子为 8 极，转子为 6 极的开关磁阻电机。在定子每个凸极上套上一个集中绕组，并把在直径方向相对应的两个凸极上的绕组串联在一起，组成电路上的一相。如果通以电流，便在磁路中产生磁通。可见，图 B.29 为四相（8/6 极）开关磁阻电机。其中仅画了 A 相的供电电源，B、C 和 D 相的，未画出。此外，还可设计为单相、两相、三相以及多相开关磁阻电机。一般来说，小功率家用电器多用单相或两相式的，工业应用中，多用三相或多相式的。

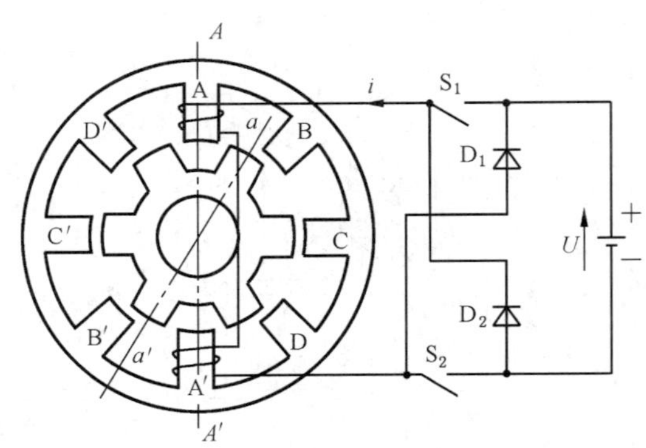

图 B.29 A 相通电

从图 B.29 中看出，在图示瞬间，定子 A 相磁极轴线 AA' 与转子磁极轴线 aa' 不重合，这时闭合开关 S_1、S_2，A 相绕组有电流（B、C 和 D 相断电），产生的磁通经定子磁轭、定子磁极、气隙、转子磁极和转子磁轭闭合。由于这种位置磁通遇到的磁阻不是最小，必然产生磁拉力（转矩）使转子逆时针方向旋转，直到 AA' 轴线与 aa' 轴线重合时，磁拉力消失，处于平衡状态。之后，依次接通 B、C 和 D 相绕组电流，转子则继续逆时针方向旋转。

开关磁阻电机的优点如下：

a) 结构简单，容易制造，成本低廉；

b) 运行效率高；

c) 功率变换器中不会发生功率器件直通，可靠性高；

d) 起动电流小，起动转矩大；

e) 在宽调速范围内都具有高效率；

f) 能四象限运行。

B.5 无换向器同步电动机调速

在同步电动机调速系统中，根据电源输入频率控制方式不同，可以分为他控式和自控式两种。

他控式同步电动机的转速 n_1，由电源频率 f_1 和电机的极对数 p 决定，即 $n_1=60f_1/p$。一般采用开环控制，运行中存在转子振荡及失步问题。

自控式同步电动机的特点是，运行时，供电频率不是由外部给定，而是由电动机转子的转速来控制。一般在电动机转子上安装磁极位置检测器，用检测出的位置信号，控制逆变器中开关器件的开通与关断。即转子转速与变频电源的输出频率总是协调变化，所以叫自控式。这种电动机不存在转子失步问题。

自控式同步电动机，根据所用变频器的种类，可以分为交直交变频同步电动机和交交变频同步电动机。前者亦称为无换向器同步电机调速系统。

无换向器同步电动机调速系统是由交直交变频器、同步电动机、转子磁极位置检测器组合而成的，如图 B.30 所示。其中交直交变频器将电源的固定频率电压整为直流，再由逆变器转变为可变频率和电压的电源。

根据转子磁极位置检测器发出的电信号，控制逆变器中 6 个开关器件的开通与关断，从而控制了电机定子三相绕组的通电与断开，也就是控制了逆变器的输出频率。即同步电动机根据逆变器的频率产生同步转速，它的转速反过来又控制了逆变器的工作频率。

逆变器采用三相六拍导通方式，每一瞬间都有两相绕组同时通电，另一相不通电，每经过 60°时间电角度，进行一次换相。三相绕组通电次序为：AB→AC→BC→BA→CA→CB→AB，三相相电流波形如图 B.31 所示。

从图 B.31 可见，每相绕组通电 120°电角度后，断电 60°，再反方向通电 120°。每个开关器件在一个周期内通电 120°，其余为关断。同一时刻有两个开关器件同时通电，每隔 60°切换一个开关器件。开关器件开通次序为 A→Z→B→X→C→Y。

以 A 相绕组通电 120°时间间隔为例，分析定子绕组产生的磁动势情况：

a） 0°～60°时间内

这时 A、B 两相绕组通电，逆变器中 A 和 Y 管导通，其余管子关断，见图 B.30。图 B.32a)表示定子绕组中通入电流时，定子绕组磁动势产生的磁力线分布图形。

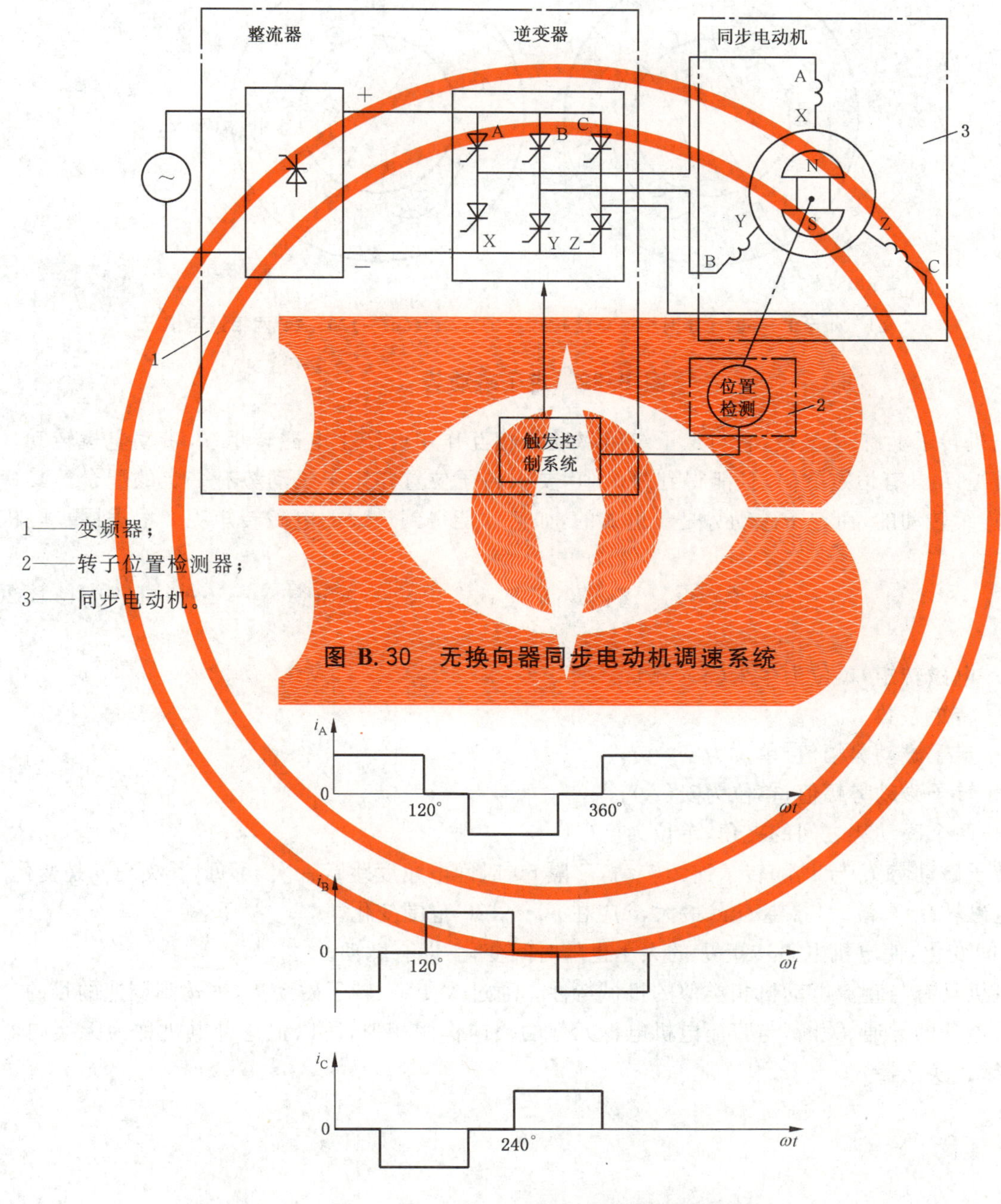

1——变频器；
2——转子位置检测器；
3——同步电动机。

图 B.30 无换向器同步电动机调速系统

图 B.31 三相相电流波形图

从图 B.32a)看出，在 0°～60°时间内，由于 A、B 相通入了幅值不变的直流电，定子绕组产生的磁动势大小不变，产生的磁力线方向也不变。

b） 60°～120°时间内

这时 A、C 两相绕组通电，A 和 Z 两管导通，其余管子关断，见图 B.30。图 B.32b）表示这时绕组通电及绕组磁动势产生的磁力线分布图形。

可以看到，由于通电相更换，定子绕组磁动势的大小仍然不变，但磁力线分布的方向却改变了，按逆时针方向转过了空间 60°电角度。也就是说，在 60°时间内，定子绕组磁动势的大小和方向不变，时间每隔 60°电角度，切换一个管子导通，绕组的通电相改变时，定子绕组磁动势虽然大小不变，但方向则在空间转过了 60°电角度。由此可知，按照三相六拍方式供电，定子绕组将产生步进式的旋转磁动势。

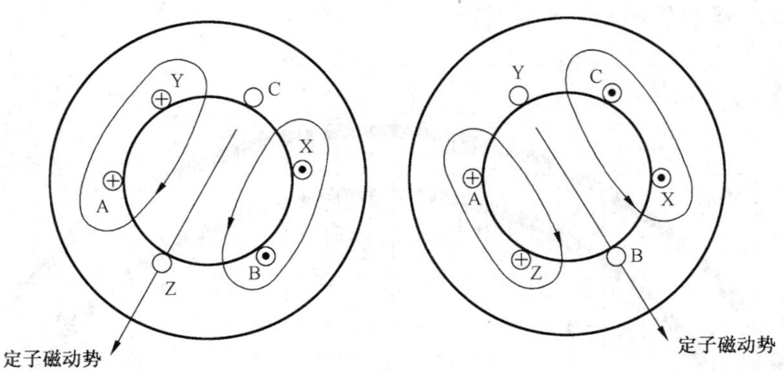

a） $\omega t=0°\sim60°$，AB 两相通电情况　　b） $\omega t=60°\sim120°$，AC 两相通电情况

图 B.32　定子磁动势

同步电机转子上有 N、S 极，它与定子绕组磁动势相互作用会产生电磁转矩 T，带动电机转动。为了使电磁转矩 T 具有恒定方向，且能得到最大值，要求转子位置与定子磁动势有一定的配合。其特点为，转子是连续转动的，而定子磁动势是步进式的，如何才能得到最大的电磁转矩呢？根据同步电机的转矩计算式：

$$T=K_T F_a F_f \sin\delta \qquad \text{(B.20)}$$

式中：

T ——电磁转矩，单位为牛米（N·m）；

K_T ——转矩系数；

F_a ——定子磁动势幅值，单位为安（A）；

F_f ——转子磁动势幅值，单位为安（A）；

δ ——两个磁动势之间的夹角，单位为度（°）。

由于转子磁动势 F_a 与 F_f 随转子连续转动，F_a 隔 60°时间电角度跳跃一次，可见，其夹角 δ 是变化的。为了获得电磁转矩 T 最大，希望 $\sin\delta$ 最大，δ 应在 60°～120°范围变化。

δ 随时间变化，使电机电磁转矩 T 的大小也随时间变化，即有脉动。

这种电机具有与直流电动机相类似的机械特性。通过改变定、转子磁动势，来达到调速的目的。逆变器中开关器件的导通、关断，与直流电机电枢元件的换向作用相似，所以把这种电机称为无换向器电机（即无机械式换向器）。

附 录 C
（资料性附录）
电机系统设计的技术经济比较

C.1 概述

使用高效电动机、变频调速器等节能设备对终端用户将产生两个方面的影响，一是购置成本的上升，二是使用成本的下降。通常，节能设备因使用新的工艺、新技术或新材料，其制造成本比一般设备高。节能设备所节约电费能不能弥补制造成本的增加，需通过设备的寿命周期成本和投资回收期分析来判断。

C.2 设备寿命周期成本

设备的寿命周期成本(LCC)是指在一定使用期间内因使用产品而消费的总费用。这个总费用包括了从购买设备到该产品使用结束整个期间该设备所花费的全部费用，主要包括购置设备费用、安装调试费用、维护检修费用、能源消耗费用等。寿命周期成本可分为初始安装成本(PC)和使用成本(OC)，安装成本(PC)包括设备购置费、安装调试费等；使用成本(OC)包括维护检修费和能源消耗费等。

在选择不同节能设备时应对各种方案进行寿命周期成本分析，选取寿命周期成本最低的方案。寿命周期成本的计算式为：

$$\mathrm{LCC}=\mathrm{PC}+\sum_{t=1}^{N}\frac{\mathrm{OC}_t}{(1+r)^2} \qquad \cdots\cdots(\mathrm{C}.1)$$

式中：

LCC ——寿命周期成本，单位为元；

PC ——初始安装成本，单位为元；

N ——统计年数；

OC_t ——第 t 年的使用成本，单位为元；

r ——折现率。

C.3 回收期

回收期(PAY)是指通过降低使用成本(ΔOC)，来抵消在购买高能效产品时需增加成本的时间。它是衡量节能经济效果的一个重要指标，回收期越短说明经济效果越好，回收期越长说明经济效果越差。计算回收期的公式为：

$$\mathrm{PAY}=-\frac{\Delta\,\mathrm{PC}}{\Delta\,\mathrm{EC}} \qquad \cdots\cdots(\mathrm{C}.2)$$

式中：

PAY ——回收期，单位为年；

ΔPC ——购买成本增加值，单位为元；

ΔEC ——每年节约的电费，单位为元每年。

附 录 D
（资料性附录）
风机的类型与特性

D.1 风机的分类

D.1.1 风机是一类将原动机所做的功转换为被输送气体的压力势能和动能的流体机械。

D.1.2 按工作压力分类

按工作时产生压力的大小，风机可分为：

a) 通风机：小于 15 kPa；

b) 鼓风机：15 kPa～340 kPa；

c) 压缩机：大于 340 kPa。

按工作时产生压力的大小，风机又可分为（在大气压为 101.3 kPa，气温为 20 ℃的标准状态下）：

a) 低压离心通风机：小于 1 kPa；

b) 中压离心通风机：1 kPa～3 kPa；

c) 高压离心通风机：3 kPa～15 kPa；

d) 低压轴流通风机：不超过 500 Pa；

e) 高压轴流通风机：高于 500 Pa，但低于 5 kPa。

D.1.3 按工作原理分类

按工作原理，风机可分为叶片式、容积式和喷射式三种类型。

D.2 风机的基本性能参数

D.2.1 风机的主要性能参数

D.2.1.1 流量

风机单位时间内在出口截面所输送的流体量称为流量。通常使用的有体积流量与质量流量两种。体积流量用符号 q_V 表示，单位为 m^3/s，m^3/min 或 m^3/h。质量流量用符号 q_m 表示，单位为 kg/s，kg/min 或 kg/h。在无特殊说明时，q_V 是指在标准进口状态下（压力 $p=1.013\times10^5$ Pa，温度 $t=20$ ℃，相对湿度为 50%，气体密度 $\rho=1.2\ kg/m^3$）气体的体积。

D.2.1.2 通风机压力

通风机压力指单位体积的气体在风机内所获得的能量，即风机出口截面高于进口截面的机械能，用符号 p 表示，单位为 Pa。

D.2.1.3 功率

D.2.1.3.1 轴功率

原动机供给风机轴的机械功率称为轴功率，亦称风机的输入功率，用符号 P 表示，单位为 kW。

D.2.1.3.2 有效功率

气体从风机中实际得到的功率称为有效功率。相应的这部分能量被流出风机的气体所携带，因此也称输出功率。

风机的有效功率为：

$$P_e = q_V p / 1\,000 \qquad \text{(D.1)}$$

$$P_e = P\eta \qquad \text{(D.2)}$$

式中：

P_e——风机有效功率的数值，单位为千瓦(kW)；

P ——风机轴功率的数值，单位为千瓦(kW)；

η ——风机总效率。

D.2.1.3.3 风机内功率

风机的内功率是风机转子实际传递给气体的功率。内功率与有效功率的关系为：

$$P_i = P_e + \Delta P_i \qquad \text{(D.3)}$$

式中：

P_i ——风机内功率的数值，单位为千瓦(kW)；

ΔP_i ——风机内部损失功率的数值，单位为千瓦(kW)。

风机的轴功率 P 等于内功率 P_i 与轴承、轴端密封摩擦损失功率之和。

D.2.1.3.4 原动机功率

风机在运转时，其原动机的输入功率为：

$$P'_g = P_e / (\eta_d \eta_g) \qquad \text{(D.4)}$$

原动机的输出功率为：

$$P_g = P_e / (\eta_d) \qquad \text{(D.5)}$$

原动机的功率应为：

$$P_M = KP_e / (\eta_d \eta_g) \qquad \text{(D.6)}$$

式中：

P'_g ——原动机输入功率的数值，单位为千瓦(kW)；

P_g ——原动机输出功率的数值，单位为千瓦(kW)；

P_M ——原动机功率的数值，单位为千瓦(kW)；

η_d ——传动效率的数值；

η_g ——原动机效率的数值；

K ——电动机容量安全系数的数值。

电动机容量安全系数 K 的数值可查表 D.1。

表 D.1 电动机容量安全系数

电动机功率/kW	K 值			
	离心式			轴流式
	一般用途	灰尘	高温	
<0.5	1.5	—	—	—
0.5～1	1.4	—	—	—
1.0～2.0	1.3	—	—	—
2.0～5.0	1.2	—	—	—
>5.0	1.15	1.2	1.3	1.05～1.1

D.2.1.4 效率

D.2.1.4.1 风机效率分类

风机在工作时产生机械损失、容积损失和流动损失，这些损失的大小可分别用机械效率、容积效率和流动效率来衡量。

D.2.1.4.2 机械损失与机械效率

机械损失包括轴与轴承的摩擦损失、轴与轴端密封的摩擦损失及叶轮圆盘的摩擦损失。

轴与轴承、轴端密封的摩擦损失与轴承的型式、轴端密封的型式和结构有关。该功率损失不大，约占风机轴功率 P 的 1%～5%。

叶轮圆盘摩擦损失与腔室形状、表面粗糙度、雷诺数及叶轮的宽度、叶轮流道宽度等因素有关。

机械效率为：

$$\eta_m = \frac{P - \Delta P_m}{P} \times 100\% \quad \cdots\cdots (D.7)$$

式中：

η_m ——机械效率的数值；

ΔP_m——机械损失功率的数值。

D.2.1.4.3 容积损失与容积效率

从高压区通过旋转与静止部件间的间隙流入低压区的气体，在叶轮中获得的能量消耗在流动的阻力上，这种能量损失称为容积损失，用 ΔP_V 表示。容积损失的大小，用容积效率 η_V 表示。

离心风机的容积损失是由于泄漏所引起的。泄漏主要发生在：

a) 叶轮入口处的密封间隙；

b) 平衡轴向力装置的间隙；

c) 导叶隔板与轴(轴套)间隙(它不属于容积损失，但习惯上归入容积损失来分析)；

d) 轴端密封间隙。

为提高风机的容积效率，一般可采取减小泄漏面积 A 和增大密封间隙的阻力等方法来减少泄漏量。

D.2.1.4.4 流动损失与流动效率

气体从风机进口流至出口的过程中会遇到流动阻力，产生流动阻力损失。流动阻力损失有：摩擦阻力和局部阻力损失，工况变化时的冲击损失。

气体在吸入部分、叶轮流道、导叶及压出部分的流动过程中，因气体的黏性而产生沿程阻力损失。气体在风机中流动时，遇到转弯、截面积变化造成气体边界层分离，产生旋涡和二次流。气体运动速度的大小与方向的变化所产生的损失，称为局部阻力损失。

冲击损失一般在风机工作于非设计工况时产生。风机在设计工况下运转时，气体流入角与叶片进口安装角一致，无冲击损失；若容积流量小于设计值，则气体会冲击在叶片的工作面或非工作面上，从而产生旋涡。

风机在非设计工况下工作，在叶轮出口处的气体运动方向也发生变化，叶轮出口也会产生气体的冲击，造成冲击、旋涡损失。

流动损失比机械损失和容积损失大。流动损失的大小，用流动效率 η_h 表示。

D.2.1.4.5 风机的总效率

风机的总效率为：

$$\eta=\frac{P_{e}}{P}=\frac{P_{e}}{P-\Delta P_{m}-\Delta P_{V}}\cdot\frac{P-\Delta P_{m}-\Delta P_{V}}{P-\Delta P_{m}}\cdot\frac{P-\Delta P_{m}}{P}=\eta_{h}\eta_{V}\eta_{m}\quad\cdots\cdots\cdots\cdots(D.8)$$

离心风机的总效率 η 随容量、型式、结构而异，其值约为 70%～90%。

风机的总效率与内效率的最大值，不一定同在一个工况点上，其最高效率区也不一定一致。因此，风机的总效率用作风机的经济性指标之一，而风机的内效率用作风机相似设计和相似换算的依据。

D.2.1.5 转速

风机转轴每分钟的转数称为转速，用 n 表示，单位为 r/min。

D.2.2 风机叶轮参数

D.2.2.1 叶轮几何参数

叶轮几何参数包括：

D_2——叶轮叶片出口外径；

b_2——叶轮叶片出口宽度；

b_1——叶轮叶片进口宽度；

D_1——叶轮叶片进口直径；

β_1——叶轮叶片进口角；

β_2——叶轮叶片出口角。

D.2.2.2 叶轮叶片进出口速度三角形

叶片进出口流体切向速度、相对速度和绝对速度形成的三角形称为进、出口速度三角形，如图 D.1 所示。

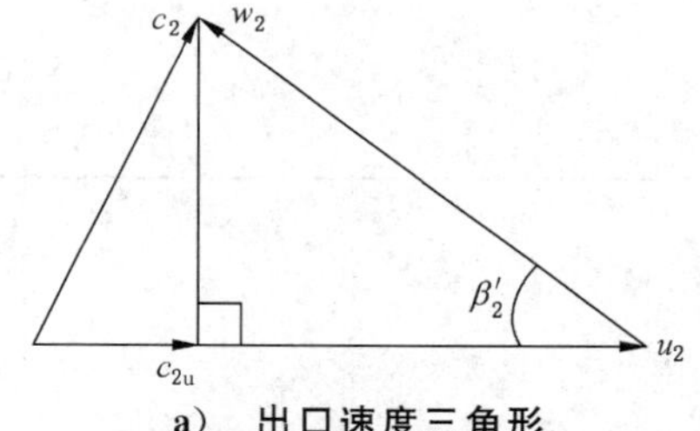

a) 出口速度三角形

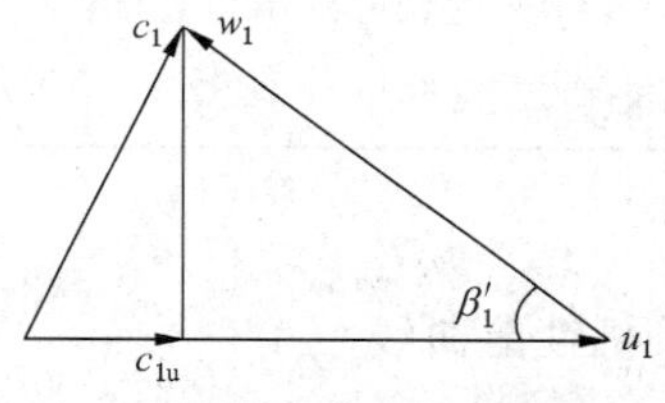

b) 进口速度三角形

c_2——叶片出口流体的绝对速度；

u_2——叶片出口流体的切向速度；

w_2——叶片出口流体的相对速度；

β'_1——叶片出口流体的流出角；

c_{2u}——叶片出口流体绝对速度在切向的投影分速度；

c_1——叶片进口流体的绝对速度；

u_1——叶片进口流体的切向速度；

w_1——叶片进口流体的相对速度；

β'_2——叶片进口流体的流入角；

c_{1u}——叶片进口流体绝对速度在切向的投影分速度。

图 D.1 叶轮叶片进出口速度三角形

D.2.3 离心风机叶轮参数与性能的关系

表 D.2 给出了离心风机叶轮参数与性能的关系。

表 D.2 离心风机叶轮参数及其比较

<table>
<tr><td>型式</td><td colspan="2">前向</td><td colspan="2">径向</td><td colspan="2">后向</td></tr>
<tr><td>出口安装角 β_2</td><td colspan="2">>90°</td><td colspan="2">90°</td><td colspan="2"><90°</td></tr>
<tr><td>c_{2u}</td><td colspan="2">$>u_2$</td><td colspan="2">$=u_2$</td><td colspan="2">$<u_2$</td></tr>
<tr><td>理论压力</td><td colspan="2">大</td><td colspan="2">中</td><td colspan="2">小</td></tr>
<tr><td>动压</td><td colspan="2">>静压</td><td colspan="2">＝静压</td><td colspan="2"><静压</td></tr>
<tr><td></td><td>多叶</td><td>窄轮</td><td>直板</td><td>弯板</td><td>单板</td><td>机翼</td></tr>
<tr><td>流量系数 Q</td><td>0.3～0.6</td><td>0.05～0.3</td><td>0.1～0.3</td><td>0.05～0.2</td><td>0.05～0.35</td><td>0.1～0.35</td></tr>
<tr><td>压力系数 p</td><td>0.9～1.2</td><td>0.7～0.9</td><td>0.55～0.75</td><td>0.55～0.75</td><td>0.3～0.6</td><td>0.3～0.6</td></tr>
<tr><td>内部效率 η_i</td><td>0.6～0.78</td><td>0.7～0.88</td><td>0.7～0.88</td><td>0.7～0.88</td><td>0.75～0.9</td><td>0.75～0.92</td></tr>
<tr><td>b_2/D_2</td><td>0.3～0.6</td><td>0.05～0.3</td><td>0.1～0.3</td><td>0.05～0.2</td><td>0.05～0.35</td><td>0.1～0.35</td></tr>
<tr><td>比转速 n_s</td><td>50～100</td><td>10～50</td><td>30～60</td><td>25～50</td><td>40～80</td><td>50～80</td></tr>
<tr><td>特性及适用范围</td><td>体积小，转速低，噪声低，适用于空调</td><td>转速高，压力高，噪声高，适用于阻力大的系统</td><td>叶片简单，转速低，适用于农机和排尘系统</td><td>转速高，适用于冶金、排尘和烧结</td><td colspan="2">效率较高，噪声较小，适用于锅炉、空调、矿井、建筑通风等</td></tr>
<tr><td colspan="7">注：c_{2u}——叶轮叶片出口处的绝对流速在周向的分速度。
u_2——叶轮叶片出口处的圆周速度。
b_2——叶轮叶片出口宽度。
D_2——叶轮叶片的外径。</td></tr>
</table>

D.3 风机性能曲线

D.3.1 风机性能曲线的表示

风机的性能曲线表示为在一定的进口条件和转速时，通风机压力 p、轴功率 P、效率 η 与流量 q_V 之间的关系曲线称为风机性能曲线。

风机内部的损失难以精确计算，因此其性能曲线难以用理论方法精确绘制，通常用试验方法测出。

风机性能曲线的横坐标为流量 q_V，纵坐标为通风机压力 p、轴功率 P 和风机效率 η。典型的风机性能曲线如图 D.2 所示。

D.3.2 离心式风机的性能曲线

离心式风机的 p-q_V 曲线形状有三类，如图 D.3 所示。曲线Ⅰ形状较平坦，流量变化较大时，压力变化较小。当要求流量在较大范围内变化，而在小流量时可节能，也可选择有平坦 p-q_V 曲线的风机。曲线Ⅱ为陡降的性能曲线，即流量变化不大，而压力变化较大。曲线Ⅲ是具有驼峰状的曲线。这种曲线在上升段工作是不稳定的。p-q_V 曲线应不出现上升段或上升段的区域尽可能窄。

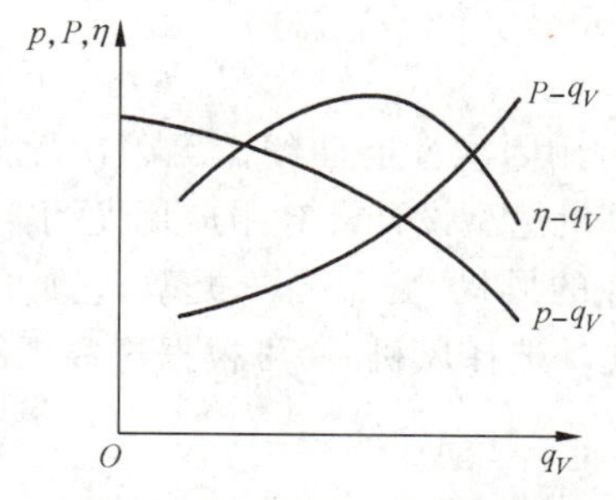

图 D.2 风机的性能曲线

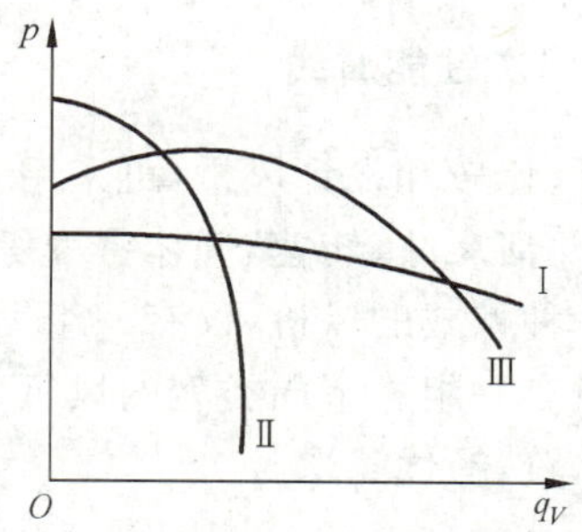

图 D.3 不同形状的 p-q_V 曲线

D.3.3 轴流式风机的性能曲线

D.3.3.1 轴流式风机的特点

轴流式风机的基本特点是流量大、压力低。

轴流式风机可分为动叶可调式、静叶可调和固定叶片式等结构型式。

动叶可调轴流式风机的特点是：

a) 与相同容量的离心式风机相比较，其结构比较紧凑，外形尺寸小，重量轻。与同容量的离心式风机相比，其空间尺寸可减少30%。

b) 变工况经济性能好。动叶片安装角可随负荷变化而改变，既可调节流量又可保持风机在高效区运行。在低负荷时，其功耗低于离心式风机。

c) 转子结构较复杂，转动部件多，制造、安装精度要求高，维护工作量较大。通过完善设计制造技术，可提高动叶调节机构的可靠性，减少维护工作量。

d) 噪声大，可达(110～130)dB(A)，而离心式风机的噪声一般为(90～110)dB(A)。

D.3.3.2 轴流式风机的性能曲线

轴流式风机的性能曲线在叶轮转速和叶片安装角一定时测得，如图D.4所示。其形状特点是：

a) p-q_V曲线在小流量区域内出现马鞍形形状，在大流量区域内非常陡降，在 $q_V=0$ 时 p 最大；

b) P-q_V曲线，在 $q_V=0$ 时，P 最大，随着 q_V 增大，P 减小，因此轴流式风机不允许在空负荷时启动，除非动叶可调；

c) η-q_V曲线，高效区比较窄，最高效率点接近不稳定分界点 c。

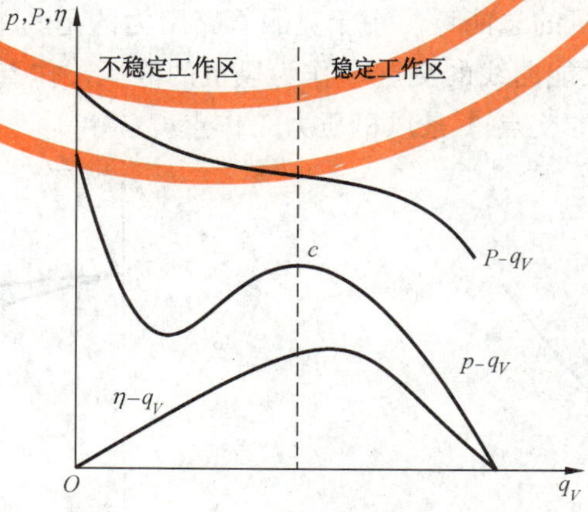

图 D.4 轴流式风机的性能曲线

轴流式风机的叶片安装角改变时，其性能曲线也随之变化。在一定转速下，把与各叶片安装角对应的性能曲线(包括 p-q_V曲线、P-q_V曲线和 η-q_V曲线)绘制在同一张图上，可得到轴流式风机的通用性能曲线。它表明：运行中叶片安装角在一定范围内调整，可扩大轴流风机的高效工作区。

D.3.4 无因次性能曲线

为选择、比较和设计风机，可采用一系列无因次的参数，作出无因次性能曲线。无因次性能曲线与计量单位、几何尺寸、转速、气体密度等因素无关，使用方便，在风机选型设计计算中应用尤为广泛。

对每一种型式的风机，仅有一组无因次性能曲线。彼此相似的风机，属于同一类型，它们的无因次性能曲线只有一组。不同类型的风机，有不同的无因次性能曲线。选择风机时，可根据这些无因次性能曲线进行比较，择优选取。

D.4 风机的运行

D.4.1 对风机运行的基本要求

供风系统运行时，应根据用户实际需求的供风量随时对风机进行合理的调度、控制，使供风量满足用户要求，并使风机处于优化运行状态。

确定风机的运行工况时，除了应考虑风机本身的特性，还应考虑管路的阻力特性。

D.4.2 管路性能曲线

风机性能曲线仅表示其自身的特性。在确定风机实际运行工作点时，还应知道管路性能曲线。这两个性能曲线的交点，是风机运行的工作点，也叫工况。

管路性能曲线是流体在管路系统中通过的流量与所需要的能量之间的关系曲线。管路性能曲线的形状与位置取决于管路结构、流体性质和流动阻力。风机的管路性能曲线如图 D.5 所示。

风机的管路用于输送气体。在管路入口压力为大气压，气体通过风机之后仍排入大气，或者风机前后两个容器的压力差很小时，管路性能曲线只取决于管路阻力损失，为通过坐标原点的二次抛物线，如图 D.5 中曲线 OC 所示。它表明：对于一定的管路系统，通过的流量越多，外界提供的能量应越大。

D.4.3 风机的工作点

风机实际运行时，应同时满足风机性能曲线和管路性能曲线。将某一转速下的两条曲线按同一比例绘于同一坐标图上，则二者的交点就是风机在该管路系统中运行的工作点，如图 D.6 所示。图中 p-q_V 是风机性能曲线，曲线 1 是管路性能曲线，交点 A 是工作点。在工作点处运行时，所产生的能量等于管路系统输送这些流量所需要的能量。

通风机压力 p 表征的是风机的总能量。用于克服管路阻力的是其中的静压部分 p_{st}。因此，有时还用静压性能曲线 p_{st}-q_V 与管路性能曲线的交点 C 作为风机的静压工作点，如图 D.6 所示，其中风机压力性能曲线 p-q_V 与管路性能曲线的交点 A 是风机压力工作点。

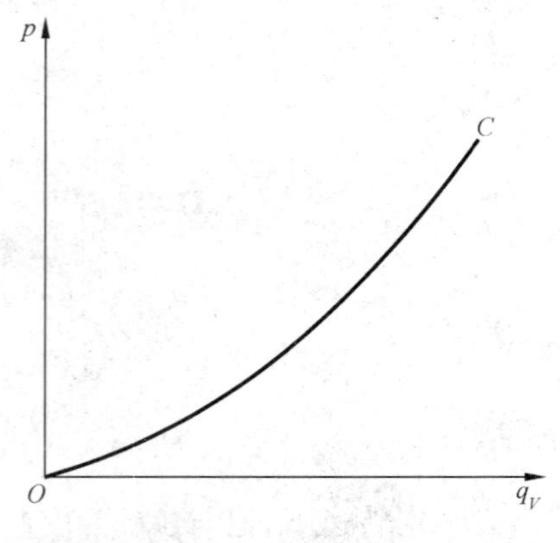

图 D.5 风机的管路性能曲线

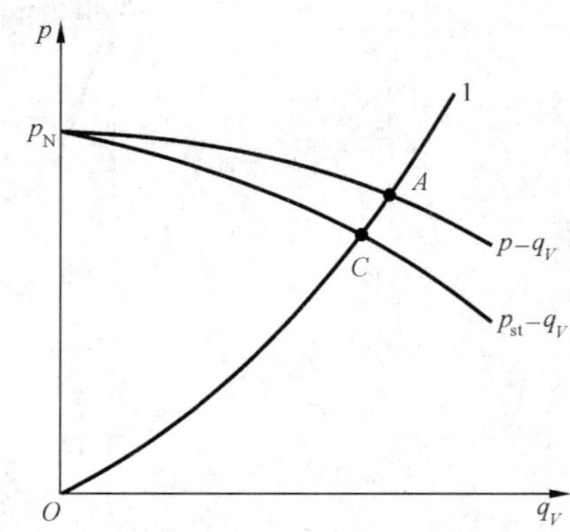

图 D.6 风机的工作点

D.4.4 风机的并联与串联运行

D.4.4.1 风机的并联运行

并联运行就是两台或两台以上风机同时向同一管路系统输送气体的工作方式。并联的主要目的是为了增加风机的流量,有时是为了应急而作为备用。

两台相同性能的风机向同一管路系统输送气体时,它们在运行时具有相同的压力,总流量应为同一压力两台风机的流量之和。如图 D.7 所示,曲线Ⅰ、Ⅱ为两台相同性能风机的性能曲线,曲线 R 为管路性能曲线。二者并联运行时,总性能曲线(Ⅰ+Ⅱ)应由两台风机的性能曲线在同一压力下的流量叠加而成,即在同一压力下将两台风机曲线的横坐标相加,即得风机并联的合成性能曲线。并联运行时,合成工作点为管路性能曲线 R 和合成性能曲线(Ⅰ+Ⅱ)的交点 A,相应的流量为 q_{VA}。从 A 点作水平线,与每台风机的性能曲线(曲线Ⅰ、Ⅱ)交于 A_{I} 点,该点可决定每台风机的流量 $q_{V\mathrm{I}}$ 或 $q_{V\mathrm{II}}$,$q_{V\mathrm{I}}=q_{V\mathrm{II}}=q_{VA}/2$。当一台风机单独在该系统工作时,$A_s$ 为工作点,$q_{Vs}>q_{V\mathrm{I}}$,即 $2q_{V\mathrm{I}}=q_{VA}<2q_{Vs}$。因此,并联运行时,虽然各风机的总流量大于一台风机单独运行时的流量,但每台风机的流量小于它单独运行时的流量,即总流量小于各风机分别单独在同一系统中工作时的流量之和,其主要原因是并联之后流量增大,管路阻力增加。并联的台数越多,流量增加的比例越少。

两台风机并联后,风机的总压力高于每台风机单独运行时的压力,其原因是并联运行时管路总流量增加,管路阻力增加,则需要的压力增加。同时,每台风机并联后的功率比它单独运行时减小了,其原因是功率随流量增加而增大,在较小流量下功率也较小。

风机的性能曲线越平坦,管路性能曲线越平坦,并联后的总流量增加得越多。反之亦然。

D.4.4.2 风机的串联运行

风机首尾相接串联在同一管路系统中,依次传送同一流量的工作方式为风机串联运行。串联的主要目的是为了提高风机的压力。

多级风机实际上相当于几台单级风机串联运行。在需要提高扬程时,一般可采用多级风机。

在选择风机串联运行方式时,为避免因风机的额定流量不一致而使有些风机偏离高效区,应使参与串联运行的各风机的额定流量尽量一致,应尽量避免性能差别太大的风机串联运行。

性能相同的两台风机在同一管路系统中串联运行,其性能曲线分别如图 D.8 中曲线Ⅰ、Ⅱ所示,曲线 R 为管路性能曲线。串联运行风机系统的特点是:各台风机的流量相同,压力依次提高,因此,风机串联运行时的合成性能曲线(Ⅰ+Ⅱ)是在同一流量下将两台风机性能曲线对应工况点的压力相叠加而成,即在同一流量下将两台风机性能曲线的纵坐标相加,即得串联风机的合成性能曲线。串联运行时,合成工作点为管路性能曲线 R 和风机合成性能曲线(Ⅰ+Ⅱ)的交点 A,该点的压力为 p_A,流量为 $q_{VA}=q_{V\mathrm{I}}=q_{V\mathrm{II}}$。从 A 点作垂直线,与每台风机的性能曲线(曲线Ⅰ、Ⅱ)交于 A_{I} 点,该点可决定每台风机的压力 p_{I} 或 p_{II},$p_{\mathrm{I}}=p_{\mathrm{II}}=p_A/2$。当一台风机单独在该系统工作时,$A_s$ 为工作点,该点的流量为 q_{Vs},压力为 p_s,$p_s>p_{\mathrm{I}}=p_{\mathrm{II}}$。因此,串联运行时,虽然各风机的总压力高于一台风机单独运行时的压力,但每台风机的压力低于它单独运行时的压力,即总压力低于两台风机分别单独在同一系统中工作时的压力之和。串联的台数越多,每台风机与它单独运行时相比,压力下降越多,总压力增加的比例越少。其原因是串联后工作点沿管路性能曲线移动,使串联的每一台风机的压力小于它单独工作时的压力,但总流量比单独工作时的大。

管路性能曲线越陡峭,串联后压力增加越多。

串联运行时风机的压力逐级升高,工作在后面的风机应具有较高的强度,以免损坏。

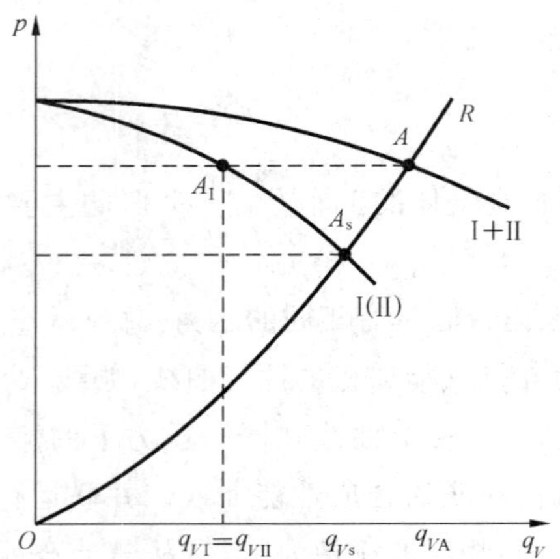

图 D.7　两台相同性能风机的并联运行

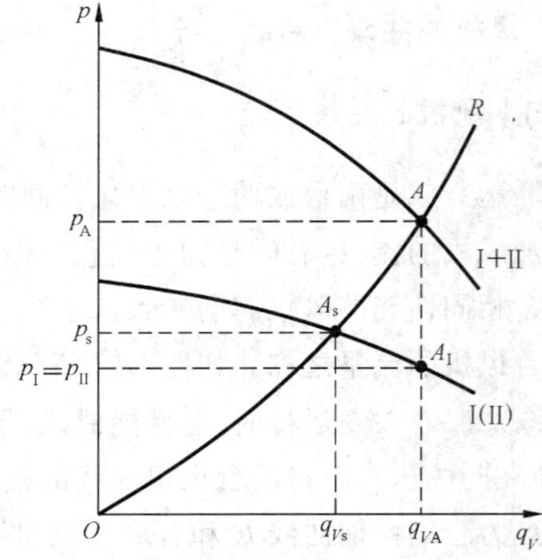

图 D.8　两台相同性能风机的串联运行

附 录 E
（资料性附录）
泵的主要类型与特性

E.1 泵的分类

泵按工作原理分为两大类，即动力叶片式泵和容积式泵。容积式泵按工作室容积变化的方式又可以分为往复式泵和回转式泵两大类。在两大类中用得最多的是叶片式泵。通常将叶片式泵的流量、扬程和转速的关系称为比转速，比转速的计算见式(E.1)：

$$n_s = \frac{3.65n\sqrt{Q}}{H^{3/4}} \quad \cdots\cdots\cdots\cdots (E.1)$$

式中：

n_s——比转速，单位为转每分(r/min)；

n——水泵转速，单位为转每分(r/min)；

Q——流量，单位为立方米每秒(m^3/s)、升每秒(L/s)和立方米每时(m^3/h)、立方米每分(m^3/min)；

H——扬程，液体柱高，单位为米(m)。

进行分类有低比转速泵、中比转速泵和高比转速泵，见表 E.1。

表 E.1 泵的分类

泵型	比转速 n_s
离心泵	6～250
混流泵	250～500
轴流泵	500～1 000

从比转速的关系式看到，低比转速泵性能特点是流量小，扬程高，满足这一性能的叶片泵是离心泵或者旋涡泵。高比转速泵性能特点是流量大，扬程低，满足这一性能的叶片泵是轴流泵或贯流泵。中比转速泵是介于离心泵和轴流泵之间的混流泵。这三种叶片泵中离心泵是用量最大的泵类，几乎占 80%。

E.2 泵的性能特点

E.2.1 离心泵的性能特点

离心泵按性能又可分为低比转速离心泵、中比转速离心泵和高比转速离心泵，见表 E.2。

离心泵的效率一般随比转速变化，比转速愈高效率愈高。通常消防、供水、化工流程、节水灌溉、矿井排水、空调循环冷却一般扬程都要求在 140 m 以上，因此只能选用中比转速以下离心泵。离心泵主要由离心力产生扬程，而离心力正比于叶轮的切向速度，也就正比于叶轮的直径，而叶轮的直径愈大，效率愈低。

表 E.2 离心泵分类(按比转速分)

	低比转速	中比转速	高比转速
	23～80	80～150	150～300(250)
若转速为 2 950 r/min; 流量为 25 L/s 的扬程范围	310～59	59～25.5	25.5～10.12
若转速为 2 950 r/min; 流量为 25 L/s 的扬程范围	493～93.6	93.6～40.49	40.49～16

在应用中为了满足所需要的扬程,可能采用低比转速离心泵或者为了提高效率也可采用中比转速多级离心泵。

离心泵的性能特点有:

a) 扬程高、流量小,扬程-流量性能曲线,随流量增大扬程降低较缓慢,见图 E.1 中扬程与流量关系曲线(*H-Q*);

b) 相对于轴流和混流泵,泵的效率较低;

c) 在小流量和零流量时泵的轴功率小,适用于关闭出口闸阀起动。

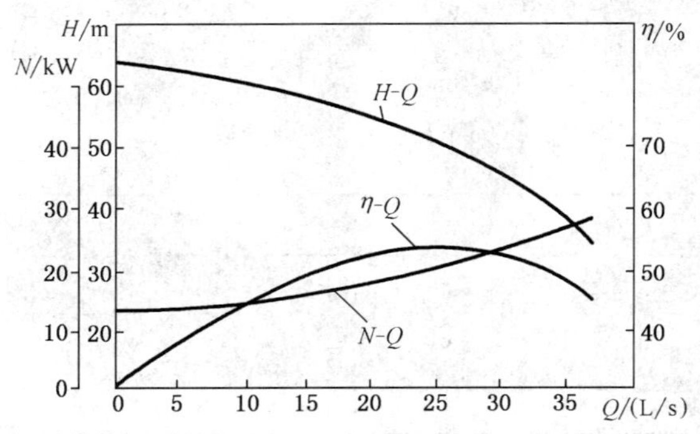

图 E.1 离心泵性能曲线图

图 E.1 中 *H-Q* 为扬程与流量关系曲线;*N-Q* 为功率与流量关系曲线;*η-Q* 为效率与流量关系曲线。

E.2.2 轴流泵的性能特点

轴流泵的特点有:

a) 扬程低、流量大,扬程-流量性能曲线随流量增大扬程降低快;

b) 相对于离心泵,泵效率较高;

c) 泵的轴功率在小流量和零流量时高,适于打开出口闸阀起动;

d) 轴流泵的叶片角可调节,改变性能曲线,见图 E.2。

轴流泵应用于需要扬程低流量大的液体输送,如大型供水站、排水站、南水北调的泵站用水。

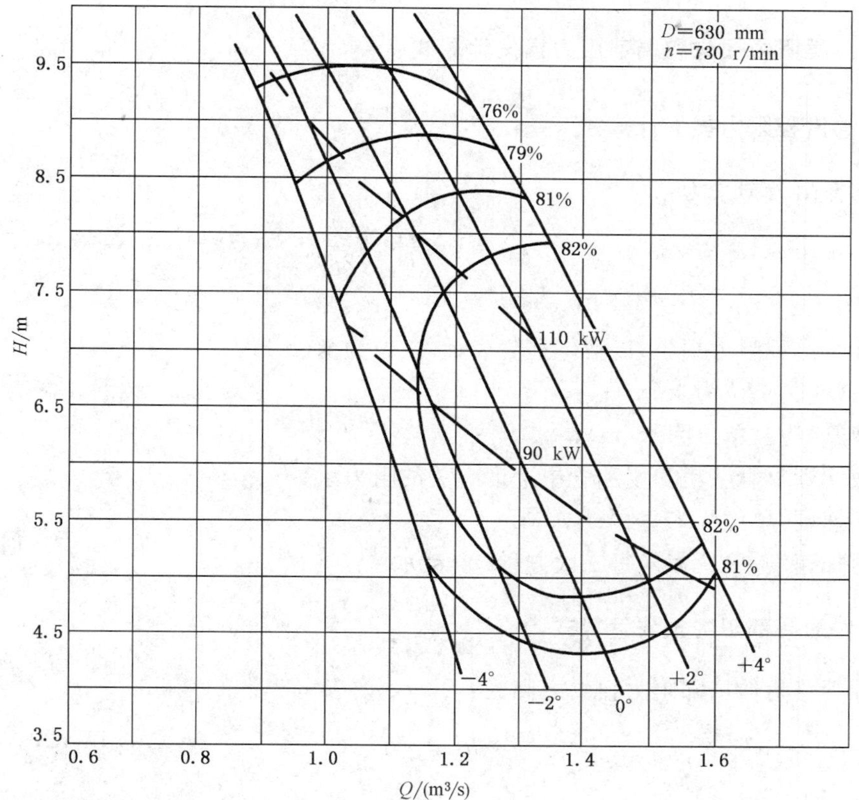

"——"为 H-Q 扬程与流量关系曲线；

"– –"代表的是等功率曲线；

"⌒"代表为等效率曲线。

图 E.2 轴流泵性能曲线图

E.2.3 混流泵的性能特点

混流泵的特点有：

a) 扬程、流量介于离心泵和轴流泵；

b) 相对于离心泵，效率较高。

混流泵应用于扬程较高、流量大的场所，如电站冷却循环水泵、炼钢厂循环水泵、地下排水泵等。

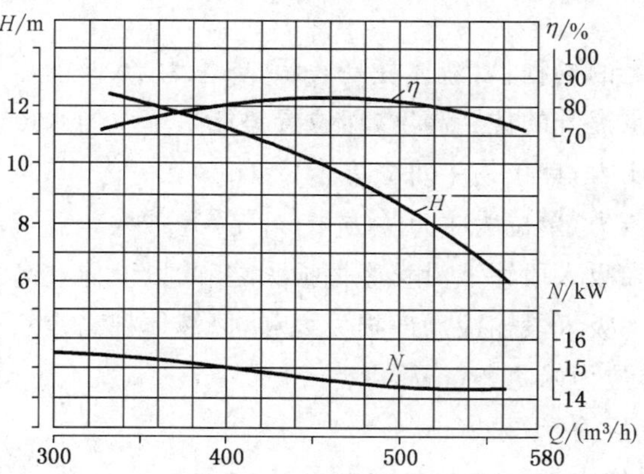

图 E.3 混流泵性能曲线

E.3 输液管的沿程阻力损失和局部阻力损失计算式

E.3.1 输液管的沿程阻力损失计算式

沿程水力摩擦阻力损失为：

$$h_L=\lambda\times\frac{L}{D}\times\frac{v^2}{2g} \qquad \cdots\cdots(E.2)$$

式中：

h_L——输液管沿程阻力损失，以液体柱高表示，单位为米(m)；

L——输液管长，单位为米(m)；

D——输液管直径，单位为米(m)；

λ——输液管管材管壁粗糙度和管中速度有关的阻力系数；

v——管中速度，单位为米每秒(m/s)；

g——重力加速度，单位为米每二次方秒(m/s^2)。

E.3.2 管路附件的局部阻力损失计算式

管网中各种管路附件局部阻力损失之和为：

$$\sum h_\xi=\sum\xi\frac{v^2}{2g} \qquad \cdots\cdots(E.3)$$

式中：

$\sum h_\xi$——管网中各种管路附件阻力损失，以液体柱高表示，单位为米(m)；

$\sum\xi$——管网中各种管路附件的阻力系数之和；

v——输液管中速度，单位为米每秒(m/s)；

g——重力加速度，单位为米每二次方秒(m/s^2)。

E.4 泵系统管网的性能曲线

泵扬程的计算式为：

$$H=Z+\frac{p_2-p_1}{\gamma}+\sum h_L+\sum h_\xi+\frac{v_2^2-v_1^2}{2g} \qquad \cdots\cdots(E.4)$$

式中：

H——将要选择泵应足的扬程，以液体柱高表示，单位为米(m)；

Z——计划要求选择泵提升的位置高度(即位置势能)，单位为米(m)；

p_1——泵进口要求的压力，单位为牛每立方米(N/m^3)；

p_2——泵出口要求的压力，单位为牛每立方米(N/m^3)；

$\sum h_L$——管网中输出段和吸入段输液沿程摩擦损失之和，以液体柱高表示，单位为米(m)；

$\sum h_\xi$——管网中输出段和吸入段输液局部损失之和，以液体柱高表示，单位为米(m)；

v_1——泵进口速度，单位为米每秒(m/s)；

v_2——泵出口速度，单位为米每秒(m/s)；

g——重力加速度，单位为米每二次方秒(m/s^2)；

γ——输送液体重率，单位为牛每立方米(N/m^3)。

式(E.4)中的$\sum h_L$、$\sum h_\xi$、$\frac{v_2^2-v_1^2}{2g}$可分别写成：

$$\sum h_L = \sum \lambda \frac{L}{D} \frac{v^2}{2g} = S_1 Q^2 \qquad \text{(E.5)}$$

$$\sum h_\xi = \sum \delta \frac{v^2}{2g} = S_2 Q^2 \qquad \text{(E.6)}$$

$$\frac{v_2^2 - v_1^2}{2g} = S_3 Q^2 \qquad \text{(E.7)}$$

则

$$H = Z + \frac{p_2 - p_1}{\gamma} + SQ^2 \qquad \text{(E.8)}$$

$$S = S_1 + S_2 + S_3 \qquad \text{(E.9)}$$

其中，S、S_1、S_2、S_3 为常系数。因此得到管网系统扬程与流量之间的函数式绘成曲线，通常称为管网的系统性能曲线，即管网所需扬程与流量之间的关系曲线，如图 E.4 所示。

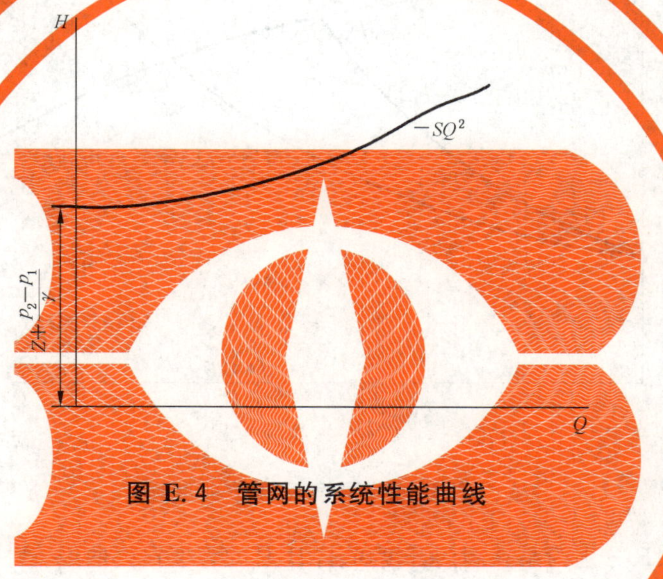

图 E.4　管网的系统性能曲线

E.5　泵的工作点

泵的工作点即泵系统运行时泵性能曲线（扬程与流量之间的关系曲线）与泵系统性能曲线的交点。其物理意义在于泵系统输送流量所需的扬程与泵供给的扬程相等。工作点的流量为泵系统运行时实际的流量。工作点的流量应与设计中计划的流量相近，工作点对应的泵效率应接近于选用泵的额定效率。泵的性能曲线由供泵的制造厂提供，因此同一套管路系统，选用不同型号或者不同制造厂的泵，工作点的流量可能不相同。同一泵不同管网系统或者不同工作状况（如扬程中不同输液提升高度不同的泵出口压力都会有不同的工作点）。

E.6　泵运行工况的调节

泵系统中改变管网性能曲线或者泵性能曲线，改变泵运行工作点，从而进行工况调节。

E.6.1　闸阀调节

闸阀调节事实上是改变泵系统中管网性能曲线从而改变泵的工作点。

改变阀门开度事实上是改变阀门的阻力系数，如图 E.5 中 S_A 是工作点 A 时管网（包括阀门阻力）的阻力系数，S_B 是工作点 B 时管网（包括阀门阻力）的阻力系数。

$$H=Z+\frac{p_1-p_2}{\gamma}+SQ^2 \qquad \cdots\cdots(\text{E}.10)$$

式中：

Z ——位置高度水泵管道进出的位置高差；

$\frac{p_1-p_2}{\gamma}$ ——水泵管道进出的压力差；

SQ^2 ——水泵输水管道的损失。

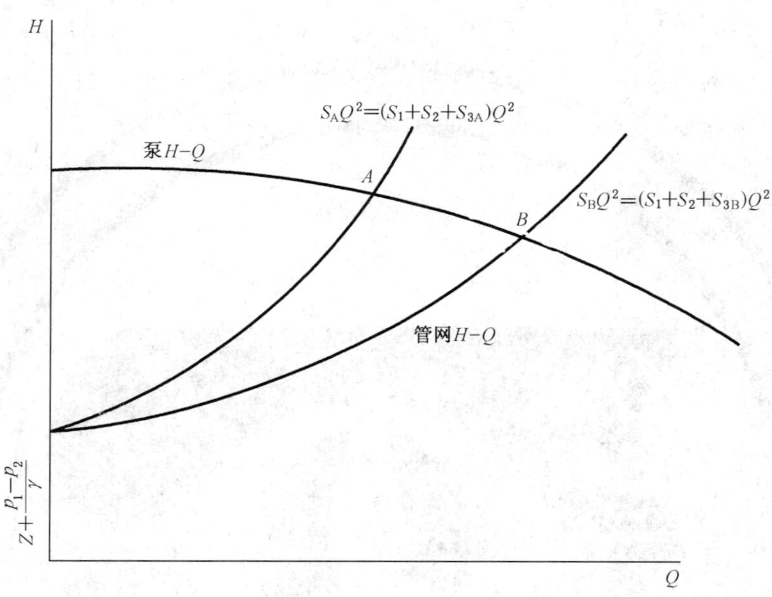

图 E.5 泵闸阀调节曲线图

图 E.5 中曲线 A、B 分别为泵在阀门开度 A 与 B 时的管道损失曲线。

E.6.2 泵的变速调节

根据泵性能的比例律：

$$\frac{Q_1}{Q_2}=\frac{n_1}{n_2};\frac{H_1}{H_2}=\frac{n_1^2}{n_2^2};\frac{N_1}{N_2}=\frac{n_1^3}{n_2^3} \qquad \cdots\cdots(\text{E}.11)$$

式中：

Q_1——泵转速 n_1 时的流量，单位为立方米每秒(m^3/s)或升每秒(L/s)；

Q_2——泵转速 n_2 时的流量，单位为立方米每秒(m^3/s)或升每秒(L/s)；

H_1——泵转速 n_1 时的扬程，单位为米(m)；

H_2——泵转速 n_2 时的扬程，单位为米(m)；

N_1——泵转速 n_1 时的轴功率，单位为千瓦(kW)；

N_2——泵转速 n_2 时的轴功率，单位为千瓦(kW)；

n_1 ——泵转速，单位为转每分(r/min)；

n_2 ——泵转速，单位为转每分(r/min)。

泵变速调节曲线图见图 E.6。

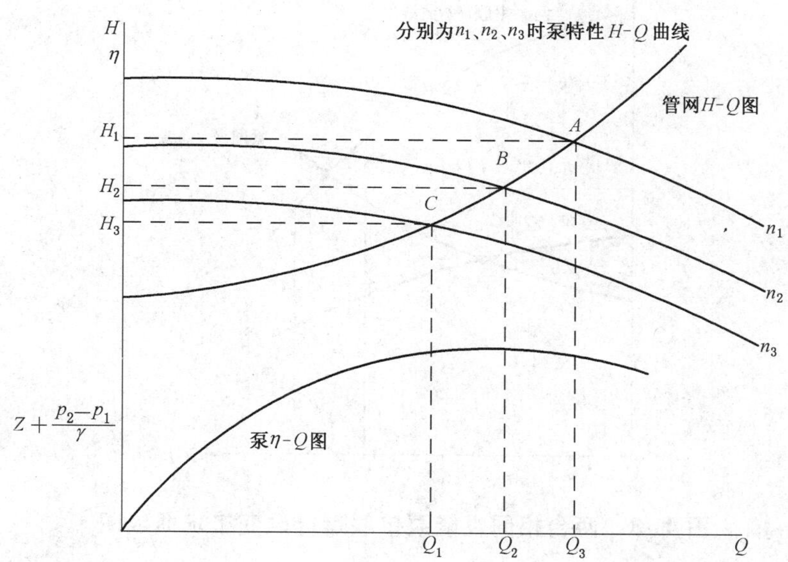

图 E.6 泵变速调节曲线图

图 E.6 中 A、B、C 三个工作点分别为 n_1、n_2、n_3 三种转速的泵 H-Q 性能曲线与管网 H-Q 曲线的交点。

E.6.3 泵的并联调节

泵的并联调节一般采用同型号的泵并联。两台相同性能泵并联运行改变工况曲线见图 E.7。

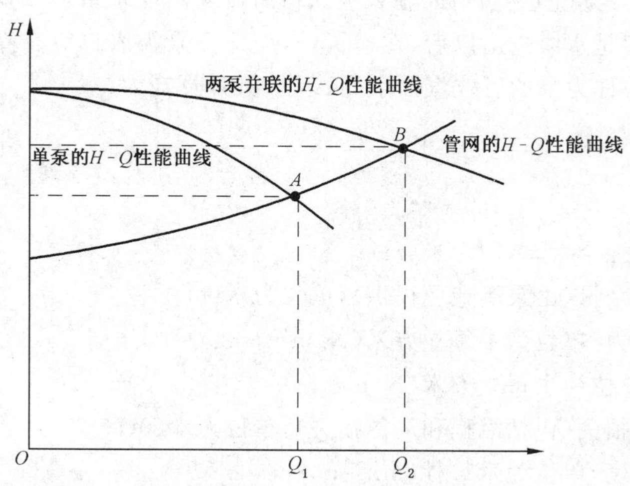

图 E.7 两台相同性能泵并联运行改变工况曲线

图 E.7 中 A 点为单泵性能曲线与管网 H-Q 曲线的交点即单泵的工作点，B 点为两泵并联后性能曲线与管网 H-Q 曲线的交点即并联泵的工作点。

泵并联性能曲线绘制为等扬程两泵的流量叠加。

叠加后并联性能曲线与管网性能曲线的交点为新并联后的工作点。

E.6.4 泵的串联调节

泵串联的调节通常也采用同型号的泵串联。两台相同性能泵串联运行改变工况曲线图见图 E.8。

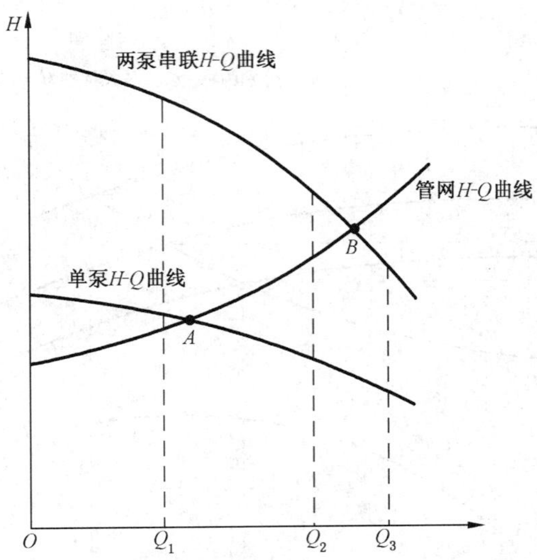

图 E.8 两台相同性能泵串联运行改变工况曲线图

图 E.8 中 A 点为单泵性能曲线与管网 H-Q 曲线的交点即单泵不串联的工作点；B 点为两泵串联后性能曲线与管网 H-Q 曲线的交点即两泵串联后的工作点。

串联后的性能曲线为同流量下两泵扬程叠加后绘出的性能曲线。

串联后 H-Q 性能曲线的交点为新的串联后的工作点。

E.7 汽蚀余量 Δh 及汽蚀比转速 C

汽蚀余量 Δh 是泵为了防止产生汽蚀，在泵吸入口所需要的能量富裕 Δh_r，在选择泵时应尽量选用 Δh_r 小的更安全、经济。但是水泵选出以后，在运行中，应保证泵吸入口应有高于 Δh_r 的能量富裕，保证泵的安全、经济运行，通常称为泵的有效汽蚀余量 Δh_a。其计算式为：

$$\Delta h_a = 10 - \frac{p_v}{\gamma} - h_{ls} - \frac{v_s^2}{2g} > \Delta h_r \quad \cdots\cdots\cdots\cdots (E.12)$$

式中：

Δh_a——泵的有效汽蚀余量，单位为米(m)；

Δh_r——泵基本汽蚀余量(由泵制造厂提供)，单位为米(m)；

p_v ——当地汽化压力，单位为牛每立方米(N/m^3)；

γ ——液体重率，单位为牛每立方米(N/m^3)；

h_{ls} ——吸入管内的损失(包括沿程和局部损失)，单位为米(m)；

v_s ——吸入口的速度，单位为米每秒(m/s)；

g ——重力加速度，单位为米每二次方秒(m/s^2)。

有时简单提出 $\Delta h_a = \Delta h_r + (0.5 \sim 1.5)$m。

表示泵的汽蚀性能好坏的参数量也用汽蚀比转速 C，其计算式为：

$$C = \frac{5.62n\sqrt{Q}}{\Delta h_r^{3/4}} \quad \cdots\cdots\cdots\cdots (E.13)$$

式中：

C ——泵汽蚀比转速，单位为转每分(r/min)；

n ——泵转速，单位为转每分(r/min)；

Q ——泵流量，单位为立方米每秒(m^3/s)；

Δh_r——泵基本汽蚀余量，单位为米(m)。

从式(E.13)中看出，若同规格的二台泵(即同流量同扬程，同转速)，C 值愈高，Δh_r 愈小，要求的有效汽蚀余量 Δh_a 愈小，对防止发生汽蚀愈有利，所以说汽蚀性能愈好。同样，若同规格的二台泵(同流量，同扬程)，C 值愈高，若 Δh_r 相同，允许泵的转速愈高，效率可能愈高，泵的体积愈小，愈节能。

附 录 F
（资料性附录）
空气压缩机的特性及相关设备

F.1 空气压缩机的分类与特性

F.1.1 空气压缩机分类

根据工作原理不同，空气压缩机可分为容积型和动力型两大类，如图F.1所示。容积型空气压缩机把一定容积的空气先吸入到气缸里，在气缸中强制缩小其容积，当达到一定压力时气体便被强制从气缸中排出。容积型空气压缩机可细分为许多种类，其中往复式及螺杆式空气压缩机应用最广。动力型空气压缩机，又称速度型空气压缩机，其工作原理是将气体的动能转化为压力能，主要有离心式和轴流式两种，其中离心式空气压缩机较常见。下面各节将对目前工业中应用比较广泛的空气压缩机进行简要介绍。

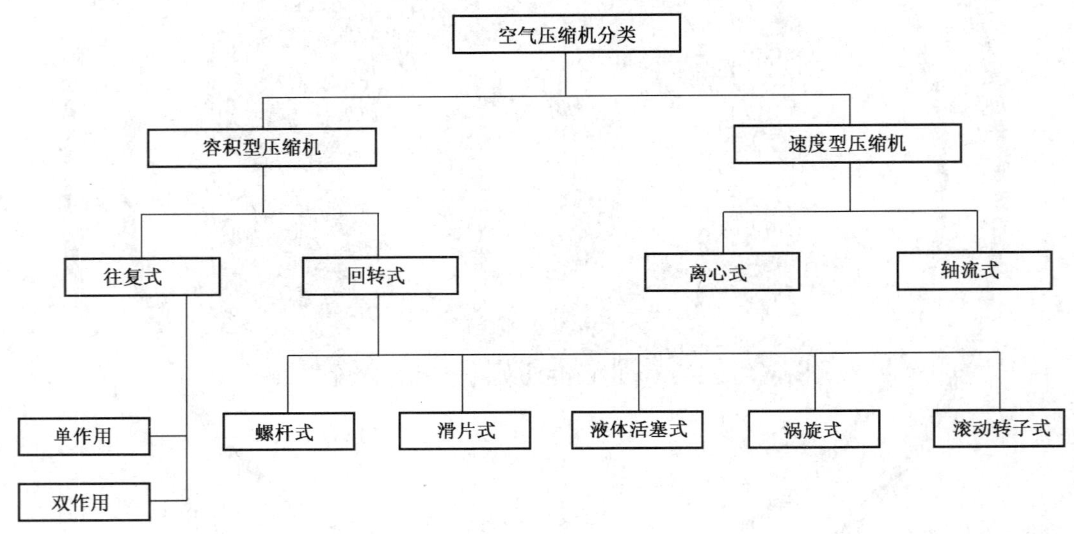

图F.1 空气压缩机分类

F.1.2 往复式空气压缩机

往复式空气压缩机是以汽缸内的一个活塞作为压缩位移的原件，将封闭在一个密闭空间内的空气逐次压缩，缩小其体积并提高压力来完成压缩过程的。根据压缩机级数不同，往复式空气压缩机分为单级空气压缩机和多级空气压缩机，多级空气压缩机以两级为主。单级往复式空气压缩机吸入空气并直接将其压缩到最终用气压力，其压缩比是最终排气绝对压力与进气口绝对压力之比，0.75 MPa表压（0.85 MPa绝对压力）的空气压缩机的压缩比为8.5。两级空气压缩机分两步将吸入的空气压缩到最终压力，每级压缩比是总压缩比的平方根，排气压力为0.75 MPa（表压）时每级的压缩比为2.92。三级压缩空气压缩机的每级压缩比是总压缩比的立方根。空气压缩机所消耗的功率与压缩空气质量和压缩比有关，具有8.5压缩比的单级空气压缩机比每级压缩比为2.92（总压缩比5.84）的两级压缩空气压缩机在压缩相同体积的空气时需消耗更多的能量。

往复式空气压缩机可进一步分为单作用和双作用往复式空气压缩机，当压缩过程仅靠活塞的一侧来完成时称为单作用往复式空气压缩机，靠活塞的两头来完成时称为双作用往复式空气压缩机。双作用往复式空气压缩机比单作用空气压缩机具有更高的运行效率，通常情况下，单作用空气压缩机的比功率范围为 7.8 kW/(m^3/min)～8.5 kW/(m^3/min)，双作用空气压缩机为 5.3 kW/(m^3/min)～5.7 kW/(m^3/min)。

往复式空气压缩机的设计特性限制了其总效率的发挥，这是因为在活塞表面和压缩腔顶部之间存在余隙，该空间使得被压缩的空气将会在吸入行程重新膨胀，会占据汽缸内本该通过进气阀进入的环境空气的体积。另外，这种已经被加热的压缩空气会对进气口的空气进行预热，降低了进入汽缸的气量。阀门和活塞密封环是易损件，当阀门和密封环经过磨合密封良好时，往复式压缩机的使用效率是最高的。如果阀门和密封环发生磨损并丧失密封能力，空气或气体会泄漏而降低空气压缩机的效率。

F.1.3 螺杆式压缩机

螺杆式压缩机是一种转子做高速旋转运动的容积型压缩机，目前在工业领域中应用非常广泛。螺杆式压缩机的机体内部空腔是两个轴线相互平行的圆柱形孔连成的空间。两个转子分别安装在机体内两圆柱形孔中，节圆外具有凸齿的转子称为阳转子，节圆内具有凹齿的转子称为阴转子。阴、阳转子上的螺旋体分别称为阴螺杆和阳螺杆。在压缩过程中，阴螺杆在经过空气入口时将外界空气吸入压缩机，然后转过空气入口与阳螺杆一起完成空气压缩，再继续转动阴螺杆与空气出口接通，压缩空气从空气出口排出，其工作原理如图 F.2 所示。

图 F.2 螺杆式空气压缩机工作原理图

螺杆式空气压缩机可分为单级和两级螺杆式空气压缩机。两级螺杆式空气压缩机的空气压缩过程分两级完成，在吸气和排气压力相同的情况下，总压缩比低于单级压缩空气压缩机，由于压缩气体所消耗的功率是总压缩比和质量流量的函数，因此在压缩相同质量流量的压缩空气时，两级压缩空气压缩机的效率高于单级压缩空气压缩机。

螺杆式空气压缩机又可分为喷油型和无油型两种。喷油螺杆式空气压缩机主要用于普通工业供气场合，无油型螺杆空气压缩机通常用于食品、制药以及电子等行业。喷油型和无油型螺杆空气压缩机的压缩原理基本一致，不同之处在于无油螺杆式空气压缩机没有润滑剂进入压缩腔。

无油螺杆式空气压缩机有干式和水润滑两种类型：

a） 干式无油螺杆式空气压缩机

由于没有液体带走压缩产生的热量，所以多采用两级压缩，两级之间有冷却器，第二级后有后冷器。由于缺乏液体密封，其转速比喷油螺杆式空气压缩机要高。单级压缩干式无油螺杆空气压缩机的排气压力可达到 0.35 MPa，两级压缩可达到 1 MPa。

b） 水润滑无油螺杆式空气压缩机

由于有水进入压缩腔，在起到密封作用的同时可带走空气压缩过程中产生的热量，只要单级压缩排气压力就可达到 0.69 MPa～1 MPa。

一般而言，喷油螺杆式空气压缩机的比功率范围为 5.7 kW/(m^3/min)～6.7 kW/(m^3/min)，无油螺杆式空气压缩机的比功率范围为 6.4 kW/(m^3/min)～7.8 kW/(m^3/min)。

螺杆式空气压缩机的控制方法主要有如下几种：

a) 加载/卸载

加载/卸载控制是螺杆式空气压缩机最早使用的控制方法之一，压力控制范围约为 0.07 MPa～0.1 MPa。空气压缩机将运行在全容量下，直到检测到系统压力达到压力开关的最高压力设定点。当该设定点达到时，发出一个信号关闭进气阀，同时释放一些或全部润滑油分离器的压力。通过关闭进气阀，压缩机就可空载运行。当系统压力降低到更低的压力设定点时，发出信号重新打开进气阀，同时压缩机再次在满载条件下运行。如果压缩空气系统具有足够的压缩空气存储容量，这种控制可充分满足系统要求；系统中没有足够的储气容量，加载/卸载控制会导致比预计值更高的能耗，系统压力波动比较频繁，从而降低了设备的使用寿命。加载/卸载控制空气压缩机负荷功率对比曲线如图 F.3 所示。

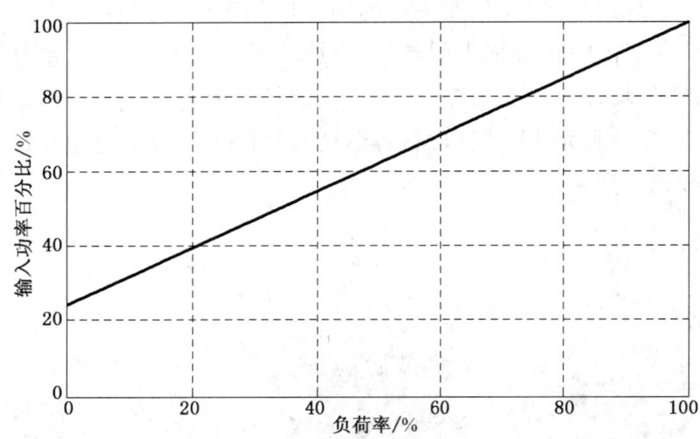

图 F.3 加载/卸载控制空气压缩机负荷功率对比曲线

在多台空气压缩机并联运行时，空气压缩机的数目会受到最大允许的系统压力波动范围限制。由于每个加载/空载机械在最大和最小压力点设定点与最近的压缩机至少具有 0.014 MPa 的差压，按这种方式进行分级，原来设计的在 0.69 MPa 和 0.75 MPa 间运行的系统，在增加压缩机之后系统压力波动范围将进一步增加而导致系统平均供气压力上升，空气压缩机的运行功率也会随之增加。

b) 恒压(调节)控制方式

加载/卸载控制的系统压力波动范围约为 0.07 MPa，这种压力波动在大多数场合对于设备运行是不利的，因为空气设备的效率对于每个 0.07 MPa 的供气压力都会发生 1%和 1.4%的变化。在系统存储容量较小的情况下，加载/卸载控制会产生频繁的压力波动和进气阀磨损。恒压(调节)控制的空气压缩机通过最低限度的阀门动作保证系统供气压力的稳定，从而解决了这两个问题。但对于恒压控制的空气压缩机，增加储气罐的容量不会产生与加载/卸载空气压缩机相同的节能效果。恒压控制空气压缩机负荷功率对比曲线见图 F.4。

压缩气体所要求的功率与气体质量流量和压缩比有关。系统压力上升时空气压缩机进气阀关小，空气压缩机流量降低，压缩比增加。调节空气压缩机部分载荷操作运行需要的功率较大，效率明显降低。在多台空气压缩机应用场合，调节压缩机运行受到作为加载/空载压缩机机器数目的相同限制。多台空气压缩机在相同时间低于满载运行使系统压力非常稳定，但使用效率非常低。

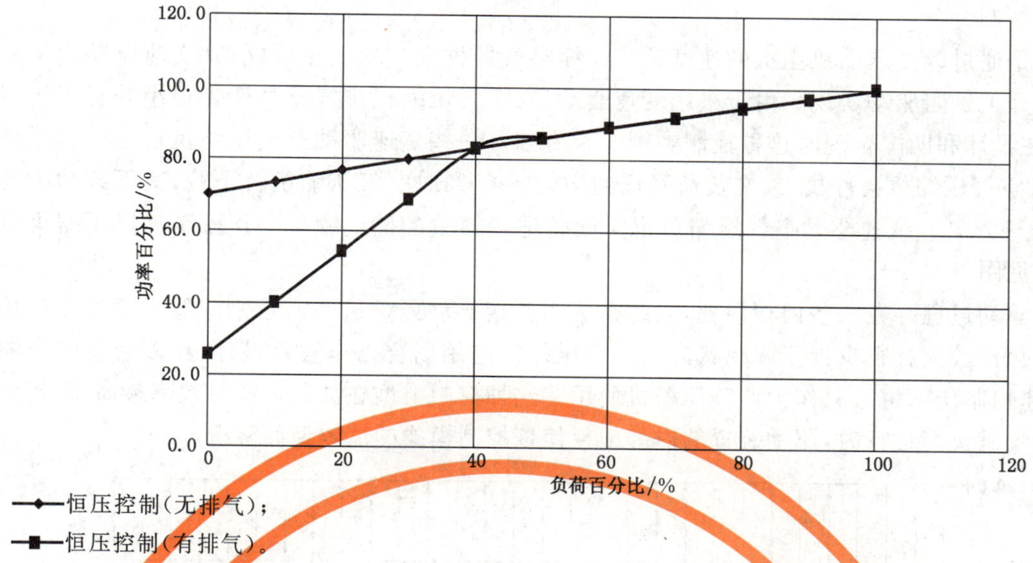

图 F.4　恒压控制空气压缩机负荷功率对比曲线

c)　转子长度控制装置

转子长度控制可使空气压缩机在压缩比不增加的情况下实现空气压缩机输出与系统要求相匹配。通过有效控制转子压缩区域的长度,空气压缩机可在50%～100%容量的范围内保持进气压力和压缩比非常稳定。该种控制方法由于在降低空气质量流量时压缩比不增加,所以在部分负荷运行时,比调节控制和加载/卸载控制空气压缩机在效率上具有一定的优势。当空气压缩机负荷低于50%时,空气压缩机首先进行入口阀恒压控制,控制范围一直到入口阀完全关闭,或者当负荷低于40%时空气压缩机进行下载。转子长度控制空气压缩机负荷功率对比曲线见图F.5。

目前,转子长度控制主要有回转阀、螺旋阀、步进控制阀、提升阀等方法,所有控制类型在部分负载运行范围的一些点都能比调节控制装置或者加载/卸载控制装置提供更高的效率,但各种类型转子长度控制的设计和制造在运行和效率上不尽相同。其中,回转阀和螺旋阀在设计本质上基本完全一致,步进控制阀和提升阀控制原理与回转阀和螺旋阀相似,但控制精度更高。

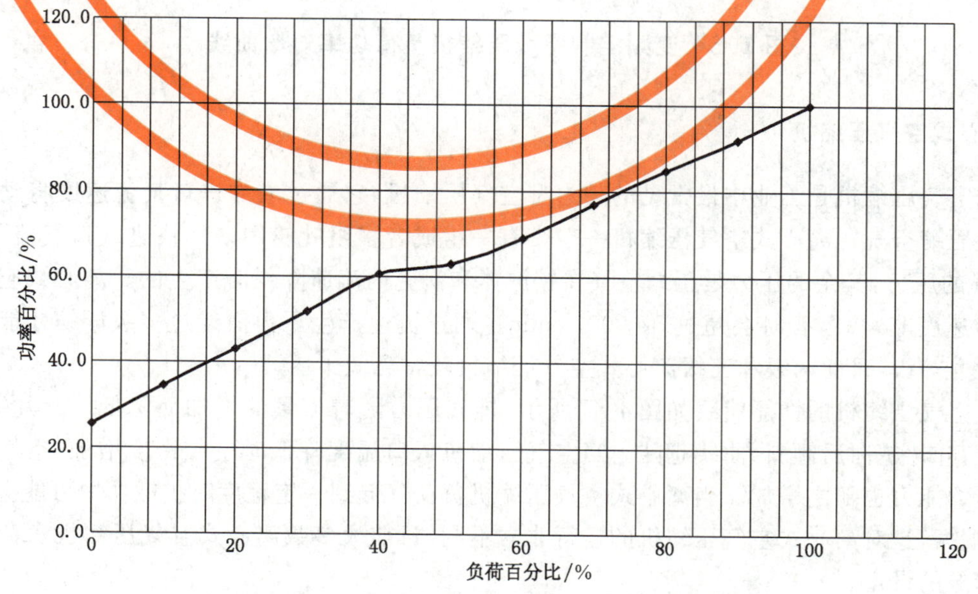

图 F.5　转子长度控制空气压缩机负荷功率对比曲线

d) 变速控制

变速控制是通过改变压缩机主机的速度来使压缩空气的供气与用气相匹配的，变速驱动通常采用变频驱动或者开关磁阻驱动实现。由于采用变速驱动后，空气压缩机排气压力变化很小并且进气口压力非常恒定，在设计和匹配合理时这种控制类型非常有效。一些变速驱动空气压缩机在电机转速降低到20%左右时空气压缩机会停机，或在负荷降低到40%～50%时空气压缩机会下载，其下载功率为加载功率的10%～15%。变速驱动空气压缩机也需配备适当容量的储气罐。变频控制空气压缩机负荷功率对比曲线见图F.6。

由于变速驱动过程存在一些内在损耗，因此在选用变速驱动压缩机时需特别注意。变速驱动控制模式在负荷变化比较大且很少处于满载状态的单个压缩机应用场合工作效果最佳，在多台空气压缩机应用场合，变速控制压缩机应只作为调节压缩机使用。这种控制类型在部分负载时效率最高，但当空气压缩机处于连续满负荷运行时，驱动装置的内部损耗使该控制模式的能效反而降低。

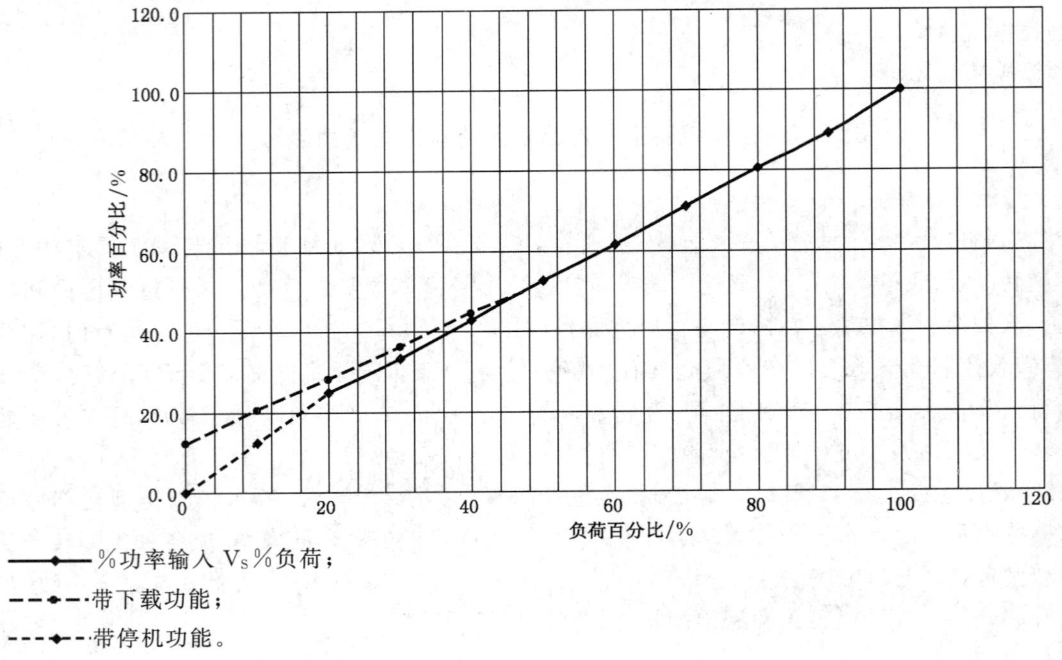

图 F.6 变频控制空气压缩机负荷功率对比曲线

F.1.4 离心式空气压缩机

离心式空气压缩机是工业中最常见的动力型空气压缩机，它通过增加进口气流速度将动能转化成压力来产生压缩空气。离心式空气压缩机一般带有一组或者多组叶轮用来加快进气口气流，叶片可产生大约50%的压力，其余的压力是压缩空气在扩散体和涡壳内流速降低时产生的。离心式空气压缩机的叶轮旋转速度非常高，有时会超过50 000 r/min。通过流速产生压力需经过多级压缩才能达到工厂所需要的压力等级，目前两级和三级离心式空气压缩机较常见。

离心式空气压缩机的性能曲线如图F.7所示，排气压力随着流量的增加而降低。叶片数量越多，曲线越平坦；叶片越向后倾斜，曲线越陡。当空气压缩机入口温度降低时空气密度增加，空气压缩机质量流量和压力能力也随之增加。当离心式空气压缩机负荷降低到一定程度时扩散器中可能会产生回流现象，称为喘振，这对离心式空气压缩机的运行非常不利，目前大多数离心式空气压缩机负荷控制系统具有控制喘振的设定。

当系统流量需求比较大时通常会采用离心式空气压缩机，其流量可达3 000 m^3/min，甚至更大，其比功率范围约5.7 kW/(m^3/min)～7.1 kW/(m^3/min)。当离心式空气压缩机容量超过45 m^3/min时，且作为基本负载运行时，离心式空气压缩机在效率和运行成本方面比大型的螺杆式空气压缩机才具备一些优势。另外，离心式空气压缩机流量应在设计点附近才能保持良好的功能，不应当在用气量波动的场合使用。

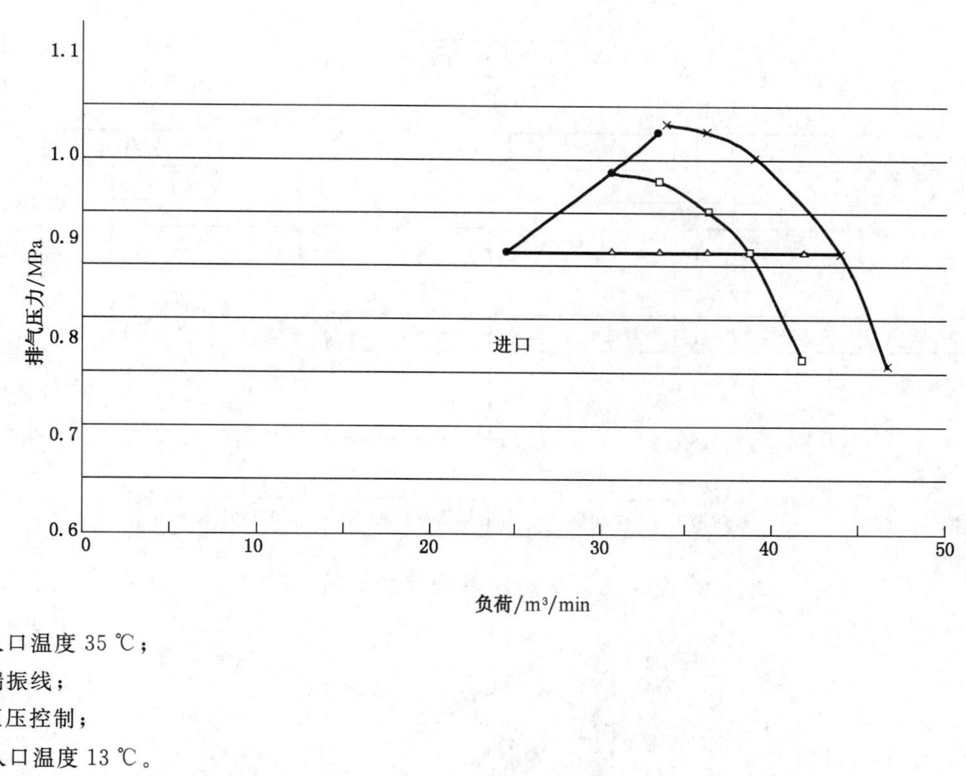

图 F.7 离心式空气压缩机性能曲线

F.2 空气后处理设备

F.2.1 干燥机

F.2.1.1 干燥机的用途

压缩空气的许多应用场合对含水量都有明确要求，空气处理的首要任务是除去压缩空气中的水，达到干燥程度的要求。一台额定产气量为 5 m^3/min 的空气压缩机在入口温度为 20 ℃，70%相对湿度和 1 个大气压时，一天会压缩水蒸汽产生 30 L 的水，其中约 20 L 的水会在空气压缩机内部的后冷器中冷凝（假设排气压力为 0.7 MPa，空气压缩机出口温度为 30 ℃），干燥机的作用就是将剩余 10 L 水的大部分除去，以满足工艺对压缩空气的需求。干燥机类型很多，分别采用不同的干燥方法对压缩空气进行干燥，如图 F.8 所示。下面介绍几种较常用的干燥机。

F.2.1.2 冷冻式干燥机

冷冻式干燥机采用降温结露的工作原理，主要由热交换系统、制冷系统和电气控制系统三部分组成。压缩空气首先进入冷热空气交换器，和已经被蒸发器冷却到压力露点的冷空气进行热交换，之后压缩空气进入蒸发器，与制冷剂进行热交换，压缩空气的温度降至 3 ℃～5 ℃，空气中的水分析出，通过气水分离器后经过自动排水器排出，而干燥的低温空气进入冷热空气交换器进行热交换，温度升高后输出，原理如图 F.9 所示。

虽然经过冷冻式干燥机处理后的压缩空气压力露点一般仅为 3 ℃～5 ℃，没有其他类型的干燥机低，但这个露点已经能满足一般的工厂要求。由于具有投资少和运行费用低等优点，冷冻式干燥机目前在工业中应用非常广泛。

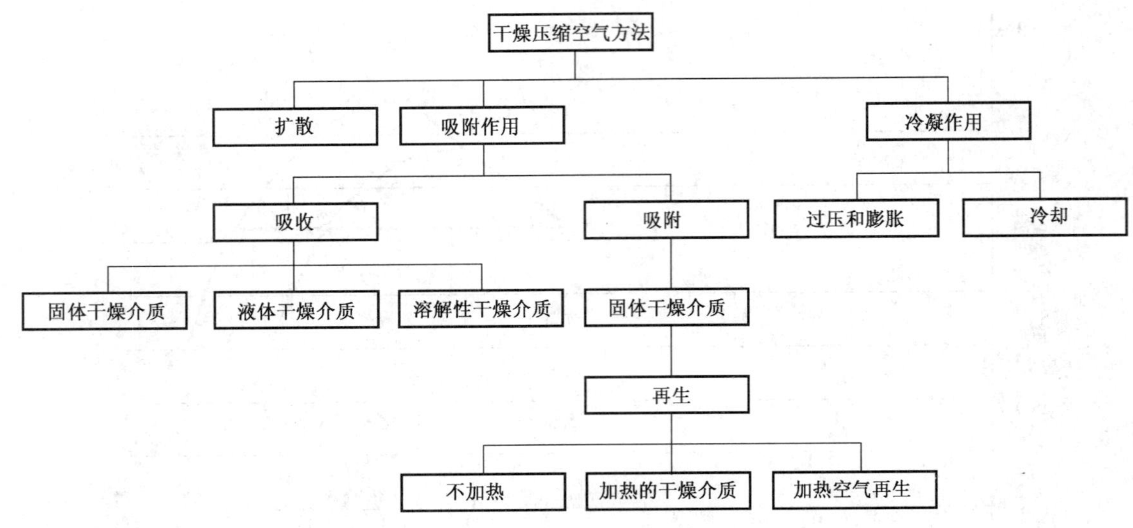

图 F.8　干燥压缩空气的方法

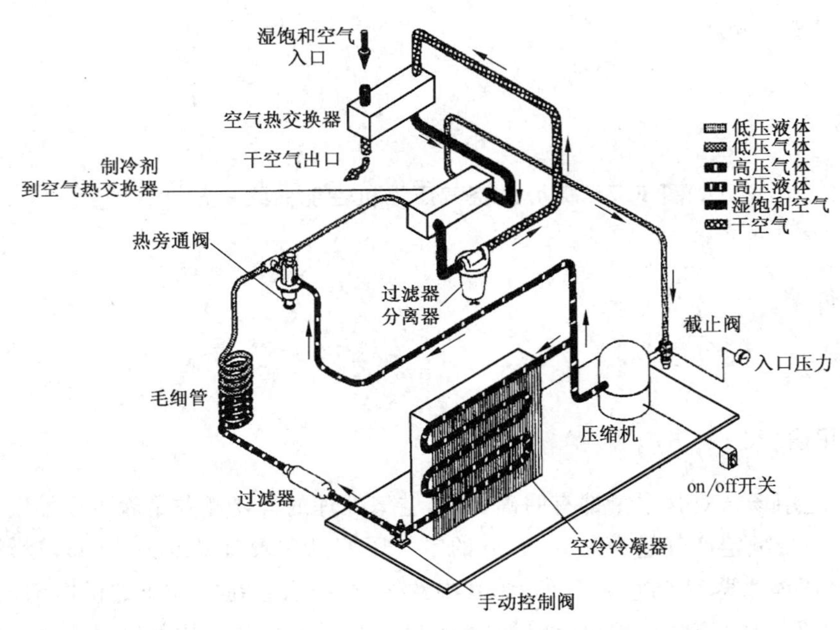

图 F.9　冷冻式干燥机流程图

F.2.1.3　吸附式干燥机

吸附式干燥机利用物理方法对压缩空气进行干燥，原理为：当未经干燥的压缩空气与吸附剂充分接触时，空气中的水分子扩散到吸附剂上并因范德华引力而被吸附。与此同时，被吸附的水分子因本身的热运动及外界气态分子碰撞，有一部分离开吸附剂表面返回气相，即发生脱附。当同一时间内水分子的吸附量与脱附量相等时，就达到一个动态吸附平衡，此时吸附与脱附过程均在进行，但速度相等，这种动态吸附平衡是在一定温度与压力条件下建立的。吸附式干燥机一般采用双塔式，一塔进行吸附，另一塔进行再生。再生周期的控制方法主要有三种:根据预设的周期进行循环;根据干燥塔内空气的温度和湿度进行循环;根据离开干燥塔的空气的露点进行循环。根据再生方式的不同吸附式干燥机可分为无热再生式干燥机、内部加热再生式干燥机和外部加热再生式干燥器。

无热再生式干燥机没有内置或外置加热器,其再生气量为干燥机额定处理气量的10%～18%。如果增加露点控制器,在一定时期内可显著节省再生气量消耗。一般而言,这种干燥机在入口压力为0.7 MPa时,压力露点可达－40 ℃,甚至可达－70 ℃。典型的无热再生式干燥机流程如图F.10所示。

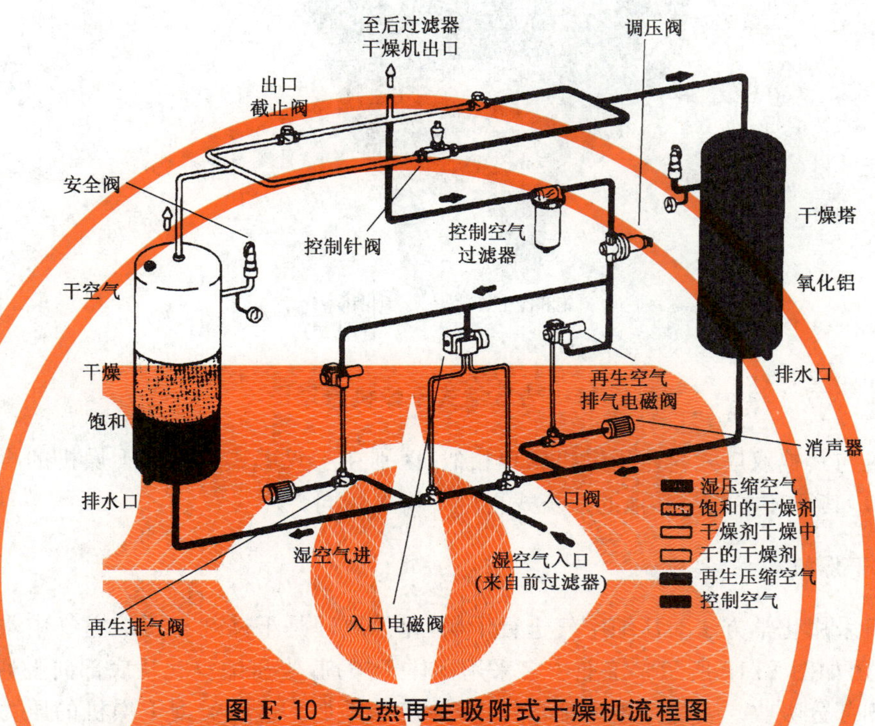

图 F.10　无热再生吸附式干燥机流程图

内部加热再生式干燥机用蒸汽或电加热器加热干燥剂床,减少用于再生空气的消耗约5%。

在外部加热的再生式干燥机中,再生空气被加热到合适的温度,然后通过干燥剂床,再生气量大约为流过干燥机气量的5%～8%。

为保证干燥剂免受压缩空气从空气压缩机中带出的润滑油污染而影响干燥效果,在干燥机上游通常安装过滤器。为保护干燥机下游过滤器免受干燥剂粉末的影响,在干燥机下游建议安装颗粒过滤器。

F.2.1.4　压缩热式干燥机

压缩热式干燥机是利用空气在压缩过程中产生热量使干燥剂再生。在离心式空气压缩机或无油螺杆式空气压缩机中应用可达到很好的节能效果。热压缩式干燥机分为转桶式和双塔式两种类型,其中转桶式干燥机露点会受到冷却水温度的影响,可达－15 ℃～－40 ℃,双塔式干燥机可达－40 ℃。

转桶式压缩热式干燥机可对压缩空气进行连续干燥,没有中间的切换过程。干燥是在一个压力容器进行的,干燥鼓在压力容器内旋转把压缩空气气流分成两部分,一股气流直接来自于压缩机出口后冷器之前,用于再生。另一股气流是压缩机排出压缩空气的剩余部分,经后冷器到达这里,经干燥床后被干燥,之后两部分气流会合。转桶式压缩热式干燥机的原理如图F.11所示。

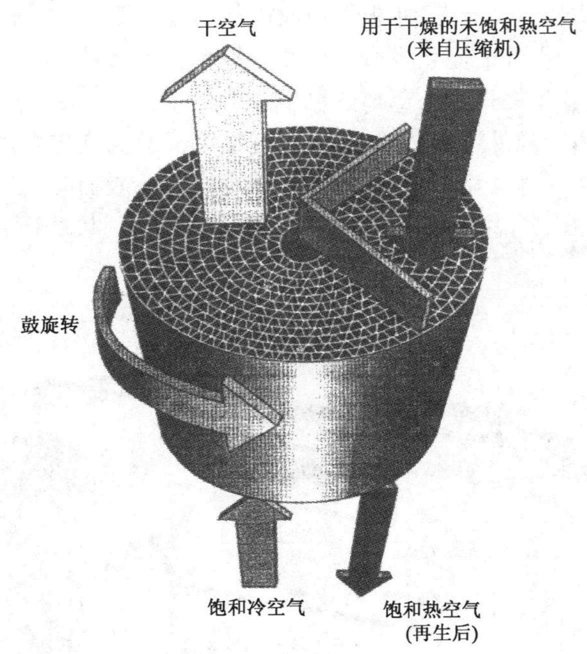

图 F.11　热压缩式干燥机原理图

双塔式干燥机与其他双塔式再生干燥机原理相似，区别在于双塔式压缩热干燥机的再生热空气来自空气压缩机出口，其循环方式与其他的双塔式再生干燥机相同。

F.2.1.5　吸收式干燥机

吸收式干燥机采用化学方法对压缩空气进行干燥，化学原理是干燥剂与压缩空气中水蒸汽发生化学反应，原理流程图如图 F.12 所示。工业中多采用固体干燥剂，当压缩空气从底部向上通过干燥剂床时水蒸汽被干燥剂部分吸收。干燥剂被逐渐消耗，需要定期添加。这种类型干燥机的压力露点约可达 15 ℃，只有当压缩空气在管道中不会进一步被冷却时才可考虑使用。另外，如果进气温度低于 30 ℃，干燥介质会变潮，会导致压力过大下降。

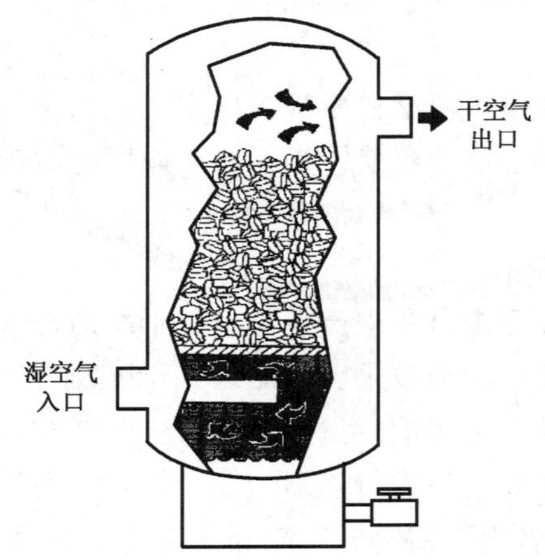

图 F.12　吸收式干燥机原理流程图

F.2.2　过滤器

过滤器在压缩空气干燥净化系统中作用关键。采用不同的过滤器可去除压缩空气中的油、固体杂质、微生物、有害气体等污染物。按用途分为：除油过滤器、除尘过滤器、除菌过滤器及专用过滤器等。

除油过滤器也称凝聚式过滤器应用最广，主要作用是去除压缩空气中的油雾(胶体)。严格的说，除尘过滤器与除油过滤器是同一类型，其区别在于除尘过滤器常用在吸附干燥器的出口处。除菌过滤器，是一种卫生级过滤器，主要去除压缩空气中的微生物，除菌过滤器前应先经过除油过滤器处理。最典型的专用过滤器是活性炭过滤器，可过滤压缩空气中的某些有害气体和异味，属于化学过滤器。

凝聚式过滤器建议安装在吸附式干燥器前，防止吸附剂床失效。压缩机下游的压缩空气过滤器常用于去除污染物，如小颗粒、冷凝物和润滑油。按工艺需要将压缩空气过滤到需要的程度将使系统的压降最小化，使能耗降到最低。根据压降来更换过滤装置，使压降和耗能最小化，至少一年检查一次。

F.2.3 排水器

F.2.3.1 手动式排水器

操作人员手动开启阀门排出冷凝水。由于需要开关阀门太频繁，手动阀往往一直被打开来排出中间冷却器、冷冻干燥器和过滤器等中产生的凝结水，会使压缩空气连续溢向大气。

F.2.3.2 机械式液位控制排水器

机械式液位控制排水器通常采用液位驱动排水开关，较常见的是浮子式排水器。浮子式排水器在正确的维护下不会浪费压缩空气，但需大量的维护工作容易会被冷凝水中的沉淀物堵塞。

F.2.3.3 时间控制排水器

时间控制排水器具有一个计时器，根据时间设定来驱动电磁阀打开和关闭。这种类型的排水器有存在两个问题：一是阀门开启时间或许不足以排出所有的水和污染物；二是在阀门打开的时间内可能需要排的水或污染物很少，压缩空气被排到大气中。

F.2.3.4 零压缩空气损失排水器

常见的零空气损失排水器有两种类型：

a) 浮子或者液位传感器控制一个电磁阀或者球阀使凝结水的液位低于排水器腔的高位点；

b) 浮子激发一个气动信号到一个气缸来驱动球阀，通过一个连接口将凝结水排至容器的低点水位。

F.3 储气罐

作为压缩空气系统供气侧的主要设备之一，储气罐的作用是存储一定量的压缩空气以备系统需要，同时可稳定系统压力波动。压缩空气用气侧的储气罐通常被称为一次储气罐，根据储气罐的位置不同分别被称为湿储气罐和干储气罐，目前大多数企业一般只配置一种类型。

湿储气罐通常位于干燥机前的空气压缩机出口，可稳定空气压缩机出口压力，防止空气压缩机的频繁加载。另外，通过辐射传热，湿储气罐可对压缩空气预冷，减少干燥机的负荷。如果系统负荷突然超过空气压缩机容量和干燥机的处理能力，会使得干燥机在短时间内超负荷工作，空气质量下降，干燥机压降增加。所以，当系统负荷比较平稳时，只配备湿储气罐较合适。

干储气罐位于干燥机下游，当系统负荷突然增加时，空气可由它提供，通过干燥机的流量仍是空气压缩机的产气量，因此干燥机过载的可能性很小，压缩空气的露点不受影响。当对空气压缩机的出口压力进行设定以保证干储气罐达到目标压力时，应要考虑干燥机和过滤器的压力损失。

为使系统更高效的运行，建议系统在干燥机前安装湿储气罐及在干燥机和过滤器后安装干储气罐。储气罐的大小，可根据系统负荷的变化按下式进行计算：

$$V=(T\times C\times P_a)/(P_1-P_2) \qquad (F.1)$$

式中：

V——储气罐体积，单位为立方米(m^3)；

T——允许压力下降的时间，单位为分(min)；

C——压缩空气流量负荷，单位为立方米每分(m^3/min)；

P_a——大气压力，单位为兆帕(MPa)；

P_1——储气罐初始压力，单位为兆帕(MPa)；

P_2——储气罐终止压力，单位为兆帕(MPa)。

另外，随着对压缩空气系统研究的深入，开始将压力流量控制系统安装于干储气罐之后，对压缩空气系统储气量进行控制，控制装置前后具有一定的压力差，这样在干储气罐中保持一定储量的压缩空气，而控制系统后的压力保持在系统可接受的尽可能低且比较稳定的压力水平，最大限度地减少人为假设用气量。

ICS 29.220.99
M 42

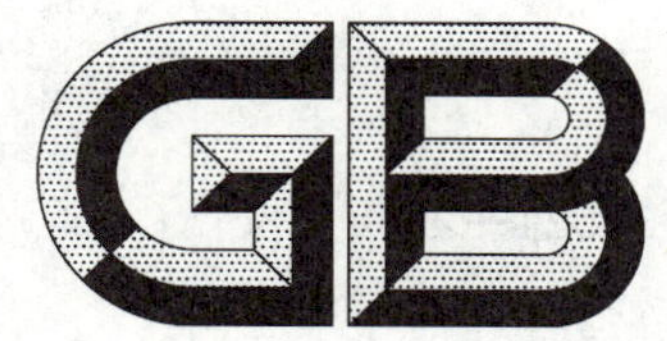

中华人民共和国国家标准

GB/T 28521—2012

通信局站用智能新风节能系统

Intelligent energy saving system by fresh air for telecommunication stations/sites

2012-06-29 发布　　　　2012-10-01 实施

中华人民共和国国家质量监督检验检疫总局
中国国家标准化管理委员会　发布

前　言

本标准按照GB/T 1.1—2009给出的规则起草。

本标准由中华人民共和国工业和信息化部提出。

本标准由中国通信标准化协会归口。

本标准起草单位：工业和信息化部电信研究院、中国移动通信集团公司、中国电信集团公司、中国联合网络通信有限公司、中讯邮电咨询设计院、中达电通股份有限公司、江苏香江方大节能有限公司、艾默生网络能源有限公司、吉林达森科技股份有限公司、广东高新兴通信股份有限公司。

本标准主要起草人：熊兰英、高建、俞龙云、杨世忠、侯福平、李峙、王殿魁、余斌、赵昕、张瑜、贾骏、刘佩春、蒋平、梁航、熊九军。

通信局站用智能新风节能系统

1 范围

本标准规定了通信局站用智能新风节能系统(简称新风系统)产品分类、主要组成部分、技术要求、试验方法、检验规则、标志、包装、运输、贮存。

本标准适用于通信局站用智能新风节能系统。

2 规范性引用文件

下列文件对于本文件的应用是必不可少的。凡是注日期的引用文件,仅注日期的版本适用于本文件。凡是不注日期的引用文件,其最新版本(包括所有的修改单)适用于本文件。

GB/T 191 包装储运图示标志

GB/T 2829—2002 周期检验计数抽样程序及表(适用于对过程稳定性的检验)

GB/T 3873 通信设备产品包装通用技术条件

GB 10080—2001 空调用通风机安全要求

YD/T 282—2000 通信设备可靠性通用试验方法

YD/T 1173—2010 通信电源用阻燃耐火软电缆

YD/T 1363.3—2005 通信局(站)电源、空调及环境集中监控管理系统 第3部分:前端智能设备协议

YD/T 1821—2008 通信中心机房环境条件要求

3 术语和定义

下列术语和定义适用于本文件。

3.1

通信局站用智能新风节能系统 intelligent energy saving system by fresh air for telecommunication stations/sites

通过智能控制将外部冷空气经过净化、处理后引入机房,排出机房内部热空气的空气调节系统。其本身不带任何制冷元件,利用室外自然冷空气实现室内风冷降温,减少局站的能耗。

3.2

标准测试工况 standard testing situation

室内温度为26 ℃～30 ℃,室内外温差为10 ℃,室内外相对湿度为45%(带过滤装置,并满足正常使用要求)。

注:室内温度为26 ℃～30 ℃是YD/T 1821—2008中规定的一、二、三类通信机房的最高温度,测试时只取其中一个温度值计算显冷量。

3.3

额定风量 normal air flow rate

在标准测试工况下,单位时间内新风系统吸入机房内的冷空气体积流量,单位为立方米每小时(m^3/h)。

3.4

消耗功率　consumed power

新风系统在标准测试工况下，新风系统在提供额定制冷量所消耗电能的总功率，单位为瓦(W)。

3.5

能效比　coefficient of performance

新风系统在标准测试工况下，提供的制冷量(W)与新风系统的消耗功率(W)之比。

4　新风系统的分类与主要组成部分

4.1　新风系统的分类

小型系统：额定风量≤3 000 m^3/h；

中型系统：3 000 m^3/h<额定风量≤9 000 m^3/h；

大型系统：额定风量>9 000 m^3/h。

4.2　新风系统主要组成部分

新风系统主要由进风装置、过滤装置、排风装置、加湿装置(可选)、控制器、环境监测传感器和其他安装附件组成。

5　技术要求

5.1　环境条件

5.1.1　适用环境条件

新风系统在下列环境条件下应能正常工作：

室内环境温度：5 ℃～40 ℃；

室外环境温度：－30 ℃～45 ℃；

相对湿度：≤90%；

海拔高度：建议小于 2 000 m，超过 2 000 m 需降额使用或与用户协商。

5.1.2　电源

DC：－40 V～－57 V(－48 V 供电时)；20 V～28 V(24 V 供电时)；

AC：单相 187 V～253 V；三相 323 V～437 V。

5.2　额定送风量与显冷量或制冷量基本参数

在标准测试工况下，按 6.2 中公式(2)计算出额定送风量与显冷量或制冷量的基本参数的参考值见表 1、表 2 和表 3。

表 1　无加湿功能小型系统

额定送风量/(m^3/h)	1 000	2 000	3 000
显冷量/kW	3.3	6.6	10

表 2 有加湿功能中型系统

额定送风量/(m^3/h)	4 000	5 000	6 000	7 000	8 000
制冷量/kW	27.3	34.1	41.0	47.8	54.6

表 3 有加湿功能大型系统

额定送风量/(m^3/h)	9 000	12 000	14 000	15 000	16 000
制冷量/kW	61.4	81.9	95.6	102.4	109.2

5.3 系统能效比

在标准测试工况下，显冷量或制冷量与所用电功耗之比：小型系统能效比≥18，中型系统能效比≥8，大型系统能效比≥8。

5.4 系统可靠性要求

新风系统硬件设备应具有高可靠性，整个系统的平均故障间隔时间(MTBF)不低于 20 000 h，使用寿命不小于 10 年。

5.5 系统安全要求

5.5.1 系统设备的电气控制及操作系统应可靠接地。金属外壳及其它可触及的金属零部件至接地点电阻应不大于 0.5 Ω。

5.5.2 新风系统的室内、外机外壳应具备足够的强度，室外部分应采用高强度钢材，如中、大系统机柜钢板厚度应不小于 1.5 mm、机架钢板厚度应不小于 2.0 mm、水平方向负重机架钢板厚度应不小于 2.5 mm，并经相应的防腐、防锈处理。

5.5.3 通风系统应有较好的防水要求，系统内部不允许结露，出风口不允许带水。

5.5.4 设备所采用的所有线缆应符合 YD/T 1173—2010 中有关阻燃的要求。采用的交流接触器等控制执行部件应通过相关国家认证。

5.5.5 新风系统安装在室外无人值守局站时，应具有防盗措施。

5.5.6 新风系统的控制板上应具备 C 级抗浪涌功能。

5.6 系统密闭性

5.6.1 新风系统应具备隔离装置，防止雨水、动物等的入侵。

5.6.2 新风系统停止工作时应做到室内外空气隔离，进风装置及排风装置安装后开孔处应设有风阀，并在冬季做保温处理。

5.6.3 新风系统运行时室内应维持一定正压，与室外静压差不应小于 5 Pa。

5.7 系统保护与告警

5.7.1 新风系统产生告警时，应有明显的信号指示，可通过显示界面查询告警内容。

5.7.2 新风系统温、湿度传感器故障时，系统应能发出告警，在无法有效检测环境温湿度时，应自动停止风机，启动空调来控制室内环境。

5.7.3 新风系统风机发生故障或损坏时，系统应能发出告警，并停止风机，启动空调来控制室内环境。

5.7.4　过滤器堵塞超过设定值时，系统应能发出告警，并停止风机，启动空调来控制室内环境。

5.7.5　采用直流风机的系统，在检测到局站蓄电池电压低于设定电压点时，应能发出告警，自动关闭风机和风阀，并能在供电电压恢复后系统自动投入运行。

5.7.6　当新风系统接收到局站内的烟雾、火情告警信号时，应能自动停止运行并关闭风阀。

5.8　系统噪声(声压级)

在额定工作状况下，新风系统的噪声见表4。

表4　新风系统工作噪声

项目名称		交流供电		直流供电
		220V	380V	
小型	室内	＜64 dB		＜55 dB
	室外	＜60 dB		
中型	室内	＜68 dB	＜68 dB	
	室外	＜64 dB	＜64 dB	
大型	室内	＜74 dB	＜74 dB	
	室外	＜68 dB	＜68 dB	
注：室内外噪声为距设备1 m处测量值。				

5.9　结构与外观

5.9.1　机组外观、设备阀门和管道的表面应保持整洁光洁、色泽均匀无明显变色，无锈蚀、油漆剥落、起皮及明显的划痕、毛刺。

5.9.2　所有机件的装配牢固可靠，丝印和标贴应清晰、端正，无歪斜和错位现象；结构件无松动、塑料件无破损。

5.9.3　系统硬件设备的总体结构应充分考虑安装、维护和扩充或调整的灵活性。其安装固定方式应具有防震和抗震能力，设备在常规的运输、储存和安装后，不产生破损、变形。

5.10　智能控制器

5.10.1　基本控制功能

5.10.1.1　新风系统应采用微处理控制器，具备中文操作界面，系统可选择手动、自动运行模式。

5.10.1.2　实时监测室内及室外温度、湿度。当室外温度低于某个设定值时，控制器开启新风系统风机引进室外新风，关闭机房空调达到节能效果。在确保机房环境的前提下，依据室内外温湿度，控制风机、空调的切换运行。

5.10.1.3　在空调无法正常运行，系统判断室内温度高于室外温度且室外湿度满足新风系统启动条件时，应及时启动风机以控制室内温度。

5.10.1.4　新风系统与空调系统的连锁应具有回差功能设计，避免频繁切换。新风系统与机房空调切换间隔时间应不小于35 min。

5.10.1.5　新风系统应具有来电自启动功能。

5.10.1.6 新风系统宜有与空调联动的功能(可选),包括:

a) 新风系统应与局站原有空调联动,新风系统优先工作,以保证最大可能的节能;

b) 在新风系统不能满足室内热负荷的情况下,应发出信号启动空调;当新风系统能够满足室内热负荷的要求时,应发出信号停止空调运行。

5.10.2 显示与查询功能

在显示面板上可进行设定、查询记录等操作,断电后应能保存设定值和记录的信息。系统应可查询室内外温湿度,进风装置、排风装置与空调等的历史运行状态,系统风机、空调的累积运行时间以及相关告警信息等。

5.10.3 控制与显示

系统中的温度显示精度为±0.1 ℃,控制精度为±1 ℃;相对湿度显示精度为±1%,控制精度为±5%,控制可靠,告警准确。

5.10.4 遥测、遥信及遥控

通信接口:可选择使用RS232/RS422/RS485接口,接口通信协议应符合YD/T 1363.3中B.13要求。遥测、遥信、遥控项目至少应满足如下要求:

遥测:室内外温度、湿度。

遥信:新风系统进、排风风机的运行状态,新风系统的工作状态,正常/故障状态。

遥控:新风系统开关机控制,能对新风系统的运行控制参数进行远程设置。

5.11 风机要求

5.11.1 新风系统应采用高效率、低噪音、性能稳定可靠的风机。

5.11.2 新风系统的风机正常连续运转时间应大于20 000 h。

5.11.3 新风系统的风机安全要求应符合GB 10080—2001的规定,安装的各紧固件应有防松脱措施,中、大型风机固定点应有减震装置。风机应具有可靠的接地,电机外壳至接地点电阻不大于0.1 Ω。

5.12 过滤器要求

5.12.1 概述

新风系统配置的过滤器应符合YD/T 1821—2008中规定的各类通信局站的洁净度要求。

5.12.2 小型新风系统过滤器要求

建议采用两级过滤,第一级用于阻挡昆虫;第二级过滤器的过滤效果应满足所在机房的环境要求。过滤器断面风速范围1.5 m/s~2 m/s;过滤器可清洗并重复使用。

5.12.3 中大型新风系统过滤器要求

除防虫网外,要求采用多级过滤;过滤效果应满足所在机房的洁净度要求。

5.13 传感器

系统外围传感器配置及参数说明见表5。

表 5 传感器配置与参数说明

类　型	精度要求
室内、室外温度传感器	优于 3%
室内湿度传感器	优于 5%
压差计	优于 5 Pa

5.14 加湿器

5.14.1 大中型新风系统配置的加湿器应符合 YD/T 1821—2008 中规定的各类通信局站湿度要求。

5.14.2 加湿器应适应各类软硬水质，保证加湿速度效率，便于维护。

5.14.3 加湿器应具有漏水防护及漏水、故障告警功能。

5.15 进风装置和排风装置及送风系统要求

进风装置和排风装置及送风系统应有防虫、防尘、防水、防盗功能，无逆流。

6 检验方法

6.1 检验用测量仪器

检验用测量仪器见表 6。

表 6 仪器及精度要求

类　别	仪表名称及型式	精　度
温度测量仪表	水银玻璃温度计 电子式温度计	±0.1 ℃
微型风压力测量仪表	压力 皮托管(风速)	±0.01 mmHg，读数的±1%±1 Pa 在 10.16 m/s 下，±1.5%
风速仪	热球风速仪 电子式；转速式	±1%
风量流速表 (风速、温度、相对湿度)	风速 温度；相对湿度	读数的±3%或±0.015 m/s ±0.3 ℃；±3% RH
套帽式风量罩	(42～4 250)m^3/h	读数的±3%或±12 m^3/h
电能质量分析仪及 数字钳形电流表		电压：交流 ±(0.7%读数+2 字)～ ±(2.0%读数+20 字)； 直流 ±(0.1%读数+2 字)。 电流：交流 ±(1%读数+2 字)； 直流 ±(0.2%读数+2 字)。 电阻：±(0.2%读数+2 字)
声级计		衰减分档及刻度误差≤±0.2 dB
洁净度测试仪		粒径区分效率：40%～60% 计数效率：(0.3～0.45)μm　50%±10% ≥0.45　100%±10%

6.2 新风系统设备送风量检验

6.2.1 风速检验

模拟标准测试工况使用风速测量仪，在进风设备出风口处(距离出风口 50 mm～100 mm 的距离)均布取 $N(N\geqslant 13)$ 个测试点。取各点测试的加权平均值，按公式(1)计算即为出风口风速及风量。

$$V_{风}=(\sum_{1}^{N}V_{n})/N\ ;L_{风量}=S\times 3\,600\times V_{风} \quad \cdots\cdots(1)$$

式中：

S ——出风口面积；

3 600——小时到秒的转换系数。

6.2.2 额定送风量与显冷量或制冷量基本参数参考值

在标准测试工况下测出风速后按照公式(2)计算额定送风量与显冷量或制冷量的参考值(在标准大气压取值)。

$$Q_{T}=0.24\times\rho\times L\times(h_{1}-h_{2})=Q_{S}+Q_{L} \quad \cdots\cdots(2)$$

$$Q_{S}=C_{p}\times\rho\times L\times\Delta T/860$$

$$Q_{L}=598\times\rho\times L\times(W_{1}-W_{2})/860$$

式中：

Q_T ——空气的总冷量；

Q_S ——空气的显冷量；

Q_L ——空气的潜冷量；

C_p ——空气比热(0.24 kcal/kg·℃)；

ρ ——空气密度(1.18 kg/m^3)；

h_1 ——空气的最初热焓，kJ/kg；

h_2 ——空气的最终热焓，kJ/kg；

ΔT ——室内外温差；

W_1 ——空气的最初水分含量 kg/kg=0.009 44；

W_2 ——空气的最终水分含量 kg/kg=0.005 15；

L ——室内总送风量，m^3/h。

注：水的气化潜热=2 500 kJ/kg=(2 500/4.18)598 kcal/kg。

6.2.3 电功耗检验

在标准测试工况条件下和系统在输出额定风量工作时，使用电能质量分析仪测出系统所用电功耗。

6.3 能效比检验

在标准测试工况条件下和系统在输出额定风量工作时，用测出及计算出显冷量或制冷量与所用电功耗之比。结果应符合 5.3 的规定。

6.4 可靠性检验

按 YD/T 282—2000 中第 6 章相关要求进行，其结果应符合 5.4 的规定。

6.5 系统安全检验

6.5.1 安全接地检验

检查机柜安全接地端子接触良好、不松动。采用接地电阻测试仪测量金属外壳及其它可触及的金属零部件至接地点电阻应符合5.5.1的要求。

6.5.2 结构强度与使用安全检验

采用卡尺测量,机柜、机架钢板厚度应符合5.5.2的要求。并用传导探听方法检查机柜,在风机启动、停止和运行时机柜无金属颤动音,无明显振动感。观察新风系统内强电配电、风机扇叶暴露处,是否装有防护罩且无松动。

6.5.3 防水、防盗、耐阻燃及控制板上抗浪涌功能检查

检查:通风系统是否有防水措施;

安装在室外无人值守局站时,是否有防盗措施;

设备采用的所有线缆、交流接触器是否符合阻燃要求和通过相关国家认证;

新风系统的控制板上是否有C级抗浪涌功能。检查结果应符合5.5.3～5.5.6的要求。

6.6 系统密闭性

6.6.1 隔离风阀与防护网检验

观察隔离防护网,其网孔直径不大于10 mm,电动风阀叶片闭合后两片间无透光,用间隙尺测量叶片与框架间隙不大于0.5 mm。

6.6.2 室内相对压差检验

运行新风系统,稳定后使用相对压差计,测量室内相对压力应不小于5 Pa。

6.6.3 测试结果应符合5.6要求。

6.7 系统保护与告警检验

6.7.1 告警显示功能

现场目测,按照系统用户手册,通过人机对话实际操作验证相关功能。检查:液晶显示和灯、光信号显示,室内外温湿度数值显示、系统运行状况显示、运行控制模式显示、设备运行积时显示、操作记录和故障告警信息显示等。

6.7.2 温湿度传感器异常判别功能

断开被测的温湿度传感器,观察液晶显示器温湿度数值是否正常,是否告警及上传告警信息。

6.7.3 新风系统故障自动恢复空调

断掉控制器电源,使其停止工作180 s,观察系统能否按照设定的逻辑流程关系恢复空调工作。

6.7.4 过滤器告警功能

现场模拟滤网堵塞状况,观察系统是否显示告警信息,网管监控是否收到告警信息。

6.7.5 直流风机系统的电源低过压告警保护

模拟电源过欠压告警,检验节能系统是否自动停机,恢复后是否自动启动运行。

6.7.6 烟雾、火警告警功能

现场模拟烟雾和火警告警,观察系统是否显示告警信息和停止空调及新风系统的运行。监控中心是否收到告警信息。

6.7.7 检验结果

以上各项检验结果应符合5.7要求。

6.8 系统噪声(声压级)检验

6.8.1 检验方法

噪音与系统现场的送风方式、风管、背景噪音等有关系,建议噪音在现场进行检验。

6.8.2 室内噪声检验

在系统实际应用现场,将室内空调关闭且无其它较大噪音影响的环境下,使用噪音测试仪在距离出风口1 m的距离均布取5个测试点,取加权平均值。静电地板下的下送风设备,在距离室内地面1 m高度,距离新风设备1 m的距离均布取3个测试点,取加权平均值,即为室内噪音值并符合5.8表4中的要求。

6.8.3 室外噪声检验

在系统实际应用现场,应避开环境噪音的影响(如车流噪音、建筑及商铺音响噪音等)。使用噪音测试仪在距离引风口或排风口1 m的距离均布取5个测试点,测点水平位置应与引风口或排风口一致,取加权平均值。即为新风设备1 m室外噪音值。结果应符合5.8表4中的要求

6.9 结构与外观检验

按照5.9要求采用目测方式检验。

6.10 智能控制器检验

6.10.1 基本控制功能

6.10.1.1 按照系统操作手册,检查系统数字、中文操作菜单和显示;启动系统手动和自动运行模式,检验是否按照设定逻辑关系运行。

6.10.1.2 按照系统操作手册,修改室内及室外温度、湿度参数,设定当前室外温度值满足系统工作条件,检验控制器是否按照设计的逻辑关系控制风机、空调的运行,达到空调联动功能要求。

6.10.1.3 按照系统操作手册,修改室内及室外温度、湿度参数,使其满足无法引进室外新风的条件,检查节能新风系统是否可依据室内温度,自动控制空调投入运行。

6.10.1.4 检验强通风性能:系统置于自动工作方式,断开空调运行返回信号端子,修改强通风上限设置参数至当前温度,检验新风系统能否按照强通风方式工作。

6.10.1.5 按照系统操作手册,修改室内及室外温度、湿度参数,使其满足启动节能系统风机和空调运行临界条件,采用电热风交替加热和风冷温度传感器,检验新风系统与机房空调切换间隔时间,切换间隔时间应不小于35 min。

6.10.1.6 关闭系统电源5 s,再开启电源,检验系统能否自动工作。

6.10.2 系统显示查询

6.10.2.1 显示界面

试验方法见本标准6.7.1条。

6.10.2.2 系统参数设定、记录查询

开启人机对话界面,修改系统参数,检验是否修改成功。断开电源 60 s,上电后检查能否保存修改设定值和记录的信息。

按照系统操作手册,通过人机对话界面,检验系统的温湿度、新风机和排风机与空调等的运行状态、系统风机、空调的累积运行时间以及通讯、温湿度告警信息等记录。

6.10.3 控制器精度

通过人机界面发送新风设备控制命令和空调控制命令各 5 次,检验是否 100%有效;在现场模拟多个告警信息,观察是否能够 100%的发出告警信息,且正确显示和上传信息。

6.10.4 系统三遥功能

6.10.4.1 通信接口

按照监控系统操作手册进行操作,在监控中心是否可以看到被检测机房当前状况,能够进行远端监测、控制和维护;在现场检查系统是否具有通信接口,是否可以提供通信协议。

6.10.4.2 遥信功能

按照系统遥信操作手册进行操作,或在监控中心调阅存储信息,检查新风系统是否能遥信到系统进、排风风机的运行状态,系统的工作状态,正常/故障状态或以上各项数据的记录。

6.10.4.3 遥测功能

按照系统遥信操作手册进行操作,或在监控中心调阅存储信息,检查新风系统是否能遥信到系统进、排风风机的运行状态,系统的工作状态,正常/故障状态或以上各项数据的记录。

6.10.4.4 遥控功能

自动应急遥控方式:抽检任意 1~3 个机房,修改室外风速探测上限参数,模拟设定风速,检验节能监控系统是否发出应急处理命令,检查系统是否能进行开关机控制。

人工应急遥控方式:按照系统监控操作手册进行操作,抽检任意 1~3 个机房人工发出应急处理命令,检查系统是否响应应急命令。

6.10.5 检验结果

以上各项试验结果应符合 5.10 条相关要求。

6.11 风机性能检验

6.11.1 风机效率与噪音

风机效率和噪声检验可与整机效率和噪声检验同时进行,见本标准 6.3 及 6.8 的检测方法。检验结果应符合 5.11.1 要求。

6.11.2 风机安装安全性能

目测大、中型系统是否装有减震装置,紧固件是否具有防松措施(如弹簧垫等)。用万用表测量风机

及分体式电动机机壳与接地端电阻应符合5.11.2要求。

6.12 过滤器检验

6.12.1 引风洁净度检验

距离引风出风口1 m处，采用洁净度测试仪均布检测4个点，计算加权平均值，所得数值即为引风洁净度。

6.12.2 排风洁净度检验

距离排风进风口1 m处，采用洁净度测试仪均布检测4个点，计算加权平均值，所得数值即为引风洁净度。

6.12.3 机房洁净度检验

在排风洁净度小于等于引风洁净度情况下，距机房地面1 m高度，采用激光尘埃粒子计数器均布每25 m^2检测1个点（300 m^2以上面积可适当减少检测点数），取加权平均值即为机房洁净度。试验结果应符合5.12要求。

6.13 传感器及加湿器检验

6.13.1 机房温度检验

机房温度按YD/T 1821—2008中4.1的规定进行，使用温湿度检测仪，根据机房设备分布情况，距机房地面1 m和2 m高度，每25 m^2各检测1个点（300 m^2以上面积可适当减少检测点数），取加权平均值即为机房温度值。

6.13.2 机房湿度检验

机房湿度按YD/T 1821—2008中4.1的规定进行，使用温湿度检测仪，根据机房设备分布情况，距机房地面1.6 m高度，每25 m^2各检测1个点（300 m^2以上面积可适当减少检测点数），取加权平均值即为机房湿度值。

6.13.3 温湿度传感器精度

采用温湿度检测仪，平行并距被测传感器100 mm以内，读取温湿度数值，再通过新风系统的人机对话界面，读取被测传感器数值，两项数值之差即为被测传感器精度。

6.13.4 加湿器漏水保护功能

现场模拟水禁告警，观察系统是否自动关闭水阀、水是否从漏水保护水管流到室外、是否有漏水告警显示、网管监控是否收到告警信息。

6.13.5 检验结果

以上各项检验结果应符合5.13及5.14要求。

6.14 进、排风装置及送风系统检查

按照5.15的要求在现场进行检查是否符合进、排风装置要求。

7 检验规则

7.1 检验分类

出厂检验和型式检验。

7.2 出厂检验

7.2.1 出厂检验应逐台进行。

7.2.2 出厂检验的项目及判定按表7进行。

7.2.3 检验中出现任一故障,应停止检验,待查出故障原因并排除后,做出标记并重新进行出厂检验。如仍出现故障,则判该产品为不合格。

7.3 型式检验

7.3.1 连续生产的产品,一般2年进行一次。具有下列情况之一的均需做型式检验:

a) 产品停产一个周期以上又恢复生产;

b) 转厂生产再试制定型;

c) 正式生产后,如结构、材料、工艺有较大改变;

d) 产品投产前签定或质量监督机构提出。

7.3.2 型式检验的试验项目及判定见表7。

表7 检验项目及判定表

<table>
<tr><th rowspan="2">序号</th><th rowspan="2" colspan="2">项目</th><th colspan="2">不合格判定</th><th colspan="2">出厂检验</th><th rowspan="2">型式检验</th><th rowspan="2">要求</th><th rowspan="2">试验方法</th></tr>
<tr><th>B</th><th>C</th><th>100%</th><th>抽样</th></tr>
<tr><td>1</td><td colspan="2">送风量与等效制冷量基本参数</td><td></td><td>○</td><td></td><td>√</td><td>√</td><td>5.2</td><td>6.2.2</td></tr>
<tr><td>2</td><td colspan="2">系统能效比</td><td>○</td><td></td><td></td><td></td><td>√</td><td>5.3</td><td>6.3</td></tr>
<tr><td>3</td><td colspan="2">系统可靠性</td><td>○</td><td></td><td></td><td></td><td>√</td><td>5.4</td><td>6.4</td></tr>
<tr><td rowspan="6">4</td><td rowspan="6">系统安全</td><td>接地要求</td><td>○</td><td></td><td></td><td></td><td>√</td><td>5.5.1</td><td>6.5.1</td></tr>
<tr><td>结构强度</td><td>○</td><td></td><td></td><td>√</td><td>√</td><td>5.5.2</td><td>6.5.2</td></tr>
<tr><td>防水要求</td><td>○</td><td></td><td>√</td><td>√</td><td>√</td><td>5.5.3</td><td rowspan="4">6.5.3</td></tr>
<tr><td>耐火阻燃电源线</td><td>○</td><td></td><td></td><td></td><td>√</td><td>5.5.4</td></tr>
<tr><td>无人站防盗要求</td><td>○</td><td></td><td></td><td></td><td>√</td><td>5.5.5</td></tr>
<tr><td>控制板抗浪涌功能</td><td>○</td><td></td><td></td><td>√</td><td>√</td><td>5.5.6</td></tr>
<tr><td rowspan="3">5</td><td rowspan="3">系统密封性能</td><td>具有隔离装置</td><td>○</td><td></td><td></td><td></td><td>√</td><td>5.6.1</td><td rowspan="2">6.6.1</td></tr>
<tr><td>开孔处设有风阀</td><td>○</td><td></td><td></td><td></td><td>√</td><td>5.6.2</td></tr>
<tr><td>应维持一定正压</td><td>○</td><td></td><td></td><td></td><td>√</td><td>5.6.3</td><td>6.6.2</td></tr>
</table>

表 7（续）

序号	项目		不合格判定		出厂检验		型式检验	要求	试验方法
			B	C	100%	抽样			
6	告警与保护	告警显示功能	○		√	√	√	5.7.1	6.7.1
		温湿度传感器异常	○		√	√	√	5.7.2	6.7.2
		风机故障功能与告警	○		√	√	√	5.7.3	6.7.3
		滤网故障与告警	○		√	√	√	5.7.4	6.7.4
		系统电压低告警保护	○		√		√	5.7.5	6.7.5
		烟雾、火情告警	○		√	√	√	5.7.6	6.7.6
7	噪声	室内噪声	○				√	5.8	6.8.1
		室外噪声	○				√	5.8	6.8.2
8	外观与结构	表面整洁光洁、色泽均匀无变色、无锈蚀等		○	√		√	5.9.1	6.9
		机件装配牢固可靠，丝印标贴应清晰、端正等		○	√		√	5.9.2	6.9
		结构件无松动、塑料件无破损等	○		√		√	5.9.2	6.9
		设备安装、维护和扩充灵活性及防震性等	○		√		√	5.9.3	6.9
9	智能控制器	基本控制功能：							
		系统显示界面与运行模式	○		√		√	5.10.1.1	6.10.1.1
		实时检测温湿度		○	√		√	5.10.1.2	6.10.1.2
		判断室内外温度差与启动	○	○	√		√	5.10.1.3	6.10.1.3
		防止系统与空调频繁切换	○		√		√	5.10.1.4	6.10.1.4
		具有来电自启动	○		√		√	5.10.1.5	6.10.1.5
		系统与空调联动(可选)		○	√		√	5.10.1.6	6.10.1.6
		显示查询功能	○		√		√	5.10.2	6.10.2
		控制器的精度	○				√	5.10.3	6.10.3
		系统三遥功能	○		√		√	5.10.4	6.10.4
10	风机	高效率与低噪音	○			√	√	5.11.1	6.11.1
		连续运转时间	○				√	5.11.2	6.11.2
		安装安全性能及接地	○				√	5.11.3	
11	过滤器	小系统要求	○		√		√	5.12.1	6.12
		中、大系统要求	○		√		√	5.12.2	

表 7（续）

<table>
<tr><th rowspan="2">序号</th><th rowspan="2" colspan="2">项　目</th><th colspan="2">不合格判　定</th><th colspan="2">出厂检验</th><th rowspan="2">型式检验</th><th rowspan="2">要求</th><th rowspan="2">试验方法</th></tr>
<tr><th>B</th><th>C</th><th>100%</th><th>抽样</th></tr>
<tr><td rowspan="3">12</td><td rowspan="3">传感器</td><td>室内、外温度传感器精度</td><td>○</td><td></td><td>√</td><td></td><td>√</td><td>5.13</td><td rowspan="2">6.13.1
6.13.2</td></tr>
<tr><td>室内温度传感器精度</td><td>○</td><td></td><td>√</td><td></td><td>√</td><td>5.13</td></tr>
<tr><td>压差计精度</td><td>○</td><td></td><td></td><td></td><td>√</td><td>5.13</td><td>6.13.3</td></tr>
<tr><td>13</td><td colspan="2">加湿器</td><td>○</td><td></td><td>√</td><td></td><td>√</td><td>5.14</td><td>6.13</td></tr>
<tr><td>14</td><td colspan="2">进、排风装置及送风系统</td><td></td><td>○</td><td></td><td></td><td>√</td><td>5.15</td><td>6.14</td></tr>
</table>

7.3.3　型式检验按 GB/T 2829—2002 中表 2 判别水平Ⅰ的一次抽样方案在出厂检验合格的产品中抽取，数量为 2 台。产品质量以不合格数表示，不合格质量水平(RQL)应符合表 8 规定。

表 8　RQL 及判定数值表

不合格分类	B　类	C　类
RQL 及判定数值	40[2；0,1]	120[2；2,3]

8　标志、包装、运输、贮存

8.1　标志

8.1.1　产品表面应有中文标识，包括产品名称、产品型号、产品编号、制造厂名、制造日期、产品主要参数等。

8.1.2　包装标志

产品包装上应有标志并符合 GB/T 191 的规定。

8.2　包装

产品包装应采取防潮、防振，并符合 GB/T 3873 的规定。

8.2.1　产品随带文件

a)　产品合格证；
b)　产品说明书主要内容应包括：
    1)　产品名称和型号(规格)；
    2)　产品概述(用途、特点、使用环境及主要使用性能指标和额定参数等)；
    3)　接地说明；
    4)　安装和使用要求，维护和保养注意事项；
    5)　产品附件名称、数量、规格；
    6)　常见故障及处理方法一栏表，售后服务事项和生产者责任；

c） 装箱清单；

d） 其他技术资料。

8.3 贮存运输

产品应贮存在干燥的通风良好的仓库中。贮存环境温度：−40 ℃～+50 ℃；环境湿度：5％～85％无凝露。产品在运输过程中应有遮蓬，不应有剧烈振动、撞击等。

ICS 47.020.20
U 44

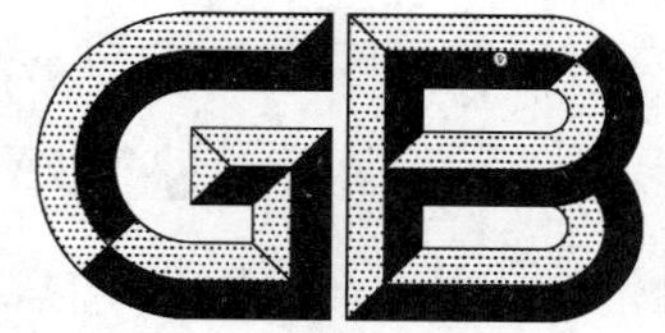

中华人民共和国国家标准

GB/T 28790—2012

渔业船舶柴油机节油装置技术条件及检测方法

Technical requirements and measuring methods of fuel saving devices for diesel engines of fishing vessel

2012-11-05 发布　　2013-04-01 实施

中华人民共和国国家质量监督检验检疫总局
中国国家标准化管理委员会　发布

前　言

本标准按照GB/T 1.1—2009给出的规则起草。

本标准由中华人民共和国农业部提出。

本标准由全国渔船标准化技术委员会(SAC/TC 157)归口。

本标准起草单位：农业部渔业船舶检验局、淄博柴油机总公司。

本标准主要起草人：王延瑞、魏广东、刘立新、黄猛、辛强之。

渔业船舶柴油机节油装置技术条件及检测方法

1 范围

本标准规定了渔业船舶柴油机燃油节油装置技术条件及检测方法。

本标准适用于渔业船舶柴油机节油装置的应用及检测。

2 规范性引用文件

下列文件对于本文件的应用是必不可少的。凡是注日期的引用文件，仅注日期的版本适用于本文件。凡是不注日期的引用文件，其最新版本(包括所有的修改单)适用于本文件。

GB 252 普通柴油

GB/T 6072.1—2008 往复式内燃机 性能 第1部分：功率、燃料消耗和机油消耗的标定及试验方法 通用发动机的附加要求

GB/T 6301 船用柴油机燃油消耗率测定方法

GB/T 9969 工业产品使用说明书 总则

GB/T 21404—2008 内燃机 发动机功率的确定和测量方法 一般要求

GB/T 28793 渔业船舶柴油机节油技术要求

3 术语和定义

下列术语和定义适用于本文件。

3.1

柴油机型式 diesel engine type

指柴油机的行程、气缸直径、活塞行程、气缸排列方式、V形夹角、燃烧室型式、燃料喷射系统、进气方式、冷却方式、气阀和气口(结构、尺寸和数量)等。

3.2

节油率 rate of oil saving

采用节油技术后，油料消耗降低的比率。

注：改写JT/T 306—2007，定义3.2。

4 技术条件

4.1 型号

4.1.1 节油装置应在产品铭牌上标示出型号。

4.1.2 型号表示为：

JYQ(节油器的汉语拼音的第一个大写字母)-××(节油率指标，以节油率的100倍表示)-×(变型符号，用A、B、C…表示)。

4.1.3 型号示例：JYQ-5-A表示节油率为5%的第一种变型产品。

4.2 节油率

4.2.1 台架试验检测时，节油装置的节油率应不小于2%。
4.2.2 对不同型式的柴油机，应分别进行节油率的试验检测认定。

4.3 使用说明

节油装置应按照GB/T 9969的规定编制使用说明书。

4.4 其他技术要求

节油装置的其他技术要求应符合GB/T 28793的规定。

5 检测方法

5.1 型号

检查产品铭牌，核对产品的型号。

5.2 节油率检测

5.2.1 检测条件

5.2.1.1 检测试验室及试验台架应得到相关专业机构认可。
5.2.1.2 检测时应使用GB 252规定的0号普通柴油。
5.2.1.3 全部测量均在柴油机稳定运转15 min后记录数据。
5.2.1.4 燃油消耗率测量时，应采用GB/T 21404—2008第5章规定的标准基准状况。如果现场试验的状况与规定不符，应按照GB/T 6072.1—2008第10章的规定进行换算。
5.2.1.5 检测设备应在校准有效期内。

5.2.2 检测试验循环

燃油消耗率检测试验循环见表1。

表1 检测试验循环

转速/%	100	91	80	63
功率/%	100	75	50	25
加权系数	0.2	0.5	0.15	0.15

5.2.3 燃油消耗率测量

燃油消耗率的测量按照GB/T 6301规定进行。

5.2.4 检测程序和记录

不装节油装置，根据5.2.2的检测试验循环，测量各工况点的燃油消耗率，并记录。每个工况点至少记录三次有效数据，每次记录时间间隔不小于30 min。然后，安装使用节油装置，重复以上步骤，记录数据。

5.2.5 检测结果

5.2.5.1 根据燃油消耗率的测量数据，计算出每个工况点燃油消耗率的算术平均值，按照公式(1)计算出加权燃油消耗率：

$$b_{ew}=\frac{\sum_{i=1}^{n}G_i\times W_i}{\sum_{i=1}^{n}P_i\times W_i} \quad\cdots\cdots(1)$$

式中：

b_{ew}——加权燃油消耗率，单位为克每千瓦小时[g/(kW·h)]；

G_i——各工况测得的每小时燃油消耗量，单位为克每小时(g/h)；

W_i——各工况加权系数，见表1；

P_i——各工况时的功率，单位为千瓦(kW)。

5.2.5.2 按照公式(2)计算节油装置的节油率：

$$r_s=\frac{b_{ew0}-b_{ewj}}{b_{ew0}}\times 100\% \quad\cdots\cdots(2)$$

式中：

r_s——节油装置的节油率，%；

b_{ew0}——未装节油装置时的加权燃油消耗率，单位为克每千瓦小时[g/(kW·h)]；

b_{ewj}——装节油装置时的加权燃油消耗率，单位为克每千瓦小时[g/(kW·h)]。

5.2.6 检测报告

检测应编制检测报告，格式见附录A。

5.2.7 使用说明

按照GB/T 9969的要求检查产品使用说明书。

5.2.8 其他技术要求

其他技术要求按照相关的专业标准进行检测。

附 录 A
（规范性附录）
节油率检测报告

表 A.1 给出了台架节油率检测报告的格式。

表 A.1 台架节油率检测报告

节油装置型号				柴油机型号			
检测试验室				柴油机编号			
检测日期				柴油机标定转速/功率			
生产厂家				检测用柴油牌号			
检测数据	不装节油装置				装节油装置			
环境温度/℃								
相对湿度/%								
大气压力/kPa								
柴油机功率/kW								
柴油机转速/(r/min)								
气缸排气温度/℃								
涡轮前排气温度/℃								
涡轮后排气温度/℃								
气缸爆发压力/MPa								
淡水进机温度/℃								
淡水出机温度/℃								
海水进机温度/℃								
机油温度/℃								
机油压力/℃								
中冷前空气温度/℃								
中冷后空气温度/℃								
增压空气压力/kPa								
燃油齿条/mm								
排气烟度/FSN								
噪声/dB(A)								
燃油消耗率/[g/(kW·h)]								
加权燃油消耗率/[g/(kW·h)]								
节油率/%								
检测机构/试验室(盖章)　　年　月　日								

参 考 文 献

[1] JT/T 306—2007 汽车节油产品使用技术条件

ICS 47.020.20
U 44

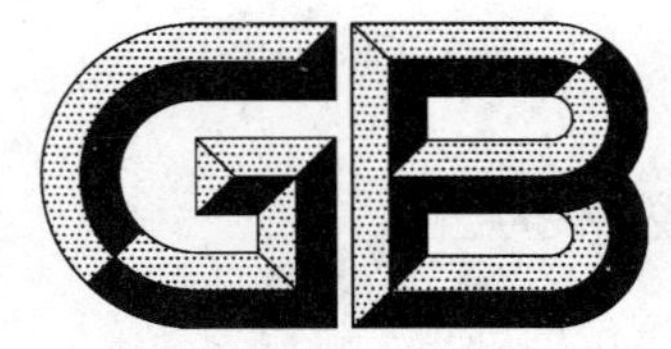

中华人民共和国国家标准

GB/T 28793—2012

渔业船舶柴油机节油技术要求

Technical requirements of fuel saving for fishing vessel diesel engines

2012-11-05 发布 2013-04-01 实施

中华人民共和国国家质量监督检验检疫总局
中国国家标准化管理委员会 发布

前　言

本标准按照GB/T 1.1—2009给出的规则起草。

本标准由中华人民共和国农业部提出。

本标准由全国渔船标准化技术委员会(SAC/TC 157)归口。

本标准起草单位:农业部渔业船舶检验局、淄博柴油机总公司。

本标准主要起草人:王延瑞、魏广东、刘立新、黄猛、辛强之。

渔业船舶柴油机节油技术要求

1 范围

本标准规定了渔业船舶柴油机(以下简称“柴油机”)节油技术要求。

本标准适用于渔业船舶柴油机。

2 规范性引用文件

下列文件对于本文件的应用是必不可少的。凡是注日期的引用文件,仅注日期的版本适用于本文件。凡是不注日期的引用文件,其最新版本(包括所有的修改单)适用于本文件。

GB/T 3475 船用柴油机调速系统技术条件和试验方法

GB 4556 往复式内燃机 防火

GB/T 5096—1985 石油产品铜片腐蚀试验法

GB/T 6072.1 往复式内燃机 性能 第1部分:功率、燃料消耗和机油消耗的标定及试验方法 通用发动机的附加要求

GB 8840 船用柴油机排气烟度限值

GB 11871 船用柴油机辐射的空气噪声限值

GB 20651.1 往复式内燃机 安全 第1部分:压燃式发动机

GB/T 28790 渔业船舶柴油机节油装置技术条件及检测方法

中华人民共和国渔业船舶检验局《钢质海洋渔船建造规范》(1998)

中华人民共和国渔业船舶检验局《渔业船舶法定检验规则》(2000)

中华人民共和国渔业船舶检验局《渔业船舶法定检验规则》(2003)

3 术语和定义

下列术语和定义适用于本文件。

3.1

节油技术 fuel saving technology

柴油机通过本身技术改进或采用附加装置、使用添加剂等措施降低油料消耗,同时对柴油机的性能无不良影响的技术。

注:改写 GB/T 14951—2007,定义 3.1。

3.2

节油率 rate of oil saving

采用节油技术后,油料消耗降低的比率。

注:改写 JT/T 306—2007,定义 3.2。

4 节油技术要求

4.1 柴油机本身技术改进

4.1.1 优先选用的技术改进如下：

a) 四冲程、增压中冷；

b) 燃油电控电喷、高压共轨喷射；

c) 柴油机采用淡水闭式循环冷却；

d) 其他改进柴油机性能和结构的措施。

4.1.2 技术改进后的新造渔船柴油机，其标定燃油消耗率和机油消耗率指标应符合表1的规定。燃油消耗率和机油消耗率应按照GB/T 6072.1的规定进行标定。

表1 标定燃油消耗率和机油消耗率

柴油机分类	气缸直径 D/mm	燃油消耗率/[g/(kW·h)]	机油消耗率/[g/(kW·h)]
高速柴油机	$D\geqslant150$	≤210	≤1.6
	$D<150$	≤220	≤1.6
中速柴油机	$D\geqslant300$	≤205	≤1.6
	$200<D<300$	≤210	≤1.6
	$D\leqslant200$	≤215	≤1.6
低速柴油机		≤180	≤1.36

4.2 机外节油技术要求

4.2.1 一般要求

4.2.1.1 柴油机应无爆燃、爆震现象发生。

4.2.1.2 柴油机的功率、最高爆发压力、排气温度指标均应符合柴油机设计要求。

4.2.1.3 柴油机的高压油泵、喷油器、气阀、活塞环等零部件的寿命应符合相关专业标准的规定。

4.2.1.4 柴油机应无由于节油技术应用而对排气管产生腐蚀和对燃油管路产生气蚀等不良影响。

4.2.1.5 使用燃油添加剂时，润滑油的换油周期应符合柴油机的使用说明书要求。

4.2.2 节油装置

4.2.2.1 节油装置应方便安装。

4.2.2.2 节油装置一般应与柴油机燃油管路并联安装在旁通管路上，方便转换。

4.2.2.3 磁化型式的节油装置应对船上的通讯无干扰。

4.2.2.4 节油装置的台架检测节油率应不小于2%。

4.2.2.5 应符合GB/T 28790的规定。

4.2.3 燃油添加剂

4.2.3.1 燃油添加剂应无毒、无害。

4.2.3.2 不应改变燃油的闪点。

4.2.3.3 不应含有和燃烧后生成使柴油机润滑油变质的有害成分。

4.2.3.4 铜片腐蚀不应大于 GB/T 5096—1985 试验的 1 级。

4.2.3.5 与柴油相容时,不应分层、不浑浊、无沉淀。

4.2.3.6 应提供详细的使用说明。

4.3 柴油机技术要求

采用节油技术后,柴油机应满足:

a) GB/T 3475 规定的调速性能要求;

b) GB 8840 规定的烟度限值;

c) GB 11871 规定的噪声限值;

d) GB 20651.1、GB 4556 规定的安全要求、防火要求;

e)《钢质海洋渔船建造规范》有关要求;

f)《渔业船舶法定检验规则》有关规定。

参 考 文 献

[1] GB/T 14951—2007 汽车节油技术评定方法
[2] JT/T 306—2007 汽车节油产品使用技术条件

ICS 79.060
B 70

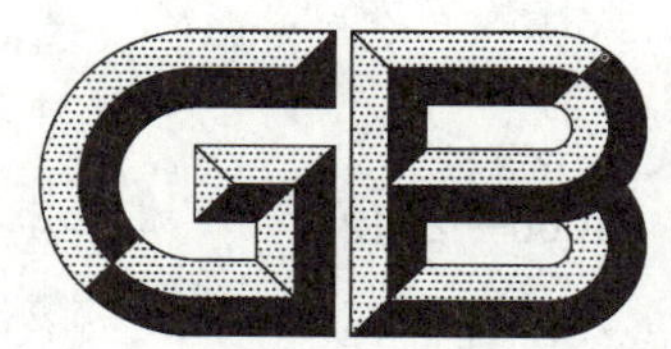

中华人民共和国国家标准

GB/T 29000—2012

单板干燥节能技术规范

Technical specifications for veneer drying energy-saving

2012-12-31 发布　　2013-06-01 实施

中华人民共和国国家质量监督检验检疫总局
中国国家标准化管理委员会　发布

前　言

本标准按照 GB/T 1.1—2009 给出的规则起草。

请注意本文件的某些内容可能涉及专利。本文件的发布机构不承担识别这些专利的责任。

本标准由国家林业局提出。

本标准由全国人造板标准化技术委员会(SAC/TC 198)归口。

本标准起草单位：中国林业科学研究院木材工业研究所、浙江德华集团控股股份有限公司、浙江富得利木业有限公司、广东省宜华木业股份有限公司、河北省人造板产品质量监督检验站(文安)。

本标准主要起草人：彭立民、周永东、孙朝坤、孟荣富、刘壮青、张彦娟、贺志强、黄宝忠、王彩霞、卢克阳、林兰英、梁善庆。

单板干燥节能技术规范

1 范围

本标准规定了单板干燥节能技术的术语和定义、一般规定和可选用的单板干燥节能技术等。

本标准适用于利用机械设备进行木质单板干燥企业的节能控制管理。

2 规范性引用文件

下列文件对于本文件的应用是必不可少的。凡是注日期的引用文件,仅注日期的版本适用于本文件。凡是不注日期的引用文件,其最新版本(包括所有的修改单)适用于本文件。

GB/T 6197 辊筒式单板干燥机

GB/T 6199 网带式单板干燥机

GB/T 12712 蒸汽供热系统凝结水回收及蒸汽疏水阀技术管理要求

3 术语和定义

下列术语和定义适用于本文件。

3.1

单板干燥机 veneer dryer

除去湿单板中的多余水分,使单板达到要求终含水率的设备,一般由进口段、干燥段、冷却段、出口段等部分构成。

3.2

单板干燥节能工艺 veneer drying energy-saving technique

在保证单板干燥产量和质量的前提下,能降低单板干燥能耗的生产工艺。

3.3

热管 heat pipe

封闭的管壳中充以工作介质,并利用介质的相变吸热和放热进行热交换的高效换热元件。

3.4

热管技术 heat pipe technology

通过热管完成高效换热的方法。

3.5

联合干燥技术 combined drying technology

采用预干燥将单板含水率降低后再采用单板干燥机进行干燥的技术。

4 一般规定

4.1 干燥设备

4.1.1 网带式单板干燥机与辊筒式单板干燥机应符合 GB/T 6199 与 GB/T 6197 规定。

4.1.2 企业应根据生产的要求合理选择干燥机的干燥段节数,单板干燥设备应使用变频调速风机。

4.1.3 在保证单板干燥机正常工作的情况下，应尽量提高干燥段出入口处的密封性，减少热量损失。

4.1.4 干燥机安装的位置应该尽量靠近供热锅炉，所在的厂房应保温良好，减少蒸汽输送距离远、保温不佳等因素造成的能量损耗。

4.1.5 干燥机安装地面与壁板均应做好保温结构，减少热量损失。

4.1.6 供热管道外部保温层要有足够的隔热效果，并应定期检查，不得有跑冒滴漏。

4.1.7 根据干燥机工艺要求的湿度排湿，单板干燥机排气道须加设保温层，防止形成凝结水。

4.1.8 以蒸汽为加热介质的单板干燥机，供热蒸汽应为干饱和蒸汽。

4.1.9 蒸汽进入散热器之前要布置过滤器，定期清洗过滤器、给散热器除垢，为散热器的翅片清扫，提高空气的通过能力和换热效率。

4.1.10 排放凝结水时，应选择节能高效型疏水阀，减少蒸汽的损失。单板干燥机凝结水按GB/T 12712的有关规定进行回收利用。

4.2 单板干燥节能工艺

4.2.1 企业应根据单板的树种、厚度、初含水率合理选择干燥工艺，以提高干燥质量、节约能源。

4.2.2 采用网带式干燥机干燥厚度 1.2 mm 以下单板时，采用先干后剪工艺，厚单板选用先剪后干工艺。

4.3 企业节能管理

4.3.1 企业应选用节能型单板干燥机，同时加快对节能效果欠佳的干燥机进行节能改造。

4.3.2 单板干燥工序应尽可能安排不间断地连续生产。

4.3.3 单板干燥机排放的余热应通过热交换器或热泵等设备进行回收利用。

4.3.4 利用热管技术回收排气余热，回收的热量应作为单板预热、工厂供暖热源等。

5 可选用的单板干燥节能技术

5.1 有条件时，优先采用导热油为传热介质的干燥设备。

5.2 单板干燥应采用烟气干燥、热板余热干燥等节能干燥技术。

5.3 联合干燥技术应采用自然干燥、太阳能干燥作为预干燥，将单板干燥至含水率 20%以下，再进入单板干燥机进行干燥，从而减少不可再生能源的使用量。

ICS 13.060.25
Z 50

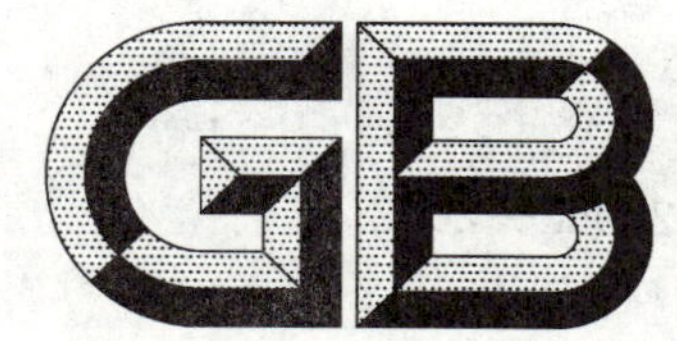

中华人民共和国国家标准

GB/T 29052—2012

工业蒸汽锅炉节水降耗技术导则

Guide for techniques of water and energy saving in industrial steam boiler system

2012-12-31 发布　　2013-07-01 实施

中华人民共和国国家质量监督检验检疫总局
中国国家标准化管理委员会　发布

前　言

本标准按照 GB/T 1.1—2009 给出的规则起草。

本标准由全国锅炉压力容器标准化技术委员会(SAC/TC 262)和全国工业节水标准化技术委员会(SAC/TC 442)归口。

本标准负责起草单位:中国锅炉水处理协会。

本标准参加起草单位:中国特种设备检测研究院、广州市特种承压设备检测研究院、北京化工大学、宁波市特种设备检验研究院、江苏省特种设备安全监督检验研究院无锡分院、广东省特种设备行业协会、上海热交换系统节能工程技术研究中心。

本标准的主要起草人:王骄凌、杨麟、魏刚、周英、邓宏康、王婷、许振达、金栋、葛红花。

本标准为首次发布。

工业蒸汽锅炉节水降耗技术导则

1 范围

本标准规定了工业蒸汽锅炉水汽系统节水降耗的设计、安装调试、使用管理和效果评价的技术要求。

本标准适用于额定出口蒸汽压力小于3.8 MPa,以水为介质的固定式蒸汽锅炉及其水汽系统。

2 规范性引用文件

下列文件对于本文件的应用是必不可少的。凡是注日期的引用文件,仅注日期的版本适用于本文件。凡是不注日期的引用文件,其最新版本(包括所有的修改单)适用于本文件。

GB/T 1576 工业锅炉水质

DL/T 5190.4 电力建设施工及验收技术规范 第4部分:电厂化学

HG/T 3523 冷却水化学处理标准腐蚀试片技术条件

JB/T 2932 水处理设备技术条件

3 术语和定义

下列术语和定义适用于本文件。

3.1

回水 back water

锅炉产生的蒸汽经过热交换或做功后返回到回水回收系统中的水。

3.2

回水率 rate of back water

一定时间内累计回水量占锅炉累计蒸发量的百分率。

3.3

回水回收利用率 utilization rate of recovered back water

一定时间内锅炉累计回水回用量占累计回水量的百分率。

3.4

结垢速率 fouling rate

锅炉受热面每年增加垢的厚度,以mm/a计。

3.5

挥发性碱 volatile alkali

对水汽系统金属具有保护作用的挥发性碱性物质。

3.6

成膜胺 film forming amine

能在金属表面上均匀地形成一层憎水性保护膜的胺。

3.7

表面式加热方式 surface heating modes

蒸汽与被加热介质严密隔绝,通过金属表面传热进行加热的方式。

3.8

汽水损失率　percentage of steam and water loss

一定时间内汽水累计非正常损失量与锅炉累计蒸发量之比。

注：非正常损失指跑、冒、滴、漏和因回水水质不合格不能回收的汽水损失。

4　总则

4.1　在保证锅炉安全可靠和满足供热需求的前提下，应提高回水回收利用率，降低排污率，减少汽水损失，促进工业蒸汽锅炉节水降耗。

4.2　工业蒸汽锅炉房及水汽系统设计时，一般应考虑回水回收系统的设计。无回水回收系统的在用工业蒸汽锅炉，蒸汽冷凝水有回用价值的，应增设回水回收系统。

4.3　应通过适当的水处理方法，防止水汽系统腐蚀，确保回水水质符合本标准的要求。

4.4　锅炉排污率应根据锅炉水质监测结果合理控制。在确保锅炉水质符合 GB/T 1576 的前提下，降低排污率。

4.5　锅炉使用单位应加强运行管理，切实做好锅炉水处理和水质监测工作，减缓锅炉结垢速率和金属腐蚀速率，减少水汽系统的跑、冒、滴、漏，降低汽水损失率。

4.6　工业蒸汽锅炉节水降耗技术应结合锅炉及水汽系统具体情况选用水处理设备和药剂。对于新技术、新工艺、新药剂、新设备应积极、慎重地使用。

5　设计要求

5.1　工业蒸汽锅炉房及水汽系统节水降耗设计，应结合系统特点，合理选择水处理工艺，做到技术先进、安全适用、节约能源和水资源、保护环境、改善劳动条件、提高经济效益，并便于安装、操作和维修。

5.2　新建、扩建和改建的工业蒸汽锅炉供热系统，在设计时，根据用户的实际情况，除了必须采用混合式加热的，一般应选择表面式加热方式；被加热介质不会对回水造成污染的，宜采用闭式回水装置。

5.3　回水回收系统材质的选用，应根据被加热介质的腐蚀、冲击、沉积等因素，以及材质的耐腐蚀性、机械性能和回水回收系统结构等进行技术经济综合比较确定，保证系统在采取正确维护、加药处理措施条件下不出现严重腐蚀和泄漏。

5.4　设计的回水回收利用率宜大于 90%，水处理工艺应使回水水质符合表 1 的规定，并保证给水水质符合 GB/T 1576 的要求 。

表 1　回水水质

pH		总铁 mg/L		总铜 mg/L		总铝 mg/L		油 mg/L
有铜、铝系统	无铜、铝系统	标准值	期望值	标准值	期望值	标准值	期望值	标准值
7.0～9.5	7.0～10.0	≤0.30	≤0.10	≤0.10	≤0.050	≤0.30	≤0.10	≤2.0
注：当回水可能受到污染时，根据污染介质增加必要的检测项目。								

5.4.1　系统中不含有铜或铝材质的，不测定总铜或者总铝的含量；

5.4.2　回水占给水的百分率大于 50%时，回水总铁含量应符合表 1 的要求；回水占给水的百分率不大于 50%时，回水总铁含量应符合 GB/T 1576 的回水水质要求。

5.5　为了防止二氧化碳、氧等对热交换设备和回水系统金属的腐蚀，锅炉或回水系统应有可靠的加药设施。如果加药处理影响被加热介质的应用,则应采取其他必要的处理措施,除去回水中的结垢性物质和腐蚀性物质。

5.6 加药设施应符合以下要求。

5.6.1 加药装置应满足锅炉不同运行工况的回水水质调节处理的需要。

5.6.2 采用挥发性碱处理,宜选用自动加药装置,加药箱宜设水封,防止药剂挥发和影响作业人员健康。加药泵宜采用切换方式与给水泵连动。

5.6.3 采用成膜胺处理时,如需现场配制药剂,配药箱应设置加热和搅拌装置,出口宜设过滤装置。

5.6.4 药液计量箱的设置应能满足锅炉连续运行的要求,其贮存量不宜小于 8 h 运行的需要或其他的需求。

5.6.5 加药泵出口管道上应装设压力表和稳压装置。

5.6.6 加药点宜设置在给水泵进口或出口管道上。成膜胺若加入到蒸汽管道或分汽缸内,应有保证药剂与蒸汽均匀混合的措施,且药液配制用水宜采用回水。

5.6.7 加药装置的布置应便于操作,加药设备周围应通风良好,并有围堰和冲洗设施。

5.6.8 药品仓库的大小,应根据药品消耗量,药品的特性、包装、供应和运输条件等因素确定,宜按贮存 15 d~30 d 的消耗量设计。药品仓库内应有相应的防水、防腐、通风、除尘、采暖和冲洗措施。

5.7 回水系统的取样装置和腐蚀速率监测装置按以下要求设置。

5.7.1 回水回收系统的起始端和末端应设置取样冷却装置,取样装置应能保证水样流量为 500 mL/min~700 mL/min,水样温度≤40 ℃。取样管材质宜采用不锈钢。

5.7.2 热交换器的末端应设置腐蚀速率监测装置(装置示意图参见附录 A 中图 A.1)。

5.8 水汽系统应设置下列仪表,或采取其他测量方法以满足节水降耗效果评价的需要:

a) 锅炉补给水管道流量表;
b) 锅炉给水总管的流量、温度、压力、pH 和电导率等测量仪表;
c) 蒸汽输出总管的流量、温度和压力等测量仪表;
d) 回水总管的流量、温度、压力、pH 和电导率等测量仪表。

流量表应有瞬间流量和累积流量指示。

5.9 给水除氧不应采用解析除氧的方式。

6 安装、调试

6.1 回水回收系统的安装施工,应当符合设计和制造厂的有关技术文件要求,也可参照 DL/T 5190.4 中的有关规定执行。

6.2 加药装置、计量泵、过滤设备、回水泵、管道、阀门等应安装正确,无泄漏。回水管道和回水箱应采取必要的保温措施。

6.3 回水回收系统安装完毕后,应按照设计要求或参照 JB/T 2932 等标准进行水压试验,并达到合格要求。

6.4 回水回收系统投入运行前,应按下列要求进行调试。

6.4.1 用回水冲洗加药装置进行系统冲洗,直至出水澄清。

6.4.2 将药品和水按配制比例加入配药箱中,充分搅拌使药液混合均匀。同时,按要求调整加药量。

6.4.3 加药泵试运转时,要求泵的出力及扬程达到设计要求。

6.4.4 除铁、除油等过滤设备运行正常可靠,设备出力和过滤后的水质符合设计要求。

6.4.5 定期取回水回收系统起始端和末端的水样进行测定,其水质应符合表 1 的规定。

7 使用管理

7.1 锅炉使用单位应结合本单位实际情况做好加药或过滤处理工作,确保回水水质符合表 1 的规定;给水和锅水符合 GB/T 1576 的规定,并及时记录加药种类、数量和时间。

7.2 每半年测定一次回水回收系统金属腐蚀速率。测定方法一般采用试片失重法，将腐蚀试片挂入热交换器末端的监测装置中，调整装置内的回水流速与系统的流速相近，每半年取出腐蚀指示片，测定腐蚀速率，按式(6)计算，其值应符合表2的规定。当腐蚀速率超过0.10 mm/a时，应查明原因，及时处理。

7.3 当回水受到污染时，应分析污染物对水汽系统腐蚀、结垢的影响程度，如果对水汽系统不会构成危害，可继续回收利用。

7.4 当回水水质超过表1的规定范围时，如果与补给水混合后，给水水质符合GB/T 1576规定的，允许回收使用，但要加强对不合格指标的监测，防止水质突然恶化对锅炉造成危害；控制回水与补给水混合比例，以保证给水水质合格为原则；若因回水水质不合格而无法回收利用时，应查明原因，并采取相应的处理措施。

7.5 药剂的选用应根据水汽系统材质、蒸汽用途和使用条件，按以下要求合理选择。

7.5.1 药剂中不应含有会对锅炉造成侵害的物质，在使用条件下，不应分解出腐蚀、结垢性等有害物质。

7.5.2 采用挥发性碱处理时，应选用具有合适的汽液分配系数、具有较好热稳定性的药剂。

7.5.3 采用成膜胺处理时，应选用在使用温度下热分解产物不会对水汽系统金属造成腐蚀危害的药剂。生成的保护膜应完整、致密、牢固、耐冲蚀。

7.5.4 锅内加药处理的阻垢剂不宜含有碳酸钠和碳酸氢钠，以避免二氧化碳对蒸汽系统金属的腐蚀。

7.6 锅炉及回水回收系统停(备)用期间应进行防锈蚀保护工作，以保证锅炉启动运行8 h内回水水质达到表1规定的要求。

8 节水降耗效果评价

8.1 每月应统计和计算补给水率、排污率、回水率、回水回收利用率和汽水损失率，计算公式如下：

a) 补给水率按式(1)计算，

$$\eta_B = \frac{Q_B}{Q_Z} \times 100\% \qquad \cdots\cdots(1)$$

式中：

η_B——补给水率，%；

Q_B——累积补给水量，单位为吨(t)；

Q_Z——累积蒸发量，单位为吨(t)。

b) 排污率按式(2)计算，

$$P = \frac{Cl_G^-}{Cl_L^- - Cl_G^-} \times 100\% \qquad \cdots\cdots(2)$$

式中：

P ——锅炉排污率，%；

Cl_G^-——给水氯离子含量，单位为毫克每升(mg/L)；

Cl_L^-——锅水氯离子含量，单位为毫克每升(mg/L)。

c) 回水率按式(3)计算，

$$\eta_H = \frac{Q_H}{Q_Z} \times 100\% \qquad \cdots\cdots(3)$$

式中：

η_H ——回水率，%；

Q_H ——累积回水量，单位为吨(t)；

Q_Z ——累积蒸发量，单位为吨(t)。

d) 回水回收利用率按式(4)计算，

$$\eta_{HY}=\frac{Q_{HY}}{Q_{H}}\times 100\% \qquad \cdots\cdots(4)$$

式中：

η_{HY} ——回水回收利用率,%；

Q_{HY} ——累积回水回用量,单位为吨(t)；

Q_{H} ——累积回水量,单位为吨(t)。

e) 汽水损失率按式(5)计算，

$$\eta_{Q}=\frac{Q_{B}-Q_{S}}{Q_{Z}}\times 100\%-P \qquad \cdots\cdots(5)$$

式中：

η_{Q}——汽水损失率,%；

Q_{B}——累积补给水量,单位为吨(t)；

Q_{S}——累积设计正常用水、用汽损失量,单位为吨(t)；

P——锅炉排污率,%；

Q_{Z}——累积蒸发量,单位为吨(t)。

8.2 定期统计回水水质合格率,检测锅炉的结垢速率和金属腐蚀速率。金属腐蚀速率按式(6)计算。

$$v_{h}=\frac{(m_{1}-m_{2})\times 8.76}{S\cdot t\cdot \rho} \qquad \cdots\cdots(6)$$

式中：

v_{h} ——以腐蚀深度表示的金属腐蚀速率,单位为毫米每年(mm/a)；

m_{1} ——腐蚀指示片腐蚀前的质量,单位为克(g)；

m_{2} ——腐蚀指示片腐蚀后的质量,单位为克(g)；

S ——腐蚀指示片总表面积,单位为平方米(m^2)；

t ——腐蚀指示片在系统内挂放时间,单位为小时(h)；

ρ ——金属密度,单位为克每立方厘米(g/cm^3)。

8.3 节水降耗单项评定分为Ⅰ级、Ⅱ级和Ⅲ级,考核项目及指标见表2。

表2 工业蒸汽锅炉单项节水降耗指标

考核项目	Ⅰ级	Ⅱ级	Ⅲ级
回水水质合格率 %	≥90	80～89	70～79
回水回收利用率 %	≥90	80～89	70～79
回水率 %	≥80	60～79	40～59
汽水损失率 %	≤3	>3,≤5	>5,≤10
排污率 %	≤1	>1,≤3	>3,≤5
结垢速率 mm/a	≤0.5		
回水回收系统金属腐蚀速率 mm/a	≤0.10		

8.4 节水降耗的综合效果按以下要求评定，分为一级、二级、三级和四级，三级为达到节水降耗运行的基本要求。

8.4.1 根据表2各单项指标，采用百分制对工业蒸汽锅炉节水降耗进行综合评定。其中，回水水质合格率占20分，回水回收利用率占25分，回水率占5分，汽水损失率占5分，排污率占5分，结垢速率占20分，金属腐蚀速率占20分，其中达到表2规定的Ⅰ级指标按100％计分，Ⅱ级按90％计分，Ⅲ级按80％计分，低于Ⅲ级计0分。总分四舍五入至整数。

8.4.2 综合评定级别按表3的规定。

表3 工业蒸汽锅炉节水降耗综合评定级别

综合评定总分	95～100	85～94	70～84	＜70
节水降耗级别	一级	二级	三级	四级

附　录　A
（资料性附录）
腐蚀速率监测

A.1　腐蚀速率监测装置示意图

腐蚀速率监测装置示意图见图 A.1。

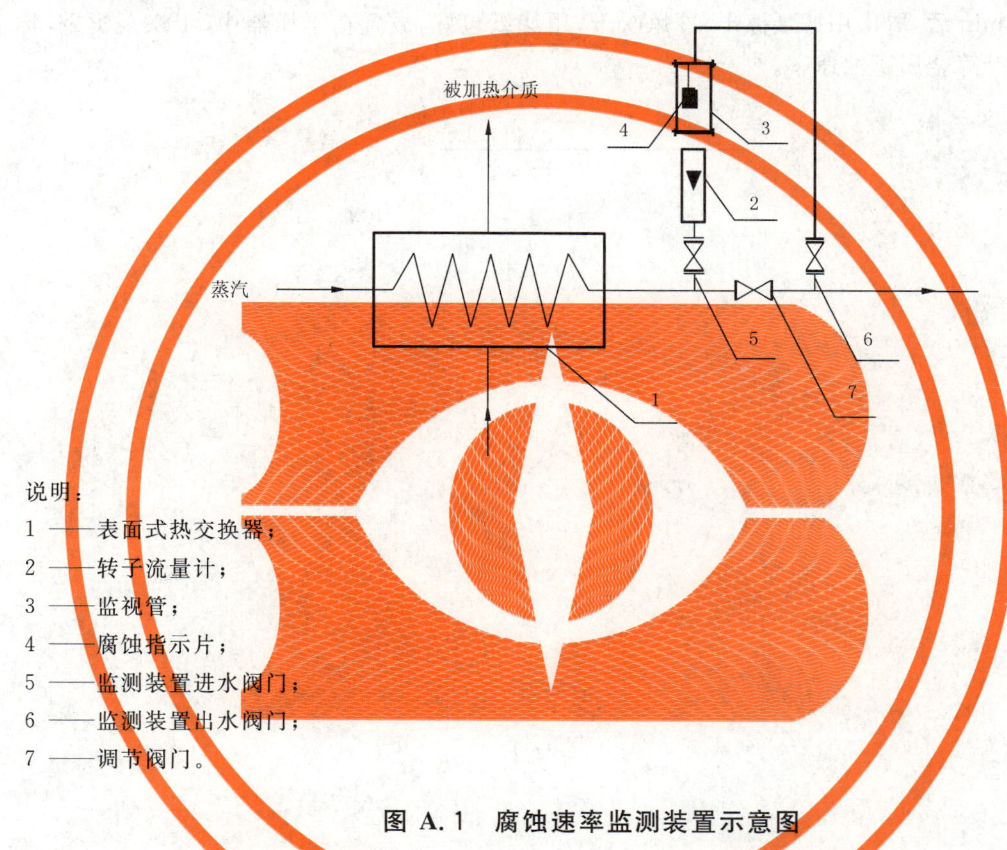

说明：

1 ——表面式热交换器；

2 ——转子流量计；

3 ——监视管；

4 ——腐蚀指示片；

5 ——监测装置进水阀门；

6 ——监测装置出水阀门；

7 ——调节阀门。

图 A.1　腐蚀速率监测装置示意图

A.2　金属试片要求

A.2.1　金属试片的材质与热交换器使用的金属材料相同。

A.2.2　金属试片的形状尺寸、加工误差、光洁度、外观要求应符合 HG/T 3523 的规定。

A.2.3　金属试片在试验前用水冲洗干净(注意擦洗金属试片挂孔内污物)后擦干，立即用丙酮或者无水乙醇浸泡 1 min～2 min，取出后置于干净滤纸上，冷风吹干，用滤纸包好，放置在干燥器中，干燥至恒重，称量精确至 0.2 mg。

A.2.4　用游标卡尺准确测量试片的表面尺寸，计算总表面积，精确至 0.1 mm^2。

A.3　腐蚀速率监测

A.3.1　悬挂金属腐蚀试片。关闭监测装置进水阀和监测装置出水阀，回水回收系统调节阀保持全开状态。拆开监视管法兰，将已经称重的金属试片用耐高温尼龙线穿过试片挂孔，悬挂于监视管内，均匀拧紧监视管上、下法兰，并保证不泄漏。

A.3.2 计算监视管流量。根据蒸汽在热交换器的流速，计算监视管的流量，其流量应保证监视管的流速与热交换器的流速相同。

A.3.3 投入腐蚀速率监测装置运行。打开监视管进、出水阀门，并使之保持全开状态，缓慢关小监测装置调节阀，观测转子流量计流量，当流量计的流量达到计算流量时，保持调节阀的开度不变。记录监测装置运行时间。

A.3.4 测定腐蚀速率。监测装置运行一段时间后，关闭监测装置进水阀和监测装置出水阀，回水回收系统调节阀保持全开状态。拆开监视管法兰，取出金属腐蚀指示片，立即用水冲洗，放入用氨水调节pH为9～10的水中浸泡1 min～2 min。取出并将金属试片表面腐蚀产物清理干净。再放入无水乙醇中浸泡1 min～2 min后，取出用滤纸擦干，冷风吹干，用滤纸包好，放置在干燥器中，干燥至恒重，称量精确至0.2 mg。计算金属腐蚀速率。

ICS 65.040.30
B 91

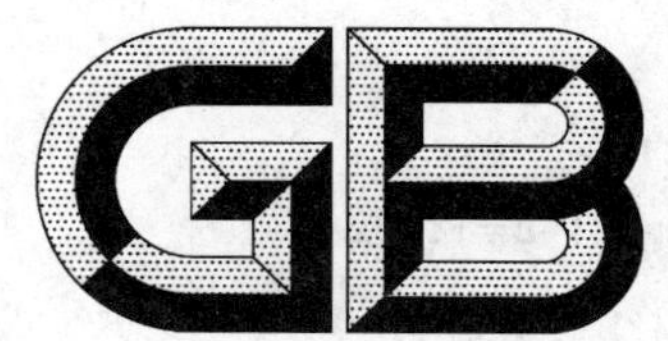

中华人民共和国国家标准

GB/T 29148—2012

温室节能技术通则

Technical code for energy saving of greenhouses

2012-12-31 发布　　　　2013-10-01 实施

中华人民共和国国家质量监督检验检疫总局
中国国家标准化管理委员会　发布

前　言

本标准按照 GB/T 1.1—2009 给出的规则起草。

本标准由中华人民共和国农业部提出。

本标准由全国能源基础与管理标准化技术委员会(SAC/TC 20)归口。

本标准起草单位:中国农业大学、农业部设施农业工程重点开放实验室。

本标准主要起草人:赵淑梅、马承伟、施正香、王平智、李保明、黄之栋、张天柱。

温室节能技术通则

1 范围

本标准规定了温室节能的设计要求、温室运行的节能管理要求以及温室节能性能的评价参数。

本标准适用于种植业温室的新建、扩建、改建工程的设计及生产管理。

2 规范性引用文件

下列文件对于本文件的应用是必不可少的。凡是注日期的引用文件,仅注日期的版本适用于本文件。凡是不注日期的引用文件,其最新版本(包括所有的修改单)适用于本文件。

GB/T 23393 设施园艺工程术语

JB/T 10297—2001 温室加热系统设计规范

JB/T 10594 日光温室和塑料大棚结构与性能要求

NYJ/T 07 日光温室建设标准

NY/T 1831 温室覆盖材料保温性能测定方法

3 术语和定义

GB/T 23393 界定的以及下列术语和定义适用于本文件。

3.1

温室覆盖层 greenhouse covering

温室外围护透明覆盖物及内外辅助覆盖的保温、防虫、遮光(阳)等材料。前者为主覆盖层,其余为附加覆盖层。

3.2

热节省率 saving ratio of heat loss of greenhouse

温室采取节能措施后,其热量损失降低值与采取该节能措施前的热量损失值的百分比。

3.3

地中热交换系统 underground heat exchange system

通过强制换气手段,白天将温室内高温空气导入地下,将热量蓄积到土壤中,夜间再将蓄积的热量从地中导出用于温室加温的热交换系统。

3.4

换气热能回收系统 ventilation heat collection system

温室冬季通风时,通过热交换器用排风余热加热进风的热能再利用系统。

4 温室节能设计要求

4.1 建筑设计

4.1.1 温室选址应考虑冬季光照条件良好,背风向阳,且周围无高大建筑遮挡,无粉尘污染地区。

4.1.2 温室朝向选择应结合当地地理纬度和主导风向,以有利于增加温室透光量、减少室内阴影面积以及减少冬季主导风向影响为原则。日光温室朝向应考虑各地磁偏角的影响。对于主要用于冬季生产的连栋温室,北纬40°以北地区宜选择东西屋脊走向,北纬40°以南地区宜选择南北屋脊走向。在满足结构安全性要求的前提下,影响温室采光的构件应尽可能减小截面尺寸和构件数量。

4.1.3 温室入口处冬季应设置门斗等避风构造,且应密封处理。内外两道门应避免同向相对。

4.1.4 温室天沟处应采用中空双层天沟或天沟下加保温层等措施。其他暴露在外面的金属构件宜采取保温措施。

4.1.5 北方寒冷地区冬季宜在温室上风向设置风障。

4.1.6 日光温室间距、朝向、尺度、材料及建设要求应符合NYJ/T 07相关规定。日光温室墙体低限热阻应符合JB/T 10594中的规定。

4.1.7 在地下水位较低地区,可采用半地下日光温室。室内地面低于室外地面的高度宜控制在300 mm~800 mm,但应注意做好温室防水和保证良好采光。

4.1.8 日光温室宜在透光面外围地下采用设置防寒沟或保温基础墙等措施。

4.2 环境调控系统设计

4.2.1 环境调控系统的选配及配置水平应因地制宜,结合作物生产要求、技术水平以及经济性等综合考虑。

4.2.2 当围护结构主覆盖层保温能力不足时,应优先考虑增加保温幕、保温被等附加覆盖层方面的措施。仍然不能满足要求时,可进行人工加温。有条件地区,优先考虑利用工业余热、地热或可再生能源等热源。

4.2.3 有条件的温室,宜将加温设备布置于栽培床底部以及作物根部,或者在在栽培床四周加设一圈垂地塑料膜。

4.2.4 温室夏季的温度环境调控,在保证室内作物所需光照条件下,优先采用遮阳和自然通风等调控方式;不能满足要求时,可采用风机通风或结合蒸发降温等调控方式。

4.2.5 夏季室外太阳辐射强烈的地区或温室内设计温度较低时,宜对温室屋顶及墙体同时进行遮阳,采用外遮阳或外遮阳与内遮阳结合的方式。内遮阳材料宜选用缀铝幕等反射性材料。

4.2.6 风机通风温室的通风率不宜超过0.06 $m^3/(m^2 \cdot s)$;未设置湿帘降温设备时,通风系统阻力不宜超过25 Pa。

4.2.7 温室内可适当设置循环风机用以提高室内温度分布均匀性。循环风机设置参照JB/T 10297—2001中的5.2.3。

4.2.8 可利用地中热交换系统、换气热能回收系统对温室温度进行调控。

4.2.9 温室的照明、电机、灌溉等设备应选用节能、节水型。

5 温室运行的节能管理要求

5.1 根据作物对环境昼夜温度需求的不同,宜采取昼高夜低的变温管理模式。常见温室作物所需温度指标参照JB/T 10297。

5.2 温室应具有良好的密封性,出现破损应及时修补。特别是冬季来临前,应对温室天窗、侧窗及围护结构整体的密封性进行全面检查,对降温湿帘、风机等部位应采取必要的保温措施。

5.3 温室内保温幕应在温室内部上方及四周形成连续完整的覆盖层,其接缝部位应保证拼接严密,同时保证保温幕与主覆盖层之间留有一定的空气层。

5.4 采用风机通风的温室,其调控目标温度不宜低于夏季空气调节室外计算干球温度以上2 ℃;采用风机与蒸发降温的温室,其调控目标温度不宜低于夏季空调室外计算湿球温度以上4 ℃。夏季空调室外计算干球温度和夏季空调室外计算湿球温度参见附录A。

5.5 采用风机通风的温室,其植物栽培行向应与气流方向一致。

5.6 温室内可采用增加地膜覆盖或填埋秸秆等提高地温措施。

5.7 温室主覆盖层及用能设备应定期清扫与维护。

6 温室节能性能评价参数

6.1 温室围护结构保温性能评价

6.1.1 温室覆盖层保温性能

温室覆盖层保温性能采用传热系数进行评价。

设计时,温室覆盖层传热系数按式(1)计算:

$$K = K'(1-\alpha_c) \qquad \cdots\cdots(1)$$

式中:

K ——附加保温覆盖后的温室覆盖层总传热系数,单位为瓦每平方米摄氏度[W/(m²·℃)];

K'——温室主覆盖层的传热系数,单位为瓦每平方米摄氏度[W/(m²·℃)],其常用材料的传热系数应按 NY/T 1831 的方法进行测试;

α_c ——附加保温覆盖层的热节省率;无附加保温覆盖层时取 $\alpha_c=0$,单层附加保温覆盖层的热节省率参见附录 B。

当采用双层附加保温覆盖层时,式(1)中附加保温覆盖层的热节省率 α_c 按式(2)计算:

$$\alpha_c = \frac{\alpha_{c1}+\alpha_{c2}-2\alpha_{c1}\alpha_{c2}}{1-\alpha_{c1}\alpha_{c2}} \qquad \cdots\cdots(2)$$

式中:

α_{c1}——第一层附加保温覆盖层的热节省率,以小数计算;

α_{c2}——第二层附加保温覆盖层的热节省率,以小数计算。

当采用三层附加保温覆盖层时,式(1)中附加保温覆盖层的热节省率 α_c 按式(3)计算:

$$\alpha_c = \frac{(\alpha_{c1}+\alpha_{c2}+\alpha_{c3})-2(\alpha_{c1}\alpha_{c2}+\alpha_{c1}\alpha_{c3}+\alpha_{c2}\alpha_{c3})+3\alpha_{c1}\alpha_{c2}\alpha_{c3}}{1-(\alpha_{c1}\alpha_{c2}+\alpha_{c1}\alpha_{c3}+\alpha_{c2}\alpha_{c3})+2\alpha_{c1}\alpha_{c2}\alpha_{c3}} \qquad \cdots\cdots(3)$$

式中:

α_{c3}——第三层附加保温覆盖层的热节省率,以小数计算。

6.1.2 日光温室墙体保温性能

日光温室墙体保温性能采用墙体热阻进行评价。

墙体热阻按式(4)计算:

$$R_w = \sum \frac{d}{\lambda} \qquad \cdots\cdots(4)$$

式中:

R_w——墙体总热阻,单位为平方米摄氏度每瓦[(m²·℃)/ W];

d ——某一层墙体材料的厚度,单位为米(m);

λ ——与 d 相对应的墙体材料导热系数,单位为瓦每米摄氏度[W/(m·℃)]。

6.2 温室冬季保温措施的综合节能性评价

温室冬季采取各种保温措施后的节能性,采用温室热节省率进行评价,按式(5)算:

$$\alpha=\frac{Q_{L1}-Q_{L2}}{Q_{L1}}\times 100\% \qquad \cdots\cdots(5)$$

式中：

α ——温室热节省率；

Q_{L1} ——温室采用保温措施前的热量损失，单位为瓦每平方米（W/m^2）；

Q_{L2} ——温室采用各种保温措施后的热量损失，单位为瓦每平方米（W/m^2）。

6.3 温室通风性能评价

6.3.1 温室通风量

温室通风量采用单位温室室内地面面积的通风量，即温室通风率进行评价，单位为立方米每秒平方米[$m^3/(s\cdot m^2)$]。

6.3.2 通风系统阻力

温室通风系统的阻力主要是进风口的阻力，因此采用进风口阻力进行评价，按式(6)计算。当进风口为湿帘时，通风阻力应参考其产品的技术性能指标。

$$\Delta p=\frac{\rho_a}{2}\left(\frac{L}{\sum \mu F}\right)^2 \qquad \cdots\cdots(6)$$

式中：

Δp ——进风口阻力，单位为帕（Pa）；

ρ_a ——空气密度，单位为千克每立方米（kg/m^3）；

L ——通风量，单位为立方米每秒（m^3/s）；

μ ——进风口的流量系数；

F ——进风口面积，单位为平方米（m^2）。

6.4 温室能耗设计评价

6.4.1 温室采暖设计能耗

在相同的设计使用条件和设计要求下，温室采暖设计能耗，采用维持每一摄氏度室内外温差时，单位温室地面面积的加温热流量{单位为瓦每平方米摄氏度[$W/(m^2\cdot ℃)$]}进行评价。

6.4.2 温室通风降温设计能耗

在相同的设计使用条件和设计要求下，温室通风降温设计能耗，采用单位温室地面面积用于通风降温的设备的运行功率[单位为瓦每平方米（W/m^2）]进行评价。

附 录 A
（资料性附录）
温室夏季环境调控室外设计温度

温室夏季环境调控室外设计温度见表A.1。

表A.1 温室夏季环境调控室外设计温度

单位为摄氏度

地区	夏季空调室外计算干球温度	夏季空调室外计算湿球温度	地区	夏季空调室外计算干球温度	夏季空调室外计算湿球温度
北京	33.6	26.3	沈阳	31.4	25.2
天津	33.9	26.9	鞍山	31.2	25.4
张家口	31.6	22.3	营口	30.3	25.5
张北	27.2	19.0	丹东	29.5	25.2
丰宁	31.2	22.7	大连	29.0	24.8
怀来	33.0	23.6	白城	31.8	23.9
承德	32.8	24.0	四平	30.7	24.5
石家庄	35.2	26.8	长春	30.4	24.0
保定	34.8	26.8	敦化	28.6	22.5
乐亭	31.7	26.2	延吉	31.2	23.6
饶阳	34.8	26.9	临江	30.7	23.5
邢台	35.2	26.9	嫩江	29.9	22.3
大同	31.0	21.1	齐齐哈尔	31.2	23.5
原平	31.9	22.9	佳木斯	30.8	23.5
太原	31.6	23.8	哈尔滨	30.6	23.8
榆社	30.9	22.3	牡丹江	30.9	23.4
介休	32.7	23.9	德州	34.7	26.5
运城	35.9	26.0	莱阳	32.1	26.7
侯马	36.8	26.7	淄博	34.7	26.6
海拉尔	29.2	20.5	惠民	34.1	27.3
二连浩特	33.2	19.3	龙口	32.0	26.7
额济纳旗	36.2	19.3	成山头	27.3	25.4
乌拉特后旗	30.5	19.3	青岛	29.0	26.0
吉兰太	34.9	20.5	烟台	30.7	25.8
呼和浩特	30.7	21.0	济南	34.8	27.0
锡林浩特	31.2	19.9	潍坊	34.2	27.1
通辽	32.4	24.5	兖州	34.1	27.5
赤峰	32.7	22.6	莒县	32.7	27.3
彰武	31.4	24.9	临沂	33.5	27.5
朝阳	33.6	25.0	菏泽	34.8	27.8
锦州	31.4	25.1	安阳	34.8	27.4

表 A.1(续)

单位为摄氏度

地 区	夏季空调室外计算干球温度	夏季空调室外计算湿球温度	地 区	夏季空调室外计算干球温度	夏季空调室外计算湿球温度
三门峡	35.2	25.9	南昌	35.6	28.3
郑州	35.0	27.5	老河口	35.0	28.1
新乡	35.1	27.8	钟祥	34.6	28.3
开封	35.2	27.8	恩施	34.2	26.3
洛阳	35.9	27.5	宜昌	35.6	27.8
许昌	35.6	28.2	武汉	35.3	28.4
南阳	34.4	27.9	吉首	34.8	27.2
驻马店	35.0	28.0	常德	35.5	28.6
信阳	34.5	27.7	长沙	36.5	29.0
商丘	35.1	27.9	武冈	34.2	26.5
上海	34.6	28.2	衡阳	36.0	27.4
徐州	34.4	27.6	郴州	35.4	26.6
连云港	33.5	27.9	韶关	35.3	27.4
淮阴	33.3	28.1	广州	34.2	27.8
南京	34.8	28.1	河源	34.5	27.5
南通	33.0	28.6	汕头	33.4	27.7
杭州	35.7	27.9	电白	33.2	28.2
宁波	34.5	28.5	海口	35.1	28.1
温州	34.1	28.4	桂林	34.2	27.3
金华	36.4	27.7	百色	36.0	27.8
衢州	35.9	27.8	梧州	34.8	27.9
亳州	35.1	27.9	南宁	34.4	27.9
蚌埠	35.4	28.0	甘孜	22.9	14.5
桐城	36.5	29.0	马尔康	27.3	17.3
合肥	35.1	28.1	绵阳	32.8	26.3
安庆	35.3	28.1	成都	31.9	26.4
芜湖	35.0	28.2	西昌	30.6	21.8
南平	36.2	27.2	南充	35.3	27.1
福州	36.0	28.1	宜宾	33.8	27.3
上杭	34.7	26.8	重庆	36.3	27.3
永安	35.9	26.8	万州	36.4	28.3
厦门	33.6	27.6	酉阳	32.2	25.0
吉安	35.9	27.7	毕节	29.2	21.9
赣州	35.5	27.1	遵义	31.8	24.3
景德镇	36.0	27.8	贵阳	30.1	23.0

表 A.1（续）

单位为摄氏度

地 区	夏季空调室外计算干球温度	夏季空调室外计算湿球温度	地 区	夏季空调室外计算干球温度	夏季空调室外计算湿球温度
三穗	32.0	25.4	酒泉	30.4	19.5
兴义	28.7	22.2	民勤	33.0	19.3
丽江	25.5	18.1	兰州	31.3	20.1
腾冲	26.3	20.5	平凉	29.8	21.3
昆明	26.3	19.9	武都	32.6	22.4
思茅	29.6	22.1	天水	30.9	21.8
蒙自	30.6	22.0	西宁	26.4	16.6
元江	36.7	26.6	格尔木	27.0	13.5
昌都	26.2	15.1	玉树	21.9	13.2
拉萨	24.0	13.5	银川	31.3	22.2
林芝	22.9	15.6	固原	27.7	19.0
那曲	16.0	9.4	阿勒泰	30.8	19.9
日喀则	22.2	12.1	克拉玛依	36.4	19.8
榆林	32.3	21.6	乌鲁木齐	33.4	18.3
延安	32.5	22.8	伊宁	32.9	21.3
绥德	33.1	22.5	土鲁番	40.3	24.2
定边	33.2	22.6	哈密	35.8	22.3
西安	35.1	25.8	焉耆	32.0	21.3
汉中	32.3	26.0	阿克苏	32.6	21.6
安康	34.9	26.8	喀什	33.8	21.1
敦煌	34.1	21.1	和田	34.5	21.4

附 录 B
（资料性附录）
常用温室附加保温覆盖层的热节省率

常用温室附加保温覆盖层的热节省率见表B.1。

表B.1 常用温室附加保温覆盖层的热节省率 %

保温覆盖材料	热节省率	覆盖材料	热节省率
聚乙烯(PE)薄膜	32	缀铝膜(25%铝膜,75%透明膜)	34
聚氯乙烯(PVC)薄膜	36	缀铝膜(33%铝膜,67%透明膜)	36
(PO)薄膜或 乙烯-醋酸乙烯(EVA)薄膜	35	缀铝膜(50%铝膜,50%透明膜)	39
聚酯(PET)膜	36	缀铝膜(67%铝膜,33%透明膜)	42
无纺布	28	缀铝膜(75%铝膜,25%透明膜)	44
混铝薄膜	40	缀铝膜(100%铝膜)	47
镀铝薄膜	50	缀铝膜(50%铝膜,50%无膜)	15
草帘(5kg/m²)	70	缀铝膜(67%铝膜,33%无膜)	20
复合材料保温被	68	缀铝膜(75%铝膜,25%无膜)	22
由于保温覆盖材料产品的种类繁多,本表不能全部一一列出。同时,即使是同一名称的保温覆盖材料,仍可能因其不同的材质成分、添加助剂的种类和添加量、生产工艺、厚度、构造形式以及在生产使用中的工作环境条件等多种情况,其热节省率有较大的变化范围。本表所列仅为最多见的产品和在一般常见的工作条件下的热节省率的概略值,供设计和分析时参考。更准确的热节省率值,应通过实验测试进行确定。			

ICS 29.160.30
K 22

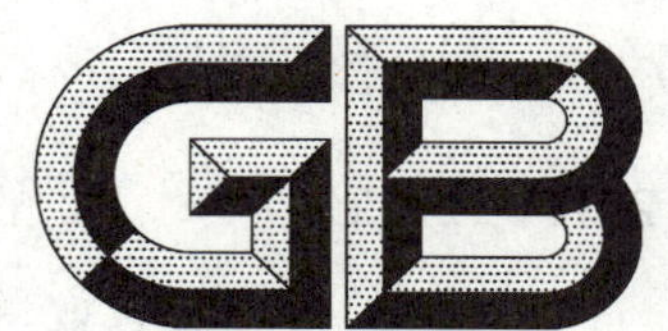

中华人民共和国国家标准

GB/T 29314—2012

电动机系统节能改造规范

Specification for the reconstruction of motor system for energy-saving

2012-12-31 发布

2013-06-01 实施

中华人民共和国国家质量监督检验检疫总局
中国国家标准化管理委员会 发布

前　言

本标准按照 GB/T 1.1—2009 给出的规则起草。

本标准由中国电器工业协会提出。

本标准由全国旋转电机标准化技术委员会(SAC/TC 26)和全国能源基础与管理标准化技术委员会(SAC/TC 20)归口。

本标准负责起草单位:上海电器科学研究所(集团)有限公司、上海电机系统节能工程技术研究中心有限公司、卧龙电气集团股份有限公司、长沙电机厂有限责任公司、山东华力电机集团股份有限公司、永济新时速电机电器有限责任公司、浙江金龙电机股份有限公司、青岛和力达电气有限公司、重庆赛力盟电机有限责任公司、文登奥文电机有限公司、江苏锡安达防爆股份有限公司、北京毕捷电机股份有限公司、湖南天能电机制造有限公司、山东开元电机有限公司、上海俊研电气科技有限公司。

本标准参加起草单位:宁波东力传动设备股份有限公司、上海东方泵业(集团)有限公司、上海邦浦实业集团有限公司、安波电机集团有限公司、江苏清江电机制造有限公司、浙江西子富沃德电机有限公司、山东力久特种电机有限公司、上海海光电机有限公司、江苏环球特种电机有限公司、江西特种电机股份有限公司、安徽明腾永磁机电设备有限公司、安徽皖南电机股份有限公司、河北电机股份有限公司、万高(南通)电机制造有限公司、衡水电机股份有限公司、河南豫通电机股份有限公司、成都东方实业集团邛崃电机厂有限公司、中国电子科技集团公司第二十一研究所。

本标准主要起草人:陈伟华、冯东升、李光耀、严蓓兰、金惟伟、刘憬奇、张金辉、周立新、刘雪波、王金平、汪同斌、梁邦建、陆进生、叶叶、王庆东、屈斌、周守廉、毛漂军、李福果、杨俊。

电动机系统节能改造规范

1 范围

本标准规定了电动机系统节能改造所必需的技术性活动，包括：电动机系统节能诊断、项目的实施、节能改造综合评估。

本标准适用于各类电动机系统中的部分装置或整个系统所进行的节能改造。

2 规范性引用文件

下列文件对于本文件的应用是必不可少的。凡是注日期的引用文件，仅注日期的版本适用于本文件。凡是不注日期的引用文件，其最新版本(包括所有的修改单)适用于本文件。

GB 755—2008 旋转电机 定额和性能

GB/T 12497—2006 三相异步电动机经济运行

GB/T 12668.2—2002 调速电气传动系统 第2部分：一般要求 低压交流变频电气传动系统额定值的规定

GB 12668.3—2003 调速电气传动系统 第3部分：产品的电磁兼容性标准及其特定的试验方法

GB/T 12668.4—2006 调速电气传动系统 第4部分：一般要求 交流电压1 000 V以上但不超过35 kV的交流调速电气传动系统额定值的规定

GB/T 13466—2006 交流电气传动风机(泵类、空气压缩机)系统经济运行通则

GB/T 13469—2008 离心泵、混流泵、轴流泵和漩涡泵系统经济运行

GB/T 13470—2008 通风机系统经济运行

GB/T 15913—2009 风机机组与管网系统节能监测

GB/T 16665—1996 空气压缩机组及供气系统节能监测方法

GB/T 16666—1996 泵类及液体输送系统节能监测方法

GB/T 17166—1997 企业能源审计技术通则

GB 17167—2006 用能单位能源计量器具配备和管理通则

GB/T 17981—2007 空气调节系统经济运行

GB 18613—2012 中小型三相异步电动机能效限定值及能效等级

GB 19153—2009 容积式空气压缩机能效限定值及能效等级

GB 19761—2009 通风机能效限定值及能效等级

GB 19762—2007 清水离心泵能效限定值及节能评价值

GB/T 21056—2007 风机、泵类负载变频调速节电传动系统及其应用技术条件

GB/T 21205—2007 旋转电机整修规范

DL/T 994—2006 火电厂风机水泵用高压变频器

3 术语和定义

下列术语和定义适用于本文件。

3.1

电动机系统 motor system

由电动机、被拖动装置、传动装置、控制(调速)装置以及管网负荷等组成,通过电动机将电能转化为机械能,再通过被拖动装置(如风机、水泵、压缩机、机床、传送带等)做功,实现各种所需功能的系统。

3.2

节能诊断 energy saving diagnosis

通过现场调查、检测以及对能源消费账单和设备历史运行记录的统计分析等,找到电动机系统能源浪费的环节,为电动机系统的节能改造提供依据的过程。

3.3

评价边界 evaluation of boundary

实施节能措施的电动机系统与其周围相邻部分的分界面,边界应根据电动机系统节能改造的范围和达到的目的等因素确定。

3.4

节能量 energy saved

满足同等需要或达到相同目的的条件下,能源消费减少的数量。

[GB/T 13234—2009,定义 2.1]

3.5

产品节能量 energy saved of productions

用统计报告期产品单位产量能源消耗量与基期产品单位产量能源消耗量的差值和报告期产品产量计算的节能量。

[GB/T 13234—2009,定义 2.3]

3.6

工况节能量 energy saved of working condition

满足同等工况需求条件,用统计报告期单位时间能源消耗量与基期单位时间能源消耗量的差值和报告期运行时间计算的节能量。

3.7

节能率 energy saving rate

统计报告期比基期的单位能耗降低率,用百分数表示。

[GB/T 13234—2009,定义 2.8]

3.8

数据分析法 data analysis method

根据使用者改造前后能源消费的结算凭证或数据以及生产记录,通过分析得到改造节能效果的方法。

4 总则

4.1 电动机系统节能改造应在满足生产工艺需求和不降低劳动生产率的基础上,提高电动机系统的能源利用效率,降低能源消耗。

4.2 电动机系统的节能改造应根据节能诊断结果,结合节能改造判定原则,从技术可靠性、可操作性和经济性等方面进行综合分析,选取合理可行的节能改造方案和技术措施。

4.3 节能改造时,用能设备应采用节能型产品或高效低耗产品,不得使用已被明令禁止生产、使用的低效高耗产品。

4.4 节能改造后,各用电系统经济运行指标应符合 GB/T 13466—2006、GB/T 13469—2008、

GB/T 13470—2008、GB/T 15913—2009、GB/T 16665—1996、GB/T 16666—1996、GB/T 17166—1997、GB 17167—2006、GB/T 17981—2007、GB 18613—2012、GB 19153—2009、GB 19761—2009、GB 19762—2007 中相关的要求。

4.5 电动机系统节能改造诊断评估、设计、实施及节能评价应参照附录 A 中的流程图进行。

4.6 电动机改造评价程序和参数测试应参照 GB/T 21205—2007 等相关流程及相应电动机试验方法进行。

4.7 电动机系统的能效检测方法应符合现行国家标准或行业标准的有关规定。

4.8 电动机系统能效检测应由具备相应资质的机构进行。

5 节能诊断

5.1 一般规定

5.1.1 电动机系统节能改造前应对电动机系统的设备、装置、控制方式和运行管理措施进行节能诊断，通过分析电动机系统使用环境及运行要求，在检测现有系统运行能效的基础上，对节能改造可行性和改造方案进行论证，并预估改造效果。

5.1.2 电动机系统节能诊断前，根据电动机系统节能改造的目的和需求，可以选择性提供下述部分或全部资料：

a) 设备运行图纸和技术文件以及电动机系统的改造记录；

b) 相关设备技术参数和运行记录；

c) 系统工艺需求及技术条件。

5.1.3 节能改造前应制定详细的诊断方案，进行检测，编写节能诊断报告。节能诊断报告应包括系统概况、检测结果、能效诊断与能效分析、改造方案建议、节能效果预测和投资回报分析等内容。

5.2 节能诊断方案

5.2.1 概述

节能诊断的基本方法是现场调研、现场测试、分析评估及项目评审。电动机系统节能诊断应参照附录 B 中的流程图进行。

5.2.2 现场调研

5.2.2.1 调研范围

从电动机系统用电输入端开始，调研控制装置、电动机、负载设备、必要的管路或传输系统、负载调节装置等电动机系统节能改造范围内的主要设备的型号、数量、主要性能、分布、工况等情况；调研系统涉及的生产工艺需求。

5.2.2.2 调研目的

了解设备实际的运行情况和使用时间，为现场测试做准备。

5.2.2.3 初步分析

初步分析各设备的装机容量、用电量，确定测试范围和测试方法及测试的时间和周期。

5.2.3 现场测试

5.2.3.1 概述

现场测试可根据情况采用简单测试或全面测试方法进行。

5.2.3.2 简单测试

主要依靠企业现场配备的电力和热工仪表进行。测试范围原则上包括电动机系统计划实施改造的所有边界参数，对于现场仪表不能满足全部要求的情况，可参照现场调研的情况和系统日常运行记录数据及运行特点进行估算。

5.2.3.3 全面测试

对系统运用专业测试仪器设备或依靠企业现有的仪表进行现场测试，测试范围包括评价边界内所有的用电设备的输入电参数测试和输出参数测试，测试周期应能反映系统的运行周期，在测试基础上结合系统日常运行记录数据和运行特点，对系统节能潜力进行量化计算。

5.2.4 分析评估

根据现场调研数据和测试数据，编制节能诊断分析报告。报告主要包括节能方案，预估改造后节能量和节能率，并计算投资回报期。

5.2.5 项目评审

节能诊断分析报告编制完成后，建设单位根据项目具体情况组织由工艺和设备技术专家、现场检测单位检测人员、改造实施单位和相关人员组成的评审小组，对节能技术改造方案的可行性进行论证，并确定评价边界。

6 项目实施

6.1 一般规定

6.1.1 项目实施时，首先应对按确定好的评价边界内的能耗情况进行能效检测或收集能耗及运行等相关数据，能效检测宜采用全面测试的方法进行。

6.1.2 建设单位应委托具备相应资质条件的改造实施单位进行改造施工，改造实施单位应按照经评审通过的改造方案进行设计、安装、调试、试运行和测试，同时负责培训企业有关工程技术人员和有关操作人员。

6.1.3 试运行前建设单位要会同改造实施单位编制完善的试运行方案，落实好各项安全生产措施，保障停、开车安全。系统正常运行后，使用单位负责其日常维护。涉及的检测、检验，属法定检测、检验的，必须由有资质的单位进行，其他的可委托改造实施单位承担。

6.2 电动机的更新

6.2.1 电动机类型的选择

电动机类型的选择一般应遵循以下原则：

a) 依据电动机的工作是否处于易燃、易爆、粉尘污染、腐蚀性气体、高温、高海拔、高湿度、水淋和潜水工作环境，选择相应的防护类型、外壳防护等级和电动机的绝缘等级。

b) 电动机的额定电压应根据其额定功率和所在系统的配电电压或供电电源的输出电压选定；必要时，应通过技术经济的比较确定。

c) 负载对起动、制动、调速有特殊要求时，应更换为与负载特性相匹配的专用电机，所选电动机应能与调速方式合理匹配。

d) 电动机的起动转矩、最大转矩、最小转矩、转速及其调节范围等，应满足电动机所拖动的负载在各种运行方式下的要求。

e) 在有频繁起动、高起动转矩和冲击负载等特殊要求时，选用相应的专用电动机并进行转矩校验。

f) 对于有规律变化的负载，应根据其工作制类型和定额，按 GB 755—2008 的规定选择相应的工作制类型和定额的电动机。

g) 年运行时间大于 3 000 h、负载率大于 60%的、恒速运行的中小型三相异步电动机，应选用能效指标符合 GB 18613—2012 节能评价值的电动机。

6.2.2 电动机额定功率的选择

电动机额定功率的选择一般应遵循以下原则：

a) 选择额定功率时，应使电动机的平均负载率不低于 60%。电动机的平均负载率低于 50%时，应更换成较小额定功率的电动机。

b) 拖动连续运行、稳定负载的电动机，其额定功率应大于负载轴功率；对于三相异步电动机，应使电动机长期运行在 75%负载率时，按 GB/T 12497—2006 计算的综合效率最高。

c) 对于运行工况变化、但连续工作的电动机，应根据负载变化情况求出平均等效功率，电动机的额定功率应大于等效功率，并应对电动机的起动性能和过载能力进行校核。

d) 对于短时或断续工作的电动机，宜选用相应工作制的电动机，并使电动机额定功率略大于负载的功率；也可选用连续工作制电动机来替代，此时，应采用等效法求出工作时间内的等效功率，电动机的额定功率应略大于等效功率，并应对电动机的起动和过载能力进行校核。

6.3 电动机的改造

电动机的改造宜充分分析对原电动机进行高效再制造的可行性，并在再制造过程中判断和选择可利用或可回收部件，提高资源循环利用率。

6.3.1 电动机的高效再制造

电动机的高效再制造，就是将满足高效再制造条件的标准效率电动机通过重新设计、更换零部件等方法，再制造成高效率电动机或适用于特定负载和工况的系统节能电动机（如变极电动机、变频电动机和永磁电动机等），一般包含以下几种情况：

a) 对标准效率电动机通过重新设计，再制造成高效电机的改造活动；

b) 对标准效率电动机通过重新设计，再制造成变极变速专用电动机的改造活动；

c) 对标准效率电动机通过重新设计，再制造成变频调速专用电动机的改造活动；

d) 对标准效率电动机通过重新设计，再制造成高效永磁电动机的改造活动；

e) 对标准效率电动机通过重新设计，再制造成系统匹配的专用电动机的改造活动。

适用范围：对年运行时间大于 3 000 h、负载率大于 60%的、恒速运行的普通三相异步电动机，宜对电动机再制造成高效三相异步电动机；对负载率变化较大，速度变化范围较大但不要求连续平滑变化的普通三相异步电动机，宜对电动机再制造成变极变速专用电动机；对负载率变化较大，速度变化范围较大且连续平滑变化的普通三相异步电动机，宜对电动机再制造成变频调速专用电动机；对年运行时间大于 3 000 h、负载率大小变化，轻载运行时间较长，恒速运行的三相异步电动机，对电动机可进行高效再制造，改造成高效永磁同步电动机。对年运行时间大于 3 000 h、负载匹配不合理的普通三相异步电动机，宜对电动机再制造成系统匹配的专用三相异步电动机。

6.3.2 电动机的降容改造

对电动机的额定功率（或标称功率）进行降低或减少的重新设计和改造活动。

适用范围:当电动机驱动系统经实测或评估,系统最大功率未能达到电动机的额定功率时,对电动机可进行降容改造。

6.3.3 电动机的增容改造

对电动机的额定功率(或标称功率)进行提高或增加的重新设计和改造活动。

适用范围:当电动机驱动系统经实测或评估,系统所需的最大功率虽然超过电动机的额定功率,但电动机的原始设计较为富裕,对电动机可进行增容改造,但同时应对改造后的系统安全性进行评估。

6.3.4 电动机的降压改造

对电动机在适当范围内降低控制电压时的节能改造。

适用范围:当电动机系统的负载率在运行范围内有较大变化,但同时不适用于变频改造时,可对电动机进行降低电压的控制方式。

6.3.5 电动机的升压改造

对电动机在适当范围内提高控制电压时的节能改造。

适用范围:当电动机系统由于线路损耗等原因需对电动机由低压改造为高压时,应对电动机的材料等进行全面重新设计和改造。

6.3.6 电动机的变极改造

对电动机由单一转速改变为多极变速运行下的节能改造。在满足负载变化的要求下,可采用多速三相笼型异步电动机。

适用范围:当存在因某种因素周期变化(如季节),系统所需亦可随之周期变化,在调速可满足需求,允许电动机在停机状态下进行变极切换时,可对电动机进行变极调速改造,但此种改造所使用的控制方式应允许电动机停止运行后自由进行。

或当运行工况非频繁变化,且系统所需呈阶梯状,在调速可满足需求时,可采用多速电动机,一般可选用双速三相笼型异步电动机。

变极电动机宜采用全压起动。

6.3.7 通用电动机改专用电动机的改造

对拖动典型负载的电动机再制造成与被拖动设备负载特性匹配的专用电机的节能改造。

适用范围:当电动机与被拖动设备负载特性不匹配,可对电动机进行重新设计,再制造成与被拖动设备负载特性相匹配的专用电动机。

6.4 控制装置的改造

对电动机系统通过改变控制装置来达到最佳的节能效果所进行的节能改造。控制装置的改造时应对改造后的电动机系统运行安全性进行评估。

6.4.1 变频调速控制改造

对电动机由单一转速或由低效的调速方式改变为在变频器控制下的平滑调速运行时的节能改造。

适用范围:当负载运行工况频繁变化,且变化范围较大,系统所需电动机的功率亦随之频繁变化时,可对电动机及系统进行变频调速改造,但此种改造所使用的控制方式应允许电动机停止运行后自由进行。

变频调速改造时宜将原电动机再制造成变频调速专用三相笼型异步电动机。

6.4.1.1 变频器与电动机匹配的要求

变频器与电动机的匹配一般应遵循以下原则：

a) 电压匹配，变频器输出额定电压与电动机额定电压相符；

b) 电流匹配，变频器额定电流应大于电动机实际运行最大电流；

c) 变频器与电动机之间安装距离较远时，应适当增大变频器容量或在变频器输出端加装电抗器。

6.4.1.2 对变频器的要求

对变频器的一般要求是：

a) 变频器输出电压、频率连续可调；

b) 变频器一般性能应符合 GB/T 12668.2—2002 和 GB/T 12668.4—2006 的规定；

c) 对于风机、水泵专用低压变频器，应符合 GB/T 21056—2007 的规定；

d) 对于电力行业所用高压变频器，应符合 DL/T 994—2006 的规定，其他行业可参考执行；

e) 变频器的过载能力应大于额定电流的 20%，并持续 60 s；

f) 变频器应具有各种保护功能，如输入过压、欠压保护，缺相保护，过流保护，短路保护，防雷电冲击保护等；

g) 高压大容量变频调速电动机系统应采取限制产生轴电流的措施；

h) 变频器的电磁兼容性能应符合 GB 12668.3—2003 的规定。

6.4.2 变极变速控制改造

对电动机由单一转速改变为在逻辑组合开关控制下的变速运行时的节能改造。

适用范围：当负载运行工况变化，但呈周期性变化时，系统所需电动机的功率和转速亦随之周期变化，允许电动机在停机状态下进行变极切换时，在对电动机进行变极改造时，对控制装置进行变极变速控制改造，但此种改造所使用的控制方式应允许电动机停止运行后自由进行。

变极变速改造时宜将原电动机再制造成变极变速专用三相笼型异步电动机。

6.4.3 相控调压节能控制改造

对电动机在适当范围内降低控制电压时的节能改造。

适用范围：当电动机系统的负载率在运行范围内有较大变化，但同时不适用于变频改造时，可对电动机进行降低电压的控制方式的改造。

6.4.4 串级调速控制改造

对额定电压为 6 kV、10 kV，功率较大的场合，电动机由单一转速或由低效的调速方式改变为在一定范围内平滑调速运行时的节能改造。

适用范围：当负载运行工况变化（非季节性周期），且变化范围不大，系统所需电动机转速变化时，可对电动机系统进行串级调速改造，但此种改造应允许电动机停止运行后自由进行。

串级调速改造宜选用内馈或外馈调速装置，对采用三相异步电动机的设备在进行串级调速改造时，宜对原电动机进行重新设计再制造成与调速设备相匹配的专用电动机。

6.4.5 开关磁阻电动机及控制器调速改造

对电动机由单一转速或由低效的调速方式改变为在开关磁阻电动机及控制器控制下的平滑调速运行时的节能改造。

适用范围：当负载运行工况频繁变化，且变化范围较大，系统所需电动机的功率亦随之频繁变化，并且可选择到相应功率的开关磁阻电机及控制器时，可对电动机及系统进行开关磁阻电机及控制器调速改造。

6.4.6 控制模式的改造

对适合采用更节能的控制模式进行控制的电动机系统，可进行控制模式改造。

适用范围：在不影响电动机系统的运行效果，通过改变电动机系统的控制模式可提高电动机系统能效的电动机系统，可进行控制模式改造。

控制模式改造可对控制装置进行闭环控制改造、反馈信号采样点或采样信号类型改造、细化运行分级改造、优化控制算法改造等。

控制模式改造时应尽可能利用原控制装置或原控制装置的零部件。

控制模式改造时应充分考虑改造后对相关电动机系统的影响，一般控制模式改造宜对相关的所有电动机系统进行综合改造，保证所有相关的电动机系统运行的协调一致和运行的综合能效水平提高。

控制模式改造时应对改造后的运行情况预分析，确认改造后不影响生产时进行。

6.5 传动装置的改造

对可采用高效传动装置替代现有低效传动装置的电动机系统，可进行传动装置改造(在调速改造、电动机改造时进行)。对传动装置改造时应对改造后的电动机系统运行安全性进行评估。

6.5.1 液力耦合器的改造

在电动机系统进行调速改造或起动方式改造时，可同时对液力耦合器进行改造。

适用范围：液力耦合器起调速作用，在进行控制装置调速改造时宜将液力耦合传动装置改造成联轴器连接；液力耦合器起软起动作用，在进行控制装置调速改造或软起动改造时，宜将液力耦合传动装置改造成联轴器连接。

6.5.2 齿轮变速箱的改造

在电动机系统进行电动机改造或传动装置采用普通齿轮变速箱时，可进行齿轮变速箱的改造。

适用范围：电动机改造时选用的新电动机的运行转速足以取消齿轮箱时，或当高效变速装置足以代替普通齿轮变速箱时，或普通齿轮箱需要更新时，宜将齿轮箱传动装置改造成联轴器连接。

6.5.3 直驱改造

在电动机系统进行电动机改造时，可进行直驱改造。

适用范围：电动机或传动装置改造时，选用新电动机，其运行速度和负载能力足以满足需求，足以取消传动装置时，宜采用直驱电机改造。

6.6 被拖动装置的改造

对可采用高效被拖动装置替代现有低效被拖动装置的电动机系统，或可提高被拖动装置的能效时，可进行被拖动装置的改造。被拖动装置的改造时应对改造后的电动机系统运行安全性进行评估。

6.6.1 高效替代改造

对有成熟的高效被拖动装置足以代替现有拖动装置，可进行高效替代改造；对于机组的工作点不合理的机组，可进行机组替代改造。

适用范围：高效被拖动装置的性能完全满足使用需要，现有运行环境或通过改善运行环境能完全满足高效被拖动设备的运行环境要求；通过重新设计、计算或测试，确认机组运行工作点在非高效工作区，替代改造后能提高能效的机组。

6.6.2 被拖动设备的改造

对现有被拖动装置可通过改造或更新部分零部件的方法提高被拖动设备的实际运行效率时，可进行被拖动设备改造。

适用范围：不改变现有设备的安装方式和连接方式，被拖动设备的实际运行能效水平低下或工作在非高效工作区。

6.6.3 被拖动设备的损耗能量回收改造

对被拖动装置损耗的能量形式可进行回收再利用时，可进行被拖动设备的损耗能量回收改造。

适用范围：被拖动设备损耗的能量具有回收价值，且回收后的能量有足够的再利用场所。

对被拖动设备的损耗能量回收改造项目，在综合评估时，应将回收的能量计入系统输出能量中。

6.7 管网的改造

以提高综合能效水平为目标可对管网进行如下改造：

a) 改造管网的排列形式、连接形式或减少阀门数量，降低管网管阻；

b) 提高管网的保温性能，减少管网传输过程中能量损失；

c) 增加管网中的阀门数量，进行管网调度管理；

d) 改变管网中阀门类型，实现自动控制；

e) 增加管网间互通管路，满足跨区调度；

f) 隔离不同类型的管网，实现分类供给。

6.8 其他的改造

以提高综合能效水平为目标对电动机系统进行的其他改造。

7 综合评估

7.1 一般规定

7.1.1 电动机系统节能改造后，应对设备运行效果进行评估，改造后系统的生产效率和系统分界点指标应达到改造设计要求。

7.1.2 电动机系统改造后，应对与改造设备相关的设备及其运行情况进行全面检查。

7.1.3 电动机系统节能改造后，应对被改造的系统或设备进行能效检测和评估，并在条件允许的情况下，应在相同的运行工况下采取同样的检测方法，改造前后能效检测应由同一个检测单位进行。

7.2 节能效果监测及评价步骤

节能效果监测及评价步骤是：

a) 针对项目特点制定具体的检测和评价方案；

b) 收集或检测改造前的能耗及运行数据；

c) 收集或检测改造后的能耗和运行数据；

d) 计算节能量及节能率并进行评价；

e) 撰写节能改造效果检测评价报告。

7.3 节能改造效果评价方法

7.3.1 总则

计算节能量时，应进行偏差分析。

7.3.2 测量法

符合下列情况之一时，宜采用测量法进行评价：

a) 仅需评估改造的电动机系统能效时；

b) 节能改造项目之间或与其他设备之间的相互影响可忽略不计或可测量和计算时；

c) 影响能耗的变量可以测量，且测量成本较低时；

d) 期望得到单个节能措施的节能量和节能率时。

采用测量法进行评估时，应符合下列规定：

a) 当被改造系统或设备运行负荷较稳定时，可只测量关键参数，其他参数宜估算确定；

b) 当被改造系统或设备运行负荷变化较大时，应对与能耗相关的所有参数进行测量；

c) 当实施节能改造的设备数量较多时，宜对被改造的设备进行抽样测量。

7.3.3 数据分析法

符合下列情况之一时，宜采用数据分析法进行评估：

a) 需评估改造前后相关设备的综合能效状况时；

b) 采取了多项节能措施，且存在显著的相互影响时；

c) 被改造系统与其他设备系统之间存在较大的相互影响，很难采用测量法进行测量或测量费用很高时；

d) 很难将被改造的系统或设备与其他部分的能耗分开时；

e) 预期的节能量比较大，足以摆脱其他影响因素对能耗的随机干扰时。

7.4 节能改造效果检测计算方法

7.4.1 总则

改造完成后应根据实际，采用以下几种方式的一种或几种方式进行节能改造效果评估。

7.4.2 统计报告期节能量

统计报告期节能量按式(1)计算：

$$\Delta E_{T} = E_{Th} - E_{Tq} + E_{X} \quad \cdots\cdots(1)$$

式中：

ΔE_{T}——统计报告期节能量，单位为千瓦时(kW·h)；

E_{Th}——统计报告期总耗能量，单位为千瓦时(kW·h)；

E_{Tq}——基期总耗能量，单位为千瓦时(kW·h)；

E_{X}——建设方和施工方认可的修正值(主要由统计报告期和基期不可消除的影响决定)，单位为千瓦时(kW·h)。

7.4.3 统计报告期节能率

统计报告期节能率按式(2)计算：

$$\xi_T = \frac{\Delta E_T}{E_{Tq}} \times 100\% \quad \cdots\cdots (2)$$

式中：

ξ_T——统计报告期节能率。

7.4.4 产品节能率

产品节能率按式(3)计算：

$$\xi_q = \frac{e_{dj} - e_{dy}}{e_{dy}} \times 100\% \quad \cdots\cdots (3)$$

式中：

ξ_q——产品节能率；

e_{dj}——统计报告期单位产品平均耗能量，单位为千瓦时(kW·h)；

e_{dy}——基期单位产品平均耗能量，单位为千瓦时(kW·h)。

注：产品节能率 ξ_q 可以为产品有功节能率、无功节能率和综合节能率中的任何一种，只需注意在计算时将相应的基期单位产品耗能量 e_{dy} 和统计报告期单位产品耗能量 e_{dy} 赋以相对应的值即可。

7.4.5 产品节能量

产品节能量按式(4)计算：

$$\Delta E_d = \xi_q \times e_{dy} \times M \quad \cdots\cdots (4)$$

式中：

ΔE_d——产品节能量，单位为千瓦时(kW·h)；

M——统计报告期产出的合格产品数量。

7.4.6 工况节能率

工况节能率按式(5)计算：

$$\xi_g = \frac{\sum_{i=1}^{n} \xi_{gi} \times T_i}{\sum_{i=1}^{n} T_i} \quad \cdots\cdots (5)$$

式中：

ξ_g——工况(工艺)节能率；

ξ_{gi}——第 i 种工况(工艺)节能率，按式(6)计算；

T_i——统计报告期系统在第 i 种工况(工艺)运行时间，单位为小时(h)；

n——统计报告期系统工况(工艺)的数量。

$$\xi_{gi} = \frac{e_{gji} - e_{gyi}}{e_{gyi}} \times 100\% \quad \cdots\cdots (6)$$

式中：

e_{gyi}——基期系统在第 i 种工况单位时间平均耗能量，单位为千瓦时(kW·h)；

e_{gji}——统计报告期系统在第 i 种工况(工艺)单位时间平均耗能量，单位为千瓦时(kW·h)。

注：工况节能率 ξ_g 可以为工况有功节能率、无功节能率和综合节能率中的任何一种，只需注意在计算时将相应的基期工况单位耗能量 e_{gyi} 和统计报告期工况单位产品耗能量 e_{gji} 赋以相对应的值即可。

7.4.7 工况节能量

工况节能量按式(7)计算：

$$\Delta E_g = \sum_{i=1}^{n} \xi_{gi} \times e_{gyi} \times T_i \qquad (7)$$

式中：

ΔE_g——工况节能量，单位为千瓦时（kW·h）。

7.4.8 综合节能量

综合节能量按式(8)计算：

$$\sum E_C = E_P + K_Q \times E_Q \qquad (8)$$

式中：

$\sum E_C$——综合节能量，单位为千瓦时（kW·h）；

E_P——有功节能量，单位为千瓦时（kW·h）；

K_Q——无功经济当量，其具体取值按 GB/T 12497—2006 附录 A 中 A.3 的规定，单位为千瓦每千乏（kW/kvar）；

E_Q——无功节能量，单位为千乏时（kvar·h）。

注：有功节能量可以按照 7.4.2、7.4.5、7.4.7 中的任意一种方法计算得到；无功节能量可参照 7.4.2、7.4.5、7.4.7 中的任意一种方法计算得到，但要注意公式中涉及的节能量值为无功节能量。

7.4.9 综合节能率

综合节能率按式(9)计算：

$$\xi_C = \frac{\sum E_{Cj} - \sum E_{Cy}}{\sum E_{Cy}} \qquad (9)$$

式中：

ξ_C——综合节能率；

$\sum E_{Cj}$——统计报告期综合节能量，单位为千瓦时（kW·h）；

$\sum E_{Cy}$——基期综合节能量，单位为千瓦时（kW·h）。

附　录　A
（资料性附录）
节能改造诊断评估、设计实施及节能评价流程图

节能改造诊断评估、设计实施及节能评价按图 A.1 中所示流程进行。

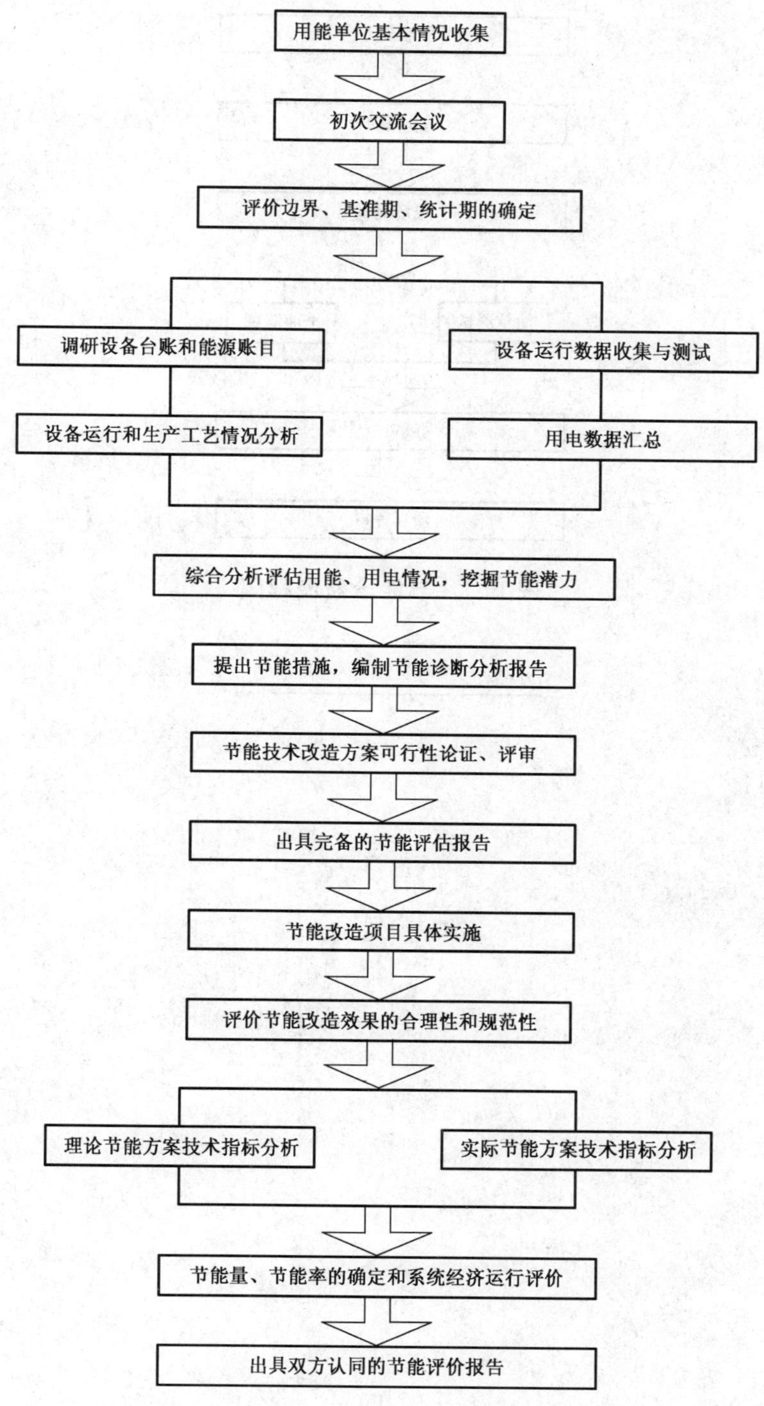

图 A.1　节能改造诊断评估、设计实施及节能评价流程图

附 录 B
（资料性附录）
节能诊断流程图

节能诊断按图 B.1 中所示流程进行。

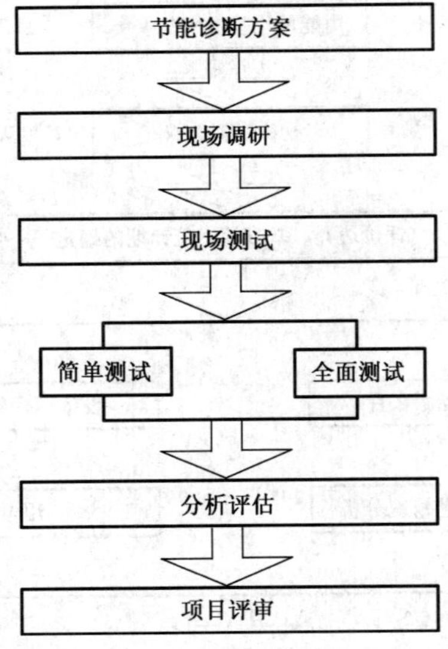

图 B.1 节能诊断流程图

ICS 29.160
K 20

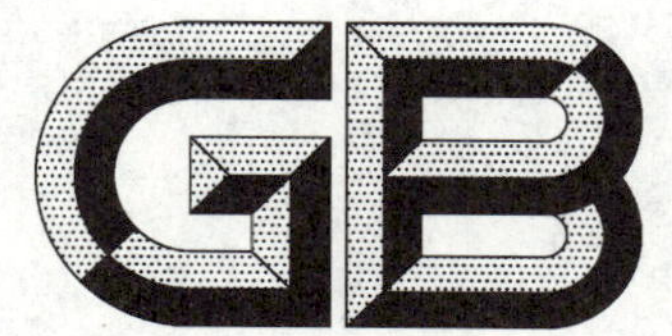

中华人民共和国国家标准

GB/T 29326—2012/IEC/TS 60034-31:2010

包括变速应用的能效电动机的选择——应用导则

Selection of energy-efficient motors including variable speed applications—Application guide

(IEC 60034-31:2010,IDT)

2012-12-31 发布 2013-06-01 实施

中华人民共和国国家质量监督检验检疫总局
中国国家标准化管理委员会 发布

前　言

本标准按照 GB/T 1.1—2009 给出的规则起草。

与本标准中规范性引用的国际标准有一致性对应关系的我国标准如下：

——GB 755—2008　旋转电机　定额和性能(IEC 60034-1:2004,IDT)

本标准使用翻译法等同采用 IEC/TS 60034-31:2010《旋转电机　第 31 部分:包括变速应用的能效电动机的选择——应用导则》。

本标准由中国电器工业协会提出。

本标准由全国旋转电机标准化技术委员会(SAC/TC 26)归口。

本标准主要起草单位:上海电器科学研究所(集团)有限公司、卧龙电气集团股份有限公司、山东华力电机集团股份有限公司、北京毕捷电机股份有限公司、河北电机股份有限公司、广东省东莞电机有限公司、青岛和力达电气有限公司、文登奥文电机有限公司、江门市江晟电机厂有限公司、宁波东力传动设备股份有限公司、永济新时速电机电器有限责任公司。

本标准参加起草单位:安波电机集团有限公司、南阳防爆集团股份有限公司、江苏清江电机制造有限公司、上海邦浦实业集团有限公司、开封电机制造有限公司、上海 ABB 电机有限公司、安徽明腾永磁机电设备有限公司、安徽皖南电机股份有限公司、湘潭电机股份有限公司、衡水电机股份有限公司、中国电子科技集团公司第二十一研究所。

本标准主要起草人:李秀英、陈伟华、周立新、张文斌、周守廉、黄磊、杨秀军、刘征艮、王金平、梁邦建、刘权、姚立新、屈斌。

引　言

本标准提供能效电动机在恒速运行和变速运行情况下应用的导则,不包括商业方面的考虑。

由 IEC/TC 2 制定的标准不涉及怎样获得高效率电动机,但包括确定效率保证值的试验方法。IEC 60034-2-1 是有关这一目的的重要标准。

关于输出功率最大至 200 kW 的三相、笼型、感应电动机的效率分级问题在世界许多地区经过了近 15 年的谈判,达成了区域性一致。因为这类电动机在大多数情况下是系列设计产品,这类电动机的设计常常受市场需求要求较低的成本,因此,能效问题就不是优先考虑的重点。

在 IEC 60034-30 标准中,对单速感应电动机定义了能效分级 IE 及指定了测试程序。

IE1	标准效率
IE2	高效率
IE3	超高效率
IE4	超超高效率

确定变频电机的效率的试验方法将包括在 IEC 60034-2-3 中。

通常对额定功率在 1 MW 及以上的电动机是专门定制的,需要较高的效率已经是一个非常重要的设计目标。这些电机满载效率典型值一般都在 95%～98%之间。效率通常也是购买合同中一项重要指标,如果不能满足保证值将受罚。因此,规定效率分级来要求更高的额定效率是第二重要的因素。

在 NEMA 的许可下,本标准的部分内容是基于 NEMA MG10,“对选择和使用固定频率的中型交流笼型多相感应电动机的能源管理导则”。

包括变速应用的能效电动机的选择——应用导则

1 范围

本标准对三相电动机能效方面的应用提供了技术层面的指导。它不仅适用于电机制造商、OEM、终端用户、管理机构、立法机关,也适用于其他感兴趣的团体。

本标准适用于 IEC 60034-30 所覆盖的所有电动机,然而其大多数论述对输出功率超过 375 kW 以上的笼型感应电动机也适用。

2 规范性引用文件

下列文件对于本文件的应用是必不可少的。凡是注日期的引用文件,仅注日期的版本适用于本文件。凡是不注日期的引用文件,其最新版本(包括所有的修改单)适用于本文件。

IEC 60034-1 旋转电机 第1部分:定额和性能(Rotating electrical machines—Part 1:Rating and performance)

IEC 60034-30 旋转电机 第30部分:单速、三相笼型感应电动机能效分级(IE代码)(Rotating electrical machines—Part 30:Efficiency classes of single-speed three-phase,cage induction motors(IE-code))

3 术语和定义、符号

3.1 术语和定义

IEC 60034-1、IEC 60034-30 界定的以及下列术语和定义适用于本文件。

3.2 符号

η_n 名义效率,%

η_N 额定效率,%

f_N 额定频率,Hz

n_N 额定转速,r/min

P_N 额定输出功率,kW

T_N 额定转矩,Nm

U_N 额定电压,V

4 概述

电气传动系统不同环节中的能量节约取决于工作制类型(连续工作制或断续工作制),见图1。

电动机为连续工作制运行时,改善电动机的效率是有益的。改善功率因数(变频器,同步电动机)可以降低传输电缆的 I^2R 绕组损耗。机械传动方面的优化(齿轮箱、皮带、泵、风扇叶片等)比提高电动机本身的效率而获得的节能效果更显著。

因为在很多场合通过管理好实际运行的负载可以得到很好的节能效果,所以更应关注运行节能。因此,满足需求的速度控制对于节能是很有帮助的。

通常适当的维护对节能是非常有益的。许多工厂在低电压控制电路中(典型的 24 V 电源)存在着大量能源消耗,因此,应该使用高效、低压供电电源。如果可能,在长期待机状态下(周末,节假日)应关断电源。

<table>
<tr><td rowspan="2"></td><td>电气部分</td><td>机械部分</td><td>应用</td><td>工厂自动化</td><td>能量再生</td></tr>
<tr><td colspan="5">适当的定期保养</td></tr>
<tr><td rowspan="2">S1
连续工作制</td><td>能效电动机</td><td>能效电动机
齿轮箱
皮带,……</td><td>变速驱动系统</td><td>更有效的功率电源</td><td></td></tr>
<tr><td>功率因数
修正器</td><td>能效泵,风机,
压缩机,……</td><td>减少电的
传输损耗</td><td>待机状态低
耗能模式</td><td></td></tr>
<tr><td>S2
短时工作制</td><td colspan="2">用更经济的元件</td><td></td><td></td><td></td></tr>
<tr><td rowspan="2">S3,…,S10
间歇工作制</td><td rowspan="2">带变频控制
的软起动</td><td rowspan="2">考虑转动惯量</td><td>变速驱动系统</td><td>更有效的功率电源</td><td>再制动</td></tr>
<tr><td>优化质量和流量</td><td>待机状态低
耗能模式</td><td>DC 靠背轮联接
电池
飞轮等</td></tr>
</table>

图 1　驱动系统中不同环节的电能节省情况

图 2 给出了能效电动机和功率驱动系统包括有电动机和电压型变频器,以及带或不带电-机械制动装置制动线圈的典型损耗情况概况。

在断续工作制运行时,能效电动机不是很节能的,甚至由于惯性和起动电流的增加可能会消耗更多的电能。在这种运行情况下,电动机起动时使用软起动器或变频器可降低能量损耗。当运行周期包括频繁再生制动阶段(如提升机、电梯、起重机等),使用能量储存是有帮助的。

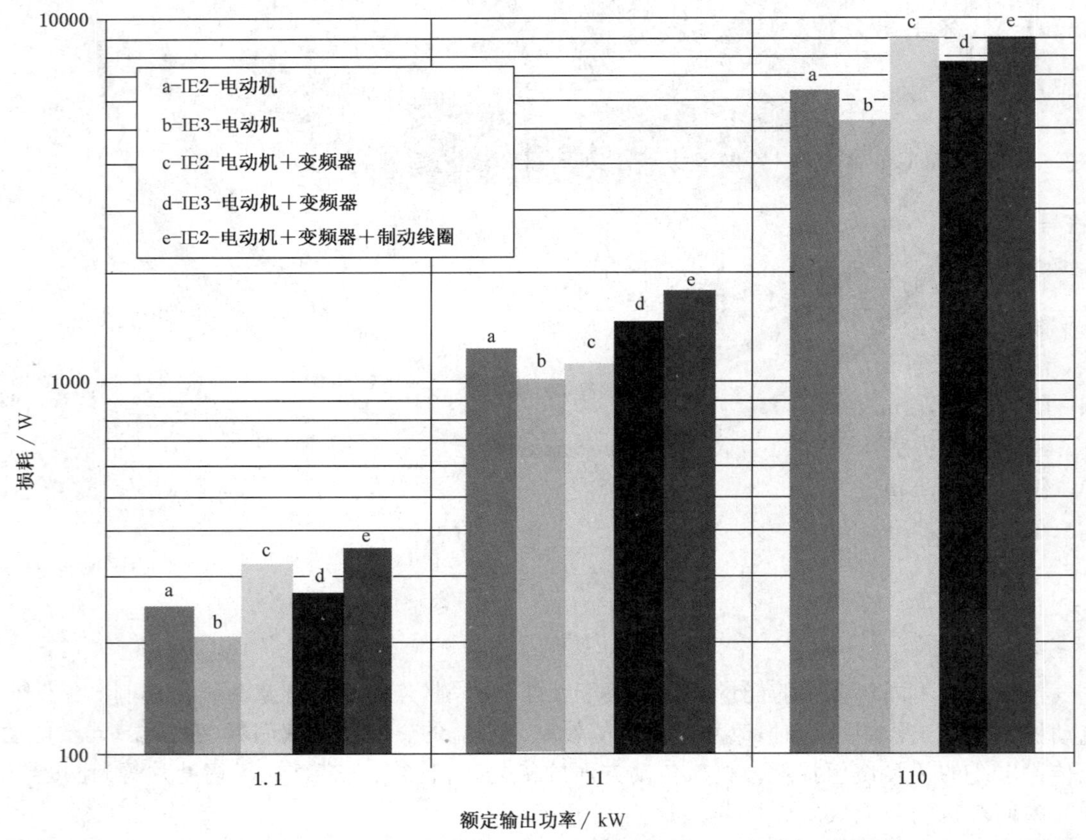

图 2　能效电动机、变频器和电-机械制动装置的损耗与标准电动机(IE1)损耗之间的关系

5 效率

5.1 概述

电动机的效率定义为电能转换为机械能的效率测量值,用输出功率与输入功率的比值来表示。

效率=输出功率/输入功率=输出功率/(输出功率+损耗)

电动机通常要给出额定负载时的效率,有时也提供3/4负载和1/2负载时的效率。

电动机的效率主要为负载、额定功率、转速的函数,表示如下:

a) 效率随负载变化的函数关系是电动机的固有特性。如果电动机远远偏离额定点运行时将会导致电动机的效率发生变化(见图3)。
b) 通常,电动机的满载效率随电机的几何尺寸和输出功率的增加而增加。
c) 对相同功率的电动机,一般来说转速高的电动机在额定负载时比转速低的电动机效率高,但并不总是这样。因此,这并不意味着,所有的设备都必须用高速电机来驱动,当需要低转速时,再采用变速装置,如采用滑轮或齿轮来获得所需的低速,这样反而增加了系统的功率损耗从而降低了系统效率,因此,对需要低速运行的地方,还不如直接用低速电动机来驱动。

笼型感应电动机效率和额定转速之间存在着明确的关系。这就是:低额定转速,则效率就低。因为滑差主要反映了转子绕组的损耗(感应电机的滑差就是同步转速和运行转速之间的差值)。一般用转差率来表示,转差率为:滑差/同步转速×100%。因此,N设计的笼型感应电动机的转差率小于5%,比高转差率电机有更高的效率,当应用场合允许时应优先使用。

对泵、风机、压缩机类的负载,使用多速电动机或变速驱动(VSD)可能会节省大量的电能。但应该注意,相同定额的多速电动机在每一速度下的效率比单速电动机的效率稍低。通常,单绕组多速电动机比双绕组多速电动机效率高。

当电动机连续长期运行时,提供了有意义的节能空间。这种应用场合如加工机械、空气动力装置、泵和其他类型的工业设备。

许多电动机是连续运行的,但有些电动机全年运行时间较短。如阀门电机,水坝门电机,工业门电机,消防泵和污水泵。在这些场合,改变电动机的效率对整个能源的降低意义不大,因为总的能耗较少,并且改为高效率电动机后反而有可能降低了其他性能要求。

电动机的效率适当增加几个点,结果是电动机的损耗大大减少。例如,对相同输出功率,如果将损耗减少20%,可使原来效率为75%的电机效率提高到78.9%,原来效率为85%的电机效率提高到87.6%,原来效率为90%的电机效率提高到91.8%。

效率是随着电动机的几何尺寸大小而增加的。对输出超过1 MW的大型、高压电动机其效率通常在95%以上。

注:由于电动机输出功率是随着几何尺寸的平方关系而增加的,与其可允许的散热条件是线性增加的关系。因此,大电机有着较高的效率是必然的。

5.2 电动机损耗

电动机将电能转换为机械能所产生的损耗一般描述如下:

a) 电损耗(定子和转子,随负载变化)——电流流过电动机定转子绕组产生的损耗表示为电流平方乘绕组电阻(I^2R)。转子损耗随转差率增加而增加。
b) 铁心损耗(与负载无关)——这些损耗主要由定子叠片产生,转子低一些。磁场要产生电磁转矩所造成的磁滞损耗和涡流损耗。
c) 机械损耗(通风和摩擦损耗,与负载无关)——机械损耗主要产生于轴承,风扇和电动机的密封结构等。这些损耗在低速电动机和防护等级为IP2X、IP4X、IP5X电动机中较小,但是在全封闭 IP6X、高速电机、大电机中较大。

d) 附加损耗(附加负载损耗)——铁心中附加基波和高频损耗,定子绕组中循环电流产生的损耗,转子导体在负载时产生的谐波损耗。这些损耗假设与转矩平方成比例。

表 1 列出了这些损耗分量的情况,在电动机总的损耗中典型的比例分配,设计和结构的因素将影响其损耗大小。

表 1 三相、4 极、笼型感应电动机损耗分布

	4 极电机典型损耗分布/%	影响损耗的因素
定子损耗	30~50	定子导体尺寸及材料
转子损耗	20~25	转子导体尺寸及材料
铁耗	20~25	磁性材料的类型和质量
附加损耗	5~15	主要为制造因素和设计方法
风摩耗	5~10	风扇和轴承的选择和设计

一般来说,增加电动机的有效材料,如导电和导磁材料的类型和数量,损耗将减少。

5.3 变频器供电时电动机的附加损耗

笼型感应电动机由变频器供电时,电压和电流谐波将在定子和转子中引起附加的铁耗和绕组 I^2R 损耗。这些附加损耗的大小与负载无关,随开关频率的增加而降低。

与正弦波供电相比,由变频器供电引起的附加损耗在严重情况下可使电动机总损耗增加 15%~20%。

更详细的论述见 IEC 60034-17 和 IEC 60034-25。

5.4 更高效率等级电动机

期待通过技术的进步能够设计和制造出与现有的低效率等级的电动机(例如 EN 50347,NEMA MG1 和其他地方标准)的机械尺寸(法兰、轴中心高等)相兼容,效率比 IE3 更高的电动机。这类电动机运行时通常要求有电子功率器件(变频器)。

无励磁绕组的同步电动机转子损耗几乎为零。

本标准的附录 A 中提出了一种超超高效率等级(IE4)作为一种目标电动机的效率值(超超高效等级(IE4)电动机并未指定是哪类电动机)。

永磁电机(PMSM)和磁阻(RSM)同步电动机已经开发并商品化。PMSM 永磁电机通常有某种固有的磁阻转矩而 RSM 磁阻电机具有永久的驱动力,因此可能将两者的结构混合以相互弥补。

由于 PMSM 永磁电机使用了大量的磁性材料,使得其功率因数比感应电动机高,因此改善了电网和变频器的效率。这类电动机要求有变频器和转子位置传感器(编码器)(除非变频器中使用一种较低编码器的控制算法)来进行工作。

另外一种同步电动机设计就是组合了永磁电机和笼型电机的特点。它可以在线启动(直接启动,永磁,同步电动机,LSPM)。这种电动机运行时不需要变频器,因此它们的启动性比较差,有转矩脉动和噪声,同时受负载转矩和负载惯量的限制。它们需要和实际使用工况配合,不能使用在一般场合。

注:当本标准中所说的同步电动有更多的经验可使用时,拟扩充 IEC 60034-30 的适用范围和修改附录 A。

5.5 电动机损耗的变化

各种制造产品都会受材料和制造工艺的影响,即使是相同的设计和相同的工艺生产线,也不可能制造出两个完全相同的产品。

对电机来说也是这样的。产品会受材料的影响,如定转子叠片所用的硅钢片电磁性能的改变就会影响到损耗的改变从而影响到电机的效率。如 7.5 kW 的电机,铁耗增加 10%(300 W～330 W),这是在硅钢片允许的容差内,那么电动机总的损耗就由 946 W 增加到 976 W,电机效率就从 88.8%(IE2)减小到 88.5%(IE1)。

制造过程的局限性也会影响到效率的改变。如电机零部件尺寸都有一个经济的合理的公差的限值,将这些部件装配在一起也累计了各自的公差,如影响到了电机气隙的实际尺寸,则会造成附加损耗的改变而影响电机的效率。

另外,由于制造过程及试验程序也会造成影响。

因此,谈到一台给定电动机的效率,也可以说是制造商定义的额定效率(这个效率也可能是对同一设计大量电动机所得的平均效率)应高于或等于所要求的额定效率分级的名义效率值(根据 IEC 60034-30)。

当电动机运行在额定电压、额定频率时,根据 IEC 60034-1,任一电动机的实际满载效率可能会低于额定效率,但是不能低于额定效率减效率的容差。这是当原材料和制造过程都是最差的情况下时应该达到的最低水平。

额定效率应该被用来评估供给一批电动机设备的功率要求。最低效率(额定最小容差)保证了电动机用户达到的最低性能水平。

5.6 部分负载时效率

如图 3 所示,三相笼型感应电动机在较宽的部分负载范围内效率值几乎不变。

图 3 三相笼型感应电动机 不同的输出功率时(近似的 1.1 kW,15 kW,150 kW)典型的效率曲线

图中给出的效率曲线主要是2极、4极时,更高极数的电机有不同的特性曲线。

当给定了额定负载和3/4负载的效率值时,可以根据下面公式来近似计算出任一负载情况下的效率。

$$\nu_L = \frac{(100/\eta_{100} - 1) - 0.75 \cdot (100/\eta_{75} - 1)}{0.4375}$$

$$\nu_0 = (100/\eta_{100} - 1) - \nu_L$$

$$\eta_P = \frac{100}{1 + \nu_0/P + \nu_L \cdot P}$$

式中:

η_{100} ——额定负载时效率,%;

η_{75} ——3/4负载时的效率,%;

ν_L、ν_0 ——中间结果;

P ——要求的功率(相对于额定负载,如:从0…1…过载);

η_P ——作为结果的效率,%。

注:负载低于50%或高于125%时,不推荐使用该公式。

5.7 效率测试方法

有许多测试方法来确定电动机的效率。测试感应电动机效率所使用的国际标准是IEC 60034-2-1,要注意到确定电动机效率的方法有多种,而每种方法都有其优点和精度水平、测试成本、测量方法的难易程度,同时还取决于电动机初始定额。IEC 60034-2-1中给出的一些方法在一些国家标准中也有规定,如加拿大CSA C390和IEEE 112B。

IEC 60034-2-1中的剩余损耗法详细说明了从原始数据中分离各种损耗的计算方法,并用线性回归分析法修匀负载杂散损耗数据。这种方法既可降低在25%~150%额定负载范围内的数据测量误差,又可将试验环境温度校准到一个恒定值25 ℃以降低不同试验阶段的偏差。

通常习惯上对功率0.75 kW~370 kW范围内的电机用负载吸收装置,即所谓的测功机来进行试验,通过计算测量的输入输出功率来确定损耗分量,决定效率。

即使对同一台电动机采用一致并精确的效率试验方法,但由于试验设备和仪器特性、非自动测试和人员因素等原因,其测试结果之间也会发生偏差。

5.8 功率因数

图4中给出的功率因数曲线主要是2极、4极时,更高极数的电机有不同的特性曲线。

设备中连接的电动机的负载通常是决定系统功率因数的主要因素。低的系统功率因数导致系统损耗的增加。感应电动机固有的特性是滞后于系统的功率因数。

感应电动机的功率因数随着负载减少而减小。

额定负载时功率因数随电动机额定功率的增加而增加。一批感应电动机都运行在轻载情况下时,将导致电力系统的功率因数降低。额定负载时低速电动机的功率因数比高速电动机的功率因数低。

对感应电动机,电压比额定电压略高(低于10%)将减小功率因数,电压比额定电压略低(低于10%)将改善功率因数,然而其他的性能特性由于这种电压的变化也许会受到相反的影响,所以,推荐电动机尽量运行在接近铭牌电压和功率的情况下。

通过分析电力系统后可决定是否需要校正功率因数和需要用什么样的方法校正,如电容器,同步电机或其他的方法。

当用功率因数校正仪来改善电力系统的功率因数时,应该仔细进行选择和应用以避免不安全的运行情况。系统设计人员应该推荐一个合适的校正方法。

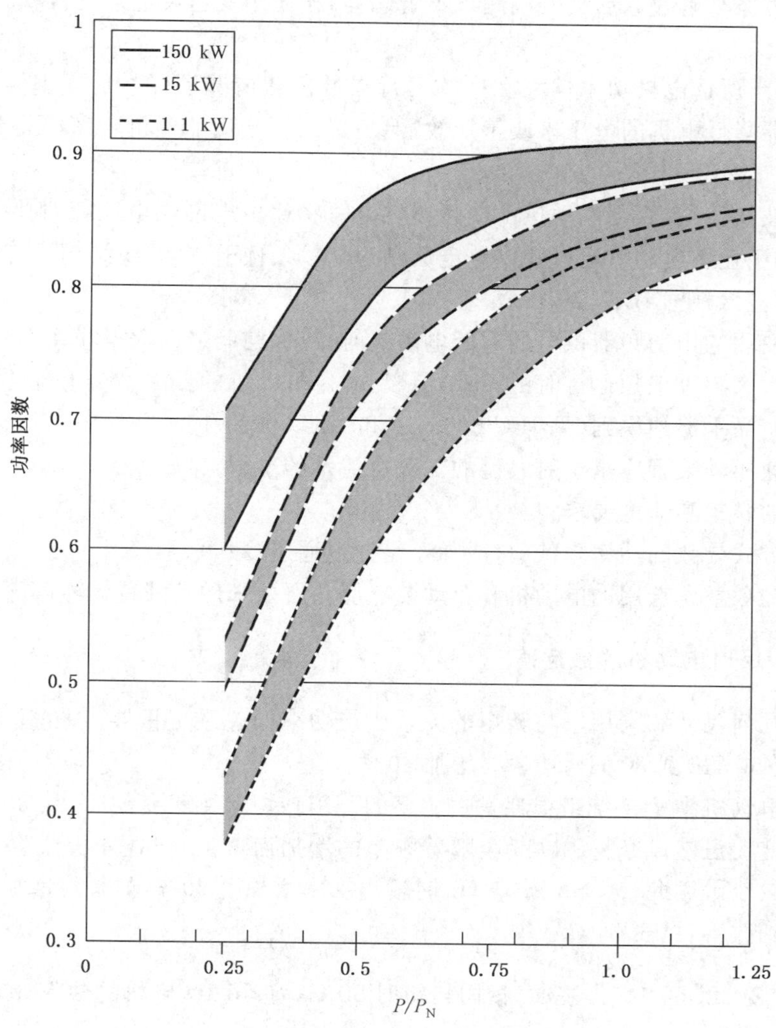

图 4　三相笼型感应电动机不同输出功率时(近似 1.1 kW,15 kW,150 kW)典型功率因数随负载变化曲线

5.9　电动机和变频器的匹配

很多功率驱动系统中加入变频器后增加了相当大的改善能效的潜能。变频器附加的成本(典型的要高于高效电机)和增加的附加损耗(取决于变频器的大小和设计,典型的在名义转矩和转速下要增加2%～5%,在25%转矩和转速下要增加10%～30%),因此要求仔细的分析应用场合。

第一类应用场合为泵、风机和类似的负载即转矩与电动机的转速成平方关系变化,电动机的轴功率与转速成三次方关系变化。流量的改变用挡风板和节流阀来控制。变速装置(VSD)可以平滑的调节输入的电功率改变调节流量从而减少了损耗。传统上也用多速电动机或并联几台电动机运行的方式来改变流量,这样也可以达到低成本低损耗。因为能更好的改善效率,用VSD方法可以得到更高的成本利益。

第二类应用场合为传送机、自动扶梯、起重机和类似转矩与转速关系不大的负载。变速装置(VSD)能够做到从停止到全速的无级调速,因此得到最小的功率需要。由于输入功率与转速成线性关系,因此在成本和节能方面相比第一类应用场合较小。

第三类应用场合包括负载和转速变化很小,使用变速装置VSD可以获得其他的好处,如软起动和停止或要求较高的起动转矩,这时其主要的好处并不是能效得到改善而是减少了机械磨损。也有其他的更低成本的技术方案来解决软起动的问题。不管怎样，相比用变速装置来进行软起动，这些方法都不节能。

还有些应用场合，所选电机功率偏大和连续运行在低负载情况下(如，负载率为50%或更低)。即使可以通过用变频器降低电机的电压来改善能效，但是选用更合适的电机功率能得到更低的成本和更好的节能效果。

除非使用正弦波滤波器，否则电动机由变频器供电时将比由电网供电运行时要承受更高的尖峰电压。现在，很多新的工业用电动机运行在供电电压到500 V条件下，其绝缘结构没有什么问题。对更高的供电电压，电动机应该根据IEC 60034-25来考虑。

当更新已经在使用的用变频器供电的旧的电动机时，应该与制造商取得联系。同时，具有调速装置的电机其转速将会大大超过工频运行时的转速，所以，确定电动机的最大安全运行转速也很重要。这类信息可以正常的从产品手册中得到(见IEC 60034-1和IEC 60034-17)。

选择和安装变速驱动装置应基于对典型的工况有清楚的了解：

——驱动机械的转矩和速度要求；

——由于冷却方式导致的功率降低(自冷却还是强迫通风冷却)。

要想获得更好的效益所选用的电动机和驱动装置应与所要求的负载特性相匹配是非常重要的。

5.10 50 Hz和60 Hz时电动机的额定值

因为电动机的几何尺寸和利用率与转矩的关系比与功率的关系更重要，理论上输出功率与转速是成线性关系的，如从50 Hz到60 Hz，功率要增加20%。

在中小型感应电动机中I^2R绕组损耗是占主要的。当转矩保持不变的时，从50 Hz到60 Hz绕组损耗基本上保持不变。虽然风摩耗和铁耗会随着频率的增加而增加，但在4极或更高极数的电机中绕组损耗所占的比例较小。因此，60 Hz比50 Hz时输出功率增加了20%，但损耗增加的比例小于这一比例，因此，其效率得到改善，见表2。

表2 以50 Hz为基准，相同转矩时50 Hz和60 Hz电机的效率计算

	50 Hz	60 Hz
转矩	100%	100%
转速	100%	120%
输出功率	100%	120%
损耗占输出功率的比例		
I^2R	20%	20%
风摩耗	4%	$4\times(1.2)^{1.5}=5.25\%$
铁耗	4%	$4\times(1.2)^{1.5}=5.25\%$
总损耗	28%	30.5%
输入功率	100+28=128%	120+30.5=150.5%
效率	100/128=78.1%	120/150.5=79.7%

实际上，无论是60 Hz还是50 Hz，其输出功率的定额都是根据IEC 60072按一定的功率等级来划分的。因此，电动机的功率不可能总是增加20%。然而对各自电源频率下，如果电动机设计的更优化，则60 Hz时的一般优势还是适用的。

50 Hz和60 Hz时效率的差别也随着电机的极数和几何尺寸而改变。通常，三相笼型感应电动机60 Hz时的效率，在输出功率从0.75 kW到370 kW这一范围比50 Hz时的效率高2.5%～0.5%。仅仅是大功率2极电机由于风摩耗使得效率有轻微的减少。

当电动机既可以额定运行于 50 Hz 又可以运行于 60 Hz 而具有相同的磁通和差不多相同的转矩(也就是在 60 Hz 时功率高出 20%，如，400 V/50 Hz/3.0 kW 和 460 V/60 Hz/3.7 kW)时，多数情况下，60 Hz 的效率要比 50 Hz 时效率高(见图 5)。

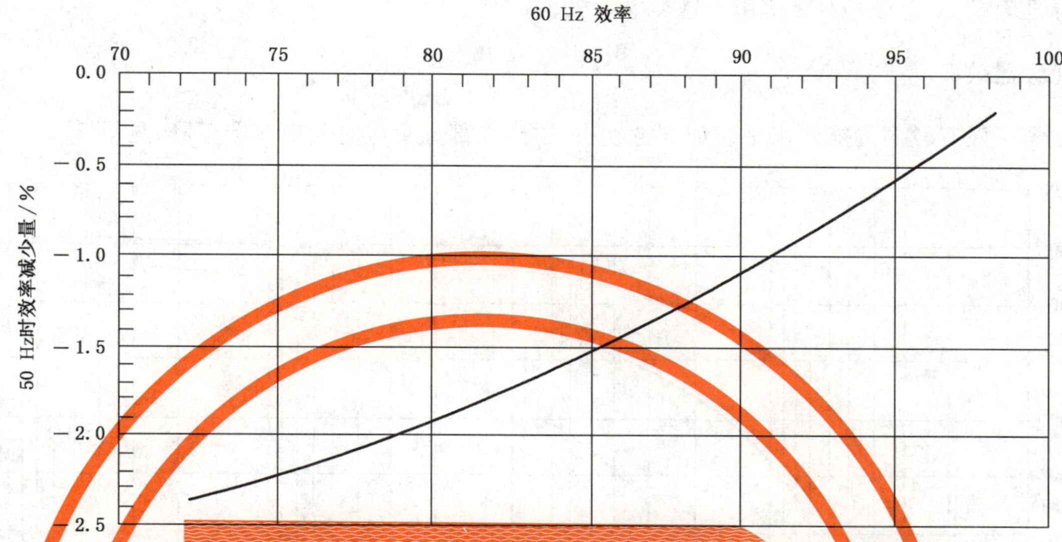

图 5　4 极、低压电机相同转矩下 50 Hz 和 60 Hz 比较效率的减少(60 Hz 时功率增加 20%)

相同地，当电动机既可以额定运行于 50 Hz 又可以运行于 60 Hz 而具有相同的磁通和差不多相同的输出功率(也就是在 60 Hz 时转矩将减少 20%，例如，400 V/50 Hz/5.5 kW 和 460 V/60 Hz/5.5 kW)，60 Hz 的效率总是比 50 Hz 时高，因为电机的利用率减少了(见图 6)。

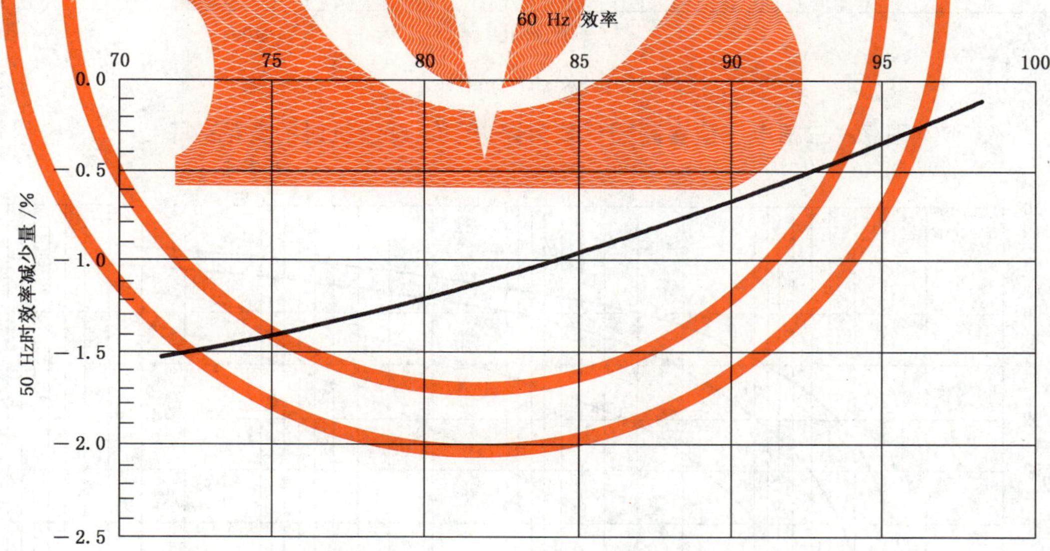

图 6　4 极、低压电机相同输出功率下 50 Hz 和 60 Hz 比较效率的减少
(60 Hz 时转矩减少 20%)

由于这些原因，不同效率等级(IE1、IE2、IE3)的限值曲线在 60 Hz 时总是高于 50 Hz。

5.11　电动机在不同电压或电压范围时的定额

电动机效率与电压的函数关系是电动机的内在特性决定的。电动机运行时的电压与额定电压明显不同时，将导致电机效率和温升的变化。

典型的小电机受电压变化的影响比大电机严重。

5.12 电动机额定运行频率不是 50 Hz/60 Hz 时

电动机运行频率不是 50 Hz/60 Hz 时，其效率分级将不遵守 IEC 60034-30。

本标准附录 A 定义的 IE4 适用于这类电动机。

5.13 变频器效率

变频器一般有较高的能效水平。如同电动机一样，在部分负载时其效率会下降(见图 7)。

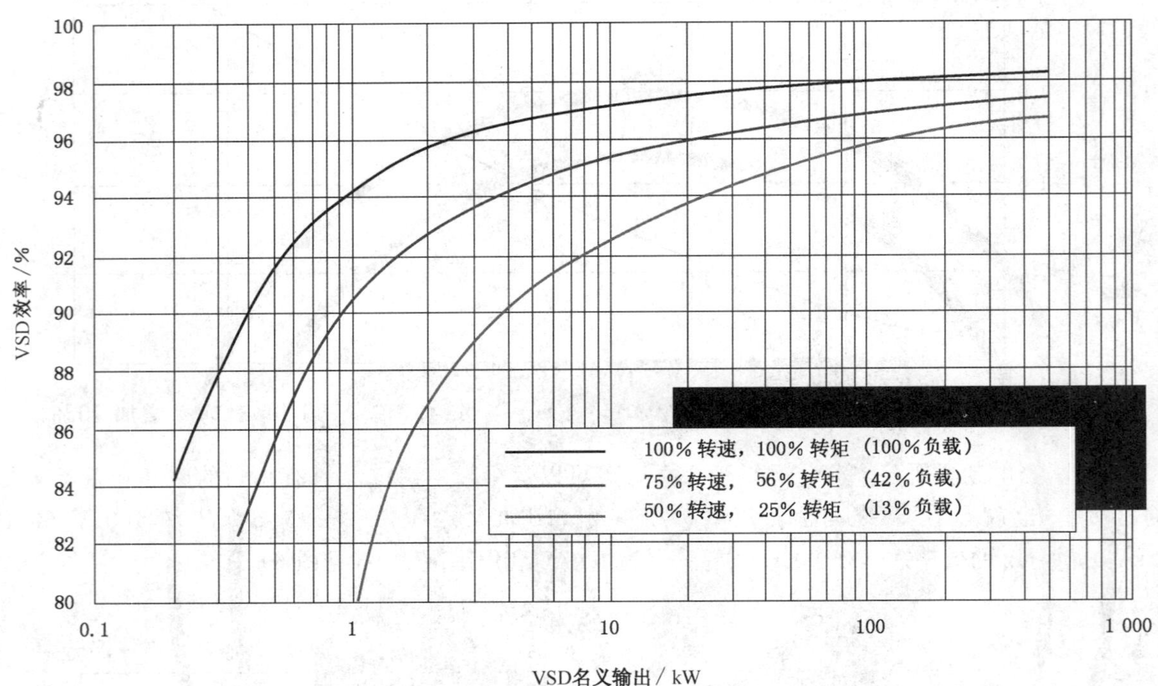

图 7 三相电压型变频器负载为泵、风机、压缩机时的典型效率

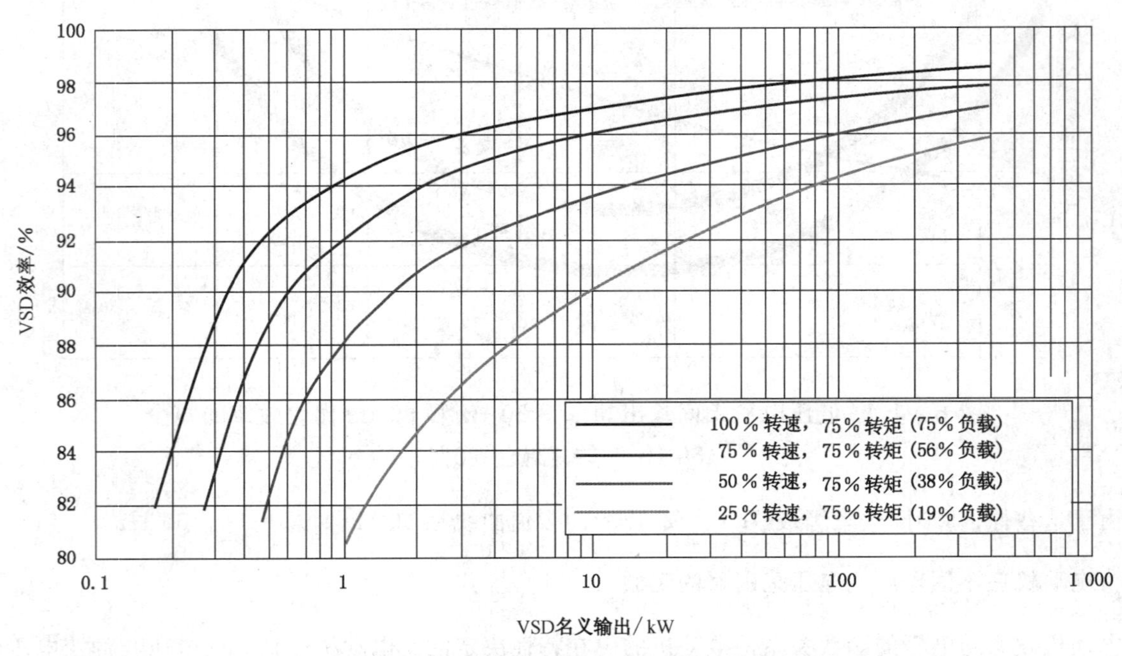

图 8 三相电压型变频器负载为恒转矩负载时的典型效率

表3列出了输出功率范围在1 kW～100 kW大多数工业用变频器的损耗构成(低压电压源型变频器带不可控二极管整流器作为网侧变频器)。

表3 低压、电压型变频器损耗分布

	损耗比例的典型值%	影响损耗的因素
开关损耗(输出级)	30～50	电动机电流和开关频率
直线整流器损耗	20～25	线电流(近似与电动机功率成比例)
正向损耗(输出级)	15～20	电动机电流
内部控制电路损耗(微处理器,内部功率电源,显示器,键盘,通讯,数模转换,输入/输出等)	5～20	接近恒定
开关损耗(变频器线路侧/活动前端)	—	线电流和开关频率(近似与电动机功率成正比)
复合损耗(变频器线路侧/活动前端)	—	线电流(近似与电动机功率成正比)

变频器效率的降低可能导致电动机端电压降低。这可能妨碍电动机在弱磁运行达到最高转速,但这将会降低电动机的效率。

5.14 变频器的功率因数

直流联接的变频器的功率因数只取决于变频器的输入整流器。电动机的设计和负载不影响其功率因数。

由于变频器输入电流的谐波分量,总的功率因数可表示为:

$$\text{功率因数}\ \lambda=\frac{|\text{有功功率}\ P|}{\text{视在功率}\ S}$$

通过使用带网侧(主动前端)式变频器可将功率因数调整到1。

下面列出了低压电动机用的大多数通用型变频器(间接电压源型具有无反馈单相或三相二极管整流器做回路的变频器)的典型功率因数值:

单相变频器: $\lambda\approx0.58$(对 $P_N\approx0.5$kW)

三相变频器: $\lambda\approx0.64$(对 $P_N\approx2$ kW)

三相变频器带滤波电感 $\lambda\approx0.92$(对 $P_N\approx2$ kW)

三相变频器带有源校正 $\lambda\approx0.94$(对 $P_N\approx1\cdots10$ kW)

由于变频器提高网侧端的功率因数不会改善电动机和变频器之间的功率因数,因此为提高效率,在安装时变频器尽可能接近电动机(分散安装)。

6 环境

6.1 起动性能

能效型笼型感应电动机为了获得较高的效率,在结构上采取的典型措施是使用更多的有效材料,如增加铁芯长,和/或增大铁芯的冲片直径。由于这些原因,能效型电动机的起动性能与低效率的标准电动机的起动性能有所不同。

平均来说,当电动机输出功率不变,效率水平提高一个等级后堵转电流将增加10%～15%。个别情况下,这种不同取决于电动机的结构原理,当用新电动机置换现有安装的电动机时,应和制造商一起核查结构设计。通常，铸铜转子电动机比铸铝转子电动机具有较高的堵转电流。应该保证控制保护装置有合适的大小和设置。也可参考 IEC 60034-12。

典型情况下，当能效电动机输出功率不变时，效率提高一个等级时平均最小转矩(见 IEC 60034-12)会增加约 10%～20%。

与铸铝转子电动机相比，铸铜转子电动机的最小转矩较低。

制造商应通过合适的设计尺寸以保证满足 IEC 60034-12(N 设计)定义的起动特性。

6.2 运行速度和转差率

通常，具有较高效率的电动机其运行转速比较高，例如，和低效率电动机相比，高效率电动机的转差率较低。平均来说，当电动机的输出功率不变时，效率提高一个等级时转差率会降低 20%～30%。

铸铜转子比铸铝转子的转差率更小转速更高。

6.3 电源质量以及电压和频率变化的影响

电动机的电压和频率在额定条件以外运行时，其效率和功率因数都会减小，并且其他的特性性能也会受到有害的影响。当电动机运行在非正弦波电压时也会出现相同的结果。供电电源的变化、波形的改变、频率的变化对电动机效率和功率因数的影响取决于电动机的各自设计(见图 9)。

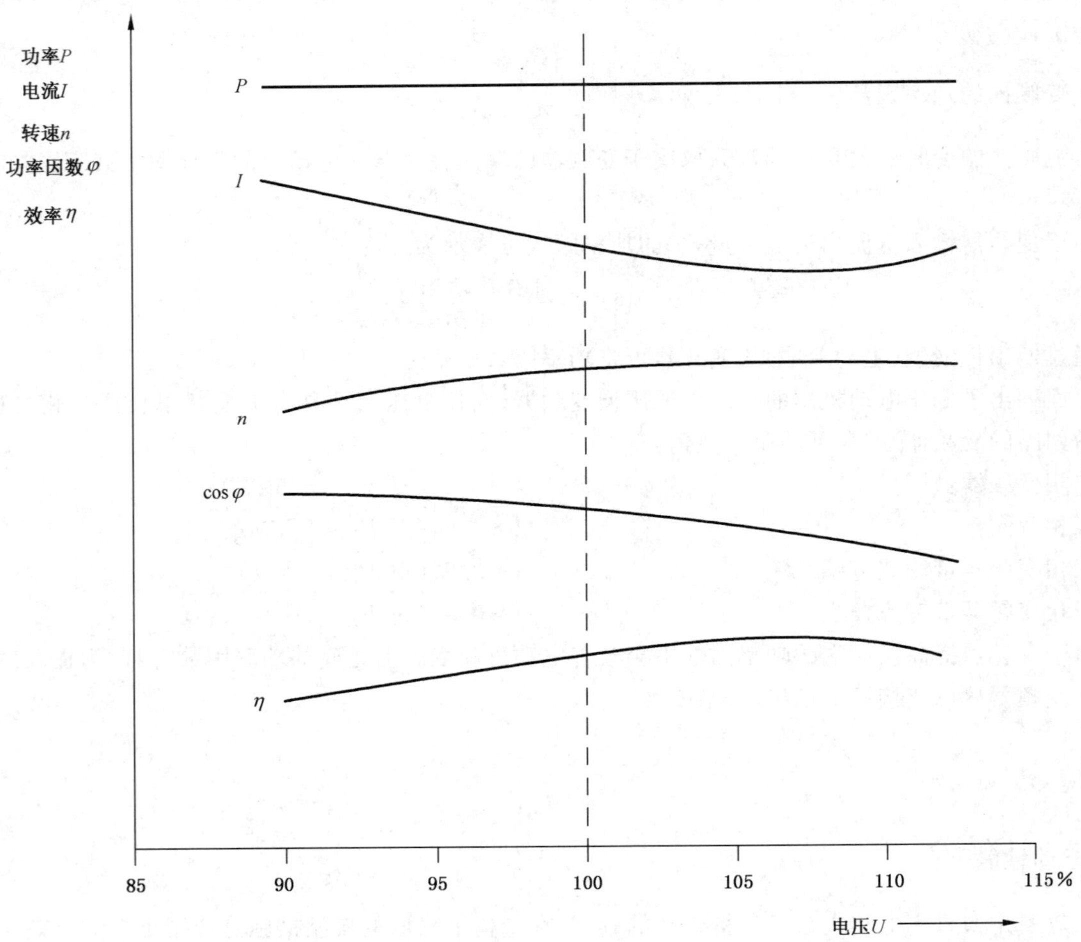

图 9 在恒定输出功率时电流、转速、功率因数和效率随电压变化的典型曲线

运行过程中允许的电压和频率的变化范围见 IEC 60034-1。

6.4 电压不平衡的影响

三相平衡的电源是电动机有效运行的基本条件。例如,电压不平衡度为3.5%就会增加电动机的损耗将近20%。由于这一原因,应该仔细地分配三相电源上的单相负载,以使电动机端电源不平衡尽可能低。

更详细的介绍见IEC 60034-26。

6.5 环境温度的影响

电动机额定效率是在标准参考环境温度为25 ℃给出的(见IEC 60034-2-1)。电动机运行的温度比它低则会增加效率,运行环境温度高则效率会降低。

7 应用

7.1 概述

对标准电动机来说,机座号和输出功率的对应关系没有国际标准。然而存在一些地区标准(如EN 50347,NEMA MG1)也是被广泛认同的。因此将现在使用的标准电动机改型为能效型电动机时,保持相同的机座号和输出功率是有利的,这样将不会要求更换其他驱动装置。

当一个装置由电动机驱动时产生了相应的恒定和连续的有效工作,最初电动机的选择主要关心的是额定负载时的效率,然而,实际上在很多应用场合是周期性的,在这种情况下使用特殊的应用技术可以节省大量的能量。

其他的应用需要断续或连续吸收能量。同样,使用特殊的应用技术可将其他方面浪费的大量能量弥补回来。

这里为用户列举了一些这种特殊应用技术的实例。为了确定最有效的节能措施,应咨询电动机制造商。

7.2 通过速度控制的节能(变速装置VSD)

在很多情况下,根据负载的使用要求改变电动机的转速能节约大量的能源。典型的应用就是使用变速装置(VSD)。

由于全面的改善了应用效率,变频器的附加损耗可以轻易得到补偿。

当前很多泵、风机使用过程中需要控制流量和压力,使用所谓的节流和旁路装置串并联来获得所需要的动力。

通过改变驱动系统的速度来控制风机和水泵的流量和压力,损耗可以明显减少。

7.3 合理选择电动机的大小

能效电动机应应用于长时间高负荷率(高于3/4满载)情况下。

为避免电动机长时间运行在低负荷率(小于50%)下导致系统效率很低,应该根据要求的最大负载和起动转矩来选择合适大小的电动机。

由于高效电动机比标准电动机温升低,其过载能力更强。因此,通常不会因为偶尔的尖峰负载而选择较大的电动机,这样也不经济。

当用高效电动机替换现有的标准电动机时,应该仔细评估所要求的功率和大小。

7.4 连续定额的应用场合

从一个能效水平到高一级能效水平可达到的节能效果为损耗降低15%~20%(见图10)。购买高效和超高效电动机额外的投资回报可以从能源的节约中很容易的进行计算。

图 10 举例说明了电动机在额定输出功率时从低的能效等级到高的能效等级时能源消费的关系。

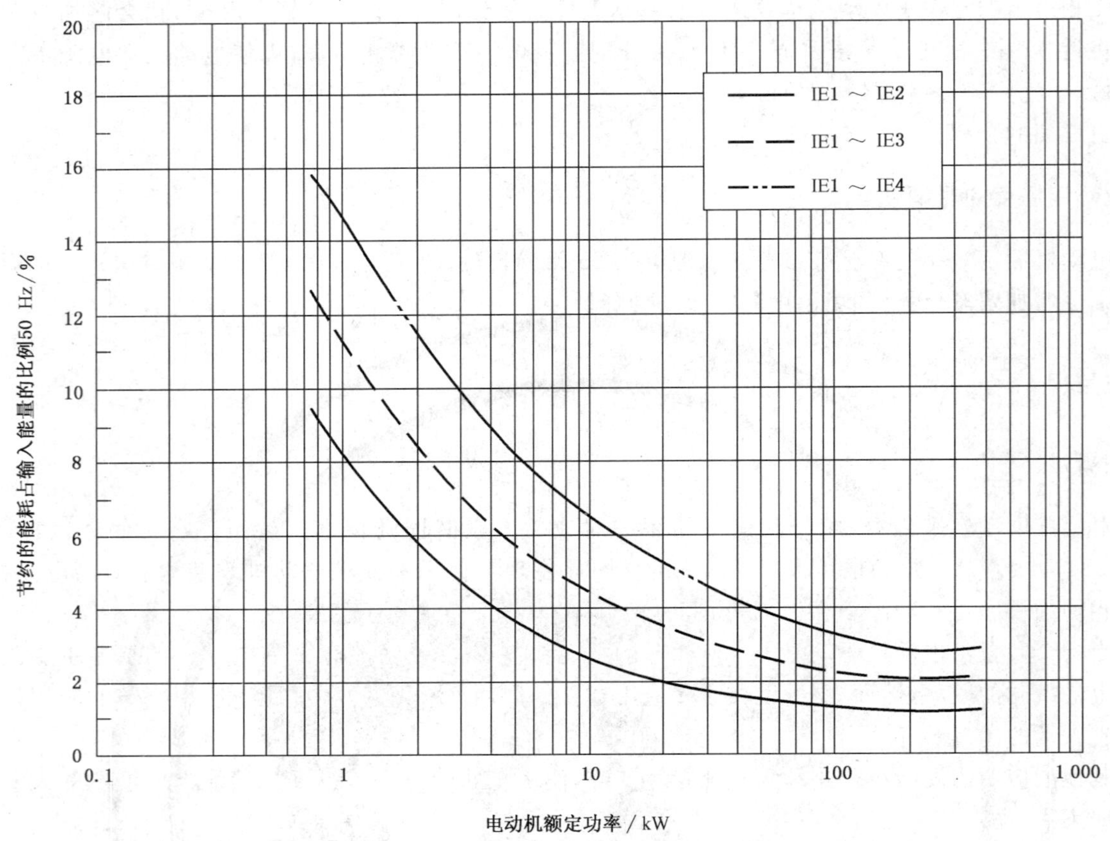

图 10　电动机运行在额定负载时改变能效等级潜在的节能效果

7.5　持续轻负载运行的应用场合

还有一些方法被提及，就是通过降低电压的方式，当电动机不要求输出满载转矩时，通过降低电压来减少磁通损耗。这类装置的典型应用就是功率因数调节器。功率因数调节器就是通过调节电压来使电动机得到一合适的功率因数的装置。

例如，当电动机在额定输出小于 3 kW 并且较长时间下是轻载运行，那么磁场损耗在总损耗中所占的比例是相当大的，这时使用功率因数调节器就很有益。必须仔细考虑这类运行状况，只有在电动机长期在空载或轻载情况下运行才能达到节能效果。

当这种控制器与其他额定功率高于 3 kW 的电动机一起使用时必须特别注意。典型地，一台功率为 7.5 kW 的电动机的空转损耗大约为额定功率的 4%或 5% 。在这个数字范围内节省下来的磁场损耗可能与功率因数控制器引起电压波形畸变所产生的附加损耗值不相等。

7.6　包含超同步速运行负载的应用场合

如果使用某种耗能制动装置导致的典型结果是能量浪费。这样的负载举例如下：大惯量负载的减速、吸收试验装置、释放装置、网络处理装置和下降的传送带。通过使用能量再生装置可节省以上装置使用时的能量。

7.7　负载—转矩随转速增加情况下的应用(泵、风机、压缩机等)

一般来说，高效率笼型感应电动机具有较低的转差率(见表 4)，也就是说与低效率电动机相比具有较高的转速。当应用在转矩与转速平方成比例的工况时(如泵、风扇、压缩机等),转速的增加将会导致输出功率(转矩)的增加,有时会削弱提高效率所带来的好处(见图 11)。

表 4 11 kW,50 Hz 电动机在相同应用场合下不同效率变化时转速、转矩要求随能效等级的变化情况

	效率 %	转速 r/min	转矩 Nm	输出功率 kW	输入功率 kW
IE1	87.6	1 464	75.4	11 559	13 195
IE2	89.8	1 474	76.4	11 792	13 131
IE3	91.4	1 480	77.1	11 948	13 073

因此,在这种负载应用中,当一台低效率的电动机通过改型设计为高效率电动机时,前后两台电动机的效率相比较,改型后电动机的输入功率不会降低到所期望的值。

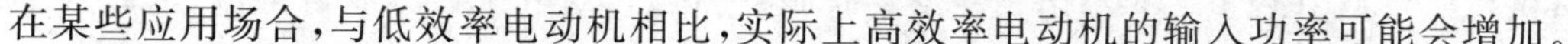

在某些应用场合,与低效率电动机相比,实际上高效率电动机的输入功率可能会增加。

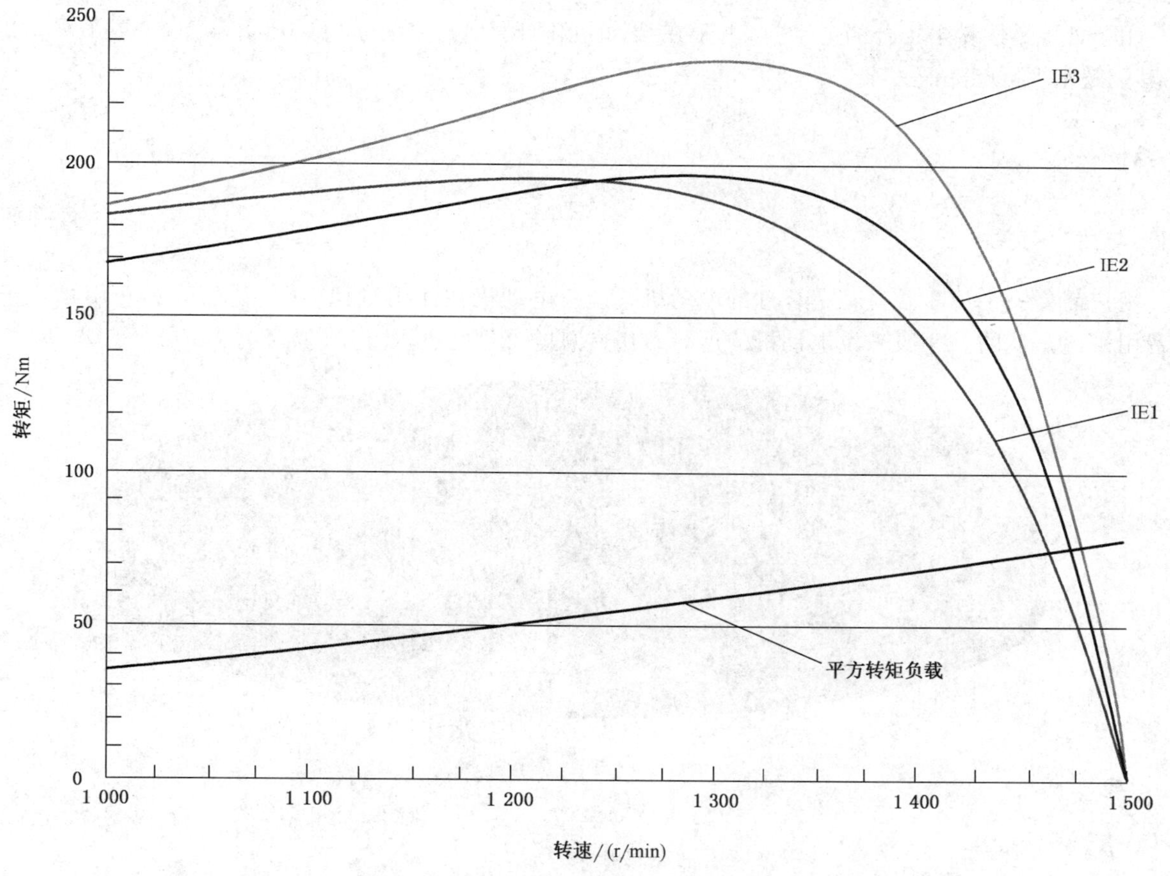

图 11 11 kW、4 极、三相笼型感应电动机风机类负载的典型转矩转速曲线

7.8 频繁起动-停止和/或机械制动阀的应用

高效率电动机在设计时通常是通过增加有效材料如增大电机尺寸或改进转子材料(如铸铜转子来代替铸铝转子)来降低损耗。

但是,当输出功率相同时将高效率电动机和低效率电动机进行比较,发现以上两种设计理念会使转子的惯量增加。

在要求频繁起动-停止的场合,转子惯量的增加将会增加起动时间及起动过程所消耗的能量。这也会降低电动机每小时允许的起动次数,因此可能限制使用设备的生产能力。

而且,当使用机械制动系统进行制动时,制动圆盘的磨损和制动时间都会随转子惯量的增加而增加。

起动过程中使用变频器代替直接起动可大量降低起动过程的损耗,并且可增加每小时允许的起动次数。一般来说,高效率电动机在频繁起动-停止和/或机械制动阀的应用场合是不利的,但是目前仍在使用。

注:软起动会减小起动转矩但不会减少损耗和改善效率。

7.9 电机在含爆炸性气体或粉尘环境的应用场合

对用于含爆炸性气体或粉尘场合的电动机,其在设计上是有些限制的。

具有防爆机壳("d")(见 IEC 60079-1)或保护类型("n")(见 IEC 60079-15)的电机用在这种场合中不受影响。

增安型电机("e")(见 IEC 60079-7)由于在起动时间、气隙、起动电流等方面有限制,能效水平可能会降低。

用于含可燃性粉尘场合的电动机,由于在结构上附加了轴封来防尘(见 IEC 60079-31 或 IEC 61241-1),其能效水平可能降低。

8 经济性

8.1 与用户有关

用户需要一个可靠并且花费合理的电动机系统。电动机在使用过程中,起初的购买费用相对于运行费用来说是低的。一般来说电动机的运行费用占总的费用 90%以上,见图 12。

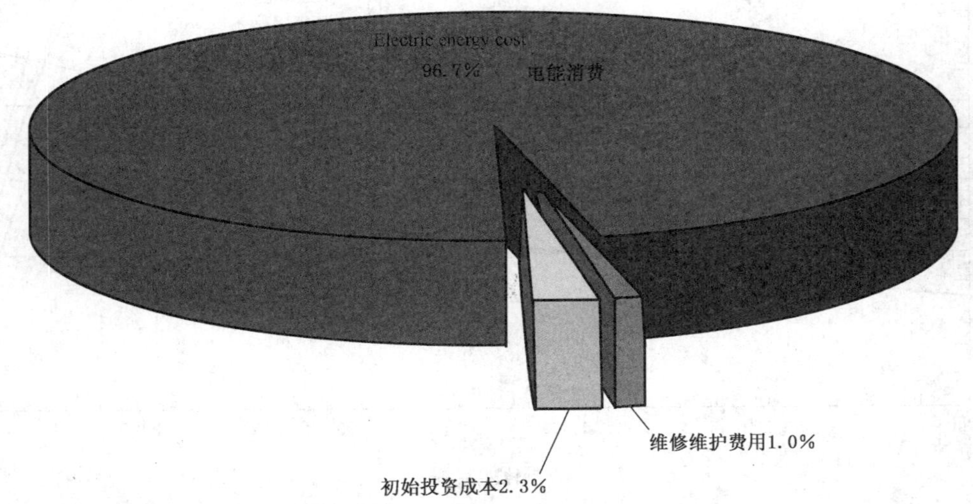

注:资料来源:EuP Lot 2008.11,见参考文献。

图 12 11 kW IE3 电动机,年运行时间为满载 4 000 h,运行寿命为 15 年

高效率电动机由于产品质量高并且使用材料多,因此所花费用更高。这些额外的花费与电动机的输出功率和类型有关。电动机能效等级从 IE1 提高到 IE2,其价格要增加 10%~15%,能效等级从 IE2 提高到 IE3,其价格需再增加 10%~15%,因为增加了有效材料(铜和铁),同时,也需要更高质量的材料。因此,每增加一个效率等级,价格通常会增加 10%~30%。在比较电动机效率时,不能仅比较效率增加的量,还要考虑各自的功率因数。

用户不论是置换电动机还是新安装电动机，在购买时都要面对复杂的选择，因为这包括到既要考虑运行费用又要考虑起初的购买费用。必须评估确定是置换电动机还是维修电动机。

在决定安装高效电动机时，应对总的年能效节约量、购买超过现存的或标准电机的额外成本等进行经济可行性的评估。

通常有两种方法有助于做出选择：

- 简单的回收方法；
- 生命周期费用。

8.2 初始的购买成本

初始的购买费用包括电动机的计划编制、安装费用和购买价格以及其他附加设备，如调速装置的费用。

必须确定每一部分费用的参照基准。在有强制性能效标准要求的国家，参照基准为各自的效率等级，在没有强制性能效标准要求的国家，通常按市场上已有的标准电动机作为费用的参照基准。然后确定效率等级直到 IE3 的高效电动机的项目费用情况。

如果认为调速装置与给定类型电机匹配，则其费用应包括在项目总费用中。

如果置换新的电动机失败，不应计及现存继续运行的电动机费用。如果提前置换电动机，则购买新电机时应计及所损失的运行时间产生的剩余价值。

8.3 运行成本

运行成本包括所耗电费、维护和修理的费用。

依据以下三个因素来计算预期的电能消费：

- 平均年负荷率(例子见图 13)；
- 平均负荷率下的电动机效率；
- 年运行时间。

对于固定转速的电动机，以上 3 个因素可以很容易清楚准确地估计出来。对于带可变负载和可能使用调速装置的电动机系统进行运行费用计算时，平均负荷率、各自的运行时间和电动机加调速装置的效率的计算应以典型负载分布图为基准。如果现存系统没有一个相关标准的负载分布图可使用，则应采用一个平均的负载分布图(举例如下)：

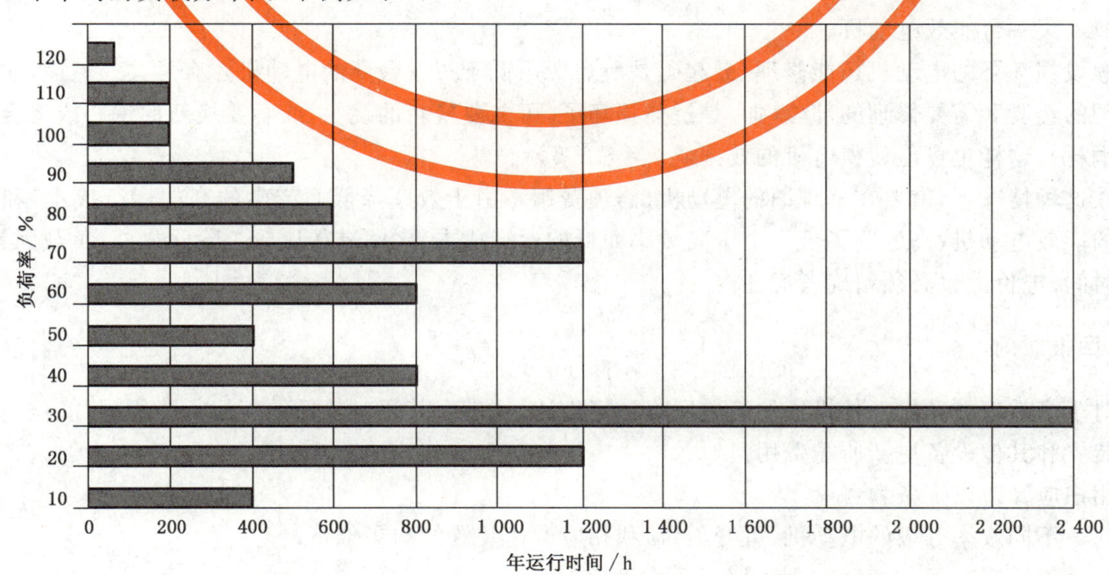

图 13 负荷率图的例子：年运行时间的百分数

运行费用中的电费通常包括 3 个因素，这 3 个因素包括在价目表或与当地电网所签的供应合同中：

——电费(kWh)的价格(考虑日/夜，季节性和价目表中的其他因素)；

——峰值负荷费用(kW)纪录 15 min 峰值；

——功率因数补偿(kVA)的费用。

以上电费所含因素和组成结构的局部变化应同时考虑折扣、税金和预计寿命期间的价格提升。价目表中的固定费用因为不受能效提高的影响，可以不考虑。

将维护和维修费用增加到电费中。电机的维护和维修费用应根据工厂中电机每运行 1 h 所耗费用来的经验值来估计，这因电机的输出、转速和年运行时间不同而不同。

在分析寿命周期费用时，也应评估运行寿命的费用。如果工厂库存电机没有历史数据可参考利用，则可使用表 5 中有关寿命的技术数据。

表 5　电动机的平均寿命周期

	电动机额定输出 kW			
	0.75～1.1	1.1～11	11～110	110～370
平均寿命(年)	10	12	15	20

实际的寿命取决于电动机的年运行时间、工作周期、负荷率及电动机的可靠性、维护质量和维修方面的因素。由于运行费用尤其是电费目前为止在费用计算中占主要部分，应采用灵敏度分析来进行试验。可以改变运行费用中的一个或几个因素来检查结果是否合理。合理的结果意味着回收时间或寿命周期费用的不同变化并不改变在对比中的顺序。通常，年运行时间的估计是最关键的因素，因此应有变化。

8.4　修理成本

除了初始购买成本和运行成本外，电动机返修和损坏的成本也应计算在内。

下面是电动机故障或烧毁后该考虑的几种选择：

a)　修理故障电动机；

b)　买一台新的标准效率的电动机；

c)　买一台能效电动机。

假设损坏了的电动机还能修理，最起码是所需费用低于买一台新的电动机才有意义。然而，这取决于修理的经验和需要修理的部位(如：是过热损坏了，可能要换新的绕组，或者要换新的铁心或将会改变定子铜耗)，这样也可能使得电机的效率低 1%～2.5%。

在这种情况下，就要在修理旧的电动机(修理费用＋由于效率降低而产生的高的运行成本)和买一台新的能效电动机(高的购买价＋由于高效率而低的运行成本)之间进行比较。除此之外，负载因素、年运行时间、电价等也必须精确考虑在内。

8.5　回报时间

对于高效率电动机额外投资的简单回报计算方法，是基于其相对较低的年运行费用(可能包括调速驱动装置和其他设备更新所需费用)。

用户应知道以下条款：

——不同效率等级的电动机(可变项目)和相应调速装置的购买价格；

——年运行时间；

——电费。

用户可以计算运行成本并比较所提项目中可变部分的回报时间。因为,预计回报时间较短,通常未考虑通货膨胀、维修工费用或能源价格的上升,这些都是将要考虑的因素。基于以上分析,用户现在可以选择解决最短回报时间的问题了。

用户也可以预先在计划中定义一个回报时间,通常为2年～5年。这个时间比电动机系统的预期寿命短很多。这意味着经过一段很短的回报期后,电动机继续运行直到技术上所预计的寿命结束为止,在这段期间,对于所增加的投资来说电动机是免费运行的,电动机会产生一个"黄金结尾"的利润。

8.6 寿命周期成本

进行寿命周期费用分析时,应对不同设计的3个阶段所有因素的费用总和应以基准价格为基础进行分析:

——起初的购买(或修理)、计划和安装费用;

——使用阶段的运行费用(电费,维护和维修费用);

——寿命结束阶段拆除和回收再利用费用。

为了精确计算,应将其折算成现金进行分析考虑,同时将利率和通货膨胀利率考虑在内。用户应知道不同效率等级电动机和相应驱动装置的购买价格及其年运行时间、电费、预期的持续寿命和维护和维修费用。

在计算时,寿命结束阶段的费用通常被忽略,这是因为电动机材料的回收利用所得费用支付了最终的拆卸和运输费用。

用户可以选择具有最低寿命周期费用的设计计划。对用户来说选择最低寿命周期费用是最合算的,在进行大量投资时,最低寿命周期费用可以帮助决定最优设计。

最近在欧洲(2008年,图14)的研究表明,如果功率为1.1 kW～110 kW的电动机年运行时间超过2 000 h,则当效率属于IE3等级时的寿命周期费用比属于IE1等级或IE2等级时的寿命周期费用稍低。

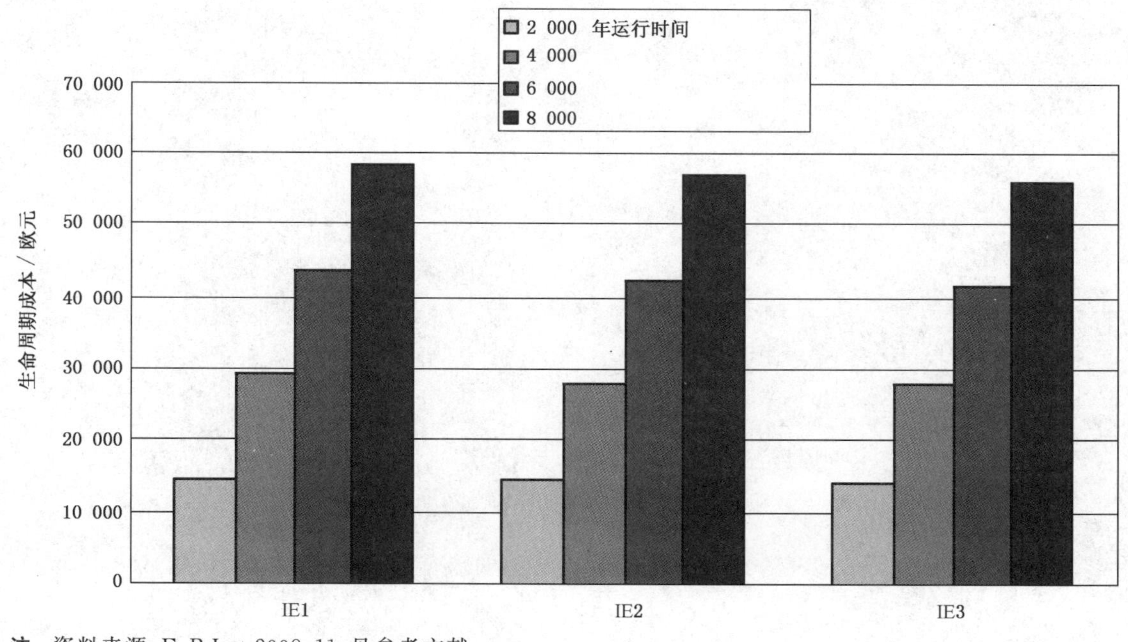

注:资料来源:EuP Lot 2008.11,见参考文献。

图14 11kW电动机寿命周期成本分析

也曾研究过环境对高效率电动机及其调速装置的影响。较高能效装置的产品额外使用的材料通过较高的购买价格来反映。研究表明对于高效率电动机来说,如果寿命周期费用较低,是由于考虑到环境因素的影响。

9 维护

通常电动机不需要太多的维护,因此经常忘记正确地进行维护。有许多共性的违规行为对电动机运行性能产生有害影响:

a) 通风散热效果不良;

b) 环境温度较高;

c) 机械加工偏差;

d) V形带的不正确使用;

e) 不正确的润滑方式;

f) 过度潮湿;

g) 环境污染;

h) 持续过载;

i) 电压偏差较大;

j) 极端的电压不平衡(单相)。

通风散热效果不良或环境温度较高会导致绕组的电阻增加。平均来说,当电动机温度从室温增加到运行时的温度,相应的效率将会降低0.2%~1%。而且,由于维护不良或不正确使用引起温升过高,会降低电动机的运行寿命并增加电能损耗。

有时负载中会产生附加的摩擦损耗,可能由于风扇上长期积累的灰尘、摩擦部件、齿轮或传输带的机械加工偏差或负载的润滑脂不足诸因素引起,这将降低系统的效率,增加所耗的电能。为了保证电动机连续有效运行且有较长的运行寿命,应制定一个时间表对电动机及其从动装置进行定期检查维护。

附 录 A
（资料性附录）
超超高效率(IE4)

附录的目的是给出下列超超高效率的名义限值。在 IEC 60034-30 标准中 IE4 等级的超超高效率计划为在 IE3 的基础上将损耗降低 15%而得到。本附录给出一个更准确的推荐。

IE4 能效等级和 IEC 60034-30 中的 IE1、IE2、IE3 不同，将不在限制电动机仅为三相、笼型感应电动机。取而代之的是，IE4 趋向于所有类型的电动机都适用，特别是带有变频装置的电动机（笼型感应电机和其他类型的如永磁同步电机等）。

因为电网频率和变频电机的极对数与转速没有直接的关系，这类电机通常是用一个转速范围和转矩作为定额，而不是用功率。因此，IE4 是用给出的转速范围内用转矩来定义。

注 1：用户应该知道变频器也有相关的效率，将导致减少系统的效率（电动机加变频器）。

注 2：变频电机效率的确定见 IEC 60034-2-3（正在制定中）。

因此，既不会要求电机从 801 r/min～3 600 r/min 的整个速度范围内都是额定值，也不会要求在整个速度范围内都是恒转矩。

超超高效率的名义限值通常用额定转矩通过下式进行计算：

$$\eta_n = A\times\left[\lg\left(\frac{T_N}{1\text{Nm}}\right)\right]^3 + B\times\left[\lg\left(\frac{T_N}{1\text{Nm}}\right)\right]^2 + C\times\left[\lg\left(\frac{T_N}{1\text{Nm}}\right)\right] + D$$

式中 A、B、C、D 是插值系数（见表 A.1）。

注：公式和插值系数是通过从所要求的名义效率限值用数学方法生成一条最光滑的曲线得来的，没有物理含义。

最后的效率值圆整到小数点 1 位，如：xx.x%。

当转矩大于 2 000 Nm 时，其 IE4 的效率值取 2 000 Nm 时的值。输出功率大于 400 kW 时，不规定 IE4 效率值。

当额定值不仅仅只有一个转矩和转速（范围）时，根据本标准，其名义效率限值应针对每一各自不同的应用情况下的额定转矩和额定转速（范围）组合进行计算。

对用转矩而不是用功率来定义额定值的电机，应该用下列公式来定义转矩 T_N：

$$T_N = \frac{P_N}{n_N}\times\frac{60\times1\,000}{2\pi}$$

转矩值应按 R10 数系进行圆整。

为了保证和单速 2 极、4 极、6 极电机兼容，表 A.3 给出了转矩、转速与标准功率的转换值。在此基础时候表 A.4 给出了 50 Hz 时 IE4 的名义值，表 A.5 给出了 60 Hz 时 IE4 的名义值。

表 A.1 插值系数

IE 代码	系数	801 r/min～1 000 r/min 转矩最高 2 000 Nm	1 001 r/min～1 200 r/min 转矩最高 2 000 Nm	1 201 r/min～1 500 r/min 转矩最高 2 000 Nm	1 501 r/min～1 800 r/min 转矩最高 2 000 Nm	1 801 r/min～3 000 r/min 转矩最高 2 000 Nm	3 001 r/min～3 600 r/min 转矩最高 2 000 Nm
IE4	A	0.282 4	0.190 1	0.184 6	0.164 8	0.211 6	0.222 7
	B	−3.843 9	−2.924 2	−2.743 3	−2.497 6	−2.669 5	−2.726 2
	C	17.462 8	13.695 3	12.747 3	11.659 5	11.336 9	11.162 5
	D	70.220 9	76.196 1	77.956 5	79.778 7	80.844 9	81.226 7

对转矩不连续的情况，限值也可简化为表 A.2 所示。

表 A.2 超超高效率(IE4)限值

T_N Nm	801/min～ 1 000 r/min	1 001 r/min～ 1 200 r/min	1 201 r/min～ 1 500 r/min	1 501 r/min～ 1 800 r/min	1 801 r/min～ 3 000 r/min	3 001 r/min～ 3 600 r/min
2.5	76.6	81.2	82.6	84.0	84.9	85.3
3.2	78.0	82.3	83.7	85.0	85.9	86.1
4.0	79.4	83.4	84.7	85.9	86.7	87.0
5.0	80.6	84.4	85.6	86.8	87.5	87.8
6.3	81.9	85.4	86.5	87.6	88.3	88.5
8	83.1	86.3	87.4	88.4	89.1	89.2
10	84.1	87.2	88.1	89.1	89.7	89.9
12.5	85.1	88.0	88.9	89.8	90.3	90.5
16	86.2	88.8	89.7	90.5	91.0	91.1
20	87.1	89.5	90.3	91.1	91.5	91.6
25	87.9	90.1	90.9	91.6	92.1	92.1
32	88.7	90.8	91.5	92.2	92.5	92.6
40	89.5	91.4	92.1	92.7	93.0	93.0
50	90.2	92.0	92.6	93.2	93.4	93.4
63	90.8	92.5	93.1	93.6	93.8	93.8
80	91.5	93.0	93.6	94.1	94.2	94.1
100	92.0	93.4	94.0	94.4	94.5	94.4
125	92.5	93.8	94.3	94.8	94.8	94.7
160	93.1	94.2	94.7	95.1	95.1	95.0
200	93.5	94.5	95.0	95.4	95.4	95.2
250	93.9	94.8	95.3	95.6	95.6	95.4
315	94.3	95.1	95.6	95.9	95.8	95.6
400	94.6	95.4	95.8	96.1	96.0	95.7
500	94.9	95.6	96.0	96.3	96.2	95.9
630	95.2	95.8	96.2	96.5	96.3	96.0
800	95.4	96.0	96.4	96.6	96.4	96.1
1 000	95.6	96.1	96.5	96.7	96.5	96.2
1 250	95.8	96.2	96.6	96.8	96.6	—
1 600	96.0	96.3	96.7	96.9	—	—
2 000	96.1	96.4	96.8	97.0	—	—
2 500	96.1	96.4	96.8	—	—	—
3 150	96.1	96.4	—	—	—	—
4 000	96.1	—	—	—	—	—

表 A.3 在线运行电动机标准功率与转矩转速对应关系

T_N Nm	50 Hz 6P (801～ 1 000 r/min)	60 Hz 6P (1 001～ 1 200 r/min)	50 Hz 4P (1 201～ 1 500 r/min)	60 Hz 4P (1 501～ 1 800 r/min)	50 Hz 2P (1 801～ 3 000 r/min)	60 Hz 2P (3 001～ 3 600 r/min)
2.5	—	—	—	—	0.75	—
3.2	—	—	—	—	—	1.1
4.0	—	—	—	0.75	1.1	1.5
5.0	—	—	0.75	—	1.5	—
6.3	—	0.75	—	1.1	—	2.2
8	0.75	—	1.1	1.5	2.2	—
10	1.1	1.1	1.5	—	3	3.7
12.5	—	1.5	—	2.2	4	—
16	1.5	—	2.2	—	—	5.5
20	2.2	2.2	3	3.7	5.5	7.5
25	—	—	4	—	7.5	—
32	3	3.7	—	5.5	—	11
40	4	—	5.5	7.5	11	15
50	5.5	5.5	7.5	—	15	18.5
63	—	7.5	—	11	18.5	22
80	7.5	—	11	15	22	30
100	—	11	15	18.5	30	37
125	11	15	18.5	22	37	45
160	15	18.5	22	30	45	55
200	18.5	22	30	37	55	75
250	22	30	37	45	75	90
315	30	37	45	55	90	110
400	37	45	55	75	110/132	150
500	45	55	75	90	160	185
630	55	75	90	110	200	220/250
800	75	90	110	150	250	300
1 000	90/110	110	132/160	185	315	335/375
1 250	132	150	200	220/250	355/375	—
1 600	160	185	250	300	—	—
2 000	200	220/250	315	335/375	—	—
2 500	250	300/335	355/375	—	—	—
3 150	315	375	—	—	—	—
4 000	355/375	—	—	—	—	—

表 A.4 在线运行的 50 Hz 超超高效率电机效率限值(IE4)

P_N kW	2P	4P	6P
0.75	84.9	85.6	83.1
1.1	86.7	87.4	84.1
1.5	87.5	88.1	86.2
2.2	89.1	89.7	87.1
3	89.7	90.3	88.7
4	90.3	90.9	89.5
5.5	91.5	92.1	90.2
7.5	92.1	92.6	91.5
11	93.0	93.6	92.5
15	93.4	94.0	93.1
18.5	93.8	94.3	93.5
22	94.2	94.7	93.9
30	94.5	95.0	94.3
37	94.8	95.3	94.6
45	95.1	95.6	94.9
55	95.4	95.8	95.2
75	95.6	96.0	95.4
90	95.8	96.2	95.6
110	96.0	96.4	95.6
132	96.0	96.5	95.8
160	96.2	96.5	96.0
200	96.3	96.6	96.1
250	96.4	96.7	96.1
315	96.5	96.8	96.1
355	96.6	96.8	96.1
375(400)	96.6	96.8	96.1

表 A.5 在线运行的 60 Hz 超超高效率电机效率限值(IE4)

P_N kW	2P	4P	6P
0.75	—	85.9	85.4
1.1	86.1	87.6	87.2
1.5	87.0	88.4	88.0
2.2	88.5	89.8	89.5
3.7	89.9	91.1	90.8
5.5	91.1	92.2	92.0
7.5	91.6	92.7	92.5
11	92.6	93.6	93.4
15	93.0	94.1	93.8
18.5	93.4	94.4	94.2
22	93.8	94.8	94.5
30	94.1	95.1	94.8
37	94.4	95.4	95.1
45	94.7	95.6	95.4
55	95.0	95.9	95.6
75	95.2	96.1	95.8
90	95.4	96.3	96.0
110	95.6	96.5	96.1
150	95.7	96.6	96.2
185	95.9	96.7	96.3
220	96.0	96.8	96.4
250	96.0	96.8	96.4
300	96.1	96.9	96.4
335	96.2	97.0	96.4
375	96.2	97.0	96.4

注：由于 60 Hz、6 极电机 IE3 的效率曲线是不连续的，而 IE4 的曲线的光滑曲线，所以，导致在 1.1 kW、1.5 kW、2.2 kW 时 IE4 的值还略低于 IE3 的值(1.1 kW 为 87.5%，1.5 kW 为 88.5%)。

当适用范围符合 IEC 60034-30 的电机满足 IE 4 能效等级时，也应满足 IE 3 能效等级。因此，表 A.5 中 60Hz、6 极、1.1 kW、1.5 kW 的电机的能效限值要略高于表 A.2 的值。

对选定转矩(Nm)的电机 IE 4 名义效率值见图 A.1。

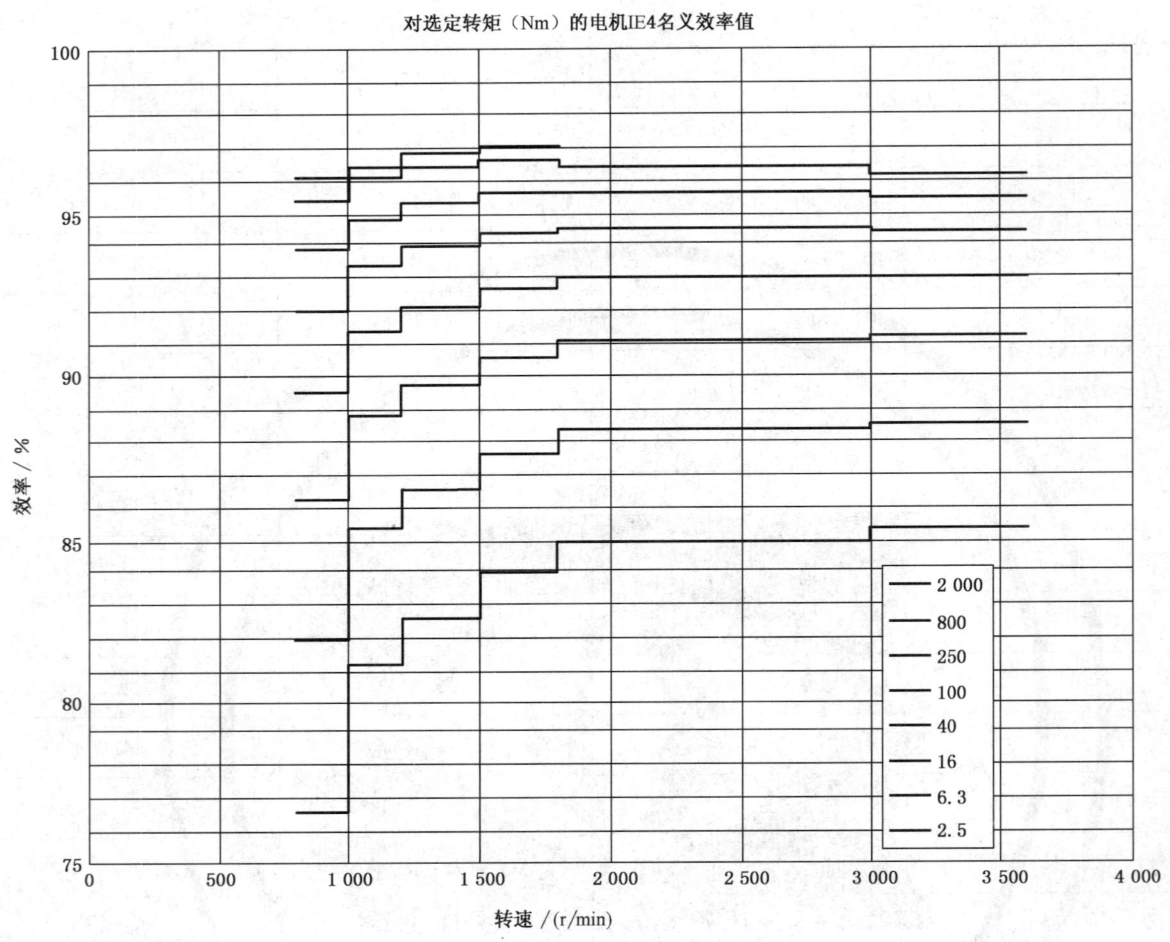

图 A.1 IE4 效率限值

参 考 文 献

[1] IEC 60034-2-1:2007,Rotating electrical machines—Part 2-1:Standard methods for determining losses and efficiency from tests(excluding machines for traction vehicles)

[2] IEC 60034-2-3,Rotating electrical machines—Part 2-3:Specific test methods for detemining losses and efficiency of converter-fed AC motors

[3] IEC 60034-12,Rotating electrical machines—Part 12:Starting performance of single-speed three-phase cage induction motors

[4] IEC 60034-17,Rotating electrical machines—Part 17:Cage induction motors when fed from converters—Application guide

[5] IEC 60034-25,Rotating electrical machines—Part 25:Guidance for the design and performance of a. c. motors specifically designed for converters supply

[6] IEC 60034-26,Rotating electrical machines—Part 26:Effects of unbalancedCage induction motors when fed from converters—Application guide

[7] IEC 60072-1,Dimensions and output series for rotating electrical machines—Part 1:Frame numbers 56 t 400 and flange numbers 55 to 1080

[8] IEC 60079-0,Explosive atmospheres—Part 0:Equipment—General requirements

[9] IEC 60300-3-3,Dependability management—Part 3-3:Application guide—Life cycle costing

[10] IEC 61241-1,Electrical apparatus for use in the presence of combustible dust—Part 1:Protection by encloseres "tD"(withdrawn)

[11] IEC 61800-2, Adjustable speed electrical power drive systems—Part 2: General requirements—Rating specifications for low voltage adjustable frequency a. c. power drive systems

[12] IEC 61800-8, Adjustable speed electrical power drive systems—Part 8: Specification of voltage on the power interface

[13] ISO 3,Preferred numbers—Series of preferred numbers

[14] EN 50347,General purpose three-phase induction motors having standard dimensions and pouputs—Frame numbers 56 to 315 and flange numbers 65 to 740

[15] NEMA ICS7. 1,Safety Standards for Construction and Guide Selection,Installation,and Operation of Adjustable—Speed Drive Systems

[16] NEMA MG1,Motors anf Generators

[17] NEMA MG10,Energy Mangement Guide For Selection and Use of Fixed Frequency Medium AC Squirrel—Cage Polyphase Induction Motors

[18] NEMA MG11,Energy Mangement Guide For Selection and Use of Single—Phase Motors

[19] IEEE 112-1996,IEEE Standard Test Procedure for Polyphase Induction Motors and Generatos

[20] DE ALMEIDA,ANIBAL,et al,Energy-using Products Directive,Preparatory Studies,Lot 11:Motors,Coimbra Portugal,February 2008

ICS 23.140
J 72

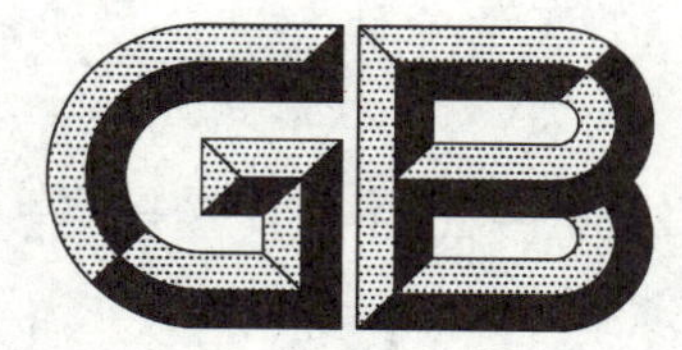

中华人民共和国国家标准

GB/T 29542—2013

工业尾气能量回收透平膨胀机

Industrial off-gas energy recovery turbine expander

2013-06-09 发布　　　　2014-01-01 实施

中华人民共和国国家质量监督检验检疫总局
中国国家标准化管理委员会　发布

前　言

本标准按照 GB/T 1.1—2009 给出的规则起草。

本标准由中国机械工业联合会提出。

本标准由全国风机标准化技术委员会(SAC/TC 187)归口。

本标准起草单位:西安陕鼓动力股份有限公司、沈阳鼓风机集团股份有限公司。

本标准主要起草人:梁淑雯、梅元平、陈凤义、郑华、洪士强。

工业尾气能量回收透平膨胀机

1 范围

本标准规定了工业尾气透平膨胀机的基本设计、联轴器及护罩、控制和仪表、检查和试验、保证、涂装及包装与运输的最低要求。

本标准适用于轴流式工业尾气能量回收透平膨胀机(以下简称“膨胀机”)。

2 规范性引用文件

下列文件对于本文件的应用是必不可少的。凡是注日期的引用文件,仅注日期的版本适用于本文件。凡是不注日期的引用文件,其最新版本(包括所有的修改单)适用于本文件。

GB/T 191 包装储运图示标志

GB/T 2100 一般用途耐蚀钢铸件

GB/T 3766 液压系统通用技术条件

GB/T 6557 挠性转子机械平衡的方法和准则

GB/T 9239.1 机械振动 恒态(刚性)转子平衡品质要求 第1部分:规范与平衡允差的检验

GB/T 11345 钢焊缝手工超声波探伤方法和探伤结果分级

GB/T 12467.3 金属材料熔焊质量要求 第3部分:一般质量要求

GB/T 13306 标牌

GB/T 26137 高炉煤气能量回收透平膨胀机热力性能试验

JB/T 4365 专用的润滑、轴密封和控制油系统

JB/T 6887 风机用铸铁件 技术条件

3 术语

下列术语和定义适用于本文件。

3.1

工业尾气能量回收透平膨胀机 industrial off-gas energy recovery turbine expander

利用工业尾气(例如:裂解烟气、硝酸废气等)膨胀,将热能转化为机械能的透平机械。

3.2

工作转速 working speed

n_r

在设计工况下膨胀机功率输出轴的转速。

3.3

最低连续运行转速 min continuous operating speed

n_{min}

膨胀机转子在规定工况范围内允许连续运行的最低转速(r/min)。

3.4

最高连续运行转速 max continuous operating speed

n_{max}

膨胀机在规定工况范围内允许连续运行的最高转速(r/min)。一般情况下，该转速依据被驱动的耗功机械的最高连续工作转速来确定。$n_{max} \leqslant 1.05\ n_r$。

3.5

跳闸转速　trip speed

n_t

通过超速装置自动跳闸时的转速。电气控制跳闸取 $n_t = 1.08\ n_r$；机械控制跳闸 $n_t = 1.10\ n_r$。

3.6

超速试验转速　over-speed test speed

n_s

对膨胀机转子的安全可靠性进行验证时的转速(r/min)，一般取 $n_s = 1.15\ n_r \sim 1.2\ n_r$。

3.7

额定工况　rated condition

在规定的条件下，膨胀机发出额定功率的运行工况。

3.8

轴端密封　shaft end seal

限制工作介质泄漏的主轴端部密封。

4　膨胀机

4.1　要求

4.1.1　膨胀机及其辅助设备的设计应在规定的使用条件下，包括在启动、停机及瞬时超负荷的情况下连续运行。

4.1.2　膨胀机及其辅助设备的布置和结构应便于操作及维护。

4.1.3　为便于装配和拆卸，膨胀机应提供起吊环、吊环螺钉、顶起螺钉及导杆。在中分面上，顶起螺钉接触处应加工出凹坑或采取其他措施，以防顶起上半机壳时损坏结合面。

4.1.4　静叶调节装置、轴承结构、轴端密封及油系统应设计成在膨胀机及其辅助设备运行或停机期间能防止湿气、灰尘及杂质的侵入。

4.1.5　润滑、动力油系统及其相关部件应配备有加热、冷却功能，其设计规范见表1。

表1　冷却系统水程设计规范

项目	设计参数
管内水速	1.5 m/s～2.5 m/s
最大允许工作压力(表压)	0.7 MPa
试验压力(1.5倍最大允许工作压力)(表压)	1.05 MPa
最大压力降	0.1 MPa
最高进口温度	35 ℃
最高出口温度	50 ℃
最大温升	20 ℃
最小温升	10 ℃

表 1（续）

项目		设计参数
水程污垢系数	封闭循环(净化)水	$0.85\times10^{-4}\quad m^2\cdot K/W$
	一般冷却水	$1.7\times10^{-4}\quad m^2\cdot K/W$
	碱水	$3.4\times10^{-4}\quad m^2\cdot K/W$
碳钢壳体腐蚀裕度		3 mm

4.2 铸件

膨胀机铸件的技术要求应符合 JB/T 6887 或 GB/T 2100 的规定。

4.3 焊接件

4.3.1 焊接零件(包括管道)的材料应具有良好的焊接性能，焊接辅料应与母材相熔。焊接件的检查和试验应符合 GB/T 12467.3 的规定。

4.3.2 需要进行超声波无损探伤的焊缝，其超声波无损探伤方法和质量要求应符合 GB/T 11345 的规定。

4.4 机壳

4.4.1 设计

4.4.1.1 机壳允许最高工作压力至少为最高进口压力(表压)的 1.25 倍。

4.4.1.2 应对机壳与接管所构成的系统进行热应力和热平衡计算，以保证其始终处于稳定状态。

4.4.1.3 与机壳相连接的部件连接前应进行消应力处理。

4.4.1.4 承压机壳加工后应进行水压试验，其试验压力应不低于最高工作压力(表压)的 1.5 倍。

4.4.2 机壳材料

4.4.2.1 当工作介质为无毒、无腐蚀和不易燃烧气体时，材质可按下列条件选取：

a) 介质的压力大于 2.5 MPa(表压)，或温度高于 350 ℃的膨胀机机壳可由高强度合金钢质材料制造。

b) 介质的压力小于 2.5 MPa(表压)，高于 0.5 MPa(表压)，或温度在 260 ℃以下的膨胀机机壳可由球墨铸铁或焊接性能好的碳素结构钢或低合金结构钢制成。

c) 介质的压力小于 0.5 MPa(表压)，或温度在 260 ℃以下的膨胀机机壳可由铸铁制造。

4.4.2.2 当工作介质为有腐蚀气体时，应采用不锈钢铸造结构。

4.4.3 机壳连接件

4.4.3.1 焊接到机壳上的连接件应符合机壳的材质要求。

4.4.3.2 所有接管的焊接应在水压试验前完成。

4.4.3.3 对于有毒、有腐蚀或可燃的工作介质，不宜采用螺纹连接。

4.5 外力及外力矩

4.5.1 膨胀机各管口所能承受的外力和外力矩可按式(A.1)和式(A.2)计算选取并以表格形式列出。

4.5.2 机壳和支腿应具有足够的强度和刚度，以承受许用外力和外力矩。

4.6 转子

4.6.1 膨胀机转子一般采用挠性轴,也可以采用刚性轴。在运转条件下,刚性转子的一阶临界转速 $n_{cr1} \geqslant 1.25\ n_r$。挠性转子的一阶临界转速 $n_{cr1} \leqslant 0.85\ n_{min}$,二阶临界转速 $n_{cr2} \geqslant 1.25\ n_r$。

4.6.2 转子需进行超速试验,超速时间不少于 1 min。

4.6.3 转子需进行横向振动及轴系扭曲振动分析计算,装配后应进行动平衡校正。当结构采用能拆卸的独立轮盘,轮盘应在装配前单独做动平衡。

4.6.4 主轴一般用锻钢制成。当工作介质为高温或腐蚀性气体,主轴应采用耐高温或耐腐蚀的锻钢。

4.6.5 在主轴上探测径向轴振动和轴向位移的传感环面应和与轴承相配合的轴颈同轴,其表面不得用硬物刻划符号,不得有造成表面不连续的油孔或键槽。该环面不得喷镀、涂镀或装设轴套,其最终表面粗糙度 Ra 值应为 0.4 μm～0.8 μm。该环面应经退磁处理,使其电的和机械的综合跳动值不超过最大许可峰-峰振幅值的 25%或下列值(两值中取较大者):

a) 径向振动探头探测的传感环面:6 μm。

b) 轴位移探头探测的传感环面:13 μm。

4.6.6 经过退磁或其他方法处理的轴振动测量环面,其剩磁不得超过 0.000 5T(5Gs)。

4.6.7 推力盘两止推表面的表面粗糙度 Ra 值应不大于 0.4 μm,推力盘任一侧表面总的轴向跳动不应超过 13 μm。

4.7 级间密封

定子和转子之间的密封应为迷宫式密封。密封片装在定子或转子上。密封片的安装应便于大修时更换。

4.8 轴端密封

4.8.1 轴端密封一般采用迷宫式加注入惰性气体的充气密封,或其他型式的密封,以确保工作介质不外泄。

4.8.2 密封的充气压力应与膨胀机的内部压力进行差压控制,以限制过量密封气体进入工作介质。最高密封充气压力应大于或至少应等于机壳中的滞留压力。

4.8.3 充气密封的充气系统应能在工艺流程投产之前投入运行。

4.9 轴承和轴承箱

4.9.1 在整个允许的间隙范围内,径向轴承应能提供足够的阻尼,以保证膨胀机在规定的运行转速范围内(包括临界转速)空载或负载运行时,转子的振动不超过规定的最大峰-峰振幅值。

4.9.2 止推轴承应采用在轴衬体上镶有轴承合金(巴氏合金)的多块瓦结构,以承受双向相等的轴向推力。当瓦块之间的厚度有较小的误差时,有自调特性的、两侧摆动的瓦块能保证每块瓦承受相等的推力载荷。

4.9.3 推力轴承的推力盘可与主轴为一整体,也可是可更换的分体式结构。分体式推力盘与主轴之间的配合应采用过盈配合。

4.9.4 止推轴承负荷应按不超过轴承最大额定负荷的 50%选取。最大额定负荷为连续运行产生最小允许油膜厚度的负荷或瓦块上的最高温度处不超过巴氏合金蠕变或屈服强度时的负荷,取两者之中的较小值。

4.9.5 膨胀机的轴承箱一般采用分体式结构,通过一定的连接方式与机壳连为一体,以确保轴承对中的可靠性和重复性。

4.9.6 在轴承箱中,润滑油的泡沫应最少,回油管路截面要大,排油系统要使轴承箱中的油位和泡沫面始终低于油封。

4.9.7 轴承箱上应能安装测振仪表，并在每一付轴承附近留有放置非接触式测振探头的空间和位置。当使用两个非接触式测振探头时应沿圆周方向相隔 90°布置。

4.9.8 轴承箱内安装有油封，用以阻止润滑油外泄和外部灰尘侵入，同时阻止由轴端密封处外泄的高温气体进入轴承箱，造成润滑油老化。

4.9.9 为保证热胀过程中轴承箱与机壳同轴，双支结构膨胀机的轴承箱体在轴向、径向应设有导向键，以便在底座上可以定向滑动。

4.10 平衡与振动

4.10.1 平衡校正

4.10.1.1 膨胀机转子组装后应进行动平衡校正。刚性转子的动平衡校正可按 GB/T 9239.1 进行。

4.10.1.2 转子进行动平衡校正时，其剩余不平衡量应不超过式(1)的计算值或质量偏心矩 250 μm，两值中取较大值。

$$U = 6\ 350\ W/n_{\max} \qquad (1)$$

式中：

U ——剩余不平衡量，单位为克毫米(g·mm)；

W ——轴颈处静载荷，单位为千克(kg)；

$n_{\max}$ ——最高连续运行转速，单位为转每分(r/min)。

当质量偏心矩单位用 μm 表示，其计算公式为剩余不平衡量/轴颈处的静态质量载荷[$U/1\ 000\ W$]。

4.10.1.3 动平衡校正过程中，当剩余不平衡量超过规定时，可在轮毂(或轮盘)端面配置调整块、调整条或调整螺钉进行平衡，并用螺钉牢固。

4.10.1.4 挠性转子的平衡方法可按 GB/T 6557 进行。

4.10.2 振动测量

4.10.2.1 膨胀机在规定工作转速范围内的任一转速下进行机械运转试验时，在靠近径向轴承的任意环面上所测得的未滤波的峰-峰振幅值不应超过式(2)的计算值或 25 μm，两值中取较小值。

$$A = 25.4\sqrt{\frac{12\ 000}{n_{\max}}} \qquad (2)$$

式中：

A ——未滤波的轴振动振幅值，单位为微米(μm)，是真实的峰-峰振幅值；

$n_{\max}$ ——最高工作转速，单位为转每分(r/min)。

当膨胀机在最高连续运行转速与跳闸转速之间的任意转速下运行时，其振幅值应不超过 1.5 倍最高连续运行转速下记录的最大振幅值。

4.10.2.2 如果膨胀机主轴存在电的或机械的径向圆跳动，则在进行机械运转试验时，从测得的振幅信号中可以矢量地减去 0.25A，A 值按式(2)计算。

4.11 润滑油和动力油系统

4.11.1 润滑油系统应符合 JB/T 4365 的规定。

4.11.2 动力油系统应符合 GB/T 3766 的规定。

4.12 盘车装置

4.12.1 膨胀机应配备有电动或液动的盘车装置。

4.12.2 在启动膨胀机时，盘车装置将膨胀机转子升速到某一定值后，应能手动啮合自动脱开。

4.12.3 正常运行停机时，防止冷却不均匀造成转子弯曲与不平衡，启动盘车装置使转子在低转速下旋转达到常温状态。

4.13 标牌及旋转方向箭头

4.13.1 膨胀机标牌应为耐腐蚀材料制成，尺寸规格按 GB/T 13306 执行，包括下列内容：

a) 产品名称；
b) 产品编号；
c) 产品型号；
d) 工作介质；
e) 进口容积流量，m^3/min；
f) 进口介质温度，℃；
g) 进口压力(绝对压力)，MPa；
h) 出口压力(绝对压力)，MPa；
i) 工作转速，r/min；
j) 最大输出功率，kW；
k) 制造日期；
l) 制造厂名称。

4.13.2 在膨胀机机壳易看到的位置钉旋转方向箭头。

5 联轴器及护罩

5.1 联轴器

5.1.1 膨胀机与耗功机械之间连接的联轴器可选用刚性或挠性联轴器。联轴器应能在机组中连续运转 3 年以上。

5.1.2 联轴器与轴的连接，应能在机组运行中承受最大连续扭矩的 175%。

5.1.3 当采用挠性联轴器时，轴线的位移达到额定值的 125%时能正常连续运转。

5.2 联轴器护罩

5.2.1 联轴器及膨胀机主轴的外露部分应用护罩屏蔽，防止机组运行时人或其他物体接近旋转部件。

5.2.2 联轴器护罩不得妨碍两半联轴器的连接。当需要检查、维护时，护罩应易拆卸。

5.2.3 当承受 900 N 的静载荷时，其挠曲变形量不超过护罩无支撑长度的万分之五。

6 控制和仪表

6.1 安全保护

6.1.1 膨胀机可根据故障保护要求设计保护系统，控制流体压差能使截止阀和调节阀立即关闭。

6.1.2 跳闸系统投入运行，排除故障后跳闸装置应不能自动回复设置，应由操作者重新进行设定，才能再打开进气阀。

6.1.3 膨胀机应有监测径向轴振动、轴位移及轴承温度的传感元件，当出现异常时应能连锁停机。

6.2 仪表

6.2.1 压力测量仪应适合膨胀机的工作介质。量程应使正常工作压力值处在压力表量程的

1/3～2/3 处。

6.2.2 温度测量应采用热电偶和电阻式温度检测仪。

6.2.3 转速测量仪可附加远控读数装置和连续记录、打印转速功能。

6.3 控制检测

膨胀机可按表 2 设置控制监测项目。

表 2 膨胀机控制监测项目

项目	仪表显示	“H”报警	“L”报警	停机
工作介质控制监测项目：				
膨胀机进口压力	T	—	—	—
膨胀机进口温度	T	—	(L)	—
膨胀机出口温度	(T)	(H)	—	—
膨胀机出口压力	T	(H)	(L)	—
密封气压力	T	—	(L)	—
润滑油系统与动力油系统控制监测项目：				
主油箱油位	T	—	L	—
主油箱油温	(T)	H	—	—
滤油器压差	T	(H)	—	—
进油管润滑油压	T	—	L	LL
轴承温度	T	(H)	—	HH△
冷却器进口油温	T	—	—	—
冷却器出口油温	T	—	—	—
轴位移和轴振动控制监测项目：				
轴向位移	(T)	(H)	—	HH
主轴或轴承箱振动	(T)	(H)	—	HH
主轴转速	T	—	—	HH

注：表中“H”“L”“T”表示必须设置；“—”表示不必设置；“(H)”“(L)”“(T)”表示可以根据买卖双方协商来设置。“H”表示上限报警；“L”表示下限报警；“T”表示仪表显示。“LL”表示下下限停机；“HH”表示上上限停机；“△”表示需买卖双方协商。

7 检查和试验

7.1 检查

7.1.1 在规定的检查完成前，承压件不得涂漆。

7.1.2 膨胀机的轴承箱及辅助设备中的油箱在内外清理干净后，做刷煤油检查，在 30 min 持续时间内不得有渗漏现象。

7.2 试验

7.2.1 机械运转试验

7.2.1.1 膨胀机出厂时进行机械运转试验。

7.2.1.2 机械运转试验可不在工作载荷的情况下进行。在最高连续工作转速下润滑油温度稳定后进行轴振动测量，其取值应包括整个工作转速范围(含达到快速切断阀动作前的转速)。

7.2.1.3 进行机械运转试验时，膨胀机在最高连续工作转速下运转不得少于2 h。

7.2.1.4 试验过程中如发现轴端密封、油封及接合面间有泄漏现象，应停机处理后再进行试验。

7.2.1.5 如果膨胀机采用有机械式超速保护装置，试验前应首先调整好保护装置的整定值。

7.2.1.6 机械运转试验后应对轴承进行检查，并记录所有测量值。

7.2.1.7 机械运转试验后，如不符合要求需要拆卸修整时，修整后应重新进行试验。

7.2.2 性能试验

膨胀机的性能试验应符合GB/T 26137的规定。

7.2.3 水压试验

7.2.3.1 承压件(包括辅助设备)应进行水压试验，其试验压力应为该承压件最高工作压力的1.5倍，但不得低于0.14 MPa(表压)。

7.2.3.2 水压试验时间一般应持续30 min。在此期间，壳体表面或结合处应无渗漏现象发生。对于大型壁厚铸件(壁厚超过30 mm)，可考虑适当延长试验时间。

7.2.3.3 材质为奥氏体不锈钢的承压件进行水压试验时，试验水中氯化物的含量应小于50 mg/L。试验后，应彻底清除部件的内外表面，以防试验水蒸发后有氯化物沉淀而腐蚀部件。

7.2.3.4 如果承压件工作温度下的材料强度低于室温下的材料强度，水压试验压力还应乘以按式(3)计算出的σ值。

$$\sigma=\frac{\text{室温下的材料许用应力}}{\text{工作温度下的材料许用应力}} \quad \cdots\cdots(3)$$

式(3)中的室温下的材料许用工作应力和工作温度下的材料许用应力应按国家相关材料标准选取。

7.2.4 气密性试验

7.2.4.1 当工作介质为有毒或腐蚀性气体时，膨胀机机壳应进行气密性试验。

7.2.4.2 气密性试验时充氮气加压到机壳设计最高工作压力并保持至少30 min，各结合处应无泄漏。

7.2.5 系统试验

7.2.5.1 膨胀机在正式投运前应进行试运行试验，连续试运行时间应不少于72 h。

7.2.5.2 在低负荷试运行中，应检查膨胀机的安全、连锁报警系统和停机控制系统。

8 保证

保证期从膨胀机投入运行之日起为12个月，但不超过从卖方厂(或发货港)发货之日起18个月。

9 涂装及包装与运输

9.1 涂装

9.1.1 所有零部件的不加工表面(除有特殊规定或要求外)均应涂漆;加工表面应进行防护处理。

9.1.2 零件的外形应光洁平整,总装后不得有油污、划伤、碰伤等缺陷。

9.1.3 涂层应牢固。装饰性涂层不允许有流挂、起泡、发白、失光、划伤、碰伤等缺陷。

9.1.4 外露的螺柱、螺栓、螺母、垫圈均应经氧化处理。螺柱和螺栓的外露长度在把紧螺母、垫圈后应保留有3扣~5扣。

9.2 包装与运输

9.2.1 膨胀机的全部试验和检查合格、清洁处理后方可进行包装。

9.2.2 产品可采用箱包或简包型式,但应保证多次装卸,长途运输,并应采取防潮、防振措施。

9.2.3 各种仪表及受振易损件应作专门包装,并加填料保护。

9.2.4 包装箱上应明显地标出被包装物的质量、质心点位置和起吊点等标识,指示标识应符合GB/T 191的规定。

9.2.5 包装箱的设计应符合水路、铁路、陆路、海路等运输的有关规定。

9.3 贮存

9.3.1 产品各包装件存放时应垫平放稳,离开地面高度应不少于200 mm~300 mm。

9.3.2 室外存放时应有防雨淋、日晒及积水的保护措施。

9.3.3 产品在贮存期间应每半年(经船运第一次为3个月)开箱检查一次。油漆涂层不能有变色、剥蚀,包装件的标志应清晰。

附　录　A
（规范性附录）
外力和外力矩

设计膨胀机机壳时，应考虑对机壳进、出气管法兰上的管路载荷加以限定。为了保证系统安全具有最大的可靠性，管路施加给机壳进、出气管法兰上的管路载荷应尽可能地小，这与膨胀机的承载能力大小无关。作为规范，由进口、抽加气口和出口接管法兰作用于膨胀机上的外力和外力矩限定如下：

a)　在任何接管法兰处施加于膨胀机的总合力和总合力矩应不超过式(A.1)的计算值。

$$F_r + 1.09M_r \leqslant 54.1D_e \qquad \text{(A.1)}$$

式中：

F_r——合力，单位为牛顿(N)(见图 A.1)，其值按式(A.2)计算：

$$F_r = \sqrt{F_x^2 + F_y^2 + F_z^2} \qquad \text{(A.2)}$$

M_r——合力矩，单位为牛顿米(N·m)(见图 A.1)，其值按式(A.3)计算：

$$M_r = \sqrt{M_x^2 + M_y^2 + M_z^2} \qquad \text{(A.3)}$$

对于直径≤200 mm 的接管：

D_e——标称接管直径，单位为毫米(mm)。

对于直径>200 mm 的接管，应按式(A.4)计算接管的当量直径：

$$D_c = \frac{400 + D_{nom}}{3} \qquad \text{(A.4)}$$

式中：

D_c　——接管的当量直径，单位为毫米(mm)；

D_{nom}——标称管径，单位为毫米(mm)。

b)　在最大连接管中心线上分解的进口、抽加气口和出口接管法兰处的合力和合力矩不应超过下列值：

1)　合力不超过：

$$F_c + 1.64M_c \leqslant 40.4D_c \qquad \text{(A.5)}$$

式中：

F_c——分解给进口、抽加气口和出口的合力，单位为牛顿(N)；

M_c——进口、抽加气口和出口的合力矩，单位为牛顿米(N·m)；

D_c——一个圆形开口直径，单位为毫米(mm)。D_c 直径的圆面积等于进口、抽加气口和出口的开口的总面积。如果当量管口直径>230 mm 时，使用下列 D_c 值：

$$D_c = \frac{460 + \text{当量直径}}{3}$$

2)　各合力、合力矩的分力和分力矩(见图 A.1)应不超过下列各式的计算值：

$$F_x = 16.1D_c; M_x = 24.6D_c$$

式中：

F_x——F_c 的水平分力，其方向与膨胀机轴线平行，单位为牛顿(N)；

M_x——M_c 围绕水平轴线的分力矩，单位为牛顿米(N·m)。

$$F_y = 40.5D_c; M_y = 12.3D_c$$

式中：

F_y ——F_c 的垂直分力，单位为牛顿(N)；

M_y——M_c 围绕垂直轴线的分力矩，单位为牛顿米(N·m)。

$$F_z = 32.4D_c ; M_z = 12.3D_c$$

式中：

F_z ——F_c 的水平分力，其方向与膨胀机轴线成直角，单位为牛顿(N)；

M_z——M_c 围绕与膨胀机轴线直角的水平轴线的分力矩，单位为牛顿米(N·m)。

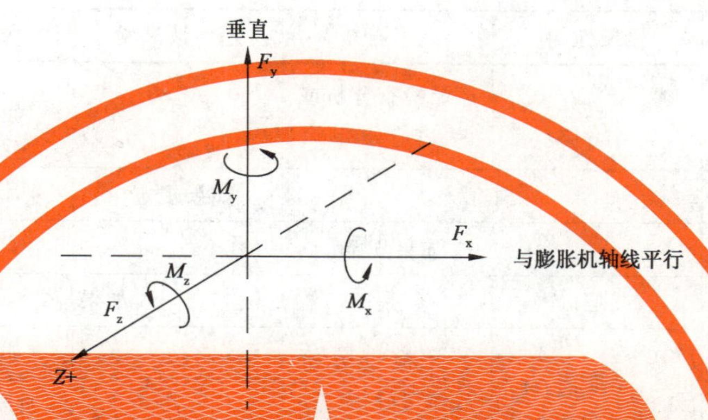

图 A.1 经修正的合力与合力矩

c) 外力和外力矩的大小只与膨胀机结构有关，与连接管路、法兰和法兰螺栓连接的力和力矩无关，其值应不超过本附录所规定的限值。

附　录　B
（资料性附录）
材料及零部件检查项目推荐表

材料及零部件检查项目推荐表见表 B.1。

表 B.1　材料及零部件检查项目推荐表

<table>
<tr><th colspan="2">零件</th><th>机械性能</th><th>化学分析</th><th>超声波试验</th><th>X 光试验</th><th>表面裂纹试验</th></tr>
<tr><td rowspan="3">锻制或轧制的零件</td><td>轮盘、轴
平衡盘</td><td>是</td><td>产品检查分析或铸造分析</td><td>是</td><td>如果规定[a]</td><td>是</td></tr>
<tr><td>动叶、静叶</td><td colspan="2">抽查</td><td>如果规定[a]</td><td></td><td>如果规定[a]</td></tr>
<tr><td>转子、轴套</td><td colspan="3">如果规定[a]</td><td></td><td>如果规定[a]</td></tr>
<tr><td>焊接零件</td><td>机壳</td><td>是</td><td>是</td><td colspan="2">如果规定[a]</td><td>是,在焊接区</td></tr>
<tr><td rowspan="4">铸件</td><td>轮盘</td><td rowspan="2">是</td><td rowspan="2">产品检查分析或铸造分析</td><td>是</td><td>如果规定[a]</td><td>是</td></tr>
<tr><td>球墨铸铁机壳</td><td colspan="3">如果规定[a]</td></tr>
<tr><td>铸铁机壳</td><td colspan="5">如果规定[a]</td></tr>
<tr><td>动叶</td><td colspan="2">抽查</td><td>如果规定[a]</td><td></td><td>如果规定[a]</td></tr>
<tr><td colspan="7">[a] 试验的详细内容由买卖双方商定。</td></tr>
</table>

ICS 91.060.50
P 32

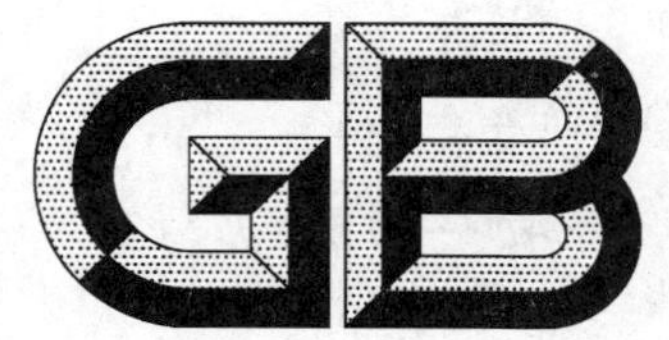

中华人民共和国国家标准

GB/T 29734.1—2013

建筑用节能门窗 第1部分：铝木复合门窗

Energy-saving windows and doors for buildings—Part 1: Aluminum-wood complex windows and doors

2013-09-18 发布　　2014-06-01 实施

中华人民共和国国家质量监督检验检疫总局
中国国家标准化管理委员会　发布

前　言

GB/T 29734《建筑用节能门窗》分为以下两个部分：

——第1部分：铝木复合门窗；

——第2部分：铝塑复合门窗。

本部分为GB/T 29734的第1部分。

本部分按照GB/T 1.1—2009给出的规则起草。

本部分由中华人民共和国住房和城乡建设部提出。

本部分由全国建筑幕墙门窗标准化技术委员会(SAC/TC 448)归口。

本部分起草单位：中国建筑金属结构协会铝门窗幕墙委员会、河北奥润顺达窗业有限公司、北京美驰建筑材料有限责任公司、浙江瑞明节能门窗股份有限公司、广东坚朗五金制品股份有限公司、上海申邦发展有限公司、席勒(北京)木制品有限公司、上海金粤幕墙有限公司、浙江加兰建筑节能科技有限公司、浙江雅德居节能门窗有限公司、四川省光泓铝塑木门窗型材有限公司、上海研和门窗(系统)有限公司。

本部分主要起草人：黄圻、魏贺东、柴木多、董呈明、杜万明、邱鹏、鲍羽逊、曾煜、杨庭贵、王跃江、詹庆富、陈国东。

建筑用节能门窗
第1部分:铝木复合门窗

1 范围

本部分规定了铝木复合门窗的术语和定义、分类和标记、一般要求、要求、试验方法、检验规则、产品标志、合格证书、使用说明书、包装、运输和贮存。

本部分适用于铝合金型材与木型材复合制作的建筑门窗。

本部分不适用于防火、防盗等特种用途门窗。

2 规范性引用文件

下列文件对于本文件的应用是必不可少的。凡是注日期的引用文件,仅注日期的版本适用于本文件。凡是不注日期的引用文件,其最新版本(包括所有的修改单)适用于本文件。

GB/T 2680 建筑玻璃 可见光透射比、太阳光直接透射比、太阳能总透射比、紫外线透射比及有关窗玻璃参数的测定

GB 5237(所有部分) 铝合金建筑型材

GB/T 5823 建筑门窗术语

GB/T 7106 建筑外门窗气密、水密、抗风压性能分级及检测方法

GB/T 8484 建筑外门窗保温性能分级及检测方法

GB/T 8485 建筑门窗空气声隔声性能分级及检测方法

GB/T 9158 建筑用窗承受机械力的检测方法

GB/T 9969 工业产品使用说明书 总则

GB/T 11944 中空玻璃

GB/T 11976 建筑外窗采光性能分级及检测方法

GB/T 13306 标牌

GB/T 14155 整樘门 软重物体撞击试验

GB/T 14436 工业产品保证文件 总则

GB 18580—2001 室内装饰装修材料 人造板及其制品中甲醛释放限量

GB/T 21140—2007 指接材 非结构用

GB/T 23999 室内装饰装修用水性木器涂料

GB/T 29049 整樘门 垂直荷载试验

GB/T 29530 平开门和旋转门 抗静扭曲性能的测定

JC/T 1079 真空玻璃

JG/T 192 建筑门窗反复启闭性能检测方法

JGJ 113 建筑玻璃应用技术规程

JGJ/T 151 建筑门窗玻璃幕墙热工计算规程

LY/T 1635 木材防腐剂

LY/T 1787 集成材 非结构用

3 术语和定义

GB/T 5823 界定的以及下列术语和定义适用于本文件。

3.1

铝木复合门窗 aluminum-wood complex windows and doors

采用铝合金型材与木型材通过连接卡件或螺钉等连接方式制作的框、扇构件的门窗。

3.2

指接材 finger-jointed lumber

以锯材为原料经指榫加工、胶合接长制成的板方材。

[GB/T 21140—2007,定义 3.1]

3.3

集成材 glue-laminated timber

将纤维方向基本平行的板材、小方材等在长度、宽度和厚度方向上集成胶合而成的材料。

3.4

连接卡件 jointing latches

用于铝合金型材与木型材之间的结构连接件。

4 分类和标记

4.1 分类

4.1.1 结构分类

按铝合金型材和木型材的组合结构形式(如图 1 所示)分类,见表 1。

表 1 结构形式分类

类别	组合结构形式
a 型	铝合金型材为主要受力杆件
b 型	木型材为主要受力杆件

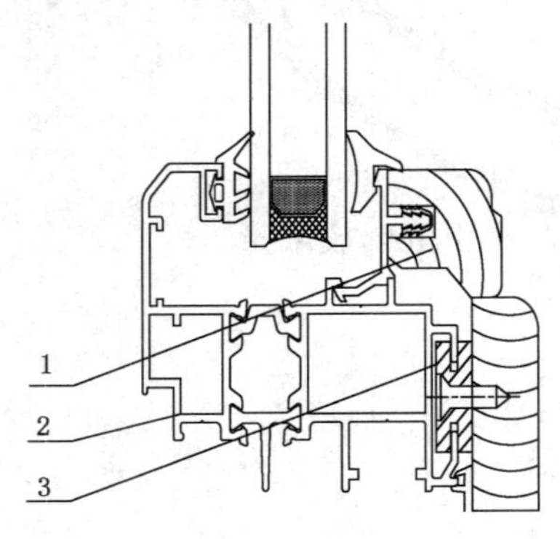

a) 铝合金型材为主要受力杆件

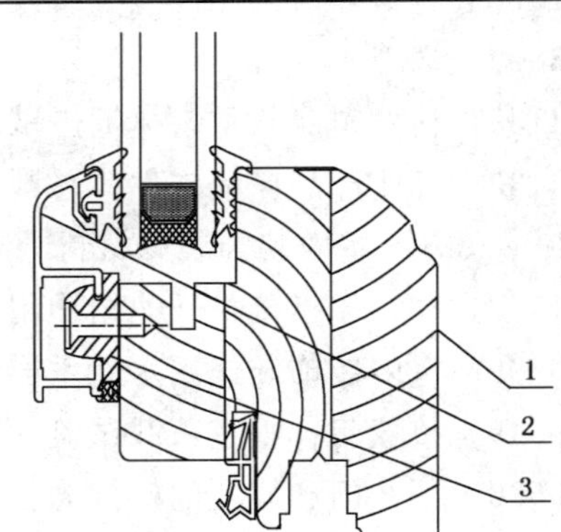

b) 木型材为主要受力杆件

说明:

1——木型材;

2——铝合金型材;

3——连接卡件。

图 1 铝木复合门窗型材截面示意

4.1.2 品种分类

按门开启形式分类，门的品种见表2。

表2 门的品种分类

类别	平开旋转类		推拉平移类			折叠类	
开启形式	平开	平开下悬	(水平)推拉	提升推拉	推拉下悬	折叠平开	折叠推拉
代号	P	PX	T	ST	TX	ZP	ZT

按窗开启形式分类，窗的品种见表3。

表3 窗的品种分类

类别	平开旋转类							
开启形式	平开	滑轴平开	上悬	下悬	中悬	滑轴上悬	平开下悬	立转
代号	P	HZP	SX	XX	ZX	HSX	PX	LZ

类别	推拉平移类					折叠类
开启形式	(水平)推拉	提升推拉	平开推拉	推拉下悬	提拉	折叠推拉
代号	T	ST	PT	TX	TL	ZT

4.1.3 功能分类

按门使用功能分类，门的功能类型见表4。

表4 门功能类型分类

性能项目	种 类		
	隔声型	保温型	遮阳型
抗风压性能(P_3)	◎	◎	◎
水密性能(ΔP)	◎	◎	◎
气密性能($q_1 q_2$)	◎	◎	◎
保温性能(K)	○	◎	—
空气声隔声性能(R_w)	◎	◎	○
遮阳性能 (SC)	○	◎	◎
启闭力	◎	◎	◎
反复启闭性能	◎	◎	◎
撞击性能	◎	◎	◎
垂直荷载强度	◎	◎	◎
抗静扭曲性能	◎	◎	◎
注：◎为必须项目，○为选择项目。			

按窗使用功能分类，窗的功能类型见表5。

表5 窗功能类型分类

性能项目	种类		
	隔声型	保温型	遮阳型
抗风压性能(P_3)	◎	◎	◎
水密性能(ΔP)	◎	◎	◎
气密性能($q_1 q_2$)	◎	◎	◎
保温性能(K)	○	◎	—
空气声隔声性能(R_w)	◎	◎	○
遮阳性能(SC)	○	◎	◎
采光性能	○	◎	○
启闭力	◎	◎	◎
反复启闭性能	◎	◎	◎
注:◎为必须项目,○为选择项目。			

4.1.4 规格

门窗的规格由宽度构造尺寸(W)和高度构造尺寸(H)的千、百、十位数字,前后顺序排列的六位数字表示。

示例:

门窗的宽度 W、高度 H 分别为 1 150 mm 和 1 450 mm 时;

标记为:115145。

4.2 标记

4.2.1 标记方法

由铝木复合门(窗)代号、开启形式代号、门(窗)代号、规格、性能标记代号、纱扇代号及标准代号组成。

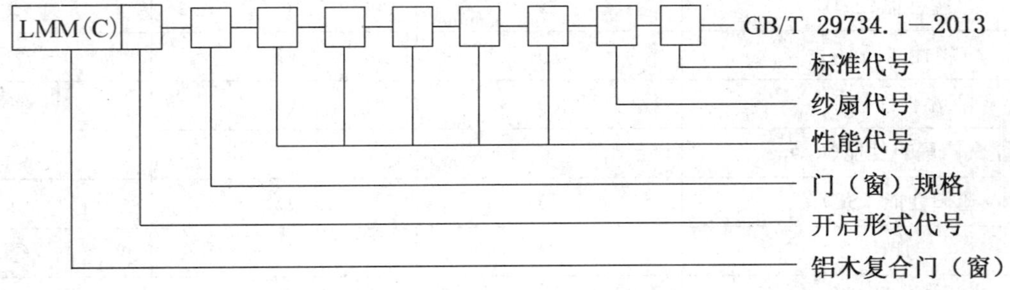

注:当抗风压、水密、气密、保温、隔声、采光等性能和纱扇无指标要求时不填写。

4.2.2 标记示例

示例1:

铝木复合平开窗,规格型号为115145,抗风压性能为2.0 kPa,水密性能为350 Pa,气密性能1.5 $m^3/(m \cdot h)$,保温性能2.0 $W/(m^2 \cdot K)$,隔声性能为35 dB,采光性能0.4,遮阳性能0.5,带纱扇窗;

标记为:LMCP-115145-$P_3$2.0-ΔP350-q_1(或 q_2)1.5-K2.0-R_w35-T_r0.4-SC 0.5-S-GB/T 29734.1—2013。

示例 2：

铝木复合平开门，规格型号为 150210，抗风压、气密、水密、保温、隔声，无纱扇；

标记为：LMMP-150210- GB/T 29734.1—2013。

5 一般要求

5.1 铝合金型材

5.1.1 铝合金型材尺寸精度应符合 GB 5237 中规定的高精级要求：

a) 以铝合金型材为主要受力杆件的门窗（a 型），门用铝合金主型材的主要受力部位基材截面最小实测壁厚不应小于 2.0 mm，窗用铝合金主型材的主要受力部位基材截面最小实测壁厚不应小于 1.4 mm；

b) 以木型材为主要受力杆件的门窗（b 型），除压条和扣板外，铝合金型材主要受力部位基材截面最小实测壁厚不应小于 1.4 mm。

5.1.2 铝合金型材表面处理除符合 GB 5237 的规定外，还应符合下列规定：

a) 阳极氧化型材：阳极氧化膜膜厚应符合 AA15 级要求，氧化膜平均膜厚不应小于 15 μm，局部膜厚不小于 12 μm；

b) 电泳涂漆型材：阳极氧化复合膜，表面漆膜采用透明漆符合 B 级要求，复合膜局部膜厚不应小于 16 μm；表面漆膜采用有色漆符合 S 级要求，复合膜局部膜厚不应小于 21 μm；

c) 粉末喷涂型材：装饰面上涂层最小局部厚度应大于 40 μm；

d) 氟碳漆喷涂型材：二涂层氟碳漆膜，装饰面平均漆膜厚度不应小于 30 μm；三涂层氟碳漆膜，装饰面平均漆膜厚度不应小于 40 μm；

e) 铝合金隔热型材采用穿条工艺的复合铝型材其隔热材料应使用聚酰胺 66 加 25% 玻璃纤维，采用浇注工艺的复合铝型材其隔热材料应使用高密度聚氨基甲酸乙酯材料。

5.2 木材

5.2.1 木材应选用同一树种材料，含水率不应低于 8%，且不高于当地年平均木材平衡含水率的 $(X+1)\%$。

5.2.2 指接材应符合 GB/T 21140—2007 中规定的 I 类指节材的要求，可视面拼条长度除端头外应大于250 mm，宽度方向无拼接，指接缝隙处无明显缺陷。

5.2.3 集成材应满足 LY/T 1787 的要求，外观质量应符合优等品要求，可视面拼条长度除端头外应大于 250 mm，宽度方向无拼接，厚度方向相邻层的拼接缝应错开，指接缝隙处无明显缺陷。

5.2.4 甲醛含量应符合 GB 18580—2001 中 E_1 级的要求。

5.2.5 木材表面光洁、纹理相近，无死节、虫眼、腐朽、夹皮等现象。型材平整无翘曲，棱角部位应为圆角，其他规定应参见附录 A.1。

5.3 水性涂料

木材用水性涂料应符合 GB/T 23999 规定，耐黄变性 $\Delta E \leqslant 1.0$（紫外灯光照射不小于 168 h），其他规定参见附录 A.2。

5.4 玻璃

根据工程设计及功能要求宜选用中空玻璃和真空玻璃，玻璃的品种、规格、质量要求应满足 GB/T 11944、JC/T 1079 的规定。

5.5 密封材料

5.5.1 门窗应使用中性耐候密封胶或聚氨酯密封胶。

5.5.2 门窗用密封胶条宜使用硫化橡胶类材料或热塑性弹性体类材料；密封毛条应使用加片型的防水硅化密封毛条。

5.6 五金配件、紧固件

5.6.1 门窗用五金配件应符合门窗功能设计要求，同时应满足反复启闭的耐久性要求，合页、滑撑、滑轮等五金件的选用应满足门窗承载力要求。

5.6.2 五金配件、紧固件等采用碳素结构钢和优质碳素结构钢材料制作的产品应采取热浸镀锌、锌电镀、黑色氧化等有效防腐处理；采用合金压铸材料、工程塑料等制作的产品应能满足强度要求和耐久性能。活动五金件应便于维修和更换。

5.6.3 连接卡件宜采用聚酰胺66或ABS等具有足够强度和耐久性能的材料。

6 要求

6.1 外观

6.1.1 表面质量

铝合金型材表面不应有铝屑、毛刺、油污或其他污迹，组角应牢固。

木型材表面应平整光洁、纹理相近，四角镶嵌牢固，连接处不应有外溢的黏合剂，不应有脱开的现象。水性漆应漆膜均匀，无流挂、发花、针孔、开裂和剥落等缺陷。

6.1.2 表面损伤

在一个玻璃分格内，门窗型材表面的划伤和擦伤不得深至表面涂层，型材表面擦伤、划伤应满足表6规定。局部划伤和擦伤应采用相应的方法修补，修补后应与原漆膜的颜色和光泽基本一致。

表6 门窗框扇型材表面擦伤、划伤

项　目	铝合金型材	木型材
擦伤、划伤深度	不大于表面处理层厚度	
擦伤总面积/mm^2	≤500	≤300
划伤总长度/mm	≤150	≤100
擦伤和划伤处数	≤4	≤3

6.1.3 玻璃

玻璃应无明显色差，表面不得有明显擦伤或划伤和霉斑。

6.2 尺寸

6.2.1 门尺寸偏差

门尺寸允许偏差应符合表7规定。

表 7 门尺寸允许偏差

单位为毫米

项　目	尺寸范围	允许偏差
门框(扇)高度、宽度	≤2 000	±1.5
	>2 000	±2.0
门框(扇)槽口对边尺寸之差	≤2 000	≤1.0
	>2 000	≤1.5
门框(扇)对角线尺寸之差	≤3 000	≤3.0
	>3 000	≤4.0
门框与扇搭接宽度	—	±2.0
门框(扇)杆件接缝高低差	—	≤0.2
门框(扇)杆件装配间隙(铝型材)	—	≤0.3
门框(扇)杆件装配间隙(木型材)	—	≤0.5

6.2.2 窗尺寸偏差

窗尺寸允许偏差应符合表 8 规定。

表 8 窗尺寸允许偏差

单位为毫米

项　目	尺寸范围	允许偏差
窗框(扇)槽口高度、宽度	≤2 000	±1.5
	>2 000	±2.0
窗框(扇)槽口对边尺寸之差	≤2 000	≤1.0
	>2 000	≤1.5
窗框(扇)对角线尺寸之差	≤2 000	≤2.5
	>2 000	≤3.5
窗框与扇搭接宽度	—	±1.0
窗框(扇)杆件接缝高低差	—	≤0.2
窗框(扇)杆件装配间隙(铝型材)	—	≤0.3
窗框(扇)杆件装配间隙(木型材)	—	≤0.5

6.2.3 玻璃与槽口配合

铝合金型材玻璃镶嵌构造应符合 JGJ 113 规定。

木型材玻璃镶嵌，当槽口采用密封胶密封时，配合间隙 a 不应小于 1 mm(如图 2 所示)。

玻璃与槽口安装应缝隙均匀，用密封胶密封时，应涂饰平滑连续、不得外溢；用密封条密封时，应连续平滑、不得翘曲，接缝不应设在转角处。

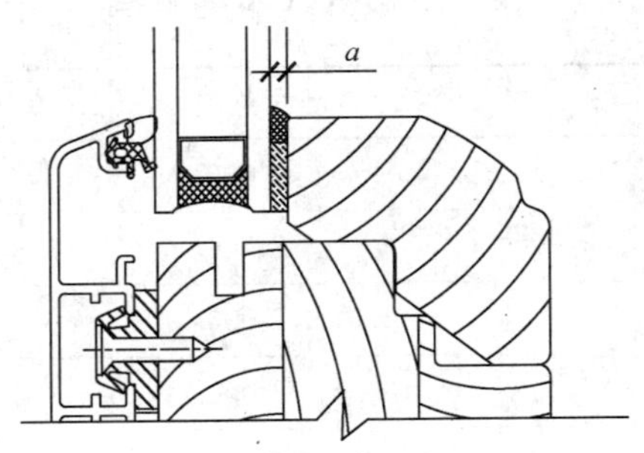

图 2　玻璃与木型材槽口间隙示意

6.3　装配

6.3.1　铝木构件连接

铝合金型材构件与木型材连接卡件的固定螺钉直径不应小于 3.5 mm。相邻连接卡件距离 b 不应大于 200 mm，连接卡件端头距离 a 不应大于 150 mm（如图 3 所示），且每边连接卡件不应少于 3 个。

铝型材与木型材复合后应牢固可靠，型材应平整不应松动或翘曲。

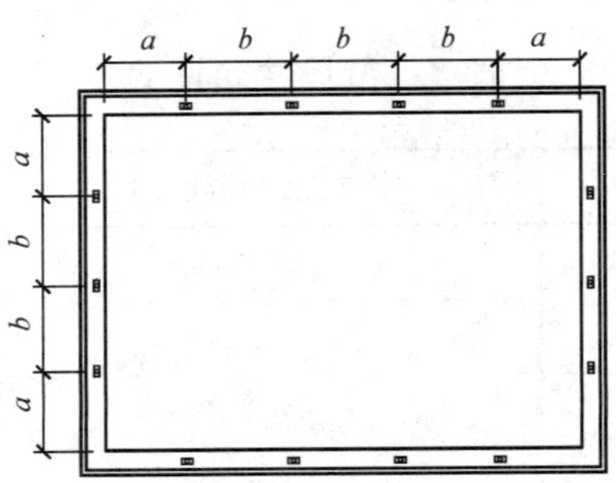

说明：

a——端头距离；

b——中间距离。

图 3　连接卡件安装位置

6.3.2　部件装配

门窗框、扇、杆件、五金配件等各部件装配应符合设计要求，装配牢固无松动。五金件配件安装位置正确，开启五金件应转动灵活、无卡滞。密封条安装位置应正确，连续、无翘曲。开启扇启闭灵活，无卡滞、无噪声，闭合后间隙均匀、无翘曲。

6.4　性能

6.4.1　抗风压性能

6.4.1.1　性能分级

门窗的抗风压性能分级及指标值 P_3 应符合表 9 规定。

表 9 抗风压性能分级

单位为千帕

分级	1	2	3	4	5
指标值	$1.0 \leqslant P_3 < 1.5$	$1.5 \leqslant P_3 < 2.0$	$2.0 \leqslant P_3 < 2.5$	$2.5 \leqslant P_3 < 3.0$	$3.0 \leqslant P_3 < 3.5$
分级	6	7	8	x.x	
指标值	$3.5 \leqslant P_3 < 4.0$	$4.0 \leqslant P_3 < 4.5$	$4.5 \leqslant P_3 < 5.0$	$P_3 \geqslant 5.0$	
注：x.x 表示用≥5.0 kPa 的具体值，取代分级代号。					

6.4.1.2 性能要求

门窗在各性能分级指标值风压作用下，主要受力杆件相对(面法线)挠度应符合表 10 规定，风压作用后门窗不应出现使用功能障碍和损坏。

表 10 门窗主要受力杆件相对面法线挠度要求

单位为毫米

支承玻璃种类	夹层玻璃	中空玻璃
相对挠度	$L/100$	$L/150$
相对挠度最大值	20	
注：L 为主要受力杆件的支承跨距。		

铝木复合门窗的结构形式多样，铝合金型材与木型材的组合比例不同，木型材属天然材料离散性较大，因此门窗在高层建筑或风压值较大的地区使用时，应以试件检测为准。门窗主要受力杆件计算可参照附录 B。

6.4.2 水密性能

6.4.2.1 性能分级

门窗的水密性分级及指标值 ΔP 应符合表 11 规定。

表 11 水密性能分级

单位为帕

分级	3	4	5	6
指标值	$250 \leqslant \Delta P < 350$	$350 \leqslant \Delta P < 500$	$500 \leqslant \Delta P < 700$	$\Delta P \geqslant 700$

6.4.2.2 性能要求

门窗试件在各性能分级指标值作用下，不应发生水从试件室外侧持续或反复渗入试件室内侧、发生喷溅或流出试件界面的严重渗漏现象。

6.4.3 气密性能

6.4.3.1 性能分级

门窗的气密性能分级及指标绝对值 q_1 和 q_2 应符合表 12 规定。

表 12 气密性能分级

分级	5	6	7	8
单位开启缝长分级指标值 q_1/[m^3/(m·h)]	2.0≥q_1>1.5	1.5≥q_1>1.0	1.0≥q_1>0.5	q_1≤0.5
单位面积分级指标值 q_2/[m^3/(m·h)]	6.0≥q_2>4.5	4.5≥q_2>3.0	3.0≥q_2>1.5	q_2≤1.5

6.4.3.2 性能要求

门窗试件在标准状态下，压力差为 10 Pa 时的单位开启缝长空气渗透量 q_1 和单位面积空气渗透量 q_2 不应超过表 12 中各分级指相应指标值。

6.4.4 空气声隔声性能

6.4.4.1 性能指标

门窗以计权隔声量和交通噪声频谱修正量之和(R_w+C_{tr})作为分级指标。

6.4.4.2 性能要求

门窗的空气声隔声性能及分级指标值应符合表 13 规定。

表 13 空气声隔声性能分级

单位为分贝

分级	2	3	4	5	6
指标值	25≤R_w+C_{tr}<30	30≤R_w+C_{tr}<35	35≤R_w+C_{tr}<40	40≤R_w+C_{tr}<45	R_w+C_{tr}≥45

6.4.5 保温性能

6.4.5.1 性能指标

门窗保温性能指标以门窗的传热系数 K 值表示。

6.4.5.2 性能分级

门窗保温性能分级及指标 K 值分别应符合表 14 规定。

表 14 保温性能分级

单位为瓦每平方米开

分级	5	6	7	8	9	10
指标值	3.0>K≥2.5	2.5>K≥2.0	2.0>K≥1.6	1.6>K≥1.3	1.3>K≥1.1	K<1.1

6.4.6 遮阳性能

6.4.6.1 性能指标

门窗遮阳性能指标以遮阳系数 SC 表示。

6.4.6.2 性能分级

门窗遮阳性能分级及指标值 SC 应符合表 15 规定。

表 15 门窗遮阳性能分级

分级	2	3	4	5	6	7
指标值	$0.7 \geqslant SC > 0.6$	$0.6 \geqslant SC > 0.5$	$0.5 \geqslant SC > 0.4$	$0.4 \geqslant SC > 0.3$	$0.3 \geqslant SC > 0.2$	$SC \leqslant 0.2$

6.4.7 采光性能

外窗采光性能以透光折减系数 T_r 表示，其分级及指标值应符合表 16 规定。

表 16 外窗采光性能分级

分级	1	2	3	4	5
指标值	$0.20 \leqslant T_r < 0.30$	$0.30 \leqslant T_r < 0.40$	$0.40 \leqslant T_r < 0.50$	$0.50 \leqslant T_r < 0.60$	$T_r \geqslant 0.60$

6.4.8 启闭力

6.4.8.1 门窗应在不超过 50 N 的启闭力作用下，灵活开启和关闭。

6.4.8.2 带有自动关闭装置(闭门器、地弹簧)门、提升推拉门、折叠推拉门窗、无提升力平衡装置提拉窗等，启闭力性能指标由供需双方协商确定。

6.4.9 反复启闭性能

6.4.9.1 性能指标

门的反复启闭次数不应少于 10 万次，窗的反复启闭次数不应少于 1 万次。

6.4.9.2 性能要求

门窗在反复启闭性能试验后，应启闭无异常，使用无碍障。

6.4.10 耐撞击性能

门撞击后应符合下列要求：

a) 门框、扇无变形，连接处无松动现象；
b) 插销、门锁等附件应完整无损，启闭正常；
c) 玻璃无破损；
d) 门扇下垂应小于 2 mm。

6.4.11 抗垂直荷载性能

门扇在开启状态下施加 500 N 垂直静载 15 min，卸载 3 min 后残余下垂量小于 3 mm，启闭无异常，使用无障碍(适用于平开门、旋转门类)。

6.4.12 抗静扭曲性能

门扇在开启状态下施加 500 N 水平方向静荷载 5 min，卸载 3 min 后未出现明显变形，启闭无异常，使用无障碍(适用于平开门、旋转门类)。

7 试验方法

7.1 外观

在自然光线下,距试样 400 mm～500 mm 目测外观项目。

7.2 尺寸

采用钢卷尺、钢直尺、游标卡尺、深度尺、塞尺检验。

7.3 装配

采用钢直尺、游标卡尺检查。

7.4 性能

7.4.1 抗风压性能、水密性能、气密性能

按 GB/T 7106 的规定,以气密、水密、抗风压性能的顺序进行检测。

7.4.2 空气声隔声性能

按 GB/T 8485 的规定进行试验。

7.4.3 保温性能

按 GB/T 8484 的规定进行试验,或按 JGJ/T 151 规定,在冬季标准计算条件下计算门窗传热系数。

7.4.4 遮阳性能

在按 GB/T 2680 的规定实测门窗玻璃太阳光总透射比等参数基础上,按 JGJ/T 151 规定,在夏季标准计算条件下计算门窗遮阳系数 *SC* 值。

7.4.5 采光性能

按 GB/T 11976 的规定进行试验。

7.4.6 启闭力

按 GB/T 9158 的规定进行试验。

7.4.7 反复启闭性能

门窗反复启闭性能试验按 JG/T 192 的规定进行。

7.4.8 耐撞击性能

按 GB/T 14155 的规定进行整樘门的软重物体撞击试验,撞击门扇(拉)把手处或门扇中横梃处。

7.4.9 抗垂直荷载性能(平开旋转类门)

按 GB/T 29049 的规定进行整樘门的抗垂直荷载性能试验。

7.4.10 抗静扭曲性能(平开旋转类门)

按 GB/T 29530 的规定进行试验。

7.5 性能检验试件分组、数量及试验顺序

门窗性能检验试件分组、数量和试验顺序按表 17 规定。

表 17 门窗性能检验试件分组、数量及试验顺序

试件分组	第 1 组		第 2 组	
试验项目及顺序	空气声隔声性能	采光性能(外窗)	1. 气密性能 2. 水密性能 3. 抗风压性能	保温性能
试件数量/樘	3	1	3	1
试件合格/樘	3			1

8 检验规则

8.1 检验类别与项目

产品检验分为出厂检验和型式检验。

8.2 出厂检验

8.2.1 检验有效期

出厂检验应在型式检验合格的有效期内进行,否则检验结果无效。

8.2.2 检验项目

产品检验项目应符合表 18 规定。

表 18 出厂检验与型式检验项目

项目名称	出厂检验	型式检验		要求	试验方法
		门	窗		
外观	√	√	√	6.1	7.1
门窗框(扇)槽口高度偏差	√	√	√	6.2	7.2
门窗框(扇)槽口宽度偏差	√	√	√	6.2	7.2
门窗框(扇)槽口对边尺寸之差	√	√	√	6.2	7.2
门窗框(扇)对角线尺寸之差	√	√	√	6.2	7.2
门窗框与扇搭接宽度偏差	√	√	√	6.2	7.2
门窗框(扇)杆件接缝高低差	√	√	√	6.2	7.2
门窗框(扇)杆件装配间隙	√	√	√	6.2	7.2

表 18（续）

项目名称	出厂检验	型式检验		要求	试验方法
		门	窗		
玻璃与槽口配合	※	※	※	6.2	7.2
连接卡件间距及螺钉直径	※	※	※	6.3.1	7.3
抗风压性能	—	√	√	6.4.1	7.4.1
水密性能	—	√	√	6.4.2	7.4.1
气密性能	—	√	√	6.4.3	7.4.1
空气声隔声性能	—	√	√	6.4.4	7.4.2
保温性能	—	√	√	6.4.5	7.4.3
遮阳性能	—	√	√	6.4.6	7.4.4
采光性能	—	△	△	6.4.7	7.4.5
启闭力	—	√	√	6.4.8	7.4.6
反复启闭性能	—	√	√	6.4.9	7.4.7
耐撞击性能	—	√	—	6.4.10	7.4.8
抗垂直荷载性能	—	√	—	6.4.11	7.4.9
抗静扭曲性能	—	√	—	6.4.12	7.4.10

注：表中√表示需检测的项目，—表示不需检测的项目，※表示为生产过程检测的项目，△表示用户提出要求时的检测项目。

8.2.3 组批与抽样规则

8.2.3.1 外观、框扇杆件接缝高低差和装配间隙为全数检验。

8.2.3.2 从每项工程中的不同品种、规格，分别随机抽取5%且不得少于3樘，进行出厂检验。

8.2.4 判定规则与复检规则

8.2.4.1 抽检产品检验结果全部符合本标准要求时，判定该批产品合格。

8.2.4.2 抽检产品检验结果如有多于1樘不符合本标准要求时，判定该批产品不合格。

8.2.4.3 抽检项目中如有1樘(不多于1樘)不合格，可再从该批产品中抽取双倍数量产品，对该不合格项进行重复检验。重复检验的结果全部达到本标准要求时判定该项目合格，复检项目全部合格，判定该批产品合格，否则判定该批产品不合格。

8.3 型式检验

8.3.1 检验规则

有下列情况之一时应进行型式检验：

a） 新产品或老产品与转厂生产的试制定型鉴定；

b） 正式生产后，当结构、材料、工艺有较大改变可能影响产品的性能时；

c） 正常生产时每两年检测一次；

d） 产品停产一年以上，再恢复生产时；

e) 发生重大质量事故时；
f) 出厂检验结果与上次型式检验有较大差异时；
g) 国家质量监督机构要求进行型式检验时。

8.3.2 检验项目

型式检验项目见表18规定。

8.3.3 组批规则和抽样方案

每两年内从不同品种、规格的出厂检验合格产品的检验批中，按表17规定的数量随机抽取，进行型式检验。

8.3.4 判定规则

8.3.4.1 抽检产品全部符合表18规定的型式检验项目要求，该产品型式检验合格。
8.3.4.2 外观、框扇杆件接缝高低差和装配间隙检验项目的判定和复检应符合8.2.4的规定。
8.3.4.3 性能检验项目中若有不合格项，可再从该批产品中抽取双倍试件对该不合格项进行重复检验，重复检验结果全部达到本标准要求时判定该项目合格，否则判定该批产品不合格。

9 产品标志、合格证书、使用说明书

9.1 产品标志

9.1.1 基本标志内容

铝木复合门窗产品标志应包括下列内容：
a) 产品名称或商标；
b) 产品执行的标准编号；
c) 制造商名称、生产日期或批号。

9.1.2 警示标志和说明

对门窗结构比较复杂、特殊开启方式、使用不当容易造成产品损坏或影响使用安全的产品，应设置简明有效的使用说明(包括文字及图示)或警示标志。

9.1.3 标志方法

按9.1.1要求的产品标志内容宜采用铝质、不锈钢标牌或其他材料标牌标示，标牌的印制应符合GB/T 13306的规定；门窗的产品标牌应固定在上框、中横框、窗扇梃侧面等适当部位(开启后可看到)。

产品使用警示标志和说明时应在门窗的执手等启闭装置附近粘贴醒目的警示说明标签。

9.2 产品合格证书

9.2.1 合格证书

每个出厂检验或交货批应有产品合格证书，产品合格证书的编制应符合GB/T 14436的规定。

9.2.2 合格证书内容

门窗产品合格证书应包括下列内容：
a) 产品名称、商标及标记(包括执行的产品标准编号)；

b) 产品型式检验的物理性能和力学性能参数值；
c) 产品批量(樘数、面积),尺寸规格型号；
d) 门窗框扇铝合金型材表面处理种类、色泽、膜厚；
e) 玻璃及镀膜的品种、色泽及玻璃厚度；
f) 木材甲醛释放限量合格证书；
g) 门窗的生产日期、检验日期、出厂日期,检验员签名及制造商的质量检验印章；
h) 质量认证或节能性能标识等其他标志；
i) 制造商名称、地址及质量问题受理部门联系电话；
j) 用户名称及地址。

9.3 产品使用说明书

9.3.1 使用说明书要求

每批门窗出厂或交货时应有产品使用说明书。产品使用说明书的编制应符合 GB/T 9969 规定。

9.3.2 使用说明书内容

门窗产品使用说明书应包括产品说明、安装说明、使用说明和维护保养说明等主要方面。

10 包装、运输和贮存

10.1 包装

10.1.1 包装箱应有足够的强度,避免运输中门窗受损。
10.1.2 包装箱内的各类部件,避免发生相互碰撞、窜动。
10.1.3 产品装箱后,箱内应有装箱单和产品检验合格证。

10.2 运输

10.2.1 在运输过程中,应避免相互碰撞。
10.2.2 搬运过程中应轻拿轻放,不应摔、扔、碰击。
10.2.3 运输工具应有防雨措施。

10.3 贮存

10.3.1 产品应放置在通风、干燥的地方,防止雨水,不应与腐蚀性物质接触。
10.3.2 产品应竖直放置,放置角度应大于 70°,不应与地面直接接触,地面应垫高 70 mm。

附 录 A
（资料性附录）
木材及水性涂料

A.1 木材

A.1.1 翘曲度、直度要求

横向弦高与横向长度之比小于 0.3%，边缘直度小于 1.0 mm/m。

A.1.2 指接材、集成材外观要求

指接材、集成材应选用 LY/T 1787 规定的优等品，其外观质量要求应符合表 A.1 规定。

表 A.1 指接材、集成材外观质量要求

缺陷种类		计算方法	优等品	一等品	合格品
节子	活节[a]	最大单个长径/mm	10	30	不限
	死节[b]	最大单个长径/mm	不允许	2	5
		每平方米板面个数		2	3
腐朽		不大于木材面积/%	不允许	3	15
裂纹		最大单个长宽度/mm	不允许	50	100
		最大单个宽度/mm		0.3	2
虫眼		最大单个长径/mm	不允许	2	5
		每平方米板面个数		修补完好允许 3	修补完好允许 5
髓心		占材面宽度 不大于	不允许	不允许	5%
夹皮		最大单个长度/mm	不允许	10	30
		最大单个宽度/mm		2	5
		每平方米板面个数		3	5
变色		化学变色和真菌变色占材面积/% 不大于	不允许	3	5
树脂道		最大单个长度/mm	不允许	10	30
		最大单个宽度/mm		2	5
		每平方米板面个数		3	5
逆纹		不大于材面面积/%	不允许	5	不限
边板		不大于木条宽度	不允许	1/3	不限
指接缝隙		最大宽度/mm	不允许	0.2	0.3
		每平方米板面个数		3	5

表 A.1（续）

缺陷种类	计算方法	优等品	一等品	合格品
边角残损	最大厚度/mm	不允许	2	2
	最大宽度/mm		3	3
	最大长度/mm		50	50
	每平方米板面个数		1	1
修补	木材修补后，材色纹理要和周围的木材协调，修补部分不许有间隙、脱落、凹陷			
[a] 不应有开裂的活节； [b] 不应有贯通的死结。				

A.1.3 木材修补规定

木材属天然材质，在生产过程中发现缺陷，允许有部分修补，修补后应满足以下规定：

a) 死节、虫眼直径小于 3 mm，长度小于 35 mm 允许用腻子修补，直径大于 3 mm，长度大于 35 mm 用同一树种材修补；
b) 由加工引起的劈裂，宽度小于 3 mm，深度小于 3 mm，长度小于 8 mm 裂缝允许用腻子填平，超过的裂缝用同一树种材修补；
c) 树脂道外露，宽度小于 3 mm，长度小于 10 mm 树脂道外露，用同一树种材修补；
d) 补块应使用同一树种木材，木材的纹理、颜色应与原材料接近，修补后的木材应接缝严密，胶接牢固。腻子修补应牢固平整，颜色应与原木材接近。

A.2 水性涂料

水性涂料应满足以下规定：

a) 漆膜附着力应达到 1 级（划格间距为 2 mm），漆膜的湿膜厚度宜 200 μm～300 μm，干膜厚度宜 80 μm～120 μm；
b) 水性涂料的涂装应在木材含水率为 8%～15%，环境温度不低于 15 ℃，能够调节温度、湿度、无尘的喷房内进行；
c) 水性涂料应具备防腐防霉功能，相关要求参照现行国家标准 GB 50005 的相关规定；
d) 在容易孳生白蚁的地区应使用防虫剂，防虫剂应符合 LY/T 1635 的相关规定。

附 录 B
（资料性附录）
铝木复合门窗杆件设计计算方法

B.1 主要受力杆件计算

以铝合金型材为主要受力杆件的门窗（a型），按铝合金型材结构受力设计。

以木型材为主要受力杆件的门窗（b型），按木型材的结构受力设计。

木材的弹性模量 E 应按 B.1 取值。

表 B.1 木材的弹性模量

单位为牛顿每平方毫米

树种	东北落叶松、欧洲落叶松、橡木	红松、樟子松、云杉、楸木
E	10 000	9 000
注：表中未见树种可参照 GB 50005 内容。		

B.2 门窗杆件荷载计算

门窗杆件荷载计算，参照 JGJ 214—2010 附录 B 的规定。

ICS 91.060.50
P 32

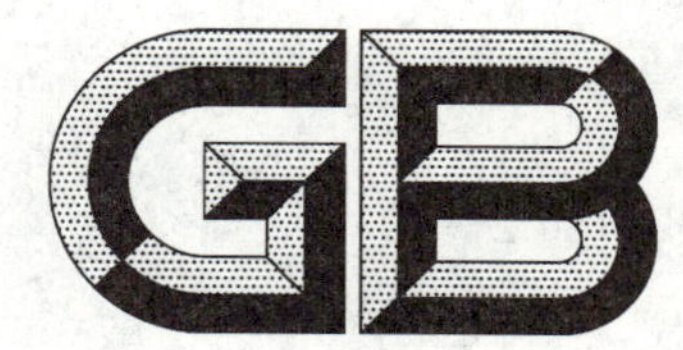

中华人民共和国国家标准

GB/T 29734.2—2013

建筑用节能门窗 第2部分:铝塑复合门窗

Energy-saving windows and doors for buildings
—Part 2: Aluminum-plastic complex windows and doors

2013-11-27 发布 2014-08-01 实施

中华人民共和国国家质量监督检验检疫总局
中国国家标准化管理委员会 发布

前言

GB/T 29734《建筑用节能门窗》分为两个部分：

——第1部分：铝木复合门窗；

——第2部分：铝塑复合门窗。

本部分为 GB/T 29734 的第2部分。

本部分按照 GB/T 1.1—2009 给出的规则起草。

本部分由中华人民共和国住房和城乡建设部提出。

本部分由全国建筑幕墙门窗标准化技术委员会(SAC/TC 448)归口。

本部分起草单位：中国建筑科学研究院、广东省建筑科学研究院、中国建筑金属结构协会塑料门窗委员会、深圳市新山幕墙技术咨询有限公司、北京中新方建筑科技研究中心、广东坚朗五金制品股份有限公司、中国南玻集团股份有限公司、河南省建筑科学研究院有限公司、哈尔滨中大化学建材有限公司、湖北弘毅建筑装饰工程有限公司、北京诺托建筑材料有限公司、北京新立基真空玻璃技术有限公司、北京美驰建筑材料有限责任公司、秦皇岛欧泰克节能门窗有限公司、天津市建筑工程质量检测中心、重庆华厦门窗有限责任公司、长春市建筑节能检验中心、浙江省新世纪工程检测有限公司、宁波和邦检测研究有限公司、沈阳正典铝建筑系统有限公司、北京嘉寓门窗幕墙股份有限公司。

本部分主要起草人：王洪涛、石清、张士翔、闫雷光、杜继予、刘忠伟、杜万明、许武毅、杨彦芳、冯伟刚、王少重、河红、蒋毅、柴木多、金仁哲、江勇、张春林、栗涛、张荣喜、李叶、顾剑英、秦剑、杨向东、张志成、侯园园。

建筑用节能门窗
第2部分:铝塑复合门窗

1 范围

GB/T 29734的本部分规定了铝塑复合门窗的术语和定义、分类、代号、规格和标记、材料、要求、试验方法、检验规则、标志、包装、运输和贮存。

本部分适用于采用铝塑复合型材加工制作的建筑用门窗。

2 规范性引用文件

下列文件对于本文件的应用是必不可少的。凡是注日期的引用文件,仅注日期的版本适用于本文件。凡是不注日期的引用文件,其最新版本(包括所有的修改单)适用于本文件。

GB/T 2680 建筑玻璃 可见光透射比、太阳光直接透射比、太阳能总透射比、紫外线透射比及有关窗玻璃参数的测定

GB 5237.1 铝合金建筑型材 第1部分:基材

GB 5237.2 铝合金建筑型材 第2部分:阳极氧化型材

GB 5237.3 铝合金建筑型材 第3部分:电泳涂漆型材

GB 5237.4 铝合金建筑型材 第4部分:粉末喷涂型材

GB 5237.5 铝合金建筑型材 第5部分:氟碳漆喷涂型材

GB 5237.6 铝合金建筑型材 第6部分:隔热型材

GB/T 5823 建筑门窗术语

GB/T 5824 建筑门窗洞口尺寸系列

GB/T 7106 建筑外门窗气密、水密、抗风压性能分级及其检测方法

GB/T 8484 建筑外门窗保温性能分级及其检测方法

GB/T 8485 建筑门窗空气声隔声性能分级及其检测方法

GB/T 8814 门、窗用未增塑聚氯乙烯(PVC-U)型材

GB 11614 平板玻璃

GB/T 11793 未增塑聚氯乙烯(PVC-U)塑料门窗力学性能及耐候性试验方法

GB/T 11944 中空玻璃

GB/T 11976 建筑外窗采光性能分级及检测方法

GB/T 12003 未增塑聚氯乙烯(PVC-U)塑料窗 外形尺寸的测定

GB/T 14154 塑料门 垂直荷载试验方法

GB/T 14155 整樘门 软重物体撞击试验

GB/T 22632 门扇 抗硬物撞击性能检测方法

GB/T 29739 门窗反复启闭耐久性试验方法

JC/T 1079 真空玻璃

JGJ 113 建筑玻璃应用技术规程

JGJ/T 151 建筑门窗玻璃幕墙热工计算规程

3 术语和定义

GB/T 5823、GB/T 5824 界定的以及下列术语和定义适用于本文件。

3.1

铝塑复合型材 aluminum-plastic complex profile

建筑铝合金型材与未增塑聚氯乙烯(PVC-U)塑料型材通过机械方法复合为一体并共同承担荷载作用的门窗用型材。

3.2

铝塑复合门窗 aluminum-plastic complex windows and doors

采用铝塑复合型材制作框、扇杆件结构的门、窗的总称。

3.3

主要受力杆件 major load-bearing frame member

门窗立面内承受并传递门窗自身重力及水平风荷载等作用力的中横框、中竖框、扇梃等主型材,以及组合门窗拼樘框型材。

[GB/T 8478—2008,定义 3.4]

4 分类、代号、规格和标记

4.1 分类和代号

4.1.1 窗按开启形式

窗按开启形式分类与代号见表 1。

表 1 窗按开启形式分类与代号

开启形式分类	固定窗	平开窗	推拉窗	悬窗			
				上悬窗	中悬窗	下悬窗	平开下悬窗
代号	G	P	T	SX	ZX	XX	PX
注:百叶窗代号为 Y、纱扇代号为 S。							

4.1.2 门按开启形式

门按开启形式分类与代号见表 2。

表 2 门按开启形式分类与代号

开启形式分类	平开门	平开下悬门	推拉门	推拉下悬门	折叠门
代号	P	PX	T	TX	Z
注:纱扇代号为 S。					

4.2 规格

门、窗的规格由门、窗的宽度构造尺寸(W)和高度构造尺寸(H)的千、百、十位数字,前后顺序排列的六位数字表示。例如，门窗的 W、H 分别为 1 150 mm 和 1 450 mm 时，其尺寸规格型号为 115145。

4.3 门、窗厚度（系列）

门、窗框厚度（系列）基本尺寸按门、窗框型材无拼接组合时的最大厚度公称尺寸确定。

4.4 标记方法与示例

4.4.1 标记方法

由铝塑窗（门）代号、开启形式代号、窗（门）框厚度、规格、性能标记代号、纱扇代号及标准代号组成。

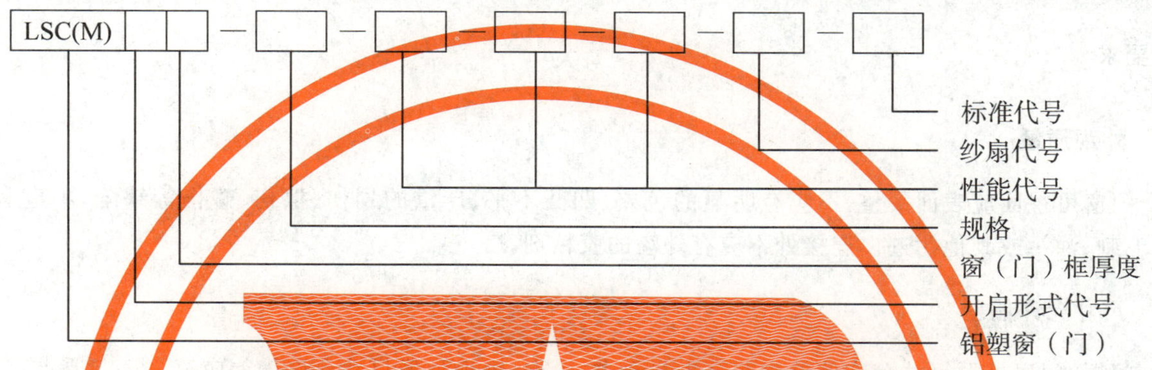

注 1：性能代号标注顺序：抗风压、气密、水密、保温、隔声、采光、遮阳。

注 2：当抗风压、水密、气密、保温、隔声、采光、遮阳性能无指标要求时不填写。

4.4.2 示例

示例 1：

铝塑复合平开窗，窗框厚度为 60 mm，规格型号为 150210，抗风压性能为 2.0 kPa，水密性能为 150 Pa，气密性能为 1.5 $m^3/(m \cdot h)$，保温性能 2.8 $W/(m^2 \cdot K)$，隔声性能为 30 dB，采光性能 0.4，遮阳性能 0.50，带纱扇窗。标记为：LSCP60-150210-$P_3$2.0-ΔP150-q_1（或 q_2）1.5-K2.8-R_W30-Tr0.4-SC0.5-S-GB/T 29734.2。

示例 2：

铝塑复合平开门，门框厚度 60 mm，规格型号为 150210，性能无指标要求时不填写，无纱扇时不填写。标记为：PLSM60-150210- GB/T 29734.2。

5 材料

5.1 铝塑复合型材

门、窗用铝塑复合型材应符合附录 A 的要求。

5.2 玻璃

应采用符合 GB 11614 规定的建筑级平板玻璃或以其为原片的各种加工玻璃。玻璃的品种、厚度和最大许用面积应符合 JGJ 113 有关规定。中空玻璃应符合 GB/T 11944 的要求。真空玻璃应符合 JC/T 1079 的要求。

5.3 密封及弹性材料

5.3.1 密封材料应满足国家现行相应标准要求，参见附录 B。门窗玻璃安装、杆件连接及附件装配所用密封胶应与所接触的各种材料相容，并与所需粘结基材具有良好粘结性。

5.3.2 密封胶条与型材不能有相溶性。

5.3.3 玻璃支承块、定位块等弹性材料应符合 JGJ 113 的规定。

5.4 五金件、附件、紧固件、增强型钢

5.4.1 五金件、附件、紧固件、增强型钢应满足国家现行相应标准的要求，参见附录 B。门窗框扇连接、锁固用功能性五金配件应满足整樘门、窗承载能力及反复启闭性能的要求。

5.4.2 门窗组装机械联接应采用不锈钢紧固件。不应使用铝及铝合金抽芯铆钉做门窗受力联接用紧固件。

6 要求

6.1 外观质量

门窗可视面应表面平整，不应有明显的色差、凹凸不平、严重的划伤、擦伤、碰伤等缺陷，不应有铝屑、毛刺、油污或其他污迹。连接处不应有外溢的胶粘剂。

6.2 尺寸允许偏差

门框、门扇外形尺寸允许偏差应符合表 3 要求，窗框、窗扇外形尺寸允许偏差应符合表 4 要求。

表 3 门框、门扇外形尺寸允许偏差

单位为毫米

项 目	尺寸范围	允许偏差
门宽度和高度构造内侧尺寸对边尺寸之差	—	≤3.0
宽度和高度	≤2 000	±2.0
	>2 000	±3.0
门框、门扇对角线尺寸之差	—	≤3.0

表 4 窗框、窗扇外形尺寸允许偏差

单位为毫米

项 目	尺寸范围	允许偏差
窗宽度和高度构造内侧尺寸对边尺寸之差	—	≤3.0
宽度和高度	≤1 500	±2.0
	>1 500	±2.5
窗框、窗扇对角线之差	—	≤3.0

6.3 装配质量

6.3.1 门窗框、门窗扇相邻构件装配间隙不应大于 0.3 mm；相邻二构件同一平面高低差不应大于 0.5 mm。

6.3.2 平开门窗、平开下悬门窗关闭时，门窗框、扇四周的配合间隙应满足设计要求，配合间隙允许偏差为±1.0 mm。

6.3.3 平开门窗、平开下悬门窗关闭时，搭接量应满足设计要求。窗扇与窗框搭接量允许偏差为

±1.0 mm,门扇与门框搭接量允许偏差为±2.0 mm。搭接量的实测值不应小于5.0 mm。

6.3.4 主要受力杆件的长度大于500 mm时,型材腔体中宜放置增强型钢,增强型钢壁厚不应小于1.5 mm。用于固定每根增强型钢的紧固件不应少于三个,其间距不应大于300 mm,距型材端头内角距离不应大于100 mm。固定后的增强型钢不应松动。

6.3.5 五金配件安装位置应正确,数量应齐全,能承受往复运动的配件在结构上应便于更换。五金配件承载能力应与扇重量和抗风压要求相匹配,门、窗扇的锁闭点不宜少于2个。当扇高大于1.2 m时,锁闭点不应少于3个。外平开窗扇的宽度不宜大于600 mm,高度不宜大于1 500 mm。

6.3.6 框梃、框组角、扇组角联接处应采用连接件组装,四周缝隙应有密封措施。

6.3.7 密封条装配后应均匀、牢固,接口严密,无脱槽、收缩、虚压等现象。

6.3.8 压条装配后应牢固。压条角部对接处的间隙不应大于1 mm。

6.3.9 玻璃的装配应符合JGJ 113的规定。

6.4 力学性能

平开窗、悬窗力学性能应符合表5的要求,推拉窗力学行能应符合表6的要求,平开门、平开下悬门及推拉下悬门力学性能应符合表7的要求,推拉门力学性能应符合表8的要求。

表5 平开窗、悬窗力学性能

项目	技术要求
锁紧器(执手)的启闭力	不大于80 N(力矩不大于10 N·m)
启闭力	平铰链不大于80 N,滑撑铰链不小于30 N不大于80 N
悬端吊重	在500 N作用力下残余变形不大于2 mm,试件不损坏仍保持使用功能
翘曲	在300 N作用力下,允许有不影响使用的残余变形,试件不损坏,仍保持使用功能
反复启闭	经不少于10 000次的开关试验,试件及五金件不损坏,其固定处及玻璃压条不松脱
大力关闭	经模拟7级风连续开关10次,试件不损坏,仍保持开关功能
窗撑试验	在200 N的作用下,窗扇不应位移,连接处型材不破裂

表6 推拉窗力学性能

项目	技术要求
启闭力	左右推拉窗:不大于100 N 上下推拉窗:不大于135 N
弯曲	在300 N作用力下,试件不损坏,允许有不影响使用的残余变形,仍保持使用功能
扭曲(没有凸出把手的推拉除外)	在200 N作用力下,试件不损坏,允许有不影响使用的残余变形
反复启闭	经不少于10 000次的开关试验,试件及五金件不损坏,其固定处及玻璃压条不松脱

表 7 平开门、平开下悬门及推拉下悬门力学性能

项目	技术要求
锁紧器(执手)的启闭力	不大于 100 N(力矩不大于 10 N·m)
启闭力	不大于 80 N
悬端吊重	在 500 N 作用力下残余变形不大于 2 mm 试件不损坏仍保持使用功能
翘曲	在 300 N 作用力下,允许有不影响使用的残余变形,试件不损坏,仍保持使用功能
反复启闭	经不少于 100 000 次的开关试验,试件及五金件不损坏,其固定处及剥离压条不松脱
大力关闭	经模拟 7 级风连续开关 10 次,试件不损坏,仍保持开关功能
垂直荷载强度	对门施加 30 kg 荷载,门扇卸荷后的下垂量不应大于 2 mm
软物撞击	试验后无破损,仍保持开关功能
硬物撞击	无破损
注 1:垂直荷载强度适用于平开门。 注 2:全玻璃门不检测软、硬物体撞击性能。	

表 8 推拉门力学性能

项目	技术要求
启闭力	不大于 100 N
弯曲	在 300 N 作用力下,试件不损坏,允许有不影响使用的残余变形,仍保持使用功能
扭曲	在 200 N 作用力下,试件不损坏,允许有不影响使用的残余变形
反复启闭	经不少于 100 000 次的开关试验,试件及五金件不损坏,其固定处及玻璃压条不松脱
软物撞击	试验后无破损,仍保持开关功能
硬物撞击	无破损
注 1:无凸出把手的推拉门不做扭曲试验。 注 2:全玻璃门不检测软、硬物体撞击性能。	

6.5 物理性能分级及指标

6.5.1 抗风压性能

以安全检测压力值(p_3)进行分级,分级应符合表 9 的规定。

表 9 抗风压性能分级

单位为千帕

分级	1	2	3	4	5	6	7	8	9
分级指标值 p_3	$1.0 \leqslant p_3 < 1.5$	$1.5 \leqslant p_3 < 2.0$	$2.0 \leqslant p_3 < 2.5$	$2.5 \leqslant p_3 < 3.0$	$3.0 \leqslant p_3 < 3.5$	$3.5 \leqslant p_3 < 4.0$	$4.0 \leqslant p_3 < 4.5$	$4.5 \leqslant p_3 < 5.0$	$p_3 \geqslant 5.0$
注:第 9 级应在分级后同时注明具体检测压力差值。									

6.5.2 气密性能

以单位缝长空气渗透量 q_1 和单位面积空气渗透量 q_2 进行分级，分级应符合表 10 规定。

表 10 气密性能分级

分级	4	5	6	7	8
单位开启缝长分级指标值 q_1($m^3/(m \cdot h)$)	$2.5 \geqslant q_1 > 2.0$	$2.0 \geqslant q_1 > 1.5$	$1.5 \geqslant q_1 > 1.0$	$1.0 \geqslant q_1 > 0.5$	$q_1 \leqslant 0.5$
单位面积分级指标值 q_2($m^3/(m^2 \cdot h)$)	$7.5 \geqslant q_2 > 6.0$	$6.0 \geqslant q_2 > 4.5$	$4.5 \geqslant q_2 > 3.0$	$3.0 \geqslant q_2 > 1.5$	$q_2 \leqslant 1.5$

6.5.3 水密性能

以分级指标值 Δp 进行分级，分级应符合表 11 规定。

表 11 水密性能分级

单位为帕

分级	1	2	3	4	5	6
分级指标 Δp	$100 \leqslant \Delta p < 150$	$150 \leqslant \Delta p < 250$	$250 \leqslant \Delta p < 350$	$350 \leqslant \Delta p < 500$	$500 \leqslant \Delta p < 700$	$\Delta p \geqslant 700$
注：第 6 级应在分级后同时注明具体检测压力差值。						

6.5.4 保温性能

以分级指标值 K 进行分级，分级应符合表 12 规定。

表 12 保温性能分级

单位为瓦每平方米开

分级	4	5	6	7	8	9	10
分级指标值	$3.5 > K \geqslant 3.0$	$3.0 > K \geqslant 2.5$	$2.5 > K \geqslant 2.0$	$2.0 > K \geqslant 1.6$	$1.6 > K \geqslant 1.3$	$1.3 > K \geqslant 1.1$	$K < 1.1$

6.5.5 空气声隔声性能

分级指标值应符合表 13 规定。

表 13 门窗的空气声隔声性能分级

单位为分贝

分级	外门、外窗的分级指标值	内门、内窗的分级指标值
1	$20 \leqslant R_W + C_{tr} < 25$	$20 \leqslant R_W + C < 25$
2	$25 \leqslant R_W + C_{tr} < 30$	$25 \leqslant R_W + C < 30$
3	$30 \leqslant R_W + C_{tr} < 35$	$30 \leqslant R_W + C < 35$
4	$35 \leqslant R_W + C_{tr} < 40$	$35 \leqslant R_W + C < 40$
5	$40 \leqslant R_W + C_{tr} < 45$	$40 \leqslant R_W + C < 45$
6	$R_W + C_{tr} \geqslant 45$	$R_W + C \geqslant 45$
注：用于对建筑内机器、设备噪声源隔声的建筑内门窗，对中低频噪声宜用外门窗的指标值进行分级；对中高频噪声仍可采用内门窗的指标值进行分级。		

6.5.6 采光性能

分级指标值 T_r 按表 14 规定。

表 14 采光性能分级

分级	1	2	3	4	5
分级指标值 T_r	$0.20 \leqslant T_r < 0.30$	$0.30 \leqslant T_r < 0.40$	$0.40 \leqslant T_r < 0.50$	$0.50 \leqslant T_r < 0.60$	$T_r \geqslant 0.60$
注：T_r 值大于 0.60 时应给出具体值。					

6.5.7 遮阳性能

遮阳系数 SC 应采用 JGJ/T 151 规定的夏季标准计算条件，并按该规程计算所得值。分级指标值 SC 应符合表 15 规定。

表 15 遮阳性能分级

分级	1	2	3	4	5	6	7
分级指标值 SC	0.8≥SC >0.7	0.7≥SC >0.6	0.6≥SC >0.5	0.5≥SC>0.4	0.4≥SC >0.3	0.3≥SC >0.2	SC≤0.2

7 试验方法

7.1 试件存放及试验环境

试验前门窗试样应在(23±5)℃的条件下存放 16 h 以上，并在该条件下进行检测。

7.2 外观质量

在自然光线下，距试样 400 mm～500 mm 目测外观项目。

7.3 尺寸允许偏差

测量方法应符合 GB/T 12003 的规定。

7.4 装配质量

7.4.1 门窗框、门窗扇相邻构件装配间隙、相邻二构件同一平面度

门窗框、门窗扇相邻构件装配间隙用精度为 0.1 mm 的塞尺测量。相邻两构件连接处同一平面高低差用精度为 0.02 mm 的深度尺进行测量。

7.4.2 门窗框、门窗扇配合间隙

用精度 0.1 mm 的塞尺检测门窗框、门窗扇相邻构件的装配间隙和门窗框、门窗扇的配合间隙。

7.4.3 搭接量

门、窗框与扇四周搭接量，其检测部位应在门、窗扇宽度和高度的中点，用精度为 0.02 mm 的量具检测。

7.4.4 紧固件、增强型钢

用钢卷尺检测紧固件的装配间距。用精度为 0.02 mm 的游标卡尺检测增强型钢壁厚。

7.4.5 五金配件安装

目测检查。

7.4.6 中梃联接处的密封

目测检查。

7.4.7 密封条、毛条装配

目测检查。

7.4.8 压条装配

用精度 0.1 mm 塞尺测量对接处的间隙,目测检查是否在一边使用了两根及两根以上压条,检查压条装配是否牢固。

7.5 力学性能

7.5.1 启闭力、锁紧器(执手)的启闭力、悬端吊重、翘曲、大力关闭、窗撑试验、弯曲、扭曲按 GB/T 11793规定的方法检测。

7.5.2 反复启闭性能试验按 GB/T 29739 的规定检测。

7.5.3 垂直荷载强度按 GB/T 14154 规定的方法进行检验。门的软物撞击性能按 GB/T 14155 规定的方法进行检测。门的硬物撞击性能按 GB/T 22632 规定的试验方法检验。

7.6 物理性能检测

7.6.1 抗风压性能

按 GB/T 7106 的规定检测。

7.6.2 气密性能

按 GB/T 7106 的规定检测。

7.6.3 水密性能

按 GB/T 7106 的规定检测。

7.6.4 保温性能

保温性能按 GB/T 8484 规定的方法检测。

7.6.5 空气声隔声性能

空气声隔声性能按 GB/T 8485 规定的方法检测。

7.6.6 采光性能

采光性能按 GB/T 11976 规定的方法检测。

7.6.7 遮阳性能

在按 GB/T 2680 规定实测门窗单片玻璃太阳光光谱透射比、反射比等参数基础上，按 JGJ/T 151 规定，在夏季标准计算条件下计算门窗遮阳系数 SC 值。

8 检验规则

8.1 检验类别与项目

产品检验分为出厂检验和型式检验。

8.2 出厂检验

8.2.1 出厂检验项目见表 16 和表 17，按本部分规定的方法检测。
8.2.2 抽样方法：产品出厂前，应按每一批次、品种、规格随机抽样 5%且不应少于 3 樘。
8.2.3 判定规则：根据表 16 和表 17 规定的出厂检验项目，检验门窗的性能。当其中某项不合格时，应加倍抽样。对不合格的项目进行复验，如该项仍不合格时，则判定该批产品为不合格品。加倍抽样的样品经检验，若全部检测项目符合本部分规定的合格指标，则判定该批产品为合格品。

8.3 型式检验

从出厂检验合格的检验批中，按表 18 规定的数量随机抽取。
8.3.1 有下列情况之一时应进行型式检验：
a) 新产品或老产品转厂生产的试制定型鉴定；
b) 正式生产后，当结构、材料、工艺有较大改变而可能影响产品性能时；
c) 正常生产时，每两年检测一次；
d) 产品长期停产后，恢复生产时；
e) 出厂检验结果与上次型式检验有较大差异时；
f) 国家质量监督机构提出进行型式检验要求时。
8.3.2 型式检验项目见表 16 和表 17。

表 16 窗型式检验与出厂检验项目

项目	型式检验				出厂检验				要求	试验方法
	固定窗	平开窗	推拉窗	悬窗	固定窗	平开窗	推拉窗	悬窗		
外观质量	√	√	√	√	√	√	√	√	6.1	7.2
尺寸允许偏差	√	√	√	√	√	√	√	√	6.2	7.3
对角线尺寸之差	√	√	√	√	√	√	√	√	6.2	7.3
窗框、窗扇相邻构件装配间隙	√	√	√	√	√	√	√	√	6.3.1	7.4.1
相邻二构件同一平面度	√	√	√	√	√	√	√	√	6.3.1	7.4.1
窗框、窗扇配合间隙	—	√	√	√	—	√	—	√	6.3.2	7.4.2
窗框、窗扇搭接量	—	√	√	√	—	√	√	√	6.3.3	7.4.3
紧固件	√	√	√	√	√	√	√	√	6.3.4	7.4.4

表 16（续）

项目	型式检验				出厂检验				要求	试验方法
	固定窗	平开窗	推拉窗	悬窗	固定窗	平开窗	推拉窗	悬窗		
增强型钢壁厚[a]	√	√	√	√	√	√	√	√	6.3.4	7.4.4
五金配件装配	—	√	√	√	—	√	√	√	6.3.5	7.4.5
中梃联接处的密封	√	√	√	√	√	√	√	√	6.3.6	7.4.6
密封条、毛条装配	√	√	√	√	√	√	√	√	6.3.7	7.4.7
压条装配	√	√	√	√	√	√	√	√	6.3.8	7.4.8
锁紧器(执手)的启闭力	—	√	—	√	—	√	—	√	6.4	7.5.1
启闭力	—	√	√	√	—	√	√	√	6.4	7.5.1
悬端吊重(上悬窗、中悬窗、下悬窗除外)	—	√	—	√	—	—	—	—	6.4	7.5.1
翘曲	—	√	—	√	—	—	—	—	6.4	7.5.1
大力关闭	—	√	—	√	—	—	—	—	6.4	7.5.1
窗撑试验	—	√	—	√	—	—	—	—	6.4	7.5.1
弯曲	—	—	√	—	—	—	—	—	6.4	7.5.1
扭曲	—	—	√	—	—	—	—	—	6.4	7.5.1
反复启闭	—	√	√	√	—	—	—	—	6.4	7.5.2
抗风压性能	√	√	√	√	—	—	—	—	6.5.1	7.6.1
气密性能	√	√	√	√	—	—	—	—	6.5.2	7.6.2
水密性能	√	√	√	√	—	—	—	—	6.5.3	7.6.3
保温性能	√	√	√	√	—	—	—	—	6.5.4	7.6.4
空气声隔声性能	△	△	△	△	—	—	—	—	6.5.5	7.6.5
采光性能	△	△	△	△	—	—	—	—	6.5.6	7.6.6
遮阳性能	△	△	△	△	—	—	—	—	6.5.7	7.6.7
型材壁厚[a]	√	√	√	√	√	√	√	√	A.3.3	A.4.3

注：表中符号"√"表示需检测项目，符号"—"表示无需检测项目，符号"Δ"表示用户提出要求时的检测项目。

[a] 此项目检测应为生产过程检测。

表 17 门出厂检验与型式检验项目

项目	型式检验					出厂检验					要求	试验方法
	平开门	平开下悬门	推拉门	推拉下悬门	折叠门	平开门	平开下悬门	推拉门	推拉下悬门	折叠门		
外观质量	√	√	√	√	√	√	√	√	√	√	6.1	7.2
尺寸允许偏差	√	√	√	√	√	√	√	√	√	√	6.2	7.3
对角线尺寸	√	√	√	√	√	√	√	√	√	√	6.2	7.3

表 17（续）

项目	型式检验					出厂检验					要求	试验方法
	平开门	平开下悬门	推拉门	推拉下悬门	折叠门	平开门	平开下悬门	推拉门	推拉下悬门	折叠门		
门框、门扇相邻构件装配间隙	√	√	√	√	√	√	√	√	√	√	6.3.1	7.4.1
相邻二构件同一平面度	√	√	√	√	√	√	√	√	√	√	6.3.1	7.4.1
门框、门扇配合间隙	√	√	—	√	√	√	√	—	√	√	6.3.2	7.4.2
门框、门扇搭接量	√	√	√	√	√	√	√	√	√	√	6.3.3	7.4.3
紧固件	√	√	√	√	√	√	√	√	√	√	6.3.4	7.4.4
增强型钢壁厚[a]	√	√	√	√	√	√	√	√	√	√	6.3.4	7.4.4
五金件安装	√	√	√	√	√	√	√	√	√	√	6.3.5	7.4.5
中梃联接处的密封	√	√	√	√	√	√	√	√	√	√	6.3.6	7.4.6
密封条、毛条装配	√	√	√	√	√	√	√	√	√	√	6.3.7	7.4.7
压条装配	√	√	√	√	√	√	√	√	√	√	6.3.8	7.4.8
锁紧器（执手）的启闭力	√	√	—	√	√	√	√	—	√	—	6.4	7.5.1
启闭力	√	√	√	√	√	√	√	√	√	√	6.4	7.5.1
悬端吊重	√	√	—	—	√	—	—	—	—	—	6.4	7.5.1
翘曲	√	√	—	√	√	—	—	—	—	—	6.4	7.5.1
大力关闭	√	√	—	—	—	—	—	—	—	—	6.4	7.5.1
弯曲	—	—	√	√	—	—	—	—	—	—	6.4	7.5.1
扭曲	—	—	√	√	—	—	—	—	—	—	6.4	7.5.1
反复启闭	√	√	√	√	√	—	—	—	—	—	6.4	7.5.2
垂直荷载强度	√	—	—	—	—	—	—	—	—	—	6.4	7.5.3
软物撞击	√	√	√	√	√	—	—	—	—	—	6.4	7.5.3
硬物撞击	√	√	√	√	√	—	—	—	—	—	6.4	7.5.3
抗风压性能	√	√	√	√	√	—	—	—	—	—	6.5.1	7.6.1
气密性能	√	√	√	√	√	—	—	—	—	—	6.5.2	7.6.2
水密性能	√	√	√	√	√	—	—	—	—	—	6.5.3	7.6.3
保温性能	√	√	√	√	√	—	—	—	—	—	6.5.4	7.6.4
空气声隔声性能	△	△	△	△	△	—	—	—	—	—	6.5.5	7.6.5
遮阳性能	△	△	△	△	△	—	—	—	—	—	6.5.7	7.6.7
型材壁厚[a]	√	√	√	√	√	√	√	√	√	√	A.3.3	A.4.3

注 1：表中符号"√"表示需检测的项目，符号"—"表示无需检测的项目，符号"△"表示用户提出要求时的检测项目。

注 2：内门及无下框（无槛）外门不检测抗风压、气密、水密、保温性能。

[a] 此项目检测应为生产过程检测。

8.3.3 抽样方法：批量生产时，从出厂检验合格产品中随机抽取3樘进行型式检验。

8.3.4 检验试件分组、数量及试验顺序见表18。

表18 门窗性能检验试件分组、数量及试验顺序

试件分组	1				2
试验项目及顺序	隔声	采光	保温	1) 气密 2) 水密 3) 抗风压	力学性能
试件数量/樘	3	1	1	3	3
试件合计/樘	3				3

8.3.5 型式检验判定规则：根据表16、表17规定的型式检验项目，检验门窗的性能。当其中某项不合格时，应加倍抽样。对不合格项目进行复检，如该项目仍不合格，则判定产品为不合格品。经检验，若全部检验项目符合本部分规定的要求，则判定产品为合格品。

9 标志、包装、运输和贮存

9.1 标志

产品应有合格证和标识，合格证上应有如下内容：

a) 制造厂名或商标；

b) 产品名称；

c) 产品标记及执行的标准编号；

d) 生产日期。

9.2 包装

9.2.1 产品的外表面应用无腐蚀作用的软质材料包装，包装要牢固可靠。

9.2.2 产品出厂时，应附有产品清单及产品检验合格证。

9.3 运输

9.3.1 装运产品的运输工具，应有防雨措施并保持清洁。

9.3.2 在运输、装卸时，应保证产品不变形、不损坏。

9.4 贮存

9.4.1 产品应放在通风、防雨、干燥、清洁、平整的地方，不应与腐蚀物质接触。

9.4.2 产品贮存环境温度应低于50 ℃，距热源不应小于1 m。

9.4.3 产品应用非金属垫块垫平，产品应立放，立放角不应小于70°，并有防倾倒措施。

附 录 A
（规范性附录）
铝塑复合型材技术要求及检测方法

A.1 分类

铝塑复合型材按从室外到室内铝、塑排列顺序分为：铝塑复合型材、铝塑铝复合型材两种。

A.2 使用环境

铝塑复合型材使用温度不应超过 70 ℃。

A.3 要求

A.3.1 材料要求

A.3.1.1 PVC-U 塑料基材应符合 GB/T 8814 的要求。
A.3.1.2 铝合金型材应符合 GB/T 5237.1～5237.5 的要求。

A.3.2 外观

产品表面应无明显凹凸、裂痕、杂质等缺陷，型材端部应清洁、无毛刺。

A.3.3 尺寸和偏差

主要受力杆件中，塑料型材壁厚不应小于 2.3 mm，允许偏差 $^{+0.2}_{0}$ mm；铝合金型材壁厚不应小于 1.4 mm，允许偏差 $^{+0.2}_{0}$ mm。

铝塑复合型材的宽度、厚度允许偏差为±0.3 mm。

A.3.4 直线偏差

长度为 1 m 的铝塑复合型材直线偏差应不大于 1 mm。

A.3.5 纵向抗剪特征值

铝塑复合型材通过齿状机械咬合结构复合时，铝塑复合型材在室温(23±2)℃、低温(−20±2)℃、高温(70±2)℃时的纵向抗剪特征值不应小于 24 N/mm。

A.3.6 横向抗拉特征值

铝塑复合型材通过齿状机械咬合结构复合时，铝塑复合型材在室温(23±2)℃、低温(−20±2)℃、高温(70±2)℃时的横向抗拉特征值不应小于 24 N/mm。

A.3.7 高温持久负荷性能

铝塑复合型材通过齿状机械咬合结构复合时，铝塑复合型材在温度(70±2)℃和(10±0.5)N/mm 横向拉伸连续载荷作用下经过 1 000h 后，低温(−20±2)℃、高温(70±2)℃时的横向抗拉特征值不应小于 24 N/mm。

A.4 试验方法

A.4.1 状态调节和试验环境

进行产品性能试验前，试样需在室温为(23±2)℃、相对湿度为(50±10)%的试验室内存放 48 h，试验环境温度为(23±2)℃。

A.4.2 外观

在自然光或一个等效的人工光源下进行目测，目测距离 400 mm ～500 mm。

A.4.3 尺寸和偏差

宽度、厚度和壁厚，用精度为 0.02 mm 的游标卡尺测量。宽度、厚度沿型材长度方向的两端和中间各测一点，取三点的算术平均值为检测结果。壁厚取型材可视面上间距不小于 15 mm 的任意两点测量，取最小值。

A.4.4 直线偏差

A.4.4.1 试样制备

从三根铝塑复合型材上各截取长度为($1\,000^{+10}_{0}$)mm 的试样一个。

A.4.4.2 试验步骤

把试样的凹面放在三级以上的标准平台上。用精度至少为 0.1 mm 的塞尺测量型材和平台之间的最大间隙，然后再测量与第一次测量面垂直的面，取三个试样中 6 次测量的最大值。

A.4.5 纵向抗剪特征值、横向抗拉特征值、高温持久负荷性能

纵向抗剪特征值、横向抗拉特征值、高温持久负荷性能值依据 GB 5237.6 中规定的方法检测。

附 录 B
（资料性附录）
常用材料标准

B.1 玻璃

GB 11614—2009 平板玻璃
GB/T 11944—2012 中空玻璃
GB 15763.1—2009 建筑用安全玻璃 第1部分:防火玻璃
GB 15763.2—2005 建筑用安全玻璃 第2部分:钢化玻璃
GB 15763.3—2009 建筑用安全玻璃 第3部分:夹层玻璃
GB 15763.4—2009 建筑用安全玻璃 第4部分:均质钢化玻璃
GB/T 17841—2008 半钢化玻璃
GB/T 18915.1—2002 镀膜玻璃 第1部分：阳光控制镀膜玻璃
GB/T 18915.2—2002 镀膜玻璃 第2部分：低辐射镀膜玻璃
JC 433—1991(1996) 夹丝玻璃
JC/T 511—2002 压花玻璃
JG/T 255—2009 内置遮阳中空玻璃制品

B.2 密封材料

GB/T 5574—2008 工业用橡胶板
GB/T 14683—2003 硅酮建筑密封胶
GB 16776—2005 建筑用硅酮结构密封胶
GB/T 24498—2009 建筑门窗、幕墙用密封胶条
HG/T 3100—2004 硫化橡胶和热塑性橡胶 建筑用预成型密封垫的分类、要求和试验方法
JC/T 483—2006 聚硫建筑密封胶
JC/T 485—2007 建筑窗用弹性密封胶
JC/T 635—2011 建筑门窗密封毛条

B.3 五金配件

GB/T 24601—2009 建筑窗用内平开下悬五金系统
JG/T 124—2007 建筑门窗五金件 传动机构用执手
JG/T 125—2007 建筑门窗五金件 合页(铰链)
JG/T 126—2007 建筑门窗五金件 传动锁闭器
JG/T 127—2007 建筑门窗五金件 滑撑
JG/T 128—2007 建筑门窗五金件 撑挡
JG/T 129—2007 建筑门窗五金件 滑轮
JG/T 130—2007 建筑门窗五金件 单点锁闭器
JG/T 131—2000 聚氯乙烯(PVC)门窗增强型钢

JG/T 132—2000　聚氯乙烯(PVC)门窗固定片
JG/T 212—2007　建筑门窗五金件　通用要求
JG/T 213—2007　建筑门窗五金件　旋压执手
JG/T 214—2007　建筑门窗五金件　插销
JG/T 215—2007　建筑门窗五金件　多点锁闭器
QB/T 2475—2000　叶片插芯门锁
QB/T 2476—2000　球形门锁

B.4　连接件与紧固件

GB/T 15856.1—2002　十字槽盘头自钻自攻螺钉
GB/T 15856.2—2002　十字槽沉头自钻自攻螺钉
GB/T 3098.1—2000　紧固件机械性能　螺栓、螺钉和螺柱
GB/T 3098.2—2000　紧固件机械性能　螺母　粗牙螺纹
GB/T 3098.4—2000　紧固件机械性能　螺母　细牙螺纹
GB/T 3098.5—2000　紧固件机械性能　自攻螺钉
GB/T 3098.6—2000　紧固件机械性能　不锈钢螺栓、螺钉和螺柱
GB/T 3098.10—2000　紧固件机械性能　有色金属制造的螺栓、螺钉、螺柱和螺母
GB/T 3098.11—2002　紧固件机械性能　自钻自攻螺钉
GB/T 3098.15—2000　紧固件机械性能　不锈钢螺母
GB/T 3098.19—2004　紧固件机械性能　抽芯铆钉

B.5　窗纱

QB/T 4285—2012　窗纱

ICS 77.010
H 04

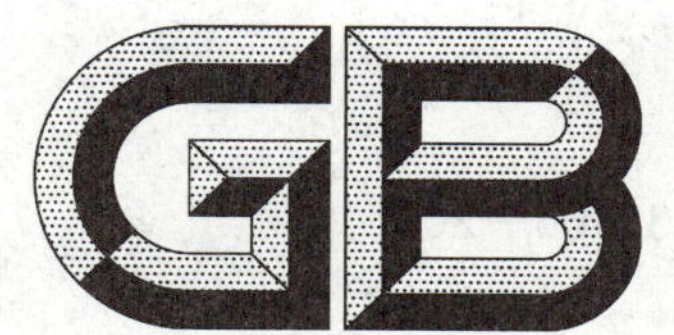

中华人民共和国国家标准

GB/T 30163—2013

高炉用高风温顶燃式热风炉节能技术规范

Specifications of top combustion stove with high blast temperature for blast furnace

2013-12-31 发布 2014-06-15 实施

中华人民共和国国家质量监督检验检疫总局
中国国家标准化管理委员会 发布

前 言

本标准按照 GB/T 1.1—2009 给出的规则起草。

本标准由中国钢铁工业协会提出。

本标准由全国钢标准化技术委员会(SAC/TC 183)归口。

本标准起草单位:首钢总公司、山东慧敏科技开发有限公司、郑州安耐克实业有限公司、冶金工业信息标准研究院。

本标准主要起草人:陈冠军、张卫东、张福明、周惠敏、李富朝、刘逸舟、李建涛、陈泉锋。

高炉用高风温顶燃式热风炉节能技术规范

1 范围

本标准规定了高炉用高风温顶燃式热风炉的术语和定义、原理、技术要求、试验和操作制度。

本标准适用于钢铁企业炼铁高炉新建、扩建或改造的顶燃式热风炉。

2 规范性引用文件

下列文件对于本文件的应用是必不可少的。凡是注日期的引用文件,仅注日期的版本适用于本文件。凡是不注日期的引用文件,其最新版本(包括所有的修改单)适用于本文件。

GB/T 699 优质碳素结构钢

GB/T 700 碳素结构钢

GB/T 1047 管道元件DN(公称尺寸)的定义和选用

GB/T 3077 合金结构钢

GB/T 24564 高炉热风炉节能监测

GB/T 26480 阀门的检验和试验

GB 50427 高炉炼铁工艺设计规范(附条文说明)

YB/T 5012 高炉及热风炉用耐火砖形状尺寸

3 术语和定义

下列术语和定义适用于本文件。

3.1

顶燃式热风炉 top combustion hot blast stove

一种燃烧器位于炉体顶部且位于蓄热室上部的热风炉。

3.2

本体热效率 ontology thermal efficiency

热风出口处热风获得的有效热占供给热风炉本体热量百分比。

3.3

系统热效率 system thermal efficiency

供给高炉的热风的有效热占供给热风炉系统热量百分比。

3.4

空气过剩系数 combustion air excess coefficient

燃料燃烧时,实际空气供给量与理论空气需要量之比。

3.5

单位体积蓄热面积 unit volume regenerative area

蓄热体换热面积与体积之比。

3.6

热风出口温度 outlet hot blast temperature

热风出口处未混风的热风温度。

3.7

热风温度 hot blast temperature

送入高炉的热风的温度。

3.8

拱顶操作温度 dome operating temperature

热风炉拱顶的最高控制温度。

3.9

高风温 high blast temperature

热风温度不低于 1 200 ℃。

3.10

富化率 enriched ratio

掺混的高热值燃料体积占所有燃料体积的百分比。

3.11

高辐射覆层 high radiative coating

在蓄热体表面,涂覆一层发射率高于基体发射率的材料。

3.12

晶间应力腐蚀 intergranular stress corrosion

在腐蚀介质和应力的双重作用下,没有产生变形,造成沿晶间方向的开裂而导致材料的破坏。

3.13

耐酸涂料 acid-proof coating

在热风炉壳内表面喷刷,为防止晶间应力腐蚀发生的材料。

3.14

自动燃烧控制 automatic combustion control

利用机械、电气或计算机等组合的主动控制系统,实时优化煤气流量和空燃比,实现燃烧过程高效、节能和稳定的自动化控制。

3.15

富氧燃烧 oxygen enriched combustion

助燃空气中氧浓度大于大气中氧浓度的燃烧。

3.16

燃烧效率 combustion efficiency

燃料燃烧所放出的热量占燃料发热量的百分比。

4 原理

高炉用高风温顶燃式热风炉是利用炉顶燃烧器的燃料燃烧产生高温烟气,通过炉内蓄热体将空气加热至高温,将高温热风提供给高炉冶炼,热效率不低于 75%,热风温度不低于 1 200 ℃的顶燃式热风炉。

5 技术要求

5.1 基本要求

5.1.1 一座高炉宜配备 2 座～4 座顶燃式热风炉。

5.1.2 顶燃式热风炉本体包括炉顶、燃烧室、喉口、炉壳、炉墙、蓄热体、烟气出口、热风出口、煤气入口、冷风入口和炉箅子等部件。

5.1.3 热风炉系统包括热风管路、燃料系统管路、助燃空气管路、冷风管路、烟气管路、切断阀门和助燃风机等附属设备。

5.1.4 热风炉设计应符合 GB 50427 的要求，其整体寿命至少满足一代高炉炉龄的使用寿命。

5.1.5 对于排烟温度大于 250 ℃的顶燃式热风炉应设置余热回收装置，将烟气余热预热助燃空气和燃料。针对不同高炉容积情况，配备顶燃式热风炉基本要求如表 1 所示。

表 1 高炉配备顶燃式热风炉基本要求

高炉容积/m^3	1 000～2 000	2 000～3 000	3 000～4 000	4 000～5 000	5 000～6 000
热风炉数量/座	2～3	3	3～4	4	4
布置方式	一列式	一列式	一列式	矩形	矩形
设计风温/℃	≥1 200	≥1 200	≥1 250	≥1 250	1 250～1 300
必备节能措施	余热回收装置				
本体热效率/%	≥75	≥75	≥76	≥76	≥77
系统热效率/%	≥80	≥80	≥81	≥81	≥82

为实现高风温，应使用在蓄热体表面和拱顶涂覆高辐射覆层、高温区炉壳内表面喷刷耐酸涂料、自动燃烧控制和富氧燃烧等技术。

5.2 燃料

热风炉用燃料为高炉煤气或混合煤气(混有焦炉煤气或转炉煤气)，燃料适应要求见表 2。

表 2 热风炉使用燃料适应要求

项目	燃料参数		
	高炉煤气		混合煤气
	干法除尘	湿法除尘	
热值/(kJ/m^3)	2 900～3 200	2 600～2 900	3 300～3 500
压力/kPa	10～15	8～13	10～15
富化率/%	—	—	1～10
含尘/(mg/m^3)	≤8	≤10	≤10
含水/(g/m^3)	≤30	≤100	<100

5.3 助燃空气和煤气预热

对于使用全高炉煤气的热风炉，助燃空气必须预热，并且预热温度为 200 ℃～700 ℃，同时利用热风炉余热预热高炉煤气 150 ℃～220 ℃。不同高炉容积下热风炉助燃空气和煤气预热要求如表 3 所示。助燃空气预热装置的基本要求如表 4 所示。

表 3 热风炉使用助燃空气和煤气预热要求

高炉容积/m^3	1 000～2 000	2 000～3 000	3 000～4 000	4 000～5 000	5 000～6 000
风温要求/℃	1 200	1 200	1 250	1 250	1 250～1 300
助燃空气预热温度/℃	200～600	200～600	450～600	450～600	450～700
煤气预热温度/℃	150～180	150～180	180～200	180～200	200～220

表 4 热风炉助燃空气预热装置基本要求

项目	助燃空气		
预热温度/℃	<250	250～500	>500
预热装置	换热器	换热器或前置预热炉	前置预热炉

5.4 燃烧器

燃烧器布置在热风炉炉顶，可以预混，也可以非预混，应能在温度波动大，工作条件苛刻的条件下稳定工作。其中全高炉煤气高效燃烧器的性能要求如表 5 所示。

表 5 全高炉高效煤气燃烧器性能

项目	全高炉煤气高效燃烧器参数
煤气流速/(m/s)	15～25
助燃空气流速/(m/s)	15～25
燃烧器喷口	多孔(>10)
空气过剩系数	1.01～1.10
燃烧效率/%	>99

5.5 材料

5.5.1 热风炉蓄热体耐火材料可以采用格子砖或蓄热球。格子砖单位体积蓄热面积要求如表 6 所示。单位鼓风蓄热体容重应满足设计要求。

表 6 格子砖单位体积蓄热面积

项目	蓄热面积
单位体积蓄热面积/(m^2/m^3)	>48

5.5.2 热风炉各部位的工作温度、结构强度和化学侵蚀的特点，分别选用了不同性能的耐火材料，其中格子砖各部位材料要求如表 7 所示。

表 7 格子砖各部位材料

格子砖	工作温度/℃	推荐材质
高温区	1 200～1 450	硅质、高铝质、高辐射覆层材料
中温区	900～1 200	高铝质
低温区	400～900	黏土质

5.5.3 热风炉炉体外壳及附属热风管道外壳为金属材料，根据选择材料不同分别按碳素结构钢应符合 GB/T 700 的要求、优质碳素结构钢应符合 GB/T 699、合金结构钢应符合 GB/T 3077 的要求，热风管道元件应符合 GB/T 1047 的要求。

5.6 排烟温度

设有余热回收装置的顶燃式热风炉最高排烟温度和最低排烟温度要求见表 8。

表 8 最高排烟温度和最低排烟温度

项目		数值
换热器后	最高排烟温度/℃	180
	最低排烟温度/℃	120

5.7 热风炉附属设备

5.7.1 热风炉系统至少安装一套切断阀，煤气系统应安装煤气切断阀和煤气调节阀，应安装吹扫放散等保证安全措施；助燃空气系统应安装助燃空气调节阀；热风系统应安装高温热风阀，宜实施软水循环冷却。

5.7.2 热风管道、热助燃空气总管和支管应设置波纹补偿器吸收热膨胀及方便检修阀门，在烟气管道、冷风、助燃空气、煤气管道上宜设置波纹补偿器。带支梁炉箅子及支柱采用的耐热铸铁，应能够保证在不大于 400℃的温度下长期稳定工作。

5.8 检测及控制

热风炉控制有全自动、半自动、手动及现场机旁操作等多种方式，宜采用计算机控制的自动换炉方式，以提高热风炉工作效率。检测参数分别包括煤气、助燃空气、冷风、热风和烟气的温度、压力和流量。热风炉下部宜设有专用的烟气成分分析装置，可测量烟气中一氧化碳和氧气含量，要求烟气中一氧化碳低于 0.02%、氧气低于 3%，并根据煤气热值及烟气中残氧量对热风炉的燃烧进行自动调节。

5.9 炉壳温度

顶燃式热风炉正常工作时，其炉壳温度应低等于 120 ℃，不同部位炉壳温度要求应符合表 9 的规定。

表 9 不同部位炉壳温度要求

项目	温度/℃
燃烧器外壳	≤120
蓄热室高温区外壳	≤120
其余部位外壳	≤100

5.10 安全

热风炉点火、烘炉、烧炉和使用均需符合相关安全规范。

5.11 检验

5.11.1 热风炉炉体砖和蓄热体尺寸按 YB/T 5012 的规定进行检验。
5.11.2 耐火材料的检验应符合相关标准。
5.11.3 阀门的检验应符合 GB/T 26480 的规定。
5.11.4 管道、波纹补偿器、液压站和润滑站等设备按相关标准的规定进行检验。
5.11.5 外购配套件按相关标准进行检验。

6 试验

6.1 严密性

在热风炉投产前，应按有关施工及验收规范进行严密性测试及检查。

6.2 点火燃烧

6.2.1 对于燃用高炉煤气或混合煤气的顶燃式热风炉，宜设置专门的点火燃烧器，并采用高热值煤气(如焦炉煤气或天然气)点火。
6.2.2 点火前，应对煤气管道通氮气进行放散，直至燃气符合燃气点火的安全规范，方可进行点火。

6.3 温度和压力指标

6.3.1 助燃空气、煤气、热风、冷风和烟气等应检测其工作状态下的温度和压力。
6.3.2 炉体表面温度测量可采用热电偶或红外测温仪等仪器进行检测试验，拱顶、助燃空气预热和热风等温度采用在线温度仪表测量，测量精度应小于 3%，测量要求和平均温度计算应符合相关技术标准。对压力检测时应采用在线压力计测量。

6.4 本体热效率计算

本体热效率按式(1)计算：

$$\eta_t=\frac{\text{有效热量}}{\text{供入热量}}=\frac{Q_{\text{效}}}{Q_{\text{供}}}=\frac{Q_{\text{热风}}-Q_{\text{冷风}}}{Q_{\text{燃化}}+Q_{\text{燃预}}+Q_{\text{空预}}}\times 100\% \qquad (1)$$

式中：

η_t ——热风炉本体热效率，以百分数计(%)；
$Q_{\text{效}}$ ——热风炉有效热量，单位为千焦(kJ)；
$Q_{\text{供}}$ ——热风炉供入热量，单位为千焦(kJ)；
$Q_{\text{热风}}$——热风炉热风带出热量，单位为千焦(kJ)；
$Q_{\text{冷风}}$——热风炉冷风带入热量，单位为千焦(kJ)；
$Q_{\text{燃化}}$——燃料的化学热量，单位为千焦(kJ)；
$Q_{\text{燃预}}$——预热燃料热量，单位为千焦(kJ)；
$Q_{\text{空预}}$——预热助燃空气热量，单位为千焦(kJ)。

顶燃式热风炉的本体热效率的监测计算方法可依据 GB/T 24564 监测，计算误差应小于 5%。

7 操作制度

7.1 烘炉的加热曲线应符合耐火材料的要求。

7.2 顶燃式热风炉操作可以采用“二烧一送”、“二烧二送”、“三烧一送”或“一烧一送”等操作模式，具体根据热风炉座数和高炉使用风温制定。基本操作制度要求见表10。

表10 操作制度

配备热风炉数量	4	3	2
操作模式	二烧二送 或三烧一送	二烧一送	一烧一送
单炉燃烧时间/min	40～80		
单炉送风时间/min	40～80		
单炉换炉时间/min	5～20		

7.3 顶燃式热风炉应根据高炉用风温要求宜采用不同的操作制度，其中不同风温下顶燃式热风炉的拱顶操作温度应符合表11的规定。

表11 拱顶操作温度

要求风温/℃	1 200	1 250	1 300
拱顶操作温度/℃	≤1 380	≤1 400	≤1 420

附 录 A
（资料性附录）
不同容积高炉用高风温顶燃式热风炉主要技术参数参考值

表 A.1 给出了不同容积高炉用高风温顶燃式热风炉主要技术参数参考值。

表 A.1 不同容积高炉用高风温顶燃式热风炉主要技术参数参考值

项目	高炉容积/m^3		
	1 200	3 200	5 500
热风炉座数	3	3	4
燃烧器	顶燃式	顶燃式	顶燃式
燃料	全高炉煤气	高炉煤气	全高炉煤气
富化率/%	0	2	0
操作制度	二烧一送	二烧一送	二烧二送
送风时间/min	45	60	60
燃烧时间/min	80	100	48
换炉时间/min	10	20	12
拱顶操作温度/℃	1 420	1 450	1 450
热风温度/℃	1 250	1 200～1 250	1 300
冷风温度/℃	170	238	190
助燃空气温度/℃	410	180	450～700
煤气温度/℃	180	180	200～215
热风炉排烟温度/℃	340～450	350	330～450
本体热效率/%	76.8	75.0～80.0	78.7

ICS 21.020;23.100.01
J 99

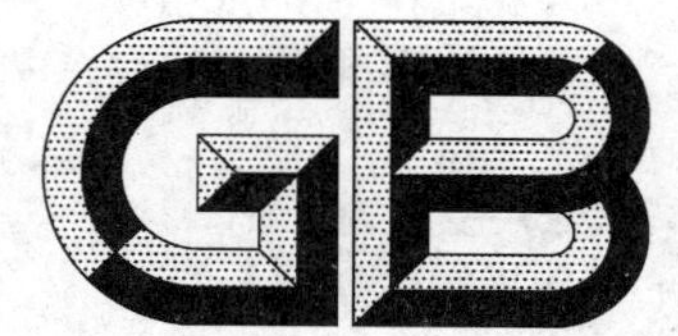

中华人民共和国国家标准

GB/T 30299—2013

反渗透能量回收装置通用技术规范

General technical specifications for energy recovery devices in reverse osmosis system

2013-12-31 发布　　2014-08-01 实施

中华人民共和国国家质量监督检验检疫总局
中国国家标准化管理委员会　发布

前　言

本标准按照GB/T 1.1—2009给出的规则起草。

本标准由全国分离膜标准化技术委员会(SAC/TC 382)提出并归口。

本标准起草单位:中冶海水淡化投资有限公司、中冶连铸技术工程股份有限公司、南方泵业股份有限公司、天津大学、天津膜天膜工程技术有限公司。

本标准主要起草人:樊雄、宋建芝、马跃华、赵才甫、吴琳琳、肖海健、王越、张希建、沈风祥、孟军。

反渗透能量回收装置通用技术规范

1 范围

本标准规定了反渗透能量回收装置的分类与型号、要求、试验方法、检验规则，以及标志、包装、运输和贮存的要求。

本标准适用于反渗透法海水淡化、苦咸水淡化等脱盐系统的功交换式能量回收装置。

2 规范性引用文件

下列文件对于本文件的应用是必不可少的。凡是注日期的引用文件，仅注日期的版本适用于本文件。凡是不注日期的引用文件，其最新版本(包括所有的修改单)适用于本文件。

GB/T 191 包装储运图示标志

GB/T 3452.1 液压气动用O形橡胶密封圈 第1部分:尺寸系列及公差

GB/T 4622.2 缠绕式垫片 管法兰用垫片尺寸

GB/T 5750.4 生活饮用水标准检验方法 感官性状和物理指标

GB/T 13384 机电产品包装通用技术条件

GB/T 17219 生活饮用水输配水设备及防护材料的安全性评价标准

GB/T 17248.3 声学 机器和设备发射的噪声 工作位置和其他指定位置发射声压级的测量 现场简易法

GB/T 20878 不锈钢和耐热钢 牌号及化学成分

HY/T 108—2008 反渗透用能量回收装置

JC/T 552 纤维缠绕增强热固性树脂压力管

3 术语和定义

GB/T 20103—2006 和 HY/T 108—2008 界定的以及下列术语和定义适用于本文件。

3.1

反渗透 reverse osmosis；RO

在高于渗透压差的压力作用下，溶剂(如水)通过半透膜进入膜的低压侧，而溶液中的其他组分(如盐)被阻挡在膜的高压侧并随浓溶液排出，从而达到有效分离的过程。

[GB/T 20103—2006，定义 4.2.2]

3.2

能量回收装置 energy recovery device

用来回收反渗透淡化系统浓盐水水力能，并将其转变成膜的进水水力能的装置。

[HY/T 108—2008，定义 3.1]

3.3

功交换式能量回收装置 work exchange energy recovery device

经过一步能量转换，将浓盐水水力能通过活塞或直接接触传递给原水，从而达到回收浓盐水水力能目的的装置。

3.4

往复切换的水压缸式能量回收装置　hydraulic cylinder energy recovery device with link valve drive

高低压切换通过往复式切换阀实现、浓盐水和原水的压力交换过程在水压缸内完成、缸内两种液体通过活塞隔离或直接接触并往复移动的功交换式能量回收装置。

3.5

端面密封往复切换的水压缸式能量回收装置　end-face sealing hydraulic cylinder energy recovery device with link valve drive

利用活塞端面密封轴向流道的往复切换的水压缸式能量回收装置。

3.6

环向密封往复切换的水压缸式能量回收装置　annular sealing hydraulic cylinder energy recovery device with link valve drive

利用活塞侧面密封径向流道的往复切换的水压缸式能量回收装置。

3.7

旋转切换的水压缸式能量回收装置　hydraulic cylinder energy recovery device with rotate valve drive

高低压切换通过旋转式切换阀实现、浓盐水和原水的压力交换过程在水压缸内完成、缸内两种液体通过活塞隔离或直接接触并往复移动的功交换式能量回收装置。

3.8

自转切换的转子式能量回收装置　rotor energy recovery device with hydraulic drive

高低压切换、浓盐水和原水的压力交换过程均在一个具有多个通道的由水流驱动自动旋转的转子体内完成、水力能通过浓盐水和原水直接接触形成的一段混合液体传递给原水的装置。

3.9

动力切换的转子式能量回收装置　rotor energy recovery device with motor

高低压切换、浓盐水和原水的压力交换过程均在一个具有多个通道的由外置电机驱动旋转的转子体内完成、水力能通过浓盐水和原水直接接触形成的一段混合液体传递给原水的装置。

3.10

有效能量转换效率　effectual energy transfer efficiency

能量回收装置高压输出能量与输入能量回收装置总能量的比值。

[HY/T 108—2008,定义 3.3]

3.11

装置泄漏率　device leakage rate

能量回收装置高压浓盐水与高压原水流量差值占高压浓盐水流量的比值,也可为高压泵流量与产水流量的差值占高压浓盐水流量的比值。

3.12

装置混合度　device mixing

经过能量回收装置因浓盐水与原水的掺混引起装置高压出水盐度增加的比值。

[HY/T 108—2008,定义 3.4]

3.13

能量回收装置提升泵　booster pump for energy recovery device

安装在能量回收装置高压原水出口与反渗透系统进水总管间的耐高压增压泵,使经能量回收装置换能后的高压原水能达到与反渗透高压泵出口同样的压力。

4 分类与型号

4.1 分类

反渗透能量回收装置按工作原理分类如下：

——端面密封往复切换的水压缸式能量回收装置，其类别代号为 EP；

——环向密封往复切换的水压缸式能量回收装置，其类别代号为 AP；

——旋转切换的水压缸式能量回收装置，其类别代号为 RP；

——自转切换的转子式能量回收装置，其类别代号为 HR；

——动力切换的转子式能量回收装置，其类别代号为 MR。

4.2 型号

4.2.1 型号构成

反渗透能量回收装置型号由装置代号、类别代号、额定流量和额定工作压力四部分组成。其中，装置代号用英文字母 WD 表示，类别代号如 4.1 分类中所示，额定流量为浓盐水处理流量，其单位为立方米每小时(m^3/h)，额定工作压力为高压浓盐水进口的压力，其单位为兆帕(MPa)。

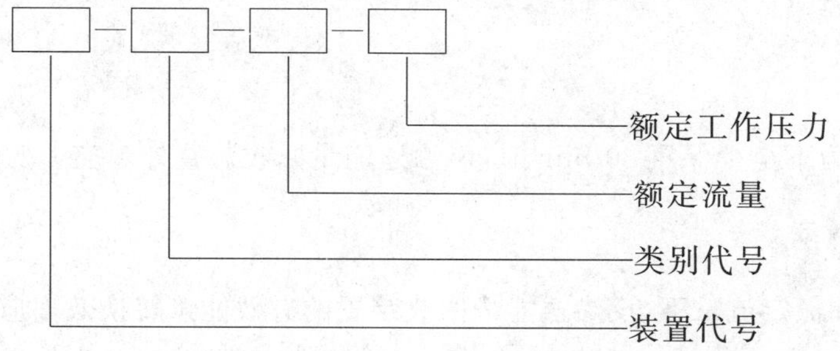

4.2.2 示例

WD-MR-160-6.4

表示额定流量为 160 m^3/h、额定工作压力为 6.4 MPa 的动力切换的转子式能量回收装置。

5 要求

5.1 外观

反渗透能量回收装置的外观应完好无损，表面涂层均匀、牢固、无划痕。

5.2 材料

5.2.1 基本要求

反渗透能量回收装置中与原水接触的过水材料需有卫生许可批件。如选用未经验证的材料，应符合 GB/T 17219 的要求。

5.2.2 高压部件材料

反渗透能量回收装置高压部件宜采用以下材料：

——耐海水腐蚀的不锈钢，其成分及性能符合 GB/T 20878 的规定；

——高耐磨、自润滑性能良好的特种工程塑料；
——高强度陶瓷；
——耐高压玻璃钢，其性能应符合 JC/T 552 的规定。

高压部件的设计压力为 6.9 MPa。

5.2.3 低压部件材料

反渗透能量回收装置低压部件宜采用耐海水腐蚀的不锈钢，其成分及性能符合 GB/T 20878 的规定。

低压部件的设计压力为 0.4 MPa～0.6 MPa。

5.2.4 密封材料

反渗透能量回收装置密封材料的要求如下：

——高压部件宜采用缠绕式垫片或 O 形橡胶密封圈密封。缠绕式垫片和 O 形橡胶密封圈的尺寸应分别符合 GB/T 4622.2 和 GB/T 3452.1 的规定。
——低压部件宜采用 O 形橡胶密封圈或其他非金属密封垫密封。其中，O 形橡胶密封圈的尺寸应符合 GB/T 3452.1 的规定。

5.3 性能要求

5.3.1 耐压性能

在 1.25 倍设计压力下至少保压 30 min 时，反渗透能量回收装置外观应无变形，压力应保持不变。

5.3.2 有效能量转换效率

在额定工作压力和额定流量下，反渗透能量回收装置的有效能量转换效率应不低于 90.0%。

5.3.3 装置泄漏率

在额定工作压力和额定流量下，反渗透能量回收装置的装置泄漏率应不大于 5.0%。

5.3.4 长期稳定性运行性能

在额定工作压力和额定流量下，保持原水温度和其他操作条件不变，装置连续运行 1 700 h，其有效能量转换效率和装置泄漏率两项指标均应符合 5.3.2 和 5.3.3 中的要求。

5.3.5 装置混合度

反渗透能量回收装置的装置混合度应不大于 6.0%。

5.3.6 噪声

在额定流量和操作压力范围内运行时，反渗透能量回收装置的噪声应低于 85 dB，如超过此指标应采取隔音降噪措施。

6 试验方法

6.1 外观检测

在正常照明条件下，采用目测的方法检测。

6.2 过水材料安全性评价试验

反渗透能量回收装置的过水材料安全性评价试验按 GB/T 17219 的规定进行。

6.3 性能测试

6.3.1 耐压性能

将反渗透能量回收装置的高压系统与低压系统隔离。对于低压系统，用试压泵将其压力缓慢提升至设计压力，确认无泄漏后继续升压至设计压力的 1.25 倍，保压 30 min，观察低压系统各部件应无变形，压力应保持不变；对于高压系统，用试压泵将其压力缓慢提升至设计压力，确认无泄漏后继续升压至设计压力的 1.25 倍，保压 30 min，观察高压系统各部件应无变形，压力应保持不变。

6.3.2 有效能量转换效率

6.3.2.1 试验装置及流程

反渗透能量回收装置性能测试平台见图 1。整个测试平台由带控温设备的循环水箱 1、增压泵 2、过滤器 3、高压泵 4、联箱管 5、减压阀 6、能量回收装置 7、能量回收装置提升泵 8、压力变送器 9 和流量计 10 组成。试验采用自来水模拟原水，整个测试过程中维持系统温度为 25 ℃±5 ℃。

试验流程如下：带控温设备的循环水箱 1 中的自来水经增压泵 2 增压和过滤器 3 预处理后成为低压原水。一部分低压原水经高压泵 4 增压到反渗透膜实际所需要的操作压力；另一部分低压原水经能量回收装置 7 的低压原水进口(Low pressure raw water inlet，简称 LPIN)进入装置，经过压力能交换过程后成为高压原水，由高压原水出口(High pressure raw water inlet，简称 HPOUT)输出，并经能量回收装置提升泵 8 增压到反渗透膜实际所需要的操作压力。两部分高压水进入联箱管 5 混合后，一部分高压水经减压阀 6-1 减压为无压水，用于模拟产水，排放到带控温设备的循环水箱 1；另一部分高压水经减压阀 6-2 减压 0.1 MPa～0.2 MPa 之间，用于模拟高压浓盐水，由高压浓盐水进口(High pressure brine inlet，简称 HPIN)进入能量回收装置 7，经过压力能转换后成为低压浓盐水，由低压浓盐水出口(Low pressure brine outlet，简称 LPOUT)排放到带控温设备的循环水箱 1。

系统中压力变送器 9-1、9-2 和 9-3 分别用来测定低压原水进口、高压原水出口、高压浓盐水进口的压力，其测量精度要求均为±0.1%。流量计 10-1、10-2、10-3、10-4 和 10-5 分别用来测定低压原水进口、高压原水出口、高压浓盐水进口、高压泵和模拟产水的流量，其测量精度要求均为±0.5%。

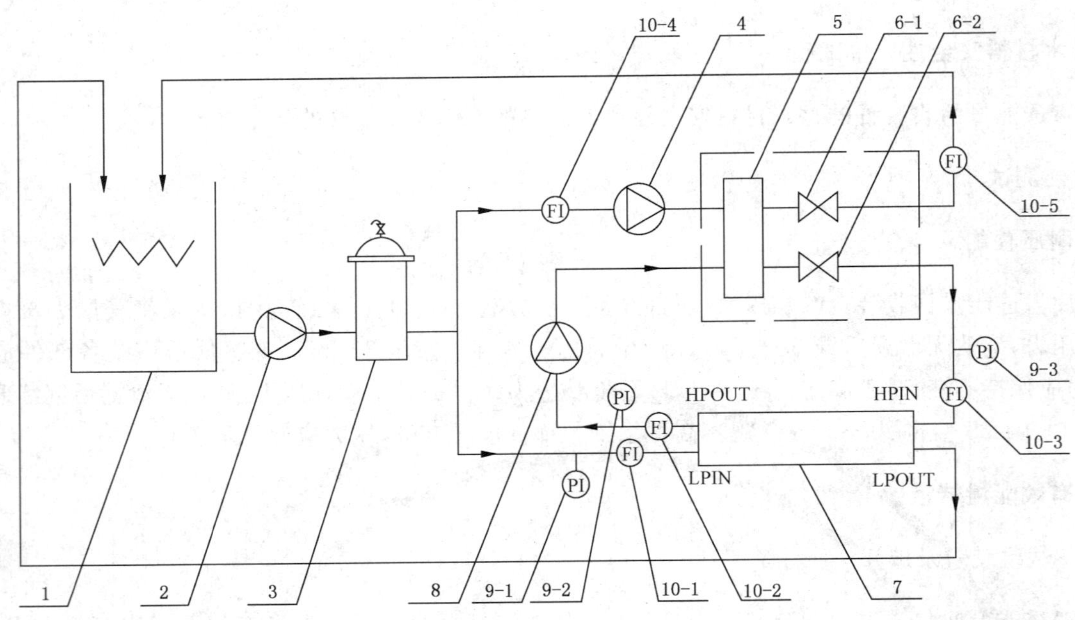

说明：

1　　——带控温设备的循环水箱；
2　　——增压泵；
3　　——过滤器；
4　　——高压泵；
5　　——联箱管；
6　　——减压阀；
7　　——能量回收装置；
8　　——能量回收装置提升泵；
9-1 ——低压原水进口压力变送器；
9-2 ——高压原水出口压力变送器；
9-3 ——高压浓盐水进口压力变送器；
10-1 ——低压原水进口流量计；
10-2 ——高压原水出口流量计；
10-3 ——高压浓盐水进口流量计；
10-4 ——高压泵流量计；
10-5 ——模拟产水流量计。

图 1　反渗透能量回收装置性能测试平台示意图

6.3.2.2　试验步骤

开启增压泵 2，调节到额定流量；开启能量回收装置提升泵 8，调节高压浓盐水进口(HPIN)流量计 10-3，使其流量与增压泵 2 的流量相匹配，稳定运行 5 min 后开启高压泵 4，将能量回收装置高压浓盐水进口(HPIN)压力变送器 9-3 的压力调节到额定工作压力。系统稳定 30 min 后，分别记录高压原水出口(HPOUT)、低压原水进口(LPIN)、高压浓盐水进口(HPIN)的流量和压力，以及高压泵 4 的流量和模拟产水的流量。

6.3.2.3　计算方法

有效能量转换效率(E)按式(1)进行计算，结果保留三位有效数字。

$$E=\frac{P_{\mathrm{HPOUT}}\times Q_{\mathrm{HPOUT}}}{P_{\mathrm{LPIN}}\times Q_{\mathrm{LPIN}}+P_{\mathrm{HPIN}}\times Q_{\mathrm{HPIN}}}\times 100\% \quad \cdots\cdots(1)$$

式中：

E ——有效能量转换效率，%；

P_{HPOUT}——高压原水出口压力，单位为兆帕（MPa）；

Q_{HPOUT}——高压原水出口流量，单位为立方米每小时（m^3/h）；

P_{LPIN} ——低压原水进口压力，单位为兆帕（MPa）；

Q_{LPIN} ——低压原水进口流量，单位为立方米每小时（m^3/h）；

P_{HPIN} ——高压浓盐水进口压力，单位为兆帕（MPa）；

Q_{HPIN} ——高压浓盐水进口流量，单位为立方米每小时（m^3/h）。

6.3.3 装置泄漏率

6.3.3.1 试验装置及流程

与 6.3.2.1 中所述装置和流程相同。

6.3.3.2 试验步骤

按照 6.3.2.2 中所述试验步骤实施。

6.3.3.3 计算方法

装置泄漏率按照高压泵流量与产水流量的差值占高压浓盐水的比值进行计算，见式(2)，结果保留三位有效数字。

$$L=\frac{Q_{\mathrm{HPP}}-Q_{\mathrm{PW}}}{Q_{\mathrm{HPIN}}}\times 100\% \quad \cdots\cdots(2)$$

式中：

L ——泄漏率，%；

Q_{HPP} ——高压泵流量，单位为立方米每小时（m^3/h）；

Q_{PW} ——产水流量，单位为立方米每小时（m^3/h）；

Q_{HPIN} ——高压浓盐水进口流量，单位为立方米每小时（m^3/h）。

6.3.4 长期稳定性运行性能试验

6.3.4.1 试验装置及流程

与 6.3.2.1 中所述装置和流程相同。

6.3.4.2 试验步骤

按照 6.3.2.2 中所述试验步骤实施。

6.3.4.3 计算方法

有效能量转换效率（E）和装置泄漏率（L）计算方法分别见 6.3.2.3 和 6.3.3.3。按照试验步骤每24 h分别测试、计算一次有效能量转换效率（E）和装置泄漏率（L）指标，连续运行 70 d，分别对两个指标检测 70 次。

6.3.5 装置混合度

6.3.5.1 试验流程

装置混合度应直接在反渗透能量回收装置使用现场测试。测试时按反渗透系统操作程序运行反渗透海水淡化系统，使能量回收系统进入运行状态，稳定 30 min 后，取样检测低压原水溶解性总固体(Total dissolved solids，简称 TDS)、高压原水 TDS 和高压浓盐水 TDS。TDS 检测按照 GB/T 5750.4 中的方法实施。

6.3.5.2 计算方法

装置混合度(M)按式(3)进行计算，结果保留三位有效数字。

$$M=\frac{C_2-C_1}{C_3-C_1}\times 100\% \qquad \cdots\cdots(3)$$

式中：

M ——装置混合度，%；

C_2 ——高压原水 TDS 值，单位为毫克每升(mg/L)；

C_1 ——低压原水 TDS 值，单位为毫克每升(mg/L)；

C_3 ——高压浓盐水 TDS 值，单位为毫克每升(mg/L)。

6.3.6 噪声

在距离装置 1 m 处，按 GB/T 17248.3 规定的方法测定反渗透能量回收装置的噪声。

7 检验规则

7.1 检验分类

7.1.1 出厂检验

每台装置均应进行出厂检验，出厂检验项目及检验方法见表 1。

表 1 出厂检验项目

序号	检验项目	对应要求条款	对应试验方法条款	检验方法
1	外观	5.1	6.1	逐台检验
2	耐压性能	5.3.1	6.3.1	逐台检验
3	有效能量转换效率	5.3.2	6.3.2	逐台检验
4	装置泄漏率	5.3.3	6.3.3	逐台检验
5	噪声	5.3.6	6.3.6	逐台检验

7.1.2 型式检验

型式检验项目包括出厂检验的所有项目、长期稳定性运行性能(按 6.3.4 进行，其结果应符合 5.3.4 的要求)和装置混合度检验(按 6.3.5 进行，其结果应符合 5.3.5)。

在下列情况之一，应进行型式检验：

——新产品定型后，批量生产前；

——正式生产后，如结构、材料、工艺、配件有较大改变，可能影响产品性能时；

——在国家质量监督机构提出进行型式检验的要求时。

7.2 判定规则

7.2.1 出厂检验

出厂检验项目全部合格的反渗透能量回收装置判断为合格。

产品未通过出厂检验项目中的任何一项，采取纠正措施后应重新对不合格项目进行检验，若仍有不符合要求的项目，则判断该产品的出厂检验为不合格。

7.2.2 型式检验

型式检验项目全部合格的反渗透能量回收装置判断为合格。

型式检验中任何一项不符合要求，采取纠正措施后应重新对全部项目进行检验，若仍有不符合要求的项目，则判断该产品的型式检验为不合格。

8 标志、包装、运输和贮存

8.1 标志

8.1.1 反渗透能量回收装置应有产品铭牌，铭牌应包含以下内容：装置名称及型号、额定工作压力、额定流量、生产厂名和地址、生产年月、产品编号和装置总重量(kg)。

8.1.2 反渗透能量回收装置各进出水口应有明确的标识，包括：低压原水进口 LPIN、低压浓盐水出口 LPOUT、高压浓盐水进口 HPIN、高压原水出口 HPOUT。

8.1.3 反渗透能量回收装置的包装、贮运图示标志应符合 GB/T 191 的规定。

8.2 包装

8.2.1 反渗透能量回收装置所有外接接口均应封住，装置的防震、防潮及防尘等防护包装应符合 GB/T 13384的相关规定。

8.2.2 包装随机文件应包括：产品合格证、产品说明书、装箱单、安装图或必要的原理图和其他有关技术资料。

8.3 运输和贮存

反渗透能量回收装置的运输、贮存过程中应防止受潮、受压、化学品侵蚀、剧烈冲撞和坠落。

参 考 文 献

[1] GB/T 20103—2006 膜分离技术 术语

[2] ASME SECTION X 玻璃纤维增强塑料压力容器(Fiber-Reinforced Plastic Pressure Vessels)

ICS 27.010
F 01

中华人民共和国国家标准

GB/T 30715—2014

钢铁生产过程能量系统优化实施指南

Guideline for energy system optimization of iron and steel production process

2014-06-09 发布　　2014-10-01 实施

中华人民共和国国家质量监督检验检疫总局
中国国家标准化管理委员会　发布

前　　言

本标准按照 GB/T 1.1—2009 给出的规则起草。

本标准由全国能量系统标准化技术委员会(SAC/TC 459)提出并归口。

本标准起草单位:中国标准化研究院、钢铁研究总院、山东钢铁集团有限公司、唐山钢铁集团有限责任公司、太原钢铁(集团)有限公司、北京首钢股份有限公司、宝钢集团有限公司、冶金工业信息标准研究院、南京钢铁股份有限公司、济钢集团有限公司、四川省节能技术服务中心。

本标准主要起草人:刘猛、郦秀萍、梁凯丽、王宝军、闫振武、姚红、戴坚、于永淼、白雪、冯凉、仇金辉、陈飚、杨勇。

钢铁生产过程能量系统优化实施指南

1 范围

本标准给出了实施钢铁生产过程能量系统优化的原则、步骤及其主要内容。

本标准适用于现有钢铁生产过程能量系统优化工作，新建或改扩建钢铁生产过程项目的能量系统优化可参照本标准执行。

2 规范性引用文件

下列文件对于本文件的应用是必不可少的。凡是注日期的引用文件，仅注日期的版本适用于本文件。凡是不注日期的引用文件，其最新版本(包括所有的修改单)适用于本文件。

GB/T 2589 综合能耗计算通则

GB/T 3484 企业能量平衡通则

GB/T 13234 企业节能量计算方法

GB/T 28749 企业能量平衡网络图绘制方法

GB/T 28750 节能量测量和验证技术通则

GB/T 28751 企业能量平衡表编制方法

GB/T 28924—2012 钢铁企业能效指数计算导则

3 术语和定义

GB/T 28924—2012 界定的以及下列术语和定义适用于本文件。

3.1

钢铁生产过程 iron and steel production process

以铁矿石或废钢为原料，包括炼铁、炼钢和轧钢等主工序，原料处理、动力系统、运输系统等辅助工序的钢铁产品制造过程。

3.2

钢铁生产过程能量系统 energy system of iron and steel production process

钢铁生产过程中能量转换、输送、分配、储存、使用和回收等一个或若干个环节组成的系统。

3.3

钢铁生产过程能量系统优化 energy system optimization of iron and steel production process

以钢铁生产过程能量系统为研究对象，通过系统分析，结合先进工艺和节能技术的应用，找出提升系统整体能源利用效率的机会，在满足生产需求的前提下，提出并实施系统优化方案，并对优化效果进行持续评估和改进的过程。

3.4

载能体 energy carrier

在制备或生产过程中消耗了能源的物质，或本身可产生能量的物质。

4 基本原则

钢铁生产过程能量系统优化应遵循以下基本原则：

a） 重视能源和非能源物质等载能体的节约；

b） 进行全生产过程的能耗分析，包括直接能耗和间接能耗；

c） 充分考虑安全生产和环境保护等约束条件；

d） 充分考虑成本控制和经济效益等因素；

e） 充分考虑各类影响因素，如产品品种结构、能源结构、原料品质、产品深加工程度等；

f） 充分考虑与周边社区、企业的能源优化；

g） 确保能量系统优化实施效果的稳定持续。

5 基本实施步骤

开展钢铁生产过程能量系统优化工作包括但不限于以下基本实施步骤：

a） 系统边界划分；

b） 系统现状调研；

c） 系统总体用能分析；

d） 优化方案的制定；

e） 优化方案的实施；

f） 效果评估。

6 系统边界划分

6.1 边界类别

边界划分主要包括以下类别：

a） 工序边界，以原材料或中间产品的输入确定每个工序的起点，以中间产品或最终产品的输出确定每个工序的终点；

b） 管理边界，边界内包括企业内的钢铁主工序和辅助工序；

c） 关联企业边界，边界内包括相关联的不同企业；

d） 地理边界，边界内包括主要生产设施所处的地理区域。

6.2 划分原则

边界划分主要遵循以下原则：

a） 边界划分应以管理边界为主，确保边界内能量系统优化工作的可控性；

b） 当与钢铁生产过程相关联的不同企业均参与到同一能量系统优化工程中时，可按照关联企业边界划分系统；

c） 应通过描述系统的工艺流程图，明确系统和各工序的边界，示例参见附录A；

d） 明确上述边界后，确定相应的地理边界。

7 系统现状调研

7.1 内容

现状调研包括但不限于以下内容：

a) 钢铁生产流程和工艺生产装置、重点耗能设备设计能力、实际生产能力、工艺及产品方案、全厂总平面布置及主要物流、原料和产品类别、品种结构、数量、质量、价格等；

b) 生产控制数据，包括操作参数、原料和产品质量控制指标、产品深加工程度、生产装置、系统生产负荷等；

c) 能源及耗能工质消耗类别、数量、质量、价格等；

d) 重点耗能设备能源利用效率；

e) 钢铁生产过程二次能源回收利用情况，如副产煤气、余热蒸汽、余热余压等二次能源产生利用数据；

f) 生产装置、公辅系统生产瓶颈以及用能存在的主要问题；

g) 与厂外生活区、邻近工业园区及周边企业能源互供的现状及未来互供的可能性及可靠性；

h) 环境保护执行的标准；

i) 环境温度、气压和湿度等气象数据；

j) 企业发展规划，包括新建装置、扩能及重大技改等。

7.2 数据资料收集与分析

现状调研过程中数据资料收集与分析包括但不限于以下要点：

a) 收集一定时期内企业稳定生产情况下用能分析评价及优化方案制定等所需的相关资料和数据；

b) 对所收集数据和资料的完整性和准确性进行分析，可依据物料平衡、能量平衡和相互间关联关系，对数据进行校正及核实，必要时应对存有疑问或不足的重要数据进行实测。

8 系统总体用能分析

8.1 概述

通过分析与能量系统生产和用能直接相关的各种因素对系统能源消耗总量的影响，找出能量系统优化的重点环节。

8.2 基本分析内容

8.2.1 利用第7章的调研结果，分别按照GB/T 3484、GB/T 28751和GB/T 28749的要求绘制钢铁生产过程能量系统能量平衡表和能量平衡网络图，可根据系统实际情况构建钢铁生产过程能量系统优化模型。

8.2.2 针对铁矿石或废钢等原料物质流，分析各工序用能情况(包括主要耗能设备能效情况)，分析方法可采用能耗限额对标与 *e-p* 分析相结合的方法；其中能耗限额对标是与相关标准的能耗限额指标进行对比，无具体标准对应的应与国内外先进企业进行对标分析；*e-p* 分析法可参照参考文献[1]、[2]。

8.2.3 针对主要能源介质，对煤气系统、蒸汽系统、电力系统、气体系统、水系统等进行分析，从能源的产生、转换、输送、分配、储存、使用、回收等环节评价能量利用的合理性；分析二次能源回收利用情况，包括二次能源富裕量、梯级利用或降质使用情况及损失率、二次能源发电装机容量、发电能耗等，评价二次能源利用的合理性。

8.2.4 分析各主要耗能设备能效，并与相关的能效指标进行对比，无具体能效标准对应的应与国内外先进企业相关指标进行对标分析。

8.3 分析结果输出

说明现有能量系统存在的问题、找出提升系统整体能效的机会及对应的节能技术，钢铁生产过程能量系统优化常见节能技术可参见但不限于附录B。

9 优化方案的制定

9.1 以本系统用能现状为基础，参照第4章的基本原则，充分考虑相关节能技术实施对系统整体节能效果和经济效益的综合影响，分别形成不同节能技术各自对应的优化方案。

9.2 优化方案包括以下主要内容：

a) 现状分析及存在的主要问题；

b) 优化方案设计；

c) 节能效果和经济效益估算；

d) 实施建议。

10 优化方案的实施

优化方案的实施主要包括以下要点：

a) 综合考虑不同的优化方案对系统能效、经济性的影响、对其他方案的影响、方案实施的技术经济可行性等因素进行优选排序，组合形成实施方案；

b) 优化方案实施后，持续跟踪方案的节能增效效果。对可持续采用的方案，适时改进工艺操作规程；对不能持续采用的方案分析原因，进行必要的调整。

11 效果评估

11.1 优化工作全部完成或阶段完成后，对钢铁生产过程能量系统用能情况进行后评价，以评估优化结果，相关评价计算结果记录备案作为今后优化工作的依据或参考。

11.2 钢铁生产过程能量系统综合能耗计算可按照GB/T 2589进行计算。

11.3 钢铁生产过程能量系统优化实现的节能量可按照GB/T 28750进行测量和验证。

11.4 钢铁生产过程能量系统优化实现的节能量可按照GB/T 13234进行计算。

11.5 钢铁生产过程能量系统综合能效指数可按照GB/T 28924—2012进行计算。

附　录　A
（资料性附录）
钢铁生产过程能量系统典型流程及边界示例

图 A.1 给出了钢铁生产过程能量系统典型流程及边界示例。

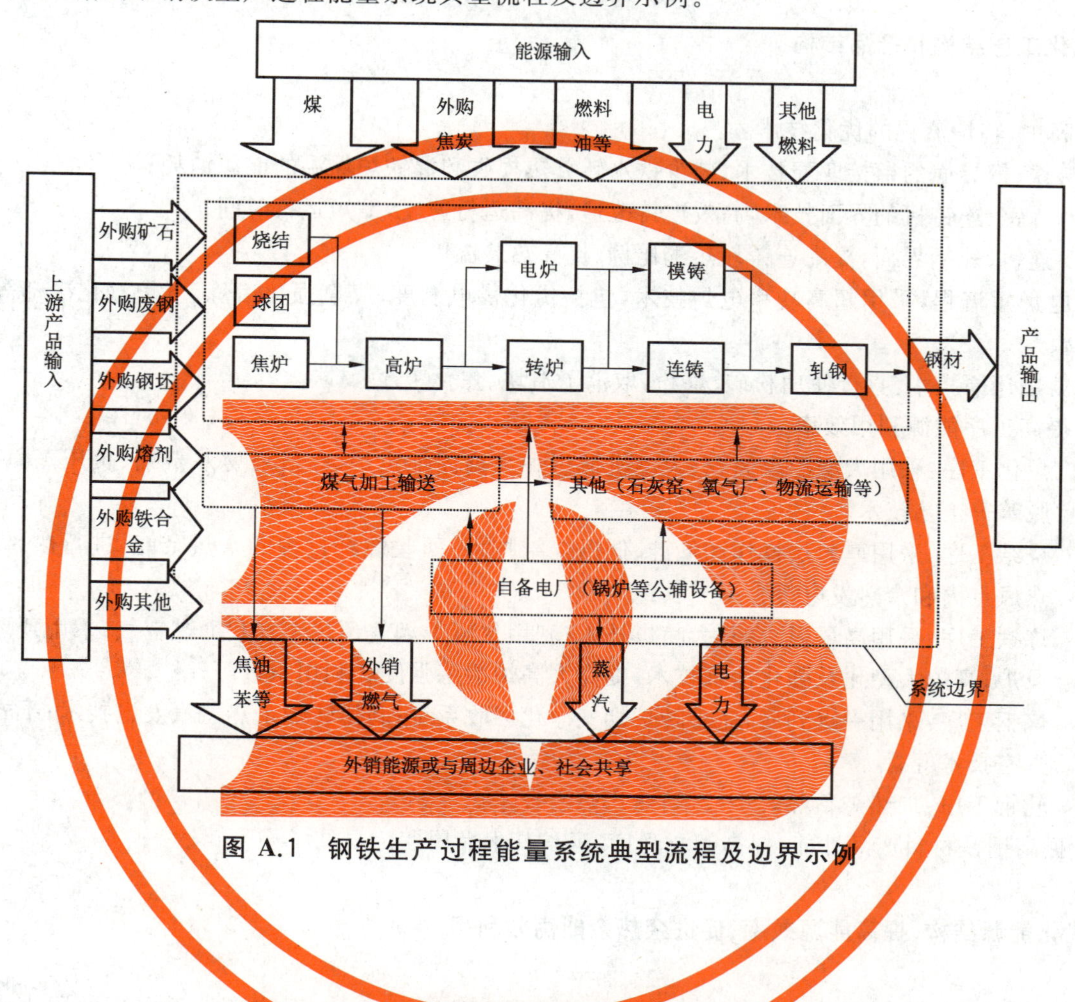

图 A.1　钢铁生产过程能量系统典型流程及边界示例

附 录 B
（资料性附录）
钢铁生产过程能量系统优化常见节能技术

B.1 优化工艺结构和产品结构

B.1.1 高炉、转炉流程的优化技术：

a) 铁、钢界面的衔接匹配技术，减少铁水转兑热损失和混铁炉保温的能源消耗；

b) 炼钢、连铸机的界面技术，高效连铸改造，提高运行速度，缩短运行时间；

c) 连铸、轧钢界面，提高连铸坯热送比例，提高热装温度。

B.1.2 电炉短流程，采用超高功率电炉技术，包括优化供电制度、煤氧强化冶炼、电炉汽化冷却等综合节能技术。

B.1.3 熔融还原技术，直接使用粉矿、煤粉，取消了造块、焦化工序。

B.1.4 提高工序能源利用效率：

a) 焦化工序：采用大型贮煤筒仓、大型机械焦炉和捣固炼焦炉、高效塔氨水蒸馏、负压蒸氨、负压脱苯等工艺技术；

b) 烧结工序：采用厚料层操作和低硅、低温烧结技术；回收烧结过程的余热余能，进行热风烧结、热风点火和余热发电等；

c) 炼铁工序：采用高风温、富氧大喷煤技术；利用热风炉烟气预热煤气和助燃空气；采用顶燃式热风炉；高炉大型化及强化冶炼技术，提高大高炉冶炼强度和利用系数等；

d) 炼钢工序：采用一罐到底，完善转炉烟气净化回收系统；利用转炉余热蒸汽发电技术；干式机械真空技术等；

e) 轧钢工序：加热炉蓄热燃烧技术；热送热装技术。

B.1.5 提高钢铁材料产品性能，提高钢材强度，延长其生命周期。

B.2 优化能源结构、提高能源效率、促进余热余能高效利用

B.2.1 高温高压燃气锅炉热电技术、燃气蒸汽联合循环发电技术，在可能条件下实现共同火力联合发电。

B.2.2 煤化工优化技术，在生产焦炭的同时，完善焦油深加工工艺，提高焦化工序综合效益。

B.2.3 采用高温高压锅炉的干熄焦技术、焦化入炉煤调湿技术、上升管余热回收技术、初冷器余热回收技术、导热油蒸氨节能技术、焦炉烟气余热回收利用技术。

B.2.4 高炉炉顶余压发电技术、炉体软水闭路循环技术、高炉专家系统、高炉冲渣水余热回收利用技术等。

B.2.5 蓄热式轧钢加热炉、蓄热式钢包烘烤技术、工业炉窑黑体节能技术、加热炉利用烟气进行空气、煤气预热技术。

B.2.6 优化煤气管网、蒸汽管网、氧气管网、氮气管网、压缩空气管网系统技术。

B.2.7 变频调速、高效电机、绿色照明、干式变压器、无功补偿等节电技术。

B.2.8 高炉煤气干法除尘、转炉煤气干法除尘等技术。

B.2.9 副产煤气高附加值开发利用技术。

参 考 文 献

[1] 陆钟武，谢安国，周大刚.再论我国钢铁工业节能方向和途径[J].钢铁，1996:31(2):54-58.

[2] 陆钟武，蔡九菊，于庆波，谢安国.钢铁生产流程的物流对能耗的影响[J].金属学报，2000:36(4):370-378.

ICS 27.010
F 01

中华人民共和国国家标准

GB/T 31343—2014

炼油生产过程能量系统优化实施指南

Guidelines for energy system optimization of refining process

2014-12-31 发布

2015-07-01 实施

中华人民共和国国家质量监督检验检疫总局
中国国家标准化管理委员会 发布

前 言

本标准按照 GB/T 1.1—2009 给出的规则起草。

请注意本文件的某些内容可能涉及专利。本文件的发布机构不承担识别这些专利的责任。

本标准由全国能量系统标准化技术委员会(SAC/TC 459)提出并归口。

本标准起草单位:中国石油天然气股份有限公司规划总院、中国标准化研究院、中国海洋石油总公司、中国化工集团公司、中国石油和化学工业联合会、华南理工大学。

本标准主要起草人:王广河、刘猛、王如强、龚燕、李宇龙、黄明富、杨树林、杨勇、李晋敏、李永亮、段伟、李国庆、余绩庆。

炼油生产过程能量系统优化实施指南

1 范围

本标准规定了炼油生产过程能量系统优化的基本原则、技术路线和实施步骤。

本标准适用于炼油生产过程的能量系统优化。新建和改扩建炼油项目设计阶段的能量系统优化可参照本标准执行。

2 规范性引用文件

下列文件对于本文件的应用是必不可少的。凡是注日期的引用文件，仅注日期的版本适用于本文件。凡是不注日期的引用文件，其最新版本(包括所有的修改单)适用于本文件。

GB 30251 炼油单位产品能源消耗限额

GB/T 30716 能量系统绩效评价通则

GB/T 50441 石油化工设计能耗计算标准

SY/T 6473 石油企业节能技措项目经济效益评价方法

3 术语和定义

GB/T 30716 界定的以及下列术语和定义适用于本文件。

3.1

炼油生产过程 refining process

从原油储运、炼制到产品调和以及与之配套的公用工程和辅助系统的整个加工过程。

3.2

炼油生产过程能量系统优化 energy systems optimization of refining process

通过用能现状评价和过程模拟，并对炼油生产过程能源利用状况进行系统分析，结合先进工艺和节能技术的应用，在满足生产需求的条件下，提出能量系统优化方案并实施，实现炼油生产过程整体能源利用效率和经济效益的提高。

4 基本原则

炼油生产过程能量系统优化应遵循以下基本原则：

a) 在满足生产需求的情况下，统筹考虑经济效益和节能效果，力求以较小的能源投入实现较大的经济效益；

b) 在能量系统优化全过程中，尤其是优化方案制定和实施环节，应充分考虑产品质量、安全生产、环境保护和职业卫生要求；

c) 以全局最优为目标，局部优化服从全局优化；

d) 应与发展规划紧密结合；

e) 应充分考虑与周边企业、社区的物料和能量联合优化。

5 技术路线

炼油生产过程能量系统优化宜按照如图1所示技术路线开展。首先进行工艺流程的优化，包括流程结构与炼油厂加工方案优化等，再对装置内部的工艺操作参数和主要耗能设备能效进行优化，然后开展装置内部换热网络优化并协同进行装置间热联合，在此基础上综合优化利用低温热，最后根据用能需求对公用工程系统配置方式和操作运行进行优化。在各优化阶段，应考虑与周边区域的物料和能量联合优化。

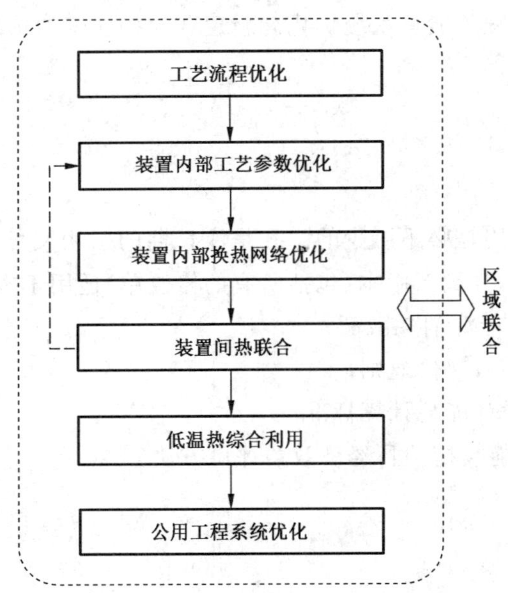

图1 炼油生产过程能量系统优化技术路线

6 实施步骤

炼油生产过程能量系统优化工作宜包括以下主要步骤：

a) 现状调研与数据收集；
b) 用能现状评价；
c) 过程模拟；
d) 用能分析及节能增效机会识别；
e) 优化方案制定；
f) 优化方案实施。

7 现状调研与数据收集

7.1 现状调研和数据收集应能满足过程模拟、用能分析、节能增效机会识别和优化方案制定的需求，包含但不限于以下内容：

a) 炼油厂、生产装置及公用工程系统设计能力、实际加工负荷，炼油厂加工流程与平面布置、生产方案、原料类别和数量、主要产品种类和数量等；
b) 生产运行数据，包括生产装置、公用工程及辅助系统物料平衡、操作参数、产品调和方案等；

c) 生产控制与约束数据，包括操作参数、原料和产品质量的控制指标，生产装置、公用工程系统加工负荷上下限等；

d) 炼油厂、生产装置、公用工程及辅助系统以及主要耗能设备的近年能耗数据，包括单位原料或产品综合能耗、单位能量因数耗能、能源实物消耗量等；

e) 分析化验数据，包括原料、中间产品和最终产品以及催化剂的分析化验数据等；

f) 主要设备数据，包括加热炉、蒸汽锅炉、余热锅炉、反应器、塔器、汽轮机、烟机、压缩机、换热器和机泵等设备的规格、结构、材料、性能曲线和操作参数上下限等；

g) 自产和外购能源、原料、中间产品和最终产品以及催化剂、助剂的价格；

h) 环境温度、大气压力和空气湿度等；

i) 生产装置、公用工程及辅助系统的生产瓶颈，以及用能主要问题；

j) 企业发展规划；

k) 与周边区域物料和能量互供的可能性。

7.2 收集的生产运行数据应具有代表性、时效性和一致性，公用工程系统应至少选取冬季、夏季两个基准工况。

7.3 应依据物料平衡、能量平衡和相互间关联关系，结合过程模拟技术，对所收集数据进行核实及校正，必要时对缺乏或存有疑问的重要数据进行实测。

8 用能现状评价

8.1 应从炼油厂全厂角度出发，以主要耗能设备(包括加热炉、锅炉、大型机组等)、生产装置和公用工程系统为基础单元，开展用能现状评价。

8.2 应对照现行能耗限额或设计标准等，对全厂综合能耗指标、能源实物消耗结构的合理性以及主要耗能设备、生产装置和公用工程系统的用能水平进行评价，结合能耗占比，明确能量系统优化重点方向。缺乏相关标准时，应选取与所评价对象的规模、结构、原料和产品方案等相近的炼油厂、生产装置、公用工程系统等进行对比分析。

9 过程模拟

9.1 对8.2中明确的能量系统优化重点方向涉及的主要生产装置或公用工程系统宜开展过程模拟。

9.2 在用能分析及节能增效机会识别与优化方案制定过程中，根据需要建立设备、装置、公用工程系统、换热网络或炼油生产过程全流程模型。

9.3 过程模拟应符合以下要求：

a) 根据模拟装置或公用工程系统的不同，结合计算机处理能力，合理确定原料(含原油)虚拟组分数目；

b) 选取与模拟物系相适应的热力学计算方法；

c) 模拟流程应体现物料流和能量流主要走向，包含主要生产单元及其之间的联接等；

d) 不同生产方案下的反应过程模拟，应采用与之对应的典型工况数据对模型进行参数校正；

e) 塔的模拟应根据塔内部流程模拟方式、物料的相态选择合适的计算收敛方法；

f) 公用工程系统应选取冬季、夏季两个典型工况分别开展模拟；

g) 过程模拟模型准确度应满足系统优化的要求，主要的控制参数和质量参数应准确、可靠。

10 用能分析及节能增效机会识别

10.1 利用指标对比、最佳实践对照、专家经验判断等方法，结合过程模拟结果，诊断装置、公用工程系统内部及相互间的用能问题，提出改进方向，找出节能增效机会。

10.2 用能分析及节能增效机会识别宜包含以下内容：

a) 加工流程合理性分析及节能增效机会识别；
b) 装置内部用能合理性分析及节能增效机会识别；
c) 主要耗能设备效率提升机会识别；
d) 装置间热联合机会识别；
e) 低温热利用合理性分析及优化机会识别；
f) 公用工程及辅助系统用能分析及节能增效机会识别；
g) 工艺与公用工程系统间优化机会识别；
h) 与周边企业、社区区域优化机会识别。

11 优化方案制定

11.1 应在用能分析和节能增效机会识别基础上，结合专家经验，通过过程模拟开展定量分析和优化计算，配套应用成熟、先进的节能技术，综合考虑系统用能规律和合理性，在满足装置可操作性要求下，分析对相关系统的影响及优化方案间的相互影响，制定优化方案。

11.2 优化方案制定应符合以下技术规定：

a) 装置操作参数优化应结合限定条件、最佳案例、专家经验和模拟模型，并考虑变化对相关单元的影响，通过优化计算找到最优值；
b) 换热网络优化应采用夹点技术进行系统分析，从技术经济的角度选择合理的传热温差，同时综合考虑现场位置和操作等因素，制定最佳换热网络改造方案；
c) 装置间热联合应考虑热联合装置的温位与热量的匹配性、运行的同步性、操作稳定性和距离等因素，确定最佳热联合方案；
d) 低温热利用应在全面分析炼油生产过程及周边区域的热源和热阱的基础上，在技术经济可行条件下确定适宜的低温热利用方案；
e) 蒸汽动力系统的优化应根据冬夏季生产需求，研究提出锅炉与汽轮机配置方式和蒸汽管网设置等结构优化方案，并基于蒸汽动力系统模型优化计算得到系统最佳运行方案。

11.3 制定的优化方案应包括现状及存在的主要问题、方案描述、节能效果和经济效益估算、实施建议、风险分析及对策建议等内容，涉及工程改造的优化方案还应包括改造工程量和工程投资估算。

11.4 优化方案制定过程中应与现场工艺技术人员的反馈意见及现场实际相结合。

11.5 优化方案制定后应组织论证。对于论证通过的投资项目，由具有资质的单位编制相应的可行性研究报告。

11.6 应按照方案间影响关系和轻重缓急以及检修计划等对优化方案综合优化排序，确定最佳实施路线。

12 优化方案实施

12.1 优化方案实施前应编制具体实施方案，简单操作优化调整可适当从简。

12.2 应按照实施方案规定的步骤和程序实施优化方案，及时记录相关数据。实施过程不应影响安全平稳生产，发现异常及时处理。

12.3 优化方案实施后，应持续跟踪方案的节能增效效果，并适时修改工艺操作卡片及操作规程。

12.4 优化方案的节能量计算参见附录A，经济效益计算按照SY/T 6473进行计算。

12.5 应根据生产变化持续开展炼油生产过程能量系统优化，有条件的企业宜建立必要的技术队伍和能源管理系统，鼓励设置相应的岗位、部门，建立完善的考核、激励机制，保证能量系统优化的长期效果。

附　录　A
（资料性附录）
节能量计算方法

A.1　单项优化方案节能量

单项优化方案节能量按照式(A.1)计算：

$$\Delta E=\frac{\Delta e}{700}\times G \qquad \text{(A.1)}$$

ΔE ——单项优化方案节能量，单位为万吨标煤(10^4 tce)；
Δe ——单项优化方案单位加工原油节能量，单位为千克标油每吨(kgoe/t)；
G ——方案实施期间的原油加工量，单位为万吨(10^4 t)。

单项优化方案单位加工原油节能量计算按式(A.2)计算：

$$\Delta e=\left[\sum_{i=1}^{m}(M_{bi}-M_{ri})\times r_i+(Q_b-Q_r)\right]/g \qquad \text{(A.2)}$$

式中：

Δe ——单项优化方案单位加工原油节能量，单位为千克标油每吨(kgoe/t)；
M_{bi}——基期第 i 种能源或耗能工质平均消耗量，单位为吨每小时(t/h)、千瓦(kW)等；
M_{ri}——统计报告期第 i 种能源或耗能工质平均消耗量，单位为吨每小时(t/h)、千瓦(kW)等；
r_i ——第 i 种能源或耗能工质折标系数，单位为千克标油每吨(kgoe/t)、千克标油每千瓦时[kgoe/(kW·h)]等，能源或耗能工质折标系数参见 GB 30251；
Q_b ——基期交换热量，输入为正值，单位为千克标油每小时(kgoe/h)，交换热量依据 GB/T 50441 计算；
Q_r ——统计报告期有效交换热量，输入为正值，单位为千克标油每小时(kgoe/h)，交换热量依据 GB/T 50441 计算；
g ——统计报告期内原油加工量，单位为吨每小时(t/h)；
m ——能源或耗能工质数目。

A.2　多项优化方案节能量

多项优化方案节能量计算按式(A.3)计算：

$$\Delta E_t=\sum_{j=1}^{n}\left(G_j\times\frac{\Delta e_j}{700}\right) \qquad \text{(A.3)}$$

式中：

ΔE_t ——多项优化方案节能量，单位为万吨标煤(10^4 tce)；
G_j ——第 j 项优化方案实施期间的原油加工量，单位为万吨(10^4 t)；
Δe_j ——第 j 项优化方案单位加工原油节能量，单位为千克标油每吨(kgoe/t)；
n ——优化方案数目。